中国统计年鉴

CHINA STATISTICAL YEARBOOK

2020

(总第 39 期 No.39)

国家统计局　编

Compiled by

National Bureau of Statistics of China

中国统计出版社

China Statistics Press

图书在版编目 (CIP) 数据

中国统计年鉴 . 2020 = China Statistical Yearbook-2020 : 汉英对照 / 国家统计局编 . -- 北京 : 中国统计出版社 , 2020.9
ISBN 978-7-5037-9225-0

Ⅰ . ①中… Ⅱ . ①国… Ⅲ . ①统计资料－中国－2020 －年鉴－汉、英 Ⅳ . ① C832-54

中国版本图书馆 CIP 数据核字 (2020) 第 155355 号

中国统计年鉴 -2020

作　　者 / 国家统计局
责任编辑 / 郭　栋　荣文雅
封面设计 / 张　冰
出版发行 / 中国统计出版社
地　　址 / 北京市丰台区西三环南路甲 6 号
邮政编码 / 100073
Address: Jia 6, Xisanhuan Nanlu, Fengtai District, Beijing 100073, P. R. China
E-mail : yearbook@gj.stats.cn
电　　话 / (010)63376898、63376907、68783173（发行部）、63376861（编辑部）
网　　址 / www.zgtjcbs.com
印　　刷 / 河北鑫兆源印刷有限公司
经　　销 / 新华书店
开　　本 / 890 × 1240 毫米　1/16
字　　数 / 1960 千字
印　　张 / 61.25
版　　别 / 2020 年 9 月第 1 版
版　　次 / 2020 年 9 月第 1 次印刷
定　　价 / 588.00 元　　Price: 588.00 yuan (RMB)

本书附同版本 CD-ROM 一张，光盘内容以书面文字为准。
如有印装错误，本社发行部负责调换。

《中国统计年鉴—2020》

编委会和编辑出版人员

China Statistical Yearbook - 2020

EDITORIAL BOARD AND EDITORIAL STAFF

编 者 说 明

一、《中国统计年鉴—2020》系统收录了全国和各省、自治区、直辖市 2019 年经济、社会各方面的统计数据，以及多个重要历史年份和近年全国主要统计数据，是一部全面反映中华人民共和国经济和社会发展情况的资料性年刊。

二、本年鉴正文内容分为 28 个篇章，即：1.综合;2.人口;3.国民经济核算;4.就业和工资;5.价格;6.人民生活;7.财政;8.资源和环境;9.能源;10.固定资产投资;11.对外经济贸易;12.农业;13.工业;14.建筑业;15.批发和零售业;16.运输、邮电和软件业;17.住宿、餐饮业和旅游;18.金融业;19.房地产;20.科学技术;21.教育;22.卫生和社会服务;23.文化和体育;24.公共管理、社会保障和社会组织;25.城市、农村和区域发展;26.香港特别行政区主要社会经济指标;27.澳门特别行政区主要社会经济指标;28.台湾省主要社会经济指标；及附录：国际主要社会经济指标。

为方便读者使用，各篇章前设有简要说明，对本篇章的主要内容、资料来源、统计范围、统计方法以及历史变动情况予以简要概述。篇末附有主要统计指标解释。

三、本年鉴所涉及的全国性统计数据，除行政区划、土地面积和森林资源及特殊注明外，均未包括香港、澳门特别行政区和台湾省数据。根据中华人民共和国“香港特别行政区基本法”和“澳门特别行政区基本法”的有关原则，香港、澳门与内地是相对独立的统计区域，依据各自不同的统计制度和法律规定，独立进行统计工作，本年鉴中有关统计资料分别由香港特别行政区政府统计处、澳门特别行政区政府统计暨普查局提供，国家统计局进行编辑。

四、本年鉴所涉及东部、中部、西部和东北地区的具体划分为：

东部地区：有 10 个省（直辖市），包括北京、天津、河北、上海、江苏、浙江、福建、山东、广东和海南。

中部地区：有 6 个省，包括山西、安徽、江西、河南、湖北和湖南。

西部地区：有 12 个省（自治区、直辖市），包括内蒙古、广西、重庆、四川、贵州、云南、西藏、陕西、甘肃、青海、宁夏和新疆。

东北地区：有 3 个省，包括辽宁、吉林和黑龙江。

五、本年鉴所使用的度量衡单位均采用国际统一标准计量单位，并统一使用最新颁布实施的产品目录。

六、本年鉴中涉及到的历史数据，均以最新出版的本年鉴数据为准；本年鉴中部分数据合计数或相对数由于单位取舍不同而产生的计算误差，均未做机械调整。

七、符号使用说明:年鉴各表中的“空格”表示该项统计指标数据不详或无该项数据；“#”表示其中的主要项；“*”或“①”表示本表下有注解。香港及澳门部分的符号使用方法具体见其篇章说明。

八、与《中国统计年鉴-2019》相比较，本年鉴根据现行统计调查制度修订情况，主要作如下修订：“国民经济核算”部分地区生产总值中增加了分行业增加值数据；同时，增加了“实际最终消费及构成”、“企业、广义政府与住户部门初次分配总收入及比重”和“企业、广义政府与住户部门可支配总收入及比重”等指标。在“人民生活”部分，消费支出分类中增加了“服务性消费”指标。在“科学技术”部分，增加“按行业分规模以上工业企业创新费用支出情况”和“按登记注册类型分规模以上工业企业创新费用支出情况”。在“批发和零售业”和“住宿、餐饮业和旅游”部分，将指标“固定资产合计、主营业务收入、主营业务成本、主营业务税金及附加、主营业务利润”分别修改为“固定资产净额、营业收入、营业成本、税金及附加、利润总额”。

Editor's Notes

I. *China Statistical Yearbook 2020* is an annual statistical publication, which reflects comprehensively the economic and social development of China. It covers data for 2019 and key statistical data in recent years and some historically important years at the national level and the local levels of province, autonomous region and municipality directly under the Central Government.

II. The *Yearbook* contains twenty-eight chapters: 1. General Survey; 2. Population; 3. National Accounts; 4. Employment and Wages; 5. Prices; 6. People's Livelihoods; 7. Government Finance; 8. Resources and Environment; 9. Energy; 10. Investment in Fixed Assets; 11. International Trade and Economic Cooperation; 12. Agriculture; 13. Industry; 14. Construction; 15. Wholesale and Retail Trades; 16. Transport, Postal and Telecommunication Services, and Software Industry; 17. Hotels, Catering Services and Tourism; 18. Financial Intermediation; 19. Real Estate; 20. Science and Technology; 21. Education; 22. Public Health and Social Services; 23. Culture and Sports; 24. Public Management, Social Security and Social Organizations; 25. Urban, Rural and Regional Development; 26. Main Social and Economic Indicators of Hong Kong Special Administrative Region; 27. Main Social and Economic Indicators of Macao Special Administrative Region; 28. Main Social and Economic Indicators of Taiwan Province. One chapter listed as Appendix is Main Social and Economic Indicators of Other Countries/Regions.

To facilitate readers, the Brief Introduction at the beginning of each chapter provides a summary of the main contents of the chapter, data sources, statistical coverage, statistical methods and historical changes. At the end of each chapter, Explanatory Notes on Main Statistical Indicators are included.

III. The national data in this book do not include those of the Hong Kong Special Administrative Region, the Macao Special Administrative Region and Taiwan Province, except for the divisions of administrative areas, the area of the national territory and forest resources and otherwise specified. In accordance with the principles set down in the *Basic Law of Hong Kong Special Administrative Region*, and the *Basic Law of Macao Special Administrative Region*, statistically Hong Kong, Macao and the mainland of China are three mutually independent regions, each following its own and different statistical systems and legal provisions in conducting statistical operation independently. Statistics on the Hong Kong Special Administrative Region and the Macao Special Administrative Region as included in this yearbook are provided by the Census and Statistics Department of the Government of Hong Kong Special Administrative Region and the Statistics and Census Service of the Government of Macao Special Administrative Region respectively; and are edited by the National Bureau of Statistics.

IV. Eastern region, central region, western region and northeastern region in the *Yearbook* are divided as following:

Eastern region with 10 provinces (municipalities) includes: Beijing, Tianjin, Hebei, Shanghai, Jiangsu, Zhejiang, Fujian, Shandong, Guangdong and Hainan;

Central region with 6 provinces includes: Shanxi, Anhui, Jiangxi, Henan, Hubei and Hunan;

Western region with 12 provinces (autonomous regions and municipalities) includes: Inner Mongolia, Guangxi, Chongqing, Sichuan, Guizhou, Yunnan, Tibet, Shaanxi, Gansu, Qinghai, Ningxia and Xinjiang;

Northeastern region with 3 provinces includes: Liaoning, Jilin and Heilongjiang.

V. The units of measurement used in the *Yearbook* are international standard measurement units, and newly published and implemented *Product Categories* are uniformly used.

VI. For updated historical data, please refer to the newly published version of the *Yearbook*. Statistical discrepancies on totals and relative figures due to rounding are not adjusted in the *Yearbook*.

VII. Notations used in the *Yearbook*: (blank space) indicates that the data are unknown, or are not available; "#" indicates a major breakdown of the total; and "*"or "①" indicates footnotes at the end of the table. For notations in the chapters of data on Hong Kong SAR and Macao SAR, please refer to the brief introduction or explanation in the relevant chapters.

VIII. In comparison with *China Statistical Yearbook 2019*, following revisions have been made in this new version in terms of the statistical contents and in editing. In the chapter on "National Accounts", value-added by sector is added in gross regional product by region, and so are other indicators on "actual final consumption and its composition", "gross primary income of enterprises, general government and households sector and share", and "gross disposable income of enterprises, general government and households sector". In the chapter on "People's Livelihoods", "consumption in services" is added in consumption expenditure. In the chapter on "Science and Technology", information on "expenditure on innovation of industrial enterprises above designated size by industrial sector" and "expenditure on innovation of industrial enterprises above designated size by status of registration" is included. In chapters on "Wholesale and Retail Trades" and on "Hotels, Catering Services and Tourism", indicators on "total fixed assets", "revenue from principal business", "cost of principal business", "taxes and other charges on principal business" and "profits from principal business" are changed to "net value of fixed assets", "business revenue", "business cost", "taxes and other charges" and "total profits".

目 录

CONTENTS

一、综 合
General Survey

二、人 口
Population

三、国民经济核算
National Accounts

四、就业和工资
Employment and Wages

五、价 格
Prices

六、人民生活
People's Livelihoods

七、财 政
Government Finance

八、资源和环境
Resources and Environment

九、能 源
Energy

十、固定资产投资
Investment in Fixed Assets

十一、对外经济贸易
International Trade and Economic Cooperation

十二、农　业
Agriculture

十三、工　业
Industry

十四、建筑业
Construction

十五、批发和零售业
Wholesale and Retail Trades

十七、住宿、餐饮业和旅游
Hotels, Catering Services and Tourism

十八、金融业
Financial Intermediation

十九、房地产
Real Estate

二十、科学技术
Science and Technology

二十一、教 育
Education

二十二、卫生和社会服务
Public Health and Social Services

二十三、文化和体育
Culture and Sports

二十四、公共管理、社会保障和社会组织
Public Management, Social Security and Social Organizations

二十五、城市、农村和区域发展
Urban, Rural and Regional Development

二十六、香港特别行政区主要社会经济指标
Main Social and Economic Indicators of Hong Kong Special Administrative Region

二十七、澳门特别行政区主要社会经济指标
Main Social and Economic Indicators of Macao Special Administrative Region

二十八、台湾省主要社会经济指标
Main Social and Economic Indicators of Taiwan Province

附录、国际主要社会经济指标
APPENDIX. Main Social and Economic Indicators of Other Countries/Regions

1

综　合

General Survey

简 要 说 明

本篇章主要内容和资料来源

一、综合资料主要包括我国行政区划、国民经济和社会发展综合资料。由民政部和国家统计局编辑整理。

二、“全国行政区划”资料，由民政部根据国务院批准的、截止到上一年末全国行政区划变更情况汇总整理并提供。

三、国民经济和社会发展综合表集中反映中国国民经济和社会发展的总量、速度、结构、比例和效益状况及变化。

四、基本单位统计资料填报范围为所有法人单位和产业活动单位，来源是各部门的单位审批登记资料和经常性统计调查中查到的新增、变更和注销单位情况。

Brief Introduction

Main Contents and Sources of Data

I. This chapter consists divisions of administrative areas, and summary data on the national economic and social development, which are compiled by the Ministry of Civil Affairs and National Bureau of Statistics respectively.

II. Data on divisions of administrative areas in China are prepared and provided by the Ministry of Civil Affairs on the basis of the changes in the divisions of administrative areas as approved by the State Council at the end of the previous year.

III. The summary data on the national economy reflect the overall situation of and changes in economic and social development in terms of total size. growth, structure, ratio, and efficiency.

IV. Statistical coverage of basic units include all corporate units and establishments. Data come from administrative records on unit examination and registration by various departments, and information on increase, changes and cancellation of units obtained in regular statistical survey.

1-1 全国行政区划（2019年底）
Divisions of Administrative Areas in China (End of 2019)

单位：个 (unit)

省级区划名称 Provinces, Autonomous Regions and Municipalities	地级区划数 Number of Divisions at Prefecture Level	#地级市 Cities at Prefecture Level	县级区划数 Number of Divisions at County Level	#市辖区 Districts under the Jurisdiction of Cities	#县级市 Cities at County Level	#县 Counties	#自治县 Autonomous Counties	乡镇级区划数 Number of Divisions at Township Level	#镇 Towns	#乡级 Townships	#街道 Sub-districts
全　国 National Total	**333**	**293**	**2846**	**965**	**387**	**1323**	**117**	**38755**	**21013**	**9221**	**8519**
北京市 Beijing			16	16				333	143	38	152
天津市 Tianjin			16	16				248	126	3	119
河北省 Hebei	11	11	168	47	21	94	6	2255	1155	789	310
山西省 Shanxi	11	11	117	26	11	80		1396	577	612	207
内蒙古自治区 Inner Mongolia	12	9	103	23	11	17		1024	508	270	246
辽宁省 Liaoning	14	14	100	59	16	17	8	1355	640	201	514
吉林省 Jilin	9	8	60	21	20	16	3	937	426	182	329
黑龙江省 Heilongjiang	13	12	121	54	21	45	1	1240	557	345	338
上海市 Shanghai			16	16				215	106	2	107
江苏省 Jiangsu	13	13	96	55	22	19		1261	718	40	503
浙江省 Zhejiang	11	11	90	37	20	32	1	1360	619	259	482
安徽省 Anhui	16	16	105	44	9	52		1498	968	271	259
福建省 Fujian	9	9	85	29	12	44		1107	653	270	184
江西省 Jiangxi	11	11	100	27	11	62		1563	828	570	165
山东省 Shandong	16	16	137	57	27	53		1824	1087	68	669
河南省 Henan	17	17	158	53	22	83		2451	1173	618	660
湖北省 Hubei	13	12	103	39	25	36	2	1249	760	162	327
湖南省 Hunan	14	13	122	36	18	61	7	1937	1134	392	411
广东省 Guangdong	21	21	122	65	20	34	3	1606	1114	11	481
广西壮族自治区 Guangxi	14	14	111	41	9	49	12	1250	806	312	132
海南省 Hainan	4	4	23	8	5	4	6	218	175	21	22
重庆市 Chongqing			38	26		8	4	1029	629	172	228
四川省 Sichuan	21	18	183	54	18	107	4	3440	1926	1065	449
贵州省 Guizhou	9	6	88	15	9	52	11	1440	837	315	288
云南省 Yunnan	16	8	129	17	17	66	29	1407	679	540	188
西藏自治区 Tibet	7	6	74	8		66		697	142	534	21
陕西省 Shaanxi	10	10	107	30	6	71		1312	975	21	316
甘肃省 Gansu	14	12	86	17	5	57	7	1357	892	337	128
青海省 Qinghai	8	2	44	7	4	26	7	403	144	222	37
宁夏回族自治区 Ningxia	5	5	22	9	2	11		240	103	90	47
新疆维吾尔自治区 Xinjiang	14	4	106	13	26	61	6	1103	413	489	200
香港特别行政区 Hong Kong Special Administrative Region											
澳门特别行政区 Macao Special Administrative Region											
台湾省 Taiwan											

注：乡镇级区划总数包含河北省、新疆维吾尔自治区的各一个区公所。

a) Number of divisions at township level includes one district public office of Hebei and of Xinjiang separately.

1-2 国民经济和社会发展总量与速度指标

指　　标	Item	1978
人口　　（万人）	**Population　　(10 000 persons)**	
总人口(年末)	Total Population (year-end)	96259
城镇人口	Urban Population	17245
乡村人口	Rural Population	79014
就业　　（万人）	**Employment　　(10 000 persons)**	
就业人员数	Number of Employed Persons	40152
第一产业	Primary Industry	28318
第二产业	Secondary Industry	6945
第三产业	Tertiary Industry	4890
城镇登记失业人数	Number of Registered Unemployed Persons in Urban Areas	530
国民经济核算	**National Accounts**	
国民总收入　　(亿元)	Gross National Income (GNI)　　(100 million yuan)	3678.7
国内生产总值　　(亿元)	Gross Domestic Product (GDP)　　(100 million yuan)	3678.7
第一产业	Primary Industry	1018.5
第二产业	Secondary Industry	1755.1
第三产业	Tertiary Industry	905.1
人均国民总收入　　(元)	Per Capita GNI　　(yuan)	384.7
人均国内生产总值　　(元)	Per Capita GDP　　(yuan)	384.7
人民生活	**People's Livelihoods**	
全国居民人均可支配收入(元)	Per Capita Disposable Income of Households　　(yuan)	171
城镇居民人均可支配收入(元)	Per Capita Disposable Income of Urban Households (yuan)	343
农村居民人均可支配收入(元)	Per Capita Disposable Income of Rural Households (yuan)	134
财政　　（亿元）	**Government Finance　　(100 million yuan)**	
一般公共预算收入	General Public Budget Revenue	1132.3
一般公共预算支出	General Public Budget Expenditure	1122.1
能源　　（万吨标准煤）	**Energy　　(10 000 tce)**	
能源生产总量	Total Energy Production	62770.0
能源消费总量	Total Energy Consumption	57144.0
固定资产投资	**Investment in Fixed Assets**	
全社会固定资产投资　　(亿元)	Total Investment in Fixed Assets　　(100 million yuan)	
#房地产开发	Real Estate Development	

Aggregate Indicators on National Economic and Social Development and Growth Rates

总量指标 Aggregate Indicator			指数(%) Index (%) (2019为以下各年) (2019 as Percentage of the Following Years)			平均增长速度(%) Average Annual Growth Rate (%)	
2000	2018	2019	1978	2000	2018	1979–2019	2001–2019
126743	139538	140005	145.4	110.5	100.3	0.9	0.5
45906	83137	84843	492.0	184.8	102.1	4.0	3.3
80837	56401	55162	69.8	68.2	97.8	-0.9	-2.0
72085	77586	77471	192.9	107.5	99.9	1.6	0.4
36043	20258	19445	68.7	54.0	96.0	-0.9	-3.2
16219	21390	21305	306.8	131.4	99.6	2.8	1.4
19823	35938	36721	750.9	185.2	102.2	5.0	3.3
595	974	945	178.3	158.8	97.0	1.4	2.5
99066.1	914327.1	988528.9	3920.0	522.0	106.4	9.4	9.1
100280.1	919281.1	990865.1	3929.2	516.9	106.1	9.4	9.0
14717.4	64745.2	70466.7	573.0	208.1	103.1	4.3	3.9
45663.7	364835.2	386165.3	5901.7	550.2	105.7	10.5	9.4
39899.1	489700.8	534233.1	5677.0	592.2	106.9	10.4	9.8
7942.1	66005.7	70891.8	2688.0	466.9	105.7	8.4	8.4
7845.9	65650.0	70724.6	2681.6	471.5	106.1	8.4	8.5
3721	28228	30733	2679.7	535.2	105.8	8.4	9.2
6256	39251	42359	1708.4	446.9	105.0	7.2	8.2
2282	14617	16021	2066.0	422.0	106.2	7.7	7.9
13395.2	183359.8	190390.1	16233.8	1372.1	103.8	13.2	14.8
15886.5	220904.1	238858.4	20547.0	1455.3	108.1	13.9	15.1
138569.7	378859.3	397000.0	634.3	287.4	105.1	4.6	5.7
146964.0	471925.1	487000.0	853.1	331.7	103.3	5.4	6.5
32917.7	645675.0	560874.3			105.1		19.6
4984.1	120164.7	132194.3			110.0		21.3

1-2 续表 1

指标		Item		1978
对外经济贸易		**International Trade**		
货物进出口总额	(亿元)	Total Value of Imports and Exports	(100 million yuan)	355.0
出口额		Exports		167.7
进口额		Imports		187.4
外商直接投资	(亿美元)	Foreign Direct Investment	(100 million USD)	
农业		**Agriculture**		
农林牧渔业总产值	(亿元)	Gross Output Value of Agriculture, Forestry, Animal Husbandry and Fishery	(100 million yuan)	1397.0
主要农产品产量	(万吨)	Output of Major Farm Products	(10 000 tons)	
谷　物		Cereals		
棉　花		Cotton		216.7
油　料		Oil-bearing Crops		521.8
肉　类		Meat		
水产品		Aquatic Products		465.4
工业		**Industry**		
主要工业产量		Output of Major Industrial Products		
原　煤	(亿吨)	Coal	(100 million tons)	6.2
天然气	(亿立方米)	Natural Gas	(100 million cu.m)	137.3
水　泥	(万吨)	Cement	(10 000 tons)	6524.0
粗　钢	(万吨)	Crude Steel	(10 000 tons)	3178.0
钢　材	(万吨)	Rolled Steel	(10 000 tons)	2208.0
金属切削机床	(万台)	Metal-cutting Machine Tools	(10 000 units)	18.3
汽　车	(万辆)	Motor Vehicles	(10 000 units)	14.9
发电机组	(万千瓦)	Power Generation Equipment	(10 000 kw)	483.8
发电量	(亿千瓦小时)	Electricity	(100 million kwh)	2565.5
规模以上工业企业主要指标	(亿元)	Principal Indicators of Industrial Enterprises above Designated Size	(100 million yuan)	
资产总计		Total Assets		
营业收入		Business Revenue		
利润总额		Total Profits		
建筑业		**Construction**		
建筑业总产值	(亿元)	Gross Output Value of Construction	(100 million yuan)	
房地产业		**Real Estate**		
房地产企业房屋施工面积	(万平方米)	Floor Space of Buildings under Construction	(10 000 sq.m)	
房地产企业房屋竣工面积	(万平方米)	Floor Space of Buildings Completed	(10 000 sq.m)	
房地产企业商品房销售面积	(万平方米)	Floor Space of Commercial Buildings Sold	(10 000 sq.m)	
#住宅		Residential Buildings		
房地产企业商品房销售额	(亿元)	Value of Sale of Commercial Buildings	(100 million yuan)	
#住宅		Residential Buildings		

continued

总量指标 Aggregate Indicator			指数(%) Index (%) (2019为以下各年) (2019 as Percentage of the Following Years)			平均增长速度(%) Average Annual Growth Rate (%)	
2000	2018	2019	1978	2000	2018	1979-2019	2001-2019
39273.3	305008.1	315627.3	88899.1	803.7	103.5	18.0	11.6
20634.4	164127.8	172373.6	102817.6	835.4	105.0	18.4	11.8
18638.8	140880.3	143253.7	76446.8	768.6	101.7	17.6	11.3
407.2	1349.7	1381.4		339.3	102.3		6.6
24915.8	113579.5	123967.9	903.4	230.8	102.8	5.5	4.5
40522.4	61003.6	61369.7		151.4	100.6		2.2
441.7	610.3	588.9	271.8	133.3	96.5	2.5	1.5
2954.8	3433.4	3493.0	669.4	118.2	101.7	4.7	0.9
6013.9	8624.6	7758.8		129.0	90.0		1.3
3706.2	6457.7	6480.4	1392.6	174.9	100.4	6.6	3.0
13.8	36.98	38.46	622.3	277.9	104.0	4.6	5.5
272.0	1601.59	1761.74	1283.1	647.7	110.0	6.4	10.3
59700.0	223609.6	234430.6	3593.4	392.7	104.8	9.1	7.5
12850.0	92903.8	99541.9	3132.2	774.6	107.1	8.8	11.4
13146.0	113287.3	120456.9	5455.5	916.3	106.3	10.2	12.4
17.7	54.1	42.1	229.8	238.4	77.9	2.1	4.7
207.0	2782.7	2567.7	17221.2	1240.4	92.3	13.4	14.2
1249.0	10903.1	9073.7	1875.5	726.5	83.2	7.4	11.0
13556.0	71661.3	75034.3	2924.7	553.5	104.7	8.6	9.4
126211	1153251	1205869					
84152	1057327	1067397					
4393	71609	65799					
12498	225817	248443		1987.9	110.0		17.0
65897	822300	893821		1356.4	108.7		14.7
25105	94421	95942		382.2	101.6		7.3
18637	171465	171558		920.5	100.1		12.4
16570	147760	150144		906.1	101.6		12.3
3935	149614	159725		4058.6	106.8		21.5
3229	126374	139440		4318.9	110.3		21.9

1-2 续表 2

指 标	Item	1978
批发、零售和旅游业	**Wholesale, Retail Sales and Tourism**	
社会消费品零售总额 (亿元)	Total Retail Sales of Consumer Goods (100 million yuan)	1558.6
入境旅客 (万人次)	Number of Oversea Tourists (10 000 person-times)	180.9
#外国人 (万人次)	Foreigners (10 000 person-times)	23.0
国内旅客 (百万人次)	Number of Domestic Tourists (million person-times)	
国内旅游总花费 (亿元)	Earnings from Domestic Tourism (100 million yuan)	
交通运输业	**Transport**	
客运量 (万人)	Passenger Traffic (10 000 persons)	253993.0
铁 路	Railways	81491.0
公 路	Highways	149229.0
水 运	Waterways	23042.0
民 航	Civil Aviation	231.0
货运量 (万吨)	Freight Traffic (10 000 tons)	319431.0
铁 路	Railways	110119.0
公 路	Highways	151602.0
水 运	Waterways	47357.0
民 航	Civil Aviation	6.4
管 道	Pipelines	10347.0
沿海规模以上港口货物吞吐量 (万吨)	Volume of Freight Handled at Coastal Ports above Designated Size (10 000 tons)	
民用汽车拥有量 (万辆)	Possession of Civil Motor Vehicles (10 000 sets)	135.8
#私人汽车	Private Vehicles	
邮政、电信和信息软件业	**Postal, Telecommunication & Information Services**	
邮政业务总量 (亿元)	Business Volume of Postal Services (100 million yuan)	14.9
电信业务总量 (亿元)	Business Volume of Telecommunication Services (100 million yuan)	19.2
移动电话年末用户 (万户)	Number of Mobile Phone Subscribers at Year-end (10 000 subscribers)	
固定电话年末用户 (万户)	Number of Fixed Telephone Subscribers at Year-end (10 000 subscribers)	192.5
互联网宽带接入用户 (万户)	Broadband Subscribers of Internet (10 000 subscribers)	
软件业务收入 (亿元)	Revenue from Software Service	
金融业	**Financial Intermediation**	
社会融资规模存量 (万亿元)	Aggregate Financing to the Real Economy (Stock) (trillion yuan)	
货币和准货币(M_2) (万亿元)	Money and Quasi-Money (M_2) (trillion yuan)	
货币(M_1) (万亿元)	Money (M_1) (trillion yuan)	
流通中现金(M_0) (万亿元)	Currency in Circulation (M_0) (trillion yuan)	
金融机构人民币各项存款余额(万亿元)	Deposits of Financial Institutions (trillion yuan)	0.1
金融机构人民币各项贷款余额(万亿元)	Loans of Financial Institutions (trillion yuan)	0.2
境内股票发行金额 (亿元)	Proceeds Raised in Domestic Stock Market (100 million yuan)	
保险公司保费金额 (亿元)	Insurance Premium of Insurance Companies (100 million yuan)	
保险公司赔款及给付金额 (亿元)	Claim and Payment of Insurance Companies (100 million yuan)	

continued

总量指标 Aggregate Indicator			指数(%) Index (%) (2019为以下各年) (2019 as Percentage of the Following Years)			平均增长速度(%) Average Annual Growth Rate (%)	
2000	2018	2019	1978	2000	2018	1979-2019	2001-2019
38447.1	377783.1	408017.2	26178.4	1061.2	108.0	14.5	13.2
8344.4	14119.8	14530.8	8031.5	174.1	102.9	11.3	3.0
1016.0	3054.3	3188.3	13883.7	313.8	104.4	12.8	6.2
744.0	5539.0	6006.0		807.3	108.4		11.6
3175.5	51278.3	57250.9		1802.9	111.6		16.4
1478573.0	1793820.0	1760435.7	693.1	119.1	98.1	4.8	0.9
105073.0	337494.7	366002.3	449.1	348.3	108.4	3.7	6.8
1347392.0	1367170.4	1301172.9	871.9	96.6	95.2	5.4	-0.2
19386.0	27981.5	27267.1	118.3	140.7	97.4	0.4	1.8
6722.0	61173.8	65993.4	28568.6	981.8	107.9	14.8	12.8
1358682.0	5152731.6	4713624.4	1475.6	346.9	91.5	6.8	6.8
178581.0	402630.9	438904.4	398.6	245.8	109.0	3.4	4.8
1038813.0	3956870.7	3435480.0	2266.1	330.7	86.8	7.9	6.5
122391.0	702684.3	747225.5	1577.9	610.5	106.3	7.0	10.0
196.7	738.5	753.1	11767.9	382.9	102.0	12.3	7.3
18700.0	89807.1	91261.4	882.0	488.0	101.6	5.5	8.7
125603.0	922392.0	918773.8		731.5	99.6		11.0
1608.9	23231.2	25376.4	18681.1	1577.2	109.2	13.6	15.6
625.3	20574.9	22509.0		3599.5	109.4		20.8
232.8	12345.2	16229.6					
4559.9	65633.9	106810.7					
8453.3	156609.8	160134.5		1894.3	102.3		16.7
14482.9	19208.5	19103.3	9921.5	131.9	99.5	11.9	1.5
	40738.2	44927.9			110.3		
	61908.7	72432.1			117.0		
	227.0	251.4			110.7		
13.5	182.7	198.6		1406.9	108.7		14.9
5.3	55.2	57.6		1067.1	104.4		13.3
1.5	7.3	7.7		527.6	105.4		9.1
12.4	177.5	192.9	157737.6	1480.0	108.7	19.7	15.2
9.9	136.3	153.1	99964.0	1654.0	112.3	18.3	15.9
1515.8	11377.9	12538.8		827.2	110.2		11.8
1598.0	38013.3	42644.8		2668.6	112.2		18.9
526.0	12297.0	12893.9		2451.3	104.9		18.3

1-2 续表 3

指　标	Item	1978
科学技术	**Science and Technology**	
研究与试验发展经费支出 (亿元)	Expenditure on R&D (100 million yuan)	
发明专利申请授权数 (件)	Number of Patent Applications Granted (pieces)	
技术市场成交额 (亿元)	Transaction Value in Technical Markets (100 million yuan)	
教育	**Education**	
专任教师数 (万人)	Full-time Teachers (10 000 persons)	
#普通高等学校	Regular Higher Education Institutions	20.6
普通高中	Regular Senior Secondary Schools	74.1
初中	Junior Secondary Schools	244.1
普通小学	Regular Primary Schools	522.6
在校学生数 (万人)	Total Enrollment (10 000 persons)	
#普通本专科	Undergraduates with Normal or Short-cycle Courses	85.6
普通高中	Regular Senior Secondary Schools	1553.1
初中	Junior Secondary Schools	4995.2
普通小学	Regular Primary Schools	14624.0
教育经费支出 (亿元)	Government Expenditures on Education (100 million yuan)	
卫生	**Public Health**	
医院 (个)	Hospitals (unit)	9293.0
执业(助理)医师 (万人)	Licensed (Assistant) Phycsicians (10 000 persons)	97.8
医院床位数 (万张)	Number of Hospital Beds (10 000 units)	110.0
卫生总费用 (亿元)	Total Expenditure for Public Health (100 million yuan)	110.2
文化体育	**Culture**	
图书出版总印数 (亿册、亿张)	Number of Books Published (100 million copies)	37.7
电视节目制作时间 (万小时)	Time for TV Programs Production (10 000 hours)	
故事影片产量 (部)	Production of Feature Films (film)	46.0
社会保险	**Welfare and Social Insurance**	
社会保险基金收入 (亿元)	Revenue of Social Insurance Fund (100 million yuan)	
社会保险基金支出 (亿元)	Expenses of Social Insurance Fund (100 million yuan)	
参加基本养老保险人数 (万人)	Participants in Basic Endowment Insurance (10 000 persons)	
参加失业保险人数 (万人)	Participants in Unemployment Insurance (10 000 persons)	
参加基本医疗保险人数 (万人)	**Participants in Basic Medical Insurance (10 000 persons)**	

注：本表速度指标中，国民总收入、国内生产总值及三次产业增加值、城乡居民收入、财政收支、货币供应量等指标均按可比价格计算；固定资产投资类指标平均增长速度按累计法计算；其他指标按绝对数计算。

continued

总量指标 Aggregate Indicator			指数(%) Index (%) (2019为以下各年) (2019 as Percentage of the Following Years)			平均增长速度(%) Average Annual Growth Rate (%)	
2000	2018	2019	1978	2000	2018	1979-2019	2001-2019
896.0	19677.9	22143.6		2471.4	112.5		18.4
12683.0	432147.0	452804.0		3570.2	104.8		20.7
651.0	17697.4	22398.4		3440.6	126.6		20.5
46.3	167.3	174.0	844.7	375.8	104.0	5.3	7.2
75.7	181.3	185.9	250.9	245.6	102.6	2.3	4.8
328.7	363.9	374.7	153.5	114.0	103.0	1.1	0.7
586.0	609.2	626.9	120.0	107.0	102.9	0.4	0.4
556.1	2831.0	3031.5	3541.5	545.1	107.1	9.1	9.3
1201.3	2375.4	2414.3	155.5	201.0	101.6	1.1	3.7
6256.3	4652.6	4827.1	96.6	77.2	103.8	-0.1	-1.4
13013.3	10339.3	10561.2	72.2	81.2	102.1	-0.8	-1.1
3849.1	46143.0						
16318.0	33009.0	34354.0	369.7	210.5	104.1	3.2	4.0
207.6	360.7	386.7	395.3	186.3	107.2	3.4	3.3
216.7	652.0	686.7	624.2	316.9	105.3	4.6	6.3
4586.6	59121.9	65841.4	59741.8	1435.5	111.4	16.9	15.1
62.7	100.1	106.0	281.1	169.0	105.9	2.6	2.8
58.5	357.7	345.6		590.7	96.6		9.8
91.0	902.0	850.0	1847.8	934.1	94.2	7.4	12.5
2644.9	79254.8	83550.4		3158.9	105.4		19.9
2385.6	67792.7	75346.6		3158.4	111.1		19.9
13617.4	94293.3	96753.9		710.5	102.6		10.9
10408.4	19643.5	20542.7		197.4	104.6		3.6
3786.9	134458.6	135407.4		3575.6	100.7		20.7

a) Indices and growth rates of the follow indicators are calculated at comparable prices: gross national income, gross domestic product, value added of the primary, secondary and tertiary industries, income of urban and rural residents, government finance, money supply, etc. The average annual growth rate of total investment in fixed assets is calculated at the accumulate method. Growth rates of other indicators are calculated with their values.

1-3 国民经济和社会发展结构指标

Composition Indicators on National Economic and Social Development

单位：% (%)

指 标	Item	1978	1990	2000	2019
人口	**Population**				
性别	Gender Composition				
男	Male	51.5	51.5	51.6	51.1
女	Female	48.5	48.5	48.4	48.9
年龄	Age				
0-14岁	Aged 0-14		27.7	22.9	16.8
15-64岁	Aged 15-64		66.7	70.1	70.6
65岁及以上	Aged 65 and Over		5.6	7.0	12.6
城乡	Urban and Rural Composition				
城镇	Urban Areas	17.9	26.4	36.2	60.6
乡村	Rural Area	82.1	73.6	63.8	39.4
国民经济核算	**National Accounts**				
国内生产总值(生产法)	Gross Domestic Product (Production Approach)				
第一产业	Primary Industry	27.7	26.6	14.7	7.1
第二产业	Secondary Industry	47.7	41.0	45.5	39.0
第三产业	Tertiary Industry	24.6	32.4	39.8	53.9
国内生产总值(支出法)	Gross Domestic Product (Expenditure Approach)				
消费支出	Expenses on Consumption	61.9	63.3	63.9	55.4
固定资本形成	Fixed Capital Formation	38.4	34.0	33.7	43.1
净出口	Net Exports	-0.3	2.7	2.4	1.5
就业	**Employment**				
第一产业	Primary Industry	70.5	60.1	50.0	25.1
第二产业	Secondary Industry	17.3	21.4	22.5	27.5
第三产业	Tertiary Industry	12.2	18.5	27.5	47.4
人民生活	**People's Livelihoods**				
城镇居民人均消费支出	Per Capita Consumption Expenditure of Urban Households				
食品烟酒	Food, Tobacco and Liquor			38.6	27.6
衣 着	Clothing and Footwear			9.7	6.5
居 住	Housing			13.5	24.2
生活用品及服务	Household Facilities, Articles and Services			7.4	6.0
交通通信	Transport and Communications			8.2	13.1
教育文化娱乐	Education, Culture and Recreation			12.9	11.9
医疗保健	Health Care and Medical Services			6.4	8.1
其他用品及服务	Miscellaneous Goods and Services			3.2	2.7
农村居民人均消费支出	Per Capita Consumption Expenditure of Rural Households				
食品烟酒	Food, Tobacco and Liquor			48.3	30.0
衣 着	Clothing and Footwear			5.7	5.4
居 住	Housing			15.8	21.5
生活用品及服务	Household Facilities, Articles and Services			4.5	5.7
交通通信	Transport and Communications			5.6	13.8
教育文化娱乐	Education, Culture and Recreation			11.9	11.1
医疗保健	Health Care and Medical Services			5.2	10.7
其他用品及服务	Miscellaneous Goods and Services			3.0	1.8

1-3　续表 1　continued

单位：%　　(%)

指　　标	Item	1978	1990	2000	2019
财政	**Government Finance**				
一般公共预算收入	General Public Budget Revenue				
中央	Central Government	15.5	33.8	52.2	46.9
地方	Local Governments	84.5	66.2	47.8	53.1
一般公共预算支出	General Public Budget Expenditure				
中央	Central Government	47.4	32.6	34.7	14.7
地方	Local Governments	52.6	67.4	65.3	85.3
一般公共预算收入中	Of General Public Budget Revenue				
税收收入	Tax Revenue	45.9	96.1	93.9	83.0
#国内增值税	Domestic Value-added Tax		13.6	34.0	32.7
国内消费税	Domestic Consumption Tax			6.4	6.6
企业所得税	Corporate Income Tax		24.4	7.5	19.6
个人所得税	Individual Income Tax			4.9	5.5
关　税	Tariffs	2.5	5.4	5.6	1.5
能源	**Energy**				
能源生产	Energy Production				
原煤	Raw Coal	70.3	74.2	72.9	68.6
原油	Crude Oil	23.7	19.0	16.8	6.9
天然气	Natural Gas	2.9	2.0	2.6	5.7
一次电力及其他能源	Primary Electricity and Other Energy	3.1	4.8	7.7	18.8
能源消费	Energy Consumption				
煤炭	Coal	70.7	76.2	68.5	57.7
石油	Petroleum	22.7	16.6	22.0	18.9
天然气	Natural Gas	3.2	2.1	2.2	8.1
一次电力及其他能源	Primary Electricity and Other Energy	3.4	5.1	7.3	15.3
货物进出口	**Imports and Exports of Goods**				
出口	Exports				
初级产品	Primary Goods		25.6	10.2	5.4
工业制成品	Manufactured Goods		74.4	89.8	94.6
进口	Imports				
初级产品	Primary Goods		18.5	20.8	35.1
工业制成品	Manufactured Goods		81.5	79.2	64.9
农业	**Agriculture**				
农林牧渔业总产值	Gross Output Value of Agriculture, Forestry, Animal Husbandry and Fishery				
#农业	Farming	80.0	64.7	55.7	53.3
林业	Forestry	3.4	4.3	3.8	4.7
牧业	Animal Husbandry	15.0	25.7	29.7	26.7
渔业	Fishery	1.6	5.4	10.9	10.1
工业（规模以上）	**Industry (above designated size)**				
工业企业资产	Assets of Industrial Enterprises				
采矿业	Mining				8.1
制造业	Manufacturing				75.6
电力、热力、燃气及水生产和供应业	Production and Supply of Electricity, Heat Gas and Water				16.3

1-3 续表 2 continued

单位：% (%)

指　　标	Item	1978	1990	2000	2019
工业企业资产	Assets of Industrial Enterprises				
大型企业	Large Enterprises			56.3	47.2
中型企业	Medium-sized Enterprises			12.9	22.5
小型企业	Small Enterprises			30.8	30.3
交通运输业	**Transport**				
货运量	Freight Traffic				
铁　路	Railways	34.5	15.5	13.1	9.3
公　路	Highways	47.5	74.6	76.5	72.9
水　运	Waterways	14.8	8.3	9.0	15.9
民　航	Civil Aviation	0.002	0.004	0.014	0.016
管　道	Pipelines	3.2	1.6	1.4	1.9
科技	**Science and Technology**				
研究与试验发展经费支出	Expenditure on R&D				
#基础研究	Basic Research			5.2	6.0
应用研究	Applied Research			17.0	11.3
试验发展	Experimental Development			77.8	82.7
#政府资金	Government Funds				20.5
企业资金	Enterprises Funds				76.3
教育	**Education**				
教育经费	Education Funds				
国家财政性教育经费	Government Appropriation for Education			66.6	80.2*
#公共财政教育经费	Public Expenditure on Education			56.9	69.3*
卫生	**Public Health**				
卫生技术人员	Medical Technical Personnel				
#执业(助理)医师	Licensed (Assistant) Physicians	39.7	45.2	46.2	38.1
注册护士	Registered Nurses	16.4	25.0	28.2	43.8
药师(士)	Pharmacists	10.8	10.4	9.2	4.8
卫生费用	Total Health Expenditure				
政府卫生支出	Government Health Expenditure	32.2	25.1	15.5	27.4
社会卫生支出	Social Expenditure for Medical Service	47.4	39.2	25.6	44.3
个人现金卫生支出	Individual Cash Expenditure for Medical Service	20.4	35.7	59.0	28.4
社会保障	**Social Security**				
社会保险基金收入	Revenue of Social Insurance Fund				
基本养老保险	Basic Endowment Insurance		95.7	86.1	68.3
失业保险	Unemployment Insurance		3.9	6.1	1.5
城镇基本医疗保险	Urban Basic Medical Care Insurance			6.4	29.2
工伤保险	Work-Related Injury Insurance			0.9	1.0
生育保险	Maternity Insurance			0.4	
社会保险基金支出	Expenses of Social Insurance Fund				
基本养老保险	Basic Endowment Insurance		98.3	88.7	69.5
失业保险	Unemployment Insurance		1.7	5.2	1.8
城镇基本医疗保险	Urban Basic Medical Care Insurance			5.2	27.7
工伤保险	Work-Related Injury Insurance			0.6	1.1
生育保险	Maternity Insurance			0.3	

注：教育经费为2018年数据。
a) Data of Education Funds are of 2018.

1-4 国民经济和社会发展比例和效益指标
Proportion and Efficiency Indicators on National Economic and Social Development

指 标	Item	1978	2000	2018	2019
人口与就业	**Population and Employment**				
出生率 (‰)	Birth Rate (‰)	18.25	14.03	10.94	10.48
死亡率 (‰)	Death Rate (‰)	6.25	6.45	7.13	7.14
自然增长率 (‰)	Natural Growth Rate (‰)	12.00	7.58	3.81	3.34
总抚养比 (%)	Gross Dependency Ratio (%)		42.6	40.4	41.5
少儿抚养比 (%)	Children Dependency Ratio (%)		32.6	23.7	23.8
老年抚养比 (%)	Elderly Dependency Ratio (%)		9.9	16.8	17.8
城镇登记失业率 (%)	Registered Unemployment Rate in Urban Areas (%)	5.3	3.1	3.80	3.62
城镇调查失业率 (%)	Surveyed Urban Unemployment Rate (%)			4.9	5.2
国民经济核算	**National Accounts**				
人均国民总收入	Per Capita GNI (yuan)	385	7846	65650	70725
人均国内生产总值 (元)	Per Capita GDP (yuan)	385	7942	66006	70892
人民生活	**People's Livelihoods**				
城乡收入比(农村居民收入为1)	Urban and Rural Income Ratio(Rural Income as 1)	2.57	2.74	2.69	2.64
基尼系数	Gini Coefficient			0.468	0.465
农村贫困发生率(2010年标准) (%)	Rural Poverty(2010's standard) (%)	97.5	49.8	1.7	0.6
财政	**Government Finance**				
一般公共预算收入与国内生产总值之比(%)	Proportion of Government Revenue to GDP (%)	30.8	13.4	19.9	19.2
一般公共预算支出与国内生产总值之比(%)	Proportion of Government Expenditure to GDP (%)	30.5	15.8	24.0	24.1
外债	Foreign Debts				
偿债率 (%)	Debt Service Ratio (%)		9.2	5.5	6.7
负债率 (%)	Liability Ratio (%)		12.0	14.3	14.3
债务率 (%)	Foreign Debt Ratio (%)		52.1	74.8	77.8
能源	**Energy**				
能源生产弹性系数	Elasticity Ratio of Energy Production		0.59	0.84	0.84
电力生产弹性系数	Elasticity Ratio of Electricity Production		1.11	1.27	0.77
能源消费弹性系数	Elasticity Ratio of Energy Consumption		0.53	0.52	0.54
电力消费弹性系数	Elasticity Ratio of Electricity Consumption		1.12	1.27	0.72
万元国内生产总值能源消费量 (吨标准煤/万元)	Energy Consumption per 10000 yuan of GDP (tce/10 000 yuan)		1.47	0.56	0.55
能源加工转换总效率 (%)	Total Efficiency of Energy Conversion (%)		69.40	72.30	
对外贸易	**International Trade**				
进出口总额与国内生产总值之比 (按人民币计算) (%)	Proportion of Total Value of Imports & Exports to GDP (calculated by RMB) (%)	9.7	39.2	33.2	31.9

注：计算万元国内生产总值能源消费量的国内生产总值，2000年按2000年可比价计算，2018年、2019年按2015年可比价计算。

a) The national energy consumption per 10000 yuan of GDP are calculated at 2000 constant prices in 2000, and at 2015 constant prices in 2018 and 2019.

1-4 续表 continued

指标	Item	1978	2000	2018	2019
农业	**Agriculture**				
每公顷播种面积农产品产量（公斤）	Output of Farm Crops per Hectare of Sown Area (kg)				
谷物	Cereals		4753	6120	6272
棉花	Cotton	445	1093	1819	1764
工业	**Industry**				
资产负债率 (%)	Assets-Liability Ratio (%)		60.81	56.50	56.48
流动资产周转次数 (次/年)	Turnover of Working Capital (times/year)		1.62	1.98	1.81
成本费用利润率 (%)	Ratio of Profits to Industrial Cost (%)		5.56	6.84	6.66
交通运输业	**Transport**				
铁路网密度 （公里／万平方公里）	Railway Density (km/10 000 sq.km)	53.9	83.0	137.1	145.8
公路网密度 （公里／万平方公里）	Highway Density (km/10 000 sq.km)	927.3	3885.6	5048.5	5221.3
邮电通信业	**Postal and Telecommunication Services**				
电话普及率(含移动电话)(部/百人)	Popularization Rate of Telephone (Include Mobile Telephone) (set/100 persons)	0.4	19.1	126.0	128.0
移动电话普及率 （部/百人）	Popularization Rate of Mobile Telephone (set/100 persons)		6.7	112.2	114.4
金融业	**Financial Intermediation**				
货币和准货币(M_2)与国内生产总值之比 (%)	Proportion of Money and Quasi-Money(M_2) to GDP (%)		134.2	198.7	200.5
金融机构存款与国内生产总值之比 (%)	Proportion of Deposits of Financial Institutions to GDP (%)	31.4	123.5	193.1	194.7
金融机构贷款与国内生产总值之比 (%)	Proportion of Loans of Financial Institutions to GDP (%)	51.4	99.1	148.3	154.5
科技	**Science and Technology**				
研究与试验发展经费内部支出与国内生产总值之比 (%)	Proportion of R&D Expenditure to GDP (%)		0.89	2.14	2.23
教育	**Education**				
小学学龄儿童净入学率 (%)	Net Enrollment Ratio of Primary Schools (%)	95.5	99.1	100.0	99.9
小学升学率 (%)	Promotion Rate from Primary Schools to Junior Secondary Schools (%)	87.7	94.9	99.1	99.5
初中升学率 (%)	Promotion Rate from Junior Secondary Schools to Senior Secondary Schools (%)	40.9	51.2	95.2	94.5
卫生	**Public Health**				
每万人口执业(助理)医师数 （人）	Number of Licensed (Assistant) Doctors per 10 000 Population (person)	10.8	16.8	25.9	16.8
每万人口医疗卫生机构床位数(张)	Number of Beds of Hospitals and Health Centers per 10 000 Population (bed)			60.3	63.0
医疗卫生机构病床使用率 (%)	Beds Utilization Rate of Medical Organizations (%)		60.8	84.2	83.6
城市市政建设	**Municipal Works**				
用水普及率 (%)	Coverage Rate of Urban Population with Access to Tap Water(%)		63.9	98.4	98.8
燃气普及率 (%)	Coverage Rate of Urban Population with Access to Gas (%)		45.4	96.7	97.3
人均公园绿地面积 （平方米）	Per Capita Public Green Area (sq.m)		3.7	14.1	14.4

1-5 按主要行业分法人单位数
Number of Legal Entities by Sector

单位：个 (unit)

年 份 Year 地 区 Region	合 计 Total	农、林、牧、渔业 Agriculture, Forestry, Animal Husbandry and Fishery	采矿业 Mining	制造业 Manufacturing	电力、热力、燃气及水生产和供应业 Production and Supply of Electricity, Heat, Gas and Water	建筑业 Construction	批发和零售业 Wholesale and Retail Trades
2005	5647823	68800	89430	1451556	43148	149471	994953
2006	6068912	78205	93967	1579406	45922	170180	1122489
2007	6495064	98546	97678	1702455	49052	190517	1246042
2008	7098765	2023	97315	1818370	57923	226768	1403141
2009	8003868	184764	103403	1959254	62038	261694	1670315
2010	8754588	242429	104065	2098370	64151	302232	1965118
2011	9593729	321086	105490	2240315	66652	346026	2276295
2012	10616530	440853	107596	2380759	69947	391392	2630690
2013	10825611	161824	89112	2252225	70409	347519	2810531
2014	13701440	951045	101673	2616671	79679	464975	3513338
2015	15729199	1204724	103426	2801143	87486	574128	4199026
2016	18191382	1481473	104074	3019269	99469	754512	5041698
2017	22009092	1926771	108900	3483617	120736	1045232	6252424
2018	21787273	232818	70191	3269606	110714	1218463	6499161
2019	25280211	1879887	70983	3463346	113649	1458539	7155907
北 京 Beijing	913369	7105	57	23574	1146	33309	259365
天 津 Tianjin	321740	12403	82	41870	875	20734	84886
河 北 Hebei	1318321	114610	4942	226936	5700	98615	374542
山 西 Shanxi	633960	95968	6018	38137	5377	40990	172364
内蒙古 Inner Mongolia	381670	60533	4036	23942	3111	28011	93920
辽 宁 Liaoning	621156	50804	3478	87039	3045	36509	169425
吉 林 Jilin	212073	32629	924	20501	1588	11267	46743
黑龙江 Heilongjiang	295952	50726	1641	25649	2209	13719	66672
上 海 Shanghai	482353	5384	6	52507	221	18472	142793
江 苏 Jiangsu	2327217	52735	338	524675	5061	158896	678171
浙 江 Zhejiang	1905578	48826	856	454683	5678	68111	613479
安 徽 Anhui	946508	108730	1231	116544	5551	71766	252193
福 建 Fujian	941297	51198	1569	135044	6424	45254	317460
江 西 Jiangxi	570196	70862	3006	69191	7415	34744	137446
山 东 Shandong	2309367	125306	2558	354725	6939	185133	728784
河 南 Henan	1418818	156664	3314	140757	4965	83586	415436
湖 北 Hubei	1006945	72337	2711	100948	5593	74766	276174
湖 南 Hunan	672298	77090	3575	63104	6798	30989	150912
广 东 Guangdong	3349156	45448	2643	613236	10171	126537	1043904
广 西 Guangxi	641503	83239	3257	44771	3399	29992	165974
海 南 Hainan	125542	12295	182	3949	460	11196	25360
重 庆 Chongqing	591369	78687	1292	53772	2231	21728	174491
四 川 Sichuan	867477	93884	3474	67442	5869	51219	192114
贵 州 Guizhou	471151	103737	4280	47820	2181	23307	97150
云 南 Yunnan	571421	91192	5413	36016	3006	33365	151415
西 藏 Tibet	49191	2830	307	3761	284	7856	7132
陕 西 Shaanxi	587005	54499	4414	42745	3287	59942	149543
甘 肃 Gansu	266600	56833	1133	13165	1513	13480	52004
青 海 Qinghai	98516	18722	473	5057	789	6265	18736
宁 夏 Ningxia	113259	18486	705	8846	629	6477	29111
新 疆 Xinjiang	269203	26125	3068	22940	2134	12304	68208

注：2008年农、林、牧、渔业法人单位数为兼营第二、三产业的农、林、牧、渔业法人单位；2013年农、林、牧、渔业法人单位数为农、林、牧、渔服务业和兼营第二、三产业的农、林、牧、渔业法人单位；2013年法人单位数不包括金融业、铁路运输业和无分组标识的部分数据；2018年农、林、牧、渔业法人单位数为农、林、牧、渔专业及辅助性活动和兼营第二、三产业的农、林、牧、渔业法人单位；2018年法人单位数不包括无分组标识的数据。

a) Number of legal entities of agriculture, forestry, animal husbandry and fishery in 2008 refers to those also engaged in the secondary and tertiary industries at part time. Number of legal entities of agriculture, forestry, animal husbandry and fishery in 2013 refers to those engaged in services for agriculture, forestry, animal husbandry and fishery as well as also engaged in the secondary and tertiary industries at part time. Number of legal entities in 2013 refers to those excluding financial intermediation, railway transportation and some no divided identifier. Number of legal entities of agriculture, forestry, animal husbandry and fishery in 2018 refers to those engaged in services for agriculture, forestry, animal husbandry and fishery as well as also engaged in the secondary and tertiary industries at part time. Number of legal entities in 2018 refers to those excluding financial intermediation, railway transportation and some no divided identifier.

1-5 续表 1 continued

单位：个 (unit)

年份 Year 地区 Region	交通运输、仓储和邮政业 Transport, Storage and Post	住宿和餐饮业 Hotels and Catering Services	信息传输、软件和信息技术服务业 Information Transmission, Software and Information Technology	金融业 Financial Intermediation	房地产业 Real Estate	租赁和商务服务业 Leasing and Business Services	科学研究和技术服务业 Scientific Research and Technical Services
2005	91565	101853	85499	26828	148059	291498	153076
2006	104635	109892	100614	29201	165865	331904	166240
2007	117228	118173	115101	31815	187444	368763	176677
2008	157589	145297	153290	28668	214391	427001	201689
2009	175914	154895	176326	36907	244043	511666	233221
2010	195829	164762	191182	45512	284726	590478	256865
2011	219630	172070	208867	55513	323985	687575	283777
2012	249832	186837	245669	67554	356717	813851	324932
2013	262048	199592	226107		343924	916953	455778
2014	323044	235337	289162	91583	419618	1161947	544309
2015	378705	274283	387842	109711	466100	1440572	661022
2016	443325	317619	507674	122516	533557	1768005	813251
2017	540994	378974	719150	135068	642893	2242096	1035170
2018	577233	431323	919879	137934	744924	2551306	1275579
2019	629631	449277	1047408	131744	811663	2825375	1390741
北　京 Beijing	17848	32208	68633	6933	25072	169189	136076
天　津 Tianjin	14184	5114	17960	5070	11520	41627	28778
河　北 Hebei	32938	15905	42292	4099	46774	109466	59330
山　西 Shanxi	16849	10083	25146	2456	20042	55653	27128
内蒙古 Inner Mongolia	11892	4436	9627	1712	13222	35876	16136
辽　宁 Liaoning	21331	8368	27372	3445	22162	61673	29061
吉　林 Jilin	5959	2439	5987	1280	7282	16725	9169
黑龙江 Heilongjiang	9175	2502	9855	1410	9318	23561	15290
上　海 Shanghai	17939	19858	25212	9069	22070	76930	31658
江　苏 Jiangsu	65083	28194	98224	6012	67293	229748	157330
浙　江 Zhejiang	39002	27954	80752	15777	54133	190757	78935
安　徽 Anhui	25554	17297	34281	3243	28027	99194	44132
福　建 Fujian	19663	14732	46518	3773	21837	99758	40404
江　西 Jiangxi	18704	7384	19117	1670	15933	58559	19027
山　东 Shandong	66140	34177	81022	8141	62011	232002	119160
河　南 Henan	26723	21297	56383	2723	47074	129595	77074
湖　北 Hubei	25439	18322	50017	2804	34986	113372	62116
湖　南 Hunan	13531	11407	24214	1928	21082	64185	45174
广　东 Guangdong	77590	55598	172828	29733	124439	535456	199286
广　西 Guangxi	15801	10205	23516	2781	26062	81127	32566
海　南 Hainan	2560	3260	6401	657	12254	18049	6085
重　庆 Chongqing	12578	24797	23871	1906	17884	64823	21783
四　川 Sichuan	19283	17323	32672	3361	26831	95519	43156
贵　州 Guizhou	8270	17206	9345	1501	12923	39758	11837
云　南 Yunnan	12164	14549	16934	2841	17669	53986	23728
西　藏 Tibet	676	1130	1060	321	637	5558	1423
陕　西 Shaanxi	13360	11363	20883	2369	20600	57780	28029
甘　肃 Gansu	4510	5350	3732	1232	6852	18415	7134
青　海 Qinghai	1776	2251	2214	348	2926	11285	3951
宁　夏 Ningxia	3515	1692	2773	792	2869	11277	3360
新　疆 Xinjiang	9594	2876	8567	2357	9879	24472	12425

1-5 续表 2 continued

单位：个 (unit)

年份 Year 地区 Region		水利、环境和公共设施管理业 Management of Water Conservancy, Environment and Public Facilities	居民服务、修理和其他服务业 Service to Households, Repair and Other Services	教育 Education	卫生和社会工作 Health and Social Service	文化、体育和娱乐业 Culture, Sports and Entertainment	公共管理、社会保障和社会组织 Public Management, Social Security and Social Organization
	2005	46847	93947	305446	183760	69490	1252597
	2006	48811	102228	308760	185014	72873	1252706
	2007	50953	110525	312339	187376	76430	1257950
	2008	57553	120467	335065	206480	81878	1363857
	2009	61740	141936	342003	209016	90891	1383842
	2010	64794	158152	342408	205778	95633	1382104
	2011	69186	175813	346390	205173	102775	1387111
	2012	75981	196880	355072	206885	121126	1393957
	2013	84803	190692	413908	249567	230544	1520075
	2014	97522	242251	444038	265537	263384	1596327
	2015	108069	298958	461451	271571	297274	1603708
	2016	122367	359932	486026	275554	341182	1599879
	2017	146295	420667	517739	286858	414973	1590535
	2018	148860	497292	665883	272504	566593	1597010
	2019	172856	522903	698893	279155	585224	1593030
北 京	Beijing	6986	33407	19869	6362	49183	17047
天 津	Tianjin	1927	7658	6275	2326	7684	10767
河 北	Hebei	9419	22727	28723	10867	24147	86289
山 西	Shanxi	6184	13381	17383	7382	15417	58002
内蒙古	Inner Mongolia	3937	7678	12405	5138	8314	37744
辽 宁	Liaoning	3601	11873	19436	11182	11952	39400
吉 林	Jilin	1637	4066	8276	4302	3922	27377
黑龙江	Heilongjiang	2366	4540	11980	6160	6322	32857
上 海	Shanghai	2458	17401	9082	4895	12802	13596
江 苏	Jiangsu	13891	44363	39883	30846	44902	81572
浙 江	Zhejiang	10103	33452	46240	14637	42742	79461
安 徽	Anhui	7114	21340	25780	11490	21037	52004
福 建	Fujian	6224	17847	22421	6777	25113	59281
江 西	Jiangxi	3608	9237	19511	8166	11180	55436
山 东	Shandong	14663	39141	52077	20243	43350	133795
河 南	Henan	11120	24305	60178	20560	33538	103526
湖 北	Hubei	9743	20763	27838	12768	24354	71894
湖 南	Hunan	6644	12702	31653	11804	23584	71922
广 东	Guangdong	12416	65169	72214	18401	63415	80672
广 西	Guangxi	6432	13569	28171	6148	12679	51814
海 南	Hainan	1163	3713	5306	1296	3807	7549
重 庆	Chongqing	4142	16836	17374	6750	16681	29743
四 川	Sichuan	6492	19588	34768	16899	25914	111669
贵 州	Guizhou	3613	14726	16440	5621	9162	42274
云 南	Yunnan	4831	14557	16398	6005	14523	52829
西 藏	Tibet	203	669	1035	573	984	12752
陕 西	Shaanxi	5864	13689	20272	11412	13420	53534
甘 肃	Gansu	1626	5176	12519	3881	5553	52492
青 海	Qinghai	1192	1880	2370	1480	1865	14936
宁 夏	Ningxia	824	2370	3667	967	2085	12814
新 疆	Xinjiang	2433	5080	9349	3817	5593	37982

1-6 分地区按三次产业和机构类型分法人单位数(2019年)
Number of Legal Entities by Three Strata of Industry and Type of Institutions and Region (2019)

单位：个 (unit)

地 区	Region	法人单位数 Number of Legal Entities	按三次产业分 Grouped by Three Strata of Industry			按机构类型分 By Type of Institutions				
			第一产业 Primary Industry	第二产业 Secondary Industry	第三产业 Tertiary Industry	企业法人 Business Entity	事业法人 Institution Entity	机关法人 Government Entity	社会团体 Social Organization	其他 Others
全 国	**National Total**	**25280211**	**1642773**	**5063303**	**18574135**	**21091270**	**816429**	**237156**	**308696**	**2826660**
北 京	Beijing	913369	6648	56711	850010	870824	11207	1845	4988	24505
天 津	Tianjin	321740	11851	62330	247559	293307	6147	1573	1492	19221
河 北	Hebei	1318321	104011	334209	880101	1108146	34708	11759	8879	154829
山 西	Shanxi	633960	89111	88670	456179	470657	28053	8338	7633	119279
内蒙古	Inner Mongolia	381670	53421	58227	270022	271654	19588	7632	8468	74328
辽 宁	Liaoning	621156	42302	128162	450692	514311	21171	8073	5546	72055
吉 林	Jilin	212073	23952	33891	154230	142289	17758	4985	2575	44466
黑龙江	Heilongjiang	295952	46100	42623	207229	193326	20018	8787	4358	69463
上 海	Shanghai	482353	5118	70022	407213	447643	7765	1363	3139	22443
江 苏	Jiangsu	2327217	39449	684277	1603491	2119006	40733	9354	30577	127547
浙 江	Zhejiang	1905578	45729	527013	1332836	1719850	28654	7848	20317	128909
安 徽	Anhui	946508	91691	193725	661092	786202	23131	8625	12650	115900
福 建	Fujian	941297	46383	187183	707731	819718	26728	7717	16480	70654
江 西	Jiangxi	570196	64092	113782	392322	433517	29254	8469	8708	90248
山 东	Shandong	2309367	100155	544613	1664599	1982466	47378	12213	17384	249926
河 南	Henan	1418818	122388	231246	1065184	1097816	71380	13960	10360	225302
湖 北	Hubei	1006945	57579	182723	766643	804818	39815	9879	13291	139142
湖 南	Hunan	672298	56616	103722	511960	477440	44128	10587	11941	128202
广 东	Guangdong	3349156	38120	747589	2563447	3037617	46181	12937	25149	227272
广 西	Guangxi	641503	75901	80676	484926	497222	42799	8772	10864	81846
海 南	Hainan	125542	11343	15579	98620	103994	4107	1583	1365	14493
重 庆	Chongqing	591369	74990	78274	438105	516287	17104	3797	6546	47635
四 川	Sichuan	867477	87763	126869	652845	628030	59585	16806	16396	146660
贵 州	Guizhou	471151	102105	77164	291882	361163	25550	7024	5772	71642
云 南	Yunnan	571421	85592	77360	408469	440778	27245	10239	13553	79606
西 藏	Tibet	49191	2498	12128	34565	28257	2660	5166	432	12676
陕 西	Shaanxi	587005	48581	107214	431210	444203	27984	8270	13693	92855
甘 肃	Gansu	266600	53275	28921	184404	146197	18186	6761	15959	79497
青 海	Qinghai	98516	18227	12473	67816	65128	4779	2897	3850	21862
宁 夏	Ningxia	113259	17361	16403	79495	83411	3451	1708	2344	22345
新 疆	Xinjiang	269203	20421	39524	209258	185993	19182	8189	3987	51852

1-7 按地区和控股情况分企业法人单位数(2019年)
Numbers of Corporate Enterprises by Region and the Status of Holdings (2019)

单位：个 (unit)

地 区	Region	企业单位数 Numbers of Enterprises	国有控股 State-holding	集体控股 Collective-holding	私人控股 Private-holding	港、澳、台商控股 Hong Kong, Macao and Taiwan-holding	外商控股 Foreign-holding	其 他 Others
全 国	**National Total**	**21091270**	**266434**	**172503**	**19811755**	**123562**	**92856**	**624160**
北 京	Beijing	870824	13800	15459	804470	5023	6675	25397
天 津	Tianjin	293307	6963	2756	251746	2214	3002	26626
河 北	Hebei	1108146	12361	7175	1076053	812	1435	10310
山 西	Shanxi	470657	9649	5633	452828	212	247	2088
内蒙古	Inner Mongolia	271654	4944	1453	251884	223	173	12977
辽 宁	Liaoning	514311	9035	8475	466686	1449	2856	25810
吉 林	Jilin	142289	4165	1592	126949	203	369	9011
黑龙江	Heilongjiang	193326	5923	2724	175854	221	287	8317
上 海	Shanghai	447643	10852	6591	386568	11731	17137	14764
江 苏	Jiangsu	2119006	16286	10606	2022985	11491	14183	43455
浙 江	Zhejiang	1719850	12981	14759	1667655	7169	11704	5582
安 徽	Anhui	786202	8096	5254	713371	1022	756	57703
福 建	Fujian	819718	12626	4828	781353	8295	3710	8906
江 西	Jiangxi	433517	7963	3157	407674	1077	465	13181
山 东	Shandong	1982466	14213	9344	1917542	3173	6550	31644
河 南	Henan	1097816	10663	7515	1035360	824	560	42894
湖 北	Hubei	804818	9788	6804	771891	1295	1443	13597
湖 南	Hunan	477440	8050	4408	448378	727	458	15419
广 东	Guangdong	3037617	21898	21079	2779958	61189	16031	137462
广 西	Guangxi	497222	7056	5005	477415	1186	1062	5498
海 南	Hainan	103994	2187	1071	85149	455	186	14946
重 庆	Chongqing	516287	5320	2351	495876	855	762	11123
四 川	Sichuan	628030	11966	6855	580467	1101	1036	26605
贵 州	Guizhou	361163	7790	3472	345854	235	166	3646
云 南	Yunnan	440778	7351	4741	415493	522	588	12083
西 藏	Tibet	28257	1281	628	23654	28	17	2649
陕 西	Shaanxi	444203	8623	4605	413093	479	678	16725
甘 肃	Gansu	146197	4043	1675	128686	79	58	11656
青 海	Qinghai	65128	1629	523	60739	59	49	2129
宁 夏	Ningxia	83411	1360	379	79542	65	66	1999
新 疆	Xinjiang	185993	7572	1586	166582	148	147	9958

1-8 按地区和登记注册类型分企业法人单位数(2019年)
Number of Business Entities by Region and Status of Registration (2019)

单位：个 (unit)

地区	Region	企业单位数 Number of Enterprises	内资企业 Domestic Funded Enterprises	#国有企业 State-owned Enterprises	#集体企业 Collective-owned Enterprises	#股份合作企业 Cooperative Enterprises	#联营 Joint Ownership
全国	**National Total**	**21091270**	**20840125**	**74547**	**103163**	**28333**	**5657**
北京	Beijing	870824	856934	3210	8463	5544	301
天津	Tianjin	293307	286737	1586	1835	339	118
河北	Hebei	1108146	1105365	3195	5646	905	84
山西	Shanxi	470657	469985	2954	3640	68	59
内蒙古	Inner Mongolia	271654	271163	1112	658	97	47
辽宁	Liaoning	514311	508814	3270	6263	1035	251
吉林	Jilin	142289	141588	1465	910	131	60
黑龙江	Heilongjiang	193326	192660	2506	1590	472	102
上海	Shanghai	447643	417104	1335	2895	891	239
江苏	Jiangsu	2119006	2087773	4220	6577	1351	374
浙江	Zhejiang	1719850	1694976	1970	5858	8281	82
安徽	Anhui	786202	784292	2486	2838	353	235
福建	Fujian	819718	805374	2577	4008	339	104
江西	Jiangxi	433517	431845	3466	1886	328	136
山东	Shandong	1982466	1969782	4091	5637	621	234
河南	Henan	1097816	1095965	3769	5226	430	292
湖北	Hubei	804818	801058	4297	4920	323	299
湖南	Hunan	477440	476007	2458	2543	214	241
广东	Guangdong	3037617	2954188	7418	12661	4168	1210
广西	Guangxi	497222	494799	2991	3935	322	62
海南	Hainan	103994	103321	833	445	106	64
重庆	Chongqing	516287	514326	989	1359	294	119
四川	Sichuan	628030	625511	2315	2773	665	250
贵州	Guizhou	361163	360564	1714	2530	156	115
云南	Yunnan	440778	439382	1941	3154	324	193
西藏	Tibet	28257	28190	407	232	17	57
陕西	Shaanxi	444203	442557	2561	2921	275	161
甘肃	Gansu	146197	146021	992	850	114	81
青海	Qinghai	65128	65000	439	248	66	23
宁夏	Ningxia	83411	83242	255	207	27	10
新疆	Xinjiang	185993	185602	1725	455	77	54

1-8 续表 continued

单位：个 (unit)

地 区	Region	#有限责任公司 Limited Liability Corporations	#股份有限公司 Share-holding Corporations Ltd.	#私 营 Private	港、澳、台商投资企业 Enterprises with Funds from Hong Kong, Macao and Taiwan	外商投资企业 Enterprises with Foreign Investment
全 国	**National Total**	**1546236**	**121544**	**18921928**	**133752**	**117393**
北 京	Beijing	70535	4057	764432	5304	8586
天 津	Tianjin	39584	2920	238555	2665	3905
河 北	Hebei	48526	2687	1041796	940	1841
山 西	Shanxi	18161	1516	443537	256	416
内蒙古	Inner Mongolia	28472	1629	238959	177	314
辽 宁	Liaoning	70373	7217	419572	1575	3922
吉 林	Jilin	29084	3108	106372	192	509
黑龙江	Heilongjiang	21020	2758	164136	247	419
上 海	Shanghai	59605	2953	348461	12153	18386
江 苏	Jiangsu	100748	12321	1958344	13103	18130
浙 江	Zhejiang	42241	3655	1632403	9211	15663
安 徽	Anhui	108705	5137	663366	853	1057
福 建	Fujian	25728	2079	769872	9642	4702
江 西	Jiangxi	28710	3325	392331	1051	621
山 东	Shandong	89228	9281	1858036	3792	8892
河 南	Henan	68414	5351	1010965	782	1069
湖 北	Hubei	56039	4434	730224	1660	2100
湖 南	Hunan	25947	3823	439957	766	667
广 东	Guangdong	330471	18069	2567749	63796	19633
广 西	Guangxi	25269	1376	460823	1215	1208
海 南	Hainan	29002	1226	71384	438	235
重 庆	Chongqing	16266	2783	492023	905	1056
四 川	Sichuan	54065	5267	557850	1059	1460
贵 州	Guizhou	23422	1500	330745	313	286
云 南	Yunnan	35624	4434	392590	542	854
西 藏	Tibet	12529	670	14229	19	48
陕 西	Shaanxi	33950	2709	399705	750	896
甘 肃	Gansu	30581	3108	110103	68	108
青 海	Qinghai	4990	497	58580	52	76
宁 夏	Ningxia	2626	348	79645	69	100
新 疆	Xinjiang	16321	1306	165184	157	234

主要统计指标解释

行政区划 指国家对行政区域的划分。根据有关法规规定，我国的行政区域划分如下：(1)全国分为省、自治区、直辖市；(2)省、自治区分为自治州、县、自治县、市；(3)自治州分为县、自治县、市；(4)县、自治县分为乡、民族乡、镇；(5)直辖市和较大的市分为区、县；(6)国家在必要时设立的特别行政区。

平均增长速度 平均增长速度表明社会经济现象在一个较长的时期内逐期平均增长变化的程度，它不能根据各个环比增长速度直接求得，但与平均发展速度之间存在着一定的数量关系：平均增长速度＝平均发展速度－1。

平均发展速度是一种根据环比发展速度计算的序时平均数，由于各时期对比的基础不同，所以计算平均发展速度不能采用一般的序时平均数的计算方法，计算方法分为水平法和累计法。水平法，又称几何平均法，即将环比发展速度按连乘法用几何平均数公式计算。累计法，也称方程法，根据一段时期内各年发展水平总和与基期水平的关系，列出方程式计算平均发展速度。水平法着重考虑最后一年所达到的发展水平；累计法着重考虑整个时期累计发展水平的总量。

本《年鉴》内所列的平均增长速度，除固定资产投资用“累计法”计算外，其余均用“水平法”计算。从某年到某年平均增长速度的年份，均不包括基期年在内。如建国四十三年以来的平均增长速度是以1949年为基期计算的，则写为1950-1992年平均增长速度，其余类推。

国民经济行业分类 自2017年年报和2018年定期报表开始使用新的《国民经济行业分类》(GB/T4754-2017)。该分类是由国家统计局组织修订，国家质量监督检验检疫总局和中国国家标准化管理委员会于2017年6月30日发布。这次修订是在2011年分类标准的基础上，结合我国经济活动特点，参照联合国《全部经济活动的国际标准产业分类》（ISIC/Rev.4）进行的。修订后的《国民经济行业分类》（GB/T4754-2017）共有门类20个，大类97个，中类473个，小类1382个。

企业登记注册类型 是以在市场监管部门登记注册的各类企业为划分对象，以市场监管部门对企业登记注册的类型为依据，将企业登记注册类型分为内资企业、港澳台商投资企业和外商投资企业三大类。内资企业包括国有企业、集体企业、股份合作企业、联营企业、有限责任公司、股份有限公司、私营企业和其他企业；港澳台商投资企业和外商投资企业分别包括合资经营企业、合作经营企业、独资经营企业和股份有限公司等。

国有企业 指企业全部资产归国家所有，并按《中华人民共和国企业法人登记管理条例》规定登记注册的非公司制的经济组织。不包括有限责任公司中的国有独资公司。

集体企业 指企业资产归集体所有，并按《中华人民共和国企业法人登记管理条例》规定登记注册的经济组织。

股份合作企业 指以合作制为基础，由企业职工共同出资入股，吸收一定比例的社会资产投资组建，实行自主经营，自负盈亏，共同劳动，民主管理，按劳分配与按股分红相结合的一种集体经济组织。

联营企业 指两个及两个以上相同或不同所有制性质的企业法人或事业单位法人，按自愿、平等、互利的原则，共同投资组成的经济组织。联营企业包括国有联营企业、集体联营企业、国有与集体联营企业和其他联营企业。

有限责任公司 指根据《中华人民共和国公司登记管理条例》规定登记注册，由两个以上、五十个以下的股东共同出资，每个股东以其所认缴的出资额对公司承担有限责任，公司以其全部资产对其债务承担责任的经济组织。有限责任公司包括国有独资公司以及其他有限责任公司。

股份有限公司 指根据《中华人民共和国公司登记管理条例》规定登记注册，其全部注册资本由等额股份构成并通过发行股票筹集资本，股东以其认购的股份对公司承担有限责任，公司以其全部资产对其债务承担责任的经济组织。

私营企业 指由自然人投资设立或由自然人控股，以雇佣劳动为基础的营利性经济组织。包括按照《公司法》、《合伙企业法》、以及《个人独资企业法》规定登记注册的私营独资企业、私营合伙企业、私营有限责任公司、私营股份有限公司和个人独资企业。

其他企业 指上述企业之外的其他内资经济组织。

与港澳台商合资经营企业 指港澳台地区投资者与内地企业依照《中华人民共和国中外合资经营企业法》及有关法律的规定，按合同规定的比例投资设立，分享利润、分担风险的企业。

与港澳台商合作经营企业 指港澳台地区投资者与内地企业依照《中华人民共和国中外合作经营企业法》及有关法律的规定，依照合作合同的约定进行投资或提供条件设立，分配利润、分担风险和亏损的企业。

港澳台商独资经营企业 指依照《中华人民共和国外资企业法》及有关法律的规定，在内地由港澳台地区投资者全额投资设立的企业。

港澳台商投资股份有限公司 指根据国家有关规定，经商务部（原外经贸部）依法批准设立，并且其中港、澳、台商的股本占公司注册资本的比例达25%以上的股份有限公司。凡其中港、澳、台商的股本占公司注册资本的比例小于25%的，属于内资企业中的股份有限公司。

其他港澳台商投资企业 指在中国境内参照《外国企业或个人在中国境内设立合伙企业管理办法》和《外商投资合

伙企业登记管理规定》，依法设立的港、澳、台商投资合伙企业等。

中外合资经营企业 指外国企业或外国人与中国内地企业依照《中华人民共和国中外合资经营企业法》及有关法律的规定，按合同规定的比例投资设立，分享利润和分担风险的企业。

中外合作经营企业 指外国企业或外国人与中国内地企业依照《中华人民共和国中外合作经营企业法》及有关法律的规定，依照合作合同的约定进行投资或提供条件设立，分配利润、分担风险和亏损的企业。

外资企业 指依照《中华人民共和国外资企业法》及有关法律的规定，在中国内地由外国投资者全额投资设立的企业。

外商投资股份有限公司 指根据国家有关规定，经商务部（原外经贸部）依法批准设立，并且其中外资的股本占公司注册资本的比例达 25% 以上的股份有限公司。凡其中外资股本占公司注册资本的比例小于 25%的，属于内资企业中的股份有限公司。

其他外商投资企业 指在中国境内依照《外国企业或个人在中国境内设立合伙企业管理办法》和《外商投资合伙企业登记管理规定》，依法设立的外商投资合伙企业等。

Explanatory Notes on Main Statistical Indicators

Divisions of Administrative Areas refer to the division of administrative areas by the State. The relative laws define the administrative division as follows: 1) the whole country is divided into provinces, autonomous regions and municipalities directly under the Central Government; 2) provinces and autonomous regions are further divided into autonomous prefectures, counties, autonomous counties and cities; 3) autonomous prefectures are further divided into counties, autonomous counties and cities; 4) counties and autonomous counties are further divided into townships, ethnic townships and towns; 5) municipalities directly under the Central Government and large cities are divided into districts and counties, 6) the State shall, when necessary, establish special administrative regions.

Average Annual Growth Rate shows the average growth rate of social and economic development during a longer period. It can not be directly calculated by chain based growth rate. The relation is:

Average growth rate = average speed of development – 1

Average speed of development is the time series average of speed which is obtained through chain-based calculation. Because the reference bases during the different periods are different, average speed of development can not be calculated by the general method. Level approach and accumulative approach for calculating average speed of development rate are applied. The "level approach", or geometric average approach, is derived by the formula of geometric average of the chain-based speeds of development by continuous multiplication. The other is called the "accumulative approach" or the "equation" method, which is derived by the summation of the actual figure of each year in the interval divided by the figure in the base year. The level approach focuses on the level of the last year, while the accumulative approach emphasizes the aggregate development for the entire duration.

The average annual growth rates listed in the *Yearbook* are calculated by the level approach except for the growth rate of investment in fixed assets. The base year is not listed in the duration for which average annual growth rates are computed. For instance, the average annual growth rate of the 43 years since 1949 is shown as the average annual growth rate of 1950-1992 without showing the base year 1949.

Industrial Classification of the National Economy The new *Industrial Classification of the National Economy* (GB/T 4754-2017) is introduced starting from the compilation of 2017 annual statistics and 2018 monthly or quarterly statistics. The revision, based on the 2011 classification, was organized by the National Bureau of Statistics taking into consideration of the characteristics of economic activities in China and the *International Standards of the Industrial Classification of All Economic Activities* (ISIC/Rev.4) of the United Nations. The new *Classification* was promulgated by the National Administration of Quality Supervision, Inspection and Quarantine and the Standardization Administration of the People's Republic of China on June 30, 2017. The revised version of the *Industrial Classification of the National Economy* (GB/T 4754-2017) is composed of 20 sections, 97 divisions, 473 groups and 1382 classes.

Registration Status of Enterprises (units) Enterprises are classified into 3 categories, namely enterprises with domestic investment, enterprises with investment from Hong Kong, Macao and Taiwan, and enterprises with foreign investment, according to the registration status of an enterprise in market supervision administration. Domestic-invested enterprises include state-owned enterprises, collective-owned enterprises, cooperative enterprises, joint ownership enterprises, limited liability corporations, share-holding corporations Ltd., private enterprises and other enterprises. Included in the enterprises with investment from Hong Kong, Macao and Taiwan and enterprises with foreign investment are joint-venture enterprises, cooperative enterprises, sole-proprietorship enterprises and share-holding corporations Ltd.

State-owned Enterprises refer to non-corporation economic units where the entire assets are owned by the state and which have been registered in accordance with the *Regulation of the People's Republic of China on the Management of Registration of Corporate Enterprises*. Not included from this category are state sole-proprietorship corporations in the limited liability corporations.

Collective-owned Enterprises refer to economic units where the assets are owned collectively and which have been registered in accordance with the *Regulation of the People's Republic of China on the Management of Registration of Corporate Enterprises*.

Cooperative Enterprises refer to a form of collective economic units (enterprises) where capitals come mainly from employees as their shares, with certain proportion of capital from the outside, where production is organized on the basis of independent operation, independent accounting for profits and losses, joint work, democratic management, and a distribution system that integrates remuneration according to work with dividend according to capital share.

Joint Ownership Enterprises refer to economic units established by two or more corporate enterprises or corporate institutions of the same or different ownership, through joint investment on the basis of voluntary participation, equality, and mutual benefits. They include state joint ownership enterprises; collective joint ownership enterprises; joint state-collective enterprises; and other joint ownership enterprises.

Limited Liability Corporations refer to economic units established with investment from 2-50 investors and registered in accordance with the *Regulation of the People's Republic of China on the Management of Registration of Corporations*, each investor bearing limited liability to the corporation depending on its share of investment, and the corporation bearing liability to its debt to the maximum of its total assets. Limited liability corporations include state sole-proprietorship corporations and other limited liability corporations.

Share-holding Corporations Ltd. refer to economic units registered in accordance with the *Regulation of the People's Republic of China on the Management of Registration of Corporations*, with total registered capital divided into equal shares and additional capitals raised through issuing stocks. Each investor bears limited liability to the corporation depending on the holding of shares, and the corporation bears liability to its debt to the maximum of its total assets.

Private Enterprises refer to profit-making economic units invested and established by natural persons, or controlled by natural persons, using employed labour. Included in this category are private sole-proprietorship enterprise, private partnership enterprise, private limited liability companies, private limited-liability company by shares and individual sole-proprietorship enterprise registered in accordance with the *Company Law*, *the Law on Partnership Business* and *the Law on Individual Proprietorship Enterprises*.

Other Domestic-Invested Enterprises refer to domestic-invested economic units other than those mentioned above.

Joint Venture Enterprises with Hong Kong, Macao and Taiwan are enterprises jointly established by investors from Hong Kong, Macao and Taiwan with enterprises in the mainland of China in accordance with the *Law of the People's Republic of China on Sino-foreign Equity Joint Ventures* and other relevant laws, where the establishment of the investment and the sharing of profits, taking risks and loss are stipulated in joint venture contracts.

Cooperative Enterprises with Hong Kong, Macao and Taiwan established by investors from Hong Kong, Macao and Taiwan with enterprises in the mainland of China in accordance with the *Law of the People's Republic of China on Sino-foreign Contractual Joint Venture* and other relevant laws, where the investment or provision of facilities and the sharing of profits and risks are stipulated under cooperative contracts.

Sole-proprietorship Enterprises with Investment from Hong Kong, Macao and Taiwan refer to enterprises established in the mainland of China with exclusive investment from investors from Hong Kong, Macao and Taiwan in accordance with the *Law of the People's Republic of China on Enterprises with Foreign Investment* and other relevant laws.

Share-holding Corporations Ltd. with Investment from Hong Kong, Macao and Taiwan refer to share-holding corporations Ltd. established with the approval from the Ministry of Commerce（the former Ministry of Foreign Trade and Economic Relations）in line with relevant state regulations, where the share of investment from Hong Kong, Macao or Taiwan businessmen exceeds 25% of the total registered capital of the corporation. In case the share of investment from Hong Kong, Macao or Taiwan is less than 25% of the total registered capital, the enterprise is to be classified as domestic-invested share-holding corporation Ltd.

Other Enterprises with Funds From Hong Kong, Macao and Taiwan refer to partnership enterprises with investments from Hong Kong, Macao and Taiwan established within the territory of China in accordance with *Administrative Measures on the Establishment of Partnership Enterprises in China by Foreign Enterprises or Foreign Individuals* and *Regulations for the Administration of the Registration of Foreign-invested Partnership Enterprises*.

Joint Venture Enterprises with Foreign Investment refer to enterprises jointly established by foreign enterprises or foreigners with enterprises in the mainland of China in accordance with the *Law of the People's Republic of China on Sino-foreign Equity Joint Ventures* and other relevant laws, where the sharing of investment, profits and risks is stipulated in contracts.

Cooperative Enterprises with Foreign Investment refer to enterprises jointly established by foreign enterprises or foreigners with enterprises in the mainland of China in accordance with the *Law of the People's Republic of China on Sino-foreign Contractual Joint Venture* and other relevant laws, where the investment or provision of facilities and the sharing of profits and taking risks and loss are stipulated in cooperative contracts.

Sole-proprietorship Enterprises with Foreign Investment refer to enterprises established in the mainland of China with exclusive investment from foreign investors in accordance with the *Law of the People's Republic of China on Enterprises with Foreign Investment* and other relevant laws.

Share-holding Corporations Ltd. with Foreign Investment refer to share-holding corporations Ltd. established with the approval from the Ministry of Commerce（the former Ministry of Foreign Trade and Economic Relations）in line with relevant state regulations, where the share of investment from foreign investors exceeds 25% of the total registered capital of the corporation. In case the share of foreign investment is less than 25% of the total registered capital, the enterprise is to be classified as domestic-invested share-holding corporation Ltd.

Other Enterprises with Foreign Funds refer to partnership enterprises established within the territory of China in accordance with *Administrative Measures on the Establishment of Partnership Enterprises in China by Foreign Enterprises or Foreign Individuals* and *Regulations for the Administration of the Registration of Foreign-invested Partnership Enterprises*.

2

人　口

Population

简 要 说 明

一、本篇资料的主要内容

本篇资料反映我国 2019 年及历年人口方面的基本情况，包括全国及 31 个省、自治区、直辖市的主要人口统计数据，如：全国历年人口数、城镇人口、乡村人口；2019 年各地区人口数、出生率、死亡率、自然增长率、人口负担系数、家庭户规模、人口受教育程度等。

二、本篇的资料来源

本篇资料由国家统计局人口和就业统计司整理。其中表 2–1 至 2–7 中，1981 年及以前数据为户籍统计数；1982、1990、2000、2010 年数据为当年普查数据推算数；其余年份数据为年度人口抽样调查推算数据，部分年份数据根据人口普查数据进行了修订。表 2–8 为 2019 年全国人口变动情况抽样调查推算数据，表 2–9 至 2–16 为 2019 年全国人口变动情况抽样调查样本数据。

本篇各表如不做特殊说明，均未包括香港特别行政区、澳门特别行政区和台湾地区的人口数据。

三、本篇的统计调查方法

目前由国家统计局人口和就业统计司实施的人口统计调查有：

在逢“0”的年份进行全国人口普查；在逢“5”的年份进行全国 1%人口抽样调查；其余年份进行全国人口变动情况抽样调查，其样本量约占全国总人口的 1‰左右。人口抽样调查是以全国为总体，省级单位为次总体，采用分层、多阶段、整群概率比例抽样方法抽取样本。

Brief Introduction

I. Main Contents

Data in this chapter show the basic condition of the population in 2019 as well as in previous years for the whole nation and 31 provinces, autonomous regions and municipalities directly under the Central Government. They include the sizes of the national population, urban population and rural population over the years; as well as size, birth rates, death rates, natural growth rates, population dependency coefficient, average family household size and education attainments of the population by the end of 2019.

II. Sources of Data

Data in this chapter are prepared by the Department of Population and Employment Statistics of the National Bureau of Statistics. In tables 2-1 to 2-7, figures for 1981 and before are from household registrations; data for the year 1982, 1990, 2000 and 2010 are the census year estimates; the rest of the data covered in those tables are estimates from the annual national sample survey on population changes and data for selected years have been revised according to the census results. In table 2-8, data are estimates from the 2019 National Sample Survey on Population Changes. In tables 2-9 to 2-16, data are the sample data from the 2019 National Sample Survey on Population Changes.

Data in all the tables of this chapter do not include that from Hong Kong SAR, Macao SAR and Taiwan unless otherwise stated.

III. Statistical Survey Methods

The statistical surveys on population which are conducted by Department of Population and Employment Statistics of NBS are as follows:

The national population census is conducted in the year ending with 0; the national 1 percent population sample survey is conducted in the year ending with 5; sample surveys on population changes are conducted in the rest of the years which cover about 1 per thousand of the total population of the country. The sample survey on population change takes the whole nation as the population and each province, autonomous region or municipality as sub-populations, and the stratified multi-stage systematic PPS cluster sampling scheme is used.

2-1 人口数及构成
Population and Its Composition

单位：万人 (10 000 persons)

年份 Year	总人口(年末) Total Population (year-end)	按性别分 By Gender 男 Male 人口数 Population	男 Male 比重(%) Proportion	女 Female 人口数 Population	女 Female 比重(%) Proportion	按城乡分 By Residence 城镇 Urban 人口数 Population	城镇 Urban 比重(%) Proportion	乡村 Rural 人口数 Population	乡村 Rural 比重(%) Proportion
1949	54167	28145	51.96	26022	48.04	5765	10.64	48402	89.36
1950	55196	28669	51.94	26527	48.06	6169	11.18	49027	88.82
1951	56300	29231	51.92	27069	48.08	6632	11.78	49668	88.22
1955	61465	31809	51.75	29656	48.25	8285	13.48	53180	86.52
1960	66207	34283	51.78	31924	48.22	13073	19.75	53134	80.25
1965	72538	37128	51.18	35410	48.82	13045	17.98	59493	82.02
1970	82992	42686	51.43	40306	48.57	14424	17.38	68568	82.62
1971	85229	43819	51.41	41410	48.59	14711	17.26	70518	82.74
1972	87177	44813	51.40	42364	48.60	14935	17.13	72242	82.87
1973	89211	45876	51.42	43335	48.58	15345	17.20	73866	82.80
1974	90859	46727	51.43	44132	48.57	15595	17.16	75264	82.84
1975	92420	47564	51.47	44856	48.53	16030	17.34	76390	82.66
1976	93717	48257	51.49	45460	48.51	16341	17.44	77376	82.56
1977	94974	48908	51.50	46066	48.50	16669	17.55	78305	82.45
1978	96259	49567	51.49	46692	48.51	17245	17.92	79014	82.08
1979	97542	50192	51.46	47350	48.54	18495	18.96	79047	81.04
1980	98705	50785	51.45	47920	48.55	19140	19.39	79565	80.61
1981	100072	51519	51.48	48553	48.52	20171	20.16	79901	79.84
1982	101654	52352	51.50	49302	48.50	21480	21.13	80174	78.87
1983	103008	53152	51.60	49856	48.40	22274	21.62	80734	78.38
1984	104357	53848	51.60	50509	48.40	24017	23.01	80340	76.99
1985	105851	54725	51.70	51126	48.30	25094	23.71	80757	76.29
1986	107507	55581	51.70	51926	48.30	26366	24.52	81141	75.48
1987	109300	56290	51.50	53010	48.50	27674	25.32	81626	74.68
1988	111026	57201	51.52	53825	48.48	28661	25.81	82365	74.19
1989	112704	58099	51.55	54605	48.45	29540	26.21	83164	73.79
1990	114333	58904	51.52	55429	48.48	30195	26.41	84138	73.59
1991	115823	59466	51.34	56357	48.66	31203	26.94	84620	73.06
1992	117171	59811	51.05	57360	48.95	32175	27.46	84996	72.54
1993	118517	60472	51.02	58045	48.98	33173	27.99	85344	72.01
1994	119850	61246	51.10	58604	48.90	34169	28.51	85681	71.49
1995	121121	61808	51.03	59313	48.97	35174	29.04	85947	70.96
1996	122389	62200	50.82	60189	49.18	37304	30.48	85085	69.52
1997	123626	63131	51.07	60495	48.93	39449	31.91	84177	68.09
1998	124761	63940	51.25	60821	48.75	41608	33.35	83153	66.65
1999	125786	64692	51.43	61094	48.57	43748	34.78	82038	65.22
2000	126743	65437	51.63	61306	48.37	45906	36.22	80837	63.78
2001	127627	65672	51.46	61955	48.54	48064	37.66	79563	62.34
2002	128453	66115	51.47	62338	48.53	50212	39.09	78241	60.91
2003	129227	66556	51.50	62671	48.50	52376	40.53	76851	59.47
2004	129988	66976	51.52	63012	48.48	54283	41.76	75705	58.24
2005	130756	67375	51.53	63381	48.47	56212	42.99	74544	57.01
2006	131448	67728	51.52	63720	48.48	58288	44.34	73160	55.66
2007	132129	68048	51.50	64081	48.50	60633	45.89	71496	54.11
2008	132802	68357	51.47	64445	48.53	62403	46.99	70399	53.01
2009	133450	68647	51.44	64803	48.56	64512	48.34	68938	51.66
2010	134091	68748	51.27	65343	48.73	66978	49.95	67113	50.05
2011	134735	69068	51.26	65667	48.74	69079	51.27	65656	48.73
2012	135404	69395	51.25	66009	48.75	71182	52.57	64222	47.43
2013	136072	69728	51.24	66344	48.76	73111	53.73	62961	46.27
2014	136782	70079	51.23	66703	48.77	74916	54.77	61866	45.23
2015	137462	70414	51.22	67048	48.78	77116	56.10	60346	43.90
2016	138271	70815	51.21	67456	48.79	79298	57.35	58973	42.65
2017	139008	71137	51.17	67871	48.83	81347	58.52	57661	41.48
2018	139538	71351	51.13	68187	48.87	83137	59.58	56401	40.42
2019	140005	71527	51.09	68478	48.91	84843	60.60	55162	39.40

注：1.1981年及以前数据为户籍统计数；1982、1990、2000、2010年数据为当年人口普查数据推算数；其余年份数据为年度人口抽样调查推算数据(下相关表同)。

2.总人口和按性别分人口中包括现役军人，按城乡分人口中现役军人计入城镇人口。

a) Figures before and of 1981 are from household registrations; for years of 1982,1990,2000 and 2010 are the census year estimates;and figures for the rest of years are estimated on the basis of the annual national sample survey of population. The same applies to the relevant following tables.

b) Total population and population by sex include the servicemen of the Chinese People's Liberation Army, who are classified as urban population in population by residence.

2-2 人口出生率、死亡率和自然增长率
Birth Rate, Death Rate and Natural Growth Rate of Population

单位：‰ (‰)

年 份 Year	出生率 Birth Rate	死亡率 Death Rate	自然增长率 Natural Growth Rate
1978	18.25	6.25	12.00
1980	18.21	6.34	11.87
1981	20.91	6.36	14.55
1982	22.28	6.60	15.68
1983	20.19	6.90	13.29
1984	19.90	6.82	13.08
1985	21.04	6.78	14.26
1986	22.43	6.86	15.57
1987	23.33	6.72	16.61
1988	22.37	6.64	15.73
1989	21.58	6.54	15.04
1990	21.06	6.67	14.39
1991	19.68	6.70	12.98
1992	18.24	6.64	11.60
1993	18.09	6.64	11.45
1994	17.70	6.49	11.21
1995	17.12	6.57	10.55
1996	16.98	6.56	10.42
1997	16.57	6.51	10.06
1998	15.64	6.50	9.14
1999	14.64	6.46	8.18
2000	14.03	6.45	7.58
2001	13.38	6.43	6.95
2002	12.86	6.41	6.45
2003	12.41	6.40	6.01
2004	12.29	6.42	5.87
2005	12.40	6.51	5.89
2006	12.09	6.81	5.28
2007	12.10	6.93	5.17
2008	12.14	7.06	5.08
2009	11.95	7.08	4.87
2010	11.90	7.11	4.79
2011	11.93	7.14	4.79
2012	12.10	7.15	4.95
2013	12.08	7.16	4.92
2014	12.37	7.16	5.21
2015	12.07	7.11	4.96
2016	12.95	7.09	5.86
2017	12.43	7.11	5.32
2018	10.94	7.13	3.81
2019	10.48	7.14	3.34

2-3 流动人口数
Migrant Population

单位：亿人 (100 million persons)

年 份 Year	人户分离人口 Population with Residence-Registration Inconsistency	流动人口 Migrant Population
2000	1.44	1.21
2005		1.47
2010	2.61	2.21
2011	2.71	2.30
2012	2.79	2.36
2013	2.89	2.45
2014	2.98	2.53
2015	2.94	2.47
2016	2.92	2.45
2017	2.91	2.44
2018	2.86	2.41
2019	2.80	2.36

注：2000年、2010年分别为当年人口普查时点数据，其余年份数据根据年度人口抽样调查推算。

a) Data of 2000 and 2010 are based on the National Population Census and the rest are estimates based on annual national sample survey of population.

2-4 平均预期寿命
Life Expectancy at Birth

单位：岁 (year)

年份 Year	合计 Total	男 Male	女 Female
1981	67.77	66.28	69.27
1990	68.55	66.84	70.47
1996	70.80		
2000	71.40	69.63	73.33
2005	72.95	70.83	75.25
2010	74.83	72.38	77.37
2015	76.34	73.64	79.43

2-5 人口年龄结构和抚养比
Age Composition and Dependency Ratio of Population

单位：万人 (10 000 persons)

年份 Year	总人口(年末) Total Population (year-end)	按年龄组分 By Age						总抚养比(%) Gross Dependency Ratio(%)	少儿抚养比(%) Children Dependency Ratio(%)	老年抚养比(%) Elderly Dependency Ratio(%)
		0-14岁 Aged 0-14		15-64岁 Aged 15-64		65岁及以上 Aged 65 and Over				
		人口数 Population	比重(%) Proportion	人口数 Population	比重(%) Proportion	人口数 Population	比重(%) Proportion			
1982	101654	34146	33.6	62517	61.5	4991	4.9	62.6	54.6	8.0
1987	109300	31347	28.7	71985	65.9	5968	5.4	51.8	43.5	8.3
1990	114333	31659	27.7	76306	66.7	6368	5.6	49.8	41.5	8.3
1991	115823	32095	27.7	76791	66.3	6938	6.0	50.8	41.8	9.0
1992	117171	32339	27.6	77614	66.2	7218	6.2	51.0	41.7	9.3
1993	118517	32177	27.2	79051	66.7	7289	6.2	49.9	40.7	9.2
1994	119850	32360	27.0	79868	66.6	7622	6.4	50.1	40.5	9.5
1995	121121	32218	26.6	81393	67.2	7510	6.2	48.8	39.6	9.2
1996	122389	32311	26.4	82245	67.2	7833	6.4	48.8	39.3	9.5
1997	123626	32093	26.0	83448	67.5	8085	6.5	48.1	38.5	9.7
1998	124761	32064	25.7	84338	67.6	8359	6.7	47.9	38.0	9.9
1999	125786	31950	25.4	85157	67.7	8679	6.9	47.7	37.5	10.2
2000	126743	29012	22.9	88910	70.1	8821	7.0	42.6	32.6	9.9
2001	127627	28716	22.5	89849	70.4	9062	7.1	42.0	32.0	10.1
2002	128453	28774	22.4	90302	70.3	9377	7.3	42.2	31.9	10.4
2003	129227	28559	22.1	90976	70.4	9692	7.5	42.0	31.4	10.7
2004	129988	27947	21.5	92184	70.9	9857	7.6	41.0	30.3	10.7
2005	130756	26504	20.3	94197	72.0	10055	7.7	38.8	28.1	10.7
2006	131448	25961	19.8	95068	72.3	10419	7.9	38.3	27.3	11.0
2007	132129	25660	19.4	95833	72.5	10636	8.1	37.9	26.8	11.1
2008	132802	25166	19.0	96680	72.7	10956	8.3	37.4	26.0	11.3
2009	133450	24659	18.5	97484	73.0	11307	8.5	36.9	25.3	11.6
2010	134091	22259	16.6	99938	74.5	11894	8.9	34.2	22.3	11.9
2011	134735	22164	16.5	100283	74.4	12288	9.1	34.4	22.1	12.3
2012	135404	22287	16.5	100403	74.1	12714	9.4	34.9	22.2	12.7
2013	136072	22329	16.4	100582	73.9	13161	9.7	35.3	22.2	13.1
2014	136782	22558	16.5	100469	73.4	13755	10.1	36.2	22.5	13.7
2015	137462	22715	16.5	100361	73.0	14386	10.5	37.0	22.6	14.3
2016	138271	23008	16.7	100260	72.5	15003	10.8	37.9	22.9	15.0
2017	139008	23348	16.8	99829	71.8	15831	11.4	39.2	23.4	15.9
2018	139538	23523	16.9	99357	71.2	16658	11.9	40.4	23.7	16.8
2019	140005	23492	16.8	98910	70.6	17603	12.6	41.5	23.8	17.8

2-6 分地区年末人口数
Population at Year-end by Region

单位：万人 (10 000 persons)

地 区	Region	2008	2009	2010	2011	2012	2013	2014	2015	2016	2017	2018	2019
全 国	**National Total**	**132802**	**133450**	**134091**	**134735**	**135404**	**136072**	**136782**	**137462**	**138271**	**139008**	**139538**	**140005**
北 京	Beijing	1771	1860	1962	2019	2069	2115	2152	2171	2173	2171	2154	2154
天 津	Tianjin	1176	1228	1299	1355	1413	1472	1517	1547	1562	1557	1560	1562
河 北	Hebei	6989	7034	7194	7241	7288	7333	7384	7425	7470	7520	7556	7592
山 西	Shanxi	3411	3427	3574	3593	3611	3630	3648	3664	3682	3702	3718	3729
内蒙古	Inner Mongolia	2444	2458	2472	2482	2490	2498	2505	2511	2520	2529	2534	2540
辽 宁	Liaoning	4315	4341	4375	4383	4389	4390	4391	4382	4378	4369	4359	4352
吉 林	Jilin	2734	2740	2747	2749	2750	2751	2752	2753	2733	2717	2704	2691
黑龙江	Heilongjiang	3825	3826	3833	3834	3834	3835	3833	3812	3799	3789	3773	3751
上 海	Shanghai	2141	2210	2303	2347	2380	2415	2426	2415	2420	2418	2424	2428
江 苏	Jiangsu	7762	7810	7869	7899	7920	7939	7960	7976	7999	8029	8051	8070
浙 江	Zhejiang	5212	5276	5447	5463	5477	5498	5508	5539	5590	5657	5737	5850
安 徽	Anhui	6135	6131	5957	5968	5988	6030	6083	6144	6196	6255	6324	6366
福 建	Fujian	3639	3666	3693	3720	3748	3774	3806	3839	3874	3911	3941	3973
江 西	Jiangxi	4400	4432	4462	4488	4504	4522	4542	4566	4592	4622	4648	4666
山 东	Shandong	9417	9470	9588	9637	9685	9733	9789	9847	9947	10006	10047	10070
河 南	Henan	9429	9487	9405	9388	9406	9413	9436	9480	9532	9559	9605	9640
湖 北	Hubei	5711	5720	5728	5758	5779	5799	5816	5852	5885	5902	5917	5927
湖 南	Hunan	6380	6406	6570	6596	6639	6691	6737	6783	6822	6860	6899	6918
广 东	Guangdong	9893	10130	10441	10505	10594	10644	10724	10849	10999	11169	11346	11521
广 西	Guangxi	4816	4856	4610	4645	4682	4719	4754	4796	4838	4885	4926	4960
海 南	Hainan	854	864	869	877	887	895	903	911	917	926	934	945
重 庆	Chongqing	2839	2859	2885	2919	2945	2970	2991	3017	3048	3075	3102	3124
四 川	Sichuan	8138	8185	8045	8050	8076	8107	8140	8204	8262	8302	8341	8375
贵 州	Guizhou	3596	3537	3479	3469	3484	3502	3508	3530	3555	3580	3600	3623
云 南	Yunnan	4543	4571	4602	4631	4659	4687	4714	4742	4771	4801	4830	4858
西 藏	Tibet	292	296	300	303	308	312	318	324	331	337	344	351
陕 西	Shaanxi	3718	3727	3735	3743	3753	3764	3775	3793	3813	3835	3864	3876
甘 肃	Gansu	2551	2555	2560	2564	2578	2582	2591	2600	2610	2626	2637	2647
青 海	Qinghai	554	557	563	568	573	578	583	588	593	598	603	608
宁 夏	Ningxia	618	625	633	639	647	654	662	668	675	682	688	695
新 疆	Xinjiang	2131	2159	2185	2209	2233	2264	2298	2360	2398	2445	2487	2523

注：2010年数据为当年人口普查数据推算数；其余年份数据为年度人口抽样调查推算数据。各地区数据为常住人口口径。

a) Data of 2010 are the census year estimates; the rest are the estimates from the annual national sample survey of population. Data by region are of permanent residents.

2-7 分地区年末城镇人口比重
Proportion of Urban Population at Year-end by Region

单位：% (%)

地 区	Region	2011	2012	2013	2014	2015	2016	2017	2018	2019
全 国	**National Total**	**51.27**	**52.57**	**53.73**	**54.77**	**56.10**	**57.35**	**58.52**	**59.58**	**60.60**
北 京	Beijing	86.20	86.20	86.30	86.35	86.50	86.50	86.50	86.50	86.60
天 津	Tianjin	80.50	81.55	82.01	82.27	82.64	82.93	82.93	83.15	83.48
河 北	Hebei	45.60	46.80	48.12	49.33	51.33	53.32	55.01	56.43	57.62
山 西	Shanxi	49.68	51.26	52.56	53.79	55.03	56.21	57.34	58.41	59.55
内蒙古	Inner Mongolia	56.62	57.74	58.71	59.51	60.30	61.19	62.02	62.71	63.37
辽 宁	Liaoning	64.05	65.65	66.45	67.05	67.35	67.37	67.49	68.10	68.11
吉 林	Jilin	53.40	53.70	54.20	54.81	55.31	55.97	56.65	57.53	58.27
黑龙江	Heilongjiang	56.50	56.90	57.40	58.01	58.80	59.20	59.40	60.10	60.90
上 海	Shanghai	89.30	89.30	89.60	89.60	87.60	87.90	87.70	88.10	88.30
江 苏	Jiangsu	61.90	63.00	64.11	65.21	66.52	67.72	68.76	69.61	70.61
浙 江	Zhejiang	62.30	63.20	64.00	64.87	65.80	67.00	68.00	68.90	70.00
安 徽	Anhui	44.80	46.50	47.86	49.15	50.50	51.99	53.49	54.69	55.81
福 建	Fujian	58.10	59.60	60.77	61.80	62.60	63.60	64.80	65.82	66.50
江 西	Jiangxi	45.70	47.51	48.87	50.22	51.62	53.10	54.60	56.02	57.42
山 东	Shandong	50.95	52.43	53.75	55.01	57.01	59.02	60.58	61.18	61.51
河 南	Henan	40.57	42.43	43.80	45.20	46.85	48.50	50.16	51.71	53.21
湖 北	Hubei	51.83	53.50	54.51	55.67	56.85	58.10	59.30	60.30	61.00
湖 南	Hunan	45.10	46.65	47.96	49.28	50.89	52.75	54.62	56.02	57.22
广 东	Guangdong	66.50	67.40	67.76	68.00	68.71	69.20	69.85	70.70	71.40
广 西	Guangxi	41.80	43.53	44.81	46.01	47.06	48.08	49.21	50.22	51.09
海 南	Hainan	50.50	51.60	52.74	53.76	55.12	56.78	58.04	59.06	59.23
重 庆	Chongqing	55.02	56.98	58.34	59.60	60.94	62.60	64.08	65.50	66.80
四 川	Sichuan	41.83	43.53	44.90	46.30	47.69	49.21	50.79	52.29	53.79
贵 州	Guizhou	34.96	36.41	37.83	40.01	42.01	44.15	46.02	47.52	49.02
云 南	Yunnan	36.80	39.31	40.48	41.73	43.33	45.03	46.69	47.81	48.91
西 藏	Tibet	22.71	22.75	23.71	25.75	27.74	29.56	30.89	31.14	31.54
陕 西	Shaanxi	47.30	50.02	51.31	52.57	53.92	55.34	56.79	58.13	59.43
甘 肃	Gansu	37.15	38.75	40.13	41.68	43.19	44.69	46.39	47.69	48.49
青 海	Qinghai	46.22	47.44	48.51	49.78	50.30	51.63	53.07	54.47	55.52
宁 夏	Ningxia	49.82	50.67	52.01	53.61	55.23	56.29	57.98	58.88	59.86
新 疆	Xinjiang	43.54	43.98	44.47	46.07	47.23	48.35	49.38	50.91	51.87

注：2010年数据为当年人口普查数据推算数；其余年份数据为年度人口抽样调查推算数据。

a) Data of 2010 are the census year estimates; the rest are the estimates from the annual national sample survey of population.

2-8 分地区人口的城乡构成和出生率、死亡率、自然增长率（2019年）
Total Population by Urban and Rural Residence, Birth Rate, Death Rate, Natural Growth Rate and by Region (2019)

地 区	Region	总人口(年末) (万人) Total Population (year-end) (10 000 persons)	城镇人口 Urban Population 人口数 Population	城镇人口 Urban Population 比重 (%) Proportion	乡村人口 Rural Population 人口数 Population	乡村人口 Rural Population 比重 (%) Proportion	出生率 (‰) Birth Rate (‰)	死亡率 (‰) Death Rate (‰)	自然增长率 (‰) Natural Growth Rate (‰)
全 国	**National Total**	**140005**	**84843**	**60.60**	**55162**	**39.40**	**10.48**	**7.14**	**3.34**
北 京	Beijing	2154	1865	86.60	289	13.40	8.12	5.49	2.63
天 津	Tianjin	1562	1304	83.48	258	16.52	6.73	5.30	1.43
河 北	Hebei	7592	4374	57.62	3218	42.38	10.83	6.12	4.71
山 西	Shanxi	3729	2221	59.55	1508	40.45	9.12	5.85	3.27
内蒙古	Inner Mongolia	2540	1609	63.37	931	36.63	8.23	5.66	2.57
辽 宁	Liaoning	4352	2964	68.11	1388	31.89	6.45	7.25	-0.80
吉 林	Jilin	2691	1568	58.27	1123	41.73	6.05	6.90	-0.85
黑龙江	Heilongjiang	3751	2284	60.90	1467	39.10	5.73	6.74	-1.01
上 海	Shanghai	2428	2144	88.30	284	11.70	7.00	5.50	1.50
江 苏	Jiangsu	8070	5698	70.61	2372	29.39	9.12	7.04	2.08
浙 江	Zhejiang	5850	4095	70.00	1755	30.00	10.51	5.52	4.99
安 徽	Anhui	6366	3553	55.81	2813	44.19	12.03	6.04	5.99
福 建	Fujian	3973	2642	66.50	1331	33.50	12.90	6.10	6.80
江 西	Jiangxi	4666	2679	57.42	1987	42.58	12.59	6.03	6.56
山 东	Shandong	10070	6194	61.51	3876	38.49	11.77	7.50	4.27
河 南	Henan	9640	5129	53.21	4511	46.79	11.02	6.84	4.18
湖 北	Hubei	5927	3615	61.00	2312	39.00	11.35	7.08	4.27
湖 南	Hunan	6918	3959	57.22	2959	42.78	10.39	7.28	3.11
广 东	Guangdong	11521	8226	71.40	3295	28.60	12.54	4.46	8.08
广 西	Guangxi	4960	2534	51.09	2426	48.91	13.31	6.14	7.17
海 南	Hainan	945	560	59.23	385	40.77	12.87	6.11	6.76
重 庆	Chongqing	3124	2087	66.80	1037	33.20	10.48	7.57	2.91
四 川	Sichuan	8375	4505	53.79	3870	46.21	10.70	7.09	3.61
贵 州	Guizhou	3623	1776	49.02	1847	50.98	13.65	6.95	6.70
云 南	Yunnan	4858	2376	48.91	2482	51.09	12.63	6.20	6.43
西 藏	Tibet	351	111	31.54	240	68.46	14.60	4.46	10.14
陕 西	Shaanxi	3876	2304	59.43	1572	40.57	10.55	6.28	4.27
甘 肃	Gansu	2647	1284	48.49	1363	51.51	10.60	6.75	3.85
青 海	Qinghai	608	337	55.52	271	44.48	13.66	6.08	7.58
宁 夏	Ningxia	695	416	59.86	279	40.14	13.72	5.69	8.03
新 疆	Xinjiang	2523	1309	51.87	1214	48.13	8.14	4.45	3.69

注：1.本表数据根据2019年全国人口变动情况抽样调查数据推算。全国总人口根据抽样误差和调查误差进行了修正，分地区人口未作修正。
2.全国总人口包括现役军人数，分地区数字中未包括。

a) Data in the table are estimates from the 2019 National Sample Survey on Population Changes. The national total population was adjusted on the basis of sampling and non-sampling errors. No adjustment was made to regional figures.

b) The military personnel were included in the national total population, but were not included in the population by region.

2-9 按年龄和性别分人口数（2019年）
Population by Age and Gender (2019)

本表是2019年全国人口变动情况抽样调查样本数据，抽样比为0.780‰。
Data in this table are obtained from the 2019 National Sample Survey on Population Changes. The sampling fraction is 0.780‰.

年 龄 Age	人口数（人） Population (person)	男 Male	女 Female	占总人口比重（%） Percentage to Total Population (%)	男 Male	女 Female	性别比 (女=100) Sex Ratio (Female=100)
总计 Total	**1091876**	**557834**	**534042**	**100.00**	**51.09**	**48.91**	**104.46**
0-4	62722	33361	29361	5.74	3.06	2.69	113.62
5-9	60701	32709	27992	5.56	3.00	2.56	116.85
10-14	59844	32530	27314	5.48	2.98	2.50	119.10
15-19	55822	30261	25560	5.11	2.77	2.34	118.39
20-24	61519	32854	28665	5.63	3.01	2.63	114.61
25-29	81741	42186	39555	7.49	3.86	3.62	106.65
30-34	93971	47285	46686	8.61	4.33	4.28	101.28
35-39	77703	39256	38447	7.12	3.60	3.52	102.10
40-44	77044	39234	37810	7.06	3.59	3.46	103.77
45-49	95621	48652	46969	8.76	4.46	4.30	103.58
50-54	93125	47045	46079	8.53	4.31	4.22	102.10
55-59	74068	37183	36886	6.78	3.41	3.38	100.81
60-64	60712	30468	30244	5.56	2.79	2.77	100.74
65-69	55086	26967	28119	5.05	2.47	2.58	95.90
70-74	35665	17291	18374	3.27	1.58	1.68	94.11
75-79	22610	10568	12042	2.07	0.97	1.10	87.76
80-84	14322	6242	8081	1.31	0.57	0.74	77.24
85-89	7036	2906	4130	0.64	0.27	0.38	70.37
90-94	2113	719	1395	0.19	0.07	0.13	51.53
95+	450	117	333	0.04	0.01	0.03	35.29

注：由于各地区数据采用加权汇总的方法，全国(部分省区)人口变动情况抽样调查样本数据合计与各分项或分组相加略有误差(以下表同)。
a) Data by region are calculated by the method of weighted sum, total data of the National (some Provinces and Autonomous Regions) Sample Survey on Population Changes is not equal to the sum of each item or group. The same applies to the following tables.

2-10 分地区户数、人口数、性别比和户规模（2019年）
Household, Population, Sex Ratio and Household Size by Region (2019)

本表是2019年全国人口变动情况抽样调查样本数据，抽样比为0.780‰。
Data in this table are obtained from the 2019 National Sample Survey on Population Changes. The sampling fraction is 0.780‰.

地 区	Region	户数（户） Number of Households (household)	家庭户 Family Households	集体户 Collective Households	人口数（人） Population (person)	男 Male	女 Female	性别比（女=100） Sex Ratio (Female=100)
全 国	**National Total**	**371292**	**363974**	**7318**	**1091876**	**557834**	**534042**	**104.46**
北 京	Beijing	6408	6073	335	16666	8398	8269	101.56
天 津	Tianjin	4317	4025	292	12095	6675	5419	123.17
河 北	Hebei	19000	18924	76	59087	30160	28927	104.26
山 西	Shanxi	9844	9807	37	29012	14672	14339	102.32
内蒙古	Inner Mongolia	7510	7272	237	19744	10191	9553	106.68
辽 宁	Liaoning	13297	13205	92	33800	16960	16840	100.71
吉 林	Jilin	8033	8001	32	20939	10570	10369	101.94
黑龙江	Heilongjiang	11787	11768	19	29177	14788	14389	102.77
上 海	Shanghai	7832	7536	296	18785	9748	9038	107.86
江 苏	Jiangsu	21040	20478	562	62652	31847	30805	103.38
浙 江	Zhejiang	17651	17296	354	45420	23546	21874	107.64
安 徽	Anhui	16925	16782	143	49562	25042	24519	102.13
福 建	Fujian	10799	10557	243	30869	15993	14876	107.51
江 西	Jiangxi	10914	10727	187	36318	18541	17778	104.29
山 东	Shandong	28543	28347	196	78318	39531	38787	101.92
河 南	Henan	22514	22346	168	75087	37920	37167	102.03
湖 北	Hubei	15294	14913	381	46101	23216	22885	101.45
湖 南	Hunan	17031	16933	98	53851	27438	26413	103.88
广 东	Guangdong	30339	27825	2515	89429	48416	41012	118.05
广 西	Guangxi	11663	11552	111	38653	19978	18675	106.98
海 南	Hainan	2006	1945	61	7350	3788	3562	106.34
重 庆	Chongqing	8584	8536	47	24274	12147	12126	100.17
四 川	Sichuan	23555	23283	273	65230	32073	33157	96.73
贵 州	Guizhou	8891	8843	48	28245	14628	13617	107.42
云 南	Yunnan	11482	11313	170	37874	19321	18553	104.14
西 藏	Tibet	665	656	9	2743	1373	1369	100.31
陕 西	Shaanxi	10053	9921	131	30158	15302	14856	103.00
甘 肃	Gansu	6105	6000	105	20642	10433	10209	102.19
青 海	Qinghai	1526	1508	18	4733	2445	2287	106.91
宁 夏	Ningxia	1752	1741	11	5404	2780	2624	105.95
新 疆	Xinjiang	5932	5859	73	19660	9915	9746	101.73

2-10 续表 continued

地 区	Region	家庭户人口数(人) Family Household Population (person)	男 Male	女 Female	集体户人口数(人) Collective Household Population (person)	男 Male	女 Female	平均家庭户规模(人/户) Average Family Size (person/household)
全 国	**National Total**	**1062849**	**539844**	**523006**	**29027**	**17991**	**11036**	**2.92**
北 京	Beijing	15551	7617	7933	1116	780	335	2.56
天 津	Tianjin	10664	5413	5252	1430	1263	168	2.65
河 北	Hebei	58729	29918	28810	359	242	117	3.10
山 西	Shanxi	28885	14608	14277	127	65	62	2.95
内蒙古	Inner Mongolia	18749	9547	9202	995	644	351	2.58
辽 宁	Liaoning	33598	16833	16766	201	127	75	2.54
吉 林	Jilin	20821	10494	10327	118	77	42	2.60
黑龙江	Heilongjiang	29045	14710	14336	132	78	54	2.47
上 海	Shanghai	17924	9159	8765	861	588	273	2.38
江 苏	Jiangsu	60762	30712	30049	1890	1134	756	2.97
浙 江	Zhejiang	44112	22734	21377	1308	811	496	2.55
安 徽	Anhui	48934	24554	24380	628	488	139	2.92
福 建	Fujian	29966	15441	14524	903	551	352	2.84
江 西	Jiangxi	35616	18225	17391	703	316	387	3.32
山 东	Shandong	77746	39227	38519	572	304	267	2.74
河 南	Henan	73998	37310	36688	1089	610	479	3.31
湖 北	Hubei	43839	22152	21688	2262	1065	1198	2.94
湖 南	Hunan	53309	27118	26192	542	320	222	3.15
广 东	Guangdong	80476	42433	38043	8952	5983	2969	2.89
广 西	Guangxi	37941	19612	18329	712	366	346	3.28
海 南	Hainan	7050	3732	3318	300	56	244	3.62
重 庆	Chongqing	24081	12025	12057	192	122	70	2.82
四 川	Sichuan	64069	31670	32399	1161	403	758	2.75
贵 州	Guizhou	28041	14500	13542	204	128	76	3.17
云 南	Yunnan	37105	18956	18149	769	365	404	3.28
西 藏	Tibet	2708	1355	1353	35	19	16	4.13
陕 西	Shaanxi	29604	14829	14775	553	472	81	2.98
甘 肃	Gansu	20113	10068	10045	529	365	163	3.35
青 海	Qinghai	4674	2402	2272	59	44	15	3.10
宁 夏	Ningxia	5352	2751	2601	53	30	23	3.07
新 疆	Xinjiang	19387	9741	9646	273	173	100	3.31

2-11 分地区分性别、户口登记状况的人口(2019年)
Population by Gender, Household Registration Status and Region (2019)

本表是2019年全国人口变动情况抽样调查样本数据，抽样比为0.780‰。
Data in this table are obtained from the 2019 National Sample Survey on Population Changes. The sampling fraction is 0.780‰.

单位：人 (person)

地区	Region	人口数 Population			住本乡、镇、街道，户口在本乡、镇、街道 Residing in the Townships, Towns and Street Communities with Permanent Household Registration There		
		合计 Total	男 Male	女 Female	小计 Sub-total	男 Male	女 Female
全国	**National Total**	**1091876**	**557834**	**534042**	**845547**	**430035**	**415511**
北京	Beijing	16666	8398	8269	7898	4076	3822
天津	Tianjin	12095	6675	5419	8054	4094	3959
河北	Hebei	59087	30160	28927	51733	26471	25261
山西	Shanxi	29012	14672	14339	23448	11926	11522
内蒙古	Inner Mongolia	19744	10191	9553	13129	6764	6365
辽宁	Liaoning	33800	16960	16840	25954	13130	12824
吉林	Jilin	20939	10570	10369	14980	7683	7297
黑龙江	Heilongjiang	29177	14788	14389	24928	12711	12217
上海	Shanghai	18785	9748	9038	8472	4244	4228
江苏	Jiangsu	62652	31847	30805	47382	23705	23677
浙江	Zhejiang	45420	23546	21874	28446	14338	14108
安徽	Anhui	49562	25042	24519	40839	20603	20236
福建	Fujian	30869	15993	14876	20479	10364	10115
江西	Jiangxi	36318	18541	17778	30745	15868	14877
山东	Shandong	78318	39531	38787	66074	33334	32740
河南	Henan	75087	37920	37167	67595	34102	33493
湖北	Hubei	46101	23216	22885	35428	18120	17308
湖南	Hunan	53851	27438	26413	45050	23122	21928
广东	Guangdong	89429	48416	41012	52309	27014	25296
广西	Guangxi	38653	19978	18675	32709	17006	15703
海南	Hainan	7350	3788	3562	5831	3131	2700
重庆	Chongqing	24274	12147	12126	17514	8826	8688
四川	Sichuan	65230	32073	33157	50757	25301	25456
贵州	Guizhou	28245	14628	13617	23996	12565	11431
云南	Yunnan	37874	19321	18553	31867	16344	15523
西藏	Tibet	2743	1373	1369	2447	1223	1223
陕西	Shaanxi	30158	15302	14856	25560	12773	12788
甘肃	Gansu	20642	10433	10209	17895	9013	8883
青海	Qinghai	4733	2445	2287	3690	1876	1813
宁夏	Ningxia	5404	2780	2624	4055	2084	1970
新疆	Xinjiang	19660	9915	9746	16283	8225	8058

2-11 续表 continued

单位：人 (person)

地区	Region	住本乡、镇、街道，户口在外乡、镇、街道，离开户口登记地半年以上 Residing in Townships, Towns and Street Communities, with Permanent Household Registration Elsewhere and Away from Registration Place For More Than 6 Months.			住本乡、镇、街道，户口待定 Residing in Townships, Towns and Street Communities, with Place of Permanent Household Registration Unsettled			居住在港澳台或国外，户口在本乡、镇、街道 Residing in Hong Kong SAR, Macao SAR and Taiwan or abroad, with Permanent Household Registration in Townships,Towns and Street Communities		
		小计 Sub-total	男 Male	女 Female	小计 Sub-total	男 Male	女 Female	小计 Sub-total	男 Male	女 Female
全国	**National Total**	**240481**	**124704**	**115778**	**3088**	**1591**	**1497**	**2761**	**1505**	**1256**
北京	Beijing	8594	4243	4351	36	18	18	138	61	77
天津	Tianjin	4007	2563	1444	13	6	7	21	12	9
河北	Hebei	7258	3637	3621	78	36	42	19	16	3
山西	Shanxi	5461	2695	2766	76	37	39	26	14	13
内蒙古	Inner Mongolia	6552	3393	3159	50	27	23	12	7	5
辽宁	Liaoning	7712	3769	3943	28	14	14	106	47	60
吉林	Jilin	5418	2610	2808	22	12	10	519	266	253
黑龙江	Heilongjiang	4150	2013	2137	28	14	14	71	50	21
上海	Shanghai	10154	5431	4723	34	15	19	125	57	68
江苏	Jiangsu	14983	7988	6995	171	85	86	116	69	47
浙江	Zhejiang	16481	8938	7543	141	80	61	352	190	162
安徽	Anhui	8531	4340	4191	167	88	79	25	12	13
福建	Fujian	9718	5258	4459	193	106	87	479	265	214
江西	Jiangxi	5456	2620	2836	107	50	57	10	2	8
山东	Shandong	11957	6009	5949	185	124	61	102	65	37
河南	Henan	7342	3757	3586	117	39	78	32	22	10
湖北	Hubei	10491	5003	5488	114	57	57	69	36	33
湖南	Hunan	8599	4207	4392	170	88	83	32	21	11
广东	Guangdong	36319	20981	15339	588	313	275	212	110	103
广西	Guangxi	5778	2889	2888	134	65	70	31	17	14
海南	Hainan	1478	638	840	36	17	19	6	2	4
重庆	Chongqing	6683	3280	3404	55	26	29	21	15	6
四川	Sichuan	14239	6651	7588	156	63	93	79	58	20
贵州	Guizhou	4114	1986	2129	126	69	57	9	8	1
云南	Yunnan	5857	2890	2967	100	61	40	50	26	23
西藏	Tibet	291	147	145	5	3	1			
陕西	Shaanxi	4484	2466	2018	52	26	26	62	37	25
甘肃	Gansu	2696	1392	1304	35	19	17	15	10	6
青海	Qinghai	1022	559	464	18	9	9	3	2	1
宁夏	Ningxia	1341	692	650	6	3	3	2	1	1
新疆	Xinjiang	3315	1661	1654	46	21	25	16	7	9

2-12 分地区人口年龄构成和抚养比（2019年）
Age Composition and Dependency Ratio of Population by Region (2019)

本表是2019年全国人口变动情况抽样调查样本数据，抽样比为0.780‰。
Data in this table are obtained from the 2019 National Sample Survey on Population Changes. The sampling fraction is 0.780‰.

地区	Region	人口数（人）Population (person)	0-14岁 Aged 0-14	15-64岁 Aged 15-64	65岁及以上 Aged 65 and Over	总抚养比（%）Gross Dependency Ratio (%)	少年儿童抚养比 Children Dependency Ratio	老年人口抚养比 Elderly Dependency Ratio
全国	**National Total**	**1091876**	**183267**	**771326**	**137283**	**41.56**	**23.76**	**17.80**
北京	Beijing	16666	1737	13020	1909	28.01	13.34	14.66
天津	Tianjin	12095	1243	9391	1461	28.80	13.23	15.56
河北	Hebei	59087	11125	40196	7767	47.00	27.68	19.32
山西	Shanxi	29012	4459	21363	3190	35.80	20.87	14.93
内蒙古	Inner Mongolia	19744	2572	15158	2013	30.25	16.97	13.28
辽宁	Liaoning	33800	3446	24972	5382	35.35	13.80	21.55
吉林	Jilin	20939	2464	15692	2783	33.44	15.71	17.73
黑龙江	Heilongjiang	29177	2910	22247	4020	31.15	13.08	18.07
上海	Shanghai	18785	1885	13845	3055	35.68	13.62	22.07
江苏	Jiangsu	62652	8638	44567	9447	40.58	19.38	21.20
浙江	Zhejiang	45420	5930	33116	6374	37.15	17.91	19.25
安徽	Anhui	49562	9242	33397	6923	48.40	27.67	20.73
福建	Fujian	30869	5208	22575	3086	36.74	23.07	13.67
江西	Jiangxi	36318	7339	25293	3686	43.59	29.01	14.57
山东	Shandong	78318	13841	52075	12402	50.39	26.58	23.82
河南	Henan	75087	15814	50562	8711	48.50	31.28	17.23
湖北	Hubei	46101	7180	32895	6026	40.15	21.83	18.32
湖南	Hunan	53851	10764	36009	7078	49.55	29.89	19.66
广东	Guangdong	89429	14278	67479	7672	32.53	21.16	11.37
广西	Guangxi	38653	8438	26285	3930	47.05	32.10	14.95
海南	Hainan	7350	1434	5232	685	40.49	27.41	13.09
重庆	Chongqing	24274	4073	16475	3725	47.33	24.72	22.61
四川	Sichuan	65230	10707	44257	10266	47.39	24.19	23.20
贵州	Guizhou	28245	6284	18690	3271	51.12	33.62	17.50
云南	Yunnan	37874	6832	27299	3743	38.74	25.03	13.71
西藏	Tibet	2743	715	1863	165	47.23	38.38	8.86
陕西	Shaanxi	30158	4388	22137	3633	36.23	19.82	16.41
甘肃	Gansu	20642	3530	14734	2377	40.09	23.96	16.13
青海	Qinghai	4733	924	3406	404	38.97	27.12	11.85
宁夏	Ningxia	5404	1120	3770	514	43.34	29.72	13.62
新疆	Xinjiang	19660	4746	13328	1586	47.51	35.61	11.90

2-13 分地区按性别和婚姻状况分的人口(2019年)
Population by Gender, Marital Status and Region (2019)

本表是2019年全国人口变动情况抽样调查样本数据，抽样比为0.780‰。
Data in this table are obtained from the 2019 National Sample Survey on Population Changes. The sampling fraction is 0.780‰.

单位：人 (person)

地 区	Region	15岁及以上人口 Population Aged 15 and Over	男 Male	女 Female	未 婚 Never Married	男 Male	女 Female	有配偶 Married	男 Male	女 Female
全 国	**National Total**	**908609**	**459235**	**449374**	**163714**	**98992**	**64721**	**672419**	**334602**	**337817**
北 京	Beijing	14929	7500	7429	3067	1736	1331	10972	5502	5470
天 津	Tianjin	10852	6006	4846	2085	1390	695	8039	4364	3675
河 北	Hebei	47963	24166	23797	7011	4297	2714	37376	18545	18831
山 西	Shanxi	24553	12379	12173	4332	2599	1733	18537	9193	9344
内蒙古	Inner Mongolia	17171	8832	8339	2940	1711	1229	13004	6662	6342
辽 宁	Liaoning	30354	15166	15189	4495	2608	1887	22650	11351	11299
吉 林	Jilin	18474	9234	9240	2499	1475	1024	13970	6979	6990
黑龙江	Heilongjiang	26267	13256	13011	3737	2189	1548	19509	9814	9695
上 海	Shanghai	16900	8752	8149	2851	1586	1265	12946	6813	6132
江 苏	Jiangsu	54014	27195	26819	8246	4937	3310	41502	20778	20725
浙 江	Zhejiang	39490	20328	19162	6499	4002	2497	30063	15389	14674
安 徽	Anhui	40320	20014	20305	6565	4089	2477	30509	14777	15733
福 建	Fujian	25661	13132	12529	3642	2397	1245	20196	10172	10024
江 西	Jiangxi	28980	14471	14509	5761	3452	2309	21218	10354	10864
山 东	Shandong	64477	31997	32480	8632	5157	3475	50612	25063	25549
河 南	Henan	59273	29292	29981	11539	6802	4737	43410	20888	22522
湖 北	Hubei	38921	19328	19593	7043	4038	3005	28709	14165	14544
湖 南	Hunan	43087	21597	21491	7691	4795	2896	31465	15347	16118
广 东	Guangdong	75151	40566	34585	20103	12832	7272	50966	26454	24512
广 西	Guangxi	30215	15462	14753	6571	4105	2466	21253	10590	10663
海 南	Hainan	5917	2994	2923	1642	921	720	3899	1946	1953
重 庆	Chongqing	20201	9989	10212	3382	2007	1375	15017	7323	7694
四 川	Sichuan	54523	26488	28035	9303	5156	4147	40072	19437	20635
贵 州	Guizhou	21960	11202	10759	4423	2752	1671	15431	7620	7811
云 南	Yunnan	31042	15749	15293	6413	3897	2517	22092	10943	11149
西 藏	Tibet	2028	1001	1027	576	315	261	1300	644	656
陕 西	Shaanxi	25770	12961	12809	4722	2901	1821	19051	9329	9722
甘 肃	Gansu	17111	8586	8525	3381	2105	1276	12282	5994	6288
青 海	Qinghai	3809	1966	1843	741	446	295	2702	1391	1310
宁 夏	Ningxia	4284	2187	2097	812	489	323	3155	1586	1569
新 疆	Xinjiang	14914	7439	7474	3011	1808	1202	10512	5189	5323

2-13 续表 continued

单位：人 (person)

地 区	Region	离 婚 Divorced	男 Male	女 Female	丧 偶 Widowed	男 Male	女 Female
全 国	**National Total**	**20530**	**11546**	**8984**	**51947**	**14095**	**37853**
北 京	Beijing	363	142	220	528	119	408
天 津	Tianjin	286	135	151	442	117	326
河 北	Hebei	857	545	312	2719	779	1939
山 西	Shanxi	422	264	158	1262	324	938
内蒙古	Inner Mongolia	432	260	172	795	199	596
辽 宁	Liaoning	1291	680	611	1919	527	1393
吉 林	Jilin	831	458	373	1174	322	853
黑龙江	Heilongjiang	1348	739	608	1674	514	1160
上 海	Shanghai	414	193	222	689	160	529
江 苏	Jiangsu	1084	561	523	3181	920	2261
浙 江	Zhejiang	810	468	342	2118	469	1649
安 徽	Anhui	732	464	268	2512	685	1828
福 建	Fujian	472	265	207	1351	298	1053
江 西	Jiangxi	536	316	220	1465	350	1115
山 东	Shandong	889	568	321	4343	1209	3134
河 南	Henan	926	546	381	3398	1057	2341
湖 北	Hubei	859	459	400	2310	667	1644
湖 南	Hunan	1097	655	442	2835	800	2035
广 东	Guangdong	986	569	417	3095	711	2384
广 西	Guangxi	572	344	229	1819	423	1396
海 南	Hainan	97	59	38	280	67	212
重 庆	Chongqing	609	310	299	1192	348	844
四 川	Sichuan	1478	833	645	3670	1062	2608
贵 州	Guizhou	674	407	267	1432	423	1009
云 南	Yunnan	722	412	310	1815	497	1318
西 藏	Tibet	46	13	33	106	29	77
陕 西	Shaanxi	518	293	225	1479	438	1041
甘 肃	Gansu	312	194	118	1136	293	844
青 海	Qinghai	149	74	74	218	54	164
宁 夏	Ningxia	110	56	54	206	56	151
新 疆	Xinjiang	610	263	347	781	179	602

2-14 分地区按性别、受教育程度分的6岁及以上人口(2019年)
Population Aged 6 and Over by Gender, Educational Attainment and Region (2019)

本表是2019年全国人口变动情况抽样调查样本数据，抽样比为0.780‰。
Data in this table are obtained from the 2019 National Sample Survey on Population Changes. The sampling fraction is 0.780‰.

单位：人 (person)

地区	Region	6岁及以上人口 Population Aged 6 and Over			未上过学 No Schooling			小学 Primary Schools		
		合计 Total	男 Male	女 Female	小计 Subtotal	男 Male	女 Female	小计 Subtotal	男 Male	女 Female
全国	**National Total**	**1016417**	**517653**	**498764**	**51892**	**14714**	**37178**	**257030**	**121439**	**135591**
北京	Beijing	15743	7915	7827	311	111	200	1344	600	744
天津	Tianjin	11563	6384	5179	247	86	161	1582	772	810
河北	Hebei	54846	27945	26902	1950	634	1316	13418	6280	7139
山西	Shanxi	27220	13744	13476	650	205	445	5252	2396	2856
内蒙古	Inner Mongolia	18679	9609	9069	885	290	596	4101	1949	2152
辽宁	Liaoning	32513	16273	16241	611	202	409	6310	2844	3465
吉林	Jilin	20081	10120	9961	558	178	380	4797	2295	2502
黑龙江	Heilongjiang	28312	14333	13978	868	291	578	6354	3003	3351
上海	Shanghai	17882	9270	8612	536	135	400	2397	1115	1282
江苏	Jiangsu	59066	30049	29017	3156	833	2324	13540	6096	7444
浙江	Zhejiang	42727	22085	20642	2320	600	1720	11655	5580	6075
安徽	Anhui	45814	23052	22763	3254	855	2400	12452	5684	6767
福建	Fujian	28469	14671	13799	1984	460	1525	8136	3774	4362
江西	Jiangxi	33644	17109	16535	1161	304	857	9674	4401	5273
山东	Shandong	71976	36085	35891	5373	1349	4025	18229	8392	9837
河南	Henan	69188	34792	34396	3542	1088	2454	16578	7983	8596
湖北	Hubei	43076	21582	21494	2263	614	1649	10248	4850	5398
湖南	Hunan	49591	25140	24451	1461	415	1047	13129	6211	6918
广东	Guangdong	82975	44958	38017	3047	828	2219	17238	8216	9022
广西	Guangxi	35151	18078	17074	1317	392	925	9442	4445	4997
海南	Hainan	6768	3461	3307	284	85	199	1365	654	711
重庆	Chongqing	22700	11303	11397	919	287	633	6895	3276	3619
四川	Sichuan	60887	29815	31071	4266	1167	3099	19831	9557	10274
贵州	Guizhou	25671	13224	12447	2624	704	1921	9041	4617	4424
云南	Yunnan	34999	17795	17204	2534	771	1763	12974	6365	6608
西藏	Tibet	2448	1217	1230	803	306	497	811	450	361
陕西	Shaanxi	28220	14257	13963	1211	345	865	6048	2716	3331
甘肃	Gansu	19090	9627	9463	2005	538	1468	5948	2888	3060
青海	Qinghai	4348	2250	2098	512	163	348	1508	772	736
宁夏	Ningxia	4937	2532	2405	429	128	301	1336	656	680
新疆	Xinjiang	17833	8977	8856	810	349	461	5399	2602	2797

2-14 续表 1 continued

单位：人 (person)

地 区	Region	初中 Junior Secondary Schools			普通高中 Regular Senior Secondary Schools			中职 Secondary Vocational Schools		
		小计 Subtotal	男 Male	女 Female	小计 Subtotal	男 Male	女 Female	小计 Subtotal	男 Male	女 Female
全 国	**National Total**	**379039**	**203850**	**175189**	**132219**	**73884**	**58336**	**48066**	**26581**	**21485**
北 京	Beijing	3087	1611	1476	2112	1056	1055	940	486	454
天 津	Tianjin	3763	2191	1572	1534	869	664	1099	645	455
河 北	Hebei	23716	12528	11188	7350	4056	3294	2207	1185	1022
山 西	Shanxi	11903	6149	5754	3915	2151	1765	1376	739	636
内蒙古	Inner Mongolia	6669	3670	3000	2459	1335	1124	725	439	286
辽 宁	Liaoning	14465	7476	6990	3993	2053	1939	1559	822	737
吉 林	Jilin	8681	4541	4140	2734	1409	1325	714	390	324
黑龙江	Heilongjiang	12213	6397	5816	3928	2074	1853	882	466	416
上 海	Shanghai	5499	3003	2496	2715	1483	1232	1240	696	543
江 苏	Jiangsu	20855	11270	9585	7734	4443	3290	3410	1873	1538
浙 江	Zhejiang	14586	8199	6387	5731	3324	2407	1409	778	631
安 徽	Anhui	17813	9424	8389	5203	3153	2050	1504	843	661
福 建	Fujian	10657	6138	4519	3127	1892	1235	1374	750	625
江 西	Jiangxi	12580	6700	5880	4894	2833	2061	1249	647	601
山 东	Shandong	26721	14427	12294	7993	4585	3408	4016	2161	1855
河 南	Henan	28920	15039	13881	10523	5500	5023	2193	1116	1077
湖 北	Hubei	15029	7834	7195	6343	3436	2907	2859	1698	1161
湖 南	Hunan	17321	8990	8331	8858	4911	3948	2269	1116	1153
广 东	Guangdong	32489	18142	14347	12349	7543	4806	5912	3796	2117
广 西	Guangxi	15250	8379	6870	3883	2123	1759	1937	1044	893
海 南	Hainan	2946	1586	1361	747	475	272	430	240	190
重 庆	Chongqing	7301	3767	3534	3115	1684	1430	971	514	456
四 川	Sichuan	19207	10107	9100	6518	3490	3028	2459	1281	1177
贵 州	Guizhou	8967	5167	3800	2115	1175	940	788	417	371
云 南	Yunnan	11359	6483	4876	2601	1441	1160	1584	876	708
西 藏	Tibet	464	274	190	134	72	62	28	14	14
陕 西	Shaanxi	11713	6256	5457	4250	2294	1957	1130	566	564
甘 肃	Gansu	5638	3100	2538	2580	1538	1043	641	358	283
青 海	Qinghai	1216	710	506	366	196	170	148	78	70
宁 夏	Ningxia	1695	959	736	593	327	266	185	98	87
新 疆	Xinjiang	6316	3333	2983	1824	963	862	830	451	379

2-14 续表 2 continued

单位：人 (person)

地 区	Region	大学专科 College Students			大学本科 Undergraduates			研究生 Postgraduates		
		小计 Subtotal	男 Male	女 Female	小计 Subtotal	男 Male	女 Female	小计 Subtotal	男 Male	女 Female
全 国	**National Total**	**77946**	**41395**	**36551**	**63739**	**32450**	**31289**	**6485**	**3341**	**3144**
北 京	Beijing	2390	1187	1203	4232	2142	2091	1326	723	604
天 津	Tianjin	1503	879	624	1659	854	805	176	87	89
河 北	Hebei	3822	2046	1776	2242	1159	1084	142	59	83
山 西	Shanxi	2339	1198	1141	1654	833	821	131	73	58
内蒙古	Inner Mongolia	2016	1143	874	1740	753	987	83	32	51
辽 宁	Liaoning	2877	1469	1408	2472	1303	1169	227	103	123
吉 林	Jilin	1205	630	575	1216	582	634	178	96	81
黑龙江	Heilongjiang	2151	1126	1024	1808	924	884	109	52	57
上 海	Shanghai	2202	1143	1060	2794	1423	1371	500	272	228
江 苏	Jiangsu	5307	2925	2382	4623	2370	2253	441	239	201
浙 江	Zhejiang	3620	1847	1773	3108	1601	1507	300	155	144
安 徽	Anhui	3157	1730	1427	2269	1276	993	163	87	76
福 建	Fujian	1730	886	844	1390	728	662	71	43	28
江 西	Jiangxi	2087	1188	899	1928	996	932	70	40	30
山 东	Shandong	5320	2904	2416	4000	2109	1890	324	158	166
河 南	Henan	4251	2175	2075	2994	1797	1196	188	94	94
湖 北	Hubei	3289	1826	1463	2464	1074	1390	581	249	332
湖 南	Hunan	3854	2029	1825	2493	1348	1145	206	120	86
广 东	Guangdong	6950	3947	3004	4687	2323	2364	303	164	139
广 西	Guangxi	1979	1020	959	1274	636	638	71	38	33
海 南	Hainan	575	240	335	415	179	236	5	3	2
重 庆	Chongqing	2034	1039	995	1355	673	682	111	63	48
四 川	Sichuan	4625	2314	2312	3661	1749	1912	321	151	170
贵 州	Guizhou	1148	640	508	965	489	476	23	15	8
云 南	Yunnan	1958	1000	958	1913	822	1092	76	37	39
西 藏	Tibet	101	53	49	105	48	57	2	1	1
陕 西	Shaanxi	2068	1085	983	1603	885	718	197	108	89
甘 肃	Gansu	1142	602	540	1066	569	498	69	36	34
青 海	Qinghai	294	166	128	291	160	131	13	5	8
宁 夏	Ningxia	380	200	180	304	158	146	14	7	8
新 疆	Xinjiang	1572	760	813	1015	487	528	66	32	34

2-15 分地区按性别分的15岁及以上文盲人口（2019年）
Illiterate Population Aged 15 and Over by Gender and Region (2019)

本表是2019年全国人口变动情况抽样调查样本数据，抽样比为0.780‰。
Data in this table are obtained from the 2019 National Sample Survey on Population Changes. The sampling fraction is 0.780‰.

地区	Region	15岁及以上人口（人）Population Aged 15 and Over (person)	男 Male	女 Female	文盲人口（人）Illiterate Population (person)	男 Male	女 Female	文盲人口占15岁及以上人口的比重(%) Percentage of Illiterate Population to Total Aged 15 and Over(%)	男 Male	女 Female
全　国	**National Total**	**908609**	**459235**	**449374**	**41696**	**10185**	**31511**	**4.59**	**2.22**	**7.01**
北　京	Beijing	14929	7500	7429	258	90	168	1.73	1.19	2.26
天　津	Tianjin	10852	6006	4846	187	53	134	1.72	0.89	2.76
河　北	Hebei	47963	24166	23797	1217	284	932	2.54	1.18	3.92
山　西	Shanxi	24553	12379	12173	491	137	353	2.00	1.11	2.90
内蒙古	Inner Mongolia	17171	8832	8339	713	214	499	4.15	2.43	5.98
辽　宁	Liaoning	30354	15166	15189	393	105	288	1.29	0.69	1.90
吉　林	Jilin	18474	9234	9240	415	118	297	2.25	1.28	3.21
黑龙江	Heilongjiang	26267	13256	13011	678	210	468	2.58	1.58	3.60
上　海	Shanghai	16900	8752	8149	420	93	327	2.49	1.07	4.01
江　苏	Jiangsu	54014	27195	26819	2565	536	2029	4.75	1.97	7.57
浙　江	Zhejiang	39490	20328	19162	1787	399	1387	4.52	1.96	7.24
安　徽	Anhui	40320	20014	20305	2592	585	2007	6.43	2.92	9.89
福　建	Fujian	25661	13132	12529	1748	370	1378	6.81	2.82	11.00
江　西	Jiangxi	28980	14471	14509	854	168	686	2.95	1.16	4.73
山　东	Shandong	64477	31997	32480	4729	1050	3680	7.33	3.28	11.33
河　南	Henan	59273	29292	29981	2640	642	1998	4.45	2.19	6.67
湖　北	Hubei	38921	19328	19593	1883	464	1420	4.84	2.40	7.25
湖　南	Hunan	43087	21597	21491	1169	279	890	2.71	1.29	4.14
广　东	Guangdong	75151	40566	34585	2247	430	1817	2.99	1.06	5.25
广　西	Guangxi	30215	15462	14753	826	156	670	2.73	1.01	4.54
海　南	Hainan	5917	2994	2923	227	60	167	3.84	2.01	5.72
重　庆	Chongqing	20201	9989	10212	636	170	466	3.15	1.71	4.56
四　川	Sichuan	54523	26488	28035	3710	981	2729	6.81	3.70	9.73
贵　州	Guizhou	21960	11202	10759	2237	534	1703	10.19	4.77	15.83
云　南	Yunnan	31042	15749	15293	2268	668	1600	7.31	4.24	10.46
西　藏	Tibet	2028	1001	1027	671	234	437	33.11	23.41	42.56
陕　西	Shaanxi	25770	12961	12809	1024	263	761	3.97	2.03	5.94
甘　肃	Gansu	17111	8586	8525	1794	457	1337	10.48	5.32	15.68
青　海	Qinghai	3809	1966	1843	404	112	292	10.60	5.69	15.84
宁　夏	Ningxia	4284	2187	2097	359	103	256	8.39	4.72	12.21
新　疆	Xinjiang	14914	7439	7474	553	219	334	3.71	2.94	4.47

注：本表“文盲人口”指15岁及15岁以上不识字及识字很少人口。
a) Illiterate population in this table refers to the population aged 15 and over who are unable or have difficulty in reading.

2-16 分地区按家庭户规模分的户数（2019年）
Family Households by Size and Region (2019)

本表是2019年全国人口变动情况抽样调查样本数据，抽样比为0.780‰。
Data in this table are obtained from the 2019 National Sample Survey on Population Changes. The sampling fraction is 0.780‰.

单位：户 (household)

地 区	Region	家庭户户数 Number of Family Households	一人户 One Person	二人户 Two Persons	三人户 Three Persons	四人户 Four Persons	五人户 Five Persons	六人户 Six Persons	七人户 Seven Persons	八人户 Eight Persons	九人户 Nine Persons	十人及以上户 Ten Persons and Over
全 国	**National Total**	**363974**	**67160**	**107657**	**81119**	**57959**	**28241**	**14757**	**4391**	**1497**	**596**	**598**
北 京	Beijing	6073	1352	1849	1648	673	397	125	18	8	2	1
天 津	Tianjin	4025	649	1290	1272	552	182	65	12	1	1	
河 北	Hebei	18924	2402	5821	4111	3832	1467	943	247	57	21	22
山 西	Shanxi	9807	1451	2949	2559	1854	632	279	66	14	1	2
内蒙古	Inner Mongolia	7272	1130	2627	2227	940	251	79	14	1	3	1
辽 宁	Liaoning	13205	2604	4857	3590	1305	610	195	39	4	1	
吉 林	Jilin	8001	1402	2987	2147	857	427	140	29	9	2	
黑龙江	Heilongjiang	11768	2211	4839	3137	1011	404	132	21	9	3	1
上 海	Shanghai	7536	1954	2797	1727	593	362	89	10	2	1	1
江 苏	Jiangsu	20478	3467	6483	4546	2954	1852	839	220	74	26	17
浙 江	Zhejiang	17296	4435	5859	3495	1974	943	467	83	25	7	9
安 徽	Anhui	16782	2839	5133	3798	2798	1273	658	192	54	18	17
福 建	Fujian	10557	2315	2828	2048	1730	863	521	153	54	20	24
江 西	Jiangxi	10727	1304	2618	2330	2344	1119	674	205	56	34	43
山 东	Shandong	28347	4608	9758	6355	5055	1599	762	153	44	12	
河 南	Henan	22346	3113	5579	4660	4535	2311	1490	439	151	38	30
湖 北	Hubei	14913	2544	4273	3742	2363	1238	556	116	47	17	16
湖 南	Hunan	16933	2745	4688	3866	2972	1451	809	245	101	36	21
广 东	Guangdong	27825	8163	6699	4263	3757	2294	1375	654	301	130	189
广 西	Guangxi	11552	2093	2462	2486	2179	1222	676	235	85	55	58
海 南	Hainan	1945	268	393	380	435	234	133	57	21	10	14
重 庆	Chongqing	8536	1754	2541	1925	1273	641	295	79	17	9	4
四 川	Sichuan	23283	5151	6994	5023	3257	1682	862	205	65	26	18
贵 州	Guizhou	8843	1535	2216	1696	1615	955	499	207	71	25	25
云 南	Yunnan	11313	1740	2500	2407	2285	1277	731	254	72	29	18
西 藏	Tibet	656	94	123	109	120	73	54	31	25	13	14
陕 西	Shaanxi	9921	1694	2814	2199	1823	854	407	95	25	6	5
甘 肃	Gansu	6000	801	1499	1263	1046	656	475	152	57	28	24
青 海	Qinghai	1508	311	358	314	238	147	86	33	12	4	4
宁 夏	Ningxia	1741	242	487	409	350	149	68	24	8	3	1
新 疆	Xinjiang	5859	788	1334	1385	1237	676	277	104	28	13	18

主要统计指标解释

人口数 指一定时点、一定地区范围内有生命的个人总和。

年度统计的年末人口数指每年 12 月 31 日 24 时的人口数。年度统计的全国人口总数内未包括香港、澳门特别行政区和台湾地区以及海外华侨人数。

城镇人口和乡村人口 城镇人口是指居住在城镇范围内的全部常住人口；乡村人口是除上述人口以外的全部人口。

出生率（又称粗出生率） 指在一定时期内(通常为一年)一定地区的出生人数与同期内平均人数(或期中人数)之比，用千分率表示。本资料中的出生率指年出生率，其计算公式为：

$$出生率=\frac{年出生人数}{年平均人数}\times 1000‰$$

式中：出生人数指活产婴儿，即胎儿脱离母体时(不管怀孕月数)，有过呼吸或其他生命现象。年平均人数指年初、年底人口数的平均数，也可用年中人口数代替。

死亡率（又称粗死亡率） 指在一定时期内(通常为一年)一定地区的死亡人数与同期内平均人数(或期中人数)之比，用千分率表示。本资料中的死亡率指年死亡率，其计算公式为：

$$死亡率=\frac{年死亡人数}{年平均人数}\times 1000‰$$

人口自然增长率 指在一定时期内(通常为一年)人口自然增加数(出生人数减死亡人数)与该时期内平均人数(或期中人数)之比，用千分率表示。计算公式为：

$$人口自然增长率=\frac{本年出生人数-本年死亡人数}{年平均人数}\times 1000‰$$

$$=人口出生率-人口死亡率$$

总抚养比 也称总负担系数。指人口总体中非劳动年龄人口数与劳动年龄人口数之比。通常用百分比表示。说明每 100 名劳动年龄人口大致要负担多少名非劳动年龄人口。计算公式为：

$$GDR=\frac{P_{0\sim14}+P_{65^+}}{P_{15\sim64}}\times 100\%$$

其中：GDR 为总抚养比；

$P_{0\sim14}$ 为 0～14 岁少年儿童人口数；

P_{65}^{+} 为 65 岁及 65 岁以上的老年人口数；

$P_{15\sim64}$ 为 15～64 岁劳动年龄人口数。

老年人口抚养比 也称老年人口抚养系数。指某一人口中老年人口数与劳动年龄人口数之比。通常用百分比表示。用以表明每 100 名劳动年龄人口要负担多少名老年人。计算公式为：

$$EDR=\frac{P_{65^+}}{P_{15-64}}\times 100\%$$

其中：EDR 为老年人口抚养比；

P_{65}^{+} 为 65 岁及 65 岁以上的老年人口数；

$P_{15\sim64}$ 为 15～64 岁的劳动年龄人口数。

少年儿童抚养比 也称少年儿童抚养系数。指某一人口中少年儿童人口数与劳动年龄人口数之比。通常用百分比表示。以反映每 100 名劳动年龄人口要负担多少名少年儿童。计算公式为：

$$CDR=\frac{P_{0\sim14}}{P_{15\sim64}}\times 100\%$$

其中：CDR 为少年儿童抚养比；

$P_{0\sim14}$ 为 0～14 岁少年儿童人口数；

$P_{15\sim64}$ 为 15～64 岁劳动年龄人口数。

人户分离人口 是指居住地与户口登记地所在的乡镇街道不一致且离开户口登记地半年以上的人口。

流动人口 是指人户分离人口中扣除市辖区内人户分离的人口。市辖区内人户分离的人口是指一个直辖市或地级市所辖区内和区与区之间，居住地和户口登记地不在同一乡镇街道的人口。

Explanatory Notes on Main Statistical Indicators

Total Population refers to the total number of people alive at a certain point of time within a given area.

The annual statistics on total population is taken at midnight, the 31st of December, not including residents in Hong Kong SAR, Macao SAR and Taiwan and Chinese national residing abroad.

Urban Population and Rural Population Urban population refers to all people residing in cities and towns, while rural population refers to population other than urban population.

Birth Rate (or Crude Birth Rate) refers to the ratio of the number of births to the average population (or mid-year population) during a certain period of time (usually a year), expressed in ‰. Birth rate in the chapter refers to annual birth rate. The following formula is used:

$$\text{Birth rate} = \frac{\text{Number of births}}{\text{Annual average population}} \times 1000‰$$

Number of births in the formula refers to live births, i.e. when a baby has breathed or showed any vital phenomena regardless of the length of pregnancy.

Annual average population is the average of the number of population at the beginning of the year and that at the end of the year. Sometimes it is substituted by the mid-year population.

Death Rate (or Crude Death Rate) refers to the ratio of the number of deaths to the average population (or mid-year population) during a certain period of time (usually a year), expressed in ‰. Death rate in the chapter refers to annual death rate. The following formula is used:

$$\text{Death rate} = \frac{\text{Number of deaths}}{\text{Annual average population}} \times 1000‰$$

Natural Growth Rate of Population refers to the ratio of natural increase in population (number of births minus number of deaths) in a certain period of time (usually a year) to the average population (or mid-year population) of the same period, expressed in ‰. The following formula is applied:

$$\text{Natural growth rate of population} = \frac{\text{Number of births - number of deaths}}{\text{Annual average population}} \times 1000‰$$

Natural growth rate of population = Birth rate-death rate

Gross Dependency Ratio also called gross dependency coefficient, refers to the ratio of non-working-age population to the working-age population, express in %. Describing in general the number of non-working-age population that every 100 people at working ages will take care of. The gross dependency ratio is calculated with the following formula:

$$GDR = \frac{P_{0\sim14} + P_{65^+}}{P_{15\sim64}} \times 100\%$$

Where: GDR is the gross dependency ratio,

$P_{0\text{-}14}$ is the population of children aged 0-14,

P_{65+} is the elderly population aged 65 and over, and

$P_{15\text{-}64}$ is the working-age population aged 15-64.

Elderly Dependency Ratio also called elderly dependency coefficient, refers to the ratio of the elderly population to the working-age population, express in %. It describes the number of the elderly population that every 100 people at working ages will take care of. Elderly dependency ratio is one of the indicators reflecting the social implication of population aging from the economic perspective. The elderly dependency ratio is calculated with the following formula:

$$EDR = \frac{P_{65^+}}{P_{15\sim64}} \times 100\%$$

Where: EDR is the elderly dependency ratio,

P_{65+} is the elderly population aged 65 and over, and

$P_{15\text{-}64}$ is the working-age population aged 15-64.

Children Dependency Ratio also called children dependency coefficient, refers to the ratio of the children population to the working-age population, express in %. It describes the number of children population that every 100 people at working ages will take care of. The children dependency ratio is calculated with the following formula:

$$CDR = \frac{P_{0\sim14}}{P_{15\sim64}} \times 100\%$$

Where: CDR is the children dependency ratio,

$P_{0\text{-}14}$ is the children population aged 0-14, and

$P_{15\text{-}64}$ is the working-age population aged 15-64.

Population of Residence-registration Inconsistency refer to those who have been residing in places other than the registered streets or towns and been away from their registration areas for over half a year.

Migrant Population refer to the population of residence-registration inconsistency excluding those intra-city ones. Population of intra-city residence-registration inconsistency refer to those whose residing streets or towns and registered ones are inconsistent but still in the same municipality or prefecture city either the two are in the same district or different ones.

3

国民经济核算

National Accounts

简要说明

本篇章的主要内容和资料来源

国民经济核算资料主要包括国内生产总值、非竞争型投入产出表、资金流量表及国际收支平衡表四个部分。

一、国内生产总值

国内生产总值数据是由国家统计局国民经济核算司根据不同产业部门、不同支出构成的特点和资料来源情况采用不同方法计算的。国民总收入是在国内生产总值的基础上加上来自国外的初次分配收入净额求得的。

本年鉴公布的国内生产总值以及与之有关的指标数据，最后一年数据不是最终数，还会在获得更多的财务和行政记录等资料后发生变动。如果遇到普查或者重大核算方法改革，在能够获得更详细的基础资料的情况下，国内生产总值的历史数据还会发生变动。2018年是第四次全国经济普查年份，国家统计局依据经济普查数据和相关部门资料，修订了1952年以来的国内生产总值历史数据。本年鉴中的数据是修订后的数据。

国内生产总值是一个价值量指标，其价值的变化受价格变化和物量变化两大因素影响。不变价国内生产总值是把按当期价格计算的国内生产总值换算成按某个固定期（基期）价格计算的价值，从而使两个不同时期的价值进行比较时，能够剔除价格变化的影响，以反映物量变化，反映生产活动成果的实际变动。国内生产总值指数就是根据两个时期不变价国内生产总值计算得到的。随着经济的不断发展，行业的价格结构也会不断发生变化，为了更好的反映这种变化对于经济的影响，计算不变价国内生产总值需要每隔若干年调整一次基期。我国自开始核算国内生产总值以来，共有1952年、1957年、1970年、1980年、1990年、2000年、2005年、2010年、2015年9个不变价基期，目前的基期是2015年。也就是说，2019年的不变价国内生产总值是按照2015年价格计算的。由于计算不变价国内生产总值采用按不同基期分段计算，因此本年鉴中的不变价国内生产总值数据也按分段方式公布。

该指标在地区层面被称为地区生产总值。本年鉴所列地区生产总值数据由国家统计局与各省、自治区、直辖市统计局统一核算得到。由于部分活动仅核算在全国不核算在地区，各地区数据相加之和略小于全国。

二、非竞争型投入产出表

投入产出表分为竞争型投入产出表和非竞争型投入产出表。非竞争型投入产出表是对竞争型表的细化，将竞争型投入产出表的中间使用和最终使用均按照国产品和进口品加以区分，就形成了非竞争型投入产出表。

以往公布的投入产出表均为竞争型投入产出表，国家统计局国民经济核算司在2017年竞争型投入产出表的基础上，利用2017年进口商品使用去向调查等资料，编制了2017年非竞争型投入产出表。本年鉴中的数据为17×17产品部门表。

三、资金流量表

我国资金流量表表式与国际上通用的表式相似，是机构部门与交易项目的矩阵表式。主栏为交易项目，主要反映分配方式和融资工具；宾栏按机构部门分类。机构部门分类是根据机构单位具有的基本特征所进行的部门分类。资金流量表把参与资金活动的主体分为非金融企业、金融机构、广义政府、住户和国外五个部门。每一部门下设资金来源与资金运用两栏。现行的资金流量表分为两大部分，上半部分为非金融交易部分，由国家统计局国民经济核算司编制；下半部分为金融交易部分，由中国人民银行调查统计司编制。

2018年第四次全国经济普查后，国家统计局根据国民经济核算国际标准的变化以及《中国国民经济核算体系（2016）》，利用第四次全国经济普查资料和相关部门资料，改进和完善资金流量表编制方法，编制了2018年资金流量表（非金融交易部分），并修订了1992年以来的资金流量表（非金融交易部分）历史数据。本年鉴中的数据是修订后的数据。

四、国际收支平衡表

国际收支平衡表由国家外汇管理局国际收支司依据国际货币基金组织编写的《国际收支统计手册》第六版编制。

Brief Introduction

Statistics on national accounts include mainly four parts, namely, gross domestic product, non-competitive input-output tables, flow of funds table and balance of payments table.

I. Gross Domestic Product

Data on gross domestic product (GDP) are computed by the Department of National Accounts of the National Bureau of Statistics (NBS) based on different approaches in the light of the different features of various sectors, various expenditure structures and different data sources. Data on Gross National Income (GNI) are calculated on the basis of GDP, which is equal to GDP plus the net primary distribution income from the rest of the world.

Data on GDP and related indicators of the most recent year published in the Yearbook are not final and are subject to revision when more information from financial data and administrative records become available. Where a census has been conducted, or siganificant accounting methods reform implemented, historical GDP data will also be revisied. 2018 is the year of the fourth national economic census, and the National Bureau of Statistics revised the historical data of GDP since 1952 based on the data of economic census and relevant source data. Data in this Yearbook are revised data.

Gross Domestic Product (GDP) is a measurement of value which changes depending on changes of price and volume. GDP at constant prices converts the gross domestic product based on the current price into a value based on the price of certain base period. After price effects are removed, the values of two different periods can be compared to reflect the volume changes, i.e., the real changes of production activity results. GDP index is derived from the constant-price GDP. As the economy grows, changes will take place in the price structures of various industries, and the base period for the measurement of constant-price GDP thus needs to be adjusted every few years in order to better reflect the impact of price change in the economy. Since China started GDP calculation, eight constant-price base periods have been used, i.e., 1952, 1957, 1970, 1980, 1990, 2000, 2005, 2010 and 2015, and the current base period is 2015. That is to say, the 2019 GDP at constant prices is calculated on the basis of the 2015 prices. As the calculation of constant-price GDP is based on different base periods, the constant-price GDP data in this yearbook are also published on the basis of different base periods.

This indicator is called Gross Regional Product (GRP) at the regional level. GRP data in this yearbook are jointly compiled by the National Bureau of Statistics and the statistics bureaus of the provinces, autonomous regions and municipalities. As some activities are only calculated at the national level but not at regional level, the sum of the GRP is slightly smaller than GDP.

II. Non-Competitive Input-Output Table

There're two types of input-output tables, competitive and non-competitive. Non-competitive input-output table is more detailed than competitive one, by dividing the intermediate and final use into domestic and imported products.

Only competitive input-output table was released previously. Department of National Accounts in National Bureau of Statistics (NBS) compiled 2017 non-competitive input-output table by using data from the survey on imports uses and other sources, based on 2017 competitive input-output table. The table in this yearbook is composed of 17×17 product sectors.

III. Flow of Funds Table

Similar to internationally accepted approaches, the Flow of Funds table of China constitutes a matrix of institutional sectors by transaction items. Items of transactions are expressed as row headings representing forms of distribution and methods of financing. Institutional sectors are shown as column headings, grouped by the characteristics of the transactors. There are 5 groups of institutional sectors in the flow of funds table, namely, non-financial corporations, financial institutions, general governments, households, and the rest of the world. Under each sector there are 2 headings: sources of funds and uses of funds. The current flow of funds table is composed of two parts: the first part, comprising the non-financial transactions, is compiled by the Department of National Accounts of the National Bureau of Statistics; and the second part, comprising financial transactions, is compiled by the Research and Statistics Department of the People's Bank of China.

After the fourth national economic census in 2018, according to the change of international standard of national accounting and the new standard of China, Chinese System of National Accounts (2016), based on the economic census data and related administrative records, the National Bureau of Statistics of China improved the compilation methods of Flow of Funds Table, compiled the Flow of Funds Table (non-financial transaction) of 2018, and revised the historical Flow of Funds Table (non-transaction) since 1992. Data in this Yearbook are revised data.

IV. Balance of Payments Table

The Balance of Payments Table is compiled by the Balance of Payments Department of the State Administration of Foreign Exchanges in accordance with the 6th edition of the Manual on Balance of Payments prepared by the International Monetary Fund.

3-1 国内生产总值
Gross Domestic Product

本表按当年价格计算。
Data in this table are calculated at current prices.

单位：亿元 (100 million yuan)

年 份 Year	国 民 总收入 Gross National Income	国内生产 总 值 Gross Domestic Product	第一产业 Primary Industry	第二产业 Secondary Industry	第三产业 Tertiary Industry	农林牧渔业 Agriculture, Forestry, Animal Husbandry and Fishery	工业 Industry
1978	3678.7	3678.7	1018.5	1755.1	905.1	1027.5	1621.4
1979	4100.5	4100.5	1259.0	1925.3	916.1	1270.2	1786.5
1980	4587.6	4587.6	1359.5	2204.7	1023.4	1371.6	2014.8
1981	4933.7	4935.8	1545.7	2269.0	1121.1	1559.4	2067.7
1982	5380.5	5373.4	1761.7	2397.6	1214.0	1777.3	2183.0
1983	6043.8	6020.9	1960.9	2663.0	1397.1	1978.3	2399.0
1984	7314.2	7278.5	2295.6	3124.7	1858.2	2316.0	2815.8
1985	9123.6	9098.9	2541.7	3886.4	2670.8	2564.3	3478.2
1986	10375.4	10376.2	2764.1	4515.1	3097.0	2788.6	4000.7
1987	12166.6	12174.6	3204.5	5273.8	3696.3	3232.9	4621.1
1988	15174.4	15180.4	3831.2	6607.2	4742.0	3865.2	5814.0
1989	17188.4	17179.7	4228.2	7300.7	5650.8	4265.8	6525.5
1990	18923.3	18872.9	5017.2	7744.1	6111.6	5061.8	6904.5
1991	22050.3	22005.6	5288.8	9129.6	7587.2	5341.9	8137.9
1992	27208.2	27194.5	5800.3	11725.0	9669.2	5866.2	10340.2
1993	35599.2	35673.2	6887.6	16472.7	12313.0	6963.3	14248.4
1994	48548.2	48637.5	9471.8	22452.5	16713.1	9572.1	19546.3
1995	60356.6	61339.9	12020.5	28676.7	20642.7	12135.1	25023.2
1996	70779.6	71813.6	13878.3	33827.3	24108.0	14014.7	29528.9
1997	78802.9	79715.0	14265.2	37545.0	27904.8	14440.8	33022.6
1998	83817.6	85195.5	14618.7	39017.5	31559.3	14816.4	34133.9
1999	89366.5	90564.4	14549.0	41079.9	34935.5	14768.7	36014.4
2000	99066.1	100280.1	14717.4	45663.7	39899.1	14943.6	40258.5
2001	109276.2	110863.1	15502.5	49659.4	45701.2	15780.0	43854.3
2002	120480.4	121717.4	16190.2	54104.1	51423.1	16535.7	47774.9
2003	136576.3	137422.0	16970.2	62695.8	57756.0	17380.6	55362.2
2004	161415.4	161840.2	20904.3	74285.0	66650.9	21410.7	65774.9
2005	185998.9	187318.9	21806.7	88082.2	77430.0	22416.2	77958.3
2006	219028.5	219438.5	23317.0	104359.2	91762.2	24036.4	92235.8
2007	270704.0	270092.3	27674.1	126630.5	115787.7	28483.7	111690.8
2008	321229.5	319244.6	32464.1	149952.9	136827.5	33428.1	131724.0
2009	347934.9	348517.7	33583.8	160168.8	154765.1	34659.7	138092.6
2010	410354.1	412119.3	38430.8	191626.5	182061.9	39619.0	165123.1
2011	483392.8	487940.2	44781.5	227035.1	216123.6	46122.6	195139.1
2012	537329.0	538580.0	49084.6	244639.1	244856.2	50581.2	208901.4
2013	588141.2	592963.2	53028.1	261951.6	277983.5	54692.4	222333.2
2014	644380.2	643563.1	55626.3	277282.8	310654.0	57472.2	233197.4
2015	686255.7	688858.2	57774.6	281338.9	349744.7	59852.6	234968.9
2016	743408.3	746395.1	60139.2	295427.8	390828.1	62451.0	245406.4
2017	831381.2	832035.9	62099.5	331580.5	438355.9	64660.0	275119.3
2018	914327.1	919281.1	64745.2	364835.2	489700.8	67558.7	301089.3
2019	988528.9	990865.1	70466.7	386165.3	534233.1	73567.1	317108.7

注：1980年以后国民总收入(原称国民生产总值)与国内生产总值的差额为来自国外的初次分配收入净额。

a) Since 1980, the difference between the Gross Domestic Product and the Gross National Income (formerly, the Gross National Product) is the net income of primary distribution from the rest of the world.

3-1 续表 continued

单位：亿元 (100 million yuan)

年份 Year	建筑业 Construction	批发和零售业 Wholesale and Retail Trades	交通运输、仓储和邮政业 Transport, Storage and Post	住宿和餐饮业 Hotels and Catering Services	金融业 Financial Intermediation	房地产业 Real Estate	其他 Others	人均国内生产总值(元) Per Capita GDP (yuan)	人均国民总收入(元) Per Capita GNI (yuan)
1978	138.9	242.4	182.0	44.6	76.5	79.7	265.6	385	385
1979	144.6	200.9	193.7	44.0	75.9	86.2	298.5	423	423
1980	196.3	193.8	213.4	47.4	85.8	96.2	368.2	468	468
1981	208.0	231.2	220.8	54.1	91.7	99.8	403.3	497	496
1982	221.6	171.5	246.9	62.3	130.6	110.6	469.5	533	533
1983	271.7	198.7	275.0	72.5	168.9	121.6	535.2	588	591
1984	317.9	363.6	338.6	96.8	230.6	162.0	637.3	702	705
1985	419.3	802.5	421.8	138.3	293.9	214.8	765.8	866	868
1986	527.3	852.7	499.0	163.2	401.2	297.5	846.1	973	973
1987	667.5	1059.7	568.5	187.1	506.2	381.9	949.8	1123	1122
1988	811.8	1483.6	685.9	241.4	658.9	472.8	1146.8	1378	1377
1989	796.1	1536.4	812.9	277.4	1079.9	565.1	1320.7	1536	1537
1990	861.7	1269.2	1167.2	301.9	1144.1	660.9	1501.7	1663	1667
1991	1017.7	1834.8	1420.5	442.3	1195.2	762.2	1853.1	1912	1916
1992	1417.9	2405.4	1689.2	584.6	1482.1	1099.1	2309.8	2334	2336
1993	2269.9	2817.0	2174.3	712.1	1903.5	1376.9	3207.8	3027	3021
1994	2968.8	3774.0	2788.2	1008.5	2557.9	1905.6	4516.1	4081	4073
1995	3733.7	4779.4	3244.7	1200.1	3211.5	2349.4	5662.8	5091	5009
1996	4393.0	5600.5	3782.6	1336.8	3700.7	2611.9	6844.5	5898	5813
1997	4628.3	6328.4	4149.1	1561.3	4179.2	2914.5	8490.9	6481	6406
1998	4993.0	6914.3	4661.5	1786.9	4318.2	3427.7	10143.7	6860	6749
1999	5180.9	7492.2	5175.9	1941.2	4489.7	3674.5	11827.0	7229	7134
2000	5534.0	8159.8	6161.9	2146.3	4842.2	4140.9	14092.9	7942	7846
2001	5945.5	9120.8	6871.3	2400.1	5202.8	4705.8	16982.6	8717	8592
2002	6482.1	9996.8	7494.3	2724.8	5555.8	5334.5	19818.6	9506	9410
2003	7510.8	11171.2	7914.8	3126.1	6045.7	6157.0	22753.8	10666	10600
2004	8720.5	12455.8	9306.5	3664.8	6600.2	7152.1	26754.6	12487	12454
2005	10400.5	13968.5	10668.8	4195.7	7486.0	8482.7	31742.1	14368	14267
2006	12450.1	16533.4	12186.3	4792.6	9972.3	10320.9	36910.8	16738	16707
2007	15348.0	20941.1	14605.1	5548.1	15200.0	13714.0	44561.5	20494	20541
2008	18807.6	26186.2	16367.6	6616.1	18345.6	14600.3	53169.3	24100	24250
2009	22681.5	29004.6	16522.4	6957.0	21836.8	18760.5	60002.6	26180	26136
2010	27259.3	35907.9	18783.6	7712.0	25733.1	23326.6	68654.7	30808	30676
2011	32926.5	43734.5	21842.0	8565.4	30747.2	27780.7	81082.2	36302	35963
2012	36896.1	49835.5	23763.2	9536.9	35272.2	30751.9	93041.6	39874	39782
2013	40896.8	56288.9	26042.7	10228.3	41293.4	35340.4	105847.3	43684	43329
2014	45401.7	63170.4	28534.4	11228.7	46853.4	38086.4	119618.5	47173	47233
2015	47761.3	67719.6	30519.5	12306.1	56299.8	42573.8	136856.5	50237	50047
2016	51498.9	73724.5	33028.7	13607.8	59964.0	49969.4	156744.3	54139	53922
2017	57905.6	81156.6	37121.9	15056.0	64844.3	57086.0	179086.3	60014	59967
2018	65493.0	88903.7	40337.2	16520.6	70610.3	64623.0	204145.2	66006	65650
2019	70904.3	95845.7	42802.1	18039.5	77077.1	69631.5	225889.2	70892	70725

3-2 国内生产总值构成
Composition of Gross Domestic Product

本表按当年价格计算。
Data in this table are calculated at current prices.

单位：% (%)

年 份 Year	国内生产总值 Gross Domestic Product	第一产业 Primary Industry	第二产业 Secondary Industry	第三产业 Tertiary Industry	农林牧渔业 Agriculture, Forestry, Animal Husbandry and Fishery	工业 Industry
1978	100.0	27.7	47.7	24.6	27.9	44.1
1979	100.0	30.7	47.0	22.3	31.0	43.6
1980	100.0	29.6	48.1	22.3	29.9	43.9
1981	100.0	31.3	46.0	22.7	31.6	41.9
1982	100.0	32.8	44.6	22.6	33.1	40.6
1983	100.0	32.6	44.2	23.2	32.9	39.8
1984	100.0	31.5	42.9	25.5	31.8	38.7
1985	100.0	27.9	42.7	29.4	28.2	38.2
1986	100.0	26.6	43.5	29.8	26.9	38.6
1987	100.0	26.3	43.3	30.4	26.6	38.0
1988	100.0	25.2	43.5	31.2	25.5	38.3
1989	100.0	24.6	42.5	32.9	24.8	38.0
1990	100.0	26.6	41.0	32.4	26.8	36.6
1991	100.0	24.0	41.5	34.5	24.3	37.0
1992	100.0	21.3	43.1	35.6	21.6	38.0
1993	100.0	19.3	46.2	34.5	19.5	39.9
1994	100.0	19.5	46.2	34.4	19.7	40.2
1995	100.0	19.6	46.8	33.7	19.8	40.8
1996	100.0	19.3	47.1	33.6	19.5	41.1
1997	100.0	17.9	47.1	35.0	18.1	41.4
1998	100.0	17.2	45.8	37.0	17.4	40.1
1999	100.0	16.1	45.4	38.6	16.3	39.8
2000	100.0	14.7	45.5	39.8	14.9	40.1
2001	100.0	14.0	44.8	41.2	14.2	39.6
2002	100.0	13.3	44.5	42.2	13.6	39.3
2003	100.0	12.3	45.6	42.0	12.6	40.3
2004	100.0	12.9	45.9	41.2	13.2	40.6
2005	100.0	11.6	47.0	41.3	12.0	41.6
2006	100.0	10.6	47.6	41.8	11.0	42.0
2007	100.0	10.2	46.9	42.9	10.5	41.4
2008	100.0	10.2	47.0	42.9	10.5	41.3
2009	100.0	9.6	46.0	44.4	9.9	39.6
2010	100.0	9.3	46.5	44.2	9.6	40.1
2011	100.0	9.2	46.5	44.3	9.5	40.0
2012	100.0	9.1	45.4	45.5	9.4	38.8
2013	100.0	8.9	44.2	46.9	9.2	37.5
2014	100.0	8.6	43.1	48.3	8.9	36.2
2015	100.0	8.4	40.8	50.8	8.7	34.1
2016	100.0	8.1	39.6	52.4	8.4	32.9
2017	100.0	7.5	39.9	52.7	7.8	33.1
2018	100.0	7.0	39.7	53.3	7.3	32.8
2019	100.0	7.1	39.0	53.9	7.4	32.0

3-2 续表 continued

单位：% (%)

年 份 Year	建筑业 Construction	批发和零售业 Wholesale and Retail Trades	交通运输、仓储和邮政业 Transport, Storage and Post	住宿和餐饮业 Hotels and Catering Services	金融业 Financial Intermediation	房地产业 Real Estate	其他 Others
1978	3.8	6.6	4.9	1.2	2.1	2.2	7.2
1979	3.5	4.9	4.7	1.1	1.9	2.1	7.3
1980	4.3	4.2	4.7	1.0	1.9	2.1	8.0
1981	4.2	4.7	4.5	1.1	1.9	2.0	8.2
1982	4.1	3.2	4.6	1.2	2.4	2.1	8.7
1983	4.5	3.3	4.6	1.2	2.8	2.0	8.9
1984	4.4	5.0	4.7	1.3	3.2	2.2	8.8
1985	4.6	8.8	4.6	1.5	3.2	2.4	8.4
1986	5.1	8.2	4.8	1.6	3.9	2.9	8.2
1987	5.5	8.7	4.7	1.5	4.2	3.1	7.8
1988	5.3	9.8	4.5	1.6	4.3	3.1	7.6
1989	4.6	8.9	4.7	1.6	6.3	3.3	7.7
1990	4.6	6.7	6.2	1.6	6.1	3.5	8.0
1991	4.6	8.3	6.5	2.0	5.4	3.5	8.4
1992	5.2	8.8	6.2	2.1	5.5	4.0	8.5
1993	6.4	7.9	6.1	2.0	5.3	3.9	9.0
1994	6.1	7.8	5.7	2.1	5.3	3.9	9.3
1995	6.1	7.8	5.3	2.0	5.2	3.8	9.2
1996	6.1	7.8	5.3	1.9	5.2	3.6	9.5
1997	5.8	7.9	5.2	2.0	5.2	3.7	10.7
1998	5.9	8.1	5.5	2.1	5.1	4.0	11.9
1999	5.7	8.3	5.7	2.1	5.0	4.1	13.1
2000	5.5	8.1	6.1	2.1	4.8	4.1	14.1
2001	5.4	8.2	6.2	2.2	4.7	4.2	15.3
2002	5.3	8.2	6.2	2.2	4.6	4.4	16.3
2003	5.5	8.1	5.8	2.3	4.4	4.5	16.6
2004	5.4	7.7	5.8	2.3	4.1	4.4	16.5
2005	5.6	7.5	5.7	2.2	4.0	4.5	16.9
2006	5.7	7.5	5.6	2.2	4.5	4.7	16.8
2007	5.7	7.8	5.4	2.1	5.6	5.1	16.5
2008	5.9	8.2	5.1	2.1	5.7	4.6	16.7
2009	6.5	8.3	4.7	2.0	6.3	5.4	17.2
2010	6.6	8.7	4.6	1.9	6.2	5.7	16.7
2011	6.7	9.0	4.5	1.8	6.3	5.7	16.6
2012	6.9	9.3	4.4	1.8	6.5	5.7	17.3
2013	6.9	9.5	4.4	1.7	7.0	6.0	17.9
2014	7.1	9.8	4.4	1.7	7.3	5.9	18.6
2015	6.9	9.8	4.4	1.8	8.2	6.2	19.9
2016	6.9	9.9	4.4	1.8	8.0	6.7	21.0
2017	7.0	9.8	4.5	1.8	7.8	6.9	21.5
2018	7.1	9.7	4.4	1.8	7.7	7.0	22.2
2019	7.2	9.7	4.3	1.8	7.8	7.0	22.8

3-3 不变价国内生产总值
Gross Domestic Product at Constant Prices

单位：亿元 (100 million yuan)

年 份 Year	国内生产总值 Gross Domestic Product	第一产业 Primary Industry	第二产业 Secondary Industry	第三产业 Tertiary Industry	农林牧渔业 Agriculture, Forestry, Animal Husbandry and Fishery	工业 Industry
			按1970年价格计算	Price Base Year=1970		
1978	3593.0	927.8	1776.4	888.8	936.0	1659.5
1979	3865.8	984.7	1922.5	958.5	993.4	1803.6
1980	4168.6	970.1	2181.9	1016.6	978.7	2030.5
			按1980年价格计算	Price Base Year=1980		
1980	4587.6	1359.5	2204.7	1023.4	1371.6	2014.8
1981	4822.1	1454.4	2246.2	1121.5	1467.3	2050.0
1982	5257.0	1622.1	2371.4	1263.4	1636.5	2168.6
1983	5823.1	1757.1	2617.7	1448.3	1772.7	2379.8
1984	6707.8	1983.5	2995.3	1729.0	2001.1	2731.8
1985	7608.7	2020.0	3546.4	2042.2	2038.0	3224.4
1986	8289.6	2087.1	3908.8	2293.8	2105.6	3535.1
1987	9256.0	2185.3	4440.2	2630.6	2204.7	3999.4
1988	10294.7	2240.8	5076.9	2977.0	2260.8	4603.1
1989	10727.8	2309.8	5267.2	3150.8	2330.3	4835.4
1990	11148.3	2479.0	5434.4	3234.9	2501.0	4997.8
			按1990年价格计算	Price Base Year=1990		
1990	18872.9	5017.2	7744.1	6111.6	5061.8	6904.5
1991	20621.0	5135.3	8811.6	6674.1	5183.2	7892.0
1992	23554.3	5374.1	10665.1	7515.0	5426.9	9552.4
1993	26824.5	5624.0	12770.9	8429.6	5682.0	11458.9
1994	30321.5	5845.9	15087.7	9387.9	5909.3	13611.4
1995	33642.9	6134.8	17173.6	10334.5	6204.7	15515.4
1996	36981.2	6444.0	19250.3	11286.9	6521.2	17453.4
1997	40397.0	6665.5	21267.3	12464.2	6749.4	19429.3
1998	43566.6	6894.3	23160.8	13511.5	6985.5	21157.0
1999	46904.5	7082.6	25060.7	14761.2	7181.1	22969.1
2000	50886.7	7247.5	27434.9	16204.3	7353.5	25233.3
			按2000年价格计算	Price Base Year=2000		
2000	100280.1	14717.4	45663.7	39899.1	14943.6	40258.5
2001	108639.2	15105.6	49541.1	43992.5	15362.0	43768.0
2002	118561.9	15513.5	54443.1	48605.4	15807.4	48163.1
2003	130463.2	15881.4	61339.5	53242.3	16202.5	54304.5
2004	143657.8	16851.0	68176.3	58630.4	17223.2	60578.7
2005	160027.0	17706.0	76445.0	65875.9	18124.5	67633.9
			按2005年价格计算	Price Base Year=2005		
2005	187318.9	21806.7	88082.2	77430.0	22416.2	77958.3
2006	211147.7	22843.7	99929.8	88374.1	23537.2	88037.2
2007	241195.8	23648.6	114970.0	102577.2	24418.7	101196.3
2008	264472.8	24867.9	126281.9	113323.0	25732.2	111288.0
2009	289329.9	25863.3	139279.8	124186.8	26809.9	121401.5
2010	320102.6	26962.7	156945.5	136194.4	27954.2	136671.7
			按2010年价格计算	Price Base Year=2010		
2010	412119.3	38430.8	191626.5	182061.9	39619.0	165123.1
2011	451480.1	40035.1	212108.9	199336.2	41303.3	183193.8
2012	486983.3	41823.2	229848.9	215311.2	43181.0	198078.1
2013	524803.1	43415.5	248207.4	233180.2	44891.2	213397.7
2014	563773.8	45174.1	265968.0	252631.7	46773.7	227776.8
2015	603470.9	46935.2	281731.3	274804.4	48667.5	240736.1
			按2015年价格计算	Price Base Year=2015		
2015	688858.2	57774.6	281338.9	349744.7	59852.6	234968.9
2016	736036.5	59668.4	298307.8	378060.3	61918.9	248317.4
2017	787170.4	62032.0	315813.4	409325.0	64459.4	263770.4
2018	840302.6	64192.5	334106.6	442003.5	66811.6	279848.2
2019	891646.1	66161.1	352992.5	472492.5	68978.5	295682.0

注：1.更换基期的年份有两个不变价数据，一个按上一基期价格计算，一个按新基期价格计算。
2.有关不变价国内生产总值的解释见简要说明。

a) There are two figures for the base switching years, one at the former base year prices and the other at the new base year prices.
b) Please refer to the brief introduction for the definition of gross domestic product at constant prices.

3-3 续表 continued

单位：亿元 (100 million yuan)

年 份 Year	建筑业 Construction	批发和零售业 Wholesale and Retail Trades	交通运输、仓储和邮政业 Transport, Storage and Post	住宿和餐饮业 Hotels and Catering Services	金融业 Financial Intermediation	房地产业 Real Estate	其他 Others
			按1970年价格计算 Price Base Year=1970				
1978	122.0	253.4	179.7	44.8	77.0	64.8	255.7
1979	124.5	275.5	194.6	49.8	75.5	67.5	281.4
1980	157.7	270.4	202.9	51.7	81.0	72.8	322.9
			按1980年价格计算 Price Base Year=1980				
1980	196.3	193.8	213.4	47.4	85.8	96.2	368.2
1981	202.6	251.0	217.4	55.7	89.8	92.8	395.4
1982	209.5	249.2	242.1	73.3	128.5	101.3	447.9
1983	245.2	302.1	265.1	87.5	162.7	106.5	501.5
1984	271.8	376.8	304.6	94.6	212.7	136.0	578.4
1985	331.9	503.1	346.6	100.6	249.1	170.0	645.0
1986	384.6	550.6	394.6	116.3	324.4	214.0	664.4
1987	453.1	631.7	432.6	127.5	397.6	276.7	732.7
1988	489.2	706.0	486.7	159.5	477.9	311.7	799.7
1989	448.0	630.4	507.2	175.4	601.3	361.4	838.4
1990	453.4	597.2	549.5	181.5	614.3	384.0	869.6
			按1990年价格计算 Price Base Year=1990				
1990	861.7	1269.2	1167.2	301.9	1144.1	660.9	1501.7
1991	944.0	1334.9	1290.4	326.5	1176.5	739.9	1733.6
1992	1142.1	1475.2	1420.2	414.7	1252.6	936.9	1933.3
1993	1347.3	1601.8	1598.2	448.9	1393.9	1037.7	2255.8
1994	1531.2	1733.1	1734.4	570.7	1529.6	1161.8	2540.1
1995	1720.8	1875.7	1924.8	629.1	1664.6	1306.4	2801.4
1996	1867.2	2018.9	2137.3	672.1	1796.3	1358.9	3155.8
1997	1916.4	2195.9	2333.9	745.7	1958.6	1414.9	3652.9
1998	2089.1	2338.9	2581.0	828.2	2058.9	1523.9	4003.9
1999	2179.1	2542.6	2895.2	892.1	2169.3	1614.4	4461.5
2000	2303.4	2782.1	3143.7	975.4	2320.6	1729.1	5045.7
			按2000年价格计算 Price Base Year=2000				
2000	5534.0	8159.8	6161.9	2146.3	4842.2	4140.9	14092.9
2001	5910.3	8901.9	6704.6	2310.4	5182.0	4596.0	15904.0
2002	6431.0	9686.2	7182.5	2590.9	5572.0	5050.2	18078.6
2003	7208.2	10648.9	7622.6	2911.0	5986.5	5543.5	20035.5
2004	7795.6	11348.3	8726.1	3270.2	6267.2	5867.4	22581.1
2005	9043.2	12826.5	9703.9	3671.2	7152.7	6578.9	25292.2
			按2005年价格计算 Price Base Year=2005				
2005	10400.5	13968.5	10668.8	4195.7	7486.0	8482.7	31742.1
2006	12192.3	16687.2	11732.4	4723.0	9262.6	9786.1	35189.6
2007	14166.5	20060.5	13117.2	5177.3	11652.1	12137.8	39269.5
2008	15514.3	23240.1	14078.2	5674.3	13060.6	12212.1	43673.1
2009	18453.8	26005.6	14552.9	5887.4	15195.1	13610.4	47413.2
2010	21005.1	29801.8	15930.6	6371.4	16555.6	14585.8	51226.4
			按2010年价格计算 Price Base Year=2010				
2010	27259.3	35907.9	18783.6	7712.0	25733.1	23326.6	68654.7
2011	29910.4	40383.5	20598.3	8106.2	27710.1	24975.0	75299.4
2012	32827.7	44542.3	21852.4	8629.3	30329.6	26060.7	81482.2
2013	36004.7	49225.9	23294.2	8966.1	33534.6	27844.8	87643.7
2014	39476.5	54275.6	24907.1	9521.6	37059.8	28434.0	95548.8
2015	42372.3	57925.7	26014.1	10146.8	43263.1	29528.0	104817.2
			按2015年价格计算 Price Base Year=2015				
2015	47761.3	67719.6	30519.5	12306.1	56299.8	42573.8	136856.5
2016	51442.4	72916.2	32620.3	13256.1	59007.1	46313.9	150244.2
2017	53463.7	78615.8	35737.5	14338.1	61815.6	49534.8	165435.2
2018	56041.8	83869.1	38691.8	15296.5	64771.8	51254.3	183717.5
2019	59177.6	88626.6	41430.6	16265.5	69417.5	52775.1	199292.7

3-4 国内生产总值指数
Indices of Gross Domestic Product

本表按不变价格计算。
Data in this table are calculated at constant prices.

(上年=100) (preceding year=100)

年份 Year	国民总收入 Gross National Income	国内生产总值 Gross Domestic Product	第一产业 Primary Industry	第二产业 Secondary Industry	第三产业 Tertiary Industry	农林牧渔业 Agriculture, Forestry, Animal Husbandry and Fishery	工业 Industry
1978	111.7	111.7	104.1	115.0	113.6	104.1	116.4
1979	107.6	107.6	106.1	108.2	107.8	106.1	108.7
1980	107.8	107.8	98.5	113.5	106.1	98.5	112.6
1981	105.1	105.1	107.0	101.9	109.6	107.0	101.7
1982	109.2	109.0	111.5	105.6	112.7	111.5	105.8
1983	111.0	110.8	108.3	110.4	114.6	108.3	109.7
1984	115.3	115.2	112.9	114.4	119.4	112.9	114.8
1985	113.2	113.4	101.8	118.4	118.1	101.8	118.0
1986	108.6	108.9	103.3	110.2	112.3	103.3	109.6
1987	111.6	111.7	104.7	113.6	114.7	104.7	113.1
1988	111.3	111.2	102.5	114.3	113.2	102.5	115.1
1989	104.3	104.2	103.1	103.7	105.8	103.1	105.0
1990	104.1	103.9	107.3	103.2	102.7	107.3	103.4
1991	109.2	109.3	102.4	113.8	109.2	102.4	114.3
1992	114.1	114.2	104.7	121.0	112.6	104.7	121.0
1993	113.6	113.9	104.6	119.7	112.2	104.7	120.0
1994	113.1	113.0	103.9	118.1	111.4	104.0	118.8
1995	109.4	111.0	104.9	113.8	110.1	105.0	114.0
1996	110.1	109.9	105.0	112.1	109.2	105.1	112.5
1997	109.6	109.2	103.4	110.5	110.4	103.5	111.3
1998	107.3	107.8	103.4	108.9	108.4	103.5	108.9
1999	108.0	107.7	102.7	108.2	109.2	102.8	108.6
2000	108.6	108.5	102.3	109.5	109.8	102.4	109.9
2001	108.1	108.3	102.6	108.5	110.3	102.8	108.7
2002	109.6	109.1	102.7	109.9	110.5	102.9	110.0
2003	110.5	110.0	102.4	112.7	109.5	102.5	112.8
2004	110.5	110.1	106.1	111.1	110.1	106.3	111.6
2005	110.9	111.4	105.1	112.1	112.4	105.2	111.6
2006	113.3	112.7	104.8	113.5	114.1	105.0	112.9
2007	114.7	114.2	103.5	115.1	116.1	103.7	114.9
2008	110.1	109.7	105.2	109.8	110.5	105.4	110.0
2009	108.5	109.4	104.0	110.3	109.6	104.2	109.1
2010	110.3	110.6	104.3	112.7	109.7	104.3	112.6
2011	109.0	109.6	104.2	110.7	109.5	104.3	110.9
2012	108.6	107.9	104.5	108.4	108.0	104.5	108.1
2013	107.1	107.8	103.8	108.0	108.3	104.0	107.7
2014	108.4	107.4	104.1	107.2	108.3	104.2	106.7
2015	106.5	107.0	103.9	105.9	108.8	104.0	105.7
2016	106.8	106.8	103.3	106.0	108.1	103.5	105.7
2017	107.3	106.9	104.0	105.9	108.3	104.1	106.2
2018	106.3	106.7	103.5	105.8	108.0	103.6	106.1
2019	106.4	106.1	103.1	105.7	106.9	103.2	105.7

3-4 续表 continued

(上年=100) (preceding year=100)

年 份 Year	建筑业 Construction	批发和零售业 Wholesale and Retail Trades	交通运输、仓储和邮政业 Transport, Storage and Post	住宿和餐饮业 Hotels and Catering Services	金融业 Financial Intermediation	房地产业 Real Estate	其他 Others	人均国内生产总值 Per Capita GDP	人均国民总收入 Per Capita GNI
1978	99.5	123.1	108.9	118.1	110.1	105.7	111.2	110.2	110.2
1979	102.0	108.7	108.3	111.1	98.0	104.1	110.1	106.2	106.2
1980	126.6	98.1	104.3	103.9	107.3	107.9	114.8	106.5	106.5
1981	103.2	129.5	101.9	117.5	104.7	96.5	107.4	103.8	103.7
1982	103.4	99.3	111.4	131.6	143.1	109.1	113.3	107.4	107.6
1983	117.0	121.2	109.5	119.4	126.5	105.2	112.0	109.2	109.5
1984	110.8	124.7	114.9	108.1	130.7	127.7	115.3	113.7	113.8
1985	122.1	133.5	113.8	106.3	117.1	125.0	111.5	111.9	111.7
1986	115.8	109.4	113.9	115.6	130.2	125.9	103.0	107.3	107.0
1987	117.8	114.7	109.6	109.7	122.6	129.3	110.3	109.9	109.8
1988	108.0	111.8	112.5	125.1	120.2	112.7	109.1	109.4	109.5
1989	91.6	89.3	104.2	109.9	125.8	115.9	104.8	102.6	102.7
1990	101.2	94.7	108.3	103.5	102.2	106.2	103.7	102.4	102.6
1991	109.6	105.2	110.6	108.2	102.8	112.0	115.4	107.8	107.7
1992	121.0	110.5	110.1	127.0	106.5	126.6	111.5	112.8	112.7
1993	118.0	108.6	112.5	108.2	111.3	110.8	116.7	112.6	112.3
1994	113.6	108.2	108.5	127.1	109.7	112.0	112.6	111.8	111.8
1995	112.4	108.2	111.0	110.2	108.8	112.4	110.3	109.8	108.2
1996	108.5	107.6	111.0	106.8	107.9	104.0	112.7	108.8	109.0
1997	102.6	108.8	109.2	110.9	109.0	104.1	115.8	108.1	108.4
1998	109.0	106.5	110.6	111.1	105.1	107.7	109.6	106.8	106.3
1999	104.3	108.7	112.2	107.7	105.4	105.9	111.4	106.7	107.1
2000	105.7	109.4	108.6	109.3	107.0	107.1	113.1	107.6	107.8
2001	106.8	109.1	108.8	107.6	107.0	111.0	112.9	107.6	107.3
2002	108.8	108.8	107.1	112.1	107.5	109.9	113.7	108.4	108.9
2003	112.1	109.9	106.1	112.4	107.4	109.8	110.8	109.4	109.8
2004	108.2	106.6	114.5	112.3	104.7	105.8	112.7	109.5	109.9
2005	116.0	113.0	111.2	112.3	114.1	112.1	112.0	110.7	110.3
2006	117.2	119.5	110.0	112.6	123.7	115.4	110.9	112.1	112.7
2007	116.2	120.2	111.8	109.6	125.8	124.0	111.6	113.6	114.1
2008	109.5	115.9	107.3	109.6	112.1	100.6	111.2	109.1	109.5
2009	118.9	111.9	103.4	103.8	116.3	111.5	108.6	108.9	108.0
2010	113.8	114.6	109.5	108.2	109.0	107.2	108.0	110.1	109.8
2011	109.7	112.5	109.7	105.1	107.7	107.1	109.7	109.0	108.5
2012	109.8	110.3	106.1	106.5	109.5	104.3	108.2	107.3	108.1
2013	109.7	110.5	106.6	103.9	110.6	106.8	107.6	107.2	106.6
2014	109.6	110.3	106.9	106.2	110.5	102.1	109.0	106.9	107.9
2015	107.3	106.7	104.4	106.6	116.7	103.8	109.7	106.5	106.0
2016	107.7	107.7	106.9	107.7	104.8	108.8	109.8	106.3	106.2
2017	103.9	107.8	109.6	108.2	104.8	107.0	110.1	106.4	106.7
2018	104.8	106.7	108.3	106.7	104.8	103.5	111.1	106.3	105.8
2019	105.6	105.7	107.1	106.3	107.2	103.0	108.5	105.7	106.1

3-5 国内生产总值指数
Indices of Gross Domestic Product

本表按不变价格计算。
Data in this table are calculated at constant prices.

(1978年=100) (year of 1978=100)

年 份 Year	国 民 总收入 Gross National Income	国内生产 总 值 Gross Domestic Product	第一产业 Primary Industry	第二产业 Secondary Industry	第三产业 Tertiary Industry	农林牧渔业 Agriculture, Forestry, Animal Husbandry and Fishery	工业 Industry
1978	100.0	100.0	100.0	100.0	100.0	100.0	100.0
1979	107.6	107.6	106.1	108.2	107.8	106.1	108.7
1980	116.0	116.0	104.6	122.8	114.4	104.6	122.4
1981	121.9	122.0	111.9	125.1	125.3	111.9	124.5
1982	133.1	132.9	124.8	132.1	141.2	124.8	131.7
1983	147.8	147.3	135.1	145.8	161.9	135.1	144.5
1984	170.5	169.6	152.6	166.9	193.2	152.6	165.9
1985	192.9	192.4	155.4	197.6	228.3	155.4	195.8
1986	209.6	209.6	160.5	217.8	256.4	160.5	214.7
1987	233.9	234.1	168.1	247.4	294.0	168.1	242.9
1988	260.3	260.4	172.3	282.8	332.7	172.3	279.5
1989	271.4	271.3	177.6	293.4	352.2	177.6	293.6
1990	282.7	281.9	190.7	302.8	361.6	190.7	303.5
1991	308.7	308.1	195.2	344.5	394.8	195.2	346.9
1992	352.1	351.9	204.2	416.9	444.6	204.4	419.9
1993	399.9	400.7	213.7	499.3	498.7	214.0	503.7
1994	452.1	453.0	222.2	589.8	555.4	222.6	598.3
1995	494.5	502.6	233.1	671.4	611.4	233.7	682.0
1996	544.5	552.5	244.9	752.6	667.7	245.6	767.2
1997	596.6	603.5	253.3	831.4	737.4	254.2	854.1
1998	640.3	650.8	262.0	905.5	799.3	263.1	930.0
1999	691.4	700.7	269.2	979.7	873.3	270.5	1009.7
2000	751.0	760.2	275.4	1072.6	958.6	277.0	1109.2
2001	811.8	823.6	282.7	1163.6	1057.0	284.7	1205.9
2002	889.7	898.8	290.3	1278.8	1167.8	293.0	1327.0
2003	982.9	989.0	297.2	1440.8	1279.2	300.3	1496.2
2004	1086.2	1089.0	315.4	1601.3	1408.7	319.2	1669.1
2005	1204.6	1213.1	331.4	1795.6	1582.8	336.0	1863.5
2006	1364.9	1367.4	347.1	2037.1	1806.5	352.8	2104.4
2007	1565.6	1562.0	359.3	2343.7	2096.8	366.0	2418.9
2008	1723.4	1712.8	377.9	2574.3	2316.5	385.6	2660.1
2009	1870.6	1873.8	393.0	2839.2	2538.5	401.8	2901.9
2010	2064.2	2073.1	409.7	3199.3	2784.0	418.9	3266.9
2011	2249.9	2271.1	426.8	3541.3	3048.1	436.8	3624.4
2012	2444.0	2449.6	445.9	3837.5	3292.4	456.6	3918.9
2013	2618.4	2639.9	462.8	4144.0	3565.7	474.7	4222.0
2014	2839.5	2835.9	481.6	4440.5	3863.1	494.6	4506.5
2015	3024.1	3035.6	500.4	4703.7	4202.2	514.6	4762.9
2016	3230.5	3243.5	516.8	4987.4	4542.4	532.4	5033.4
2017	3466.1	3468.8	537.2	5280.1	4918.0	554.2	5346.7
2018	3683.0	3703.0	555.9	5585.9	5310.7	574.5	5672.6
2019	3920.0	3929.2	573.0	5901.7	5677.0	593.1	5993.5

3-5 续表 continued

(1978年＝100)　　(year of 1978=100)

年份 Year	建筑业 Construction	批发和零售业 Wholesale and Retail Trades	交通运输、仓储和邮政业 Transport, Storage and Post	住宿和餐饮业 Hotels and Catering Services	金融业 Financial Intermediation	房地产业 Real Estate	其他 Others	人均国内生产总值 Per Capita GDP	人均国民总收入 Per Capita GNI
1978	100.0	100.0	100.0	100.0	100.0	100.0	100.0	100.0	100.0
1979	102.0	108.7	108.3	111.1	98.0	104.1	110.1	106.2	106.2
1980	129.2	106.7	112.9	115.5	105.2	112.3	126.3	113.1	113.1
1981	133.3	138.2	115.0	135.6	110.2	108.4	135.6	117.3	117.3
1982	137.9	137.2	128.1	178.5	157.7	118.2	153.6	126.0	126.2
1983	161.3	166.3	140.2	213.1	199.5	124.3	172.0	137.6	138.1
1984	178.8	207.4	161.1	230.3	260.8	158.7	198.4	156.4	157.2
1985	218.4	277.0	183.3	244.8	305.5	198.4	221.2	175.1	175.5
1986	253.0	303.1	208.8	283.1	397.9	249.7	227.9	187.9	187.9
1987	298.1	347.7	228.8	310.5	487.8	322.9	251.3	206.5	206.3
1988	321.8	388.7	257.5	388.5	586.2	363.8	274.3	226.0	225.9
1989	294.8	347.1	268.3	426.9	737.6	421.8	287.6	231.9	232.0
1990	298.3	328.8	290.7	441.8	753.5	448.2	298.3	237.5	238.1
1991	326.8	345.8	321.4	477.9	774.9	501.7	344.3	256.0	256.5
1992	395.4	382.2	353.7	607.0	825.0	635.3	384.0	288.8	289.0
1993	466.4	415.0	398.0	657.0	918.1	703.6	448.1	325.1	324.5
1994	530.0	449.0	432.0	835.3	1007.5	787.8	504.5	363.4	362.7
1995	595.7	485.9	479.4	920.8	1096.4	885.8	556.4	398.9	392.5
1996	646.4	523.0	532.3	983.8	1183.2	921.4	626.8	433.9	427.6
1997	663.4	568.9	581.3	1091.4	1290.1	959.4	725.5	469.1	463.7
1998	723.2	605.9	642.8	1212.2	1356.1	1033.3	795.3	501.1	493.0
1999	754.3	658.7	721.1	1305.7	1428.8	1094.7	886.1	534.8	527.7
2000	797.3	720.7	782.9	1427.7	1528.4	1172.5	1002.2	575.7	568.7
2001	851.5	786.3	851.9	1536.8	1635.7	1301.4	1131.0	619.1	610.3
2002	926.6	855.5	912.6	1723.4	1758.8	1430.0	1285.6	671.2	664.4
2003	1038.5	940.6	968.5	1936.4	1889.6	1569.7	1424.8	734.0	729.5
2004	1123.2	1002.3	1108.8	2175.3	1978.2	1661.4	1605.8	803.4	801.3
2005	1302.9	1132.9	1233.0	2442.0	2257.7	1862.8	1798.6	889.7	883.5
2006	1527.4	1353.4	1355.9	2748.9	2793.5	2149.1	1993.9	997.3	995.5
2007	1774.7	1627.0	1516.0	3013.3	3514.2	2665.5	2225.1	1133.3	1135.9
2008	1943.5	1884.9	1627.0	3302.6	3939.0	2681.8	2474.6	1236.3	1244.0
2009	2311.8	2109.2	1681.9	3426.6	4582.7	2988.9	2686.5	1345.8	1343.6
2010	2631.4	2417.0	1841.1	3708.3	4993.1	3203.1	2902.6	1481.8	1475.4
2011	2887.3	2718.3	2019.0	3897.9	5376.7	3429.4	3183.5	1615.5	1600.5
2012	3168.9	2998.2	2141.9	4149.4	5884.9	3578.5	3444.9	1734.1	1730.1
2013	3475.6	3313.5	2283.2	4311.4	6506.8	3823.5	3705.4	1859.6	1844.5
2014	3810.8	3653.4	2441.3	4578.5	7190.8	3904.4	4039.6	1987.6	1990.1
2015	4090.3	3899.1	2549.8	4879.1	8394.5	4054.6	4431.5	2116.8	2108.8
2016	4405.6	4198.3	2725.3	5255.8	8798.1	4410.8	4864.9	2249.5	2240.5
2017	4578.7	4526.5	2985.7	5684.8	9216.9	4717.6	5356.8	2392.4	2390.5
2018	4799.5	4829.0	3232.6	6064.8	9657.6	4881.3	5948.8	2542.2	2528.5
2019	5068.0	5102.9	3461.4	6448.9	10350.3	5026.2	6453.2	2688.0	2681.6

3-6 分行业增加值
Value-added by Sector

本表按当年价格计算。
Data in this table are calculated at current prices.
单位：亿元 (100 million yuan)

行 业	Sector	2015	2016	2017	2018
国内生产总值	**Gross Domestic Product**	**688858.2**	**746395.1**	**832035.9**	**919281.1**
农林牧渔业	Agriculture, Forestry, Animal Husbandry and Fishery	59852.6	62451.0	64660.0	67558.7
采矿业	Mining	19243.1	18514.8	21380.1	22592.3
制造业	Manufacturing	199436.0	209508.9	233876.5	255937.2
电力、热力、燃气及水生产和供应业	Production and Supply of Electricity, Heat, Gas and Water	16289.8	17382.7	19862.7	22559.8
建筑业	Construction	47761.3	51498.9	57905.6	65493.0
批发和零售业	Wholesale and Retail Trades	67719.6	73724.5	81156.6	88903.7
交通运输、仓储和邮政业	Transport, Storage and Post	30519.5	33028.7	37121.9	40337.2
住宿和餐饮业	Hotels and Catering Services	12306.1	13607.8	15056.0	16520.6
信息传输、软件和信息技术服务业	Information Transmission, Software and Information Technology	17516.8	20124.1	23808.9	28733.5
金融业	Financial Intermediation	56299.8	59964.0	64844.3	70610.3
房地产业	Real Estate	42573.8	49969.4	57086.0	64623.0
租赁和商务服务业	Leasing and Business Services	18089.7	21528.6	25273.3	29468.5
科学研究和技术服务业	Scientific Research and Technical Services	13887.2	15394.2	17444.7	20175.3
水利、环境和公共设施管理业	Management of Water Conservancy, Environment and Public Facilities	4128.6	4354.6	4602.6	5096.1
居民服务、修理和其他服务业	Household Service, Repair and Other Services	10586.7	12183.5	13725.4	14793.3
教育	Education	24370.5	26964.9	30208.4	34001.4
卫生和社会工作	Health and Social Service	14765.4	16766.8	18548.8	20652.6
文化、体育和娱乐业	Culture, Sports and Entertainment	5063.8	5579.8	6625.4	7301.3
公共管理、社会保障和社会组织	Public Management, Social Security and Social Organization	28447.8	33847.8	38848.8	43923.1

3-7 三次产业和主要行业贡献率
Share of the Contributions of the Three Strata of Industry and Main Sectors to the Increase of the GDP

本表按不变价格计算。
Data in this table are calculated at constant prices.
单位：% (%)

年份 Year	国内生产总值 Gross Domestic Product	第一产业 Primary Industry	第二产业 Secondary Industry	第三产业 Tertiary Industry	#工业 Industry	#批发和零售业 Wholesale and Retail Trades	#金融业 Financial Intermediation
1978	100.0	9.8	61.8	28.4	62.2	12.7	1.9
1979	100.0	20.9	53.6	25.6	52.8	8.1	-0.6
1980	100.0	-4.8	85.6	19.2	74.9	-1.7	1.8
1981	100.0	40.5	17.7	41.8	15.0	24.4	1.7
1982	100.0	38.6	28.8	32.6	27.3	-0.4	8.9
1983	100.0	23.9	43.5	32.7	37.3	9.3	6.0
1984	100.0	25.6	42.7	31.7	39.8	8.4	5.6
1985	100.0	4.1	61.2	34.8	54.7	14.0	4.0
1986	100.0	9.8	53.2	36.9	45.6	7.0	11.1
1987	100.0	10.2	55.0	34.8	48.0	8.4	7.6
1988	100.0	5.4	61.3	33.4	58.1	7.2	7.7
1989	100.0	15.9	44.0	40.1	53.6	-17.5	28.5
1990	100.0	40.2	39.8	20.0	38.6	-7.9	3.1
1991	100.0	6.8	61.1	32.2	56.5	3.8	1.9
1992	100.0	8.1	63.2	28.7	56.6	4.8	2.6
1993	100.0	7.6	64.4	28.0	58.3	3.9	4.3
1994	100.0	6.3	66.3	27.4	61.6	3.8	3.9
1995	100.0	8.7	62.8	28.5	57.3	4.3	4.1
1996	100.0	9.3	62.2	28.5	58.1	4.3	3.9
1997	100.0	6.5	59.0	34.5	57.8	5.2	4.8
1998	100.0	7.2	59.7	33.0	54.5	4.5	3.2
1999	100.0	5.6	56.9	37.4	54.3	6.1	3.3
2000	100.0	4.1	59.6	36.2	56.9	6.0	3.8
2001	100.0	4.6	46.4	49.0	42.0	8.9	4.1
2002	100.0	4.1	49.4	46.5	44.3	7.9	3.9
2003	100.0	3.1	57.9	39.0	51.6	8.1	3.5
2004	100.0	7.3	51.8	40.8	47.6	5.3	2.1
2005	100.0	5.2	50.5	44.3	43.1	9.0	5.4
2006	100.0	4.4	49.7	45.9	42.3	11.4	7.5
2007	100.0	2.7	50.1	47.3	43.8	11.2	8.0
2008	100.0	5.2	48.6	46.2	43.4	13.7	6.1
2009	100.0	4.0	52.3	43.7	40.7	11.1	8.6
2010	100.0	3.6	57.4	39.0	49.6	12.3	4.4
2011	100.0	4.1	52.0	43.9	45.9	11.4	5.0
2012	100.0	5.0	50.0	45.0	41.9	11.7	7.4
2013	100.0	4.2	48.5	47.2	40.5	12.4	8.5
2014	100.0	4.5	45.6	49.9	36.9	13.0	9.0
2015	100.0	4.4	39.7	55.9	32.6	9.2	15.6
2016	100.0	4.0	36.0	60.0	28.3	11.0	5.7
2017	100.0	4.6	34.2	61.1	30.2	11.1	5.5
2018	100.0	4.1	34.4	61.5	30.3	9.9	5.6
2019	100.0	3.8	36.8	59.4	30.8	9.3	9.0

注：贡献率指三次产业或主要行业增加值增量与GDP增量之比。
a) Share of the contributions of the three strata of industry or main sectors to the increase of the GDP refers to the proportion of the increment of the value-added of each industry or sector to the increment of GDP.

3-8 三次产业和主要行业对国内生产总值增长的拉动
Contribution of the Three Strata of Industry and Main Sectors to GDP Growth

本表按不变价格计算。
Data in this table are calculated at constant prices.

单位：百分点 (percentage points)

年 份 Year	国内生产总值 Gross Domestic Product	第一产业 Primary Industry	第二产业 Secondary Industry	第三产业 Tertiary Industry	#工业 Industry	#批发和零售业 Wholesale and Retail Trades	#金融业 Financial Intermediation
1978	11.7	1.1	7.2	3.3	7.3	1.5	0.2
1979	7.6	1.6	4.1	1.9	4.0	0.6	0.0
1980	7.8	-0.4	6.7	1.5	5.9	-0.1	0.1
1981	5.1	2.1	0.9	2.1	0.8	1.2	0.1
1982	9.0	3.5	2.6	2.9	2.5	0.0	0.8
1983	10.8	2.6	4.7	3.5	4.0	1.0	0.6
1984	15.2	3.9	6.5	4.8	6.0	1.3	0.9
1985	13.4	0.5	8.2	4.7	7.3	1.9	0.5
1986	8.9	0.9	4.8	3.3	4.1	0.6	1.0
1987	11.7	1.2	6.4	4.1	5.6	1.0	0.9
1988	11.2	0.6	6.9	3.7	6.5	0.8	0.9
1989	4.2	0.7	1.8	1.7	2.3	-0.7	1.2
1990	3.9	1.6	1.6	0.8	1.5	-0.3	0.1
1991	9.3	0.6	5.7	3.0	5.2	0.3	0.2
1992	14.2	1.2	9.0	4.1	8.1	0.7	0.4
1993	13.9	1.1	8.9	3.9	8.1	0.5	0.6
1994	13.0	0.8	8.6	3.6	8.0	0.5	0.5
1995	11.0	1.0	6.9	3.1	6.3	0.5	0.4
1996	9.9	0.9	6.2	2.8	5.8	0.4	0.4
1997	9.2	0.6	5.5	3.2	5.3	0.5	0.4
1998	7.8	0.6	4.7	2.6	4.3	0.4	0.2
1999	7.7	0.4	4.4	2.9	4.2	0.5	0.3
2000	8.5	0.4	5.1	3.1	4.8	0.5	0.3
2001	8.3	0.4	3.9	4.1	3.5	0.7	0.3
2002	9.1	0.4	4.5	4.2	4.0	0.7	0.4
2003	10.0	0.3	5.8	3.9	5.2	0.8	0.3
2004	10.1	0.7	5.2	4.1	4.8	0.5	0.2
2005	11.4	0.6	5.8	5.0	4.9	1.0	0.6
2006	12.7	0.6	6.3	5.8	5.4	1.5	0.9
2007	14.2	0.4	7.1	6.7	6.2	1.6	1.1
2008	9.7	0.5	4.7	4.5	4.2	1.3	0.6
2009	9.4	0.4	4.9	4.1	3.8	1.0	0.8
2010	10.6	0.4	6.1	4.2	5.3	1.3	0.5
2011	9.6	0.4	5.0	4.2	4.4	1.1	0.5
2012	7.9	0.4	3.9	3.5	3.3	0.9	0.6
2013	7.8	0.3	3.8	3.7	3.1	1.0	0.7
2014	7.4	0.3	3.4	3.7	2.7	1.0	0.7
2015	7.0	0.3	2.8	3.9	2.3	0.6	1.1
2016	6.8	0.3	2.5	4.1	1.9	0.8	0.4
2017	6.9	0.3	2.4	4.2	2.1	0.8	0.4
2018	6.7	0.3	2.3	4.2	2.0	0.7	0.4
2019	6.1	0.2	2.2	3.6	1.9	0.6	0.6

注：拉动指GDP增长速度与三次产业或主要行业贡献率之乘积。

a) Contribution of the three strata of industry or main sectors to GDP growth refers to the growth rate of GDP multiplied by the contribution share of every industry or sector.

3-9 地区生产总值（2019年）
Gross Regional Product (2019)

本表绝对数按当年价格计算，指数按不变价格计算。
Data on value in this table are calculated at current prices while indices are at constant prices.

单位：亿元 (100 million yuan)

地 区	Region	地区生产总值 Gross Regional Product	三次产业增加值 Value-Added by Three Strata of Industry 第一产业 Primary Industry	第二产业 Secondary Industry	第三产业 Tertiary Industry	分行业增加值 Value-Added by Sector 农林牧渔业 Agriculture, Forestry, Animal Husbandry and Fishery	工 业 Industry	建筑业 Construction
北 京	Beijing	35371.28	113.69	5715.06	29542.53	116.20	4241.10	1513.67
天 津	Tianjin	14104.28	185.23	4969.18	8949.87	191.61	4394.27	693.76
河 北	Hebei	35104.52	3518.44	13597.26	17988.82	3727.50	11503.03	2129.89
山 西	Shanxi	17026.68	824.72	7453.09	8748.87	874.87	6569.51	894.76
内蒙古	Inner Mongolia	17212.53	1863.19	6818.88	8530.46	1893.38	5514.34	1304.54
辽 宁	Liaoning	24909.45	2177.77	9531.24	13200.44	2266.70	8164.55	1482.05
吉 林	Jilin	11726.82	1287.32	4134.82	6304.68	1333.42	3347.82	808.63
黑龙江	Heilongjiang	13612.68	3182.45	3615.21	6815.03	3267.44	3291.05	419.16
上 海	Shanghai	38155.32	103.88	10299.16	27752.28	110.10	9670.68	716.16
江 苏	Jiangsu	99631.52	4296.28	44270.51	51064.73	4610.84	37825.32	6493.54
浙 江	Zhejiang	62351.74	2097.38	26566.60	33687.76	2146.23	22840.53	3779.55
安 徽	Anhui	37113.98	2915.70	15337.90	18860.38	3068.93	11454.85	3905.71
福 建	Fujian	42395.00	2596.23	20581.74	19217.03	2690.85	16170.45	4482.03
江 西	Jiangxi	24757.50	2057.56	10939.83	11760.11	2135.69	8965.81	1980.99
山 东	Shandong	71067.53	5116.44	28310.92	37640.17	5476.47	22985.13	5441.91
河 南	Henan	54259.20	4635.40	23605.79	26018.01	4860.38	18413.21	5272.97
湖 北	Hubei	45828.31	3809.09	19098.62	22920.60	4014.00	16087.33	3073.13
湖 南	Hunan	39752.12	3646.95	14946.98	21158.19	3850.19	11630.55	3327.00
广 东	Guangdong	107671.07	4351.26	43546.43	59773.38	4478.51	39398.46	4255.07
广 西	Guangxi	21237.14	3387.74	7077.43	10771.97	3492.03	5277.57	1816.05
海 南	Hainan	5308.93	1080.36	1099.03	3129.54	1119.07	588.71	514.47
重 庆	Chongqing	23605.77	1551.42	9496.84	12557.51	1581.15	6656.72	2840.12
四 川	Sichuan	46615.82	4807.24	17365.33	24443.25	4937.70	13365.66	4123.48
贵 州	Guizhou	16769.34	2280.56	6058.45	8430.33	2408.03	4545.97	1517.06
云 南	Yunnan	23223.75	3037.62	7961.58	12224.55	3096.08	5301.51	2664.64
西 藏	Tibet	1697.82	138.19	635.62	924.01	142.07	131.72	503.90
陕 西	Shaanxi	25793.17	1990.93	11980.75	11821.49	2098.01	9609.70	2482.96
甘 肃	Gansu	8718.30	1050.48	2862.42	4805.40	1087.61	2319.75	552.99
青 海	Qinghai	2965.95	301.90	1159.75	1504.30	306.03	817.49	342.26
宁 夏	Ningxia	3748.48	279.93	1584.72	1883.83	297.66	1270.02	316.17
新 疆	Xinjiang	13597.11	1781.75	4795.50	7019.86	1888.39	3861.66	1037.29

注：表中数据为初步核算数。
Data in this table are preliminary figures.

3-9 续表 1 continued

单位：亿元 (100 million yuan)

地 区	Region	批发和零售业 Wholesale and Retail Trades	交通运输、仓储和邮政业 Transport, Storage and Post	住宿和餐饮业 Hotels and Catering Services	金融业 Financial Intermediation	房地产业 Real Estate	其 他 Others	人均地区生产总值(元) Per Capita Gross Regional Product (yuan)
北 京	Beijing	2856.89	1025.33	540.36	6544.77	2620.79	15912.17	164220
天 津	Tianjin	1372.27	787.73	169.14	1907.86	1238.45	3349.19	90371
河 北	Hebei	2947.53	2916.01	389.04	2416.13	2310.00	6765.39	46348
山 西	Shanxi	1361.61	1006.82	207.05	1174.01	1081.74	3856.31	45724
内蒙古	Inner Mongolia	1448.34	1202.71	361.54	874.88	892.20	3720.60	67852
辽 宁	Liaoning	2164.38	1313.36	317.61	1985.18	1471.41	5744.21	57191
吉 林	Jilin	759.11	574.40	192.61	837.89	778.83	3094.12	43475
黑龙江	Heilongjiang	1005.33	533.00	237.06	995.36	671.93	3192.35	36183
上 海	Shanghai	5023.23	1650.44	458.86	6600.60	3300.72	10624.53	157279
江 苏	Jiangsu	10901.27	3157.21	1540.21	7529.61	8057.76	19515.76	123607
浙 江	Zhejiang	7470.08	1962.13	1092.28	5004.37	4356.87	13699.69	107624
安 徽	Anhui	3429.23	1973.87	759.36	2345.64	2870.49	7305.90	58496
福 建	Fujian	4242.89	1484.58	656.65	2875.35	2689.62	7102.58	107139
江 西	Jiangxi	2103.31	1083.72	447.40	1557.50	1895.01	4588.06	53164
山 东	Shandong	9744.83	3636.06	1173.68	4177.35	4348.67	14083.43	70653
河 南	Henan	4010.80	2970.41	1150.16	2793.94	3419.58	11367.75	56388
湖 北	Hubei	3347.05	2233.45	1248.46	2783.57	3680.34	9360.98	77387
湖 南	Hunan	4022.92	1556.52	922.40	1960.07	2777.26	9705.21	57540
广 东	Guangdong	11153.04	3466.42	1878.20	8881.41	9223.62	24936.34	94172
广 西	Guangxi	1758.95	902.04	376.87	1469.45	1798.82	4345.36	42964
海 南	Hainan	533.03	246.93	269.18	392.23	497.86	1147.45	56507
重 庆	Chongqing	2192.06	977.14	501.98	2087.95	1473.04	5295.61	75828
四 川	Sichuan	4194.68	1468.52	1149.18	3121.87	3399.12	10855.61	55774
贵 州	Guizhou	1269.90	709.88	417.18	1060.02	632.24	4209.06	46433
云 南	Yunnan	2389.22	1113.14	599.45	1406.08	1410.42	5243.21	47944
西 藏	Tibet	104.51	47.76	41.90	121.89	54.50	549.56	48902
陕 西	Shaanxi	1880.44	1059.86	428.31	1708.33	1305.59	5219.97	66649
甘 肃	Gansu	646.28	438.39	158.27	862.33	470.49	2182.20	32995
青 海	Qinghai	160.83	123.18	50.75	262.96	127.49	774.96	48981
宁 夏	Ningxia	200.85	178.21	53.72	302.01	148.09	981.75	54217
新 疆	Xinjiang	766.09	953.72	181.89	1015.31	509.95	3382.81	54280

3-9 续表 2 continued

地区	Region	构成（地区生产总值=100） Composition (GRP=100)			指数（上年=100） Indices (preceding year=100)				
		第一产业 Primary Industry	第二产业 Secondary Industry	第三产业 Tertiary Industry	地区生产总值 Gross Regional Product	第一产业 Primary Industry	第二产业 Secondary Industry	第三产业 Tertiary Industry	人均地区生产总值 Per Capita Gross Regional Product
北京	Beijing	0.3	16.2	83.5	106.1	97.5	104.5	106.4	106.5
天津	Tianjin	1.3	35.2	63.5	104.8	100.2	103.2	105.9	104.6
河北	Hebei	10.0	38.7	51.3	106.8	101.6	104.9	109.4	106.2
山西	Shanxi	4.8	43.8	51.4	106.2	102.1	105.7	107.0	105.8
内蒙古	Inner Mongolia	10.8	39.6	49.6	105.2	102.4	105.7	105.4	105.0
辽宁	Liaoning	8.7	38.3	53.0	105.5	103.5	105.7	105.6	105.7
吉林	Jilin	11.0	35.2	53.8	103.0	102.5	102.6	103.3	103.5
黑龙江	Heilongjiang	23.4	26.6	50.1	104.2	102.4	102.7	105.9	104.7
上海	Shanghai	0.3	27.0	72.7	106.0	95.0	100.5	108.2	105.7
江苏	Jiangsu	4.3	44.4	51.3	106.1	101.3	105.9	106.6	105.8
浙江	Zhejiang	3.4	42.6	54.0	106.8	102.0	105.9	107.8	105.0
安徽	Anhui	7.9	41.3	50.8	107.5	103.2	108.0	107.7	106.5
福建	Fujian	6.1	48.5	45.3	107.6	103.5	108.3	107.3	106.7
江西	Jiangxi	8.3	44.2	47.5	108.0	103.0	108.0	109.0	107.4
山东	Shandong	7.2	39.8	53.0	105.5	101.1	102.6	108.7	105.2
河南	Henan	8.5	43.5	48.0	107.0	102.3	107.5	107.4	106.5
湖北	Hubei	8.3	41.7	50.0	107.5	103.2	108.0	107.8	107.2
湖南	Hunan	9.2	37.6	53.2	107.6	103.2	107.8	108.1	107.1
广东	Guangdong	4.0	40.4	55.5	106.2	104.1	104.7	107.5	104.5
广西	Guangxi	16.0	33.3	50.7	106.0	105.6	105.7	106.2	105.1
海南	Hainan	20.3	20.7	59.0	105.8	102.5	104.1	107.5	104.7
重庆	Chongqing	6.6	40.2	53.2	106.3	103.6	106.4	106.4	105.4
四川	Sichuan	10.3	37.3	52.4	107.5	102.8	107.5	108.5	107.0
贵州	Guizhou	13.6	36.1	50.3	108.3	105.7	109.8	107.8	107.6
云南	Yunnan	13.1	34.3	52.6	108.1	105.5	108.6	108.3	107.4
西藏	Tibet	8.2	37.4	54.4	108.1	104.6	107.0	109.2	106.0
陕西	Shaanxi	7.7	46.4	45.8	106.0	104.0	105.5	106.8	105.4
甘肃	Gansu	12.0	32.8	55.1	106.2	105.8	104.7	107.2	105.7
青海	Qinghai	10.2	39.1	50.7	106.3	104.6	106.3	106.5	105.4
宁夏	Ningxia	7.5	42.3	50.3	106.5	103.2	106.7	106.8	105.5
新疆	Xinjiang	13.1	35.3	51.6	106.2	105.3	103.7	108.1	104.5

3-10 支出法国内生产总值
Gross Domestic Product by Expenditure Approach

本表按当年价格计算。
Data in this table are calculated at current prices.

年 份 Year	支出法国内生产总值(亿元) Gross Domestic Product by Expenditure Approach (100 million yuan)	最终消费支出 Final Consumption Expenditure	资本形成总额 Gross Capital Formation	货物和服务净出口 Net Exports of Goods and Services	最终消费率(消费率)(%) Final Consumption Rate (%)	资本形成率(投资率)(%) Capital Formation Rate (%)
1978	3606	2234	1383	-11	61.9	38.4
1979	4047	2579	1488	-20	63.7	36.8
1980	4541	2968	1588	-15	65.4	35.0
1981	4922	3278	1626	17	66.6	33.0
1982	5386	3577	1718	91	66.4	31.9
1983	6034	4061	1922	51	67.3	31.9
1984	7290	4787	2502	1	65.7	34.3
1985	9108	5921	3554	-367	65.0	39.0
1986	10390	6731	3915	-255	64.8	37.7
1987	12198	7644	4544	11	62.7	37.2
1988	15210	9429	5932	-151	62.0	39.0
1989	17250	11044	6392	-186	64.0	37.1
1990	18969	12012	6447	510	63.3	34.0
1991	21997	13626	7754	618	61.9	35.2
1992	27140	16239	10625	276	59.8	39.1
1993	35576	20815	15440	-679	58.5	43.4
1994	48410	28297	19479	634	58.5	40.2
1995	61050	36229	23823	999	59.3	39.0
1996	71541	43122	26960	1459	60.3	37.7
1997	79416	47549	28317	3550	59.9	35.7
1998	84791	51502	29660	3629	60.7	35.0
1999	90095	56667	30891	2537	62.9	34.3
2000	99799	63749	33667	2383	63.9	33.7
2001	110388	68661	39403	2325	62.2	35.7
2002	121327	74227	44005	3094	61.2	36.3
2003	137147	79735	54447	2965	58.1	39.7
2004	161356	89394	67726	4236	55.4	42.0
2005	187658	101873	75576	10209	54.3	40.3
2006	219598	115364	87579	16655	52.5	39.9
2007	270499	137737	109339	23423	50.9	40.4
2008	318068	158899	134942	24227	50.0	42.4
2009	347650	174539	158075	15037	50.2	45.5
2010	408505	201581	191867	15057	49.3	47.0
2011	484109	244747	227673	11688	50.6	47.0
2012	539040	275444	248960	14636	51.1	46.2
2013	596344	306664	275129	14552	51.4	46.1
2014	646548	338031	294906	13611	52.3	45.6
2015	692094	371921	297827	22346	53.7	43.0
2016	745981	410806	318198	16976	55.1	42.7
2017	828983	456518	357886	14578	55.1	43.2
2018	915774	506135	402585	7054	55.3	44.0
2019	994927	551495	428628	14805	55.4	43.1

注：1.最终消费率指最终消费支出占支出法国内生产总值的比重；资本形成率指资本形成总额占支出法国内生产总值的比重。
2.由于支出法国内生产总值核算的改进和完善，对2018年及以前的历史数据进行了修订（以下相关表同）。

a) Final consumption rate refers to the share of final consumption expenditure in GDP by expenditure approach, capital formation rate refers to the share of gross capital formation in GDP by expenditure approach.

b) As the calculation methods for GDP by expenditure approach have been improved, the historical data of and before 2018 are revised (the same applies to the relevant tables).

3-11 支出法国内生产总值及构成

Components of Gross Domestic Product by Expenditure Approach

本表按当年价格计算。
Data in this table are calculated at current prices.

年份 Year	最终消费支出（亿元）Final Consumption Expenditure (100 million yuan)				资本形成总额（亿元）Gross Capital Formation (100 million yuan)		货物和服务净出口（亿元）Net Exports of Goods and Services (100 million yuan)	
	居民消费支出 Household Consumption Expenditure	城镇居民 Urban Households	农村居民 Rural Households	政府消费支出 Government Consumption Expenditure	固定资本形成总额 Gross Fixed Capital Formation	存货变动 Change in Inventories	出口 Exports	进口 Imports
1978	1759	667	1092	475	1079	304		
1979	2014	759	1255	565	1163	326		
1980	2337	922	1415	631	1310	277		
1981	2628	1017	1610	651	1345	281		
1982	2867	1050	1817	710	1517	201		
1983	3221	1197	2024	840	1697	226		
1984	3690	1438	2251	1097	2134	368		
1985	4627	1841	2787	1293	2769	786		
1986	5294	2180	3113	1437	3212	702		
1987	6048	2576	3472	1596	3720	823		
1988	7532	3381	4152	1897	4714	1218		
1989	8778	3913	4865	2266	4399	1993		
1990	9435	4194	5241	2577	4527	1919		
1991	10544	4971	5573	3081	5656	2098		
1992	12312	6366	5947	3927	8253	2373		
1993	15695	8694	7001	5120	13232	2209		
1994	21443	12271	9172	6854	16751	2728		
1995	28066	16528	11538	8163	19838	3985		
1996	33644	19489	14155	9478	22723	4237		
1997	36586	21625	14961	10963	24714	3603		
1998	38768	23894	14875	12733	28014	1645		
1999	41846	27035	14811	14821	29467	1424		
2000	46863	31251	15612	16886	32669	998		
2001	50465	34167	16297	18196	37088	2315		
2002	54667	37650	17017	19561	42672	1333		
2003	58690	40915	17775	21045	52574	1872		
2004	65725	46492	19233	23670	63975	3751		
2005	74154	53242	20912	27719	73852	1724		
2006	82842	60203	22640	32522	84979	2600		
2007	98231	72643	25589	39506	102345	6995		
2008	112655	84414	28241	46245	124701	10241		
2009	123122	93198	29924	51417	152691	5383		
2010	141465	108909	32556	60116	181041	10826		
2011	170391	131026	39365	74357	214017	13656		
2012	190585	147770	42815	84859	238321	10639		
2013	212477	165106	47372	94186	263980	11149		
2014	236238	183605	52633	101793	282242	12664		
2015	260202	203687	56515	111718	289970	7856		
2016	288668	226791	61878	122138	310145	8054	146177	129201
2017	320690	251844	68846	135829	348300	9586	163847	149268
2018	354124	276916	77208	152011	393848	8737	175694	168640
2019	385896	302253	83642	165599	422019	6609	185210	170405

3-11 续表 continued

年份 Year	最终消费支出=100 Final Consumption Expenditure=100		居民消费支出=100 Household Consumption Expenditure=100		资本形成总额=100 Gross Capital Formation=100		货物和服务净出口=100 Net Exports of Goods and Services=100	
	居民消费支出 Household Consumption Expenditure	政府消费支出 Government Consumption Expenditure	城镇居民 Urban Households	农村居民 Rural Households	固定资本形成总额 Gross Fixed Capital Formation	存货变动 Change in Inventories	出口 Exports	进口 Imports
1978	78.8	21.2	37.9	62.1	78.0	22.0		
1979	78.1	21.9	37.7	62.3	78.1	21.9		
1980	78.7	21.3	39.5	60.5	82.5	17.5		
1981	80.2	19.8	38.7	61.3	82.7	17.3		
1982	80.2	19.8	36.6	63.4	88.3	11.7		
1983	79.3	20.7	37.1	62.9	88.3	11.7		
1984	77.1	22.9	39.0	61.0	85.3	14.7		
1985	78.2	21.8	39.8	60.2	77.9	22.1		
1986	78.6	21.4	41.2	58.8	82.1	17.9		
1987	79.1	20.9	42.6	57.4	81.9	18.1		
1988	79.9	20.1	44.9	55.1	79.5	20.5		
1989	79.5	20.5	44.6	55.4	68.8	31.2		
1990	78.5	21.5	44.5	55.5	70.2	29.8		
1991	77.4	22.6	47.1	52.9	72.9	27.1		
1992	75.8	24.2	51.7	48.3	77.7	22.3		
1993	75.4	24.6	55.4	44.6	85.7	14.3		
1994	75.8	24.2	57.2	42.8	86.0	14.0		
1995	77.5	22.5	58.9	41.1	83.3	16.7		
1996	78.0	22.0	57.9	42.1	84.3	15.7		
1997	76.9	23.1	59.1	40.9	87.3	12.7		
1998	75.3	24.7	61.6	38.4	94.5	5.5		
1999	73.8	26.2	64.6	35.4	95.4	4.6		
2000	73.5	26.5	66.7	33.3	97.0	3.0		
2001	73.5	26.5	67.7	32.3	94.1	5.9		
2002	73.6	26.4	68.9	31.1	97.0	3.0		
2003	73.6	26.4	69.7	30.3	96.6	3.4		
2004	73.5	26.5	70.7	29.3	94.5	5.5		
2005	72.8	27.2	71.8	28.2	97.7	2.3		
2006	71.8	28.2	72.7	27.3	97.0	3.0		
2007	71.3	28.7	74.0	26.0	93.6	6.4		
2008	70.9	29.1	74.9	25.1	92.4	7.6		
2009	70.5	29.5	75.7	24.3	96.6	3.4		
2010	70.2	29.8	77.0	23.0	94.4	5.6		
2011	69.6	30.4	76.9	23.1	94.0	6.0		
2012	69.2	30.8	77.5	22.5	95.7	4.3		
2013	69.3	30.7	77.7	22.3	95.9	4.1		
2014	69.9	30.1	77.7	22.3	95.7	4.3		
2015	70.0	30.0	78.3	21.7	97.4	2.6		
2016	70.3	29.7	78.6	21.4	97.5	2.5		
2017	70.2	29.8	78.5	21.5	97.3	2.7		
2018	70.0	30.0	78.2	21.8	97.8	2.2		
2019	70.0	30.0	78.3	21.7	98.5	1.5		

3-12 实际最终消费及构成
Actual Final Consumption and Its Composition

本表按当年价格计算。
Data in this table are calculated at current price.

年份 Year	实际最终消费 (亿元) Actual Final Consumption (100 million yuan)		构成 (实际最终消费=100) Composition (Actual Final Consumption=100)	
	居民实际最终消费 Household Actual Final Consumption	政府实际最终消费 Government Actual Final Consumption	居民实际最终消费 Household Actual Final Consumption	政府实际最终消费 Government Actual Final Consumption
1978	1867	366	83.6	16.4
1979	2141	438	83.0	17.0
1980	2485	482	83.8	16.2
1981	2790	488	85.1	14.9
1982	3053	524	85.4	14.6
1983	3432	629	84.5	15.5
1984	3937	849	82.3	17.7
1985	4926	995	83.2	16.8
1986	5651	1080	84.0	16.0
1987	6426	1217	84.1	15.9
1988	7988	1441	84.7	15.3
1989	9298	1746	84.2	15.8
1990	10015	1998	83.4	16.6
1991	11211	2415	82.3	17.7
1992	13056	3184	80.4	19.6
1993	16591	4224	79.7	20.3
1994	22638	5659	80.0	20.0
1995	29439	6790	81.3	18.7
1996	35238	7885	81.7	18.3
1997	38366	9183	80.7	19.3
1998	40786	10716	79.2	20.8
1999	44097	12570	77.8	22.2
2000	49425	14324	77.5	22.5
2001	53612	15050	78.1	21.9
2002	58409	15818	78.7	21.3
2003	62950	16785	78.9	21.1
2004	70586	18808	79.0	21.0
2005	79937	21936	78.5	21.5
2006	89888	25476	77.9	22.1
2007	107020	30717	77.7	22.3
2008	124246	34653	78.2	21.8
2009	137011	37527	78.5	21.5
2010	158139	43443	78.4	21.6
2011	191534	53214	78.3	21.7
2012	217619	57825	79.0	21.0
2013	242321	64343	79.0	21.0
2014	269155	68876	79.6	20.4
2015	299445	72476	80.5	19.5
2016	331941	78866	80.8	19.2
2017	368338	88180	80.7	19.3
2018	406621	99514	80.3	19.7

3-13 居民消费水平
Household Consumption Expenditure

本表绝对数按当年价格计算，指数按不变价格计算。
Data on value in this table are calculated at current prices, while indices are calculated at constant prices.

年份 Year	绝对数(元) Value (yuan)			城乡消费水平对比(农村居民=1) Urban/Rural Consumption Ratio (Rural Household=1)	指数（上年=100) Index (Preceding Year=100)			指数(1978=100) Index (1978=100)		
	全体居民 All Households	城镇居民 Urban Households	农村居民 Rural Households		全体居民 All Households	城镇居民 Urban Households	农村居民 Rural Households	全体居民 All Households	城镇居民 Urban Households	农村居民 Rural Households
1978	183	387	138	2.8	104.1	102.2	104.5	100.0	100.0	100.0
1980	237	482	178	2.7	109.2	109.2	108.2	116.9	113.8	115.2
1985	437	734	345	2.1	112.6	109.0	113.8	181.3	140.9	191.6
1990	825	1389	623	2.2	102.8	101.8	103.3	227.4	169.6	238.5
1995	2317	4699	1342	3.5	108.3	109.5	105.1	340.2	294.9	287.8
2000	3698	6808	1931	3.5	110.5	109.7	106.7	493.3	390.2	379.7
2001	3954	7109	2048	3.5	105.9	103.6	104.7	522.4	404.1	397.6
2002	4256	7498	2175	3.4	108.2	106.0	106.6	565.1	428.5	423.9
2003	4542	7812	2313	3.4	105.4	103.1	104.7	595.6	441.6	443.6
2004	5056	8565	2540	3.4	106.6	105.6	103.8	635.1	466.2	460.4
2005	5671	9472	2805	3.4	109.5	108.3	106.8	695.7	505.2	491.8
2006	6302	10329	3095	3.3	108.0	105.9	107.5	751.4	534.8	528.7
2007	7434	11981	3579	3.3	112.5	111.0	109.0	844.9	593.9	576.0
2008	8483	13527	4012	3.4	107.5	106.7	104.4	908.0	633.9	601.1
2009	9226	14447	4341	3.3	110.5	108.4	110.5	1003.7	686.9	663.9
2010	10550	16260	4851	3.4	107.5	105.6	105.7	1079.4	725.6	701.7
2011	12646	18968	5996	3.2	109.8	107.4	111.5	1185.6	779.3	782.1
2012	14075	20759	6667	3.1	109.3	107.9	107.6	1295.7	840.9	841.3
2013	15615	22583	7524	3.0	108.1	106.1	109.8	1400.9	891.9	923.4
2014	17271	24508	8508	2.9	108.5	106.4	110.9	1519.7	949.4	1024.0
2015	18929	26413	9365	2.8	109.6	107.7	110.1	1665.8	1022.8	1127.9
2016	20877	28600	10493	2.7	108.2	105.7	111.6	1801.7	1081.6	1258.4
2017	23070	30959	11940	2.6	106.7	104.5	110.2	1922.9	1130.0	1386.4
2018	25378	33308	13689	2.4	107.5	105.1	112.1	2066.5	1187.2	1554.5
2019	27563	35625	15163	2.3	106.0	104.3	108.2	2190.2	1238.7	1682.5

注：1.城乡消费水平对比没有剔除城乡价格不可比的因素(相关表同)。
2.居民消费水平指按常住人口计算的人均居民消费支出(相关表同)。

a) The effect of price differentials between urban and rural areas has not been removed in the calculation of the urban/rural consumption ratio. The same applies to the relevant tables.

b) Household consumption level refers to per capita household consumption expenditure on the basis of resident population. The same applies to the relevant tables.

3-14　三大需求对国内生产总值增长的贡献率和拉动
Contribution Share and Contribution of the Three Components of GDP to the Growth of GDP

本表按不变价格计算。
Data in this table are calculated at constant prices.

年　份 Year	最终消费支出 Final Consumption Expenditure		资本形成总额 Gross Capital Formation		货物和服务净出口 Net Exports of Goods and Services	
	贡献率 (%) Contribution Share (%)	拉　动 (百分点) Contribution (percentage points)	贡献率 (%) Contribution Share (%)	拉　动 (百分点) Contribution (percentage points)	贡献率 (%) Contribution Share (%)	拉　动 (百分点) Contribution (percentage points)
1978	38.7	4.5	66.7	7.8	-5.4	-0.6
1980	78.1	6.1	20.1	1.6	1.8	0.1
1985	71.9	9.7	79.6	10.7	-51.5	-6.9
1990	89.0	3.5	-69.4	-2.7	80.5	3.2
1995	46.7	5.1	46.1	5.0	7.2	0.8
2000	78.8	6.7	21.7	1.8	-0.5	0.0
2001	50.0	4.2	63.5	5.3	-13.5	-1.1
2002	58.1	5.3	40.0	3.7	1.9	0.2
2003	36.1	3.6	68.8	6.9	-4.9	-0.5
2004	42.9	4.3	62.0	6.3	-4.9	-0.5
2005	56.8	6.5	33.1	3.8	10.1	1.1
2006	43.2	5.5	42.5	5.4	14.3	1.8
2007	47.9	6.8	44.2	6.3	7.8	1.1
2008	44.0	4.2	53.3	5.1	2.7	0.3
2009	57.6	5.4	85.3	8.0	-42.8	-4.0
2010	47.4	5.0	63.4	6.7	-10.8	-1.1
2011	65.7	6.3	41.1	3.9	-6.8	-0.6
2012	55.4	4.4	42.1	3.3	2.5	0.2
2013	50.2	3.9	53.1	4.1	-3.3	-0.3
2014	56.3	4.2	45.0	3.3	-1.3	-0.1
2015	69.0	4.9	22.6	1.6	8.4	0.6
2016	66.5	4.6	45.0	3.1	-11.6	-0.8
2017	57.5	4.0	37.7	2.6	4.8	0.3
2018	65.9	4.4	41.5	2.8	-7.4	-0.5
2019	57.8	3.5	31.2	1.9	11.0	0.7

注：1.三大需求指支出法国内生产总值的三大构成项目，即最终消费支出、资本形成总额、货物和服务净出口。
2.贡献率指三大需求增量与支出法国内生产总值增量之比。
3.拉动指国内生产总值增长速度与三大需求贡献率的乘积。

a)Three components of GDP by expenditure approach are final consumption expenditure,gross capital formation and net exports of goods and services.
b)Contribution share of the three components to the increase of the GDP refers to the proportion of the increment of the each component of GDP by expenditure approach to the increment of GDP.
c)Contribution of the three components to GDP growth refers to the growth rate of GDP multiplied by the contribution share of the three components.

3-15 资金流量表(非金融交易，2018年)
Flow of Funds Accounts (Non-financial Transaction, 2018)

单位：亿元 (100 million yuan)

机构部门	Sectors	非金融企业部门 Non-financial Enterprises		金融机构部门 Financial Institutions		广义政府部门 General Government	
交易项目	Items	运用 Uses	来源 Resources	运用 Uses	来源 Resources	运用 Uses	来源 Resources
一、净出口	**Net Exports**						
二、增加值	**Value Added**		**576074.9**		**70610.3**		**91956.1**
三、劳动者报酬	**Compensation of Employees**	**250203.4**		**18799.9**		**81435.0**	
四、生产税净额	**Taxes on Production, Net**	**87929.7**		**6049.2**		**289.7**	**95553.7**
五、财产收入	**Property Income**	**60907.3**	**27679.2**	**72401.9**	**59909.7**	**10485.1**	**21597.9**
(一)利息	Interest	28433.8	21073.7	64738.8	58942.6	8620.4	7243.9
(二)红利	Distributed Income of Corporations	24802.0	6475.1	4102.5	967.1		6522.9
(三)地租	Rent	7668.8					7691.4
(四)其他	Others	2.7	130.4	3560.5		1864.7	139.7
六、初次分配总收入	**Gross Primary Income**		**204713.6**		**33269.0**		**116898.0**
七、经常转移	**Current Transfers**	**32796.2**	**1991.1**	**13590.0**	**6039.7**	**64673.6**	**119041.2**
(一)所得税、财产税等经常税	Current Taxes on Income, Wealth, etc.	27630.8		7692.9			49227.8
(二)社会保险缴款	Social Insurance Contritutions						61347.8
(三)社会保险福利	Social Insurance Benefits					49586.7	
(四)社会补助	Social Assistance	442.5				14868.7	
(五)其他	Others	4722.8	1991.1	5897.1	6039.7	218.2	8465.6
八、可支配总收入	**Gross Disposable Income**		**173908.6**		**25718.7**		**171265.6**
九、实物社会转移	**Social Transfers in Kind**					**52496.8**	
十、调整后可支配总收入	**Adjusted Gross Disposable Income**		**173908.6**		**25718.7**		**118768.8**
十一、实际最终消费	**Actual Final Consumption**					**99513.8**	
(一)居民实际最终消费	Households Actual Final Consumption						
(二)政府实际最终消费	Government Actual Final Consumption					99513.8	
十二、总储蓄	**Gross Saving**		**173908.6**		**25718.7**		**19255.0**
十三、资本转移	**Capital Transfers**		**11745.7**			**11803.8**	**20.1**
(一)投资性补助	Investment Grants		11745.7			11745.7	
(二)其他	Others					58.2	20.1
十四、资本形成总额	**Gross Capital Formation**	**227174.0**		**2005.4**		**70526.2**	
(一)固定资本形成总额	Gross Fixed Capital Formation	219484.1		2005.4		70477.6	
(二)存货变动	Changes in Inventories	7689.9				48.5	
十五、其他非金融资产获得减处置	**Acquisitions Less Disposals of Other Non-financial Assets**	**51817.8**				**-18086.5**	
十六、净金融投资	**Net Financial Investment**	**-93337.5**		**23713.3**		**-44968.5**	

3-15 续表 continued

单位：亿元 (100 million yuan)

机构部门 交易项目	Sectors Items	住户部门 Households		国内合计 Total of Domestic Sectors		国外部门 The Rest of the World		合计 Total	
		运用 Uses	来源 Resources	运用 Uses	来源 Resources	运用 Uses	来源 Resources	运用 Uses	来源 Resources
一、净出口	**Net Exports**						**-7059.7**		**-7059.7**
二、增加值	**Value Added**		**180639.9**		**919281.1**				**919281.1**
三、劳动者报酬	**Compensation of Employees**	**124589.2**	**475562.8**	**475027.4**	**475562.8**	**1192.8**	**657.4**	**476220.2**	**476220.2**
四、生产税净额	**Taxes on Production, Net**	**1285.1**		**95553.7**	**95553.7**			**95553.7**	**95553.7**
五、财产收入	**Property Income**	**10782.1**	**39900.1**	**154576.4**	**149087.0**	**15127.7**	**20617.1**	**169704.0**	**169704.0**
(一)利息	Interest	10759.4	31552.8	112552.5	118813.0	8515.5	2254.9	121068.0	121068.0
(二)红利	Distributed Income of Corporations		3072.4	28904.5	17037.5	6475.1	18342.2	35379.6	35379.6
(三)地租	Rent	22.7		7691.4	7691.4			7691.4	7691.4
(四)其他	Others		5274.9	5427.9	5545.0	137.0	19.9	5565.0	5565.0
六、初次分配总收入	**Gross Primary Income**		**559446.5**		**914327.1**				**914327.1**
七、经常转移	**Current Transfers**	**86755.6**	**70610.0**	**193567.6**	**193434.3**	**1833.0**	**1966.4**	**195400.6**	**195400.6**
(一)所得税、财产税等经常税	Current Taxes on Income, Wealth, etc.	13904.1		49227.8	49227.8			49227.8	49227.8
(二)社会保险缴款	Social Insurance Contritutions	61347.8		61347.8	61347.8			61347.8	61347.8
(三)社会保险福利	Social Insurance Benefits		49586.7	49586.7	49586.7			49586.7	49586.7
(四)社会补助	Social Assistance		15311.2	15311.2	15311.2			15311.2	15311.2
(五)其他	Others	11503.7	5712.1	18094.1	17960.7	1833.0	1966.4	19927.1	19927.1
八、可支配总收入	**Gross Disposable Income**		**543300.9**		**914193.8**				**914193.8**
九、实物社会转移	**Social Transfers in Kind**		**52496.8**	**52496.8**	**52496.8**			**52496.8**	**52496.8**
十、调整后可支配总收入	**Adjusted Gross Disposable Income**		**595797.8**		**914193.8**				**914193.8**
十一、实际最终消费	**Actual Final Consumption**	**406621.2**		**506134.9**				**506134.9**	
(一)居民实际最终消费	Households Actual Final Consumption	406621.2		406621.2				406621.2	
(二)政府实际最终消费	Government Actual Final Consumption			99513.8				99513.8	
十二、总储蓄	**Gross Saving**		**189176.6**		**408058.8**		**-1972.4**		**406086.4**
十三、资本转移	**Capital Transfers**			**11803.8**	**11765.7**	**20.1**	**58.2**	**11823.9**	**11823.9**
(一)投资性补助	Investment Grants			11745.7	11745.7			11745.7	11745.7
(二)其他	Others			58.2	20.1	20.1	58.2	78.2	78.2
十四、资本形成总额	**Gross Capital Formation**	**102879.6**		**402585.1**				**402585.1**	
(一)固定资本形成总额	Gross Fixed Capital Formation	101880.7		393847.9				393847.9	
(二)存货变动	Changes in Inventories	998.8		8737.3				8737.3	
十五、其他非金融资产获得减处置	**Acquisitions Less Disposals of Other Non-financial Assets**	**-33731.3**							
十六、净金融投资	**Net Financial Investment**	**120028.3**		**5435.6**		**-1934.3**		**3501.3**	

3-16 资金流量表（金融交易，2018年）
Flow of Funds Accounts (Financial Transaction, 2018)

单位：亿元 (100 million yuan)

机构部门	Sectors	非金融企业部门 Non-financial Enterprises		金融机构部门 Financial Institutions		广义政府部门 General Government	
交易项目	Items	运用 Uses	来源 Resources	运用 Uses	来源 Resources	运用 Uses	来源 Resources
净金融投资	Net Financial Investment	-79875		74253		-46515	
资金运用合计	Financial Uses	-4163		185604		19147	
资金来源合计	Financial Sources		75712		111350		65663
通货	Currency	231			2563	51	
存款	Deposits	11724		-12	105210	16168	
活期存款	Demand Deposits	-766			18200	254	
定期存款	Time Deposits	22350			96516	19532	
财政存款	Fiscal Deposits				-596	-596	
外汇存款	Foreign Exchange Deposits	-4011		-180	-4184	-13	
其他存款	Other Deposits	-5849		168	-4726	-3010	
证券公司客户保证金	Customer Margin of Securities Companies	-565		-181	-1229	-64	
贷款	Loans		49160	125268	-6124		4448
短期贷款与票据融资	Short-term Loans & Bills Financing		23401	48348			
中长期贷款	Medium-term and Long-term Loans		50075	99607			
外汇贷款	Foreign Exchange Loans		-2246	-2854	43		33
委托贷款	Designated Loans		-18364	-16554	-363		-2043
其他贷款	Other Loans		-3705	-3279	-5804		6458
未贴现的银行承兑汇票	Undiscounted Bankers' Acceptance Bills	-6343	-6343	-6343	-6343		
保险准备金	Insurance Technical Reserves	1071			11109		12117
金融机构往来	Inter-financial Institutions Accounts			8283	2201		
存款准备金	Required and Excessive Reserves			-9970	-9610		
债券	Bonds	1049	18298	106833	45350	1049	48532
政府债券	Government and Public Bonds	-4		43066		-40	48532
金融债券	Financial Bonds	6		45659	45350	533	
中央银行债券	Central Bank Bonds			7			
企业债券	Corporate Bonds	1048	18298	18102		556	
股票	Shares	3174	6758	1447	2696	297	
证券投资基金份额	Securities Investment Fund Shares	8637		2771	18784	981	
库存现金	Cash in Vault			-516	-491		
中央银行贷款	Central Bank Loans			9592	9592		
其他（净）	Miscellaneous (net)	-33845	1799	-52398	-62842	665	136
直接投资	Foreign Direct Investment	6384	13466				
其他对外债权债务	Other Foreign Assets and Debts	4320	3175	-423	482		430
国际储备资产	International Reserve Assets			1250			
国际收支错误与遗漏	Errors and Omissions in the Balance of Payments		-10601				

3-16 续表 continued

单位：亿元 (100 million yuan)

机构部门	Sectors	住户部门 Households		国内合计 Total of Domestic Sectors		国外部门 The Rest of the World		合计 Total	
交易项目	Items	运用 Uses	来源 Resources	运用 Uses	来源 Resources	运用 Uses	来源 Resources	运用 Uses	来源 Resources
净金融投资	Net Financial Investment	55348		3211		-3211		0	
资金运用合计	Financial Uses	135701		336289		21413		357702	
资金来源合计	Financial Sources		80353		333078		24624		357702
通货	Currency	1969		2251	2563	312		2563	2563
存款	Deposits	77092		104973	105210	643	405	105615	105615
活期存款	Demand Deposits	18712		18200	18200			18200	18200
定期存款	Time Deposits	54633		96516	96516			96516	96516
财政存款	Fiscal Deposits			-596	-596			-596	-596
外汇存款	Foreign Exchange Deposits	-221		-4424	-4184	646	405	-3779	-3779
其他存款	Other Deposits	3968		-4723	-4726	-3		-4726	-4726
证券公司客户保证金	Customer Margin of Securities Companies	-366		-1177	-1229	-52		-1229	-1229
贷款	Loans		78514	125268	125998	1913	1184	127181	127181
短期贷款与票据融资	Short-term Loans & Bills Financing		24947	48348	48348			48348	48348
中长期贷款	Medium-term and Long-term Loans		49533	99607	99607			99607	99607
外汇贷款	Foreign Exchange Loans		2	-2854	-2168	1913	1228	-941	-941
委托贷款	Designated Loans		4260	-16554	-16510		-44	-16554	-16554
其他贷款	Other Loans		-228	-3279	-3279			-3279	-3279
未贴现的银行承兑汇票	Undiscounted Bankers' Acceptance Bills			-12686	-12686			-12686	-12686
保险准备金	Insurance Technical Reserves	22155		23226	23226			23226	23226
金融机构往来	Inter-financial Institutions Accounts			8283	2201	1360	7442	9643	9643
存款准备金	Required and Excessive Reserves			-9970	-9610	360		-9610	-9610
债券	Bonds	1047		109979	112180	5115	2915	115095	115095
政府债券	Government and Public Bonds	843		43865	48532	4623	-44	48488	48488
金融债券	Financial Bonds	28		46227	45350	465	1341	46691	46691
中央银行债券	Central Bank Bonds			7			7	7	7
企业债券	Corporate Bonds	176		19881	18298	28	1610	19908	19908
股票	Shares	1694		6612	9454	4015	1172	10626	10626
证券投资基金份额	Securities Investment Fund Shares	5601		17989	18784	795		18784	18784
库存现金	Cash in Vault			-516	-491		-25	-516	-516
中央银行贷款	Central Bank Loans			9592	9592			9592	9592
其他（净）	Miscellaneous (net)	26511	1840	-59067	-59067			-59067	-59067
直接投资	Foreign Direct Investment			6384	13466	13466	6384	19850	19850
其他对外债权债务	Other Foreign Assets and Debts			3897	4087	4087	3897	7985	7985
国际储备资产	International Reserve Assets			1250			1250	1250	1250
国际收支错误与遗漏	Errors and Omissions in the Balance of Payments				-10601	-10601		-10601	-10601

3-17 企业、广义政府与住户部门初次分配总收入及比重
Gross Primary Income of Enterprises, General Government and Households Sector

年份 Year	企业部门 Enterprises Sector		广义政府部门 General Government Sector		住户部门 Households Sector	
	初次分配总收入（亿元）Gross Primary Income (100 million yuan)	占比(%) Share (%)	初次分配总收入（亿元）Gross Primary Income (100 million yuan)	占比(%) Share (%)	初次分配总收入（亿元）Gross Primary Income (100 million yuan)	占比(%) Share (%)
1992	6411.3	23.6	2983.3	11.0	17813.6	65.5
1993	9495.0	26.7	4037.0	11.3	22067.3	62.0
1994	12229.1	25.2	5111.4	10.5	31207.7	64.3
1995	15634.3	25.9	6006.5	10.0	38715.8	64.1
1996	15403.9	21.8	8054.2	11.4	47321.5	66.9
1997	18209.3	23.1	9209.3	11.7	51384.3	65.2
1998	18485.6	22.1	10180.7	12.1	55151.3	65.8
1999	19929.8	22.3	11242.4	12.6	58194.3	65.1
2000	22067.8	22.3	12679.1	12.8	64319.2	64.9
2001	25655.8	23.5	14212.8	13.0	69407.6	63.5
2002	28470.7	23.6	17198.5	14.3	74811.2	62.1
2003	34865.4	25.5	18794.6	13.8	82916.2	60.7
2004	44286.2	27.4	22726.9	14.1	94402.4	58.5
2005	51616.8	27.8	26516.7	14.3	107865.4	58.0
2006	61264.8	28.0	31704.6	14.5	126059.0	57.6
2007	76064.4	28.1	39105.7	14.4	155533.9	57.5
2008	92899.9	28.9	45254.9	14.1	183074.8	57.0
2009	97564.7	28.0	49222.7	14.1	201147.4	57.8
2010	114853.3	28.0	61074.7	14.9	234426.2	57.1
2011	128324.5	26.5	74461.1	15.4	280607.2	58.0
2012	136413.1	25.4	85003.2	15.8	315912.6	58.8
2013	148284.0	25.2	90255.5	15.3	349601.7	59.4
2014	162643.7	25.2	99244.9	15.4	382491.5	59.4
2015	168908.1	24.6	102490.0	14.9	414857.7	60.5
2016	186401.9	25.1	104442.7	14.0	452563.7	60.9
2017	213258.6	25.7	111450.7	13.4	506672.0	60.9
2018	237982.7	26.0	116898.0	12.8	559446.5	61.2

注：1.第四次全国经济普查后，1992-2017年资金流量表（非金融交易部分）进行了修订，表中历史数据为修订后的数据。(以下相关表同)
2.企业部门包括非金融企业部门和金融机构部门。

a) After the Fourth National Economic Census(2018), the Flow of Funds Accounts (Non-financial Transaction) for 1992-2017 have been revised. The historical data in this table are revised data. The same applies to the following related tables.
b) Enterprises Sector includes non-financial and financial enterprises sector.

3-18 企业、广义政府与住户部门可支配总收入及比重
Gross Disposable Income of Enterprises, General Government and Households Sector

年份 Year	企业部门 Enterprises Sector 可支配总收入(亿元) Gross Disposable Income (100 million yuan)	占比(%) Share (%)	广义政府部门 General Government Sector 可支配总收入(亿元) Gross Disposable Income (100 million yuan)	占比(%) Share (%)	住户部门 Households Sector 可支配总收入(亿元) Gross Disposable Income (100 million yuan)	占比(%) Share (%)
1992	5187.6	19.0	3515.2	12.9	18569.2	68.1
1993	8142.9	22.8	4607.9	12.9	22916.0	64.3
1994	10687.7	22.0	5755.3	11.8	32220.4	66.2
1995	13525.7	22.4	7087.0	11.7	39863.7	65.9
1996	12904.8	18.2	9401.3	13.2	48650.5	68.6
1997	15050.9	19.0	10784.0	13.6	53394.4	67.4
1998	16008.2	19.0	11448.8	13.6	56714.9	67.4
1999	18614.9	20.7	12409.9	13.8	58750.9	65.4
2000	20413.8	20.5	14428.1	14.5	64746.7	65.0
2001	23115.2	21.0	17191.7	15.6	69672.1	63.4
2002	26017.7	21.4	20541.9	16.9	74995.6	61.7
2003	31994.4	23.2	23042.2	16.7	82984.0	60.1
2004	40557.2	24.8	28244.5	17.3	94508.9	57.9
2005	46679.0	24.8	34104.2	18.1	107170.7	57.0
2006	54839.0	24.8	41379.1	18.7	125047.9	56.5
2007	67207.1	24.6	54052.9	19.8	152265.3	55.7
2008	81371.3	25.1	62975.1	19.4	179880.3	55.5
2009	85972.0	24.6	66637.2	19.0	197488.3	56.4
2010	102163.3	24.7	80976.7	19.6	229965.4	55.7
2011	110295.3	22.7	99761.9	20.6	274930.2	56.7
2012	114300.6	21.3	114900.4	21.4	308344.8	57.4
2013	122765.5	20.9	124080.1	21.1	340755.9	58.0
2014	135796.0	21.1	136341.2	21.2	372331.2	57.8
2015	138922.4	20.3	143169.4	20.9	403370.2	58.8
2016	154837.7	20.8	146768.3	19.8	441165.5	59.4
2017	178541.3	21.5	162859.5	19.6	489176.9	58.9
2018	199627.3	21.8	171265.6	18.7	543300.9	59.4

注：企业部门包括非金融企业部门和金融机构部门。
a) Enterprises Sector includes non-financial and financial enterprises sector.

3-19 企业、广义政府与住户部门调整后可支配总收入及比重
Adjusted Gross Disposable Income of Enterprises, General Government and Households Sector

年份 Year	企业部门 Enterprises Sector		广义政府部门 General Government Sector		住户部门 Households Sector	
	调整后可支配总收入(亿元) Adjusted Gross Disposable Income (100 million yuan)	占比(%) Share (%)	调整后可支配总收入(亿元) Adjusted Gross Disposable Income (100 million yuan)	占比(%) Share (%)	调整后可支配总收入(亿元) Adjusted Gross Disposable Income (100 million yuan)	占比(%) Share (%)
1992	5187.6	19.0	2771.7	10.2	19312.6	70.8
1993	8142.9	22.8	3711.3	10.4	23812.6	66.8
1994	10687.7	22.0	4560.4	9.4	33415.4	68.7
1995	13525.7	22.4	5713.7	9.4	41237.0	68.2
1996	12904.8	18.2	7807.7	11.0	50244.1	70.8
1997	15050.9	19.0	9004.2	11.4	55174.1	69.6
1998	16008.2	19.0	9431.5	11.2	58732.1	69.8
1999	18614.9	20.7	10158.5	11.3	61002.3	67.9
2000	20413.8	20.5	11866.8	11.9	67308.0	67.6
2001	23115.2	21.0	14044.8	12.8	72819.0	66.2
2002	26017.7	21.4	16799.6	13.8	78737.9	64.8
2003	31994.4	23.2	18782.5	13.6	87243.6	63.2
2004	40557.2	24.8	23383.3	14.3	99370.1	60.8
2005	46679.0	24.8	28321.3	15.1	112953.7	60.1
2006	54839.0	24.8	34333.4	15.5	132093.6	59.7
2007	67207.1	24.6	45264.2	16.5	161054.0	58.9
2008	81371.3	25.1	51383.4	15.8	191472.1	59.1
2009	85972.0	24.6	52747.7	15.1	211377.8	60.4
2010	102163.3	24.7	64303.5	15.6	246638.6	59.7
2011	110295.3	22.7	78619.0	16.2	296073.1	61.0
2012	114300.6	21.3	87865.9	16.3	335379.3	62.4
2013	122765.5	20.9	94236.7	16.0	370599.3	63.1
2014	135796.0	21.1	103424.4	16.0	405247.9	62.9
2015	138922.4	20.3	103927.3	15.2	442612.3	64.6
2016	154837.7	20.8	103495.5	13.9	484438.3	65.2
2017	178541.3	21.5	115210.6	13.9	536825.8	64.6
2018	199627.3	21.8	118768.8	13.0	595797.8	65.2

注：企业部门包括非金融企业部门和金融机构部门。
a)Enterprises Sector includes non-financial and financial enterprises sector.

3-20 国际收支平衡表(2019年)
Balance of Payments (2019)

单位：万美元 (USD 10 000)

项　　目	Type of Transaction	2019
1. 经常账户	**1.Current Account**	**14133548**
贷方	**Credit**	290509429
借方	**Debit**	-276375881
1.A 货物和服务	**1.A Goods and Services**	**16412199**
贷方	Credit	264337693
借方	Debit	-247925494
1.A.a 货物	**1.A.a Goods**	**42527102**
贷方	Credit	239901777
借方	Debit	-197374675
1.A.b 服务	**1.A.b Services**	**-26114903**
贷方	Credit	24435916
借方	Debit	-50550819
1.A.b.1 加工服务	1.A.b.1 Manufacturing Services on Physical Inputs Owned by Others	1536210
贷方	Credit	1574294
借方	Debit	-38084
1.A.b.2 维护和维修服务	1.A.b.2 Maintenance and Repaire Services n.i.e	647328
贷方	Credit	1017750
借方	Debit	-370422
1.A.b.3 运输	1.A.b.3 Transport	-5898109
贷方	Credit	4617314
借方	Debit	-10515422
1.A.b.4 旅行	1.A.b.4 Travel	-21878878
贷方	Credit	3583180
借方	Debit	-25462058
1.A.b.5 建设	1.A.b.5 Construction	510024
贷方	Credit	1443160
借方	Debit	-933136
1.A.b.6 保险和养老金服务	1.A.b.6 Insurance and Pension Services	-622290
贷方	Credit	480017
借方	Debit	-1102307
1.A.b.7 金融服务	1.A.b.7 Financial Service	150821
贷方	Credit	390705
借方	Debit	-239884

注：1.根据《国际收支和国际投资头寸手册》(第六版)编制，资本和金融账户中包含储备资产。
2.“贷方”按正值列示，“借方”按负值列示，差额等于“贷方”加上“借方”。本表除标注“贷方”和“借方”的项目外，其他项目均指差额。
3.金融账户下，对外金融资产的净增加用负值列示，净减少用正值列示。对外负债的净增加用正值列示，净减少用负值列示。
4.本表计数采用四舍五入原则。

a) By *Manual on Balance of Payments and International Investment Position* (the 6th edition), Capital and Finance Account includes Reserve Assets.
b) Credit is listed on positive, debit is on negative, the balance equals to Credit plus Debit. Except the item noted as credit and debit, other items all refer to the balance.
c) In the financial account, a positive value for assets represents a net decrease while a negative value represents a net increase. A positive value for liabilites reprensents a net increase while a negative value represents a net decrease.
d) Data in this table are rounded.

3-20 续表 1 continued

单位：万美元 (USD 10 000)

项　　目	Type of Transaction	2019
1.A.b.8 知识产权使用费	1.A.b.8 Charges for the Use of Intellectual Property	-2776576
贷方	Credit	660471
借方	Debit	-3437047
1.A.b.9 电信、计算机和信息服务	1.A.b.9 Telecommunications, Computer, and Information Service	799183
贷方	Credit	3494751
借方	Debit	-2695568
1.A.b.10 其他商业服务	1.A.b.10 Other Business Services	1940364
贷方	Credit	6920071
借方	Debit	-4979707
1.A.b.11 个人、文化和娱乐服务	1.A.b.11 Personal, Cultural, and Recreational Services	-313563
贷方	Credit	95517
借方	Debit	-409080
1.A.b.12 别处未提及的政府服务	1.A.B.12 Government Goods and Services n.i.e	-209418
贷方	Credit	158685
借方	Debit	-368103
1.B 初次收入	**1.B Primary Income**	**-3303655**
贷方	Credit	23580996
借方	Debit	-26884651
1.B.1 雇员报酬	**1.B.1 Compensation of Employees**	310115
贷方	Credit	1425778
借方	Debit	-1115663
1.B.2 投资收益	**1.B.2 Investment Income**	-3720765
贷方	Credit	21976011
借方	Debit	-25696776
1.B.3 其他初次收入	**1.B.3 Other Primary Income**	106995
贷方	Credit	179206
借方	Debit	-72211
1.C 二次收入	**1.C Secondary Income**	**1025004**
贷方	Credit	2590740
借方	Debit	-1565736
2. 资本和金融账户	**2.Capital and Finance Account**	**5671824**
2.1 资本账户	**2.1 Capital Account**	**-32730**
贷方	Credit	21803
借方	Debit	-54533
2.2 金融账户	**2.2 Financial Account**	**5704554**
资产	Assets	-19873000
负债	Liabilities	25577553
2.2.1 非储备性质的金融账户	**2.2.1 Financial Account Excluding Reserve Assets**	3775469
资产	Financial Assets Excluding Reserve Assets	-21802084
负债	Liabilities	25577553
2.2.1.1 直接投资	2.2.1.1 Direct Investments	5811190

3-20 续表 2 continued

单位：万美元 (USD 10 000)

项　目	Type of Transaction	2019
2.2.1.1.1 资产	2.2.1.1.1 Assets	-9770344
2.2.1.1.1.1 股权	2.2.1.1.1.1 Equity and Investment Fund Shares	-8492799
2.2.1.1.1.2 关联企业债务	2.2.1.1.1.2 Debt Instruments	-1277546
2.2.1.1.2 负债	2.2.1.1.2 Liabilities	15581534
2.2.1.1.2.1 股权	2.2.1.1.2.1 Equity and Investment Fund Shares	13125072
2.2.1.1.2.2 关联企业债务	2.2.1.1.2.2 Debt Instruments	2456462
2.2.1.2 证券投资	2.2.1.2 Porfolio Investment	5794765
2.2.1.2.1 资产	2.2.1.2.1 Assets	-8941885
2.2.1.2.1.1 股权	2.2.1.2.1.1 Equity and Investment Fund Shares	-2933224
2.2.1.2.1.2 债券	2.2.1.2.1.2 Debt Instruments	-6008661
2.2.1.2.2 负债	2.2.1.2.2 Liabilities	14736650
2.2.1.2.2.1 股权	2.2.1.2.2.1 Equity and Investment Fund Shares	4490605
2.2.1.2.2.2 债券	2.2.1.2.2.2 Debt Instruments	10246045
2.2.1.3 金融衍生工具	2.2.1.3 Financial Derivatives(other than reserves) and Employee Stock Options	-235496
2.2.1.3.1 资产	2.2.1.3.1 Assets	139266
2.2.1.3.2 负债	2.2.1.3.2 Liabilities	-374762
2.2.1.4 其他投资	2.2.1.4 Other Investment	-7594990
2.2.1.4.1 资产	2.2.1.4.1 Assets	-3229121
2.2.1.4.1.1 其他股权	2.2.1.4.1.1 Other Equity	-149100
2.2.1.4.1.2 货币和存款	2.2.1.4.1.2 Currency and Deposits	-8632361
2.2.1.4.1.3 贷款	2.2.1.4.1.3 Loans	3313129
2.2.1.4.1.4 保险和养老金	2.2.1.4.1.4 Insurance, Pension, and Standardized Guarantee Schemes	-116804
2.2.1.4.1.5 贸易信贷	2.2.1.4.1.5 Trade Credit and Advances	3680000
2.2.1.4.1.6 其他	2.2.1.4.1.6 Other Accounts Receivable	-1323985
2.2.1.4.2 负债	2.2.1.4.2 Liabilities	-4365869
2.2.1.4.2.1 其他股权	2.2.1.4.2.1 Other Equity	
2.2.1.4.2.2 货币和存款	2.2.1.4.2.2 Currency and Deposits	-5573426
2.2.1.4.2.3 贷款	2.2.1.4.2.3 Loans	4253977
2.2.1.4.2.4 保险和养老金	2.2.1.4.2.4 Insurance, Pension, and Standardized Guarantee Schemes	180274
2.2.1.4.2.5 贸易信贷	2.2.1.4.2.5 Trade Credit and Advances	-2875000
2.2.1.4.2.6 其他	2.2.1.4.2.6 Other Accounts Receivable	-351695
2.2.1.4.2.7 特别提款权	2.2.1.4.2.7 Special Drawing Rights	
2.2.2 储备资产	**2.2.2 Reserve Assets**	1929085
2.2.2.1 货币黄金	2.2.2.1 Monetary Gold	
2.2.2.2 特别提款权	2.2.2.2 Special Drawing Rights	-49573
2.2.2.3 在国际货币基金组织的储备头寸	2.2.2.3 Reserve Position in the IMF	-1065
2.2.2.4 外汇储备	2.2.2.4 Foreign Exchange Reserves	1979722
2.2.2.5 其他储备资产	2.2.2.5 Other Reserve Assets	
3. 净误差与遗漏	**3.Net Errors and Omissions**	**-19805372**

3-21　2017年非竞争型投入产出表(17 × 17产品部门)
Non-competitive Input-Output Table of 2017 (17×17 product sector)

单位：亿元　　(100 million yuan)

产　出 Output / 投　入 Input	农林牧渔产品 Agriculture, Forestry, Animal Husbandry & Fishery	采掘产品 Mining	食品和烟草 Foods and Tobacco	纺织、服装、鞋及皮革羽绒制品 Textile, Wearing Apparel, Shoes and Leather Products	木材加工、家具、造纸印刷和文教工美用品 Wood Processing, Furniture, Paper Making, Printing, and Educational & Artistic Products
国产品 Domestic Product					
农林牧渔产品 Agriculture, Forestry, Animal Husbandry & Fishery	14585.3	24.7	41618.7	7340.1	3842.4
采掘产品 Mining	61.9	5757.8	354.6	200.3	396.7
食品和烟草 Foods and Tobacco	9515.0	173.8	25770.2	1286.6	291.1
纺织、服装、鞋及皮革羽绒制品 Textile, Wearing Apparel, Shoes and Leather Products	22.0	260.2	447.7	31786.1	1946.4
木材加工、家具、造纸印刷和文教工美用品 Wood Processing, Furniture, Paper Making, Printing, and Educational & Artistic Products	122.5	446.4	1647.9	381.4	17561.8
炼油、炼焦和化学产品 Oil Refining, Coking and Chemical Products	9345.6	3246.4	2364.9	6665.5	6935.3
非金属矿物制品 Nonmetallic Mineral Products	47.2	263.1	594.5	52.1	256.8
金属冶炼、加工及制品 Metal Manufacture & Processing and Metal Products	100.0	2006.8	477.4	257.8	2559.9
机械设备、交通运输设备、电子电气及其他设备 Machinery and Equipment, Transport Equipment, Electronic and Electrical & Other Facilities	1320.3	2960.0	509.2	523.7	933.3
其他各类制造产品 Other Manufactured Products	14.2	97.9	72.1	119.6	710.3
电力、热力、燃气和水的生产和供应 Production and Supply of Electric Power, Heat Power, Gas and Water	1004.0	2611.4	1187.2	993.9	1217.8
建筑 Construction	75.0	20.7	24.0	19.3	20.7
批发零售、运输仓储邮政 Wholesale and Retail Trades, Transport, Storage and Post	4773.0	2117.5	10815.2	7274.0	6341.4
信息传输、软件和信息技术服务 Information Transmission, Software & Information Technology Services	158.8	102.0	265.0	193.8	163.8
金融和房地产 Finance and Real Estate	1444.8	1884.6	796.5	658.6	832.0
科学研究和技术服务 Research & Development and Technical Services	781.8	500.6	180.2	134.1	175.8
其他服务 Other Services	869.4	1893.2	3918.9	1654.9	1659.9
国产品中间投入合计 Total Domestic Intermediate Inputs	**44240.8**	**24367.1**	**91044.1**	**59541.7**	**45845.4**

3-21 续表 1 continued

单位：亿元 (100 million yuan)

投入 Input \ 产出 Output	农林牧渔产品 Agriculture, Forestry, Animal Husbandry & Fishery	采掘产品 Mining	食品和烟草 Foods and Tobacco	纺织、服装、鞋及皮革羽绒制品 Textile, Wearing Apparel, Shoes and Leather Products	木材加工、家具、造纸印刷和文教工美用品 Wood Processing, Furniture, Paper Making, Printing, and Educational & Artistic Products
进口品 Imported Product					
农林牧渔产品 Agriculture, Forestry, Animal Husbandry & Fishery	98.5	0.1	3686.1	263.4	609.5
采掘产品 Mining	0.0	1188.2	0.1	0.2	51.1
食品和烟草 Foods and Tobacco	27.9	0.4	1180.3	110.5	0.6
纺织、服装、鞋及皮革羽绒制品 Textile, Wearing Apparel, Shoes and Leather Products	0.0	0.3	0.5	1135.9	116.6
木材加工、家具、造纸印刷和文教工美用品 Wood Processing, Furniture, Paper Making, Printing, and Educational & Artistic Products	0.3	1.9	69.7	62.8	1910.4
炼油、炼焦和化学产品 Oil Refining, Coking and Chemical Products	151.9	150.2	87.8	451.6	337.7
非金属矿物制品 Nonmetallic Mineral Products	0.1	6.3	2.5	1.8	21.1
金属冶炼、加工及制品 Metal Manufacture & Processing and Metal Products	0.4	31.6	4.0	12.9	627.4
机械设备、交通运输设备、电子电气及其他设备 Machinery and Equipment, Transport Equipment, Electronic and Electrical & Other Facilities	2.6	34.0	13.2	11.5	222.0
其他各类制造产品 Other Manufactured Products	2.1	1.8	3.4	23.6	496.9
电力、热力、燃气和水的生产和供应 Production and Supply of Electric Power, Heat Power, Gas and Water					
建筑 Construction					
批发零售、运输仓储邮政 Wholesale and Retail Trades, Transport, Storage and Post	96.9	14.8	53.4	59.3	39.5
信息传输、软件和信息技术服务 Information Transmission, Software & Information Technology Services	0.3	0.5	4.4	3.3	2.4
金融和房地产 Finance and Real Estate	7.7	15.5	6.4	5.4	6.7
科学研究和技术服务 Research & Development and Technical Services	2.5	17.3	12.6	9.6	41.3
其他服务 Other Services	39.5	57.1	199.4	108.7	86.0
进口品中间投入合计 Total Imported Intermediate Inputs	**430.9**	**1520.1**	**5323.9**	**2260.5**	**4569.3**
劳动者报酬 Compensation of Employees	65270.9	9949.8	10376.8	8377.1	6976.9
生产税净额 Net Taxes on Production	-3410.6	8999.8	8276.2	305.0	1505.5
固定资产折旧 Depreciation of Fixed Assets	2285.4	4325.5	2678.9	1325.7	1829.5
营业盈余 Operating Surplus	1306.7	5023.9	8507.6	3934.0	4306.5
增加值合计 Total Value Added	**65452.4**	**28299.0**	**29839.6**	**13941.8**	**14618.4**
总投入 Total Inputs	**110124.0**	**54186.3**	**126207.6**	**75743.9**	**65033.0**

3-21 续表 2

单位：亿元

投入 Input \ 产出 Output	炼油、炼焦和化学产品 Oil Refining, Coking and Chemical Products	非金属矿物制品 Nonmetallic Mineral Products	金属冶炼、加工及制品 Metal Manufacture & Processing and Metal Products	机械设备、交通运输设备、电子电气及其他设备 Machinery and Equipment, Transport Equipment, Electronic and Electrical & Other Facilities	其他各类制造产品 Other Manufactured Products
国产品 Domestic Product					
农林牧渔产品 Agriculture, Forestry, Animal Husbandry & Fishery	4735.5	20.6	11.8	14.8	218.9
采掘产品 Mining	15191.7	7757.0	12984.6	279.7	16.2
食品和烟草 Foods and Tobacco	3373.8	163.3	930.6	1764.3	48.9
纺织、服装、鞋及皮革羽绒制品 Textile, Wearing Apparel, Shoes and Leather Products	1065.0	394.6	270.9	1494.4	346.3
木材加工、家具、造纸印刷和文教工美用品 Wood Processing, Furniture, Paper Making, Printing, and Educational & Artistic Products	1224.1	1064.5	633.7	2250.5	154.4
炼油、炼焦和化学产品 Oil Refining, Coking and Chemical Products	58501.9	5953.1	7525.2	13744.6	759.7
非金属矿物制品 Nonmetallic Mineral Products	984.7	11938.2	1984.8	4529.4	33.0
金属冶炼、加工及制品 Metal Manufacture & Processing and Metal Products	2153.7	3393.8	44766.3	39417.2	740.5
机械设备、交通运输设备、电子电气及其他设备 Machinery and Equipment, Transport Equipment, Electronic and Electrical & Other Facilities	2076.2	2203.5	3570.6	108316.8	757.7
其他各类制造产品 Other Manufactured Products	350.8	280.0	5075.9	424.5	611.8
电力、热力、燃气和水的生产和供应 Production and Supply of Electric Power, Heat Power, Gas and Water	6259.5	3313.6	7148.0	3814.7	200.5
建筑 Construction	46.8	15.1	23.2	93.2	6.0
批发零售、运输仓储邮政 Wholesale and Retail Trades, Transport, Storage and Post	13700.2	5236.6	7956.0	25337.7	458.8
信息传输、软件和信息技术服务 Information Transmission, Software & Information Technology Services	424.5	131.9	200.7	2445.4	14.3
金融和房地产 Finance and Real Estate	2555.2	1394.6	3830.6	4623.4	159.6
科学研究和技术服务 Research & Development and Technical Services	875.9	217.7	422.6	2408.6	14.5
其他服务 Other Services	5138.7	1814.9	2301.3	9189.6	211.2
国产品中间投入合计 Total Domestic Intermediate Inputs	**118658.2**	**45292.9**	**99636.9**	**220148.7**	**4752.4**

continued

(100 million yuan)

电力、热力、燃气和水的生产和供应 Production and Supply of Electric Power, Heat Power, Gas and Water	建筑 Construction	批发零售、运输仓储邮政 Wholesale and Retail Trades, Transport, Storage and Post	信息传输、软件和信息技术服务 Information Transmission, Software & Information Technology Services	金融和房地产 Finance and Real Estate	科学研究和技术服务 Research & Development and Technical Services	其他服务 Other Services	中间使用合计 Total Intermediate Use
6.5	1891.0	11.3	36.4	30.9	290.4	5280.3	79959.7
8704.5	1852.5	23.1	0.0	7.6	43.3	189.4	53820.8
432.3	485.6	854.4	356.2	655.6	502.6	16416.6	63021.1
107.4	311.8	639.0	68.5	737.3	254.1	4735.8	44887.5
49.2	5273.2	1048.3	1545.6	2814.0	540.3	9322.4	46080.1
1202.5	13252.8	9337.1	216.7	542.1	3645.2	20259.1	163497.5
134.9	40292.8	41.9	7.1	5.5	155.6	273.8	61595.5
102.2	34955.0	241.9	32.6	100.8	1200.9	2439.1	134945.8
4791.6	11385.6	10834.7	4200.3	579.0	5666.7	12017.7	172646.9
264.8	311.8	96.7	25.4	105.8	473.0	1079.5	10114.1
17320.8	3083.9	3701.5	628.6	1054.6	422.3	3178.9	57141.2
199.9	7307.0	254.5	57.8	1012.1	53.7	1271.1	10500.2
2282.4	16999.9	21001.3	1527.1	2550.9	3142.2	19154.0	150668.0
287.9	2903.0	2419.8	8900.3	3507.7	605.0	4797.9	27521.8
2797.0	8806.1	23622.0	4075.9	26607.0	2075.6	18973.0	105136.6
273.1	16289.6	1012.2	162.5	133.2	5666.6	208.4	29457.5
1347.7	6705.4	17711.4	4411.1	18274.5	4650.6	28194.3	109947.0
40304.7	**172107.0**	**92851.1**	**26252.3**	**58718.5**	**29388.3**	**147791.2**	**1320941.3**

3-21 续表 3

单位：亿元

投入 Input \ 产出 Output	炼油、炼焦和化学产品 Oil Refining, Coking and Chemical Products	非金属矿物制品 Nonmetallic Mineral Products	金属冶炼、加工及制品 Metal Manufacture & Processing and Metal Products	机械设备、交通运输设备、电子电气及其他设备 Machinery and Equipment, Transport Equipment, Electronic and Electrical & Other Facilities	其他各类制造产品 Other Manufactured Products
进口品 Imported Product					
农林牧渔产品 Agriculture, Forestry, Animal Husbandry & Fishery	400.8	0.1	0.0	0.9	0.4
采掘产品 Mining	10580.4	333.6	8274.7	46.9	1.2
食品和烟草 Foods and Tobacco	119.8	0.4	0.5	1.5	0.2
纺织、服装、鞋及皮革羽绒制品 Textile, Wearing Apparel, Shoes and Leather Products	17.1	0.3	1.5	44.7	8.4
木材加工、家具、造纸印刷和文教工美用品 Wood Processing, Furniture, Paper Making, Printing, and Educational & Artistic Products	55.4	15.7	6.8	81.2	1.8
炼油、炼焦和化学产品 Oil Refining, Coking and Chemical Products	11927.2	187.1	227.1	1715.8	46.7
非金属矿物制品 Nonmetallic Mineral Products	50.7	203.6	57.7	409.2	5.2
金属冶炼、加工及制品 Metal Manufacture & Processing and Metal Products	177.6	66.2	4094.9	2569.1	36.5
机械设备、交通运输设备、电子电气及其他设备 Machinery and Equipment, Transport Equipment, Electronic and Electrical & Other Facilities	39.9	26.7	163.9	38006.7	20.4
其他各类制造产品 Other Manufactured Products	100.5	28.5	746.2	31.4	208.2
电力、热力、燃气和水的生产和供应 Production and Supply of Electric Power, Heat Power, Gas and Water					
建筑 Construction					
批发零售、运输仓储邮政 Wholesale and Retail Trades, Transport, Storage and Post	146.1	40.3	45.6	236.1	5.0
信息传输、软件和信息技术服务 Information Transmission, Software & Information Technology Services	6.7	0.9	2.5	54.3	0.1
金融和房地产 Finance and Real Estate	21.2	11.6	32.3	37.9	1.2
科学研究和技术服务 Research & Development and Technical Services	21.0	27.5	68.9	182.7	1.2
其他服务 Other Services	277.0	98.7	171.6	446.8	10.8
进口品中间投入合计 Total Imported Intermediate Inputs	**23941.6**	**1041.4**	**13894.3**	**43865.4**	**347.2**
劳动者报酬 Compensation of Employees	12435.8	6916.4	12419.8	29247.4	1608.4
生产税净额 Net Taxes on Production	13668.8	2297.2	4992.8	11883.3	1313.6
固定资产折旧 Depreciation of Fixed Assets	5357.2	2565.1	5114.7	7500.7	318.5
营业盈余 Operating Surplus	12590.9	6832.9	11422.6	18336.9	3495.6
增加值合计 Total Value Added	**44052.7**	**18611.5**	**33950.0**	**66968.3**	**6736.2**
总投入 Total Inputs	**186652.5**	**64945.7**	**147481.2**	**330982.4**	**11835.8**

continued

(100 million yuan)

电力、热力、燃气和水的生产和供应 Production and Supply of Electric Power, Heat Power, Gas and Water	建筑 Construction	批发零售、运输仓储邮政 Wholesale and Retail Trades, Transport, Storage and Post	信息传输、软件和信息技术服务 Information Transmission, Software & Information Technology Services	金融和房地产 Finance and Real Estate	科学研究和技术服务 Research & Development and Technical Services	其他服务 Other Services	中间使用合计 Total Intermediate Use
0.0	5.1	0.0	0.1	0.1	1.4	40.6	5107.1
2174.5	62.3	0.2	0.0	0.0	2.5	2.3	22718.3
0.5	0.9	2.6	0.9	1.7	1.9	89.1	1539.6
0.0	0.0	1.4	0.1	0.1	0.7	8.3	1336.0
0.1	31.7	4.4	4.9	52.3	3.5	119.4	2422.2
105.9	200.1	160.3	0.8	1.1	72.5	571.5	16395.3
1.0	127.0	0.2	0.1	0.0	5.4	4.4	896.2
12.4	215.6	2.3	0.1	0.2	3.4	8.8	7863.6
376.1	147.2	205.3	79.7	4.4	341.6	431.5	40126.6
6.6	6.2	67.3	3.3	1.8	9.3	20.2	1757.4
10.6							10.6
32.1	172.9	525.9	139.7	275.5	361.1	2562.6	4807.0
0.1	0.2	39.7	356.6	7.7	9.3	38.9	528.0
18.3	67.3	108.9	8.2	378.2	9.8	73.5	810.2
14.9	91.3	73.5	13.8	40.7	71.8	8.1	698.8
52.0	252.0	883.4	138.3	736.6	303.4	2698.0	6559.4
2805.1	**1379.9**	**2075.2**	**746.6**	**1500.4**	**1197.5**	**6677.3**	**113576.5**
6702.5	34211.8	57147.2	10970.4	33141.7	12629.0	104886.0	423268.0
3020.4	8073.5	10797.0	956.5	17497.9	1000.8	3800.8	94978.6
7480.6	1957.7	27875.9	7766.3	5174.0	4370.4	22399.0	110325.3
3185.3	11056.0	27700.5	9835.8	56560.5	2460.0	8088.0	194643.7
20388.9	**55299.0**	**123520.6**	**29529.1**	**112374.2**	**20460.2**	**139173.8**	**823215.7**
63498.6	**228785.9**	**218446.9**	**56528.0**	**172593.1**	**51046.0**	**293642.4**	**2257733.5**

3-21 续表 4 continued

单位：亿元 (100 million yuan)

产出 Output / 投入 Input	最终使用 Final Use 消费支出合计 Total Final Consumption Expenditure	固定资本形成总额 Gross Fixed Capital Formation	存货变动 Changes in Inventories	出口 Exports	最终使用合计 Total Final Use	国内产出/进口 Gross Domestic Output/ Imports
国产品 Domestic Product						
农林牧渔产品 Agriculture, Forestry, Animal Husbandry & Fishery	26685.2	1968.8	330.3	1180.0	30164.3	110124.0
采掘产品 Mining	77.0		-4.2	292.7	365.4	54186.3
食品和烟草 Foods and Tobacco	58225.2		1425.2	3536.1	63186.6	126207.6
纺织、服装、鞋及皮革羽绒制品 Textile, Wearing Apparel, Shoes and Leather Products	12571.2		-148.5	18433.8	30856.4	75743.9
木材加工、家具、造纸印刷和文教工美用品 Wood Processing, Furniture, Paper Making, Printing, and Educational & Artistic Products	4638.6	2803.0	357.0	11154.4	18952.9	65033.0
炼油、炼焦和化学产品 Oil Refining, Coking and Chemical Products	9661.9		442.0	13051.2	23155.1	186652.5
非金属矿物制品 Nonmetallic Mineral Products	457.1		78.1	2815.0	3350.3	64945.7
金属冶炼、加工及制品 Metal Manufacture & Processing and Metal Products	494.4	2457.8	-507.0	10090.2	12535.4	147481.2
机械设备、交通运输设备、电子电气及其他设备 Machinery and Equipment, Transport Equipment, Electronic and Electrical & Other Facilities	19731.8	68257.6	586.2	69759.9	158335.5	330982.4
其他各类制造产品 Other Manufactured Products	331.3		77.9	1312.5	1721.7	11835.8
电力、热力、燃气和水的生产和供应 Production and Supply of Electric Power, Heat Power, Gas and Water	6191.8		70.3	95.3	6357.4	63498.6
建筑 Construction		217460.5		825.2	218285.8	228785.9
批发零售、运输仓储邮政 Wholesale and Retail Trades, Transport, Storage and Post	34389.4	11186.6	605.4	21597.5	67778.9	218446.9
信息传输、软件和信息技术服务 Information Transmission, Software & Information Technology Services	8227.8	18677.8		2100.6	29006.2	56528.0
金融和房地产 Finance and Real Estate	56328.0	10536.7		591.7	67456.4	172593.1
科学研究和技术服务 Research & Development and Technical Services	8382.8	11899.0		1306.7	21588.5	51046.0
其他服务 Other Services	179666.4			4029.0	183695.4	293642.4
国产品中间投入合计 Total Domestic Intermediate Inputs	**426060.0**	**345247.8**	**3312.6**	**162171.7**	**936792.2**	**2257733.5**

3-21 续表 5 continued

单位：亿元 (100 million yuan)

产出 Output / 投入 Input	最终使用 Final Use					国内产出/进口 Gross Domestic Output/ Imports
	消费支出合计 Total Final Consumption Expenditure	固定资本形成总额 Gross Fixed Capital Formation	存货变动 Changes in Inventories	出口 Exports	最终使用合计 Total Final Use	
进口品 Imported Product						
农林牧渔产品 Agriculture, Forestry, Animal Husbandry & Fishery	793.3	22.1	79.6	13.6	908.7	6015.8
采掘产品 Mining	58.1		319.9	194.7	572.7	23291.0
食品和烟草 Foods and Tobacco	4192.3		75.1	49.8	4317.1	5856.7
纺织、服装、鞋及皮革羽绒制品 Textile, Wearing Apparel, Shoes and Leather Products	1743.8		0.3		1744.0	3080.1
木材加工、家具、造纸印刷和文教工美用品 Wood Processing, Furniture, Paper Making, Printing, and Educational & Artistic Products	383.9	72.7	7.8	8.6	473.0	2895.3
炼油、炼焦和化学产品 Oil Refining, Coking and Chemical Products	1914.0		297.3	334.8	2546.1	18941.4
非金属矿物制品 Nonmetallic Mineral Products	46.2			67.7	113.9	1010.2
金属冶炼、加工及制品 Metal Manufacture & Processing and Metal Products	50.6	100.8	790.2	57.9	999.5	8863.1
机械设备、交通运输设备、电子电气及其他设备 Machinery and Equipment, Transport Equipment, Electronic and Electrical & Other Facilities	3007.3	10168.5	425.4	947.9	14549.1	54675.7
其他各类制造产品 Other Manufactured Products	48.4		1.0		49.4	1806.7
电力、热力、燃气和水的生产和供应 Production and Supply of Electric Power, Heat Power, Gas and Water	10.4				10.4	20.9
建筑 Construction		583.5			583.5	583.5
批发零售、运输仓储邮政 Wholesale and Retail Trades, Transport, Storage and Post	1388.5				1388.5	6195.5
信息传输、软件和信息技术服务 Information Transmission, Software & Information Technology Services	389.3	897.3			1286.6	1814.5
金融和房地产 Finance and Real Estate	574.1				574.1	1384.3
科学研究和技术服务 Research & Development and Technical Services		2058.4			2058.4	2757.2
其他服务 Other Services	3517.0				3517.0	10076.4
进口品中间投入合计 Total Imported Intermediate Inputs	**18117.0**	**13903.3**	**1996.5**	**1675.1**	**35691.9**	**149268.4**
劳动者报酬 Compensation of Employees						
生产税净额 Net Taxes on Production						
固定资产折旧 Depreciation of Fixed Assets						
营业盈余 Operating Surplus						
增加值合计 Total Value Added						
总投入 Total Inputs						

主要统计指标解释

国内生产总值(GDP)　指一个国家所有常住单位在一定时期内生产活动的最终成果。国内生产总值有三种表现形态，即价值形态、收入形态和产品形态。从价值形态看，它是所有常住单位在一定时期内生产的全部货物和服务价值与同期投入的全部非固定资产货物和服务价值的差额，即所有常住单位的增加值之和；从收入形态看，它是所有常住单位在一定时期内创造的各项收入之和，包括劳动者报酬、生产税净额、固定资产折旧和营业盈余；从产品形态看，它是所有常住单位在一定时期内最终使用的货物和服务价值与货物和服务净出口价值之和。在实际核算中，国内生产总值有三种计算方法，即生产法、收入法和支出法。三种方法分别从不同的方面反映国内生产总值及其构成。

对于一个地区来说，称为地区生产总值或地区 GDP。

国民总收入(GNI)　原称国民生产总值（GNP)，指一个国家所有常住单位在一定时期内收入初次分配的最终结果。一国常住单位从事生产活动所创造的增加值在初次分配中主要分配给该国的常住单位，但也有一部分以生产税（扣除生产补贴)、劳动者报酬和财产收入等形式分配给非常住单位；同时，国外生产所创造的增加值也有一部分以生产税(扣除生产补贴)、劳动者报酬和财产收入等形式分配给该国的常住单位，从而产生了国民总收入的概念。它等于国内生产总值加上来自国外的初次分配收入净额。与国内生产总值不同，国民总收入是个收入概念，而国内生产总值是个生产概念。

三次产业　三次产业的划分是世界上较为常用的产业结构分类，但各国的划分不尽一致。根据《国民经济行业分类》(GB/T 4754—2017）和《三次产业划分规定》，我国的三次产业划分是：

第一产业是指农、林、牧、渔业（不含农、林、牧、渔专业及辅助性活动)。

第二产业是指采矿业（不含开采专业及辅助性活动)，制造业（不含金属制品、机械和设备修理业)，电力、热力、燃气及水生产和供应业，建筑业。

第三产业即服务业，是指除第一产业、第二产业以外的其他行业。

劳动者报酬　指劳动者从事生产活动应获得的全部报酬，既包括货币形式的报酬，也包括实物形式的报酬。主要包括工资、奖金、津贴和补贴，单位为其员工交纳的社会保险费、补充社会保险费和住房公积金、行政事业单位职工的离退休金、单位为其员工提供的其他各种形式的福利和报酬等。

生产税净额　指生产税减生产补贴后的差额。其中，生产税指政府对生产单位从事生产、销售和经营活动，以及因从事生产活动使用某些生产要素（如固定资产和土地等）所征收的各种税收、附加费和其他规费。生产税分为产品税和其他生产税，产品税主要有：增值税、消费税、进口关税、出口税等；其他生产税主要有：房产税、车船使用税、城镇土地使用税等。生产补贴则相反，它是政府为影响生产单位的生产、销售及定价等生产活动而对其提供的无偿支付，包括农业生产补贴、政策亏损补贴、进口补贴等。生产补贴作为负生产税处理。

固定资产折旧　指由于自然退化、正常淘汰或损耗而导致的固定资产价值下降，用以代表固定资产通过生产过程被转移到其产出中的价值。原则上，固定资产折旧应按照固定资产的重置价值计算。

营业盈余　指常住单位创造的增加值扣除劳动者报酬、生产税净额和固定资产折旧后的余额。

支出法国内生产总值　是从最终使用的角度反映一个国家(或地区)一定时期内生产活动最终成果的一种方法，包括最终消费支出、资本形成总额及货物和服务净出口三部分。计算公式为：

支出法国内生产总值=最终消费支出+资本形成总额+货物和服务净出口

最终消费支出　指常住单位为满足物质、文化和精神生活的需要，从本国经济领土和国外购买的货物和服务的支出。它不包括非常住单位在本国经济领土内的消费支出。最终消费支出分为居民消费支出和政府消费支出。

居民消费支出　指常住住户在一定时期内对于货物和服务的全部最终消费支出。居民消费支出除了直接以货币形式购买的货物和服务的消费支出外，还包括以其他方式获得的货物和服务的消费支出，后者称为虚拟消费支出。居民虚拟消费支出主要包括：单位以实物报酬及实物转移的形式提供给劳动者的货物和服务；住户生产用于自身消费的货物（如自产自用的农产品)，以及纳入生产核算范围并用于自身消费的服务（如住户的自有住房服务)；银行和保险机构提供的间接计算的金融服务。

政府消费支出　指广义政府部门为全社会提供的公共服务的消费支出和免费或以较低的价格向居民住户提供的货物和服务的净支出，前者等于政府服务的产出价值减去政府单位所获得的经营收入的价值，后者等于广义政府部门免费或以较低价格向居民住户提供的货物和服务的市场价值减去向住户收取的价值。

实际最终消费　指核算期内常住单位实际获得的用于满足他们个人或公共需要或需求而使用的货物和服务。分为居民实际最终消费和政府实际最终消费。实际最终消费在数值上等于最终消费支出。

实物社会转移 指广义政府部门免费或以没有显著经济意义的价格向居民提供消费性货物和服务的支出。

居民实际最终消费 指常住住户获得的用于消费的货物和服务价值，它等于居民自身承担的消费性货物和服务支出加上广义政府部门以实物社会转移形式向居民提供的消费性货物和服务支出。

政府实际最终消费 指广义政府部门向全社会提供的公共服务的价值，它等于政府最终消费支出减去以实物转移形式向居民提供的消费性货物和服务支出。

资本形成总额 指常住单位在一定时期内获得减去处置的固定资产和存货的净额，包括固定资本形成总额和存货变动两部分。

固定资本形成总额 指常住单位在一定时期内获得的固定资产减处置的固定资产的价值总额。固定资产是通过生产活动生产出来的，且其使用年限在一年以上、单位价值在规定标准以上的资产，不包括自然资产、耐用消费品、小型工器具。固定资本形成总额包括住宅、其他建筑和构筑物、机器和设备、培育性生物资源、知识产权产品（研发支出、矿藏的勘探、计算机软件）的价值获得减处置。

存货变动 指常住单位在一定时期内存货实物量变动的市场价值，即期末价值减期初价值的差额，再扣除当期由于价格变动而产生的持有收益。存货变动可以是正值，也可以是负值，正值表示存货上升，负值表示存货下降。存货包括生产单位购进的原材料、燃料和储备物资等存货，以及生产单位生产的产成品、在制品和半成品等存货。

货物和服务净出口 指货物和服务出口减货物和服务进口的差额。出口包括常住单位向非常住单位出售或无偿转让的各种货物和服务的价值；进口包括常住单位从非常住单位购买或无偿得到的各种货物和服务的价值。货物的出口和进口都按离岸价格计算。

机构单位 指能够以自己的名义拥有资产和承担负债，能够独立地从事经济活动并与其他主体进行交易的经济主体。

机构部门 将相同性质的机构单位归并在一起，就形成机构部门。资金流量核算将常住机构单位划分为以下四个机构部门：非金融企业部门、金融机构部门、广义政府部门、住户部门。与常住单位发生交易的非常住单位称为国外，在资金流量核算中也视同机构部门。

非金融企业与非金融企业部门 非金融企业指主要从事市场性货物生产或提供非金融市场性服务的常住企业，它主要包括从事上述活动的各类法人企业。所有非金融企业组成非金融企业部门。

金融机构与金融机构部门 金融机构指主要从事金融媒介及与金融媒介密切相关的辅助金融活动的常住机构单位，包括从事货币金融服务、资本市场服务、保险服务、其他金融服务等活动的法人单位。所有金融机构组成金融机构部门。

广义政府机构与广义政府部门 广义政府机构指在设定区域内对其他机构单位拥有立法、司法或行政权的法律实体及其附属单位。广义政府机构的主要职能是利用征税和其他方式获得的资金向社会和公众提供货物和服务；通过转移支付，对社会收入和财产进行再分配；从事非市场性生产。它主要包括各级党政机关、群众团体、事业单位、基层群众的自治组织等。所有广义政府机构组成广义政府部门。

住户与住户部门 住户指共享同一生活设施，共同使用部分或全部收入和财产，共同消费住房、食品和其他消费品与服务的常住个人或个人群体。所有住户组成住户部门。

非常住单位与国外 所有不具有常住性的机构单位都是非常住单位。与我国常住单位发生交易的所有非常住单位称为国外。

初次分配总收入 收入初次分配是生产活动创造的价值在参与生产活动的生产要素所有者及政府之间的分配。生产活动的最终成果是增加值。生产要素主要包括劳动力、资本、自然资源。劳动力所有者因提供劳动而获得劳动报酬；资本的所有者因提供资本而获得不同形式的收入，如借贷资本所有者获得利息收入；股权所有者获得红利或参与利润分配；自然资源所有者因出让自然资源使用权而获得地租；政府因国家管理需要对生产活动或生产要素征收生产税同时也因扶持有关生产活动而支付生产补贴。初次分配的结果形成各个机构部门的初次分配总收入。各部门的初次分配总收入之和就等于国民总收入。

经常转移 转移是一个机构单位向另一个机构单位提供货物、服务或资产，但又不从后者获取任何直接对应回报的一种交易。经常转移指交易的一方或双方都不涉及获得或处置资产（除存货和现金外）的转移。其形式有所得税、财产税等经常税、社会保险缴款、社会保险福利、社会补助和其他经常转移。

可支配总收入 在初次分配总收入的基础上，通过经常转移的形式对初次分配总收入进行再次分配。再分配的结果形成各个机构部门的可支配总收入。各部门的可支配总收入之和称为国民可支配总收入。

调整后可支配总收入 在各机构部门可支配总收入的基础上，加上该部门应得的实物社会转移，减去该部门应付的实物社会转移，形成调整后可支配总收入，反映各部门获得的对应于实际最终消费的收入总和。

总储蓄 指可支配总收入用于最终消费后的余额。各部门的总储蓄之和称为国民总储蓄。

资本转移 指交易的一方或双方涉及获得或处置资产（除存货和现金外）的转移。资本转移包括资本税、投资性补助和其他资本转移。

净金融投资 它反映各机构部门或经济总体非金融投资过程中资金富余或短缺的状况。从非金融交易角度看，它是指总储蓄加资本转移收入减资本转移支出减非金融投资后的差额。从金融交易角度看，它是金融资产的增加额减金融负债的增加额之后的差额。

通货 指以现金形式存在于市场流通领域中的货币，包括辅币和纸币。

存款 指以各种形式存在存款类金融机构的存款，包括活期存款、定期存款、财政存款、外汇存款和其他存款等。

贷款 指金融机构发放的各类贷款，包括短期贷款、票据融资、中长期贷款、外汇贷款、委托贷款和其他贷款等。

债券 指机构单位为筹措资金而发行，并且承诺按约定条件偿还的有价证券。包括政府债券、金融债券、中央银行债券、企业债券等。

股票 指股份有限公司依照公司法的规定，为筹集公司资本所发行的、用于证明股东身份和权益并据以获得股息和红利的凭证。

保险准备金 指社会保险和商业保险基金的净权益、保险费预付款和未结索赔准备金。

金融机构往来 指金融机构部门子部门之间发生的同业存放、同业拆借和债券回购等。

存款准备金 指各金融机构在中央银行的存款及缴存中央银行的法定准备金。

中央银行贷款 指中央银行向各金融机构的贷款。

国际储备资产 指我国中央银行拥有的对外资产，包括外汇、货币黄金、特别提款权、在国际货币基金组织的储备头寸等。

经常账户 包括货物和服务、初次收入和二次收入。

货物 指经济所有权在我国居民与非居民之间发生转移的货物交易。

服务 包括加工服务，维护和维修服务，运输，旅行，建设，保险和养老金服务，金融服务，知识产权使用费，电信、计算机和信息服务，其他商业服务，个人、文化和娱乐服务以及别处未提及的政府服务。

初次收入 指由于提供劳务、金融资产和出租自然资源而获得的回报，包括雇员报酬、投资收益和其他初次收入三部分。

二次收入 指居民与非居民之间的经常转移，包括现金和实物。

资本账户 指居民与非居民之间的资本转移，以及居民与非居民之间非生产非金融资产的取得和处置。

金融账户 指发生在居民与非居民之间、涉及金融资产与负债的各类交易。金融账户细分为非储备性质的金融账户和国际储备资产。

直接投资 以投资者寻求在本国以外运行企业获取有效发言权为目的的投资，包括直接投资资产和直接投资负债两部分。相关投资工具可划分为股权和关联企业债务。股权包括股权和投资基金份额，以及再投资收益。关联企业债务包括关联企业间可流通和不可流通的债权和债务。

证券投资 包括证券投资资产和证券投资负债，相关投资工具可划分为股权和债券。股权包括股权和投资基金份额，记录在证券投资项下的股权和投资基金份额均应可流通（可交易）。股权通常以股份、股票、参股、存托凭证或类似单据作为凭证。投资基金份额指投资者持有的共同基金等集合投资产品的份额。债券指可流通的债务工具，是证明其持有人（债权人）有权在未来某个（些）时点向其发行人（债务人）收回本金或收取利息的凭证，包括可转让存单、商业票据、公司债券、有资产担保的证券、货币市场工具以及通常在金融市场上交易的类似工具。

金融衍生工具 又称金融衍生工具和雇员认股权，用于记录我国居民与非居民金融衍生工具和雇员认股权交易情况。

其他投资 除直接投资、证券投资、金融衍生工具和储备资产外，居民与非居民之间的其他金融交易。包括其他股权、货币和存款、贷款、保险和养老金、贸易信贷和其他。

净误差与遗漏 国际收支平衡表采用复式记账法，由于统计资料来源和时点不同等原因，会形成经常账户与资本和金融账户不平衡，形成统计残差项，称为净误差与遗漏。

Explanatory Notes on Main Statistical Indicators

Gross Domestic Product (GDP) refers to the final products produced by all resident units in a country during a certain period of time. Gross domestic product is expressed in three different perspectives, namely value, income, and products respectively. GDP in its value perspective refers to the balance of total value of all goods and services produced by all resident units during a certain period of time, minus the total value of input of goods and services of the nature of non-fixed assets; in other words, it is the sum of the value-added of all resident units. GDP from the perspective of income refers to the sum of all kinds of revenue, including compensation of employees, net taxes on production, depreciation of fixed assets, and operating surplus. GDP from the perspective of products refers to the value of all goods and services for final demand by all resident units plus the net exports of goods and services during a given period of time. In the practice of national accounting, gross domestic product is calculated by three approaches, namely production approach, income approach and expenditure approach, which reflect gross domestic product and its composition from different angles.

For a region, it is called as gross regional product(GRP) or regional GDP.

Gross National Income (GNI) originally known as gross national product(GNP), refers to the final result of the primary distribution of the income created by all resident units of a country during a certain period of time. The value-added created by the resident units of a country engaged in production activities is distributed, during the primary distribution, mainly to the resident units of that country, while part of it is distributed to the non-resident units in the form of production tax (minus subsidies to production), compensation of employees and property income. In the meantime, a part of the value-added created abroad is distributed to the resident units of the country in the form of production tax (minus subsidies to production), compensation of employees and property income. The concept of gross national income is thus developed, which equals to gross domestic product plus the net income from primary distribution from abroad. Unlike GDP which is a concept of production, GNI is a concept of income.

Three Strata of Industry Classification of economic activities into three strata of industries is a common practice in the world, although the grouping varies to some extent from country to country. In China, according to *Industrial Classification for National Economic Activities* (GB/T 4754—2017) and *Rules on Division of Three Strata of Industries*, economic activities are categorized into the following three strata of industries:

Primary industry refers to agriculture, forestry, animal husbandry and fishery industries (not including services in support of agriculture, forestry, animal husbandry and fishery industries).

Secondary industry refers to mining and quarrying (not including support activities for mining), manufacturing (not including repair service of metal products, machinery and equipment), production and supply of electricity, heat, gas and water, and construction.

Tertiary industry refers to all other economic activities not included in the primary or secondary industries.

Compensation of Employees refers to the total payment of various forms to employees for the productive activities they are engaged in. It includes the compensation earned by employees in cash or in kind. It mainly includes: wages, bonuses and allowances, subsidies, social insurance paid by company or employer for its staff, supplementary social insurance, housing fund, the pension for the employees of the administrative institution, other forms of welfare and remuneration provided by the employers for its employees.

Net Taxes on Production refers to taxes on production less subsidies on production. The taxes on production refers to the various taxes, extra charges and fees levied on the production units on their production, sale and business activities as well as on the use of some factors of production, such as fixed assets, land etc. in the production activities they are engaged in. Taxes on production are divided into product tax and other kinds of taxes on production, where product tax mainly includes: value-added tax, consumption tax, import duty, export duty; and other taxes on production mainly include: house property tax, tax on vehicles and boat operation, urban land use tax, etc. In contrast to taxes on production, subsidies on production refer to the payment by the government for free to the production units to influence production units's activities such as production, sales and pricing. Subsidies on production include agricultural production subsidies, subsidies for policy losses, import subsidies, etc., and are treated as negative taxes on production.

Depreciation of Fixed Assets refers to the decline of the value of fixed assets due to natural deterioration, normal elimination or loss, and it reflects the value of the fixed assets transferred into the output through production. In principle, the depreciation of fixed assets should be calculated on the basis of the re-purchased value of the fixed assets.

Operating Surplus refers to the balance of the value added created by the resident units after deducting the compensation of employees, net taxes on production and the depreciation of fixed assets.

GDP by Expenditure Approach refers to the method of measuring the final results of production activities of a country (region) during a given period from the perspective of final uses. It includes final consumption expenditure, gross capital formation and net export of goods and services. The formula for computation is:

GDP by expenditure approach = final consumption expenditure + gross capital formation + net export of goods and services

Final Consumption Expenditure refers to the total expenditure of resident units for purchases of goods and services from both the domestic economic territory and abroad to meet the needs of material, cultural and spiritual life. It does not include the expenditure of non-resident units on consumption in the economic territory of the country. The final consumption expenditure is broken down into household consumption expenditure and government consumption expenditure.

Household Consumption Expenditure refers to the total expenditure of resident households on the final consumption of goods and services. In addition to the consumption of goods and services bought by the households directly with money, the household consumption expenditure also includes expenditure on goods and services obtained by the households in other ways, i.e. the so-called imputed consumption expenditure, which mainly includes: (a) the goods and services provided to households by employers in the form of payment in kind and transfer in kind; (b) goods and services produced and consumed by the households themselves (such as self-producing-and-self-consuming agricultural products); (c) financial intermediate services provided by banking and insurance institutions.

Government Consumption Expenditure refers to the consumption expenditure spent for the provision of public services provided by the government to the whole country and the net expenditure on the goods and services provided by the government to households free of charge or at low prices. The former equals to the output value of the government services minus the value of operating income obtained by the government departments. The latter equals to the market value of the goods and services provided by the government free of charge or at low prices to the households minus the value received by the government from the households.

Actual Final Consumption refers to all goods and services acquired and used by resident units, for the satisfaction of their individual or collective needs or wants. It is broken down into household actual final consumption and government actual final consumption. From the numerical point of view, actual final consumption is equal to final consumption expenditure.

Social Tranfer in Kind refers to the expenditure on goods and services provided by government, free of charge or at economicly insignificant prices, to households for consumption purpose.

Household Actual Final Consumption refers to the value of goods and services for consumption, acquired by resident households, which is equal to the expenditure of households on goods and services for consumption plus the expenditure on goods and services for consumption provided by government to households in the form of social transfer in kind.

Government Actual Final Consumption refers to the value of the collective consumption services provided by government to the whole society, which is equal to the government final consumption expenditure minus the expenditure on goods and services for consumption provided by government to households in the form of social transfer in kind.

Gross Capital Formation refers to resident units' acquisitions less disposals of fixed assets and inventory during a given period, including gross fixed capital formation and changes in inventories.

Gross Fixed Capital Formation refers to the value of acquisitions less disposals of fixed assets during a given period. Fixed assets are the assets produced through production activities with unit value above a specified amount and which could be used for over one year. Natural assets, consumer durables, small instruments are not included. Gross fixed capital formation includes the value of housing, other buildings and structure, equipment and machinery, breeding biological resources, intellectual property right product (expenditure for R&D, the prospecting of minerals and the acquisition of computer software) minus the disposal of them.

Changes in Inventories refer to the market value of the change in the physical volume of inventory of resident units during a given period, i.e. the difference between the values at the beginning and at the end of the period minus the gains due to the change in prices. The changes in inventories can have a positive or a negative value. A positive value indicates an increase in inventory while a negative value indicates a decrease in inventory. The inventory includes raw materials, fuels and reserve materials purchased by the production units as well as the inventory of finished products, semi-finished products and work-in-progress.

Net Export of Goods and Services refers to the exports of goods and services subtracting the imports of goods and services. Exports include the value of various goods and services sold or gratuitously transferred by resident units to non-resident units. Imports include the value of various goods and services purchased or gratuitously acquired by resident units from non-resident units. The exports and imports of goods are calculated at FOB.

Institutional Units refer to economic entities that are capable, in its own rights, of owning assets, incurring liabilities and engaging independently in economic activities and in transactions with other entities.

Institutional Sectors refer to groups of institutional units that are homogenous in nature and grouped together. The following 4 institutional sectors are identified in the flow of funds accounts: non-financial corporations, financial institutions, government and households. Also treated as an institutional sector is the rest of the world, which is composed of non-resident units that have transactions with resident units.

Non-Financial Corporations and the Sector of Non-Financial Corporations Non-financial corporations refer to resident corporations that are engaged in the production of goods and the provision of non-financial services in the market, mainly covering corporate enterprises of various types engaging in the above-mentioned activities. All non-financial corporations make up the sector of non-financial corporations.

Financial Institutions and the Sector of Financial Institutions Financial institutions refer to resident institutions that are engaged in the financial intermediary services or auxiliary financial activities that are closely related with financial intermediary services, mainly covering legal entities engaging in activities of monetary services, capital market services, insurance services, and other financial services. All financial institutions make up the sector of financial institutions.

General Government and the Sector of General Governments General government refer to legal entities and their auxiliary units that are established through the political process and are empowered with legislative, administrative or judicial rights over other institutional within specific regions. The main function of general government is to acquire funds through taxation or other means in order to provide goods and services to society and households; and to conduct redistribution of income and properties of society through transfer payment; and to engage in non-market production. General government cover mainly: party and government organizations at all levels, mass organizations, public institutions, grass roots self-governing organizations, etc. All general governments make up the sector of general governments.

Households and the Sector of Households Households refer to resident individuals or groups of resident individuals who share common living facilities, jointly use entire or part of their income and properties, and share their housing, food and other consumer goods and services. All households make up the sector of households.

Non-resident Units and the Rest of the World All units that are not resident units are non-resident units. All non-resident units that have transactions with resident units make up the rest of the world.

Gross Primary Income Primary income refers to the distribution of the value created from production activities among the owners of factors of production and the governments. The final result from production activities is the value-added. Factors of production mainly include labour force, capital, natural resources. Owners of labour force gain compensation of employees by providing labour. Owners of capitals gain income of various forms by providing capital: owners of loan capital receive income from interests; share holders receive dividends or participate in profit distribution; owners of natural resources receive rents for assign the use right of natural resources. Government levies production tax on production activities or factors of production for state administration needs and pay production subsidies for supporting related production activities. Results of primary distribution generate the gross primary income of each sector, and the sum of the gross primary income of all sectors make up the gross national income, or the gross national product.

Current Transfers Transfer refers to the transaction in the form of provision of goods, services or assets by an institutional unit to another institutional unit without receiving any direct corresponding return from the recipient. Current transfers are transfers that don't involve obtaining or disposing property (except inventory and cash) of one side or both sides. They include regular tax such as income tax and property tax, social insurance contributions, social insurance benefits, social assistance and other current transfers.

Gross Disposable Income Gross income from primary distribution is re-distributed through current transfer, resulting in the gross disposable income of various institutional sectors. The sum of gross disposable income of all institutional sectors is the gross national disposable income.

Adjusted Gross Disposable Income The adjusted gross disposal income of each institutional sector, is equal to gross disposal income plus social transfer in kind receivable minus social transfer in kind payable of the institutional sector. It reflects the total income responding to the actual final consumption of each institutional sector.

Gross Savings refer to gross disposable income subtracting final consumption. The sum of gross savings of all sectors is the gross national savings.

Capital Transfer refers to the transfers that involve obtaining or disposing of property (except inventory and cash) of one side or both sides. Capital transfer includes: capital tax, investment grants and other capital transfers.

Net Financial Investment reflects the surplus or shortage of capitals of institutional sectors or of the economy in general in the process of non-finanical investment. It is equal to gross savings plus net capital transfer minus non-financial investment. From the point of view of financial transaction, it is the difference between the increase of financial assets minus the increase of the financial liabilities.

Currency refers to currency that is in circulation in the market, including paper money and coin.

Deposits refer to deposits in depository financial institutions in various forms, which mainly include demand deposit, time deposit, fiscal deposit, foreign exchange deposit and other deposit, etc.

Loans refer to various types of loans granted by financial institutions, which mainly include short-term loan and bill finacing, medium- and long-term loan, foreign exchange loan, entrusted loans and other loans.

Bonds refer to securities issued by institutional units to raise funds and promised to be repaid on agreed terms. They include government bonds, financial bonds, central bank bonds, and corporation bonds, etc.

Stock is certificate issued by limited liability company in accordance with the provisions of the company law, to raise capital, to justify the shareholder rights and interests and accordingly obtain the dividend and bonus.

Insurance Technical Reserves consists of net equity of social insurance fund and commercial insurance fund, prepayments of insurance premiums, and reserves for outstanding claims, and bond repurchase.

Inter- financial Institutions Accounts refer to flow of capital between financial institutions, consisting of nostro & vostro accounts, inter-bank lending.

Required and Excessive Reserves refer to financial institutions' deposits and required reserves in the People's Bank of China.

Central Bank Loans refer to lending to financial institutions by the People's Bank of China

International Reserve Assets refers to the foreign assets owned by the central bank, including foreign exchange, monetary gold, SDRs, and reserve position in the International Monetary Fund and other creditor's rights.

Current Account includes goods, services, primary income, and secondary income.

Goods refer to transactions of goods where economic ownership is transferred between residents and non-residents.

Services include processing services, maintenance and repair services, transportation, travel, construction, insurance and pension services, financial services, intellectual property rights royalties, telecommunications, computer and information services, other business services, personal, cultural and entertainment services and government services not mentioned elsewhere.

Primary Income refers to the returns received for the provision of services, financial assets, and leasing of natural resources, which includes three parts: employee compensation, investment income, and other primary income.

Secondary Income refers to the current transfers between resident units and non-resident units, including cash and transfers in kind.

Capital Account reflects the capital transfers between resident units and non-resident units, and the acquisition and disposal of non-productive non-financial assets between residents and non-residents.

Financial Account refers to the transaction of financial assets and liabilities between resident units and non-resident units, including non-reserve financial accounts and international reserves.

Direct Investment is an investment aimed at investors seeking effective voice for enterprises operating outside their own country. It includes two parts: direct investment assets and direct investment liabilities. Related investment instruments can be divided into equity and related enterprise debt. Equity includes equity and investment fund shares, as well as reinvestment returns. The liabilities of affiliated enterprises include negotiable and non-negotiable creditor's rights and liabilities among affiliated enterprises.

Security Investment includes securities investment assets and securities investment liabilities, and related investment instruments can be divided into equity and bonds. Equity rights include share rights and investment fund shares. Shares recorded under securities investment and investment fund shares should be negotiable (tradable). Equity rights are usually evidenced by shares, stocks, shares, depository receipts or similar documents. Investment fund share refers to the share of collective investment products such as mutual funds held by investors. A bond is a negotiable debt instrument, which is a certificate proving that its holder (creditor) has the right to recover principal or interest from its issuer (debtor) at some point in the future, including negotiable deposits, commercial instruments, corporate bonds, asset-backed securities, money market instruments, and a similar tool for usually trading on the financial market.

Financial Derivatives also known as financial derivatives and employee stock options, are used to record the transactions of financial derivatives and employee stock options between resident units and non-resident units.

Other Investments refer to financial transactions between residents and non-residents other than direct investment, securities investment, financial derivatives and reserve assets. They include other equity, currency and deposits, loans, insurance and pensions, trade credit and others.

Net Errors and Omissions Balance of payments statement adopts double-entry accounting method. Because of the differences in source data and recording time, it will cause imbalance between current account and capital and financial account, and result in statistical residual, which is called net errors and omissions.

4

就业和工资

Employment and Wages

简要说明

一、本篇资料的主要内容

本篇资料反映我国劳动经济方面的基本情况，包括31个省、自治区、直辖市的主要劳动统计数据。如：劳动力数，就业人员数，城镇登记失业人数，就业人员工资总额，平均工资及指数变化情况等。

二、本篇资料的统计范围

《劳动工资统计报表制度》的调查范围为城镇地区全部法人单位；《全国月度劳动力调查制度》的调查范围为全国城镇和乡村地域上居住的人口；《培训就业统计报表制度》的填报范围为全国就业服务和职业介绍机构；私营企业及个体工商户统计范围为全社会。1990—2000年的全国劳动力、就业人员、城镇和乡村就业人员的总计资料，根据第五次全国人口普查资料及历年劳动力调查资料推算；2001年及以后的全国劳动力、就业人员、城镇和乡村就业人员的总计资料，根据第六次全国人口普查资料及劳动力调查资料推算。1998年及以后城镇单位就业人员、工资总额、平均工资等指标中不再包括离开本单位仍保留劳动关系的职工及其生活费。

三、本篇的资料来源

1.就业基本情况及分组资料、工资总额等资料，是国家统计局人口和就业统计司根据《劳动工资统计报表制度》和《全国月度劳动力调查制度》搜集资料，加工整理。

2.城镇登记失业人数及登记失业率，是人力资源和社会保障部根据其《培训就业统计报表制度》整理提供。

3.私营企业及个体工商户就业人员，由国家市场监督管理总局提供。

四、本篇的统计调查方法

劳动工资统计中，城镇非私营单位采用全面调查方法，城镇私营单位采用抽样调查方法；劳动力调查采用抽样调查方法；培训、就业统计及私营企业和个体工商业统计利用行政登记资料加工整理。

Brief Introduction

I. Main Contents

Data in this chapter show the basic conditions of China's labour economy, including main labour statistics on the whole country and 31 provinces, autonomous regions and municipalities directly under the Central Government, such as the number of labour force, number of employed persons, number of registered unemployed persons in urban areas, total wage bills and average wages of employed persons as well as changes in related indices.

II. Scope of Statistics

The Reporting Form System on Labour and Wage Statistics covers all corporate units in urban area. *The National Monthly Labour Force Survey* covers all population in urban and rural areas in China. *The Reporting Form System on Training and Employment Statistics* covers all agencies and units providing employment services and job centers. The scope of statistics on private enterprises and self-employed individuals covers the whole country. Data on total labour force, employed persons and employed persons by urban and rural areas from 1990 to 2000 are estimated on the basis of the Fifth National Population Census and the annual Labour Force Survey; and data since 2001 are estimated on the basis of the 2010 National Population Census and the Labour Force Survey. Since 1998, statistics on employed person in urban units, total wage bills and average wage do not include the persons who had left their working units while keeping their labour contract/employment relation unchanged.

III. Sources of Data

(1) Data on basic conditions of employment and their breakdowns, total wage bills of staff and workers are collected and compiled through *The Reporting Form System on Labour and Wage Statistics* and *The National Monthly Labour Force Survey* by the Department of Population and Employment Statistics, NBS.

(2) Data on the number of registered unemployed persons and unemployment rate in urban areas are collected through *The Reporting Form System on Training and Employment Statistics,* which are provided by the Ministry of Human Resources and Social Security.

(3) Data on the number of employed persons in private enterprises and self-employed individuals are provided by the State Administration for Market Regulation.

IV. Methodology of Survey

A complete reporting form system is used in the labour and wage statistics of urban non-private enterprises, and sampling method is used in the statistics of urban private enterprises. The Labour Force Survey is conducted by using sampling methods. Statistics on training, employment, private enterprises and self-employed individuals are collected and compiled on basis of administrative records.

4-1 就业基本情况
Employment

项　　目	Item	2015	2016	2017	2018	2019
劳动力	**Labour Force (10 000 persons)**	**80091**	**80694**	**80686**	**80525**	**81104**
就业人员 (万人)	**Total Number of Employed Persons (10 000 persons)**	**77451**	**77603**	**77640**	**77586**	**77471**
第一产业	Primary Industry	21919	21496	20944	20258	19445
第二产业	Secondary Industry	22693	22350	21824	21390	21305
第三产业	Tertiary Industry	32839	33757	34872	35938	36721
按城乡分就业人员(万人)	**Number of Employed Persons by Urban and Rural Areas (10 000 persons)**					
城镇就业人员	Urban Employed Persons	40410	41428	42462	43419	44247
乡村就业人员	Rural Employed Persons	37041	36175	35178	34167	33224
按登记注册类型分城镇非私营单位就业人员 (万人)	**Number of Employed Persons in Urban Non-private Units by Status of Registration (10 000 persons)**					
国有单位	State-owned Units	6208	6170	6064	5740	5473
城镇集体单位	Urban Collective-owned Units	481	453	406	347	296
股份合作单位	Cooperative Units	92	86	77	66	60
联营单位	Joint Ownership Units	20	18	13	12	12
有限责任公司	Limited Liability Corporations	6389	6381	6367	6555	6608
股份有限公司	Share-holding Corporations Ltd.	1798	1824	1846	1875	1879
港澳台商投资单位	Units with Funds from Hong Kong, Macao and Taiwan	1344	1305	1290	1153	1157
外商投资单位	Foreign Funded Units	1446	1361	1291	1212	1203
工商登记注册的私营个体就业人员 (万人)	**Number of Employed Persons in Private Enterprises and Self-employed Individuals by Status of Industrial and Commercial Registration (10 000 persons)**					
城镇私营企业	Urban Private Enterprises	11180	12083	13327	13952	14567
城镇个体	Urban Self-employed Individuals	7800	8627	9348	10440	11692
乡村私营企业	Rural Private Enterprises	5215	5914	6554	7424	8267
乡村个体	Rural Self-employed Individuals	3882	4235	4878	5597	6000
城镇登记失业人数(万人)	**Number of Registered Unemployed Persons in Urban Areas (10 000 persons)**	**966**	**982**	**972**	**974**	**945**
城镇登记失业率 (%)	**Registered Unemployment Rate in Urban Areas (%)**	**4.05**	**4.02**	**3.90**	**3.80**	**3.62**
城镇调查失业率 (%)	**Surveyed Urban Unemployment Rate (%)**				**4.9**	**5.2**

注：1.全国就业人员1990年及以后的数据根据劳动力调查、人口普查推算(下表同)。
2.2013年部分经济类型单位、部分行业就业人员数、工资总额变动较大，系将原属于乡镇企业的规模以上法人单位纳入劳动工资统计范围所致(以下相关表同)。
3.2018年劳动力数据有所调整。

a) From 1990, the total number of employed persons were estimated according to Labour Force Survey and Population Census. The same applies to the following tables.

b) In 2013, there is fairly big change in figures on employment and total wage bill for some units by status of registration and for some industries, because some corporate units above designated size originally classified as township enterprises are taken into statistics of labour wages. The same applies to the relevant following tables.

c) The data of Labor Force in 2018 has been adjusted.

4-2 按三次产业分就业人员数（年底数）
Number of Employed Persons at Year-end by Three Strata of Industry

年 份 Year	就业人员（万人）Total Employed Persons (10 000 persons)	第一产业 Primary Industry	第二产业 Secondary Industry	第三产业 Tertiary Industry	构成（合计=100）Composition in Percentage 第一产业 Primary Industry	第二产业 Secondary Industry	第三产业 Tertiary Industry
1952	20729	17317	1531	1881	83.5	7.4	9.1
1957	23771	19309	2142	2320	81.2	9.0	9.8
1962	25910	21276	2059	2575	82.1	8.0	9.9
1965	28670	23396	2408	2866	81.6	8.4	10.0
1970	34432	27811	3518	3103	80.8	10.2	9.0
1975	38168	29456	5152	3560	77.2	13.5	9.3
1978	40152	28318	6945	4890	70.5	17.3	12.2
1979	41024	28634	7214	5177	69.8	17.6	12.6
1980	42361	29122	7707	5532	68.7	18.2	13.1
1981	43725	29777	8003	5945	68.1	18.3	13.6
1982	45295	30859	8346	6090	68.1	18.4	13.5
1983	46436	31151	8679	6606	67.1	18.7	14.2
1984	48197	30868	9590	7739	64.0	19.9	16.1
1985	49873	31130	10384	8359	62.4	20.8	16.8
1986	51282	31254	11216	8811	60.9	21.9	17.2
1987	52783	31663	11726	9395	60.0	22.2	17.8
1988	54334	32249	12152	9933	59.3	22.4	18.3
1989	55329	33225	11976	10129	60.1	21.6	18.3
1990	64749	38914	13856	11979	60.1	21.4	18.5
1991	65491	39098	14015	12378	59.7	21.4	18.9
1992	66152	38699	14355	13098	58.5	21.7	19.8
1993	66808	37680	14965	14163	56.4	22.4	21.2
1994	67455	36628	15312	15515	54.3	22.7	23.0
1995	68065	35530	15655	16880	52.2	23.0	24.8
1996	68950	34820	16203	17927	50.5	23.5	26.0
1997	69820	34840	16547	18432	49.9	23.7	26.4
1998	70637	35177	16600	18860	49.8	23.5	26.7
1999	71394	35768	16421	19205	50.1	23.0	26.9
2000	72085	36043	16219	19823	50.0	22.5	27.5
2001	72797	36399	16234	20165	50.0	22.3	27.7
2002	73280	36640	15682	20958	50.0	21.4	28.6
2003	73736	36204	15927	21605	49.1	21.6	29.3
2004	74264	34830	16709	22725	46.9	22.5	30.6
2005	74647	33442	17766	23439	44.8	23.8	31.4
2006	74978	31941	18894	24143	42.6	25.2	32.2
2007	75321	30731	20186	24404	40.8	26.8	32.4
2008	75564	29923	20553	25087	39.6	27.2	33.2
2009	75828	28890	21080	25857	38.1	27.8	34.1
2010	76105	27931	21842	26332	36.7	28.7	34.6
2011	76420	26594	22544	27282	34.8	29.5	35.7
2012	76704	25773	23241	27690	33.6	30.3	36.1
2013	76977	24171	23170	29636	31.4	30.1	38.5
2014	77253	22790	23099	31364	29.5	29.9	40.6
2015	77451	21919	22693	32839	28.3	29.3	42.4
2016	77603	21496	22350	33757	27.7	28.8	43.5
2017	77640	20944	21824	34872	27.0	28.1	44.9
2018	77586	20258	21390	35938	26.1	27.6	46.3
2019	77471	19445	21305	36721	25.1	27.5	47.4

4-3 按登记注册类型分城镇非私营单位就业人员数(年底数)

Number of Employed Persons in Urban Non-Private Units at Year-end by Status of Registration

单位：万人 (10 000 persons)

年 份 Year	就业人员数 Number of Employed Persons	国有单位 State-owned Units	城镇集体单位 Urban Collective-owned Units	股份合作单位 Cooperative Units	联营单位 Joint Ownership Units	有限责任公司 Limited Liability Corporations	股份有限公司 Share-holding Corporations Ltd.	港澳台商投资单位 Units with Funds from Hong Kong, Macao and Taiwan	外商投资单位 Foreign Funded Units
1971	6787	5318	1469						
1975	8198	6426	1772						
1980	10444	8019	2425						
1981	10940	8372	2568						
1982	11281	8630	2651						
1983	11515	8771	2744						
1984	11890	8637	3216						
1985	12358	8990	3324		38				
1986	12809	9333	3421						
1987	13214	9654	3488		50				
1988	13608	9984	3527		63				
1989	13742	10108	3502		82				
1990	14059	10346	3549		96			4	62
1991	14508	10664	3628		49			69	96
1992	14792	10889	3621		56			83	138
1993	14849	10920	3393		66		164	155	133
1994	14849	10890	3211		52		292	211	195
1995	15301	11261	3147		53		317	272	241
1996	15221	11244	3016		49		363	265	275
1997	15036	11044	2883		43		468	281	300
1998	12696	9058	1963	136	48	484	410	294	293
1999	12130	8572	1712	144	46	603	420	306	306
2000	11612	8102	1499	155	42	687	457	310	332
2001	11166	7640	1291	153	45	841	483	326	345
2002	10985	7163	1122	161	45	1083	538	367	391
2003	10970	6876	1000	173	44	1261	592	409	454
2004	11099	6710	897	192	44	1436	625	470	563
2005	11404	6488	810	188	45	1750	699	557	688
2006	11713	6430	764	178	45	1920	741	611	796
2007	12024	6424	718	170	43	2075	788	680	903
2008	12193	6447	662	164	43	2194	840	679	943
2009	12573	6420	618	160	37	2433	956	721	978
2010	13052	6516	597	156	36	2613	1024	770	1053
2011	14413	6704	603	149	37	3269	1183	932	1217
2012	15236	6839	590	149	39	3787	1243	969	1246
2013	18108	6365	566	108	25	6069	1721	1397	1566
2014	18278	6312	537	103	22	6315	1751	1393	1562
2015	18062	6208	481	92	20	6389	1798	1344	1446
2016	17888	6170	453	86	18	6381	1824	1305	1361
2017	17644	6064	406	77	13	6367	1846	1290	1291
2018	17258	5740	347	66	12	6555	1875	1153	1212
2019	17162	5473	296	60	12	6608	1879	1157	1203

注：1994年及以前为职工数(以下各表同)。

a) Data before 1994 are figures for staff and workers. The same applies to the following tables.

4-4 按登记注册类型和行业分城镇非私营单位就业人员数（2019年底）
Number of Employed Persons in Urban Non-Private Units at Year-end by Status of Registration and Sector (2019)

单位：万人 (10 000 persons)

项　目	Item	就业人员 Employed Persons	国有单位 State-owned Units	城镇集体单位 Urban Collective-owned Units	其他单位 Units of Other Types of Ownership
全国总计	**National Total**	**17161.8**	**5472.7**	**295.6**	**11393.5**
农、林、牧、渔业	Agriculture, Forestry, Animal Husbandry and Fishery	134.1	99.9	3.2	31.0
采矿业	Mining	367.7	14.7	3.2	349.9
制造业	Manufacturing	3832.0	38.5	31.5	3762.0
电力、热力、燃气及水生产和供应业	Production and Supply of Electricity, Heat, Gas and Water	373.1	113.8	3.3	256.1
建筑业	Construction	2270.5	80.4	94.7	2095.4
批发和零售业	Wholesale and Retail Trades	830.0	42.9	12.9	774.3
交通运输、仓储和邮政业	Transport, Storage and Post	815.5	131.8	8.5	675.2
住宿和餐饮业	Hotels and Catering Services	265.2	20.9	3.1	241.3
信息传输、软件和信息技术服务业	Information Transmission, Software and Information Technology	455.3	19.9	0.7	434.6
金融业	Financial Intermediation	826.1	89.3	9.5	727.3
房地产业	Real Estate	510.3	15.7	9.9	484.7
租赁和商务服务业	Leasing and Business Services	660.4	98.5	26.2	535.6
科学研究和技术服务业	Scientific Research and Technical Services	434.3	150.3	4.3	279.7
水利、环境和公共设施管理业	Management of Water Conservancy, Environment and Public Facilities	244.5	129.9	5.0	109.6
居民服务、修理和其他服务业	Services to Households, Repair and Other Services	86.3	12.3	3.2	70.8
教育	Education	1909.3	1540.0	37.7	331.6
卫生和社会工作	Health and Social Service	1006.2	835.1	33.2	137.9
文化、体育和娱乐业	Culture, Sports and Entertainment	151.2	82.1	1.5	67.5
公共管理、社会保障和社会组织	Public Management, Social Security and Social Organization	1989.8	1956.7	4.1	29.1

4-5 按行业分城镇非私营单位就业人员数(年底数)

Number of Employed Persons in Urban Non-Private Units at Year-end by Sector

单位: 万人 (10 000 persons)

年份 地区	Year Region	就业人员 Employed Persons	农、林、牧、渔业 Agriculture, Forestry, Animal Husbandry and Fishery	采矿业 Mining	制造业 Manufacturing	电力、热力、燃气及水生产和供应业 Production and Supply of Electricity, Heat, Gas and Water	建筑业 Construction	批发和零售业 Wholesale and Retail Trades
	2005	11404.0	446.3	509.2	3210.9	299.9	926.6	544.0
	2006	11713.2	435.2	529.7	3351.6	302.5	988.7	515.7
	2007	12024.4	426.3	535.0	3465.4	303.4	1050.8	506.9
	2008	12192.5	410.1	540.4	3434.3	306.5	1072.6	514.4
	2009	12573.0	373.7	553.7	3491.9	307.7	1177.5	520.8
	2010	13051.5	375.7	562.0	3637.2	310.5	1267.5	535.1
	2011	14413.3	359.5	611.6	4088.3	334.7	1724.8	647.5
	2012	15236.4	338.9	631.0	4262.2	344.6	2010.3	711.8
	2013	18108.4	294.8	636.5	5257.9	404.5	2921.9	890.8
	2014	18277.8	284.6	596.5	5243.1	403.7	2921.2	888.6
	2015	18062.5	270.0	545.8	5068.7	396.0	2796.0	883.3
	2016	17888.1	263.2	490.9	4893.8	387.6	2724.7	875.0
	2017	17643.8	255.4	455.4	4635.5	377.0	2643.2	842.8
	2018	17258.2	192.6	414.4	4178.3	369.2	2710.9	823.3
	2019	17161.8	134.1	367.7	3832.0	373.1	2270.5	830.0
北京	Beijing	791.3	0.4	3.2	65.4	9.6	45.1	59.6
天津	Tianjin	269.4	0.3	5.8	67.3	4.2	25.1	20.0
河北	Hebei	576.0	2.7	16.5	95.1	18.7	43.2	20.6
山西	Shanxi	441.1	1.0	81.5	56.4	15.8	29.0	13.6
内蒙古	Inner Mongolia	280.9	8.6	14.5	30.8	14.6	12.9	8.3
辽宁	Liaoning	499.9	17.2	19.6	110.4	15.8	32.4	18.8
吉林	Jilin	277.3	7.0	8.6	50.8	10.4	14.9	10.4
黑龙江	Heilongjiang	349.6	40.7	23.4	30.1	14.5	17.4	11.2
上海	Shanghai	716.1	7.6	0.1	143.5	3.5	32.4	99.0
江苏	Jiangsu	1332.3	2.7	4.0	453.7	14.3	270.1	60.5
浙江	Zhejiang	987.3	0.5	0.4	286.8	11.1	212.4	39.7
安徽	Anhui	581.0	3.2	14.3	127.7	10.4	111.1	27.0
福建	Fujian	639.6	1.5	1.4	170.8	11.4	163.7	24.7
江西	Jiangxi	451.7	2.1	3.0	107.5	9.4	83.4	16.0
山东	Shandong	1072.0	1.2	29.7	271.7	27.9	150.5	46.7
河南	Henan	968.0	2.1	29.6	222.1	23.5	153.1	36.8
湖北	Hubei	653.8	9.0	4.0	134.3	14.6	119.7	36.9
湖南	Hunan	596.7	1.4	5.0	94.3	15.1	105.0	21.7
广东	Guangdong	2064.6	2.4	1.7	835.8	25.7	132.8	114.7
广西	Guangxi	404.1	5.4	1.4	50.0	10.0	71.9	13.0
海南	Hainan	102.2	2.9	0.5	7.3	2.2	6.2	5.6
重庆	Chongqing	374.4	0.7	3.1	64.5	6.2	78.7	22.3
四川	Sichuan	788.9	1.4	12.9	123.8	20.9	151.7	28.1
贵州	Guizhou	321.1	0.7	11.8	29.6	9.5	43.4	11.1
云南	Yunnan	367.5	3.5	6.6	42.1	12.1	38.9	15.8
西藏	Tibet	44.8	0.2	0.6	1.4	1.4	4.3	2.4
陕西	Shaanxi	501.3	1.3	33.8	80.4	13.5	58.7	22.7
甘肃	Gansu	253.0	2.0	7.7	28.1	11.3	34.6	7.8
青海	Qinghai	67.0	0.6	3.1	8.9	2.1	4.6	2.4
宁夏	Ningxia	70.0	0.7	5.6	8.9	3.5	3.4	2.3
新疆	Xinjiang	318.8	3.2	14.1	32.4	10.2	20.4	10.4

4-5 续表 1 continued

单位：万人 (10 000 persons)

年 份 Year 地 区 Region		交通运输、仓储和邮政业 Transport, Storage and Post	住宿和餐饮业 Hotels and Catering Services	信息传输、软件和信息技术服务业 Information Transmission, Software and Information Technology	金融业 Financial Intermediation	房地产业 Real Estate	租赁和商务服务业 Leasing and Business Services
	2005	613.9	181.2	130.1	359.3	146.5	218.5
	2006	612.7	183.9	138.2	367.4	153.9	236.7
	2007	623.1	185.8	150.2	389.7	166.5	247.2
	2008	627.3	193.2	159.5	417.6	172.7	274.7
	2009	634.4	202.1	173.8	449.0	190.9	290.5
	2010	631.1	209.2	185.8	470.1	211.6	310.1
	2011	662.8	242.7	212.8	505.3	248.6	286.6
	2012	667.5	265.1	222.8	527.8	273.7	292.3
	2013	846.2	304.4	327.3	537.9	373.7	421.9
	2014	861.4	289.3	336.3	566.3	402.2	449.4
	2015	854.4	276.1	349.9	606.8	417.3	474.0
	2016	849.5	269.7	364.1	665.2	431.7	488.4
	2017	843.9	265.9	395.4	688.8	444.8	522.6
	2018	819.0	269.8	424.3	699.3	466.0	529.5
	2019	815.5	265.2	455.3	826.1	510.3	660.4
北 京	Beijing	59.0	30.5	85.9	64.5	47.4	73.7
天 津	Tianjin	14.9	6.3	6.6	19.8	10.8	15.3
河 北	Hebei	27.5	4.5	10.1	37.0	10.4	16.1
山 西	Shanxi	21.1	3.5	5.2	30.0	5.5	11.8
内蒙古	Inner Mongolia	19.9	2.9	4.7	20.7	5.7	7.1
辽 宁	Liaoning	32.9	5.1	13.7	33.5	10.7	13.4
吉 林	Jilin	16.3	2.3	5.6	17.5	6.1	6.4
黑龙江	Heilongjiang	25.8	1.4	8.8	23.4	5.8	13.5
上 海	Shanghai	50.4	29.9	41.8	37.9	30.1	76.4
江 苏	Jiangsu	48.3	19.2	32.4	38.9	29.1	46.1
浙 江	Zhejiang	31.2	14.6	24.4	47.6	26.8	35.6
安 徽	Anhui	23.7	5.8	9.3	23.2	17.6	18.3
福 建	Fujian	22.9	9.2	10.8	25.2	17.4	19.9
江 西	Jiangxi	18.3	3.6	5.5	20.2	9.4	7.3
山 东	Shandong	44.7	11.6	17.3	55.6	26.0	22.9
河 南	Henan	41.2	7.8	16.6	29.5	28.0	26.4
湖 北	Hubei	31.0	8.8	18.1	20.2	17.7	17.7
湖 南	Hunan	25.9	6.3	8.1	35.7	14.1	13.9
广 东	Guangdong	82.6	40.6	66.2	84.4	86.0	112.6
广 西	Guangxi	19.1	4.4	4.5	19.6	9.1	11.3
海 南	Hainan	7.3	5.5	2.2	5.1	8.2	3.1
重 庆	Chongqing	21.5	4.5	4.7	20.6	13.7	14.3
四 川	Sichuan	32.0	12.5	20.0	32.7	25.2	25.4
贵 州	Guizhou	13.2	2.8	4.0	14.5	10.7	8.2
云 南	Yunnan	16.3	5.4	5.3	11.9	10.4	11.9
西 藏	Tibet	2.6	0.6	0.9	1.4	0.5	1.5
陕 西	Shaanxi	27.1	9.3	13.4	27.8	13.8	11.0
甘 肃	Gansu	13.2	2.8	3.7	9.6	5.4	3.8
青 海	Qinghai	5.2	0.6	0.9	2.9	1.4	1.6
宁 夏	Ningxia	3.8	0.5	0.8	3.9	1.4	3.0
新 疆	Xinjiang	16.7	2.5	3.6	11.2	6.0	10.9

4-5 续表 2 continued

单位: 万人 (10 000 persons)

年 份 地 区	Year Region	科学研究和技术服务业 Scientific Research and Technical Services	水利、环境和公共设施管理业 Management of Water Conservancy, Environment and Public Facilities	居民服务、修理和其他服务业 Services to Households, Repair and Other Services	教育 Education	卫生和社会工作 Health and Social Service	文化、体育和娱乐业 Culture, Sports and Entertainment	公共管理、社会保障和社会组织 Public Management, Social Security and Social Organization
	2005	227.7	180.4	53.9	1483.2	508.9	122.5	1240.8
	2006	235.5	187.0	56.6	1504.4	525.4	122.4	1265.6
	2007	243.4	193.5	57.4	1520.9	542.8	125.0	1291.2
	2008	257.0	197.3	56.5	1534.0	563.6	126.0	1335.0
	2009	272.6	205.7	58.8	1550.4	595.8	129.5	1394.3
	2010	292.3	218.9	60.2	1581.8	632.5	131.4	1428.5
	2011	298.5	230.3	59.9	1617.8	679.1	135.0	1467.6
	2012	330.7	243.8	62.1	1653.4	719.3	137.7	1541.5
	2013	387.8	259.2	72.3	1687.2	770.0	147.0	1567.0
	2014	408.0	269.1	75.4	1727.3	810.4	145.5	1599.3
	2015	410.6	273.3	75.2	1736.5	841.6	149.1	1637.8
	2016	419.6	269.6	75.4	1729.2	867.0	150.8	1672.6
	2017	420.4	268.5	78.2	1730.4	897.9	152.2	1725.6
	2018	411.5	260.6	77.4	1735.6	912.4	146.6	1817.5
	2019	434.3	244.5	86.3	1909.3	1006.2	151.2	1989.8
北 京	Beijing	68.9	12.4	6.8	57.6	32.5	18.6	50.2
天 津	Tianjin	11.1	3.7	6.5	20.2	11.7	2.1	17.6
河 北	Hebei	16.4	9.1	2.5	96.0	45.3	5.2	99.2
山 西	Shanxi	7.7	8.0	0.8	55.2	24.7	4.4	65.8
内蒙古	Inner Mongolia	7.0	3.9	0.8	37.9	19.2	3.2	58.4
辽 宁	Liaoning	9.8	7.4	2.3	51.0	31.5	4.5	69.9
吉 林	Jilin	7.8	6.8	1.8	37.2	21.2	3.3	42.8
黑龙江	Heilongjiang	8.6	6.7	2.8	39.6	24.9	2.8	48.0
上 海	Shanghai	36.2	10.6	10.9	40.1	28.4	7.5	29.8
江 苏	Jiangsu	27.3	13.2	4.9	110.3	59.4	9.2	88.5
浙 江	Zhejiang	18.0	11.3	3.7	87.6	51.3	8.0	76.4
安 徽	Anhui	10.6	8.3	2.2	69.5	35.6	3.7	59.6
福 建	Fujian	7.9	6.9	3.5	60.7	25.8	4.2	51.9
江 西	Jiangxi	6.4	5.1	0.9	60.1	28.0	3.0	62.6
山 东	Shandong	18.2	17.8	3.3	121.4	70.6	6.9	128.0
河 南	Henan	17.6	13.6	2.7	121.5	66.1	6.8	123.1
湖 北	Hubei	17.0	11.8	2.5	70.6	41.7	5.9	72.3
湖 南	Hunan	13.4	9.5	2.3	84.1	45.9	6.2	88.8
广 东	Guangdong	47.3	18.0	12.9	162.4	82.9	13.4	142.1
广 西	Guangxi	7.4	7.4	1.0	68.7	35.3	3.2	61.6
海 南	Hainan	2.1	3.6	0.7	14.4	7.3	1.3	16.7
重 庆	Chongqing	7.6	4.1	1.0	45.6	20.9	2.7	37.7
四 川	Sichuan	15.3	9.8	2.8	104.4	57.1	5.5	107.6
贵 州	Guizhou	4.8	4.3	1.6	53.9	25.0	2.3	70.0
云 南	Yunnan	9.4	6.1	1.6	63.4	30.2	3.8	72.8
西 藏	Tibet	1.2	0.5	0.2	5.4	1.9	0.6	17.3
陕 西	Shaanxi	12.9	10.3	1.9	61.4	31.6	5.7	64.6
甘 肃	Gansu	6.6	6.0	0.5	39.2	17.0	2.8	50.9
青 海	Qinghai	1.8	1.0	0.1	8.6	5.4	0.8	15.1
宁 夏	Ningxia	1.4	1.7	0.0	9.6	5.2	0.8	13.3
新 疆	Xinjiang	6.6	5.8	0.5	51.9	22.6	2.6	87.2

4-6 分地区按行业分工商登记注册的私营企业和个体就业人数(2019年底)
Number of Industrial and Commercial Registered Employed Persons in Private Enterprises and Self-employed Individuals by Sector and Region (End of 2019)

单位: 万人 (10 000 persons)

地区	Region	私营企业和个体就业人数 Employed Persons	#制造业 Manufacturing	#建筑业 Construction	#批发和零售业 Wholesale and Retail Trades	#交通运输、仓储和邮政业 Transport, Storage and Post	#住宿和餐饮业 Hotels and Catering Services	#租赁和商务服务业 Leasing and Business Services	#居民服务、修理和其他服务业 Services to Households, Repair and Other Services
全国总计	**National Total**	**40524.4**	**5907.4**	**2025.6**	**15390.2**	**1050.5**	**3294.9**	**3388.3**	**2552.8**
北京	Beijing	1187.5	48.8	77.2	232.7	30.8	46.0	192.5	23.0
天津	Tianjin	226.5	38.3	8.4	75.8	6.6	22.4	23.6	15.9
河北	Hebei	1414.0	267.0	47.5	598.3	53.7	131.1	47.6	100.1
山西	Shanxi	693.3	77.8	23.5	305.7	37.1	77.2	27.3	59.8
内蒙古	Inner Mongolia	619.5	54.1	28.6	254.4	20.6	66.0	46.1	48.0
辽宁	Liaoning	1037.8	177.4	54.7	370.5	49.6	84.3	63.4	81.8
吉林	Jilin	817.7	64.2	29.1	367.7	47.7	77.7	32.8	64.9
黑龙江	Heilongjiang	539.7	35.5	9.3	212.9	33.1	82.6	16.8	87.7
上海	Shanghai	1556.4	118.7	109.7	482.0	46.6	29.5	353.4	26.9
江苏	Jiangsu	3526.0	958.4	279.7	1018.0	103.5	192.8	333.3	168.7
浙江	Zhejiang	2778.8	906.3	113.3	834.9	51.3	151.8	224.6	124.8
安徽	Anhui	1571.1	241.0	86.5	609.3	31.0	136.9	88.8	123.1
福建	Fujian	1678.4	317.9	73.7	652.2	31.2	108.3	137.2	78.5
江西	Jiangxi	1097.0	194.1	54.3	420.0	27.2	81.2	85.3	67.0
山东	Shandong	3755.2	554.1	239.4	1513.4	78.3	248.0	277.9	353.2
河南	Henan	1882.7	243.7	83.1	833.7	36.7	190.6	102.6	92.1
湖北	Hubei	1910.9	177.5	89.2	814.0	64.6	185.8	116.9	128.8
湖南	Hunan	1049.5	86.6	22.1	380.3	27.6	118.0	82.8	66.6
广东	Guangdong	5068.5	724.5	154.4	2258.4	83.9	320.4	525.0	261.3
广西	Guangxi	1030.0	92.7	36.2	442.3	35.6	98.3	89.7	64.7
海南	Hainan	242.0	8.4	17.2	88.2	5.4	29.0	24.5	17.1
重庆	Chongqing	1375.8	105.9	68.8	484.1	29.3	108.6	151.6	75.0
四川	Sichuan	1329.2	83.3	58.1	556.2	25.9	183.5	102.8	102.7
贵州	Guizhou	825.4	64.1	33.0	309.9	17.3	101.0	52.8	59.9
云南	Yunnan	919.4	86.7	51.5	324.7	16.7	108.4	48.3	63.4
西藏	Tibet	94.7	5.5	15.7	27.4	5.5	16.0	7.4	6.3
陕西	Shaanxi	1033.0	62.5	80.6	423.1	24.4	133.7	55.5	86.7
甘肃	Gansu	515.8	37.1	43.6	210.3	8.9	59.7	26.1	36.6
青海	Qinghai	123.1	9.1	6.2	43.3	5.0	21.2	7.2	10.8
宁夏	Ningxia	146.2	10.5	4.6	62.9	3.4	19.9	14.4	14.3
新疆	Xinjiang	479.5	55.7	26.3	183.5	12.0	65.0	29.9	43.2

4-7 分地区按行业分工商登记注册的城镇私营企业和个体就业人数(2019年底)

Number of Industrial and Commercial Registered Employed Persons in Private Enterprises and Self-employed Individuals in Urban Areas by Sector and Region (End of 2019)

单位: 万人 (10 000 persons)

地 区	Region	私营企业和个体就业人数 Employed Persons	#制造业 Manufacturing	#建筑业 Construction	#批发和零售业 Wholesale and Retail Trades	#交通运输、仓储和邮政业 Transport, Storage and Post	#住宿和餐饮业 Hotels and Catering Services	#租赁和商务服务业 Leasing and Business Services	#居民服务、修理和其他服务业 Services to Household, Repair and Other Services
全国总计	**National Total**	**26258.2**	**2984.8**	**1254.3**	**10615.9**	**634.5**	**2413.2**	**2455.3**	**1745.5**
北 京	Beijing	708.6	15.6	30.4	129.9	14.0	29.2	128.8	13.3
天 津	Tianjin	214.2	33.5	8.0	74.5	6.5	22.3	20.5	15.7
河 北	Hebei	711.4	70.5	28.0	328.6	20.2	86.7	35.4	62.6
山 西	Shanxi	428.9	40.0	12.1	195.7	24.3	60.4	14.1	44.7
内蒙古	Inner Mongolia	395.2	28.3	16.3	181.0	12.1	41.2	25.4	35.7
辽 宁	Liaoning	553.8	83.1	31.0	217.9	29.3	53.6	27.1	47.9
吉 林	Jilin	412.2	39.5	14.4	193.9	16.4	35.9	14.6	37.7
黑龙江	Heilongjiang	472.8	29.6	7.3	184.0	31.4	78.1	13.4	83.0
上 海	Shanghai	799.4	45.2	53.3	247.3	22.9	22.1	186.7	17.4
江 苏	Jiangsu	2703.6	590.1	200.1	835.7	76.3	173.7	302.8	143.9
浙 江	Zhejiang	1897.4	441.5	81.9	641.4	36.1	117.1	196.9	95.7
安 徽	Anhui	1106.3	161.3	46.1	461.1	19.2	112.7	55.7	92.1
福 建	Fujian	1157.3	150.4	60.2	472.0	21.0	80.6	115.8	56.1
江 西	Jiangxi	732.8	97.8	45.3	290.8	13.9	69.0	64.8	54.7
山 东	Shandong	1135.3	112.3	51.2	579.1	20.7	80.3	104.5	77.9
河 南	Henan	1191.7	120.4	43.8	557.0	22.4	131.6	68.3	57.7
湖 北	Hubei	1021.9	87.1	47.7	457.3	24.1	114.2	69.0	71.2
湖 南	Hunan	655.9	39.6	17.5	294.9	14.6	113.3	41.1	58.4
广 东	Guangdong	4225.6	434.5	135.4	1944.8	72.1	262.2	489.7	230.0
广 西	Guangxi	642.7	48.7	22.9	288.0	22.6	67.4	55.8	42.3
海 南	Hainan	159.8	5.4	13.1	57.2	3.6	18.4	17.3	12.0
重 庆	Chongqing	1117.0	67.8	64.2	421.9	24.3	89.1	143.2	67.6
四 川	Sichuan	1048.8	50.9	53.9	439.9	18.4	148.0	96.5	83.8
贵 州	Guizhou	350.0	27.3	8.0	146.8	10.3	65.4	15.5	34.4
云 南	Yunnan	550.9	39.5	39.4	204.6	12.0	76.8	39.2	45.0
西 藏	Tibet	68.2	4.0	7.6	21.8	4.2	13.8	4.3	5.6
陕 西	Shaanxi	914.7	49.1	71.2	382.9	21.0	125.3	47.9	80.9
甘 肃	Gansu	274.8	15.3	22.5	121.5	3.6	35.3	16.3	20.8
青 海	Qinghai	91.0	5.2	3.8	34.4	4.2	15.7	5.0	8.7
宁 夏	Ningxia	100.5	4.7	2.3	45.5	2.0	16.2	12.2	10.3
新 疆	Xinjiang	415.4	46.8	15.5	164.2	10.8	57.5	27.5	38.4

4-8 分地区工商登记注册的私营企业就业人数(2019年底)
Number of Industrial and Commercial Registered Employed Persons in Private Enterprises by Region (End of 2019)

单位: 万户、万人 (10 000 households, 10 000 persons)

地区	Region	户数 Number of Private Enterprises	私营企业就业人数 Number of Employed Persons	城镇 Urban	乡村 Rural
全国	**National Total**	**3516.4**	**22833.2**	**14566.6**	**8266.5**
北京	Beijing	146.5	1115.9	673.6	442.3
天津	Tianjin	55.4	100.7	90.0	10.6
河北	Hebei	155.8	431.8	253.5	178.3
山西	Shanxi	60.5	277.0	123.3	153.7
内蒙古	Inner Mongolia	40.0	303.3	189.1	114.2
辽宁	Liaoning	88.3	498.0	238.4	259.6
吉林	Jilin	43.2	281.0	151.3	129.8
黑龙江	Heilongjiang	43.4	81.2	58.7	22.5
上海	Shanghai	201.8	1488.5	755.4	733.2
江苏	Jiangsu	312.0	2332.2	1767.3	565.0
浙江	Zhejiang	234.9	1811.3	1252.6	558.6
安徽	Anhui	134.6	741.3	429.0	312.3
福建	Fujian	129.0	1059.2	777.1	282.1
江西	Jiangxi	75.8	621.7	386.6	235.1
山东	Shandong	290.4	1905.9	490.0	1415.9
河南	Henan	166.9	862.0	499.3	362.7
湖北	Hubei	121.8	801.4	403.3	398.1
湖南	Hunan	87.2	514.4	161.4	353.0
广东	Guangdong	494.2	3501.6	3059.4	442.2
广西	Guangxi	74.0	526.8	292.1	234.6
海南	Hainan	25.8	129.9	93.2	36.8
重庆	Chongqing	81.1	1014.4	823.0	191.4
四川	Sichuan	137.3	504.7	437.8	66.9
贵州	Guizhou	63.6	404.0	91.8	312.2
云南	Yunnan	62.7	438.3	289.6	148.7
西藏	Tibet	6.4	43.2	22.9	20.3
陕西	Shaanxi	87.1	442.3	363.6	78.7
甘肃	Gansu	39.1	285.4	150.6	134.8
青海	Qinghai	9.2	48.3	30.1	18.2
宁夏	Ningxia	16.1	42.9	21.3	21.6
新疆	Xinjiang	32.2	224.8	191.4	33.5

4-9 分地区工商登记注册的个体就业人数(2019年底)
Number of Industrial and Commercial Registered Self-employed Individuals by Region (End of 2019)

单位: 万户、万人 (10 000 households, 10 000 persons)

地 区	Region	个体户数 Number of Self-employed Units	个体就业人数 Number of Self-employed Individuals	城 镇 Urban	乡 村 Rural
全 国	**National Total**	**8261.0**	**17691.2**	**11691.6**	**5999.7**
北 京	Beijing	44.1	71.6	35.0	36.6
天 津	Tianjin	65.4	125.8	124.2	1.6
河 北	Hebei	436.6	982.2	457.8	524.4
山 西	Shanxi	180.2	416.3	305.6	110.7
内蒙古	Inner Mongolia	157.3	316.2	206.1	110.2
辽 宁	Liaoning	269.1	539.8	315.4	224.4
吉 林	Jilin	187.3	536.7	261.0	275.7
黑龙江	Heilongjiang	186.2	458.6	414.2	44.4
上 海	Shanghai	48.6	67.9	44.1	23.8
江 苏	Jiangsu	685.8	1193.8	936.3	257.4
浙 江	Zhejiang	464.1	967.6	644.7	322.8
安 徽	Anhui	358.0	829.8	677.2	152.6
福 建	Fujian	300.3	619.1	380.2	238.9
江 西	Jiangxi	198.1	475.3	346.2	129.1
山 东	Shandong	711.1	1849.4	645.3	1204.0
河 南	Henan	494.8	1020.7	692.4	328.3
湖 北	Hubei	396.4	1109.5	618.7	490.8
湖 南	Hunan	327.7	535.1	494.5	40.6
广 东	Guangdong	707.2	1566.9	1166.2	400.7
广 西	Guangxi	215.4	503.2	350.5	152.6
海 南	Hainan	61.8	112.1	66.6	45.4
重 庆	Chongqing	185.6	361.4	294.1	67.3
四 川	Sichuan	449.3	824.5	610.9	213.6
贵 州	Guizhou	224.4	421.4	258.2	163.2
云 南	Yunnan	249.4	481.1	261.3	219.8
西 藏	Tibet	23.7	51.5	45.3	6.2
陕 西	Shaanxi	293.0	590.7	551.1	39.6
甘 肃	Gansu	118.7	230.3	124.1	106.2
青 海	Qinghai	32.4	74.8	60.9	13.9
宁 夏	Ningxia	43.7	103.3	79.2	24.1
新 疆	Xinjiang	145.3	254.6	224.0	30.6

4-10 城镇非私营单位就业人员工资总额和指数
Total Wage Bill of Employed Persons in Urban Non-Private Units and Indices

年份 地区	Year Region	工资总额(亿元) Total Wage Bill (100 million yuan)	国有单位 State-owned Units	城镇集体单位 Urban Collective-owned Units	其他单位 Other Units	指数(上年=100) Indices (preceding year=100)	国有单位 State-owned Units	城镇集体单位 Urban Collective-owned Units	其他单位 Other Units
	1995	8055.8	6172.6	1210.6	672.6	119.0	117.4	115.6	142.2
	2000	10954.7	7744.9	950.7	2259.1	107.9	106.2	95.5	120.8
	2005	20627.1	12291.7	906.4	7429.0	117.1	111.4	103.4	130.3
	2010	47269.9	24886.4	1433.7	20949.7	117.3	113.8	112.6	122.1
	2011	59954.7	28954.8	1737.4	29262.4	126.8	116.3	121.2	139.7
	2012	70914.2	32950.0	1990.4	35973.8	118.3	113.8	114.6	122.9
	2013	93064.3	33359.6	2195.8	57508.9	131.2	101.2	110.3	159.9
	2014	102817.2	36106.6	2302.7	64408.0	110.5	108.2	104.9	112.0
	2015	112007.8	40387.9	2239.4	69380.5	108.9	111.9	97.3	107.7
	2016	120074.8	44462.9	2268.6	73343.3	107.2	110.1	101.3	105.7
	2017	129889.1	48884.1	2215.6	78789.3	108.2	109.9	97.7	107.4
	2018	141480.0	51126.6	2082.3	88271.1	108.9	104.6	94.0	112.0
	2019	154296.1	53743.7	1841.5	98710.9	109.1	105.1	88.4	111.8
北　京	Beijing	13193.2	3224.1	103.0	9866.1	109.2	112.2	116.5	108.2
天　津	Tianjin	2925.9	850.6	11.6	2063.7	110.6	104.7	79.1	113.5
河　北	Hebei	4187.5	1953.9	61.7	2172.0	111.0	100.6	99.8	122.8
山　西	Shanxi	3060.3	1184.8	48.0	1827.5	109.2	101.2	70.9	116.8
内蒙古	Inner Mongolia	2257.0	1127.4	14.6	1115.0	111.6	96.0	44.8	136.8
辽　宁	Liaoning	3666.0	1342.8	52.1	2271.1	107.8	94.8	86.7	118.1
吉　林	Jilin	2051.7	946.3	8.6	1096.8	106.4	97.5	40.9	117.1
黑龙江	Heilongjiang	2421.2	1152.0	18.8	1250.4	100.0	76.8	38.4	143.3
上　海	Shanghai	10711.4	1599.1	87.5	9024.7	118.7	133.7	91.1	116.8
江　苏	Jiangsu	12679.2	3448.1	257.0	8974.1	102.8	117.1	126.9	97.7
浙　江	Zhejiang	9719.4	3216.4	55.6	6447.4	108.7	113.8	59.2	107.1
安　徽	Anhui	4521.1	1684.8	52.8	2783.5	103.8	100.4	66.2	107.2
福　建	Fujian	5152.8	1542.6	66.5	3543.7	100.5	101.8	96.9	100.0
江　西	Jiangxi	3284.9	1401.7	50.8	1832.4	111.0	105.5	84.8	116.7
山　东	Shandong	8688.9	3378.2	104.7	5206.0	105.2	105.2	63.5	106.6
河　南	Henan	6389.1	2447.1	107.8	3834.3	107.0	95.3	88.6	116.7
湖　北	Hubei	5130.3	2093.6	60.0	2976.7	107.7	103.9	108.5	110.4
湖　南	Hunan	4366.5	2042.1	71.7	2252.7	115.1	109.6	115.1	120.6
广　东	Guangdong	20510.0	5121.9	231.7	15156.5	115.8	123.2	94.4	113.8
广　西	Guangxi	3017.5	1586.0	53.9	1377.6	112.4	104.6	98.9	123.8
海　南	Hainan	832.5	381.4	5.8	445.3	109.7	110.7	78.8	109.5
重　庆	Chongqing	3200.1	1163.8	29.0	2007.3	104.4	100.5	92.9	107.0
四　川	Sichuan	6492.8	2799.9	81.3	3611.6	108.9	95.7	67.8	124.0
贵　州	Guizhou	2635.8	1383.4	17.6	1234.7	110.2	98.8	49.0	129.3
云　南	Yunnan	3138.5	1749.0	57.6	1331.9	98.6	100.3	100.1	96.5
西　藏	Tibet	528.6	386.5	1.8	140.3	129.2	110.0	197.3	246.8
陕　西	Shaanxi	3889.0	1477.2	77.4	2334.4	110.0	97.0	104.1	120.5
甘　肃	Gansu	1853.2	1067.1	29.3	756.8	107.1	99.7	97.0	120.1
青　海	Qinghai	606.5	329.3	6.6	270.6	114.6	97.9	101.5	145.0
宁　夏	Ningxia	588.3	288.1	3.9	296.3	109.7	97.5	109.6	124.9
新　疆	Xinjiang	2596.8	1374.2	12.7	1209.9	108.9	106.2	87.3	112.5

注：1995-2008年的城镇非私营单位就业人员工资总额即为原来的城镇单位就业人员劳动报酬总额(以下相关表同)。

a) Total wage bill of employed persons in urban non-private units from 1995 to 2008 refers to total earning of employed persons in urban non-private units. The same applies to the related following tables.

4-11 按行业分城镇非私营单位就业人员工资总额
Total Wage Bill of Employed Persons in Urban Non-Private Units by Sector

单位: 亿元 (100 million yuan)

年份 地区 Year Region	工资总额 Total Wage Bill	农、林、牧、渔业 Agriculture, Forestry, Animal Husbandry and Fishery	采矿业 Mining	制造业 Manufacturing	电力、热力、燃气及水生产和供应业 Production and Supply of Electricity, Heat, Gas and Water	建筑业 Construction	批发和零售业 Wholesale and Retail Trades
2005	20627.1	368.7	1031.2	5056.6	741.8	1324.7	832.0
2006	24262.3	403.3	1259.6	6035.8	858.0	1612.1	920.0
2007	29471.5	464.6	1500.5	7241.2	1012.7	1946.2	1061.8
2008	35289.5	516.4	1847.3	8498.9	1180.4	2313.6	1323.9
2009	40288.2	537.4	2089.1	9302.2	1283.5	2837.9	1509.2
2010	47269.9	627.1	2458.8	11140.8	1468.3	3471.5	1783.0
2011	59954.7	697.7	3174.2	15031.4	1755.7	5596.4	2594.8
2012	70914.2	760.8	3600.7	17668.1	1999.6	7392.7	3271.3
2013	93064.3	758.0	3833.2	24566.6	2715.3	12315.1	4451.9
2014	102817.2	808.9	3728.2	27011.4	2965.8	13389.4	4931.4
2015	112007.8	862.6	3318.2	28341.6	3137.4	13619.3	5324.6
2016	120074.8	882.1	3038.1	29088.9	3235.7	13969.2	5681.2
2017	129889.1	949.9	3208.6	29740.5	3406.6	14283.9	5980.1
2018	141480.0	716.1	3413.4	30385.0	3704.0	15949.5	6628.5
2019	154296.1	535.1	3388.2	30197.5	4030.1	14431.7	7402.2
北京 Beijing	13193.2	3.4	43.2	921.6	166.2	571.9	925.4
天津 Tianjin	2925.9	1.7	83.2	635.0	65.1	224.3	177.6
河北 Hebei	4187.5	7.3	142.0	657.3	188.1	267.2	115.9
山西 Shanxi	3060.3	4.6	666.8	324.2	136.8	172.5	81.1
内蒙古 Inner Mongolia	2257.0	43.9	174.3	232.1	146.5	74.5	54.2
辽宁 Liaoning	3666.0	29.8	161.6	814.8	124.0	200.3	116.1
吉林 Jilin	2051.7	29.4	62.1	422.6	93.0	86.0	58.7
黑龙江 Heilongjiang	2421.2	136.6	214.1	210.0	116.0	100.6	67.4
上海 Shanghai	10711.4	46.3	3.4	1837.9	71.4	364.0	1566.7
江苏 Jiangsu	12679.2	13.9	39.6	3959.9	204.3	1741.2	535.7
浙江 Zhejiang	9719.4	4.1	3.9	2321.6	143.4	1272.9	376.4
安徽 Anhui	4521.1	14.9	147.4	894.6	117.8	671.7	164.1
福建 Fujian	5152.8	7.5	8.4	1234.6	136.5	1007.5	204.8
江西 Jiangxi	3284.9	10.1	19.7	678.7	80.4	482.7	98.9
山东 Shandong	8688.9	7.9	291.6	1892.9	299.7	981.4	300.0
河南 Henan	6389.1	9.7	215.0	1242.7	210.3	810.0	203.0
湖北 Hubei	5130.3	32.9	34.9	945.2	162.4	767.7	238.5
湖南 Hunan	4366.5	6.9	28.7	657.5	143.4	559.1	133.3
广东 Guangdong	20510.0	13.7	25.0	6799.4	367.4	926.7	981.9
广西 Guangxi	3017.5	26.3	9.8	326.2	102.2	403.5	84.9
海南 Hainan	832.5	14.5	3.1	53.1	21.7	29.2	40.5
重庆 Chongqing	3200.1	3.9	23.2	491.4	57.6	475.6	166.3
四川 Sichuan	6492.8	8.8	130.7	913.2	228.5	867.8	204.7
贵州 Guizhou	2635.8	3.6	82.5	231.2	104.8	307.1	87.0
云南 Yunnan	3138.5	13.7	46.6	316.6	125.6	224.2	115.8
西藏 Tibet	528.6	0.9	6.4	13.0	14.0	27.7	21.1
陕西 Shaanxi	3889.0	8.3	338.5	584.6	142.7	365.4	134.2
甘肃 Gansu	1853.2	10.2	66.0	206.4	93.9	183.8	42.6
青海 Qinghai	606.5	3.0	41.7	65.8	21.2	32.1	16.8
宁夏 Ningxia	588.3	3.2	72.2	64.3	41.5	22.7	13.3
新疆 Xinjiang	2596.8	14.2	202.4	249.1	103.8	210.4	75.3

4-11 续表 1 continued

单位: 亿元 (100 million yuan)

年份 地区	Year Region	交通运输、仓储和邮政业 Transport, Storage and Post	住宿和餐饮业 Hotels and Catering Services	信息传输、软件和信息技术服务业 Information Transmission, Software and Information Technology	金融业 Financial Intermediation	房地产业 Real Estate	租赁和商务服务业 Leasing and Business Services
	2005	1279.5	249.8	491.8	1047.7	293.0	449.8
	2006	1471.5	280.0	587.4	1292.9	338.4	565.6
	2007	1727.9	314.6	699.1	1670.3	426.2	668.9
	2008	2006.3	371.2	862.8	2202.9	520.8	893.7
	2009	2234.9	418.9	996.2	2658.8	607.8	1021.4
	2010	2541.9	484.6	1171.7	3219.0	745.6	1198.5
	2011	3074.1	655.2	1475.6	4007.0	1052.5	1325.3
	2012	3531.5	824.4	1769.4	4669.0	1271.3	1531.2
	2013	4834.6	1038.3	2957.7	5269.0	1882.3	2629.4
	2014	5435.4	1079.1	3375.8	6017.4	2220.5	2985.9
	2015	5898.0	1130.0	3912.7	6730.1	2493.0	3399.9
	2016	6238.7	1167.9	4431.8	7557.3	2802.1	3704.3
	2017	6754.1	1211.9	5198.4	8295.0	3059.3	4176.0
	2018	7273.3	1293.0	6204.1	8907.3	3507.8	4453.3
	2019	7913.9	1330.5	7281.1	10711.3	4057.4	5727.2
北　京	Beijing	742.3	188.0	2010.6	1599.1	514.7	1093.7
天　津	Tianjin	155.1	24.0	97.0	261.3	95.8	123.9
河　北	Hebei	238.8	21.3	92.8	306.4	64.9	83.8
山　西	Shanxi	196.9	12.6	44.3	241.5	28.9	57.5
内蒙古	Inner Mongolia	183.5	12.6	43.0	177.9	28.4	40.5
辽　宁	Liaoning	286.3	21.2	144.6	303.5	67.8	68.3
吉　林	Jilin	125.1	9.8	46.5	155.8	31.4	35.0
黑龙江	Heilongjiang	216.5	5.8	63.1	168.7	29.9	88.1
上　海	Shanghai	677.2	179.9	968.7	968.4	332.2	1233.7
江　苏	Jiangsu	476.4	99.2	475.9	624.6	244.5	322.9
浙　江	Zhejiang	302.7	79.5	535.5	696.6	224.4	271.3
安　徽	Anhui	191.4	26.0	84.6	203.8	119.6	112.0
福　建	Fujian	205.3	42.5	134.0	287.9	139.1	121.9
江　西	Jiangxi	160.9	15.5	48.9	191.6	61.2	44.3
山　东	Shandong	405.9	55.9	174.1	533.7	178.3	162.6
河　南	Henan	310.4	33.1	124.2	359.2	167.7	126.5
湖　北	Hubei	264.7	42.5	188.2	204.2	120.9	103.5
湖　南	Hunan	219.9	24.9	77.6	320.2	96.3	84.8
广　东	Guangdong	890.1	205.0	1150.7	1373.7	784.6	940.6
广　西	Guangxi	170.2	18.0	48.5	196.1	70.8	70.2
海　南	Hainan	70.4	31.3	24.6	65.4	60.6	20.7
重　庆	Chongqing	190.4	21.7	61.8	260.9	112.0	83.3
四　川	Sichuan	311.6	53.2	246.8	317.2	177.9	142.0
贵　州	Guizhou	118.8	12.5	42.0	186.0	69.0	50.6
云　南	Yunnan	164.0	23.7	49.0	163.2	66.5	64.2
西　藏	Tibet	27.9	4.0	11.5	28.9	4.2	12.8
陕　西	Shaanxi	242.3	37.9	205.4	251.5	89.8	64.9
甘　肃	Gansu	110.9	11.3	30.5	75.1	27.0	18.9
青　海	Qinghai	50.5	2.7	10.4	33.2	7.2	9.6
宁　夏	Ningxia	33.2	2.1	8.5	37.4	9.0	15.8
新　疆	Xinjiang	174.0	12.7	37.9	118.3	33.0	59.3

4-11 续表 2 continued

单位: 亿元 (100 million yuan)

年份 地区	Year Region	科学研究和技术服务业 Scientific Research and Technical Services	水利、环境和公共设施管理业 Management of Water Conservancy, Environment and Public Facilities	居民服务、修理和其他服务业 Services to Households, Repair and Other Services	教育 Education	卫生和社会工作 Health and Social Service	文化、体育和娱乐业 Culture, Sports and Entertainment	公共管理、社会保障和社会组织 Public Management, Social Security and Social Organization
	2005	614.0	257.3	85.1	2690.8	1047.8	275.8	2489.6
	2006	736.9	289.8	102.5	3127.8	1226.1	314.9	2839.7
	2007	923.9	352.2	115.8	3917.2	1496.6	378.1	3553.8
	2008	1154.6	413.8	132.1	4556.1	1789.3	429.3	4276.0
	2009	1350.6	474.3	146.8	5338.6	2095.3	488.5	4896.8
	2010	1619.3	555.9	168.4	6136.5	2506.4	543.7	5428.8
	2011	1879.6	659.8	197.9	6938.8	3078.6	642.1	6118.1
	2012	2259.4	784.6	217.1	7851.0	3718.5	735.4	7058.3
	2013	2940.3	933.7	277.2	8721.1	4397.8	867.8	7675.0
	2014	3339.7	1049.9	312.9	9722.5	5057.8	936.8	8448.6
	2015	3665.8	1177.7	336.1	11492.1	5941.3	1086.0	10141.4
	2016	4037.3	1278.2	357.8	12787.1	6825.6	1204.4	11787.2
	2017	4491.5	1394.3	390.2	14324.4	7930.8	1339.9	13753.5
	2018	5045.1	1456.5	423.8	15928.1	8857.8	1450.7	15882.8
	2019	5740.5	1491.2	520.1	18445.3	10812.9	1628.7	18651.1
北京	Beijing	1347.3	134.9	57.7	1023.6	668.9	384.2	796.5
天津	Tianjin	189.6	36.7	42.5	279.8	170.3	36.4	226.7
河北	Hebei	145.2	40.8	10.3	755.6	334.7	37.3	678.1
山西	Shanxi	60.4	28.1	3.8	386.8	173.0	25.9	414.7
内蒙古	Inner Mongolia	62.1	21.0	3.5	334.3	153.8	25.3	445.6
辽宁	Liaoning	96.0	31.8	10.7	422.2	249.1	31.3	486.3
吉林	Jilin	64.6	27.1	7.2	305.4	166.4	21.5	304.3
黑龙江	Heilongjiang	82.4	27.4	19.2	333.5	182.4	18.0	341.6
上海	Shanghai	663.0	102.2	79.7	545.1	501.9	122.6	447.1
江苏	Jiangsu	352.4	103.5	32.1	1360.6	754.0	100.2	1238.1
浙江	Zhejiang	277.0	91.8	24.5	1100.3	777.0	89.8	1126.7
安徽	Anhui	101.1	41.7	10.8	669.9	369.4	26.9	553.4
福建	Fujian	92.6	42.5	21.7	577.1	304.2	35.8	548.9
江西	Jiangxi	62.5	21.2	4.2	477.5	267.0	24.1	535.6
山东	Shandong	185.3	81.9	17.1	1184.2	697.9	60.2	1178.4
河南	Henan	154.5	66.0	12.6	879.2	527.6	48.7	888.9
湖北	Hubei	189.4	72.6	13.7	642.5	384.1	49.7	672.7
湖南	Hunan	115.7	51.0	14.8	645.1	449.2	60.7	677.3
广东	Guangdong	669.2	131.5	73.8	1886.4	1208.0	174.2	1908.0
广西	Guangxi	69.5	37.0	5.6	525.4	349.6	25.0	478.9
海南	Hainan	19.7	18.7	3.0	139.8	70.8	10.5	134.8
重庆	Chongqing	96.4	28.8	5.3	474.1	238.5	22.6	386.4
四川	Sichuan	201.6	61.1	14.4	931.7	612.9	47.0	1021.7
贵州	Guizhou	45.9	21.7	7.4	468.7	225.1	19.7	552.1
云南	Yunnan	97.1	34.7	7.0	616.1	278.1	32.1	700.2
西藏	Tibet	16.3	3.1	1.9	75.6	24.0	6.8	228.4
陕西	Shaanxi	125.5	51.8	9.6	477.8	252.0	37.6	469.1
甘肃	Gansu	65.1	33.6	2.4	338.1	129.0	19.7	388.8
青海	Qinghai	18.2	6.6	0.7	85.3	48.8	6.3	146.3
宁夏	Ningxia	13.0	9.3	0.2	82.9	52.9	6.9	99.9
新疆	Xinjiang	62.1	31.2	3.0	420.8	192.3	21.7	575.4

4-12 城镇非私营单位就业人员平均工资和指数
Average Wage of Employed Persons in Urban Non-Private Units and Indices

年份 Year 地区 Region		平均工资（元） Average Wage (yuan)				
		合计 Total	#在岗职工 Staff and Workers	国有单位 State-owned Units	城镇集体单位 Urban Collective-owned Units	其他单位 Other Units
	1995	5348	5500	5553	3934	7728
	2000	9333	9371	9441	6241	11238
	2005	18200	18364	18978	11176	18362
	2010	36539	37147	38359	24010	35801
	2011	41799	42452	43483	28791	41323
	2012	46769	47593	48357	33784	46360
	2013	51483	52388	52657	38905	51453
	2014	56360	57361	57296	42742	56485
	2015	62029	63241	65296	46607	60906
	2016	67569	68993	72538	50527	65531
	2017	74318	76121	81114	55243	71304
	2018	82413	84744	89474	60664	79453
	2019	90501	93383	98899	62612	87195
北京	Beijing	166803	173205	189849	68765	162770
天津	Tianjin	108002	111602	136864	49819	99969
河北	Hebei	72956	75775	74806	47914	72420
山西	Shanxi	69551	72207	68447	52354	70904
内蒙古	Inner Mongolia	80563	83277	81973	82188	79165
辽宁	Liaoning	72891	75264	72055	42722	74611
吉林	Jilin	73813	76401	75317	59828	72694
黑龙江	Heilongjiang	68416	72603	64184	63906	72922
上海	Shanghai	149377	151772	169957	82514	147374
江苏	Jiangsu	96527	98669	131956	91139	87635
浙江	Zhejiang	99654	101996	144495	65529	86632
安徽	Anhui	79037	82127	99851	66059	70415
福建	Fujian	81814	84374	105876	73518	74593
江西	Jiangxi	73725	76131	85804	55915	67092
山东	Shandong	81446	84089	98587	56301	73783
河南	Henan	67268	68305	76547	57405	62719
湖北	Hubei	79303	81524	88355	54215	74622
湖南	Hunan	74316	77563	84409	52063	67881
广东	Guangdong	98889	100689	134291	60649	91611
广西	Guangxi	76479	79516	82203	55747	71770
海南	Hainan	82227	84656	92294	56738	75606
重庆	Chongqing	86559	89714	111113	61887	77123
四川	Sichuan	83367	86855	97330	56479	75753
贵州	Guizhou	83298	87970	87129	57020	79888
云南	Yunnan	86585	91811	99456	76185	74383
西藏	Tibet	118118	123045	133835	65474	89940
陕西	Shaanxi	78361	82114	79443	60041	78478
甘肃	Gansu	73607	77336	78904	51496	68282
青海	Qinghai	90929	93506	98234	70954	83909
宁夏	Ningxia	83947	88153	85660	65241	82654
新疆	Xinjiang	79421	82052	75517	71899	84474

注：1995-2008年的城镇非私营单位就业人员平均工资即为原来的城镇单位就业人员平均劳动报酬(以下相关表同)。

a)Average wage of employed persons in urban non-private units from 1995 to 2008 refers to average earning of employed persons in urban non-private units. The same applies to the related following tables.

4-12 续表 continued

年份 地区	Year Region	平均货币工资指数(上年=100) Indices of Average Nominal Wage (preceding year=100) 合计 Total	#在岗职工 Staff and Workers	国有单位 State-owned Units	城镇集体单位 Urban Collective-owned Units	其他单位 Other Units	平均实际工资指数(上年=100) Indices of Average Real Wage (preceding year=100) 合计 Total	#在岗职工 Staff and Workers	国有单位 State-owned Units	城镇集体单位 Urban Collective-owned Units	其他单位 Other Units
	1995	118.9	121.2	117.3	121.1	119.9	101.8	103.8	100.4	103.7	102.6
	2000	112.2	112.3	111.8	108.4	110.8	111.3	111.4	110.9	107.5	109.9
	2005	114.3	114.6	115.4	114.9	111.2	112.5	112.8	113.6	113.1	109.4
	2010	113.3	113.5	112.4	116.5	114.2	109.8	110.0	108.9	112.9	110.7
	2011	114.4	114.3	113.4	119.9	115.4	108.6	108.5	107.7	113.9	109.6
	2012	111.9	112.1	111.2	117.3	112.2	109.0	109.2	108.3	114.3	109.2
	2013	110.1	110.1	108.9	115.2	111.0	107.3	107.3	106.1	112.2	108.2
	2014	109.5	109.5	108.8	109.9	109.8	107.2	107.2	106.6	107.6	107.5
	2015	110.1	110.3	114.0	109.0	107.8	108.5	108.6	112.3	107.4	106.2
	2016	108.9	109.1	111.1	108.4	107.6	106.7	106.9	108.8	106.2	105.4
	2017	110.0	110.3	111.8	109.3	108.8	108.2	108.5	110.0	107.5	107.0
	2018	110.9	111.3	110.3	109.8	111.4	108.6	109.0	108.0	107.5	109.1
	2019	109.8	110.2	110.5	103.2	109.7	106.8	107.2	107.5	100.4	106.8
北京	Beijing	114.4	115.6	117.1	103.9	113.9	111.3	112.4	113.9	101.0	110.8
天津	Tianjin	107.2	107.4	104.2	95.4	108.8	104.3	104.5	101.4	92.8	105.9
河北	Hebei	106.2	105.8	105.1	94.0	108.1	103.3	102.9	102.3	91.4	105.1
山西	Shanxi	105.5	106.7	103.5	101.5	106.6	102.6	103.8	100.7	98.7	103.6
内蒙古	Inner Mongolia	109.1	110.2	109.6	105.0	109.5	106.1	107.2	106.6	102.1	106.5
辽宁	Liaoning	108.3	108.9	106.9	102.7	108.8	105.3	106.0	104.0	99.9	105.8
吉林	Jilin	107.7	108.7	106.8	106.0	108.6	104.8	105.7	103.9	103.2	105.7
黑龙江	Heilongjiang	112.6	111.0	107.5	123.3	115.1	109.5	108.0	104.6	119.9	112.0
上海	Shanghai	106.4	106.1	131.5	99.3	102.7	103.5	103.3	127.9	96.5	99.9
江苏	Jiangsu	114.0	113.9	115.5	111.2	112.0	110.9	110.8	112.4	108.2	108.9
浙江	Zhejiang	112.1	112.3	107.8	94.9	112.4	109.1	109.2	104.9	92.3	109.4
安徽	Anhui	106.3	106.4	107.1	103.5	106.5	103.4	103.5	104.2	100.7	103.6
福建	Fujian	110.1	110.6	107.7	103.2	110.8	107.1	107.6	104.8	100.4	107.7
江西	Jiangxi	107.5	107.6	109.7	99.3	107.2	104.6	104.6	106.8	96.6	104.3
山东	Shandong	110.7	111.9	110.0	98.4	111.1	107.7	108.9	107.0	95.7	108.0
河南	Henan	106.5	106.5	104.4	99.6	109.7	103.6	103.6	101.5	96.9	106.7
湖北	Hubei	107.5	107.2	107.5	106.9	107.9	104.6	104.3	104.6	104.0	105.0
湖南	Hunan	105.8	105.8	104.7	106.9	107.7	102.9	102.9	101.8	104.0	104.7
广东	Guangdong	111.6	112.1	120.5	103.6	109.0	108.5	109.0	117.2	100.8	106.0
广西	Guangxi	108.3	108.1	106.9	107.5	111.2	105.4	105.2	104.0	104.6	108.2
海南	Hainan	108.4	109.0	109.9	104.0	107.0	105.4	106.0	106.9	101.1	104.1
重庆	Chongqing	109.7	109.7	107.6	106.4	111.3	106.7	106.7	104.7	103.5	108.3
四川	Sichuan	107.3	107.9	107.7	95.5	110.0	104.4	105.0	104.7	92.9	107.0
贵州	Guizhou	106.4	106.5	103.5	65.6	112.8	103.5	103.6	100.7	63.8	109.7
云南	Yunnan	114.4	114.0	102.5	94.8	125.8	111.3	110.9	99.7	92.2	122.4
西藏	Tibet	101.8	102.6	109.7	133.2	99.5	99.0	99.8	106.7	129.6	96.8
陕西	Shaanxi	108.9	109.5	109.3	106.3	108.7	105.9	106.5	106.3	103.4	105.7
甘肃	Gansu	104.1	104.9	104.2	105.7	105.4	101.3	102.1	101.4	102.8	102.5
青海	Qinghai	106.5	107.6	106.0	106.5	111.2	103.6	104.7	103.1	103.6	108.2
宁夏	Ningxia	107.1	107.6	103.4	98.4	112.2	104.2	104.6	100.6	95.7	109.1
新疆	Xinjiang	105.3	107.0	101.4	98.1	110.1	102.4	104.1	98.7	95.5	107.1

4-13 按登记注册类型城镇非私营单位就业人员平均工资
Average Wage of Employed Persons in Urban Non-Private Units by Status of Registration

单位: 元 (yuan)

年份 Year / 地区 Region	平均工资 Average Wage	国有单位 State-owned Units	城镇集体单位 Urban Collective-owned Units	股份合作单位 Coopera-tive Units	联营单位 Joint Ownership Units	有限责任公司 Limited Liability Corpora-tions	股份有限公司 Share-holding Corpora-tions Ltd.	其他内资 Other Domestic Units	港、澳、台商投资单位 Units with Funds from Hong Kong, Macao & Taiwan	外商投资单位 Foreign Funded Units
1995	5348	5553	3934	7260	6074			6483	7711	8812
2000	9333	9441	6241	7479	10608	9750	11105	9888	12210	15692
2005	18200	18978	11176	13808	17476	17010	20272	11230	17833	23625
2010	36539	38359	24010	30271	33939	32799	44118	25253	31983	41739
2011	41799	43483	28791	36740	36142	37611	49978	29961	38341	48869
2012	46769	48357	33784	43433	42083	41860	56254	34694	44103	55888
2013	51483	52657	38905	48657	43973	46718	61145	38306	49961	63171
2014	56360	57296	42742	54806	49078	50942	67421	42224	55935	69826
2015	62029	65296	46607	60369	50733	54481	72644	46945	62017	76302
2016	67569	72538	50527	65962	53455	58490	78285	49759	67506	82902
2017	74318	81114	55243	71871	61467	63895	85028	54417	73016	90064
2018	82413	89474	60664	77751	72107	72114	93316	61666	82027	99367
2019	90501	98899	62612	81058	75220	79515	103087	71329	91304	106604
北京 Beijing	166803	189849	68765	63494	97267	138288	198220	95684	193110	206698
天津 Tianjin	108002	136864	49819	57763	70832	93391	126830	87505	95013	104753
河北 Hebei	72956	74806	47914	76993	83751	70062	84928	52280	72077	70364
山西 Shanxi	69551	68447	52354	113264	26440	71409	78036	43583	54677	65067
内蒙古 Inner Mongolia	80563	81973	82188	127408	67772	79869	79276	58620	79800	79460
辽宁 Liaoning	72891	72055	42722	58413	44383	68724	87915	59264	67816	88244
吉林 Jilin	73813	75317	59828	100007	58257	72590	73690	51392	63853	83876
黑龙江 Heilongjiang	68416	64184	63906	68427	42243	74669	70771	62783	63621	66665
上海 Shanghai	149377	169957	82514	70885	90117	125555	181991	77032	155476	175609
江苏 Jiangsu	96527	131956	91139	65517	87371	80879	104410	81154	82313	95455
浙江 Zhejiang	99654	144495	65529	70857	86443	78490	98635	76383	103783	89526
安徽 Anhui	79037	99851	66059	53381	62909	66519	86789	63659	69224	78504
福建 Fujian	81814	105876	73518	87987	63939	71644	95735	73906	68618	77563
江西 Jiangxi	73725	85804	55915	76390	61021	66182	80887	60121	56658	60573
山东 Shandong	81446	98587	56301	61751	72513	69575	87056	68836	74249	73287
河南 Henan	67268	76547	57405	88113	58858	58283	78759	68555	60664	63728
湖北 Hubei	79303	88355	54215	66653	53351	72635	79966	67240	68880	89483
湖南 Hunan	74316	84409	52063	62557	49434	67106	76070	55271	61895	68402
广东 Guangdong	98889	134291	60649	94693	119711	91965	124713	86244	77691	87814
广西 Guangxi	76479	82203	55747	129732	33280	71194	80153	55782	57094	74826
海南 Hainan	82227	92294	56738	156376	78457	68964	90397	67115	91488	91946
重庆 Chongqing	86559	111113	61887	54899	60794	71615	98312	72951	82540	79014
四川 Sichuan	83367	97330	56479	74920	66424	72553	86626	79841	75884	80001
贵州 Guizhou	83298	87129	57020	161516	52088	75225	100917	63142	75349	81722
云南 Yunnan	86585	99456	76185	85624	56912	72260	90682	64894	66197	66995
西藏 Tibet	118118	133835	65474	63167	99107	78351	138668	115487	96498	107015
陕西 Shaanxi	78361	79443	60041	64337	75608	78071	86421	50815	67707	98405
甘肃 Gansu	73607	78904	51496	81936	54024	63711	78827	69179	71931	101072
青海 Qinghai	90929	98234	70954	47169	34256	76751	108215	62963	80375	53715
宁夏 Ningxia	83947	85660	65241	85216	65759	85389	76688	54910	88188	80973
新疆 Xinjiang	79421	75517	71899	115004	57323	77473	114665	63031	79697	84865

4-14 按登记注册类型和行业分城镇非私营单位就业人员平均工资（2019年）

Average Wage of Employed Persons in Urban Non-Private Units by Status of Registration and Sector (2019)

单位：元 (yuan)

项 目	Item	平均工资 Average Wage	国有单位 State-owned Units	城镇集体单位 Urban Collective-owned Units	其他单位 Other Units
全 国 总 计	**National Average**	**90501**	**98899**	**62612**	**87195**
农、林、牧、渔业	Agriculture, Forestry, Animal Husbandry and Fishery	39340	36915	25458	48960
采矿业	Mining	91068	89567	65177	91358
制造业	Manufacturing	78147	88864	54677	78238
电力、热力、燃气及水生产和供应业	Production and Supply of Electricity, Heat, Gas and Water	107733	103998	51051	110144
建筑业	Construction	65580	56617	47659	66747
批发和零售业	Wholesale and Retail Trades	89047	111296	43064	88574
交通运输、仓储和邮政业	Transport, Storage and Post	97050	84757	47869	100067
住宿和餐饮业	Hotels and Catering Services	50346	55594	49222	49899
信息传输、软件和信息技术服务业	Information Transmission, Software and Information Technology	161352	106432	74246	164030
金融业	Financial Intermediation	131405	137810	116739	130804
房地产业	Real Estate	80157	75984	54683	80820
租赁和商务服务业	Leasing and Business Services	88190	69085	48448	93715
科学研究和技术服务业	Scientific Research and Technical Services	133459	127665	88454	137290
水利、环境和公共设施管理业	Management of Water Conservancy, Environment and Public Facilities	61158	64191	55515	57804
居民服务、修理和其他服务业	Services to Households, Repair and Other Services	60232	76690	53167	57702
教育	Education	97681	103270	91164	72214
卫生和社会工作	Health and Social Service	108903	114177	90742	81282
文化、体育和娱乐业	Culture, Sports and Entertainment	107708	110916	66103	104755
公共管理、社会保障和社会组织	Public Management, Social Security and Social Organization	94369	94640	87631	77153

4-15 按行业分城镇非私营单位就业人员平均工资
Average Wage of Employed Persons in Urban Non-Private Units by Sector

单位: 元 (yuan)

年份 地区	Year Region	平均工资 Average Wage	农、林、牧、渔业 Agriculture, Forestry, Animal Husbandry and Fishery	采矿业 Mining	制造业 Manufacturing	电力、热力、燃气及水生产和供应业 Production and Supply of Electricity, Heat, Gas and Water	建筑业 Construction	批发和零售业 Wholesale and Retail Trades
	2005	18200	8207	20449	15934	24750	14112	15256
	2006	20856	9269	24125	18225	28424	16164	17796
	2007	24721	10847	28185	21144	33470	18482	21074
	2008	28898	12560	34233	24404	38515	21223	25818
	2009	32244	14356	38038	26810	41869	24161	29139
	2010	36539	16717	44196	30916	47309	27529	33635
	2011	41799	19469	52230	36665	52723	32103	40654
	2012	46769	22687	56946	41650	58202	36483	46340
	2013	51483	25820	60138	46431	67085	42072	50308
	2014	56360	28356	61677	51369	73339	45804	55838
	2015	62029	31947	59404	55324	78886	48886	60328
	2016	67569	33612	60544	59470	83863	52082	65061
	2017	74318	36504	69500	64452	90348	55568	71201
	2018	82413	36466	81429	72088	100162	60501	80551
	2019	90501	39340	91068	78147	107733	65580	89047
北京	Beijing	166803	93835	134956	138312	176707	127711	150238
天津	Tianjin	108002	64859	140055	93132	156392	90037	87672
河北	Hebei	72956	27537	82243	68754	100405	60547	56341
山西	Shanxi	69551	45934	81324	57348	87122	60309	59115
内蒙古	Inner Mongolia	80563	54445	120107	75457	101391	54811	66035
辽宁	Liaoning	72891	17327	79183	73247	78854	59362	61051
吉林	Jilin	73813	41750	71210	82545	89574	54213	56243
黑龙江	Heilongjiang	68416	31754	90004	69173	80297	52767	60286
上海	Shanghai	149377	60642	271188	125664	204287	114798	157242
江苏	Jiangsu	96527	51095	94090	86366	142745	69783	88790
浙江	Zhejiang	99654	79112	87460	80483	129352	61899	94838
安徽	Anhui	79037	46917	101890	70475	113122	63074	62075
福建	Fujian	81814	51430	61314	71641	119694	64846	82363
江西	Jiangxi	73725	47217	60070	64009	85041	60087	62094
山东	Shandong	81446	66884	96161	69354	107732	66282	63856
河南	Henan	67268	47272	71822	56691	88544	54972	56584
湖北	Hubei	79303	36612	82779	70883	103188	66459	64448
湖南	Hunan	74316	51094	57568	70427	94307	56072	61756
广东	Guangdong	98889	57306	142341	79087	142631	72193	85209
广西	Guangxi	76479	48490	63921	65825	101726	61181	65962
海南	Hainan	82227	46118	65584	73015	100756	49564	71902
重庆	Chongqing	86559	56904	74446	75994	92949	62887	74946
四川	Sichuan	83367	64875	103207	73407	108932	59331	72470
贵州	Guizhou	83298	50757	71133	80284	110790	72739	79656
云南	Yunnan	86585	38748	70534	75585	102867	59815	74293
西藏	Tibet	118118	61270	105201	91137	104040	63748	88566
陕西	Shaanxi	78361	62010	100597	72846	105701	64735	59383
甘肃	Gansu	73607	51011	85432	73138	83511	54097	55159
青海	Qinghai	90929	53169	130239	72550	102656	69924	70163
宁夏	Ningxia	83947	42833	128875	72097	120341	58762	57625
新疆	Xinjiang	79421	44477	141572	77518	103826	67447	76349

4-15 续表 1 continued

单位：元 (yuan)

年 份 地 区	Year Region	交通运输、仓储和邮政业 Transport, Storage and Post	住宿和餐饮业 Hotels and Catering Services	信息传输、软件和信息技术服务业 Information Transmission, Software and Information Technology	金融业 Financial Intermediation	房地产业 Real Estate	租赁和商务服务业 Leasing and Business Services
	2005	20911	13876	38799	29229	20253	21233
	2006	24111	15236	43435	35495	22238	24510
	2007	27903	17046	47700	44011	26085	27807
	2008	32041	19321	54906	53897	30118	32915
	2009	35315	20860	58154	60398	32242	35494
	2010	40466	23382	64436	70146	35870	39566
	2011	47078	27486	70918	81109	42837	46976
	2012	53391	31267	80510	89743	46764	53162
	2013	57993	34044	90915	99653	51048	62538
	2014	63416	37264	100845	108273	55568	67131
	2015	68822	40806	112042	114777	60244	72489
	2016	73650	43382	122478	117418	65497	76782
	2017	80225	45751	133150	122851	69277	81393
	2018	88508	48260	147678	129837	75281	85147
	2019	97050	50346	161352	131405	80157	88190
北 京	Beijing	123277	60870	234121	256979	110044	148567
天 津	Tianjin	103289	37875	144510	138234	89958	74780
河 北	Hebei	87130	46577	94052	86168	62631	52085
山 西	Shanxi	93627	35024	84761	80289	53620	49040
内蒙古	Inner Mongolia	91513	44381	91272	88020	50721	57182
辽 宁	Liaoning	85944	40960	106814	90944	63703	51148
吉 林	Jilin	77879	42157	82785	88059	52865	53882
黑龙江	Heilongjiang	83090	40192	71471	69860	51173	70901
上 海	Shanghai	134369	60022	237405	258161	109697	161663
江 苏	Jiangsu	98468	51977	147409	162687	83674	71335
浙 江	Zhejiang	96986	54896	223499	151017	84757	79585
安 徽	Anhui	80896	45613	91580	89847	68129	62201
福 建	Fujian	90085	46387	124370	116732	81052	62639
江 西	Jiangxi	87032	44047	88865	95100	65562	61645
山 东	Shandong	90940	48369	101077	95721	69520	72605
河 南	Henan	75865	43111	79992	124240	60973	49706
湖 北	Hubei	86428	48571	104540	102798	68818	59369
湖 南	Hunan	85170	39842	95989	91162	69065	61921
广 东	Guangdong	107503	50378	175333	163491	91931	86456
广 西	Guangxi	89805	40913	107824	103138	78247	63424
海 南	Hainan	97580	55411	113936	131952	74132	68451
重 庆	Chongqing	89459	48759	131356	127222	82135	59727
四 川	Sichuan	98084	47076	125696	94818	72432	57667
贵 州	Guizhou	91525	45082	104948	132008	64267	63973
云 南	Yunnan	100869	43571	92629	137161	65138	55920
西 藏	Tibet	108836	66964	130430	211502	91668	73190
陕 西	Shaanxi	89883	41146	152088	92560	64840	58692
甘 肃	Gansu	84638	40319	80909	78914	49226	50130
青 海	Qinghai	99865	45724	107050	117992	53146	61323
宁 夏	Ningxia	87961	44066	104328	95062	63217	53948
新 疆	Xinjiang	104646	50008	104606	107334	54761	54636

4-15 续表 2 continued

单位：元 (yuan)

年份 Year 地区 Region		科学研究和技术服务业 Scientific Research and Technical Services	水利、环境和公共设施管理业 Management of Water Conservancy, Environment and Public Facilities	居民服务、修理和其他服务业 Services to Households, Repair and Other Services	教育 Education	卫生和社会工作 Health and Social Service	文化、体育和娱乐业 Culture, Sports and Entertainment	公共管理、社会保障和社会组织 Public Management, Social Security and Social Organization
	2005	27155	14322	15747	18259	20808	22670	20234
	2006	31644	15630	18030	20918	23590	25847	22546
	2007	38432	18383	20370	25908	27892	30430	27731
	2008	45512	21103	22858	29831	32185	34158	32296
	2009	50143	23159	25172	34543	35662	37755	35326
	2010	56376	25544	28206	38968	40232	41428	38242
	2011	64252	28868	33169	43194	46206	47878	42062
	2012	69254	32343	35135	47734	52564	53558	46074
	2013	76602	36123	38429	51950	57979	59336	49259
	2014	82259	39198	41882	56580	63267	64375	53110
	2015	89410	43528	44802	66592	71624	72764	62323
	2016	96638	47750	47577	74498	80026	79875	70959
	2017	107815	52229	50552	83412	89648	87803	80372
	2018	123343	56670	55343	92383	98118	98621	87932
	2019	133459	61158	60232	97681	108903	107708	94369
北京	Beijing	196767	107790	81465	181240	208481	205405	159193
天津	Tianjin	172063	96918	60854	139432	148016	165288	129927
河北	Hebei	90917	44546	41923	79379	74784	71743	68850
山西	Shanxi	79001	35325	47450	70640	71111	58952	63262
内蒙古	Inner Mongolia	88303	52386	45347	88682	80379	78895	76524
辽宁	Liaoning	98090	42631	45855	83173	79344	68134	69647
吉林	Jilin	82234	40285	40297	82399	78940	65789	71691
黑龙江	Heilongjiang	94140	41454	65339	84227	73454	63598	71516
上海	Shanghai	184920	95860	71832	136449	178711	161284	150631
江苏	Jiangsu	128141	78242	64189	124443	128624	108370	140128
浙江	Zhejiang	154576	82758	69723	127038	154261	116297	148439
安徽	Anhui	95977	50926	49472	97702	105423	72342	93753
福建	Fujian	118649	62162	66063	96557	119961	84160	106176
江西	Jiangxi	97846	43321	50235	80709	96226	80511	86107
山东	Shandong	103794	46300	49649	98875	100037	87556	92833
河南	Henan	89322	49073	46858	73598	81520	73108	73221
湖北	Hubei	114627	62704	57156	91587	93189	83183	93390
湖南	Hunan	87971	53697	66351	77474	98446	98085	76565
广东	Guangdong	144174	73361	58257	117500	148119	130164	135313
广西	Guangxi	95268	50297	55714	77881	100523	78402	78328
海南	Hainan	92199	51710	40725	98265	98159	79343	83064
重庆	Chongqing	128155	69792	55001	105418	114811	82344	102768
四川	Sichuan	133828	62968	52735	90160	109055	86139	95421
贵州	Guizhou	95520	50574	46821	87861	91883	86338	79535
云南	Yunnan	104725	56631	43858	98360	94059	85090	97777
西藏	Tibet	134475	62810	81087	141847	127751	113757	133347
陕西	Shaanxi	98029	50203	52337	78636	80942	65406	73127
甘肃	Gansu	99718	55910	44366	86761	76480	68623	76736
青海	Qinghai	100798	69544	47641	99905	92817	78602	97769
宁夏	Ningxia	93039	56335	51987	87161	102088	82955	75518
新疆	Xinjiang	95077	52537	59241	82439	86131	84009	66383

4-16 按行业分城镇私营单位就业人员平均工资
Average Wage of Employed Persons in Urban Private Units by Sector

单位：元 (yuan)

年份 地区	Year Region	平均工资 Average Wage	农、林、牧、渔业 Agriculture, Forestry, Animal Husbandry and Fishery	采矿业 Mining	制造业 Manufacturing	电力、热力、燃气及水生产和供应业 Production and Supply of Electricity, Heat, Gas and Water	建筑业 Construction	批发和零售业 Wholesale and Retail Trades
	2009	18199	14585	18553	17260	17795	19867	17775
	2010	20759	16370	20981	20090	18834	22228	19928
	2011	24556	19223	25519	24138	22091	26108	22791
	2012	28752	21973	29684	28215	25478	30911	27233
	2013	32706	24645	33081	32035	29597	34882	30604
	2014	36390	26862	35819	35653	33184	38838	33894
	2015	39589	28869	38192	38948	34631	41710	36635
	2016	42833	31301	39600	42115	38605	44803	39589
	2017	45761	34272	41236	44991	41510	46944	42359
	2018	49575	36375	44096	49275	44239	50879	45177
	2019	53604	37760	49675	52858	49633	54167	48722
北京	Beijing	85262	70465	66960	78361	74599	66557	72245
天津	Tianjin	64542	42170	68320	66150	63887	55122	55646
河北	Hebei	42919	33246	43948	45474	44582	42582	38172
山西	Shanxi	37501	26491	50226	41538	41112	42031	31839
内蒙古	Inner Mongolia	43491	44118	57114	41607	50478	44109	39728
辽宁	Liaoning	41821	33685	40867	42789	41147	42693	39086
吉林	Jilin	37627	25344	36533	37686	32059	41595	33059
黑龙江	Heilongjiang	36674	32354	39311	37581	36226	33595	33620
上海	Shanghai	64226	39361		62475	57475	56159	52236
江苏	Jiangsu	58322	41772	55786	59317	55960	58541	55569
浙江	Zhejiang	56383	47583	61860	55071	58696	56226	53117
安徽	Anhui	48461	29391	59009	50741	48517	53783	40197
福建	Fujian	57141	41032	54269	56924	44688	59959	52206
江西	Jiangxi	46341	31905	47519	47429	45417	49223	39761
山东	Shandong	55479	49440	53066	55535	66355	61107	51089
河南	Henan	43194	35305	39199	42325	42889	47650	41171
湖北	Hubei	43536	34844	43497	43386	39653	47636	40850
湖南	Hunan	42012	34778	42669	39875	39659	51025	33362
广东	Guangdong	62521	43240	48602	58873	48007	61674	61467
广西	Guangxi	42949	36244	45326	44638	44467	43060	40765
海南	Hainan	53442	41743	44698	47200	35371	47864	54539
重庆	Chongqing	54845	41858	60331	56641	54859	57389	48695
四川	Sichuan	46974	38513	47182	46393	46725	47771	42470
贵州	Guizhou	45526	31582	52550	45510	55306	48143	39499
云南	Yunnan	46830	33657	50871	46365	55382	46786	45356
西藏	Tibet							
陕西	Shaanxi	43477	31325	49282	43942	45771	44675	40745
甘肃	Gansu	41715	33819	43178	39812	47424	39690	39473
青海	Qinghai	39727	28430	43862	38185	53546	44417	43720
宁夏	Ningxia	43892	32186	50420	49707	54925	50423	39948
新疆	Xinjiang	45859	42136	68586	42676	61364	52877	43477

4-16 续表 1 continued

单位: 元 (yuan)

年份 地区	Year Region	交通运输、仓储和邮政业 Transport, Storage and Post	住宿和餐饮业 Hotels and Catering Services	信息传输、软件和信息技术服务业 Information Transmission, Software and Information Technology	金融业 Financial Intermediation	房地产业 Real Estate	租赁和商务服务业 Leasing and Business Services
	2009	19634	15623	28166	30452	21334	21334
	2010	21989	17531	31226	30513	23228	23879
	2011	25949	20882	35562	28664	27017	27115
	2012	28159	23933	39518	32696	30778	31796
	2013	33141	27352	44060	37253	35038	36243
	2014	38891	29483	51044	41553	37826	39414
	2015	40495	31889	57719	44898	41767	43770
	2016	42705	34712	63578	50366	46063	47836
	2017	45852	36886	70415	52289	48025	51394
	2018	50547	39632	76326	62943	51393	53382
	2019	54006	42424	85301	76107	54416	57248
北京	Beijing	66059	56883	162049	184995	85544	80134
天津	Tianjin	58191	51819	103521	81598	63369	74760
河北	Hebei	48391	37630	50955	45750	42319	41078
山西	Shanxi	44189	30904	34263	46238	33416	37016
内蒙古	Inner Mongolia	45139	37515	43411	49151	35726	40906
辽宁	Liaoning	42165	35175	47333	36796	41213	44791
吉林	Jilin	36559	34059	43049	46695	36595	33049
黑龙江	Heilongjiang	43740	33176	45348	41225	36751	36813
上海	Shanghai	65718	49730	108975	80606	58983	71833
江苏	Jiangsu	62596	49447	68791	58955	48000	56207
浙江	Zhejiang	60639	46853	76820	97403	63882	61431
安徽	Anhui	48903	36870	72564	56222	47462	45172
福建	Fujian	58038	44796	81306	64487	56501	57330
江西	Jiangxi	47134	37875	53049	54617	53462	44688
山东	Shandong	61386	46915	65165	60223	55635	52518
河南	Henan	43009	37370	46679	37287	47397	45119
湖北	Hubei	42168	39140	51050	52651	49364	39740
湖南	Hunan	39615	32572	64528	60523	50408	43035
广东	Guangdong	62485	46344	114183	57493	64323	68589
广西	Guangxi	46049	35900	51501	53144	43464	44522
海南	Hainan	54289	43498	59605	48330	70763	58427
重庆	Chongqing	57748	42236	69691	89114	57374	52864
四川	Sichuan	48074	40019	54471	65656	50784	47300
贵州	Guizhou	42701	37748	68123	62105	54993	41738
云南	Yunnan	46294	37154	61470	77266	51402	41277
西藏	Tibet						
陕西	Shaanxi	44229	35100	60252	52442	47405	48099
甘肃	Gansu	45296	40094	49567	50214	44713	45290
青海	Qinghai	48246	34125	40173	30541	32671	31942
宁夏	Ningxia	49636	36626	45318	48973	38484	41025
新疆	Xinjiang	49974	45646	48791	53064	40730	42153

4-16 续表 2 continued

单位: 元 (yuan)

年份 Year / 地区 Region		科学研究和技术服务业 Scientific Research and Technical Services	水利、环境和公共设施管理业 Management of Water Conservancy, Environment and Public Facilities	居民服务、修理和其他服务业 Services to Households, Repair and Other Services	教育 Education	卫生和社会工作 Health and Social Service	文化、体育和娱乐业 Culture, Sports and Entertainment
	2009	26187	17170	15688	21066	18641	17339
	2010	28886	19607	18350	21862	21571	20012
	2011	31320	22958	20543	23636	25590	22666
	2012	36598	26402	24068	26625	29173	26177
	2013	42854	31241	27483	31521	33862	30402
	2014	47462	33847	30580	33678	37205	32024
	2015	50441	37222	33203	37040	40558	34974
	2016	54764	40099	35824	39508	43993	38228
	2017	58102	41061	38417	43263	47296	41201
	2018	61876	42409	41058	46228	52343	44592
	2019	67642	44444	43926	50761	57140	49289
北京	Beijing	95210	55686	52606	94305	92915	87799
天津	Tianjin	78802	48142	50760	64080	55705	58002
河北	Hebei	45951	35802	36345	40860	46078	41382
山西	Shanxi	42039	27114	24835	33018	38928	23244
内蒙古	Inner Mongolia	40335	34716	38040	37565	42038	34813
辽宁	Liaoning	45630	36612	35896	37937	44539	37557
吉林	Jilin	48959	32040	34059	42545	45805	33123
黑龙江	Heilongjiang	44782	34459	32010	35856	36274	33856
上海	Shanghai	83622	50300	46331	60550	75428	61619
江苏	Jiangsu	61918	40631	46156	53670	68748	54362
浙江	Zhejiang	66801	49375	45907	54267	67636	49924
安徽	Anhui	53440	26174	29948	46407	57901	43321
福建	Fujian	64121	46284	44235	43723	59677	42862
江西	Jiangxi	51284	40713	41444	47713	49152	44446
山东	Shandong	62404	48514	53018	54655	55916	52679
河南	Henan	48029	39829	39395	41339	44777	39115
湖北	Hubei	48791	34034	37422	42172	41741	38545
湖南	Hunan	52755	41978	39552	46932	52375	40503
广东	Guangdong	79494	59587	48733	58804	74859	65462
广西	Guangxi	49129	39311	38980	34159	52859	35667
海南	Hainan	62592	41918	41269	45673	53421	57187
重庆	Chongqing	64440	46812	46995	51716	63943	50542
四川	Sichuan	52460	43003	41720	46644	55753	48821
贵州	Guizhou	46767	34053	35690	45320	47143	36514
云南	Yunnan	70337	35024	43863	44363	56410	46555
西藏	Tibet						
陕西	Shaanxi	50086	42789	37522	41040	41634	37815
甘肃	Gansu	57756	38037	39257	47451	42374	36419
青海	Qinghai	62202	40766	43312	45184	38610	50160
宁夏	Ningxia	49971	38057	38859	34409	44479	37024
新疆	Xinjiang	50623	40859	35769	37663	45855	41040

4-17 分地区城镇登记失业人员及失业率
Registered Unemployed Persons and Unemployment Rate in Urban Area by Region

地 区	Region	失业人员（万人） Unemployed Persons (10 000 persons)							失业率（%） Unemployment Rate (%)						
		1990	2005	2010	2015	2017	2018	2019	1990	2005	2010	2015	2017	2018	2019
北 京	Beijing	1.7	10.6	7.7	7.8	8.1	7.9	7.4	0.4	2.1	1.4	1.4	1.4	1.4	1.3
天 津	Tianjin	8.1	11.7	16.1	25.1	26.0	25.8	26.1	2.7	3.7	3.6	3.5	3.5	3.5	3.5
河 北	Hebei	7.7	27.8	35.1	39.4	39.9	38.0	36.0	1.1	3.9	3.9	3.6	3.7	3.3	3.1
山 西	Shanxi	5.5	14.3	20.4	25.6	26.5	24.6	21.3	1.2	3.0	3.6	3.5	3.4	3.3	2.7
内蒙古	Inner Mongolia	15.2	17.7	20.8	25.9	27.1	27.0	28.1	3.8	4.3	3.9	3.7	3.6	3.6	3.7
辽 宁	Liaoning	23.7	60.4	38.9	46.2	42.7	44.4	45.6	2.2	5.6	3.6	3.4	3.8	3.9	4.2
吉 林	Jilin	10.5	27.6	22.7	23.9	26.3	26.8	23.9	1.9	4.2	3.8	3.5	3.5	3.5	3.1
黑龙江	Heilongjiang	20.4	31.3	36.2	41.0	39.7	39.4	34.7	2.2	4.4	4.3	4.5	4.2	4.0	3.5
上 海	Shanghai	7.7	27.5	27.6	24.8	22.1	19.4	19.3	1.5		4.4	4.0	3.9	3.5	3.6
江 苏	Jiangsu	22.5	41.6	40.6	36.0	34.7	34.4	35.1	2.4	3.6	3.2	3.0	3.0	3.0	3.0
浙 江	Zhejiang	11.2	29.0	31.1	33.7	33.8	34.1	34.4	2.2	3.7	3.2	2.9	2.7	2.6	2.5
安 徽	Anhui	15.2	27.8	26.9	30.9	29.0	28.1	26.8	2.8	4.4	3.7	3.1	2.9	2.8	2.6
福 建	Fujian	9.0	14.9	14.5	15.4	17.1	17.3	16.8	2.6	4.0	3.8	3.7	3.9	3.7	3.5
江 西	Jiangxi	10.3	22.8	26.3	29.9	32.3	35.1	27.5	2.4	3.5	3.3	3.4	3.3	3.4	2.9
山 东	Shandong	26.2	42.9	44.5	43.7	45.7	46.5	44.2	3.2	3.3	3.4	3.4	3.4	3.4	3.3
河 南	Henan	25.1	33.0	38.2	42.5	40.7	48.6	49.4	3.3	3.5	3.4	3.0	2.8	3.0	3.2
湖 北	Hubei	12.7	52.6	55.7	33.4	37.1	36.1	37.6	1.7	4.3	4.2	2.6	2.6	2.6	2.4
湖 南	Hunan	15.9	41.9	43.2	45.1	44.5	40.4	31.1	2.7	4.3	4.2	4.1	4.0	3.6	2.7
广 东	Guangdong	19.2	34.5	39.3	37.0	37.1	36.6	36.9	2.2	2.6	2.5	2.5	2.5	2.4	2.3
广 西	Guangxi	13.9	18.5	19.1	18.1	14.7	16.7	19.7	3.9	4.2	3.7	2.9	2.2	2.3	2.6
海 南	Hainan	3.5	5.1	4.8	4.8	5.5	5.5	5.6	3.0	3.6	3.0	2.3	2.3	2.3	2.3
重 庆	Chongqing		16.9	13.0	14.3	14.3	13.1	17.5		4.1	3.9	3.6	3.4	3.0	2.6
四 川	Sichuan	38.0	34.3	34.6	54.6	55.8	53.3	50.4	3.7	4.6	4.1	4.1	4.0	3.5	3.3
贵 州	Guizhou	10.7	12.1	12.2	14.5	14.9	15.1	15.3	4.1	4.2	3.6	3.3	3.2	3.2	3.1
云 南	Yunnan	7.8	13.0	15.7	19.5	19.8	20.9	22.9	2.5	4.2	4.2	4.0	3.2	3.4	3.3
西 藏	Tibet			2.1	1.8	1.9	2.1	2.1			4.0	2.5	2.7	2.8	2.9
陕 西	Shaanxi	11.2	21.5	21.4	22.3	23.4	24.1	23.8	2.8	4.2	3.9	3.4	3.3	3.2	3.2
甘 肃	Gansu	12.5	9.3	10.7	9.5	9.6	10.0	10.8	4.9	3.3	3.2	2.1	2.7	2.8	3.0
青 海	Qinghai	4.2	3.6	4.2	4.4	4.7	4.6	3.1	5.6	3.9	3.8	3.2	3.1	3.0	2.2
宁 夏	Ningxia	4.0	4.4	4.8	4.9	5.1	5.4	5.1	5.4	4.5	4.4	4.0	3.9	3.9	3.7
新 疆	Xinjiang	9.6	11.1	11.0	10.3	10.0	9.5	8.4	3.0	3.9	3.2	2.9	2.6	2.4	2.1

主要统计指标解释

劳动力　指在16周岁及以上，有劳动能力，参加或要求参加社会经济活动的人口。包括就业人员和失业人员。

就业人员　指年满十六周岁，为取得报酬或经营利润，在调查周内从事了1小时（含1小时）以上劳动的人员；或由于在职学习、休假等原因在调查周内暂时未工作的人员；或由于停工、单位不景气等原因临时未工作的人员。

单位就业人员　指报告期末最后一日在本单位工作，并取得工资或其他形式劳动报酬的人员数。该指标为时点指标，不包括最后一日当天及以前已经与单位解除劳动合同关系的人员，是在岗职工、劳务派遣人员及其他就业人员之和。就业人员不包括：

(1)离开本单位仍保留劳动关系，并定期领取生活费的人员；

(2)在本单位实习的各类在校学生；

(3)本单位以劳务外包形式使用的人员，如：建筑业整建制使用的人员。

城镇私营和个体就业人员　城镇私营就业人员指在工商管理部门注册登记，其经营地址设在县城关镇(含县城关镇)以上的私营企业就业人员，包括私营企业投资者和雇工。城镇个体就业人员指在工商管理部门注册登记，并持有城镇户口或在城镇长期居住，经批准从事个体工商经营的就业人员，包括个体经营者和在个体工商户劳动的家庭帮工和雇工。

在岗职工　指在本单位工作且与本单位签订劳动合同，并由单位支付各项工资和社会保险、住房公积金的人员，以及上述人员中由于学习、病伤、产假等原因暂未工作仍由单位支付工资的人员。在岗职工还包括：

(1)应订立劳动合同而未订立劳动合同人员(如使用的农村户籍人员)；

(2)处于试用期人员；

(3)编制外招用的人员，如临时人员；

(4)派往外单位工作，但工资仍由本单位发放的人员(如挂职锻炼、外派工作等情况)。

工资总额　指根据《关于工资总额组成的规定》(1990年1月1日国家统计局发布的一号令)进行修订，本单位在报告期内(季度或年度)直接支付给本单位全部就业人员的劳动报酬总额。包括计时工资、计件工资、奖金、津贴和补贴、加班加点工资、特殊情况下支付的工资，是在岗职工工资总额、劳务派遣人员工资总额和其他就业人员工资总额之和。

工资总额是税前工资，包括单位从个人工资中直接为其代扣或代缴的房费、水费、电费、住房公积金和社会保险基金个人缴纳部分等。

工资总额不论是计入成本的还是不计入成本的，不论是以货币形式支付的还是以实物形式支付的，均应列入工资总额的计算范围。

平均工资　指单位就业人员在一定时期内平均每人所得的工资额。它表明一定时期工资收入的高低程度，是反映就业人员工资水平的主要指标。计算公式为：

$$平均工资=\frac{报告期就业人员工资总额}{报告期就业人员平均人数}$$

平均货币工资指数　指报告期就业人员平均工资与基期就业人员平均工资的比率，是反映不同时期就业人员货币工资水平变动情况的相对数。计算公式为：

$$平均货币工资指数=\frac{报告期就业人员平均工资}{基期就业人员平均工资}\times 100\%$$

平均实际工资指数　就业人员平均实际工资指扣除物价变动因素后的就业人员平均工资。就业人员平均实际工资指数是反映实际工资变动情况的相对数，表明就业人员实际工资水平提高或降低的程度。计算公式为：

$$平均实际工资指数=\frac{报告期就业人员平均工资指数}{报告期城镇居民消费价格指数}\times 100\%$$

城镇登记失业人员　劳动年龄（年满16周岁（含）至依法享受基本养老保险待遇）内，有劳动能力，有就业要求，处于无业状态，并在公共就业和人才服务机构进行失业登记的城镇常住人员。

城镇登记失业率　城镇登记失业人员与城镇单位就业人员(扣除使用的农村劳动力、聘用的离退休人员、港澳台及外方人员)、城镇单位中的不在岗职工、城镇私营业主、个体户主、城镇私营企业和个体就业人员、城镇登记失业人员之和的比。

城镇调查失业率　指城镇失业人口占城镇就业人口与失业人口之和的百分比，根据全国月度劳动力调查数据计算。

Explanatory Notes on Main Statistical Indicators

Labour Force refers to the population aged 16 and over who are capable of working, are participating in or willing to participate in economic activities, including employed persons and unemployed persons.

Employed Persons refer to persons, aged 16 and over, who performed some work for compensation or business gains for one hour or more during the reference period; or persons who do not work for the reasons of study or on holiday; or persons who are temporarily absent from a job for disorganization or suspension of work, recession, etc.

Persons Employed in Various Units refer to the total number of employees who work at his unit on the last day and obtain wages or other forms of payment at the end of the reporting period. This indicator is a kind of time point index and it equals to the sum of the number of employed staff and workers, labor dispatch personnel and other employed persons, excluding those who have terminated labor contracts with working unit on or before the last day of the reporting period. Employed persons do not include:

1)persons who have left their working units while keeping their labour contract (employment relation) unchanged and receiving regular alimony;

2)all kinds of enrolled students who do internship in various units;

3)persons employed due to labor outsourcing, for example, persons employed in the organizational system of construction industry.

Persons Employed in Private Enterprises and Self-Employed Individuals in Urban Areas Persons employed in private enterprises in urban areas refer to the persons employed in the private enterprises which have been registered at the departments of industrial and commercial administration for which the business operation are situated at a county town (i.e. a town where the county government is located), or at urban areas with administrative hierarchy higher than a county town. The self-employed individuals in urban areas refer to persons who hold the certificates of residence in urban areas or have resided in the urban areas for a long time and have been registered at the departments of industrial and commercial administration and approved to be engaged in individual industrial or commercial business, including self-employed persons as well as contributing family workers and employees who work in individual businesses.

Employed Staff and Workers refer to persons who signed labor contracts with working units and working units would pay wages, social insurance and housing funds for them. Persons who have their work posts but are temporarily absent from work for reasons of study or on sick, injury or maternal leave and still receive wages from their working units are also included. Employed staff and workers also include:

1)Persons who should have signed the labor contracts but not (like people with rural household registration);

2)Employees on probation;

3)Employees beyond the staffing quota, for example, temporary employees;

4)Employees who are sent to other working units but still obtain wages from their original units (situations like on-the-job placement, expatriated assignment, etc.)

Total Wage Bill It is revised according to the "Provision of Composition of Total Wages" (Order No.1 by National Bureau of Statistics on January, 1st, ,1990), total wage bill refers to the total remuneration payment to all employed persons in various units during the reporting period (by quarter or by year), including hourly-paid wages, piece-rate wages, bonuses, allowance and subsidies, overtime wages and wages paid under special circumstances. It equals to the sum of total wages of employed staff and workers, dispatch labors and other employed persons.

Total wage bill is pre-tax wages, including the room charges, utility bills, housing funds and social insurance paid or withheld by employee's units.

Total wage bill, whether or not included in cost, whether or not paid in money or in kind, shall be included in the calculation of total wage.

Average Wage refers to the average per capita wage during a certain period of time for employed persons. It shows the general level of wage income during a certain period of time and it's one major indicator to reflect the wage level. It is calculated as follows:

$$\text{Average Wage} = \frac{\text{Total wage bill of employed persons at reference time}}{\text{Average number of persons employed at reference time}}$$

Average Money Wage Indices refers to the ratio of average wage of employed persons at the reporting period to that at the base period, which reflects the change of money wage of employed persons at the different period. It is calculated as follows:

$$\text{Average money wage indices} = \frac{\text{Average wage of employed persons at reference time}}{\text{Average wage of persons employeds at base period}} \times 100\%$$

Average Real Wage Indices average real wage of employed persons refers to the average wage of employed persons after removing the effects of the price changes and average real wage indices of employed persons refers to the change of real wage, which reflects the relative increasing or decreasing level of real wage of employed persons ,which is calculated as follows:

$$\text{Average real wage indices} = \frac{\text{Average wage indices of employed persons at the reference time}}{\text{Urban consumer price indices at reference time}} \times 100\%$$

Registered Unemployed Persons in Urban Areas refer to the persons residing in urban areas at certain working ages (16 years old to the age of enjoying primary endowment insurance benefits according to the law), who are capable of working, unemployed and willing to work, and have been registered at the public employment and talent service agencies to apply for a job.

Registered Unemployment Rate in Urban Areas refers to the ratio of the number of the registered unemployed persons to the sum of the number of persons employed in various urban units (minus the employed rural labour force, re-employed retirees, and Hong Kong, Macao, Taiwan or foreign employees), laid-off staff and workers in urban units, owners of private enterprises and self-employed individuals in urban areas, employees of private enterprises and individual businesses in urban areas, and the registered unemployed persons in urban areas.

Surveyed Urban Unemployment Rate refers to the ratio of the number of the unemployed persons in urban areas to the sum of the number of the employed persons and the unemployed persons in urban areas, calculated on the basis of the annual Labour Force Survey.

5

价　格

Prices

简 要 说 明

一、本篇资料的主要内容

本篇价格指数资料，反映生产、流通、消费与投资等环节的价格变动趋势和变动幅度。主要包括居民消费价格指数、商品零售价格指数、农业生产资料价格指数、农产品生产者价格指数、工业生产者出厂价格指数、工业生产者购进价格指数、固定资产投资价格指数、进出口商品价格指数等。

二、本篇的资料来源

除进出口商品价格指数以外的价格指数编制由国家统计局城市社会经济调查司和农村社会经济调查司组织实施。由各省、自治区、直辖市及抽选出的市、县调查队依据国家统计局统一制定的价格统计调查制度从基层采集原始数据汇总后上报。进出口商品价格指数统计资料由海关总署提供。

三、居民消费、商品零售价格指数

编制居民消费、商品零售价格指数的资料采用抽样调查的方法取得，即在全国选择不同经济区域和分布合理的地区，以及有代表性的商品（服务）作为样本，对其市场价格进行定期调查，以样本推断总体。目前，参加国家级数据汇总的调查市、县500个。编制过程按下列几个步骤进行：

1.选择调查地区和调查点。调查地区按照经济区域和地区分布合理等原则，选出具有代表性的大、中、小城市和县作为国家的调查地区，在此基础上选定经营规模大、商品种类多的商场(店)、超市、农贸市场、服务网点和互联网电商等作为调查点。

2.选择代表规格品。代表规格品是选择那些消费量大、价格变动有代表性的商品（服务）；代表规格品的确定是根据城乡居民的消费支出记账资料和商品零售资料，按照有关规定筛选的。筛选原则：(1)与社会生产和人民生活关系密切；(2)消费(销售)数量(金额)大；(3)市场供应稳定；(4)价格变动趋势有代表性；(5)所选的代表规格品之间性质差异大，价格变动特征的相关性低。

目前，居民消费价格调查按用途划分为8个大类，262个基本分类；商品零售价格按用途划分为16个大类，197个基本分类。

3.价格调查方式。通过手持数据采集器，采用定人、定点、定时的方法直接调查，或者由选中的调查对象协助填报。在保证价格准确的前提下，经国家统计局审定，各地可通过相关政府部门发布的通知、公告等文件，以及部分企业、单位公开发布的收费信息资料和被调查单位的电子数据进行辅助采价，也可从互联网采集特定商品和服务价格。

4.权数的确定。居民消费价格指数的权数主要根据城乡居民家庭消费支出构成确定；商品零售价格指数的权数主要根据社会商品零售额资料确定。

四、工业生产者出厂价格指数

工业生产者出厂价格是工业品第一次出售时的出厂价格。该项调查采用重点调查与典型调查相结合的调查方法。重点调查对象为年主营业务收入2000万元及以上的工业法人企业；典型调查对象为年主营业务收入2000万元以下的工业法人企业。

1.选择代表企业的原则：(1)按工业行业选择调查企业；(2)大型企业应尽量都选上(或占相当大比重)；(3)选择生产正常、稳定的企业作为调查对象。

2.选择代表产品的原则：(1)按工业行业选择代表产品；(2)选择对国计民生影响大的产品；(3)选择生产较为稳定的产品；(4)选择有发展前景的产品；(5)选择具有地方特色的产品。

目前《工业生产者出厂价格调查目录》包括20000多种产品，并将其划分为1638个基本分类。

3.价格调查方式。采用企业报表形式，每月5万多家工业企业上报数据资料。

4.权数的确定。工业生产者出厂价格统计中，工业小类及小类以上的权数资料来源于工业统计中分行业工业销售产值数据资料；基本分类的权数资料来源于独立的工业企业产品权数调查。

五、固定资产投资价格指数

固定资产投资价格调查采用重点调查、典型调查以及非传统数据替代相结合的方法。固定资产投资价格调查的是全社会固定资产投资中涉及的各类投资品和取费项目的价格。调查的内容包括建筑安装工程、设备工器具购置和其他费用投资价格。

固定资产投资价格调查样本的选择遵循以下原则：

1.选择调查企业的原则：调查企业必须具有投资经济活动的较强代表性，一是以金额表示的投资经济活动量大，即选择那些投资大、代表品购进金额较多或代表品消耗较多的企业。二是投资经济活动面广、类别较多。

2.价格调查方式。采用企业报表方式。

3.权数的确定。固定资产投资价格指数的计算权数来源于固定资产投资统计中建筑安装工程、设备工器具购置和其他费用占投资总额的比重。

六、农产品生产者价格指数

农产品生产者价格是农产品生产者直接出售其产品时实际获得的单位产品价格。农产品生产价格调查采用抽样调查和重点调查相结合的方法。内容包括被调查单位生产并出售的主要农产品。农产品代表产品的选择涵盖农、林、牧、渔四大类、各中类以及90%以上的小类，一般是生产量和销售量大的对国计民生影响大、稳定性强的产品，具有发展前景的新产品和具有地方特色的产品。代表品一般稳定五年。调查周期为季度。

七、进出口商品价格指数

进出口商品价格指数是反映一定时期内进出口商品价格变动趋势及幅度的统计指标。采用“单位价值法”编制，计算指数的资料全部来自中国海关的进出口货物贸易统计。计量单位按人民币计价，进口价格指数的计算按到岸价格（CIF）计算，出口价格指数的计算按离岸价格（FOB）计算。

Brief Introduction

I. Main Contents

Data on price indices in this chapter show the trends and rates of changes in the prices of production, distribution, consumption and investment, including mainly consumer price indices, retail price indices, price indices of agricultural means of production, producer price indices for farm products, producer price indices for industrial products, purchasing price indices for industrial producers, price indices for investment in fixed assets, and price indices for imports and exports.

II. Sources of Data

Compilation of statistics on price indices is organized by the Department of Urban Social and Economic Surveys and the Department of Rural Social and Economic Surveys of NBS. The social and economic survey organizations of provinces, autonomous regions and municipalities directly under the Central Government and of the selected cities and counties collect data from the grassroots units in accordance with the scheme of price survey system stipulated by the NBS, tabulate them and report them to agencies at higher levels. Statistics on price for imports and exports are provided by the General Administration of Customs.

III. Consumer Price Indices and Retail Price Indices

Data for compilation of the consumer price indices and the retail price indices in China are collected through sample surveys. Areas distributed in different economic regions are selected as the sample areas and representative goods or services are selected as the sample commodities. Regular surveys are conducted to collect data on their market prices. Price statistics are estimated on the basis of the results from the samples. At present, 500 cities and counties have been selected for this purpose. Following are major steps in the process of calculation of the price indices:

(1) The selection of areas and outlets: Based on such principles as regional economic features and reasonable geographic distribution, representative sample areas for the national survey are selected which include large, medium and small cities and counties. When the sample areas have been selected, shopping malls (stores), supermarkets, farmers' markets, service outlets and Internet e-commerce with large operation scale and various commodity types are selected as outlets for the survey.

(2) The selection of representative commodities and their specifications or varieties: The representative specifications are to choose those goods or services that have large consumption and representative price changes. The representative specifications or varieties are determined based on the consumption expenditure account data of urban and rural residents and data on the retail sales of commodities in line with related instructions. The principles for selection are: (a) The commodities are closely related to social production and people's living conditions; (b) They are consumes (or sold) in large quantities (or large values); (c) The market supply is stable; (d) The changes of their prices are representative in trend; (e) There is great heterogeneity among the specifications or varieties selected, and the correlation of price changes is low.

At present, data are collected under 262 basic headings in 8 categories in the consumer price surveys. For the retail price surveys, data are collected under 197 basic headings in 16 categories.

(3) Method of data collection: Through hand-held data capturing device, direct investigation is conducted by the method of fixed data collector, fixed outlet and fixed timing, or the selected respondents assist in filling in the forms. On the premise of ensuring accurate prices and with the approval by the NBS, local governments can collect prices of specific goods and services from the Internet through announcements and other documents issued by relevant government departments, as well as publicly published fee-collecting information of some enterprises and units, and electronic data of the units under investigation.

(4) Determination of the weights: The weights of the consumer price indices are determined according to the composition of the consumption expenditures of urban and rural households. The weights of the retail price indices are determined mainly according to the total retail sales of commodities.

IV. Producer Price Indices for Industrial Products

Producer prices for industrial products refer to the ex-factory price of manufactured goods when they are first sold. The survey covers both key industrial enterprises with annual revenue from the primary activities at and above 20 million yuan, and typical industrial enterprises with annual revenue from the primary activities below 20 million yuan.

(1) Principles for selecting the representative enterprises: (a) Enterprises to be covered in the survey are selected by industrial sectors; (b) All (or a majority of) large-scaled enterprises should be selected; (c) Enterprises selected should be those with normal and stable production.

(2) Principle for the selection of representative products:

(a) Products are selected by industrial sectors; (b) The selected products should have great impact on the national economy and people's living conditions; (c) The production of the products selected are relatively more stable; (d) The prospects of the products selected are promising; (e) The products selected are representative to the localities.

The *survey catalog of Producer Prices for Industrial Products* includes over 20,000 products under 1,638 basic headings.

(3) Method of data collection: The method of reporting forms by enterprises is adopted. There are more than 50,000 industrial enterprises which should report the price data every month.

(4) Determination of the weights: In statistics of producer price indices for industrial products, the weight of small groups and above of industrial classification comes from the output value of industrial sales by sector in industrial statistics; the weight of basic headings of categories comes from an independent product weight survey of industrial enterprises.

V. Price Indices for Investment in Fixed Assets

Data on prices of investment in fixed assets are collected by a program involving the combined use of surveys on key units, typical units and non-traditional data substitution. The suevey investigates the prices of all kinds of investment products and charging items involved in the fixed assets investment of the whole society. The survey content includes the prices of construction and installation, the purchasing price of equipment, tools and instruments, and the prices of others investments.

The following principles are followed in selecting the sample for the price survey of investment in fixed assets:

(1) The principle of selecting enterprises: the enterprises to be covered must have strong representativeness of investment economic activities. First, the amount of investment economic activities expressed by amount is large, i.e., those enterprises with large investment, large amount of purchase of representative products, or enterprises that consume more representative products should be selected. Second, there are many types of investment economic activities.

(2) Method of price survey: An enterprises reporting system is used.

(3) Determination of the weights: The weights for calculation of the price indices for investment in fixed assets are determined according to the proportion of construction and installation, purchase of equipment, tools and instruments and other investments.

VI. Price Index for Farm Products

Price index for farm products refers to the actual price per unit through directly selling their products by producers of farm products. The survey program of price index for farm products is a combined use of sampling survey and survey of typical units'. It covers main farm products produced and sold by the units surveyed. Representative farm products covered about 90% of small groups of all major groups in 4 branches of agriculture, forestry, animal husbandry and fishery. The products are generally with large production and sales, having great impact on the national economy and people's living conditions, with strong stability, with promising to new products and with local characters. Representative products are in the sample for 5 years. The survey is conducted quarterly.

VII. Price Indices for Imports and Exports

Price indices for imports and exports reflect trend and degree of price changes in import and export of commodity over a given period of time. They are compiled with the unit value method on the basis of statistics of imports and exports of goods of the China Customs. With Renminbi as the unit of messurement, import price index is computed at CIF prices and export price index is computed at FOB prices.

5-1 各种价格指数
Price Indices

(上年=100) (preceding year=100)

年 份 Year	居民消费价格指数 Consumer Price Index	城市居民消费价格指数 Urban	农村居民消费价格指数 Rural	商品零售价格指数 Retail Price Index	工业生产者出厂价格指数 Producer Price Index for Industrial Products	工业生产者购进价格指数 Purchasing Price Index for Industrial Producers	固定资产投资价格指数 Price Index for Investment in Fixed Assets
1978	100.7	100.7		100.7	100.1		
1980	107.5	107.5		106.0	100.5		
1985	109.3	111.9	107.6	108.8	108.7		
1990	103.1	101.3	104.5	102.1	104.1	105.6	108.0
1995	117.1	116.8	117.5	114.8	114.9	115.3	105.9
1996	108.3	108.8	107.9	106.1	102.9	103.9	104.0
1997	102.8	103.1	102.5	100.8	99.7	101.3	101.7
1998	99.2	99.4	99.0	97.4	95.9	95.8	99.8
1999	98.6	98.7	98.5	97.0	97.6	96.7	99.6
2000	100.4	100.8	99.9	98.5	102.8	105.1	101.1
2001	100.7	100.7	100.8	99.2	98.7	99.8	100.4
2002	99.2	99.0	99.6	98.7	97.8	97.7	100.2
2003	101.2	100.9	101.6	99.9	102.3	104.8	102.2
2004	103.9	103.3	104.8	102.8	106.1	111.4	105.6
2005	101.8	101.6	102.2	100.8	104.9	108.3	101.6
2006	101.5	101.5	101.5	101.0	103.0	106.0	101.5
2007	104.8	104.5	105.4	103.8	103.1	104.4	103.9
2008	105.9	105.6	106.5	105.9	106.9	110.5	108.9
2009	99.3	99.1	99.7	98.8	94.6	92.1	97.6
2010	103.3	103.2	103.6	103.1	105.5	109.6	103.6
2011	105.4	105.3	105.8	104.9	106.0	109.1	106.6
2012	102.6	102.7	102.5	102.0	98.3	98.2	101.1
2013	102.6	102.6	102.8	101.4	98.1	98.0	100.3
2014	102.0	102.1	101.8	101.0	98.1	97.8	100.5
2015	101.4	101.5	101.3	100.1	94.8	93.9	98.2
2016	102.0	102.1	101.9	100.7	98.6	98.0	99.4
2017	101.6	101.7	101.3	101.1	106.3	108.1	105.8
2018	102.1	102.1	102.1	101.9	103.5	104.1	105.4
2019	102.9	102.8	103.2	102.0	99.7	99.3	102.6

注：从2011年起工业品出厂价格指数改为工业生产者出厂价格指数，原材料、燃料、动力购进价格指数改为工业生产者购进价格指数(以下相关表同)。

a) Since 2011, the producer price index for manufactured good has been replaced by the producer price index for industrial products, and the purchasing price index for raw materials, fuel and power has been replaced by the purchasing price index for industrial producers. The same applies to the tables following.

5-2 各种价格定基指数
Fixed-base Price Indices

年 份 Year	居民消费价格指数 Consumer Price Index (1978=100)	城市居民消费价格指数 Urban (1978=100)	农村居民消费价格指数 Rural (1985=100)	商品零售价格指数 Retail Price Index (1978=100)	工业生产者出厂价格指数 Producer Price Index for Industrial Products (1985=100)	工业生产者购进价格指数 Purchasing Price Index for Industrial Producers (1990=100)	固定资产投资价格指数 Price Index for Investment in Fixed Assets (1990=100)
1978	100.0	100.0		100.0			
1980	109.5	109.5		108.1			
1985	131.1	134.2	100.0	128.1	100.0		
1990	216.4	222.0	165.1	207.7	159.0	100.0	100.0
1995	396.9	429.6	291.4	356.1	307.1	222.9	186.9
1996	429.9	467.4	314.4	377.8	316.0	231.6	194.3
1997	441.9	481.9	322.3	380.8	315.0	234.6	197.6
1998	438.4	479.0	319.1	370.9	302.1	224.7	197.3
1999	432.2	472.8	314.3	359.8	294.8	217.3	196.5
2000	434.0	476.6	314.0	354.4	303.1	228.4	198.6
2001	437.0	479.9	316.5	351.6	299.2	227.9	199.4
2002	433.5	475.1	315.2	347.0	292.6	222.7	199.8
2003	438.7	479.4	320.2	346.7	299.3	233.4	204.2
2004	455.8	495.2	335.6	356.4	317.6	260.0	215.7
2005	464.0	503.1	343.0	359.3	333.2	281.6	219.1
2006	471.0	510.6	348.1	362.9	343.2	298.5	222.4
2007	493.6	533.6	366.9	376.7	353.8	311.6	231.1
2008	522.7	563.5	390.7	398.9	378.2	344.3	251.8
2009	519.0	558.4	389.5	394.1	357.8	317.2	245.8
2010	536.1	576.3	403.5	406.3	377.5	347.7	254.6
2011	565.0	606.8	426.9	426.2	400.2	379.3	271.4
2012	579.7	623.2	437.6	434.7	393.4	372.5	274.4
2013	594.8	639.4	449.9	440.8	385.9	365.1	275.2
2014	606.7	652.8	458.0	445.2	378.6	357.1	276.6
2015	615.2	662.6	464.0	445.6	358.9	335.3	271.6
2016	627.5	676.5	472.8	448.7	353.9	328.6	270.0
2017	637.5	688.0	478.9	453.6	376.2	355.2	285.7
2018	650.9	702.4	489.0	462.2	389.4	369.8	301.1
2019	669.8	722.1	504.6	471.4	388.2	367.2	308.9

5-3 居民消费价格分类指数(2019年)
Consumer Price Indices by Category (2019)

(上年=100) (preceding year=100)

项目名称	Item	全国 National Indices	城市 Urban Indices	农村 Rural Indices
居民消费价格总指数	**Consumer Price Index**	**102.9**	**102.8**	**103.2**
食品烟酒	**Food, Tobacco and Alcohol**	**107.0**	**106.7**	**107.9**
食品	Food	109.2	108.8	110.3
粮食	Grain	100.5	100.6	100.5
薯类	Tubers	102.5	102.5	102.7
豆类	Beans	101.7	101.8	101.6
食用油	Edible Oil and Fats	101.3	100.9	102.1
菜	Vegetables	103.9	103.9	104.0
#鲜菜	Fresh Vegetables	104.1	104.1	104.2
畜肉类	Meat of Livestock	129.1	127.9	131.9
禽肉类	Meat of Poultry	110.0	110.0	110.1
水产品	Aquatic Products	100.3	100.1	100.9
蛋类	Eggs	105.1	105.0	105.4
奶类	Milk and Other Dairy Products	101.6	101.6	101.5
干鲜瓜果类	Fruits and Nuts	109.8	109.5	110.8
#鲜瓜果	Fresh Fruits	112.3	112.0	113.5
糖果糕点类	Candy and Cake	100.7	100.7	100.7
调味品	Flavoring	101.2	101.1	101.4
其他食品类	Other Foods	101.4	101.4	101.3
茶及饮料	Tea and Beverages	101.5	101.5	101.5
烟酒	Tobacco and Alcohol	101.2	101.3	100.9
在外餐饮	Dining Out	103.3	103.3	103.3
衣着	**Clothing**	**101.6**	**101.7**	**101.2**
服装	Garments	101.8	101.9	101.3
服装材料	Garments Material	101.7	101.7	101.9
其他衣着及配件	Other Clothing and Accessories	100.2	100.0	101.1
衣着加工服务费	Clothing Manufacturing Services	104.1	104.4	102.9
鞋类	Footwear	100.9	101.0	100.8
居住	**Residence**	**101.4**	**101.3**	**101.5**
租赁房房租	Rent of Rental Housing	101.8	101.8	101.8
住房保养维修及管理	Housing Maintenance and Management	101.8	101.8	101.7
水电燃料	Water, Electricity and Fuels	100.6	100.5	100.7

5-3 续表 continued

(上年=100) (preceding year=100)

项目名称	Item	全国 National Indices	城市 Urban Indices	农村 Rural Indices
生活用品及服务	**Articles for Daily Use and Services**	**100.9**	**100.9**	**100.8**
家具及室内装饰品	Furniture and Interior Decorations	100.9	101.0	100.6
家用器具	Home Appliances	99.4	99.1	100.0
家用纺织品	Home Textiles	100.5	100.4	100.6
家庭日用杂品	Daily Use Household Articles	100.9	100.8	101.0
个人护理用品	Personal-care Supplies	101.1	101.2	100.9
家庭服务	Household Services	104.8	104.9	103.9
交通和通信	**Transport and Communications**	**98.3**	**98.2**	**98.6**
交通	Transport	98.0	98.0	98.2
交通工具	Transport Facility	98.5	98.3	98.8
交通工具用燃料	Fuels for Transport Facility	94.0	93.9	94.1
交通工具使用和维修	Use and Maintenance of Transport Facility	102.3	102.5	101.6
交通费	Traffic Fee	100.4	100.3	100.7
通信	Communications	98.8	98.7	99.3
教育文化和娱乐	**Education, Culture and Recreation**	**102.2**	**102.3**	**101.9**
教育	Education	103.1	103.3	102.5
教育用品	Education Articles	102.8	103.1	102.1
教育服务	Education Services	103.1	103.4	102.5
文化娱乐	Culture and Recreation	101.0	101.1	100.5
文娱耐用消费品	Durable Consumer Goods for Culture and Recreation	98.7	98.6	99.1
其他文娱用品	Other Articles	102.0	102.0	102.2
文化娱乐服务	Services for Culture and Recreation	101.0	101.1	100.5
旅游	Touring	101.8	101.9	101.0
医疗保健	**Health Care**	**102.4**	**102.5**	**102.1**
药品及医疗器具	Medicine and Medical Instruments	103.6	103.5	104.0
医疗服务	Medical Services	101.6	101.8	101.1
其他用品和服务	**Other Articles and Services**	**103.4**	**103.5**	**103.1**
其他用品类	Other Articles	104.5	104.8	103.3
其他服务类	Other Services	102.6	102.5	102.9

5-4 商品零售价格分类指数(2019年)
Retail Price Indices by Category (2019)

(上年=100) (preceding year=100)

项目名称	Item	全国 National Indices	城市 Urban Indices	农村 Rural Indices
商品零售价格指数	**Retail Price Index**	**102.0**	**101.9**	**102.5**
食品	**Food**	**107.8**	**107.6**	**109.0**
粮食	Grain	100.6	100.6	100.4
食用油	Edible Oil and Fats	101.1	100.9	101.7
菜	Vegetables	103.9	103.9	103.8
畜肉类	Meat of Livestock	129.2	128.5	132.7
禽肉类	Meat of Poultry	110.1	110.2	109.8
水产品	Aquatic Products	100.1	100.1	100.5
蛋类	Eggs	105.0	105.0	105.1
奶类	Milk and Other Dairy Products	101.7	101.7	101.6
干鲜瓜果类	Fruits and Nuts	109.7	109.5	110.5
糖果糕点类	Candy and Cake	100.7	100.7	100.8
调味品	Flavoring	101.3	101.2	101.6
其他食品类	Other Foods	101.4	101.4	101.3
在外餐饮	Dining Out	103.3	103.3	103.6
饮料、烟酒	**Beverages, Tobacco and Alcohol**	**101.3**	**101.3**	**101.1**
茶及饮料	Tea and Beverages	101.5	101.5	101.6
酒类	Alcohol	102.1	102.1	101.9
服装、鞋帽	**Garments, Shoes and Hats**	**101.6**	**101.6**	**101.3**
服装	Garments	101.8	101.9	101.4
鞋帽袜	Footgear and Hats	100.8	100.8	101.0
纺织品	**Textiles**	**100.7**	**100.7**	**100.6**
服装材料	Clothing	102.0	102.0	101.9
床上用品	Bedding	100.4	100.4	100.2
家用电器及音像器材	**Household Appliances, Music and Video Equipment**	**98.8**	**98.7**	**99.5**
文化办公用品	**Cultural and Office Appliances**	**99.9**	**99.7**	**100.8**
日用品	**Articles for Daily Use**	**100.7**	**100.7**	**101.1**
日用百货	General Merchandise for Daily Use	100.6	100.5	101.1
体育娱乐用品	**Sports and Recreation Articles**	**100.3**	**100.3**	**100.5**
交通、通信用品	**Transportation and Communication Appliances**	**98.4**	**98.4**	**98.5**
家具	**Furniture**	**101.1**	**101.1**	**100.7**
化妆品	**Cosmetics**	**101.5**	**101.5**	**101.3**
金银饰品	**Gold and Silver Ornaments**	**108.3**	**108.5**	**106.4**
中西药品及医疗保健用品	**Traditional Chinese and Western Medicines and Health Care Articles**	**103.9**	**103.8**	**104.3**
医疗卫生器具	Medical Instruments	100.6	100.7	100.0
中药	Traditional Chinese Medicines	104.9	104.9	104.6
西药	Western Medicines	104.3	104.1	105.0
书报杂志及电子出版物	**Books, Newspapers, Magazines and Electronic Publications**	**104.6**	**104.6**	**104.3**
燃料	**Fuels**	**97.0**	**96.9**	**97.3**
建筑材料及五金电料	**Building Materials and Hardware**	**101.0**	**101.0**	**101.2**
建筑装璜材料	Building Decoration Materials	101.1	101.1	101.1
五金水暖	Hardware	101.0	100.9	101.6

5-5 居民消费价格指数和商品零售价格指数
Consumer Price Indices and Retail Price Indices

(上年=100) (preceding year=100)

年份 Year 地区 Region	居民消费价格 Consumer Price Index			商品零售价格 Retail Price Index		
	总指数 General	城市 Urban	农村 Rural	总指数 General	城市 Urban	农村 Rural
1994	124.1	125.0	123.4	121.7	120.9	122.9
1995	117.1	116.8	117.5	114.8	113.5	116.4
2000	100.4	100.8	99.9	98.5	98.5	98.5
2005	101.8	101.6	102.2	100.8	100.5	101.4
2006	101.5	101.5	101.5	101.0	100.9	101.4
2007	104.8	104.5	105.4	103.8	103.3	104.9
2008	105.9	105.6	106.5	105.9	105.5	106.7
2009	99.3	99.1	99.7	98.8	98.7	99.0
2010	103.3	103.2	103.6	103.1	102.8	103.6
2011	105.4	105.3	105.8	104.9	104.7	105.5
2012	102.6	102.7	102.5	102.0	101.9	102.2
2013	102.6	102.6	102.8	101.4	101.3	101.8
2014	102.0	102.1	101.8	101.0	101.0	101.0
2015	101.4	101.5	101.3	100.1	100.0	100.3
2016	102.0	102.1	101.9	100.7	100.7	100.9
2017	101.6	101.7	101.3	101.1	101.1	101.3
2018	102.1	102.1	102.1	101.9	101.9	102.1
2019	102.9	102.8	103.2	102.0	101.9	102.5
北京 Beijing	102.3	102.3		100.5	100.5	
天津 Tianjin	102.7	102.7		101.7	101.7	
河北 Hebei	103.0	102.8	103.2	101.8	101.7	102.2
山西 Shanxi	102.7	102.6	103.0	101.8	101.6	102.4
内蒙古 Inner Mongolia	102.4	102.3	102.8	101.5	101.4	102.1
辽宁 Liaoning	102.4	102.3	102.6	101.7	101.6	102.2
吉林 Jilin	103.0	102.8	103.4	102.1	102.1	102.2
黑龙江 Heilongjiang	102.8	102.7	103.2	102.1	102.1	102.2
上海 Shanghai	102.5	102.5		100.4	100.4	
江苏 Jiangsu	103.1	103.1	103.4	102.6	102.5	103.4
浙江 Zhejiang	102.9	102.8	103.2	102.5	102.5	102.5
安徽 Anhui	102.7	102.7	102.8	101.9	101.8	102.0
福建 Fujian	102.6	102.6	102.7	101.9	101.8	102.0
江西 Jiangxi	102.9	102.9	102.8	101.9	102.0	101.4
山东 Shandong	103.2	103.1	103.6	102.2	102.0	102.9
河南 Henan	103.0	102.9	103.1	102.4	102.5	102.2
湖北 Hubei	103.1	103.0	103.2	102.6	102.6	102.6
湖南 Hunan	102.9	102.8	103.1	102.3	102.2	102.4
广东 Guangdong	103.4	103.1	104.6	101.4	101.3	102.3
广西 Guangxi	103.7	103.5	104.1	103.2	103.1	103.5
海南 Hainan	103.4	103.2	104.0	102.5	102.4	103.4
重庆 Chongqing	102.7	102.7		101.6	101.6	
四川 Sichuan	103.2	103.1	103.3	102.7	102.5	103.1
贵州 Guizhou	102.4	102.2	102.6	101.7	101.7	101.9
云南 Yunnan	102.5	102.4	102.7	101.5	101.4	102.0
西藏 Tibet	102.3	102.4	102.3	102.0	102.0	101.8
陕西 Shaanxi	102.9	102.9	102.9	102.4	102.4	102.4
甘肃 Gansu	102.3	102.2	102.4	101.9	102.0	101.3
青海 Qinghai	102.5	102.4	102.5	102.0	101.9	102.8
宁夏 Ningxia	102.1	102.0	102.1	101.1	101.2	101.1
新疆 Xinjiang	101.9	101.9	102.1	101.3	101.3	101.7

5-6 分地区居民消费价格分类指数(2019年)
Consumer Price Indices by Category and by Region (2019)

(上年=100) (preceding year=100)

地 区	Region	总指数 General Index	食品烟酒 Food, Tobacco and Alcohol	食品 Food	粮食 Grain	薯类 Tubers	豆类 Beans	食用油 Edible Oil and Fats	菜 Vegetables	#鲜菜 Fresh Vegetables
全 国	**National Average**	**102.9**	**107.0**	**109.2**	**100.5**	**102.5**	**101.7**	**101.3**	**103.9**	**104.1**
北 京	Beijing	102.3	105.2	106.2	99.6	101.8	102.1	99.6	100.6	100.7
天 津	Tianjin	102.7	104.6	106.0	101.8	91.6	102.2	100.4	100.5	100.3
河 北	Hebei	103.0	105.9	107.6	100.9	97.7	100.5	99.1	102.2	102.2
山 西	Shanxi	102.7	106.3	108.0	100.3	100.1	100.8	99.6	103.1	103.2
内蒙古	Inner Mongolia	102.4	105.4	107.1	101.7	100.1	100.6	100.8	101.1	101.2
辽 宁	Liaoning	102.4	106.1	107.8	100.8	98.5	100.2	100.4	104.0	104.4
吉 林	Jilin	103.0	107.5	109.4	100.4	97.6	100.7	99.6	105.5	105.9
黑龙江	Heilongjiang	102.8	107.4	109.6	101.0	97.8	99.9	99.9	106.2	106.7
上 海	Shanghai	102.5	105.0	106.4	100.7	109.6	111.3	100.6	103.5	103.8
江 苏	Jiangsu	103.1	107.1	109.5	101.1	106.3	101.1	101.8	103.6	103.8
浙 江	Zhejiang	102.9	106.2	108.0	100.2	102.9	104.9	102.0	104.8	105.1
安 徽	Anhui	102.7	107.1	109.6	100.4	101.1	101.5	103.9	102.5	102.8
福 建	Fujian	102.6	107.3	110.0	99.4	103.1	101.3	101.6	104.0	104.5
江 西	Jiangxi	102.9	107.8	110.6	101.0	108.7	103.3	100.6	109.2	110.0
山 东	Shandong	103.2	107.9	110.6	100.1	102.7	100.1	101.0	103.6	103.8
河 南	Henan	103.0	107.4	110.0	100.0	102.4	100.7	99.2	103.4	103.4
湖 北	Hubei	103.1	107.0	109.4	100.4	105.2	102.9	101.1	105.2	105.5
湖 南	Hunan	102.9	107.3	109.9	100.4	104.7	100.4	103.1	105.5	106.0
广 东	Guangdong	103.4	108.1	110.3	100.9	102.4	101.0	99.3	104.4	104.7
广 西	Guangxi	103.7	109.5	112.9	100.5	106.3	101.8	100.3	107.2	107.8
海 南	Hainan	103.4	108.1	110.5	100.1	110.3	101.8	105.3	105.3	105.6
重 庆	Chongqing	102.7	106.8	109.6	97.7	98.1	102.0	102.9	101.9	101.5
四 川	Sichuan	103.2	108.9	112.1	100.3	101.2	101.8	104.9	102.2	102.2
贵 州	Guizhou	102.4	106.4	108.3	99.8	104.1	100.6	106.1	102.1	102.1
云 南	Yunnan	102.5	106.6	109.1	101.5	109.9	102.7	104.1	107.5	108.0
西 藏	Tibet	102.3	103.3	103.9	102.4	102.1	104.5	101.8	100.4	99.8
陕 西	Shaanxi	102.9	105.6	107.2	100.7	101.1	100.6	100.5	100.9	100.8
甘 肃	Gansu	102.3	105.4	107.5	100.7	103.5	100.6	101.9	103.4	103.6
青 海	Qinghai	102.5	105.3	106.3	101.1	102.1	99.0	101.3	103.1	103.3
宁 夏	Ningxia	102.1	104.8	106.0	100.5	99.3	100.9	99.1	101.1	101.1
新 疆	Xinjiang	101.9	104.9	106.3	100.6	102.5	100.7	101.2	105.3	105.3

5-6 续表 1 continued

(上年=100) (preceding year=100)

地 区	Region	畜肉类 Meat of Livestock	禽肉类 Meat of Poultry	水产品 Aquatic Products	蛋类 Eggs	奶类 Milk and Other Dairy Products	干鲜瓜果类 Fruits and Nuts	#鲜瓜果 Fresh Fruits	糖果糕点类 Candy and Cake	调味品 Flavoring	其他食品类 Other Foods
全 国	**National Average**	**129.1**	**110.0**	**100.3**	**105.1**	**101.6**	**109.8**	**112.3**	**100.7**	**101.2**	**101.4**
北 京	Beijing	120.9	111.2	98.4	103.8	101.0	108.8	111.2	100.0	101.3	101.8
天 津	Tianjin	124.1	108.8	96.4	105.1	101.6	107.5	109.0	101.3	101.4	100.3
河 北	Hebei	129.1	113.1	96.5	104.1	100.4	106.6	108.6	99.8	101.5	101.3
山 西	Shanxi	128.7	113.9	99.3	107.3	101.0	108.7	111.1	100.0	101.1	101.2
内蒙古	Inner Mongolia	123.5	113.2	99.6	106.5	100.2	107.4	110.1	99.8	100.7	100.7
辽 宁	Liaoning	127.0	112.3	101.4	103.9	101.6	107.4	108.8	100.9	100.7	101.0
吉 林	Jilin	130.6	113.4	99.9	103.2	101.5	112.8	114.9	101.9	101.0	101.2
黑龙江	Heilongjiang	130.7	115.2	101.2	103.5	100.5	111.5	113.9	100.5	101.3	100.8
上 海	Shanghai	118.7	111.3	100.3	105.2	101.6	107.4	109.9	100.7	100.2	102.3
江 苏	Jiangsu	128.0	111.3	99.1	105.9	104.0	110.4	112.6	101.8	103.4	103.4
浙 江	Zhejiang	126.3	107.3	98.7	103.9	102.5	112.3	115.4	100.9	102.8	101.3
安 徽	Anhui	132.8	110.4	99.5	102.8	100.8	111.6	114.2	101.7	101.0	101.4
福 建	Fujian	131.9	109.1	100.6	103.9	102.4	116.6	120.9	100.7	100.1	101.0
江 西	Jiangxi	131.5	107.5	98.7	105.7	101.3	111.8	115.1	100.8	100.5	101.0
山 东	Shandong	136.9	109.7	100.6	105.3	101.0	109.6	112.4	100.5	100.7	99.9
河 南	Henan	133.9	110.4	99.3	106.1	100.6	107.0	109.1	100.0	102.9	101.7
湖 北	Hubei	127.8	110.0	99.5	105.8	102.3	113.1	116.9	100.7	101.4	101.2
湖 南	Hunan	131.2	110.7	98.7	106.3	100.9	107.4	109.6	100.6	101.4	100.7
广 东	Guangdong	128.9	108.5	102.9	105.6	101.9	111.6	114.2	100.6	99.8	101.3
广 西	Guangxi	138.4	112.5	104.7	104.7	101.3	113.1	115.0	101.9	100.5	101.0
海 南	Hainan	126.4	110.8	103.0	104.4	99.2	116.3	118.7	99.6	100.2	101.4
重 庆	Chongqing	133.1	110.8	101.4	104.7	100.9	105.7	107.8	100.6	101.2	102.3
四 川	Sichuan	137.0	110.2	100.8	103.5	101.8	108.2	110.5	100.5	100.4	102.3
贵 州	Guizhou	122.7	107.4	100.4	105.0	100.0	111.2	114.0	100.0	100.4	102.1
云 南	Yunnan	119.0	110.1	100.8	107.3	100.3	116.1	120.2	100.9	102.1	102.2
西 藏	Tibet	106.5	108.8	101.1	102.7	102.4	108.9	111.3	101.8	103.5	103.0
陕 西	Shaanxi	128.1	112.1	98.6	106.7	103.0	105.1	106.5	100.5	100.9	101.1
甘 肃	Gansu	122.3	110.7	100.6	105.5	101.3	109.7	112.8	100.6	100.4	101.7
青 海	Qinghai	116.6	110.8	97.7	106.7	97.9	102.2	103.2	101.5	102.1	99.2
宁 夏	Ningxia	116.3	110.6	97.9	103.7	101.5	110.3	114.0	101.1	101.0	101.7
新 疆	Xinjiang	113.4	107.7	98.4	106.1	104.0	106.5	108.5	101.5	101.5	101.6

5-6 续表 2 continued

(上年=100) (preceding year=100)

地 区	Region	茶及饮料 Tea and Beverages	烟酒 Tobacco and Alcohol	在外餐饮 Dining Out	衣着 Clothing	服装 Garments	服装材料 Garments Material	其他衣着及配件 Other Clothing and Accessories	衣着加工服务费 Clothing Manufacturing Service Fees	鞋类 Footwear
全 国	**National Average**	**101.5**	**101.2**	**103.3**	**101.6**	**101.8**	**101.7**	**100.2**	**104.1**	**100.9**
北 京	Beijing	102.2	100.5	104.3	101.9	102.7	102.8	100.5	109.1	99.4
天 津	Tianjin	101.5	101.5	102.4	102.1	102.0	102.2	98.4	110.8	102.2
河 北	Hebei	102.2	100.5	102.6	101.2	101.7	100.3	100.3	101.3	100.1
山 西	Shanxi	101.2	101.2	102.9	101.1	101.4	101.0	100.6	103.1	100.1
内蒙古	Inner Mongolia	100.6	101.2	101.6	101.8	102.0	100.5	100.5	103.9	101.2
辽 宁	Liaoning	101.7	100.7	102.2	101.8	101.9	99.7	100.0	102.3	102.2
吉 林	Jilin	102.0	100.9	103.6	102.1	102.3	101.5	102.0	104.2	101.4
黑龙江	Heilongjiang	102.6	100.2	103.1	100.9	101.5	100.2	99.8	95.7	99.7
上 海	Shanghai	101.6	101.0	102.8	103.2	103.6	102.5	98.1	107.5	102.1
江 苏	Jiangsu	102.0	102.0	103.4	102.8	103.1	102.1	101.4	104.4	101.8
浙 江	Zhejiang	102.2	101.0	104.0	101.8	102.1	102.3	101.1	104.5	100.3
安 徽	Anhui	102.7	100.3	103.0	102.1	102.4	100.8	100.0	102.9	101.0
福 建	Fujian	100.7	100.3	103.1	102.7	102.9	107.8	100.8	101.5	102.4
江 西	Jiangxi	100.8	100.5	103.2	100.9	100.7	103.3	100.6	103.7	101.1
山 东	Shandong	100.6	101.3	103.7	101.2	101.1	101.1	101.0	102.2	101.1
河 南	Henan	101.7	101.8	102.7	100.7	100.7	101.2	100.6	103.0	100.4
湖 北	Hubei	100.9	100.7	103.2	101.6	101.8	104.7	100.1	102.5	101.0
湖 南	Hunan	100.5	101.9	101.6	101.1	101.2	101.8	100.0	104.4	100.4
广 东	Guangdong	101.7	102.4	104.3	102.1	102.4	101.2	98.2	106.1	101.3
广 西	Guangxi	101.2	100.8	104.1	101.7	101.6	99.9	100.5	106.6	101.5
海 南	Hainan	101.6	99.4	103.7	102.1	102.4	97.3	99.0	100.4	102.0
重 庆	Chongqing	100.6	99.7	102.6	100.2	100.2	100.6	99.3	100.7	100.2
四 川	Sichuan	101.0	101.6	103.6	101.2	101.3	104.4	101.0	105.2	100.9
贵 州	Guizhou	100.9	100.4	103.9	100.2	100.1	103.1	100.2	105.2	99.9
云 南	Yunnan	101.3	101.0	102.9	99.9	99.9	101.3	98.5	104.3	100.0
西 藏	Tibet	102.6	100.6	103.2	104.0	103.6	101.4	102.9	111.9	102.5
陕 西	Shaanxi	101.3	100.9	104.0	102.1	102.3	102.8	101.8	100.7	101.4
甘 肃	Gansu	100.8	100.4	101.6	100.7	100.8	101.3	102.6	104.6	99.8
青 海	Qinghai	100.9	100.7	104.4	100.4	99.3	100.7	101.0	106.7	103.6
宁 夏	Ningxia	102.0	100.2	103.3	100.4	101.1	102.5	99.9	101.1	98.2
新 疆	Xinjiang	102.7	101.2	102.4	99.9	99.7	100.1	99.9	103.3	100.3

5-6 续表 3 continued

(上年=100) (preceding year=100)

地 区	Region	居住 Housing	租赁房房租 Rent of Rental Housing	住房保养维修及管理 Housing Maintenance and Management	水电燃料 Water, Electricity and Fuels	生活用品及服务 Articles for Daily Use and Services	家具及室内装饰品 Furniture and Interior Decorations	家用器具 Home Appliances	家用纺织品 Home Textiles
全 国	**National Average**	**101.4**	**101.8**	**101.8**	**100.6**	**100.9**	**100.9**	**99.4**	**100.5**
北 京	Beijing	101.3	101.7	100.8	101.1	99.7	100.4	95.2	98.8
天 津	Tianjin	102.4	103.0	103.3	100.4	100.9	99.4	99.5	100.3
河 北	Hebei	101.6	100.7	101.3	102.5	101.2	101.8	100.7	100.4
山 西	Shanxi	101.7	103.2	103.2	100.3	100.4	100.4	99.3	98.8
内蒙古	Inner Mongolia	101.8	103.0	101.6	101.4	100.8	100.1	101.0	100.4
辽 宁	Liaoning	100.7	100.3	101.9	100.4	100.7	100.3	99.5	100.3
吉 林	Jilin	102.3	105.1	101.1	101.3	101.5	102.4	99.9	101.0
黑龙江	Heilongjiang	99.6	98.9	100.0	100.8	100.3	99.2	98.7	99.6
上 海	Shanghai	101.9	101.8	102.8	99.4	100.9	100.9	98.7	99.2
江 苏	Jiangsu	101.9	102.2	103.6	101.0	102.3	102.5	101.3	102.8
浙 江	Zhejiang	100.6	100.6	102.2	100.1	101.8	101.7	99.9	103.2
安 徽	Anhui	100.8	101.7	101.4	100.5	101.3	101.3	100.5	101.1
福 建	Fujian	100.5	100.6	100.8	100.3	100.6	99.6	99.6	100.5
江 西	Jiangxi	101.0	100.7	103.0	99.2	100.3	101.2	98.3	100.6
山 东	Shandong	102.2	104.0	102.1	100.5	100.9	100.8	100.7	99.5
河 南	Henan	100.8	100.0	101.3	100.7	100.6	101.5	99.2	99.9
湖 北	Hubei	101.9	102.7	101.8	101.2	100.4	101.0	97.8	99.9
湖 南	Hunan	101.5	101.7	101.6	100.6	100.5	100.2	100.0	100.3
广 东	Guangdong	100.8	101.7	101.1	99.5	100.6	100.1	98.3	99.3
广 西	Guangxi	101.7	103.0	102.1	100.9	101.1	100.7	99.6	100.6
海 南	Hainan	101.1	103.1	101.2	98.6	101.0	100.6	101.5	100.2
重 庆	Chongqing	102.0	101.5	100.6	101.9	100.6	102.4	96.6	100.8
四 川	Sichuan	101.5	102.4	100.9	101.7	100.2	100.9	98.2	100.1
贵 州	Guizhou	101.1	101.7	101.4	100.8	100.1	99.4	98.8	99.6
云 南	Yunnan	101.5	101.6	102.9	99.8	100.6	100.5	100.2	99.4
西 藏	Tibet	101.9	106.8	104.1	99.6	103.7	103.4	101.8	100.1
陕 西	Shaanxi	102.4	103.4	102.8	101.0	101.3	101.0	99.1	102.9
甘 肃	Gansu	101.7	101.6	102.2	100.5	100.8	100.5	99.1	101.0
青 海	Qinghai	100.7	100.8	100.0	101.7	100.5	101.1	98.3	99.9
宁 夏	Ningxia	101.1	100.7	101.4	102.5	100.0	99.3	99.1	101.1
新 疆	Xinjiang	101.7	100.5	100.6	100.7	101.3	100.2	98.2	100.7

5-6 续表 4 continued

(上年=100) (preceding year=100)

地区	Region	家庭日用杂品 Household Articles for Daily Use	个人护理用品 Personal-care Supplies	家庭服务 Household Services	交通和通信 Transport and Communications	交通 Transport	交通工具 Transport Facility	交通工具用燃料 Fuels for Transport Facility	交通工具使用和维修 Use and Maintenance of Transport Facility	交通费 Traffic Fee	通信 Communications
全 国	**National Average**	**100.9**	**101.1**	**104.8**	**98.3**	**98.0**	**98.5**	**94.0**	**102.3**	**100.4**	**98.8**
北 京	Beijing	98.9	101.2	105.6	97.2	97.9	97.1	94.2	103.2	100.5	95.5
天 津	Tianjin	101.0	100.5	106.1	99.3	98.7	98.9	94.2	107.2	100.0	100.3
河 北	Hebei	100.5	102.1	104.7	97.9	97.6	97.7	93.7	102.5	100.7	98.3
山 西	Shanxi	100.7	101.5	103.6	98.7	97.9	98.8	94.3	105.1	97.4	100.4
内蒙古	Inner Mongolia	101.1	100.5	102.5	98.8	98.5	97.4	94.3	102.7	103.8	99.4
辽 宁	Liaoning	100.6	101.0	104.9	98.2	97.5	97.2	94.2	100.3	99.9	99.4
吉 林	Jilin	101.8	101.7	103.8	96.6	95.8	93.1	94.2	103.1	99.1	97.9
黑龙江	Heilongjiang	100.7	101.9	102.2	99.3	100.0	102.1	94.7	100.4	100.7	98.1
上 海	Shanghai	100.7	101.6	104.2	97.8	97.5	96.4	93.7	104.0	100.7	98.3
江 苏	Jiangsu	101.2	102.7	106.3	98.9	99.2	100.8	94.1	103.4	102.7	98.5
浙 江	Zhejiang	102.4	102.3	103.7	99.0	98.4	98.9	94.1	102.5	101.7	100.2
安 徽	Anhui	100.8	101.9	105.2	97.5	96.7	97.0	91.5	100.9	101.2	99.0
福 建	Fujian	101.1	100.8	104.1	97.8	96.7	99.5	89.5	101.3	98.2	99.5
江 西	Jiangxi	101.2	100.3	102.1	97.8	97.2	97.1	94.3	100.5	101.2	98.9
山 东	Shandong	100.6	100.9	103.8	97.8	97.1	97.0	94.1	101.4	100.6	99.1
河 南	Henan	100.9	101.0	103.6	99.0	99.0	100.0	94.4	101.9	99.9	99.0
湖 北	Hubei	100.5	101.6	105.9	99.3	99.0	99.3	94.1	102.7	102.4	99.9
湖 南	Hunan	100.7	100.5	102.4	98.6	98.3	99.4	94.2	101.2	100.5	99.3
广 东	Guangdong	100.1	100.4	105.5	98.3	98.0	98.2	94.1	103.8	98.9	98.9
广 西	Guangxi	101.7	100.8	105.0	98.1	98.1	99.3	94.3	101.1	100.1	98.3
海 南	Hainan	101.2	101.3	99.7	99.1	98.8	101.0	94.7	103.9	98.4	99.6
重 庆	Chongqing	101.3	100.5	106.3	98.6	98.5	96.4	94.2	102.5	101.7	98.6
四 川	Sichuan	100.9	99.9	104.0	97.1	97.1	96.2	94.6	101.5	99.6	96.9
贵 州	Guizhou	100.7	100.5	103.6	98.5	98.1	96.8	94.2	101.3	103.2	99.2
云 南	Yunnan	100.6	100.9	104.5	98.2	98.0	98.8	94.6	101.3	100.3	98.4
西 藏	Tibet	106.9	101.8	107.4	98.7	98.5	100.4	96.0	101.7	97.0	99.1
陕 西	Shaanxi	102.1	100.1	104.9	98.8	98.6	98.9	94.1	101.1	99.6	99.3
甘 肃	Gansu	101.3	101.0	103.5	99.0	99.3	99.6	94.8	100.7	101.5	98.4
青 海	Qinghai	100.1	101.6	103.2	98.8	97.7	97.0	94.5	101.1	100.8	101.4
宁 夏	Ningxia	100.2	100.1	102.9	98.1	98.2	97.3	95.4	100.1	101.2	98.0
新 疆	Xinjiang	100.5	100.7	113.3	98.2	98.2	98.3	94.8	101.8	98.9	98.3

5-6 续表 5 continued

(上年=100) (preceding year=100)

地 区	Region	教育文化和娱乐 Education, Culture and Recreation	教育 Education	教育用品 Education Articles	教育服务 Education Services	文化娱乐 Cultural and Recreational Articles	文娱耐用消费品 Durable Consumer Goods for Culture and Recreation	其他文娱用品 Other Articles
全 国	**National Average**	**102.2**	**103.1**	**102.8**	**103.1**	**101.0**	**98.7**	**102.0**
北 京	Beijing	101.0	102.9	100.8	103.0	99.7	95.6	101.9
天 津	Tianjin	104.2	104.5	101.6	104.6	104.0	100.6	102.8
河 北	Hebei	103.4	104.6	103.2	104.7	101.1	98.4	101.5
山 西	Shanxi	102.9	103.5	102.9	103.5	101.7	100.6	102.3
内蒙古	Inner Mongolia	101.2	100.8	103.1	100.4	101.9	99.9	102.8
辽 宁	Liaoning	101.7	101.7	102.8	101.7	101.6	98.6	101.2
吉 林	Jilin	102.1	101.7	103.9	101.6	102.8	98.8	104.6
黑龙江	Heilongjiang	103.5	105.2	102.4	105.3	100.1	98.3	100.8
上 海	Shanghai	101.2	103.9	107.6	103.8	99.4	100.1	100.4
江 苏	Jiangsu	102.6	102.7	105.6	102.5	102.6	101.2	103.0
浙 江	Zhejiang	103.7	104.4	101.6	104.5	102.6	99.7	103.9
安 徽	Anhui	102.2	102.7	103.3	102.7	101.3	98.0	99.9
福 建	Fujian	101.4	101.9	102.7	101.8	100.7	99.4	101.5
江 西	Jiangxi	102.4	102.6	102.1	102.7	102.1	97.7	102.6
山 东	Shandong	102.5	102.5	105.2	102.4	102.4	99.8	102.0
河 南	Henan	102.7	103.7	104.4	103.7	101.1	100.8	103.0
湖 北	Hubei	102.5	103.4	101.1	103.7	101.0	97.9	103.9
湖 南	Hunan	102.0	102.5	100.2	102.7	101.1	100.6	100.6
广 东	Guangdong	102.2	103.5	103.4	103.5	100.1	96.9	101.5
广 西	Guangxi	102.1	103.3	103.0	103.4	100.2	99.4	101.9
海 南	Hainan	101.4	102.3	101.5	102.3	100.1	99.4	99.1
重 庆	Chongqing	101.9	104.4	102.7	104.4	99.7	95.9	102.5
四 川	Sichuan	100.8	102.9	101.1	103.1	98.6	96.3	101.8
贵 州	Guizhou	100.6	102.4	101.6	102.5	98.5	97.7	101.9
云 南	Yunnan	101.9	103.2	101.3	103.3	100.3	98.7	101.7
西 藏	Tibet	100.2	100.3	100.9	100.1	100.2	100.5	100.0
陕 西	Shaanxi	102.8	103.4	103.8	103.3	101.9	98.5	103.0
甘 肃	Gansu	100.7	101.1	100.0	101.2	99.8	98.9	100.7
青 海	Qinghai	103.7	106.0	102.7	106.1	100.0	97.6	100.8
宁 夏	Ningxia	100.3	101.8	102.5	101.7	97.7	98.0	100.6
新 疆	Xinjiang	100.8	100.9	101.2	100.9	100.5	98.7	102.4

5-6 续表 6 continued

(上年=100) (preceding year=100)

地 区	Region	文化娱乐服务 Cultural and Recreational Services	旅游 Touring	医疗保健 Health Care	药品及医疗器具 Medicine and Medical Instruments	医疗服务 Medical Services	其他用品和服务 Other Articles and Services	其他用品类 Other Articles	其他服务类 Other Services
全 国	**National Average**	**101.0**	**101.8**	**102.4**	**103.6**	**101.6**	**103.4**	**104.5**	**102.6**
北 京	Beijing	101.6	101.6	108.4	101.3	121.6	103.2	106.5	101.1
天 津	Tianjin	103.6	106.2	100.9	101.8	100.1	105.0	107.8	102.8
河 北	Hebei	100.2	103.6	104.4	107.5	102.3	104.6	103.1	105.7
山 西	Shanxi	100.7	102.6	101.8	104.4	100.1	102.5	102.8	102.3
内蒙古	Inner Mongolia	100.1	104.2	101.7	103.4	100.5	102.5	102.9	102.2
辽 宁	Liaoning	100.4	104.4	101.6	103.4	100.5	102.8	104.0	101.9
吉 林	Jilin	99.2	106.5	101.7	104.1	100.0	103.6	106.8	101.2
黑龙江	Heilongjiang	101.9	99.9	102.0	104.2	100.6	102.9	103.7	102.3
上 海	Shanghai	103.1	97.8	103.3	102.9	103.6	103.3	105.8	101.8
江 苏	Jiangsu	102.1	103.3	101.0	102.3	100.4	104.2	104.6	103.9
浙 江	Zhejiang	101.4	103.8	104.8	107.1	103.3	103.2	104.8	102.1
安 徽	Anhui	101.6	103.5	101.5	102.9	100.8	103.0	104.0	102.1
福 建	Fujian	100.1	101.2	101.4	103.6	100.3	103.1	105.1	101.6
江 西	Jiangxi	100.2	105.1	101.0	101.8	100.7	102.9	104.5	101.4
山 东	Shandong	101.0	104.2	102.0	104.1	100.2	104.1	104.8	103.5
河 南	Henan	100.0	101.1	101.9	103.4	100.9	105.2	106.7	104.0
湖 北	Hubei	100.5	102.0	101.8	102.9	101.2	102.6	104.2	101.3
湖 南	Hunan	100.3	102.2	101.4	103.5	100.1	102.5	103.7	101.6
广 东	Guangdong	101.1	100.5	103.9	102.8	104.7	103.5	104.4	102.8
广 西	Guangxi	101.0	99.1	101.8	104.2	100.4	103.0	103.1	102.9
海 南	Hainan	103.5	98.2	101.5	103.2	100.0	104.1	105.0	103.4
重 庆	Chongqing	100.9	100.0	100.7	101.7	100.0	102.8	103.1	102.6
四 川	Sichuan	100.2	98.2	102.8	103.5	102.2	103.2	104.2	102.6
贵 州	Guizhou	99.7	96.8	102.9	103.7	102.4	101.9	102.7	101.2
云 南	Yunnan	102.2	100.0	102.0	103.9	100.3	102.3	102.6	101.9
西 藏	Tibet	99.9	100.3	103.0	106.0	101.0	102.7	103.5	102.0
陕 西	Shaanxi	100.5	105.0	101.4	103.0	100.2	104.0	103.9	104.1
甘 肃	Gansu	99.5	100.3	102.0	104.1	100.5	102.8	104.0	101.8
青 海	Qinghai	99.7	103.1	102.1	103.7	100.9	103.5	106.4	100.6
宁 夏	Ningxia	98.0	95.2	104.0	102.9	105.2	103.9	104.1	103.7
新 疆	Xinjiang	101.3	98.7	101.1	103.6	100.1	103.2	102.8	103.5

5-7 分地区商品零售价格分类指数(2019年)

Retail Price Indices by Category of Commodities and by Region (2019)

(上年=100) (preceding year=100)

地区	Region	总指数 General Index	食品 Food	#粮食 Grain	#菜 Vegetables	#畜肉 Meat of Livestock	#禽肉 Meat of Poultry	#水产品 Aquatic Products	#蛋 Eggs	#干鲜瓜果 Fruits and Nuts
全国	**National Average**	**102.0**	**107.8**	**100.6**	**103.9**	**129.2**	**110.1**	**100.1**	**105.0**	**109.7**
北京	Beijing	100.5	105.6	99.6	100.6	120.8	111.2	98.4	103.8	108.8
天津	Tianjin	101.7	105.1	102.1	100.5	124.1	108.8	96.3	105.1	107.5
河北	Hebei	101.8	106.7	100.9	102.0	129.2	113.6	95.9	104.4	105.4
山西	Shanxi	101.8	106.7	100.3	103.0	128.0	113.6	99.0	107.3	108.4
内蒙古	Inner Mongolia	101.5	106.0	101.2	100.2	122.1	113.8	100.7	107.4	107.1
辽宁	Liaoning	101.7	106.9	100.9	103.9	127.9	112.1	101.3	103.5	107.2
吉林	Jilin	102.1	108.1	101.0	105.8	127.7	113.3	99.7	102.7	111.9
黑龙江	Heilongjiang	102.1	108.8	102.0	105.7	130.5	115.6	100.3	104.7	110.7
上海	Shanghai	100.4	105.2	100.7	103.5	118.7	111.3	100.3	105.2	107.4
江苏	Jiangsu	102.6	108.0	101.2	103.8	127.4	111.8	99.2	106.2	110.3
浙江	Zhejiang	102.5	106.8	100.2	104.4	126.0	107.4	98.5	104.0	112.5
安徽	Anhui	101.9	108.0	100.3	102.9	132.9	110.1	99.0	102.8	112.0
福建	Fujian	101.9	108.5	99.3	103.3	132.0	109.9	100.5	103.8	117.1
江西	Jiangxi	101.9	108.9	100.8	110.0	129.9	108.0	98.3	105.4	112.3
山东	Shandong	102.2	109.3	100.0	103.5	137.5	109.9	100.5	105.1	109.0
河南	Henan	102.4	107.2	100.2	103.8	133.0	110.7	99.1	105.9	107.6
湖北	Hubei	102.6	108.7	100.2	105.1	128.5	109.8	100.5	105.2	112.8
湖南	Hunan	102.3	108.2	100.3	106.1	130.2	109.0	99.2	105.7	106.3
广东	Guangdong	101.4	107.8	100.9	104.1	126.8	108.5	102.4	105.4	110.4
广西	Guangxi	103.2	111.5	100.7	107.0	137.0	112.8	105.2	104.5	114.4
海南	Hainan	102.5	108.6	100.3	105.6	125.7	110.4	102.8	104.5	116.0
重庆	Chongqing	101.6	107.4	97.7	101.9	133.1	110.8	101.4	104.7	105.7
四川	Sichuan	102.7	110.6	100.7	102.1	136.1	110.9	100.2	103.4	109.1
贵州	Guizhou	101.7	107.5	99.9	101.5	123.4	107.5	101.0	104.9	111.0
云南	Yunnan	101.5	107.9	101.4	107.6	119.6	108.7	99.3	106.6	116.6
西藏	Tibet	102.0	103.5	102.2	101.1	107.3	111.7	99.3	102.5	107.2
陕西	Shaanxi	102.4	106.4	100.7	101.2	131.3	112.7	98.6	106.6	103.7
甘肃	Gansu	101.9	106.1	100.7	104.1	121.8	113.0	100.6	105.7	110.4
青海	Qinghai	102.0	106.1	101.5	102.7	116.2	113.6	96.9	107.0	101.7
宁夏	Ningxia	101.1	104.7	100.3	102.0	117.1	111.1	97.5	105.2	109.9
新疆	Xinjiang	101.3	105.8	100.3	105.7	113.8	108.6	98.4	104.8	107.6

5-7 续表 1 continued

(上年=100) (preceding year=100)

地 区	Region	饮料烟酒 Beverages, Tobacco and Alcohol	服装鞋帽 Garments, Shoes and Hats	纺织品 Textiles	家用电器及音像器材 Household Appliances, Music and Video Equipment	文化办公用品 Cultural and Office Appliances	日用品 Articles for Daily Use	体育娱乐用品 Sports and Recreation Articles	交通、通信用品 Transportation and Communication Appliances
全 国	**National Average**	**101.3**	**101.6**	**100.7**	**98.8**	**99.9**	**100.7**	**100.3**	**98.4**
北 京	Beijing	101.1	101.7	99.5	94.8	98.3	98.3	99.6	97.0
天 津	Tianjin	101.5	101.8	100.7	99.4	100.8	100.9	102.8	100.2
河 北	Hebei	100.8	101.1	100.7	99.8	100.0	100.6	100.6	96.6
山 西	Shanxi	101.3	100.9	98.5	99.5	100.0	100.3	100.2	99.5
内蒙古	Inner Mongolia	101.1	101.6	100.7	100.4	100.3	100.9	100.0	97.6
辽 宁	Liaoning	100.9	101.9	100.1	98.6	100.2	100.2	100.5	98.2
吉 林	Jilin	101.4	102.0	101.5	98.0	99.6	101.1	101.1	96.8
黑龙江	Heilongjiang	100.6	101.1	99.7	99.3	98.6	99.6	100.4	98.6
上 海	Shanghai	101.0	103.1	99.1	99.5	97.8	101.4	99.5	95.6
江 苏	Jiangsu	102.1	102.8	102.4	100.5	101.8	101.8	100.6	100.3
浙 江	Zhejiang	101.3	101.5	103.7	99.0	100.3	102.4	101.3	99.7
安 徽	Anhui	100.9	102.2	100.8	99.4	98.6	100.7	100.1	97.0
福 建	Fujian	100.3	102.5	102.1	98.7	99.8	101.2	99.4	97.4
江 西	Jiangxi	100.6	101.2	100.4	98.4	100.2	100.7	100.0	98.2
山 东	Shandong	101.1	100.9	99.4	99.9	100.3	100.5	100.9	98.0
河 南	Henan	101.9	100.8	100.3	98.3	103.2	100.9	100.8	102.1
湖 北	Hubei	101.1	101.5	101.3	97.3	98.2	100.4	100.8	99.9
湖 南	Hunan	101.4	101.0	100.8	100.0	100.8	100.4	100.2	99.5
广 东	Guangdong	102.1	101.6	99.4	97.3	97.8	99.5	99.0	98.1
广 西	Guangxi	101.0	101.8	100.4	98.9	99.8	101.0	99.6	98.6
海 南	Hainan	100.0	101.7	99.8	100.4	99.3	101.9	98.9	99.4
重 庆	Chongqing	99.9	100.2	100.6	95.9	100.7	101.5	101.5	98.0
四 川	Sichuan	101.6	101.4	101.3	97.5	99.2	101.1	100.8	96.0
贵 州	Guizhou	100.6	100.2	99.3	97.9	99.7	100.5	100.5	99.2
云 南	Yunnan	101.1	100.2	98.4	98.4	100.1	100.3	100.2	97.7
西 藏	Tibet	101.1	104.4	100.6	100.3	100.0	101.1	100.2	99.5
陕 西	Shaanxi	101.1	102.1	104.0	98.8	100.3	101.8	100.8	99.2
甘 肃	Gansu	100.8	100.9	101.0	99.1	99.9	101.0	100.7	98.2
青 海	Qinghai	101.0	100.7	99.3	96.6	100.4	100.2	100.7	100.6
宁 夏	Ningxia	101.0	99.8	101.6	98.2	99.3	101.4	99.7	97.4
新 疆	Xinjiang	101.8	99.7	99.2	99.0	99.2	99.7	101.6	96.1

5-7 续表 2 continued

(上年=100) (preceding year=100)

地 区	Region	家 具 Furniture	化妆品 Cosmetics	金银饰品 Gold and Silver Ornaments	中西药品及医疗保健用品 Traditional Chinese and Western Medicines and Health Care Articles	书报杂志及电子出版物 Books, Newspapers, Magazines and Electronic Publications	燃 料 Fuels	建筑材料及五金电料 Building Materials and Hardware
全 国	**National Average**	**101.1**	**101.5**	**108.3**	**103.9**	**104.6**	**97.0**	**101.0**
北 京	Beijing	100.8	101.6	110.9	101.7	104.7	96.4	100.3
天 津	Tianjin	99.3	100.6	112.6	102.0	102.4	96.3	101.5
河 北	Hebei	101.9	102.8	106.6	108.2	103.0	97.6	100.2
山 西	Shanxi	100.6	101.4	105.7	104.9	106.0	96.6	102.0
内蒙古	Inner Mongolia	100.3	100.4	104.4	104.2	106.2	97.7	101.4
辽 宁	Liaoning	100.2	101.5	107.3	103.8	102.5	96.8	100.4
吉 林	Jilin	102.8	102.1	112.3	103.9	109.4	98.8	100.6
黑龙江	Heilongjiang	99.6	102.8	106.6	104.7	102.9	98.3	100.1
上 海	Shanghai	100.9	101.7	109.6	103.1	105.8	94.5	102.3
江 苏	Jiangsu	102.8	103.4	107.1	102.3	109.2	97.0	102.1
浙 江	Zhejiang	102.2	102.8	108.3	107.6	104.5	96.4	101.1
安 徽	Anhui	101.2	102.0	107.7	102.7	101.5	98.0	100.9
福 建	Fujian	99.8	101.1	110.3	104.2	104.8	94.4	100.2
江 西	Jiangxi	101.4	100.9	107.6	101.7	104.2	95.7	101.0
山 东	Shandong	101.0	101.3	108.6	103.5	104.9	97.1	101.2
河 南	Henan	101.9	101.0	107.9	103.9	106.4	96.1	100.9
湖 北	Hubei	101.7	101.9	107.7	103.5	106.8	98.2	100.8
湖 南	Hunan	100.0	100.5	108.9	104.3	100.7	97.2	101.1
广 东	Guangdong	100.1	100.9	108.7	103.0	103.9	95.8	101.1
广 西	Guangxi	100.7	100.5	109.4	104.7	103.5	98.4	101.1
海 南	Hainan	100.6	100.7	109.9	103.6	100.4	95.5	102.0
重 庆	Chongqing	102.8	100.7	104.9	101.7	103.3	101.3	100.4
四 川	Sichuan	101.8	100.1	107.8	103.7	102.7	99.4	100.7
贵 州	Guizhou	99.4	101.3	106.8	104.6	104.3	96.7	100.6
云 南	Yunnan	100.9	101.1	106.4	103.1	103.5	95.0	101.7
西 藏	Tibet	101.5	100.0	106.7	107.5	99.8	98.0	101.5
陕 西	Shaanxi	101.8	99.9	108.3	102.3	104.6	99.6	102.1
甘 肃	Gansu	100.3	101.0	107.9	104.7	100.2	98.6	100.8
青 海	Qinghai	101.8	101.7	111.3	102.4	104.8	97.8	99.9
宁 夏	Ningxia	100.5	100.3	105.2	102.5	104.0	97.7	100.7
新 疆	Xinjiang	100.9	99.4	106.5	104.3	104.6	97.7	99.1

5-8 农业生产资料价格分类指数
Price Indices for Means of Agricultural Production by Category

(上年=100) (preceding year=100)

年 份 Year / 地 区 Region		总指数 General Index	农用手工工具 Farm Handtools	饲 料 Feed	仔畜幼禽及产品畜 Young Animals and Commodity Animals	半机械化农具 Semi-mechanized Farm Tools	机械化农具 Mechanized Farm Machinery
	2003	101.4	99.3	102.0	102.9	99.4	98.5
	2004	110.6	104.3	116.5	127.6	102.1	102.2
	2005	108.3	105.1	103.9	106.5	102.3	102.3
	2006	101.5	106.2	101.1	88.0	101.8	101.5
	2007	107.7	104.9	108.2	144.5	102.7	101.7
	2008	120.3	112.5	115.8	131.5	107.9	109.0
	2009	97.5	103.1	102.4	82.7	101.5	100.9
	2010	102.9	102.5	108.3	100.8	100.7	101.4
	2011	111.3	105.3	107.6	137.3	103.6	104.6
	2012	105.6	104.4	105.7	104.6	102.1	102.1
	2013	101.4	103.0	104.5	100.3	100.7	100.5
	2014	99.1	103.1	102.0	97.8	100.5	100.6
	2015	100.4	101.5	98.1	108.3	100.1	99.8
	2016	100.1	101.0	95.5	126.9	99.5	100.0
	2017	100.6	102.3	99.1	94.1	101.0	101.5
	2018	103.1	103.8	102.9	89.5	101.4	101.8
	2019	104.6	102.6	101.3	145.8	100.3	100.9
北 京	Beijing						
天 津	Tianjin						
河 北	Hebei	103.1	100.6	100.0	137.4	101.0	100.2
山 西	Shanxi	104.7	101.7	105.0	156.9	99.5	97.7
内蒙古	Inner Mongolia	102.0	101.0	98.4	120.0	104.9	100.5
辽 宁	Liaoning	103.6	100.0	101.2	141.9	100.5	101.1
吉 林	Jilin	108.3	100.5	104.0	205.9	100.7	101.0
黑龙江	Heilongjiang	105.6	101.6	103.1	163.8	100.2	101.8
上 海	Shanghai						
江 苏	Jiangsu	104.2	105.4	102.1	134.2	102.8	101.5
浙 江	Zhejiang	102.9	105.5	98.1	139.0	102.7	101.3
安 徽	Anhui	102.3	102.4	100.8	142.7	99.8	98.9
福 建	Fujian	102.2	105.8	100.5	135.4	97.7	100.8
江 西	Jiangxi	105.5	100.7	98.7	177.5	101.9	101.3
山 东	Shandong	107.6	101.6	105.6	171.0	104.0	100.2
河 南	Henan	103.8	101.6	99.2	161.2	102.6	101.5
湖 北	Hubei	103.0	95.0	99.7	141.3	96.0	102.5
湖 南	Hunan	102.5	100.0	99.9	136.0	100.2	102.2
广 东	Guangdong	104.1	104.8	99.3	147.0	99.1	99.8
广 西	Guangxi	104.6	102.8	99.5	156.2	101.0	102.6
海 南	Hainan	104.3	103.9	101.0	157.5	99.5	100.6
重 庆	Chongqing						
四 川	Sichuan	109.0	105.8	100.6	150.8	98.1	99.2
贵 州	Guizhou	103.2	102.9	102.7	108.4	100.1	99.8
云 南	Yunnan	103.9	103.7	102.0	117.5	99.7	101.6
西 藏	Tibet	100.2	100.9	100.3	100.5	100.0	100.0
陕 西	Shaanxi	103.3	101.4	101.6	135.4	101.2	102.2
甘 肃	Gansu	101.1	103.9	100.8	111.5	99.0	99.8
青 海	Qinghai	103.5	107.3	100.8	120.3	100.8	100.7
宁 夏	Ningxia	104.0	100.9	95.6	122.8	101.6	100.1
新 疆	Xinjiang	102.6	100.6	99.9	131.3	99.9	100.0

5-8 续表 continued

(上年=100) (preceding year=100)

年 份 Year / 地 区 Region	化学肥料 Chemical Fertilizer	农药及农药器械 Pesticide and Related Equipment	农机用油 Fuel Oil for Farm Machinery	其他农用生产资料 Other Means of Agricultural Production	农业生产服务 Service for Agricultural Production
2003	101.6	99.9	107.8	97.0	
2004	112.8	103.0	108.4	106.3	
2005	112.8	104.1	111.1	109.4	
2006	100.1	101.6	113.4	105.8	107.8
2007	103.4	101.4	105.3	103.4	109.7
2008	131.7	108.0	113.1	108.1	110.3
2009	93.7	100.1	94.4	102.5	107.9
2010	98.6	100.4	110.3	107.2	104.3
2011	113.3	102.6	110.8	108.1	108.3
2012	106.6	102.4	104.2	105.9	108.3
2013	97.7	101.6	100.5	103.9	106.5
2014	94.2	101.2	98.2	102.1	104.0
2015	100.6	100.5	87.3	100.8	102.2
2016	96.9	99.9	96.6	99.9	101.5
2017	102.1	101.0	110.0	100.7	101.5
2018	107.4	104.8	112.6	101.3	102.8
2019	101.9	102.9	94.6	100.9	102.3
北 京 Beijing					
天 津 Tianjin					
河 北 Hebei	101.8	103.8	94.7	100.3	102.8
山 西 Shanxi	99.7	101.3	94.2	101.2	101.8
内蒙古 Inner Mongolia	102.8	102.4	94.5	98.1	101.2
辽 宁 Liaoning	103.3	100.0	94.5	101.0	101.8
吉 林 Jilin	104.5	100.4	94.7	99.1	100.8
黑龙江 Heilongjiang	103.8	102.7	94.7	101.6	102.7
上 海 Shanghai					
江 苏 Jiangsu	102.3	103.7	94.8	102.2	103.1
浙 江 Zhejiang	101.1	102.4	94.2	100.3	103.0
安 徽 Anhui	100.5	101.3	94.1	100.6	101.3
福 建 Fujian	98.2	102.6	91.9	100.1	101.9
江 西 Jiangxi	102.7	102.2	94.8	100.0	104.7
山 东 Shandong	102.2	108.0	94.5	100.7	104.9
河 南 Henan	101.1	104.0	94.1	101.4	101.5
湖 北 Hubei	102.4	100.7	94.7	100.6	100.8
湖 南 Hunan	99.4	101.9	95.6	101.9	103.4
广 东 Guangdong	100.3	102.7	94.9	100.3	103.6
广 西 Guangxi	102.3	102.6	94.7	101.0	101.9
海 南 Hainan	101.5	104.0	94.4	100.5	100.0
重 庆 Chongqing					
四 川 Sichuan	103.0	104.2	94.0	101.1	103.3
贵 州 Guizhou	103.9	100.5	98.3	99.9	103.3
云 南 Yunnan	101.7	102.4	96.9	102.8	101.0
西 藏 Tibet	100.0	100.0	97.9	101.1	100.0
陕 西 Shaanxi	101.0	102.9	95.3	102.3	100.5
甘 肃 Gansu	98.3	101.2	94.8	100.9	102.6
青 海 Qinghai	100.5	104.9	94.4	101.7	103.3
宁 夏 Ningxia	105.8	101.8	94.7	101.6	101.1
新 疆 Xinjiang	101.0	98.9	95.5	99.8	101.2

5-9 农产品生产者价格指数
Producer Price Indices for Farm Products

(上年＝100) (preceding year=100)

指　标	Item	2015	2016	2017	2018	2019
农产品生产者价格指数	**Producer Price Indices for Farm Products**	**101.7**	**103.4**	**96.5**	**99.1**	**114.5**
农业产品	**Farm Products**	**99.2**	**97.0**	**99.5**	**101.2**	**100.8**
谷物	Cereals	98.7	92.2	100.5	102.3	100.3
#小麦	Wheat	99.2	94.1	104.4	100.1	100.1
稻谷	Rice	101.6	98.8	100.7	99.7	96.5
玉米	Corn	96.5	86.8	97.1	105.1	102.0
大豆	Soybeans	99.0	97.6	97.7	97.9	100.1
油料	Oil-bearing Crops	100.8	101.1	100.5	99.1	105.2
棉花	Cotton	87.5	118.4	100.8	97.9	97.8
糖料	Sugar Crops	98.8	106.5	106.3	98.8	97.7
蔬菜	Vegetables	104.6	107.0	95.6	103.6	101.2
水果	Fruits	99.7	92.5	104.8	101.1	103.6
林业产品	**Forestry Products**	**97.9**	**96.1**	**104.9**	**98.9**	**100.1**
饲养动物及其产品	**Raised Animals and Related Products**	**104.2**	**110.4**	**90.8**	**95.6**	**133.5**
生猪	Live Pigs	108.9	119.4	86.0	85.6	150.5
活牛	Live Cattle and Buffaloes	99.1	98.7	98.8	104.9	112.5
活羊	Live Sheep and Goats	89.4	93.6	107.1	114.7	114.3
活家禽	Live Poultry	101.3	99.6	96.7	107.7	107.8
禽蛋	Eggs	96.9	94.3	92.8	117.6	102.1
生奶	Raw Milk	92.2	96.2	100.0	101.3	105.6
渔业产品	**Fishery Products**	**102.5**	**103.4**	**104.9**	**102.6**	**99.4**
海水养殖产品	Seawater Cultured Products	101.0	104.1	107.9	101.4	97.2
海水捕捞产品	Seawater Fishing Products	106.0	106.2	103.1	104.7	100.6
淡水养殖产品	Freshwater Cultured Products	102.1	102.0	102.4	102.2	99.8

5-10 分地区农产品生产者价格指数
Producer Price Indices for Farm Products by Region

(上年=100) (preceding year=100)

地 区	Region	2018					2019				
		总指数 General Index	农业产品 Farm Products	林业产品 Forestry Products	饲养动物及其产品 Raised Animals and Related Products	渔业产品 Fishery Products	总指数 General Index	农业产品 Farm Products	林业产品 Forestry Products	饲养动物及其产品 Raised Animals and Related Products	渔业产品 Fishery Products
全 国	**National Average**	**99.1**	**101.2**	**98.9**	**95.6**	**102.6**	**114.5**	**100.8**	**100.1**	**133.5**	**99.4**
北 京	Beijing	103.6	109.7		97.0	96.6	109.9	98.6		123.3	99.6
天 津	Tianjin	104.2	109.0		100.4	95.7	108.8	99.7		124.7	102.3
河 北	Hebei	104.7	104.5	100.6	104.6	109.9	107.1	101.0	90.6	118.8	100.7
山 西	Shanxi	104.7	107.1	71.0	100.9	110.9	115.2	107.8	150.0	128.1	106.3
内蒙古	Inner Mongolia	102.0	105.4	101.3	98.7	99.2	105.6	101.9	101.5	110.4	101.9
辽 宁	Liaoning	103.7	105.4	105.7	101.6	104.8	107.6	100.6	97.2	116.8	100.5
吉 林	Jilin	106.1	110.5	108.2	93.0	94.1	108.7	101.1	99.5	131.8	97.0
黑龙江	Heilongjiang	100.8	102.9	105.1	89.6	99.1	106.2	99.5	102.5	141.1	105.3
上 海	Shanghai	100.5	102.8	102.0	93.0	102.5	105.6	102.8	100.2	126.7	96.7
江 苏	Jiangsu	100.9	101.0	102.4	98.8	103.8	109.3	100.3	104.8	125.8	102.7
浙 江	Zhejiang	100.8	100.1	99.2	95.6	106.3	109.9	102.8	100.3	140.3	102.2
安 徽	Anhui	99.0	99.4	101.0	96.2	103.2	109.3	99.5	102.7	136.2	100.2
福 建	Fujian	102.6	102.6	110.8	95.7	103.9	106.9	103.8	103.2	128.8	98.4
江 西	Jiangxi	97.4	98.9	101.4	91.7	103.2	113.2	100.7	101.0	141.0	99.1
山 东	Shandong	100.5	101.2	101.4	97.3	103.1	112.2	106.1	100.3	132.2	101.3
河 南	Henan	97.9	100.1	105.8	94.0		119.9	103.2	102.3	148.4	95.8
湖 北	Hubei	96.6	99.0	100.3	90.9	101.9	110.1	102.0	101.8	132.1	99.3
湖 南	Hunan	95.4	98.2	101.4	91.6	95.8	118.0	102.0	101.2	139.8	101.1
广 东	Guangdong	101.3	100.1	99.4	101.6	103.6	107.3	103.5	98.0	121.0	102.1
广 西	Guangxi	97.3	99.2	102.9	91.7	103.4	115.5	103.5	99.9	139.6	101.2
海 南	Hainan	97.3	97.3	90.4	95.7	102.5	109.2	106.6	91.6	136.1	100.1
重 庆	Chongqing	99.7	106.3	92.9	94.6	99.7	112.1	102.1	97.2	133.7	101.4
四 川	Sichuan	100.2	101.7	101.3	98.7	101.0	115.6	102.7	101.7	128.0	102.4
贵 州	Guizhou	92.6	101.5	96.8	85.7	99.3	116.2	103.3	100.9	126.7	107.5
云 南	Yunnan	96.9	100.7	105.9	89.0	100.3	109.6	101.0	93.1	127.6	100.3
西 藏	Tibet										
陕 西	Shaanxi	100.9	103.7	95.3	96.1	103.1	107.7	104.2	98.0	115.5	96.1
甘 肃	Gansu	101.7	101.6		102.2	93.6	109.9	104.8		121.1	101.2
青 海	Qinghai	100.3	97.1		105.6	100.0	109.6	106.4		115.0	88.0
宁 夏	Ningxia	105.0	104.0		106.0	106.3	106.4	98.5		115.8	91.8
新 疆	Xinjiang	106.3	106.0	121.3	106.2	107.8	99.6	94.5	96.2	114.4	102.5

5-11 按工业行业分工业生产者出厂价格指数
Producer Price Indices for Industrial Products by Sector

(上年=100) (preceding year=100)

行 业	Sector	2016	2017	2018	2019
总指数	**General Index**	**98.6**	**106.3**	**103.5**	**99.7**
煤炭开采和洗选业	Mining and Washing of Coal	98.3	128.2	104.6	100.8
石油和天然气开采业	Extraction of Petroleum and Natural Gas	83.6	129.0	124.3	96.4
黑色金属矿采选业	Mining and Processing of Ferrous Metal Ores	96.5	115.6	103.0	112.3
有色金属矿采选业	Mining and Processing of Non-Ferrous Metal Ores	102.3	114.0	104.4	101.2
非金属矿采选业	Mining and Processing of Non-metal Ores	99.0	105.0	107.1	104.8
开采辅助活动	Support Activities for Mining	99.7	98.2	95.3	101.4
其他采矿业	Other Mining				
农副食品加工业	Processing of Food from Agricultural Products	100.2	100.6	100.3	103.0
食品制造业	Manufacturing of Foods	99.8	101.2	101.6	101.3
酒、饮料和精制茶制造业	Manufacturing of Alcohol, Beverages and Refined Tea	99.1	100.3	101.6	101.2
烟草制品业	Manufacturing of Tobacco	100.1	100.0	100.4	102.3
纺织业	Manufacturing of Textiles	98.7	103.1	102.3	99.4
纺织服装、服饰业	Manufacturing of Textile Wearing Apparel and Accessories	100.5	100.8	101.0	100.6
皮革、毛皮、羽毛及其制品和制鞋业	Manufacturing of Leather, Fur, Feather and Related Products; Manufacture of Footware	100.9	101.0	100.6	101.4
木材加工和木、竹、藤、棕、草制品业	Processing of Timber, Manufacture of Wood, Bamboo, Rattan, Palm and Straw Products	99.7	100.5	101.7	100.9
家具制造业	Manufacturing of Furniture	101.1	101.7	101.2	101.3
造纸和纸制品业	Manufacturing of Paper and Paper Products	99.8	109.5	106.7	95.0
印刷和记录媒介复制业	Printing and Reproduction of Recorded Media	99.4	101.3	101.8	100.2
文教、工美、体育和娱乐用品制造业	Manufacturing of Articles for Culture, Education, Arts and Crafts, Sport and Entertainment Activities	102.8	101.1	99.5	102.7
石油加工、炼焦和核燃料加工业	Processing of Petroleum, Coking and Processing of Nuclear Fuel	93.3	119.2	116.3	96.4
化学原料和化学制品制造业	Manufacturing of Raw Chemical Materials and Chemical Products	97.2	109.4	106.2	96.1
医药制造业	Manufacturing of Medicines	100.4	101.5	103.0	101.7
化学纤维制造业	Manufacturing of Chemical Fibres	95.0	109.7	105.4	93.9
橡胶和塑料制品业	Manufacturing of Rubber and Plastic Products	97.7	102.6	101.6	99.4
非金属矿物制品业	Manufacturing of Non-metallic Mineral Products	98.5	108.1	109.7	102.2
黑色金属冶炼和压延加工业	Smelting and Pressing of Ferrous Metals	102.5	127.9	109.0	98.2
有色金属冶炼和压延加工业	Smelting and Pressing of Non-ferrous Metals	98.0	115.9	103.4	99.3
金属制品业	Manufacturing of Metal Products	98.6	105.6	104.6	100.9
通用设备制造业	Manufacturing of General Purpose Machinery	99.0	100.8	101.6	100.8
专用设备制造业	Manufacturing of Special Purpose Machinery	98.8	100.4	101.1	100.4
汽车制造业	Manufacturing of Automobiles	98.9	99.8	100.1	99.3
铁路、船舶、航空航天和其他运输设备制造业	Manufacturing of Railway, Ship, Aerospace and Other Transport Equipment	99.7	101.2	100.9	100.3
电气机械和器材制造业	Manufacturing of Electrical Machinery and Apparatus	98.4	102.0	100.1	98.0
计算机、通信和其他电子设备制造业	Manufacturing of Computers, Communication and Other Electronic Equipment	98.6	99.7	98.5	99.1
仪器仪表制造业	Manufacturing of Measuring Instruments and Machinery	99.8	99.8	99.5	100.8
其他制造业	Other Manufacturing	100.8	102.7	101.3	101.2
废弃资源综合利用业	Utilization of Waste Resources	97.5	115.8	115.0	104.1
金属制品、机械和设备修理业	Repair Service of Metal Products, Machinery and Equipment	102.4	102.6	100.6	102.8
电力、热力生产和供应业	Production and Supply of Electric Power and Heat Power	96.9	99.3	99.0	99.1
燃气生产和供应业	Production and Supply of Gas	90.4	102.1	104.0	103.1
水的生产和供应业	Production and Supply of Water	101.9	102.0	101.5	102.1

5-12 分地区工业生产者出厂价格指数
Producer Price Indices for Industrial Products by Region

(上年=100) (preceding year=100)

地 区	Region	2012	2013	2014	2015	2016	2017	2018	2019
全 国	**National Average**	**98.3**	**98.1**	**98.1**	**94.8**	**98.6**	**106.3**	**103.5**	**99.7**
北 京	Beijing	98.4	97.4	99.1	96.9	98.1	100.7	100.0	99.6
天 津	Tianjin	97.0	97.0	96.3	90.3	97.9	108.4	105.4	99.3
河 北	Hebei	94.7	96.6	95.2	89.1	99.9	115.0	106.2	100.2
山 西	Shanxi	94.5	90.7	91.4	87.7	96.8	119.4	106.7	99.7
内蒙古	Inner Mongolia	100.2	97.0	97.3	94.0	98.9	110.6	103.2	102.1
辽 宁	Liaoning	99.9	99.0	98.2	93.9	98.8	108.1	104.8	99.5
吉 林	Jilin	99.1	98.7	99.1	95.3	98.4	103.1	102.8	98.9
黑龙江	Heilongjiang	100.0	98.0	97.1	86.0	95.1	109.3	109.0	98.2
上 海	Shanghai	98.4	98.2	98.9	96.1	98.8	103.5	101.7	98.8
江 苏	Jiangsu	97.1	98.0	98.3	95.3	98.1	104.8	102.8	98.9
浙 江	Zhejiang	97.3	98.2	98.8	96.4	98.3	104.8	103.4	98.9
安 徽	Anhui	98.3	98.2	97.4	93.9	98.5	108.0	103.0	100.3
福 建	Fujian	98.7	98.4	98.6	97.0	99.1	104.1	102.8	100.6
江 西	Jiangxi	96.5	98.5	97.8	93.7	98.6	107.9	104.2	98.9
山 东	Shandong	98.4	98.4	98.4	95.2	98.5	105.5	103.7	99.7
河 南	Henan	99.4	98.5	98.1	95.4	99.0	106.8	103.6	100.2
湖 北	Hubei	100.3	99.2	98.4	96.7	99.0	105.6	104.2	100.2
湖 南	Hunan	99.1	98.5	98.4	96.3	98.9	105.8	103.2	99.6
广 东	Guangdong	99.5	98.8	98.9	96.8	99.4	103.3	101.8	100.2
广 西	Guangxi	97.8	98.2	98.4	97.0	99.1	107.6	103.2	99.3
海 南	Hainan	100.8	99.5	97.6	89.8	96.0	108.8	108.2	97.4
重 庆	Chongqing	99.9	98.0	98.3	97.2	98.6	104.1	102.1	99.8
四 川	Sichuan	98.6	98.7	98.7	96.4	98.9	106.5	103.6	100.4
贵 州	Guizhou	101.0	97.4	98.3	96.1	97.9	107.2	101.8	99.8
云 南	Yunnan	97.9	97.5	97.8	94.9	97.6	105.2	102.4	100.0
西 藏	Tibet	99.7	99.8	99.0	93.2	102.9	110.0	100.1	98.9
陕 西	Shaanxi	100.7	97.3	97.1	90.8	97.6	110.8	105.4	100.8
甘 肃	Gansu	96.8	96.9	96.7	87.0	94.9	114.5	109.5	98.3
青 海	Qinghai	96.9	97.0	96.1	93.1	98.5	116.7	104.8	98.5
宁 夏	Ningxia	97.4	96.0	96.3	93.7	99.1	112.1	107.3	99.4
新 疆	Xinjiang	96.9	96.5	96.2	82.4	94.5	113.7	111.2	98.5

5-13 工业生产者出厂价格分类指数

Producer Price Indices for Industrial Products by Category

(上年=100) (preceding year=100)

类 别	Item	2012	2013	2014	2015	2016	2017	2018	2019
总指数	**General Index**	**98.3**	**98.1**	**98.1**	**94.8**	**98.6**	**106.3**	**103.5**	**99.7**
生产资料	**Means of Production**	**97.5**	**97.4**	**97.5**	**93.3**	**98.2**	**108.3**	**104.6**	**99.2**
采掘工业	Mining & Quarrying Industry	97.6	94.3	93.5	80.3	95.4	120.7	108.8	102.4
原材料工业	Raw Materials Industry	98.0	96.9	97.0	90.5	96.7	111.5	106.3	97.4
加工工业	Processing Industry	97.3	98.0	98.2	95.7	99.0	106.1	103.5	99.7
生活资料	**Consumer Goods**	**100.8**	**100.2**	**100.0**	**99.7**	**100.0**	**100.7**	**100.5**	**100.9**
食品类	Food	101.4	100.7	100.2	100.0	100.6	100.6	100.5	102.7
衣着类	Clothing	102.1	101.2	100.7	100.7	100.9	101.2	100.8	101.1
一般日用品	Articles for Daily Use	100.9	99.8	100.1	99.3	100.0	101.3	101.0	100.4
耐用消费品	Durable Consumer Goods	99.1	99.1	99.2	99.2	98.5	99.9	99.8	98.8

5-14 工业生产者购进价格指数

Purchasing Price Indices for Industrial Producers

(上年=100) (preceding year=100)

年 份 Year	总指数 General Index	燃料、动力类 Fuel and Power	黑色金属材料类 Ferrous Metals	有色金属材料及电线类 Nonferrous Metals and Cables	化 工 原料类 Raw Chemical Materials	木材及纸浆类 Timber and Paper Pulp	建筑材料及非金属类 Building Materials and Non-metals	农 副 产品类 Agricultural Products	纺 织 原料类 Textile Materials
1989	126.4	124.7	130.3	127.6	124.4	111.4	122.7	128.9	128.5
1990	105.6	110.7	103.9	97.2	95.6	99.4	115.2	107.8	107.4
1991	109.1	112.9	112.5	101.2	99.8	105.6	101.2	106.8	108.9
1992	111.0	116.4	114.5	112.4	102.6	102.0	118.8	103.4	100.5
1993	135.1	136.7	174.1	115.8	114.3	128.6	140.9	112.2	107.1
1994	118.2	118.0	103.8	110.7	111.7	115.1	114.3	148.3	139.6
1995	115.3	108.7	98.2	128.3	127.2	115.8	102.6	143.1	123.6
1996	103.9	110.2	99.3	92.4	98.0	101.9	102.5	114.7	94.5
1997	101.3	109.3	97.4	96.2	97.1	100.9	99.7	102.0	94.7
1998	95.8	99.1	95.1	88.3	93.6	96.7	98.6	94.5	94.3
1999	96.7	100.9	94.7	98.9	97.6	100.4	98.8	89.8	96.8
2000	105.1	115.4	100.9	110.3	105.6	99.8	101.5	99.9	102.4
2001	99.8	100.2	100.5	95.6	98.4	100.4	98.6	101.2	99.7
2002	97.7	100.1	98.2	96.5	97.5	98.7	98.2	95.7	97.1
2003	104.8	107.4	107.9	105.3	102.9	100.3	99.7	106.7	101.4
2004	111.4	109.7	120.4	120.1	108.9	102.8	105.1	114.2	104.7
2005	108.3	115.0	107.5	114.0	108.3	103.5	103.1	101.7	102.4
2006	106.0	111.9	98.3	130.8	102.1	102.6	101.9	104.3	102.9
2007	104.4	104.3	105.4	111.6	103.6	102.7	103.0	106.1	101.4
2008	110.5	120.6	118.4	98.6	105.2	105.2	109.5	107.5	103.1
2009	92.1	89.2	86.3	81.1	91.3	95.8	101.1	97.0	98.8
2010	109.6	116.3	106.6	122.2	107.0	103.0	103.8	110.4	106.7
2011	109.1	110.8	109.4	112.1	110.4	104.6	108.4	115.6	112.7
2012	98.2	100.9	92.9	94.5	96.1	100.1	99.7	100.2	99.1
2013	98.0	96.6	95.7	95.4	97.3	99.6	98.7	101.6	99.9
2014	97.8	97.1	94.6	96.1	98.3	99.4	99.8	99.4	98.9
2015	93.9	88.7	88.4	92.7	93.7	99.3	95.9	97.7	97.8
2016	98.0	95.6	97.7	97.9	97.6	99.7	97.6	100.1	99.7
2017	108.1	113.0	115.9	115.3	108.4	106.2	108.6	101.5	104.0
2018	104.1	107.1	106.1	103.9	104.6	105.4	110.5	99.6	102.2
2019	99.3	98.2	102.3	97.6	94.8	97.5	104.2	102.8	99.3

5-15 固定资产投资价格指数
Price Indices for Investment in Fixed Assets

年份 Year	上年=100 Preceding Year=100				1990年=100 Year of 1990=100			
	固定资产投资 Investment in Fixed Assets	建筑安装工程 Construction and Installation	设备工器具购置 Purchase of Equipment and Instruments	其他费用 Other Expenses	固定资产投资 Investment in Fixed Assets	建筑安装工程 Construction and Installation	设备工器具购置 Purchase of Equipment and Instruments	其他费用 Other Expenses
1990	108.0	106.9	109.1	112.4	100.0	100.0	100.0	100.0
1991	109.5	109.7	106.1	116.8	109.5	109.7	106.1	116.8
1992	115.3	116.8	109.4	120.9	126.3	128.1	116.1	141.2
1993	126.6	131.3	119.7	123.4	159.8	168.2	138.9	174.3
1994	110.4	110.4	109.5	112.1	176.5	185.7	152.1	195.3
1995	105.9	104.7	106.3	112.4	186.9	194.5	161.7	219.6
1996	104.0	105.1	101.6	104.3	194.3	204.4	164.3	229.0
1997	101.7	102.9	98.1	102.9	197.6	210.3	161.2	235.6
1998	99.8	100.5	97.5	100.4	197.3	211.4	157.2	236.6
1999	99.6	100.3	97.5	99.9	196.5	212.0	153.2	236.3
2000	101.1	102.4	97.4	101.0	198.6	217.1	149.2	238.7
2001	100.4	101.4	97.0	101.0	199.4	220.1	144.8	241.1
2002	100.2	101.0	97.0	101.2	199.8	222.3	140.4	244.0
2003	102.2	104.2	97.0	101.6	204.2	231.7	136.2	247.9
2004	105.6	108.2	99.4	103.5	215.7	250.7	135.4	256.6
2005	101.6	101.8	99.4	103.2	219.1	255.2	134.6	264.8
2006	101.5	101.3	100.7	103.3	222.4	258.5	135.5	273.5
2007	103.9	105.1	100.2	104.2	231.1	271.8	135.7	284.9
2008	108.9	112.9	100.6	105.4	251.8	306.9	136.4	300.3
2009	97.6	96.3	97.6	102.4	245.8	295.5	133.1	307.5
2010	103.6	104.9	100.3	103.1	254.6	310.0	133.5	317.0
2011	106.6	109.2	101.1	104.0	271.4	338.5	135.0	329.7
2012	101.1	101.6	98.9	102.2	274.4	343.9	133.5	337.0
2013	100.3	100.3	99.0	101.7	275.2	344.9	132.2	342.7
2014	100.5	100.6	99.7	101.4	276.6	347.0	131.8	347.5
2015	98.2	97.3	99.3	100.7	271.6	337.6	130.9	349.9
2016	99.4	99.4	98.9	100.5	270.0	335.6	129.5	351.6
2017	105.8	108.0	100.6	101.0	285.7	362.4	130.3	355.1
2018	105.4	107.2	101.0	101.2	301.1	388.5	131.6	359.4
2019	102.6	102.8	100.1	103.5	308.9	399.4	131.7	372.0

5-16 分地区固定资产投资价格指数
Price Indices for Investment in Fixed Assets by Region

(上年=100) (preceding year=100)

地 区	Region	2018 固定资产投资 Investment in Fixed Assets	2018 建筑安装工程 Construction and Installation	2018 设备工器具购置 Purchase of Equipment and Instruments	2018 其他费用 Others	2019 固定资产投资 Investment in Fixed Assets	2019 建筑安装工程 Construction and Installation	2019 设备工器具购置 Purchase of Equipment and Instruments	2019 其他费用 Others
全 国	**National Average**	**105.4**	**107.2**	**101.0**	**101.2**	**102.6**	**102.8**	**100.1**	**103.5**
北 京	Beijing	103.8	108.2	100.4	100.6	102.1	101.0	100.0	103.8
天 津	Tianjin	104.5	106.9	101.0	100.5	101.7	102.6	99.8	101.4
河 北	Hebei	105.0	106.7	101.3	100.6	103.0	103.1	100.6	107.0
山 西	Shanxi	104.5	106.5	101.0	100.9	104.0	104.6	100.9	104.3
内蒙古	Inner Mongolia	103.6	104.6	101.0	100.8	101.7	101.4	100.6	104.9
辽 宁	Liaoning	103.5	104.4	100.8	101.2	103.1	101.7	100.6	109.6
吉 林	Jilin	104.6	107.8	100.8	100.9	102.6	102.4	100.7	105.6
黑龙江	Heilongjiang	103.3	104.4	100.8	100.4	100.8	100.6	100.3	103.4
上 海	Shanghai	105.6	109.2	100.8	101.0	101.4	102.3	100.5	100.5
江 苏	Jiangsu	106.0	109.6	100.7	102.3	101.3	102.3	99.4	100.8
浙 江	Zhejiang	105.7	108.8	100.7	101.9	102.1	102.8	100.0	101.9
安 徽	Anhui	105.8	108.5	101.0	100.8	102.3	102.7	100.1	102.3
福 建	Fujian	104.9	106.7	100.8	100.4	101.5	102.0	100.9	100.2
江 西	Jiangxi	106.4	109.2	100.1	101.0	102.4	102.6	99.5	104.4
山 东	Shandong	106.1	108.7	101.5	101.5	102.8	102.9	99.9	106.3
河 南	Henan	105.4	107.4	101.5	101.0	103.2	103.8	100.4	102.8
湖 北	Hubei	106.6	108.8	101.1	102.3	104.0	104.4	100.5	105.7
湖 南	Hunan	104.8	105.8	100.7	102.6	101.7	101.5	100.4	104.7
广 东	Guangdong	106.2	108.4	101.1	101.3	104.2	104.3	100.3	106.3
广 西	Guangxi	104.5	106.3	100.6	100.3	102.4	102.4	100.6	103.1
海 南	Hainan	106.2	108.0	101.0	101.7	103.3	103.9	100.1	102.9
重 庆	Chongqing	105.0	106.3	101.0	100.5	103.4	103.5	100.1	104.5
四 川	Sichuan	106.4	109.0	101.0	103.7	101.6	102.0	100.3	100.2
贵 州	Guizhou	105.2	106.0	101.7	101.1	102.3	102.0	100.4	104.5
云 南	Yunnan	104.9	105.7	100.9	100.6	102.3	102.6	100.4	100.8
西 藏	Tibet								
陕 西	Shaanxi	105.4	107.1	100.6	103.1	102.6	102.8	100.1	103.5
甘 肃	Gansu	104.6	105.4	101.8	101.5	102.6	103.0	99.4	102.0
青 海	Qinghai	104.3	105.2	101.0	102.2	102.5	102.9	100.4	102.2
宁 夏	Ningxia	103.5	104.7	100.9	100.0	102.0	101.9	100.0	106.1
新 疆	Xinjiang	103.7	104.5	101.1	100.2	102.8	103.0	101.1	103.7

5-17 建筑安装工程价格指数
Price Indices of Construction and Installment

(上年=100) (preceding year=100)

年份 Year	建筑安装工程价格指数 Price Indices of Construction and Installment	人工费 Labor Costs	材料费 Material Costs	#钢材 Rolled Steel	木材 Timber	水泥 Cement
2007	105.1	108.9	104.5	106.0	104.1	103.9
2008	112.9	113.8	114.1	120.1	108.3	110.4
2009	96.3	106.6	92.8	85.3	101.5	100.4
2010	104.9	109.1	104.3	105.0	103.8	103.1
2011	109.2	113.5	108.7	109.8	106.6	109.2
2012	101.6	109.7	98.0	94.4	102.6	97.8
2013	100.3	108.1	97.6	94.1	101.6	98.6
2014	100.6	106.1	98.5	94.9	101.8	100.7
2015	97.3	104.6	94.0	88.1	100.7	96.7
2016	99.4	103.5	97.6	96.3	100.2	96.7
2017	108.0	103.9	110.9	120.7	102.6	106.8
2018	107.2	104.4	109.4	110.0	103.5	110.9
2019	102.8	103.9	102.6	100.0	101.2	102.7

5-18 进出口商品价格指数
Price Indices of Imports and Exports of Commodity

(上年=100) (preceding year=100)

年份 Year	出口 Exports	进口 Imports	年份 Year	出口 Exports	进口 Imports
1983	91.6	91.5	2002	97.5	102.3
1984	102.3	98.2	2003	103.0	109.2
1985	97.0	98.0	2004	106.6	113.3
1986	85.3	106.4	2005	103.0	103.5
1987	103.4	100.6	2006	102.5	103.2
1988	105.1	114.9	2007	105.5	106.6
1989	106.6	108.3	2008	108.6	115.8
1990	103.3	96.7	2009	93.8	87.3
1991	97.6	94.3	2010	102.9	113.6
1992	99.3	103.3	2011	110.0	113.9
1993	96.0	101.5	2012	102.0	99.3
1994	105.3	104.6	2013	99.2	97.6
1995	110.7	112.1	2014	99.3	96.6
1996	102.9	102.2	2015	99.0	88.4
1997	101.5	103.2	2016	98.0	97.6
1998	95.3	99.4	2017	103.9	109.4
1999	95.6	104.4	2018	103.3	106.1
2000	100.8	110.1	2019	102.8	101.4
2001	98.4	100.1			

注：本表数据2013年及以前用美元值计算，2014年起，改用人民币值计算。
a) Data in this table are calculated in USD for 2013 and before, and in Renminbi since 2014.

5-19 分行业进出口商品价格指数
Price Indices of Imports and Exports of Commodity by Industry

(上年=100) (preceding year=100)

行 业	Industry	出口 Exports		进口 Imports	
		2018	2019	2018	2019
农、林、牧、渔业	Agriculture, Forestry, Animal Husbandry and Fishery	93.8	109.3	100.8	99.2
农业	Farming	90.2	112.6	102.5	99.0
林业	Forestry	97.3	109.4	96.5	100.4
畜牧业	Animal Husbandry	95.7	122.6	95.7	92.6
渔业	Fishery	102.3	106.7	110.2	100.1
农、林、牧、渔服务业	Service in Support of Agriculture, Forestry, Animal Husbandry and Fishery	91.9	102.2	111.1	103.7
采矿业	Mining	114.0	106.8	111.7	103.4
石油和天然气开采业	Extraction of Petroleum and Natural Gas	115.9	99.0	120.0	96.6
黑色金属矿采选业	Mining and Processing of Ferrous Metal Ores	96.9	130.2	96.8	132.0
有色金属矿采选业	Mining and Processing of Non-Ferrous Metal Ores	143.1	90.0	105.5	99.9
非金属矿采选业	Mining and Processing of Non-metal Ores	108.4	112.9	102.4	108.3
制造业	Manufacturing	103.2	102.4	105.3	101.7
农副食品加工业	Processing of Food from Agricultural Products	101.0	100.2	98.8	104.4
食品制造业	Manufacturing of Foods	101.9	105.7	97.5	105.1
饮料制造业	Manufacturing of Beverages	96.3	109.0	104.2	100.2
烟草制品业	Manufacturing of Tobacco	102.0	104.5	98.0	100.5
纺织业	Manufacturing of Textiles	101.0	101.7	101.4	102.6
纺织服装、鞋、帽制造业	Manufacturing of Textile Wearing Apparel, Footwear and Hats	98.3	103.1	111.2	111.6
皮革、毛皮、羽毛(绒)及其制品业	Manufacturing of Leather, Fur, Feather and Related Products	97.3	105.4	92.8	105.3
木材加工及木、竹、藤、棕、草制品业	Processing of Timber, Manufacture of Wood, Bamboo, Rattan, Palm and Straw Products	101.4	100.3	100.0	98.1
家具制造业	Manufacturing of Furniture	98.5	106.7	102.3	104.5
造纸及纸制品业	Manufacturing of Paper and Paper Products	107.9	109.9	115.9	86.5
印刷业、记录媒介的复制	Printing, Reproduction of Recorded Media	102.1	104.8	114.5	109.0
文教体育用品制造业	Manufacturing of Articles for Culture, Education and Sport Activities	97.9	116.2	97.2	106.0
石油、炼焦及核燃料加工业	Processing of Petroleum, Coking and Processing of Nuclear Fuel	120.0	95.7	120.3	98.3
化学原料及化学制品制造业	Manufacturing of Raw Chemical Materials and Chemical Products	111.1	94.4	103.7	89.9
医药制造业	Manufacturing of Medicines	110.2	98.9	91.9	113.1
化学纤维制造业	Manufacturing of Chemical Fibres	105.9	92.4	105.4	96.1
橡胶制品业	Manufacturing of Rubber	100.7	99.2	100.0	107.3
塑料制品业	Manufacturing of Plastics	100.4	104.2	99.1	106.5
非金属矿物制品业	Manufacturing of Non-metallic Mineral Products	107.5	107.9	105.0	95.0
金属制品业	Manufacturing of Metal Products	103.9	104.2	100.5	108.3
通用设备制造业	Manufacturing of General Purpose Machinery	100.5	103.2	106.4	107.0
专用设备制造业	Manufacturing of Special Purpose Machinery	94.2	104.8	103.1	109.6
交通运输设备制造业	Manufacturing of Transport Equipment	101.1	102.0	106.8	106.9
电气机械及器材制造业	Manufacturing of Electrical Machinery and Equipment	99.3	105.1	104.3	108.0
通信设备、计算机及其他电子设备制造业	Manufacturing of Communication Equipment, Computers and Other Electronic Equipment	107.9	99.9	109.0	99.3
仪器仪表及文化、办公用机械制造业	Manufacturing of Measuring Instrument and Machinery for Cultural Activity and Office Work	100.1	106.5	96.4	102.8
工艺品及其他产品制造业	Manufacturing of Art Crafts and Other Products	101.6	106.9	100.7	106.5
废弃资源和废旧材料回收加工业	Recycling and Disposal of Waste	105.0	107.2	125.5	110.0

主要统计指标解释

居民消费价格指数 是反映一定时期内城乡居民所购买的生活消费品和服务项目价格变动趋势和程度的相对数。

商品零售价格指数 是反映一定时期内城乡商品零售价格变动趋势和程度的相对数。

农业生产资料价格指数 是反映一定时期内农业生产资料价格变动趋势和程度的相对数。

农产品生产者价格指数 是反映一定时期内，农产品生产者出售农产品价格水平变动趋势及幅度的相对数。该指数可以客观反映全国农产品生产价格水平和结构变动情况，满足农业与国民经济核算需要。其中某代表品生产价格指数是通过对全部有出售该产品行为的调查单位的个体指数进行几何平均求得的，类价格指数是通过对其所属的类（或代表品）的价格指数进行加权平均求得的。季度累计价格指数的计算方法与分季指数的计算方法相同。

工业生产者出厂价格指数 是反映一定时期内全部工业产品第一次出售时的出厂价格总水平的变动趋势和变动幅度的相对数。

工业生产者购进价格指数 是反映作为中间投入的原材料、燃料、动力购进价格总水平的变动趋势和变动幅度的相对数。

固定资产投资价格指数 是反映一定时期内固定资产投资品及取费项目的价格变动趋势和变动幅度的相对数。

Explanatory Notes on Main Statistical Indicators

Consumer Price Indices are relative figures reflecting the trend and degree of changes in prices of consumer goods and services purchased by urban and rural households during a given period.

Retail Price Indices are relative figures reflecting the trend and degree of changes in retail prices of commodities during a given period.

Price Indices for Means of Agricultural Production are relative figures reflecting the trend and degree of changes in the prices of the means of agricultural production during a given period.

Producer Prices Indices for Farm Products are relative figures reflecting the trend and degree of changes in producers' prices received by farmers when they sell farm products during a given period. These indices depict the change in the level and structure of producer prices for farm products of the country and meet the needs of agricultural statistics and national accounts statistics. The producer price index for a given product is calculated as the geometrical mean of individual indices for all surveyed units which sell such products, and the indices for a product category is obtained as the weighted mean of price indices for all products in the category. Method for calculating accumulative quarterly indices is the same as for calculating the distinctive quarterly indices.

Producer Price Indices for Industrial Products are relative figures reflecting the trend and degree of changes in general ex-factory prices of all manufactured goods for first sale during a given period.

Purchasing Price Indices for Industrial Producers are relative figures reflecting changes in the level and degree of purchasing prices such as intermediate input such as raw materials, fuels and power.

Price Indices for Investment in Fixed Assets are relative figures reflecting the trend and degree of changes in prices of investment goods and projects in fixed assets during a given period.

6

人民生活

People's Livelihoods

简 要 说 明

一、本篇资料的主要内容

本篇资料反映我国人民生活现状及变化情况，主要包括居民家庭基本情况及生活状况、收入及支出、住房等。

二、数据来源及调查方法

2013 年及以后数据，来源于国家统计局的住户收支与生活状况调查。1978–2012 年的数据，根据国家统计局的城镇住户调查和农村住户调查历史数据，按照住户收支与生活状况调查可比口径推算得到。

（一）住户收支与生活状况调查的调查方法

国家统计局住户调查办公室从 2012 年四季度起对分别进行的城乡住户调查实施了一体化改革，开始实施住户收支与生活状况抽样调查。主要内容包括：居民收入和消费情况，同时收集反映居民就业、社会保障参与、住房状况、家庭经营和生产投资以及收入分配影响因素等调查内容。

住户收支与生活状况调查是以各省(区、市)为总体，采用分层、多阶段、与人口规模大小成比例的概率抽样方法，随机抽选调查住宅，确定调查户。全国共抽选出 1800 个县(市、区)的 1.6 万个调查小区，对抽中小区中的 160 多万个住户进行全面摸底调查，在此基础上随机等距抽选出约 16 万住户参加记账调查。定期对调查小区和调查住宅进行轮换。

住户收支与生活状况调查是在 95%的置信度下，全国居民人均可支配收入的抽样误差小于 1%。主要是采用调查户记日记账的方式采集居民收支数据，同时辅之以统一的调查问卷，收集与收入支出有关的其他调查内容。所有调查工作由国家统计局派驻各地的调查队独立完成。由市县级调查队使用统一的方法和数据处理程序对原始调查资料进行编码、审核、录入，然后将分户基础数据直接传输至国家统计局进行统一汇总计算。

2013 年起，按照住户收支与生活状况调查制度，国家统计局每年收集 16 万调查户 12 个月的记账数据，在此基础上汇总计算出各年的全国居民可支配收入、城镇居民可支配收入、农村居民可支配收入等收支数据。

（二）城镇住户调查的调查方法

2012 年及以前，国家统计局城市司组织开展城镇住户调查。调查内容主要包括家庭人口及其构成、家庭现金收支、主要商品购买数量及支出金额、劳动就业状况、居住状况和耐用消费品的拥有量等。

调查对象在 2001 年以前为全国非农业住户，2002 至 2012 年改为全国城市市区和县城关镇区住户。

城镇住户调查采用分层随机抽样的方法确定，首先，按照城镇规模将全国所有省（自治区、直辖市）的城镇划分为三层：大中城市（地级和地级以上的城市）、县级市和县城（镇）。第二，按各层人口占全省（自治区、直辖市）人口的比例来分配每层的样本量。第三，按城镇就业者年人均工资从高到低排队，依次计算各城镇人口累计数，然后根据样本量的大小随机起点等距抽取所需数量的调查城镇。

城镇调查户的抽选工作分两步进行。第一步进行一次性的大样本调查；第二步从大样本调查中抽出一个小样本，作为经常性调查户，开展记账工作。

大样本调查每三年进行一次，其目的主要是为经常性调查提供抽样框和为经常性调查数据评估提供基础资料。在大样本调查中，各调查市、县采取分层、二（多）阶段、与大小成比例（PPS 方法）的随机等距方法选取调查样本。即先按区分层，在层内按照 PPS 方法随机等距抽选调查社区/居委会，在抽中社区/居委会内随机等距抽选调查住宅。部分大城市根据需要可以采用三阶段抽样，即先抽选社区/居委会，再抽选调查小区，最后抽选调查住宅。对选出的大样本或一相样本开展调查，取得调查户家庭人口、就业人口、收入等辅助资料，然后，根据这些资料进行分组，从中按比例抽出一个小样本也称二相样本，作为经常性调查户，开展日记账工作。每年轮换三分之一的经常性调查户。

截至 2012 年底，参加国家汇总的调查样本量为 6.6 万户。

（三）农村住户调查的调查方法

2012 年及以前，国家统计局农村司组织开展农村住户调查。主要内容包括农村居民家庭基本情况、住房情况、收入、生活消费支出、主要食品消费量、耐用消费品拥有量等。

农村住户调查是以各省(自治区、直辖市)为总体，直接抽选调查村，在抽中村中抽选调查户。综合运用多种抽样方法确定住户调查网点。农村住户调查网点分布在全国 7000 多个村，共抽取了 7.4 万个样本户。

农村住户调查在 95%的概率把握程度下要求抽样误差不得超过 ± 3%。为保证农村住户调查资料的准确性，国家统计局农村司为调查户设置了现金和实物两本账，并聘请了近万名辅助调查员帮助做好记账工作，及时核实、汇总住户调查资料。

为解决调查户的厌烦情绪及样本老化问题，增强抽样调查网点的代表性，更加准确、及时地反映农村社会经济情况，对农村住户调查网点实行样本轮换制度，每五年为一个周期。

Brief Introduction

I. Main Contents

Data in this chapter show the people's living conditions and their changes in China, mainly including basic conditions, living status, income and expenditure, and housing of households.

II. Sources of Data and Methodology on Survey

Data of 2013 and after come from Household Survey on Income and Expenditure and Living Conditions. Data from 1978 to 2012 are estimated based on the historical data of Urban Household Survey and Rural Household Survey according to the comparable definition and coverage of main income and consumption indicators of Household Survey on Income and Expenditure and Living Conditions.

1. Methodology of Household Survey on Income and Expenditures and Living Conditions

In the fourth quarter of 2012, NBS launched reform on the household survey programme, to develop an integrated survey, instead of the two separate urban and rural household surveys. Main contents of the survey include: income and expenditure of households, employment, social security participation, housing, family operation, production, investment, and factors affecting the income distribution.

The survey is conducted by randomly selecting housing units, and deciding surveyed households, adopting a stratified, multi-stage, probability proportional to population size sampling method, with all households in a province as the population. More than 1.6 million households in 16,000 communities of 1,800 counties in the country are selected, and surveyed for pre-investigation. On this large sample, about 160,000 households are selected by systematic sampling for diary-keeping. Selected communities and households are rotated regularly.

Survey on Income and Expenditures and Living Conditions is so designed that the sampling error should not exceed ±1%, with a confidence probability of 95%. Income and expenditure data are collected with household diaries as the main source, assisted by questionnaires to collect other relevant data. All field work is conducted independently by local survey offices under NBS. Coding, checking, data entering are conducted by survey offices at city level with the unified methods and data processing program, and then household basic data are transferred to NBS for final tabulation.

Starting from 2013, NBS collected diary accounts of 160,000 households for 12 months, and tabulated national disposable income of all residents, urban residents and rural residents, with this system of Household Survey on Income and Expenditures and Living Conditions.

2. Methodology of Urban Household Survey

Urban Household Survey was conducted by the Office of Urban Household Surveys of the NBS prior to 2012. The main contents of the survey included persons in the household and the household composition; cash income and expenditure of the household; quantity of major commodities purchased and expenditure; the employment of household members; the housing condition; and the possession of durable consumer goods.

The survey covered only non-agricultural households prior to 2001. From 2002 to 2012, the survey covered the households in district areas of all city and county towns.

Sample cities and towns in urban areas were selected by using stratified random sampling method. Firstly, all the urban areas and towns of all provinces (autonomous regions and municipalities directly under the Central Government) were stratified into three strata according to population size: large and medium-sized cities (at and above prefecture level), county-level cities and county towns. Secondly, the sample size was decided by proportion of population in selected stratus to the provincial total. Thirdly, cities and towns were arranged in ranking the annual average wages of the employed persons, then with the accumulative population in each city and town sample cities and towns were selected by systematic sampling scheme according to the size of the samples.

The selection of sample households in urban areas was done by two steps: the first step was to conduct an ad hoc large sample survey; the second step was to select a small sample from the large sample, to be used as regular sample households for diary-keeping.

The ad hoc survey with large sample was conducted every three years; with the objective of providing sample frame for regular surveys and basic information for data evaluation of regular surveys. In the large sample survey, samples in sampled cities and towns were selected with stratified two (multi)-stage and probability proportional to size (PPS) method. Namely, stratification was done at district level, and then PPS sampling method was used to select sample communities/resident's committees, and finally the systematic sampling method was used to select dwellings from the selected communities/resident's committees. In some large cities, three-stage sampling method was used. Firstly, the communities/resident's committees were selected. Secondly, small enumeration areas were selected. Thirdly, sample dwellings were selected. A survey would be conducted to the large samples or the first phase samples to collect relevant information on population, persons employed, income and so on of the households. Then grouping is made based on the information collected, small samples or the second phase samples were selected according to proportions which were regular sample households to keep diary.

The national sample included 66,000 households at the end of 2012.

3. Methodology of Rural Household Survey

Rural Household Survey was organized by the Office of Rural Household Survey of the NBS prior to 2012. The main contents of the survey included basic condition of rural households, housing conditions, income, consumption expenditure, consumption of major consumer goods and the quantity of durable consumer goods owned.

Sample survey on rural households was conducted by first selecting sampled villages and then selecting households in the selected villages in each province, with all rural households in the province as the population. A combination of various sampling approaches is used to identify a sample of 74,000 households selected from 7,000 villages throughout the whole country.

The survey was so designed that the sampling error should not exceed ±3%, with a confidence probability of 95%. In order to ensure the accuracy of the survey data on the rural households, two accounts were designed for the respondent households by the Office of Household Survey of the NBS: the cash account and the account on goods in kind. Nearly 10 thousand assistant interviewers were recruited to help the households keep good accounts and to check on a timely basis, and to check and tabulate data from the survey.

In order to overcome the tedium of respondent households and to ensure that the sample was accurately representative over time and reflected the changing rural social and economic situation, a 5-year sample rotation scheme was implemented.

6-1 全国居民人均收支情况
Nationwide Per Capita Income and Consumption Expenditure

单位：元 (yuan)

指 标	Item	2013	2014	2015	2016	2017	2018	2019
全国居民人均收入	**Nationwide Per Capita Income**							
可支配收入	Disposable Income	18310.8	20167.1	21966.2	23821.0	25973.8	28228.0	30732.8
1.工资性收入	1.Income of Wages and Salaries	10410.8	11420.6	12459.0	13455.2	14620.3	15829.0	17186.2
2.经营净收入	2.Net Business Income	3434.7	3732.0	3955.6	4217.7	4501.8	4852.4	5247.3
3.财产净收入	3.Net Income from Property	1423.3	1587.8	1739.6	1889.0	2107.4	2378.5	2619.1
4.转移净收入	4.Net Income from Transfer	3042.1	3426.8	3811.9	4259.1	4744.3	5168.1	5680.3
现金可支配收入	Disposable Income in Cash	17114.6	18747.4	20424.3	22204.5	24201.9	26291.4	28612.1
1.工资性收入	1.Income of Wages and Salaries	10348.6	11352.7	12386.2	13379.0	14537.8	15746.4	17096.9
2.经营净收入	2.Net Business Income	3354.2	3571.5	3782.7	4111.4	4424.1	4880.3	5269.7
3.财产净收入	3.Net Income from Property	526.6	621.8	689.5	739.8	811.5	877.8	1001.5
4.转移净收入	4.Net Income from Transfer	2885.2	3201.3	3565.9	3974.3	4428.6	4786.9	5244.0
全国居民人均支出	**Nationwide Per Capita Expenditure**							
消费支出	Consumption Expenditure	13220.4	14491.4	15712.4	17110.7	18322.1	19853.1	21558.9
#服务性消费	Consumption Expenditure on Services	5245.9	5842.1	6459.7	7156.6	7802.6	8780.8	9886.0
1.食品烟酒	1.Food,Tobacco and Liquor	4126.7	4493.9	4814.0	5151.0	5373.6	5631.1	6084.2
2.衣着	2. Clothing and Footwear	1027.1	1099.3	1164.1	1202.7	1237.6	1288.9	1338.1
3.居住	3. Housing	2998.5	3200.5	3419.2	3746.4	4106.9	4646.6	5054.8
4.生活用品及服务	4.Household Equipments, Furnishings and Services	806.5	889.7	951.4	1043.7	1120.7	1222.7	1280.9
5.交通通信	5.Transport and Communications	1627.1	1869.3	2086.9	2337.8	2498.9	2675.4	2861.6
6.教育文化娱乐	6.Education, Culture and Recreation	1397.7	1535.9	1723.1	1915.3	2086.2	2225.7	2513.1
7.医疗保健	7.Health Care and Medical Services	912.1	1044.8	1164.5	1307.5	1451.2	1685.2	1902.3
8.其他用品及服务	8.Miscellaneous Goods and Services	324.7	358.0	389.2	406.3	447.0	477.5	524.0
现金消费支出	Consumption Expenditure in Cash	10917.4	11975.7	12988.7	14142.0	15122.3	16174.8	17526.0
1.食品烟酒	1.Food, Tobacco and Liquor	3822.8	4185.6	4505.0	4846.7	5073.0	5366.2	5798.1
2.衣着	2.Clothing	1025.7	1098.6	1163.5	1202.2	1237.0	1288.3	1337.6
3.居住	3.Housing	1155.1	1215.7	1251.9	1359.8	1519.0	1615.1	1755.7
4.生活用品及服务	4.Household Equipments, Furnishings and Services	801.8	882.6	943.8	1036.1	1110.8	1211.0	1266.9
5.交通通信	5.Transport and Communications	1624.8	1866.2	2083.7	2332.9	2495.3	2669.1	2857.4
6.教育文化娱乐	6.Education, Culture and Recreation	1396.5	1534.9	1722.0	1914.3	2085.3	2224.1	2511.7
7.医疗保健	7.Health Care and Medical Services	772.1	838.3	933.3	1048.5	1160.7	1332.6	1482.4
8.其他用品及服务	8.Miscellaneous Goods and Services	318.7	353.8	385.6	401.5	441.2	468.4	516.2

6-2 全国居民按收入五等份分组的人均可支配收入
Nationwide Per Capita Disposable Income of Households by Income Quintile

单位：元 (yuan)

组 别	Group	2013	2014	2015	2016	2017	2018	2019
20%低收入组家庭人均可支配收入	Lowest 20% Households	4402.4	4747.3	5221.2	5528.7	5958.4	6440.5	7380.4
20%中间偏下收入组家庭人均可支配收入	Second 20% Households	9653.7	10887.4	11894.0	12898.9	13842.8	14360.5	15777.0
20%中间收入组家庭人均可支配收入	Third 20% Households	15698.0	17631.0	19320.1	20924.4	22495.3	23188.9	25034.7
20%中间偏上收入组家庭人均可支配收入	Fourth 20% Households	24361.2	26937.4	29437.6	31990.4	34546.8	36471.4	39230.5
20%高收入组家庭人均可支配收入	Highest 20% Households	47456.6	50968.0	54543.5	59259.5	64934.0	70639.5	76400.7

注：全国居民按收入五等份分组是指将所有调查户按人均可支配收入水平从低到高顺序排列，平均分为五个等份，处于最低20%的收入群体为低收入组，依此类推依次为中间偏下收入组、中间收入组、中间偏上收入组、高收入组。本表数据为不同分组家庭的人均可支配收入。6-7、6-12表与此相同。

a) The income quintile refers to the five equal partitions of all surveyed households, who are ranked from low to high based on per capita disposable income level. The 20 percent with lowest income are classified as low-income group (Lowest 20%), and the other four levels are lower-middle-income group (Second 20%), middle-income group (Third 20%), higher-middle-income group (Fourth 20%) and high-income group (Highest 20%). The figures in table 6-2 are the per capita disposable income of the households in the different income groups.The same applies to Table 6-7 and Table 6-12.

6-3 全国居民按东、中、西部及东北地区分组的人均可支配收入
Nationwide Per Capita Disposable Income of Households in Eastern, Central, Western and Northeastern Regions

单位：元 (yuan)

组 别	Group	2013	2014	2015	2016	2017	2018	2019
东部地区	Eastern Region	23658.4	25954.0	28223.3	30654.7	33414.0	36298.2	39438.9
中部地区	Central Region	15263.9	16867.7	18442.1	20006.2	21833.6	23798.3	26025.3
西部地区	Western Region	13919.0	15376.1	16868.1	18406.8	20130.3	21935.8	23986.1
东北地区	Northeastern Region	17893.1	19604.4	21008.4	22351.5	23900.5	25543.2	27370.6

6-4 全国居民人均主要食品消费量
Nationwide Per Capita Consumption of Major Foods

单位: 千克 (kg)

指 标	Item	2013	2014	2015	2016	2017	2018	2019
粮食(原粮)	Grain (Unprocessed)	148.7	141.0	134.5	132.8	130.1	127.2	130.1
谷物	Cereals	138.9	131.4	124.3	122.0	119.6	116.3	117.9
薯类	Tuber	2.3	2.2	2.4	2.6	2.5	2.6	2.9
豆类	Beans and Products	7.5	7.5	7.8	8.3	8.0	8.3	9.3
食用油	Edible Oil and Fats	10.6	10.4	10.6	10.6	10.4	9.6	9.5
#食用植物油	Edible Vegetable Oil	9.9	9.8	10.0	10.0	9.8	8.9	8.9
蔬菜及食用菌	Vegetable and Edible Mushroom	97.5	96.9	97.8	100.1	99.2	96.1	98.6
#鲜菜	Fresh Vegetables	94.9	94.1	94.9	96.9	96.1	93.0	95.2
肉类	Meat and Products	25.6	25.6	26.2	26.1	26.7	29.5	26.9
#猪肉	Pork	19.8	20.0	20.1	19.6	20.1	22.8	20.3
牛肉	Beef	1.5	1.5	1.6	1.8	1.9	2.0	2.2
羊肉	Mutton	0.9	1.0	1.2	1.5	1.3	1.3	1.2
禽类	Poultry	7.2	8.0	8.4	9.1	8.9	9.0	10.8
水产品	Aquatic Products	10.4	10.8	11.2	11.4	11.5	11.4	13.6
蛋类	Eggs	8.2	8.6	9.5	9.7	10.0	9.7	10.7
奶类	Milk and Dairy Products	11.7	12.6	12.1	12.0	12.1	12.2	12.5
干鲜瓜果类	Dried and Fresh Melons and Fruits	40.7	42.2	44.5	48.3	50.1	52.1	56.4
#鲜瓜果	Fresh Melons and Fruits	37.8	38.6	40.5	43.9	45.6	47.4	51.4
坚果类	Nuts and Processed Products	3.0	2.9	3.1	3.4	3.5	3.5	3.8
食糖	Sugar	1.2	1.3	1.3	1.3	1.3	1.3	1.3

6-5 全国居民平均每百户年末主要耐用消费品拥有量
Main Durable Goods Owned Per 100 Households Nationwide

指 标	Item	2013	2014	2015	2016	2017	2018	2019
家用汽车 (辆)	Automobile (unit)	16.9	19.2	22.7	27.7	29.7	33.0	35.3
摩托车 (辆)	Motorcycle (unit)	38.5	43.5	42.2	40.0	39.3	35.7	34.2
电动助力车 (辆)	Electric Bicycle (unit)	39.5	43.8	47.6	53.2	56.5	59.2	63.9
洗衣机 (台)	Washing Machine (set)	80.8	83.7	86.4	89.8	91.7	93.8	96.0
电冰箱(柜) (台)	Refrigerator (set)	82.0	85.5	89.0	93.5	95.3	98.8	100.9
微波炉 (台)	Microwave Oven (set)	34.6	36.0	36.9	38.4	40.0	39.2	40.1
彩色电视机 (台)	Color TV Set (set)	116.1	119.2	119.9	120.8	122.2	119.3	120.6
空调 (台)	Air Conditioner (set)	70.4	75.2	81.5	90.9	96.1	109.3	115.6
热水器 (台)	Water Heater (set)	64.2	67.7	71.2	76.2	78.6	85.0	86.9
排油烟机 (台)	Kitchen Ventilator (set)	42.5	44.3	45.7	48.6	51.0	56.4	59.3
移动电话 (部)	Mobile Phone (set)	203.2	215.9	224.8	235.4	240.0	249.1	253.2
计算机 (台)	Computer (set)	48.9	53.0	55.5	57.5	58.7	53.4	53.2
照相机 (台)	Camera (set)	21.0	21.7	20.4	17.7	18.4	12.6	12.2

6-6 城镇居民人均收支情况

Per Capita Income and Consumption Expenditure of Urban Households

单位：元 (yuan)

指标	Item	2013	2014	2015	2016	2017	2018	2019
城镇居民人均收入	**Per Capita Income of Urban Households**							
可支配收入	Disposable Income	26467.0	28843.9	31194.8	33616.2	36396.2	39250.8	42358.8
1.工资性收入	1.Income of Wages and Salaries	16617.4	17936.8	19337.1	20665.0	22200.9	23792.2	25564.8
2.经营净收入	2.Net Business Income	2975.3	3279.0	3476.1	3770.1	4064.7	4442.6	4840.4
3.财产净收入	3.Net Income from Property	2551.5	2812.1	3041.9	3271.3	3606.9	4027.7	4390.6
4.转移净收入	4.Net Income from Transfer	4322.8	4815.9	5339.7	5909.8	6523.6	6988.3	7563.0
现金可支配收入	Disposable Income in Cash	24799.0	26860.2	29042.0	31270.0	33757.3	36316.2	39147.6
1.工资性收入	1.Income of Wages and Salaries	16509.9	17821.3	19214.8	20541.7	22072.7	23670.9	25439.1
2.经营净收入	2.Net Business Income	3332.3	3528.0	3714.0	4032.3	4321.9	4808.0	5180.9
3.财产净收入	3.Net Income from Property	831.8	977.8	1072.8	1139.6	1234.1	1311.6	1494.7
4.转移净收入	4.Net Income from Transfer	4125.0	4533.1	5040.4	5556.4	6128.5	6525.7	7032.9
城镇居民人均支出	**Per Capita Expenditure of Urban Households**							
消费支出	Consumption Expenditure	18487.5	19968.1	21392.4	23078.9	24445.0	26112.3	28063.4
#服务性消费	Consumption Expenditure on Services	7705.9	8438.5	9192.4	10068.1	10854.5	12130.4	13517.7
1.食品烟酒	1.Food,Tobacco and Liquor	5570.7	6000.0	6359.7	6762.4	7001.0	7239.0	7732.6
2.衣着	2.Clothing and Footwear	1553.7	1627.2	1701.1	1739.0	1757.9	1808.2	1831.9
3.居住	3.Housing	4301.4	4489.6	4726.0	5113.7	5564.0	6255.0	6780.2
4.生活用品及服务	4.Household Equipments, Furnishings and Services	1129.2	1233.2	1306.5	1426.8	1525.0	1629.4	1689.3
5.交通通信	5.Transport and Communications	2317.8	2637.3	2895.4	3173.9	3321.5	3473.5	3671.3
6.教育文化娱乐	6.Education, Culture and Recreation	1988.3	2142.3	2382.8	2637.6	2846.6	2974.1	3328.0
7.医疗保健	7.Health Care and Medical Services	1136.1	1305.6	1443.4	1630.8	1777.4	2045.7	2282.7
8.其他用品及服务	8.Miscellaneous Goods and Services	490.4	532.9	577.5	594.7	651.5	687.4	747.2
现金消费支出	Consumption Expenditure in Cash	15453.0	16690.6	17887.0	19284.1	20329.4	21287.1	22798.0
1.食品烟酒	1.Food, Tobacco and Liquor	5461.2	5874.9	6224.8	6627.7	6861.2	7099.2	7583.9
2.衣着	2.Clothing and Footwear	1551.5	1626.6	1700.5	1738.4	1757.3	1807.5	1831.3
3.居住	3.Housing	1579.9	1625.6	1665.9	1810.4	1986.8	2045.2	2223.5
4.生活用品及服务	4.Household Equipments, Furnishings and Services	1124.0	1225.6	1298.7	1417.8	1514.5	1617.5	1676.2
5.交通通信	5.Transport and Communications	2313.6	2631.5	2889.8	3166.5	3315.6	3466.0	3665.0
6.教育文化娱乐	6.Education, Culture and Recreation	1986.3	2140.7	2381.0	2636.3	2845.4	2972.1	3326.0
7.医疗保健	7.Health Care and Medical Services	954.8	1038.5	1153.7	1298.7	1403.7	1604.0	1754.6
8.其他用品及服务	8.Miscellaneous Goods and Services	481.7	527.1	572.6	588.3	644.8	675.5	737.6

6-7 城镇居民按收入五等份分组的人均可支配收入
Per Capita Disposable Income of Urban Households by Income Quintile

单位：元 (yuan)

组 别	Group	2013	2014	2015	2016	2017	2018	2019
20%低收入组家庭人均可支配收入	Lowest 20% Households	9895.9	11219.3	12230.9	13004.1	13723.1	14386.9	15549.4
20%中间偏下收入组家庭人均可支配收入	Second 20% Households	17628.1	19650.5	21446.2	23054.9	24550.1	24856.5	26783.7
20%中间收入组家庭人均可支配收入	Third 20% Households	24172.9	26650.6	29105.2	31521.8	33781.3	35196.1	37875.8
20%中间偏上收入组家庭人均可支配收入	Fourth 20% Households	32613.8	35631.2	38572.4	41805.6	45163.4	49173.5	52907.3
20%高收入组家庭人均可支配收入	Highest 20% Households	57762.1	61615.0	65082.2	70347.8	77097.2	84907.1	91682.6

6-8 城镇居民按东、中、西部及东北地区分组的人均可支配收入
Per Capita Disposable Income of Urban Households in Eastern, Central, Western and Northeastern Regions

单位：元 (yuan)

组 别	Group	2013	2014	2015	2016	2017	2018	2019
东部地区	Eastern Region	31152.4	33905.4	36691.3	39651.0	42989.8	46432.6	50145.4
中部地区	Central Region	22664.7	24733.3	26809.6	28879.3	31293.8	33803.2	36607.5
西部地区	Western Region	22362.8	24390.6	26473.1	28609.7	30986.9	33388.6	36040.6
东北地区	Northeastern Region	23507.2	25578.9	27399.6	29045.1	30959.5	32993.7	35130.3

6-9 城镇居民人均主要食品消费量
Per Capita Consumption of Major Foods of Urban Households

单位: 千克 (kg)

指标	Item	2013	2014	2015	2016	2017	2018	2019
粮食(原粮)	Grain (Unprocessed)	121.3	117.2	112.6	111.9	109.7	110.0	110.6
谷物	Cereals	110.6	106.5	101.6	100.5	98.6	98.8	98.5
薯类	Tuber	1.9	2.0	2.1	2.3	2.3	2.4	2.6
豆类	Beans and Products	8.8	8.6	8.9	9.1	8.8	8.8	9.5
食用油	Edible Oil and Fats	10.9	11.0	11.1	11.0	10.7	9.4	9.2
#食用植物油	Edible Vegetable Oil	10.5	10.6	10.7	10.6	10.3	8.9	8.7
蔬菜及食用菌	Vegetable and Edible Mushroom	103.8	104.0	104.4	107.5	106.7	103.1	105.8
#鲜菜	Fresh Vegetables	100.1	100.1	100.2	103.2	102.5	99.0	101.5
肉类	Meat and Products	28.5	28.4	28.9	29.0	29.2	31.2	28.7
#猪肉	Pork	20.4	20.8	20.7	20.4	20.6	22.7	20.3
牛肉	Beef	2.2	2.2	2.4	2.5	2.6	2.7	2.9
羊肉	Mutton	1.1	1.2	1.5	1.8	1.6	1.5	1.4
禽类	Poultry	8.1	9.1	9.4	10.2	9.7	9.8	11.4
水产品	Aquatic Products	14.0	14.4	14.7	14.8	14.8	14.3	16.7
蛋类	Eggs	9.4	9.8	10.5	10.7	10.9	10.8	11.5
奶类	Milk and Dairy Products	17.1	18.1	17.1	16.5	16.5	16.5	16.7
干鲜瓜果类	Dried and Fresh Melons and Fruits	51.1	52.9	55.1	58.1	59.9	62.0	66.8
#鲜瓜果	Fresh Melons and Fruits	47.6	48.1	49.9	52.6	54.3	56.4	60.9
坚果类	Nuts and Processed Products	3.4	3.7	4.0	4.2	4.3	4.1	4.3
食糖	Sugar	1.3	1.3	1.3	1.3	1.3	1.3	1.2

6-10 城镇居民平均每百户年末主要耐用消费品拥有量
Main Durable Goods Owned Per 100 Urban Households

指标	Item	2013	2014	2015	2016	2017	2018	2019
家用汽车 (辆)	Automobile (unit)	22.3	25.7	30.0	35.5	37.5	41.0	43.2
摩托车 (辆)	Motorcycle (unit)	20.8	24.5	22.7	20.9	20.8	19.5	18.7
电动助力车 (辆)	Electric Bicycle (unit)	39.0	42.5	45.8	49.7	53.1	55.0	59.4
洗衣机 (台)	Washing Machine (set)	88.4	90.7	92.3	94.2	95.7	97.7	99.2
电冰箱(柜) (台)	Refrigerator (set)	89.2	91.7	94.0	96.4	98.0	100.9	102.5
微波炉 (台)	Microwave Oven (set)	50.6	52.6	53.8	55.3	56.9	55.2	55.7
彩色电视机 (台)	Color TV Set (set)	118.6	122.0	122.3	122.3	123.8	121.3	122.8
空调 (台)	Air Conditioner (set)	102.2	107.4	114.6	123.7	128.6	142.2	148.3
热水器 (台)	Water Heater (set)	80.3	83.0	85.6	88.7	90.7	97.2	98.2
排油烟机 (台)	Kitchen Ventilator (set)	66.1	68.2	69.2	71.5	73.7	79.1	81.7
移动电话 (部)	Mobile Phone (set)	206.1	216.6	223.8	231.4	235.4	243.1	247.4
计算机 (台)	Computer (set)	71.5	76.2	78.5	80.0	80.8	73.1	72.2
照相机 (台)	Camera (set)	34.0	35.2	33.0	28.5	29.1	20.2	19.5

6-11 农村居民人均收支情况
Per Capita Income and Consumption Expenditure of Rural Households

单位：元 (yuan)

指　标	Item	2013	2014	2015	2016	2017	2018	2019
农村居民人均收入	**Per Capita Income of Rural Households**							
可支配收入	Disposable Income	9429.6	10488.9	11421.7	12363.4	13432.4	14617.0	16020.7
1.工资性收入	1.Income of Wages and Salaries	3652.5	4152.2	4600.3	5021.8	5498.4	5996.1	6583.5
2.经营净收入	2.Net Business Income	3934.9	4237.4	4503.6	4741.3	5027.8	5358.4	5762.2
3.财产净收入	3.Net Income from Property	194.7	222.1	251.5	272.1	303.0	342.1	377.3
4.转移净收入	4.Net Income from Transfer	1647.5	1877.2	2066.3	2328.2	2603.2	2920.5	3297.8
现金可支配收入	Disposable Income in Cash	8747.1	9698.2	10577.8	11600.6	12703.9	13912.8	15279.8
1.工资性收入	1.Income of Wages and Salaries	3639.7	4137.5	4583.9	5000.8	5470.9	5961.3	6540.2
2.经营净收入	2.Net Business Income	3378.0	3620.1	3861.3	4203.9	4547.0	4969.5	5382.2
3.财产净收入	3.Net Income from Property	194.2	224.7	251.5	272.1	303.0	342.1	377.3
4.转移净收入	4.Net Income from Transfer	1535.2	1715.9	1881.2	2123.8	2383.0	2639.9	2980.2
农村居民人均支出	**Per Capita Expenditure of Rural Households**							
消费支出	Consumption Expenditure	7485.1	8382.6	9222.6	10129.8	10954.5	12124.3	13327.7
#服务性消费	Consumption Expenditure on Services	2567.2	2945.9	3337.4	3750.9	4130.2	4644.7	5290.2
1.食品烟酒	1.Food,Tobacco and Liquor	2554.4	2814.0	3048.0	3266.1	3415.4	3645.6	3998.2
2.衣着	2.Clothing and Footwear	453.8	510.4	550.5	575.4	611.6	647.7	713.3
3.居住	3.Housing	1579.8	1762.7	1926.2	2147.1	2353.5	2660.6	2871.3
4.生活用品及服务	4.Household Equipments, Furnishings and Services	455.1	506.5	545.6	595.7	634.0	720.5	763.9
5.交通通信	5.Transport and Communications	874.9	1012.6	1163.1	1359.9	1509.1	1690.0	1836.8
6.教育文化娱乐	6.Education, Culture and Recreation	754.6	859.5	969.3	1070.3	1171.3	1301.6	1481.8
7.医疗保健	7.Health Care and Medical Services	668.2	753.9	846.0	929.2	1058.7	1240.1	1420.8
8.其他用品及服务	8.Miscellaneous Goods and Services	144.2	163.0	174.0	186.0	200.9	218.3	241.5
现金消费支出	Consumption Expenditure in Cash	5978.7	6716.7	7392.1	8127.3	8856.5	9862.0	10854.5
1.食品烟酒	1.Food, Tobacco and Liquor	2038.8	2301.3	2540.0	2763.4	2921.2	3226.3	3538.2
2.衣着	2.Clothing and Footwear	453.1	509.7	549.9	575.0	610.9	647.2	712.9
3.居住	3.Housing	692.4	758.5	779.0	832.8	956.0	1084.0	1163.8
4.生活用品及服务	4.Household Equipments, Furnishings and Services	451.0	500.1	538.3	589.7	624.9	709.0	748.9
5.交通通信	5.Transport and Communications	874.7	1012.5	1162.6	1357.8	1508.1	1685.0	1835.5
6.教育文化娱乐	6.Education, Culture and Recreation	754.4	859.2	969.0	1069.9	1170.7	1300.5	1481.3
7.医疗保健	7.Health Care and Medical Services	573.2	614.9	681.4	755.8	868.2	997.4	1137.9
8.其他用品及服务	8.Miscellaneous Goods and Services	141.2	160.5	172.0	183.0	196.3	212.7	236.0

6-12 农村居民按收入五等份分组的人均可支配收入

Per Capita Disposable Income of Rural Households by Income Quintile

单位：元 (yuan)

组 别	Group	2013	2014	2015	2016	2017	2018	2019
20%低收入组家庭人均可支配收入	Lowest 20% Households	2877.9	2768.1	3085.6	3006.5	3301.9	3666.2	4262.6
20%中间偏下收入组家庭人均可支配收入	Second 20% Households	5965.6	6604.4	7220.9	7827.7	8348.6	8508.5	9754.1
20%中间收入组家庭人均可支配收入	Third 20% Households	8438.3	9503.9	10310.6	11159.1	11978.0	12530.2	13984.2
20%中间偏上收入组家庭人均可支配收入	Fourth 20% Households	11816.0	13449.2	14537.3	15727.4	16943.6	18051.5	19732.4
20%高收入组家庭人均可支配收入	Highest 20% Households	21323.7	23947.4	26013.9	28448.0	31299.3	34042.6	36049.4

6-13 农村居民按东、中、西部及东北地区分组的人均可支配收入

Per Capita Disposable Income of Rural Households in Eastern, Central, Western and Northeastern Regions

单位：元 (yuan)

组 别	Group	2013	2014	2015	2016	2017	2018	2019
东部地区	Eastern Region	11856.8	13144.6	14297.4	15498.3	16822.1	18285.7	19988.6
中部地区	Central Region	8983.2	10011.1	10919.0	11794.3	12805.8	13954.1	15290.5
西部地区	Western Region	7436.6	8295.0	9093.4	9918.4	10828.6	11831.4	13035.3
东北地区	Northeastern Region	9761.5	10802.1	11490.1	12274.6	13115.8	14080.4	15356.7

6-14 农村居民人均主要食品消费量
Per Capita Consumption of Major Foods of Rural Households

单位: 千克 (kg)

指　标	Item	2013	2014	2015	2016	2017	2018	2019
粮食(原粮)	Grain (Unprocessed)	178.5	167.6	159.5	157.2	154.6	148.5	154.8
谷物	Cereals	169.8	159.1	150.2	147.1	144.8	137.9	142.6
薯类	Tuber	2.7	2.4	2.7	2.9	2.8	3.0	3.2
豆类	Beans and Products	6.0	6.2	6.6	7.3	7.1	7.7	9.1
食用油	Edible Oil and Fats	10.3	9.8	10.1	10.2	10.1	9.9	9.8
#食用植物油	Edible Vegetable Oil	9.3	9.0	9.2	9.3	9.2	9.0	9.0
蔬菜及食用菌	Vegetable and Edible Mushroom	90.6	88.9	90.3	91.5	90.2	87.5	89.5
#鲜菜	Fresh Vegetables	89.2	87.5	88.7	89.7	88.5	85.6	87.2
肉类	Meat and Products	22.4	22.5	23.1	22.7	23.6	27.5	24.7
#猪肉	Pork	19.1	19.2	19.5	18.7	19.5	23.0	20.2
牛肉	Beef	0.8	0.8	0.8	0.9	0.9	1.1	1.2
羊肉	Mutton	0.7	0.7	0.9	1.1	1.0	1.0	1.0
禽类	Poultry	6.2	6.7	7.1	7.9	7.9	8.0	10.0
水产品	Aquatic Products	6.6	6.8	7.2	7.5	7.4	7.8	9.6
蛋类	Eggs	7.0	7.2	8.3	8.5	8.9	8.4	9.6
奶类	Milk and Dairy Products	5.7	6.4	6.3	6.6	6.9	6.9	7.3
干鲜瓜果类	Dried and Fresh Melons and Fruits	29.5	30.3	32.3	36.8	38.4	39.9	43.3
#鲜瓜果	Fresh Melons and Fruits	27.1	28.0	29.7	33.8	35.1	36.3	39.3
坚果类	Nuts and Processed Products	2.5	1.9	2.1	2.4	2.6	2.8	3.1
食糖	Sugar	1.2	1.3	1.3	1.4	1.4	1.3	1.4

6-15 农村居民平均每百户年末主要耐用消费品拥有量
Main Durable Goods Owned Per 100 Rural Households

指　标		Item		2013	2014	2015	2016	2017	2018	2019
家用汽车	(辆)	Automobile	(unit)	9.9	11.0	13.3	17.4	19.3	22.3	24.7
摩托车	(辆)	Motorcycle	(unit)	61.1	67.6	67.5	65.1	64.1	57.4	55.1
电动助力车	(辆)	Electric Bicycle	(unit)	40.3	45.4	50.1	57.7	61.1	64.9	70.1
洗衣机	(台)	Washing Machine	(set)	71.2	74.8	78.8	84.0	86.3	88.5	91.6
电冰箱(柜)	(台)	Refrigerator	(set)	72.9	77.6	82.6	89.5	91.7	95.9	98.6
微波炉	(台)	Microwave Oven	(set)	14.1	14.7	15.0	16.1	17.3	17.7	18.9
彩色电视机	(台)	Color TV Set	(set)	112.9	115.6	116.9	118.8	120.0	116.6	117.6
空调	(台)	Air Conditioner	(set)	29.8	34.2	38.8	47.6	52.6	65.2	71.3
热水器	(台)	Water Heater	(set)	43.6	48.2	52.5	59.7	62.5	68.7	71.7
排油烟机	(台)	Kitchen Ventilator	(set)	12.4	13.9	15.3	18.4	20.4	26.0	29.0
移动电话	(部)	Mobile Phone	(set)	199.5	215.0	226.1	240.7	246.1	257.0	261.2
计算机	(台)	Computer	(set)	20.0	23.5	25.7	27.9	29.2	26.9	27.5
照相机	(台)	Camera	(set)	4.4	4.5	4.1	3.4	3.9	2.5	2.3

6-16 居民人均可支配收入和指数
Per Capita Disposable Income of Households and Index

年　份 Year	全国居民人均可支配收入 Nationwide Per Capita Disposable Income of Households		城镇居民人均可支配收入 Per Capita Disposable Income of Urban Households		农村居民人均可支配收入 Per Capita Disposable Income of Rural Households	
	绝对数（元） Value (yuan)	指数（1978=100） Index(1978=100)	绝对数（元） Value (yuan)	指数（1978=100） Index(1978=100)	绝对数（元） Value (yuan)	指数（1978=100） Index(1978=100)
1978	171.2	100.0	343.4	100.0	133.6	100.0
1980	246.8	131.6	477.6	127.0	191.3	139.0
1985	478.6	213.2	739.1	160.4	397.6	268.9
1990	903.9	243.8	1510.2	198.1	686.3	311.2
1995	2363.3	347.6	4283.0	290.3	1577.7	383.6
2000	3721.3	500.7	6255.7	382.3	2282.1	489.6
2001	4070.4	543.8	6824.0	414.1	2406.9	512.3
2002	4531.6	610.4	7652.4	469.1	2528.9	539.2
2003	5006.7	666.3	8405.5	510.6	2690.3	564.9
2004	5660.9	725.1	9334.8	549.0	3026.6	606.1
2005	6384.7	803.4	10382.3	600.9	3370.2	646.6
2006	7228.8	896.2	11619.7	662.5	3731.0	697.6
2007	8583.5	1015.4	13602.5	742.2	4327.0	767.7
2008	9956.5	1112.2	15549.4	803.5	4998.8	833.1
2009	10977.5	1234.8	16900.5	881.0	5435.1	908.3
2010	12519.5	1363.3	18779.1	948.5	6272.4	1012.1
2011	14550.7	1503.3	21426.9	1028.1	7393.9	1127.4
2012	16509.5	1662.5	24126.7	1126.8	8389.3	1248.1
2013	18310.8	1797.1	26467.0	1205.4	9429.6	1364.5
2014	20167.1	1940.5	28843.9	1287.1	10488.9	1490.5
2015	21966.2	2084.4	31194.8	1371.5	11421.7	1602.3
2016	23821.0	2216.1	33616.2	1448.0	12363.4	1702.1
2017	25973.8	2378.4	36396.2	1541.6	13432.4	1825.5
2018	28228.0	2532.1	39250.8	1627.6	14617.0	1945.3
2019	30732.8	2679.7	42358.8	1708.4	16020.7	2066.0

注：1.本表2013–2019年人均可支配收入来源于住户收支与生活状况调查，1978–2012年数据是根据历史数据按住户收支与生活状况调查可比口径推算获得。可支配收入绝对数按当年价计算，指数按可比价计算。

2.全国居民人均收入是根据全国十几万户抽样调查基础数据，依据每个样本户所代表的户数加权汇总而成。由于受城镇化和人口迁移等因素影响，各时期的分城乡、分地区人口构成发生变化，有时会导致全国居民收入增速超出分城乡居民收入增速区间的现象发生。全国居民收入增速快于分城乡居民收入增速的原因主要是在城镇化过程中，一部分在农村收入较高的人口进入城镇地区，但在城镇属于较低收入人群，他们的迁移对城乡居民收入均有拉低作用；但无论在城镇还是农村，其收入增长效应都会体现在全体居民收入增长中。

a) Data of 2013-2019 are compiled on the basis of the household survey on income and expenditure and living conditions, data of 1978-2012 are estimated based on historical data at comparable coverage by the household survey on income and expenditure and living conditions. The absolute amounts of disposable income are calculated at current prices, the indices are calculated at comparable prices.

b) The nationwide per capita disposable income of households is based on the sample survey of more than 100,000 households and is aggregated according to the weight of each household in the sample. Due to the factors such as urbanization and migration, the population composition of different cities and regions has changed in different periods, the growth rate of household income nationwide sometimes outpaces the growth rate in urban and rural areas. The reason of this phenomenon is that, in urbanization process, some population with higher income in rural areas move to cities and fall into lower income group in urban areas. Their migration brings down the income of both urban and rural households. However, the effect of income growth, whether in urban or rural areas, is reflected in the national income growth.

6-17 分地区居民人均可支配收入
Per Capita Disposable Income of Households by Region

单位：元 (yuan)

地区	Region	2013	2014	2015	2016	2017	2018	2019
全国	**National Average**	**18310.8**	**20167.1**	**21966.2**	**23821.0**	**25973.8**	**28228.0**	**30732.8**
北京	Beijing	40830.0	44488.6	48458.0	52530.4	57229.8	62361.2	67755.9
天津	Tianjin	26359.2	28832.3	31291.4	34074.5	37022.3	39506.1	42404.1
河北	Hebei	15189.6	16647.4	18118.1	19725.4	21484.1	23445.7	25664.7
山西	Shanxi	15119.7	16538.3	17853.7	19048.9	20420.0	21990.1	23828.5
内蒙古	Inner Mongolia	18692.9	20559.3	22310.1	24126.6	26212.2	28375.7	30555.0
辽宁	Liaoning	20817.8	22820.2	24575.6	26039.7	27835.4	29701.4	31819.7
吉林	Jilin	15998.1	17520.4	18683.7	19967.0	21368.3	22798.4	24562.9
黑龙江	Heilongjiang	15903.4	17404.4	18592.7	19838.5	21205.8	22725.8	24253.6
上海	Shanghai	42173.6	45965.8	49867.2	54305.3	58988.0	64182.6	69441.6
江苏	Jiangsu	24775.5	27172.8	29538.9	32070.1	35024.1	38095.8	41399.7
浙江	Zhejiang	29775.0	32657.6	35537.1	38529.0	42045.7	45839.8	49898.8
安徽	Anhui	15154.3	16795.5	18362.6	19998.1	21863.3	23983.6	26415.1
福建	Fujian	21217.9	23330.9	25404.4	27607.9	30047.7	32643.9	35616.1
江西	Jiangxi	15099.7	16734.2	18437.1	20109.6	22031.4	24079.7	26262.4
山东	Shandong	19008.3	20864.2	22703.2	24685.3	26929.9	29204.6	31597.0
河南	Henan	14203.7	15695.2	17124.8	18443.1	20170.0	21963.5	23902.7
湖北	Hubei	16472.5	18283.2	20025.6	21786.6	23757.2	25814.5	28319.5
湖南	Hunan	16004.9	17621.7	19317.5	21114.8	23102.7	25240.7	27679.7
广东	Guangdong	23420.7	25685.0	27858.9	30295.8	33003.3	35809.9	39014.3
广西	Guangxi	14082.3	15557.1	16873.4	18305.1	19904.8	21485.0	23328.2
海南	Hainan	15733.3	17476.5	18979.0	20653.4	22553.2	24579.0	26679.5
重庆	Chongqing	16568.7	18351.9	20110.1	22034.1	24153.0	26385.8	28920.4
四川	Sichuan	14231.0	15749.0	17221.0	18808.3	20579.8	22460.6	24703.1
贵州	Guizhou	11083.1	12371.1	13696.6	15121.1	16703.6	18430.2	20397.4
云南	Yunnan	12577.9	13772.2	15222.6	16719.9	18348.3	20084.2	22082.4
西藏	Tibet	9740.4	10730.2	12254.3	13639.2	15457.3	17286.1	19501.3
陕西	Shaanxi	14371.5	15836.7	17395.0	18873.7	20635.2	22528.3	24666.3
甘肃	Gansu	10954.4	12184.7	13466.6	14670.3	16011.0	17488.4	19139.0
青海	Qinghai	12947.8	14374.0	15812.7	17301.8	19001.0	20757.3	22617.7
宁夏	Ningxia	14565.8	15906.8	17329.1	18832.3	20561.7	22400.4	24411.9
新疆	Xinjiang	13669.6	15096.6	16859.1	18354.7	19975.1	21500.2	23103.4

6-18 分地区居民人均可支配收入来源（2019年）
Per Capita Disposable Income of Households by Source and Region (2019)

单位：元 (yuan)

地 区	Region	可支配收入 Disposable Income	工资性收入 Income from Wages and Salaries	经营净收入 Net Business Income	财产净收入 Net Income from Properties	转移净收入 Net Income from Transfers
全 国	**National Average**	**30732.8**	**17186.2**	**5247.3**	**2619.1**	**5680.3**
北 京	Beijing	67755.9	41214.1	1200.6	11257.0	14084.1
天 津	Tianjin	42404.1	27002.3	3095.5	3908.0	8398.4
河 北	Hebei	25664.7	15535.2	3911.9	1789.8	4427.9
山 西	Shanxi	23828.5	13396.0	3108.6	1306.4	6017.4
内蒙古	Inner Mongolia	30555.0	15922.2	7994.2	1613.8	5024.9
辽 宁	Liaoning	31819.7	16776.0	5319.1	1485.8	8238.8
吉 林	Jilin	24562.9	13157.6	5266.6	1044.0	5094.7
黑龙江	Heilongjiang	24253.6	11751.0	5004.2	1112.2	6386.2
上 海	Shanghai	69441.6	40024.7	2208.9	10055.1	17152.9
江 苏	Jiangsu	41399.7	23835.7	5636.2	4372.2	7555.6
浙 江	Zhejiang	49898.8	28511.0	8498.2	5707.9	7181.7
安 徽	Anhui	26415.1	13956.5	5967.5	1729.4	4761.7
福 建	Fujian	35616.1	20679.5	6582.5	3527.6	4826.5
江 西	Jiangxi	26262.4	15005.9	4366.6	1735.5	5154.4
山 东	Shandong	31597.0	18111.3	6812.6	2211.7	4461.3
河 南	Henan	23902.7	11962.6	5139.0	1588.7	5212.3
湖 北	Hubei	28319.5	14046.2	5982.8	1949.2	6341.3
湖 南	Hunan	27679.7	13917.5	5609.3	2089.2	6063.7
广 东	Guangdong	39014.3	26554.3	5154.7	4776.9	2528.4
广 西	Guangxi	23328.2	11169.6	5777.7	1527.8	4853.1
海 南	Hainan	26679.5	15580.7	4597.6	2038.5	4462.7
重 庆	Chongqing	28920.4	15474.7	4696.7	1792.4	6956.7
四 川	Sichuan	24703.1	12048.8	5058.1	1593.3	6002.9
贵 州	Guizhou	20397.4	10557.5	4359.7	1471.1	4009.2
云 南	Yunnan	22082.4	10606.0	5332.7	2184.3	3959.5
西 藏	Tibet	19501.3	10334.1	4953.3	1251.3	2962.6
陕 西	Shaanxi	24666.3	13308.7	3256.2	1475.8	6625.6
甘 肃	Gansu	19139.0	10705.2	3551.7	1139.3	3742.8
青 海	Qinghai	22617.7	13204.1	3305.9	1140.9	4966.7
宁 夏	Ningxia	24411.9	14887.5	4198.0	944.0	4382.4
新 疆	Xinjiang	23103.4	12579.1	5308.4	838.8	4377.1

6-19 分地区居民人均消费支出
Per Capita Consumption Expenditure of Households by Region

单位：元 (yuan)

地区	Region	2013	2014	2015	2016	2017	2018	2019
全国	**National Average**	**13220.4**	**14491.4**	**15712.4**	**17110.7**	**18322.1**	**19853.1**	**21558.9**
北京	Beijing	29175.6	31102.9	33802.8	35415.7	37425.3	39842.7	43038.3
天津	Tianjin	20418.7	22343.0	24162.5	26129.3	27841.4	29902.9	31853.6
河北	Hebei	10872.2	11931.5	13030.7	14247.5	15437.0	16722.0	17987.2
山西	Shanxi	10118.3	10863.8	11729.1	12682.9	13664.4	14810.1	15862.6
内蒙古	Inner Mongolia	14877.7	16258.1	17178.5	18072.3	18945.5	19665.2	20743.4
辽宁	Liaoning	14950.2	16068.0	17199.8	19852.8	20463.4	21398.3	22202.8
吉林	Jilin	12054.3	13026.0	13763.9	14772.6	15631.9	17200.4	18075.4
黑龙江	Heilongjiang	12037.2	12768.8	13402.5	14445.8	15577.5	16994.0	18111.5
上海	Shanghai	30399.9	33064.8	34783.6	37458.3	39791.9	43351.3	45605.1
江苏	Jiangsu	17925.8	19163.6	20555.6	22129.9	23468.6	25007.4	26697.3
浙江	Zhejiang	20610.1	22552.0	24116.9	25526.6	27079.1	29470.7	32025.8
安徽	Anhui	10544.1	11727.0	12840.1	14711.5	15751.7	17044.6	19137.4
福建	Fujian	16176.6	17644.5	18850.2	20167.5	21249.3	22996.0	25314.3
江西	Jiangxi	10052.8	11088.9	12403.4	13258.6	14459.0	15792.0	17650.5
山东	Shandong	11896.8	13328.9	14578.4	15926.4	17280.7	18779.8	20427.5
河南	Henan	10002.5	11000.4	11835.1	12712.3	13729.6	15168.5	16331.8
湖北	Hubei	11760.8	12928.3	14316.5	15888.7	16937.6	19537.8	21567.0
湖南	Hunan	11945.9	13288.7	14267.3	15750.5	17160.4	18807.9	20478.9
广东	Guangdong	17421.0	19205.5	20975.7	23448.4	24819.6	26054.0	28994.7
广西	Guangxi	9596.5	10274.3	11401.0	12295.2	13423.7	14934.8	16418.3
海南	Hainan	11192.9	12470.6	13575.0	14275.4	15402.7	17528.4	19554.9
重庆	Chongqing	12600.2	13810.6	15139.5	16384.8	17898.1	19248.5	20773.9
四川	Sichuan	11054.7	12368.4	13632.1	14838.5	16179.9	17663.6	19338.3
贵州	Guizhou	8288.0	9303.4	10413.8	11931.6	12969.6	13798.1	14780.0
云南	Yunnan	8823.8	9869.5	11005.4	11768.8	12658.1	14249.9	15779.8
西藏	Tibet	6306.8	7317.0	8245.8	9318.7	10320.1	11520.2	13029.2
陕西	Shaanxi	11217.3	12203.6	13087.2	13943.0	14899.7	16159.7	17464.9
甘肃	Gansu	8943.4	9874.6	10950.8	12254.2	13120.1	14624.0	15879.1
青海	Qinghai	11576.5	12604.8	13611.3	14774.7	15503.1	16557.2	17544.8
宁夏	Ningxia	11292.0	12484.5	13815.6	14965.4	15350.3	16715.1	18296.8
新疆	Xinjiang	11391.8	11903.7	12867.4	14066.5	15087.3	16189.1	17396.6

6-20 分地区居民人均消费支出（2019年）
Per Capita Consumption Expenditure of Households by Region (2019)

单位：元 (yuan)

地区	Region	消费支出 Consumption Expenditure	食品烟酒 Food, Tobacco and Liquor	衣着 Clothing and Footwear	居住 Housing	生活用品及服务 Household Equipments, Furnishings and Services	交通通信 Transport and Communi-cations	教育文化娱乐 Education, Culture and Recreation	医疗保健 Health Care and Medical Services	其他用品及服务 Miscellaneous Goods and Services
全国	**National Average**	**21558.9**	**6084.2**	**1338.1**	**5054.8**	**1280.9**	**2861.6**	**2513.1**	**1902.3**	**524.0**
北京	Beijing	43038.3	8488.5	2229.5	15751.4	2387.3	4979.0	4310.9	3739.7	1151.9
天津	Tianjin	31853.6	8983.7	1999.5	6946.1	1956.7	4236.4	3584.4	2991.9	1154.9
河北	Hebei	17987.2	4675.7	1304.8	4301.6	1170.4	2415.7	1984.1	1699.0	435.8
山西	Shanxi	15862.6	3997.2	1289.9	3331.6	910.7	1979.7	2136.2	1820.7	396.5
内蒙古	Inner Mongolia	20743.4	5517.3	1765.4	3943.7	1185.8	3218.4	2407.7	2108.0	597.1
辽宁	Liaoning	22202.8	5956.6	1586.1	4417.0	1275.3	2848.5	2929.3	2434.2	756.0
吉林	Jilin	18075.4	4675.4	1406.8	3351.5	948.3	2518.1	2436.6	2174.0	564.7
黑龙江	Heilongjiang	18111.5	4781.1	1437.6	3314.2	844.8	2317.4	2444.9	2457.1	514.4
上海	Shanghai	45605.1	10952.6	2071.8	15046.4	2122.8	5355.7	5495.1	3204.8	1355.9
江苏	Jiangsu	26697.3	6847.0	1573.4	7247.3	1496.4	3732.2	2946.4	2166.5	688.1
浙江	Zhejiang	32025.8	8928.9	1877.1	8403.2	1715.9	4552.8	3624.0	2122.6	801.3
安徽	Anhui	19137.4	6080.8	1300.6	4281.3	1154.3	2286.6	2132.8	1489.9	411.2
福建	Fujian	25314.3	8095.6	1319.6	6974.9	1269.7	3019.4	2509.0	1506.8	619.3
江西	Jiangxi	17650.5	5215.2	1077.6	4398.8	1128.6	2104.3	2094.2	1264.5	367.3
山东	Shandong	20427.5	5416.8	1443.1	4370.1	1538.9	2991.5	2409.7	1816.5	440.8
河南	Henan	16331.8	4186.8	1226.5	3723.1	1101.5	1976.0	2016.8	1746.1	354.9
湖北	Hubei	21567.0	5946.8	1422.4	4769.1	1418.5	2822.2	2459.6	2230.9	497.5
湖南	Hunan	20478.9	5771.0	1262.2	4306.1	1226.2	2538.5	3017.4	1961.6	395.8
广东	Guangdong	28994.7	9369.2	1192.2	7329.1	1560.2	3833.6	3244.4	1770.4	695.5
广西	Guangxi	16418.3	5031.2	648.0	3493.2	944.1	2384.7	2007.0	1616.0	294.2
海南	Hainan	19554.9	7122.3	697.7	4110.4	932.7	2578.2	2413.4	1294.0	406.2
重庆	Chongqing	20773.9	6666.7	1491.9	3851.2	1392.5	2632.8	2312.2	1925.4	501.3
四川	Sichuan	19338.3	6466.8	1213.0	3678.8	1201.3	2576.4	1813.5	1934.9	453.7
贵州	Guizhou	14780.0	4110.2	984.0	2941.7	873.8	2405.6	1865.6	1274.8	324.3
云南	Yunnan	15779.8	4558.4	822.7	3370.6	926.6	2439.0	1950.0	1401.4	311.2
西藏	Tibet	13029.2	4792.5	1446.3	2320.6	847.7	2015.2	690.3	519.2	397.4
陕西	Shaanxi	17464.9	4671.9	1227.5	3625.3	1151.1	2154.8	2243.4	1977.4	413.3
甘肃	Gansu	15879.1	4574.0	1125.3	3440.4	945.3	1972.7	1843.5	1619.3	358.6
青海	Qinghai	17544.8	5130.9	1359.8	3304.0	953.2	2587.6	1731.8	1995.6	481.8
宁夏	Ningxia	18296.8	4605.2	1476.6	3245.1	1144.5	3018.1	2352.4	1929.3	525.5
新疆	Xinjiang	17396.6	5042.7	1472.1	3270.9	1159.5	2408.1	1876.1	1725.4	441.7

6-21 分地区居民家庭人均主要食品消费量(2019年)
Per Capita Consumption of Major Foods of Households by Region (2019)

单位: 千克 (kg)

地区	Region	粮食(原粮) Grain (Unprocessed)	谷物 Cereals	食用油 Edible Oil and Fats	食用植物油 Edible Vegetable Oil	蔬菜及食用菌 Vegetable and Edible Mushroom	肉类 Meat and Products	猪肉 Pork
全 国	**National Average**	**130.1**	**117.9**	**9.5**	**8.9**	**98.6**	**26.9**	**20.3**
北 京	Beijing	97.3	86.2	6.9	6.7	114.9	25.7	14.6
天 津	Tianjin	105.2	94.6	8.7	8.6	114.1	24.7	15.0
河 北	Hebei	143.9	130.5	7.6	7.4	97.7	20.7	13.7
山 西	Shanxi	139.4	121.8	7.4	7.2	93.6	14.7	10.2
内蒙古	Inner Mongolia	169.8	153.3	6.7	6.4	100.3	32.7	19.5
辽 宁	Liaoning	127.9	112.2	9.6	9.4	110.3	25.7	17.9
吉 林	Jilin	140.6	124.2	10.4	10.2	95.9	23.1	16.7
黑龙江	Heilongjiang	138.8	124.1	12.5	12.4	96.1	21.5	15.1
上 海	Shanghai	105.3	92.8	8.5	8.2	102.4	29.0	19.8
江 苏	Jiangsu	120.3	106.9	9.2	9.0	101.4	25.3	17.8
浙 江	Zhejiang	132.9	119.0	11.3	10.8	95.4	28.3	22.0
安 徽	Anhui	147.3	131.5	8.8	8.1	102.7	27.1	20.6
福 建	Fujian	120.2	110.8	8.8	7.9	86.4	27.8	22.3
江 西	Jiangxi	134.0	123.1	12.9	12.4	96.4	28.2	23.5
山 东	Shandong	117.6	106.5	8.2	8.1	94.2	21.6	14.6
河 南	Henan	132.2	120.1	7.8	7.8	89.3	17.6	12.0
湖 北	Hubei	117.7	106.0	11.9	11.4	104.9	26.1	20.4
湖 南	Hunan	144.1	134.2	11.7	9.5	97.9	30.3	25.7
广 东	Guangdong	115.9	106.7	9.0	8.5	109.4	38.7	30.7
广 西	Guangxi	133.6	126.1	8.3	7.3	86.1	29.3	25.0
海 南	Hainan	99.9	90.5	8.4	7.5	95.9	25.0	20.3
重 庆	Chongqing	138.1	123.7	14.7	12.8	132.4	38.9	33.7
四 川	Sichuan	142.7	129.3	11.3	10.3	122.6	39.4	33.4
贵 州	Guizhou	108.9	97.4	6.6	5.4	73.6	28.6	26.0
云 南	Yunnan	124.0	113.4	6.5	4.9	82.5	32.2	27.7
西 藏	Tibet	187.6	182.7	16.1	12.1	52.4	27.9	5.7
陕 西	Shaanxi	132.2	118.0	10.4	10.0	89.3	15.6	10.9
甘 肃	Gansu	158.0	144.9	8.5	8.4	83.4	19.5	13.6
青 海	Qinghai	108.1	102.2	9.7	9.2	54.7	24.3	8.7
宁 夏	Ningxia	106.7	99.7	7.6	7.5	88.8	16.3	6.3
新 疆	Xinjiang	133.6	130.3	12.6	12.5	88.2	22.4	3.1

6-21 续表 continued

单位：千克 (kg)

地区	Region	牛肉 Beef	羊肉 Mutton	禽类 Poultry	水产品 Aquatic Products	蛋类 Eggs	奶类 Milk and Dairy Products	干鲜瓜果类 Dried and Fresh Melons and Fruits	食糖 Sugar
全　国	**National Average**	**2.2**	**1.2**	**10.8**	**13.6**	**10.7**	**12.5**	**56.4**	**1.3**
北　京	Beijing	3.6	2.6	6.5	10.1	14.5	28.9	85.5	1.1
天　津	Tianjin	2.8	2.6	6.1	17.4	18.5	17.0	90.1	1.1
河　北	Hebei	1.5	1.3	5.4	7.4	15.7	14.5	76.2	1.2
山　西	Shanxi	0.7	1.1	2.9	3.0	13.4	16.8	62.4	1.0
内蒙古	Inner Mongolia	3.5	6.4	6.5	6.7	11.0	24.0	69.1	1.3
辽　宁	Liaoning	2.7	1.1	5.6	15.4	13.1	16.0	67.4	1.2
吉　林	Jilin	2.5	0.6	5.6	9.9	11.1	10.8	63.7	1.4
黑龙江	Heilongjiang	1.9	1.1	6.0	10.3	12.2	9.8	67.3	1.6
上　海	Shanghai	3.5	1.0	13.1	27.2	12.3	20.8	61.1	1.4
江　苏	Jiangsu	2.3	0.8	12.4	19.6	11.3	14.7	45.7	1.0
浙　江	Zhejiang	2.7	0.7	11.9	25.9	9.2	13.5	55.6	1.6
安　徽	Anhui	2.3	0.9	14.7	15.2	12.5	12.0	63.7	1.0
福　建	Fujian	2.2	0.7	13.0	25.3	9.1	10.7	44.8	1.6
江　西	Jiangxi	2.5	0.3	10.6	15.5	7.7	11.0	45.9	1.0
山　东	Shandong	1.1	1.0	6.5	13.8	17.5	16.9	78.1	0.8
河　南	Henan	1.4	1.0	6.9	4.7	14.6	13.1	62.5	1.2
湖　北	Hubei	2.3	0.6	7.0	17.6	7.6	7.4	43.1	0.7
湖　南	Hunan	2.2	0.6	13.7	14.8	8.7	6.9	60.6	1.2
广　东	Guangdong	3.1	0.7	25.9	28.6	8.4	8.8	47.2	1.5
广　西	Guangxi	2.0	0.6	24.8	13.4	6.3	5.0	40.6	1.2
海　南	Hainan	2.4	0.9	24.7	31.6	4.9	4.5	30.9	0.9
重　庆	Chongqing	1.7	0.5	11.9	12.1	10.3	13.3	46.0	2.6
四　川	Sichuan	1.9	0.4	13.2	9.4	9.0	11.6	46.0	1.8
贵　州	Guizhou	1.0	0.2	5.6	2.8	3.7	4.6	35.1	0.7
云　南	Yunnan	2.1	0.4	7.9	4.5	4.5	5.8	34.2	1.2
西　藏	Tibet	17.5	3.7	1.7	0.6	3.2	11.6	8.8	5.2
陕　西	Shaanxi	1.2	1.4	3.5	3.3	8.9	14.5	51.5	1.0
甘　肃	Gansu	1.5	2.2	5.6	3.1	8.1	15.9	60.5	1.7
青　海	Qinghai	9.0	5.5	3.4	2.0	4.2	18.8	28.0	1.5
宁　夏	Ningxia	4.8	4.1	7.7	3.0	6.2	14.6	79.2	1.4
新　疆	Xinjiang	5.0	12.2	5.3	3.2	6.4	21.1	57.8	1.8

6-22 分地区居民平均每百户年末主要耐用消费品拥有量(2019年)
Main Durable Goods Owned Per 100 Households at Year-end by Region (2019)

地 区	Region	家用汽车(辆) Automobile (unit)	摩托车(辆) Motorcycle (unit)	电动助力车(辆) Electric Bicycle (unit)	洗衣机(台) Washing Machine (set)	电冰箱(台) Refrigerator (set)	微波炉(台) Microwave Oven (set)	彩色电视机(台) Color TV Set (set)
全 国	**National Average**	**35.3**	**34.2**	**63.9**	**96.0**	**100.9**	**40.1**	**120.6**
北 京	Beijing	54.0	3.7	27.1	101.1	104.4	77.3	126.5
天 津	Tianjin	54.6	4.0	50.3	100.3	104.4	69.8	112.0
河 北	Hebei	45.9	24.6	100.6	101.2	99.5	35.7	111.5
山 西	Shanxi	27.0	25.1	56.4	94.5	88.2	25.4	103.2
内蒙古	Inner Mongolia	41.9	30.7	48.4	97.6	106.4	30.1	104.6
辽 宁	Liaoning	28.2	22.0	27.7	94.1	101.0	43.8	106.3
吉 林	Jilin	31.2	29.0	15.3	95.4	98.4	32.3	102.3
黑龙江	Heilongjiang	22.1	20.3	17.0	95.6	98.9	23.6	100.8
上 海	Shanghai	38.6	2.8	70.7	94.9	101.6	86.2	177.0
江 苏	Jiangsu	39.9	14.9	131.3	101.9	109.0	80.7	165.7
浙 江	Zhejiang	44.9	11.6	87.8	92.9	105.6	52.6	175.5
安 徽	Anhui	29.9	22.0	107.4	94.8	103.1	45.2	135.4
福 建	Fujian	27.5	51.6	59.3	90.5	102.2	48.0	131.3
江 西	Jiangxi	31.1	44.8	73.0	81.4	98.5	33.8	128.3
山 东	Shandong	51.7	25.3	108.2	98.5	104.0	39.0	106.9
河 南	Henan	30.7	28.2	117.8	99.8	98.0	28.4	115.2
湖 北	Hubei	31.3	56.9	40.3	93.4	105.7	31.8	122.2
湖 南	Hunan	25.6	57.2	25.2	97.2	103.8	26.5	117.6
广 东	Guangdong	41.3	66.4	39.7	92.6	97.6	41.1	110.2
广 西	Guangxi	30.9	63.8	79.9	91.4	102.6	46.0	110.0
海 南	Hainan	28.9	50.8	96.8	74.3	92.4	21.2	103.6
重 庆	Chongqing	27.0	23.7	15.7	94.3	104.0	44.9	124.8
四 川	Sichuan	28.2	34.5	32.6	97.9	102.0	29.1	119.7
贵 州	Guizhou	31.4	41.5	18.0	99.6	96.7	21.7	104.8
云 南	Yunnan	39.6	59.5	31.5	95.6	92.6	34.2	105.4
西 藏	Tibet	39.5	61.9	21.5	87.1	87.1	18.5	114.2
陕 西	Shaanxi	28.8	35.4	39.3	96.6	91.8	25.7	104.7
甘 肃	Gansu	24.8	39.0	32.9	97.0	90.6	29.2	106.7
青 海	Qinghai	44.7	36.4	12.5	98.5	102.8	38.2	99.1
宁 夏	Ningxia	39.8	30.4	61.6	102.7	100.5	40.2	105.3
新 疆	Xinjiang	31.2	25.1	61.1	99.4	106.6	24.9	103.6

6-22 续表 continued

地 区	Region	空 调 (台) Air Conditioner (set)	热水器 (台) Water Heater (set)	排油烟机 (台) Kitchen Ventilator (set)	移动电话 (部) Mobile Phone (set)	计算机 (台) Computer (set)	照相机 (台) Camera (set)
全 国	**National Average**	**115.6**	**86.9**	**59.3**	**253.2**	**53.2**	**12.2**
北 京	Beijing	191.5	100.0	93.0	232.7	91.8	42.6
天 津	Tianjin	161.0	96.1	89.8	235.7	68.6	19.3
河 北	Hebei	108.9	81.3	57.9	240.5	52.5	9.6
山 西	Shanxi	36.4	57.1	50.5	227.9	45.1	8.9
内蒙古	Inner Mongolia	14.1	57.5	56.0	234.4	45.7	11.7
辽 宁	Liaoning	43.6	69.0	67.3	211.6	46.9	15.3
吉 林	Jilin	13.8	51.4	56.8	236.7	49.5	8.8
黑龙江	Heilongjiang	8.8	48.8	57.1	228.1	40.3	7.4
上 海	Shanghai	207.1	96.9	83.3	224.5	104.7	34.0
江 苏	Jiangsu	199.3	105.9	70.4	251.1	62.2	13.7
浙 江	Zhejiang	195.8	104.0	83.1	245.0	72.3	17.6
安 徽	Anhui	152.3	97.4	57.6	261.4	45.6	9.1
福 建	Fujian	155.5	110.2	61.5	259.7	61.2	11.6
江 西	Jiangxi	114.4	92.4	57.6	263.4	46.9	8.8
山 东	Shandong	125.5	93.7	70.8	234.0	63.0	17.1
河 南	Henan	140.6	82.7	46.6	261.0	46.5	7.0
湖 北	Hubei	133.9	96.3	58.1	265.4	55.7	10.1
湖 南	Hunan	128.9	91.2	56.7	280.3	51.3	9.8
广 东	Guangdong	187.8	101.5	68.3	270.6	72.6	16.3
广 西	Guangxi	106.9	94.7	41.0	283.6	48.7	9.3
海 南	Hainan	127.2	87.5	42.8	286.2	43.3	7.3
重 庆	Chongqing	160.7	91.1	55.7	265.1	46.2	11.1
四 川	Sichuan	103.8	87.3	45.6	257.6	37.1	7.9
贵 州	Guizhou	19.2	76.7	31.7	294.1	31.9	4.5
云 南	Yunnan	4.5	86.8	40.8	278.2	33.5	8.4
西 藏	Tibet	5.5	24.9	17.4	240.5	21.5	6.1
陕 西	Shaanxi	84.4	69.3	45.7	248.5	37.3	10.2
甘 肃	Gansu	8.6	57.6	45.1	274.8	38.0	9.7
青 海	Qinghai	1.0	59.4	55.5	261.5	36.1	8.8
宁 夏	Ningxia	13.7	99.9	64.9	270.7	51.3	9.3
新 疆	Xinjiang	19.5	79.6	61.7	225.2	34.8	9.1

6-23 分地区城镇居民人均可支配收入
Per Capita Disposable Income of Urban Households by Region

单位：元 (yuan)

地 区	Region	2013	2014	2015	2016	2017	2018	2019
全 国	**National Average**	**26467.0**	**28843.9**	**31194.8**	**33616.2**	**36396.2**	**39250.8**	**42358.8**
北 京	Beijing	44563.9	48531.8	52859.2	57275.3	62406.3	67989.9	73848.5
天 津	Tianjin	28979.8	31506.0	34101.3	37109.6	40277.5	42976.3	46118.9
河 北	Hebei	22226.7	24141.3	26152.2	28249.4	30547.8	32977.2	35737.7
山 西	Shanxi	22258.2	24069.4	25827.7	27352.3	29131.8	31034.8	33262.4
内蒙古	Inner Mongolia	26003.6	28349.6	30594.1	32974.9	35670.0	38304.7	40782.5
辽 宁	Liaoning	26697.0	29081.7	31125.7	32876.1	34993.4	37341.9	39777.2
吉 林	Jilin	21331.1	23217.8	24900.9	26530.4	28318.7	30171.9	32299.2
黑龙江	Heilongjiang	20848.4	22609.0	24202.6	25736.4	27446.0	29191.3	30944.6
上 海	Shanghai	44878.3	48841.4	52961.9	57691.7	62595.7	68033.6	73615.3
江 苏	Jiangsu	31585.5	34346.3	37173.5	40151.6	43621.8	47200.0	51056.1
浙 江	Zhejiang	37079.7	40392.7	43714.5	47237.2	51260.7	55574.3	60182.3
安 徽	Anhui	22789.3	24838.5	26935.8	29156.0	31640.3	34393.1	37540.0
福 建	Fujian	28173.9	30722.4	33275.3	36014.3	39001.4	42121.3	45620.5
江 西	Jiangxi	22119.7	24309.2	26500.1	28673.3	31198.1	33819.4	36545.9
山 东	Shandong	26882.4	29221.9	31545.3	34012.1	36789.4	39549.4	42329.2
河 南	Henan	21740.7	23672.1	25575.6	27232.9	29557.9	31874.2	34201.0
湖 北	Hubei	22667.9	24852.3	27051.5	29385.8	31889.4	34454.6	37601.4
湖 南	Hunan	24352.0	26570.2	28838.1	31283.9	33947.9	36698.3	39841.9
广 东	Guangdong	29537.3	32148.1	34757.2	37684.3	40975.1	44341.0	48117.6
广 西	Guangxi	22689.4	24669.0	26415.9	28324.4	30502.1	32436.1	34744.9
海 南	Hainan	22411.4	24486.5	26356.4	28453.5	30817.4	33348.7	36016.7
重 庆	Chongqing	23058.2	25147.2	27238.8	29610.0	32193.2	34889.3	37938.6
四 川	Sichuan	22227.5	24234.4	26205.3	28335.3	30726.9	33215.9	36153.7
贵 州	Guizhou	20564.9	22548.2	24579.6	26742.6	29079.8	31591.9	34404.2
云 南	Yunnan	22460.0	24299.0	26373.2	28610.6	30995.9	33487.9	36237.7
西 藏	Tibet	20394.5	22015.8	25456.6	27802.4	30671.1	33797.4	37410.0
陕 西	Shaanxi	22345.9	24365.8	26420.2	28440.1	30810.3	33319.3	36098.2
甘 肃	Gansu	19873.4	21803.9	23767.1	25693.5	27763.4	29957.0	32323.4
青 海	Qinghai	20352.4	22306.6	24542.3	26757.4	29168.9	31514.5	33830.3
宁 夏	Ningxia	21475.7	23284.6	25186.0	27153.0	29472.3	31895.2	34328.5
新 疆	Xinjiang	21091.5	23214.0	26274.7	28463.4	30774.8	32763.5	34663.7

6-24 分地区城镇居民人均可支配收入来源（2019年）
Per Capita Disposable Income of Urban Households by Source and Region (2019)

单位：元 (yuan)

地 区	Region	可支配收入 Disposable Income	工资性收入 Income from Wages and Salaries	经营净收入 Net Business Income	财产净收入 Net Income from Properties	转移净收入 Net Income from Transfers
全 国	**National Average**	**42358.8**	**25564.8**	**4840.4**	**4390.6**	**7563.0**
北 京	Beijing	73848.5	44327.0	1034.0	12689.6	15797.9
天 津	Tianjin	46118.9	29588.2	2696.8	4514.7	9319.3
河 北	Hebei	35737.7	22792.8	2749.9	3225.4	6969.6
山 西	Shanxi	33262.4	19697.2	2860.4	2252.9	8451.9
内蒙古	Inner Mongolia	40782.5	24459.4	7945.4	2344.4	6033.3
辽 宁	Liaoning	39777.2	22120.5	4461.3	2094.3	11101.1
吉 林	Jilin	32299.2	20570.5	2857.7	1636.2	7234.9
黑龙江	Heilongjiang	30944.6	17828.5	3422.3	1367.3	8326.5
上 海	Shanghai	73615.3	42328.2	2192.0	11063.8	18031.3
江 苏	Jiangsu	51056.1	30415.7	5298.2	6201.6	9140.7
浙 江	Zhejiang	60182.3	33663.0	9115.4	8201.9	9202.0
安 徽	Anhui	37540.0	22547.6	5982.5	3192.4	5817.5
福 建	Fujian	45620.5	27992.2	6210.9	5512.0	5905.4
江 西	Jiangxi	36545.9	23167.6	3055.3	3187.9	7135.2
山 东	Shandong	42329.2	26610.9	6046.5	3574.7	6097.1
河 南	Henan	34201.0	19146.4	5212.3	3188.3	6654.0
湖 北	Hubei	37601.4	20810.6	5340.9	3302.0	8147.9
湖 南	Hunan	39841.9	21534.1	5946.8	3950.9	8410.1
广 东	Guangdong	48117.6	34151.9	5473.8	6686.2	1805.7
广 西	Guangxi	34744.9	19343.9	5965.2	2932.3	6503.5
海 南	Hainan	36016.7	23059.3	3574.2	3455.9	5927.4
重 庆	Chongqing	37938.6	22119.0	4361.2	2724.5	8733.9
四 川	Sichuan	36153.7	20479.2	4392.8	2890.9	8390.9
贵 州	Guizhou	34404.2	18959.7	5714.0	3432.5	6298.0
云 南	Yunnan	36237.7	20346.9	4106.9	4959.4	6824.5
西 藏	Tibet	37410.0	27906.0	1095.2	3478.9	4929.9
陕 西	Shaanxi	36098.2	20982.9	2760.2	2644.3	9710.8
甘 肃	Gansu	32323.4	21707.5	2483.9	2539.2	5592.9
青 海	Qinghai	33830.3	22872.3	2306.8	1878.1	6773.2
宁 夏	Ningxia	34328.5	23406.1	3530.2	1421.2	5971.0
新 疆	Xinjiang	34663.7	23199.3	3624.4	1509.3	6330.6

6-25 分地区城镇居民人均消费支出
Per Capita Consumption Expenditure of Urban Households by Region

单位：元 (yuan)

地 区	Region	2013	2014	2015	2016	2017	2018	2019
全 国	**National Average**	**18487.5**	**19968.1**	**21392.4**	**23078.9**	**24445.0**	**26112.3**	**28063.4**
北 京	Beijing	31632.2	33717.5	36642.0	38255.5	40346.3	42925.6	46358.2
天 津	Tianjin	22306.2	24289.6	26229.5	28344.6	30283.6	32655.1	34810.7
河 北	Hebei	14970.0	16203.8	17586.6	19105.9	20600.3	22127.4	23483.1
山 西	Shanxi	13762.7	14636.9	15818.6	16992.8	18404.0	19789.8	21159.0
内蒙古	Inner Mongolia	19244.0	20885.2	21876.5	22744.5	23637.8	24437.1	25382.5
辽 宁	Liaoning	19318.4	20519.6	21556.7	24995.9	25379.4	26447.9	27355.0
吉 林	Jilin	15940.7	17156.1	17972.6	19166.4	20051.2	22393.7	23394.3
黑龙江	Heilongjiang	15704.1	16466.6	17152.1	18145.2	19269.8	21035.5	22164.9
上 海	Shanghai	32447.2	35182.4	36946.1	39856.8	42304.3	46015.2	48271.6
江 苏	Jiangsu	22262.3	23476.3	24966.0	26432.9	27726.3	29461.9	31329.1
浙 江	Zhejiang	25253.5	27241.7	28661.3	30067.7	31924.2	34597.9	37507.9
安 徽	Anhui	14593.6	16107.1	17233.5	19606.2	20740.2	21522.7	23781.5
福 建	Fujian	20564.7	22204.1	23520.2	25005.5	25980.5	28145.1	30945.5
江 西	Jiangxi	13843.0	15141.8	16731.8	17695.6	19244.5	20760.0	22714.3
山 东	Shandong	16646.5	18322.6	19853.8	21495.3	23072.1	24798.4	26731.5
河 南	Henan	15248.8	16184.5	17154.3	18087.8	19422.3	20989.2	21971.6
湖 北	Hubei	15334.5	16681.4	18192.3	20040.0	21275.6	23995.9	26421.8
湖 南	Hunan	16867.3	18334.7	19501.4	21420.0	23162.6	25064.2	26924.0
广 东	Guangdong	21621.5	23611.7	25673.1	28613.3	30197.9	30924.3	34424.1
广 西	Guangxi	14470.1	15045.4	16321.2	17268.5	18348.6	20159.4	21590.9
海 南	Hainan	15833.5	17513.8	18448.4	19015.5	20371.9	22971.2	25316.7
重 庆	Chongqing	17123.8	18279.5	19742.3	21030.9	22759.2	24154.2	25785.5
四 川	Sichuan	16098.2	17759.9	19276.8	20659.8	21990.6	23483.9	25367.4
贵 州	Guizhou	13768.2	15254.6	16914.2	19201.7	20347.8	20787.9	21402.4
云 南	Yunnan	14862.3	16268.3	17675.0	18622.4	19559.7	21626.4	23454.9
西 藏	Tibet	13678.6	15669.4	17022.0	19440.5	21087.5	23029.4	25636.7
陕 西	Shaanxi	16398.6	17546.0	18463.9	19368.9	20388.2	21966.4	23514.3
甘 肃	Gansu	14411.3	15942.3	17450.9	19539.2	20659.4	22606.0	24453.9
青 海	Qinghai	16223.4	17492.9	19200.6	20853.2	21473.0	22997.5	23799.2
宁 夏	Ningxia	15806.9	17216.2	18983.9	20364.2	20219.5	21976.7	24161.0
新 疆	Xinjiang	16858.1	17684.5	19414.7	21228.5	22796.9	24191.4	25594.2

6-26 分地区城镇居民人均消费支出（2019年）
Per Capita Consumption Expenditure of Urban Households by Region (2019)

单位：元 (yuan)

地 区	Region	消费支出 Consumption Expenditure	食品烟酒 Food, Tobacco and Liquor	衣着 Clothing and Footwear	居住 Housing	生活用品及服务 Household Equipments, Furnishings and Services	交通通信 Transport and Communi-cations	教育文化娱乐 Education, Culture and Recreation	医疗保健 Health Care and Medical Services	其他用品及服务 Miscellaneous Goods and Services
全 国	**National Average**	**28063.4**	**7732.6**	**1831.9**	**6780.2**	**1689.3**	**3671.3**	**3328.0**	**2282.7**	**747.2**
北 京	Beijing	46358.2	8951.0	2391.0	17234.8	2568.9	5229.2	4738.4	3973.9	1271.0
天 津	Tianjin	34810.7	9719.2	2194.8	7701.5	2051.1	4596.1	4062.0	3179.3	1306.8
河 北	Hebei	23483.1	6024.2	1805.8	5879.9	1537.1	2992.4	2588.1	2056.3	599.3
山 西	Shanxi	21159.0	5072.9	1801.4	4333.3	1264.7	2776.4	2937.9	2383.4	588.8
内蒙古	Inner Mongolia	25382.5	6688.4	2457.9	4844.7	1614.4	3797.1	2817.5	2348.6	813.9
辽 宁	Liaoning	27355.0	7355.7	2029.8	5445.9	1621.0	3394.5	3691.9	2827.8	988.4
吉 林	Jilin	23394.3	5841.4	1979.2	4571.2	1358.4	3174.9	3147.7	2525.2	796.3
黑龙江	Heilongjiang	22164.9	5814.0	1873.1	4319.3	1092.6	2612.4	2925.7	2840.9	686.9
上 海	Shanghai	48271.6	11272.5	2161.6	16253.1	2215.2	5625.9	5966.4	3331.6	1445.2
江 苏	Jiangsu	31329.1	7981.4	1930.6	8787.2	1711.2	4051.5	3605.6	2419.9	841.8
浙 江	Zhejiang	37507.9	10161.6	2258.8	9977.2	2075.2	5368.0	4342.2	2300.3	1024.5
安 徽	Anhui	23781.5	7421.0	1763.5	5262.3	1465.8	2870.5	2802.4	1658.2	537.8
福 建	Fujian	30945.5	9536.7	1659.4	8954.9	1556.8	3715.1	3066.3	1691.5	764.7
江 西	Jiangxi	22714.3	6604.4	1568.9	5370.4	1507.0	2771.5	2781.4	1559.3	551.3
山 东	Shandong	26731.5	6964.9	2042.4	5883.3	2083.4	3762.2	3171.3	2183.8	640.1
河 南	Henan	21971.6	5549.8	1706.5	5189.5	1528.8	2691.3	2673.9	2081.1	550.7
湖 北	Hubei	26421.8	7334.3	1886.7	5929.4	1869.0	3283.9	2967.0	2471.4	680.2
湖 南	Hunan	26924.0	7499.6	1843.7	5447.8	1660.4	3425.2	4172.2	2305.2	569.8
广 东	Guangdong	34424.1	10757.5	1480.8	8961.6	1894.8	4597.1	3984.5	1883.0	864.9
广 西	Guangxi	21590.9	6577.7	973.6	4468.2	1256.5	3176.0	2609.0	2071.0	459.1
海 南	Hainan	25316.7	8690.5	968.8	5499.5	1237.1	3605.5	3135.3	1597.3	582.7
重 庆	Chongqing	25785.5	8035.1	2015.3	4734.2	1746.2	3317.8	2893.9	2359.1	683.8
四 川	Sichuan	25367.4	8279.4	1729.6	4741.6	1525.4	3453.4	2667.6	2293.3	677.1
贵 州	Guizhou	21402.4	6061.2	1610.6	3976.7	1305.1	3413.0	2635.3	1850.8	549.6
云 南	Yunnan	23454.9	6357.1	1415.7	5202.5	1416.8	3517.9	2917.6	2048.2	579.0
西 藏	Tibet	25636.7	9682.1	2419.3	5226.1	1758.3	3621.8	1265.8	965.8	697.4
陕 西	Shaanxi	23514.3	6376.3	1816.1	4641.2	1610.7	2890.8	3036.8	2528.5	613.8
甘 肃	Gansu	24453.9	6996.0	1920.1	5621.8	1455.0	3050.2	2554.8	2224.2	631.7
青 海	Qinghai	23799.2	6904.2	1941.0	4654.4	1368.9	3295.0	2436.4	2509.8	689.7
宁 夏	Ningxia	24161.0	5858.9	2104.5	4326.5	1529.1	4077.0	3188.2	2342.2	734.6
新 疆	Xinjiang	25594.2	7421.6	2234.8	4559.0	1708.5	3667.7	2724.1	2495.5	783.1

6-27 分地区城镇居民家庭人均主要食品消费量(2019年)
Per Capita Consumption of Major Foods of Urban Households by Region (2019)

单位：千克 (kg)

地 区	Region	粮食 (原粮) Grain (Unprocessed)	谷物 Cereals	食用油 Edible Oil and Fats	食用植物油 Edible Vegetable Oil	蔬菜及食用菌 Vegetable and Edible Mushroom	肉类 Meat and Products	猪肉 Pork
全 国	**National Average**	**110.6**	**98.5**	**9.2**	**8.7**	**105.8**	**28.7**	**20.3**
北 京	Beijing	95.7	84.8	6.7	6.5	115.9	25.8	14.2
天 津	Tianjin	96.1	86.1	8.1	8.0	116.4	25.0	14.8
河 北	Hebei	130.5	116.9	7.9	7.6	111.8	24.5	15.2
山 西	Shanxi	117.6	101.7	7.0	6.9	102.6	17.0	10.8
内蒙古	Inner Mongolia	137.5	122.5	7.3	7.1	109.8	32.9	17.1
辽 宁	Liaoning	116.8	100.7	9.3	9.1	119.4	27.1	17.3
吉 林	Jilin	118.3	103.7	9.9	9.8	104.2	24.0	15.4
黑龙江	Heilongjiang	113.7	100.7	11.1	11.0	101.4	23.2	14.7
上 海	Shanghai	100.1	87.5	8.2	7.9	102.9	28.2	18.9
江 苏	Jiangsu	108.4	96.2	8.5	8.3	105.7	27.3	18.8
浙 江	Zhejiang	118.0	104.8	10.8	10.3	95.4	28.5	21.4
安 徽	Anhui	125.0	109.6	8.2	7.7	106.2	29.3	21.5
福 建	Fujian	94.1	85.6	8.2	7.6	82.8	27.9	21.5
江 西	Jiangxi	119.7	107.5	13.4	12.9	107.2	31.8	25.5
山 东	Shandong	104.6	93.3	8.3	8.1	103.3	23.6	15.3
河 南	Henan	126.4	113.1	8.0	8.0	104.5	20.8	13.2
湖 北	Hubei	94.9	83.1	10.2	9.7	94.2	27.6	20.1
湖 南	Hunan	110.5	100.1	11.7	9.7	107.3	32.7	26.2
广 东	Guangdong	100.8	91.7	8.4	8.0	110.6	39.4	30.6
广 西	Guangxi	95.6	87.3	7.9	7.3	94.6	31.5	25.2
海 南	Hainan	80.8	74.7	8.2	7.7	99.5	26.9	20.9
重 庆	Chongqing	106.2	92.8	14.4	13.2	125.7	39.0	32.1
四 川	Sichuan	109.7	96.4	11.3	10.5	131.2	40.6	32.0
贵 州	Guizhou	94.7	82.9	7.5	6.4	76.2	29.1	24.7
云 南	Yunnan	100.3	88.1	7.3	6.1	93.7	29.9	22.3
西 藏	Tibet	181.8	171.4	26.1	23.8	97.0	56.7	13.3
陕 西	Shaanxi	118.9	103.9	9.5	9.2	106.7	18.9	12.1
甘 肃	Gansu	139.5	126.0	9.1	9.0	115.3	21.8	13.0
青 海	Qinghai	93.6	87.6	9.4	9.3	64.7	24.6	8.9
宁 夏	Ningxia	88.2	80.9	6.9	6.9	95.5	17.1	6.7
新 疆	Xinjiang	124.2	118.8	12.1	12.1	103.2	24.6	5.3

6-27 续表 continued

单位：千克 (kg)

地 区	Region			禽类 Poultry	水产品 Aquatic Products	蛋类 Eggs	奶类 Milk and Dairy Products	干鲜瓜果类 Dried and Fresh Melons and Fruits	食糖 Sugar
		牛肉 Beef	羊肉 Mutton						
全 国	**National Average**	**2.9**	**1.4**	**11.4**	**16.7**	**11.5**	**16.7**	**66.8**	**1.2**
北 京	Beijing	3.8	2.6	6.7	10.3	14.4	31.1	87.1	1.1
天 津	Tianjin	3.2	2.7	6.4	18.0	18.8	18.4	90.8	1.1
河 北	Hebei	2.4	1.9	6.5	10.0	17.1	20.5	88.6	1.0
山 西	Shanxi	1.2	1.5	3.6	4.3	14.4	21.3	77.5	0.9
内蒙古	Inner Mongolia	4.5	6.8	6.8	8.0	12.3	29.9	82.8	1.2
辽 宁	Liaoning	3.5	1.5	6.6	19.3	14.9	21.3	81.7	1.2
吉 林	Jilin	3.6	0.9	5.9	12.1	12.2	14.9	79.3	1.2
黑龙江	Heilongjiang	2.7	1.5	6.0	12.2	13.4	13.6	76.4	1.5
上 海	Shanghai	3.6	1.0	12.8	26.9	12.2	21.6	61.9	1.4
江 苏	Jiangsu	2.6	0.9	13.2	21.8	11.5	16.8	51.8	1.0
浙 江	Zhejiang	3.1	0.7	12.5	28.3	9.3	15.1	62.1	1.4
安 徽	Anhui	3.0	1.1	15.0	16.6	12.8	14.3	70.6	0.9
福 建	Fujian	2.8	0.8	11.7	26.7	9.0	12.3	48.5	1.2
江 西	Jiangxi	3.4	0.5	11.8	18.1	8.3	15.8	56.9	1.0
山 东	Shandong	1.6	1.2	6.8	18.3	18.0	21.8	87.6	0.7
河 南	Henan	2.1	1.6	8.4	6.4	16.4	19.1	73.9	1.1
湖 北	Hubei	3.1	0.8	7.7	19.6	7.7	9.8	50.9	0.7
湖 南	Hunan	3.0	0.7	13.6	17.8	8.2	10.1	70.8	1.2
广 东	Guangdong	3.5	0.8	23.9	29.5	8.7	10.8	53.9	1.4
广 西	Guangxi	3.2	0.8	24.8	16.6	6.9	8.1	52.2	1.2
海 南	Hainan	3.1	1.2	24.0	32.8	5.4	6.6	39.6	0.8
重 庆	Chongqing	2.4	0.6	12.9	13.9	10.4	17.0	52.8	1.9
四 川	Sichuan	2.8	0.6	14.1	11.7	9.2	15.1	58.7	1.5
贵 州	Guizhou	1.7	0.3	7.8	4.3	4.9	8.3	46.8	0.7
云 南	Yunnan	3.5	0.4	8.6	6.5	5.0	10.1	50.1	1.3
西 藏	Tibet	35.0	5.1	5.3	2.2	7.2	20.3	19.9	4.0
陕 西	Shaanxi	1.9	1.7	4.7	5.3	10.6	20.8	71.3	0.9
甘 肃	Gansu	2.7	2.5	6.2	5.6	11.5	29.7	92.3	1.4
青 海	Qinghai	9.2	4.9	4.1	3.3	5.7	23.0	38.0	1.0
宁 夏	Ningxia	4.4	4.5	7.0	4.2	7.5	19.7	84.6	1.2
新 疆	Xinjiang	6.0	10.2	7.0	6.1	8.8	33.0	73.9	1.2

6-28 分地区城镇居民平均每百户年末主要耐用消费品拥有量(2019年)
Main Durable Goods Owned Per 100 Urban Households at Year-end by Region (2019)

地 区	Region	家用汽车 (辆) Automobile (unit)	摩托车 (辆) Motorcycle (unit)	电动助力车 (辆) Electric Bicycle (unit)	洗衣机 (台) Washing Machine (set)	电冰箱 (台) Refrigerator (set)	微波炉 (台) Microwave Oven (set)	彩色电视机 (台) Color TV Set (set)
全 国	**National Average**	**43.2**	**18.7**	**59.4**	**99.2**	**102.5**	**55.7**	**122.8**
北 京	Beijing	54.6	3.0	19.3	100.9	103.4	79.0	125.1
天 津	Tianjin	56.5	1.7	36.2	99.9	104.0	77.1	110.4
河 北	Hebei	52.5	11.0	90.1	101.9	101.6	52.3	111.1
山 西	Shanxi	37.6	11.3	53.1	100.5	98.1	43.4	102.9
内蒙古	Inner Mongolia	51.5	12.7	43.6	99.6	106.8	45.9	103.3
辽 宁	Liaoning	32.0	5.6	15.4	96.0	101.3	58.7	105.2
吉 林	Jilin	35.6	8.9	9.8	97.7	99.7	49.3	100.7
黑龙江	Heilongjiang	24.6	6.1	10.7	97.6	99.8	35.2	99.8
上 海	Shanghai	39.4	2.4	63.6	96.0	101.4	87.2	177.9
江 苏	Jiangsu	48.5	10.7	124.0	104.0	108.8	88.6	174.2
浙 江	Zhejiang	52.8	7.7	80.4	95.4	104.5	60.1	175.1
安 徽	Anhui	34.9	13.8	97.8	99.8	102.7	63.7	137.2
福 建	Fujian	33.9	35.5	63.8	91.0	101.1	55.5	128.6
江 西	Jiangxi	39.3	26.8	75.7	95.5	99.7	51.1	129.1
山 东	Shandong	60.7	12.2	96.3	100.4	105.8	54.1	106.3
河 南	Henan	37.9	15.4	114.0	101.3	100.0	45.0	116.2
湖 北	Hubei	37.3	37.2	40.3	98.6	106.3	45.9	122.9
湖 南	Hunan	36.3	36.2	29.4	104.4	105.0	43.3	120.1
广 东	Guangdong	47.6	45.6	39.3	93.8	97.9	46.1	107.6
广 西	Guangxi	43.3	31.8	98.8	101.5	105.1	67.6	112.4
海 南	Hainan	43.5	25.6	101.2	92.7	98.4	30.5	103.3
重 庆	Chongqing	34.4	14.7	13.2	98.8	103.0	62.7	129.9
四 川	Sichuan	36.8	17.9	31.1	101.3	103.1	48.9	124.3
贵 州	Guizhou	43.2	24.0	18.5	103.5	103.2	42.4	107.8
云 南	Yunnan	55.6	35.3	44.8	104.8	100.8	62.3	108.9
西 藏	Tibet	50.5	15.5	21.6	99.7	101.4	42.4	118.8
陕 西	Shaanxi	37.4	18.4	33.1	99.8	97.9	41.4	104.4
甘 肃	Gansu	28.4	10.9	25.2	101.3	98.1	55.8	103.8
青 海	Qinghai	42.8	11.9	8.7	100.3	102.1	57.0	98.0
宁 夏	Ningxia	45.0	12.8	54.6	101.3	100.3	56.6	102.8
新 疆	Xinjiang	37.8	6.6	32.6	100.1	105.9	39.2	102.5

6-28 续表 continued

地 区	Region	空 调 (台) Air Conditioner (set)	热水器 (台) Water Heater (set)	排油烟机 (台) Kitchen Ventilator (set)	移动电话 (部) Mobile Phone (set)	计算机 (台) Computer (set)	照相机 (台) Camera (set)
全 国	**National Average**	**148.3**	**98.2**	**81.7**	**247.4**	**72.2**	**19.5**
北 京	Beijing	192.3	98.8	94.1	230.4	95.6	46.9
天 津	Tianjin	166.9	97.1	94.5	236.4	75.2	22.6
河 北	Hebei	131.8	93.5	81.0	235.4	64.3	16.3
山 西	Shanxi	50.7	83.2	82.0	238.7	63.0	16.3
内蒙古	Inner Mongolia	21.6	80.5	82.0	231.7	62.8	18.6
辽 宁	Liaoning	58.0	87.5	87.6	207.2	57.3	21.6
吉 林	Jilin	22.7	78.7	87.5	229.1	65.2	14.3
黑龙江	Heilongjiang	14.0	74.9	87.9	222.7	53.6	11.7
上 海	Shanghai	213.4	97.8	86.8	227.0	112.5	37.1
江 苏	Jiangsu	226.3	112.1	86.7	254.5	78.3	19.2
浙 江	Zhejiang	220.6	107.2	90.4	242.8	85.2	23.7
安 徽	Anhui	185.4	104.1	80.2	251.4	65.3	15.6
福 建	Fujian	193.5	114.0	69.5	258.7	77.4	16.6
江 西	Jiangxi	157.4	101.6	78.3	253.2	67.3	15.3
山 东	Shandong	149.6	100.2	90.5	236.0	78.7	27.2
河 南	Henan	182.7	94.1	76.2	251.3	64.9	13.0
湖 北	Hubei	168.4	103.2	77.6	261.3	72.4	15.7
湖 南	Hunan	185.0	104.4	80.9	274.8	74.9	17.4
广 东	Guangdong	212.1	103.0	75.1	264.0	86.8	21.2
广 西	Guangxi	170.0	107.0	69.3	277.0	79.2	18.8
海 南	Hainan	168.4	98.9	66.2	282.7	67.2	12.5
重 庆	Chongqing	218.5	101.8	78.7	262.2	64.1	16.8
四 川	Sichuan	154.2	99.9	77.5	254.5	59.0	13.7
贵 州	Guizhou	37.2	96.9	60.4	287.8	57.2	9.6
云 南	Yunnan	8.1	98.6	78.8	263.8	64.2	17.7
西 藏	Tibet	12.9	49.4	41.8	213.7	47.3	13.9
陕 西	Shaanxi	120.7	86.0	74.3	238.2	56.0	18.0
甘 肃	Gansu	15.9	83.9	85.1	243.2	60.9	18.6
青 海	Qinghai	1.3	75.6	81.1	240.4	51.8	14.0
宁 夏	Ningxia	21.9	99.2	90.2	253.6	68.7	14.9
新 疆	Xinjiang	32.2	91.9	87.8	224.5	54.6	15.7

6-29 分地区农村居民人均可支配收入
Per Capita Disposable Income of Rural Households by Region

单位：元 (yuan)

地 区	Region	2013	2014	2015	2016	2017	2018	2019
全 国	**National Average**	**9429.6**	**10488.9**	**11421.7**	**12363.4**	**13432.4**	**14617.0**	**16020.7**
北 京	Beijing	17101.2	18867.3	20568.7	22309.5	24240.5	26490.3	28928.4
天 津	Tianjin	15352.6	17014.2	18481.6	20075.6	21753.7	23065.2	24804.1
河 北	Hebei	9187.7	10186.1	11050.5	11919.4	12880.9	14030.9	15373.1
山 西	Shanxi	7949.5	8809.4	9453.9	10082.5	10787.5	11750.0	12902.4
内蒙古	Inner Mongolia	8984.9	9976.3	10775.9	11609.0	12584.3	13802.6	15282.8
辽 宁	Liaoning	10161.2	11191.5	12056.9	12880.7	13746.8	14656.3	16108.3
吉 林	Jilin	9780.7	10780.1	11326.2	12122.9	12950.4	13748.2	14936.0
黑龙江	Heilongjiang	9369.0	10453.2	11095.2	11831.9	12664.8	13803.7	14982.1
上 海	Shanghai	19208.3	21191.6	23205.2	25520.4	27825.0	30374.7	33195.2
江 苏	Jiangsu	13521.3	14958.4	16256.7	17605.6	19158.0	20845.1	22675.4
浙 江	Zhejiang	17493.9	19373.3	21125.0	22866.1	24955.8	27302.4	29875.8
安 徽	Anhui	8850.0	9916.4	10820.7	11720.5	12758.2	13996.0	15416.0
福 建	Fujian	11404.8	12650.2	13792.7	14999.2	16334.8	17821.2	19568.4
江 西	Jiangxi	9088.8	10116.6	11139.1	12137.7	13241.8	14459.9	15796.3
山 东	Shandong	10686.9	11882.3	12930.4	13954.1	15117.5	16297.0	17775.5
河 南	Henan	8969.1	9966.1	10852.9	11696.7	12719.2	13830.7	15163.7
湖 北	Hubei	9691.8	10849.1	11843.9	12725.0	13812.1	14977.8	16390.9
湖 南	Hunan	9028.6	10060.2	10992.5	11930.4	12935.8	14092.5	15394.8
广 东	Guangdong	11067.8	12245.6	13360.4	14512.2	15779.7	17167.7	18818.4
广 西	Guangxi	7793.1	8683.2	9466.6	10359.5	11325.5	12434.8	13675.7
海 南	Hainan	8801.7	9912.6	10857.6	11842.9	12901.8	13988.9	15113.1
重 庆	Chongqing	8492.5	9489.8	10504.7	11548.8	12637.9	13781.2	15133.3
四 川	Sichuan	8380.7	9347.7	10247.4	11203.1	12226.9	13331.4	14670.1
贵 州	Guizhou	5897.8	6671.2	7386.9	8090.3	8869.1	9716.1	10756.3
云 南	Yunnan	6723.6	7456.1	8242.1	9019.8	9862.2	10767.9	11902.4
西 藏	Tibet	6553.4	7359.2	8243.7	9093.8	10330.2	11449.8	12951.0
陕 西	Shaanxi	7092.2	7932.2	8688.9	9396.4	10264.5	11212.8	12325.7
甘 肃	Gansu	5588.8	6276.6	6936.2	7456.9	8076.1	8804.1	9628.9
青 海	Qinghai	6461.6	7282.7	7933.4	8664.4	9462.3	10393.3	11499.4
宁 夏	Ningxia	7598.7	8410.0	9118.7	9851.6	10737.9	11707.6	12858.4
新 疆	Xinjiang	7846.6	8723.8	9425.1	10183.2	11045.3	11974.5	13121.7

6-30 分地区农村居民人均可支配收入来源（2019年）
Per Capita Disposable Income of Rural Households by Source and Region (2019)

单位：元 (yuan)

地区	Region	可支配收入 Disposable Income	工资性收入 Income from Wages and Salaries	经营净收入 Net Business Income	财产净收入 Net Income from Properties	转移净收入 Net Income from Transfers
全国	**National Average**	**16020.7**	**6583.5**	**5762.2**	**377.3**	**3297.8**
北京	Beijing	28928.4	21376.0	2262.2	2127.4	3162.8
天津	Tianjin	24804.1	14750.5	4984.6	1033.8	4035.3
河北	Hebei	15373.1	8120.0	5099.1	323.0	1831.0
山西	Shanxi	12902.4	6098.1	3396.0	210.3	3197.9
内蒙古	Inner Mongolia	15282.8	3173.8	8067.1	522.9	3519.1
辽宁	Liaoning	16108.3	6223.6	7012.7	284.5	2587.5
吉林	Jilin	14936.0	3933.2	8264.3	307.2	2431.4
黑龙江	Heilongjiang	14982.1	3329.7	7196.1	758.7	3697.6
上海	Shanghai	33195.2	20019.8	2355.8	1295.4	9524.2
江苏	Jiangsu	22675.4	11076.7	6291.5	825.0	4482.2
浙江	Zhejiang	29875.8	18479.6	7296.5	851.8	3248.0
安徽	Anhui	15416.0	5462.5	5952.6	283.0	3717.9
福建	Fujian	19568.4	8949.3	7178.6	344.6	3095.8
江西	Jiangxi	15796.3	6699.2	5701.2	257.4	3138.5
山东	Shandong	17775.5	7165.2	7799.3	456.4	2354.5
河南	Henan	15163.7	5866.6	5076.8	231.3	3989.0
湖北	Hubei	16390.9	5352.9	6807.7	210.7	4019.6
湖南	Hunan	15394.8	6224.0	5268.3	208.8	3693.6
广东	Guangdong	18818.4	9698.7	4446.9	541.0	4131.7
广西	Guangxi	13675.7	4258.5	5619.1	340.3	3457.8
海南	Hainan	15113.1	6316.6	5865.4	282.8	2648.4
重庆	Chongqing	15133.3	5316.7	5209.5	367.4	4239.6
四川	Sichuan	14670.1	4662.1	5641.1	456.5	3910.5
贵州	Guizhou	10756.3	4774.1	3427.5	121.0	2433.7
云南	Yunnan	11902.4	3600.6	6214.2	188.5	1899.0
西藏	Tibet	12951.0	3907.0	6364.5	436.5	2243.1
陕西	Shaanxi	12325.7	5024.6	3791.5	214.4	3295.1
甘肃	Gansu	9628.9	2769.2	4322.0	129.5	2408.3
青海	Qinghai	11499.4	3617.3	4296.7	409.9	3175.5
宁夏	Ningxia	12858.4	4962.7	4976.1	388.1	2531.6
新疆	Xinjiang	13121.7	3409.2	6762.4	259.8	2690.3

6-31 分地区农村居民人均消费支出
Per Capita Consumption Expenditure of Rural Households by Region

单位：元 (yuan)

地区	Region	2013	2014	2015	2016	2017	2018	2019
全国	**National Average**	**7485.1**	**8382.6**	**9222.6**	**10129.8**	**10954.5**	**12124.3**	**13327.7**
北京	Beijing	13563.9	14535.1	15811.2	17329.0	18810.5	20195.3	21881.0
天津	Tianjin	12491.1	13738.6	14739.4	15912.1	16385.9	16863.3	17843.3
河北	Hebei	7377.1	8248.0	9022.8	9798.3	10535.9	11382.8	12372.0
山西	Shanxi	6457.7	6991.7	7421.2	8028.8	8424.0	9172.2	9728.4
内蒙古	Inner Mongolia	9079.6	9972.2	10637.4	11462.6	12184.4	12661.5	13816.0
辽宁	Liaoning	7032.1	7800.7	8872.8	9953.1	10787.3	11455.0	12030.2
吉林	Jilin	7523.4	8139.8	8783.3	9521.4	10279.4	10826.2	11456.6
黑龙江	Heilongjiang	7191.7	7830.0	8391.5	9423.8	10523.9	11416.8	12494.9
上海	Shanghai	13016.2	14820.1	16152.3	17070.8	18089.8	19964.7	22448.9
江苏	Jiangsu	10759.0	11820.3	12882.5	14428.2	15611.5	16567.0	17715.9
浙江	Zhejiang	12803.3	14497.8	16107.7	17358.9	18093.4	19706.8	21351.7
安徽	Anhui	7200.3	7980.8	8975.2	10287.3	11106.1	12748.1	14545.8
福建	Fujian	9986.2	11055.9	11960.8	12910.8	14003.4	14942.8	16281.4
江西	Jiangxi	6807.4	7548.3	8485.6	9128.3	9870.4	10885.2	12496.7
山东	Shandong	6877.3	7962.2	8747.6	9518.9	10342.1	11270.1	12308.9
河南	Henan	6358.7	7277.2	7887.4	8586.6	9211.5	10392.0	11546.0
湖北	Hubei	7849.5	8680.9	9803.1	10938.3	11632.5	13946.3	15328.0
湖南	Hunan	7832.6	9024.8	9690.6	10629.9	11533.6	12720.5	13968.8
广东	Guangdong	8937.8	10043.2	11103.0	12414.8	13199.6	15411.3	16949.4
广西	Guangxi	6035.3	6675.1	7582.0	8351.2	9436.6	10617.0	12045.0
海南	Hainan	6376.2	7029.0	8210.3	8921.2	9599.4	10955.8	12417.5
重庆	Chongqing	6970.7	7982.6	8937.7	9954.4	10936.1	11976.8	13112.1
四川	Sichuan	7364.8	8301.1	9250.6	10191.6	11396.7	12723.2	14055.6
贵州	Guizhou	5291.1	5970.3	6644.9	7533.3	8299.0	9170.2	10221.7
云南	Yunnan	5246.6	6030.3	6830.1	7330.5	8027.3	9122.9	10260.2
西藏	Tibet	4101.6	4822.1	5579.7	6070.3	6691.5	7452.1	8417.9
陕西	Shaanxi	6487.6	7252.4	7900.7	8567.7	9305.6	10070.8	10934.7
甘肃	Gansu	5653.9	6147.8	6829.8	7487.0	8029.7	9064.6	9694.0
青海	Qinghai	7505.9	8235.1	8566.5	9222.2	9902.7	10352.4	11343.1
宁夏	Ningxia	6739.8	7676.5	8414.9	9138.4	9982.1	10789.6	11464.6
新疆	Xinjiang	7103.1	7365.3	7697.9	8277.0	8712.6	9421.3	10318.4

6-32 分地区农村居民人均消费支出（2019年）
Per Capita Consumption Expenditure of Rural Households by Region (2019)

单位：元 (yuan)

地 区	Region	消费支出 Consumption Expenditure	食品烟酒 Food, Tobacco and Liquor	衣着 Clothing and Footwear	居住 Housing	生活用品及服务 Household Equipments, Furnishings and Services	交通通信 Transport and Communi-cations	教育文化娱乐 Education, Culture and Recreation	医疗保健 Health Care and Medical Services	其他用品及服务 Miscellaneous Goods and Services
全 国	**National Average**	**13327.7**	**3998.2**	**713.3**	**2871.3**	**763.9**	**1836.8**	**1481.8**	**1420.8**	**241.5**
北 京	Beijing	21881.0	5541.6	1200.2	6298.2	1230.2	3384.5	1587.1	2246.9	392.3
天 津	Tianjin	17843.3	5499.3	1074.4	3366.6	1509.7	2532.1	1321.8	2104.3	435.2
河 北	Hebei	12372.0	3298.0	793.0	2689.0	795.7	1826.6	1367.0	1334.0	268.7
山 西	Shanxi	9728.4	2751.4	697.4	2171.5	500.6	1057.0	1207.7	1169.1	173.8
内蒙古	Inner Mongolia	13816.0	3768.5	731.1	2598.4	545.7	2354.4	1795.7	1748.8	273.4
辽 宁	Liaoning	12030.2	3194.1	710.0	2385.5	592.7	1770.3	1423.5	1657.1	297.1
吉 林	Jilin	11456.6	3224.5	694.5	1833.7	438.1	1700.7	1551.7	1736.9	276.4
黑龙江	Heilongjiang	12494.9	3349.7	834.2	1921.6	501.4	1908.6	1778.7	1925.2	275.4
上 海	Shanghai	22448.9	8174.6	1292.2	4566.8	1320.4	3008.8	1401.9	2104.0	580.2
江 苏	Jiangsu	17715.9	4647.4	880.9	4261.3	1079.8	3112.9	1668.4	1675.2	390.1
浙 江	Zhejiang	21351.7	6528.6	1133.9	5338.5	1016.4	2965.4	2225.6	1776.6	366.7
安 徽	Anhui	14545.8	4755.8	842.9	3311.5	846.3	1709.4	1470.7	1323.5	285.9
福 建	Fujian	16281.4	5784.0	774.5	3798.9	809.1	1903.4	1615.0	1210.4	386.1
江 西	Jiangxi	12496.7	3801.2	577.7	3410.0	743.4	1425.3	1394.7	964.4	180.0
山 东	Shandong	12308.9	3423.1	671.4	2421.3	837.8	1999.0	1428.7	1343.4	184.2
河 南	Henan	11546.0	3030.2	819.2	2478.8	738.9	1369.0	1459.3	1461.8	188.8
湖 北	Hubei	15328.0	4163.7	825.7	3277.9	839.6	2228.8	1807.6	1921.8	262.8
湖 南	Hunan	13968.8	4024.9	674.9	3152.9	787.7	1642.9	1851.0	1614.5	220.1
广 东	Guangdong	16949.4	6289.3	552.0	3707.4	817.9	2139.8	1602.7	1520.7	319.8
广 西	Guangxi	12045.0	3723.6	372.8	2668.9	680.0	1715.6	1498.1	1231.2	154.8
海 南	Hainan	12417.5	5179.7	361.8	2389.8	555.5	1305.5	1519.1	918.4	187.7
重 庆	Chongqing	13112.1	4574.6	691.6	2501.2	851.7	1585.6	1422.8	1262.3	222.3
四 川	Sichuan	14055.6	4878.6	760.4	2747.5	917.3	1808.0	1065.1	1620.8	258.0
贵 州	Guizhou	10221.7	2767.2	552.8	2229.3	576.9	1712.2	1335.8	878.3	169.2
云 南	Yunnan	10260.2	3264.8	396.2	2053.1	574.1	1663.0	1254.1	936.3	118.6
西 藏	Tibet	8417.9	3004.1	1090.3	1257.9	514.6	1427.6	479.8	355.9	287.7
陕 西	Shaanxi	10934.7	2832.1	592.1	2528.6	655.0	1360.3	1387.0	1382.6	197.0
甘 肃	Gansu	9694.0	2827.0	551.9	1866.9	577.6	1195.5	1330.5	1183.0	161.5
青 海	Qinghai	11343.1	3372.6	783.4	1965.1	541.0	1886.3	1033.2	1485.8	275.8
宁 夏	Ningxia	11464.6	3144.6	745.0	1985.2	696.3	1784.4	1378.8	1448.3	281.9
新 疆	Xinjiang	10318.4	2988.8	813.6	2158.7	685.5	1320.6	1143.8	1060.5	147.0

6-33 分地区农村居民家庭人均主要食品消费量(2019年)
Per Capita Consumption of Major Foods of Rural Households by Region (2019)

单位：千克 (kg)

地 区	Region	粮食 (原粮) Grain (Unprocessed)	谷物 Cereals	食用油 Edible Oil and Fats	食用植物油 Edible Vegetable Oil	蔬菜及食用菌 Vegetable and Edible Mushroom	肉类 Meat and Products	猪肉 Pork
全 国	**National Average**	**154.8**	**142.6**	**9.8**	**9.0**	**89.5**	**24.7**	**20.2**
北 京	Beijing	107.2	95.0	8.1	7.9	108.9	25.4	16.7
天 津	Tianjin	148.2	135.2	11.6	11.4	103.5	23.2	16.1
河 北	Hebei	157.6	144.4	7.4	7.1	83.3	16.8	12.2
山 西	Shanxi	164.6	145.1	7.8	7.6	83.2	12.0	9.4
内蒙古	Inner Mongolia	217.9	199.3	5.9	5.4	86.2	32.5	23.1
辽 宁	Liaoning	149.7	134.9	10.2	10.0	92.2	22.8	19.2
吉 林	Jilin	168.3	149.7	10.9	10.6	85.5	21.9	18.4
黑龙江	Heilongjiang	173.7	156.6	14.4	14.3	88.7	19.1	15.6
上 海	Shanghai	151.0	139.0	11.2	10.7	98.1	35.5	27.2
江 苏	Jiangsu	143.3	127.5	10.6	10.4	93.2	21.5	16.0
浙 江	Zhejiang	162.1	146.7	12.2	11.6	95.3	28.1	23.2
安 徽	Anhui	169.2	153.2	9.4	8.4	99.3	24.9	19.8
福 建	Fujian	162.1	151.2	9.9	8.4	92.2	27.5	23.6
江 西	Jiangxi	148.4	138.9	12.5	12.0	85.4	24.5	21.4
山 东	Shandong	134.2	123.4	8.0	8.0	82.5	19.1	13.8
河 南	Henan	137.1	126.0	7.7	7.6	76.3	14.8	10.9
湖 北	Hubei	147.0	135.4	14.1	13.6	118.6	24.3	20.9
湖 南	Hunan	178.0	168.6	11.6	9.2	88.3	28.0	25.2
广 东	Guangdong	149.4	139.9	10.4	9.6	106.8	37.1	31.1
广 西	Guangxi	165.7	158.9	8.7	7.2	79.0	27.5	24.8
海 南	Hainan	123.7	110.1	8.7	7.3	91.5	22.6	19.5
重 庆	Chongqing	186.8	170.9	15.2	12.1	142.6	38.8	36.1
四 川	Sichuan	171.6	158.1	11.4	10.1	115.2	38.3	34.6
贵 州	Guizhou	118.7	107.4	6.0	4.6	71.8	28.2	27.0
云 南	Yunnan	141.0	131.5	6.0	4.0	74.4	33.9	31.6
西 藏	Tibet	189.8	186.8	12.4	7.8	36.1	17.3	2.9
陕 西	Shaanxi	146.6	133.3	11.3	10.9	70.4	12.2	9.6
甘 肃	Gansu	171.3	158.6	8.0	7.9	60.4	17.7	14.1
青 海	Qinghai	122.6	116.6	10.0	9.1	44.8	24.0	8.5
宁 夏	Ningxia	128.3	121.5	8.3	8.2	80.9	15.5	5.9
新 疆	Xinjiang	141.8	140.3	13.0	12.8	75.3	20.4	1.3

6-33 续表 continued

单位：千克 (kg)

地区	Region	牛肉 Beef	羊肉 Mutton	禽类 Poultry	水产品 Aquatic Products	蛋类 Eggs	奶类 Milk and Dairy Products	干鲜瓜果类 Dried and Fresh Melons and Fruits	食糖 Sugar
全 国	**National Average**	**1.2**	**1.0**	**10.0**	**9.6**	**9.6**	**7.3**	**43.3**	**1.4**
北 京	Beijing	2.3	2.7	5.8	8.7	15.2	14.6	75.3	1.2
天 津	Tianjin	1.0	1.8	5.1	15.0	17.1	10.2	86.8	1.6
河 北	Hebei	0.5	0.8	4.3	4.8	14.3	8.4	63.6	1.3
山 西	Shanxi	0.2	0.6	2.0	1.6	12.2	11.7	44.9	1.2
内蒙古	Inner Mongolia	2.1	5.6	6.1	4.9	9.1	15.2	48.7	1.6
辽 宁	Liaoning	1.0	0.5	3.7	7.7	9.6	5.7	39.1	1.1
吉 林	Jilin	1.1	0.4	5.3	7.1	9.8	5.7	44.2	1.5
黑龙江	Heilongjiang	0.8	0.5	6.0	7.5	10.5	4.6	54.6	1.9
上 海	Shanghai	2.5	0.9	16.3	29.7	12.9	13.8	54.0	1.8
江 苏	Jiangsu	1.5	0.6	10.8	15.2	10.9	10.6	33.8	1.1
浙 江	Zhejiang	1.8	0.6	10.8	21.2	9.1	10.4	42.8	1.9
安 徽	Anhui	1.6	0.7	14.5	13.8	12.1	9.7	56.9	1.1
福 建	Fujian	1.3	0.5	15.2	23.0	9.2	8.1	38.8	2.2
江 西	Jiangxi	1.5	0.2	9.3	12.8	7.1	6.1	34.7	1.0
山 东	Shandong	0.5	0.7	6.2	8.1	16.8	10.7	65.9	0.8
河 南	Henan	0.8	0.5	5.7	3.3	13.0	8.0	52.8	1.4
湖 北	Hubei	1.2	0.3	6.0	14.9	7.4	4.3	32.9	0.7
湖 南	Hunan	1.3	0.4	13.7	11.7	9.2	3.7	50.3	1.3
广 东	Guangdong	2.1	0.4	30.5	26.6	7.7	4.5	32.5	1.9
广 西	Guangxi	1.1	0.4	24.9	10.6	5.7	2.3	30.8	1.1
海 南	Hainan	1.6	0.6	25.6	30.3	4.2	2.0	20.2	1.0
重 庆	Chongqing	0.7	0.4	10.3	9.3	10.1	7.8	35.5	3.7
四 川	Sichuan	1.0	0.3	12.5	7.4	8.8	8.5	34.9	2.1
贵 州	Guizhou	0.5	0.2	4.0	1.8	2.8	2.0	27.0	0.7
云 南	Yunnan	1.1	0.4	7.5	3.0	4.2	2.6	22.7	1.1
西 藏	Tibet	11.1	3.2	0.4	0.0	1.7	8.4	4.7	5.6
陕 西	Shaanxi	0.4	1.0	2.1	1.2	7.0	7.7	30.0	1.1
甘 肃	Gansu	0.6	2.0	5.2	1.3	5.7	5.9	37.5	2.0
青 海	Qinghai	8.9	6.2	2.7	0.7	2.6	14.6	18.1	2.0
宁 夏	Ningxia	5.4	3.7	8.4	1.5	4.7	8.7	72.8	1.6
新 疆	Xinjiang	4.1	14.0	3.8	0.7	4.4	10.8	44.0	2.3

6-34 分地区农村居民平均每百户年末主要耐用消费品拥有量(2019年)
Main Durable Goods Owned Per 100 Rural Households at Year-end by Region (2019)

地区	Region	家用汽车 (辆) Automobile (unit)	摩托车 (辆) Motorcycle (unit)	电动助力车 (辆) Electric Bicycle (unit)	洗衣机 (台) Washing Machine (set)	电冰箱 (台) Refrigerator (set)	微波炉 (台) Microwave Oven (set)	彩色电视机 (台) Color TV Set (set)
全国	**National Average**	**24.7**	**55.1**	**70.1**	**91.6**	**98.6**	**18.9**	**117.6**
北京	Beijing	49.6	8.5	82.8	102.3	111.8	65.7	136.4
天津	Tianjin	44.5	16.0	121.8	102.3	106.5	32.7	120.4
河北	Hebei	38.5	39.9	112.3	100.3	97.2	16.8	112.1
山西	Shanxi	15.9	39.8	60.0	88.2	77.8	6.2	103.4
内蒙古	Inner Mongolia	27.4	57.5	55.4	94.6	106.0	6.5	106.6
辽宁	Liaoning	20.4	55.9	53.1	90.1	100.3	12.9	108.7
吉林	Jilin	25.0	57.2	23.1	92.2	96.6	8.5	104.7
黑龙江	Heilongjiang	18.3	41.7	26.6	92.5	97.5	6.2	102.4
上海	Shanghai	32.3	6.6	129.6	85.9	103.7	77.2	170.0
江苏	Jiangsu	23.8	22.6	144.9	97.9	109.4	65.9	149.9
浙江	Zhejiang	28.9	19.6	102.7	87.9	107.7	37.4	176.3
安徽	Anhui	24.7	30.5	117.2	89.7	103.5	26.2	133.6
福建	Fujian	16.7	78.7	51.8	89.6	104.0	35.5	136.0
江西	Jiangxi	22.4	63.8	70.2	66.5	97.3	15.5	127.5
山东	Shandong	39.4	43.2	124.3	96.0	101.5	18.6	107.7
河南	Henan	24.3	39.6	121.2	98.5	96.2	13.7	114.4
湖北	Hubei	23.2	83.2	40.3	86.5	104.9	13.2	121.3
湖南	Hunan	14.6	78.5	21.0	89.8	102.7	9.3	115.0
广东	Guangdong	26.0	116.6	40.5	90.0	97.0	29.1	116.5
广西	Guangxi	19.8	92.3	63.1	82.3	100.3	26.7	107.9
海南	Hainan	10.3	82.9	91.1	50.8	84.7	9.4	104.0
重庆	Chongqing	16.2	36.7	19.3	87.8	105.4	18.9	117.3
四川	Sichuan	20.6	49.1	33.9	94.9	101.0	11.6	115.6
贵州	Guizhou	22.8	54.3	17.7	96.8	91.9	6.5	102.5
云南	Yunnan	26.7	78.9	20.8	88.2	86.1	11.6	102.6
西藏	Tibet	32.3	92.3	21.5	78.8	77.8	2.8	111.2
陕西	Shaanxi	18.5	55.5	46.7	92.9	84.5	7.2	105.0
甘肃	Gansu	21.6	63.8	39.7	93.3	84.0	5.7	109.2
青海	Qinghai	47.0	68.2	17.4	96.1	103.8	13.8	100.5
宁夏	Ningxia	32.2	56.0	71.8	104.7	100.8	16.3	108.8
新疆	Xinjiang	22.8	48.4	97.1	98.5	107.6	6.9	105.0

6-34 续表 continued

地 区	Region	空 调 (台) Air Conditioner (set)	热水器 (台) Water Heater (set)	排油烟机 (台) Kitchen Ventilator (set)	移动电话 (部) Mobile Phone (set)	计算机 (台) Computer (set)	照相机 (台) Camera (set)
全 国	**National Average**	**71.3**	**71.7**	**29.0**	**261.2**	**27.5**	**2.3**
北 京	Beijing	185.2	108.2	85.2	249.2	65.4	12.1
天 津	Tianjin	131.2	91.0	65.9	232.4	35.2	2.6
河 北	Hebei	83.0	67.6	31.7	246.4	39.1	2.0
山 西	Shanxi	21.2	29.4	17.0	216.6	26.0	1.0
内蒙古	Inner Mongolia	3.0	23.0	16.9	238.5	20.2	1.3
辽 宁	Liaoning	13.9	30.6	25.1	220.9	25.5	2.2
吉 林	Jilin	1.3	13.0	13.6	247.4	27.4	1.2
黑龙江	Heilongjiang	0.9	9.4	10.6	236.1	20.3	0.8
上 海	Shanghai	155.6	89.9	54.8	203.5	40.0	8.5
江 苏	Jiangsu	148.7	94.3	39.9	244.7	31.9	3.4
浙 江	Zhejiang	145.4	97.5	68.4	249.6	46.1	5.1
安 徽	Anhui	118.3	90.6	34.3	271.7	25.3	2.4
福 建	Fujian	91.6	103.8	47.9	261.5	33.8	3.0
江 西	Jiangxi	69.0	82.6	35.8	274.1	25.5	1.9
山 东	Shandong	92.8	84.8	44.2	231.4	41.7	3.4
河 南	Henan	103.1	72.4	20.1	269.7	30.1	1.6
湖 北	Hubei	88.1	87.2	32.2	270.8	33.6	2.6
湖 南	Hunan	71.8	77.9	32.1	286.0	27.2	2.2
广 东	Guangdong	129.6	98.0	52.1	286.3	38.4	4.4
广 西	Guangxi	50.5	83.7	15.8	289.5	21.5	0.9
海 南	Hainan	74.8	73.1	13.1	290.7	12.8	0.6
重 庆	Chongqing	76.5	75.4	22.1	269.3	20.1	2.8
四 川	Sichuan	59.3	76.1	17.4	260.5	17.7	2.7
贵 州	Guizhou	6.0	61.9	10.6	298.7	13.5	0.8
云 南	Yunnan	1.6	77.3	10.4	289.8	8.8	1.0
西 藏	Tibet	0.6	8.8	1.4	258.0	4.6	1.0
陕 西	Shaanxi	41.5	49.5	12.0	260.6	15.2	1.1
甘 肃	Gansu	2.3	34.5	10.0	302.5	17.9	1.8
青 海	Qinghai	0.7	38.3	22.1	288.9	15.6	2.0
宁 夏	Ningxia	1.8	100.8	28.1	295.5	26.1	1.2
新 疆	Xinjiang	3.4	64.0	28.7	226.1	9.7	0.9

6-35 农村贫困状况
Poverty Conditions in Rural Areas

年 份 Year	1978年标准 1978 Standard		2008年标准 2008 Standard		2010年标准 2010 Standard	
	贫困人口(万人) Poverty Population (10 000 persons)	贫困发生率(%) Poverty Headcount Ratio (%)	贫困人口(万人) Poverty Population (10 000 persons)	贫困发生率(%) Poverty Headcount Ratio (%)	贫困人口(万人) Poverty Population (10 000 persons)	贫困发生率(%) Poverty Headcount Ratio (%)
1978	25000	30.7			77039	97.5
1980	22000	26.8			76542	96.2
1981	15200	18.5				
1982	14500	17.5				
1983	13500	16.2				
1984	12800	15.1				
1985	12500	14.8			66101	78.3
1986	13100	15.5				
1987	12200	14.3				
1988	9600	11.1				
1989	10200	11.6				
1990	8500	9.4			65849	73.5
1991	9400	10.4				
1992	8000	8.8				
1994	7000	7.7				
1995	6540	7.1			55463	60.5
1997	4962	5.4				
1998	4210	4.6				
1999	3412	3.7				
2000	3209	3.5	9422	10.2	46224	49.8
2001	2927	3.2	9029	9.8		
2002	2820	3.0	8645	9.2		
2003	2900	3.1	8517	9.1		
2004	2610	2.8	7587	8.1		
2005	2365	2.5	6432	6.8	28662	30.2
2006	2148	2.3	5698	6.0		
2007	1479	1.6	4320	4.6		
2008			4007	4.2		
2009			3597	3.8		
2010			2688	2.8	16567	17.2
2011					12238	12.7
2012					9899	10.2
2013					8249	8.5
2014					7017	7.2
2015					5575	5.7
2016					4335	4.5
2017					3046	3.1
2018					1660	1.7
2019					551	0.6

注：1. 1978年标准：1978-1999年称为农村贫困标准，2000-2007年称为农村绝对贫困标准。
2. 2008年标准：2000-2007年称为农村低收入标准，2008-2010年称为农村贫困标准。
3. 2010年标准：即现行农村贫困标准。现行农村贫困标准为每人每年生活水平2300元(2010年不变价)。

a) 1978 Standard: It was referred to as the rural poverty line from 1978 to 1999, and as the rural absolute poverty line from 2000 to 2007.
b) 2008 Standard: It was referred to as the rural low-income line from 2000 to 2007, and as the rural poverty line from 2008 to 2010.
c) 2010 Standard: It was the current rural poverty line which is annual per capita consumption expenditure of 2300 yuan (at 2010 constant prices).

主要统计指标解释

从2012年四季度起，国家统计局对分别进行的城乡住户调查实施了一体化改革，规范了城乡划分范围，统一了城乡居民收入指标名称、分类和统计标准，建立了城乡统一的一体化住户调查，并据此采集全国居民有关数据。1978-2012年的数据，根据国家统计局城镇住户调查和农村住户调查的历史数据，按照住户收支与生活状况调查可比口径推算得到。

一、居民可支配收入

居民可支配收入指居民可用于最终消费支出和储蓄的总和，即居民可用于自由支配的收入。既包括现金收入，也包括实物收入。按照收入的来源，可支配收入包含四项，分别为：工资性收入、经营净收入、财产净收入和转移净收入。

工资性收入 指就业人员通过各种途径得到的全部劳动报酬和各种福利，包括受雇于单位或个人、从事各种自由职业、兼职和零星劳动得到的全部劳动报酬和福利。

经营净收入 指住户或住户成员从事生产经营活动所获得的净收入，是全部经营收入中扣除经营费用、生产性固定资产折旧和生产税之后得到的净收入。计算公式为：

经营净收入=经营收入-经营费用-生产性固定资产折旧-生产税

财产净收入 指住户或住户成员将其所拥有的金融资产、住房等非金融资产和自然资源交由其他机构单位、住户或个人支配而获得的回报并扣除相关的费用之后得到的净收入。财产净收入包括利息净收入、红利收入、储蓄性保险净收益、转让承包土地经营权租金净收入、出租房屋净收入、出租其他资产净收入和自有住房折算净租金等。财产净收入不包括转让资产所有权的溢价所得。

转移净收入 计算公式为：转移净收入=转移性收入-转移性支出

转移性收入 指国家、单位、社会团体对住户的各种经常性转移支付和住户之间的经常性收入转移。包括养老金或退休金、社会救济和补助、政策性生产补贴、政策性生活补贴、救灾款、经常性捐赠和赔偿、报销医疗费、住户之间的赡养收入，本住户非常住成员寄回带回的收入等。转移性收入不包括住户之间的实物馈赠。

转移性支出 指调查户对国家、单位、住户或个人的经常性或义务性转移支付。包括缴纳的税款、各项社会保障支出、赡养支出、经常性捐赠和赔偿支出以及其他经常转移支出等。

根据住户收支与生活状况调查，分城镇和农村的居民人均可支配收入等数据的覆盖人群主要变化：一是计算城镇居民人均可支配收入时分母包括了在城镇地区常住的农民工，计算农村居民人均可支配收入时分母不包括在城镇地区常住的农民工；二是由本户供养的在外大学生视为常住人口。

二、居民消费支出

居民消费支出是指居民用于满足家庭日常生活消费需要的全部支出，既包括现金消费支出，也包括实物消费支出。消费支出可划分为食品烟酒、衣着、居住、生活用品及服务、交通通信、教育文化娱乐、医疗保健以及其他用品及服务八大类。

食品烟酒 指用于各种食品和烟草、酒类的支出。

衣着 指与居民穿着有关的支出，包括服装、服装材料、鞋类、其他衣类及配件、衣着相关加工服务的支出。

居住 指与居住有关的支出，包括房租、水、电、燃料、物业管理等方面的支出，也包括自有住房折算租金。

生活用品及服务 指家庭及个人的各类生活品及家庭服务。包括家具及室内装饰品、家用器具、家用纺织品、家庭日用杂品、个人用品和家庭服务。

交通通信 指用于交通和通信工具及相关的各种服务费、维修费和车辆保险等支出。

教育文化娱乐 指用于教育、文化和娱乐方面的支出。

医疗保健 指用于医疗和保健的药品、用品和服务的总费用。包括医疗器具及药品，以及医疗服务。

其他用品及服务 指无法直接归入上述各类支出的其他用品与服务支出。

服务性消费 指住户用于各种生活服务的消费支出，包括餐饮服务、衣着鞋类加工服务、居住服务、家庭服务、交通通信服务、教育文化娱乐服务、医疗服务和其他服务等。

Explanatory Notes on Main Statistical Indicators

In the fourth quarter of 2012, the NBS launched its reform on the household survey programme, to develop an integrated survey, instead of two separate urban and rural household surveys. The reform aims at regulating the division of urban and rural areas, integrating the concepts, classifications and standards, implementing the integrated household survey, and collecting household data in the whole country thereafter. Data from 1978 to 2012 are estimated based on the historical data of Urban Household Survey and Rural Household Survey according to the comparable definition and coverage of main income and consumption indicators of Household Survey on Income and Expenditure and Living Conditions.

I. Disposable Income of Residents

Disposable Income of Residents refers to the income of residents for purpose of final expenditure and savings. It includes income both in cash and in kind. By sources of income, disposable income includes four categories: income from wages and salaries, net business income, net income from properties and net income from transfer.

Income from Wages and Salaries refers to remuneration and benefits of all kinds of employed persons, including those employed by other units or individuals, freelance workers, part-time jobs, and sporadic workers.

Net Business Income refers to net income earned by households and their members engaged in production and business activities. It refers to the net income of operating revenue minus operating costs, depreciation of productive fixed assets, and production tax. The formula is:

Net business income = operating revenue-operating costs -depreciation of productive fixed assets-production tax

Net Income from Properties refers to the net income received as returns by households or members through lending of their financial assets, non-financial assets such as housing, to other institutions, households or individuals, minus relevant costs. Net income from properties includes net income of interest, bonus income, net income of saving insurance, net income from transferring management right of contract land, income from lending of housing, income from lending other assets, net converted rents of self-owned housing. Net income from properties do not include premium of transferring ownership of assets.

Net Income from Transfer The formula is:

Net income from transfer = income from transfer - expenditure from transfer

Income from Transfer refers to the regular transfer received from governments, institutions, social organizations to households and between households. It includes old-age and retirement pension, disaster relief funds, regular donation and compensation, reimbursement of medical fees, supporting income between households, income from non-resident members of households, etc. Income from transfer do not include gifts in kinds between households.

Expenditure from Transfer refers to regular or obligatory transfer paid to government, institutions, households or individuals. It includes tax payment, expenditure on all kinds of social security, supporting expenditure, regular donation, compensation payment and other regular transfer expenditure.

According to Household Survey on Income and Expenditure and Living Conditions, main changes of population coverage of per capita disposable income of urban and rural residents includes: migrant workers residing in urban areas are included in the denominator when calculating per capita disposable income of urban residents, and not included in denominator when calculating per capita disposable income of rural residents; students studying in universities or colleges in other places who are supported by the households are regarded as permanent residents of the households.

II. Consumption Expenditure of Residents

Consumption Expenditure of Residents refers to all expenditure of residents for living expenditure to satisfy family daily living. It includes expenditure in cash and in kind. It includes eight categories: food, tobacco and liquor; clothing and footwear; housing; household equipments, furnishings and services; transport and communications; education, culture and recreation; health care and medical services, and miscellaneous goods and services.

Food, Tobacco and Liquor refers to expenditure for food, tobacco and liquor of all kinds.

Clothing and Footwear refers to expenditure related to clothing, including clothes, clothing materials, footwear, other clothing and accessories, processing services related to clothing.

Housing refers to expenditure related to housing, including rents, water, electricity, fuel, property management, as well as imputed rent on owner-occupied dwellings.

Household Equipments, Furnishings and Services refers to expenditure of households and individuals on equipments, furnishings and articles for living purpose and on household services. It includes furniture and interior decoration, home appliances, home textiles, household miscellaneous daily articles, personal articles, and household services.

Transport and Communications refers to expenditure on transport and communication and related services, maintenance and repairs, and vehicle insurance.

Education, Culture and Recreation refers to expenditure on educational, cultural and recreational activities.

Health Care and Medical Services refers to expenditure on drugs, supplies and services of medical and health care. It includes medical appliances and drugs, and medical services.

Miscellaneous Goods and Services refers to expenditure on all other articles and services that can not classified into the above categories.

Service Consumption refers to consumption expenditure of households for various living services, including catering services, clothing and footwear processing services, housing services, household services, transportation and communication services, education, culture and entertainment services, medical services and other services.

7

财　政

Government Finance

简 要 说 明

本篇反映国家财政收支状况，包括全国一般公共预算收支、全国政府性基金收支和全国国有资本经营收支三个方面。资料来源于财政部，基础资料为国家财政决算有关报表。

一般公共预算是指对以税收为主体的财政收入，安排用于保障和改善民生、推动经济社会发展、维护国家安全、维持国家机构正常运转等方面的收支预算。政府性基金预算是指对依照法律、行政法规的规定在一定期限内向特定对象征收、收取或者以其他方式筹集的资金，专项用于特定公共事业发展的收支预算。国有资本经营预算是指对国有资本收益作出支出安排的收支预算。

财政决算包括财政总决算和部门决算。财政总决算是指各级政府依照法律规定和法定程序编制，经同级人民代表大会常务委员会（乡级为人民代表大会）批准的全面反映各级政府年度预算收支执行结果的综合报表，是政府收支预算执行的最终结果。部门决算是各部门依据国家有关法律法规及其履行职能情况编制，反映部门所有收入和支出情况等的综合性年度报告，由各部门本级决算和所属预算单位决算组成。全国财政决算由中央本级财政决算和地方财政决算组成。省（自治区、直辖市）本级财政决算及其所属市（州）、县（区）财政决算汇总组成省（自治区、直辖市）财政决算；各省（自治区、直辖市）财政决算汇总成地方财政决算。

为保持决算口径一致，财政部每年要制定和颁发各省(自治区、直辖市)财政总决算报表格式和部门决算报表格式。各级财政部门和中央主管部门也要结合本地区、本部门的具体情况下达有关决算表格。决算表数据根据财政总预算会计或单位预算会计账簿填报。

Brief Introduction

The data in this chapter present the government revenue and expenditure situation, including three categories of revenue and expenditures: state general public budget revenue and expenditure, government funds, and operation of state-owned assets. The data are based on final State accounts from the Ministry of Finance.

The State General Public Budget refers to the budget of revenues and expenditures that the revenue mainly in a form of taxes are arranged to assure and improve the people's life, to promote economic and social development and safeguard national security, to maintain the regular operation of the government. The government budget funds refer to the budget revenue and expenditure that the funds are collected, charged or in other form to specific objects in accordance with laws and administrative regulations within a certain period, that are earmarked for the specific public development. The state-owned capital management budget refers to the budget for the expenditure of state-owned capital.

The final financial accounts include the final financial budget and the final accounts of department. Final fiscal accounts refers to the consolidated statements that are budgeted by all levels of government in accordance with the provisions of law and legal procedures, approved by the Standing Committee of the people's Congress (Township People's Congress), reflecting the annual budget execution results at all levels of government, it is the final result of government budget execution. The final accounts of ministries are a comprehensive annual document reflecting the all of the revenue and expenditure of each ministry, budgeted by ministries in accordance with the law and regulations, and composed of the final accounts of each ministry and the budget units under their respective budgets. The national financial accounts are composed of the central financial budget at the corresponding level and the final accounts of the local governments. financial accounts of provinces (autonomous regions and municipalities) level, and subordinate prefectures and counties (cities) aggregated into financial accounts of provinces (autonomous regions and municipalities); financial accounts of provinces (autonomous regions and municipalities) aggregated into local financial accounts.

In order to ensure the consistency in the coverage of the final accounts, the Ministry of Finance works out and issues the forms for the financial final account for the provinces, autonomous regions and municipalities directly under the Central Government and the forms for the final accounts for the departments at the central level. The financial departments at various regions and levels and the Central Government departments would also work out and issue the forms for the final accounts in the light of the specific departmental conditions to the departments or units at the lower level. The data for the final accounts are filled out in accordance with the data in the account books of the total budget or unit budget.

7-1 一般公共预算收支总额及增长速度
General Public Budget Revenue and Expenditure and Their Growth Rates

年 份 Year	一般公共预算收入(亿元) General Public Budget Revenue (100 million yuan)	中央 Central Government	地方 Local Governments	一般公共预算支出(亿元) General Public Budget Expenditure (100 million yuan)	中央 Central Government	地方 Local Governments	增长速度 (%) Growth Rates (%) 一般公共预算收入 General Public Budget Revenue	一般公共预算支出 General Public Budget Expenditure
1978	1132.26	175.77	956.49	1122.09	532.12	589.97	29.5	33.0
1979	1146.38	231.34	915.04	1281.79	655.08	626.71	1.2	14.2
1980	1159.93	284.45	875.48	1228.83	666.81	562.02	1.2	-4.1
1981	1175.79	311.07	864.72	1138.41	625.65	512.76	1.4	-7.5
1982	1212.33	346.84	865.49	1229.98	651.81	578.17	3.1	8.0
1983	1366.95	490.01	876.94	1409.52	759.60	649.92	12.8	14.6
1984	1642.86	665.47	977.39	1701.02	893.33	807.69	20.2	20.7
1985	2004.82	769.63	1235.19	2004.25	795.25	1209.00	22.0	17.8
1986	2122.01	778.42	1343.59	2204.91	836.36	1368.55	5.8	10.0
1987	2199.35	736.29	1463.06	2262.18	845.63	1416.55	3.6	2.6
1988	2357.24	774.76	1582.48	2491.21	845.04	1646.17	7.2	10.1
1989	2664.90	822.52	1842.38	2823.78	888.77	1935.01	13.1	13.3
1990	2937.10	992.42	1944.68	3083.59	1004.47	2079.12	10.2	9.2
1991	3149.48	938.25	2211.23	3386.62	1090.81	2295.81	7.2	9.8
1992	3483.37	979.51	2503.86	3742.20	1170.44	2571.76	10.6	10.5
1993	4348.95	957.51	3391.44	4642.30	1312.06	3330.24	24.8	24.1
1994	5218.10	2906.50	2311.60	5792.62	1754.43	4038.19	20.0	24.8
1995	6242.20	3256.62	2985.58	6823.72	1995.39	4828.33	19.6	17.8
1996	7407.99	3661.07	3746.92	7937.55	2151.27	5786.28	18.7	16.3
1997	8651.14	4226.92	4424.22	9233.56	2532.50	6701.06	16.8	16.3
1998	9875.95	4892.00	4983.95	10798.18	3125.60	7672.58	14.2	16.9
1999	11444.08	5849.21	5594.87	13187.67	4152.33	9035.34	15.9	22.1
2000	13395.23	6989.17	6406.06	15886.50	5519.85	10366.65	17.0	20.5
2001	16386.04	8582.74	7803.30	18902.58	5768.02	13134.56	22.3	19.0
2002	18903.64	10388.64	8515.00	22053.15	6771.70	15281.45	15.4	16.7
2003	21715.25	11865.27	9849.98	24649.95	7420.10	17229.85	14.9	11.8
2004	26396.47	14503.10	11893.37	28486.89	7894.08	20592.81	21.6	15.6
2005	31649.29	16548.53	15100.76	33930.28	8775.97	25154.31	19.9	19.1
2006	38760.20	20456.62	18303.58	40422.73	9991.40	30431.33	22.5	19.1
2007	51321.78	27749.16	23572.62	49781.35	11442.06	38339.29	32.4	23.2
2008	61330.35	32680.56	28649.79	62592.66	13344.17	49248.49	19.5	25.7
2009	68518.30	35915.71	32602.59	76299.93	15255.79	61044.14	11.7	21.9
2010	83101.51	42488.47	40613.04	89874.16	15989.73	73884.43	21.3	17.8
2011	103874.43	51327.32	52547.11	109247.79	16514.11	92733.68	25.0	21.6
2012	117253.52	56175.23	61078.29	125952.97	18764.63	107188.34	12.9	15.3
2013	129209.64	60198.48	69011.16	140212.10	20471.76	119740.34	10.2	11.3
2014	140370.03	64493.45	75876.58	151785.56	22570.07	129215.49	8.6	8.3
2015	152269.23	69267.19	83002.04	175877.77	25542.15	150335.62	5.8	13.2
2016	159604.97	72365.62	87239.35	187755.21	27403.85	160351.36	4.5	6.3
2017	172592.77	81123.36	91469.41	203085.49	29857.15	173228.34	7.4	7.6
2018	183359.84	85456.46	97903.38	220904.13	32707.81	188196.32	6.2	8.7
2019	190390.08	89309.47	101080.61	238858.37	35115.15	203743.22	3.8	8.1

注：1.在一般公共预算收支中，价格补贴1985年以前冲减财政收入，1986年以后列为财政支出。为了可比，本表将1985年以前冲减财政收入的价格补贴改列在财政支出中。
2.一般公共预算收入中不包括国内外债务收入。
3.从2000年起，一般公共预算支出中包括国内外债务付息支出。

a) For the general public budget revenue and expenditure, the government price subsidies were listed as negative revenue items prior to 1985, but they have been listed as expenditure items in government accounts since 1986. For comparison purpose, budgetary price subsidies before 1985 were adjusted and listed as expenditure items.
b) General public budget revenue does not include the receipts of domestic and foreign debts.
c) General public budget expenditure include the interest payment on domestic and foreign debts since 2000.

7-2 中央和地方一般公共预算主要收入项目（2019年）
Main Items of General Public Budget Revenue of the Central and Local Governments (2019)

单位：亿元 (100 million yuan)

项　目	Item	一般公共预算收入 General Public Budget Revenue	中央 Central Government	地方 Local Governments
合计	**Total**	**190390.08**	**89309.47**	**101080.61**
税收收入	**Tax Revenue**	**158000.46**	**81020.33**	**76980.13**
国内增值税	Domestic Value-added Tax	62347.36	31160.46	31186.90
国内消费税	Domestic Consumption Tax	12564.44	12564.44	
进口货物增值税	VAT from Imports	15123.49	15123.49	
进口消费品消费税	Consumption Tax from Imports	688.85	688.85	
出口货物退增值税	VAT Rebate for Exports	-16480.76	-16480.76	
出口消费品退消费税	Consumption Tax Rebate for Exports	-22.43	-22.43	
企业所得税	Corporate Income Tax	37303.77	23786.02	13517.75
个人所得税	Individual Income Tax	10388.53	6234.19	4154.34
资源税	Resource Tax	1821.64	53.12	1768.52
城市维护建设税	City Maintenance and Construction Tax	4820.57	206.13	4614.44
房产税	House Property Tax	2988.43		2988.43
印花税	Stamp Tax	2462.96	1229.38	1233.58
其中：证券交易印花税	Stamp Tax on Security Exchange	1229.38	1229.38	
城镇土地使用税	Urban Land Use Tax	2195.41		2195.41
土地增值税	Land Appreciation Tax	6465.14		6465.14
车船税	Tax on Vehicles and Boat Operation	880.95		880.95
船舶吨税	Tax on Ship Tonnage	50.26	50.26	
车辆购置税	Vehicle Purchase Tax	3498.26	3498.26	
关税	Tariffs	2889.13	2889.13	
耕地占用税	Farm Land Occupation Tax	1389.84		1389.84
契税	Deed Tax	6212.86		6212.86
烟叶税	Tobacco Leaf Tax	111.03		111.03
环境保护税	Environment Protection Tax	221.16		221.16
其他税收收入	Other Tax Revenue	79.57	39.79	39.78
非税收入	**Non-Tax Revenue**	**32389.62**	**8289.14**	**24100.48**
专项收入	Special Program Receipts	7134.16	284.23	6849.93
行政事业性收费收入	Charge of Administrative and Institutional Units	3888.07	404.69	3483.38
罚没收入	Penalty Receipts	3062.09	132.78	2929.31
国有资本经营收入	Operating Income from Government Capital	7720.52	6659.03	1061.49
国有资源(资产)有偿使用收入	Income from Use of State-owned Resources (Assets)	8061.01	717.00	7344.01
其他收入	Other Revenue	2523.77	91.41	2432.36

7-3 中央和地方一般公共预算主要支出项目（2019年）
Main Items of General Public Budget Expenditure of the Central and Local Governments (2019)

单位：亿元 (100 million yuan)

项 目	Item	一般公共预算支出 General Public Budget Expenditure	中央 Central Government	地方 Local Governments
合计	**Total**	**238858.37**	**35115.15**	**203743.22**
一般公共服务支出	Expenditure for General Public Services	20344.66	1985.16	18359.50
外交支出	Expenditure for Foreign Affairs	617.50	615.39	2.11
国防支出	Expenditure for National Defense	12122.10	11896.56	225.54
公共安全支出	Expenditure for Public Security	13901.93	1839.45	12062.48
教育支出	Expenditure for Education	34796.94	1835.88	32961.06
科学技术支出	Expenditure for Science and Technology	9470.79	3516.18	5954.61
文化旅游体育与传媒支出	Expenditure for Culture, Tourism, Sport and Media	4086.31	308.84	3777.47
社会保障和就业支出	Expenditure for Social Security and Employment	29379.08	1231.53	28147.55
卫生健康支出	Expenditure for Health Care	16665.34	247.72	16417.62
节能环保支出	Expenditure for Energy Conservation and Environment Protection	7390.20	421.19	6969.01
城乡社区支出	Expenditure for Urban and Rural Community Affairs	24895.24	91.61	24803.63
农林水支出	Expenditure for Agriculture, Forestry and Water Conservancy	22862.80	532.34	22330.46
交通运输支出	Expenditure for Transportation	11817.55	1422.32	10395.23
资源勘探信息等支出	Expenditures for Resource Exploration and Information	4914.40	355.26	4559.14
商业服务业等支出	Expenditure for Commerce and Services	1239.70	82.42	1157.28
金融支出	Expenditure for Financial Affairs	1615.36	943.72	671.64
援助其他地区支出	Expenditure for Assistance to Other Regions	471.31		471.31
自然资源海洋气象等支出	Expenditure for Nature Resources, Ocean and Weather	2182.70	314.17	1868.53
住房保障支出	Expenditure for Housing Security	6401.19	561.84	5839.35
粮油物资储备支出	Expenditure for Reserve of Grain, Oil and Other Materials	1897.11	1204.05	693.06
灾害防治及应急管理支出	Expenditure for Prevention of Disasters and Emergency Management	1529.20	465.65	1063.55
债务付息支出	Expenditure for Interest Payments on Debts	8442.53	4566.62	3875.91
债务发行费用支出	Expenditure for Issuing Debts	65.64	45.02	20.62
其他支出	Other Expenditure	1748.79	632.23	1116.56

7-4 各 项 税 收
Taxes

单位：亿元 (100 million yuan)

年 份 Year	合 计 Total	#国内增值税 Domestic Value-added Tax	#国内消费税 Domestic Consumption Tax	#营业税 Business Tax	#企业所得税 Corporate Income Tax	#个人所得税 Individual Income Tax	#关 税 Tariffs
1978	519.28						28.76
1979	537.82						26.00
1980	571.70						33.53
1981	629.89						54.04
1982	700.02						47.46
1983	775.59						53.88
1984	947.35						103.07
1985	2040.79	147.70		211.07	696.06		205.21
1986	2090.73	232.19		261.07	692.40		151.62
1987	2140.36	254.20		302.00	664.71		142.67
1988	2390.47	384.37		397.92	676.04		155.02
1989	2727.40	430.83		487.30	700.43		181.54
1990	2821.86	400.00		515.75	716.00		159.01
1991	2990.17	406.36		564.00	731.13		187.28
1992	3296.91	705.93		658.67	720.78		212.75
1993	4255.30	1081.48		966.09	678.60		256.47
1994	5126.88	2308.34	487.40	670.02	708.49		272.68
1995	6038.04	2602.33	541.48	865.56	878.44		291.83
1996	6909.82	2962.81	620.23	1052.57	968.48		301.84
1997	8234.04	3283.92	678.70	1324.27	963.18		319.49
1998	9262.80	3628.46	814.93	1575.08	925.54		313.04
1999	10682.58	3881.87	820.66	1668.56	811.41	413.66	562.23
2000	12581.51	4553.17	858.29	1868.78	999.63	659.64	750.48
2001	15301.38	5357.13	929.99	2064.09	2630.87	995.26	840.52
2002	17636.45	6178.39	1046.32	2450.33	3082.79	1211.78	704.27
2003	20017.31	7236.54	1182.26	2844.45	2919.51	1418.03	923.13
2004	24165.68	9017.94	1501.90	3581.97	3957.33	1737.06	1043.77
2005	28778.54	10792.11	1633.81	4232.46	5343.92	2094.91	1066.17
2006	34804.35	12784.81	1885.69	5128.71	7039.60	2453.71	1141.78
2007	45621.97	15470.23	2206.83	6582.17	8779.25	3185.58	1432.57
2008	54223.79	17996.94	2568.27	7626.39	11175.63	3722.31	1769.95
2009	59521.59	18481.22	4761.22	9013.98	11536.84	3949.35	1483.81
2010	73210.79	21093.48	6071.55	11157.91	12843.54	4837.27	2027.83
2011	89738.39	24266.63	6936.21	13679.00	16769.64	6054.11	2559.12
2012	100614.28	26415.51	7875.58	15747.64	19654.53	5820.28	2783.93
2013	110530.70	28810.13	8231.32	17233.02	22427.20	6531.53	2630.61
2014	119175.31	30855.36	8907.12	17781.73	24642.19	7376.61	2843.41
2015	124922.20	31109.47	10542.16	19312.84	27133.87	8617.27	2560.84
2016	130360.73	40712.08	10217.23	11501.88	28851.36	10088.98	2603.75
2017	144369.87	56378.18	10225.09		32117.29	11966.37	2997.85
2018	156402.86	61530.77	10631.75		35323.71	13871.97	2847.78
2019	158000.46	62347.36	12564.44		37303.77	10388.53	2889.13

注：1.企业所得税2001年以前只包括国有及集体企业所得税，从2001年起，企业所得税还包括除国有企业和集体企业外的其他所有制企业所得税。
2.国内增值税不包括进口产品增值税；国内消费税不包括进口产品消费税。
3.自2016年5月1日起，在全国范围内全面推开营业税改征增值税试点，全部营业税纳税人由缴纳营业税改为缴纳增值税。

a) Before 2001, the corporate income tax only included that of state-owned and collective-owned enterprises. Since 2001, the corporate income tax also includes the income tax levied on enterprises of other forms of ownership except for state-owned and collective-owned enterprises.

b) Domestic value-added tax does not include value-added tax from imports. Domestic consumption tax does not include consumption tax from imports.

c) Since May 1,2016, the replacement of business tax with VAT has been extended to all industries. All business tax payers pay VAT instead of business tax.

7-5 分地区一般公共预算收入（2019年）
General Public Budget Revenue by Region (2019)

单位：亿元 (100 million yuan)

地 区 Region	地方一般公共预算收入 General Public Budget Revenue	税收收入 Tax Revenue	国内增值税 Domestic Value-added Tax	企业所得税 Corporate Income Tax	个人所得税 Individual Income Tax	资源税 Resource Tax	城市维护建设税 City Maintenance and Construction Tax	房产税 House Property Tax
地方合计 Total of All Regions	**101080.61**	**76980.13**	**31186.90**	**13517.75**	**4154.34**	**1768.52**	**4614.44**	**2988.43**
北 京 Beijing	5817.10	4822.98	1820.90	1228.53	544.16	32.63	234.98	354.43
天 津 Tianjin	2410.41	1634.35	727.13	323.91	96.47	12.82	108.70	77.44
河 北 Hebei	3738.99	2630.73	1013.52	411.33	70.06	56.13	148.19	75.24
山 西 Shanxi	2347.75	1783.66	718.70	271.48	36.76	383.03	78.00	43.13
内蒙古 Inner Mongolia	2059.69	1539.69	566.04	181.65	44.49	302.33	72.11	51.32
辽 宁 Liaoning	2652.40	1929.52	783.34	330.18	65.52	42.45	134.11	97.17
吉 林 Jilin	1116.95	797.98	328.30	128.79	33.68	10.45	60.38	34.40
黑龙江 Heilongjiang	1262.76	924.40	339.49	103.74	32.69	64.91	56.47	42.18
上 海 Shanghai	7165.10	6216.29	2766.85	1452.11	603.73	0.00	284.19	216.83
江 苏 Jiangsu	8802.36	7339.59	3146.71	1316.81	349.34	7.13	474.36	322.91
浙 江 Zhejiang	7048.58	5898.75	2374.58	1116.09	412.94	12.10	363.26	207.25
安 徽 Anhui	3182.71	2209.73	942.35	370.90	65.11	28.21	143.17	68.99
福 建 Fujian	3052.93	2208.98	850.01	399.02	168.91	9.17	123.90	87.47
江 西 Jiangxi	2487.39	1747.63	800.86	244.66	56.62	30.50	109.14	41.38
山 东 Shandong	6526.71	4849.29	1958.67	696.20	147.47	119.98	290.13	166.73
河 南 Henan	4041.89	2841.34	1076.10	382.13	77.15	68.88	158.92	76.17
湖 北 Hubei	3388.57	2530.82	975.87	407.05	98.23	20.11	179.97	100.67
湖 南 Hunan	3007.15	2061.96	789.71	247.16	74.15	10.65	145.86	70.31
广 东 Guangdong	12654.53	10063.95	3977.07	2001.21	656.19	11.12	598.98	356.76
广 西 Guangxi	1811.89	1146.78	497.86	167.89	38.56	16.64	75.87	50.06
海 南 Hainan	814.14	653.25	193.74	106.80	23.08	3.73	27.04	21.61
重 庆 Chongqing	2134.93	1541.22	572.20	228.95	63.26	14.42	90.43	73.15
四 川 Sichuan	4070.83	2888.74	1126.33	472.44	126.30	63.31	180.34	111.86
贵 州 Guizhou	1767.47	1204.02	474.21	215.41	40.32	34.00	82.79	36.88
云 南 Yunnan	2073.56	1450.63	606.35	200.68	48.91	29.62	132.79	47.49
西 藏 Tibet	221.99	157.52	97.23	17.64	17.23	2.52	13.00	
陕 西 Shaanxi	2287.90	1846.11	782.64	250.52	74.44	230.42	112.42	65.80
甘 肃 Gansu	850.49	577.92	276.82	64.79	20.30	23.78	47.33	23.67
青 海 Qinghai	282.25	198.70	93.00	24.44	6.85	18.31	13.33	7.46
宁 夏 Ningxia	423.58	267.50	114.29	32.54	10.16	18.90	16.93	13.68
新 疆 Xinjiang	1577.63	1016.09	396.03	122.68	51.27	90.26	57.35	46.00

7-5 续表 1 continued

单位：亿元 (100 million yuan)

地区	Region	印花税 Stamp Tax	城镇土地使用税 Urban Land Use Tax	土地增值税 Land Appreciation Tax	车船税 Tax on Vehicles and Boat Operation	耕地占用税 Farm Land Occupation Tax	契税 Deed Tax	烟叶税 Tobacco Leaf Tax	环境保护税 Environment Protection Tax
地方合计	**Total of All Regions**	**1233.58**	**2195.41**	**6465.14**	**880.95**	**1389.84**	**6212.86**	**111.03**	**221.16**
北京	Beijing	87.71	20.03	225.37	32.92	3.23	225.19		9.60
天津	Tianjin	32.97	15.95	102.82	13.10	4.60	112.96		4.30
河北	Hebei	48.41	139.06	270.11	53.96	80.86	234.51	0.25	27.31
山西	Shanxi	31.16	34.91	60.84	24.21	10.60	75.07	0.18	14.18
内蒙古	Inner Mongolia	22.02	76.24	61.74	21.68	69.09	52.03	0.09	16.34
辽宁	Liaoning	37.44	132.86	90.11	41.08	14.62	153.60	0.46	5.88
吉林	Jilin	15.01	26.47	37.79	18.80	12.39	88.25	0.53	1.56
黑龙江	Heilongjiang	12.77	80.83	66.93	22.62	22.96	73.26	1.07	2.33
上海	Shanghai	100.72	22.89	412.76	22.26	13.29	315.18		2.25
江苏	Jiangsu	98.93	180.44	558.86	57.26	72.53	717.13		35.89
浙江	Zhejiang	93.48	92.44	467.69	59.38	121.85	571.34	0.01	3.51
安徽	Anhui	33.99	102.72	146.84	22.55	46.81	231.90	1.00	3.72
福建	Fujian	39.57	34.87	254.53	24.35	15.03	193.31	5.19	3.19
江西	Jiangxi	21.70	50.65	138.86	18.41	36.58	192.69	1.10	3.24
山东	Shandong	74.33	337.27	404.28	78.10	97.25	455.52	2.13	19.39
河南	Henan	43.52	153.83	295.81	48.29	166.87	274.94	7.54	10.67
湖北	Hubei	36.37	60.10	255.41	29.24	98.71	257.24	3.22	7.71
湖南	Hunan	30.07	75.25	221.76	27.39	66.32	289.57	7.65	4.55
广东	Guangdong	152.10	120.70	1402.89	77.04	58.34	640.89	1.29	6.57
广西	Guangxi	23.45	25.16	95.06	20.70	38.44	91.84	0.65	3.88
海南	Hainan	7.40	24.50	172.37	4.70	14.46	52.53		0.62
重庆	Chongqing	27.43	99.13	129.03	15.32	30.87	190.64	2.56	2.87
四川	Sichuan	48.03	79.18	244.10	40.57	90.67	289.24	8.16	6.06
贵州	Guizhou	17.24	31.75	89.23	15.07	44.71	103.66	12.73	6.35
云南	Yunnan	23.24	39.80	86.92	23.79	33.32	118.66	53.42	4.96
西藏	Tibet	3.06	0.18	4.13	1.60	0.73			0.20
陕西	Shaanxi	29.61	45.12	80.50	25.41	45.04	97.32	1.65	4.77
甘肃	Gansu	11.13	21.65	30.62	14.34	4.60	36.23	0.13	2.15
青海	Qinghai	3.41	3.62	8.18	3.68	4.93	10.51		0.84
宁夏	Ningxia	5.95	12.92	9.23	4.96	6.96	18.80	0.01	1.64
新疆	Xinjiang	21.36	54.87	40.35	18.18	63.18	48.87		4.63

7-5 续表 2 continued

单位：亿元 (100 million yuan)

地区	Region	其他税收收入 Other Tax Revenue	非税收入 Non-Tax Revenue	专项收入 Special Program Receipts	行政事业性收费收入 Charge of Administrative and Institutional Units	罚没收入 Penalty Receipts	国有资本经营收入 Operating Income from Government Capital	国有资源(资产)有偿使用收入 Income from Use of State-owned Resources (Assets)	其他收入 Other Revenue
地方合计	**Total of All Regions**	**39.78**	**24100.48**	**6849.93**	**3483.38**	**2929.31**	**1061.49**	**7344.01**	**2432.36**
北京	Beijing	3.29	994.12	424.32	64.86	76.00	152.10	171.41	105.42
天津	Tianjin	1.19	776.06	157.83	34.49	138.21	227.78	130.10	87.65
河北	Hebei	1.78	1108.26	303.63	179.48	157.64	35.84	329.20	102.48
山西	Shanxi	1.40	564.09	131.77	89.71	66.76	1.68	227.20	46.98
内蒙古	Inner Mongolia	2.54	520.01	123.11	106.35	58.32	11.85	195.49	24.88
辽宁	Liaoning	0.70	722.89	138.47	118.71	183.60	10.52	194.42	77.17
吉林	Jilin	1.18	318.97	79.67	79.91	45.13	7.93	83.26	23.06
黑龙江	Heilongjiang	2.15	338.35	61.98	55.79	59.37	8.72	119.96	32.54
上海	Shanghai	3.22	948.81	418.46	71.39	90.80	25.01	306.69	36.46
江苏	Jiangsu	1.30	1462.77	421.02	312.85	162.37		423.45	143.09
浙江	Zhejiang	2.82	1149.83	528.87	144.83	199.44	-46.69	277.35	46.02
安徽	Anhui	1.46	972.98	285.94	124.71	82.92	51.16	353.58	74.66
福建	Fujian	0.46	843.95	267.26	80.07	101.74	25.53	317.90	51.45
江西	Jiangxi	1.26	739.76	144.88	152.29	122.19	2.16	269.94	48.30
山东	Shandong	1.84	1677.42	347.44	307.22	208.78	71.30	643.60	99.07
河南	Henan	0.53	1200.54	373.49	225.41	159.50	66.91	247.63	127.60
湖北	Hubei	0.93	857.75	224.97	149.77	104.68	18.05	271.47	88.83
湖南	Hunan	1.56	945.19	252.98	151.02	130.59	6.50	251.81	152.28
广东	Guangdong	2.79	2590.58	892.51	292.06	231.11	90.03	731.60	353.28
广西	Guangxi	0.73	665.11	130.66	92.41	68.43	45.50	283.63	44.49
海南	Hainan	0.66	160.90	42.28	15.02	25.70	9.25	55.88	12.77
重庆	Chongqing	0.94	593.71	119.30	67.50	54.19		210.33	142.39
四川	Sichuan	2.16	1182.08	244.58	161.20	103.41	61.58	444.23	167.09
贵州	Guizhou	-0.33	563.45	123.87	80.95	66.32	85.75	120.10	86.45
云南	Yunnan	0.67	622.93	178.42	97.07	64.18	20.18	186.02	77.05
西藏	Tibet		64.47	13.00	6.66	5.67	1.30	26.73	11.11
陕西	Shaanxi	0.45	441.79	167.81	78.15	47.21	0.85	111.95	35.83
甘肃	Gansu	0.36	272.56	84.33	50.61	29.00	3.25	69.94	35.43
青海	Qinghai	0.13	83.55	20.02	11.12	7.92	0.78	35.61	8.09
宁夏	Ningxia	0.53	156.08	36.03	18.01	9.13	2.92	65.05	24.94
新疆	Xinjiang	1.06	561.53	111.05	63.76	68.99	63.77	188.47	65.51

7-6 分地区一般公共预算支出（2019年）
General Public Expenditure by Region (2019)

单位：亿元 (100 million yuan)

地区	Region	地方一般公共预算支出 General Public Budget Expenditure	一般公共服务支出 Expenditure for General Public Services	外交支出 Expenditure for Foreign Affairs	国防支出 Expenditure for National Defense	公共安全支出 Expenditure for Public Security	教育支出 Expenditure for Education	科学技术支出 Expenditure for Science and Technology	文化旅游体育与传媒支出 Expenditure for Culture, Tourism, Sport and Media
地方合计	**Total of All Regions**	**203743.22**	**18359.50**	**2.11**	**225.54**	**12062.48**	**32961.06**	**5954.61**	**3777.47**
北京	Beijing	7408.19	499.43		9.74	540.62	1137.18	433.42	279.32
天津	Tianjin	3555.71	225.87		1.95	213.26	467.63	109.93	46.41
河北	Hebei	8309.04	792.63		12.63	432.48	1537.09	90.70	158.00
山西	Shanxi	4710.76	391.65		3.82	252.28	696.28	57.72	112.24
内蒙古	Inner Mongolia	5100.91	365.44	0.04	3.95	249.06	609.97	28.49	119.34
辽宁	Liaoning	5745.09	451.13		4.91	390.05	702.38	74.03	85.98
吉林	Jilin	3933.42	302.52		3.87	222.21	500.53	39.18	71.75
黑龙江	Heilongjiang	5011.56	301.00		4.66	253.86	555.13	42.16	54.70
上海	Shanghai	8179.28	365.08		11.27	413.34	995.70	389.54	179.87
江苏	Jiangsu	12573.55	1210.99		18.62	853.13	2213.84	572.04	264.53
浙江	Zhejiang	10053.03	1009.96		9.37	662.70	1764.69	516.06	203.26
安徽	Anhui	7392.22	566.85		6.26	296.76	1222.21	377.95	87.98
福建	Fujian	5077.93	458.78	0.11	6.09	332.86	968.54	133.41	104.00
江西	Jiangxi	6386.80	596.37		8.15	315.65	1148.50	182.92	87.60
山东	Shandong	10739.76	1061.95		19.42	633.21	2156.14	305.76	189.50
河南	Henan	10163.93	1097.40		9.26	496.79	1810.71	211.07	127.87
湖北	Hubei	7970.21	795.05		5.83	452.92	1147.10	319.28	148.53
湖南	Hunan	8034.42	850.66		13.88	415.57	1270.02	171.92	144.83
广东	Guangdong	17297.85	1855.32	0.07	11.22	1426.89	3210.51	1168.79	350.33
广西	Guangxi	5850.96	592.36	0.00	9.08	312.18	1014.52	72.33	76.33
海南	Hainan	1858.60	148.70	1.12	8.61	105.32	273.50	30.10	56.34
重庆	Chongqing	4847.68	347.25	0.28	4.79	268.66	728.26	79.23	55.24
四川	Sichuan	10348.17	955.62	0.05	13.16	525.64	1578.88	184.95	196.48
贵州	Guizhou	5948.74	573.06		3.25	280.06	1067.62	114.13	68.76
云南	Yunnan	6770.09	650.86		5.23	382.83	1069.85	59.00	77.90
西藏	Tibet	2187.75	286.90	0.19	1.93	133.43	263.26	7.28	57.55
陕西	Shaanxi	5718.52	528.96	0.01	6.00	285.90	951.23	71.38	127.58
甘肃	Gansu	3951.60	373.62		2.55	191.29	636.05	29.39	84.85
青海	Qinghai	1863.67	131.51		1.07	89.57	221.37	10.37	42.39
宁夏	Ningxia	1438.29	97.03		0.74	66.74	179.33	31.26	25.85
新疆	Xinjiang	5315.49	475.57	0.24	4.20	567.23	863.07	40.81	92.14

7-6 续表 1 continued

单位：亿元 (100 million yuan)

地 区 Region	社会保障和就业支出 Expenditure for Social Security and Employment	卫生健康支出 Expenditure for Health Care	节能环保支出 Expenditure for Energy Conservation and Environment Protection	城乡社区支出 Expenditure for Urban and Rural Community Affairs	农林水支出 Expenditure for Agriculture, Forestry and Water Conservancy	交通运输支出 Expenditure for Transportation	资源勘探信息等支出 Expenditures for Resource Exploration and Information	商业服务业等支出 Expenditure for Commerce and Services
地方合计 Total of All Regions	**28147.55**	**16417.62**	**6969.01**	**24803.63**	**22330.46**	**10395.23**	**4559.14**	**1157.28**
北 京 Beijing	972.98	534.41	308.81	1074.61	584.62	401.59	163.86	31.95
天 津 Tianjin	550.98	197.86	242.29	797.47	161.51	81.00	176.76	50.97
河 北 Hebei	1227.95	695.07	502.50	707.20	978.27	382.80	131.89	27.40
山 西 Shanxi	711.34	366.68	226.15	483.59	626.04	320.74	87.29	14.19
内蒙古 Inner Mongolia	726.52	322.18	154.48	541.22	874.73	403.38	124.39	21.29
辽 宁 Liaoning	1441.30	364.54	129.73	546.42	502.57	188.51	146.19	25.49
吉 林 Jilin	687.78	281.69	147.97	330.08	564.35	314.45	71.03	13.25
黑龙江 Heilongjiang	1113.27	314.42	211.06	555.79	881.99	220.61	92.76	10.90
上 海 Shanghai	999.77	493.44	184.07	1634.92	523.10	426.87	755.43	178.72
江 苏 Jiangsu	1416.00	906.01	372.77	1697.55	1032.37	574.95	306.08	94.74
浙 江 Zhejiang	1073.94	735.61	269.55	1627.68	744.24	444.59	196.32	104.37
安 徽 Anhui	1084.06	687.36	312.12	1156.75	736.27	275.17	99.79	26.48
福 建 Fujian	507.89	467.76	179.55	558.87	442.06	255.00	223.78	62.85
江 西 Jiangxi	817.76	630.99	194.28	1046.38	619.80	224.82	139.11	19.06
山 东 Shandong	1444.63	912.07	306.50	1070.25	1075.98	377.76	216.11	55.83
河 南 Henan	1457.14	986.78	352.29	1381.48	1059.70	383.82	106.40	30.14
湖 北 Hubei	1267.01	601.82	282.13	924.62	828.21	429.39	185.98	21.13
湖 南 Hunan	1160.33	661.58	242.68	952.34	978.68	341.95	124.19	49.40
广 东 Guangdong	1703.48	1579.60	747.44	2413.84	957.68	525.23	182.95	64.70
广 西 Guangxi	816.76	565.29	99.84	835.09	747.21	219.49	87.18	19.11
海 南 Hainan	221.91	169.80	64.98	153.71	251.40	144.92	28.44	9.82
重 庆 Chongqing	880.03	383.26	172.95	800.09	389.53	292.35	100.14	31.69
四 川 Sichuan	1762.30	943.27	267.01	893.64	1288.42	687.83	221.68	57.32
贵 州 Guizhou	589.03	534.78	188.53	439.93	998.90	347.79	108.30	14.57
云 南 Yunnan	915.00	608.50	205.16	554.02	1117.20	542.81	49.06	18.78
西 藏 Tibet	155.78	123.05	40.91	117.03	445.01	364.56	59.73	4.84
陕 西 Shaanxi	853.54	466.29	245.48	634.68	684.18	283.94	89.67	41.50
甘 肃 Gansu	529.14	326.41	106.52	220.71	716.76	360.35	33.04	10.49
青 海 Qinghai	267.71	148.23	69.38	158.26	324.09	172.60	43.56	7.39
宁 夏 Ningxia	185.54	106.49	54.04	185.48	218.16	88.87	61.82	8.80
新 疆 Xinjiang	606.72	302.36	87.86	309.94	977.41	317.09	146.22	30.12

7-6 续表 2 continued

单位：亿元 (100 million yuan)

地 区 Region	金融支出 Expenditure for Financial Affairs	援助其他地区支出 Expenditure for Assistance to Other Regions	自然资源海洋气象等支出 Expenditure for Nature Resources, Ocean and Weather	住房保障支出 Expenditure for Housing Security	粮油物资储备支出 Expenditure for Reserve of of Grain, Oil and Other Materials	灾害防治及应急管理支出 Expenditure for Prevention of Disasters and Emergency Management	债务付息支出 Expenditure for Interest Payments on Debts	债务发行费用支出 Expenditure for Issuing Debts	其他支出 Other Expenditure
地方合计 Total of All Regions	**671.64**	**471.31**	**1868.53**	**5839.35**	**693.06**	**1063.55**	**3875.91**	**20.62**	**1116.56**
北 京 Beijing	16.33	66.50	23.30	96.84	13.51	40.47	68.78	0.29	109.64
天 津 Tianjin	4.71	29.59	17.61	84.77	7.89	20.69	55.06	0.19	11.31
河 北 Hebei	9.59	8.56	129.60	209.25	20.23	46.89	167.25	1.05	40.04
山 西 Shanxi	13.82	3.25	69.86	121.90	16.97	37.84	67.80	0.43	28.88
内蒙古 Inner Mongolia	58.37		55.22	172.76	17.11	22.76	165.95	0.73	63.52
辽 宁 Liaoning	73.45	14.49	75.81	180.96	25.20	24.74	235.71	0.93	60.58
吉 林 Jilin	45.03	2.92	40.98	124.62	36.11	20.50	100.11	0.43	12.06
黑龙江 Heilongjiang	7.59	3.45	36.82	166.90	47.26	30.49	103.36	0.61	2.78
上 海 Shanghai	29.94	69.62	53.30	273.51	19.91	26.77	89.59	0.49	65.02
江 苏 Jiangsu	16.05	52.56	113.84	507.14	30.52	43.71	217.37	0.98	57.78
浙 江 Zhejiang	40.70	41.59	105.87	200.40	22.85	54.04	205.74	0.86	18.66
安 徽 Anhui	4.90	5.50	47.91	213.21	26.35	27.87	122.37	0.49	7.61
福 建 Fujian	4.14	5.81	53.57	102.16	23.85	30.97	103.83	0.40	51.62
江 西 Jiangxi	4.34	2.80	36.56	143.24	21.68	32.00	98.29	0.52	15.97
山 东 Shandong	161.07	29.68	135.51	239.29	35.60	63.46	221.80	1.07	27.18
河 南 Henan	12.99	4.03	82.92	284.71	42.01	34.04	144.15	0.76	47.47
湖 北 Hubei	5.84	7.61	90.62	202.68	32.27	43.28	133.14	1.10	44.65
湖 南 Hunan	22.90	4.83	103.38	213.76	27.14	42.08	207.11	1.40	33.79
广 东 Guangdong	55.28	109.59	117.54	424.50	56.82	105.73	189.98	0.80	39.55
广 西 Guangxi	5.78		64.00	138.52	21.69	26.17	126.35	0.54	1.14
海 南 Hainan	1.15		24.62	65.08	9.21	7.21	48.14	0.23	34.30
重 庆 Chongqing	6.16	2.56	43.98	124.98	14.07	26.30	83.81	0.35	11.73
四 川 Sichuan	11.32	5.87	73.15	348.98	35.82	75.95	193.94	1.58	25.32
贵 州 Guizhou	1.12		38.73	190.01	14.98	39.24	195.92	1.00	139.05
云 南 Yunnan	4.21		47.66	267.64	14.16	43.52	126.49	0.71	9.50
西 藏 Tibet	1.95		19.84	61.79	3.40	9.17	3.66	0.11	26.36
陕 西 Shaanxi	29.20	0.41	58.50	168.63	15.82	25.90	124.74	0.82	24.15
甘 肃 Gansu	20.74		32.19	161.23	16.03	25.60	59.13	0.47	15.05
青 海 Qinghai	2.54	0.07	23.20	64.85	7.81	10.45	56.63	0.52	10.08
宁 夏 Ningxia	0.40		23.24	50.77	3.40	7.03	39.34	0.23	3.75
新 疆 Xinjiang	0.07		29.16	234.27	13.39	18.66	120.36	0.58	78.01

7-7 中央财政债务余额情况
Outstanding of Debts of Central Government

单位：亿元 (100 million yuan)

年 份 Year	合计 Total	国内债务 Domestic Debts	国外债务 External Debts
2005	32614.21	31848.59	765.52
2006	35015.28	34380.24	635.02
2007	52074.65	51467.39	607.26
2008	53271.54	52799.32	472.22
2009	60237.68	59736.95	500.73
2010	67548.11	66987.97	560.14
2011	72044.51	71410.80	633.71
2012	77565.70	76747.91	817.79
2013	86746.91	85836.05	910.86
2014	95655.45	94676.31	979.14
2015	106599.59	105467.48	1132.11
2016	120066.75	118811.24	1255.51
2017	134770.15	133447.43	1322.72
2018	149607.41	148208.62	1398.79
2019	168038.04	166032.13	2005.91

7-8 按部门划分的外债总额头寸
Gross External Debt Position by Sector

单位：亿美元 (USD 100 million)

债务类型	Type of Debts	2018末 End of 2018	2019末 End of 2019
广义政府	**General Government**	**2323**	**2709**
短期	Short-term	197	102
货币与存款	Currency and Deposits		
债务证券	Debt Securities	197	102
贷款	Loans		
贸易信贷与预付款	Trade Credit and Advances		
其他债务负债	Other Debt Liabilities		
长期	Long-term	2126	2607
货币与存款	Currency and Deposits		
债务证券	Debt Securities	1640	2145
贷款	Loans	487	462
贸易信贷与预付款	Trade Credit and Advances		
其他债务负债	Other Debt Liabilities		
中央银行	**Central Bank**	**296**	**363**
短期	Short-term	178	254
货币与存款	Currency and Deposits	149	108
债务证券	Debt Securities	29	146
贷款	Loans		
贸易信贷与预付款	Trade Credit and Advances		
其他债务负债	Other Debt Liabilities		
长期	Long-term	118	109
SDR分配	Special Drawing Rights	97	97
货币与存款	Currency and Deposits		
债务证券	Debt Securities		
贷款	Loans		
贸易信贷与预付款	Trade Credit and Advances		
其他债务负债	Other Debt Liabilities	21	12
其他接受存款公司	**Other Depository Corporations**	**8987**	**9180**
短期	Short-term	7236	6823
货币与存款	Currency and Deposits	4685	4113
债务证券	Debt Securities	638	535
贷款	Loans	1894	2150
贸易信贷与预付款	Trade Credit and Advances		
其他债务负债	Other Debt Liabilities	18	25
长期	Long-term	1752	2357
货币与存款	Currency and Deposits		
债务证券	Debt Securities	1290	1633
贷款	Loans	454	715
贸易信贷与预付款	Trade Credit and Advances		
其他债务负债	Other Debt Liabilities	8	9
其他部门	**Other Sectors**	**5923**	**5923**
短期	Short-term	4579	4288
货币与存款	Currency and Deposits	2	3
债务证券	Debt Securities	36	27
贷款	Loans	568	543
贸易信贷与预付款	Trade Credit and Advances	3862	3580
其他债务负债	Other Debt Liabilities	111	136
长期	Long-term	1343	1635
货币与存款	Currency and Deposits		
债务证券	Debt Securities	453	705
贷款	Loans	696	687
贸易信贷与预付款	Trade Credit and Advances	69	64
其他债务负债	Other Debt Liabilities	125	179
直接投资：公司间贷款	**Direct Investment: Intercompany Lending**	**2299**	**2398**
直接投资企业对直接投资者的债务负债	Debt Liabilities of Direct Investment Enterprises to Direct Investors	1492	1482
直接投资者对直接投资企业的债务负债	Debt Liabilities of Direct Investors to Direct Investment Enterprises	48	100
对关联企业的债务负债	Debt Liabilities to Affiliated Enterprises	759	816
外债总额头寸	**Gross External Debt Position**	**19828**	**20573**

注：1.本表按照签约期限划分长期、短期外债。
2.本表统计采用四舍五入法。

a) The short-term and long-term herein are broken down by contractual (original) maturity.
b) The data in this table are rounded.

7-9 外债风险指标
Risk Indicators on External Debt

单位：% (%)

年　份 Year	偿　债　率 Debt Servicing Ratio	负　债　率 Liability Ratio	债　务　率 Debt Ratio
1985	2.7	5.1	56.0
1986	15.4	7.1	72.1
1987	9.0	9.2	77.1
1988	6.5	9.8	87.1
1989	8.3	9.1	86.4
1990	8.7	13.3	91.6
1991	8.5	14.6	91.9
1992	7.1	14.1	87.9
1993	10.2	13.5	96.5
1994	9.1	16.4	78.0
1995	7.6	14.5	72.4
1996	6.0	13.5	67.7
1997	7.3	13.6	63.2
1998	10.9	14.2	70.4
1999	11.2	13.9	68.7
2000	9.2	12.0	52.1
2001	7.5	15.2	67.9
2002	7.9	13.8	55.5
2003	6.9	13.2	45.2
2004	3.2	13.4	40.2
2005	3.1	13.0	35.4
2006	2.1	12.3	31.9
2007	2.0	11.0	29.0
2008	1.8	8.5	24.7
2009	2.9	8.4	32.2
2010	1.6	9.0	29.2
2011	1.7	9.2	33.3
2012	1.6	8.6	32.8
2013	1.6	9.0	35.6
2014	2.6	17.0	69.9
2015	5.0	12.5	58.6
2016	6.1	12.6	64.4
2017	5.5	14.3	72.6
2018	5.5	14.3	74.8
2019	6.7	14.3	77.8

注：1.2015年，我国按照国际货币基金组织数据公布特殊标准(SDDS)调整了外债统计口径并对外公布全口径外债数据，将人民币外债纳入统计，并按照签约期限划分中长期和短期外债。为保证数据的可比性，将2014年末外债数据相应调整为全口径外债数据，之前年份未做调整。表内数据根据最新国际收支平衡表数据及GDP数据进行调整。

2.负债率是指年末外债余额与当年国内生产总值的比率；债务率是指年末外债余额与当年国际收支统计口径的货物与服务贸易出口收入的比率；偿债率是指当年外债还本付息额(中长期外债还本付息额加上短期外债付息额)与当年国际收支统计口径的货物与服务贸易出口收入的比率。

a) In accordance with the Special Data Dissemination Standard (SDDS) of the IMF, China adjusted the statistical coverage of external debt and disseminated the full-scale data on China's external debt in 2015, including RMB-denominated external debt, which was classified into medium-and long-term external debt and short-term external debt by contractual maturity. Outstanding external debt at the end of 2014 was adjusted to the full-scale data on the base of comparable coverage. No adjustments were made for previous years. Figures in the table were adjusted according to the latest BOP and GDP data.

b) Liability ratio is defined as the outstanding external debt at the end of the year divided by annual GDP for that year. Debt ratio is defined as the outstanding external debt at the end of the year divided by income from exports of goods and services according to the statistical coverage of the BOP for that year. Debt servicing ratio is defined as the repayment of principal and payment of interest on medium-and long-term external debt, plus payment of interest on short-term external debt, divided by income from exports of goods and services according to the statistical coverage of the BOP for that year.

7-10 全国政府性基金收入决算表(2019年)
Final Accounts for Revenue of Government Funds (2019)

单位：亿元 (100 million yuan)

项目	Item	预算数 Budget	决算数 Final Accounts	决算数为预算数的% Final as % of Budget	决算数为上年决算数的% Final as % of Previous Year
一、农网还贷资金收入	1. Credit Repayment for Rural Power Grid	214.85	229.53	106.8	113.8
二、铁路建设基金收入	2. Railway Construction Fund	560.00	541.26	96.7	103.3
三、民航发展基金收入	3. Civil Aviation Development Fund	478.00	429.35	89.8	98.6
四、海南省高等级公路车辆通行附加费收入	4. Hainan Province Highway Traffic Surcharge	26.33	24.83	94.3	102.3
五、港口建设费收入	5. Port Construction Fees	243.01	237.02	97.5	103.3
六、旅游发展基金收入	6. Tourism Development Fund	15.81	15.72	99.4	108.3
七、国家电影事业发展专项资金收入	7. National Special Fund for Film Development	33.07	30.23	91.4	104.1
八、国有土地使用权出让金收入	8. Transfer of Use Rights of State Land	64767.37	70679.31	109.1	112.3
九、国有土地收益基金收入	9. State Land Income Fund	2092.76	1764.41	84.3	86.3
十、农业土地开发资金收入	10. Agricultural Land Development Funds	256.41	185.07	72.2	74.3
十一、中央水库移民扶持基金收入	11. Central Fund for Support to Reservoir Resettlement	263.00	277.85	105.6	107.3
十二、中央特别国债经营基金财务收入	12. Special National Debt Management Fund	632.48	633.26	100.1	100.1
十三、彩票公益金收入	13. Public Welfare Fund from Lottery	1395.33	1166.02	83.6	88.2
十四、城市基础设施配套费收入	14. Urban Infrastructure Support Fee	2770.31	2747.43	99.2	108.9
十五、地方水库移民扶持基金收入	15. Local Fund for Support to Reservoir Resettlement	56.98	55.20	96.9	100.1
十六、国家重大水利工程建设基金收入	16. Fund for National Key Projects on Water Conservancy	229.73	219.15	95.4	75.9
十七、车辆通行费收入	17. Vehicle Toll	1498.89	1434.11	95.7	96.7
十八、核电站乏燃料处理处置基金收入	18. Fund for Disposal of Spent Fuel of Nuclear Power Plants	23.44	23.97	102.3	109.5
十九、可再生能源电价附加收入	19. Electricity Surcharge Due to Renewable Energy	835.00	868.11	104.0	110.4
二十、船舶油污损害赔偿基金收入	20. Vessel-Induced Oil Pollution Compensation Fund	1.58	1.66	105.1	107.1
廿一、废弃电器电子产品处理基金收入	21. Fund for Disposal of Waste Electrical and Electronic Equipment	30.00	27.82	92.7	97.1
廿二、彩票发行和销售机构业务费收入	22.Business of Lottery Issuance and Sales Agency	257.18	212.23	82.5	87.7
廿三、污水处理费收入	23.Sewage Treatment	597.18	602.62	100.9	111.7
廿四、其他政府性基金收入	24. Other Government Funds	669.00	2111.56	315.6	333.6
全国政府性基金收入	**Total Revenue of Government Funds**	**77947.71**	**84517.72**	**108.4**	**112.0**

7-11 全国政府性基金支出决算表(2019年)
Final Accounts for Expenditure of Government Funds (2019)

单位: 亿元 (100 million yuan)

项 目	Item	预算数 Budget	决算数 Final Accounts	决算数为预算数的% Final as % of Budget	决算数为上年决算数的% Final as % of Previous Year
一、农网还贷资金支出	1. Credit Repayment for Rural Power Grid	226.29	218.58	96.6	108.0
二、铁路建设基金支出	2. Railway Construction Fund	573.80	554.90	96.7	98.2
三、民航发展基金支出	3. Civil Aviation Development Fund	545.77	405.31	74.3	85.0
四、海南省高等级公路车辆通行附加费安排的支出	4. Hainan Province Highway Traffic Surcharge	25.34	42.84	169.1	126.8
五、港口建设费安排的支出	5. Port Construction Fees	242.98	212.25	87.4	101.2
六、旅游发展基金支出	6. Tourism Development Fund	16.43	16.62	101.2	81.8
七、国家电影事业发展专项资金安排的支出	7. National Special Fund for Film Development	32.34	27.54	85.2	104.2
八、国有土地使用权出让金收入安排的支出	8. Transfer of Use Rights of State Land	62349.29	74366.08	119.3	109.1
九、国有土地收益基金安排的支出	9. State Land Income Fund	2090.03	1350.89	64.6	81.4
十、农业土地开发资金安排的支出	10. Agricultural Land Development Funds	256.41	86.16	33.6	68.3
十一、中央水库移民扶持基金支出	11. Central Fund for Support to Reservoir Resettlement	300.91	286.64	95.3	119.1
十二、中央特别国债经营基金财务支出	12. Special National Debt Management Fund	632.92	632.92	100.0	100.0
十三、彩票公益金安排的支出	13. Public Welfare Fund from Lottery	1546.03	1248.68	80.8	110.4
十四、城市基础设施配套费安排的支出	14. Urban Infrastructure Support Fee	2767.42	1819.01	65.7	106.5
十五、地方水库移民扶持基金支出	15. Local Fund for Support to Reservoir Resettlement	56.98	30.56	53.6	59.9
十六、国家重大水利工程建设基金安排的支出	16. Fund for National Key Projects on Water Conservancy	233.94	257.25	110.0	78.7
十七、车辆通行费安排的支出	17. Vehicle Toll	1455.35	2950.05	202.7	122.8
十八、核电站乏燃料处理处置基金支出	18. Fund for Disposal of Spent Fuel of Nuclear Power Plants	30.00	8.15	27.2	54.4
十九、可再生能源电价附加收入安排的支出	19. Electricity Surcharge Due to Renewable Energy	866.10	858.95	99.2	102.4
二十、船舶油污损害赔偿基金支出	20. Vessel-Induced Oil Pollution Compensation Fund	2.04	0.17	8.3	106.3
廿一、废弃电器电子产品处理基金支出	21. Fund for Disposal of Waste Electrical and Electronic Equipment	38.60	34.84	90.3	153.2
廿二、彩票发行和销售机构业务费安排的支出	22.Business of Lottery Issuance and Sales Agency	277.98	175.07	63.0	93.5
廿三、污水处理费安排的支出	23.Sewage Treatment	596.94	552.02	92.5	116.4
廿四、其他政府性基金支出	24. Other Government Funds	501.35	5512.29		509.2
廿五、地方政府专项债券安排的支出	25.Local Governments' Special Debts	21500.00			
廿六、地方政府专项债券付息支出	26. Interest Payments on Local Governments' Special Debts	2610.42			
廿七、地方政府专项债券发行费用支出	27. Issuing Local Governments' Special Debts	26.06			
全国政府性基金支出	**Total Expenditure of Government Funds**	**99801.72**	**91647.77**	**91.8**	**113.7**

7-12 全国国有资本经营收入决算表(2019年)
Final Accounts of Operating Revenue of State-owned Capital (2019)

单位：亿元 (100 million yuan)

项 目	Item	预算数 Budget	决算数 Final Accounts	决算数为预算数的% Final as % of Budget	决算数为上年决算数的% Final as % of Previous Year
一、利润收入	I. Revenue from Profits	2419.09	2614.81	108.1	122.3
烟草企业利润收入	Tobacco Enterprises	410.00	417.96	101.9	103.1
石油石化企业利润收入	Petroleum and Petrochemical Enterprises	164.93	188.88	114.5	332.9
电力企业利润收入	Power Enterprises	181.76	198.99	109.5	103.8
电信企业利润收入	Telecommunication Enterprises	167.56	174.10	103.9	112.2
煤炭企业利润收入	Coal Enterprises	68.47	65.01	94.9	125.1
有色冶金采掘企业利润收入	Non-Ferrous Metal Enterprises	2.12	11.67	550.5	418.3
钢铁企业利润收入	Iron and Steel Enterprises	48.89	52.27	106.9	275.0
化工企业利润收入	Chemical Enterprises	3.79	9.64	254.4	236.3
运输企业利润收入	Transportation Enterprises	69.22	77.09	111.4	119.7
电子企业利润收入	Electronics Enterprises	8.92	7.37	82.6	101.2
机械企业利润收入	Machinery Enterprises	142.94	142.79	99.9	106.0
投资服务企业利润收入	Investment Services Enterprises	226.15	244.58	108.1	123.5
纺织轻工企业利润收入	Textile and Light Industry Enterprises	48.13	69.86	145.1	146.6
贸易企业利润收入	Trade Enterprises	59.68	58.73	98.4	113.2
建筑施工企业利润收入	Construction Enterprises	106.72	111.09	104.1	109.4
房地产企业利润收入	Real Estate Enterprises	31.10	36.29	116.7	137.0
建材企业利润收入	Building Material Enterprises	2.20	5.38	244.5	134.2
境外企业利润收入	Overseas Enterprises	79.06	75.74	95.8	108.4
对外合作企业利润收入	Enterprises of Economic Cooperation with Foreign Countries	2.06	2.31	112.1	126.2
医药企业利润收入	Medicine Enterprises	11.76	5.64	48.0	56.1
农林牧渔企业利润收入	Agriculture, Forestry, Animal Husbandry and Fishery Enterprises	17.41	13.87	79.7	86.0
邮政企业利润收入	Post Enterprises	20.00	15.43	77.2	56.0
军工企业利润收入	Defense Industry Enterprises		0.39		38.6
转制科研院所利润收入	Transformed Scientific Research Institutes	4.53	4.09	90.3	91.3
地质勘查企业利润收入	Geological Prospecting Enterprises	2.68	3.32	123.9	148.2
卫生体育福利企业利润收入	Public Health, Sports and Welfare Enterprises	0.12	0.29	241.7	414.3
教育文化广播企业利润收入	Education, Culture and Broadcasting Enterprises	19.81	21.19	107.0	111.6
科学研究企业利润收入	Scientific Research Enterprises	0.31	0.29	93.5	69.0
机关社团所属企业利润收入	Enterprise under Government Agencies and Social Organizations	8.53	6.90	80.9	78.9
金融企业利润收入	Financial Enterprises	29.64	26.87	90.7	129.3
新疆生产建设兵团所属企业利润收入	Enterprises Affiliated to Xinjiang PC Corps	4.63	4.39	94.8	123.0
其他国有资本经营预算企业利润收入	Other Enterprises with State-owned Capital	475.97	562.39	118.2	130.8
二、股利、股息收入	II. Revenue from Stock Dividends	483.12	543.61	112.5	157.9
国有控股公司股利、股息收入	State Controlling Companies	134.31	136.06	101.3	107.6
国有参股公司股利、股息收入	State Holding Companies	47.34	49.70	105.0	114.6
金融企业股利、股息收入	Financial Enterprises	254.36	283.84	111.6	211.8
新疆生产建设兵团所属企业股利、股息收入	Enterprises Affiliated to Xinjiang PC Corps	0.63	0.60	95.2	122.4
其他国有资本经营预算企业股利、股息收入	Other Enterprises with State-owned Capital	46.48	73.41	157.9	183.6
三、产权转让收入	III. Revenue from Property Right Transfer	281.91	495.50	175.8	190.8
国有股减持收入	From Reducing Holding-Shares		0.43		13.9
国有股权、股份转让收入	From Shares Transfer	83.74	231.89	276.9	209.1
金融企业产权转让收入	Financial Enterprises		1.01		336.7
国有独资企业产权转让收入	From Property Rights Transfer from Entirely SOEs	25.93	58.20	224.5	228.8
新疆生产建设兵团所属企业产权转让收入	Enterprises Affiliated to Xinjiang PC Corps		2.89		
其他国有资本经营预算企业产权转让收入	Other Property Rights Transfers	172.24	201.08	116.7	167.7
四、清算收入	IV. Revenue from Clearing	14.75	54.53	369.7	467.7
其中：国有股权、股份清算收入	State-owned Shares	11.64	6.43	55.2	180.6
国有独资企业清算收入	Entirely SOEs	0.95	44.37		
新疆生产建设兵团所属企业清算收入	Enterprises Affiliated to Xinjiang PC Corps		0.20		
其他国有资本经营预算企业清算收入	Other Enterprises with State-owned Capital	2.16	3.53	163.4	72.2
五、其他国有资本经营预算收入	V. Revenue from Other Activities of Operation of State-owned Capital	166.97	263.37	157.7	173.7
全国国有资本经营收入	**Operating Revenue of State-owned Capital**	**3365.84**	**3971.82**	**118.0**	**136.7**

7-13 全国国有资本经营支出决算表(2019年)
Final Accounts for Operating Expenditure of State-owned Capital (2019)

单位：亿元 (100 million yuan)

项　目	Item	预算数 Budget	决算数 Final Accounts	决算数为预算数的% Final as % of Budget	决算数为上年决算数的% Final as % of Previous Year
一、国有资本经营预算补充社保基金支出	I. Supplyment of Social Security Fund from State Capital Operating Budget	0.25	0.43	172.0	3.2
二、解决历史遗留问题及改革成本支出	II. Solving Historial Issues and Reforming Cost	753.91	740.01	98.2	111.7
其中：厂办大集体改革支出	Reforming Collectively Owned Factories	70.21	56.38	80.3	-287.8
"三供一业"移交补助支出	"Three Supplies and Property Management" Transferring Subsidy	442.99	569.05	128.5	117.1
国有企业办职教幼教补助支出	Subsidy of Vocational and Preschool Education Run by State-owned Enterprises	3.15	3.84	121.9	159.3
国有企业办公共服务机构移交补助支出	Subsidy of Transferring Public Service Organization Run by State-owned Enterprises	1.03	1.01	98.1	348.3
国有企业退休人员社会化管理补助支出	Subsidy of Socialized Management of Retirees of State-owned Enterprises	2.50	1.95	78.0	143.4
国有企业棚户区改造支出	Slum Upgrading of State-owned Enterprises	0.09	-8.93		-465.1
国有企业改革成本支出	Reforming Cost of State-owned Enterprises	156.60	55.76	35.6	44.6
离休干部医药费补助支出	Medical Expenses Subsidy for Retired Cadres	3.79	3.29	86.8	82.0
其他解决历史遗留问题及改革成本支出	Other Expenditure Related to Solving Historial Issues and Reforming Cost	73.55	57.66	78.4	94.5
三、国有企业资本金注入	III. Capital Injection into State-owned Enterprises	1021.56	1110.41	108.7	119.0
其中：国有经济结构调整支出	Structural Adjustment of State Owned Economy	473.07	509.05	107.6	137.8
公益性设施投资支出	Investment in Public Welfare Facilities	97.12	96.89	99.8	117.6
前瞻性战略性产业发展支出	Development of Forward Looking Strategic Industries	117.51	102.64	87.3	76.9
生态环境保护支出	Ecological Environmental Protection	12.62	13.59	107.7	317.5
支持科技进步支出	Support for Scientific and Technological Progress	56.64	58.64	103.5	125.7
保障国家经济安全支出	Guaranteeing National Economic Security	0.28	0.25	89.3	36.2
对外投资合作支出	Foreign Investment Cooperation	0.55	-9.90		-97.9
其他国有企业资本金注入	Other Capital Injection into State-owned Enterprises	263.77	339.25	128.6	118.7
四、国有企业政策性补贴	IV. Policy Subsidy to State-owned Enterprises	119.15	142.00	119.2	117.2
五、金融国有资本经营预算支出	V. Financial State-owned Capital Operating Budget Expenditure	301.39	39.75	13.2	19.3
其中：资本性支出	Capital Expenditure	300.04	37.31	12.4	18.3
其他金融国有资本经营预算支出	Other Financial State-owned Capital Operating Budget Expenditure	1.35	2.44	180.7	119.0
六、其他国有资本经营预算支出	VI. Other State-owned Capital Operating Budget Expenditure	204.59	262.81	128.5	121.0
全国国有资本经营支出	**State-owned Capital Operating Expenditure**	**2400.85**	**2295.41**	**95.6**	**106.60**

主要统计指标解释

一般公共预算收入 指国家财政参与社会产品分配所取得的收入，是实现国家职能的财力保证。主要包括：(1) 各项税收：包括国内增值税、国内消费税、进口货物增值税和消费税、出口货物退增值税和消费税、企业所得税、个人所得税、资源税、城市维护建设税、房产税、印花税、城镇土地使用税、土地增值税、车船税、船舶吨税、车辆购置税、关税、耕地占用税、契税、烟叶税、环境保护税等。(2) 非税收入：包括专项收入、行政事业性收费收入、罚没收入、国有资本经营收入、国有资源（资产）有偿使用收入和其他收入。财政收入按现行分税制财政体制划分为中央本级收入和地方本级收入。

一般公共预算支出 指国家财政将筹集起来的资金进行分配使用，以满足经济建设和各项事业的需要。主要包括：一般公共服务、外交、国防、公共安全、教育、科学技术、文化旅游体育与传媒、社会保障和就业、卫生健康、节能环保、城乡社区、农林水、交通运输、资源勘探信息等、商业服务业等、金融、援助其他地区、自然资源海洋气象等、住房保障、粮油物资储备、灾害防治及应急管理、债务付息、债务发行费用等方面的支出。财政支出根据政府在经济和社会活动中的不同职权，划分为中央财政支出和地方财政支出。

中央一般公共预算收入和地方一般公共预算收入 属于中央一般公共预算的收入包括关税，进口货物增值税和消费税，出口货物退增值税和消费税，国内消费税，铁道部门、各银行总行、各保险公司总公司等集中缴纳的城市维护建设税，增值税50%部分，纳入共享范围的企业所得税60%部分，未纳入共享范围的中央企业所得税、中央企业上交的利润，个人所得税60%部分，车辆购置税，船舶吨税，证券交易印花税，海洋石油资源税，中央非税收入等。属于地方一般公共预算的收入包括城市维护建设税（不含铁道部门、各银行总行、各保险公司总公司集中缴纳的部分），房产税，城镇土地使用税，土地增值税，车船税，耕地占用税，契税，烟叶税，印花税（不含证券交易印花税），增值税 50%部分，纳入共享范围的企业所得税 40%部分，个人所得税 40%部分，海洋石油资源税以外的其他资源税，地方非税收入等。

中央一般公共预算支出和地方一般公共预算支出 指根据政府在经济和社会活动中的不同职责，划分中央和地方政府的责权，按照政府的责权划分确定的支出。中央一般公共预算支出包括一般公共服务，外交支出，国防支出，公共安全支出，以及中央政府调整国民经济结构、协调地区发展、实施宏观调控的支出等。地方一般公共预算支出包括一般公共服务，公共安全支出，地方统筹的各项社会事业支出等。

Explanatory Notes on Main Statistical Indicators

General Public Budget Revenue refers to income for the government finance through participating in the distribution of social products. It is the financial guarantee to ensure government functioning. The government revenue includes the following main items: (1) Various tax revenues including domestic value added tax (VAT), domestic consumption tax, VAT and consumption tax from imports, VAT and consumption tax rebate for exports, corporate income tax, individual income tax, resource tax, city maintenance and construction tax, house property tax, stamp tax, urban land use tax, land appreciation tax, tax on vehicles and boat operation, ship tonnage tax, vehicle purchase tax, tariffs, farm land occupation tax, deed tax, and tobacco tax, environment protection tax, etc. (2) Non-tax revenue, including special program receipts, charge income of administrative and institutional units, penalty receipts, operating income from government capital, income from use of state-owned resources (assets) and others non-tax receipts.

General Public Budget Expenditure refers to the distribution and use of the funds which the government finance has raised, so as to meet the needs of economic construction and various undertakings. It includes the following main items: expenditure for general public services, expenditure for foreign affairs, expenditure for national defence expenditure for public security, expenditure for education, expenditure for science and technology, expenditure for culture, tourism, sport and media, expenditure for social safety net and employment effort, expenditure for health care, expenditure for energy conservation and environment protection, expenditure for urban and rural community affairs, expenditure for agriculture, forestry and water conservancy, expenditure for transportation, expenditure for resource exploration and information, expenditure for affairs of commerce and services, expenditure for finance, aid to other regions, expenditure for nature resources, ocean and weather, expenditure for housing security, expenditure for grain & oil reserves, expenditure for prevention of disasters and emergency management, interest payment for public debts, expenditure for issuing debts. General public budget expenditure is divided into general public budget expenditure of central government and general public budget expenditure of local government according to the different functions of the governments played in economic and social activities.

General Public Budget Revenue of the Central Government and the Local Governments The general public budget revenue of the Central Government includes tariff, VAT and consumption tax from imports, VAT and consumption tax rebate for exports, domestic consumption tax, city maintenance and construct tax from the Ministry of Railways, head offices of banks, head offices of insurance company, which are handed over to the government in a centralized way, 50% of the value added tax, 60% the share part of the corporate income tax, unshared part of corporate income tax of the central enterprises, profit handed in by the central enterprises, 60% of individual income tax, vehicle purchase tax, ship tonnage tax, stamp tax on securities transactions, resource tax on the offshore petroleum resources. The general public budget revenue of the local governments includes city maintenance and construct tax (excluding the part of the Ministry of Railways, head offices of banks, head offices of insurance company, which are handed over to the government in a centralized way), house property tax, urban land use tax, land appreciation tax, tax on vehicles and boat operation, farm land occupation tax, deed tax, and tobacco leaf tax, stamp tax (not including stamp tax on security exchange), 50% of the value added tax, 40% the share part of the corporate income tax, 40% of individual income tax, resource tax other than the tax on offshore petroleum resources, local non-tax revenue, etc.

General Public Budget Expenditure of the Central Government and Local Governments according to the different functions of the Central Government and local governments in economic and social activities, the rights of administration are demarcated between those of the Central Government and those of local governments; and the classification of the expenditure between the Central Government and local governments are made on the basis of the classification of the rights administration between them. The general public budget expenditure of the Central Government includes the expenditure for general public services, expenditure for foreign affairs, expenditure for public security, and the general public budget expenditure of the Central Government for adjusting the national economic structure; coordinating the development among different regions; and exercising macroeconomic regulation. The general public budget expenditure of the local governments includes mainly the expenditure for general public services, expenditure for public security, and expenditures for social development which are planed by local governments, etc.

8

资源和环境

Resources and Environment

简 要 说 明

一、本篇资料的主要内容

本篇主要反映我国自然资源状况和生态环境保护事业发展情况。

自然资源包括土地状况、水资源、森林资源、矿产资源和气象等资料。

生态环境保护事业发展情况主要包括供水用水情况；废水和废气中主要污染物排放情况；固体废物处理利用情况；城市空气质量情况；城市生活垃圾清运及处理情况；城市道路交通和区域环境噪声监测情况；造林、草原建设及自然保护基本情况；地质、地震、海洋、森林灾害及突发环境事件情况；环境污染治理投资情况等。

二、本篇的资料来源

土地状况、河流、矿产资源、海洋灾害、水资源、气象、城市生活垃圾清运及处理、森林资源和造林、草原建设利用、自然保护区、自然灾害损失、地震灾害等情况分别由自然资源部、水利部、中国气象局、住房和城乡建设部、国家林业和草原局、应急管理部和中国地震局提供。

环境污染与治理、空气质量、噪声、工业污染治理投资等情况由生态环境部提供。

Brief Introduction

I. Main Contents

This chapter provides information that reflects natural resource conditions and the progress of ecological of ecological environment protection in China.

Data on natural resources cover land conditions water resources, forest resources, mineral resources and meteorological conditions.

The progress of ecological environment protection mainly include water supply and water use, discharge of main pollutant contents in wastewater and waste gas; treatment and reuse of solid wastes; urban air quality; collection, transportation and disposal of municipal waste ; monitoring of urban road traffic noise and environmental noise in major cities; afforestation, grassland construction and natural reserve protection; incidences of geological disasters, earthquake, marine disasters and forest disasters, environmental emergency events; investment in environment pollution treatment, etc.

II. Sources of Data

Data on land conditions, rivers, mineral resources, marine disasters, water resources, meteorological conditions, collection and disposal of municipal wastes, forest resources and afforestation, grassland construction, natural reserve, losses of natural disasters and extream events, earthquake, etc. are provided respectively by Ministry of Natural Resources, Ministry of Water Resources, China Meteorological Administration, Ministry of Housing and Urban-Rural Development, State Forestry and Grassland Administration, Ministry of Agriculture and Rural Affairs, Ministry of Emergency Management and China Earthquake Administration.

Data on environmental pollution and treatment, air quality, noise and investment in the treatment of industrial pollution are provided by the Ministry of Ecology and Environment.

8-1 土 地 状 况(2017年)
Land Use (2017)

项 目	Item	面 积 (万平方公里) Area (10 000 sq.km)
耕地	Cultivated Land	134.9
园地	Garden Land	14.2
林地	Forests Land	252.8
牧草地	Land under Meadows and Pastures	219.3
其他农用地	Land under Other Agricultural Use	23.6
居民点及工矿用地	Land Used for Inhabitation, Mining and Manufacturing	32.1
交通运输用地	Land Used for Transport	3.8
水利设施用地	Land for Water Conservancy Facilities	3.6

注：本表数据来源于自然资源部。
a) Figures in this table were obtained from the Ministry of Natural Resources.

8-2 主要河流基本情况
Major Rivers

名 称	River	流域面积 (平方公里) Drainage Area (sq.km)	河 长 (公里) Length (km)	年径流量 (亿立方米) Annual Volume of Runoff (100 million cu.m)
长 江	Changjiang River (Yangtze River)	1782715	6300	9857
黄 河	Huanghe River (Yellow River)	752773	5464	592
松花江	Songhuajiang River	561222	2308	818
辽 河	Liaohe River	221097	1390	137
珠 江	Zhujiang River (Pearl River)	442527	2214	3381
海 河	Haihe River	265511	1090	163
淮 河	Huaihe River	268957	1000	595

注：本表数据由水利部提供，为2002年至2005年进行的第二次水资源评价数据。
a) Figures in this table are provided by the Ministry of Water Resources, and are from the Second Water Resources Assessment between 2002 and 2005.

8-3 河流流域面积
Drainage Area of Rivers

流域名称	River	流域面积（平方公里） Drainage Area (sq.km)	占外流河、内陆河流域面积合计 Percentage to Total (%)
合计	**Total**	**9506678**	**100.00**
外流河	**Out-flowing Rivers**	**6150927**	**64.70**
黑龙江及绥芬河	Heilongjiang River and Suifenhe River	934802	9.83
辽河、鸭绿江及沿海诸河	Liaohe, Yalujiang and Related Coastal Rivers	314146	3.30
海滦河	Haihe River and Luanhe River	320041	3.37
黄河	Huanghe River (Yellow River)	752773	7.92
淮河及山东沿海诸河	Huaihe and Related Coastal Rivers in Shandong Province	330009	3.47
长江	Changjiang River (Yangtze River)	1782715	18.75
浙闽台诸河	Rivers in Zhejiang, Fujian and Taiwan Provinces	244574	2.57
珠江及沿海诸河	Zhujiang River (Pearl River) and Related Coastal Rivers	578974	6.09
元江及澜仓江	Yuanjiang River and Lancang River	240389	2.53
怒江及滇西诸河	Nujiang River and West Yunnan Rivers	157392	1.66
雅鲁藏布江及藏南诸河	Yarlung Zangbo River and Southern Tibet Rivers	387550	4.08
藏西诸河	Western Tibet Rivers	58783	0.62
额尔齐斯河	Ertix River	48779	0.51
内陆河	**Inland Rivers**	**3355751**	**35.30**
内蒙内陆河	Rivers in Inner Mongolia	311378	3.28
河西内陆河	Rivers in Huanghe Upper Reach Area	469843	4.94
准噶尔内陆河	Rivers in Zhunger Basin	323621	3.40
中亚细亚内陆河	Rivers in Central Asia	77757	0.82
塔里木内陆河	Rivers in Tarim Basin	1079643	11.36
青海内陆河	Rivers in Qinghai Province	321161	3.38
羌唐内陆河	Rivers in Qiangtang	730077	7.68
松花江、黄河、藏南闭流区	Blind Drainage Areas of Songhua River, Huanghe River and Southern Tibet	42271	0.44

注：本表数据由水利部提供，为2002年至2005年进行的第二次水资源评价数据。

a) Figures in this table are provided by the Ministry of Water Resources, and are from the Second Water Resources Assessment between 2002 and 2005.

8-4 主要矿产查明资源储量
Remaining Reserves and Resources of Major Minerals

矿产	Item	2006	2010	2015	2017	2018	2019
煤炭 (亿吨)	Coal (100 million tons)	11597.8	13411.9	15663.1	16666.7	17085.7	17182.6
石油 (亿吨)	Petroleum (100 million tons)	27.6	31.7	35.0	35.4	35.7	35.5
天然气 (亿立方米)	Natural Gas (100 million cu.m)	30009.0	37793.2	51939.5	55221.0	57936.0	59665.8
煤层气 (亿立方米)	Coalbed Gas (100 million cu.m)		1318.4	3062.5	3025.4	3046.3	3040.7
页岩气 (亿立方米)	Shale Gas (100 million cu.m)			1301.8	1982.9	2160.2	3841.8
铁矿矿石 (亿吨)	Iron Ore (100 million tons)	607.3	727.0	850.8	848.9	852.2	853.0
锰矿矿石 (亿吨)	Manganese Ore (100 million tons)	7.7	8.9	13.8	18.5	18.2	19.2
铬铁矿矿石 (万吨)	Chromite Ore (10 000 tons)	1007.8	1114.4	1245.8	1220.2	1193.3	1210.8
钒矿V_2O_5 (万吨)	Vanadium Ore V_2O_5 (10 000 tons)		4381.9	6125.7	6428.2	6561.3	6874.5
钛矿TiO_2 (亿吨)	Titanium Ore TiO_2 (100 million tons)	7.0	7.2	7.6	8.2	8.3	8.5
铜矿金属 (万吨)	Copper Ore Metals (10 000 tons)	7047.8	8040.7	9910.2	10607.8	11443.5	11253.6
铅矿金属 (万吨)	Lead Ore Metals (10 000 tons)	4141.4	5509.1	7766.9	8967.0	9216.3	9832.9
锌矿金属 (万吨)	Zinc Ore Metals (10 000 tons)	9710.9	11596.2	14985.2	18493.9	18755.7	20025.0
铝土矿矿石 (亿吨)	Bauxite Ore (100 million tons)	27.8	37.5	47.1	50.9	51.7	54.7
镍矿金属 (万吨)	Nickel Ore Metals (10 000 tons)	801.4	938.0	1116.6	1118.1	1187.9	1076.1
钴矿金属 (万吨)	Cobalt Ore Metals (10 000 tons)	66.1	68.2	68.0	68.8	69.7	69.4
钨矿WO_3 (万吨)	Tungsten Ore WO_3 (10 000 tons)	558.4	591.0	958.8	1030.4	1071.6	1120.4
锡矿金属 (万吨)	Tin Ore Metals (10 000 tons)	476.9	431.9	418.0	450.0	453.1	454.2
钼矿金属 (万吨)	Molybdenum Ore Metals (10 000 tons)	1094.2	1401.8	2917.6	3006.8	3028.6	3192.4
锑矿金属 (万吨)	Antimony Ore Metals (10 000 tons)	225.1	255.0	292.6	319.8	327.7	343.5
金矿金属 (吨)	Gold Ore Metals (ton)	4996.9	6864.8	11563.5	13195.6	13638.4	14131.1
银矿金属 (万吨)	Silver Ore Metals (10 000 tons)	14.4	17.2	25.4	31.6	32.9	34.7
铂族金属 (吨)	Platinum Family Metals (ton)	339.6	334.6	369.2	365.3	401.0	401.9
锶矿天青石 (万吨)	Strontium Ore (10 000 tons)	4652.3	4375.4	5583.3	5644.1	5641.1	5621.7
锂矿氧化物 (万吨)	Lithium Oxide (10 000 tons)			970.8	967.4	1092.0	1078.0
菱镁矿矿石 (亿吨)	Magnesite Ore (100 million tons)	35.9	36.4	29.7	31.2	31.0	35.0
萤石矿物 (亿吨)	Fluorite Minerals (100 million tons)	1.7	1.8	2.2	2.4	2.6	2.4
耐火粘土矿石 (亿吨)	Refractory Clay Ore (100 million tons)	23.4	24.6	25.6	25.9	26.4	27.4
硫铁矿矿石 (亿吨)	Pyrite Ore (100 million tons)	54.1	56.9	58.8	60.6	63.0	62.8
磷矿矿石 (亿吨)	Phosphate Ore (100 million tons)	169.8	186.3	231.1	252.8	252.3	259.1
钾盐KCl (亿吨)	Potassium KCl (100 million tons)	8.8	9.3	10.8	10.3	10.2	10.1
硼矿B_2O_3 (万吨)	Boron Ore B_2O_3 (10 000 tons)	7275.7	7309.2	7575.7	7817.3	7836.6	7503.1
钠盐NaCl (亿吨)	Sodium Salt NaCl (100 million tons)	13126.1	13337.7	13680.0	14224.9	14240.9	14701.3
芒硝Na_2SO_4 (亿吨)	Glauber's Salt Na_2SO_4 (100 million tons)	207.7	934.2	1170.7	1171.2	1173.0	1190.6
重晶石矿石 (亿吨)	Barite Ore (100 million tons)	3.8	3.8	3.3	3.6	3.7	3.8
水泥用灰岩矿石 (亿吨)	Limestone Ore for Cement (100 million tons)	789.5	1021.0	1282.3	1370.1	1432.4	1493.2
玻璃硅质原料矿石 (亿吨)	Glass Siliceous Ore (100 million tons)	53.4	64.7	79.0	88.8	96.1	97.9
石膏矿石 (亿吨)	Gypsum Ore (100 million tons)	682.5	769.1	1004.2	984.7	824.9	825.1
高岭土矿石 (亿吨)	Kaolin Ore (100 million tons)	18.3	21.0	27.1	34.7	35.0	35.4
膨润土矿石 (亿吨)	Bentonite Ore (100 million tons)	29.4	28.0	28.9	30.6	30.0	30.0
硅藻土矿石 (亿吨)	Diatomite Ore (100 million tons)	4.7	4.3	4.8	5.1	5.1	5.2
饰面花岗岩 (亿立方米)	Ornamental Granite (100 million cu.m)	21.5	21.8	34.3	50.6	53.8	56.6
饰面大理岩 (亿立方米)	Decorated Marble (100 million cu.m)	14.1	13.7	16.1	16.8	17.8	18.1
金刚石矿物 (千克)	Diamond Minerals (kg)	3644.8	3702.1	3396.5	3124.6	3126.6	3126.6
晶质石墨矿物 (亿吨)	Crystalline Graphite Minerals (100 million tons)	1.6	1.9	2.6	3.7	4.4	5.3
石棉矿物 (万吨)	Asbestos Minerals (10 000 tons)	9552.4	8975.3	9157.4	9545.9	9259.2	9254.8
滑石矿石 (亿吨)	Talc Ore (100 million tons)	2.6	2.7	2.8	2.9	2.9	3.0
硅灰石矿石 (亿吨)	Wollastonite Ore (100 million tons)	1.7	1.6	1.7	1.7	2.3	2.2

注：1.油气矿产(石油、天然气、煤层气、页岩气)为剩余技术可采储量，分类标准参见GB/T 19492—2004。
2.非油气矿产为查明资源储量，分类标准参见GB/T 17766—1999。
3.数据来源于《中国矿产资源报告》。

a) Data on oil and gas mineral reserves (petroleum, natural gas, coal seam gas, shale gas) are the remaining recoverable reserves. The classification is referred to GB/T 19492-2004.

b) Data on non-oil and gas mineral reserves are remaining reserves and resources. The classification is referred to GB/T 17766-1999.

c) Data are from *China Mineral Resources Report*.

8-5 主要城市平均气温(2019年)
Monthly Average Temperature by Major City (2019)

单位：摄氏度 (℃)

城市	City	1月 Jan.	2月 Feb.	3月 Mar.	4月 Apr.	5月 May	6月 June	7月 July	8月 Aug.	9月 Sept.	10月 Oct.	11月 Nov.	12月 Dec.	年平均 Annual Average
北京	Beijing	-1.7	-0.7	9.7	14.7	22.3	26.3	28.0	25.9	23.1	13.3	5.8	-1.2	13.8
天津	Tianjin	-1.5	-0.3	9.9	14.5	23.2	26.6	28.0	25.7	23.2	14.4	7.0	-0.5	14.2
石家庄	Shijiazhuang	-0.7	0.7	11.4	15.0	23.3	27.7	28.3	26.4	23.4	15.2	7.4	0.6	14.9
太原	Taiyuan	-4.7	-1.5	7.1	13.1	19.5	24.3	25.4	23.1	18.7	11.6	4.8	-1.7	11.6
呼和浩特	Hohhot	-9.8	-7.5	2.0	10.9	15.5	21.4	21.4	19.6	16.8	8.0	-0.5	-9.7	7.3
沈阳	Shenyang	-7.7	-5.9	4.2	10.8	19.4	21.7	25.9	23.2	19.1	10.4	0.2	-7.4	9.5
大连	Dalian	-1.1	-0.8	6.1	11.3	18.9	20.8	25.2	25.2	21.7	14.6	6.8	0.7	12.5
长春	Changchun	-9.9	-7.5	1.9	9.4	17.4	20.3	24.6	21.7	18.1	9.0	-2.8	-11.5	7.6
哈尔滨	Harbin	-13.3	-9.3	0.1	8.5	15.5	19.8	23.7	20.7	17.0	8.3	-4.9	-15.6	5.9
上海	Shanghai	5.8	6.1	11.3	16.4	20.8	23.9	27.5	28.5	24.5	19.8	14.9	8.8	17.4
南京	Nanjing	4.1	4.4	11.8	16.8	21.8	25.3	28.3	28.6	24.3	18.9	13.4	7.3	17.1
杭州	Hangzhou	5.9	6.1	12.4	18.1	22.1	25.0	28.2	29.4	25.1	20.1	14.5	9.1	18.0
合肥	Hefei	2.8	3.4	11.5	16.7	21.5	25.4	28.3	27.9	23.2	17.1	11.7	5.6	16.3
福州	Fuzhou	12.5	12.4	15.1	20.1	22.0	25.8	29.0	29.2	27.3	23.1	18.6	14.4	20.8
南昌	Nanchang	6.2	6.0	13.3	18.9	23.1	26.7	28.8	31.6	27.4	21.6	15.6	9.7	19.1
济南	Jinan	0.8	2.3	11.8	15.4	23.2	28.9	28.7	25.6	23.2	16.1	9.9	3.1	15.7
青岛	Qingdao	1.2	1.9	8.4	11.7	18.6	20.8	25.5	26.0	23.5	17.0	10.9	4.2	14.1
郑州	Zhengzhou	1.4	2.5	12.8	16.6	23.8	28.8	29.8	27.3	23.0	16.6	11.0	4.5	16.5
武汉	Wuhan	3.7	4.1	12.5	17.7	21.4	26.1	29.3	30.4	25.1	18.3	12.9	6.5	17.3
长沙	Changsha	4.3	4.5	12.6	17.6	20.8	25.3	28.0	29.4	25.5	18.7	14.0	8.4	17.4
广州	Guangzhou	15.0	18.0	19.4	23.4	24.8	28.0	28.7	28.3	26.7	24.1	19.5	16.0	22.7
南宁	Nanning	12.4	14.1	17.9	23.8	24.8	27.9	28.1	28.6	27.5	23.8	20.0	15.8	22.1
桂林	Guilin	8.5	8.7	14.9	20.4	23.5	27.2	28.6	30.1	28.3	22.2	17.4	12.6	20.2
海口	Haikou	19.4	23.4	24.3	28.1	27.9	30.0	29.7	28.4	27.4	26.6	23.7	20.6	25.8
重庆(沙坪坝)	Chongqing(Shapingba)	8.7	11.2	14.5	21.8	21.3	25.1	27.9	30.6	24.8	19.3	14.3	10.7	19.2
成都(温江)	Chengdu(Wenjiang)	5.8	7.2	12.2	18.9	19.8	24.3	24.6	25.7	20.6	17.3	12.0	8.0	16.4
贵阳	Guiyang	4.4	5.0	11.3	17.3	17.7	22.0	22.7	24.3	20.7	16.3	10.9	7.2	15.0
昆明	Kunming	9.9	12.9	14.6	19.0	22.3	22.2	20.8	21.3	18.4	17.0	14.0	7.9	16.7
拉萨	Lhasa	-1.9	3.1	5.8	9.7	14.3	19.6	16.3	16.8	14.4	10.3	6.1	0.3	9.6
西安(泾河)	Xi'an(Jinghe)	1.0	3.5	12.5	17.5	21.0	25.5	27.5	26.7	20.9	14.5	8.8	3.9	15.3
兰州(皋兰)	Lanzhou(Gaolan)	-8.2	-3.2	4.4	12.7	14.2	18.9	20.6	19.8	15.2	7.5	0.4	-6.8	8.0
西宁	Xining	-7.2	-3.1	2.7	10.3	11.4	14.7	16.5	16.6	12.3	6.6	0.9	-5.3	6.4
银川	Yinchuan	-6.8	-1.9	6.2	15.7	17.3	22.3	24.5	23.1	18.3	10.1	3.6	-2.5	10.8
乌鲁木齐	Urumqi	-11.3	-11.0	1.1	13.4	14.9	21.9	25.7	24.9	19.1	9.9	-1.9	-7.6	8.3

注：从2004年1月份开始成都站被温江站替代、兰州站被皋兰站替代；从2006年1月份开始重庆被沙坪坝站替代、西安站被泾河站替代(以下相关表同)。

a) Since January 2004, Chengdu station was substituted by Wenjiang station, Lanzhou station by Gaolan station; Since January 2006, Chongqing station was substituted by Shapingba station, Xi'an station by Jinghe station, same as the following tables.

8-6 主要城市平均相对湿度（2019年）

Monthly Average Relative Humidity by Major City (2019)

单位：% (%)

城市	City	1月 Jan.	2月 Feb.	3月 Mar.	4月 Apr.	5月 May	6月 June	7月 July	8月 Aug.	9月 Sept.	10月 Oct.	11月 Nov.	12月 Dec.	年平均 Annual Average
北 京	Beijing	30	39	31	43	38	51	62	60	58	59	52	49	48
天 津	Tianjin	38	47	37	48	41	55	71	71	67	60	57	58	54
石家庄	Shijiazhuang	40	53	32	54	42	50	66	68	61	68	58	58	54
太 原	Taiyuan	43	45	30	51	35	50	61	66	67	73	56	53	52
呼和浩特	Hohhot	38	45	35	36	30	46	61	59	55	51	53	65	48
沈 阳	Shenyang	49	45	44	40	44	67	73	83	73	62	57	66	59
大 连	Dalian	49	47	51	47	48	71	76	74	65	60	54	59	58
长 春	Changchun	51	42	40	33	44	67	77	87	68	55	52	73	57
哈尔滨	Harbin	60	43	46	42	54	68	83	88	70	56	58	72	62
上 海	Shanghai	77	80	71	75	63	79	81	79	79	74	69	77	75
南 京	Nanjing	75	84	66	73	60	75	81	77	75	70	67	78	73
杭 州	Hangzhou	78	86	74	75	63	78	78	73	71	72	69	75	74
合 肥	Hefei	82	88	71	79	69	79	80	79	77	79	73	82	78
福 州	Fuzhou	77	85	79	79	72	84	78	72	62	65	61	70	74
南 昌	Nanchang	80	88	81	83	71	79	79	63	57	66	61	70	73
济 南	Jinan	42	55	36	54	38	44	62	70	60	57	55	57	52
青 岛	Qingdao	59	63	58	69	61	84	84	77	64	62	60	66	67
郑 州	Zhengzhou	53	63	43	56	40	47	58	67	64	64	56	57	56
武 汉	Wuhan	82	87	77	79	75	81	77	70	68	79	77	80	78
长 沙	Changsha	85	90	82	83	80	86	81	72	63	77	70	74	79
广 州	Guangzhou	78	86	89	90	86	84	84	86	79	78	72	69	82
南 宁	Nanning	84	88	87	86	83	85	86	82	69	75	67	64	80
桂 林	Guilin	78	78	81	85	79	84	80	69	56	70	63	62	74
海 口	Haikou	87	84	83	77	83	77	77	83	80	77	76	76	80
重庆(沙坪坝)	Chongqing(Shapingba)	79	69	73	70	79	80	75	63	74	84	82	80	76
成都(温江)	Chengdu(Wenjiang)	82	80	79	80	85	82	89	85	93	88	86	82	84
贵 阳	Guiyang	91	90	79	79	84	83	84	73	74	84	84	80	82
昆 明	Kunming	70	52	53	50	51	69	83	76	75	76	73	69	66
拉 萨	Lhasa	28	20	22	36	37	31	59	56	58	46	32	21	37
西安(泾河)	Xi'an(Jinghe)	53	62	39	58	53	60	62	65	75	80	70	56	61
兰州(皋兰)	Lanzhou(Gaolan)	62	55	39	42	57	65	65	65	73	78	68	59	60
西 宁	Xining	54	51	39	44	58	69	65	65	72	68	53	51	57
银 川	Yinchuan	42	38	32	32	41	56	52	53	63	60	52	50	48
乌鲁木齐	Urumqi	78	78	69	46	46	43	36	38	45	46	68	75	56

8-7 主要城市降水量(2019年)
Monthly Precipitation by Major City (2019)

单位：毫米 (milimeters)

城市	City	1月 Jan.	2月 Feb.	3月 Mar.	4月 Apr.	5月 May	6月 June	7月 July	8月 Aug.	9月 Sept.	10月 Oct.	11月 Nov.	12月 Dec.	全年 Annual Total
北 京	Beijing	0.0	2.0	2.5	39.4	58.5	9.4	86.8	63.9	90.9	22.9	21.3	5.7	403.3
天 津	Tianjin	0.0	2.9	4.6	28.3	21.4	11.9	196.1	177.5	18.7	9.9	11.2	7.5	490.0
石家庄	Shijiazhuang	0.0	6.9	0.0	65.6	0.4	38.5	193.0	54.0	70.3	37.6	2.5	1.8	470.6
太 原	Taiyuan	0.0	1.1	0.0	48.9	2.6	26.2	43.2	61.2	89.3	33.7	4.1	2.3	312.6
呼和浩特	Hohhot	0.0	6.3	3.7	17.3	9.8	47.9	102.3	91.3	101.4	18.3	7.1	6.8	412.2
沈 阳	Shenyang	0.2	3.6	12.0	4.1	89.4	108.9	107.5	446.9	30.0	9.4	41.6	21.1	874.7
大 连	Dalian	0.0	4.3	13.4	23.0	15.0	12.6	8.3	337.8	37.7	13.8	50.9	26.2	543.0
长 春	Changchun	0.4	3.9	14.4	0.5	83.6	205.4	125.6	169.7	43.3	22.2	19.9	21.3	710.2
哈尔滨	Harbin	1.8	0.0	12.4	12.9	88.3	86.3	161.7	157.2	69.5	7.8	10.6	15.0	623.5
上 海	Shanghai	61.4	148.1	46.2	63.8	53.1	128.2	137.4	306.9	229.9	110.9	22.5	96.0	1404.4
南 京	Nanjing	51.5	90.4	37.6	51.5	41.1	109.2	63.9	123.0	51.4	1.4	41.7	59.1	721.8
杭 州	Hangzhou	96.1	233.7	113.2	77.8	116.8	204.0	207.9	346.5	105.4	27.9	26.1	94.9	1650.3
合 肥	Hefei	55.3	88.0	12.9	46.7	47.9	156.7	20.8	51.3	11.9	17.8	48.0	24.3	581.6
福 州	Fuzhou	5.3	90.8	185.5	176.8	121.3	327.4	283.1	78.0	11.3	28.5	0.1	38.1	1346.2
南 昌	Nanchang	112.4	197.1	247.9	224.5	95.3	329.9	257.8	45.0	18.6	5.7	16.2	63.0	1613.4
济 南	Jinan	0.0	5.4	0.7	35.4	21.5	18.8	140.7	366.9	33.0	31.7	29.8	19.5	703.4
青 岛	Qingdao	5.4	9.6	25.4	42.1	46.6	44.7	123.4	120.7	8.3	19.1	15.1	19.1	479.5
郑 州	Zhengzhou	13.4	11.8	2.0	29.6	0.6	86.1	99.9	254.4	41.3	81.8	4.0	8.5	633.4
武 汉	Wuhan	59.9	66.0	60.5	144.6	189.2	335.6	62.1	14.4	1.6	35.6	56.7	27.1	1053.3
长 沙	Changsha	85.1	106.8	152.2	117.8	190.2	196.8	139.7	57.1	3.2	65.9	37.9	65.6	1218.3
广 州	Guangzhou	2.0	164.6	180.7	412.8	349.6	459.5	260.5	479.9	104.6	39.5	0.0	5.6	2459.3
南 宁	Nanning	40.3	57.9	112.1	95.9	126.7	289.0	235.2	210.6	12.9	31.4	7.0	3.6	1222.6
桂 林	Guilin	85.1	110.7	297.5	356.6	141.5	608.0	738.1	85.7	12.9	59.0	14.2	24.3	2533.6
海 口	Haikou	17.9	21.1	9.6	39.7	385.0	198.6	172.8	523.0	263.8	144.8	12.3	10.1	1798.7
重庆(沙坪坝)	Chongqing(Shapingba)	18.6	7.4	49.0	185.7	159.8	237.4	229.4	102.9	95.2	233.0	60.1	27.9	1406.4
成都(温江)	Chengdu(Wenjiang)	6.4	10.4	34.4	47.4	118.3	47.5	279.4	218.8	248.8	76.2	19.9	0.3	1107.8
贵 阳	Guiyang	56.8	30.0	45.8	99.7	254.0	249.2	206.9	33.7	130.1	117.2	20.3	10.4	1254.1
昆 明	Kunming	31.7	5.7	4.5	7.1	20.1	94.1	279.5	120.7	186.1	74.2	7.5	9.0	840.2
拉 萨	Lhasa	0.0	0.0	3.0	6.7	29.0	2.7	202.3	133.2	101.1	11.5	1.5	0.0	491.0
西安(泾河)	Xi'an(Jinghe)	6.6	9.1	1.3	56.7	21.2	112.7	55.6	80.8	163.7	56.8	9.7	0.3	574.5
兰州(皋兰)	Lanzhou(Gaolan)	2.2	1.9	1.3	21.7	56.7	47.0	51.1	33.0	29.4	30.8	0.9	0.5	276.5
西 宁	Xining	2.4	2.4	4.1	22.0	52.4	95.8	69.8	129.3	125.3	29.4	2.5	1.1	536.5
银 川	Yinchuan	0.4	0.0	0.2	5.5	15.0	86.7	4.8	2.7	14.5	11.2	4.4	0.1	145.5
乌鲁木齐	Urumqi	2.5	11.5	0.0	23.5	61.0	15.6	6.7	5.4	31.7	13.9	36.7	18.4	226.9

8-8 主要城市日照时数（2019年）
Monthly Sunshine Hours by Major City (2019)

单位：小时 (hour)

城市	City	1月 Jan.	2月 Feb.	3月 Mar.	4月 Apr.	5月 May	6月 June	7月 July	8月 Aug.	9月 Sept.	10月 Oct.	11月 Nov.	12月 Dec.	全年 Annual Total
北　京	Beijing	200.3	150.5	271.3	246.4	270.5	217.8	194.9	205.9	239.8	196.4	151.5	197.0	2542.3
天　津	Tianjin	172.2	126.0	269.3	236.5	314.8	260.1	229.4	213.8	243.1	201.2	154.4	175.9	2596.7
石家庄	Shijiazhuang	125.4	105.3	251.5	209.9	269.6	208.1	200.2	178.0	229.9	164.1	115.0	168.4	2225.4
太　原	Taiyuan	154.3	145.5	270.1	230.2	275.1	218.1	238.6	234.6	222.3	170.6	128.8	196.1	2484.3
呼和浩特	Hohhot	154.5	174.1	258.2	242.5	309.4	251.1	211.2	260.3	254.7	230.0	194.2	189.3	2729.5
沈　阳	Shenyang	212.7	194.4	232.0	242.0	267.1	201.2	179.1	134.6	233.4	211.0	182.6	136.5	2426.6
大　连	Dalian	204.7	161.6	253.6	258.5	302.4	242.1	206.3	203.7	207.7	215.8	158.7	154.7	2569.8
长　春	Changchun	194.1	176.7	218.7	260.7	251.1	282.6	346.8	295.2	312.3	267.5	196.6	208.3	3010.6
哈尔滨	Harbin	148.1	168.7	225.1	245.2	226.5	234.5	184.5	108.8	277.0	238.8	213.1	210.0	2480.3
上　海	Shanghai	74.6	44.2	138.6	126.9	189.2	131.9	142.1	183.4	161.5	146.2	138.2	140.2	1617.0
南　京	Nanjing	92.5	40.2	168.5	160.5	186.3	164.5	159.6	211.8	175.4	133.9	161.9	143.9	1799.0
杭　州	Hangzhou	71.4	24.3	127.1	125.0	174.7	118.5	162.5	228.5	189.7	151.1	149.2	135.9	1657.9
合　肥	Hefei	96.3	39.9	176.3	167.7	214.7	210.4	236.2	242.7	196.2	149.7	171.5	146.9	2048.5
福　州	Fuzhou	92.8	28.9	100.2	99.6	99.2	109.5	168.6	174.6	219.7	166.9	177.0	136.3	1573.3
南　昌	Nanchang	62.7	8.2	85.9	110.7	104.5	120.8	158.9	254.1	267.1	159.1	163.6	134.5	1630.1
济　南	Jinan	161.1	117.6	252.3	186.4	278.2	265.1	197.4	164.4	205.1	191.6	156.4	210.2	2385.8
青　岛	Qingdao	155.8	104.0	215.0	167.2	272.7	204.6	204.0	196.7	224.2	184.6	159.4	139.4	2227.6
郑　州	Zhengzhou	71.4	74.9	213.7	181.9	212.4	169.7	168.7	159.5	167.3	129.2	112.2	159.1	1820.0
武　汉	Wuhan	47.6	19.4	135.8	134.2	136.1	146.9	220.8	242.3	200.3	126.5	108.3	103.5	1621.7
长　沙	Changsha	27.3	17.9	81.6	88.9	93.4	108.2	194.2	245.5	244.0	122.5	138.9	121.6	1484.0
广　州	Guangzhou	100.1	32.1	57.1	43.6	61.9	114.3	136.1	186.4	258.3	222.1	269.5	177.0	1658.5
南　宁	Nanning	29.8	50.0	56.0	105.7	119.9	145.1	156.7	194.3	243.9	155.3	155.9	150.7	1563.3
桂　林	Guilin	21.0	22.7	67.6	69.6	70.2	94.3	130.2	228.9	247.1	135.2	145.9	124.9	1357.6
海　口	Haikou	93.5	157.9	147.8	214.5	163.3	209.7	221.7	170.8	183.8	175.6	154.0	125.0	2017.6
重庆(沙坪坝)	Chongqing(Shapingba)	16.0	35.5	76.4	153.8	60.3	71.0	128.7	217.4	110.1	49.1	15.4	30.8	964.5
成都(温江)	Chengdu(Wenjiang)	51.3	47.8	76.1	127.7	68.1	99.8	77.1	137.0	37.7	41.6	23.6	70.7	858.5
贵　阳	Guiyang	8.8	35.3	86.4	135.2	73.8	84.8	118.6	218.6	176.2	102.4	62.9	112.3	1215.3
昆　明	Kunming	235.1	256.9	269.4	265.0	257.6	160.0	78.2	183.2	128.0	155.8	173.9	230.2	2393.3
拉　萨	Lhasa	247.5	205.6	280.6	262.5	267.4	306.1	209.7	239.6	197.4	239.2	261.5	238.0	2955.1
西安(泾河)	Xi'an(Jinghe)	80.5	92.0	226.1	174.2	161.3	130.8	204.6	176.1	163.3	85.3	102.2	155.4	1751.8
兰州(皋兰)	Lanzhou(Gaolan)	187.5	141.1	222.5	239.8	208.2	152.6	232.6	202.4	199.9	158.5	189.7	218.5	2353.3
西　宁	Xining	180.6	162.6	220.2	227.2	197.1	154.2	206.1	212.4	180.4	165.2	198.9	227.4	2332.3
银　川	Yinchuan	171.2	191.8	261.9	276.4	234.2	210.3	269.2	244.9	226.8	190.5	168.1	215.4	2660.7
乌鲁木齐	Urumqi	138.9	145.2	226.1	269.0	235.2	277.9	314.4	273.4	250.4	247.6	156.0	131.4	2665.5

8-9 水资源情况
Water Resources

年份 Year 地区 Region		水资源总量（亿立方米）Total Water Resources (100 million cu.m)	地表水资源量 Surface Water Resources	地下水资源量 Groundwater Resources	地表水与地下水资源重复量 Overlapped Measurement Between Surface Water and Groundwater	人均水资源量（立方米/人）Per Capita Water Resources (cu.m/person)
	2000	27700.8	26561.9	8501.9	7363.0	2193.9
	2005	28053.1	26982.4	8091.1	7020.4	2151.8
	2006	25330.1	24358.1	7642.9	6670.8	1932.1
	2007	25255.2	24242.5	7617.2	6604.5	1916.3
	2008	27434.3	26377.0	8122.0	7064.7	2071.1
	2009	24180.2	23125.2	7267.0	6212.1	1816.2
	2010	30906.4	29797.6	8417.0	7308.2	2310.4
	2011	23256.7	22213.6	7214.5	6171.4	1730.2
	2012	29528.8	28373.3	8296.4	7140.9	2186.2
	2013	27957.9	26839.5	8081.1	6962.7	2059.7
	2014	27266.9	26263.9	7745.0	6742.0	1998.6
	2015	27962.6	26900.8	7797.0	6735.2	2039.2
	2016	32466.4	31273.9	8854.8	7662.3	2354.9
	2017	28761.2	27746.3	8309.6	7294.7	2074.5
	2018	27462.5	26323.2	8246.5	7107.2	1971.8
	2019	29041.0	27993.3	8191.5	7143.8	2077.7
北京	Beijing	24.6	8.6	24.7	8.8	114.2
天津	Tianjin	8.1	5.1	4.2	1.2	51.9
河北	Hebei	113.5	51.4	97.8	35.7	149.9
山西	Shanxi	97.3	58.5	82.5	43.7	261.3
内蒙古	Inner Mongolia	447.9	305.8	233.8	91.7	1765.5
辽宁	Liaoning	256.0	211.5	106.8	62.4	587.8
吉林	Jilin	506.1	437.4	156.1	87.4	1876.2
黑龙江	Heilongjiang	1511.4	1305.7	413.6	207.8	4017.5
上海	Shanghai	48.3	40.9	10.4	3.0	199.1
江苏	Jiangsu	231.7	163.0	77.5	8.9	287.5
浙江	Zhejiang	1321.5	1303.0	253.7	235.3	2281.0
安徽	Anhui	539.9	482.1	144.8	87.1	850.9
福建	Fujian	1363.9	1362.5	339.0	337.7	3446.8
江西	Jiangxi	2051.6	2032.7	482.4	463.5	4405.4
山东	Shandong	195.2	119.7	128.4	52.9	194.1
河南	Henan	168.6	105.8	119.1	56.3	175.2
湖北	Hubei	613.7	583.4	217.3	187.0	1036.3
湖南	Hunan	2098.3	2091.2	472.3	465.2	3037.3
广东	Guangdong	2068.2	2058.3	508.2	498.2	1808.9
广西	Guangxi	2105.1	2103.8	445.0	443.7	4258.7
海南	Hainan	252.3	249.3	73.0	70.0	2685.5
重庆	Chongqing	498.1	498.1	98.5	98.5	1600.1
四川	Sichuan	2748.9	2747.7	616.2	615.1	3288.9
贵州	Guizhou	1117.0	1117.0	267.0	267.0	3092.9
云南	Yunnan	1533.8	1533.8	554.6	554.6	3166.4
西藏	Tibet	4496.9	4496.9	1037.0	1037.0	129407.2
陕西	Shaanxi	495.3	469.7	139.4	113.8	1279.8
甘肃	Gansu	325.9	312.2	148.7	134.9	1233.5
青海	Qinghai	919.3	898.2	412.7	391.6	15182.5
宁夏	Ningxia	12.6	10.3	18.4	16.1	182.2
新疆	Xinjiang	870.1	829.7	508.5	468.0	3473.5

8-10 供水用水情况
Water Supply and Water Use

年份 Year 地区 Region		供水总量（亿立方米） Water Supply (100 million cu.m)	地表水 Surface Water	地下水 Ground-water	其他 Others	用水总量（亿立方米） Water Use (100 million cu.m)	农业 Agricul-ture Use	工业 Industrial Use	生活 Domestic Use	生态 Ecological Use	人均用水量（立方米/人） Per Capita Water Use (cu.m/person)
	2000	5530.7	4440.4	1069.2	21.1	5497.6	3783.5	1139.1	574.9		435.4
	2005	5633.0	4572.2	1038.8	22.0	5633.0	3580.0	1285.2	675.1	92.7	432.1
	2006	5795.0	4706.7	1065.5	22.7	5795.0	3664.4	1343.8	693.8	93.0	442.0
	2007	5818.7	4723.9	1069.1	25.7	5818.7	3599.5	1403.0	710.4	105.7	441.5
	2008	5910.0	4796.4	1084.8	28.7	5910.0	3663.5	1397.1	729.3	120.2	446.2
	2009	5965.2	4839.5	1094.5	31.2	5965.2	3723.1	1390.9	748.2	103.0	448.0
	2010	6022.0	4881.6	1107.3	33.1	6022.0	3689.1	1447.3	765.8	119.8	450.2
	2011	6107.2	4953.3	1109.1	44.8	6107.2	3743.6	1461.8	789.9	111.9	454.4
	2012	6131.2	4952.8	1133.8	44.6	6131.2	3902.5	1380.7	739.7	108.3	453.9
	2013	6183.4	5007.3	1126.2	49.9	6183.4	3921.5	1406.4	750.1	105.4	455.5
	2014	6094.9	4920.5	1116.9	57.5	6094.9	3869.0	1356.1	766.6	103.2	446.7
	2015	6103.2	4969.5	1069.2	64.5	6103.2	3852.2	1334.8	793.5	122.7	445.1
	2016	6040.2	4912.4	1057.0	70.8	6040.2	3768.0	1308.0	821.6	142.6	438.1
	2017	6043.4	4945.5	1016.7	81.2	6043.4	3766.4	1277.0	838.1	161.9	435.9
	2018	6015.5	4952.7	976.4	86.4	6015.5	3693.1	1261.6	859.9	200.9	431.9
	2019	6021.2	4982.5	934.2	104.5	6021.2	3682.3	1217.6	871.7	249.6	430.8
北京	Beijing	41.7	15.1	15.1	11.5	41.7	3.7	3.3	18.7	16.0	193.6
天津	Tianjin	28.4	19.2	3.9	5.4	28.4	9.2	5.5	7.5	6.2	181.9
河北	Hebei	182.3	78.3	96.4	7.5	182.3	114.3	18.8	27.0	22.1	240.7
山西	Shanxi	76.0	42.3	29.2	4.5	76.0	43.8	13.5	13.8	4.9	204.1
内蒙古	Inner Mongolia	190.9	100.0	84.3	6.6	190.9	139.6	14.6	11.7	25.0	752.5
辽宁	Liaoning	130.3	72.6	52.7	5.0	130.3	80.7	18.3	25.3	6.0	299.2
吉林	Jilin	115.4	75.0	39.0	1.4	115.4	81.5	14.1	13.4	6.5	427.8
黑龙江	Heilongjiang	310.4	173.5	135.4	1.5	310.4	274.2	19.5	15.6	1.2	825.1
上海	Shanghai	100.9	100.9			100.9	16.9	58.9	24.2	0.9	415.9
江苏	Jiangsu	619.1	602.3	6.3	10.5	619.1	303.1	248.3	64.0	3.7	768.1
浙江	Zhejiang	165.8	162.4	0.7	2.7	165.8	72.4	40.8	47.2	5.4	286.2
安徽	Anhui	277.7	244.1	29.1	4.6	277.7	150.2	85.2	34.7	7.7	437.7
福建	Fujian	177.5	171.3	4.7	1.5	177.5	83.7	56.0	34.2	3.6	448.6
江西	Jiangxi	253.3	243.2	8.0	2.2	253.3	162.5	59.4	29.1	2.4	543.9
山东	Shandong	225.3	137.0	78.7	9.5	225.3	138.2	31.9	37.3	17.9	224.0
河南	Henan	237.8	117.4	112.5	7.9	237.8	121.8	45.2	41.6	29.2	247.1
湖北	Hubei	303.2	297.3	5.6	0.3	303.2	155.6	91.3	54.6	1.7	512.0
湖南	Hunan	333.0	319.0	13.3	0.6	333.0	191.7	90.8	46.7	3.8	482.0
广东	Guangdong	412.3	397.6	11.8	3.0	412.3	208.5	94.6	103.6	5.7	360.6
广西	Guangxi	283.4	272.1	9.3	2.1	283.4	189.9	49.0	41.2	3.3	573.3
海南	Hainan	46.4	42.9	3.0	0.4	46.4	34.2	2.8	8.5	0.9	493.9
重庆	Chongqing	76.5	75.1	1.0	0.4	76.5	25.2	28.1	21.9	1.3	245.7
四川	Sichuan	252.4	241.8	9.8	0.8	252.4	154.5	37.9	54.1	5.9	302.0
贵州	Guizhou	108.1	103.4	3.5	1.2	108.1	61.7	25.4	20.0	1.0	299.3
云南	Yunnan	154.9	148.4	3.5	3.0	154.9	106.4	20.8	23.3	4.4	319.8
西藏	Tibet	32.0	28.2	3.7	0.1	32.0	27.2	1.5	3.0	0.3	920.9
陕西	Shaanxi	92.6	58.5	31.1	3.0	92.6	55.1	14.8	18.1	4.5	239.3
甘肃	Gansu	110.0	81.2	24.6	4.2	110.0	86.5	8.7	9.6	5.2	416.4
青海	Qinghai	26.2	20.7	5.0	0.6	26.2	18.9	2.8	3.2	1.4	432.7
宁夏	Ningxia	69.9	62.7	6.8	0.4	69.9	59.6	4.4	3.0	2.8	1010.8
新疆	Xinjiang	587.7	479.1	106.4	2.2	587.7	511.4	11.5	15.7	49.0	2346.1

注：1.生态用水仅包括部分河湖、湿地人工补水和城市环境用水。
2.2012年起，生活用水量中的牲畜用水量调整至农业用水量中。

a) Water for ecological use only includes artificial recharging to some rivers, lakes and wetland and for city environmental purposes.

b) Since 2012, water use on animal husbandry is moved to agriculture use from domestic use.

8-11 分地区废水中主要污染物排放情况（2017年）
Main Pollutant Contents Discharged in Wastewater by Region (2017)

地 区	Region	废水中主要污染物排放量 Main Pollutant Contents Discharged in Wastewater					
		化学需氧量 (万吨) COD (10 000 tons)	氨氮 (万吨) Ammonia Nitrogen (10 000 tons)	总氮 (万吨) Total Nitrogen (10 000 tons)	总磷 (万吨) Total Phosphorus (10 000 tons)	石油类 (吨) Petroleum (ton)	挥发酚 (吨) Volatile Phenol (ton)
全 国	**National Total**	**2143.98**	**96.34**	**304.14**	**31.54**	**7639.3**	**244.1**
北 京	Beijing	9.21	0.34	2.35	0.08	8.3	0.0
天 津	Tianjin	19.15	0.47	2.30	0.19	176.7	7.1
河 北	Hebei	116.13	3.96	11.37	1.12	255.8	25.2
山 西	Shanxi	60.87	1.79	5.54	0.69	106.2	24.1
内蒙古	Inner Mongolia	46.07	0.90	4.14	0.34	41.6	2.1
辽 宁	Liaoning	99.50	2.32	9.67	1.19	423.1	17.7
吉 林	Jilin	51.40	1.09	4.39	0.53	542.9	3.6
黑龙江	Heilongjiang	69.15	2.33	7.54	0.74	218.9	5.4
上 海	Shanghai	9.08	1.09	3.52	0.15	135.5	0.7
江 苏	Jiangsu	142.14	7.01	21.23	2.08	1098.4	31.5
浙 江	Zhejiang	42.28	3.10	12.06	0.98	470.0	2.9
安 徽	Anhui	106.19	4.26	14.52	1.68	388.8	15.1
福 建	Fujian	51.22	3.78	10.59	1.13	332.1	0.3
江 西	Jiangxi	88.40	5.36	13.85	1.61	252.4	12.7
山 东	Shandong	141.16	5.29	16.26	1.40	486.4	34.7
河 南	Henan	143.55	4.55	17.40	1.80	154.0	2.7
湖 北	Hubei	128.66	5.82	18.11	2.14	235.5	8.6
湖 南	Hunan	127.82	7.24	19.23	2.23	270.3	33.5
广 东	Guangdong	166.03	9.90	30.15	3.16	890.1	1.3
广 西	Guangxi	87.40	5.94	19.45	2.20	115.0	0.6
海 南	Hainan	16.44	1.21	4.17	0.46	11.3	1.8
重 庆	Chongqing	32.91	1.43	5.24	0.51	256.2	1.1
四 川	Sichuan	116.36	5.92	16.52	1.58	336.1	2.1
贵 州	Guizhou	43.82	2.31	6.76	0.85	28.6	1.1
云 南	Yunnan	59.59	2.56	10.92	1.08	54.3	0.3
西 藏	Tibet	8.16	0.26	0.57	0.08	0.2	0.0
陕 西	Shaanxi	39.55	1.64	4.96	0.44	145.3	1.9
甘 肃	Gansu	45.08	0.92	3.09	0.38	56.2	1.6
青 海	Qinghai	7.21	0.35	0.91	0.07	8.5	0.9
宁 夏	Ningxia	16.94	0.54	1.62	0.16	46.9	1.3
新 疆	Xinjiang	52.54	2.73	5.73	0.50	93.8	2.2

注：本表数据来源于第二次全国污染源普查(以下相关表同)。

a) Figures in this table are from the Second National Pollution Sources Census. The same applies to the relevant following tables.

8-11 续表 continued

地区	Region	废水中主要污染物排放量 Main Pollutant Contents Discharged in Wastewater					
		铅（千克） Plumbum (kg)	汞（千克） Mercury (kg)	镉（千克） Cadmium (kg)	六价铬（千克） Hexavalent Chromium (kg)	总铬（千克） Total Chromium (kg)	砷（千克） Arsenic (kg)
全 国	**National Total**	**52321**	**2059**	**8429**	**24844**	**76414**	**43297**
北 京	Beijing	22	5	13	24	49	44
天 津	Tianjin	83	13	12	338	415	124
河 北	Hebei	328	9	7	4849	18510	843
山 西	Shanxi	271	45	74	244	672	1676
内蒙古	Inner Mongolia	692	31	85	4	32	1365
辽 宁	Liaoning	518	56	67	732	1295	650
吉 林	Jilin	50	11	9	422	113	160
黑龙江	Heilongjiang	29	5	6	134	551	1286
上 海	Shanghai	123	18	15	130	674	261
江 苏	Jiangsu	1111	22	140	2755	11634	675
浙 江	Zhejiang	1637	29	165	2297	8795	268
安 徽	Anhui	1560	19	36	1006	1592	1079
福 建	Fujian	2349	39	248	4329	2369	519
江 西	Jiangxi	13914	173	2563	1028	2146	5460
山 东	Shandong	878	112	102	712	2061	1379
河 南	Henan	518	85	23	220	2178	1435
湖 北	Hubei	4884	24	143	341	968	3433
湖 南	Hunan	5160	125	820	679	1237	1884
广 东	Guangdong	2747	17	271	1998	5953	3912
广 西	Guangxi	3482	299	1778	114	341	1764
海 南	Hainan	33		2	5	26	2
重 庆	Chongqing	250	1	15	149	340	248
四 川	Sichuan	3143	33	158	1941	11878	1614
贵 州	Guizhou	178	7	16	10	145	970
云 南	Yunnan	2822	67	447	25	90	1958
西 藏	Tibet	4		2	2	4	1
陕 西	Shaanxi	2133	227	270	93	822	5970
甘 肃	Gansu	3356	133	912	222	291	3206
青 海	Qinghai	3	96	1	1	235	10
宁 夏	Ningxia	3	68	1	1	450	864
新 疆	Xinjiang	40	290	28	40	548	237

8-12 主要城市废水中主要污染物排放情况（2017年）
Main Pollutant Contents Discharged in Wastewater by Main City (2017)

城 市	City	工业化学需氧量排放量（吨）Industrial COD Discharged (ton)	工业氨氮排放量（吨）Industrial Ammonia Nitrogen Discharged (ton)	城镇生活污水排放量（万吨）Municipal Sewage Discharged (10 000 tons)	生活化学需氧量排放量（吨）Municipal COD Discharged (ton)	生活氨氮排放量（吨）Municipal Ammonia Nitrogen Discharged (ton)
北 京	Beijing	1484	44	107932	63901	2954
天 津	Tianjin	3325	168	48742	62604	3119
石家庄	Shijiazhuang	4088	335	24725	53382	2674
太 原	Taiyuan	598	57	14883	9165	874
呼和浩特	Hohhot	5791	102	7785	10825	248
沈 阳	Shenyang	4155	246	38746	46600	5060
长 春	Changchun	5951	376	19935	42268	1359
哈尔滨	Harbin	4324	241	31503	57410	4466
上 海	Shanghai	8288	592	124648	71917	9625
南 京	Nanjing	5579	287	66595	105312	10371
杭 州	Hangzhou	10496	221	49377	34515	1918
合 肥	Hefei	2435	74	44485	92432	4164
福 州	Fuzhou	2465	54	35369	100729	7312
南 昌	Nanchang	4950	155	24660	54378	4601
济 南	Jinan	1411	102	19167	46677	2717
郑 州	Zhengzhou	1426	28	32449	46136	3174
武 汉	Wuhan	3451	192	74719	118443	8261
长 沙	Changsha	13366	766	35723	42490	3675
广 州	Guangzhou	5683	188	129844	138948	10596
南 宁	Nanning	3957	118	44409	111140	8033
海 口	Haikou	299	11	14734	18886	2488
重 庆	Chongqing	18305	766	86628	169954	10414
成 都	Chengdu	4270	195	92840	102566	8725
贵 阳	Guiyang	715	44	21322	29035	3290
昆 明	Kunming	2969	128	33107	27230	3734
拉 萨	Lhasa	460	14	3180	7769	978
西 安	Xi'an	2256	71	32093	46953	2033
兰 州	Lanzhou	3134	101	12810	11351	982
西 宁	Xining	432	32	9015	8469	1004
银 川	Yinchuan	3013	289	10519	9851	1806
乌鲁木齐	Urumqi	4945	467	14239	10923	4206

注：本表生活化学需氧量排放量和生活氨氮排放量包括城镇和农村。

a) The discharge of COD and Ammonia Nitrogen includes urban and rural areas.

8-13 分地区废气中主要污染物排放情况（2017年）
Main Pollutant Contents Emission in Waste Gas by Region (2017)

单位：万吨 (10 000 tons)

地区	Region	二氧化硫 Sulphur Dioxide	氮氧化物 Nitrogen Oxides	颗粒物 Particulate Matter
全国	**National Total**	**696.32**	**1785.22**	**1684.05**
北京	Beijing	0.47	11.24	3.24
天津	Tianjin	2.37	14.10	3.75
河北	Hebei	40.22	152.30	66.61
山西	Shanxi	41.44	77.83	96.09
内蒙古	Inner Mongolia	39.79	70.16	161.12
辽宁	Liaoning	39.57	82.79	109.88
吉林	Jilin	15.70	41.81	53.24
黑龙江	Heilongjiang	22.74	54.94	96.08
上海	Shanghai	1.46	22.19	2.65
江苏	Jiangsu	38.32	103.68	66.35
浙江	Zhejiang	11.40	48.86	35.55
安徽	Anhui	20.97	70.50	71.12
福建	Fujian	11.78	34.82	41.77
江西	Jiangxi	32.17	49.80	72.09
山东	Shandong	47.25	144.18	64.14
河南	Henan	16.44	100.38	37.99
湖北	Hubei	18.07	49.00	48.34
湖南	Hunan	22.82	56.75	59.76
广东	Guangdong	19.72	85.93	65.90
广西	Guangxi	11.58	45.62	48.87
海南	Hainan	1.23	8.03	3.17
重庆	Chongqing	12.89	25.77	24.64
四川	Sichuan	26.38	64.71	65.20
贵州	Guizhou	40.70	41.63	68.49
云南	Yunnan	26.49	43.81	67.62
西藏	Tibet	1.25	7.44	8.88
陕西	Shaanxi	19.90	46.33	51.32
甘肃	Gansu	14.44	33.02	64.94
青海	Qinghai	6.08	11.86	16.64
宁夏	Ningxia	16.00	23.01	29.77
新疆	Xinjiang	34.63	60.24	70.40

注：全国移动源营运船舶二氧化硫、氮氧化物、颗粒物排放量，因无法以省级行政单元为对象进行调查，故未包含在各省排放总量内。

a) The emissions of mobile source were covered in the national total emissions of Sulphur Dioxide, Nitrogen Oxides and Particulate Matter, excluded in the total emissions at provincal level since they are not measured for the administrative region.

8-14 主要城市废气中主要污染物排放情况（2017年）
Main Pollutant Contents Emission in Waste Gas by Main City (2017)

单位：吨 (ton)

城市 City		工业二氧化硫排放量 Industrial Sulphur Dioxide Emission	工业氮氧化物排放量 Industrial Nitrogen Oxides Emission	工业颗粒物排放量 Industrial Particulate Matter Emission	生活二氧化硫排放量 Domestic Sulphur Dioxide Emission	生活氮氧化物排放量 Domestic Nitrogen Oxides Emission	生活颗粒物排放量 Domestic Particulate Matter Emission
北京	Beijing	1770	9847	16031	2913	7763	15077
天津	Tianjin	21793	41586	26833	1903	3277	7894
石家庄	Shijiazhuang	31203	56391	35750	4868	4194	17654
太原	Taiyuan	11773	36649	31636	11594	3459	17225
呼和浩特	Hohhot	22742	28666	27375	6794	4262	25968
沈阳	Shenyang	26863	42381	48036	10194	4644	27383
长春	Changchun	17118	24664	72871	12783	8293	49508
哈尔滨	Harbin	20156	30419	80988	28743	25973	128209
上海	Shanghai	13524	43595	18218	1031	3383	5521
南京	Nanjing	18069	41199	77452	841	1250	2956
杭州	Hangzhou	8465	19506	34265	1233	1194	3338
合肥	Hefei	9550	17736	76402	3329	2933	13184
福州	Fuzhou	14914	26335	43640	584	437	1470
南昌	Nanchang	11045	10150	20042	2711	1237	5158
济南	Jinan	9559	14774	17666	6202	2027	8863
郑州	Zhengzhou	15298	27904	29382	1811	1429	3531
武汉	Wuhan	14026	37541	30078	22442	4622	22241
长沙	Changsha	11359	10379	26289	3125	2933	1620
广州	Guangzhou	7847	13930	35091	2008	1895	5546
南宁	Nanning	8387	16199	22330	825	803	3060
海口	Haikou	752	695	1986	331	417	1308
重庆	Chongqing	104932	84841	168414	23894	14396	73104
成都	Chengdu	13847	23525	41554	5437	5153	18465
贵阳	Guiyang	29260	18199	129832	26731	8171	45067
昆明	Kunming	32716	30799	82581	5415	1549	8864
拉萨	Lhasa	710	2047	7808	1539	1587	5455
西安	Xi'an	3114	6278	18080	3155	4129	8424
兰州	Lanzhou	16421	16148	56017	3327	2667	6214
西宁	Xining	27703	13333	56880	3617	4428	12461
银川	Yinchuan	19299	26959	42940	3086	1974	11722
乌鲁木齐	Urumqi	37540	41111	44387	1435	12090	1939

8-15 分地区固体废物处理利用情况（2017年）
Disposal and Reuse of Industrial Solid Wastes by Region (2017)

单位：万吨 (10 000 tons)

地 区	Region	一般工业固体废物产生量 Common Industrial Solid Wastes Generated	一般工业固体废物综合利用量 Common Industrial Solid Wastes Integrate Reuse	一般工业固体废物处置量 Common Industrial Solid Wastes Treated and Disposed	一般工业固体废物贮存量 Stock of Common Industrial Solid Wastes	一般工业固体废物倾倒丢弃量 Common Industrial Solid Wastes Discharged	危险废物产生量 Hazardous Wastes Generated	危险废物综合利用量和处置量 Hazardous Wastes Integrate Reuse and Disposed	危险废物年末累积贮存量 Year-end Stock of Hazardous Wastes
全 国	**National Total**	**386751**	**206159**	**94316**	**93141**	**158.98**	**6581.45**	**5972.78**	**8881.16**
北 京	Beijing	702	499	198	5	0.01	18.55	18.34	0.33
天 津	Tianjin	1602	1553	46	3		41.50	43.29	1.44
河 北	Hebei	33981	17690	4665	11680	0.25	196.76	187.78	15.45
山 西	Shanxi	43479	16281	21501	5936	25.80	165.73	161.11	5.58
内蒙古	Inner Mongolia	34841	9357	14654	11634	3.70	329.36	332.76	35.75
辽 宁	Liaoning	23287	10556	6033	7984	0.16	225.21	196.35	202.63
吉 林	Jilin	6222	2691	1594	1993	0.09	242.24	135.34	643.86
黑龙江	Heilongjiang	8754	3883	1806	3144	0.04	68.36	68.94	15.22
上 海	Shanghai	1789	1681	108	5		112.41	111.06	3.47
江 苏	Jiangsu	13610	12314	1189	133	0.01	531.03	501.43	119.67
浙 江	Zhejiang	5656	5038	535	110		391.33	372.08	96.34
安 徽	Anhui	14068	12581	727	1185	0.02	140.27	140.48	9.88
福 建	Fujian	7132	5075	1605	590	1.10	101.52	105.28	9.10
江 西	Jiangxi	12406	5676	1275	5688	3.53	146.51	135.55	101.12
山 东	Shandong	28484	23152	1650	3796		854.01	725.97	350.22
河 南	Henan	17582	10206	4961	2509	0.01	184.61	189.99	49.86
湖 北	Hubei	10746	7339	1495	1931	90.16	107.40	107.54	11.41
湖 南	Hunan	6016	4460	1054	585	0.03	630.52	632.89	62.90
广 东	Guangdong	8216	6734	705	820	0.98	343.09	325.69	29.10
广 西	Guangxi	9284	4765	1755	2826	0.37	248.43	242.99	78.92
海 南	Hainan	474	241	227	6	0.01	4.19	4.15	0.17
重 庆	Chongqing	2496	1841	414	247	0.03	68.00	67.49	3.25
四 川	Sichuan	15221	5422	1601	8340	0.12	307.73	296.90	30.08
贵 州	Guizhou	10671	5276	2342	3336	0.42	49.61	49.98	8.34
云 南	Yunnan	17115	7040	8867	1485	0.19	330.97	276.57	681.38
西 藏	Tibet	760	16	51	693	0.05	0.15	0.09	0.05
陕 西	Shaanxi	12894	4861	6113	2441	10.42	126.67	118.72	23.18
甘 肃	Gansu	6094	2583	1475	2360	4.19	137.32	118.00	117.69
青 海	Qinghai	16082	9537	170	7702	0.01	118.37	28.06	6065.03
宁 夏	Ningxia	5291	1970	2701	637	1.62	82.47	79.21	9.27
新 疆	Xinjiang	11794	5841	2798	3336	15.52	277.11	198.72	100.47

8-16 主要城市固体废物处理利用情况(2017年)
Disposal and Reuse of Industrial Solid Wastes by Main City (2017)

单位：万吨 (10 000 tons)

城市	City	一般工业固体废物产生量 Common Industrial Solid Waste Generated	一般工业固体废物综合利用量 Common Industrial Solid Waste integrate Reueds	一般工业固体废物处置量 Common Industrial Solid Waste Disposed	一般工业固体废物贮存量 Stock of Common Industrial Solid Waste
北京	Beijing	702	499	198	5
天津	Tianjin	1602	1553	46	3
石家庄	Shijiazhuang	1956	1824	58	75
太原	Taiyuan	3038	1038	1323	677
呼和浩特	Hohhot	1184	382	741	61
沈阳	Shenyang	1017	730	40	247
长春	Changchun	510	505	5	2
哈尔滨	Harbin	572	513	63	11
上海	Shanghai	1789	1681	108	5
南京	Nanjing	1921	1804	9	108
杭州	Hangzhou	559	548	8	7
合肥	Hefei	1047	749	9	334
福州	Fuzhou	824	813	5	12
南昌	Nanchang	441	407	33	0
济南	Jinan	640	592	48	1
郑州	Zhengzhou	1395	969	357	70
武汉	Wuhan	1515	1507	10	40
长沙	Changsha	209	175	29	5
广州	Guangzhou	648	581	64	3
南宁	Nanning	319	287	19	13
海口	Haikou	22	22	1	0
重庆	Chongqing	2496	1841	414	247
成都	Chengdu	374	342	31	3
贵阳	Guiyang	2092	682	647	947
昆明	Kunming	4558	2115	2451	17
拉萨	Lhasa	290	5		286
西安	Xi'an	227	210	16	2
兰州	Lanzhou	319	312	5	2
西宁	Xining	366	348	11	11
银川	Yinchuan	1261	513	718	29
乌鲁木齐	Urumqi	1053	988	70	21

8-17 主要城市空气质量情况（2019年）
Ambient Air Quality by Main City (2019)

城市	City	二氧化硫年平均浓度($\mu g/m^3$) Annual Average Concentration of SO_2 ($\mu g/m^3$)	二氧化氮年平均浓度($\mu g/m^3$) Annual Average Concentration of NO_2 ($\mu g/m^3$)	可吸入颗粒物(PM_{10})年平均浓度($\mu g/m^3$) Annual Average Concentration of PM_{10} ($\mu g/m^3$)	一氧化碳日均值第95百分位浓度(mg/m^3) 95th Percentile Daily Average Concentration of CO (mg/m^3)	臭氧(O_3)日最大8小时第90百分位浓度($\mu g/m^3$) 90th Percentile Daily Maximum 8 Hours Average Concentration of O_3($\mu g/m^3$)	细颗粒物($PM_{2.5}$)年平均浓度($\mu g/m^3$) Annual Average Concentration of $PM_{2.5}$ ($\mu g/m^3$)	空气质量达到及好于二级的天数(天) Days of Air Quality Equal to or Above Grade II (day)
北　京	Beijing	4	37	68	1.4	191	42	240
天　津	Tianjin	11	42	76	1.8	200	51	219
石家庄	Shijiazhuang	16	46	118	2.4	206	63	174
太　原	Taiyuan	22	50	107	1.9	186	56	200
呼和浩特	Hohhot	15	39	71	2.2	146	37	292
沈　阳	Shenyang	21	36	77	1.9	155	43	284
长　春	Changchun	11	34	64	1.3	134	38	306
哈尔滨	Harbin	17	32	67	1.4	116	42	304
上　海	Shanghai	7	42	45	1.1	151	35	309
南　京	Nanjing	10	42	69	1.3	181	40	255
杭　州	Hangzhou	7	41	66	1.1	181	38	287
合　肥	Hefei	6	42	68	1.2	168	44	257
福　州	Fuzhou	5	22	42	0.9	138	24	360
南　昌	Nanchang	9	34	68	1.4	151	35	322
济　南	Jinan	15	45	106	1.6	201	55	182
郑　州	Zhengzhou	9	45	99	1.6	194	58	177
武　汉	Wuhan	9	44	71	1.5	183	45	245
长　沙	Changsha	7	33	57	1.3	171	47	275
广　州	Guangzhou	7	45	53	1.2	178	30	293
南　宁	Nanning	9	29	53	1.3	126	30	346
海　口	Haikou	5	13	32	0.9	144	17	342
重　庆	Chongqing	7	40	60	1.2	157	38	309
成　都	Chengdu	6	42	68	1.1	160	43	287
贵　阳	Guiyang	10	21	47	0.9	125	27	358
昆　明	Kunming	11	31	45	1.0	134	26	356
拉　萨	Lhasa	6	19	31	0.9	129	12	364
西　安	Xi'an	9	48	96	1.7	166	57	225
兰　州	Lanzhou	18	50	79	2.5	151	36	296
西　宁	Xining	17	37	59	2.3	129	34	346
银　川	Yinchuan	15	37	68	2.0	147	31	324
乌鲁木齐	Urumqi	8	42	84	2.5	127	50	277

8-18 分地区城市生活垃圾清运和处理情况（2019年）

Collection, Transportation and Disposal of Municipal Waste by Region (2019)

地 区	Region	生活垃圾清运量（万吨）Municipal Wastes Collected and Transported (10 000 tons)	无害化处理厂数（座）Number of Plants for Harmless Disposal of Municipal Wastes (number)	卫生填埋 Sanitary Landfill	焚 烧 Incinerate	其 他 Others	无害化处理能力（吨/日）Harmless Disposal Capacity (ton/day)	卫生填埋 Sanitary Landfill	焚 烧 Incinerate	其 他 Others
全 国	**National Total**	**24206.2**	**1183**	**652**	**389**	**141**	**869875**	**367013**	**456499**	**45222**
北 京	Beijing	1011.2	43	9	10	23	32711	7491	15950	8130
天 津	Tianjin	300.2	13	4	7	2	13500	5100	7000	1400
河 北	Hebei	802.2	49	35	10	4	23917	11357	11670	890
山 西	Shanxi	500.4	28	20	6	2	14924	10442	4103	379
内蒙古	Inner Mongolia	394.5	28	25	3		12283	8933	3350	
辽 宁	Liaoning	985.4	40	32	6	2	32960	23732	8428	800
吉 林	Jilin	483.1	30	21	7	2	17130	8900	7650	580
黑龙江	Heilongjiang	523.6	40	31	7	2	19113	12650	5900	563
上 海	Shanghai	750.6	17	5	10	2	36600	15350	19300	1950
江 苏	Jiangsu	1809.6	72	27	35	10	63951	15155	46810	1986
浙 江	Zhejiang	1530.2	77	18	39	20	67067	12818	49685	4565
安 徽	Anhui	646.1	45	16	22	7	29749	7889	19110	2750
福 建	Fujian	967.1	33	11	15	7	25516	5866	16950	2700
江 西	Jiangxi	542.6	28	17	10	1	23259	15259	7800	200
山 东	Shandong	1786.8	98	34	46	18	68964	18214	46890	3860
河 南	Henan	1134.6	47	36	10	1	32810	18560	14200	50
湖 北	Hubei	980.0	54	34	12	8	33368	14768	13500	5100
湖 南	Hunan	775.4	40	29	7	4	29677	17186	11306	1185
广 东	Guangdong	3347.3	111	54	48	9	134543	56367	73376	4800
广 西	Guangxi	497.7	29	18	11		16546	7296	9250	
海 南	Hainan	256.5	12	6	4	2	6660	2260	3900	500
重 庆	Chongqing	601.8	22	15	6	1	17099	6449	10500	150
四 川	Sichuan	1168.6	53	26	24	3	32080	9289	21892	900
贵 州	Guizhou	364.6	28	12	13	3	15420	5755	9100	565
云 南	Yunnan	455.9	32	21	10	1	13567	5537	7930	100
西 藏	Tibet	64.7	8	7	1		2123	1420	703	
陕 西	Shaanxi	634.0	31	28	2	1	20585	18139	2346	100
甘 肃	Gansu	279.7	24	19	4	1	9659	5609	3600	450
青 海	Qinghai	109.4	10	8		2	1865	1695		170
宁 夏	Ningxia	130.5	12	8	2	2	5193	2593	2500	100
新 疆	Xinjiang	371.9	29	26	2	1	17036	14936	1800	300

8-18 续表 continued

地 区	Region	无害化处理量(万吨) Volume of Harmless Disposal of Wastes (10 000 tons)	卫生填埋 Sanitary Landfill	焚 烧 Incinerate	其 他 Others	生活垃圾无害化处理率(%) Harmless Disposal Rate of Municipal Waste (%)
全 国	**National Total**	**24012.8**	**10948.0**	**12120.1**	**890.6**	**99.2**
北 京	Beijing	1010.9	292.0	494.9	170.0	100.0
天 津	Tianjin	300.2	79.7	191.3	29.2	100.0
河 北	Hebei	797.7	387.0	380.0	30.7	99.4
山 西	Shanxi	500.4	378.5	108.6	13.3	100.0
内蒙古	Inner Mongolia	393.8	290.9	102.9		99.8
辽 宁	Liaoning	979.6	815.3	143.9	20.4	99.4
吉 林	Jilin	436.0	223.6	201.9	10.5	90.2
黑龙江	Heilongjiang	500.0	360.6	124.4	14.9	95.5
上 海	Shanghai	750.6	215.3	492.6	42.8	100.0
江 苏	Jiangsu	1809.6	354.0	1395.2	60.4	100.0
浙 江	Zhejiang	1530.2	347.7	1117.9	64.6	100.0
安 徽	Anhui	646.1	157.5	460.5	28.1	100.0
福 建	Fujian	966.5	302.1	626.4	38.1	99.9
江 西	Jiangxi	542.6	349.0	189.1	4.5	100.0
山 东	Shandong	1785.8	400.5	1295.0	90.3	99.9
河 南	Henan	1130.7	833.5	295.4	1.7	99.7
湖 北	Hubei	979.8	473.8	427.3	78.6	100.0
湖 南	Hunan	775.3	403.5	337.2	34.6	100.0
广 东	Guangdong	3345.7	1545.0	1736.3	64.4	100.0
广 西	Guangxi	497.7	271.2	226.5		100.0
海 南	Hainan	256.5	98.0	140.4	18.1	100.0
重 庆	Chongqing	534.5	225.8	304.4	4.3	88.8
四 川	Sichuan	1166.5	446.7	706.6	13.2	99.8
贵 州	Guizhou	352.1	179.0	160.9	12.3	96.6
云 南	Yunnan	454.9	226.5	224.4	3.9	99.8
西 藏	Tibet	63.6	38.0	25.7		98.3
陕 西	Shaanxi	632.1	616.5	14.1	1.5	99.7
甘 肃	Gansu	279.7	140.3	124.3	15.1	100.0
青 海	Qinghai	105.3	89.8		15.6	96.3
宁 夏	Ningxia	130.4	66.5	60.6	3.3	99.9
新 疆	Xinjiang	358.0	340.3	11.5	6.2	96.3

8-19 主要城市噪声监测情况（2019年）
Monitoring of Noise by Main City (2019)

城 市	City	道路交通噪声 等效声级 dB(A) Road Traffic Noise Average Noise Level dB(A)	区域环境噪声 等效声级 dB(A) Urban Environment Noise Average Noise Level dB(A)
北 京	Beijing	69.6	53.7
天 津	Tianjin	67.6	53.8
石家庄	Shijiazhuang	66.9	54.9
太 原	Taiyuan	68.7	55.1
呼和浩特	Hohhot	68.3	53.8
沈 阳	Shenyang	70.0	56.0
长 春	Changchun	69.4	55.6
哈尔滨	Harbin	71.8	59.7
上 海	Shanghai	68.2	54.9
南 京	Nanjing	67.5	53.4
杭 州	Hangzhou	68.6	56.4
合 肥	Hefei	68.6	54.6
福 州	Fuzhou	68.7	57.2
南 昌	Nanchang	66.7	54.4
济 南	Jinan	69.6	54.9
郑 州	Zhengzhou	67.0	56.0
武 汉	Wuhan	69.3	55.1
长 沙	Changsha	69.4	54.4
广 州	Guangzhou	69.3	55.6
南 宁	Nanning	69.0	54.0
海 口	Haikou	68.9	55.4
重 庆	Chongqing	65.6	52.0
成 都	Chengdu	69.2	54.5
贵 阳	Guiyang	69.8	56.1
昆 明	Kunming	67.4	53.1
拉 萨	Lhasa	67.8	53.8
西 安	Xi'an	70.5	55.8
兰 州	Lanzhou	68.8	54.5
西 宁	Xining	69.9	54.3
银 川	Yinchuan	65.9	53.1
乌鲁木齐	Urumqi	64.9	55.0

8-20 分地区耕地面积
Area of Cultivated Land by Region

单位：千公顷 (1 000 hectares)

地 区	Region	2013	2014	2015	2016	2017
地方合计	**Region Total**	**135163.4**	**135057.3**	**134998.7**	**134920.9**	**134881.2**
北 京	Beijing	221.2	219.9	219.3	216.3	213.7
天 津	Tianjin	438.3	437.2	436.9	436.9	436.8
河 北	Hebei	6551.2	6535.5	6525.5	6520.5	6518.9
山 西	Shanxi	4062.0	4056.8	4058.8	4056.8	4056.3
内蒙古	Inner Mongolia	9199.0	9230.7	9238.0	9257.9	9270.8
辽 宁	Liaoning	4989.7	4981.7	4977.4	4974.5	4971.6
吉 林	Jilin	7006.5	7001.4	6999.2	6993.4	6986.7
黑龙江	Heilongjiang	15864.1	15860.0	15854.1	15850.1	15845.7
上 海	Shanghai	188.0	188.2	189.8	190.7	191.6
江 苏	Jiangsu	4581.6	4574.2	4574.9	4571.1	4573.3
浙 江	Zhejiang	1978.5	1976.6	1978.6	1974.7	1977.0
安 徽	Anhui	5883.1	5872.1	5872.9	5867.5	5866.8
福 建	Fujian	1338.7	1336.4	1336.3	1336.3	1336.9
江 西	Jiangxi	3087.3	3085.4	3082.7	3082.2	3086.0
山 东	Shandong	7633.5	7620.6	7611.0	7606.9	7589.8
河 南	Henan	8140.7	8117.9	8105.9	8111.0	8112.3
湖 北	Hubei	5281.8	5261.7	5255.0	5245.3	5235.9
湖 南	Hunan	4149.5	4149.0	4150.2	4148.7	4151.0
广 东	Guangdong	2621.8	2623.3	2615.9	2607.6	2599.7
广 西	Guangxi	4419.4	4410.3	4402.3	4395.1	4387.5
海 南	Hainan	726.7	725.7	725.9	722.7	722.4
重 庆	Chongqing	2455.8	2454.6	2430.5	2382.5	2369.8
四 川	Sichuan	6734.8	6734.2	6731.4	6732.9	6725.2
贵 州	Guizhou	4548.1	4540.1	4537.4	4530.2	4518.8
云 南	Yunnan	6219.8	6207.4	6208.5	6207.8	6213.3
西 藏	Tibet	441.8	442.5	443.0	444.6	444.0
陕 西	Shaanxi	3992.0	3994.8	3995.2	3989.5	3982.9
甘 肃	Gansu	5378.8	5377.9	5374.9	5372.4	5377.0
青 海	Qinghai	588.2	585.7	588.4	589.4	590.1
宁 夏	Ningxia	1281.1	1285.9	1290.1	1288.8	1289.9
新 疆	Xinjiang	5160.2	5169.5	5188.9	5216.5	5239.6

注：本表数据来源于自然资源部，为当年全国土地变更调查数据。
a) Data in this table are provided by the Ministry of Natural Resources, which are results of the National Land Change Survey of corresponding years.

8-21 分地区土地利用情况（2017年）
Land Use by Region (2017)

单位：千公顷 (1 000 hectares)

地区	Region	农用地 Land for Agriculture Use	#园地 Garden Land	#牧草地 Land under Meadows and Pastures	建设用地 Land for Construction	居民点及工矿用地 Land for Inhabitation, Mining and Manufacturing	交通运输用地 Land for Transportation	水利设施用地 Land for Water Conservancy Facilities
全国	**National Total**	**644863.6**	**14214.2**	**219320.3**	**39574.1**	**32131.0**	**3833.5**	**3609.5**
北京	Beijing	1146.7	132.8	0.2	360.2	306.8	32.8	20.6
天津	Tianjin	692.1	29.6		417.3	333.3	30.3	53.7
河北	Hebei	13064.4	832.3	401.0	2241.6	1938.0	194.8	108.9
山西	Shanxi	10026.2	405.8	33.7	1040.0	894.1	108.2	37.7
内蒙古	Inner Mongolia	82880.6	56.4	49507.0	1673.4	1369.7	233.9	69.7
辽宁	Liaoning	11533.1	467.8	3.2	1644.2	1342.9	163.6	137.7
吉林	Jilin	16592.6	65.8	236.0	1105.9	870.9	96.6	138.5
黑龙江	Heilongjiang	39912.7	44.6	1094.9	1636.9	1233.3	158.2	245.4
上海	Shanghai	313.4	16.5	0.0	308.8	274.9	30.7	3.2
江苏	Jiangsu	6470.4	297.2	0.1	2311.0	1914.6	232.8	163.6
浙江	Zhejiang	8588.9	574.3	0.3	1318.2	1024.1	151.7	142.5
安徽	Anhui	11121.9	346.5	0.5	2014.9	1660.5	149.4	205.0
福建	Fujian	10862.4	766.5	0.3	844.2	640.9	130.8	72.5
江西	Jiangxi	14411.5	320.7	0.7	1306.2	988.0	115.8	202.4
山东	Shandong	11486.1	714.3	5.8	2883.7	2425.8	224.1	233.8
河南	Henan	12655.7	213.3	0.3	2644.3	2267.8	189.5	187.0
湖北	Hubei	15729.6	480.2	2.0	1737.2	1332.2	131.7	273.3
湖南	Hunan	18166.6	653.1	13.6	1653.3	1352.4	148.3	152.5
广东	Guangdong	14916.5	1260.7	3.1	2072.3	1681.5	195.8	195.1
广西	Guangxi	19526.8	1080.5	5.2	1252.8	929.1	142.5	181.2
海南	Hainan	2967.4	917.0	19.2	348.3	262.6	27.6	58.1
重庆	Chongqing	7056.8	270.9	45.5	684.6	580.3	65.5	38.8
四川	Sichuan	42133.2	726.9	10956.6	1870.0	1581.3	157.2	131.5
贵州	Guizhou	14725.9	162.1	72.2	728.2	579.5	107.0	41.8
云南	Yunnan	32927.9	1628.2	147.0	1105.2	866.1	120.6	118.4
西藏	Tibet	87230.2	1.5	70683.0	157.2	106.7	42.2	8.3
陕西	Shaanxi	18562.6	816.4	2169.4	968.0	822.2	109.3	36.5
甘肃	Gansu	18547.9	255.8	5918.6	922.3	794.2	88.8	39.3
青海	Qinghai	45088.0	6.0	40794.6	359.0	242.2	53.3	63.4
宁夏	Ningxia	3806.9	50.0	1491.7	323.7	273.7	40.7	9.4
新疆	Xinjiang	51718.7	620.7	35714.8	1641.1	1241.2	159.8	240.1

8-22 分地区森林资源情况
Forest Resources by Region

地 区	Region	林业用地面积 (万公顷) Area of Afforested Land (10 000 hectares)	森林面积 (万公顷) Forest Area (10 000 hectares)	#人工林 Planted Forest	森林覆盖率 (%) Forest Coverage Rate (%)	活立木总蓄积量 (万立方米) Total Standing Forest Stock (10 000 cu.m)	森林蓄积量 (万立方米) Stock Volume of Forest (10 000 cu.m)
全 国	**National Total**	**32591.12**	**22044.62**	**8003.10**	**22.96**	**1900713.20**	**1756022.99**
北 京	Beijing	107.10	71.82	43.48	43.77	3000.81	2437.36
天 津	Tianjin	20.39	13.64	12.98	12.07	620.56	460.27
河 北	Hebei	775.64	502.69	263.54	26.78	15920.34	13737.98
山 西	Shanxi	787.25	321.09	167.63	20.50	14778.65	12923.37
内蒙古	Inner Mongolia	4499.17	2614.85	600.01	22.10	166271.98	152704.12
辽 宁	Liaoning	735.92	571.83	315.32	39.24	30888.53	29749.18
吉 林	Jilin	904.79	784.87	175.94	41.49	105368.45	101295.77
黑龙江	Heilongjiang	2453.77	1990.46	243.26	43.78	199999.41	184704.09
上 海	Shanghai	10.19	8.90	8.90	14.04	664.32	449.59
江 苏	Jiangsu	174.98	155.99	150.83	15.20	9609.62	7044.48
浙 江	Zhejiang	659.77	604.99	244.65	59.43	31384.86	28114.67
安 徽	Anhui	449.33	395.85	232.91	28.65	26145.10	22186.55
福 建	Fujian	924.40	811.58	385.59	66.80	79711.29	72937.63
江 西	Jiangxi	1079.90	1021.02	368.70	61.16	57564.29	50665.83
山 东	Shandong	349.34	266.51	256.11	17.51	13040.49	9161.49
河 南	Henan	520.74	403.18	245.78	24.14	26564.48	20719.12
湖 北	Hubei	876.09	736.27	197.42	39.61	39579.82	36507.91
湖 南	Hunan	1257.59	1052.58	501.51	49.69	46141.03	40715.73
广 东	Guangdong	1080.29	945.98	615.51	53.52	50063.49	46755.09
广 西	Guangxi	1629.50	1429.65	733.53	60.17	74433.24	67752.45
海 南	Hainan	217.50	194.49	140.40	57.36	16347.14	15340.15
重 庆	Chongqing	421.71	354.97	95.93	43.11	24412.17	20678.18
四 川	Sichuan	2454.52	1839.77	502.22	38.03	197201.77	186099.00
贵 州	Guizhou	927.96	771.03	315.45	43.77	44464.57	39182.90
云 南	Yunnan	2599.44	2106.16	507.68	55.04	213244.99	197265.84
西 藏	Tibet	1798.19	1490.99	7.84	12.14	230519.15	228254.42
陕 西	Shaanxi	1236.79	886.84	310.53	43.06	51023.42	47866.70
甘 肃	Gansu	1046.35	509.73	126.56	11.33	28386.88	25188.89
青 海	Qinghai	819.16	419.75	19.10	5.82	5556.86	4864.15
宁 夏	Ningxia	179.52	65.60	43.55	12.63	1111.14	835.18
新 疆	Xinjiang	1371.26	802.23	121.42	4.87	46490.95	39221.50

注：1.本表为第九次全国森林资源清查（2014-2018)资料。
2.全国总计数包括台湾省和香港、澳门特别行政区数据。
a) Data in the table are results of the Ninth National Forestry Survey (2014-2018).
b) Data of national total include forest resources in Taiwan province and Hong Kong SAR and Macao SAR.

8-23 造林面积
Area of Afforestation

单位：公顷 (hectare)

年份 地区	Year Region	造林总面积 Total Area of Afforestation	按造林方式分 By Approach				
			人工造林 Manual Planting	飞播造林 Airplane Planting	封山育林 Closed Hillsides for Afforestation	退化林修复 Restoration of Degraded Forest	人工更新 Artificial Regeneration
2000		5105138	4345008	760130			
2005		5403791	3231556	416386	1755849		
2006		3838794	2446122	271803	1120869		
2007		3907711	2738521	118671	1050519		
2008		5354387	3684913	154065	1515409		
2009		6262330	4156293	226337	1879700		
2010		5909919	3872762	195948	1841209		
2011		5996613	4065693	196931	1733989		
2012		5595791	3820704	136409	1638678		
2013		6100057	4209686	154400	1735971		
2014		5549612	4052912	108055	1388645		
2015		7683695	4362589	128390	2152877	739334	300505
2016		7203509	3823656	162322	1953638	991088	272805
2017		7680711	4295890	141220	1657169	1280993	305439
2018		7299473	3677952	135429	1785067	1329166	371859
2019		7390294	3458315	125565	1898314	1537877	370223
北京	Beijing	34084	18698		15386		
天津	Tianjin	16538	16522			16	
河北	Hebei	520644	350969	21365	140156	3946	4208
山西	Shanxi	347355	275024		58266	14065	
内蒙古	Inner Mongolia	720285	371332	32186	121361	187710	7696
辽宁	Liaoning	157599	48980	13333	55333	29460	10493
吉林	Jilin	102929	24595			69926	8408
黑龙江	Heilongjiang	118264	43030		28620	42214	4400
上海	Shanghai	5003	5003				
江苏	Jiangsu	44366	32370			159	11837
浙江	Zhejiang	75527	6276		1332	61400	6519
安徽	Anhui	138746	51264		40381	46109	992
福建	Fujian	214092	6738		142780	16938	47636
江西	Jiangxi	269354	66951		74312	122704	5387
山东	Shandong	168297	125393			18114	24790
河南	Henan	196493	164771	13335	18287	100	
湖北	Hubei	473105	138486		192486	136220	5913
湖南	Hunan	574543	191985		162741	213907	5910
广东	Guangdong	244726	22132		93201	69898	59495
广西	Guangxi	220068	34537		43194	5885	136452
海南	Hainan	15704	3057			55	12592
重庆	Chongqing	275195	146539		53256	75400	
四川	Sichuan	400370	136609	79	126563	129833	7286
贵州	Guizhou	346974	142472		101592	95376	7534
云南	Yunnan	353812	261244		53859	38376	333
西藏	Tibet	87124	36026		51098		
陕西	Shaanxi	333451	151419	45000	79427	57272	333
甘肃	Gansu	369085	259997		85209	23879	
青海	Qinghai	220576	128735		67679	24162	
宁夏	Ningxia	92254	63057		12401	16796	
新疆	Xinjiang	229331	131704	267	79394	15957	2009
大兴安岭	Daxinganling	24400	2400			22000	

注：自2015年起造林面积包括人工造林、飞播造林、新封山育林、退化林修复和人工更新。自2019年起新封山育林指标名称改为封山育林。

a) Since 2015, total area of afforestation includes that of manual planting, airplane planting, new closed hillsides for afforestation, restoration of degraded forest, artificial regeneration. Since 2019, New Closed Hillsides for Afforestation is renamed as Closed Hillsides for Afforestation.

8-24 分地区草原建设利用情况(2017年)
Grassland Protection and Use by Region (2017)

单位：千公顷 (1 000 hectares)

地 区	Region	草原总面积 Area of Grassland	累计种草保留面积 Accumulated Reserved Grassland	当年新增种草面积 New Added Grassland	草原鼠害 Rat Plague in Grassland		草原虫害 Insect Plague in Grassland		草原火灾受害面积(公顷) Area Affected by Fire (hectare)
					危害面积 Area Affected	治理面积 Area Harnessed	危害面积 Area Affected	治理面积 Area Harnessed	
全 国	**National Total**	**392832.7**	**19036.0**	**6119.1**	**28446.0**	**7464.7**	**12960.0**	**4382.0**	**3051.9**
北 京	Beijing	394.8							
天 津	Tianjin	146.6	5.6	2.6					
河 北	Hebei	4712.1	215.5	114.6	256.7	201.3	331.3	220.7	
山 西	Shanxi	4552.0	392.7	146.0	396.7	135.3	291.3	85.3	
内蒙古	Inner Mongolia	78804.5	3683.5	1788.2	3934.0	1137.3	4904.0	1650.0	2153.6
辽 宁	Liaoning	3388.8	506.3	78.2	280.7	176.0	288.7	137.3	13.3
吉 林	Jilin	5842.2	329.7	158.3	200.7	128.7	126.7	72.0	
黑龙江	Heilongjiang	7531.8	408.1	181.1	192.0	121.3	213.3	108.7	
上 海	Shanghai	73.3							
江 苏	Jiangsu	412.7	18.6	16.4					
浙 江	Zhejiang	3169.9							
安 徽	Anhui	1663.2	76.5	64.8					
福 建	Fujian	2048.0	32.2	20.6					
江 西	Jiangxi	4442.3	179.4	105.9					
山 东	Shandong	1638.0	160.3	147.5					
河 南	Henan	4433.8	86.1	70.3					
湖 北	Hubei	6352.2	199.8	65.7					
湖 南	Hunan	6372.7	230.1	85.1					
广 东	Guangdong	3266.2	39.4	23.7					
广 西	Guangxi	8698.3	103.8	24.5					
海 南	Hainan	949.8	12.2	2.4					
重 庆	Chongqing	2158.4	78.1	39.3					
四 川	Sichuan	20380.4	2875.3	610.6	2716.0	384.0	794.7	238.7	400.7
贵 州	Guizhou	4287.3	302.6	131.8					
云 南	Yunnan	15308.4	1443.2	326.3					
西 藏	Tibet	82051.9	216.2	28.0	3000.0	2006.0	187.3	66.7	
陕 西	Shaanxi	5206.2	891.6	135.2	473.3	138.0	147.3	38.7	
甘 肃	Gansu	17904.2	2559.6	705.9	3440.7	551.3	1226.0	300.0	58.7
青 海	Qinghai	36369.7	1425.6	303.9	8226.0	856.7	1092.0	203.3	423.6
宁 夏	Ningxia	3014.1	718.2	146.4	276.7	173.3	340.0	146.7	
新 疆	Xinjiang	57258.8	1845.5	595.8	5052.7	1455.3	3017.3	1114.0	2.0

8-25 分地区湿地面积
Area of Wetland by Region

地 区	Region	湿地面积(千公顷) Area of Wetland (1 000 hectares)	自然湿地 Natural Wetland	近海与海岸 Coasts and Seashores	河 流 Rivers	湖 泊 Lakes	沼 泽 Marshland	人工湿地 Man-made Wetland	湿地面积占辖区面积比重 (%) Proportion of Wetland in Total Area of Territory (%)
全 国	**National Total**	**53602.6**	**46674.7**	**5795.9**	**10552.1**	**8593.8**	**21732.9**	**6745.9**	**5.58**
北 京	Beijing	48.1	24.2		22.7	0.2	1.3	23.9	2.86
天 津	Tianjin	295.6	151.1	104.3	32.3	3.6	10.9	144.5	23.94
河 北	Hebei	941.9	694.6	231.9	212.5	26.6	223.6	247.3	5.04
山 西	Shanxi	151.9	108.1		96.9	3.1	8.1	43.8	0.97
内蒙古	Inner Mongolia	6010.6	5878.8		463.7	566.2	4848.9	131.8	5.08
辽 宁	Liaoning	1394.8	1077.7	713.2	251.5	2.9	110.1	317.1	9.42
吉 林	Jilin	997.6	862.9		223.5	112.0	527.4	134.7	5.32
黑龙江	Heilongjiang	5143.3	4953.8		733.5	356.0	3864.3	189.5	11.31
上 海	Shanghai	464.6	409.0	386.6	7.3	5.8	9.3	55.6	73.27
江 苏	Jiangsu	2822.8	1948.8	1087.5	296.6	536.7	28.0	874.0	27.51
浙 江	Zhejiang	1110.1	843.3	692.5	141.2	8.9	0.7	266.8	10.91
安 徽	Anhui	1041.8	713.6		309.6	361.1	42.9	328.2	7.46
福 建	Fujian	871.0	711.2	575.6	135.1	0.3	0.2	159.8	7.18
江 西	Jiangxi	910.1	710.7		310.8	374.1	25.8	199.4	5.45
山 东	Shandong	1737.5	1103.0	728.5	257.8	62.6	54.1	634.5	11.07
河 南	Henan	627.9	380.7		368.9	6.9	4.9	247.2	3.76
湖 北	Hubei	1445.0	764.2		450.4	276.9	36.9	680.8	7.77
湖 南	Hunan	1019.7	813.5		398.4	385.8	29.3	206.2	4.81
广 东	Guangdong	1753.4	1158.1	815.1	337.9	1.5	3.6	595.3	9.76
广 西	Guangxi	754.3	536.6	259.0	268.9	6.3	2.4	217.7	3.20
海 南	Hainan	320.0	242.0	201.7	39.7	0.6		78.0	9.14
重 庆	Chongqing	207.2	87.7		87.3	0.3	0.1	119.5	2.51
四 川	Sichuan	1747.8	1665.6		452.3	37.4	1175.9	82.2	3.61
贵 州	Guizhou	209.7	151.6		138.1	2.5	11.0	58.1	1.19
云 南	Yunnan	563.5	392.5		241.8	118.5	32.2	171.0	1.43
西 藏	Tibet	6529.0	6524.0		1434.5	3035.2	2054.3	5.0	5.35
陕 西	Shaanxi	308.5	276.2		257.6	7.6	11.0	32.3	1.50
甘 肃	Gansu	1693.9	1642.4		381.7	15.9	1244.8	51.5	3.73
青 海	Qinghai	8143.6	8001.0		885.3	1470.3	5645.4	142.6	11.27
宁 夏	Ningxia	207.2	169.5		97.9	33.5	38.1	37.7	4.00
新 疆	Xinjiang	3948.2	3678.3		1216.4	774.5	1687.4	269.9	2.38

注：1.本表为中国第二次湿地调查(2009-2013)资料。
2.全国总计数包括台湾省和香港、澳门特别行政区数据。全国湿地面积按类型分不包括台湾省和香港、澳门特别行政区数据。

a) Data in the table are the results of China Second Wetland Survey (2009-2013).

b) Data of national total include wetland in Taiwan province, Hong Kong SAR and Macao SAR. Area of national wetland by type does not include Taiwan province, Hong Kong SAR and Macao SAR.

8-26 分地区自然保护基本情况（2019年）

Basic Conditions of Natural Protection by Region (2019)

地 区	Region	国家级自然保护区个数（个）Number of National Nature Reserves (number)	国家级自然保护区面积（万公顷）Area of National Nature Reserves (10 000 hectares)
全 国	**National Total**	**474**	**9811.4**
北 京	Beijing	2	2.8
天 津	Tianjin	3	3.8
河 北	Hebei	13	26.1
山 西	Shanxi	8	14.1
内蒙古	Inner Mongolia	29	444.8
辽 宁	Liaoning	19	89.1
吉 林	Jilin	24	118.5
黑龙江	Heilongjiang	49	389.3
上 海	Shanghai	2	6.6
江 苏	Jiangsu	3	30.0
浙 江	Zhejiang	11	14.9
安 徽	Anhui	8	14.7
福 建	Fujian	17	22.7
江 西	Jiangxi	16	25.5
山 东	Shandong	7	22.0
河 南	Henan	13	44.8
湖 北	Hubei	22	54.7
湖 南	Hunan	23	60.8
广 东	Guangdong	15	33.7
广 西	Guangxi	23	39.1
海 南	Hainan	10	15.7
重 庆	Chongqing	6	25.4
四 川	Sichuan	32	305.8
贵 州	Guizhou	10	29.1
云 南	Yunnan	20	151.0
西 藏	Tibet	11	3720.5
陕 西	Shaanxi	26	63.3
甘 肃	Gansu	21	692.8
青 海	Qinghai	7	2073.8
宁 夏	Ningxia	9	46.0
新 疆	Xinjiang	15	1230.2

8-27 分地区自然灾害损失情况(2019年)
Losses Caused by Natural Disasters by Region (2019)

单位：千公顷 (1 000 hectares)

地 区	Region	农作物受灾面积合计 Total Areas Affected of Farm Crops		旱 灾 Drought		洪涝、地质灾害和台风 Flood, Geophysical Disaster, Typhoon		风雹灾害 Wind and Hail	
		受灾 Area Affected	绝收 Total Crop Failure	受灾 Area Affected	绝收 Total Crop Failure	受灾 Area Affected	绝收 Total Crop Failure	受灾 Area Affected	绝收 Total Crop Failure
全 国	**National Total**	**19256.9**	**2802.0**	**7838.0**	**1113.6**	**8604.8**	**1480.8**	**2228.4**	**171.4**
北 京	Beijing	2.5	0.1			0.2		2.3	0.1
天 津	Tianjin								
河 北	Hebei	314.7	51.6	130.5	30.9	58.1	4.9	115.9	11.7
山 西	Shanxi	1473.7	314.2	1284.5	294.5	71.5	6.1	73.4	9.4
内蒙古	Inner Mongolia	1453.5	110.8	379.7	58.8	222.8	22.3	498.1	27.3
辽 宁	Liaoning	324.7	35.1	13.7	3.0	282.5	31.0	28.5	1.1
吉 林	Jilin	536.2	64.3			410.8	50.6	125.4	13.7
黑龙江	Heilongjiang	3540.7	737.5			3279.7	723.9	223.6	13.6
上 海	Shanghai	8.7	0.1			8.7	0.1		
江 苏	Jiangsu	224.2	18.1			155.4	14.9	68.6	3.2
浙 江	Zhejiang	353.8	45.7	11.6	0.8	341.7	44.8	0.5	0.1
安 徽	Anhui	958.0	123.7	857.1	116.3	48.4	4.7	52.5	2.7
福 建	Fujian	123.1	21.6	21.6	1.7	93.6	18.5	7.9	1.4
江 西	Jiangxi	1200.7	216.8	492.6	92.2	671.1	122.7	37.0	1.9
山 东	Shandong	1340.7	198.7	282.5	20.1	946.1	159.9	111.8	18.7
河 南	Henan	969.8	97.4	807.1	90.0	86.9	3.1	75.8	4.3
湖 北	Hubei	1429.8	202.0	1153.4	173.6	219.0	22.7	45.8	5.2
湖 南	Hunan	997.8	179.5	356.6	47.8	607.3	121.6	10.6	1.5
广 东	Guangdong	144.7	4.5			142.4	4.3	1.6	0.2
广 西	Guangxi	247.8	24.9	26.3	1.7	217.1	23.0	1.4	0.2
海 南	Hainan	3.6	0.5			3.5	0.5	0.1	
重 庆	Chongqing	78.3	12.7	42.9	7.2	31.0	4.8	4.4	0.7
四 川	Sichuan	323.8	33.2	79.0	1.3	237.7	30.5	6.9	1.4
贵 州	Guizhou	141.0	23.9			125.8	20.9	15.2	3.0
云 南	Yunnan	1568.9	122.7	1432.9	102.3	80.3	12.2	38.1	5.0
西 藏	Tibet	5.5	0.4			3.0	0.3	2.5	0.1
陕 西	Shaanxi	645.1	109.0	457.5	71.4	126.9	23.9	15.5	1.7
甘 肃	Gansu	173.6	8.3	2.5		92.4	2.8	61.5	5.3
青 海	Qinghai	70.3	5.9			21.0	2.4	38.2	3.4
宁 夏	Ningxia	29.1	3.6	6.0		3.6	1.4	16.1	2.0
新 疆	Xinjiang	572.6	35.2			16.3	2.0	549.2	32.5

注：农作物受灾面积合计、受灾人口、死亡人口(含失踪)和直接经济损失含地震、森林、海洋等灾害。

a) Total areas affected of farm crops, population affected, deaths (including missing) and direct economic loss include earthquake, forest disasters and marine disasters.

8-27 续表 continued

单位：千公顷 (1 000 hectares)

地区	Region	低温冷冻和雪灾 Low-temperature, Freezing and Snow Disaster		人口受灾 Population Affected		直接经济损失(亿元) Direct Economic Losses (100 million yuan)
		受灾 Area Affected	绝收 Total Crop Failure	受灾人口(万人次) Population Affected (10 000 person-times)	死亡人口(含失踪)(人) Deaths (including missing) (person)	
全　国	**National Total**	**585.7**	**36.2**	**13759.0**	**909**	**3270.9**
北　京	Beijing			6.4	1	5.2
天　津	Tianjin					
河　北	Hebei	10.2	4.1	289.2	3	23.2
山　西	Shanxi	44.3	4.2	953.0	38	124.0
内蒙古	Inner Mongolia	352.9	2.4	220.7	8	46.8
辽　宁	Liaoning			171.4	6	47.5
吉　林	Jilin			177.7	2	51.7
黑龙江	Heilongjiang	37.4		397.6	2	221.4
上　海	Shanghai			18.9		1.9
江　苏	Jiangsu	0.2		145.9	9	15.6
浙　江	Zhejiang			896.0	64	552.6
安　徽	Anhui			789.1	15	85.0
福　建	Fujian			139.8	7	117.7
江　西	Jiangxi			1545.9	56	333.6
山　东	Shandong	0.3		1126.6	21	425.3
河　南	Henan			1221.9	6	41.9
湖　北	Hubei	11.6	0.5	1281.6	49	100.7
湖　南	Hunan	23.3	8.6	1173.9	31	243.1
广　东	Guangdong	0.7		103.8	54	55.8
广　西	Guangxi	3.0		356.0	104	100.5
海　南	Hainan			12.9	8	1.7
重　庆	Chongqing			145.9	27	19.6
四　川	Sichuan	0.2		487.6	159	340.9
贵　州	Guizhou			277.2	76	47.0
云　南	Yunnan	17.6	3.2	949.4	70	102.1
西　藏	Tibet			11.4	7	1.7
陕　西	Shaanxi	45.2	12.0	458.8	52	58.8
甘　肃	Gansu	17.2	0.2	224.5	22	46.5
青　海	Qinghai	11.1	0.1	86.9	9	14.3
宁　夏	Ningxia	3.4	0.2	14.6	3	2.9
新　疆	Xinjiang	7.1	0.7	74.4		41.9

8-28 地质灾害及防治情况
Geological Disasters and Prevention

年份 Year 地区 Region	发生地质灾害数量(处) Geological Disasters (case)	#滑坡 Landslide	#崩塌 Collapse	#泥石流 Mudslide	#地面塌陷 Sinkhole	人员伤亡(人) Casualties (person)	#死亡人数 Deaths	直接经济损失(万元) Direct Economic Losses (10 000 yuan)
2000	19653	13431	2945	1958	347	27697	1179	494201
2005	17751	9367	7654	566	137	1223	578	357678
2006	102804	88523	13160	417	398	1227	663	431590
2007	25364	15478	7722	1215	578	1123	598	247528
2008	26580	13450	8080	843	454	1598	656	326936
2009	10580	6310	2378	1442	326	845	331	190109
2010	30670	22250	5688	1981	478	3445	2244	638509
2011	15804	11504	2445	1356	386	413	244	413151
2012	14675	11112	2152	952	364	636	293	625253
2013	15374	9832	3288	1547	385	929	482	1043568
2014	10937	8149	1860	554	307	637	360	567027
2015	8355	5668	1870	483	292	422	226	250528
2016	10997	8194	1905	652	225	593	362	354290
2017	7521	5524	1356	387	206	523	329	359477
2018	2966	1631	858	339	122	185	105	147128
2019	6181	4220	1238	599	121	299	211	276868
北京 Beijing	20	1	19					35
天津 Tianjin								
河北 Hebei	2		1	1				11
山西 Shanxi	2	1	1			35	22	793
内蒙古 Inner Mongolia	1	1						1
辽宁 Liaoning	2	1	1					55
吉林 Jilin	21	4	15	1	1			122
黑龙江 Heilongjiang	11	3	7	1				246
上海 Shanghai								
江苏 Jiangsu	6	2	1		3			22
浙江 Zhejiang	488	240	130	118		8	6	9044
安徽 Anhui	182	104	66	11	1			2044
福建 Fujian	163	91	70	2		1	1	4292
江西 Jiangxi	738	632	82	11	13	9	7	5825
山东 Shandong	63	28	24		11			1108
河南 Henan	6	4	2					335
湖北 Hubei	84	65	11	1	7	4	1	1393
湖南 Hunan	2449	2116	248	57	27	5	4	26249
广东 Guangdong	327	141	176	1	8	24	22	7558
广西 Guangxi	386	195	133	18	40	42	27	13255
海南 Hainan	2	1	1					120
重庆 Chongqing	117	62	44	2	9	16	15	3377
四川 Sichuan	725	302	136	287		7	2	136003
贵州 Guizhou	29	23	6			66	44	20607
云南 Yunnan	117	81	14	20	1	35	28	8944
西藏 Tibet	58	20	8	30				1084
陕西 Shaanxi	64	37	11	16		10	6	3558
甘肃 Gansu	33	19	13	1		25	19	28679
青海 Qinghai	51	42	6	3		3	1	1672
宁夏 Ningxia	8	3	5			3	2	103
新疆 Xinjiang	26	1	7	18		6	4	334

8-29 森林火灾情况(2019年)
Forest Fires (2019)

地区	Region	森林火灾次数(次) Forest Fires (case)	一般火灾 Ordinary Fires	较大火灾 Major Fires	重大火灾 Severe Fires	特别重大火灾 Extraordinarily Severe Fires	火场总面积(公顷) Total Area of Fires (hectare)	受害森林面积(公顷) Destructed Forest Area (hectare)	伤亡人数(人) Casualties (person)	其他损失折款(万元) Other Losses (10 000 yuan)
全 国	**National Total**	**2345**	**1534**	**802**	**8**	**1**	**39705**	**13505**	**76**	**16219.9**
北 京	Beijing	8	2	6			68	6		
天 津	Tianjin									
河 北	Hebei	41	36	5			556	110		66.1
山 西	Shanxi	34	16	17	1		14082	1897	7	3687.3
内蒙古	Inner Mongolia	230	92	135	3		4181	3292	1	259.7
辽 宁	Liaoning	63	35	26	2		2023	1441		6369.2
吉 林	Jilin	46	36	10			139	63	2	115.0
黑龙江	Heilongjiang	10	9	1			11	5		
上 海	Shanghai									
江 苏	Jiangsu	7	7				11	1		
浙 江	Zhejiang	30	12	18			218	116		165.7
安 徽	Anhui	43	34	9			178	42		15.4
福 建	Fujian	26	6	20			328	217	2	216.6
江 西	Jiangxi	60	35	25			1199	489		170.6
山 东	Shandong	6	6				5	3		23.2
河 南	Henan	156	144	12			596	60	2	241.0
湖 北	Hubei	200	169	31			1489	386	3	262.3
湖 南	Hunan	272	171	101			1816	865		559.5
广 东	Guangdong	126	72	53	1		2050	1119	1	269.7
广 西	Guangxi	387	273	114			2614	918	10	480.8
海 南	Hainan	32	12	20			79	54		26.9
重 庆	Chongqing	8	4	4			47	35		2.9
四 川	Sichuan	138	105	31	1	1	2477	661	31	1660.6
贵 州	Guizhou	10	8	2			140	19		9.1
云 南	Yunnan	104	50	54			2900	1024	1	1375.8
西 藏	Tibet	2	2							
陕 西	Shaanxi	202	115	87			1908	444	14	80.4
甘 肃	Gansu	15	10	5			73	67	2	18.7
青 海	Qinghai	18	9	9			163	80		83.6
宁 夏	Ningxia	48	43	5			341	80		32.9
新 疆	Xinjiang	23	21	2			14	11		27.1

8-30 林业有害生物防治情况
Prevention of Forestry Pests

单位：万公顷 (10 000 hectares)

年份 地区	Year Region	合计 Total 发生面积 Covered Area	合计 Total 防治面积 Area of Prevention	合计 Total 防治率(%) Prevention Rate (%)	森林病害 Forest Diseases 发生面积 Covered Area	森林病害 Forest Diseases 防治面积 Area of Prevention
	2000	851.86	574.19	67.4	93.45	61.95
	2005	961.03	640.75	66.7	101.20	70.62
	2006	1100.67	735.47	66.8	103.87	71.80
	2007	1209.68	801.20	66.2	110.95	85.88
	2008	1141.84	783.96	68.7	116.83	90.48
	2009	1141.97	819.38	71.8	103.12	81.88
	2010	1164.24	812.36	69.8	129.06	89.56
	2011	1168.14	728.50	62.4	119.72	79.23
	2012	1176.90	782.59	66.5	131.16	84.26
	2013	1223.05	766.83	62.7	139.17	89.88
	2014	1206.45	787.43	65.3	137.28	86.71
	2015	1218.35	877.77	72.0	139.05	97.71
	2016	1211.34	833.82	68.8	138.89	95.90
	2017	1253.12	962.17	76.8	133.09	101.71
	2018	1219.52	948.93	77.8	176.87	134.54
	2019	1236.77	1015.31	82.1	229.54	165.18
北京	Beijing	3.58	3.58	100.0	0.14	0.14
天津	Tianjin	5.12	5.12	100.0	0.67	0.67
河北	Hebei	48.22	44.55	92.4	1.83	1.78
山西	Shanxi	23.06	18.10	78.5	1.55	0.80
内蒙古	Inner Mongolia	106.21	97.33	91.6	15.73	10.44
辽宁	Liaoning	56.66	51.97	91.7	4.63	3.96
吉林	Jilin	33.60	32.06	95.4	2.16	1.88
黑龙江	Heilongjiang	44.71	34.56	77.3	2.88	1.57
上海	Shanghai	1.34	1.26	93.7	0.13	0.13
江苏	Jiangsu	12.07	12.07	100.0	1.08	1.08
浙江	Zhejiang	41.36	27.42	66.3	37.48	23.64
安徽	Anhui	38.88	33.97	87.4	7.25	4.63
福建	Fujian	17.71	16.45	92.9	1.15	0.77
江西	Jiangxi	35.72	26.63	74.6	16.53	10.96
山东	Shandong	51.89	50.26	96.8	14.62	14.02
河南	Henan	54.25	48.89	90.1	10.52	9.30
湖北	Hubei	52.53	41.91	79.8	11.84	10.38
湖南	Hunan	36.37	19.88	54.7	5.35	2.55
广东	Guangdong	34.20	24.46	71.5	12.87	11.86
广西	Guangxi	33.85	29.37	86.8	5.87	1.84
海南	Hainan	2.57	0.59	23.1	0.01	0.00
重庆	Chongqing	40.11	40.11	100.0	14.77	14.77
四川	Sichuan	68.14	46.99	69.0	12.42	8.41
贵州	Guizhou	18.64	17.50	93.9	1.95	1.62
云南	Yunnan	40.50	40.01	98.8	7.26	7.10
西藏	Tibet	22.57	7.45	33.0	6.25	2.06
陕西	Shaanxi	38.06	28.83	75.7	6.79	3.92
甘肃	Gansu	40.26	28.98	72.0	7.53	4.88
青海	Qinghai	26.30	21.40	81.4	2.70	2.09
宁夏	Ningxia	28.20	12.93	45.8	0.13	0.09
新疆	Xinjiang	166.16	148.53	89.4	13.32	7.68
大兴安岭	Daxinganling	13.90	2.18	15.7	2.14	0.18

8-30 续表 continued

单位：万公顷 (10 000 hectares)

年份 Year / 地区 Region		森林虫害 Forest Pest Plague		森林鼠(兔)害 Forest Rat & Rabbit Plague		有害植物 Harmful Plants	
		发生面积 Covered Area	防治面积 Area of Prevention	发生面积 Covered Area	防治面积 Area of Prevention	发生面积 Covered Area	防治面积 Area of Prevention
2000		669.28	456.59	89.12	55.65		
2005		726.09	498.51	133.73	71.62		
2006		829.87	557.20	166.93	106.47		
2007		887.72	604.53	211.02	110.79		
2008		843.19	590.23	181.81	103.25		
2009		850.30	638.14	188.55	99.36		
2010		852.32	628.70	182.86	94.11		
2011		845.91	546.58	202.51	102.69		
2012		846.29	572.93	199.45	125.41		
2013		847.46	589.56	224.25	82.97	12.16	4.43
2014		841.28	599.54	211.60	96.03	16.29	5.16
2015		846.64	620.92	214.82	150.19	17.84	8.94
2016		857.02	615.03	195.51	112.13	19.92	10.77
2017		905.97	714.40	194.20	133.24	19.88	12.82
2018		840.41	665.25	184.40	138.60	17.85	10.54
2019		811.46	701.32	178.03	138.52	17.74	10.30
北京	Beijing	3.43	3.43				
天津	Tianjin	4.45	4.45				
河北	Hebei	42.77	39.74	3.62	3.03		
山西	Shanxi	15.51	12.70	5.79	4.42	0.21	0.19
内蒙古	Inner Mongolia	71.68	70.99	18.80	15.90		
辽宁	Liaoning	51.22	47.32	0.82	0.68		
吉林	Jilin	27.46	26.32	3.99	3.87		
黑龙江	Heilongjiang	26.28	19.84	15.55	13.14		
上海	Shanghai	1.22	1.13				
江苏	Jiangsu	10.90	10.90			0.10	0.10
浙江	Zhejiang	3.88	3.78				
安徽	Anhui	31.63	29.34				
福建	Fujian	16.55	15.68				
江西	Jiangxi	19.19	15.67			0.00	0.00
山东	Shandong	37.27	36.24				
河南	Henan	43.73	39.59				
湖北	Hubei	32.52	26.86	0.39	0.36	7.79	4.31
湖南	Hunan	31.02	17.33				
广东	Guangdong	17.17	9.80			4.17	2.80
广西	Guangxi	26.86	26.86	0.01	0.01	1.10	0.65
海南	Hainan	0.92	0.48			1.65	0.11
重庆	Chongqing	23.57	23.57	1.75	1.75	0.02	0.02
四川	Sichuan	52.30	35.81	3.41	2.78	0.00	0.00
贵州	Guizhou	15.94	15.33	0.29	0.25	0.47	0.30
云南	Yunnan	30.97	30.67	0.64	0.63	1.63	1.61
西藏	Tibet	11.44	3.77	4.82	1.59	0.07	0.02
陕西	Shaanxi	23.72	20.06	7.55	4.85		
甘肃	Gansu	17.97	12.67	14.76	11.43		
青海	Qinghai	11.17	9.25	11.89	9.88	0.54	0.18
宁夏	Ningxia	11.24	4.25	16.83	8.58		
新疆	Xinjiang	94.57	86.89	58.27	53.95		
大兴安岭	Daxinganling	2.92	0.57	8.85	1.43		

注：自2019年起，森林鼠害指标改为森林鼠（兔）害。
a) Since 2019, Forest Rat Plague is renamed as Forest Rat &Rabbit Plague.

8-31 突发环境事件情况(2019年)
Environmental Emergency Events (2019)

地 区	Region	突发环境事件次数(次) Number of Environmental Emergency Events (case)	特别重大环境事件 Extraordinarily Severe Environmental Emergency Events	重 大 环境事件 Serious Environmental Emergency Events	较 大 环境事件 Comparatively Severe Environmental Emergency Events	一 般 环境事件 Ordinary Environmental Emergency Events
全 国	**National Total**	**261**			**3**	**258**
北 京	Beijing	17				17
天 津	Tianjin	2				2
河 北	Hebei	4				4
山 西	Shanxi	15				15
内蒙古	Inner Mongolia	2				2
辽 宁	Liaoning	10				10
吉 林	Jilin					
黑龙江	Heilongjiang					
上 海	Shanghai					
江 苏	Jiangsu	9			1	8
浙 江	Zhejiang	10				10
安 徽	Anhui	6				6
福 建	Fujian	9				9
江 西	Jiangxi	8				8
山 东	Shandong	8				8
河 南	Henan	10				10
湖 北	Hubei	19			1	18
湖 南	Hunan	25				25
广 东	Guangdong	26				26
广 西	Guangxi	4				4
海 南	Hainan					
重 庆	Chongqing	3				3
四 川	Sichuan	25				25
贵 州	Guizhou	8				8
云 南	Yunnan					
西 藏	Tibet					
陕 西	Shaanxi	26			1	25
甘 肃	Gansu	4				4
青 海	Qinghai	2				2
宁 夏	Ningxia	5				5
新 疆	Xinjiang	4				4

8-32 地震灾害情况
Earthquake Disasters

年 份 Year 地 区 Region	地震灾害次数（次）Number of Earthquakes (case)	#5.0-5.9级 5.0-5.9 Richter Scale	#6.0-6.9级 6.0-6.9 Richter Scale	#7.0级以上 Over 7.0 Richter Scale	人员伤亡（人）Casualties (person)	#死亡人数 Deaths	直接经济损失（万元）Direct Economic Losses (10 000 yuan)
2000	10	7	2		2987	10	146792
2005	13	9	2		882	15	262811
2006	10	9			229	25	79962
2007	3	1	1		422	3	201922
2008	17	6	4	2	446293	69283	85949594
2009	8	5	2		407	3	273782
2010	12	4		1	13795	2705	2361077
2011	18	11	2	1	540	32	6020873
2012	12	8	3		1279	86	828757
2013	14	10	3	1	15965	294	9953631
2014	20	14	4	1	3666	623	3326078
2015	14	13	1		1192	30	1791918
2016	16	8	4		104	1	668693
2017	12	4	3	1	676	38	1476600
2018	11	7			85		302716
2019	13	8	2		428	17	59125
吉 林 Jilin	1	1					496
湖 北 Hubei	1						228
广 西 Guangxi	2	2			6	1	50
四 川 Sichuan	5	3	1		415	16	58308
贵 州 Guizhou	1						
西 藏 Tibet	1		1				
甘 肃 Gansu	2	2			7		43

8-33 主要海洋灾害情况（2019年）
Major Marine Disasters (2019)

灾 种 Disaster Categories	发生次数（次）Occurance of Disasters (case)	人员死亡、失踪（人）Casualties and Missing People (person)	直接经济损失（亿元）Direct Economic Losses (100 million yuan)
合 计 Total	**17**	**22**	**117.03**
风暴潮 Stormy Tides	5		116.38
赤 潮 Red Tides	2		0.31
海 浪 Huge Waves	10	22	0.34
海 冰 Sea Ice			

8-34 管辖海域未达到第一类海水水质标准的海域面积(2019年)
Sea Area with Water Quality Not Reaching Standard of Grade 1 (2019)

单位：平方公里 (sq.km)

项 目	Item	第二类水质海域面积 Sea Area with Water Quality at Grade 2	第三类水质海域面积 Sea Area with Water Quality at Grade 3	第四类水质海域面积 Sea Area with Water Quality at Grade 4	劣于第四类水质海域面积 Sea Area with Water Quality Less than Grade 4
总 计	**Total**	**34330**	**18440**	**8560**	**28340**
渤 海	Bohai Sea	8770	2210	750	1010
黄 海	Huanghai Sea	4890	5410	490	760
东 海	Donghai Sea	15820	8270	6280	22240
南 海	Nanhai Sea	4850	2550	1040	4330

8-35 城镇环境基础设施建设投资情况(2019年)
Investment in Urban Environmental Infrastructure (2019)

单位：万元 (10 000 yuan)

地 区	Region	城镇环境基础设施建设投资 Investment in Urban Environmental Infrastructure	燃气 Gas Supply	集中供热 Centralized Heating	排水 Drainage Works	园林绿化 Gardening & Greening	市容环境卫生 Environmental Sanitation
全 国	**National Total**	**60178446**	**3764711**	**6996016**	**19300184**	**23273466**	**6844069**
北 京	Beijing	5620877	154399	274904	1163097	3504425	524052
天 津	Tianjin	738366	4704	47709	297405	203007	185541
河 北	Hebei	3078619	385534	555623	585945	1289213	262304
山 西	Shanxi	2049060	332782	527249	264474	813566	110989
内蒙古	Inner Mongolia	1090777	126757	342701	264134	296701	60483
辽 宁	Liaoning	553651	102034	237184	84999	27191	102243
吉 林	Jilin	507828	68895	129000	247683	53970	8281
黑龙江	Heilongjiang	681336	132438	263002	151540	61945	72410
上 海	Shanghai	1505088	257383		989428	99647	158630
江 苏	Jiangsu	4038580	264854	56584	1297354	1971242	448546
浙 江	Zhejiang	2764839	166616	120577	633902	1376854	466890
安 徽	Anhui	3367127	148655	411595	1175029	1278291	353557
福 建	Fujian	1905614	80148	141349	786878	664633	232606
江 西	Jiangxi	3462268	50666	362425	1140385	1263055	645736
山 东	Shandong	4384018	404767	869920	1232041	1445162	432127
河 南	Henan	4834572	208495	680507	849070	2665923	430577
湖 北	Hubei	3037667	32467	91971	1847805	718562	346862
湖 南	Hunan	1057569	39441	235770	447796	233339	101224
广 东	Guangdong	3157691	131052	10675	1959291	207870	848804
广 西	Guangxi	1170681	56656	156564	449678	367121	140662
海 南	Hainan	264308		30964	154958	22653	55734
重 庆	Chongqing	1643873	48602	90629	531098	912713	60830
四 川	Sichuan	3309498	74327	341955	1241317	1295589	356310
贵 州	Guizhou	851807	3361	144703	196878	382957	123909
云 南	Yunnan	1248820	37829	106420	291473	746651	66446
西 藏	Tibet	97461	37347	11044	38841	5809	4420
陕 西	Shaanxi	1573915	126289	260084	411023	640194	136325
甘 肃	Gansu	774448	121445	197405	198271	227837	29489
青 海	Qinghai	161828	14107	33953	35506	52940	25322
宁 夏	Ningxia	197199	27829	23700	93511	49190	2969
新 疆	Xinjiang	1049062	124831	239850	239372	395217	49792

8-36 工业污染治理投资完成情况
Investment Completed in the Treatment of Industrial Pollution

单位：万元 (10 000 yuan)

年份 Year 地区 Region	工业污染治理完成投资 Investment Completed in the Treatment of Industrial Pollution	治理废水 Treatment of Wastewater	治理废气 Treatment of Waste Gas	治理固体废物 Treatment of Solid Waste	治理噪声 Treatment of Noise Pollution	治理其他 Treatment of Other Pollution
2000	2347895	1095897	909242	114673	13692	214390
2005	4581909	1337147	2129571	274181	30613	810396
2006	4839485	1511165	2332697	182631	30145	782848
2007	5523909	1960722	2752642	182532	18279	606838
2008	5426404	1945977	2656987	196851	28383	598206
2009	4426207	1494606	2324616	218536	14100	374349
2010	3969768	1295519	1881883	142692	14193	620021
2011	4443610	1577471	2116811	313875	21623	413831
2012	5004573	1403448	2577139	247499	11627	764860
2013	8496647	1248822	6409109	140480	17628	680608
2014	9976511	1152473	7893935	150504	10950	768649
2015	7736822	1184138	5218073	161468	27892	1145251
2016	8190041	1082395	5614702	466733	6236	1019974
2017	6815345	763760	4462628	127419	12862	1448676
2018	6212736	640082	3931104	184249	15181	1442119
2019	6151513	699004	3676995	170729	14168	1590616
北京 Beijing	7308	1666	4829			813
天津 Tianjin	125944	1569	55280			69095
河北 Hebei	373871	10084	271946	176	16	91648
山西 Shanxi	426034	60466	254245	18433	260	92629
内蒙古 Inner Mongolia	254401	58518	102054	8823		85007
辽宁 Liaoning	121547	9622	92215		1563	18148
吉林 Jilin	67771	5495	23872			38404
黑龙江 Heilongjiang	31850	5390	26014	150		296
上海 Shanghai	299377	8479	171586	187	1109	118016
江苏 Jiangsu	599923	57352	302880	29368	15	210308
浙江 Zhejiang	340650	93229	140370	4648	1044	101359
安徽 Anhui	270492	20408	177773	250	509	71552
福建 Fujian	127645	17962	23446	61220	895	24122
江西 Jiangxi	201243	50432	89701	4444	1443	55223
山东 Shandong	954348	69038	755315	3819	2777	123399
河南 Henan	424762	27279	292106	1141		104237
湖北 Hubei	133861	31287	77832	273	217	24252
湖南 Hunan	54788	6618	37890	1	1047	9231
广东 Guangdong	317016	67498	178936	33414	564	36603
广西 Guangxi	48620	14708	17299		175	16438
海南 Hainan	6258	364	5885	5		4
重庆 Chongqing	37461	4071	18645		1250	13495
四川 Sichuan	123260	23123	86608	113	70	13346
贵州 Guizhou	89572	7158	54589	220	834	26772
云南 Yunnan	119331	10568	83584	1632	70	23478
西藏 Tibet						
陕西 Shaanxi	294610	10700	114533	975	252	168150
甘肃 Gansu	48765	11934	29375	280		7176
青海 Qinghai	38903	3813	15544	842	48	18655
宁夏 Ningxia	62335	5798	31775	230		24532
新疆 Xinjiang	149567	4375	140869	86	10	4228

8-37 林业投资完成情况(2019年)
Forestry Investment Completed (2019)

单位：万元 (10 000 yuan)

地区	Region	本年完成投资 Investment Completed During the Year	国家投资 State Investment	生态修复治理 Ecological Restoration and Treatment	林(草)产品加工制造 Manufacture of Forest and Grassland Products	林业草原服务、保障和公共管理 Sevices, Security and Public Management of Forest and Grassland Sector
全国	**National Total**	**45255868**	**26523167**	**23758869**	**8962720**	**12534279**
北京	Beijing	2388438	2345979	1965408		423030
天津	Tianjin	448385	199754	445454		2931
河北	Hebei	1431233	1135517	1231034	23826	176373
山西	Shanxi	1074677	1004212	903076		171601
内蒙古	Inner Mongolia	1733035	1670665	992544	458	740033
辽宁	Liaoning	347031	341570	228682	3190	115159
吉林	Jilin	875511	781350	542708	78981	253822
黑龙江	Heilongjiang	1288251	1273685	541872	659	745720
上海	Shanghai	240345	239565	154490		85855
江苏	Jiangsu	731374	403669	558257	114920	58197
浙江	Zhejiang	1423907	1295055	275991	13615	1134301
安徽	Anhui	1056938	533468	688633	141315	226990
福建	Fujian	1142097	372860	725819	307025	109253
江西	Jiangxi	2288186	794112	774370	1095628	418188
山东	Shandong	1245878	543356	932101	26051	287726
河南	Henan	1977923	785748	682212	1016391	279320
湖北	Hubei	3321823	522999	1269588	881600	1170635
湖南	Hunan	907967	1564951	492547	760	414660
广东	Guangdong	128620	828213	55066		73554
广西	Guangxi	1173403	677608	610401	45522	517480
海南	Hainan	7378570	117523	1972924	4017644	1388002
重庆	Chongqing	765752	630096	509771	20990	234991
四川	Sichuan	2168729	1014387	1009524	722009	437196
贵州	Guizhou	2990078	1571363	2121453	191281	677344
云南	Yunnan	1127236	1095030	745943	15215	366078
西藏	Tibet	387432	387432	206001	14154	167277
陕西	Shaanxi	1141571	979979	847322	28689	265560
甘肃	Gansu	1364271	915250	770672	189650	403949
青海	Qinghai	576211	575004	350837	464	224910
宁夏	Ningxia	295003	209065	224579		70424
新疆	Xinjiang	914730	802810	531632	9593	373505
局直属单位(含大兴安岭)	Units under the Bureau (including Daxinganling)	921263	910892	397958	3090	520215

主要统计指标解释

耕地 指种植农作物的土地，包括熟地，新开发、复垦、整理地，休闲地（含轮歇地、轮作地）；以种植农作物（含蔬菜）为主，间有零星果树、桑树或其他树木的土地；平均每年能保证收获一季的已垦滩地和海涂。耕地中包括南方宽度＜1.0 米，北方宽度＜2.0 米固定的沟、渠、路和地坎（埂）；临时种植药材、草皮、花卉、苗木等的耕地，以及其他临时改变用途的耕地。

园地 指种植以采集果、叶、根、茎、汁等为主的集约经营的多年生木本和草本作物，覆盖度大于 50%和每亩株数大于合理株数 70%的土地。包括用于育苗的土地。

林地 指生长乔木、竹类、灌木的土地，及沿海生长红树林的土地。包括迹地，不包括居民点内部的绿化林木用地，铁路、公路征地范围内的林木，以及河流、沟渠的护堤林。

牧草地 指生长草本植物为主的土地。

径流量 指在一定时段内通过河流某一过水断面的水量，用以反映一个国家或地区水资源的丰歉程度。计算公式为：

径流量=降水量-蒸发量

流域 每条河流都有自己的干流和支流，干支流共同组成这条河流的水系。每条河流都有自己的集水区域，这个集水区域就称为该河流的流域。

外流河 指直接或间接流入海洋的河流。供给外流河河水的区域称为外流区域。

内陆河 指在陆地内部干燥地区，河水沿途消失于沙漠或注入内陆湖泊的河流。供给内陆河河水的区域称为内陆区域。

矿产资源 矿产资源指由地质作用形成的，具有利用价值的，呈固态、液态、气态的自然资源，是社会生产发展的重要物质基础。目前我国已发现矿种有 170 多种，按其特点和用途，可分为能源矿产(如煤炭、石油、天然气、地热)、金属矿产(如铁矿、锰矿、铜矿、铅矿、铝土矿)、非金属矿产(如金刚石、石灰岩、粘土)和水气矿产(如地下水、矿泉水、二氧化碳气)四大类。其中：金属矿产按其物质成份和性质又可分为：黑色金属矿产、有色金属矿产、贵金属矿产、稀有金属矿产、稀土金属矿产、分散元素金属矿产六类。

非油气矿产查明资源储量 指《固体矿产资源/储量分类》（GB/T17766−1999）中资源量（不含预测的部分）和基础储量之和。

平均气温 气温指空气的温度，我国一般以摄氏度为单位表示。气象观测的温度表是放在离地面约 1.5 米处通风良好的百叶箱里测量的，因此，通常说的气温指的是离地面 1.5 米处百叶箱中的温度。计算方法：月平均气温是将全月各日的平均气温相加，除以该月的天数而得。年平均气温是将 12 个月的月平均气温累加后除以 12 而得。

平均相对湿度 指空气中实际水气压与当时气温下的饱和水气压之比。其统计方法与气温相同。

降水量 指从天空降落到地面的液态或固态(经融化后)水，未经蒸发、渗透、流失而在地面上积聚的深度。计算方法：月降水量是将全月各日的降水量累加而得。年降水量是将 12 个月的月降水量累加而得。

日照时数 指太阳实际照射地面的时数，通常以小时为单位表示。其统计方法与降水量相同。

水资源总量 指当地降水形成的地表和地下产水总量，即地表径流量与降水入渗补给量之和。

地表水资源量 指河流、湖泊以及冰川等地表水体中可以逐年更新的动态水量，即天然河川径流量。

地下水资源量 指地下饱和含水层逐年更新的动态水量，即降水和地表水入渗对地下水的补给量。

地表水与地下水重复计算量 指地表水和地下水相互转化的部分，即天然河川径流量中的地下水排泄量和地下水补给量中来源于地表水的入渗补给量。

供水总量 指各种水源为用水户提供的包括输水损失在内的毛水量。

地表水源供水量 指地表水体工程的取水量，按蓄、引、提、调四种形式统计。从水库、塘坝中引水或提水，均属蓄水工程供水量；从河道或湖泊中自流引水的，无论有闸或无闸，均属引水工程供水量；利用扬水站从河道或湖泊中直接取水的，属提水工程供水量；跨流域调水指水资源一级区或独立流域之间的跨流域调配水量，不包括在蓄、引、提水量中。

地下水源供水量 指水井工程的开采量，按浅层淡水、深层承压水和微咸水分别统计。城市地下水源供水量包括自来水厂的开采量和工矿企业自备井的开采量。

其他水源供水量 包括污水处理再利用、集雨工程、海水淡化等水源工程的供水量。

用水总量 指各类用水户取用的包括输水损失在内的毛水量。

农业用水 包括农田灌溉用水、林果地灌溉用水、草地灌溉用水、鱼塘补水和畜禽用水。

工业用水 指工矿企业在生产过程中用于制造、加工、冷却、空调、净化、洗涤等方面的用水，按新水取用量计，不包括企业内部的重复利用水量。

生活用水 包括城镇生活用水和农村生活用水。城镇生活用水由居民用水和公共用水（含第三产业及建筑业等用水）组成；农村生活用水指居民生活用水。

生态环境补水 仅包括人为措施供给的城镇环境用水和部分河湖、湿地补水，而不包括降水、径流自然满足的水量。

一般工业固体废物产生量 指当年全年调查对象实际产生的一般工业固体废物的量。一般工业固体废物系指未被列入《国家危险废物名录》（2016 版）或者根据《国家规定的危险废物鉴别标准》（GB5085）、《固体废物浸出毒性浸出方法》（GB5086）及《固体废物浸出毒性测定方法》（GB／T 15555）鉴别方法判定不具有危险特性的工业固体废物。

一般工业固体废物综合利用量 指当年全年调查对象通过回收、加工、循环、交换等方式，从固体废物中提取或者使其转化为可以利用的资源、能源和其他原材料的固体废物量（包括当年利用的往年工业固体废物累计贮存量）。如用作农业肥料、生产建筑材料、筑路等。综合利用量由原产生固体废物的单位统计。

一般工业固体废物处置量 指当年全年调查对象将工业固体废物焚烧和用其他改变工业固体废物的物理、化学、生物特性的方法，达到减少或者消除其危险成分的活动，或者将工业固体废物最终置于符合环境保护规定要求的填埋场的活动中，所消纳固体废物的量（包括当年处置的往年工业固体废物累计贮存量）。

一般工业固体废物贮存量 指当年全年调查对象以综合利用或处置为目的，将固体废物暂时贮存或堆存在专设的贮存设施或专设的集中堆存场所内的量。专设的固体废物贮存场所或贮存设施必须有防扩散、防流失、防渗漏、防止污染大气、水体的措施。

一般工业固体废物倾倒丢弃量 指当年全年调查对象将所产生的固体废物倾倒或者丢弃到固体废物污染防治设施、场所以外的量。

危险废物产生量 指当年全年调查对象实际产生的危险废物的量。危险废物指列入国家危险废物名录或者根据国家规定的危险废物鉴别标准和鉴别方法认定的，具有爆炸性、易燃性、易氧化性、毒性、腐蚀性、易传染性疾病等危险特性之一的废物。包括利用处置危险废物过程中二次产生的危险废物的量。按《国家危险废物名录》（2016）填报。

危险废物综合利用量和处置量 综合利用量指当年全年调查对象从危险废物中提取物质作为原材料或者燃料的活动中消纳危险废物的量。包括本单位利用或委托、提供给外单位利用的量。**处置量**指当年全年调查对象将危险废物焚烧和用其他改变工业固体废物的物理、化学、生物特性的方法，达到减少或者消除其危险成分的活动，或者将危险废物最终置于符合环境保护规定要求的填埋场的活动中，所消纳危险废物的量。处置量包括处置本单位或委托给外单位处置的量。

危险废物年末累积贮存量 指将危险废物以一定包装方式暂时存放在专设的贮存设施内的量。专设的贮存设施指对危险废物的包装、选址、设计、安全防护、监测和关闭等符合《危险废物贮存污染控制标准》（GB18597-2001）等相关环保法律法规要求，具有防扩散、防流失、防渗漏、防止污染大气和水体措施的设施。包括本单位自行贮存的本单位产生的和接收外单位的危险废物量。

生活垃圾清运量 指报告期收集和运送到各生活垃圾处理厂(场)和生活垃圾最终消纳点的生活垃圾数量。生活垃圾指城市日常生活或为城市日常生活提供服务的活动中产生的固体废物以及法律行政规定的视为城市生活垃圾的固体废物。包括：居民生活垃圾、商业垃圾、集市贸易市场垃圾、街道清扫垃圾、公共场所垃圾和机关、学校、厂矿等单位的生活垃圾。

生活垃圾无害化处理率 指报告期生活垃圾无害化处理量与生活垃圾产生量的比率。在统计上，由于生活垃圾产生量不易取得，可用清运量代替。计算公式为：

$$\text{生活垃圾无害化处理率}=\frac{\text{生活垃圾无害化处理量}}{\text{生活垃圾产生量}}\times 100\%$$

森林面积 包括郁闭度 0.2 以上的乔木林地面积和竹林面积，国家特别规定的灌木林地面积，农田林网以及村旁、路旁、水旁、宅旁林木的覆盖面积。

人工林面积 指由人工播种、植苗或扦插造林形成的生长稳定，(一般造林 3-5 年后或飞机播种 5-7 年后)每公顷保存株数大于或等于造林设计植树株数 80%或郁闭度 0.20 以上(含 0.20)的林分面积。

森林覆盖率 以行政区域为单位的森林面积占区域土地总面积的百分比。计算公式为：

$$\text{森林覆盖率}=\frac{\text{森林面积}}{\text{土地总面积}}\times 100\%$$

活立木总蓄积量 指一定范围土地上全部树木蓄积的总量，包括森林蓄积、疏林蓄积、散生木蓄积和四旁树蓄积。

森林蓄积量 指一定森林面积上存在着的林木树干部分的总材积。

造林面积 指在宜林荒山荒地、宜林沙荒地、无立木林地、疏林地和退耕地等其他宜林地上通过人工措施形成或恢复森林、林木、灌木林的过程。

人工造林 指在宜林荒山荒地、宜林沙荒地、无立木林地、疏林地和退耕地等其他宜林地上通过播种、植苗和分植来提高森林植被覆被率的技术措施。

飞播造林 通过飞机播种，并辅以适当的人工措施，在自然力的作用下使其形成森林或灌草植被，提高森林植被覆被率或提高森林植被质量的技术措施。包括荒山飞播造林和飞播营林。

新封山育林 对宜林地、无立木林地、疏林地或低质低效有林地、灌木林地实施封禁并辅以人工促进手段，使其形成森林或灌草植被或提高林分质量的一项技术措施。包括无林地和疏林地封育以及有林地和灌木林地封育。

退化林修复 为改善林分的活力和结构，有效遏制防护林退化，提高林分质量和恢复森林功能，对结构失调和稳定性降低、功能退化甚至丧失且自然更新能力弱的林分采取的结构调整、树种替换、补植补播、嫁接复壮等森林经营措施。

人工更新造林　指在采伐迹地、火烧迹地、林中空地上通过人工造林重新形成森林的过程。包括通过松土除草、平茬或断根复壮、补植补播、除蘖间苗等措施促进目的树种幼苗幼树生长发育的人工促进天然更新。

湿地　指天然或人工、长久或暂时性的沼泽地、泥炭地或水域地带，包括静止或流动、淡水、半咸水、咸水体，低潮时水深不超过 6 米的水域以及海岸地带地区的珊瑚滩和海草床、滩涂、红树林、河口、河流、淡水沼泽、沼泽森林、湖泊、盐沼及盐湖。

自然保护区　指为了保护自然环境和自然资源，促进国民经济的持续发展，将一定面积的陆地和水体划分出来，并经各级人民政府批准而进行特殊保护和管理的区域个数。根据保护对象，自然保护区分为自然生态系统类、野生生物类、自然遗迹类。风景名胜区、文物保护区不计在内。

滑坡　指斜坡上不稳定的岩土体在重力作用下沿一定软弱面(或滑动带)整体向下滑动的物理地质现象。

崩塌　指陡坡上大块的岩土体在重力作用下突然脱离母体崩落的物理地质现象。

泥石流　指山地突然爆发的饱含大量泥沙、石块的特殊洪流。

地面塌陷　指地表岩、土体在自然或人为因素作用下向下陷落，并在地面形成塌陷坑(洞)的一种动力地质现象。

森林火灾次数　指发生在城市市区外的一切森林、林木和林地的火灾次数。按照受害森林面积和伤亡人数，森林火灾分为一般森林火灾、较大森林火灾、重大森林火灾和特别重大森林火灾：1.一般森林火灾：受害森林面积在 1 公顷以下或者其他林地起火的，或者死亡 1 人以上 3 人以下的，或者重伤 1 人以上 10 人以下的；2.较大森林火灾：受害森林面积在 1 公顷以上 100 公顷以下的，或者死亡 3 人以上 10 人以下的，或者重伤 10 人以上 50 人以下的；3.重大森林火灾：受害森林面积在 100 公顷以上 1000 公顷以下的，或者死亡 10 人以上 30 人以下的，或者重伤 50 人以上 100 人以下的；4.特别重大森林火灾：受害森林面积在 1000 公顷以上的，或者死亡 30 人以上的，或者重伤 100 人以上的。本条所称“以上”包括本数，“以下”不包括本数。

林业有害生物　危害森林、林木、荒漠植被、湿地植被等的病虫鼠兔及有害植物。

突发环境事件　指突然发生，造成或可能造成重大人员伤亡、重大财产损失和对全国或者某一地区的经济社会稳定、政治安定构成重大威胁和损害，有重大社会影响的涉及公共安全的环境事件。

发生地震灾害次数　指发生形成灾害(包括人员伤亡或经济损失)的所有震级的地震次数。

Explanatory Notes on Main Statistical Indicators

Cultivated Land refers to land mainly for the regular cultivation of farm crops (including vegetables), with some fruit trees, mulberry trees and others, covers cultivated land, newly-developed land, reclaimed land, consolidated land, fallow, beach land that can guarantee one harvest per year on average. It also covers fixed ditch, canal, road and sill (ridge) with width less than 1 meter in the South and 2 meters in the North, lands planted temporarily with herbs, grass, flowers and nursery stocks, and other cultivated land with temporary change of use.

Garden Land refers to land for intensive cultivation of perennial woody plants and herbs to collect fruits, leaves, roots, stems and juice, with a coverage rate over 50% and plant number over 70% of rational plant number per mu. Land for nursery is included.

Forest and refers to land for planting arbor, bamboo, bush shrub and land in coastal zones for planting mangrove. It includes slash, but not covers the green belts in residential area, forests requested for railway and highway, and the dike protection forest around rivers and ditches.

Land under Meadows and Pastures refers to land mainly for the growth of herbaceous forage cropss

Volume of Runoff refers to the total volume of water running through a certain cross section of a river during a certain period of time, reflecting the water resources condition in a country or a region. The formula for calculating volume of runoff is as follows:

River Runoff =Precipitation- Evapotranspiration

Drainage Area Each river has its own main stream and branches to form the water system of the river. Each river has its own catchment's area, which is also called as the drainage area of the river.

Out-flowing Rivers refer to rivers directly or indirectly flowing into the sea. The area providing water to the out-flowing rivers is called as out-flowing area.

Inland Rivers refer to rivers in inland dry areas that die away in desert on the way or infuse into inland lakes. The area providing water to the inland rivers is called as inland area.

Mineral Resources refer to useful minerals, with solid state, liquid state, gaseity, due to the geological process. Minerals are important natural resources, and important material base for economic and social development. At present, there are more than 170 types of minerals discovered in China. They can be categorized into four groups: energy minerals (including coal, petroleum, natural gas and terrestrial heat), metallic minerals (including iron, manganese, copper, lead and bauxite), nonmetallic minerals (including diamond, limestone and clay), and water/gas related minerals (including ground water, mineral water and carbon dioxide). Metallic minerals can be further classified as ferrous, non-ferrous, noble metal, rare metal, rare earth and dispersed metals.

The Remaining Reserves of Non-oil and Gas Resources refer to the sum of contingent resources and discovered reserves of non-oil in according to the Classification of Solid Mineral Resources/Reserves (GB/T17766-1999).

Average Temperature It refers to the average air temperature on a regular basis. China uses centigrade as the unit. The thermometry used for weather observation is put in a breezy shutter, which is 1.5 meters high from the ground. Therefore, the commonly used temperature refers to the temperature in the breezy shutter 1.5 meters away from the ground. The calculation method is as follows:

Monthly average temperature is the summation of average daily temperature of one month divided by the actual days of that particular month.

Annual average temperature is the summation of monthly average of a year divided by 12 months.

Average Relative Humidity refers to the ratio of actual water vapour pressure to the saturation water vapour pressure under the current temperature. The calculation method is the same as that of temperature.

Volume of Precipitation refers to the deepness of liquid state or solid state (thawed) water falling from atmosphere reaching to the Earth's surface that has not been evaporated, percolate or run off. The calculation method is as follows:

Monthly precipitation is the summation of daily precipitation of a month.

Annual precipitation is the summation of 12 months precipitation of a year.

Sunshine Hours refer to the actual hours of sun irradiating the earth, usually expressed in hours. The calculation method is the same as that of the precipitation.

Total Water Resources refers to total volume of surface water and groundwater which is from the local precipitation and is measured as the summation of run-off for surface water and recharge of groundwater from local precipitation.

Surface Water Resources refers to total volume of year renewable water flow which exist in rivers, lakes, glaciers and other surface water, and that measured as the natural run-off of rivers.

Groundwater Resources refers to total volume of yearly renewable water flow which exist in saturation acquifers of groundwater, and are measured as recharge of groundwater from local precipitation and surface water.

Overlapped Measurement between Surface Water and Groundwater refers to the part of mutual transfer between surface water and groundwater, i.e. which is the run-off of rivers includes some depletion into groundwater while groundwater includes recharge from surface water.

Water Supply refers to gross water of various sources

supplied to consumers, including losses during distribution.

Surface Water Supply refers to withdrawals through the surface water supply system, broken down with storage, flow, pumping and transfer project. Supply from storage projects includes withdrawals from reservoirs; supply from flow includes withdrawals from rivers and lakes with natural flows regardless of locks or no lockt; supply from pumping projects includes withdrawals from rivers or lakes with pumping stations; and supply from transfer project refers to water supplies transferred from first-level regions of water resources or independent river drainage areas to others, and exclude from the supplies of storage, flow and pumping.

Groundwater Supply refers to withdrawals from supplying wells, broken down with shallow layer freshwater, deep confided freshwater and slightly brackish water. Groundwater supply for urban areas includes water abstraction is the summation of both waterworks and own-use wells enterprises.

Other Water Supply Sources include supplies through wastewater treatment, rain collection, seawater desalinization and other water projects.

Water Use refers to gross water used by various water users, including losses during distribution.

Water Use for Agriculture includes uses of water for irrigation of farming fields, forestry and orchards, irrigation of grassland, replenishment of fishing farms and water used for animal husbandry.

Water Use for Industry refers to new withdrawals of water, excluding reuse of water within enterprises.

Water Use for Residential includes use of water for residential in both urban and rural areas. Urban water useof residential is composed of household use and public use (including tertiary industry and construction). Rural water use for residential includes water used by households.

Water Use for Ecological purposes includes recharge of rivers , lakes and wetlands, and use for urban environment protection.

Common Industrial Solid Wastes Generated refers to the amount of common industrail solid wastes the surveyed units actual generated over the year. The common industrial solid wastes refers to the industrial solid wastes that are not listed in the 《National Catalogue of Hazardous Wastes》(2016 Version), or not regarded as hazardous according to the National Hazardous Waste Identification Standards (GB5085), the Solid Waste-Extraction Procedure for Lleaching Toxicity (GB5086) and the Assay Method of Solid Waste-Extraction Procedure for Leaching Toxicity (GB/T 15555).

Common Industrial Solid Wastes Integrated Use refers to amount of solid wastes from which useable materials can be extracted or converted into usable resources, energy or other materials through reclamation, processing, recycling and exchange (including utilizing in the year the stocks of industrial solid wastes of the previous year) generated by surveyed units over the year of the survey, e.g. being used as agricultural fertilizers, building materials or as material for paving road. The information should be measured as the unit of generating wastes.

Common Industrial Solid Wastes Disposed refers to the amount of industrial solid wastes disposed, which covers the amount of previous years, through incineration or other methods to change its physical, chemical and biological propertiesto reduce or eliminate the hazardsor landfilled in the sites following the requirements for environmental protection by surveyed units over the year of the survey.

Stock of Common Industrial Solid Wastes refers to the amount of solid wastes placed in special facilities or special sites by enterprises for the purposes of integrated use or disposal over the year of the survey. The sites or facilities should take measures against dispersion, loss, seepage, and air and water contamination.

Common Industrial Solid Wastes Discharged refers to the amount of industrial solid wastes dumped or discharged by producing enterprises to disposal facilities or to other sites over the year of the survey.

Hazardous Wastes Generated refers to the amount of actual hazardous wastes generated by surveyed units over the year of the survey, which is covered secondary generation during the process of disposal and reuse of hazardous wastes. Hazardous waste refers to those listed in *the National Hazardous Wastes* catalogue or identified as any one of the following properties in light of the national hazardous wastes identification standards and methods: explosive, ignitable, oxidizable, toxic, corrosive or liable to cause infectious diseases or lead to other dangers. It should be reported following the *National Catalogue of Hazardous Wastes* (2016 Version).

Hazardous Wastes Integrated Reused and Disposed Hazardous Wastes Integrated Reused refers to the amount of hazardous wastes that are used to extract materials for raw materials or fuel over the year of the survey, including own-use by the producing enterprise and other use of enterprises. Hazardous Wastes Disposed refers to the amount of hazardous wastes which are incineration or specially disposed using other methods to change itsits physical, chemical and biological properties and thus to reduce or eliminate the hazards, or placed ultimately in the sitesfollwoing the requirements for environmental protection over the year of the survey.

Year-end Stock of Hazardous Wastes refers to the amount of hazardous wastes specially packaged and placed in special facilities or special sites by enterprises, which covered stock of surveyed units generated and received from other units. The special stock facilities should meet the requirements set in relevant environment protection laws and regulations such as *"Pollution Control Standards for Hazardous Waste Stock"* (GB18597-2001) in regard to package of hazardous waste, location, design, safety, monitoring and shutdown, and take measures against dispersion, loss, seepage, and air and water contamination.

Municiple Wastes Transported refers to amount of municiple wastes collected and transported to disposal factories or sites during the reference period. Municiple wastes are solid wastes generated from urban households or from service activities for urban households, and solid wastes regarded by laws and regulations as municiple wastes, including those from households, commercial activities, markets, cleaning of streets, public sites, offices, schools, factories, mining units and other sources.

Treated Ratio of municiple Wastes refers to the amount ofmunicple wastes treated over the generation amount. Accutually it is difficult to get the amount of generation of municiple wastes, so in practise it is substituted by that the amount of municiple wastes transported. It is calculated as:

$$\frac{\text{Harmless disposal rate}}{\text{municiple wastes}} = \frac{\text{municiple wastes disposed}}{\text{municiple wastes generated}} \times 100\%$$

Forest Area refers to the area of trees and bamboo grow with a canopy density above 0.2 degree, the area of shrubby tree according to regulations of the government, area of land under agroforestry and the area of trees planted by the side of villages, farm houses and along roads and rivers.

Area of Planted Forests refer to the area of stable growing forests, planted manually or by airplanes, with a survival rate of 80% or higher of the designed number of trees per hectare, or with a canopy density of 0.20 degree or above (after 3-5 years of manual planting or 5-7 years of airplane planting).

Forest Coverage Rate refers to the percentage of afforested land area to the total land area.within the administrative region, The formula is as follows:

$$\text{Forestry coverage rate} = \frac{\text{Area of afforested land}}{\text{Area of total land}} \times 100\%$$

Total Living Forest Stock Volume refers to the total stock volume of timber of living treeswithin the given region, including forest,trees sparse trees, scattered trees and trees planted by the side of villages, farm houses and along roads and rivers.

Stock Volume of Forest refers to total stock volume of timber of tree trunk in a given forest area, which shows the total size and level of forest resources of a country or a region.

Area of Afforestation refers to the total area of land suitable for afforestation, including barren hills, idle land, sand dunes, non-timber forest land, woodland and "grain for green" land, on which acres of forests, trees and shrubs are planted through manual planting.

Manual Planting refers to technical measures of sowing, planting seedlings and divided transplanting on land suitable for afforestation, including barren hills, idle land, sand dunes, non-timber forest land, woodland and "grain for green" land to increase vegetation coverage rate of forests.

Airplane Planting refers to technical measures of airplane planting with of appropriate artificial help taken under the influence of natural power to restore certain amount of seedlings on land suitable for afforestation, , with an aim of increasing vegetation coverage rate of forests or improving forest quality. It includes barren afforestation and aerial seeding forest afforestation.

New Closing Hillsides to Facilitate Afforestation is a technical measure by islation with aritificial means to form forest or shrub and grass or improve forest qualityland, to the suitable area for forest, forest land without stumpage, sparse forest land, or low quality forest, shrub forest.

Restoration of Degraded Forest In order to improve the vitality and structure of forest, effectively control forest degradation, improve forest quality and restore forest function, management measures are taken to the forest of structural imbalance and stability reduction, function reduction or even loss and natural regeneration ability is weak, which include structural adjustment, species replacement, replanting sowing, grafting rejuvenation, etc.

Artificial Regeneration refers to forest reforming process in logging slash, Slash Burning, the glade through afforestation. Including artificially promoting natural regeneration of promoting the growth and development of target tree species seedlings by weeding, root pruning or stubble rejuvenation, sowing and replanting, removing tillering and thinning, etc.

Wetlands refer to marshland and peat bog, whether natural or man-made, permanent or temporary; water covered areas, whether stagnant or flowing, with fresh or semi-fresh or salty water that is less than 6 meters deep at low tide; as well as coral beach, weed beach, mud beach, mangrove, river outlet, rivers, fresh-water marshland, marshland forests, lakes, salty bog and salt lakes along the coastal areas.

Natural Reserves refer to number of certain areas of land, or waters that have been set aside and put under special protection and management in order to protect natural environment and natural resources, and promote the sustainable development of national economy. They are subject to formal approval from governments of various levels. According to the protected targets, natural reserves can be divided into three categories: reserves of natural ecological system, natural reserves of wildlife species, and natural heritage of historical significance. Scenic spots and cultural preservation zones are excluded.

Landslides refer to the geological phenomenon of unstable rocks or soil on slopes sliding down along certain soft surface as a result of gravity.

Collapse refers to the geological phenomenon of large mass of rocks or soil suddenly collapsing from the mountain or cliff as a result of gravitaty.

Mudslide refers to the sudden rush of flood torrents containing large amount of mud and rocks in mountainous areas.

Sinkhole refers to the geological phenomenon of surface rocks or soil subsiding into holes or pits as a result of natural or human factors.

Number of Forest Fires refers to the number of wild fires in forests, woods and woodland outside of cities. In light of the area plagued by fires and the number of casualties, forest fires can be categorized into general forest fires, relatively larger fires, serious forest fires and extraordinary serous forest fires: 1). General forest fires: the destructed forest area is less than 1 hectare, or the fire erupts in other woodland, or the number of deaths is no less than 1 but less than 3, or the number of seriously injured persons is no less than 1 but less than 10 persons. 2). Relatively larger forest fires: the destructed forest area is no less than 1 hectare but less than 100 hectares, or the number of deaths is no less than 3 but less than 10, or the number of seriously injured persons is no less than 10 but less than 50 persons. 3). Serious forest fires: the destructed forest area is no less than 100 hectares but less than 1000 hectares, or the number of deaths is no less than 10 but less than 30, or the number of seriously injured persons is no less than 50 but u less than 100 persons. 4). Extraordinary serious forest fires: the destructed forest area is no less than 1000 hectares, or the number of deaths is no less than 30, or the number of seriously injured persons is no less than 100 persons.

Forest Harmful Organisms refer to the diseases, pests, rats and harmful plants that plague forests,wood, desert and wetland vegetation.

Environmental Emergenciy Events refer to environmental emergency events that caused or likely to cause significant causalities, serious property damages and pose a major threat and damage to the economic, social or political stability of the country or a region, or have significant social impact that related to the public safety.

Number of Earthquakes refers to the number of earthquakes of all magnitude that cause damages (including casualties or economic losses).

9

能　源

Energy

简 要 说 明

一、本篇资料的主要内容

本篇包括的主要内容有能源生产、消费及品种构成，能源生产和消费弹性系数，综合能源平衡表和主要能源品种的单项平衡表，分行业、分主要能源品种的消费量，能源加工转换效率及居民生活用能源消费量等。从 2013 年开始，增加全国单位国内生产总值能耗和发电装机容量等指标。

二、本篇资料的统计范围

本篇资料的统计范围为全社会。

三、本篇的资料来源

9−1 表数据来自能源产品产量统计，并以此为依据计算；9−14、9−15 表数据来自中国电力企业联合会；其他表的数据均来自历年能源平衡表。

四、关于数据口径与计算方法的说明

1.一次能源生产量与能源产品产量统计数字一致。

2.能源生产与消费弹性系数分别以能源生产、消费增长速度与国内生产总值增长速度相比求得。

3.能源平衡表中，进口量和出口量采用海关统计数据。进口量中包括境内轮船和飞机在境外的加油量，出口量中包括境外轮船和飞机在境内的加油量。电力折算标准煤系数按平均发电煤耗计算。

4.能源加工转换效率表中，电力折算标准煤系数采用当量值计算，每千瓦小时折 0.1229 千克标准煤。

5.GDP 按可比价格计算。

Brief Introduction

I. Main Contents

Data in this chapter cover mainly energy production, consumption, and composition; elasticity ratio of energy production and consumption; overall balance sheet of energy and balance sheets by main types of energy; consumption of energy by sector and by main types of energy; efficiency of energy transformation; and the household energy consumption. Since 2013, indicators like energy intensity by GDP and installed capacity of power generation are also included.

II. Scope of Data

The scope of data in this chapter is the whole country.

III. Sources of Data

Data in Table 9-1 are calculated on the basis of statistics on output of energy products; data in Tables 9-14 and 9-15 come from the China Electricity Council; and data in other tables in this chapter are from the energy balance sheets over the years.

IV. Notes on Coverage and Compilation of Data

(1) The data on production of primary energy are the same as the corresponding data on output of energy products.

(2) The elasticity ratio of energy production is calculated as the quotient of the growth rate of energy production divided by the growth rate of GDP; and the elasticity ratio of energy consumption is calculated as the quotient of the growth rate of energy consumption divided by the growth rate of GDP.

(3) In the energy balance sheet, data on imports and exports are from Customs statistics. Data on imports include the refill of petroleum by domestic ships and airplanes abroad. Data on exports include the refill of petroleum by oversea ships and airplanes domestically. The coefficient for conversion of electric power into the standard coal equivalent is calculated according to the average consumption of coal for generating electricity.

(4) In the table on the efficiency of energy transformation, the coefficient for the conversion of electric power into the standard coal equivalent is calculated on the basis of the heat value equivalent. One kilowatt is equal to 0.1229 kgce.

(5) Gross domestic product are calculated at constant prices.

9-1 一次能源生产总量及构成
Total Primary Energy Production and Its Composition

年 份 Year	一次能源生产总量 (万吨标准煤) Total Primary Energy Production (10 000 tce)	占一次能源生产总量的比重 (%) Proportion to Total Primary Energy Production (%)			
		原 煤 Raw Coal	原 油 Crude Oil	天然气 Natural Gas	一次电力及其他能源 Primary Electricity and Other Energy
1978	62770	70.3	23.7	2.9	3.1
1980	63735	69.4	23.8	3.0	3.8
1985	85546	72.8	20.9	2.0	4.3
1990	103922	74.2	19.0	2.0	4.8
1991	104844	74.1	19.2	2.0	4.7
1992	107256	74.3	18.9	2.0	4.8
1993	111059	74.0	18.7	2.0	5.3
1994	118729	74.6	17.6	1.9	5.9
1995	129034	75.3	16.6	1.9	6.2
1996	133032	75.0	16.9	2.0	6.1
1997	133460	74.3	17.2	2.1	6.5
1998	129834	73.3	17.7	2.2	6.8
1999	131935	73.9	17.3	2.5	6.3
2000	138570	72.9	16.8	2.6	7.7
2001	147425	72.6	15.9	2.7	8.8
2002	156277	73.1	15.3	2.8	8.8
2003	178299	75.7	13.6	2.6	8.1
2004	206108	76.7	12.2	2.7	8.4
2005	229037	77.4	11.3	2.9	8.4
2006	244763	77.5	10.8	3.2	8.5
2007	264173	77.8	10.1	3.5	8.6
2008	277419	76.8	9.8	3.9	9.5
2009	286092	76.8	9.4	4.0	9.8
2010	312125	76.2	9.3	4.1	10.4
2011	340178	77.8	8.5	4.1	9.6
2012	351041	76.2	8.5	4.1	11.2
2013	358784	75.4	8.4	4.4	11.8
2014	362212	73.5	8.3	4.7	13.5
2015	362193	72.2	8.5	4.8	14.5
2016	345954	69.8	8.3	5.2	16.7
2017	358867	69.6	7.6	5.4	17.4
2018	378859	69.2	7.2	5.4	18.2
2019	397000	68.6	6.9	5.7	18.8

注：电力折算标准煤的系数根据当年平均发电煤耗计算(下表同)。

a) The coefficient for conversion of electric power into the standard coal equivalent is calculated according to the average consumption of coal for generating electricity in the year. The same applies to the following tables.

9-2 能源消费总量及构成
Total Energy Consumption and Its Composition

年 份 Year	能源消费总量 (万吨标准煤) Total Energy Consumption (10 000 tce)	占能源消费总量的比重（%） Proportion to Total Energy Consumption (%)			
		煤 炭 Coal	石 油 Petroleum	天然气 Natural Gas	一次电力及其他能源 Primary Electricity and Other Energy
1978	57144	70.7	22.7	3.2	3.4
1980	60275	72.2	20.7	3.1	4.0
1985	76682	75.8	17.1	2.2	4.9
1990	98703	76.2	16.6	2.1	5.1
1991	103783	76.1	17.1	2.0	4.8
1992	109170	75.7	17.5	1.9	4.9
1993	115993	74.7	18.2	1.9	5.2
1994	122737	75.0	17.4	1.9	5.7
1995	131176	74.6	17.5	1.8	6.1
1996	135192	73.5	18.7	1.8	6.0
1997	135909	71.4	20.4	1.8	6.4
1998	136184	70.9	20.8	1.8	6.5
1999	140569	70.6	21.5	2.0	5.9
2000	146964	68.5	22.0	2.2	7.3
2001	155547	68.0	21.2	2.4	8.4
2002	169577	68.5	21.0	2.3	8.2
2003	197083	70.2	20.1	2.3	7.4
2004	230281	70.2	19.9	2.3	7.6
2005	261369	72.4	17.8	2.4	7.4
2006	286467	72.4	17.5	2.7	7.4
2007	311442	72.5	17.0	3.0	7.5
2008	320611	71.5	16.7	3.4	8.4
2009	336126	71.6	16.4	3.5	8.5
2010	360648	69.2	17.4	4.0	9.4
2011	387043	70.2	16.8	4.6	8.4
2012	402138	68.5	17.0	4.8	9.7
2013	416913	67.4	17.1	5.3	10.2
2014	428334	65.8	17.3	5.6	11.3
2015	434113	63.8	18.4	5.8	12.0
2016	441492	62.2	18.7	6.1	13.0
2017	455827	60.6	18.9	6.9	13.6
2018	471925	59.0	18.9	7.6	14.5
2019	487000	57.7	18.9	8.1	15.3

9-3 综合能源平衡表
Overall Energy Balance Sheet

单位：万吨标准煤 (10 000 tce)

项 目	Item	1990	1995	2000	2005	2010	2014	2015	2016	2017	2018
可供消费的能源总量	**Total Energy Available for Consumption**	**96138**	**129535**	**144234**	**254619**	**365588**	**427430**	**431636**	**434121**	**450444**	**471686**
一次能源生产总量	Total Primary Energy Production	103922	129034	138570	229037	312125	362212	362193	345954	358867	378859
回收能	Recovery of Energy		2312	3087	7452	8958					
进口量	Imports	1310	5456	14327	26823	57671	78027	77695	90235	100039	110787
出口量(－)	Exports (-)	5875	6776	9327	11257	8803	8270	9785	11956	12669	13337
年初年末库存差额	Stock Changes in the Year	-3219	-491	-2424	2564	-4363	-4540	1532	9888	4206	-4623
能源消费总量	**Total Energy Consumption**	**98703**	**131176**	**146964**	**261369**	**360648**	**428334**	**434113**	**441492**	**455827**	**471925**
在总量中:	Consumption by Sector										
农、林、牧、渔业	Agriculture, Forestry, Animal Husbandry and Fishery	4852	5505	4233	6860	7266	8020	8271	8585	8945	8781
工 业	Industry	67578	96191	103014	187914	261377	298449	295953	295615	302308	311151
建筑业	Construction	1213	1335	2207	3486	5533	7377	7545	7847	8243	8685
交通运输、仓储和邮政业	Transport, Storage and Post	4541	5863	11447	19136	27102	36343	38510	39883	42140	43617
批发和零售业、住宿和餐饮业	Wholesale and Retail Trades, Hotels and Catering Services	1247	2018	3251	5917	7847	10864	11447	12042	12456	12994
其他	Other Sectors	3473	4519	6118	10484	15052	20069	21925	23185	24277	26262
居民生活	Household Consumption	15799	15745	16695	27573	36470	47211	50461	54336	57459	60436
在总量中:	Consumption by Usage										
终端消费	Final Consumption	94289	124252	140476	250877	337469	415456	420110	428342	442255	461020
#工业	Industry	63239	89473	96871	177775	238652	285948	282291	282809	289098	300558
加工转换损失量	Losses During the Process of Energy Transformation	2264	3634	2472	3882	14294	17270	18770	18674	19279	20803
#炼焦	Coking	905		526	855	1595	3540	4261	3887	3721	4129
炼油及煤制油	Petroleum Refining and Coal-to-liquids	326		781	1273	1960	2115	2866	3543	4280	5027
回收能(－)	Recovery of Energy (-)						14578	14492	15373	15921	20465
损失量	Other Losses	2150	3289	4016	6610	8885	10186	9724	9849	10213	10567
平衡差额	**Balance**	**-2565**	**-1641**	**-2730**	**-6751**	**4940**	**-904**	**-2477**	**-7371**	**-5383**	**-239**

注：进口量包括境内轮船和飞机在境外的加油量；出口量包括境外轮船和飞机在境内的加油量(下表同)。

a) Data on imports include the refill of petroleum by domestic ships and airplanes abroad. Data on exports include the refill of petroleum by oversea ships and airplanes domestically. The same applies to the following tables.

9-4 石油平衡表
Petroleum Balance Sheet

单位：万吨 (10 000 tons)

项目	Item	1990	1995	2000	2005	2010	2014	2015	2016	2017	2018
可供量	**Available for Consumption**	**11435**	**16073**	**22631**	**32539**	**44178**	**52062**	**55688**	**57711**	**60811**	**63727**
生产量	Production	13831	15004	16300	18135	20301	21143	21456	19969	19151	18932
进口量	Imports	756	3673	9748	17163	29437	36180	39749	44503	49141	54094
出口量(–)	Exports (-)	3110	2455	2172	2888	4079	4214	5128	6383	7027	7557
年初年末库存差额	Stock Changes in the Year	-41	-151	-1245	129	-1481	-1047	-388	-378	-454	-1743
消费量	**Consumption**	**11486**	**16065**	**22496**	**32547**	**44101**	**51859**	**55960**	**57693**	**60396**	**62245**
在消费量中:	Consumption by Sector										
农、林、牧、渔业	Agriculture, Forestry, Animal Husbandry and Fishery	1034	1203	789	1452	1383	1718	1733	1730	1786	1725
工　业	Industry	7322	9349	11249	14030	18555	18357	19718	20383	21487	22460
建筑业	Construction	327	243	841	1502	2483	3205	3384	3599	3804	3936
交通运输、仓储和邮政业	Transport, Storage and Post	1683	2864	6399	10928	15079	19558	20663	21146	22076	22739
批发和零售业、住宿和餐饮业	Wholesale and Retail Trades, Hotels and Catering Services	78	334	247	376	481	563	616	585	601	599
其他	Other Sectors	758	1390	1636	1974	2578	3152	3683	3537	3503	3458
居民生活	Household Consumption	285	682	1336	2284	3542	5305	6162	6713	7140	7328
在消费量中:	Consumption by Usage										
终端消费	Final Consumption	9305	13676	19950	29496	41243	49309	52946	54387	56880	58623
#工　业	Industry	5180	7096	8860	11108	15858	15854	16740	17100	17980	18848
中间消费	Intermediate Consumption										
(用于加工转换)	(Consumed in Transformation)	1630	2230	2353	2896	2663	2440	2927	3264	3469	3593
火力发电	Thermal Power	1234	1359	1178	1306	385	254	266	285	281	309
供　热	Heating	356	400	427	429	593	521	493	518	523	590
制　气	Gas Production	40	52	26	14				5	5	5
炼油损失量	Losses in Petroleum Refining	296	420	722	1146	1685	1665	2168	2457	2661	2689
损失量	Other Losses	255	159	193	155	194	110	88	42	47	29
平衡差额	**Balance**	**-51**	**8**	**135**	**-8**	**77**	**202**	**-272**	**18**	**415**	**1481**

注：生产量为原油产量。
a) Data on production refer to the crude oil production.

9-5 煤炭平衡表
Coal Balance Sheet

单位：万吨 (10 000 tons)

项　目	Item	1990	1995	2000	2005	2010	2014	2015	2016	2017	2018
可供量	**Available for Consumption**	**102221**	**133462**	**131895**	**235508**	**355578**	**411834**	**397074**	**378494**	**383480**	**394848**
生产量	Production	107988	136073	138418	236515	342845	387392	374654	341060	352356	369774
进口量	Imports	200	164	218	2622	18307	29122	20406	25555	27093	28210
出口量(-)	Exports (-)	1729	2862	5506	7173	1911	574	534	879	809	494
年初年末库存差额	Stock Changes in the Year	-4239	87	-1235	3545	-3663	-4106	2547	12758	4839	-2642
消费量	**Consumption**	**105523**	**137677**	**135690**	**243375**	**349008**	**413633**	**399834**	**388820**	**391403**	**397452**
在消费量中:	Consumption by Sector										
农、林、牧、渔业	Agriculture, Forestry, Animal Husbandry and Fishery	2095	1857	1051	1802	2147	2479	2625	2778	2834	2363
工　业	Industry	81091	117571	121807	224766	329728	392567	378190	367435	371160	380696
建筑业	Construction	438	440	537	604	731	914	878	805	733	650
交通运输、仓储和邮政业	Transport, Storage and Post	2161	1315	882	811	639	558	492	404	353	321
批发和零售业、住宿和餐饮业	Wholesale and Retail Trades, Hotels and Catering Services	1058	977	1461	2627	3192	3767	3864	3826	3461	2686
其他	Other Sectors	1980	1987	1495	2727	3412	4046	4159	4081	3580	3021
居民生活	Household Consumption	16700	13530	8457	10039	9159	9303	9627	9492	9283	7714
在消费量中:	Consumption by Usage										
终端消费	Final Consumption	60206	66156	50511	86386	114826	112804	112975	101569	92841	81171
#工　业	Industry	35774	46050	36628	67776	95546	91738	91331	80183	72598	64415
中间消费(用于加工转换)	Intermediate Consumption (Consumed in Transformation)	41258	69488	81987	152208	222948	277954	267061	272512	285325	303986
#火力发电	Thermal Power	27204	44440	55811	103663	153742	189525	179568	182666	193925	205197
供　热	Heating	2996	5887	8794	13542	17553	22445	24115	26577	28983	32388
炼　焦	Coking	10698	18396	16496	33446	49950	63944	60874	60649	58910	61603
煤制油	Coal-to-liquids					213	650	679	1105	1568	2497
制　气	Gas Production	360	764	960	1277	1040	858	1320	1212	1663	2010
洗选损耗	Losses in Coal Washing and Dressing	4059	2033	3191	4782	11235	22875	19798	14740	13237	12295
平衡差额	**Balance**	**-3302**	**-4215**	**-3795**	**-7868**	**6569**	**-1800**	**-2760**	**-10326**	**-7924**	**-2604**

注：生产量为原煤产量。
a) Data on production refer to the raw coal production.

9-6 电力平衡表
Electricity Balance Sheet

单位：亿千瓦小时 (100 million kW·h)

项　目	Item	1990	1995	2000	2005	2010	2014	2015	2016	2017	2018
可供量	**Available for Consumption**	**6230**	**10023**	**13473**	**24941**	**41936**	**57830**	**58021**	**61204**	**65914**	**71509**
生产量	Production	6212	10077	13556	25003	42072	57945	58146	61332	66044	71661
水　电	Hydro Power	1267	1906	2224	3970	7222	10729	11303	11840	11979	12318
火　电	Thermal Power	4945	8043	11142	20473	33319	44001	42842	44371	47546	50963
核　电	Nuclear Power		128	167	531	739	1325	1708	2133	2481	2944
风　电	Wind Power					446	1600	1858	2371	2972	3660
进口量	Imports	19	6	15	50	55	68	62	62	64	57
出口量(-)	Exports (-)	1	60	99	112	191	182	187	189	195	209
消费量	**Consumption**	**6230**	**10023**	**13472**	**24940**	**41934**	**57830**	**58020**	**61205**	**65914**	**71508**
在消费量中:	Consumption by Sector										
农、林、牧、渔业	Agriculture, Forestry, Animal Husbandry and Fishery	427	582	533	776	976	1013	1040	1092	1175	1243
工　业	Industry	4873	7660	10005	18522	30872	42249	41550	42997	46053	49095
建筑业	Construction	65	160	160	234	483	722	699	726	789	888
交通运输、仓储和邮政业	Transport, Storage and Post	106	182	281	430	735	1059	1126	1251	1418	1608
批发和零售业、住宿和餐饮业	Wholesale and Retail Trades, Hotels and Catering Services	76	200	419	752	1292	1996	2122	2324	2527	2900
其他	Other Sectors	202	234	623	1341	2452	3615	3919	4395	4881	5716
居民生活	Household Consumption	481	1006	1452	2885	5125	7176	7565	8421	9072	10058
在消费量中:	Consumption by Usage										
终端消费	Final Consumption	5796	9279	12536	23234	39366	54730	55032	58142	62718	68156
#工　业	Industry	4439	6915	9068	16815	28304	39149	38562	39934	42857	45743
输配电损失量	Losses in Transmission	435	745	937	1706	2568	3100	2988	3063	3196	3352

9-7 能源生产弹性系数
Elasticity Ratio of Energy Production

年 份 Year	能源生产 比上年增长（%） Growth Rate of Energy Production over Preceding Year (%)	电力生产 比上年增长（%） Growth Rate of Electricity Production over Preceding Year(%)	国内生产总值 比上年增长（%） Growth Rate of Gross Domestic Product (GDP) over Preceding Year(%)	能源生产 弹性系数 Elasticity Ratio of Energy Production	电力生产 弹性系数 Elasticity Ratio of Electricity Production
1985	9.9	8.9	13.4	0.74	0.66
1990	2.2	6.2	3.9	0.56	1.59
1991	0.9	9.1	9.3	0.10	0.98
1992	2.3	11.3	14.2	0.16	0.80
1993	3.6	15.3	13.9	0.26	1.10
1994	6.9	10.7	13.0	0.53	0.82
1995	8.7	8.6	11.0	0.79	0.78
1996	3.1	7.2	9.9	0.31	0.73
1997	0.3	5.1	9.2	0.03	0.55
1998	-2.7	2.7	7.8		0.35
1999	1.6	6.3	7.7	0.21	0.82
2000	5.0	9.4	8.5	0.59	1.11
2001	6.4	9.2	8.3	0.77	1.11
2002	6.0	11.7	9.1	0.66	1.29
2003	14.1	15.5	10.0	1.41	1.55
2004	15.6	15.3	10.1	1.54	1.51
2005	11.1	13.5	11.4	0.97	1.18
2006	6.9	14.6	12.7	0.54	1.15
2007	7.9	14.5	14.2	0.56	1.02
2008	5.0	5.6	9.7	0.52	0.58
2009	3.1	7.1	9.4	0.33	0.76
2010	9.1	13.3	10.6	0.86	1.25
2011	9.0	12.0	9.6	0.94	1.25
2012	3.2	5.8	7.9	0.41	0.73
2013	2.2	8.9	7.8	0.28	1.14
2014	1.0	6.7	7.4	0.14	0.91
2015	0.0	0.3	7.0		0.04
2016	-4.5	5.5	6.8		0.81
2017	3.7	7.7	6.9	0.54	1.12
2018	5.6	8.5	6.7	0.84	1.27
2019	5.1	4.7	6.1	0.84	0.77

注：国内生产总值增长速度按不变价格计算(下表同)。
a) The growth rates of GDP are calculated at constant prices. The same applies to the following tables.

9-8 能源消费弹性系数

Elasticity Ratio of Energy Consumption

年 份 Year	能源消费 比上年增长(%) Growth Rate of Energy Consumption over Preceding Year (%)	电力消费 比上年增长(%) Growth Rate of Electricity Consumption over Preceding Year(%)	国内生产总值 比上年增长(%) Growth Rate of Gross Domestic Product (GDP) over Preceding Year(%)	能源消费 弹性系数 Elasticity Ratio of Energy Consumption	电力消费 弹性系数 Elasticity Ratio of Electricity Consumption
1985	8.1	9.0	13.4	0.60	0.67
1990	1.8	6.2	3.9	0.46	1.59
1991	5.1	9.2	9.3	0.55	0.99
1992	5.2	11.5	14.2	0.37	0.81
1993	6.3	11.0	13.9	0.45	0.79
1994	5.8	9.9	13.0	0.45	0.76
1995	6.9	8.2	11.0	0.63	0.75
1996	3.1	7.4	9.9	0.31	0.75
1997	0.5	4.8	9.2	0.05	0.52
1998	0.2	2.8	7.8	0.03	0.36
1999	3.2	6.1	7.7	0.42	0.79
2000	4.5	9.5	8.5	0.53	1.12
2001	5.8	9.3	8.3	0.70	1.12
2002	9.0	11.8	9.1	0.99	1.30
2003	16.2	15.6	10.0	1.62	1.56
2004	16.8	15.4	10.1	1.66	1.52
2005	13.5	13.5	11.4	1.18	1.18
2006	9.6	14.6	12.7	0.76	1.15
2007	8.7	14.4	14.2	0.61	1.01
2008	2.9	5.6	9.7	0.30	0.58
2009	4.8	7.2	9.4	0.51	0.77
2010	7.3	13.2	10.6	0.69	1.25
2011	7.3	12.1	9.6	0.76	1.26
2012	3.9	5.9	7.9	0.49	0.75
2013	3.7	8.9	7.8	0.47	1.14
2014	2.7	6.7	7.4	0.36	0.91
2015	1.3	0.3	7.0	0.19	0.04
2016	1.7	5.5	6.8	0.25	0.81
2017	3.2	7.7	6.9	0.46	1.12
2018	3.5	8.5	6.7	0.52	1.27
2019	3.3	4.4	6.1	0.54	0.72

注：2019年电力消费数据来源于中国电力企业联合会。
a) The electricity consumption data of 2019 are from China Electricity Council.

9-9 按行业分能源消费量（2018年）

行　　业	Sector	能源消费总量（万吨标准煤）Total Energy Consumption (10 000 tce)
消 费 总 量	**Total Consumption**	**471925**
农、林、牧、渔业	**Agriculture, Forestry, Animal Husbandry and Fishery**	**8781**
工业	**Industry**	**311151**
采矿业	**Mining**	**18981**
煤炭开采和洗选业	Mining and Washing of Coal	9983
石油和天然气开采业	Extraction of Petroleum and Natural Gas	3818
黑色金属矿采选业	Mining and Processing of Ferrous Metal Ores	1566
有色金属矿采选业	Mining and Processing of Non-Ferrous Metal Ores	1253
非金属矿采选业	Mining and Processing of Nonmetal Ores	1312
开采专业及辅助性活动	Professional and Support Activities for Mining	464
其他采矿业	Mining of Other Ores	584
制造业	**Manufacturing**	**258604**
农副食品加工业	Processing of Food from Agricultural Products	4036
食品制造业	Manufacture of Foods	1959
酒、饮料和精制茶制造业	Manufacture of Liquor, Beverages and Refined Tea	1317
烟草制品业	Manufacture of Tobacco	198
纺织业	Manufacture of Textile	7372
纺织服装、服饰业	Manufacture of Textile, Wearing Apparel and Accessories	866
皮革、毛皮、羽毛及其制品和制鞋业	Manufacture of Leather, Fur, Feather and Related Products and Footwear	546
木材加工和木、竹、藤、棕、草制品业	Processing of Timber, Manufacture of Wood, Bamboo, Rattan, Palm, and Straw Products	1059
家具制造业	Manufacture of Furniture	367
造纸和纸制品业	Manufacture of Paper and Paper Products	4102
印刷和记录媒介复制业	Printing and Reproduction of Recording Media	517
文教、工美、体育和娱乐用品制造业	Manufacture of Articles for Culture, Education, Arts and Crafts, Sport and Entertainment Activities	461
石油、煤炭及其他燃料加工业	Processing of Petroleum, Coal and Other Fuels	28689
化学原料和化学制品制造业	Manufacture of Raw Chemical Materials and Chemical Products	51278
医药制造业	Manufacture of Medicines	2179
化学纤维制造业	Manufacture of Chemical Fibers	2329
橡胶和塑料制品业	Manufacture of Rubber and Plastics Products	4793
非金属矿物制品业	Manufacture of Non-metallic Mineral Products	32798
黑色金属冶炼和压延加工业	Smelting and Pressing of Ferrous Metals	62279
有色金属冶炼和压延加工业	Smelting and Pressing of Non-ferrous Metals	24628
金属制品业	Manufacture of Metal Products	6283
通用设备制造业	Manufacture of General Purpose Machinery	3705
专用设备制造业	Manufacture of Special Purpose Machinery	1691
汽车制造业	Manufacture of Automobiles	3646
铁路、船舶、航空航天和其他运输设备制造业	Manufacture of Railway, Ship, Aerospace and Other Transport Equipments	1821
电气机械和器材制造业	Manufacture of Electrical Machinery and Apparatus	2698
计算机、通信和其他电子设备制造业	Manufacture of Computers, Communication and Other Electronic Equipment	4628
仪器仪表制造业	Manufacture of Measuring Instruments and Machinery	277
其他制造业	Other Manufacture	1620
废弃资源综合利用业	Utilization of Waste Resources	391
金属制品、机械和设备修理业	Repair Service of Metal Products, Machinery and Equipment	72
电力、热力、燃气及水生产和供应业	**Production and Supply of Electricity, Gas and Water**	**33566**
电力、热力生产和供应业	Production and Supply of Electric Power and Heat Power	30832
燃气生产和供应业	Production and Supply of Gas	1148
水的生产和供应业	Production and Supply of Water	1587
建筑业	**Construction**	**8685**
交通运输、仓储和邮政业	**Transport, Storage and Post**	**43617**
批发和零售业、住宿和餐饮业	**Wholesale and Retail Trades, Hotels and Catering Services**	**12994**
其他	**Others**	**26262**
居民生活	**Household Consumption**	**60436**

Energy Consumption by Sector (2018)

煤炭 (万吨) Coal (10 000 tons)	焦炭 (万吨) Coke (10 000 tons)	原油 (万吨) Crude Oil (10 000 tons)	汽油 (万吨) Gasoline (10 000 tons)	煤油 (万吨) Kerosene (10 000 tons)	柴油 (万吨) Diesel Oil (10 000 tons)	燃料油 (万吨) Fuel Oil (10 000 tons)	天然气 (亿立方米) Natural Gas (100 million cu.m)	电力 (亿千瓦小时) Electricity (100 million kW·h)
397452	**43717**	**63004**	**13055**	**3654**	**16410**	**4536**	**2817**	**71508**
2363	**103**		**243**	**5**	**1468**	**1**	**1**	**1243**
380696	**43561**	**62996**	**297**	**25**	**1259**	**2688**	**1940**	**49095**
26064	**174**	**644**	**22**	**1**	**467**	**28**	**184**	**2577**
24234	34	14	6	1	163		21	906
122		612	8		41	25	157	417
222	128		1		50			388
137	4		2		24	2		379
753	9		1		52		1	251
595		18	4		137	1	4	40
								195
161049	**43346**	**62351**	**249**	**23**	**740**	**2656**	**1259**	**36936**
1871	137		10		26	2	21	764
1619	1		5		10	2	20	277
690			4		6	1	15	169
15					2		1	53
951	2		7		7	5	37	1748
57			6		5	1	6	233
33			4		2		2	158
108			2		6		3	270
5	1		3		4		2	109
4272			3		15	6	26	728
66			4		4		4	126
33	2		4		4		10	88
48515	56	59673	20		61	1878	188	1114
23504	3744	2677	19	2	41	569	325	5449
913	2		6		10	2	11	386
1330	18		1		2	1	11	438
501			13		17	4	17	1376
24321	966		17	1	283	148	138	3506
29308	37152		3		51	1	110	6142
21888	403		4	1	37	21	56	6698
349	450		13	1	24	3	50	1623
97	328		17	2	25	1	19	994
48	20		14	1	17	1	15	451
179	31		28		30	1	24	1006
75	1		7	13	17	4	92	167
37	2		17		13	2	12	802
196			11		8	1	26	1391
4			4		1		1	83
4			1		1		4	519
60	31				5	1	10	48
			1	1	5		1	18
193583	**40**		**25**	**1**	**52**	**4**	**497**	**9582**
192239	39		19	1	49	4	487	8887
1318	2		3		2		9	174
27			3		2		1	521
650	**11**		**505**	**17**	**543**	**32**	**2**	**888**
321		**9**	**6068**	**3463**	**11167**	**1796**	**286**	**1608**
2686	**19**		**276**	**15**	**212**	**10**	**61**	**2900**
3021	**6**		**2164**	**104**	**1107**	**9**	**58**	**5716**
7714	**16**		**3504**	**25**	**652**		**468**	**10058**

9-10 能源加工转换效率
Efficiency of Energy Transformation

单位：%　　　　(%)

年 份 Year	总效率 Total Efficiency	发电及供热 Power Generation and Heating	炼 焦 Coking	炼油及煤制油 Petroleum Refining and Coal-to-liquids
1983	69.9	36.9	91.2	99.2
1984	69.2	37.0	90.1	99.2
1985	68.3	36.9	90.8	99.1
1986	68.3	36.7	90.6	99.0
1987	67.5	36.8	90.5	98.8
1988	66.5	36.3	90.8	98.8
1989	66.5	36.7	90.3	98.6
1990	66.5	37.3	91.3	90.2
1991	65.9	37.6	89.9	98.1
1992	66.0	37.8	92.7	96.8
1993	67.3	39.9	98.1	98.5
1994	65.2	39.4	89.6	97.5
1995	71.1	37.3	92.0	97.7
1996	70.2	36.6	94.1	97.5
1997	69.8	35.9	94.0	97.4
1998	69.3	37.1	95.0	96.4
1999	69.3	37.0	96.1	97.5
2000	69.4	37.8	96.2	97.3
2001	69.7	38.2	96.5	97.6
2002	69.0	38.7	96.6	96.7
2003	69.4	38.5	96.1	96.4
2004	70.6	38.6	97.1	96.5
2005	71.1	39.0	97.1	96.9
2006	70.9	39.1	97.0	96.9
2007	71.2	39.8	97.5	97.2
2008	71.5	40.5	98.5	96.2
2009	72.4	41.2	98.0	96.7
2010	72.5	42.0	96.4	97.0
2011	72.2	42.1	96.3	97.4
2012	72.7	42.8	95.7	97.1
2013	73.0	43.1	95.6	97.7
2014	73.1	43.5	93.7	97.5
2015	73.4	44.2	92.1	96.9
2016	73.5	44.6	92.8	96.4
2017	73.0	45.0	92.8	96.0
2018	72.3	45.5	92.4	95.6

9-11 平均每天能源消费量
Average Daily Energy Consumption

能源品种	Type of Energy	1990	1995	2000	2005	2010	2014	2015	2016	2017	2018
合计 （万吨标准煤）	**Total (10 000 tce)**	**270.4**	**359.4**	**401.5**	**716.1**	**988.1**	**1173.5**	**1189.4**	**1206.3**	**1248.8**	**1292.9**
煤炭 （万吨）	Coal (10 000 tons)	289.1	377.2	370.7	666.8	956.2	1133.2	1095.4	1062.4	1072.3	1088.9
焦炭 （万吨）	Coke (10 000 tons)	18.9	29.4	29.6	68.8	106.0	128.5	120.7	124.2	119.8	119.8
原油 （万吨）	Crude Oil (10 000 tons)	32.2	40.8	58.0	82.4	117.5	141.4	150.1	156.1	162.7	172.6
燃料油 （万吨）	Fuel Oil (10 000 tons)	9.2	10.2	10.6	11.6	10.3	11.9	12.8	12.7	13.4	12.4
汽油 （万吨）	Gasoline (10 000 tons)	5.2	8.0	9.6	13.3	19.1	26.8	31.1	32.4	33.7	35.8
煤油 （万吨）	Kerosene (10 000 tons)	1.0	1.4	2.4	3.0	4.8	6.4	7.3	8.1	9.1	10.0
柴油 （万吨）	Diesel Oil (10 000 tons)	7.4	11.8	18.6	30.1	40.3	47.0	47.6	46.0	46.3	45.0
天然气 （亿立方米）	Natural Gas (100 million cu.m)	0.4	0.5	0.7	1.3	3.0	5.1	5.3	5.7	6.6	7.7
电力 （亿千瓦小时）	Electricity (100 million kW·h)	17.1	27.5	36.8	68.3	114.9	158.4	159.0	167.2	180.6	195.9

9-12 居民生活能源消费量
Household Energy Consumption

能源品种	Type of Energy	1990	1995	2000	2005	2010	2014	2015	2016	2017	2018
合计 （万吨标准煤）	**Total (10 000 tce)**	**15799**	**15745**	**16695**	**27573**	**36470**	**47211**	**50461**	**54336**	**57459**	**60436**
煤炭 （万吨）	Coal (10 000 tons)	16700	13530	8457	10039	9159	9303	9627	9492	9283	7714
煤油 （万吨）	Kerosene (10 000 tons)	105	64	72	25	21	29	29	26	28	25
液化石油气 （万吨）	Liquefied Petroleum Gas (10 000 tons)	159	534	858	1329	1537	2173	2549	2955	3225	3147
天然气 （亿立方米）	Natural Gas (100 million cu.m)	19	19	32	79	227	343	360	380	420	468
煤气 （亿立方米）	Coal Gas (100 million cu.m)	29	57	126	145	167	97	80	63	52	47
热力 （万百万千焦）	Heat (10 billion kilo-joule)	8972	12637	23234	52044	67410	86482	93841	98623	106330	121684
电力 （亿千瓦小时）	Electricity (100 million kW·h)	481	1006	1452	2885	5125	7176	7565	8421	9072	10058

9-13 人均生活能源消费量
Household Energy Consumption Per Capita

年 份 Year	人均生活能源消费量（千克标准煤） Annual Per Capita Consumption (kgce)	煤 炭（千克） Coal (kg)	电 力（千瓦小时） Electricity (kW·h)	液化石油气（千克） Liquefied Petroleum Gas (kg)	天然气（立方米） Natural Gas (cu.m)	煤 气（立方米） Coal Gas (cu.m)
1983	107	128	13	0.6	0.1	1.5
1984	113	135	15	0.6	0.4	1.6
1985	127	149	21	0.9	0.4	1.3
1986	127	148	23	1.1	0.6	1.3
1987	132	152	26	1.1	0.7	1.6
1988	141	159	31	1.2	1.4	1.6
1989	139	152	35	1.4	1.5	2.4
1990	139	147	42	1.4	1.6	2.5
1991	139	143	47	1.8	1.6	3.2
1992	134	127	55	2.1	1.8	4.4
1993	133	123	63	2.5	1.5	4.6
1994	129	109	73	3.2	1.7	6.3
1995	131	112	83	4.4	1.6	4.7
1996	121	83	88	5.9	1.7	6.4
1997	119	77	99	6.2	1.7	8.9
1998	119	73	104	6.9	1.9	9.7
1999	122	70	109	6.8	2.1	9.3
2000	132	67	115	6.8	2.6	10.0
2001	136	66	127	6.7	3.3	9.4
2002	146	66	138	7.6	3.6	9.8
2003	166	70	160	8.6	4.0	10.1
2004	191	75	184	10.4	5.2	10.7
2005	211	77	221	10.2	6.1	11.1
2006	230	77	256	11.5	7.8	12.7
2007	250	74	308	12.4	10.9	14.1
2008	254	69	332	11.0	12.8	13.9
2009	264	69	366	11.2	13.3	12.5
2010	273	68	383	10.5	17.0	12.5
2011	294	69	418	12.0	19.7	10.9
2012	313	69	460	12.1	21.3	10.2
2013	335	68	515	13.6	23.8	7.9
2014	346	68	526	15.9	25.1	7.1
2015	368	70	552	18.6	26.2	5.9
2016	394	69	611	21.4	27.5	4.6
2017	414	67	654	23.3	30.3	3.7
2018	434	55	722	22.6	33.6	3.4

注：计算消费量所使用的人口数为平均人口数。
a) Data in the table are calculated with the data on the annual average population.

9-14 分地区电力消费量
Electricity Consumption by Region

单位：亿千瓦小时 (100 million kW·h)

地 区	Region	1995	2000	2005	2010	2015	2018	2019
北 京	Beijing	262	384	571	810	953	1142	1166
天 津	Tianjin	179	234	385	646	801	861	878
河 北	Hebei	603	809	1502	2692	3176	3666	3856
山 西	Shanxi	399	502	946	1460	1737	2161	2262
内蒙古	Inner Mongolia	187	254	668	1537	2543	3353	3653
辽 宁	Liaoning	623	749	1111	1715	1985	2302	2401
吉 林	Jilin	268	291	378	577	652	751	780
黑龙江	Heilongjiang	409	442	556	748	869	974	996
上 海	Shanghai	403	559	922	1296	1406	1567	1569
江 苏	Jiangsu	685	971	2193	3864	5115	6128	6264
浙 江	Zhejiang	440	738	1642	2821	3554	4533	4706
安 徽	Anhui	289	339	582	1078	1640	2135	2301
福 建	Fujian	261	402	757	1315	1852	2314	2402
江 西	Jiangxi	181	208	392	701	1087	1429	1536
山 东	Shandong	741	1001	1912	3298	5117	5917	6219
河 南	Henan	571	719	1353	2354	2880	3418	3364
湖 北	Hubei	415	503	789	1330	1665	2071	2214
湖 南	Hunan	375	406	674	1172	1448	1745	1864
广 东	Guangdong	788	1335	2674	4060	5311	6323	6696
广 西	Guangxi	221	314	510	993	1334	1703	1907
海 南	Hainan	32	38	82	159	272	327	355
重 庆	Chongqing		308	348	626	875	1119	1160
四 川	Sichuan	583	521	943	1549	1992	2459	2636
贵 州	Guizhou	204	288	487	835	1174	1482	1541
云 南	Yunnan	224	274	557	1004	1439	1679	1812
西 藏	Tibet				20	41	69	78
陕 西	Shaanxi	240	293	516	859	1222	1594	1912
甘 肃	Gansu	241	295	489	804	1099	1290	1288
青 海	Qinghai	69	109	207	465	658	738	716
宁 夏	Ningxia	92	136	303	547	878	1065	1084
新 疆	Xinjiang	120	183	310	662	2160	2686	2868

注：2000年及以后数据来源于中国电力企业联合会。
a) Data since 2000 are from China Electricity Council.

9-15 发电装机容量
Installed Capacity of Power Generation

单位：万千瓦 (10 000 kw)

年份 Year	发电装机容量 Installed Capacity of Power Generation	火电 Thermal Power	水电 Hydropower	核电 Nuclear Power	风电 Wind Power	太阳能发电 Solar Power	其他 Others
2000	31932	23754	7935	210	34		
2001	33849	25301	8301	210	38		
2002	35657	26555	8607	447	47		
2003	39141	28977	9490	619	55		
2004	44239	32948	10524	696	82		
2005	51718	39138	11739	696	106		
2006	62370	48382	13029	696	207		
2007	71822	55607	14823	908	420		
2008	79273	60286	17260	908	839		
2009	87410	65108	19629	908	1760	3	3
2010	96641	70967	21606	1082	2958	26	3
2011	106253	76834	23298	1257	4623	212	19
2012	114676	81968	24947	1257	6142	341	20
2013	125768	87009	28044	1466	7652	1589	8
2014	137887	93232	30486	2008	9657	2486	19
2015	152527	100554	31954	2717	13075	4218	9
2016	165051	106094	33207	3364	14747	7631	7
2017	177708	110495	34359	3582	16325	12942	7
2018	190012	114408	35259	4466	18427	17433	20
2019	201006	118957	35804	4874	20915	20418	37

注：数据来源于中国电力企业联合会。
a) The data are from China Electricity Council.

9-16 万元国内生产总值能源消费量
Energy Intensity of GDP

年 份 Year	万元国内生产总值能源消费量(吨标准煤/万元) Total (tce/10 000 yuan)	万元国内生产总值煤炭消费量(吨/万元) Coal (ton/10 000 yuan)	万元国内生产总值焦炭消费量(吨/万元) Coke (ton/10 000 yuan)	万元国内生产总值石油消费量(吨/万元) Petroleum (ton/10 000 yuan)	万元国内生产总值原油消费量(吨/万元) Crude Oil (ton/10 000 yuan)	万元国内生产总值燃料油消费量(吨/万元) Fuel Oil (ton/10 000 yuan)	万元国内生产总值电力消费量(万千瓦小时/万元) Electricity (10 000 kW·h/10 000 yuan)
国内生产总值按1980年可比价格计算 GDP at 1980 constant price							
1980	13.14	13.30	0.94	1.91	2.01	0.67	0.66
1981	12.33	12.56	0.81	1.93	1.81	0.59	0.64
1982	11.81	12.20	0.76	1.56	1.65	0.53	0.62
1983	11.34	11.80	0.71	1.44	1.56	0.49	0.60
1984	10.57	11.18	0.66	1.29	1.37	0.43	0.56
1985	10.08	10.72	0.62	1.21	1.25	0.37	0.54
1986	9.75	10.38	0.63	1.17	1.23	0.36	0.54
1987	9.36	10.03	0.62	1.11	1.15	0.34	0.54
1988	9.03	9.65	0.59	1.08	1.09	0.31	0.53
1989	9.04	9.64	0.59	1.08	1.08	0.32	0.55
1990	8.85	9.47	0.62	1.03	1.06	0.30	0.56
国内生产总值按1990年可比价格计算 GDP at 1990 constant price							
1990	5.23	5.59	0.37	0.61	0.62	0.18	0.33
1991	5.03	5.36	0.35	0.60	0.60	0.17	0.33
1992	4.63	4.84	0.33	0.57	0.56	0.15	0.32
1993	4.32	4.51	0.33	0.55	0.52	0.14	0.31
1994	4.05	4.24	0.30	0.49	0.46	0.12	0.31
1995	3.90	4.09	0.32	0.48	0.44	0.11	0.30
1996	3.66	3.79	0.32	0.48	0.43	0.10	0.29
1997	3.36	3.41	0.27	0.48	0.43	0.09	0.28
1998	3.13	3.10	0.26	0.45	0.40	0.09	0.27
1999	3.00	2.97	0.23	0.45	0.40	0.08	0.26
2000	2.89	2.67	0.21	0.44	0.42	0.08	0.26
国内生产总值按2000年可比价格计算 GDP at 2000 constant price							
2000	1.47	1.35	0.11	0.22	0.21	0.04	0.13
2001	1.43	1.32	0.11	0.21	0.20	0.04	0.14
2002	1.43	1.30	0.11	0.21	0.19	0.03	0.14
2003	1.51	1.41	0.12	0.21	0.19	0.03	0.15
2004	1.60	1.48	0.13	0.22	0.20	0.03	0.15
2005	1.63	1.52	0.16	0.20	0.19	0.03	0.16
国内生产总值按2005年可比价格计算 GDP at 2005 constant price							
2005	1.40	1.30	0.13	0.17	0.16	0.02	0.13
2006	1.36	1.28	0.13	0.17	0.15	0.02	0.14
2007	1.29	1.20	0.13	0.15	0.14	0.02	0.14
2008	1.21	1.14	0.12	0.14	0.13	0.01	0.13
2009	1.16	1.12	0.13	0.13	0.13	0.01	0.13
2010	1.13	1.09	0.12	0.14	0.13	0.01	0.13
国内生产总值按2010年可比价格计算 GDP at 2010 constant price							
2010	0.88	0.85	0.09	0.11	0.10	0.01	0.10
2011	0.86	0.86	0.09	0.10	0.10	0.01	0.10
2012	0.83	0.85	0.09	0.10	0.10	0.01	0.10
2013	0.79	0.81	0.09	0.10	0.09	0.01	0.10
2014	0.76	0.73	0.08	0.09	0.09	0.01	0.10
2015	0.72	0.66	0.07	0.09	0.09	0.01	0.10
国内生产总值按2015年可比价格计算 GDP at 2015 constant price							
2015	0.63	0.58	0.06	0.08	0.08	0.01	0.08
2016	0.60	0.53	0.06	0.08	0.08	0.01	0.08
2017	0.58	0.50	0.06	0.08	0.08	0.01	0.08
2018	0.56	0.47	0.05	0.07	0.07	0.01	0.09

主要统计指标解释

一次能源生产总量 指一定时期内，全国一次能源生产量的总和。该指标是观察全国能源生产水平、规模、构成和发展速度的总量指标。包括：原煤、原油、天然气、水电、核能及其他动力能(如风能、地热能等)发电量等，不包括低热值燃料生产量和由一次能源加工转换而成的二次能源产量。

能源消费总量 指一定地域内，国民经济各行业和居民家庭在一定时期内消费的各种能源的总和。包括：原煤、原油、天然气、水能、核能、风能、太阳能、地热能、生物质能等一次能源；一次能源通过加工转换产生的洗煤、焦炭、煤气、电力、热力、成品油等二次能源和同时产生的其他产品；其他化石能源、可再生能源和新能源。其中水能、风能、太阳能、地热能、生物质能等可再生能源，是指人们通过一定技术手段获得的，并作为商品能源使用的部分。在核算过程中，一次能源、二次能源消费不能重复计算。能源消费总量分为终端能源消费量、能源加工转换损失量和能源损失量三部分。

(1)终端能源消费量：指一定时期内，用于消费（而非用于加工转换产出其他能源）的各种能源之和。

(2)能源加工转换损失量：指一定时期内，全国投入加工转换的各种能源数量之和与产出各种能源产品之和的差额。该指标是观察能源在加工转换过程中损失量变化的指标。

(3)能源损失量：指一定时期内，能源在输送、分配、储存过程中发生的损失和由客观原因造成的各种损失量，不包括各种气体能源放空、放散量。

能源生产弹性系数 是研究能源生产增长速度与国民经济增长速度之间关系的指标。计算公式为：

$$\text{能源生产弹性系数}=\frac{\text{能源生产量年平均增长速度}}{\text{国民经济年平均增长速度}}$$

国民经济年平均增长速度，可根据不同的目的或需要，用国民生产总值、国内生产总值等指标来计算，本书是采用国内生产总值指标计算。

电力生产弹性系数 是研究电力生产增长速度与国民经济增长速度之间关系的指标。计算公式为：

$$\text{电力生产弹性系数}=\frac{\text{电力生产量年平均增长速度}}{\text{国民经济年平均增长速度}}$$

能源消费弹性系数 反映能源消费增长速度与国民经济增长速度之间关系的指标。计算公式为：

$$\text{能源消费弹性系数}=\frac{\text{能源消费量年平均增长速度}}{\text{国民经济年平均增长速度}}$$

电力消费弹性系数 反映电力消费增长速度与国民经济增长速度之间关系的指标。计算公式为：

$$\text{电力消费弹性系数}=\frac{\text{电力消费量年平均增长速度}}{\text{国民经济年平均增长速度}}$$

能源加工转换效率 指一定时期内，能源经过加工、转换后，产出的各种能源产品的数量与同期内投入加工转换的各种能源数量的比率。该指标是观察能源加工转换装置和生产工艺先进与落后、管理水平高低等的重要指标。计算公式为：

$$\text{能源加工转换效率}=\frac{\text{能源加工转换产出量}}{\text{能源加工转换投入量}}\times 100\%$$

单位国内生产总值能耗 指一定时期内，一个国家或地区每生产一个单位的国内生产总值所消费的能源。计算公式为：

$$\text{单位国内生产总值能耗}=\frac{\text{能源消费总量}}{\text{国内生产总值}}$$

单位国内生产总值电耗 指一定时期内，一个国家或地区每生产一个单位的国内生产总值所消费的电力。计算公式为：

$$\text{单位国内生产总值电耗}=\frac{\text{全社会用电量}}{\text{国内生产总值}}$$

Explanatory Notes on Main Statistical Indicators

Total Primary Energy Production refers to the total production of primary energy in a given period of time. It is a comprehensive indicator to show the level, scale, composition and growth of energy production of the country. It includes that of coal, crude oil, natural gas, hydropower and electricity generated by nuclear energy and other means such as wind power and geothermal power, etc. However, it does not include the production of fuels of low calorific value and secondary energy converted from primary energy.

Total Energy Consumption refers to the total consumption of energy of various kinds by the production sectors of the economy and the households in a given period of time. It includes primary energy such as coal, crude oil, natural gas, hydropower, nuclear power, wind power, solar power, geothermal power and bio-energy; the secondary energy and their products which are transformed from the primary energy such as washed coal, coke, coal gas, electricity, heating, and petroleum products; and other kinds of fossil energy, renewable energy and new energy. The renewable energy refers to the part of renewable energy that is attained with some given technical means and used for commercial purposes, including hydropower, wind power, solar power, geothermal power and bio-energy. In the process of accounting, there should be no double or multiple counting between and primary and the secondary accounting. Total energy consumption can be divided into three parts: final energy consumption; loss during the process of energy transformation; and other losses.

(1) Final Energy Consumption: It refers to the consumption of various kinds of energy in a given period of time, not involving the energy consumed for transformation.

(2) Losses During the Process of Energy Transformation: It refers to the total input of various kinds of energy for transformation, minus the total output of various kinds of energy products in a given period of time. It is an indicator to show the losses that occurs during the process of energy transformation.

(3) Other Losses: It refers to the total of the losses of energy during the course of energy transport, distribution and storage and the losses caused by any objective reason in a given period of time. The losses of various kinds of gas due to gas discharges and stocktaking is not included.

Elasticity Ratio of Energy Production is an indicator to show the relationship between the growth rate of energy production and the growth rate of the national economy. The formula is:

$$\text{Elasticity ratio of energy production} = \frac{\text{Average annual growth rate of energy production}}{\text{Average annual growth rate of national economy}}$$

The average annual growth rate of the national economy can be measured by indicators such as the gross national product or the gross domestic product, depending on the purposes or needs. The gross domestic product has been used in the calculation of the ratio in the Yearbook.

Elasticity Ratio of Electricity Production is an indicator to show the relationship between the growth rate of electricity production and the growth rate of the national economy. The formula is:

$$\text{Elasticity ratio of electricity production} = \frac{\text{Average annual growth rate of electricity production}}{\text{Average annual growth rate of national economy}}$$

Elasticity Ratio of Energy Consumption is an indicator to show the relationship between the growth rate of energy consumption and the growth rate of the national economy. The formula is:

$$\text{Elasticity ratio of energy consumption} = \frac{\text{Average annual growth Rate of energy consumption}}{\text{Average annual growth rate of national economy}}$$

Elasticity Ratio of Electricity Consumption is an indicator to show the relationship between the growth rate of electricity consumption and the growth rate of the national economy. The formula is:

$$\text{Elasticity ratio of electricity consumption} = \frac{\text{Average annual growth rate of electricity consumption}}{\text{Average annual growth rate of national economy}}$$

Efficiency of Energy Transformation refers to the ratio of the total output of various kinds of energy products after transformation to the total input of various kinds of energy for transformation during a given period. It is an important indicator to show the current conditions of energy transformation equipment, production technique and management. The formula is:

$$\text{Efficiency of energy transformation} = \frac{\text{Output of energy after transformation}}{\text{Input of energy for transformation}} \times 100\%$$

Energy Consumption per Unit of GDP refers to the energy consumption per unit of gross domestic product in a country or in a region during a given period. The formula is:

$$\text{Energy consumption per unit of GDP} = \frac{\text{Total energy consumption}}{\text{Gross domestic product}}$$

Electricity Consumption per Unit of GDP refers to the electricity consumption per unit of Gross Domestic Product in a country or in a region during a given period. The formula is:

$$\text{Electricity consumption per unit of GDP} = \frac{\text{Total electricity consumption}}{\text{Gross domestic product}}$$

10

固定资产投资

Investment in Fixed Assets

简 要 说 明

一、本篇资料的主要内容

本篇资料通过对一定时期全社会建造和购置固定资产活动的数量方面的描述，反映报告期内固定资产投资的规模、速度、结构和比例关系、固定资产投资的资金来源及新增主要产品生产能力等。

二、本篇资料的统计范围

固定资产投资统计的范围包括：建设项目投资、房地产开发投资及农户投资。

三、本篇的资料来源

跨省（区）项目资料来自国务院有关部门（企业）等；农户固定资产投资资料来自国家统计局住户调查办公室的住户调查；除此以外的固定资产投资统计资料均来自国家统计局固定资产投资统计司的统计调查。

四、本篇的统计调查方法

除农户固定资产投资统计采用抽样调查方法外，其他均为全面调查。

五、统计口径的变化

自 1997 年起，除房地产开发投资、农村非农户投资、农户投资及城镇和工矿区私人建房投资外，固定资产投资的统计起点由 5 万元提高到 50 万元。

自 2006 年起，农村非农户固定资产投资统计改为按项目统计，调查方法由抽样调查改为全面调查，起点提高到 50 万元。

自 2006 年起，城镇和工矿区私人建房投资改为按项目统计，起点为 50 万元。

自 2011 年起，除房地产开发投资、农户投资外，固定资产投资项目统计起点由计划总投资 50 万元提高到 500 万元。

为便于比较，增速均按可比口径计算。

六、内容修订

为进一步贯彻新发展理念，更好地反映经济结构和质量的变化，反映投资对优化供给结构的关键性作用。自《中国统计年鉴（2019 年）》起，本篇资料对固定资产投资表式进行了改版，增加了基础设施等三大领域投资、民间投资、三次产业投资等，内容以各分组固定资产投资比上年增长速度为主，通过速度变化反映固定资产投资形势及政策效应。

Brief Introduction

I. Main Contents

Statistics in this chapter describe activities on the construction and purchase of fixed assets of the whole country during a given period of time, and reflect the size, growth, structure, ratio, and financing of the investment in fixed assets, as well as increased production capacity of main products during the reference period.

II. Scope of Statistics

Statistics on the investment in fixed assets cover investments in capital construction projects, investments in real estate development, and rural household investment.

III. Sources of Data

Data on trans-provincial projects are provided by various departments under the State Council. Data on investments in fixed assets by rural households are provided by the Department of Rural Social and Economic Survey of the NBS through its rural household survey. Other data on investments in fixed assets are from surveys conducted by the Department of Investment and Construction Statistics of the NBS.

IV. Methodology of Data Collection

All data on investments in fixed assets are collected by the system of reporting form with complete enumeration, except data on investments in fixed assets by rural household, which are collected through sample surveys.

V. Changes in Statistical Scope

Since 1997, the cut-off point of projects covered by statistics of investment in fixed assets are raised from an investment of 50,000 yuan to 500,000 yuan, except for the investment in real estate development, non-household investment in rural areas, rural household investment, and private investment in housing construction in urban areas and industrial and mining areas.

Since 2006, statistics on non-household investments in fixed assets in rural areas have changed to project-based. Survey method has changed from sample survey to the system of reporting form with complete enumeration. The cut-off point has been raised to 500,000 yuan.

Since 2006, statistics on private investment in housing construction in urban areas and industrial and mining areas have become project-based. The cut-off point has been raised to 500,000 yuan.

Since 2011, the cut-off size of project investment in fixed assets rose from a total planned investment above 500,000 yuan to 5 million yuan, except for real estate investment and investment by rural households.

For the convenience of comparison, the growth rate are calculated at comparable coverage.

VI. Revision of Content

In order to further implement the New Development Principles, better reflect the changes in economic structure and quality, and reflect the key role of investment in optimizing the supply structure, revisions are made in this chapter of fixed assets investment by increasing several columns in tables, such as growth rate by fields (infrastructure, manufacturing, real estate development), growth rate of non-governmental investment, and growth rate by three strata of industries. Since *China Statistical Yearbook 2019*, the content of tables are mainly about the growth rate of fixed assets investment in each group compared with the preceding year, reflecting the situation of fixed assets investment and policy effects through the change of growth rate.

10-1 全社会固定资产投资
Total Investment in Fixed Assets in the Whole Country

年 份 Year	全社会固定资产投资 Total Investment in Fixed Assets		房地产开发投资 Real Estate Development	
	绝对数(亿元) Value (100 million yuan)	比上年增长(%) Growth Rate over Preceding Year (%)	绝对数(亿元) Value (100 million yuan)	比上年增长(%) Growth Rate over Preceding Year (%)
1981	961	5.5		
1982	1230	28.0		
1983	1430	16.2		
1984	1833	28.2		
1985	2543	38.8		
1986	3121	22.7	101	
1987	3792	21.5	150	48.5
1988	4754	25.4	257	71.6
1989	4410	-7.2	273	6.0
1990	4517	2.4	253	-7.1
1991	5595	23.9	336	32.7
1992	8080	44.4	731	117.5
1993	13072	61.8	1938	165.0
1994	17042	30.4	2554	31.8
1995	20019	17.5	3149	23.3
1996	22974	14.8	3216	2.1
1997	24941	8.8	3178	-1.2
1998	28406	13.9	3614	13.7
1999	29855	5.1	4103	13.5
2000	32918	10.3	4984	21.5
2001	37214	13.0	6344	27.3
2002	43500	16.9	7791	22.8
2003	55567	27.7	10154	30.3
2004	70477	26.6	13158	29.6
2005	88774	26.0	15909	20.9
2006	109998	23.9	19423	22.1
2007	137324	24.8	25289	30.2
2008	172828	25.9	31203	23.4
2009	224599	30.0	36242	16.1
2010	278122	23.8	48259	33.2
2011	311485	23.8	61797	28.1
2012	374695	20.3	71804	16.2
2013	446294	19.1	86013	19.8
2014	512021	15.2	95036	10.5
2015	562000	9.8	95979	1.0
2016	606466	7.9	102581	6.9
2017	641238	7.0	109799	7.0
2018	645675	5.9	120165	9.4
2019	560874	5.1	132194	10.0
平均每年增长(%) Annual Growth Rate(%)				
1982-2019	20.1			
1991-2019	20.6		26.6	
2001-2019	19.6		21.3	

注：根据第三次全国经济普查情况，2014年增速按可比口径计算。根据第三次全国农业普查、第四次全国经济普查、统计执法检查和统计调查制度规定，2017年、2018年、2019年增速按可比口径计算。以下各表同。

a) According to the results of the Third National Economic Census, the growth rate in 2014 is calculated at comparable coverage. According to the Third National Agricultural Census, the Fourth National Economic Census, the Statistical Law Enforcement Inspection and the Statistical Survey System, the growth rates in 2017, 2018 and 2019 are calculated at comparable coverage. The same applies to the following tables in this chapter.

10-2 全社会固定资产投资实际到位资金比上年增长情况

Growth Rate of Actual Funds Available for Investment in Total Investment in Fixed Assets in the Whole Country over Preceding Year

单位：% (%)

年份 Year	本年实际到位资金 Actual Funds Available for Investment	国家预算资金 State Budget	国内贷款 Domestic Loans	利用外资 Foreign Investment	自筹资金 Self-raised Funds	其他资金 Other Funds
1996	14.1	1.4	9.0	19.7	5.2	58.9
1997	8.1	11.3	4.6	-2.3	12.6	6.5
1998	13.7	71.9	15.9	-2.5	11.6	17.7
1999	3.6	54.7	3.3	-23.3	4.4	3.5
2000	11.3	13.9	17.5	-15.5	11.5	13.2
2001	14.7	20.7	7.6	2.0	15.9	20.7
2002	18.6	24.1	22.4	20.5	20.6	7.5
2003	30.1	-15.0	36.0	24.7	37.8	21.0
2004	27.2	21.1	14.5	26.4	31.2	31.8
2005	26.9	27.6	18.4	21.1	33.5	16.0
2006	25.8	12.5	20.0	8.9	29.0	28.3
2007	26.8	25.4	17.6	18.4	28.6	31.7
2008	21.3	35.8	14.8	3.5	29.7	-2.8
2009	36.8	59.5	48.6	-13.0	29.5	62.4
2010	24.3	15.7	20.2	7.9	28.4	17.1
2011	21.1	14.1	5.3	7.6	28.3	11.2
2012	18.4	27.7	11.3	-11.7	21.1	12.9
2013	20.0	17.7	15.2	-3.3	20.3	25.3
2014	10.6	19.9	9.7	-6.2	13.6	-5.0
2015	7.5	15.6	-6.4	-29.6	9.2	10.1
2016	5.6	17.1	10.1	-20.5	-0.2	30.7
2017	4.7	7.8	8.7	-3.1	2.2	11.5
2018	3.4	0.1	-5.4	-2.3	3.7	8.7
2019	4.1	-0.9	2.0	33.3	1.4	11.4

10-3 民间固定资产投资
Non-governmental Investment in Fixed Assets

年份 Year	民间固定资产投资 (亿元) Non-governmental Investment in Fixed Assets (100 million yuan)	比上年增长 (%) Growth Rate over Preceding Year (%)	占固定资产投资(不含农户)比重(%) As Percentage of Total Investment (Excluding investment by agricultural households) (%)
2012	223982	24.8	61.4
2013	274794	23.1	63.0
2014	321576	18.1	64.1
2015	354007	10.1	64.2
2016	365219	3.2	61.2
2017	381510	6.0	60.4
2018	394051	8.7	62.0
2019	311159	4.7	56.4

注：除特殊注明外，10-3至10-19表中数据均为固定资产投资(不含农户)口径。
a) Unless otherwise specified, data in Tables 10-3 to 10-19 refer to Investment in Fixed Assets (excluding rural household).

10-4 三次产业固定资产投资
Total Investment in Fixed Assets by Three Strata of Industries

年份 Year	全部投资 (亿元) Investment in Fixed Assets (100 million yuan)	第一产业 Primary Industry	第二产业 Secondary Industry	第三产业 Tertiary Industry	全部投资比上年增长(%) Growth Rate over Preceding Year (%)	第一产业 Primary Industry	第二产业 Secondary Industry	第三产业 Tertiary Industry
2003	45812	535	16628	28649				
2004	59028	645	22835	35548	28.5	20.6	37.3	24.1
2005	75095	843	31592	42661	27.2	30.6	38.3	20.0
2006	93369	1118	39545	52706	24.3	32.7	25.2	23.5
2007	117464	1460	50814	65190	25.8	30.6	28.5	23.7
2008	148738	2250	64900	81588	26.6	54.1	27.7	25.2
2009	193920	3356	81991	108573	30.4	49.1	26.3	33.1
2010	241431	3926	101013	136492	24.5	17.0	23.2	25.7
2011	302396	6819	132212	163365	23.8	25.0	27.3	21.1
2012	364854	8772	158060	198022	20.7	28.6	19.6	21.2
2013	435747	9109	184549	242090	19.4	30.6	17.2	20.8
2014	501265	11803	207459	282003	15.5	31.9	12.9	16.9
2015	551590	15562	224048	311980	10.0	31.8	8.0	10.6
2016	596501	18838	231826	345837	8.1	21.1	3.5	10.9
2017	631684	20892	235751	375040	7.2	11.8	3.2	9.5
2018	635636	22413	237899	375324	5.9	12.9	6.2	5.5
2019	551478	12633	163070	375775	5.4	0.6	3.2	6.6

注：2003-2010年为城镇固定资产投资口径，2011-2019年为固定资产投资(不含农户)口径，增速为可比口径。
a) Data of 2003-2010 refer to Investment in fixed assets in urban areas, data of 2011-2019 refer to investment in fixed assets (excluding rural households), all the growth rates are calculated at comparable coverage.

10-5 分地区按领域分固定资产投资比上年增长情况(2019年)
Growth Rate of Total Investment in Fixed Assets over Preceding Year by Region and Field (Excluding Rural Households)(2019)

单位: %　　(%)

地区	Region	全部投资 Total Investment in Fixed Assets	#基础设施 Infrastructure	制造业 Manufacturing	房地产开发 Real Estate Development
全国总计	**National Average**	**5.4**	**3.8**	**3.1**	**10.0**
北京	Beijing	-2.5	-5.6	0.8	-1.0
天津	Tianjin	13.1	14.9	9.1	11.0
河北	Hebei	6.5	19.1	1.6	-1.5
山西	Shanxi	9.3	13.9	0.1	20.3
内蒙古	Inner Mongolia	6.7	-2.0	9.1	17.8
辽宁	Liaoning	0.3	-11.8	-7.3	8.6
吉林	Jilin	-16.2	-2.8	-38.2	12.5
黑龙江	Heilongjiang	6.3	22.6	-0.9	1.4
上海	Shanghai	5.1	-0.9	21.1	4.9
江苏	Jiangsu	5.1	2.1	4.6	9.3
浙江	Zhejiang	10.0	10.2	12.9	7.3
安徽	Anhui	9.2	13.1	10.1	11.7
福建	Fujian	5.9	-10.5	16.2	14.9
江西	Jiangxi	9.2	8.9	10.9	3.0
山东	Shandong	-8.2	7.9	-31.1	15.4
河南	Henan	8.0	16.1	8.2	6.4
湖北	Hubei	10.7	14.7	10.0	9.3
湖南	Hunan	10.1	-0.1	18.4	12.7
广东	Guangdong	11.1	20.2	1.0	9.9
广西	Guangxi	9.6	2.4	9.2	27.2
海南	Hainan	-9.2	-11.2	19.9	-22.1
重庆	Chongqing	5.6	-0.5	8.9	4.5
四川	Sichuan	8.6	5.7	5.1	15.3
贵州	Guizhou	0.9	-15.5	16.1	27.3
云南	Yunnan	8.5	5.5	11.9	27.8
西藏	Tibet	-2.2	-7.8	13.5	38.8
陕西	Shaanxi	2.5	-1.8	8.3	10.4
甘肃	Gansu	6.6	2.4	24.8	12.7
青海	Qinghai	5.0	-13.3	2.6	15.5
宁夏	Ningxia	-10.3	-11.2	10.8	-10.2
新疆	Xinjiang	2.5	-0.4	-1.7	3.9

10-6 分地区实际到位资金比上年增长情况(2019年)
Growth Rate of Actual Funds Available for Investment over Preceding Year by Region (2019)

单位：% (%)

地 区	Region	本年实际到位资金 Actual Funds Available for Investment	国家预算资金 State Budget	国内贷款 Domestic Loans	利用外资 Foreign Investment	自筹资金 Self-raised Funds	其他资金 Other Funds
全国总计	**National Average**	**4.4**	**-0.9**	**2.2**	**33.3**	**1.7**	**11.4**
北 京	Beijing	-3.2	-10.6	-2.3	-85.9	-18.2	15.8
天 津	Tianjin	13.4	9.1	9.5	71.9	17.6	10.3
河 北	Hebei	5.7	21.2	-0.1	5.8	2.1	26.5
山 西	Shanxi	16.9	27.4	-2.8	289.6	23.7	9.2
内蒙古	Inner Mongolia	10.4	-17.8	27.3	6.8	0.6	66.1
辽 宁	Liaoning	-2.7	-9.7	-9.2	-90.5	7.2	-3.7
吉 林	Jilin	-13.1	32.7	-38.1	-76.6	-27.0	27.0
黑龙江	Heilongjiang	4.1	46.3	-16.3	60.7	0.0	12.3
上 海	Shanghai	5.9	5.1	1.0	42.6	8.7	6.4
江 苏	Jiangsu	6.9	-5.2	5.2	120.6	0.3	15.0
浙 江	Zhejiang	7.4	-11.4	10.8	39.4	3.4	14.0
安 徽	Anhui	6.1	-6.9	-5.0	28.8	9.6	6.2
福 建	Fujian	7.3	7.1	-8.6	120.2	11.6	5.7
江 西	Jiangxi	-0.4	8.4	-11.7	82.4	-3.3	8.9
山 东	Shandong	-8.4	30.2	2.1	33.5	-18.9	12.8
河 南	Henan	8.7	17.3	-3.4	55.1	6.4	27.3
湖 北	Hubei	7.1	-4.8	0.3	134.0	9.1	7.0
湖 南	Hunan	2.7	-8.7	-9.6	-36.0	4.4	5.8
广 东	Guangdong	10.4	18.5	2.4	13.7	12.6	11.0
广 西	Guangxi	8.9	-10.1	0.5	435.2	5.9	18.7
海 南	Hainan	-17.9	3.4	-22.9		-13.3	-26.4
重 庆	Chongqing	-1.7	9.8	0.1	58.2	-5.3	-0.4
四 川	Sichuan	10.0	-22.7	27.2	192.9	4.1	22.2
贵 州	Guizhou	-7.0	-30.9	-28.2	9.7	0.1	2.4
云 南	Yunnan	18.2	5.0	12.1		16.6	26.4
西 藏	Tibet	-11.4	-34.1	85.8	-72.2	-11.3	-27.2
陕 西	Shaanxi	1.3	-1.6	-4.4	-32.1	0.1	10.9
甘 肃	Gansu	8.7	5.2	25.1	140.2	7.2	0.7
青 海	Qinghai	10.8	38.4	-23.2	-69.4	9.2	47.3
宁 夏	Ningxia	-2.8	-8.7	-8.9	95.3	-12.4	14.5
新 疆	Xinjiang	8.0	17.1	-4.3	-21.7	12.5	0.5

10-7 分地区按构成分固定资产投资比上年增长情况(2019年)
Growth Rate of Total Investment in Fixed Assets over Preceding Year by Region and Composition of Investment (2019)

单位：% (%)

地 区	Region	全部投资 Total Investment in Fixed Assets	建筑安装工程 Constructions and Installations	设备工器具购置 Purchase of Equipments and Instruments	其他费用 Other Expenses
全国总计	**National Average**	**5.4**	**5.5**	**-1.1**	**10.5**
北 京	Beijing	-2.5	5.8	-24.4	-3.8
天 津	Tianjin	13.1	21.3	3.8	7.6
河 北	Hebei	6.5	3.6	11.6	20.1
山 西	Shanxi	9.3	9.4	-3.7	24.4
内蒙古	Inner Mongolia	6.7	2.5	-0.8	40.6
辽 宁	Liaoning	0.3	0.8	-17.2	15.4
吉 林	Jilin	-16.2	-16.8	-33.1	5.0
黑龙江	Heilongjiang	6.3	-1.0	8.6	51.5
上 海	Shanghai	5.1	6.2	-1.1	6.3
江 苏	Jiangsu	5.1	4.8	1.4	11.7
浙 江	Zhejiang	10.0	20.8	-7.3	1.0
安 徽	Anhui	9.2	7.8	8.3	16.6
福 建	Fujian	5.9	6.2	5.0	5.5
江 西	Jiangxi	9.2	6.1	34.6	3.5
山 东	Shandong	-8.2	-8.4	-29.5	24.8
河 南	Henan	8.0	9.6	-5.5	15.2
湖 北	Hubei	10.7	10.9	12.4	7.1
湖 南	Hunan	10.1	11.2	10.9	1.7
广 东	Guangdong	11.1	11.8	1.7	14.4
广 西	Guangxi	9.6	4.2	6.3	35.4
海 南	Hainan	-9.2	-5.5	-39.8	-8.7
重 庆	Chongqing	5.6	5.7	17.1	0.8
四 川	Sichuan	8.6	8.7	-0.7	15.2
贵 州	Guizhou	0.9	-2.4	4.0	24.2
云 南	Yunnan	8.5	6.6	3.8	21.1
西 藏	Tibet	-2.2	-0.4	-30.4	3.7
陕 西	Shaanxi	2.5	2.0	8.1	1.0
甘 肃	Gansu	6.6	4.8	9.4	16.2
青 海	Qinghai	5.0	-5.5	18.6	77.7
宁 夏	Ningxia	-10.3	-13.1	-1.1	-10.9
新 疆	Xinjiang	2.5	6.6	-18.8	1.2

10-8 分地区按建设性质分固定资产投资比上年增长情况(2019年)
Growth Rate of Total Investment in Fixed Assets over Preceding Year by Region and Type of Construction (2019)

单位：%　　(%)

地 区	Region	全部投资 Total Investment in Fixed Assets	#新 建 New Construction	扩 建 Expansion	改建和技术改造 Reconstruction and Technical Transformation
全国总计	**National Average**	**5.4**	**6.6**	**-6.1**	**3.3**
北 京	Beijing	-2.5	1.5	-15.4	13.8
天 津	Tianjin	13.1	6.1	325.4	7.1
河 北	Hebei	6.5	4.9	-2.4	10.7
山 西	Shanxi	9.3	8.3	-15.4	33.9
内蒙古	Inner Mongolia	6.7	4.4	10.6	23.4
辽 宁	Liaoning	0.3	1.3	-43.7	38.8
吉 林	Jilin	-16.2	-13.9	-33.4	-23.2
黑龙江	Heilongjiang	6.3	2.8	19.7	50.5
上 海	Shanghai	5.1	6.8	-1.6	1.1
江 苏	Jiangsu	5.1	13.1	-20.3	0.7
浙 江	Zhejiang	10.0	11.8	6.7	2.2
安 徽	Anhui	9.2	11.2	1.1	3.2
福 建	Fujian	5.9	6.9	0.2	11.3
江 西	Jiangxi	9.2	4.6	2.6	41.9
山 东	Shandong	-8.2	-0.4	-29.4	-24.3
河 南	Henan	8.0	6.1	24.8	51.6
湖 北	Hubei	10.7	11.1	3.8	12.4
湖 南	Hunan	10.1	6.4	10.6	27.8
广 东	Guangdong	11.1	12.1	11.9	-1.1
广 西	Guangxi	9.6	11.9	-2.8	-14.0
海 南	Hainan	-9.2	-8.8	16.6	7.1
重 庆	Chongqing	5.6	6.3	-10.3	9.8
四 川	Sichuan	8.6	12.1	-1.5	-7.2
贵 州	Guizhou	0.9	-0.2	13.1	9.6
云 南	Yunnan	8.5	16.0	-31.2	-10.9
西 藏	Tibet	-2.2	-0.9	-24.3	38.1
陕 西	Shaanxi	2.5	2.3	-12.2	18.2
甘 肃	Gansu	6.6	7.0	-14.4	12.2
青 海	Qinghai	5.0	5.5	-19.7	12.1
宁 夏	Ningxia	-10.3	-8.5	-44.2	19.4
新 疆	Xinjiang	2.5	0.8	34.6	-18.6

10-9 分地区按隶属关系分固定资产投资比上年增长情况(2019年)
Growth Rate of Total Investment in Fixed Assets over Preceding Year by Region and Jurisdiction of Management (2019)

单位：% (%)

地区	Region	全部投资 Total Investment in Fixed Assets	中央项目 Central Government Projects	地方项目 Local Projects
全国总计	**National Average**	**5.4**	**15.9**	**4.8**
北京	Beijing	-2.5	-9.8	-1.6
天津	Tianjin	13.1	44.6	9.1
河北	Hebei	6.5	7.3	6.4
山西	Shanxi	9.3	24.0	8.7
内蒙古	Inner Mongolia	6.7	57.0	4.0
辽宁	Liaoning	0.3	45.9	-2.7
吉林	Jilin	-16.2	19.6	-18.2
黑龙江	Heilongjiang	6.3	11.6	5.3
上海	Shanghai	5.1	-19.9	7.9
江苏	Jiangsu	5.1	-4.8	5.2
浙江	Zhejiang	10.0	-5.9	10.4
安徽	Anhui	9.2	16.6	9.1
福建	Fujian	5.9	35.9	5.2
江西	Jiangxi	9.2	109.9	8.5
山东	Shandong	-8.2	57.8	-9.7
河南	Henan	8.0	80.4	7.4
湖北	Hubei	10.7	29.9	10.2
湖南	Hunan	10.1	51.7	9.4
广东	Guangdong	11.1	17.9	10.7
广西	Guangxi	9.6	86.7	7.6
海南	Hainan	-9.2	18.6	-11.2
重庆	Chongqing	5.6	38.2	4.5
四川	Sichuan	8.6	0.0	9.0
贵州	Guizhou	0.9	208.0	-1.8
云南	Yunnan	8.5	67.6	5.7
西藏	Tibet	-2.2	161.5	-9.6
陕西	Shaanxi	2.5	18.7	1.8
甘肃	Gansu	6.6	144.0	1.7
青海	Qinghai	5.0	52.7	-1.3
宁夏	Ningxia	-10.3	71.6	-14.2
新疆	Xinjiang	2.5	18.2	-1.6

10-10 分地区按登记注册类型分固定资产投资比上年增长情况(2019年)
Growth Rate of Total Investment in Fixed Assets over Preceding Year by Region and Registration Status (2019)

单位：% (%)

地 区	Region	全部投资 Total Investment in Fixed Assets	#内资 Domestic Funded	港澳台商投资 Funds from Hong Kong, Macao and Taiwan	外商投资 Foreign Funded
全国总计	**National Average**	**5.4**	**5.5**	**6.6**	**0.4**
北 京	Beijing	-2.5	-0.9	-23.1	-11.7
天 津	Tianjin	13.1	13.7	22.4	1.8
河 北	Hebei	6.5	6.4	14.5	7.3
山 西	Shanxi	9.3	9.8	-40.4	30.8
内蒙古	Inner Mongolia	6.7	6.2	191.1	17.2
辽 宁	Liaoning	0.3	4.0	-16.1	-35.0
吉 林	Jilin	-16.2	-16.6	1.3	-15.1
黑龙江	Heilongjiang	6.3	5.6	90.0	9.9
上 海	Shanghai	5.1	2.4	13.9	42.9
江 苏	Jiangsu	5.1	5.4	-0.9	4.5
浙 江	Zhejiang	10.0	10.0	12.2	6.7
安 徽	Anhui	9.2	9.1	31.0	0.3
福 建	Fujian	5.9	5.4	17.5	15.8
江 西	Jiangxi	9.2	9.6	-9.0	6.7
山 东	Shandong	-8.2	-8.2	12.2	-24.7
河 南	Henan	8.0	8.3	-23.0	35.5
湖 北	Hubei	10.7	10.3	38.5	8.0
湖 南	Hunan	10.1	10.3	3.8	4.6
广 东	Guangdong	11.1	12.1	8.3	-1.8
广 西	Guangxi	9.6	10.2	3.3	-19.6
海 南	Hainan	-9.2	-10.2	11.4	-13.6
重 庆	Chongqing	5.6	5.4	8.1	10.9
四 川	Sichuan	8.6	8.8	17.1	-12.0
贵 州	Guizhou	0.9	1.3	-26.4	-3.7
云 南	Yunnan	8.5	8.3	11.2	38.3
西 藏	Tibet	-2.2	-2.3	217.5	
陕 西	Shaanxi	2.5	2.0	0.8	29.5
甘 肃	Gansu	6.6	6.5	142.4	55.5
青 海	Qinghai	5.0	5.0	33.2	65.3
宁 夏	Ningxia	-10.3	-12.8	94.6	-29.5
新 疆	Xinjiang	2.5	2.0	-13.6	423.5

10-11 分地区按控股情况分固定资产投资比上年增长情况(2019年)
Growth Rate of Total Investment in Fixed Assets over Preceding Year by Region and Holding Type (2019)

单位：% (%)

地 区	Region	全部投资 Total Investment in Fixed Assets	#国有控股 State-holding	集体控股 Collective-holding	私人控股 Private-holding
全国总计	**National Average**	**5.4**	**5.7**	**0.1**	**5.7**
北 京	Beijing	-2.5	-4.7	26.7	9.8
天 津	Tianjin	13.1	12.1	-20.0	7.8
河 北	Hebei	6.5	19.5	31.1	2.6
山 西	Shanxi	9.3	9.9	-5.2	13.0
内蒙古	Inner Mongolia	6.7	3.9	-2.1	6.1
辽 宁	Liaoning	0.3	2.3	12.7	3.4
吉 林	Jilin	-16.2	-6.0	25.4	-25.5
黑龙江	Heilongjiang	6.3	20.1	20.9	-8.4
上 海	Shanghai	5.1	7.0	22.8	-0.5
江 苏	Jiangsu	5.1	6.7	-5.6	5.9
浙 江	Zhejiang	10.0	14.5	28.3	8.4
安 徽	Anhui	9.2	6.5	-33.1	13.0
福 建	Fujian	5.9	2.9	-34.5	12.2
江 西	Jiangxi	9.2	10.3	-8.1	9.7
山 东	Shandong	-8.2	9.3	-9.7	-20.7
河 南	Henan	8.0	11.9	-4.9	7.7
湖 北	Hubei	10.7	6.3	9.7	11.6
湖 南	Hunan	10.1	-2.8	71.6	18.4
广 东	Guangdong	11.1	23.2	5.7	6.7
广 西	Guangxi	9.6	6.5	12.4	21.4
海 南	Hainan	-9.2	11.2	-64.8	-21.2
重 庆	Chongqing	5.6	10.8	-7.3	1.5
四 川	Sichuan	8.6	9.6	-10.0	8.4
贵 州	Guizhou	0.9	-7.9	-12.0	25.8
云 南	Yunnan	8.5	-0.7	-12.7	22.4
西 藏	Tibet	-2.2	-3.0	189.0	6.6
陕 西	Shaanxi	2.5	-3.3	-9.3	9.2
甘 肃	Gansu	6.6	6.8	118.0	3.2
青 海	Qinghai	5.0	3.8	16.0	2.8
宁 夏	Ningxia	-10.3	-10.3	56.3	-16.1
新 疆	Xinjiang	2.5	-0.6	-44.8	9.5

10-12 各行业按构成分固定资产投资比上年增长情况(2019年)
Growth Rate of Total Investment in Fixed Assets over Preceding Year by Sector and Composition of Investment (2019)

单位：% (%)

指　　标	Item	全部投资 Total Investment in Fixed Assets	建筑安装工程投资 Constructions and Installations	设备工器具购置 Purchase of Equipments and Instruments	其他费用 Other Expenses
全　国　总　计	**National Average**	**5.4**	**5.5**	**-1.1**	**10.5**
农、林、牧、渔业	**Agriculture, Forestry, Animal Husbandry and Fishery**	**0.7**	**2.2**	**-7.5**	**-2.6**
农业	Farming	1.6	3.0	-6.5	-1.7
林业	Forestry	-1.7	2.5	-24.3	-7.8
畜牧业	Animal Husbandry	-3.6	-2.2	-10.4	-6.3
渔业	Fishery	15.7	18.6	2.5	18.0
农、林、牧、渔专业及辅助性活动	Professional and Support Activities for Agriculture, Forestry, Animal Husbandry and Fishery	1.4	1.7	-3.0	4.7
采矿业	**Mining**	**24.1**	**25.9**	**16.5**	**24.5**
煤炭开采和洗选业	Mining and Washing of Coal	29.6	27.6	37.6	23.4
石油和天然气开采业	Extraction of Petroleum and Natural Gas	25.7	30.7	1.0	5.2
黑色金属矿采选业	Mining and Processing of Ferrous Metal Ores	2.5	-3.9	2.2	92.1
有色金属矿采选业	Mining and Processing of Non-Ferrous Metal Ores	6.8	6.2	-9.7	38.9
非金属矿采选业	Mining and Processing of Non-metal Ores	30.9	29.5	16.2	89.5
开采专业及辅助活动	Professional and Support Activities for Mining	20.1	25.7	18.7	-37.3
其他采矿业	Mining of Other Ores	-10.9	28.4	-44.0	-70.7
制造业	**Manufacturing**	**3.1**	**3.3**	**1.0**	**12.9**
农副食品加工业	Processing of Food from Agricultural Products	-8.7	-6.3	-14.9	-10.8
食品制造业	Manufacture of Foods	-3.7	-2.9	-2.8	-17.1
酒、饮料和精制茶制造业	Manufacture of Liquor, Beverages and Refined Tea	6.3	4.1	13.4	6.5
烟草制品业	Manufacture of Tobacco	-0.2	4.8	4.2	-56.3
纺织业	Manufacture of Textile	-8.9	-3.4	-16.6	0.8
纺织服装、服饰业	Manufacture of Textile, Wearing Apparel and Accessories	1.8	10.6	-12.7	-1.6
皮革、毛皮、羽毛及其制品和制鞋业	Manufacture of Leather, Fur, Feather and Related Products and Footware	-2.6	-1.9	-8.2	20.8
木材加工和木、竹、藤、棕、草制品业	Processing of Timber, Manufacture of Wood, Bamboo, Rattan, Palm and Straw Products	-6.0	0.8	-17.0	-18.5
家具制造业	Manufacture of Furniture	-0.7	1.3	-8.7	14.0
造纸及纸制品业	Manufacture of Paper and Paper Products	-11.4	-13.8	-10.4	9.0
印刷和记录媒介复制业	Printing and Reproduction of Recording Media	4.6	0.1	12.9	0.0
文教、工美、体育和娱乐用品制造业	Manufacture of Articles for Culture, Education, Arts and Crafts, Sport and Entertainment Activities	-2.4	-2.6	-2.5	-0.1
石油、煤炭及其他燃料加工业	Processing of Petroleum, Coal and Other Fuels	12.4	8.8	6.3	52.3
化学原料及化学制品制造业	Manufacture of Raw Chemical Materials and Chemical Products	4.2	1.1	6.4	17.3
医药制造业	Manufacture of Medicines	8.4	5.0	14.1	20.9
化学纤维制造业	Manufacture of Chemical Fibres	-14.1	-13.6	-20.6	85.2
橡胶和塑料制品业	Manufacture of Rubber and Plastics Products	1.0	2.5	-2.6	13.7
非金属矿物制品业	Manufacture of Non-metallic Mineral Products	6.8	9.5	0.9	10.0
黑色金属冶炼和压延加工业	Smelting and Pressing of Ferrous Metals	26.0	17.5	34.1	48.6
有色金属冶炼和压延加工业	Smelting and Pressing of Non-ferrous Metals	1.2	1.5	-5.2	30.3
金属制品业	Manufacture of Metal Products	-3.9	-0.8	-10.7	3.0
通用设备制造业	Manufacture of General Purpose Machinery	2.2	4.1	-0.7	0.6
专用设备制造业	Manufacture of Special Purpose Machinery	9.7	9.5	10.1	10.8
汽车制造业	Manufacture of Automobiles	-1.5	-3.5	-1.6	14.3
铁路、船舶、航空航天和其他运输设备制造业	Manufacture of Railway, Ship, Aerospace and Other Transport Equipments	-2.5	-6.4	-1.2	27.8
电气机械和器材制造业	Manufacture of Electrical Machinery and Apparatus	-7.5	-7.3	-9.1	1.8
计算机、通信和其他电子设备制造业	Manufacture of Computers, Communication and Other Electronic Equipment	16.8	17.9	14.0	29.7
仪器仪表制造业	Manufacture of Measuring Instruments and Machinery	50.5	39.0	74.5	47.3
其他制造业	Other Manufacture	2.9	3.7	5.6	-8.9
废弃资源综合利用业	Utilization of Waste Resources	21.9	29.0	10.3	7.4
金属制品、机械和设备修理业	Repair Service of Metal Products, Machinery and Equipment	38.1	15.9	86.3	133.4
电力、热力、燃气及水生产和供应业	**Production and Supply of Electricity, Heat, Gas and Water**	**4.5**	**5.8**	**-3.4**	**21.2**
电力、热力生产和供应业	Production and Supply of Electric Power and Heat Power	-0.2	-1.0	-5.1	21.0
燃气生产和供应业	Production and Supply of Gas	18.1	16.4	17.6	41.3
水的生产和供应业	Production and Supply of Water	16.9	19.1	2.2	16.5
建筑业	**Construction**	**-83.8**	**-86.0**	**-67.2**	**-84.0**
房屋建筑业	Construction of Buildings	-76.9	-79.8	-64.9	-61.0
土木工程建筑业	Civil Engineering	-86.6	-88.8	-67.0	-87.0
建筑安装业	Building Installation	-75.2	-76.7	-75.3	-43.0
建筑装饰、装修和其他建筑业	Building Decoration and Other Constructions	-78.6	-77.4	-66.1	-97.8

10-12 续表 continued

单位：% (%)

指标	Item	全部投资 Total Investment in Fixed Assets	建筑安装工程投资 Constructions and Installations	设备工器具购置 Purchase of Equipments and Instruments	其他费用 Other Expenses
批发和零售业	**Wholesale and Retail Trades**	**-15.9**	**-18.0**	**-12.8**	**-1.0**
批发业	Wholesale Trade	-12.8	-14.9	-5.2	-4.8
零售业	Retail Trade	-18.4	-20.3	-20.9	1.4
交通运输、仓储和邮政业	**Transport, Storage and Post**	**3.4**	**5.9**	**-17.7**	**5.9**
铁路运输业	Railway Transport	-3.3	-7.6	-7.3	18.8
道路运输业	Road Transport	9.0	10.2	0.9	4.8
水上运输业	Water Transport	-22.5	-8.3	-48.2	-30.9
航空运输业	Air Transport	-17.8	17.0	-34.5	-16.8
管道运输业	Transport Via Pipelines	-3.4	9.1	-48.0	4.7
多式联运和运输代理业	Intermodality and Forwarding Agency	-10.7	-11.4	-41.0	67.8
装卸搬运和仓储业	Loading, Unloading and Storage	-7.7	-7.7	-17.7	6.0
邮政业	Post	18.9	31.1	-26.5	48.1
住宿和餐饮业	**Hotels and Catering Services**	**-1.2**	**-0.2**	**-7.7**	**-4.3**
住宿业	Hotels	2.2	3.9	-8.0	-4.1
餐饮业	Catering Services	-14.9	-16.8	-7.1	-5.3
信息传输、软件和信息技术服务业	**Information Transmission, Software and Information Technology**	**8.6**	**9.9**	**5.3**	**15.8**
电信、广播电视和卫星传输服务	Telecommunication, Radio and Television and Satellite Transmission Service	17.8	8.7	27.4	12.7
互联网和相关服务	Internet and Related Service	16.7	22.2	13.8	1.8
软件和信息技术服务业	Software and Information Technology	-8.2	3.3	-42.6	25.8
金融业	**Financial Intermediation**	**10.4**	**-0.1**	**-0.2**	**75.2**
货币金融服务	Monetary and Financial Service	12.3	7.2	6.9	38.2
资本市场服务	Capital Market Service	-19.5	-29.5	-17.8	61.3
保险业	Insurance	44.1	14.9	-67.9	211.0
其他金融业	Other Financial Activities	23.7	20.1	0.9	148.3
房地产业	**Real Estate**	**9.2**	**7.2**	**6.2**	**13.3**
租赁和商务服务业	**Leasing and Business Services**	**15.8**	**16.5**	**8.7**	**16.6**
租赁业	Leasing	16.6	0.7	18.5	71.9
商务服务业	Business Services	15.7	16.8	-0.1	16.1
科学研究和技术服务业	**Scientific Research and Technical Services**	**17.9**	**16.1**	**4.4**	**48.6**
研究和试验发展	Research and Experimental Development	29.1	28.4	-10.4	92.8
专业技术服务业	Professional Technical Services	18.0	17.5	19.0	19.7
科技推广和应用服务业	Science and Technology Popularization and Application Services	9.1	5.9	5.5	32.2
水利、环境和公共设施管理业	**Management of Water Conservancy, Environment and Public Facilities**	**2.9**	**5.6**	**-5.4**	**-11.9**
水利管理业	Management of Water Conservancy	1.4	6.3	-14.7	-23.3
生态保护和环境治理业	Ecological Protection and Environmental Treatment	37.2	42.8	23.3	8.8
公共设施管理业	Management of Public Facilities	0.3	2.5	-9.1	-11.6
土地管理业	Management of Land	46.9	52.0	-41.4	124.5
居民服务、修理和其他服务业	**Service to Households, Repair and Other Services**	**-9.1**	**-10.3**	**-5.5**	**-0.7**
居民服务业	Services to Households	-3.1	-3.4	-10.1	5.9
机动车、电子产品和日用产品修理业	Repair of Motor Vehicles, Electronics and Household Products	10.5	5.8	33.7	1.2
其他服务业	Other Services	-38.1	-39.5	-29.8	-34.2
教育	**Education**	**17.7**	**18.0**	**-0.7**	**27.3**
卫生和社会工作	**Health and Social Service**	**5.3**	**4.9**	**9.1**	**3.8**
卫生	Health	6.8	6.6	11.7	0.04
社会工作	Social Service	-0.2	-1.1	-8.5	16.5
文化、体育和娱乐业	**Culture, Sports and Entertainment**	**13.9**	**13.5**	**-3.5**	**28.4**
新闻和出版业	Journalism and Publishing Activities	-29.2	-20.8	-24.9	-49.5
广播、电视、电影和影视录音制作业	Radio, Television, Motion Picture and Audio-visual Programme Production Services	-13.3	-18.0	-26.2	43.0
文化艺术业	Cultural and Art Activities	-1.4	-4.7	-27.3	41.1
体育	Sports Activities	4.1	1.5	-19.5	40.6
娱乐业	Entertainment	31.7	35.6	12.6	19.7
公共管理、社会保障和社会组织	**Public Management, Social Security and Social Organization**	**-15.6**	**-16.8**	**-7.4**	**-7.7**
中国共产党机关	Organs of Communist Party of China	79.8	57.8	86.9	
国家机构	Government Agencies	-12.1	-12.8	-6.7	-10.7
人民政协、民主党派	People's Political Consultative Conference and Democratic Parties	78.9	124.7	-91.2	
社会保障	Social Security	-54.2	-58.0	7.5	-26.5
群众团体、社会团体和其他成员组织	Mass Organizations, Social Organizations and Other Membership Organizations	-20.6	-21.2	12.7	-33.7
基层群众自治组织	Grass Roots Self-Governing Organizations	-39.3	-40.1	-41.7	0.8
国际组织	**International Organizations**				

10-13 各行业按建设性质分固定资产投资比上年增长情况(2019年)
Growth Rate of Total Investment in Fixed Assets over Preceding Year by Sector and Type of Construction (2019)

单位：% (%)

指标	Item	全部投资 Total Investment in Fixed Assets	#新建 New Construction	扩建 Expansion	改建和技术改造 Reconstruction and Technical Transformation
全国总计	**National Average**	**5.4**	**6.6**	**-6.1**	**3.3**
农、林、牧、渔业	**Agriculture, Forestry, Animal Husbandry and Fishery**	**0.7**	**1.5**	**-3.1**	**-12.4**
农业	Farming	1.6	2.0	2.5	-20.7
林业	Forestry	-1.7	1.3	-21.3	-36.8
畜牧业	Animal Husbandry	-3.6	-3.2	-7.8	0.7
渔业	Fishery	15.7	17.3	54.0	3.4
农、林、牧、渔专业及辅助性活动	Professional and Support Activities for Agriculture, Forestry, Animal Husbandry and Fishery	1.4	2.9	-9.9	-6.1
采矿业	**Mining**	**24.1**	**11.9**	**90.2**	**23.8**
煤炭开采和洗选业	Mining and Washing of Coal	29.6	16.3	21.0	38.6
石油和天然气开采业	Extraction of Petroleum and Natural Gas	25.7	9.2		-6.2
黑色金属矿采选业	Mining and Processing of Ferrous Metal Ores	2.5	3.1	-26.1	15.4
有色金属矿采选业	Mining and Processing of Non-Ferrous Metal Ores	6.8	8.8	-4.4	10.5
非金属矿采选业	Mining and Processing of Non-metal Ores	30.9	26.6	24.8	42.0
开采专业及辅助性活动	Professional and Support Activities for Mining	20.1	12.4	-31.5	4.0
其他采矿业	Mining of Other Ores	-10.9	-5.7	-63.8	13.1
制造业	**Manufacturing**	**3.1**	**5.1**	**-6.9**	**4.1**
农副食品加工业	Processing of Food from Agricultural Products	-8.7	-9.5	-18.8	-1.3
食品制造业	Manufacture of Foods	-3.7	-5.4	-10.0	2.6
酒、饮料和精制茶制造业	Manufacture of Liquor, Beverages and Refined Tea	6.3	14.3	-11.6	4.9
烟草制品业	Manufacture of Tobacco	-0.2	-17.8	-7.2	2.9
纺织业	Manufacture of Textile	-8.9	-6.0	-11.0	-9.6
纺织服装、服饰业	Manufacture of Textile, Wearing Apparel and Accessories	1.8	5.3	-9.5	6.6
皮革、毛皮、羽毛及其制品和制鞋业	Manufacture of Leather, Fur, Feather and Related Products and Footware	-2.6	4.9	-2.0	-14.3
木材加工和木、竹、藤、棕、草制品业	Processing of Timber, Manufacture of Wood, Bamboo, Rattan, Palm and Straw Products	-6.0	-2.5	-8.6	-10.6
家具制造业	Manufacture of Furniture	-0.7	-4.0	-3.3	7.8
造纸及纸制品业	Manufacture of Paper and Paper Products	-11.4	-9.8	-7.8	-17.4
印刷和记录媒介复制业	Printing and Reproduction of Recording Media	4.6	10.0	-5.1	0.1
文教、工美、体育和娱乐用品制造业	Manufacture of Articles for Culture, Education, Arts and Crafts, Sport and Entertainment Activities	-2.4	-1.2	-10.6	-3.5
石油、煤炭及其他燃料加工业	Processing of Petroleum, Coal and Other Fuels	12.4	22.0	29.9	-6.7
化学原料及化学制品制造业	Manufacture of Raw Chemical Materials and Chemical Products	4.2	12.9	-11.2	-2.7
医药制造业	Manufacture of Medicines	8.4	5.7	-2.2	17.5
化学纤维制造业	Manufacture of Chemical Fibres	-14.1	-35.4	13.8	14.2
橡胶和塑料制品业	Manufacture of Rubber and Plastics Products	1.0	6.5	0.3	-4.3
非金属矿物制品业	Manufacture of Non-metallic Mineral Products	6.8	8.2	0.6	6.1
黑色金属冶炼和压延加工业	Smelting and Pressing of Ferrous Metals	26.0	18.0	6.5	27.2
有色金属冶炼和压延加工业	Smelting and Pressing of Non-ferrous Metals	1.2	-3.0	-0.7	9.0
金属制品业	Manufacture of Metal Products	-3.9	0.5	-12.2	-5.8
通用设备制造业	Manufacture of General Purpose Machinery	2.2	10.0	-7.5	-4.1
专用设备制造业	Manufacture of Special Purpose Machinery	9.7	6.1	-7.0	23.0
汽车制造业	Manufacture of Automobiles	-1.5	1.8	-19.4	4.3
铁路、船舶、航空航天和其他运输设备制造业	Manufacture of Railway, Ship, Aerospace and Other Transport Equipments	-2.5	-11.4	-9.3	21.2
电气机械和器材制造业	Manufacture of Electrical Machinery and Apparatus	-7.5	-2.9	-16.2	-9.4
计算机、通信和其他电子设备制造业	Manufacture of Computers, Communication and Other Electronic Equipment	16.8	20.4	5.4	13.4
仪器仪表制造业	Manufacture of Measuring Instruments and Machinery	50.5	35.6	30.1	87.5
其他制造业	Other Manufacture	2.9	-0.3	-25.1	51.2
废弃资源综合利用业	Utilization of Waste Resources	21.9	32.2	15.2	2.8
金属制品、机械和设备修理业	Repair Service of Metal Products, Machinery and Equipment	38.1	18.3	83.1	83.5
电力、热力、燃气及水生产和供应业	**Production and Supply of Electricity, Heat, Gas and Water**	**4.5**	**6.6**	**-7.9**	**0.5**
电力、热力生产和供应业	Production and Supply of Electric Power and Heat Power	-0.2	1.8	-17.5	-1.1
燃气生产和供应业	Production and Supply of Gas	18.1	23.6	16.2	-7.1
水的生产和供应业	Production and Supply of Water	16.9	19.3	17.9	6.8
建筑业	**Construction**	**-83.8**	**-85.1**	**-81.9**	**-93.4**
房屋建筑业	Construction of Buildings	-76.9	-77.9	-77.5	-91.9
土木工程建筑业	Civil Engineering	-86.6	-88.0	-86.9	-93.1
建筑安装业	Building Installation	-75.2	-70.1	-77.7	-98.7
建筑装饰、装修和其他建筑业	Building Decoration and Other Constructions	-78.6	-81.8	-42.2	-92.7

10-13 续表 continued

单位：% (%)

指 标	Item	全部投资 Total Investment in Fixed Assets	#新建 New Construction	扩建 Expansion	改建和技术改造 Reconstruction and Technical Transformation
批发和零售业	**Wholesale and Retail Trades**	**-15.9**	**-17.4**	**-23.0**	**-1.1**
批发业	Wholesale Trade	-12.8	-13.2	-19.9	-8.9
零售业	Retail Trade	-18.4	-20.6	-25.7	7.0
交通运输、仓储和邮政业	**Transport, Storage and Post**	**3.4**	**3.8**	**10.0**	**2.0**
铁路运输业	Railway Transport	-3.3	-16.9	-24.6	36.3
道路运输业	Road Transport	9.0	11.2	-6.4	1.0
水上运输业	Water Transport	-22.5	-4.8	-25.0	-13.3
航空运输业	Air Transport	-17.8	-9.4	-13.7	121.0
管道运输业	Transport Via Pipelines	-3.4	-7.2	-2.0	17.3
多式联运和运输代理业	Intermodality and Forwarding Agency	-10.7	-13.2	28.5	63.7
装卸搬运和仓储业	Loading, Unloading and Storage	-7.7	-4.1	-24.4	-32.6
邮政业	Post	18.9	8.8	-50.0	323.2
住宿和餐饮业	**Hotels and Catering Services**	**-1.2**	**-1.4**	**-12.5**	**11.1**
住宿业	Hotels	2.2	2.5	-9.8	11.8
餐饮业	Catering Services	-14.9	-18.5	-19.4	8.5
信息传输、软件和信息技术服务业	**Information Transmission, Software and Information Technology**	**8.6**	**20.5**	**-3.2**	**-21.4**
电信、广播电视和卫星传输服务	Telecommunication, Radio and Television and Satellite Transmission Service	17.8	41.0	-9.2	-33.0
互联网和相关服务	Internet and Related Service	16.7	19.8	33.3	36.8
软件和信息技术服务业	Software and Information Technology	-8.2	2.1	-11.8	-13.0
金融业	**Financial Intermediation**	**10.4**	**11.5**	**-7.5**	**26.3**
货币金融服务	Monetary and Financial Service	12.3	7.4	74.7	59.3
资本市场服务	Capital Market Service	-19.5	-15.5	-55.7	-26.0
保险业	Insurance	44.1	52.9	-1.2	33.6
其他金融业	Other Financial Activities	23.7	35.1	-20.2	83.8
房地产业	**Real Estate**	**9.2**	**9.6**	**-27.0**	**1.7**
租赁和商务服务业	**Leasing and Business Services**	**15.8**	**19.5**	**-23.2**	**-1.4**
租赁业	Leasing	16.6	-11.8	4.6	-30.3
商务服务业	Business Services	15.7	20.1	-24.2	0.0
科学研究和技术服务业	**Scientific Research and Technical Services**	**17.9**	**20.4**	**-31.1**	**45.6**
研究和试验发展	Research and Experimental Development	29.1	32.8	-57.7	101.4
专业技术服务业	Professional Technical Services	18.0	22.7	-37.8	24.8
科技推广和应用服务业	Science and Technology Popularization and Application Services	9.1	9.8	-3.7	24.4
水利、环境和公共设施管理业	**Management of Water Conservancy, Environment and Public Facilities**	**2.9**	**3.3**	**-1.4**	**1.2**
水利管理业	Management of Water Conservancy	1.4	2.2	-2.2	-2.9
生态保护和环境治理业	Ecological Protection and Environmental Treatment	37.2	37.8	28.6	31.9
公共设施管理业	Management of Public Facilities	0.3	0.7	-2.6	-2.0
土地管理业	Management of Land	46.9	59.9	-52.8	132.7
居民服务、修理和其他服务业	**Service to Households, Repair and Other Services**	**-9.1**	**-10.6**	**-10.6**	**2.2**
居民服务业	Services to Households	-3.1	-0.8	-16.9	-11.5
机动车、电子产品和日用产品修理业	Repair of Motor Vehicles, Electronics and Household Products	10.5	-6.2	63.3	74.8
其他服务业	Other Services	-38.1	-42.0	-35.6	2.8
教育	**Education**	**17.7**	**20.5**	**5.2**	**-2.2**
卫生和社会工作	**Health and Social Service**	**5.3**	**6.1**	**-4.4**	**-13.3**
卫生	Health	6.8	7.7	-1.8	-8.5
社会工作	Social Service	-0.2	1.4	-19.0	-36.2
文化、体育和娱乐业	**Culture, Sports and Entertainment**	**13.9**	**15.3**	**7.0**	**3.7**
新闻和出版业	Journalism and Publishing Activities	-29.2	-47.1	37.7	89.4
广播、电视、电影和影视录音制作业	Radio, Television, Motion Picture and Audio-visual Programme Production Services	-13.3	-15.7	20.0	25.8
文化艺术业	Cultural and Art Activities	-1.4	0.8	-11.2	-15.0
体育	Sports Activities	4.1	5.1	-3.4	8.1
娱乐业	Entertainment	31.7	32.7	22.4	15.2
公共管理、社会保障和社会组织	**Public Management, Social Security and Social Organization**	**-15.6**	**-15.4**	**-33.3**	**17.4**
中国共产党机关	Organs of Communist Party of China	79.8	112.5	19.3	61.6
国家机构	Government Agencies	-12.1	-13.0	-22.7	32.2
人民政协、民主党派	People's Political Consultative Conference and Democratic Parties	78.9	44.0		
社会保障	Social Security	-54.2	-58.0	-74.0	116.4
群众团体、社会团体和其他成员组织	Mass Organizations, Social Organizations and Other Membership Organizations	-20.6	-20.5	-15.0	-30.8
基层群众自治组织	Grass Roots Self-Governing Organizations	-39.3	-33.7	-58.8	-28.7
国际组织	**International Organizations**				

10-14 各行业按隶属关系分固定资产投资比上年增长情况(2019年)
Growth Rate of Total Investment in Fixed Assets over Preceding Year by Sector and Jurisdiction of Management (2019)

单位：% (%)

指　　标	Item	全部投资 Total Investment in Fixed Assets	中央 Central Government	地方 Local
全国总计	**National Average**	**5.4**	**15.9**	**4.8**
农、林、牧、渔业	**Agriculture, Forestry, Animal Husbandry and Fishery**	**0.7**	**20.5**	**0.5**
农业	Farming	1.6	1.4	1.6
林业	Forestry	-1.7	259.0	-3.2
畜牧业	Animal Husbandry	-3.6	-56.7	-3.4
渔业	Fishery	15.7	134.2	15.6
农、林、牧、渔专业及辅助性活动	Professional and Support Activities for Agriculture, Forestry, Animal Husbandry and Fishery	1.4	27.4	0.7
采矿业	**Mining**	**24.1**	**29.8**	**19.7**
煤炭开采和洗选业	Mining and Washing of Coal	29.6	116.1	24.4
石油和天然气开采业	Extraction of Petroleum and Natural Gas	25.7	27.3	13.4
黑色金属矿采选业	Mining and Processing of Ferrous Metal Ores	2.5	-17.7	4.2
有色金属矿采选业	Mining and Processing of Non-Ferrous Metal Ores	6.8	68.5	5.0
非金属矿采选业	Mining and Processing of Non-metal Ores	30.9	352.9	30.5
开采专业及辅助性活动	Professional and Support Activities for Mining	20.1	14.2	22.1
其他采矿业	Mining of Other Ores	-10.9	352.6	-11.2
制造业	**Manufacturing**	**3.1**	**20.1**	**2.7**
农副食品加工业	Processing of Food from Agricultural Products	-8.7	-12.8	-8.7
食品制造业	Manufacture of Foods	-3.7	-25.8	-3.6
酒、饮料和精制茶制造业	Manufacture of Liquor, Beverages and Refined Tea	6.3	28.1	6.2
烟草制品业	Manufacture of Tobacco	-0.2	24.9	-10.7
纺织业	Manufacture of Textile	-8.9	-21.6	-8.8
纺织服装、服饰业	Manufacture of Textile, Wearing Apparel and Accessories	1.8	71.5	1.5
皮革、毛皮、羽毛及其制品和制鞋业	Manufacture of Leather, Fur, Feather and Related Products and Footware	-2.6	75.6	-2.9
木材加工和木、竹、藤、棕、草制品业	Processing of Timber, Manufacture of Wood, Bamboo, Rattan, Palm and Straw Products	-6.0	-28.5	-5.9
家具制造业	Manufacture of Furniture	-0.7		-0.8
造纸及纸制品业	Manufacture of Paper and Paper Products	-11.4	304.5	-11.8
印刷和记录媒介复制业	Printing and Reproduction of Recording Media	4.6	81.4	3.8
文教、工美、体育和娱乐用品制造业	Manufacture of Articles for Culture, Education, Arts and Crafts, Sport and Entertainment Activities	-2.4	-38.8	-2.3
石油、煤炭及其他燃料加工业	Processing of Petroleum, Coal and Other Fuels	12.4	18.7	10.6
化学原料及化学制品制造业	Manufacture of Raw Chemical Materials and Chemical Products	4.2	43.0	3.1
医药制造业	Manufacture of Medicines	8.4	16.0	8.3
化学纤维制造业	Manufacture of Chemical Fibres	-14.1	147.3	-15.9
橡胶和塑料制品业	Manufacture of Rubber and Plastics Products	1.0	296.3	0.4
非金属矿物制品业	Manufacture of Non-metallic Mineral Products	6.8	41.4	6.4
黑色金属冶炼和压延加工业	Smelting and Pressing of Ferrous Metals	26.0	37.1	25.2
有色金属冶炼和压延加工业	Smelting and Pressing of Non-ferrous Metals	1.2	-10.0	1.9
金属制品业	Manufacture of Metal Products	-3.9	-3.4	-3.9
通用设备制造业	Manufacture of General Purpose Machinery	2.2	-28.5	2.5
专用设备制造业	Manufacture of Special Purpose Machinery	9.7	0.1	9.8
汽车制造业	Manufacture of Automobiles	-1.5	21.0	-2.4
铁路、船舶、航空航天和其他运输设备制造业	Manufacture of Railway, Ship, Aerospace and Other Transport Equipments	-2.5	32.3	-5.9
电气机械和器材制造业	Manufacture of Electrical Machinery and Apparatus	-7.5	15.1	-7.8
计算机、通信和其他电子设备制造业	Manufacture of Computers, Communication and Other Electronic Equipment	16.8	0.8	17.0
仪器仪表制造业	Manufacture of Measuring Instruments and Machinery	50.5	27.6	51.2
其他制造业	Other Manufacture	2.9	-75.2	3.3
废弃资源综合利用业	Utilization of Waste Resources	21.9	10.4	22.0
金属制品、机械和设备修理业	Repair Service of Metal Products, Machinery and Equipment	38.1	68.0	35.8
电力、热力、燃气及水生产和供应业	**Production and Supply of Electricity, Heat, Gas and Water**	**4.5**	**14.7**	**1.3**
电力、热力生产和供应业	Production and Supply of Electric Power and Heat Power	-0.2	13.5	-6.7
燃气生产和供应业	Production and Supply of Gas	18.2	54.7	15.2
水的生产和供应业	Production and Supply of Water	16.9	38.3	16.5
建筑业	**Construction**	**-83.8**	**-62.8**	**-85.2**
房屋建筑业	Construction of Buildings	-76.9	-30.6	-78.1
土木工程建筑业	Civil Engineering	-86.6	-66.6	-88.3
建筑安装业	Building Installation	-75.2	-26.9	-78.2
建筑装饰、装修和其他建筑业	Building Decoration and Other Constructions	-78.6	-97.8	-78.4

10-14 续表 continued

单位：% (%)

指　　标	Item	全部投资 Total Investment in Fixed Assets	中　央 Central Government	地　方 Local
批发和零售业	**Wholesale and Retail Trades**	**-15.9**	**-3.6**	**-16.1**
批发业	Wholesale Trade	-12.8	-18.5	-12.7
零售业	Retail Trade	-18.4	28.5	-18.8
交通运输、仓储和邮政业	**Transport, Storage and Post**	**3.4**	**3.6**	**3.3**
铁路运输业	Railway Transport	-3.3	-6.8	6.0
道路运输业	Road Transport	9.0	141.0	5.6
水上运输业	Water Transport	-22.5	-53.9	-11.9
航空运输业	Air Transport	-17.8	-22.3	-12.6
管道运输业	Transport Via Pipelines	-3.4	-15.4	2.4
多式联运和运输代理业	Intermodality and Forwarding Agency	-10.7	16.0	-11.2
装卸搬运和仓储业	Loading, Unloading and Storage	-7.7	9.9	-8.0
邮政业	Post	18.9	-17.4	21.2
住宿和餐饮业	**Hotels and Catering Services**	**-1.2**	**23.5**	**-1.4**
住宿业	Hotels	2.2	25.8	2.0
餐饮业	Catering Services	-14.9	-9.4	-14.9
信息传输、软件和信息技术服务业	**Information Transmission, Software and Information Technology**	**8.6**	**27.4**	**1.8**
电信、广播电视和卫星传输服务	Telecommunication, Radio and Television and Satellite Transmission Service	17.8	21.2	12.6
互联网和相关服务	Internet and Related Service	16.7	31.0	16.2
软件和信息技术服务业	Software and Information Technology	-8.2	155.1	-13.9
金融业	**Financial Intermediation**	**10.4**	**-4.5**	**12.7**
货币金融服务	Monetary and Financial Service	12.3	-5.1	15.0
资本市场服务	Capital Market Service	-19.5	-3.0	-21.0
保险业	Insurance	44.1	-10.7	69.2
其他金融业	Other Financial Activities	23.7	100.6	21.9
房地产业	**Real Estate**	**9.2**	**24.4**	**9.1**
租赁和商务服务业	**Leasing and Business Services**	**15.8**	**61.5**	**14.7**
租赁业	Leasing	16.6		12.2
商务服务业	Business Services	15.7	49.8	14.9
科学研究和技术服务业	**Scientific Research and Technical Services**	**17.9**	**22.8**	**17.6**
研究和试验发展	Research and Experimental Development	29.1	-8.3	33.3
专业技术服务业	Professional Technical Services	18.0	110.5	11.4
科技推广和应用服务业	Science and Technology Popularization and Application Services	9.1	-41.9	10.2
水利、环境和公共设施管理业	**Management of Water Conservancy, Environment and Public Facilities**	**2.9**	**110.9**	**1.7**
水利管理业	Management of Water Conservancy	1.4	123.1	-0.4
生态保护和环境治理业	Ecological Protection and Environmental Treatment	37.2	46.4	37.1
公共设施管理业	Management of Public Facilities	0.3	113.6	-0.8
土地管理业	Management of Land	46.9	405.1	42.2
居民服务、修理和其他服务业	**Service to Households, Repair and Other Services**	**-9.1**	**-48.5**	**-8.3**
居民服务业	Services to Households	-3.1	-0.7	-3.1
机动车、电子产品和日用产品修理业	Repair of Motor Vehicles, Electronics and Household Products	10.5		10.3
其他服务业	Other Services	-38.1	-63.5	-36.1
教育	**Education**	**17.7**	**24.0**	**17.5**
卫生和社会工作	**Health and Social Service**	**5.3**	**16.2**	**5.1**
卫生	Health	6.8	33.6	6.3
社会工作	Social Service	-0.2	-51.4	0.7
文化、体育和娱乐业	**Culture, Sports and Entertainment**	**13.9**	**104.8**	**12.8**
新闻和出版业	Journalism and Publishing Activities	-29.2	-62.3	-21.6
广播、电视、电影和影视录音制作业	Radio, Television, Motion Picture and Audio-visual Programme Production Services	-13.3	-63.2	-11.7
文化艺术业	Cultural and Art Activities	-1.4	107.3	-2.4
体育	Sports Activities	4.1	490.4	1.7
娱乐业	Entertainment	31.7	139.9	30.5
公共管理、社会保障和社会组织	**Public Management, Social Security and Social Organization**	**-15.6**	**0.9**	**-21.8**
中国共产党机关	Organs of Communist Party of China	79.8	246.9	62.1
国家机构	Government Agencies	-12.1	0.4	-18.2
人民政协、民主党派	People's Political Consultative Conference and Democratic Parties	78.9	217.8	76.6
社会保障	Social Security	-54.2	25.3	-54.2
群众团体、社会团体和其他成员组织	Mass Organizations, Social Organizations and Other Membership Organizations	-20.6	-60.0	-18.8
基层群众自治组织	Grass Roots Self-Governing Organizations	-39.3	304.0	-40.0
国际组织	**International Organizations**			

10-15 各行业按登记注册类型分固定资产投资比上年增长情况(2019年)
Growth Rate of Total Investment in Fixed Assets over Preceding Year by Sector and Registration Status (2019)

单位：% (%)

指　　标	Item	全部投资 Total Investment in Fixed Assets	#内资 Domestic Funded	港澳台商投资 Funds from Hong Kong, Macao and Taiwan	外商投资 Foreign Funded
全　国　总　计	**National Average**	**5.4**	**5.5**	**6.6**	**0.4**
农、林、牧、渔业	**Agriculture, Forestry, Animal Husbandry and Fishery**	**0.7**	**1.1**	**-56.1**	**13.3**
农业	Farming	1.6	2.0	-59.5	51.8
林业	Forestry	-1.7	-1.3	-81.2	-12.0
畜牧业	Animal Husbandry	-3.6	-3.3	-54.8	8.5
渔业	Fishery	15.7	18.9	40.2	-7.3
农、林、牧、渔专业及辅助性活动	Professional and Support Activities for Agriculture, Forestry, Animal Husbandry and Fishery	1.4	1.5	-42.7	-0.8
采矿业	**Mining**	**24.1**	**24.1**	**21.3**	**30.2**
煤炭开采和洗选业	Mining and Washing of Coal	29.6	29.2	77.6	71.9
石油和天然气开采业	Extraction of Petroleum and Natural Gas	25.7	25.8	24.8	-3.4
黑色金属矿采选业	Mining and Processing of Ferrous Metal Ores	2.5	2.9	-76.6	105.1
有色金属矿采选业	Mining and Processing of Non-Ferrous Metal Ores	6.8	6.2	84.6	5.9
非金属矿采选业	Mining and Processing of Non-metal Ores	30.9	31.4	-17.4	28.2
开采专业及辅助性活动	Professional and Support Activities for Mining	20.1	20.5	-27.9	-61.1
其他采矿业	Mining of Other Ores	-10.9	-9.1	-62.9	
制造业	**Manufacturing**	**3.1**	**3.1**	**1.8**	**3.2**
农副食品加工业	Processing of Food from Agricultural Products	-8.7	-7.7	5.4	-39.3
食品制造业	Manufacture of Foods	-3.7	-3.8	12.2	-13.1
酒、饮料和精制茶制造业	Manufacture of Liquor, Beverages and Refined Tea	6.3	7.9	-9.5	-19.0
烟草制品业	Manufacture of Tobacco	-0.2	-0.1		
纺织业	Manufacture of Textile	-8.9	-8.8	-11.4	-5.5
纺织服装、服饰业	Manufacture of Textile, Wearing Apparel and Accessories	1.8	2.4	-7.8	-15.5
皮革、毛皮、羽毛及其制品和制鞋业	Manufacture of Leather, Fur, Feather and Related Products and Footware	-2.6	1.6	-49.2	-33.6
木材加工和木、竹、藤、棕、草制品业	Processing of Timber, Manufacture of Wood, Bamboo, Rattan, Palm and Straw Products	-6.0	-6.1	13.6	-56.3
家具制造业	Manufacture of Furniture	-0.7	-0.6	-20.9	9.2
造纸及纸制品业	Manufacture of Paper and Paper Products	-11.4	-10.5	-21.3	-15.6
印刷和记录媒介复制业	Printing and Reproduction of Recording Media	4.6	7.2	-29.5	-32.0
文教、工美、体育和娱乐用品制造业	Manufacture of Articles for Culture, Education, Arts and Crafts, Sport and Entertainment Activities	-2.4	-0.8	-17.3	-37.3
石油、煤炭及其他燃料加工业	Processing of Petroleum, Coal and Other Fuels	12.4	11.2	94.3	10.9
化学原料及化学制品制造业	Manufacture of Raw Chemical Materials and Chemical Products	4.2	2.8	33.2	3.3
医药制造业	Manufacture of Medicines	8.4	6.8	53.3	10.2
化学纤维制造业	Manufacture of Chemical Fibres	-14.1	-20.9	21.6	131.6
橡胶和塑料制品业	Manufacture of Rubber and Plastics Products	1.0	0.3	38.0	-10.9
非金属矿物制品业	Manufacture of Non-metallic Mineral Products	6.8	6.5	-3.6	39.3
黑色金属冶炼和压延加工业	Smelting and Pressing of Ferrous Metals	26.0	25.7	22.4	42.3
有色金属冶炼和压延加工业	Smelting and Pressing of Non-ferrous Metals	1.2	1.2	7.6	-12.0
金属制品业	Manufacture of Metal Products	-3.9	-4.2	-18.8	35.6
通用设备制造业	Manufacture of General Purpose Machinery	2.2	0.6	26.7	30.3
专用设备制造业	Manufacture of Special Purpose Machinery	9.7	9.3	15.6	15.4
汽车制造业	Manufacture of Automobiles	-1.5	-2.4	10.9	0.7
铁路、船舶、航空航天和其他运输设备制造业	Manufacture of Railway, Ship, Aerospace and Other Transport Equipments	-2.5	-1.5	-17.1	-16.0
电气机械和器材制造业	Manufacture of Electrical Machinery and Apparatus	-7.5	-6.8	-24.2	-4.9
计算机、通信和其他电子设备制造业	Manufacture of Computers, Communication and Other Electronic Equipment	16.8	23.3	-8.5	3.4
仪器仪表制造业	Manufacture of Measuring Instruments and Machinery	50.5	53.5	-13.9	33.2
其他制造业	Other Manufacture	2.9	2.6	7.6	2.1
废弃资源综合利用业	Utilization of Waste Resources	21.9	19.9	121.6	65.0
金属制品、机械和设备修理业	Repair Service of Metal Products, Machinery and Equipment	38.1	42.1	-43.9	40.7
电力、热力、燃气及水生产和供应业	**Production and Supply of Electricity, Heat, Gas and Water**	**4.5**	**4.2**	**30.3**	**-12.0**
电力、热力生产和供应业	Production and Supply of Electric Power and Heat Power	-0.2	-0.8	31.0	-9.4
燃气生产和供应业	Production and Supply of Gas	18.1	19.6	15.7	-1.4
水的生产和供应业	Production and Supply of Water	16.9	17.5	42.3	-30.8
建筑业	**Construction**	**-83.8**	**-83.7**	**-59.6**	**-95.6**
房屋建筑业	Construction of Buildings	-76.9	-76.7		
土木工程建筑业	Civil Engineering	-86.6	-86.6		-76.6
建筑安装业	Building Installation	-75.2	-75.2		
建筑装饰、装修和其他建筑业	Building Decoration and Other Constructions	-78.6	-77.7	29.0	

10-15 续表 continued

单位：%　　　　　　　　　　　　　　　　　　　　　　　　　　　　　　　　　　　(%)

指　　标	Item	全部投资 Total Investment in Fixed Assets	#内资 Domestic Funded	港澳台商投资 Funds from Hong Kong, Macao and Taiwan	外商投资 Foreign Funded
批发和零售业	**Wholesale and Retail Trades**	**-15.9**	**-15.8**	**-11.4**	**-41.4**
批发业	Wholesale Trade	-12.8	-12.9	13.9	-26.9
零售业	Retail Trade	-18.4	-18.1	-18.4	-45.5
交通运输、仓储和邮政业	**Transport, Storage and Post**	**3.4**	**3.4**	**4.2**	**-0.9**
铁路运输业	Railway Transport	-3.3	-3.3	-35.0	-56.1
道路运输业	Road Transport	9.0	8.9	57.6	2.5
水上运输业	Water Transport	-22.5	-23.4	56.5	-35.7
航空运输业	Air Transport	-17.8	-18.7	-8.9	-7.1
管道运输业	Transport Via Pipelines	-3.4	-6.7		6.7
多式联运和运输代理业	Intermodality and Forwarding Agency	-10.7	-15.7	61.7	216.0
装卸搬运和仓储业	Loading, Unloading and Storage	-7.7	-7.9	-7.9	1.6
邮政业	Post	18.9	14.2	-0.6	348.4
住宿和餐饮业	**Hotels and Catering Services**	**-1.2**	**-0.6**	**-19.4**	**-20.9**
住宿业	Hotels	2.2	3.2	-31.1	-23.5
餐饮业	Catering Services	-14.9	-16.2	497.5	16.4
信息传输、软件和信息技术服务业	**Information Transmission, Software and Information Technology**	**8.6**	**11.2**	**-6.2**	**2.6**
电信、广播电视和卫星传输服务	Telecommunication, Radio and Television and Satellite Transmission Service	17.8	16.8	11.5	46.3
互联网和相关服务	Internet and Related Service	16.7	20.4	1.9	37.3
软件和信息技术服务业	Software and Information Technology	-8.2	-1.5	-38.0	-57.0
金融业	**Financial Intermediation**	**10.4**	**6.9**	**124.5**	**-20.9**
货币金融服务	Monetary and Financial Service	12.3	9.8	54.8	-38.3
资本市场服务	Capital Market Service	-19.5	-27.6		-16.1
保险业	Insurance	44.1	43.9		
其他金融业	Other Financial Activities	23.7	20.4		
房地产业	**Real Estate**	**9.2**	**9.4**	**11.9**	**-4.5**
租赁和商务服务业	**Leasing and Business Services**	**15.8**	**15.8**	**33.1**	**-11.8**
租赁业	Leasing	16.6	19.9	120.5	-60.9
商务服务业	Business Services	15.7	15.5	25.2	16.6
科学研究和技术服务业	**Scientific Research and Technical Services**	**17.9**	**17.8**	**54.1**	**-8.1**
研究和试验发展	Research and Experimental Development	29.1	31.0	14.6	-29.6
专业技术服务业	Professional Technical Services	18.0	19.0	8.3	-75.6
科技推广和应用服务业	Science and Technology Popularization and Application Services	9.1	7.3	129.0	447.6
水利、环境和公共设施管理业	**Management of Water Conservancy, Environment and Public Facilities**	**2.9**	**3.1**	**-36.8**	**4.2**
水利管理业	Management of Water Conservancy	1.4	1.5	-38.0	-16.0
生态保护和环境治理业	Ecological Protection and Environmental Treatment	37.2	37.5	35.3	2.6
公共设施管理业	Management of Public Facilities	0.3	0.5	-47.0	7.6
土地管理业	Management of Land	46.9	46.7		
居民服务、修理和其他服务业	**Service to Households, Repair and Other Services**	**-9.1**	**-9.0**	**-62.0**	**108.0**
居民服务业	Services to Households	-3.1	-2.5	-68.2	127.2
机动车、电子产品和日用产品修理业	Repair of Motor Vehicles, Electronics and Household Products	10.5	9.6	-40.1	
其他服务业	Other Services	-38.1	-38.4	-22.6	-47.9
教育	**Education**	**17.7**	**17.4**	**232.4**	**62.6**
卫生和社会工作	**Health and Social Service**	**5.3**	**5.4**	**-10.5**	**12.1**
卫生	Health	6.8	6.7	-10.0	43.7
社会工作	Social Service	-0.2	0.4		-43.5
文化、体育和娱乐业	**Culture, Sports and Entertainment**	**13.9**	**13.6**	**8.7**	**55.1**
新闻和出版业	Journalism and Publishing Activities	-29.2	-29.2		
广播、电视、电影和影视录音制作业	Radio, Television, Motion Picture and Audio-visual Programme Production Services	-13.3	-15.8	65.8	
文化艺术业	Cultural and Art Activities	-1.4	-1.5	37.4	-18.1
体育	Sports Activities	4.1	4.7	-81.3	100.5
娱乐业	Entertainment	31.7	31.3	118.1	37.9
公共管理、社会保障和社会组织	**Public Management, Social Security and Social Organization**	**-15.6**	**-15.6**		
中国共产党机关	Organs of Communist Party of China	79.8	79.8		
国家机构	Government Agencies	-12.1	-12.1		
人民政协、民主党派	People's Political Consultative Conference and Democratic Parties	78.9	78.9		
社会保障	Social Security	-54.2	-54.2		
群众团体、社会团体和其他成员组织	Mass Organizations, Social Organizations and Other Membership Organizations	-20.6	-20.6		
基层群众自治组织	Grass Roots Self-Governing Organizations	-39.3	-39.3		
国际组织	**International Organizations**				

10-16 各行业按控股情况分固定资产投资比上年增长情况(2019年)
Growth Rate of Total Investment in Fixed Assets over Preceding Year by Sector and Holding Type (2019)

单位：%　　　　(%)

指　　标	Item	全部投资 Total Investment in Fixed Assets	#国有控股 State-holding	集体控股 Collective-holding	私人控股 Private-holding
全 国 总 计	**National Average**	**5.4**	**5.7**	**0.1**	**5.7**
农、林、牧、渔业	**Agriculture, Forestry, Animal Husbandry and Fishery**	**0.7**	**-2.2**	**14.8**	**0.7**
农业	Farming	1.6	-4.6	21.5	2.4
林业	Forestry	-1.7	4.3	-49.4	-10.7
畜牧业	Animal Husbandry	-3.6	-5.9	6.8	-4.3
渔业	Fishery	15.7	-14.3	67.4	14.2
农、林、牧、渔专业及辅助性活动	Professional and Support Activities for Agriculture, Forestry, Animal Husbandry and Fishery	1.4	-2.1	25.7	5.4
采矿业	**Mining**	**24.1**	**27.3**	**-19.3**	**19.9**
煤炭开采和洗选业	Mining and Washing of Coal	29.6	24.0	-28.5	33.4
石油和天然气开采业	Extraction of Petroleum and Natural Gas	25.7	27.4	-70.3	-54.8
黑色金属矿采选业	Mining and Processing of Ferrous Metal Ores	2.5	-7.6	-34.0	27.1
有色金属矿采选业	Mining and Processing of Non-Ferrous Metal Ores	6.8	56.1	-35.7	-13.9
非金属矿采选业	Mining and Processing of Non-metal Ores	30.9	84.5	39.3	22.3
开采专业及辅助性活动	Professional and Support Activities for Mining	20.1	12.2	388.5	36.4
其他采矿业	Mining of Other Ores	-10.9	82.7	-32.3	31.3
制造业	**Manufacturing**	**3.1**	**8.0**	**-4.6**	**2.7**
农副食品加工业	Processing of Food from Agricultural Products	-8.7	-4.1	-22.8	-8.0
食品制造业	Manufacture of Foods	-3.7	-11.0	72.4	-1.4
酒、饮料和精制茶制造业	Manufacture of Liquor, Beverages and Refined Tea	6.3	47.3	43.5	2.7
烟草制品业	Manufacture of Tobacco	-0.2	13.4		-75.1
纺织业	Manufacture of Textile	-8.9	-4.3	-4.9	-11.4
纺织服装、服饰业	Manufacture of Textile, Wearing Apparel and Accessories	1.8	6.4	-43.3	3.8
皮革、毛皮、羽毛及其制品和制鞋业	Manufacture of Leather, Fur, Feather and Related Products and Footware	-2.6	11.1	41.3	-0.3
木材加工和木、竹、藤、棕、草制品业	Processing of Timber, Manufacture of Wood, Bamboo, Rattan, Palm and Straw Products	-6.0	53.2	68.1	-10.4
家具制造业	Manufacture of Furniture	-0.7	19.6	-67.9	-0.3
造纸及纸制品业	Manufacture of Paper and Paper Products	-11.4	-3.6	-1.5	-7.5
印刷和记录媒介复制业	Printing and Reproduction of Recording Media	4.6	5.9	74.8	6.5
文教、工美、体育和娱乐用品制造业	Manufacture of Articles for Culture, Education, Arts and Crafts, Sport and Entertainment Activities	-2.4	-7.1	149.4	-0.3
石油、煤炭及其他燃料加工业	Processing of Petroleum, Coal and Other Fuels	12.4	-0.2	-51.3	18.4
化学原料及化学制品制造业	Manufacture of Raw Chemical Materials and Chemical Products	4.2	5.3	-24.0	1.8
医药制造业	Manufacture of Medicines	8.4	-5.4	-16.1	7.8
化学纤维制造业	Manufacture of Chemical Fibres	-14.1	48.3	41.4	-23.3
橡胶和塑料制品业	Manufacture of Rubber and Plastics Products	1.0	4.6	-14.2	1.9
非金属矿物制品业	Manufacture of Non-metallic Mineral Products	6.8	17.4	-11.9	6.7
黑色金属冶炼和压延加工业	Smelting and Pressing of Ferrous Metals	26.0	59.7	53.3	18.6
有色金属冶炼和压延加工业	Smelting and Pressing of Non-ferrous Metals	1.2	-1.7	33.0	2.9
金属制品业	Manufacture of Metal Products	-3.9	15.2	16.9	-5.3
通用设备制造业	Manufacture of General Purpose Machinery	2.2	11.8	-14.7	-0.7
专用设备制造业	Manufacture of Special Purpose Machinery	9.7	12.3	33.5	10.7
汽车制造业	Manufacture of Automobiles	-1.5	22.6	-37.3	-10.1
铁路、船舶、航空航天和其他运输设备制造业	Manufacture of Railway, Ship, Aerospace and Other Transport Equipments	-2.5	15.4	19.4	-14.0
电气机械和器材制造业	Manufacture of Electrical Machinery and Apparatus	-7.5	-32.7	4.7	-3.8
计算机、通信和其他电子设备制造业	Manufacture of Computers, Communication and Other Electronic Equipment	16.8	-0.01	37.6	35.7
仪器仪表制造业	Manufacture of Measuring Instruments and Machinery	50.5	3.7	-5.8	64.7
其他制造业	Other Manufacture	2.9	-0.6	-32.1	11.2
废弃资源综合利用业	Utilization of Waste Resources	21.9	42.4	-42.2	19.0
金属制品、机械和设备修理业	Repair Service of Metal Products, Machinery and Equipment	38.1	-22.4	137.5	78.0
电力、热力、燃气及水生产和供应业	**Production and Supply of Electricity, Heat, Gas and Water**	**4.5**	**9.3**	**13.4**	**-9.9**
电力、热力生产和供应业	Production and Supply of Electric Power and Heat Power	-0.2	5.1	8.5	-14.9
燃气生产和供应业	Production and Supply of Gas	18.1	23.8	130.2	13.1
水的生产和供应业	Production and Supply of Water	16.9	19.5	8.6	-0.2
建筑业	**Construction**	**-83.8**	**-84.3**	**-95.8**	**-76.8**
房屋建筑业	Construction of Buildings	-76.9	-76.5	-91.0	-71.2
土木工程建筑业	Civil Engineering	-86.6	-86.3	-99.2	-81.3
建筑安装业	Building Installation	-75.2	-71.1	5.9	-75.6
建筑装饰、装修和其他建筑业	Building Decoration and Other Constructions	-78.6	-78.7	-97.5	-74.1

10-16 续表 continued

单位：% (%)

指 标	Item	全部投资 Total Investment in Fixed Assets	#国有控股 State-holding	集体控股 Collective-holding	私人控股 Private-holding
批发和零售业	**Wholesale and Retail Trades**	**-15.9**	**-14.9**	**-22.3**	**-13.9**
批发业	Wholesale Trade	-12.8	-7.9	15.0	-13.0
零售业	Retail Trade	-18.4	-19.6	-35.6	-14.7
交通运输、仓储和邮政业	**Transport, Storage and Post**	**3.4**	**3.5**	**17.2**	**-3.7**
铁路运输业	Railway Transport	-3.3	-5.9	58.5	66.5
道路运输业	Road Transport	9.0	8.2	25.1	5.6
水上运输业	Water Transport	-22.5	-23.3	42.3	-15.3
航空运输业	Air Transport	-17.8	-14.5	142.2	-4.8
管道运输业	Transport Via Pipelines	-3.4	-2.4	370.0	-7.0
多式联运和运输代理业	Intermodality and Forwarding Agency	-10.7	-0.4	43.7	-18.5
装卸搬运和仓储业	Loading, Unloading and Storage	-7.7	-6.1	-34.0	-11.3
邮政业	Post	18.9	9.2	171.2	6.1
住宿和餐饮业	**Hotels and Catering Services**	**-1.2**	**-1.9**	**-30.7**	**1.2**
住宿业	Hotels	2.2	4.4	-33.3	4.6
餐饮业	Catering Services	-14.9	-36.5	-12.7	-10.9
信息传输、软件和信息技术服务业	**Information Transmission, Software and Information Technology**	**8.6**	**12.4**	**-26.8**	**1.3**
电信、广播电视和卫星传输服务	Telecommunication, Radio and Television and Satellite Transmission Service	17.8	16.2	15.1	6.1
互联网和相关服务	Internet and Related Service	16.7	10.9	65.9	12.4
软件和信息技术服务业	Software and Information Technology	-8.2	-1.4	-53.5	-6.4
金融业	**Financial Intermediation**	**10.4**	**-20.6**	**42.2**	**14.5**
货币金融服务	Monetary and Financial Service	12.3	-22.5	49.7	44.5
资本市场服务	Capital Market Service	-19.5	-28.6	-65.8	-42.7
保险业	Insurance	44.1	-17.1		49.4
其他金融业	Other Financial Activities	23.7	-4.7	-83.3	107.0
房地产业	**Real Estate**	**9.2**	**8.2**	**0.1**	**10.9**
租赁和商务服务业	**Leasing and Business Services**	**15.8**	**15.6**	**17.6**	**9.0**
租赁业	Leasing	16.6	94.6	-71.2	-15.4
商务服务业	Business Services	15.7	13.5	21.4	11.2
科学研究和技术服务业	**Scientific Research and Technical Services**	**17.9**	**35.9**	**-14.6**	**5.7**
研究和试验发展	Research and Experimental Development	29.1	72.7	44.1	-7.6
专业技术服务业	Professional Technical Services	18.0	22.5	-31.1	15.8
科技推广和应用服务业	Science and Technology Popularization and Application Services	9.1	10.4	-52.3	9.1
水利、环境和公共设施管理业	**Management of Water Conservancy, Environment and Public Facilities**	**2.9**	**4.2**	**9.0**	**-1.0**
水利管理业	Management of Water Conservancy	1.4	2.2	-20.7	-4.0
生态保护和环境治理业	Ecological Protection and Environmental Treatment	37.2	40.4	11.6	25.8
公共设施管理业	Management of Public Facilities	0.3	1.8	10.9	-3.9
土地管理业	Management of Land	46.9	46.4	290.8	-21.2
居民服务、修理和其他服务业	**Service to Households, Repair and Other Services**	**-9.1**	**-14.6**	**-12.8**	**1.4**
居民服务业	Services to Households	-3.1	-3.4	5.0	0.3
机动车、电子产品和日用产品修理业	Repair of Motor Vehicles, Electronics and Household Products	10.5	-37.7	256.0	24.3
其他服务业	Other Services	-38.1	-43.1	-51.7	-29.6
教育	**Education**	**17.7**	**14.2**	**-2.1**	**30.7**
卫生和社会工作	**Health and Social Service**	**5.3**	**6.8**	**-1.8**	**5.3**
卫生	Health	6.8	8.5	2.9	4.1
社会工作	Social Service	-0.2	-4.3	-17.2	7.4
文化、体育和娱乐业	**Culture, Sports and Entertainment**	**13.9**	**9.7**	**2.0**	**19.6**
新闻和出版业	Journalism and Publishing Activities	-29.2	-25.6		-62.6
广播、电视、电影和影视录音制作业	Radio, Television, Motion Picture and Audio-visual Programme Production Services	-13.3	-12.1	-16.7	-26.5
文化艺术业	Cultural and Art Activities	-1.4	2.6	-1.3	-2.5
体育	Sports Activities	4.1	10.1	-44.4	8.0
娱乐业	Entertainment	31.7	30.0	31.5	31.2
公共管理、社会保障和社会组织	**Public Management, Social Security and Social Organization**	**-15.6**	**-14.8**	**-18.3**	**-22.3**
中国共产党机关	Organs of Communist Party of China	79.8	92.2		
国家机构	Government Agencies	-12.1	-12.3		
人民政协、民主党派	People's Political Consultative Conference and Democratic Parties	78.9	90.2		
社会保障	Social Security	-54.2	-55.0	-28.7	-35.9
群众团体、社会团体和其他成员组织	Mass Organizations, Social Organizations and Other Membership Organizations	-20.6	-12.3	-36.9	-53.5
基层群众自治组织	Grass Roots Self-Governing Organizations	-39.3	-42.6	-41.1	-42.2
国际组织	**International Organizations**				

10-17 各行业实际到位资金比上年增长情况（2019年）

单位：%

指　　标	Item	本年实际到位资金 Actual Funds Available for Investment
全 国 总 计	**National Average**	**4.4**
农、林、牧、渔业	**Agriculture, Forestry, Animal Husbandry and Fishery**	**-8.8**
农业	Farming	-10.9
林业	Forestry	-10.2
畜牧业	Animal Husbandry	-13.4
渔业	Fishery	9.6
农、林、牧、渔专业及辅助性活动	Professional and Support Activities for Agriculture, Forestry, Animal Husbandry and Fishery	4.5
采矿业	**Mining**	**24.2**
煤炭开采和洗选业	Mining and Washing of Coal	24.0
石油和天然气开采业	Extraction of Petroleum and Natural Gas	27.6
黑色金属矿采选业	Mining and Processing of Ferrous Metal Ores	17.5
有色金属矿采选业	Mining and Processing of Non-Ferrous Metal Ores	9.2
非金属矿采选业	Mining and Processing of Non-metal Ores	21.9
开采专业及辅助性活动	Professional and Support Activities for Mining	19.9
其他采矿业	Mining of Other Ores	-25.7
制造业	**Manufacturing**	**1.4**
农副食品加工业	Processing of Food from Agricultural Products	-12.5
食品制造业	Manufacture of Foods	-8.6
酒、饮料和精制茶制造业	Manufacture of Liquor, Beverages and Refined Tea	0.9
烟草制品业	Manufacture of Tobacco	-11.8
纺织业	Manufacture of Textile	-8.3
纺织服装、服饰业	Manufacture of Textile, Wearing Apparel and Accessories	5.6
皮革、毛皮、羽毛及其制品和制鞋业	Manufacture of Leather, Fur, Feather and Related Products and Footware	-0.4
木材加工和木、竹、藤、棕、草制品业	Processing of Timber, Manufacture of Wood, Bamboo, Rattan, Palm and Straw Products	-6.8
家具制造业	Manufacture of Furniture	0.8
造纸及纸制品业	Manufacture of Paper and Paper Products	-9.9
印刷和记录媒介复制业	Printing and Reproduction of Recording Media	1.3
文教、工美、体育和娱乐用品制造业	Manufacture of Articles for Culture, Education, Arts and Crafts, Sport and Entertainment Activities	-7.0
石油、煤炭及其他燃料加工业	Processing of Petroleum, Coal and Other Fuels	17.4
化学原料及化学制品制造业	Manufacture of Raw Chemical Materials and Chemical Products	-0.4
医药制造业	Manufacture of Medicines	3.8
化学纤维制造业	Manufacture of Chemical Fibres	-27.3
橡胶和塑料制品业	Manufacture of Rubber and Plastics Products	-2.6
非金属矿物制品业	Manufacture of Non-metallic Mineral Products	4.8
黑色金属冶炼和压延加工业	Smelting and Pressing of Ferrous Metals	22.4
有色金属冶炼和压延加工业	Smelting and Pressing of Non-ferrous Metals	-1.5
金属制品业	Manufacture of Metal Products	-5.7
通用设备制造业	Manufacture of General Purpose Machinery	1.3
专用设备制造业	Manufacture of Special Purpose Machinery	8.1
汽车制造业	Manufacture of Automobiles	-4.2
铁路、船舶、航空航天和其他运输设备制造业	Manufacture of Railway, Ship, Aerospace and Other Transport Equipments	-4.5
电气机械和器材制造业	Manufacture of Electrical Machinery and Apparatus	-10.6
计算机、通信和其他电子设备制造业	Manufacture of Computers, Communication and Other Electronic Equipment	21.2
仪器仪表制造业	Manufacture of Measuring Instruments and Machinery	27.0
其他制造业	Other Manufacture	2.5
废弃资源综合利用业	Utilization of Waste Resources	15.9
金属制品、机械和设备修理业	Repair Service of Metal Products, Machinery and Equipment	46.0
电力、热力、燃气及水生产和供应业	**Production and Supply of Electricity, Heat, Gas and Water**	**0.9**
电力、热力生产和供应业	Production and Supply of Electric Power and Heat Power	-3.1
燃气生产和供应业	Production and Supply of Gas	17.0
水的生产和供应业	Production and Supply of Water	12.9
建筑业	**Construction**	**-84.3**
房屋建筑业	Construction of Buildings	-67.1
土木工程建筑业	Civil Engineering	-87.5
建筑安装业	Building Installation	-69.0
建筑装饰、装修和其他建筑业	Building Decoration and Other Constructions	-90.2

Growth Rate of Actual Funds Available for Investment over Preceding Year by Sector (2019)

(%)

国家预算资金 State Budget	国内贷款 Domestic Loans	利用外资 Foreign Investment	自筹资金 Self-raised Funds	其他资金 Other Funds
-0.9	**2.2**	**33.3**	**1.7**	**11.4**
14.1	**-32.1**	**101.5**	**-11.3**	**11.0**
42.5	-23.3	52.5	-13.6	5.3
14.0	-53.9	70.4	-23.3	33.9
98.0	-44.6	86.4	-13.2	-12.4
-75.2	-5.3		11.2	34.5
-11.9	-3.1		5.9	25.4
-32.7	**13.8**	**23.4**	**32.6**	**-36.6**
-38.5	-15.8		29.5	25.6
-33.2	19.4	6.0	43.1	-63.2
	-78.2		26.3	-16.1
36.7	70.5		1.2	-21.7
127.0	41.7		18.2	55.2
-84.0	-85.9		24.5	
	-78.0		-5.2	-88.1
12.6	**-8.0**	**30.8**	**1.0**	**20.9**
76.8	-15.2	-18.9	-13.1	-2.0
335.6	-23.6	-58.3	-8.3	7.3
119.9	11.7	14.8	-0.1	5.8
			-12.1	47.0
-56.2	-16.1	-30.2	-7.0	-23.5
-31.5	33.1	-63.5	5.9	10.2
48.6	55.5	-24.0	-4.9	79.1
16.1	-31.3	65.3	-8.2	62.9
-32.6	-13.9	-56.6	1.3	21.2
-18.0	-35.9		-11.2	-28.1
224.9	-42.7		3.7	23.3
-13.2	-35.7	-39.4	-6.1	50.5
	7.5	-0.7	14.8	120.0
-49.4	-8.5	-11.8	1.2	8.2
81.1	-27.4	-12.5	4.5	22.0
-52.4	-74.1	-64.5	1.1	88.9
225.6	-22.8	21.4	-2.2	18.6
-27.4	10.5	-6.0	4.0	21.0
82.7	27.9	-24.1	24.7	-37.3
-58.2	-19.9	241.6	1.4	-20.0
-14.3	-45.2	-5.9	-3.5	-0.8
-50.1	5.2	104.2	1.1	-5.4
-14.1	-2.5	-15.0	8.3	30.3
81.8	-0.4	39.5	-5.8	11.7
67.4	10.4	239.0	-4.9	-40.5
-49.0	-29.7	78.0	-10.8	24.4
86.0	53.2	30.4	13.9	112.4
17.7	2.6	435.8	28.3	-28.9
-41.5	21.3	103.6	3.9	-22.7
-26.4	-13.2	255.7	11.8	209.9
-54.4	2.2		49.4	84.1
2.2	**3.9**	**23.6**	**-1.2**	**6.4**
-10.4	2.5	29.8	-5.0	-7.3
-39.7	26.1	-78.6	22.2	5.4
23.7	12.7	60.7	4.9	40.3
-92.3	**-84.5**		**-86.1**	**-66.2**
-83.9	-85.9		-68.9	-40.8
-92.9	-88.8		-89.5	-71.3
	109.7		-76.7	
	-93.8		-88.3	

10-17 续表

单位：%

指　　标	Item	本年实际到位资金 Actual Funds Available for Investment
批发和零售业	**Wholesale and Retail Trades**	**-27.5**
批发业	Wholesale Trade	-27.1
零售业	Retail Trade	-27.8
交通运输、仓储和邮政业	**Transport, Storage and Post**	**5.1**
铁路运输业	Railway Transport	7.5
道路运输业	Road Transport	11.0
水上运输业	Water Transport	-25.5
航空运输业	Air Transport	-19.4
管道运输业	Transport Via Pipelines	-19.9
多式联运和运输代理业	Intermodality and Forwarding Agency	-21.4
装卸搬运和仓储业	Loading, Unloading and Storage	-11.7
邮政业	Post	13.6
住宿和餐饮业	**Hotels and Catering Services**	**-0.1**
住宿业	Hotels	5.2
餐饮业	Catering Services	-30.2
信息传输、软件和信息技术服务业	**Information Transmission, Software and Information Technology**	**14.3**
电信、广播电视和卫星传输服务	Telecommunication, Radio and Television and Satellite Transmission Service	37.0
互联网和相关服务	Internet and Related Service	21.9
软件和信息技术服务业	Software and Information Technology	-13.4
金融业	**Financial Intermediation**	**-1.9**
货币金融服务	Monetary and Financial Service	10.1
资本市场服务	Capital Market Service	-18.2
保险业	Insurance	-30.8
其他金融业	Other Financial Activities	16.2
房地产业	**Real Estate**	**7.2**
租赁和商务服务业	**Leasing and Business Services**	**12.0**
租赁业	Leasing	26.6
商务服务业	Business Services	11.3
科学研究和技术服务业	**Scientific Research and Technical Services**	**9.3**
研究和试验发展	Research and Experimental Development	25.0
专业技术服务业	Professional Technical Services	11.6
科技推广和应用服务业	Science and Technology Popularization and Application Services	-5.2
水利、环境和公共设施管理业	**Management of Water Conservancy, Environment and Public Facilities**	**-0.5**
水利管理业	Management of Water Conservancy	3.0
生态保护和环境治理业	Ecological Protection and Environmental Treatment	31.4
公共设施管理业	Management of Public Facilities	-3.5
土地管理业	Management of Land	78.1
居民服务、修理和其他服务业	**Service to Households, Repair and Other Services**	**-20.9**
居民服务业	Services to Households	-12.8
机动车、电子产品和日用产品修理业	Repair of Motor Vehicles, Electronics and Household Products	-11.6
其他服务业	Other Services	-51.3
教育	**Education**	**20.2**
卫生和社会工作	**Health and Social Service**	**2.8**
卫生	Health	4.3
社会工作	Social Service	-3.1
文化、体育和娱乐业	**Culture, Sports and Entertainment**	**13.7**
新闻和出版业	Journalism and Publishing Activities	-25.6
广播、电视、电影和影视录音制作业	Radio, Television, Motion Picture and Audio-visual Programme Production Services	-28.7
文化艺术业	Cultural and Art Activities	9.2
体育	Sports Activities	0.5
娱乐业	Entertainment	26.2
公共管理、社会保障和社会组织	**Public Management, Social Security and Social Organization**	**-30.8**
中国共产党机关	Organs of Communist Party of China	105.6
国家机构	Government Agencies	-30.7
人民政协、民主党派	People's Political Consultative Conference and Democratic Parties	
社会保障	Social Security	-74.3
群众团体、社会团体和其他成员组织	Mass Organizations, Social Organizations and Other Membership Organizations	-27.3
基层群众自治组织	Grass Roots Self-Governing Organizations	-45.4
国际组织	**International Organizations**	

continued

(%)

国家预算资金 State Budget	国内贷款 Domestic Loans	利用外资 Foreign Investment	自筹资金 Self-raised Funds	其他资金 Other Funds
30.5	**-48.1**	**64.2**	**-27.6**	**-10.6**
48.4	-41.2	27.1	-28.0	7.1
18.8	-54.4	118.8	-27.3	-19.7
-2.4	**13.2**	**24.1**	**-3.0**	**23.8**
-14.7	55.2	9.5	-10.2	-11.9
1.8	9.8	45.6	7.7	41.3
-10.1	-2.8	-38.6	-36.7	3.4
-34.5	-33.2		-4.4	14.3
-93.5	-19.3		-22.0	
-61.9	-35.2	-18.6	-23.1	126.9
-6.4	8.8	19.9	-14.0	-12.5
362.5	256.9		9.4	120.5
8.8	**-7.1**	**-57.8**	**0.0**	**11.7**
-3.8	-7.1	-27.5	5.1	29.9
72.4	-7.2	-79.5	-27.9	-56.4
45.3	**11.7**	**1.3**	**20.6**	**-49.1**
168.5	-29.9	9.1	41.7	-34.1
23.5	12.4	-37.5	48.9	-60.1
-31.5	32.8	382.3	-15.7	-33.8
27.0	**-7.0**	**-97.7**	**-1.4**	**-2.8**
71.3	-27.2	-76.1	16.3	-70.1
	-74.3		-14.2	-6.7
			-36.2	
	55.7		3.4	
-11.8	**3.5**	**66.9**	**4.3**	**10.7**
37.4	**-8.7**	**123.3**	**12.9**	**18.6**
53.2	72.9	107.8	1.0	715.3
37.3	-13.5	125.4	13.6	9.7
21.2	**-7.2**	**10.9**	**5.2**	**65.4**
1.7	26.4	30.0	12.3	297.9
63.4	-34.5	-49.1	12.7	-6.9
22.0	-23.2	153.4	-4.6	-8.7
6.2	**-14.2**	**43.6**	**-3.8**	**15.9**
-1.7	-20.9	72.8	4.9	26.7
82.6	-7.5	128.4	22.8	37.6
2.9	-14.1	31.0	-6.6	11.5
103.6	71.3		27.0	400.6
3.9	**-51.7**	**42.5**	**-20.9**	**-5.9**
45.2	-55.9	97.0	-11.9	-4.0
	-5.0		-9.6	-87.7
-74.0	-24.5	-73.9	-52.2	9.5
16.3	**-2.0**	**55.9**	**24.0**	**25.5**
10.3	**-4.6**	**37.2**	**-4.3**	**44.4**
16.0	-1.2	27.7	-3.9	37.3
-33.5	-18.5	56.3	-5.9	100.3
-0.9	**7.3**	**-47.2**	**15.3**	**29.2**
-2.1			-61.8	112.1
-44.9	-32.6		-31.1	19.7
6.1	-22.4	233.7	8.3	48.7
-7.3	67.5	-71.6	-4.1	2.6
11.1	9.0	-59.6	29.6	26.4
-29.1	**-73.5**	**37.6**	**-27.4**	**-37.5**
116.1			92.1	83.6
-29.6	-75.7	37.6	-25.5	-37.8
-50.2			-59.3	-89.6
-47.1	-79.5		-26.2	26.1
3.105	-14.0		-57.9	-8.4

10-18 分地区各行业固定资产投资比上年增长情况(2019年)
Growth Rate of Total Investment in Fixed Assets over Preceding Year by Region and Sector (2019)

单位：%　　　　(%)

地 区	Region	合 计 Total	农、林、牧、渔业 Agriculture, Forestry, Animal Husbandry and Fishery	采矿业 Mining	制造业 Manufacturing	电力、热力、燃气及水生产和供应业 Production and Supply of Electricity, Heat, Gas and Water	建筑业 Construction	批发和零售业 Wholesale and Retail Trades
全国总计	**National Average**	**5.4**	**0.7**	**24.1**	**3.1**	**4.5**	**-83.8**	**-15.9**
北 京	Beijing	-2.5	20.9	-9.5	0.8	-15.4	-52.8	-46.1
天 津	Tianjin	13.1	13.3	47.6	9.1	11.7		-40.3
河 北	Hebei	6.5	-5.2	8.0	1.6	3.3	257.5	-9.1
山 西	Shanxi	9.3	20.6	19.5	0.1	4.1	-73.5	12.9
内蒙古	Inner Mongolia	6.7	-6.7	32.0	9.1	6.1		-19.2
辽 宁	Liaoning	0.3	4.8	18.1	-7.3	8.2	-96.4	-1.3
吉 林	Jilin	-16.2	-51.7	6.7	-38.2	-41.4	-99.4	-47.8
黑龙江	Heilongjiang	6.3	-4.0	22.3	-0.9	16.2		-30.6
上 海	Shanghai	5.1	119.3		21.1	-17.9	6.7	-7.4
江 苏	Jiangsu	5.1	9.4	-33.2	4.6	-5.1	-91.8	-2.5
浙 江	Zhejiang	10.0	-5.3	84.6	12.9	-10.4	-47.9	1.3
安 徽	Anhui	9.2	-26.2	17.5	10.1	-3.7	-90.1	-21.3
福 建	Fujian	5.9	-0.5	18.6	16.2	10.0	-87.8	-45.0
江 西	Jiangxi	9.2	-22.5	22.1	10.9	8.5	-51.4	18.3
山 东	Shandong	-8.2	-4.4	1.2	-31.1	-10.8	-98.2	-58.2
河 南	Henan	8.0	-10.9	47.2	8.2	12.0	-92.3	-26.5
湖 北	Hubei	10.7	17.0	0.3	10.0	-7.2	-97.5	-6.5
湖 南	Hunan	10.1	32.4	15.4	18.4	13.4	-86.7	-19.8
广 东	Guangdong	11.1	-9.2	-0.6	1.0	31.2	-27.4	7.3
广 西	Guangxi	9.6	-17.8	34.2	9.2	14.0	-67.8	-35.0
海 南	Hainan	-9.2	-11.3	10.6	19.9	32.2	-61.6	-22.1
重 庆	Chongqing	5.6	21.9	55.1	8.9	-2.1	239.6	35.8
四 川	Sichuan	8.6	4.7	17.9	5.1	1.8	-59.0	-1.8
贵 州	Guizhou	0.9	-15.8	90.6	16.1	46.4	113.5	-14.1
云 南	Yunnan	8.5	15.8	12.3	11.9	11.0	525.5	10.7
西 藏	Tibet	-2.2	-26.5	94.9	13.5	1.3	-95.7	-49.5
陕 西	Shaanxi	2.5	0.2	30.8	8.3	4.8	-34.2	-16.8
甘 肃	Gansu	6.6	-9.7	14.6	24.8	27.3	-69.4	-12.9
青 海	Qinghai	5.0	-3.6	21.4	2.6	41.1	-26.0	30.3
宁 夏	Ningxia	-10.3	-8.2	3.9	10.8	-26.0	356.6	-52.5
新 疆	Xinjiang	2.5	2.2	36.2	-1.7	-3.5	-98.4	14.1

10-18 续表 1 continued

单位：% (%)

地区	Region	交通运输、仓储和邮政业 Transport, Storage and Post	住宿和餐饮业 Hotels and Catering Services	信息传输、软件和信息技术服务业 Information Transmission, Software and Information Technology	金融业 Financial Intermediation	房地产业 Real Estate	租赁和商务服务业 Leasing and Business Services	科学研究和技术服务业 Scientific Research and Technical Services
全国总计	**National Average**	**3.4**	**-1.2**	**8.6**	**10.4**	**9.2**	**15.8**	**17.9**
北　京	Beijing	-15.4	116.2	-13.3	6.9	-4.0	157.7	27.0
天　津	Tianjin	26.3	29.9	-32.6	106.9	8.4	34.2	2.8
河　北	Hebei	2.5	35.8	85.2	-55.0	2.1	45.7	2.2
山　西	Shanxi	29.9	45.6	23.3	-9.9	12.4	-3.7	72.0
内蒙古	Inner Mongolia	15.8	5.0	3.5	-56.0	11.8	190.2	-5.4
辽　宁	Liaoning	-21.5	-25.3	76.3	33.5	9.2	45.2	44.6
吉　林	Jilin	-1.7	-19.2	-33.5	-79.1	11.9	-42.1	-18.7
黑龙江	Heilongjiang	13.1	-14.4	-14.8	-21.2	0.6	-19.2	38.2
上　海	Shanghai	-10.8	-61.4	14.8	20.9	5.1	79.1	-9.9
江　苏	Jiangsu	6.4	13.1	-8.6	-33.9	8.0	7.1	8.6
浙　江	Zhejiang	15.2	-1.0	11.4	41.1	10.3	-8.1	99.1
安　徽	Anhui	15.1	3.7	-8.6	-11.1	12.8	-5.3	-13.2
福　建	Fujian	-14.8	-11.6	-14.1	-5.4	15.5	16.7	-20.7
江　西	Jiangxi	10.0	-1.3	43.8	-9.8	8.0	14.8	-1.8
山　东	Shandong	23.2	-8.3	19.2	20.4	16.7	-11.2	32.3
河　南	Henan	4.8	-3.3	-10.6	6.7	5.8	44.9	-3.0
湖　北	Hubei	5.4	15.2	58.6	-16.1	8.4	14.2	27.5
湖　南	Hunan	4.0	-2.5	63.2	-0.9	9.5	20.9	22.7
广　东	Guangdong	11.8	-13.3	5.3	92.0	8.5	12.7	2.8
广　西	Guangxi	14.4	-3.6	28.3	-13.3	23.9	-7.2	-3.6
海　南	Hainan	-38.6	-13.1	-4.4	129.3	-20.4	151.1	75.1
重　庆	Chongqing	5.6	7.0	125.0	32.7	5.3	7.2	16.8
四　川	Sichuan	7.2	-2.8	32.2	42.8	12.7	36.7	70.4
贵　州	Guizhou	-11.6	-7.6	-24.4	4.1	15.1	16.5	82.3
云　南	Yunnan	15.3	-7.3	-17.0	-53.6	22.3	-21.3	-46.5
西　藏	Tibet	-6.0	-17.6	-40.8	106.8	36.6	77.8	-15.9
陕　西	Shaanxi	1.7	6.3	-27.9	-34.5	0.5	43.5	-13.7
甘　肃	Gansu	21.1	-6.3	-25.2	-58.6	9.7	8.6	33.0
青　海	Qinghai	-41.5	-33.6	8.7	73.8	8.2	-44.8	223.4
宁　夏	Ningxia	-32.7	-8.0	0.9	-91.5	-11.5	31.7	-29.5
新　疆	Xinjiang	-5.1	95.2	-3.7	-87.1	4.6	42.9	-38.3

10-18 续表 2 continued

单位：% (%)

地区	Region	水利、环境和公共设施管理业 Management of Water Conservancy, Environment and Public Facilities	居民服务、修理和其他服务业 Service to Households, Repair and Other Services	教育 Education	卫生和社会工作 Health and Social Service	文化、体育和娱乐业 Culture, Sports and Entertainment	公共管理、社会保障和社会组织 Public Management, Social Security and Social Organization	国际组织 International Organizations
全国总计	**National Average**	**2.9**	**-9.1**	**17.7**	**5.3**	**13.9**	**-15.6**	
北 京	Beijing	1.8		-13.0	49.0	77.0	-27.9	
天 津	Tianjin	7.1	-20.1	45.4	98.9	-45.6	150.0	
河 北	Hebei	28.7	-8.7	58.8	-1.6	16.2	82.8	
山 西	Shanxi	0.1	0.0	21.7	-4.2	2.2	-37.2	
内蒙古	Inner Mongolia	-13.1	-71.8	33.6	-5.9	-15.4	39.5	
辽 宁	Liaoning	-11.2	-9.8	-9.0	-9.0	-24.1	-22.7	
吉 林	Jilin	-7.0	-44.0	-21.7	-49.4	-26.1	-78.3	
黑龙江	Heilongjiang	44.9	-49.7	19.7	-30.9	0.9	-5.1	
上 海	Shanghai	12.0	162.7	-16.4	4.6	32.5	-41.2	
江 苏	Jiangsu	-1.4	11.1	30.8	-18.8	13.9	15.0	
浙 江	Zhejiang	4.1	11.1	11.5	-1.6	11.7	1.3	
安 徽	Anhui	12.7	-35.3	28.7	19.6	4.2	-59.0	
福 建	Fujian	-7.2	-31.4	36.5	24.8	5.1	-53.0	
江 西	Jiangxi	8.0	86.1	46.5	32.8	-3.1	-9.4	
山 东	Shandong	-16.0	15.5	5.3	-6.6	-13.6	-57.6	
河 南	Henan	21.5	-11.4	24.6	21.6	23.1	-38.3	
湖 北	Hubei	18.0	-12.1	61.4	-2.1	69.6	-27.4	
湖 南	Hunan	-4.3	-14.6	23.9	7.0	29.6	-7.8	
广 东	Guangdong	29.7	4.3	36.9	39.6	-0.9	34.6	
广 西	Guangxi	-10.0	-32.8	18.6	23.0	-14.7	32.1	
海 南	Hainan	13.6	-48.8	9.4	19.2	22.2	-47.2	
重 庆	Chongqing	-8.1	24.8	21.8	9.6	43.3	-49.8	
四 川	Sichuan	3.0	-26.0	19.4	19.9	15.4	3.4	
贵 州	Guizhou	-17.9	-7.6	-14.6	-17.7	-4.9	14.3	
云 南	Yunnan	-11.2	-31.9	-17.3	-20.8	-23.5	-51.2	
西 藏	Tibet	-11.6	-42.3	47.6	-9.5	16.3	-23.9	
陕 西	Shaanxi	-3.7	-14.2	0.4	-6.1	24.8	-7.6	
甘 肃	Gansu	-20.8	31.3	8.1	-1.2	-9.4	-48.8	
青 海	Qinghai	23.4	244.2	77.7	-1.1	46.5	33.1	
宁 夏	Ningxia	11.7	8.0	-6.4	-28.3	-52.4	-63.6	
新 疆	Xinjiang	7.7	-38.6	15.4	32.4	43.8	-69.8	

10-19 新增主要产品生产能力
Increased Production Capacity of Main Products

能力名称	Item	2015	2016	2017	2018	2019
原煤开采 (万吨/年)	Coal Mining (10 000 tons/year)	22642	12870	19873	11697	9702
焦炭 (万吨/年)	Coke (10 000 tons/year)	2622	1541	1853	1470	923
天然气开采 (亿立方米/年)	Extraction of Petroleum and Natural Gas (100 million cu.m/year)	176	158	168	46	98
铁矿开采(原矿) (万吨/年)	Iron Ore Mining (10 000 tons/year)	12740	7534	7635	1778	868
电解铜 (吨/年)	Electrolytic Copper (ton/year)	460920	141750	155000	44751	400000
电解铝 (吨/年)	Electrolytic Aluminum (ton/year)	1619410	550000	658162		1026013
发电装机容量 (万千瓦)	Installed Power Capacity (10 0000 kw)	13667	12222	4548	11557	7464
水力发电 (万千瓦)	Hydraulic Power (10 000 kw)	1476	1680	1282	798	396
火力发电 (万千瓦)	Fire Power (10 000 kw)	6023	4520	3266	5869	2720
水泥 (万吨/年)	Cement (10 000 tons/year)	11711	6938	6728	3358	3509
轮胎外胎 (万条/年)	Tire (Cover) (10 000 units/year)	7627	5354	6227	2007	1419
载货汽车制造 (辆/年)	Trucks (unit/year)	192514	120836	77321	86746	138327
客车制造 (辆/年)	Passenger Motor Vehicles (unit/year)	217640	296311	152611	10804	122000
轿车制造 (辆/年)	Cars (unit/year)	1312160	1583461	2313530	1023319	1225296
其他汽车制造 (辆/年)	Other Motor Vehicles (unit/year)	107216	103956	120155	34146	18664
机制纸浆 (万吨/年)	Machine-made Paper Pulp (10 000 tons/year)	170	235	174	38	274
新建公路 (公里)	Length of New Highways (km)	70902	66194	72529	32906	36616
新(扩)建港口码头	Newly-built or Expanded Ports					
年吞吐量 (万吨/年)	Annual Handling Capacity(10 000 tons/year)	28563	14582	22710	27458	5363
泊位 (个)	Berths (unit)	226	145	162	115	19
城市自来水供水能力(万吨/日)	Tap Water Supply Capacity (10 000 tons/day)	1721	3418	2802	1588	1459

10-20 农村农户固定资产投资比上年增长情况(2019年)
Growth Rate of Investment in Fixed Assets of Rural Households over Preceding Year (2019)

单位：%　　(%)

地　区	Region	全部投资 Total Investment in Fixed Assets	#竣工房屋投资 Investment in Buildings Completed	#住宅投资 Investment in Residential Buildings
全　国	**National Average**	**-6.4**	**-10.0**	**-10.7**
北　京	Beijing	21.4	27.1	28.6
天　津	Tianjin	2.1	103.0	-9.2
河　北	Hebei	-12.5	-22.8	-26.4
山　西	Shanxi	-30.6	-35.0	-35.7
内蒙古	Inner Mongolia	-7.1	-31.4	0.5
辽　宁	Liaoning	7.4	-33.4	-36.9
吉　林	Jilin	-24.8	-49.9	-48.8
黑龙江	Heilongjiang	1.6	-3.8	-0.7
上　海	Shanghai	5.3	-1.2	-2.1
江　苏	Jiangsu	-8.3	-5.0	-6.1
浙　江	Zhejiang	-23.0	-25.5	-26.8
安　徽	Anhui	-9.6	0.2	-13.4
福　建	Fujian	-17.6	-4.0	-1.3
江　西	Jiangxi	12.1	7.3	10.8
山　东	Shandong	-1.5	-6.0	-6.4
河　南	Henan	-7.8	-13.4	-12.1
湖　北	Hubei	-13.6	-16.6	-27.5
湖　南	Hunan	-9.5	1.5	1.1
广　东	Guangdong	15.0	15.5	15.4
广　西	Guangxi	3.9	-2.0	-2.3
海　南	Hainan	20.1	-3.0	0.0
重　庆	Chongqing	-5.2	-19.8	-12.2
四　川	Sichuan	-7.1	0.3	1.3
贵　州	Guizhou	-23.2	-28.7	-30.6
云　南	Yunnan	2.2	-13.9	-5.6
西　藏	Tibet			
陕　西	Shaanxi	-0.9	-33.3	-33.9
甘　肃	Gansu	3.3	5.3	2.1
青　海	Qinghai	35.2	-3.8	-3.1
宁　夏	Ningxia	-27.1	-20.9	-28.7
新　疆	Xinjiang	-0.1	-7.2	-5.9

主要统计指标解释

全社会固定资产投资　是以货币形式表现的在一定时期内全社会建造和购置固定资产的工作量以及与此有关费用的总称。该指标是反映固定资产投资规模、结构和发展速度的综合性指标。全社会固定资产投资按登记注册类型可分为国有、集体、联营、股份制、私营和个体、港澳台商、外商、其他等。

固定资产投资（不含农户）　指城镇和农村各种登记注册类型的企业、事业、行政单位及城镇个体户进行的计划总投资500万元及以上的建设项目投资和房地产开发投资，包括原口径的城镇固定资产投资加上农村企事业组织项目投资，该口径自2011年起开始使用。

民间固定资产投资　指具有集体、私营、个人性质的内资企事业单位以及由其控股（包括绝对控股和相对控股）的企业单位在中华人民共和国境内建造或购置固定资产的投资。

基础设施投资　指为社会生产和生活提供基础性、大众性服务的工程和设施，是社会赖以生存和发展的基本条件。包括以下行业投资：铁路运输业、道路运输业、水上运输业、航空运输业、管道运输业、多式联运和运输代理业、装卸搬运业、邮政业、电信广播电视和卫星传输服务业、互联网和相关服务业、水利管理业、生态保护和环境治理业、公共设施管理业。

实际到位资金　指用于固定资产投资的各种货币资金。包括国家预算资金、国内贷款、利用外资、自筹资金和其他资金。

国家预算资金　国家预算包括一般预算、政府性基金预算、国有资本经营预算和社保基金预算。各类预算中用于固定资产投资的资金全部作为国家预算资金填报，其中一般预算中用于固定资产投资的部分包括基建投资、车购税、灾后恢复重建基金和其他财政投资。各级政府债券也应归入国家预算资金。

国内贷款　指报告期固定资产投资项目单位向银行及非银行金融机构借入用于固定资产投资的各种国内借款，包括银行利用自有资金及吸收存款发放的贷款、上级拨入的国内贷款、国家专项贷款（包括煤代油贷款、劳改煤矿专项贷款等），地方财政专项资金安排的贷款、国内储备贷款、周转贷款等。

利用外资　指报告期收到的境外（包括外国及港澳台地区）资金(包括设备、材料、技术在内)。包括对外借款(外国政府贷款、国际金融组织贷款、出口信贷、外国银行商业贷款、对外发行债券和股票)、外商直接投资、外商其他投资(包括利用外商投资收益在国内进行固定资产再投资活动的资金)。不包括我国自有外汇资金(国家外汇、地方外汇、留成外汇、调济外汇和国内银行自有资金发放的外汇贷款等)。各类外资按报告期的外汇牌价（中间价）折成人民币计算。

自筹资金　指固定资产投资单位在报告期收到的，由各企、事业单位筹集用于固定资产投资的资金，包括各类企事业单位的自有资金和从其他单位筹集的用于固定资产投资的资金，但不包括各类财政性资金、从各类金融机构借入资金和国外资金。

其他资金来源　指在报告期收到的除以上各种资金之外的用于固定资产投资的资金。包括社会集资、个人资金、无偿捐赠的资金及其他单位拨入的资金等。

固定资产投资按国民经济行业分　指根据其从事的社会经济活动性质对各类单位进行的分类。应根据建设项目建成投产后的主要产品种类或主要用途及社会经济活动种类来划分，不能根据项目单位本身的行业类别来划分。如果项目投产后有几种产品，应根据主要产品来确定行业类别。一般情况下，一个建设项目只能属于一种国民经济行业。

固定资产投资按隶属关系分　是按建设单位或企业、事业、行政单位的主管上级机关确定的。

（1）中央　是指中共中央、人大常委会和国务院各部、委、局、总公司以及直属机构直接领导的建设项目和企业、事业、行政单位。这些单位的固定资产投资计划由国务院各部门直接编制和下达，统一组织或委托下级实施。包括有中央垂直管理的部门（如国家统计局各级调查队）和中央直属企业、事业单位（如工商银行、中国电信、中国石油）等。

（2）地方　是由省（自治区、直辖市）、地（区、市、州、盟）、县（区、市、旗）三级政府及业务主管部门直接领导和管理的建设项目、企业、事业、行政单位。地方项目还包括不隶属以上各级政府及主管部门的建设项目和企业、事业单位，如外商投资企业和无主管部门的企业等。

固定资产投资按建设性质分　按整个建设项目情况来确定。建设项目的性质一般分为新建、扩建、改建和技术改造、单纯建造生活设施、迁建、恢复、单纯购置。农户投资不划分建设性质。

（1）新建　指从无到有"平地起家"开始建设的项目。现有企业、事业、行政单位投资的项目一般不属于新建。但如有的单位原有基础很小，经过建设后新增的固定资产价值超过该企业、事业、行政单位原有固定资产价值（原值）三倍以上的，也应作为新建。

（2）扩建　指在厂内或其他地点，为扩大原有产品的生产能力（或效益）或增加新的产品生产能力，而增建的生产车间（或主要工程）、分厂、独立的生产线等项目。行政、事业单位在原单位增建业务性用房（如学校增建教学用房、医院增建门诊部、病房等）也作为扩建。

现有企、事业单位为扩大原有主要产品生产能力或增加新的产品生产能力，增建一个或几个主要生产车间（或主要工程）、分厂，同时进行一些更新改造工程的，也应作为扩建。

（3）改建和技术改造　指现有企业、事业单位对原有设施进行技术改造或更新（包括相应配套的辅助性生产、生活福利设施）的建设项目。改建项目包括企业、事业单位为适应市场变化的需要，而改变企业的主要产品种类（如军工企业转民用产品等）的建设项目；原有产品生产作业线由于各工序（车间）之间能力不平衡，为填平补齐充分发挥原有生产能力而增建但不增加主要产品生产能力的建设项目。技术改造是指企业、事业单位在现有基础上用先进的技术代替落后的技术，用先进的工艺和装备代替落后的工艺和装备，以改变企业落后的技术经济面貌，实现以内涵为主的扩大再生产，达到提高产品质量、促进产品更新换代、节约能源、降低消耗、扩大生产规模、全面提高社会经济效益的目的。技术改造具体包括以下内容：机器设备和工具的更新改造；生产工艺改革、节约能源和原材料的改造；厂房建筑和公共设施的改造；保护环境进行的“三废”治理改造；劳动条件和生产环境的改造等。

固定资产投资按构成分

（1）建筑工程　指各种房屋、建筑物的建造工程。这部分投资额必须兴工动料，通过施工活动才能实现，是固定资产投资额的重要组成部分。

（2）安装工程　指各种设备、装置的安装工程。

在安装工程中，不包括被安装设备本身价值。

（3）设备工器具购置　指报告期内购置或自制的，达到固定资产标准的设备、工具、器具的价值。新建单位及扩建单位的新建车间，按照设计或计划要求购置或自制的全部设备、工具、器具，不论是否达到固定资产标准均计入“设备工器具购置”中。

（4）其他费用　指在固定资产建造和购置过程中发生的，除建筑安装工程和设备、工器具购置投资完成额以外的应当分摊计入固定资产投资的费用，不指经营中财务上的其他费用。

本年新增生产能力（或工程效益）　指在本年度内按照新增生产能力（或工程效益）的计算条件和标准，实际建成投入生产或交付使用的生产能力（或工程效益）。

Explanatory Notes on Main Statistical Indicators

Total Investment in Fixed Assets in the Whole Country refers to the volume of activities in construction and purchases of fixed assets of the whole country and related fees, expressed in monetary terms during the reference period. It is a comprehensive indicator which shows the size, structure and growth of the investment in fixed assets, providing a basis for observing the progress of construction projects and evaluating results of investment. Total investment in fixed assets in the whole country by registration status includes: the investment by state-owned units, collective-owned units, joint ownership units, share-holding units, private units, individuals as well as investments by entrepreneurs from Hong Kong, Macao and Taiwan, foreign investors and others.

Investment in Fixed Assets (Excluding Rural Households) refers to the investment in construction projects with a total planned investment of 5 million yuan and above, carried out by enterprises of various ownerships, institutions, administrative units in both urban and rural areas, urban self-employed individuals, as well as investment in real estate development. Since 2011, it covers the urban investment in fixed assets under the previous statistical coverage and the investments by rural enterprises and institutions.

Non-governmental Investment in Fixed Assets refers to the investment in the construction or purchase of fixed assets in the territory of the People's Republic of China by domestic-funded enterprises and institutions with an ownership of collective, private and personal nature and by enterprises and institutions controlled by them (including absolute and relative holding).

Infrastructure Investment refers to projects and facilities that provide basic and public services for social production and life, which constitute the basic condition for the survival and development of society. It includes: railway transport, road transport, water transport, air transport, pipeline transport, multimodal transport and transport agents, loading and unloading, posts, telecommunications, radio and television and satellite transmission services, internet and related services, management of water conservancy, ecological protection and environmental governance, public facilities management.

Actual Funds Available for Investment refer to all kinds of monetary funds available for investment in fixed assets. It includes state budget funds, domestic loans, foreign capital, self-raised funds and other funds.

Fund from the State Budget State budget consists of general budget, government fund budget, operation budget of state-owned assets and social security fund budget. Funds for investment in fixed assets from various budgets are reported as fund from the state budget. Generally speaking, the general budget utilized on fixed assets investment includes infrastructure construction budget, vehicle purchase tax, post-disaster restoration and reconstruction funds and other financial investment. Government bonds at all levels should also be included.

Domestic Loans refer to loans of various forms borrowed by investing units from banks and non-bank financial institutions during the reference period for the purpose of investment in fixed assets, including loans issued by banks from their self-owned funds and deposit, loans appropriated by higher responsible authorities, special loans by government (including loan for substituting petroleum with coal, special loans for reform-through-labour coal mines), loans arranged by local government from special funds, domestic reserve loan, and revolving loan, etc.

Foreign Investment refers to overseas (including foreign countries, Hongkong, Macao and Taiwan) funds received during the reference period (covering equipment, materials and technology), including foreign borrowings (loans from foreign governments and international financial institutions, export credit, commercial loans from foreign banks, issue of bonds and stocks overseas), foreign direct investment and other foreign investments (including funds from foreign direct investment income that are reinvested in fixed assets domestically). Excluded are self-owned foreign exchanges owned by China (foreign exchanges owned by the central and local governments, foreign exchanges retained by enterprises, foreign exchanges by enterprises through the regulating mechanism, loans in foreign exchanges issued by the Bank of China with its own fund, etc.). In calculating the utilization of foreign capital, foreign currencies are converted into Chinese Renminbi applying the exchange rate (central parity rate) at the end of the reference period.

Self-raised Funds refer to funds for investment in fixed assets received during the reference period by investing units, including self-owned funds owned by various enterprises and institutions and funds raised from other units, excluding financial funds, funds borrowed from financial institutions and overseas funds.

Other Funds refer to funds for investment in fixed assets received from sources other than those listed above, including funds raised from individuals and through donations, and funds transferred from other units.

Investment in Fixed Assets by Sector refers to the classification of investment by the nature of social economic activities where the investing units are engaged in. The classification of construction projects by sector is determined by the major products or the purpose of the projects when they are put into production or use, and by the nature of their social economic activities, instead of being determined by industrial classification of the investing enterprises. The project will be classified according to the major product in case there are several categories of products after the project in completed and put into operation. In general, one project can only be classified into one sector.

Investment in Fixed Assets by Jurisdiction of Management refers to the classification of investment by the competent authorities under which investment is made by construction units, enterprises, institutions or administrative units.

(1) Central government projects refer to the investment in projects or by enterprises, institutions or administrative units which are under the direct leadership and management of the Central Committee of the CPC, the Standing Committee of the National People's Congress, the State Council and of the national commissions, ministries, agencies and state-owned large corporations. Various ministries and departments of the State Council prepare and implement plans through unified organization or lower-level commissions, which include departments direct under central government (i.e. survey offices at all level of the National Bureau of Statistics) and enterprises and institutions directly under central government (like the Industrial and Commercial Bank of China, China Telecom, China National Petroleum Corporation, etc.).

(2) Local projects refer to the investment in projects or by enterprises, institutions or administrative units which are under the direct leadership and management of competent departments and governments at the level of province (autonomous regions and municipalities directly under the Central Government), prefecture (prefectures, cities and leagues) and county (districts, cities and banners). Also included are projects or enterprises, institutions or administrative units which are not under the jurisdiction of any of the above-mentioned authorities, such as enterprises invested by foreign enterprises or enterprises without competent managing authorities.

Investment in Fixed Assets by Type of Construction Construction projects in general can be classified, by the type of construction, into new construction, expansion, reconstruction and technical transformation, construction soly for living facilities, moving, restoration and pure purchases. However, investment by rural households is not classified by type of construction.

(1) New construction in general refers to construction projects which start from scratch. The projects invested by existing enterprises, institutions and administrative agencies cannot be classified as new construction. In case the size of the existing unit is quite small, and the value of newly added fixed assets is more than three times of the original value, the investment will be classified as new construction.

(2) Expansion refers to projects of construction of new production workshop, branch factory or independent production line within a factory or in other locations, for the purpose of increasing the production capacity (or improving efficiency) or adding new production capacity. Newly constructed accommodation for the operation of institutions and administrative organizations (such as newly constructed buildings for teaching in schools, buildings for clinics or wards in hospitals, etc.) are also classified as expansion.

Also classified as expansion are investments by existing enterprises or institutions in building major production line(s) or branch factory (ies) along with some work on innovation, for the purpose of expanding the production capacity of original products or producing new products.

(3) Reconstruction and technical transformation refers to construction projects by existing enterprises or institutions in innovation or technical transformation of the old facilities (including auxiliary production equipment and welfare facilities). Considered as reconstruction is the construction of new workshops by the existing enterprises or institutions to change the variety of products to meet the market demand (such as the production of civil products by defence industries), or to bring the designed production capacity into full play through a more balanced production process on production lines. Technical transformation refers to replacement of old technology or equipment by new technology or equipment, in order to expand the reproduction through improvement of technology contents in production, to improve product quality, to promote new products, to save energy, to reduce consumption, to expand the production scale and to improve overall social-economic efficiency. Contents of technical transformation include: updating of machinery, equipment and tools; reforming production process by using energy or materials saving technology; construction of factory workshops and transformation of public facilities; treatment of "three wastes" (waste gas, waste water and industrial residue) aiming at environmental protection; improvement of working conditions and environment, etc.

Investment in Fixed Assets by Composition of Funds

(1) Construction refers to the construction of houses and buildings. This part of investment can only be achieved through construction activities using labour force and materials, and it is the major component of the total investment in fixed assets.

(2) Installation refers to the installation of various kinds of equipment and instruments, also known as work volume of installation.

The value of equipment installed itself is not included in the value of installation projects.

(3) Purchase of equipment and instruments refers to the total value of equipment, tools, and instruments purchased or self-produced which come up to the standards for fixed assets during the reference period. Equipment, tools and instruments purchased or self-produced for new workshops by newly established or expanded units are categorized as "purchase of equipment and instruments" no matter whether they come up to the standards for fixed assets.

(4) Other expenses refer to expenses arising during the construction or purchase of fixed assets other than those expenses on construction, installation and purchase of equipment and instruments. Other financial expenses arising in operation are not included.

Newly Increased Production Capacity (project efficiency) of Current Year refers to the production capacity (project efficiency) that has been completed and put into operation in current year that meet the calculation criteria and standards on newly increased production capacity (project efficiency).

11

对外经济贸易

International Trade and Economic Cooperation

简 要 说 明

本篇资料综合反映中国的货物贸易、服务进出口、利用外资、对外直接投资、对外经济合作的历年概况，重点反映对外经济贸易的近期发展状况。

一、货物贸易部分

货物贸易统计的主要内容包括：进出口货物的品种、数(重)量、金额、国别(地区)、收发货人所在地、境内目的地、境内货源地等项目。

货物贸易统计的范围是按照联合国的国际贸易统计原则制定的，即凡能引起中华人民共和国关境内物质资源存量增加或减少的进出口货物，除制度另有规定者外，均列入该项统计。

货物贸易统计的资料来源于海关总署，调查方法是全面调查。

历年出口商品分类金额和历年进口商品分类金额按照联合国《国际贸易标准分类》(SITC)进行统计。进出口商品目录是在海关合作理事会（世界海关组织 WCO）制定的《商品名称和编码协调制度》(HS)的基础上，结合我国进出口实际情况制定的。

我国对各国(地区)进出口总额表中，出口货物按中华人民共和国关境外最终目的国(地区)，进口货物按中华人民共和国关境外原产国(地区)统计。各地区进出口商品总值分别按境内收发货人所在地和目的地、货源地列示。收发货人所在地是指中华人民共和国关境内进出口企业报关注册的登记地；境内货源地是指出口货物在中华人民共和国关境内的产地或原始发货地；境内目的地则指进口货物在中华人民共和国关境内的消费、使用地或最终运抵地。

二、服务进出口部分

服务进出口按国际收支口径统计，资料来源于商务部。

三、利用外资部分

利用外资统计的主要内容包括：实际使用外资情况，外商投资企业登记注册情况。

统计范围是凡经市场监督管理机关核准登记，在中华人民共和国境内所有利用外资的单位和部门，经批准设立的中外合资经营企业、合作经营企业、外资企业、外商投资股份制企业、合作开发项目等具有法人资格的独立核算企业(包括港澳台地区投资企业)，在境内从事经营活动的外国及港澳台地区企业及外国公司在中国境内设立的分支机构。

利用外资统计的资料来源于商务部，外商投资企业的登记注册情况资料来源于国家市场监督管理总局，调查方法是全面调查。

特殊说明：利用外资统计 1985 年及以前为政府统计部门的调查汇总数，1986 年及以后全部来源于商务部（2003 年以前为对外贸易经济合作部）。2000 年及以前利用外资数据中含对外借款数。利用外资数据不含银行、证券、保险领域。

四、对外直接投资部分

对外直接投资统计的内容主要包括：境内投资主体的基本情况；境外企业的基本情况；境内投资主体与境外企业间的投资、收益和分配情况；通过境外企业实现的货物进出口情况；境外企业核准情况。

统计范围主要包括境内投资者通过直接投资方式在境外拥有或控制 10%或以上股权、投票权或其他等价利益的各类公司型和非公司型的境外直接投资企业。

资料来源于商务部，调查方法是全面调查。

五、对外经济合作部分

对外经济合作统计的主要内容包括：对外承包工程的合同数、合同金额、完成营业额以及对外劳务合作派出人数、年末在外人数等。

统计范围是发生对外承包工程业务的企业或单位，有对外劳务合作经营资格的企业以及海员外派机构。

资料来源于商务部，调查方法是全面调查。

Brief Introduction

Data in this chapter provide summary data of China's international trade in goods and services, utilization of foreign capital, outbound direct investment, contracted projects and labour cooperation with foreign countries or territories over the years, focusing on the recent situation of international trade and economic cooperation.

I. Trade in Goods

Data on trade in goods include: varieties of imports and exports, quantity (weight), value, countries (regions), import and export corporations, destination within territory, origin of goods within territory, mode of trade, types of tariffs and so on.

The scope of trade in goods statistics are designed according to United Nations' principles on international trade statistics, that is: all imports or exports that will lead to stock changes of material resources within the territory of People's Republic of China; excluding goods by escape clause.

Sources of data on trade in goods are from the General Administration of Customs of the People's Republic of China through a comprehensive reporting system.

Customs statistics in value terms for both imports and exports are compiled according to the classifications of *UN Standard International Trade Classification (SITC)*. The list of import and export commodities is compiled based on the *Harmonized Commodity Description and Coding System (HS)* stipulated by the Customs Cooperation Council (World Customs Organization), taking into consideration of China's reality of imports and exports.

In the tables on China's total imports and exports with related countries and regions, the exported commodities are compiled by the countries (regions) of destination outside China's customs, and the imported commodities are compiled by the Customs of the countries (regions) of origin outside China's customs. The total values of the imports and exports by region are compiled respectively at the provinces where the import or export corporations are located and at the provinces of destination or provinces of origin within the border of the People's Republic of China. The province where the import or export corporations are located refers to the province where the import or export corporations have applied to and have been registered at the Customs. The province of origin within the border of the Peoples Republic of China refers to the province where the export commodities are produced or originally delivered. The province of destination within the border of the People's Republic of China refers to the province where the imported commodities are consumed, used or transported to the destination.

II. Trade in Services

Statistics on imports and exports in services are compiled according to Balance of Payments (BOP). Data on trade in services are from the Ministry of Commerce.

III. Utilization of Foreign Capitals

Utilization of foreign capitals includes: total amount of foreign investment actually utilized, and the basic condition of registration of foreign invested enterprises.

The statistics cover all the units and departments which have utilized foreign capitals, all the Sino-foreign joint ventures, Sino-foreign cooperative enterprises, ventures exclusively with foreign investment, foreign-funded stock companies, Sino-foreign cooperative development projects (including the enterprises funded by the entrepreneurs from Hong Kong, Macao and Taiwan) with independent accounting system and legal person status, and all foreign enterprises or enterprises funded by the entrepreneurs from Hong Kong Macao and Taiwan which engaged in business activities, and branches of foreign companies which have been approved to be set up within the boundaries of the People's Republic of China after verification and registration through administrative authorities of market regulation.

Data on utilization of foreign capitals are from Ministry of Commerce, data on registration status of foreign funded enterprises are from the State Administration for Market Regulation through comprehensive reporting system.

Special notice: data on utilization of foreign capitals before 1985 were survey results from governmental statistical agencies, since 1986 all data are from the Ministry of Commerce (formerly MOFTEC before 2003). Data on utilization of foreign capitals in 2000 and before include foreign loans. Data on the utilization of foreign capitals do not include banking, securities and insurance.

IV. Outbound Direct Investment

Outbound direct investment includes: basic situation of domestic investors and overseas enterprises, investment, earnings and their distribution between domestic and overseas invested enterprises, import and export of commodities through overseas enterprises, approval of overseas enterprises.

Statistics cover all types of overseas corporations and non-corporations that domestic investors own or control 10% or more equity, voting rights or other equivalent interests through direct investment.

Data are from the Ministry of Commerce through comprehensive survey.

V. Foreign Economic Cooperation

Data on foreign economic cooperation include: number of contracts for overseas contracted projects, contracted volume, completed business turnover, and dispatched workers for overseas labour services, persons abroad by the end of year and so on.

Statistics in this aspect cover enterprises or units that have overseas contracted projects, enterprises with qualifications for overseas labour services and qualified agencies engaging in dispatching seamen.

Data on foreign economic cooperation are from the Ministry of Commerce through a comprehensive reporting system.

11-1 对外经济贸易基本情况
International Trade and Economic Cooperation

指 标	Item	2015	2016	2017	2018	2019
货物进出口总额(亿元人民币)	**Import and Export of Goods (RMB 100 million yuan)**	**245502.9**	**243386.5**	**278099.2**	**305008.1**	**315627.3**
出口总额	Exports	141166.8	138419.3	153309.4	164127.8	172373.6
进口总额	Imports	104336.1	104967.2	124789.8	140880.3	143253.7
进出口差额	Balance	36830.7	33452.1	28519.6	23247.5	29119.9
货物进出口总额 (亿美元)	**Import and Export of Goods (USD 100 million)**	**39530.3**	**36855.6**	**41071.4**	**46224.2**	**45778.9**
出口总额	Exports	22734.7	20976.3	22633.5	24866.8	24994.8
进口总额	Imports	16795.6	15879.3	18437.9	21357.3	20784.1
进出口差额	Balance	5939.0	5097.1	4195.5	3509.5	4210.7
服务进出口总额 (亿美元)	**Import and Export of Services (USD 100 million)**	**6541.6**	**6616.3**	**6956.8**	**7918.8**	**7850.0**
出口总额	Exports	2186.2	2095.3	2280.9	2668.4	2836.0
进口总额	Imports	4355.4	4521.0	4675.9	5250.4	5014.0
进出口差额	Balance	-2169.2	-2425.7	-2395.0	-2582.0	-2178.0
外商直接投资额 (亿美元)	**Inward Foreign Direct Investments (USD 100 million)**	**1262.7**	**1260.0**	**1310.4**	**1349.7**	**1381.3**
新设立外商直接投资企业数(个)	**Newly Established Foreign-Invested Enterprises (FIEs) (unit)**	**26575**	**27900**	**35652**	**60533**	**40888**
外资企业基本情况	**Registered Foreign-Invested Enterprises**					
年底登记户数 (户)	Number of Registered Enterprises (household)	481179	505151	539345	593276	627223
投资总额 (亿美元)	Total Investment (USD 100 million)	45390.2	51240.1	68992.4	77738.0	88400.3
注册资本 (亿美元)	Registered Capital (USD 100 million)	26681.6	31243.4	37107.2	42738.6	50159.7
#外方	Capital from Foreign Investors	20756.7	23918.5	28266.2	32341.9	37894.5
对外直接投资流量 (亿美元)	**Outbound Direct Investment (USD 100 million)**	**1456.7**	**1961.5**	**1582.9**	**1430.4**	**1369.1**
对外经济合作 (亿美元)	**Economic Cooperation with Foreign Countries & Regions (USD 100 million)**					
对外承包工程合同金额	Contracted Value of Contracted Projects	2100.7	2440.1	2652.8	2418.0	2602.5
对外承包工程完成营业额	Value of Turnover Fulfilled of Contracted Projects	1540.7	1594.2	1685.9	1690.4	1729.0

注：1.外资企业基本情况数据来自国家市场监督管理总局，其年底登记户数自2008年起口径调整为外商投资企业及其分支机构。

2.自2009年起商务部将对外设计咨询纳入对外承包工程合并统计。

a) Data of foreign-invested enterprises come from State Administration for Market Regulation, and the year-end number of registered enterprises are adjusted since 2008 to include enterprises and their sub-branch.

b) Since 2009, overseas design and consultation services are included in overseas contracted projects by Ministry of Commerce.

11-2 货物进出口总额
International Trade in Goods

年 份 Year	亿元人民币 RMB 100 million				亿美元 USD 100 million			
	进出口总额 Total	出口总额 Exports	进口总额 Imports	差 额 Balance	进出口总额 Total	出口总额 Exports	进口总额 Imports	差 额 Balance
1978	355.0	167.7	187.4	-19.7	206.4	97.5	108.9	-11.5
1980	570.0	271.2	298.8	-27.6	381.4	181.2	200.2	-19.0
1985	2066.7	808.9	1257.9	-449.0	696.0	273.5	422.5	-149.0
1990	5560.1	2985.8	2574.3	411.6	1154.4	620.9	533.5	87.5
1991	7225.8	3827.1	3398.7	428.5	1356.3	718.4	637.9	80.5
1992	9119.6	4676.3	4443.3	233.0	1655.3	849.4	805.9	43.6
1993	11271.0	5284.8	5986.2	-701.4	1957.0	917.4	1039.6	-122.2
1994	20381.9	10421.8	9960.1	461.8	2366.2	1210.1	1156.2	53.9
1995	23499.9	12451.8	11048.1	1403.7	2808.6	1487.8	1320.8	167.0
1996	24133.9	12576.4	11557.4	1019.0	2898.8	1510.5	1388.3	122.2
1997	26967.2	15160.7	11806.6	3354.1	3251.6	1827.9	1423.7	404.2
1998	26849.7	15223.5	11626.1	3597.4	3239.5	1837.1	1402.4	434.8
1999	29896.2	16159.8	13736.5	2423.3	3606.3	1949.3	1657.0	292.3
2000	39273.3	20634.4	18638.8	1995.6	4743.0	2492.0	2250.9	241.1
2001	42183.6	22024.4	20159.2	1865.3	5096.5	2661.0	2435.5	225.5
2002	51378.2	26947.9	24430.3	2517.6	6207.7	3256.0	2951.7	304.3
2003	70483.5	36287.9	34195.6	2092.3	8509.9	4382.3	4127.6	254.7
2004	95539.1	49103.3	46435.8	2667.6	11545.5	5933.3	5612.3	321.0
2005	116921.8	62648.1	54273.7	8374.4	14219.1	7619.5	6599.5	1020.0
2006	140974.7	77597.9	63376.9	14221.0	17604.4	9689.8	7914.6	1775.2
2007	166924.1	93627.1	73296.9	20330.2	21761.8	12200.6	9561.2	2639.4
2008	179921.5	100394.9	79526.5	20868.4	25632.6	14306.9	11325.6	2981.3
2009	150648.1	82029.7	68618.4	13411.3	22075.4	12016.1	10059.2	1956.9
2010	201722.3	107022.8	94699.5	12323.3	29740.0	15777.5	13962.5	1815.1
2011	236402.0	123240.6	113161.4	10079.2	36418.6	18983.8	17434.8	1549.0
2012	244160.2	129359.3	114801.0	14558.3	38671.2	20487.1	18184.1	2303.1
2013	258168.9	137131.4	121037.5	16094.0	41589.9	22090.0	19499.9	2590.2
2014	264241.8	143883.8	120358.0	23525.7	43015.3	23422.9	19592.4	3830.6
2015	245502.9	141166.8	104336.1	36830.7	39530.3	22734.7	16795.6	5939.0
2016	243386.5	138419.3	104967.2	33452.1	36855.6	20976.3	15879.3	5097.1
2017	278099.2	153309.4	124789.8	28519.6	41071.4	22633.5	18437.9	4195.5
2018	305008.1	164127.8	140880.3	23247.5	46224.2	24866.8	21357.3	3509.5
2019	315627.3	172373.6	143253.7	29119.9	45778.9	24994.8	20784.1	4210.7

注：1.本表1978年为外贸业务统计数，1980年起为海关进出口统计数。
2.货物进出口差额负数为逆差。

a) Data in 1978 were from the Ministry of Foreign Trade; and data since 1980 are from China Customs statistics.

b) A negative balance indicates trade deficit. That is, imports surpassing exports.

11-3 按国际贸易标准分类分进出口商品金额(2019年)
International Trade in Goods by SITC (2019)

商品分类	Commodity (by SITC)	出口 Exports		进口 Imports	
		亿 元 人民币 RMB 100 million	亿美元 USD 100 million	亿 元 人民币 RMB 100 million	亿美元 USD 100 million
总额	**Total**	**172373.63**	**24994.82**	**143253.69**	**20784.09**
初级产品	**Primary Goods**	**9232.95**	**1339.70**	**50294.76**	**7299.52**
食品及活动物	**Food and Live Animals**	**4484.92**	**650.00**	**5567.71**	**807.35**
活动物	Live Animals	35.20	5.10	34.32	4.98
肉及肉制品	Meat and Meat Preparations	180.03	26.13	1295.07	187.40
乳品及蛋品	Dairy Products and Birds' Eggs	18.88	2.74	416.23	60.37
鱼、甲壳及软体类动物及其制品	Fish, Crustaceans, Molluscs and Aquatic Invertebrates, and Preparations Thereof	1374.49	199.37	1086.72	157.49
谷物及其制品	Cereals and Cereal Preparations	159.97	23.24	442.44	64.20
蔬菜及水果	Vegetables and Fruit	1702.18	246.30	1022.34	148.60
糖、糖制品及蜂蜜	Sugars, Sugar Preparations and Honey	164.73	23.88	119.87	17.36
咖啡、茶、可可、调味料及其制品	Coffee, Tea, Cocoa, Spices, and Manufactures Thereof	292.95	42.50	135.49	19.63
饲料(不包括未碾磨谷物)	Feeding Stuff For Animals (Not Including Unmilled Cereals)	193.60	28.13	312.11	45.35
杂项食品	Miscellaneous Edible Products And Preparations	362.91	52.62	703.13	101.98
饮料及烟类	**Beverages and Tobacco**	**239.23**	**34.68**	**527.85**	**76.61**
饮料	Beverages	141.20	20.48	397.13	57.56
烟草及其制品	Tobacco and Tobacco Manufactures	98.03	14.20	130.72	19.05
非食用原料(燃料除外)	**Crude materials, Inedible, Except Fuels**	**1186.48**	**172.24**	**19632.22**	**2849.41**
生皮及生毛皮	Hides, Skins and Furskins, Raw	2.12	0.31	103.99	15.12
油籽及含油果实	Oil-seeds and Oleaginous Fruits	88.86	12.88	2649.75	384.33
生橡胶(包括合成橡胶及再生橡胶)	Crude Rubber (Including Synthetic and Reclaimed)	57.00	8.28	698.67	101.33
软木及木材	Cork and Wood	41.37	6.00	1418.47	206.22
纸浆及废纸	Pulp and Waste Paper	9.21	1.34	1311.14	190.56
纺织纤维及其废料	Textile Fibres and Their Wastes	244.28	35.50	599.84	87.38
天然肥料及矿物(煤、石油及宝石除外)	Crude Fertilizers, and Crude Minerals (Excluding Coal, Petroleum and Precious Stones)	224.25	32.56	484.04	70.30
金属矿砂及金属废料	Metalliferous Ores and Metal Scrap	133.51	19.35	12189.51	1768.48
其他动、植物原料	Crude Animal and Vegetable Materials, n.e.s.	385.89	56.02	176.82	25.69
矿物燃料、润滑油及有关原料	**Mineral Fuels, Lubricants and Related Materials**	**3242.72**	**471.23**	**23919.12**	**3472.33**
煤、焦炭及煤砖	Coal, Coke and Briquettes	187.30	27.33	1617.38	235.71
石油、石油产品及有关原料	Petroleum, Petroleum Products and Related Materials	2809.96	408.29	18697.07	2713.43
天然气及人造气	Gas, Natural and Manufactured	136.07	19.74	3591.82	521.33
电流	Electric Current	109.40	15.87	12.86	1.86
动、植物油脂及蜡	**Animal and Vegetable Oils, Fats and Wax**	**79.59**	**11.54**	**647.86**	**93.83**
动物油、脂	Animal Oils and Fats	13.46	1.95	32.38	4.69
植物油、脂	Vegetable Oils and Fats	25.48	3.70	601.24	87.07
已加工的动植物油、脂及动植物蜡	Animal or Vegetable Fats and Oils, Processed; Waxes of Animal or Vegetable Origin	40.65	5.90	14.23	2.06

11-3 续表 continued

商品分类	Commodity (by SITC)	出口 Exports		进口 Imports	
		亿元人民币 RMB 100 million	亿美元 USD 100 million	亿元人民币 RMB 100 million	亿美元 USD 100 million
工业制品	**Manufactured Goods**	**163140.69**	**23655.13**	**92958.93**	**13484.57**
化学成品及有关产品	**Chemicals and Related Products**	**11137.70**	**1617.65**	**15066.64**	**2187.33**
有机化学品	Organic Chemicals	3378.54	490.94	3925.36	570.58
无机化学品	Inorganic Chemicals	1147.81	166.72	668.27	96.94
染料、鞣料及着色料	Dyeing, Tanning and Colouring Materials	519.87	75.50	338.78	49.15
医药品	Medicinal and Pharmaceutical Products	1188.95	172.67	2461.90	357.09
精油、香料及盥洗、光洁制品	Essential Oils and Resinoids and Perfume Materials; Toilet, Polishing and Cleansing Preparations	620.45	90.01	1272.52	184.51
制成肥料	Fertilizers	490.60	71.34	242.95	35.38
初级形状的塑料	Plastics in Primary Forms	1179.24	171.39	3670.89	532.96
非初级形状的塑料	Plastics in Non-primary Forms	1136.00	164.74	879.22	127.55
其他化学原料及产品	Chemical Materials and Products	1476.22	214.35	1606.75	233.16
按原料分类的制成品	**Manufactured Goods Classified Chiefly by Material**	**28030.73**	**4067.33**	**9652.96**	**1400.42**
皮革、皮革制品及已鞣毛皮	Leather, Leather Manufactures and Dressed Furskins	136.38	19.79	222.20	32.29
橡胶制品	Rubber Manufactures	1417.95	205.87	342.03	49.64
软木及木制品(家具除外)	Cork and Wood Manufactures (Excluding Furniture)	883.28	128.12	96.68	14.01
纸及纸板；纸浆、纸及纸板制品	Paper, Paperboard and Articles of Paper Pulp, of Paper or of Paperboard	1455.14	211.06	352.06	51.09
纺纱、织物、制成品及有关产品	Textile Yarn, Fabrics, Made-up Articles and Related Products	8240.05	1195.75	1081.26	157.12
非金属矿物制品	Non-metallic Mineral Manufactures	3332.36	483.06	1368.14	198.56
钢铁	Iron and Steel	3790.15	550.81	1753.51	254.17
有色金属	Non-ferrous Metals	1812.26	263.15	3350.85	485.90
金属制品	Manufactures of Metals	6963.16	1009.72	1086.24	157.65
机械及运输设备	**Machinery and Transport Equipment**	**82453.79**	**11954.44**	**54245.83**	**7866.38**
动力机械及设备	Power-generating Machinery and Equipment	2773.51	402.63	1731.22	251.18
特种工业专用机械	Machinery Specialized for Particular Industries	3481.54	505.23	3651.74	530.24
金工机械	Metalworking Machinery	636.12	92.29	725.02	105.39
通用工业机械设备及零件	General Industrial Machinery and Equipment,and Machine Parts	8482.07	1231.75	3555.54	515.97
办公用机械及自动数据处理设备	Office Machines and Automatic Data-processing Machines	13770.59	1997.31	3910.26	567.37
电信及声音的录制及重放装置设备	Telecommunications and Sound-recording and Reproducing Apparatus and Equipment	21136.51	3059.05	4499.78	650.67
电力机械、器具及其电气零件	Electrical machinery, Apparatus and Appliances, and Electrical Parts Thereof	24598.95	3567.40	29477.25	4273.24
陆路车辆(包括气垫式)	Road vehicles (Including Air-cushion Vehicles)	5445.94	790.33	5167.43	750.12
其他运输设备	Other Transport Equipment	2128.54	308.45	1527.58	222.20
杂项制品	**Miscellaneous Manufactured Articles**	**40257.45**	**5835.02**	**9944.16**	**1442.12**
活动房屋;卫生、水道、供热及照明装置	Prefabricated Buildings; Sanitary, Plumbing, Heating and Lighting Fixtures and Fittings	3020.44	437.48	79.59	11.54
家具及其零件；褥垫及类似填充制品	Furniture and Parts Thereof; Bedding, Mattresses, Mattress Supports, Cushions and Similar Stuffed Furnishings	4387.43	636.29	189.22	27.45
旅行用品、手提包及类似品	Travel goods, Handbags and Similar Containers	1890.53	274.11	245.21	35.55
服装及衣着附件	Articles of Apparel and Clothing Accessories	10458.53	1515.37	616.98	89.42
鞋靴	Footwear	3290.17	477.00	388.74	56.36
专业、科学及控制用仪器和装置	Professional, Scientific and Controlling Instruments and Apparatus	3812.28	553.17	5153.21	747.65
摄影器材、光学物品及钟表	Photographic Apparatus, Equipment and Supplies and Optical Goods; Watches and Clocks	1292.20	187.36	1398.13	202.70
杂项制品	Miscellaneous Manufactured Articles	12105.88	1754.25	1873.09	271.46
未分类的其他商品	**Commodities and Transactions not classified elsewhere in the SITC**	**1261.00**	**180.69**	**4049.33**	**588.31**

11-4 按商品类章分进出口商品金额(2019年)

International Trade in Goods by HS Section and Division (2019)

商品分类	Commodity (by HS Section and Division)	出口 Exports 亿元人民币 RMB 100 million	出口 Exports 亿美元 USD 100 million	进口 Imports 亿元人民币 RMB 100 million	进口 Imports 亿美元 USD 100 million
总　额	**Total**	**172373.63**	**24994.82**	**143253.69**	**20784.09**
第一类 活动物；动物产品	**Live Animals; Animal Products**	**1156.14**	**167.72**	**2896.13**	**419.50**
01章　活动物	Live Animals	35.20	5.10	34.32	4.98
02章　肉及食用杂碎	Meat and Edible Meat Offal	57.97	8.41	1301.42	188.32
03章　鱼、甲壳动物、软体动物及其他水生无脊椎动物	Fish and Crustaceans Molluscs and Other Aquatic Invertebrates	859.66	124.67	1063.61	154.14
04章　乳品；蛋品；天然蜂蜜；其他食用动物产品	Dairy Produce; Birds' Eggs; Natural Honey; Edible Products of Animal Origin, not Elsewhere Specified or Included	38.66	5.61	437.92	63.50
05章　其他动物产品	Products of Animal Origin, not Elsewhere Specified or Included	164.65	23.94	58.87	8.56
第二类 植物产品	**Vegetable Products**	**1874.71**	**271.40**	**4235.04**	**614.69**
06章　活树及其他活植物；鳞茎、根及类似品；插花及装饰用簇叶	Live Tree and Other Plants; Bulbs, Roots and the Like; Cut Flowers and Ornamental Foliage	29.79	4.32	18.61	2.70
07章　食用蔬菜、根及块茎	Edible Vegetables and Certain Roots and Tubers	712.40	103.27	107.55	15.66
08章　食用水果及坚果；甜瓜或柑桔属水果的果皮	Edible Fruit and Nuts; Peel of Citrus Fruit or Melons	432.85	62.27	802.41	116.65
09章　咖啡、茶、马黛茶及调味香料	Coffee, Tea, Mate and Spices	250.33	36.33	65.58	9.52
10章　谷物	Cereals	77.03	11.21	348.17	50.55
11章　制粉工业产品；麦芽；淀粉；菊粉；面筋	Products of The Milling Industry; Malt; Starches; Inulin; Wheat Gluten	57.81	8.39	90.98	13.22
12章　含油子仁及果实；杂项子仁及果实；工业用或药用植物；稻草、秸秆及饲料	Oil Seeds and Oleaginous Fruits; Miscellaneous Grains, Seeds and Fruit; Industrial or Medicinal Plants; Straw and Fodder	198.41	28.75	2763.47	400.82
13章　虫胶；树胶、树脂及其他植物液、汁	Lac; Gums, Resins And Other Vegetable Saps and Extracts	107.14	15.56	28.39	4.12
14章　编结用植物材料；其他植物产品	Vegetable Plaiting Materials; Vegetable Products Not Elsewhere Specified or Included	8.94	1.30	9.87	1.44
第三类 动、植物油、脂及其分解产品；精制的食用油脂；动、植物蜡	**Animal or Vegetable Fats and Oils and their Cleavage Products; Prepared Edible Fats; Animal or Vegetable Waxes**	**81.95**	**11.88**	**685.83**	**99.33**
15章　动、植物油、脂及其分解产品；精制的食用油脂；动、植物蜡	Animal or Vegetable Fats and Oils and Their Cleavage Products; Prepared Edible Fats; Animal or Vegetable Waxes	81.95	11.88	685.83	99.33
第四类 食品；饮料、酒及醋；烟草、烟草及烟草代用品的制品	**Prepared Foodstuffs; Beverages, Spirits And Vinegar; Tobacco and Manufactured Tobacco Substitutes**	**2195.91**	**318.51**	**1854.06**	**268.98**
16章　肉、鱼、甲壳动物、软体动物及其他水生无脊椎动物的制品	Preparations of Meat, of Fish or of Crustaceans, Molluscs or other Aquatic Invertebrates	636.89	92.41	27.24	3.94
17章　糖及糖食	Sugars and Sugar Confectionery	128.40	18.61	110.70	16.03
18章　可可及可可制品	Cocoa and Cocoa Preparations	27.62	3.99	56.12	8.11
19章　谷物、粮食粉、淀粉或乳的制品；糕饼点心	Preparations of Cereals, Flour, Starch or Milk; Pastry-Cooks' Products	152.84	22.16	496.91	72.10

11-4 续表 1 continued

商品分类		Commodity (by HS Section and Division)	出口 Exports 亿元人民币 RMB 100 million	出口 Exports 亿美元 USD 100 million	进口 Imports 亿元人民币 RMB 100 million	进口 Imports 亿美元 USD 100 million
20章	蔬菜、水果、坚果或植物其他部分的制品	Preparations of Vegetables, Fruit, Nuts or Other Parts of Plants	540.46	78.37	103.31	14.96
21章	杂项食品	Miscellaneous Edible Preparations	274.85	39.85	254.60	36.89
22章	饮料、酒及醋	Beverages, Spirits and Vinegar	143.48	20.81	401.33	58.17
23章	食品工业的残渣及废料；配制的动物饲料	Residues and Waste from The Food Industries, Prepared Animal Fodder	193.33	28.09	273.11	39.72
24章	烟草及烟草代用品的制品	Tobacco and Manufactured Tobacco Substitutes	98.03	14.20	130.72	19.05
第五类	**矿产品**	**Mineral Products**	**3590.61**	**521.73**	**35853.96**	**5203.52**
25章	盐；硫磺；泥土及石料；石膏料、石灰及水泥	Salt; Sulphur; Earths and Stone; Plastering Materials, Lime and Cement	227.39	33.02	561.12	81.46
26章	矿砂、矿渣及矿灰	Ores, Slag and Ash	120.38	17.47	11372.67	1649.58
27章	矿物燃料、矿物油及其蒸馏产品；沥青物质；矿物蜡	Mineral Fuels, Mineral Oils and Products of Their Distillation; Bituminous Substances; Mineral Waxes	3242.83	471.25	23920.18	3472.49
第六类	**化学工业及其相关工业的产品**	**Products of The Chemical or Industries Allied**	**8969.93**	**1302.92**	**10671.33**	**1549.20**
28章	无机化学品；贵金属、稀土金属、放射性元素及其同位素的有机及无机化合物	Inorganic Chemicals; Organic or Inorganic Compounds of Precious Metals, of Rare-Earth Metals, of Radioactive Elements or of Isotopes	1159.39	168.39	715.00	103.66
29章	有机化学品	Organic Chemicals	3907.36	567.80	3956.58	575.07
30章	药品	Pharmaceutical Products	631.71	91.68	2316.66	336.05
31章	肥料	Fertilizers	492.64	71.64	243.34	35.44
32章	鞣料浸膏及染料浸膏；鞣酸及其衍生物；染料、颜料及其他着色料；油漆及清漆；油灰及其他类似胶粘剂；墨水、油墨	Tanning or Dyeing Extracts; Tannins and Their Derivatives; Dyes, Pigments and Other Colouring Matter; Paints and Varnishes; Putty and Other Mastics; Inks	531.57	77.20	346.61	50.29
33章	精油及香膏；芳香料制品及化妆盥洗品	Essential Oils and Retinoid; Perfumery, Cosmetic or Toilet Preparations	406.30	58.94	1111.19	161.12
34章	肥皂、有机表面活性剂、洗涤剂、润滑剂、人造蜡、调制蜡、光洁剂、蜡烛及类似品、塑型用膏、“牙科用蜡”及牙科用熟石膏制剂	Soap,Organic Surface-Active Agents,Washing Preparations, Lubricating Preparations, Artificial Waxes, Prepared Waxes, Polishing or Scouring Preparations, Candles and Similar Articles, Modelling Pastes, "Dental Waxes" And Dental Preparations With a Basis of Plast	304.98	44.24	327.60	47.51
35章	蛋白类物质；改性淀粉；胶；酶	Albuminoidal Substances; Modified Starches; Glues; Enzymes	222.49	32.28	253.83	36.82
36章	炸药；烟火制品；火柴；引火合金；易燃材料制品	Explosives; Pyrotechnic Products; Matches; Pyrophoric Alloys; Certain Combustible Preparations	61.63	8.96	7.81	1.13
37章	照相及电影用品	Photographic or Cinematographic Goods	76.15	11.06	186.81	27.10
38章	杂项化学产品	Miscellaneous Chemical Products	1175.71	170.73	1205.91	175.00
第七类	**塑料及其制品；橡胶及其制品**	**Plastics and Articles Thereof Rubber and Articles Thereof**	**7326.52**	**1062.97**	**5991.55**	**869.60**
39章	塑料及其制品	Plastics and Articles Thereof	5801.62	841.57	4932.30	715.94
40章	橡胶及其制品	Rubber and Articles Thereof	1524.90	221.40	1059.26	153.66
第八类	**生皮、皮革、毛皮及其制品；鞍具及挽具；旅行用品、手提包及类似品；动物肠线(蚕胶丝除外)制品**	**Raw Hides and Skins, Leather, Fur Skins and Articles Thereof; Saddlery and Harness; Travel Goods, Handbags and Similar Containers; Articles of Animal Gut (Other Than Silk-Worm Gut)**	**2432.25**	**352.33**	**597.04**	**86.67**
41章	生皮(毛皮除外)及皮革	Raw Hides and Skins(Other Than Fur Skins) and Leather	48.49	7.04	251.73	36.60

11-4 续表 2 continued

	商品分类	Commodity (by HS Section and Division)	出口 Exports 亿元人民币 RMB 100 million	出口 Exports 亿美元 USD 100 million	进口 Imports 亿元人民币 RMB 100 million	进口 Imports 亿美元 USD 100 million
42章	皮革制品；鞍具及挽具；旅行用品、手提包及类似容器；动物肠线(蚕胶丝除外)制品	Articles of Leather; Saddlery and Harness; Travel Goods, Handbags and Similar Containers; Articles of Animal Gut(Other Than Silk-Worm Gut)	2030.65	294.42	274.97	39.86
43章	毛皮、人造毛皮及其制品	Fur Skins and Artificial Fur; Manufactures Thereof	353.11	50.87	70.34	10.20
第九类	**木及木制品；木炭；软木及软木制品；稻草，秸秆、针茅或其他编结材料制品；篮筐及柳条编结品**	**Wood and Articles of Wood; Wood Charcoal; Cork and Articles of Cork; Manufactures of Straw, of Esparto or of Other Plaiting Materials; Basket Ware and Wickerwork**	**1038.90**	**150.71**	**1516.43**	**220.41**
44章	木及木制品；木炭	Wood and Articles of Wood; Wood Charcoal	922.89	133.87	1512.36	219.82
45章	软木及软木制品	Cork and Articles of Cork	1.77	0.26	2.79	0.41
46章	稻草、秸秆、针茅或其他编结材料制品；篮筐及柳条编结品	Manufactures of Straw, of Esparto or of Other Plaiting Materials; Basket Ware and Wickerwork	114.24	16.58	1.28	0.19
第十类	**木浆及其他纤维状纤维素浆；纸及纸板的废碎品；纸、纸板及其制品**	**Pulp of Wood or of Other Fibrous Cellulosic Material; Waste and Scrap of Paper or Paperboard; Paper and Paperboard and Articles Thereof**	**1790.97**	**259.77**	**1837.47**	**266.91**
47章	木浆及其他纤维状纤维素浆；纸及纸板的废碎品	Pulp of Wood or of Other Fibrous Cellulosic Material; Waste and Scrap of Paper or Paperboard	9.21	1.34	1311.14	190.56
48章	纸及纸板；纸浆、纸或纸板制品	Paper and Paperboard; Articles of Paper Pulp, of Paper or Paperboard	1507.72	218.68	363.26	52.72
49章	书籍、报纸、印刷图画及其他印制品；手稿、打字稿及设计图纸	Printed Books, Newspapers, Pictures and Other Products of The Printing Industry; Manuscripts, Typescripts and Plans	274.04	39.75	163.07	23.63
第十一类	**纺织原料及纺织制品**	**Textiles and Textile Articles**	**17946.32**	**2602.41**	**2214.18**	**321.76**
50章	蚕丝	Silk	68.74	9.96	3.91	0.57
51章	羊毛、动物细毛或粗毛；马毛纱线及其机织物	Wool, Fine or Coarse Animal Hair; Horsehair Yarn and Woven Fabric	162.16	23.60	221.07	32.23
52章	棉花	Cotton	973.32	141.36	633.61	92.28
53章	其他植物纺织纤维；纸纱线及其机织物	Other Vegetable Textile Fibres; Paper Yarn and Woven Fabrics of Paper Yarn	94.66	13.68	72.76	10.58
54章	化学纤维长丝	Man-Made Filaments	1529.33	221.92	197.69	28.69
55章	化学纤维短纤	Man-Made Short Fibres	852.76	123.80	155.37	22.56
56章	絮胎、毡呢及无纺织物；特种纱线；线、绳、索、缆及其制品	Wadding, Felt and Nonwoven; Special Yarns; Twine, Cordage, Ropes and Cables and Articles Thereof	417.22	60.53	85.55	12.42
57章	地毯及纺织材料的其他铺地制品	Carpets and Other Textile Floor Coverings	201.38	29.19	8.24	1.20
58章	特种机织物；簇绒织物；花边；装饰毯；装饰带；刺绣品	Special Woven Fabrics; Tufted Textile Fabrics; Lace; Tapestries; Trimmings; Embroidery	365.68	53.12	31.27	4.54
59章	浸渍、涂布、包覆或层压的纺织物；工业用纺织制品	Impregnated, Coated, Covered or Laminated Textile Fabrics; Textile Articles of a Kind Suitable for Industrial Use	548.36	79.59	116.34	16.90
60章	针织物及钩编织物	Knitted or Crocheted Fabrics	1285.75	186.58	94.38	13.71
61章	针织或钩编的服装及衣着附件	Articles of Apparel and Clothing Accessories, Knitted or Crocheted	4924.29	713.53	252.01	36.54
62章	非针织或非钩编的服装及衣着附件	Articles of Apparel and Clothing Accessories, not Knitted or Crocheted	4599.54	666.63	309.10	44.78

11-4 续表 3 continued

商品分类		Commodity (by HS Section and Division)	出口 Exports		进口 Imports	
			亿元人民币 RMB 100 million	亿美元 USD 100 million	亿元人民币 RMB 100 million	亿美元 USD 100 million
63章	其他纺织制成品；成套物品；旧衣着及旧纺织品；碎织物	Other Made Up Textile Articles; Sets; Worn Clothing And Worn Textile Articles; Rags Articles; Rags	1923.15	278.90	32.88	4.77
第十二类	**鞋、帽、伞、杖、鞭及其零件；已加工的羽毛及其制品；人造花；人发制品**	**Footwear, Headgear, Umbrellas, Sun Umbrellas, Walking-Sticks, Seat-Sticks, Whips, Riding-Crops and Parts Thereof; Prepared Feathers and Articles Made Therewith; Artificial Flowers; Articles of Human Hair**	**4389.20**	**636.28**	**420.89**	**61.02**
64章	鞋靴、护腿和类似品及其零件	Footwear, Gaiters and The Like; Parts of Such Articles	3290.17	477.00	388.74	56.36
65章	帽类及其零件	Headgear and Parts Thereof	319.92	46.40	8.99	1.30
66章	雨伞、阳伞、手杖、鞭子、马鞭及其零件	Umbrellas, Sun Umbrellas, Walking-Sticks, Seat-Sticks, Whips, Riding-Crops And Parts Thereof	196.89	28.58	1.08	0.16
67章	已加工羽毛、羽绒及其制品；人造花；人发制品	Prepared Feathers and Down and Articles Made of Feathers or of Down; Artificial Flowers; Articles of Human Hair	582.22	84.29	22.09	3.20
第十三类	**石料、石膏、水泥、石棉、云母及类似材料的制品；陶瓷产品；玻璃及其制品**	**Articles of Stone, Plaster, Cement, Asbestos, Mica or Similar Materials; Ceramic Products; Glass and Glassware**	**3757.49**	**544.49**	**733.03**	**106.38**
68章	石料、石膏、水泥、石棉、云母及类似材料的制品	Articles of Stone, Plaster, Cement, Asbestos, Mica or Similar Materials; Ceramic Products; Glass and Glassware	791.37	114.77	122.17	17.72
69章	陶瓷产品	Ceramic Products	1735.10	251.20	88.16	12.79
70章	玻璃及其制品	Glass and Glassware	1231.02	178.53	522.71	75.87
第十四类	**天然或养殖珍珠、宝石或半宝石、贵金属、包贵金属及其制品；仿首饰；硬币**	**Natural or Cultured Pearls, Precious or Semi-Precious Stones, Precious Metals, Metals Clad With Precious Metal and Stones, Precious Metals, Metals Clad With Precious Metal and Articles Thereof; Imitation Jewellery; Coin**	**1421.91**	**206.01**	**4158.59**	**604.64**
71章	天然或养殖珍珠、宝石或半宝石、贵金属、包贵金属及其制品；仿首饰；硬币	Natural or Cultured Pearls, Precious or Semi-Precious Stones, Precious Metals, Metals Clad With Precious Metal and Articles Thereof; Imitation Jewellery; Coin	1421.91	206.01	4158.59	604.64
第十五类	**贱金属及其制品**	**Base Metals and Articles of Base Metal**	**12583.38**	**1826.26**	**6644.65**	**964.11**
72章	钢铁	Iron and Steel	2711.07	394.14	1615.14	234.10
73章	钢铁制品	Articles of Iron or Steel	4774.88	692.62	679.46	98.60
74章	铜及其制品	Copper and Articles Thereof	466.58	67.81	2799.58	406.26
75章	镍及其制品	Nickel and Articles Thereof	63.78	9.15	383.86	55.72
76章	铝及其制品	Aluminium and Articles Thereof	1796.62	260.78	398.78	57.97
78章	铅及其制品	Lead and Articles Thereof	4.43	0.64	25.36	3.70
79章	锌及其制品	Zinc and Articles Thereof	22.91	3.31	143.87	20.92
80章	锡及其制品	Tin and Articles Thereof	7.66	1.12	10.98	1.59
81章	其他贱金属、金属陶瓷及其制品	Other Base Metals; Cermets; Articles Thereof	242.75	35.26	214.73	31.13
82章	贱金属工具、器具、利口器、餐匙、餐叉及其零件	Tools, Implements, Cutlery, Spoons and Forks, of Base Metal; Parts Thereof of Base Metal	1145.72	166.22	241.54	35.09
83章	贱金属杂项制品	Miscellaneous Articles of Base Metal	1346.97	195.21	131.36	19.05

11-4 续表 4 continued

商品分类	Commodity (by HS Section and Division)	出口 Exports 亿元人民币 RMB 100 million	出口 Exports 亿美元 USD 100 million	进口 Imports 亿元人民币 RMB 100 million	进口 Imports 亿美元 USD 100 million
第十六类 机器、机械器具、电气设备及其零件；录音机及放声机、电视图像、声音的录制和重放设备及其零件、附件	**Machinery and Mechanical Appliances; Electrical Equipment; Parts Thereof; Sound Recorders and Reproducers, Television Image and Sound Recorders and Reproducers; and Parts and Accessories of Recorders and Reproducers; and Parts and Accessories of Such Artic**	**74984.37**	**10870.84**	**47441.24**	**6878.20**
84章 核反应堆、锅炉、机器、 机械器具及其零件	Nuclear Reactors, Boilers, Machinery and Mechanical Appliances; Parts Thereof	28710.20	4166.36	13118.03	1904.00
85章 电机、电气设备及其零件；录音机及放声机、电视图像、 声音的录制和重放设备及其零件、附件	Electrical Machinery and Equipment and Parts Thereof; Sound Recorders and Reproducers, Television Image and Sound Recorders and Reproducers, and Parts and Accessories of Such Articles	46274.16	6704.48	34323.21	4974.20
第十七类 车辆、航空器、船舶及有关运输设备	**Vehicles, Aircraft, Vessels And Associated Transport Equipment**	**7709.52**	**1118.39**	**6706.00**	**973.91**
86章 铁道及电车道机车、车辆及其零件；铁道及电车轨道固定装置及其零件、附件；各种机械(包括电动机械)交通信号设备	Railway or Tramway Locomotives, Rolling-Stock and Parts Thereof; Railway or Tramway Track Fixtures And Fittings and Parts Thereof; Mechanical(Including Electro-Mechanical) Traffic Signalling Equipment of All Kinds	628.28	91.32	49.20	7.15
87章 车辆及其零件、附件，但铁道及电车道车辆除外	Vehicles Other Than Railway or Tramway Rolling-Stock, and Parts and Accessories Thereof	5121.29	743.06	5176.07	751.37
88章 航空器、航天器及其零件	Aircraft, Spacecraft, and Parts Thereof	269.80	39.01	1330.18	193.33
89章 船舶及浮动结构体	Ships, Boats and Floating Structures	1690.14	245.00	150.55	22.06
第十八类 光学、照相、电影、计量、检验、医疗或外科用仪器及设备、精密仪器及设备；钟表；乐器；上述物品的零件、附件	**Optical, Photographic, Cinematographic, Measuring, Checking, Precision, Medical or Surgical Instruments and Apparatus; Clocks And Watches; Musical Instruments; Parts and Accessories Thereof**	**5487.71**	**796.07**	**7125.31**	**1033.52**
90章 光学、照相、电影、计量、检验、医疗或外科用仪器及设备、精密仪器及设备；上述物品的零件、附件	Optical, Photographic, Cinematographic, Measuring, Checking, Precision Medical or Surgical Instruments and Apparatus; Parts and Accessories Thereof	5027.71	729.39	6804.93	987.09
91章 钟表及其零件	Clocks and Watches and Parts Thereof	339.98	49.29	283.94	41.14
92章 乐器及其零件、附件	Musical Instruments; Parts and Accessories of Such Articles	120.02	17.39	36.44	5.28
第十九类 武器、弹药及其零件、附件	**Arms and Ammunition; Parts and Accessories Thereof**	**9.82**	**1.42**	**0.70**	**0.10**
93章 武器、弹药及其零件、附件	Arms and Ammunition; Parts and Accessories Thereof	9.82	1.42	0.70	0.10
第二十类 杂项制品	**Miscellaneous Manufactured Articles**	**12382.69**	**1794.64**	**579.82**	**84.11**
94章 家具；寝具、褥垫、弹簧床垫、软坐垫及类似的填充制品；未列名灯具及照明装置；发光标志、发光名牌及类似品；活动房屋	Furniture; Bedding, Mattresses, Mattress Supports, Cushions and Similar Stuffed Furnishings; Lamps and Lighting Fittings, not Elsewhere Specified or Included; Illuminated Signs, Illuminated	6832.61	990.63	242.75	35.22
95章 玩具、游戏品、运动用品及其零件、附件	Toys, Games and Sports Requisites; Parts and Accessories Thereof	4311.56	624.45	174.31	25.28
96章 杂项制品	Miscellaneous Manufactured Articles	1238.51	179.56	162.75	23.60
第二十一类 艺术品、收藏品及古物	**Works of Art, Collectors' Pieces and Antiques**	**51.60**	**7.43**	**58.45**	**8.41**
97章 艺术品、收藏品及古物	Works of Art, Collectors' Pieces and Antiques	51.60	7.43	58.45	8.41
第二十二类 特殊交易品及未分类商品	**Commodities and Transactions not Classified According to Kind**	**1191.75**	**170.66**	**1031.98**	**149.12**
98章 特殊交易品及未分类商品	Commodities and Transactions not Classified According to Kind	1191.75	170.66	1031.98	149.12

11-5 我国同各国(地区)海关货物进出口总额(2019年)
International Trade in Goods by Country (Region) of Origin/Destination(2019)

国 别 (地区)	Country (Region)	万元人民币 (RMB 10 000)			万美元 (USD 10 000)		
		进出口总额 Total	出口总额 Exports	进口总额 Imports	进出口总额 Total	出口总额 Exports	进口总额 Imports
总 计	**Total**	**3156273175**	**1723736312**	**1432536863**	**457789107**	**249948209**	**207840898**
亚洲	**Asia**	**1632331464**	**841847088**	**790484376**	**236725767**	**122067538**	**114658230**
阿富汗	Afghanistan	434586	414193	20393	62908	59980	2928
巴林	Bahrain	1153069	1017731	135338	167948	148415	19533
孟加拉国	Bangladesh	12650867	11937234	713633	1835982	1732329	103653
不丹	Bhutan	7569	7537	32	1096	1091	5
文莱	Brunei	762339	447874	314465	110274	64987	45288
缅甸	Myanmar	12889618	8488341	4401277	1869905	1231099	638806
柬埔寨	Cambodia	6496776	5502433	994343	942585	798153	144432
塞浦路斯	Cyprus	439319	401167	38152	63609	58081	5528
朝鲜	Korea DPR	1924632	1776446	148186	278903	257379	21524
中国香港	Hong Kong, China	198814384	192566957	6247427	28821965	27915249	906716
印度	India	63951249	51562665	12388584	9281118	7482530	1798588
印度尼西亚	Indonesia	55027597	31505428	23522169	7976261	4564874	3411387
伊朗	Iran	15820159	6605763	9214396	2303562	958999	1344563
伊拉克	Iraq	23035355	6523516	16511839	3338866	946132	2392734
以色列	Israel	10194195	6631501	3562693	1476915	961496	515419
日本	Japan	217105178	98728606	118376572	31501321	14324452	17176870
约旦	Jordan	2835382	2536475	298907	411198	367792	43406
科威特	Kuwait	11899266	2643513	9255753	1728379	383632	1344747
老挝	Laos	2702607	1215920	1486687	391945	176245	215700
黎巴嫩	Lebanon	1173248	1155321	17927	170561	167960	2601
中国澳门	Macao, China	2145815	2099447	46368	311195	304487	6708
马来西亚	Malaysia	85568166	35964229	49603937	12405176	5214178	7190998
马尔代夫	Maldives	263769	240632	23137	38170	34799	3372
蒙古	Mongolia	5615148	1260807	4354341	816095	182659	633436
尼泊尔联邦民主共和国	Nepal	1048360	1025073	23286	151602	148248	3354
阿曼	Oman	15631118	2082247	13548872	2267110	302094	1965016
巴基斯坦	Pakistan	12399498	11157286	1242212	1797305	1616692	180613
巴勒斯坦	Palestine	56681	56585	96	8228	8214	14
菲律宾	Philippines	42042082	28121233	13920849	6096325	4076385	2019939
卡塔尔	Qatar	7673601	1663282	6010319	1112279	240968	871311
沙特阿拉伯	Saudi Arabia	53831037	16459571	37371466	7807244	2387651	5419594
新加坡	Singapore	62113008	37834420	24278588	9003631	5479849	3523782
韩国	Korea Rep.	196052430	76463326	119589104	28453344	11097441	17355903
斯里兰卡	Sri Lanka	3099500	2825022	274479	448761	409061	39701
叙利亚	Syria	906422	905451	971	131522	131381	141
泰国	Thailand	63261891	31449812	31812079	9174649	4558484	4616165
土耳其	Turkey	14358515	11947643	2410872	2082052	1732370	349682
阿联酋	United Arab Emirates	33632709	23057962	10574747	4874963	3341289	1533674
也门	Yemen	2541522	1943316	598206	368565	281903	86663
越南	Vietnam	111817035	67498172	44318863	16198556	9786888	6411667
中国	P. R. China	89500560		89500560	12979220		12979220
中国台湾	Taiwan, China	157353091	38006178	119346912	22812207	5510931	17301276
东帝汶	Timor Leste	116344	99000	17343	16751	14295	2456
哈萨克斯坦	Kazakhstan	15187612	8799851	6387761	2200277	1272910	927367
吉尔吉斯斯坦	Kirghizia	4392240	4346437	45803	634656	628052	6604
塔吉克斯坦	Tadzhikistan	1158555	1100148	58408	167469	159007	8462
土库曼斯坦	Turkmenistan	6273786	298141	5975645	911688	43085	868602
乌兹别克斯坦	Uzbekistan	4972612	3472276	1500336	721287	503209	218078
亚洲其他国家 (地区)	Other Countries (Regions) in Asia	965	919	46	140	134	7
非洲	**Africa**	**144011119**	**78069507**	**65941612**	**20901602**	**11321443**	**9580159**
阿尔及利亚	Algeria	5560535	4778043	782492	808303	694178	114125
安哥拉	Angola	17815702	1418297	16397404	2589313	205573	2383740
贝宁	Benin	1581918	1476491	105427	230688	215252	15436
博茨瓦那	Botswana	219630	207887	11743	31859	30146	1713
布隆迪	Burundi	54711	45860	8851	7933	6639	1295
喀麦隆	Cameroon	1850675	1152312	698363	267985	167017	100968
加那利群岛	Canary Is.	1235	1212	23	179	176	3

11-5 续表 1 continued

国别（地区）	Country (Region)	万元人民币 (RMB 10 000) 进出口总额 Total	出口总额 Exports	进口总额 Imports	万美元 (USD 10 000) 进出口总额 Total	出口总额 Exports	进口总额 Imports
佛得角	Cape Verde	44273	44254	20	6420	6417	3
中非	Central Africa	42703	17718	24986	6186	2566	3620
塞卜泰(休达)	Ceuta	212	177	35	31	26	5
乍得	Chad	504080	192532	311549	73186	27911	45275
科摩罗	Comoros	50689	50667	22	7372	7368	3
刚果(布)	Congo	4505980	300780	4205201	653732	43510	610222
吉布提	Djibouti	1534598	1520532	14066	222643	220639	2004
埃及	Egypt	9100761	8414911	685850	1320142	1220071	100072
赤道几内亚	Eq. Guinea	1261508	78049	1183459	183627	11320	172306
埃塞俄比亚	Ethiopia	1844302	1608220	236081	266745	232350	34395
加蓬	Gabon	3462974	260514	3202460	502392	37726	464666
冈比亚	Gambia	401887	352991	48896	58392	51248	7144
加纳	Ghana	5160801	3384690	1776111	747966	490326	257641
几内亚	Guinea	2866100	1184502	1681598	417352	171743	245609
几内亚比绍	Guinea-Bissau	27795	22056	5739	4034	3194	840
科特迪瓦	Cote d'Ivoire	1719816	1406275	313541	249724	204157	45567
肯尼亚	Kenya	3579140	3455766	123373	518817	500927	17891
利比里亚	Liberia	2771547	2687077	84469	402611	390225	12385
利比亚	Libya	5013937	1692052	3321885	726809	245159	481650
马达加斯加	Madagascar	880109	739301	140808	127691	107255	20436
马拉维	Malawi	190404	179618	10786	27576	26005	1571
马里	Mali	409544	300485	109060	59540	43510	16030
毛里塔尼亚	Mauritania	1345331	707355	637975	195373	102592	92781
毛里求斯	Mauritius	583394	556658	26736	84527	80639	3888
摩洛哥	Morocco	3218435	2781797	436638	466789	403454	63335
莫桑比克	Mozambique	1844887	1351310	493578	267094	195770	71324
纳米比亚	Namibia	488346	136333	352014	70946	19817	51128
尼日尔	Niger	351194	198434	152760	51120	28734	22387
尼日利亚	Nigeria	13304161	11464683	1839478	1927899	1662262	265637
留尼汪	Reunion	120724	120712	13	17465	17463	2
卢旺达	Rwanda	207388	183336	24052	30008	26507	3501
圣多美和普林西比	Sao Tome & Principe	6173	6163	10	893	892	1
塞内加尔	Senegal	1727874	1522220	205654	251181	221102	30079
塞舌尔	Seychelles	45366	45319	47	6572	6565	7
塞拉利昂	Sierra Leone	349521	216279	133241	50744	31354	19389
索马里	Somalia	516731	503836	12896	75008	73138	1870
南非	South Africa	29264570	11404806	17859764	4249180	1654294	2594886
西撒哈拉	Western Sahara	49	49	0.05	7	7	0.01
苏丹	Sudan	2093066	1583445	509621	303323	228968	74355
坦桑尼亚	Tanzania	2880718	2630805	249914	417115	381142	35973
多哥	Togo	1591155	1468899	122256	231119	213075	18044
突尼斯	Tunisia	1084956	940893	144063	157331	136420	20910
乌干达	Uganda	539627	511089	28538	78224	74065	4159
布基纳法索	Burkina Faso	221047	180188	40858	32147	26161	5986
刚果(金)	Congo DR	4491547	1431981	3059566	650598	207680	442919
赞比亚	Zambia	2915117	669009	2246109	423489	97035	326454
津巴布韦	Zimbabwe	917993	254640	663353	134273	36880	97393
莱索托	Lesotho	70825	49542	21283	10331	7203	3127
梅利利亚	Melilla	1481	1475	6	216	215	1
斯威士兰	Swaziland	29792	29268	524	4325	4248	77
厄立特里亚	Eritrea	175730	33705	142024	25461	4854	20606
马约特	Mayotte	26958	26952	6	3918	3917	1
南苏丹共和国	Republic of South Sudan	1138472	84138	1054334	165545	12224	153320
非洲其他国家（地区）	Other Countries (Regions) in Africa	925	918	6	133	132	1
欧洲	**Europe**	**604550520**	**344674382**	**259876138**	**87683181**	**49974865**	**37708316**
比利时	Belgium	17306649	12568723	4737926	2510023	1823432	686591
丹麦	Denmark	8071981	4652777	3419204	1170750	674986	495764
英国	United Kingdom	59578234	43075371	16502862	8635626	6242502	2393124
德国	Germany	127409872	55005263	72404609	18487617	7978909	10508709
法国	France	45224224	22750240	22473984	6557280	3299103	3258178
爱尔兰	Ireland	11527311	2269702	9257609	1674761	329417	1345344
意大利	Italy	37867883	23102398	14765485	5494413	3351978	2142435

11-5 续表 2 continued

国　别（地区）	Country (Region)	万元人民币 (RMB 10 000) 进出口总额 Total	出口总额 Exports	进口总额 Imports	万美元 (USD 10 000) 进出口总额 Total	出口总额 Exports	进口总额 Imports
卢森堡	Luxembourg	1257408	1062963	194445	183240	155020	28220
荷兰	Netherlands	58779043	51053502	7725541	8518102	7397880	1120223
希腊	Greece	5834326	5334094	500232	846537	774012	72525
葡萄牙	Portugal	4609123	3008359	1600764	668875	436644	232231
西班牙	Spain	24471905	18540490	5931415	3550140	2689761	860379
阿尔巴尼亚	Albania	484901	414106	70794	70381	60109	10272
安道尔	Andorra	1902	1754	148	276	255	21
奥地利	Austria	7355442	2101472	5253970	1067107	304777	762330
保加利亚	Bulgaria	1873970	1072446	801524	271892	155479	116414
芬兰	Finland	5305907	2097606	3208301	769968	304449	465519
直布罗陀	Gibraltar	3074	3073	1	445	445	0.17
匈牙利	Hungary	7044309	4461976	2582333	1021788	647286	374502
冰岛	Iceland	178097	79276	98821	25756	11487	14269
列支敦士登	Liechtenstein	126470	36574	89895	18355	5308	13047
马耳他	Malta	1048955	801477	247479	151846	115983	35862
摩纳哥	Monaco	27656	21045	6611	3985	3028	957
挪威	Norway	5079562	2376635	2702927	735879	344882	390996
波兰	Poland	19189625	16471271	2718354	2782160	2388011	394149
罗马尼亚	Romania	4755744	3151507	1604238	689909	457344	232565
圣马力诺	San Marino	4929	2663	2267	715	386	329
瑞典	Sweden	12175806	5879072	6296734	1768207	853776	914431
瑞士	Switzerland	21923439	3136966	18786472	3181645	454465	2727180
爱沙尼亚	Estonia	840722	634926	205796	122105	92232	29872
拉脱维亚	Latvia	889536	754931	134606	128928	109359	19569
立陶宛	Lithuania	1472653	1170501	302152	213415	169764	43650
格鲁吉亚	Georgia	1022774	967205	55570	148279	140175	8105
亚美尼亚	Armenia	520380	153937	366443	75440	22309	53130
阿塞拜疆	Azerbaijan	1014798	425726	589072	148562	61639	86923
白俄罗斯	Byelorussia	1869931	1241315	628616	271393	179907	91486
摩尔多瓦	Moldavia	121823	89436	32386	17612	12931	4681
俄罗斯联邦	Russian Federation	76516605	34341823	42174782	11094019	4974849	6119171
乌克兰	Ukraine	8214047	5103079	3110968	1190858	739957	450901
斯洛文尼亚	Slovenia	2706065	2350175	355890	392799	341152	51647
克罗地亚	Croatia	1062010	962182	99828	154180	139682	14498
捷克	Czech	12151062	8959763	3191300	1760125	1297304	462821
斯洛伐克	Slovak	6120699	2019009	4101690	889260	292382	596878
北马其顿共和国	North Macedonia	194785	92960	101824	28189	13483	14706
波黑	Bosnia & Herzegovina	132335	79210	53125	19204	11516	7688
梵蒂冈城国	Vatican City State	124	102	22	18	15	3
法罗群岛	Faroe Islands	110265	2856	107409	16009	415	15594
塞尔维亚	Serbia	963650	714093	249558	139358	103297	36061
黑山	Montenegro	108277	78346	29930	15713	11382	4331
欧洲其他国家（地区）	Other Countries (Regions) in Europe	231	5	227	34	0.68	33
拉丁美洲	**Latin America**	**219013275**	**104821372**	**114191903**	**31762306**	**15198283**	**16564023**
安提瓜和巴布达	Antigua and Barbuda	49609	49561	48	7201	7194	7
阿根廷	Argentina	9858321	4738451	5119871	1427513	688415	739098
阿鲁巴	Aruba	26994	26961	32	3904	3899	5
巴哈马	Bahamas	299840	245610	54230	43406	35547	7859
巴巴多斯	Barbados	121643	107688	13955	17640	15614	2026
伯利兹	Belize	80649	80545	103	11698	11683	15
玻利维亚	Bolivia	811355	588358	222997	117630	85415	32215
博内尔	Bonaire	7	7	0.27	1	1	0.04
巴西	Brazil	79652695	24526854	55125841	11550161	3553906	7996255
开曼群岛	Cayman Is.	26417	26360	57	3839	3831	8
智利	Chile	28220783	10141300	18079483	4094104	1471184	2622920
哥伦比亚	Colombia	10794275	6371560	4422716	1564243	923415	640828
多米尼克	Dominica	23588	23260	328	3423	3375	48
哥斯达黎加	Costa Rica	1547693	1049296	498398	224389	152133	72256
古巴	Cuba	881000	543924	337076	128364	79093	49271
库腊索岛	Curacao	28802	28799	3	4180	4180	0.49
多米尼加共和国	Dominica Rep.	1961003	1648118	312885	284476	239043	45433
厄瓜多尔	Ecuador	5020588	2503037	2517551	727080	362857	364223
法属圭亚那	French Guyana	12084	12051	33	1751	1746	5
格林纳达	Granada	10096	10095	2	1459	1459	0.25
瓜德罗普	Guadeloupe	31890	31883	7	4613	4612	1
危地马拉	Guatemala	1792992	1655799	137192	259773	239967	19806

11-5 续表 3 continued

国 别（地区）	Country (Region)	万元人民币 (RMB 10 000)			万美元 (USD 10 000)		
		进出口总额 Total	出口总额 Exports	进口总额 Imports	进出口总额 Total	出口总额 Exports	进口总额 Imports
圭亚那	Guyana	219686	187979	31707	31890	27291	4599
海地	Haiti	389344	386265	3079	56533	56083	449
洪都拉斯	Honduras	670783	648782	22000	97225	94046	3179
牙买加	Jamaica	482298	462139	20159	70029	67070	2958
马提尼克	Martinique	18567	18398	169	2684	2660	25
墨西哥	Mexico	41873884	31985801	9888083	6071670	4638216	1433454
蒙特塞拉特	Montserrat	291	289	2	42	42	0.29
尼加拉瓜	Nicaragua	377117	345780	31337	54763	50207	4555
巴拿马	Panama	5797652	5481719	315933	839653	794450	45203
巴拉圭	Paraguay	997431	986206	11225	144846	143212	1635
秘鲁	Peru	16333718	5870442	10463276	2370868	851308	1519560
波多黎各	Puerto Rico	1070716	454176	616541	155473	65876	89597
萨巴	Saba	6	6	0.03	1	1	0.00
圣卢西亚	Saint Lucia	15007	14878	129	2175	2156	19
圣马丁岛	Saint Martin Is.	4551	4547	4	659	658	0.59
圣文森特和格林纳丁斯	Saint Vincent & Grenadines	14834	14833	1	2129	2129	0.14
萨尔瓦多	El Salvador	768602	690195	78407	111456	100125	11331
苏里南	Surinam	198919	161824	37094	28804	23453	5351
特立尼达和多巴哥	Trinidad and Tobago	714632	250681	463951	103267	36350	66917
特克斯和凯科斯群岛	Turks & Caicos Is.	2094	2089	4	303	302	1
乌拉圭	Uruguay	3393498	1343330	2050168	491670	194899	296771
委内瑞拉	Venezuela	4381059	1065957	3315102	640041	154008	486033
英属维尔京群岛	Virgin Is. (E)	7394	7160	234	1071	1036	35
圣其茨和尼维斯	St. Kitts-Nevis	6921	6670	251	1008	971	36
圣皮埃尔和密克隆	St. Pierre and Miquelon	48	46	2	7	7	0.23
荷属安的列斯	Andreas Is. (N)	11822	11815	7	1717	1716	1
拉美其他国家（地区）	Other Countries (Regions) in Latin America	10078	9848	230	1475	1441	34
北美洲	**North America**	**418351685**	**314134013**	**104217672**	**60695832**	**45563628**	**15132204**
加拿大	Canada	44832717	25465823	19366895	6508405	3693196	2815209
美国	United States	373301507	288640317	84661190	54156028	41866408	12289620
格陵兰	Greenland	190260	699	189561	27472	101	27371
百慕大	Bermuda	25548	25541	7	3690	3689	1
北美洲其他国家（地区）	Other Countries (Regions) in North America	1652	1633	19	236	234	3
大洋洲	**Oceanic**	**135561553**	**40183418**	**95378135**	**19673317**	**5821535**	**13851782**
澳大利亚	Australia	116809969	33293351	83516618	16951922	4822955	12128967
库克群岛	Cook Is.	30567	29365	1202	4441	4265	176
斐济	Fiji	251519	241536	9983	36471	35029	1442
盖比群岛	Gambier Is.	21	13	8	3	2	1
马克萨斯群岛	Marquesas Islands	12	9	3	2	1	0.37
瑙鲁	Nauru	864	846	18	125	123	3
新喀里多尼亚	New Caledonia (Fr)	858654	107431	751223	124387	15606	108781
瓦努阿图	Vanuatu	63410	53382	10028	9183	7725	1457
新西兰	New Zealand	12602746	3959573	8643173	1829429	573630	1255798
诺福克岛	Norfolk Islands	336	336	0.23	49	49	0.03
巴布亚新几内亚	Papua New Guinea	2634652	551576	2083076	382436	80043	302393
社会群岛	Society Is.	588	588	0.03	86	86	0.00
所罗门群岛	Solomon Is.	384842	67778	317065	55938	9826	46112
汤加	Tonga	20435	20345	90	2957	2944	13
土阿莫土群岛	Tuamotu Archipelago	2	2	0.04	0.34	0.33	0.01
土布艾群岛	Tubuai Islands	102	102	0.03	14	14	0.00
萨摩亚	Samoa	60730	60424	306	8829	8785	44
基里巴斯	Kiribati	14548	13911	636	2110	2016	94
图瓦卢	Tuvalu	14984	14966	18	2176	2174	3
密克罗尼西亚联邦	Micronesia Commonwealth	21608	12910	8698	3122	1865	1257
马绍尔群岛	Marshall. Is.	1674672	1643970	30702	242802	238334	4469
帕劳	Palau	12958	12918	41	1868	1863	6
法属波利尼西亚	Polynesia (F)	72818	68150	4668	10544	9864	680
瓦利斯和浮图纳	Wallis and Futuna	494	494	0.11	72	71	0.02
大洋洲其他国家（地区）	Other Countries (Regions) in Oceania	30020	29441	579	4350	4265	85
国别（地区）不详	**Others**	**2453543**	**6517**	**2447027**	**347101**	**915**	**346185**

11-6 出口主要货物数量和金额(2019年)
Major Exported Commodities in Quantity and Value (2019)

品 名	Commodity	数 量 Quantity	金 额 Value 万元人民币 RMB 10 000	万美元 USD 10 000
活猪 (吨)	Live Hogs (ton)	106158	273609	39641
活家禽 (吨)	Live Poultry (ton)	129	926	134
牛肉 (吨)	Frozen, Fresh Beef (ton)	218	1130	164
猪肉 (吨)	Frozen, Fresh Pork (ton)	26630	97513	14139
冻鸡 (吨)	Frozen Chicken (ton)	94327	157590	22881
水海产品 (万吨)	Aquatic and Seawater Products(10 000 tons)	419	14013551	2032657
鲜蛋 (吨)	Fresh Eggs (ton)	71809	78204	11350
谷物及谷物粉 (万吨)	Cereals and Cereals Flour (10 000 tons)	318	852468	124016
#稻谷和大米 (万吨)	Rice (10 000 tons)	275	727598	105903
玉米 (吨)	Maize (ton)	26136	6845	987
蔬菜 (万吨)	Vegetables (10 000 tons)	979	8666985	1256672
#鲜或冷藏蔬菜 (万吨)	Fresh Vegetables (10 000 tons)	651	3829854	554352
橘、橙 (吨)	Mandarins and Oranges (ton)	694119	645378	92913
苹果 (吨)	Apples (ton)	971146	865494	124633
松子仁 (吨)	Pine Nut Kernels (ton)	10434	161592	23355
大豆 (万吨)	Soybean (10 000 tons)	11	63401	9227
花生及花生仁 (万吨)	Peanuts (10 000 tons)	19	182130	26384
食用植物油 (吨)	Edible Vegetable Oil (ton)	266564	188477	27332
食糖 (吨)	Sugar (ton)	185600	60342	8737
天然蜂蜜 (吨)	Natural Honey (ton)	120845	162303	23501
茶叶 (吨)	Tea (ton)	366558	1392263	201961
辣椒干 (吨)	Dried Capsicum (ton)	73055	106496	15472
猪肉罐头 (吨)	Canned Pork (ton)	29013	63358	9208
蘑菇罐头 (吨)	Canned Mushroom (ton)	254444	614746	89107
啤酒 (万升)	Beer (10 000 liters)	41760	176127	25532
肠衣 (吨)	Casings (ton)	95671	729390	105833
填充用羽毛；羽绒 (吨)	Feathers and Down for Stuffing (ton)	46057	601843	87878
中药材及中式成药 (吨)	Medical Materials and Medicaments of Chinese Type (ton)	132514	811772	117698
烤烟 (吨)	Flue-cured Tobacco (ton)	121869	296239	42975
纸烟 (吨)	Cigarette (ton)	33944	487939	70542
锯材 (吨)	Wood Sawn (ton)	112417	111504	16167
生丝 (吨)	Raw Silk (ton)	4305	157501	22899
山羊绒 (吨)	Cashmere (ton)	2940	145525	21064
棉花 (吨)	Cotton (Cotton Wool) (ton)	52143	62108	8958
天然石墨 (万吨)	Natural Graphite (10 000 tons)	29	224266	32610
天然碳酸镁；氧化镁 (万吨)	Natural Magnesium Carbonate, Magnesia (10 000 tons)	309	534978	77753
萤石(氟石) (万吨)	Fluorite (10 000 tons)	37	92567	13461
天然硫酸钡(重晶石)(万吨)	Natural Barium Sulfate (barite)(10 000 tons)	113	97319	14157
滑石 (万吨)	Talcum (10 000 tons)	69	112636	16351
氧化铝 (吨)	Aluminum Oxide (ton)	274838	115774	16779
煤及褐煤 (万吨)	Coal and Lignite (10 000 tons)	603	641500	93380
焦炭及半焦炭 (万吨)	Coke and Semi-coke (10 000 tons)	652	1231058	179846

11-6 续表 1 continued

品 名	Commodity	数 量 Quantity	金 额 Value 万元人民币 RMB 10 000	万美元 USD 10 000
原油 (万吨)	Crude Oil (10 000 tons)	81	245886	36176
成品油 (万吨)	Petroleum Products Refined (10 000 tons)	6685	26458779	3843644
石蜡 (万吨)	Paraffin Wax (10 000 tons)	58	351562	51090
仲钨酸铵 (吨)	Tungstates (ton)	3161	47239	6918
氧化锌及过氧化锌 (吨)	Zinc Oxide and Zinc Peroxide (ton)	19218	29629	4291
合成有机染料 (吨)	Synthetic Organic Dyestuffs (ton)	218217	1091227	158724
医药品 (吨)	Medical and Pharmaceutical Products (ton)	1100894	11889533	1726684
#中式成药 (吨)	Medicaments of Chinese Type (ton)	12640	179467	26083
医用敷料 (吨)	Pharmaceutical Goods (ton)	219042	1074375	155864
洗衣粉 (吨)	Detergent (ton)	591668	265199	38520
烟花、爆竹 (吨)	Fireworks and Firecrackers (ton)	345279	548042	79706
松香及树脂酸 (吨)	Resin and Resin Acids (ton)	35256	33830	4926
新的充气橡胶轮胎 (万吨)	New Pneumatic Rubber Tyres (10 000 tons)	625	10191344	1480078
纸及纸板(未切成形) (万吨)	Paper and Paperboard in Rolls (10 000 tons)	629	5532973	803319
纺织纱线、织物及制品	Textile yarns, Fabrics and Articles		82823309	12018703
#棉纱线 (吨)	Cotton Yarn (ton)	374972	1092145	158903
丝织物	Silk		413419	59744
棉机织物	Cotton Cloth		9186832	1334946
亚麻及苎麻机织物 (万米)	Flax or Ramie Woven Fabric (10 000 m)	33807	728944	105277
合成短纤与棉混纺机织物 (万米)	Synthetic Short Fibre and Cotton-fibre Mixture Woven Fabric (10 000 m)	168278	1336063	194082
地毯 (吨)	Carpets (ton)	841509	2013755	291931
塑料编织袋(周转袋除外) (万条)	Bags of PP or PE Strip(Except Turnover Bags) (10 000 units)	587927	611968	88775
水泥及水泥熟料 (万吨)	Cement and Cement Clinkers (10 000 tons)	553	238542	34661
平板玻璃 (万吨)	Plate Glass (10 000 tons)	176	1039285	150950
玻璃制品 (万吨)	Glass Products (10 000 tons)	385	5049639	731787
家用陶瓷 (万吨)	Porcelain and Pottery Ware for Household Use (10 000 tons)	390	10182212	1472733
钢坯及粗锻件 (万吨)	Billet and Crude Forgings (10 000 tons)	4	19279	2796
钢材 (万吨)	Rolled Steel (10 000 tons)	6429	36985822	5374828
未锻轧铜(包括铜合金) (吨)	Unwrought Copper and its Alloys (ton)	316743	1329591	193816
铜材 (吨)	Rolled Copper (ton)	524233	2834871	411495
未锻轧铝(包括铝合金) (万吨)	Unwrought Aluminum and its Alloys(10 000 tons)	58	756256	110053
铝材 (万吨)	Rolled Aluminum (10 000 tons)	515	9740630	1414793
未锻轧锌及锌合金 (吨)	Unwrought Zinc and Zinc Alloys (ton)	64040	111853	16126
未锻轧锡及锡合金 (吨)	Unwrought Tin and Tin Alloys (ton)	6132	50053	7327
未锻轧锑、粉末及废碎料 (吨)	Unwrought Antimony, Powder and Scrap(ton)	12952	57748	8400
未锻轧锰 (吨)	Unwrought Manganese (ton)	393969	491512	71432
钢铁或铜制标准紧固件 (万吨)	Iron or Copper Standard Fasteners (10 000 tons)	317	4506017	653687
手用或机用工具 (万吨)	Hand Tools and Tools for Machines (10 000 tons)	188	8139139	1181256
电扇 (万台)	Fans (10 000 sets)	75164	4128782	601008
纺织机械及零件	Textile Machinery and Parts		2587209	375667
缝纫机 (万台)	Sewing Machines (10 000 sets)	1185	982272	142577

11-6 续表 2 continued

品　　名	Commodity	数　量 Quantity	金额 Value 万元人民币 RMB 10 000	万美元 USD 10 000
金属加工机床 (万台)	Metalworking Machine Tools (10 000 sets)	943	3030865	439648
电子计算器 (万台)	Electric Calculator (10 000 sets)	18568	233133	33857
自动数据处理设备及其部件	Automatic Data Processing Machines and Components		114150437	16553032
自动数据处理设备的零件(万吨)	Parts for Auto Data Processing Equipment (10 000 tons)	55	21650486	3143536
轴承 (万套)	Bearings (10 000 units)	581910	2703280	392391
电动机及发电机 (万台)	Electric Motors and Generators (10 000 sets)	264289	7876854	1143812
静止式变流器	Static Converters		12703664	1841974
原电池 (百万个)	Primary Cells and Batteries (million units)	29856	1460098	211760
蓄电池 (万个)	Electric Accumulators (10 000 units)	272017	11333720	1643270
电话机 (万台)	Telephone Sets (10 000 sets)	106512	87203875	12595149
收音设备(包括收录音组合机) (万台)	Radio Sets (including Sound Recording Apparatus) (10 000 sets)	22035	2434048	352603
彩色电视机 (万台)	Colour TV Sets (10 000 sets)	9474	8839393	1283086
电容器 (吨)	Electrical Capacitors (ton)	100907	2775725	402688
通断保护电路装置及零件	Electrical Apparatus for Switching or Protecting Electrical Circuits and Parts		21140491	3066572
二极管及类似半导体器件 (百万个)	Diode and Semi Conductors (million units)	534919	22105531	3209987
电线和电缆 (万吨)	Insulated Wire or Cable (10 000 tons)	229	14117555	2048142
集装箱 (万个)	Containers (10 000 units)	242	4594508	668484
汽车 (万辆)	Motor Vehicles (10 000 units)	122	10486743	1521437
自行车 (万辆)	Bicycles (10 000 units)	5251	1960417	284680
照相机 (万台)	Cameras (10 000 sets)	3199	1982054	287577
医疗仪器及器械	Medical Instruments and Appliances		8901218	1290543
手表 (万只)	Wrist Watches (10 000 units)	64425	1636503	237045
日用钟 (万只)	Clocks (10 000 sets)	23616	571469	82763
家具及其零件	Furniture and Parts		37296999	5409193
箱包及类似容器 (万吨)	Luggage and Similar Containers (10 000 tons)	307	18777696	2722624
服装及衣着附件	Clothing and Accessories		104455286	15134880
#非针织或钩编织物制服装	Garments, not Knitted or Crocheted		41503806	6015178
针织或钩编服装	Garments, Knitted or Crocheted		41771604	6052373
鞋类 (万吨)	Footwear (10 000 tons)	451	32901676	4769956
#皮面鞋 (万吨)	Leather Shoes (10 000 tons)	57	6579566	953790
橡胶或塑料底纺织材料为面的鞋 (万吨)	Cloth Shoes with Outer of Rubber or Artificial Plastic Materials (10 000 tons)	115	9224469	1337463
塑料制品 (万吨)	Plastic Articles (10 000 tons)	1423	33322479	4830961
玩具	Toys		21520204	3113684
足球、篮球、排球 (万个)	Footballs, Basketballs and Volleyballs (10 000 units)	23667	307136	44602
伞 (吨)	Umbrellas (ton)	474254	1698798	246669
竹编结品 (吨)	Bamboo Products (ton)	28745	95240	13807
藤编结品 (吨)	Rattan Products (ton)	9399	57429	8352
草编结品 (吨)	Straw Mats and Straw Products (ton)	19144	117175	16970
柳编结品 (吨)	Wickerwork (ton)	46460	320575	46436
机电产品	Mechanical and Electrical Products		1006264189	145895273
高新技术产品	High and New-tech Products		504239718	73071384

11-7 进口主要货物数量和金额(2019年)
Major Imported Commodities in Quantity and Value (2019)

品 名		Commodity		数 量 Quantity	金 额 Value 万元人民币 RMB 10 000	万美元 USD 10 000
谷物及谷物粉	(万吨)	Cereals and Cereals Flour	(10 000 tons)	1785	3583551	520250
#小麦	(万吨)	Wheat	(10 000 tons)	349	692710	100307
稻谷和大米	(万吨)	Paddy and Rice	(10 000 tons)	255	894473	129719
大豆	(万吨)	Soybean	(10 000 tons)	8851	24374552	3534202
食用植物油	(万吨)	Edible Vegetable Oil	(10 000 tons)	953	4376143	633354
食糖	(万吨)	Sugar	(10 000 tons)	339	774490	112113
天然橡胶（包括胶乳）	(万吨)	Natural Rubber (including Latex)	(10 000 tons)	246	2327142	337494
合成橡胶（包括胶乳）	(万吨)	Synthetic Rubber (including Latex)	(10 000 tons)	412	4602917	667641
原木	(万吨)	Logs	(10 000 tons)	4993	6489442	943380
锯材	(万吨)	Wood Sawn	(10 000 tons)	2445	5909776	859160
纸浆	(万吨)	Paper Pulp	(10 000 tons)	2718	11778837	1711291
羊毛及毛条	(万吨)	Wool and Wool Tops	(10 000 tons)	29	1697532	247497
棉花	(万吨)	Cotton	(10 000 tons)	185	2448397	357034
纺织用合成纤维	(万吨)	Synthetic Fibers Suitable for Spinning	(10 000 tons)	42	600639	87303
#聚酯纤维	(万吨)	Polyester Fibers	(10 000 tons)	22	173465	25200
聚丙烯腈纤维	(万吨)	Polyacryolnitr Fibers	(10 000 tons)	9	171137	24931
铁矿砂及其精矿	(万吨)	Iron Ore	(10 000 tons)	106865	69861347	10133139
锰矿砂及其精矿	(万吨)	Manganese Ores and Concentrates	(10 000 tons)	3416	4376835	635634
铜矿砂及其精矿	(万吨)	Copper Ores and Concentrates	(10 000 tons)	2198	23374238	3390894
铬矿砂及其精矿	(万吨)	Chromium Ores and Concentrates	(10 000 tons)	1589	1809350	262633
氧化铝	(万吨)	Aluminum Oxide	(10 000 tons)	165	467317	67281
煤及褐煤	(万吨)	Coal and Lignite	(10 000 tons)	29952	16050814	2339447
原油	(万吨)	Crude Oil	(10 000 tons)	50568	167015977	24238486
成品油	(万吨)	Petroleum Products Refined	(10 000 tons)	3056	11752337	1707591
乙二醇	(万吨)	Ethylene Glycol	(10 000 tons)	995	4000312	581361
对苯二甲酸	(万吨)	Telephthalic Acid	(10 000 tons)	104	529206	77049
己内酰胺	(万吨)	Carprolactam	(10 000 tons)	20	210715	30623
医药品	(吨)	Pharmaceutical Products	(ton)	158022	24619031	3570932
肥料	(万吨)	Chemical Fertilizers	(10 000 tons)	1111	2422170	352719

11-7 续表 continued

品 名	Commodity	数 量 Quantity	金 额 Value 万元人民币 RMB 10 000	万美元 USD 10 000
#尿素 (吨)	Urea (ton)	181507	31600	4654
氮、磷、钾复合肥 (万吨)	Compound Fertilizers of Nitrogen, Phosphor and Kalium (10 000 tons)	139	455603	66221
氯化钾 (万吨)	Potassium Chloride (10 000 tons)	908	1821616	265341
初级形状的聚乙烯 (万吨)	Polyethylene in Primary Forms (10 000 tons)	1143	8095063	1176682
初级形状的聚丙烯 (万吨)	Polypropylene in Primary Forms (10 000 tons)	349	2789374	404593
初级形状的苯乙烯聚合物(万吨)	Polystyrene in Primary Forms (10 000 tons)	418	4315548	626292
#ABS树脂 (万吨)	ABS Copolymers (10 000 tons)	204	2259300	327929
初级形状的聚氯乙烯 (万吨)	Polyvinyl Chloride in Primary Forms (10 000 tons)	87	592552	86069
聚酯切片 (万吨)	Slices or Chips of Polyethylene Terephthalate (10 000 tons)	59	382372	55581
杀虫剂、除草剂及类似品 (吨)	Pesticides, Herbicides and Similar Products (ton)	89734	522671	76198
纸及纸板(未切成形的) (万吨)	Paper and Paperboard (Unchopped in Shape)(10 000 tons)	626	3199564	464414
钢材 (万吨)	Rolled Steel (10 000 tons)	1230	9726730	1411255
未锻轧的铜(包括铜合金)(万吨)	Unwrought Copper and Copper Alloys (10 000 tons)	448	18622545	2699859
铜材 (万吨)	Rolled Copper (10 000 tons)	50	3780882	548215
未锻轧的铝(包括铝合金)(万吨)	Aluminum and Aluminum Alloys (10 000 tons)	29	360556	51995
铝材 (万吨)	Rolled Aluminum (10 000 tons)	35	1647524	239039
蒸汽锅炉及过热水锅炉 (台)	Steam Boilers and Superheated Water Boilers (set)	263	14244	2062
制冷设备用压缩机 (万台)	Compressors for Refrigerating Equipment (10 000 sets)	766	644998	93678
金属加工机床 (台)	Machine Tools (set)	55401	5004795	727534
阀门 (万套)	Valves (10 000 sets)	103294	4933348	715701
自动数据处理设备及其部件	Automatic Data Processing Machines and Components		22382340	3245723
电话机 (万台)	Telephone Sets (10 000 sets)	773	318485	45888
收音设备 (万台)	Sound Recording Apparatus (10 000 sets)	119	121637	17654
(包括收录音组合机及整套散件)	(Including Radio Combination and a Complete Set of Spare Parts)			
彩色电视机 (万台)	Color TV Sets (10 000 sets)	1	10554	1539
汽车 (万辆)	Motor Vehicles (10 000 units)	105	33319198	4838366
#小轿车 (辆)	Cars (unit)	487747	14016321	2037213
货车 (辆)	Trucks (unit)	16136	768001	111656
非公路用自卸车 (辆)	Dump Trucks not For Highway Use (unit)	27	9286	1345
装有引擎的汽车底盘 (台)	Chassis with Engines (unit)	1295	74834	10913
飞机及其他航空器 (架)	Aircraft and Others (unit)	957	11025104	1603079
医疗仪器及器械	Medical Instruments and Appliances		8598779	1246393
机电产品	Mechanical and Electrical Products		626046093	90789549
高新技术产品	High and New-tech Products		439874999	63779146

11-8 分地区货物进出口总额(2019年)
International Trade in Goods by Region (2019)

单位：亿元人民币 (RMB 100 million)

地 区	Region	按收发货人所在地分 By Location of Importers/Exporters			按境内目的地和货源地分 By Location of Domestic Consumers/Producers		
		进出口 Total	出 口 Exports	进 口 Imports	进出口 Total	出 口 Exports	进 口 Imports
全 国	**National Total**	**315627.3**	**172373.6**	**143253.7**	**315627.3**	**172373.6**	**143253.7**
北 京	Beijing	28689.7	5172.5	23517.2	7740.0	1828.8	5911.1
天 津	Tianjin	7346.1	3017.7	4328.4	9394.9	2841.0	6553.9
河 北	Hebei	4002.1	2370.5	1631.5	6529.1	3312.0	3217.2
山 西	Shanxi	1447.9	806.8	641.1	1576.5	1016.2	560.3
内蒙古	Inner Mongolia	1097.5	376.8	720.7	1385.7	508.1	877.6
辽 宁	Liaoning	7259.2	3129.7	4129.5	9220.8	3844.0	5376.8
吉 林	Jilin	1302.8	324.2	978.5	1326.2	364.0	962.2
黑龙江	Heilongjiang	1866.9	349.6	1517.3	1713.6	388.2	1325.4
上 海	Shanghai	34054.0	13724.9	20329.2	32663.2	11733.8	20929.3
江 苏	Jiangsu	43383.1	27211.8	16171.3	46753.0	27767.4	18985.6
浙 江	Zhejiang	30838.2	23076.3	7761.9	31141.9	23413.3	7728.6
安 徽	Anhui	4737.2	2785.4	1951.8	4395.3	2746.0	1649.3
福 建	Fujian	13309.3	8282.9	5026.4	12047.1	7502.0	4545.1
江 西	Jiangxi	3510.0	2496.1	1013.9	3058.2	2012.1	1046.1
山 东	Shandong	20471.0	11130.4	9340.7	24724.2	11788.5	12935.7
河 南	Henan	5715.5	3756.1	1959.4	6093.9	4106.1	1987.8
湖 北	Hubei	3945.9	2486.0	1459.9	3708.9	2198.6	1510.3
湖 南	Hunan	4340.0	3076.6	1263.4	2906.6	1818.8	1087.8
广 东	Guangdong	71487.7	43415.4	28072.3	81674.2	49666.7	32007.6
广 西	Guangxi	4696.0	2597.6	2098.4	4500.9	1332.3	3168.7
海 南	Hainan	905.8	343.7	562.1	1180.1	333.7	846.4
重 庆	Chongqing	5791.8	3713.2	2078.5	5214.1	3431.8	1782.3
四 川	Sichuan	6789.8	3903.6	2886.2	7201.3	3641.8	3559.5
贵 州	Guizhou	453.2	327.1	126.1	477.1	358.9	118.3
云 南	Yunnan	2323.7	1037.3	1286.4	2309.0	1001.7	1307.3
西 藏	Tibet	48.8	37.5	11.3	42.7	38.5	4.3
陕 西	Shaanxi	3514.9	1873.3	1641.6	3380.7	1829.5	1551.2
甘 肃	Gansu	380.4	131.4	249.1	371.0	152.7	218.3
青 海	Qinghai	37.6	20.2	17.3	33.7	15.9	17.8
宁 夏	Ningxia	240.7	148.9	91.9	289.3	191.9	97.4
新 疆	Xinjiang	1640.8	1250.3	390.5	2573.7	1189.2	1384.5

11-9 分地区货物进出口总额(2019年)
International Trade in Goods by Region (2019)

单位：亿美元 (USD 100 million)

地 区	Region	按收发货人所在地分 By Location of Importers/Exporters			按境内目的地和货源地分 By Location of Domestic Consumers/Producers		
		进出口 Total	出 口 Exports	进 口 Imports	进出口 Total	出 口 Exports	进 口 Imports
全 国	**National Total**	**45778.9**	**24994.8**	**20784.1**	**45778.9**	**24994.8**	**20784.1**
北 京	Beijing	4164.6	750.5	3414.1	1122.8	265.1	857.7
天 津	Tianjin	1066.5	437.9	628.5	1363.7	412.5	951.2
河 北	Hebei	580.4	343.8	236.6	947.3	480.6	466.7
山 西	Shanxi	209.8	116.9	92.9	228.6	147.3	81.3
内蒙古	Inner Mongolia	159.4	54.7	104.7	201.2	73.8	127.4
辽 宁	Liaoning	1053.2	454.4	598.8	1338.4	558.0	780.3
吉 林	Jilin	189.0	47.0	142.0	192.4	52.8	139.7
黑龙江	Heilongjiang	271.1	50.7	220.4	248.8	56.3	192.5
上 海	Shanghai	4939.1	1989.9	2949.1	4737.0	1701.0	3036.0
江 苏	Jiangsu	6295.2	3948.3	2346.9	6785.3	4029.8	2755.5
浙 江	Zhejiang	4472.2	3346.0	1126.2	4517.1	3395.8	1121.3
安 徽	Anhui	687.3	404.1	283.2	637.8	398.5	239.2
福 建	Fujian	1931.1	1202.0	729.1	1747.7	1088.2	659.5
江 西	Jiangxi	508.9	361.9	147.0	443.5	291.8	151.8
山 东	Shandong	2970.0	1614.4	1355.6	3587.6	1710.4	1877.1
河 南	Henan	825.0	542.1	282.9	880.0	592.9	287.0
湖 北	Hubei	571.6	360.0	211.7	537.7	318.7	218.9
湖 南	Hunan	628.5	445.4	183.1	421.0	263.3	157.7
广 东	Guangdong	10366.3	6294.5	4071.7	11842.7	7199.1	4643.5
广 西	Guangxi	682.2	377.5	304.8	653.3	193.2	460.1
海 南	Hainan	131.5	49.9	81.7	171.7	48.5	123.3
重 庆	Chongqing	839.5	538.0	301.5	755.6	497.2	258.4
四 川	Sichuan	984.0	565.5	418.6	1044.0	527.8	516.2
贵 州	Guizhou	65.7	47.4	18.3	69.3	52.1	17.2
云 南	Yunnan	336.9	150.2	186.7	334.4	144.8	189.6
西 藏	Tibet	7.0	5.4	1.6	6.2	5.6	0.6
陕 西	Shaanxi	510.3	272.2	238.1	490.7	265.8	225.0
甘 肃	Gansu	55.2	19.1	36.1	53.8	22.1	31.7
青 海	Qinghai	5.4	2.9	2.5	4.9	2.3	2.6
宁 夏	Ningxia	34.9	21.6	13.3	41.9	27.8	14.1
新 疆	Xinjiang	237.1	180.4	56.6	372.8	171.7	201.1

11-10 分地区外商投资企业货物进出口总额(2019年)
International Trade in Goods of Foreign-Invested Enterprises by Region (2019)

地 区	Region	万元人民币 (RMB 10 000)			万美元 (USD 10 000)		
		进出口 Total	出 口 Exports	进 口 Imports	进出口 Total	出 口 Exports	进 口 Imports
全 国	**National Total**	**1257228385**	**665962433**	**591265951**	**182383669**	**96600957**	**85782712**
北 京	Beijing	51134656	11155734	39978922	7418308	1617342	5800966
天 津	Tianjin	36758178	14663436	22094742	5337894	2129970	3207924
河 北	Hebei	5915954	3215617	2700338	859257	467222	392035
山 西	Shanxi	8235096	5039727	3195370	1192513	729290	463223
内蒙古	Inner Mongolia	654333	314982	339350	95118	45803	49316
辽 宁	Liaoning	30125900	13789074	16336826	4375809	2002747	2373062
吉 林	Jilin	6007651	787577	5220074	871740	114500	757241
黑龙江	Heilongjiang	1264012	643682	620330	183460	93410	90050
上 海	Shanghai	218403214	85300269	133102946	31669452	12367027	19302425
江 苏	Jiangsu	258621359	148605848	110015510	37537354	21569241	15968112
浙 江	Zhejiang	56878466	34750397	22128069	8256646	5044557	3212089
安 徽	Anhui	13477265	7750640	5726625	1955420	1124799	830621
福 建	Fujian	42737675	24640174	18097501	6204202	3576868	2627334
江 西	Jiangxi	9257166	5411156	3846010	1344613	786246	558367
山 东	Shandong	51571433	31463833	20107600	7488551	4567826	2920725
河 南	Henan	35430401	23220800	12209601	5101991	3342953	1759038
湖 北	Hubei	9286916	5084393	4202523	1348804	738296	610508
湖 南	Hunan	5465036	3267210	2197826	792963	473976	318987
广 东	Guangdong	299685137	180911442	118773695	43476298	26243557	17232740
广 西	Guangxi	7680481	3909771	3770711	1114259	566825	547434
海 南	Hainan	5068692	2740247	2328446	737014	397548	339466
重 庆	Chongqing	33408461	22695222	10713239	4844116	3290962	1553154
四 川	Sichuan	45657605	24818771	20838834	6619052	3596992	3022060
贵 州	Guizhou	473532	317306	156226	69189	46350	22839
云 南	Yunnan	546995	236101	310894	79061	34301	44761
西 藏	Tibet	511		511	73		73
陕 西	Shaanxi	22942305	10991950	11950356	3331783	1597866	1733917
甘 肃	Gansu	34716	8974	25742	5069	1302	3768
青 海	Qinghai	3499	2951	547	506	425	81
宁 夏	Ningxia	381555	178752	202803	55690	26019	29671
新 疆	Xinjiang	120185	46398	73787	17466	6739	10727

11-11 服务进出口总额
International Trade in Services

年份 Year	亿美元 100 million USD				亿元人民币 100 million RMB			
	进出口 Total	出口 Exports	进口 Imports	差额 Balance	进出口 Total	出口 Exports	进口 Imports	差额 Balance
1982	46.9	26.7	20.2	6.5				
1983	47.6	27.7	19.9	7.7				
1984	59.5	30.9	28.6	2.3				
1985	56.2	31.0	25.2	5.8				
1986	61.4	38.6	22.8	15.9				
1987	65.7	40.8	24.9	16.0				
1988	87.0	51.0	36.0	15.0				
1989	101.1	62.0	39.1	22.9				
1990	124.2	80.7	43.5	37.1				
1991	136.7	95.5	41.2	54.3				
1992	220.1	125.8	94.3	31.5				
1993	266.2	145.8	120.4	25.5				
1994	365.0	202.0	163.0	39.0				
1995	496.4	244.2	252.2	-8.0				
1996	505.7	279.8	225.9	54.0				
1997	622.1	342.4	279.7	62.7				
1998	518.9	250.5	268.4	-17.9				
1999	610.2	293.7	316.5	-22.8				
2000	711.9	350.3	361.6	-11.3				
2001	784.5	391.8	392.7	-1.0				
2002	927.6	462.3	465.3	-3.0				
2003	1066.4	513.3	553.1	-39.8				
2004	1452.3	725.1	727.2	-2.2				
2005	1682.8	843.1	839.7	3.4				
2006	2038.2	1029.8	1008.4	21.4				
2007	2654.5	1353.2	1301.3	51.9				
2008	3222.6	1633.1	1589.5	43.7				
2009	3024.9	1435.7	1589.2	-153.5				
2010	3717.4	1783.4	1934.0	-150.6				
2011	4488.9	2010.5	2478.4	-468.0				
2012	4828.8	2015.8	2813.0	-797.3				
2013	5376.1	2070.1	3306.1	-1236.0				
2014	6520.2	2191.4	4328.8	-2137.4				
2015	6541.6	2186.2	4355.4	-2169.2				
2016	6616.3	2095.3	4521.0	-2425.7	43998.1	13933.7	30064.4	-16130.8
2017	6956.8	2280.9	4675.9	-2395.0	46991.1	15406.8	31584.3	-16177.4
2018	7918.8	2668.4	5250.4	-2582.0	52401.9	17658.0	34744.0	-17086.0
2019	7850.0	2836.0	5014.0	-2178.0	54152.9	19564.0	34588.9	-15024.9

注：服务进出口总额包含政府服务。

a) Total value of imports and exports of services includes government services.

11-12 服务进出口分类金额(2019年)
International Trade in Services by Sector (2019)

类别	Classification	亿美元 100 million USD			亿元人民币 100 million RMB		
		进出口 Total	出口 Exports	进口 Imports	进出口 Total	出口 Exports	进口 Imports
总额	**Total**	**7850.0**	**2836.0**	**5014.0**	**54152.9**	**19564.0**	**34588.9**
运输	Transport	1509.1	460.3	1048.7	10410.1	3175.5	7234.6
旅行	Travel	2856.1	345.1	2511.0	19702.6	2380.5	17322.1
建筑	Construction	372.9	280.0	92.9	2572.6	1931.7	640.9
保险服务	Insurance Services	155.5	47.8	107.8	1073.0	329.6	743.3
金融服务	Financial Services	63.8	39.1	24.7	440.0	269.7	170.3
电信、计算机和信息服务	Telecommunications, Computer and Information Services	807.6	538.6	269.0	5571.3	3715.7	1855.6
知识产权使用费	Fees for Use of Intellectual Property	410.3	66.5	343.8	2830.5	459.0	2371.5
个人、文化和娱乐服务	Personal, Cultural, and Recreational Services	52.8	12.0	40.8	364.0	82.6	281.4
维护和维修服务	Maintenance and Repair Services	138.4	101.8	36.6	954.7	702.4	252.4
加工服务	Manufacturing Services on Physical Inputs Owned by Others	198.9	195.8	3.1	1370.8	1349.2	21.6
其他商业服务	Other Business Services	1232.0	733.5	498.5	8498.9	5060.2	3438.7
政府服务	Government Services	52.6	15.4	37.2	363.0	106.5	256.5

注：本表按照国际货币基金组织《国际收支和国际头寸手册》(第六版)标准统计。

a) Data in this table are compiled based on Balance of Payments and International Investment Position Manual (6th edition) of IMF.

11-13 利用外资情况
Utilization of Foreign Capital

年 份 Year	项 目 (个) Number of Projects (unit)	#外商直接投资 Foreign Direct Investment	实际使用外资金额 (亿美元) Total Amount of Foreign Investment Actually Utilized (USD 100 million)	#外商直接投资 Foreign Direct Investment
1979-1982	947	920	130.60	17.69
1983	690	638	22.61	9.16
1984	2201	2166	28.66	14.19
1985	3145	3073	47.60	19.56
1986	1551	1498	76.28	22.44
1987	2289	2233	84.52	23.14
1988	6063	5945	102.26	31.94
1989	5909	5779	100.60	33.92
1990	7371	7273	102.89	34.87
1991	13086	12978	115.54	43.66
1992	48858	48764	192.03	110.08
1993	83595	83437	389.60	275.15
1994	47646	47549	432.13	337.67
1995	37184	37011	481.33	375.21
1996	24673	24556	548.05	417.26
1997	21138	21001	644.08	452.57
1998	19850	19799	585.57	454.63
1999	17022	16918	526.59	403.19
2000	22347	22347	593.56	407.15
2001	26140	26140	496.72	468.78
2002	34171	34171	550.11	527.43
2003	41081	41081	561.40	535.05
2004	43664	43664	640.72	606.30
2005	44001	44001	638.05	603.25
2006	41473	41473	698.76	658.21
2007	37871	37871	783.39	747.68
2008	27514	27514	952.53	923.95
2009	23435	23435	918.04	900.33
2010	27406	27406	1088.21	1057.35
2011	27712	27712	1176.98	1160.11
2012	24925	24925	1132.94	1117.16
2013	22773	22773	1187.21	1175.86
2014	23778	23778	1197.05	1195.62
2015	26575	26575	1262.67	1262.67
2016	27900	27900	1260.01	1260.01
2017	35652	35652	1310.35	1310.35
2018	60533	60533	1349.66	1349.66
2019	40888	40888	1381.35	1381.35

注：1.2000年及以前，实际使用外资包含对外借款。

2.2015年起，实际使用外资金额只包含外商直接投资金额。

a) In 2000 and before, total amount of foreign investment actually utilized included foreign loans.

b) Since 2015, total amount of foreign investment actually utilized only includes that of foreign direct investment.

11-14 按国别(地区)分外商直接投资额
Foreign Direct Investment by Country (Region)

单位：万美元 (USD 10000)

国别(地区)	Country (Region)	2018	2019
总计	**Total**	**13496589**	**13813462**
亚洲	**Asia**	**10701310**	**11688841**
阿富汗	Afghanistan	233	
孟加拉国	Bangladesh	7	71
文莱	Brunei	1872	701
缅甸	Myanmar	822	215
柬埔寨	Cambodia	199	5755
塞浦路斯	Cyprus	975	730
中国香港	Hong Kong, China	8991724	9629894
印度	India	4754	2563
印度尼西亚	Indonesia	3246	1242
伊朗	Iran	10	
伊拉克	Iraq	36	38
以色列	Israel	1131	2930
日本	Japan	379780	372093
约旦	Jordan	394	104
科威特	Kuwait	443	742
老挝	Laos	51	
黎巴嫩	Lebanon	167	36
中国澳门	Macao, China	127987	173544
马来西亚	Malaysia	21162	7013
蒙古	Mongolia	41	79
尼泊尔	Nepal	15	
巴基斯坦	Pakistan	67	3
菲律宾	Philippines	4986	1383
卡塔尔	Qatar	5	
沙特阿拉伯	Saudi Arabia	8694	1170
新加坡	Singapore	521021	759064
韩国	Republic of Korea	466688	553817
叙利亚	Syria	898	65
泰国	Thailand	4574	10580
土耳其	Turkey	87	1123
阿联酋	United Arab Emirates	2568	2141
也门	Yemen	1536	168
越南	Vietnam	13883	1720
中国台湾	Taiwan, China	139136	158740
哈萨克斯坦	Kazakhstan	1968	1116
吉尔吉斯斯坦	Kirghizia		1
土库曼斯坦	Turkmenistan	150	
非洲	**Africa**	**61042**	**47198**
阿尔及利亚	Algeria		50
刚果(布)	Congo	1	60
埃及	Egypt	88	10
加纳	Ghana	4786	

11-14 续表 1 continued

单位：万美元 (USD 10 000)

国别(地区)	Country (Region)	2018	2019
肯尼亚	Kenya		8
利比里亚	Liberia		2
马里	Mali	5	5
毛里求斯	Mauritius	26058	26990
尼日利亚	Nigeria	1306	6
塞舌尔	Seychelles	22547	19271
南非	South Africa	4185	311
坦桑尼亚	Tanzania	1013	5
突尼斯	TuNiSia		92
乌干达	Uganda	653	291
赞比亚	Zambia	400	
津巴布韦	Zimbabwe		80
非洲其他国家(地区)	Other Countries (Regions) in Africa		17
欧洲	**Europe**	**1119350**	**807360**
比利时	Belgium	14788	3698
丹麦	Denmark	5887	8928
英国	United Kingdom	248164	85705
德国	Germany	367428	165805
法国	France	101107	79337
爱尔兰	Ireland	16485	65678
意大利	Italy	23260	19188
卢森堡	Luxembourg	75747	33224
荷兰	Netherlands	127268	179544
希腊	Greece	126	619
葡萄牙	Portugal	40	73
西班牙	Spain	17064	11802
奥地利	Austria	14518	29930
保加利亚	Bulgaria	66	141
芬兰	Finland	8372	2828
匈牙利	Hungary	131	2189
列支敦士登	Liechtenstein	67	
马耳他	Malta	21	
摩纳哥	Monaco	26	
挪威	Norway	7381	5153
波兰	Poland	247	1286
罗马尼亚	Romania	272	396
瑞典	Sweden	15760	37387
瑞士	Switzerland	60387	64492
爱沙尼亚	Estonia		816
拉脱维亚	Latvia	4	100
立陶宛	Lithuania	20	
亚美尼亚	Armenia	3	28
阿塞拜疆	Azerbaijan	40	2
白俄罗斯	Byelorussia	1820	7
摩尔多瓦	Moldavia	3	20
俄罗斯联邦	Russian Federation	5677	5402
乌克兰	Ukraine	80	20
斯洛文尼亚	Slovenia	421	1160
克罗地亚	Croatia	615	
捷克	Czech	421	167
斯洛伐克	Slovakia	2877	110
塞尔维亚	Serbia	12	

11-14 续表 2 continued

单位：万美元 (USD 10 000)

国别（地区）	Country (Region)	2018	2019
欧洲其他国家(地区)	Other Countries (Regions) in Europe	2745	2125
拉丁美洲	**Latin America**	**902646**	**756690**
阿根廷	Argentina	65	30
巴哈马	Bahamas	500	
巴巴多斯	Barbados	14750	1405
伯利兹	Belize	354	988
巴西	Brazil	3119	340
开曼群岛	Cayman Islands	406825	255681
智利	Chile	1279	30
哥伦比亚	Colombia	7	18
厄瓜多尔	Ecuador		2
危地马拉	Guatemala	39	5
圭亚那	Guyana		1
墨西哥	Mexico	1731	1
巴拿马	Panama	2115	1528
秘鲁	Peru		120
圣文森特和格林纳丁斯	Saint Vincent & Grenadines		13
特克斯和凯科斯群岛	Turks & Caicos Is.	43	110
乌拉圭	Uruguay	586	
委内瑞拉	Venezuela	54	
英属维尔京群岛	Virgin Islands, British	471151	496386
拉美洲其他国家（地区）	Other Countries (Regions) in Latin America	28	32
北美洲	**North America**	**514789**	**340785**
加拿大	Canada	28461	23195
美国	United States	268931	268638
百慕大	Bermuda	216727	48386
北美洲其他国家（地区）	Other Countries (Regions) in North America	670	566
大洋洲及太平洋岛屿	**Oceanic and Pacific Islands**	**190904**	**172579**
澳大利亚	Australia	28889	42856
瑙鲁	Nauru	27	
瓦努阿图	Vanuatu		190
新西兰	New Zealand	3326	4405
萨摩亚	Samoan	155421	119182
马绍尔群岛	Marshall Islands	2292	5776
大洋洲其他国家（地区）	Other Countries (Regions) in Oceanic	949	170
其他	**Others**	**6548**	

11-15 按方式分外商直接投资额
Foreign Direct Investment by Form of Ownership

金额单位：亿美元 (USD 100 million)

指 标	Item	2018 项目（个）Number of FIEs (unit)	2018 实际使用金额 Realized FDI Value	2019 项目（个）Number of FIEs (unit)	2019 实际使用金额 Realized FDI Value
总 计	**Total**	**60533**	**1349.66**	**40888**	**1381.35**
合资经营企业	Equity Joint Venture Enterprises	10170	344.93	10077	317.79
合作经营企业	Contractual Joint Venture Enterprises	107	7.72	70	3.34
外资企业	Wholly Foreign-owned Enterprise	50106	893.97	30533	936.10
外商投资股份制企业	FDI Shareholding Corporations	129	82.99	117	80.84
合作开发	Joint Exploration Entreprises	1	11.93	1	16.90
合伙企业	Partnership Enterprises	20	8.12	90	26.38
其他	Others				

11-16 按行业分外商直接投资（2019年）
Foreign Direct Investment by Sector (2019)

行 业	Sector	合同项目（个）Number of FIEs (unit)	实际使用金额（万美元）Realized FDI Value (USD 10 000)
总 计	**Total**	**40888**	**13813462**
农、林、牧、渔业	Agriculture, Forestry, Animal Husbandry and Fishery	495	56183
采矿业	Mining	31	219044
制造业	Manufacturing	5396	3537022
电力、热力、燃气及水生产和供应业	Production and Supply of Electricity, Heat, Gas and Water	295	352398
建筑业	Construction	557	121551
批发和零售业	Wholesale and Retail Trades	13837	904982
交通运输、仓储和邮政业	Transport, Storage and Post	591	453316
住宿和餐饮业	Hotels and Catering Services	835	97180
信息传输、软件和信息技术服务业	Information Transmission, Software and Information Technology	4295	1468232
金融业	Financial Intermediation	865	713206
房地产业	Real Estate	1050	2347188
租赁和商务服务业	Leasing and Business Services	5777	2207283
科学研究和技术服务业	Scientific Research and Technical Services	5183	1116831
水利、环境和公共设施管理业	Management of Water Conservancy, Environment and Public Facilities	143	52242
居民服务、修理和其他服务业	Service to Households, Repair and Other Services	361	54218
教育	Education	258	22248
卫生和社会工作	Health and Social Service	111	27186
文化、体育和娱乐业	Culture, Sports and Entertainment	804	62986
公共管理和社会组织	Public Management and Social Organizations	4	166

注：本表中的行业分类执行2017年版的国民经济行业分类标准。
a) National Standards of Industrial Classification (2017 version) are used in this table.

11-17　按行业分外商投资企业年底注册登记情况（2019年）
Registration Status of Foreign-Invested Enterprises by Sector (Year-end of 2019)

行　业	Sector	企业数（户）Number of Enterprises (unit)	投资总额（亿美元）Total Investment (100 million USD)	注册资本（亿美元）Registered Capital (100 million USD)	#外　方 Foreign Capital
总　计	**Total**	**627223**	**88400**	**50160**	**37894**
农、林、牧、渔业	Agriculture, Forestry, Animal Husbandry and Fishery	6910	9617	1177	1036
采矿业	Mining	765	215	126	81
制造业	Manufacturing	135260	24205	12976	9935
电力、热力、燃气及水生产和供应业	Production and Supply of Electricity, Heat, Gas and Water	5263	2961	1260	698
建筑业	Construction	7253	1526	1070	560
批发和零售业	Wholesale and Retail Trades	190481	5210	3278	2712
交通运输、仓储和邮政业	Transport, Storage and Post	13174	2252	1284	821
住宿和餐饮业	Hotels and Catering Services	36703	592	416	360
信息传输、软件和信息技术服务业	Information Transmission, Software and Information Technology	48902	3404	2109	1881
金融业	Financial Intermediation	18489	4864	4132	2367
房地产业	Real Estate	18192	9283	5409	4341
租赁和商务服务业	Leasing and Business Services	79005	12030	9297	7006
科学研究和技术服务业	Scientific Research and Technical Services	49034	9909	6256	5042
水利、环境和公共设施管理业	Management of Water Conservancy, Environment and Public Facilities	1543	629	325	243
居民服务、修理和其他服务业	Service to Households, Repair and Other Services	6271	503	322	232
教育	Education	892	85	34	30
卫生和社会工作	Health and Social Service	641	348	176	127
文化、体育和娱乐业	Culture, Sports and Entertainment	7593	648	429	358
其他	Others	852	121	85	65

注：本表数据来自国家市场监督管理总局，数据包含外商投资企业及其分支机构。（下表同）。

a) Data in this table are from the State Administration for Market Regulation, and include foreign invested enterprises and their branches. The same applies to the following table.

11-18 分地区外商投资企业年底注册登记情况
Registration Status of Foreign Invested Enterprises by Region at Year-end

地 区	Region	企业数（户） Number of Enterprises (unit)		投资总额（亿美元） Total Investment (100 million USD)		注册资本（亿美元） Registered Capital (100 million USD)		#外 方 Foreign Capital	
		2018	2019	2018	2019	2018	2019	2018	2019
全 国	**National Total**	**593276**	**627223**	**77738**	**88400**	**42739**	**50160**	**32342**	**37894**
北 京	Beijing	32306	32201	5477	5996	3444	3782	2379	2532
天 津	Tianjin	15089	15290	2906	3105	2041	2201	1405	1537
河 北	Hebei	8255	9700	1087	1590	521	789	397	641
山 西	Shanxi	3381	3520	630	701	326	362	187	206
内蒙古	Inner Mongolia	3511	3504	449	584	195	208	128	137
辽 宁	Liaoning	17028	15996	3775	4028	2169	2284	1763	1829
吉 林	Jilin	4018	4118	490	643	233	286	179	223
黑龙江	Heilongjiang	5028	5296	427	460	259	288	177	192
上 海	Shanghai	87300	90757	8849	9552	5961	6479	4506	4955
江 苏	Jiangsu	59308	62360	10560	11735	5640	6373	4639	5265
浙 江	Zhejiang	40191	43121	4458	5007	2842	3235	2103	2437
安 徽	Anhui	6611	7903	1130	1656	595	854	434	632
福 建	Fujian	30150	31608	2787	2975	1638	1766	1262	1344
江 西	Jiangxi	6137	6791	877	1010	613	726	463	567
山 东	Shandong	30733	33760	3452	5754	2053	4091	1564	3284
河 南	Henan	8257	10145	1054	1163	594	714	447	508
湖 北	Hubei	11761	12378	1423	1864	767	1032	584	795
湖 南	Hunan	8765	9870	1832	1841	800	798	628	606
广 东	Guangdong	170968	179268	19235	19533	7964	8543	5939	6353
广 西	Guangxi	5333	5972	627	916	322	471	255	379
海 南	Hainan	2707	3319	928	1045	707	813	644	705
重 庆	Chongqing	6299	6358	1107	1111	697	705	530	541
四 川	Sichuan	12502	12950	1256	2891	709	1554	486	856
贵 州	Guizhou	1891	3056	453	487	243	274	202	223
云 南	Yunnan	4343	5602	544	671	291	363	230	295
西 藏	Tibet	266	278	26	27	17	18	15	15
陕 西	Shaanxi	5856	6170	1188	1213	630	656	435	464
甘 肃	Gansu	2342	2554	236	256	169	185	156	170
青 海	Qinghai	519	548	79	78	30	29	14	14
宁 夏	Ningxia	762	898	185	265	129	120	108	87
新 疆	Xinjiang	1659	1932	212	241	136	162	80	100

11-19 按主要国别(地区)分对外直接投资
Outbound Direct Investment by Country (Region)

单位：万美元 (USD 10 000)

国家（地区）	Country or Region	对外直接投资流量 Flow or Outbound Direct Investment		截至2019年对外直接投资存量 Stock of Outbound Direct Investment at the End of 2019
		2018	2019	
合计	**Total**	**14303731**	**13690756**	**219888069**
亚洲	**Asia**	**10550488**	**11084094**	**146022156**
#中国香港*	Hong Kong, China	8686917	9055008	127535518
印度*	India	20620	53460	361009
印度尼西亚	Indonesia	186482	222308	1513255
日本	Japan	46841	67378	409805
中国澳门	Macao, China	81067	59445	985168
新加坡*	Singapore	641126	482567	5263656
韩国*	Republic of Korea	103366	56180	667340
泰国*	Thailand	73729	137191	718585
越南	Vietnam	115083	164852	707371
非洲	**Africa**	**538911**	**270442**	**4439022**
#阿尔及利亚*	Algeria	17865	-12362	177535
苏丹	Sudan	5712	-7078	120309
几内亚*	Guinea	20317	5304	76326
马达加斯加*	Madagascar	5560	-16	27291
尼日利亚*	Nigeria	19470	12327	219400
南非*	South Africa	64206	33891	614657
欧洲	**Europe**	**658839**	**1051992**	**11438386**
#英国*	United Kingdom	102664	110345	1714390
德国*	Germany	146799	145901	1423399
法国*	France	-7502	8722	595434
俄罗斯联邦*	Russia	72524	-37923	1280397
拉丁美洲	**Latin America**	**1460847**	**639407**	**43604697**
#巴西*	Brazil	42772	85993	443478
开曼群岛*	Cayman Islands	547312	-435668	27614506
墨西哥*	Mexico	37845	16356	116108
英属维尔京群岛*	Virgin Is. (E)	714978	868257	14187884
北美洲	**North America**	**872383**	**436713**	**10022553**
#加拿大*	Canada	156350	47288	1409147
美国*	United States	747717	380668	7779750
大洋洲	**Oceania**	**222263**	**208108**	**4361255**
#澳大利亚*	Australia	198597	208667	3806838
新西兰*	New Zealand	25746	1140	245973

注：“*”表示该国家(地区)2019年末存量数据中包含对以往历史数据进行调整。
a) "*" The stock for 2019 are recomputed after adjustment of historical Data.

11-20 按行业分对外直接投资
Outbound Direct Investment by Sector

单位：万美元 (USD 10 000)

行业	Sector	对外直接投资流量 Flow of Outbound Direct Investment		截至2019年对外直接投资存量 Stock of Outbound Direct Investment at the End of 2019
		2018	2019	
总计	**Total**	**14303731**	**13690756**	**219888069**
农、林、牧、渔业	Agriculture, Forestry, Animal Husbandry and Fishery	256258	243920	1966892
采矿业	Mining	462794	512823	17539839
制造业	Manufacturing	1910768	2024181	20013570
电力、热力、燃气及水生产和供应业	Production and Supply of Electricity, Heat, Gas and Water	470246	386872	3306117
建筑业	Construction	361848	377984	4223027
批发和零售业	Wholesale and Retail Trades	1223791	1947108	29553871
交通运输、仓储和邮政业	Transport, Storage and Post	516057	387962	7653356
住宿和餐饮业	Hotels and Catering Services	135396	60398	492025
信息传输、软件和信息技术服务业	Information Transmission, Software and Information Technology	563187	547794	20220605
金融业	Financial Intermediation	2171720	1994929	25453442
房地产业	Real Estate	306600	341839	7761139
租赁和商务服务业	Leasing and Business Services	5077813	4187508	73408168
科学研究和技术服务业	Scientific Research and Technical Services	380199	343163	4600991
水利、环境和公共设施管理业	Management of Water Conservancy, Environment and Public Facilities	17863	26988	330060
居民服务、修理和其他服务业	Service to Households, Repair and Other Services	222822	167338	1360344
教育	Education	57302	64880	429261
卫生和社会工作	Health and Social Service	52480	22717	312691
文化、体育和娱乐业	Culture, Sports and Entertainment	116586	52352	1262671
公共管理、社会保障和社会组织	Public Management, Social Security and Social Organization			

11-21 对外经济合作
Economic Cooperation with Foreign Countries or Regions

年份 Year	对外承包工程 Contracted Projects 合同数（份） Number of Contracts (unit)	合同金额（亿美元） Contracted Value (100 million USD)	完成营业额（亿美元） Value of Turnover Fulfilled (100 million USD)	派出人数（万人） Dispatched Persons (10 000 persons)	年末在外人数（万人） Persons Abroad by the End of Year (10 000 persons)	对外劳务合作 Labour Services 派出劳务人数（万人） Dispatched Workers (10 000 persons)	年末在外人数（万人） Workers Abroad by the End of Year (10 000 persons)
1979	27	0.33					
1980	138	1.40	1.23				
1981	250	2.76					
1982	195	3.46	1.89				
1983	280	7.99	3.16				
1984	344	15.38	4.94		2.19		2.76
1985	465	11.16	6.63		3.06		2.49
1986	486	11.89	8.19		2.74		1.90
1987	616	16.48	11.14		3.13		3.19
1988	642	18.13	12.53		3.00		3.98
1989	776	17.81	14.84		2.40		4.31
1990	920	21.25	16.44		2.18		3.61
1991	1171	25.24	19.70		2.15		6.83
1992	1164	52.51	24.03		2.54		10.56
1993	1393	51.89	36.68		3.42		13.09
1994	1702	60.27	48.83		3.83		18.43
1995	1558	74.84	51.08		3.84		22.59
1996	1634	77.28	58.21		3.88		24.66
1997	2085	85.16	60.36		4.78		28.55
1998	2322	92.43	77.69		6.11		29.08
1999	2527	101.99	85.22		5.53		32.65
2000	2597	117.19	83.79		5.56		36.93
2001	5836	130.39	88.99		6.00		41.47
2002	4036	150.55	111.94		7.85		41.04
2003	3708	176.67	138.37		9.40		42.97
2004	6694	238.44	174.68	7.38	11.47	17.30	41.94
2005	9502	296.14	217.63	8.95	14.48	18.34	41.87
2006	12996	660.05	299.93	13.48	19.86	21.48	47.52
2007	6282	776.21	406.43	15.48	23.60	21.49	50.51
2008	5411	1045.62	566.12	20.01	27.16	22.49	46.71
2009	7280	1262.10	777.06	21.42	32.69	18.01	45.03
2010	9544	1343.67	921.70	22.46	37.65	18.68	47.01
2011	6381	1423.32	1034.24	24.32	32.40	20.91	48.84
2012	6710	1565.29	1165.97	23.34	34.46	27.84	50.56
2013	11578	1716.29	1371.43	27.09	37.01	25.57	48.26
2014	7740	1917.56	1424.11	26.92	40.89	29.26	59.69
2015	8662	2100.74	1540.74	25.31	40.86	27.68	61.83
2016	19157	2440.10	1594.17	23.02	37.29	26.40	59.60
2017	22774	2652.76	1685.87	22.21	37.68	30.02	60.23
2018	10985	2418.04	1690.44	22.70	39.07	26.50	60.61
2019	11932	2602.45	1729.01	21.15	36.81	27.60	62.41

11-22 按国别(地区)分对外经济合作(2019年)
Economic Cooperation by Country (Region) (2019)

国别(地区)	Country (Region)	对外承包工程 Contracted Projects 完成营业额(万美元) Value of Turnover Fulfilled (10 000 USD)	派出人数(人) Dispatched Persons (person)	年末在外人数(人) Persons Abroad by the End of Year (person)	对外劳务合作 Labour Services 派出人数(人) Dispatched Workers (person)	年末在外人数(人) Workers Abroad by the End of Year (person)
合　计	**Total**	**17290137**	**211478**	**368063**	**276012**	**624077**
亚洲	**Asia**	**9814559**	**128841**	**203956**	**223543**	**507138**
阿富汗	Afghanistan	9094	31	65		
巴林	Bahrain	777		63	1	1
孟加拉国	Bangladesh	530261	7770	15532	83	303
文莱	Brunei	95842	1163	1576	884	1240
缅甸	Myanmar	186295	3674	3848	387	897
柬埔寨	Cambodia	277501	6617	8466	475	1933
塞浦路斯	Cyprus	9			310	411
中国香港	Hong Kong, China	636979	2284	2869	50061	60809
印度	India	253864	1375	1846	44	227
印度尼西亚	Indonesia	870537	16107	21138	2249	3845
伊朗	Iran	104580	977	2030	2	222
伊拉克	Iraq	414119	5216	13040	605	578
以色列	Israel	117498	845	1745	590	5518
日本	Japan	36324	17	488	41324	143662
约旦	Jordan	33464	174	573	12	64
科威特	Kuwait	257476	6508	8113	292	1403
老挝	Laos	520725	14512	22283	418	2691
黎巴嫩	Lebanon	177		5		
中国澳门	Macao, China	132498	1009	1594	65815	134728
马来西亚	Malaysia	730343	5455	13033	2123	6580
马尔代夫	Maldives	109055	1305	2702	1510	1517
蒙古	Mongolia	67100	1753	1456	724	1724
尼泊尔	Nepal	63821	941	1629	141	421
阿曼	Oman	69384	875	1890	1	31
巴基斯坦	Pakistan	967401	8537	16857	1002	1684
巴勒斯坦	Palestine	2394				
菲律宾	Philippines	275952	1653	4025	580	572
卡塔尔	Qatar	50686	244	1204	193	1172
沙特阿拉伯	Saudi Arabia	620768	15234	19462	1606	7643
新加坡	Singapore	354948	775	1632	35756	96949
韩国	Korea	133503	46	100	1947	9706
斯里兰卡	Sri Lanka	222470	2135	4017	404	821
泰国	Thailand	287001	2781	4234	643	880
土耳其	Turkey	66849	551	929	71	540
阿联酋	United Arab Emirates	512286	5073	5999	1685	3971
也门	Yemen	1043		21		
越南	Vietnam	394010	5006	8493	757	2609
中国台湾	Taiwan, China	10322	98	112	8483	9718
东帝汶	East Timor	25926	303	784		7
哈萨克斯坦	Kazakhstan	198174	3898	4547	266	500
吉尔吉斯斯坦	Kirghizia	26562	813	1882	156	274
塔吉克斯坦	Tadzhikistan	23957	968	974	5	112
土库曼斯坦	Turkmenistan	33699	109	321		46
乌兹别克斯坦	Uzbekistan	88881	2009	2379	1938	1129

11-22 续表 1 continued

国别(地区)	Country (Region)	对外承包工程 Contracted Projects			对外劳务合作 Labour Services	
		完成营业额 (万美元) Value of Turnover Fulfilled (10 000 USD)	派出人数 (人) Dispatched Persons (person)	年末在外人数 (人) Persons Abroad by the End of Year (person)	派出人数 (人) Dispatched Workers (person)	年末在外人数 (人) Workers Abroad by the End of Year (person)
非洲	**Africa**	**4601260**	**55896**	**120356**	**17347**	**62389**
阿尔及利亚	Algeria	633548	14706	28961	3671	14038
安哥拉	Angola	286588	1984	10725	866	12143
贝宁	Benin	24418	830	987	87	156
博茨瓦纳	Botswana	16828	82	392		8
布隆迪	Burundi	8619	261	598	42	293
喀麦隆	Cameroon	139905	1478	2398	84	117
佛得角	Cape Verde	6671	53	188		
中非	Central African	8743	295	329		
乍得	Chad	73283	1066	2271	6	147
科摩罗	Comoros	3247	63	116		
刚果(布)	Congo	36912	654	2620	68	1044
吉布提	Djibouti	22901	310	413	31	320
埃及	Egypt	318959	1223	1663	388	354
赤道几内亚	Eq.Guinea	58197	348	2140	200	905
埃塞俄比亚	Ethiopia	249597	3642	7073	366	1034
加蓬	Gabon	27101	336	746	144	295
冈比亚	Gambia	7432	107	141	10	433
加纳	Ghana	81703	516	1502	447	1858
几内亚	Guinea	121800	1785	3937	1053	1584
几内亚比绍	Guinea-Bissau	988	3	16	1	2
科特迪瓦	Cote d'Ivoire	109277	903	2179	73	150
肯尼亚	Kenya	416763	2585	7596	217	752
利比里亚	Liberia	44020	194	499	2760	2641
利比亚	Libya	2108	1	43	27	27
马达加斯加	Madagascar	11482	197	229	40	322
马拉维	Malawi	15374	163	245	41	70
马里	Mali	42572	422	885		
毛里塔尼亚	Mauritania	29504	432	967	1141	3644
毛里求斯	Mauritius	11815	146	540		454
摩洛哥	Morocco	33525	329	414	8	77
莫桑比克	Mozambique	100144	957	2064	316	930
纳米比亚	Namibia	44571	228	722	17	84
尼日尔	Niger	29965	388	838	6	116
尼日利亚	Nigeria	459559	5187	7720	1507	4479
卢旺达	Rwanda	30873	291	858	62	1119
圣多美和普林西比	Sao Tome & Principe	90	8	8		
塞内加尔	Senegal	88416	441	1912	264	1055
塞舌尔	Seychelles	2600	95	166	93	106
塞拉利昂	Sierra Leone	12831	169	575	106	442
索马里	Somalia			1		
南非	S. Africa	55788	248	598		
苏丹	Sudan	38128	852	3078	1182	2815
坦桑尼亚	Tanzania	128283	2281	4222	129	765
多哥	Togo	11941	33	116	50	200
突尼斯	Tunisia	9367	68	232		2
乌干达	Uganda	154038	2820	3608	677	2048
布基纳法索	Burkina Faso	1354		3		
刚果(金)	Congo DR	244650	2732	4806	626	1679
赞比亚	Zambia	257497	2746	6114	280	2792
津巴布韦	Zimbabwe	55569	523	871	63	129

11-22 续表 2 continued

国别(地区)	Country (Region)	对外承包工程 Contracted Projects			对外劳务合作 Labour Services	
		完成营业额(万美元) Value of Turnover Fulfilled (10 000 USD)	派出人数(人) Dispatched Persons (person)	年末在外人数(人) Persons Abroad by the End of Year (person)	派出人数(人) Dispatched Workers (person)	年末在外人数(人) Workers Abroad by the End of Year (person)
莱索托	Lesotho	7170	125	188	182	577
厄立特里亚	Eritrea	256	101	166	2	127
南苏丹	Republic of South Sudan	24291	489	677	14	56
欧洲	**Europe**	**1062769**	**9540**	**14084**	**8616**	**16888**
比利时	Belgium	15945				29
丹麦	Denmark	1918			84	123
英国	United Kingdom	64045	185	218	1567	1334
德国	Germany	50129	39	71	2191	6451
法国	France	127388	74	74	223	117
爱尔兰	Ireland	100			79	79
意大利	Italy	19426	2	53	892	1224
荷兰	Netherlands	17496		10	277	464
希腊	Greece	18125	9	14	380	937
葡萄牙	Portugal	13361	11	4	15	12
西班牙	Spain	78236	1	62	29	26
阿尔巴尼亚	Albania	2458	56	2	45	293
奥地利	Austria	6137	54	84	22	22
保加利亚	Bulgaria	7984				
芬兰	Finland	130	22	22	1	1
直布罗陀	Gibraltar				134	81
匈牙利	Hungary	2668	1	1	3	3
冰岛	Iceland					12
马耳他	Malta			1	255	354
摩纳哥	Monaco	766			201	186
挪威	Norway	25739	366	366	163	250
波兰	Poland	5515	66	77	3	19
罗马尼亚	Romania	6997	9	35		
瑞典	Sweden	8026			16	16
瑞士	Switzerland	1884	66	57	440	812
爱沙尼亚	Estonia	3				
拉脱维亚	Latvia	40			3	15
立陶宛	Lithuania	25			3	15
格鲁吉亚	Georgia	29936	793	1768		
亚美尼亚	Armenia	5037	251	96		
阿塞拜疆	Azerbaijan	2626	30	110		
白俄罗斯	Belorussia	63714	2055	2322	8	19
俄罗斯联邦	Russian Federation	276681	1996	2778	1490	3916
乌克兰	Ukraine	72809	450	446	21	15
斯洛文尼亚	Slovenia	250				
克罗地亚	Croatia	21505	694	917		
捷克	Czech Rep.	5880			5	5
斯洛伐克	Slovak	500				
马其顿共和国	Macedonia	12569	138	501	9	12
波黑	Bosnia & Herzegovina	190		39	6	14
塞尔维亚	Serbia	61743	1431	1832	51	32
黑山	Montenegro	34789	741	2124		
拉丁美洲	**Latin America**	**1163818**	**11801**	**20332**	**18309**	**23420**
安提瓜和巴布达	Antigua & Barbuda	8631	230	36	17	27
阿根廷	Argentina	161327	3145	1988	31	163

11-22 续表 3 continued

国别(地区)	Country (Region)	对外承包工程 Contracted Projects 完成营业额(万美元) Value of Turnover Fulfilled (10 000 USD)	派出人数(人) Dispatched Persons (person)	年末在外人数(人) Persons Abroad by the End of Year (person)	对外劳务合作 Labour Services 派出人数(人) Dispatched Workers (person)	年末在外人数(人) Workers Abroad by the End of Year (person)
巴哈马	Bahamas	2110	153	251	3137	3273
巴巴多斯	Barbados	2065	14	9		10
伯利兹	Belize				715	1035
玻利维亚	Bolivia	143034	1824	1857	47	135
巴西	Brazil	225237	230	328	2	159
开曼群岛	Cayman Is.				191	286
智利	Chile	14086	33	28	196	381
哥伦比亚	Colombia	26138	35	130	30	32
多米尼克	Dominica	7594	406	129	2	7
哥斯达黎加	Costa Rica	13983	287	296	20	26
古巴	Cuba	32000	653	667		
库腊索岛	Curacao	31	1			
多米尼加共和国	Republic of Dominica	6684		13	6	13
厄瓜多尔	Ecuador	89466	383	1687	287	1106
格林纳达	Grenade	1468	78	208		
危地马拉	Guatemala	500		51		
圭亚那	Guyana	10628	335	454	37	54
洪都拉斯	Honduras	8634	178	181	18	62
牙买加	Jamaica	22918	37	262	131	461
墨西哥	Mexico	90731	12	304	91	91
尼加拉瓜	Nicaragua	4				
巴拿马	Panama	34510	404	482	13050	14949
秘鲁	Peru	110587	3006	9576		331
圣文森特和格林纳丁斯	Saint Vincent & Grenadines				219	494
萨尔瓦多	El Salvador	108	2	2		
苏里南	Suriname	3009	52	172	19	36
特立尼达和多巴哥	Trinidad & Tobago	49834	21	69	8	97
乌拉圭	Uruguay	2247		3		
委内瑞拉	Venezuela	96254	282	1149	39	58
英属维尔京群岛	Virgin Islands, British				16	134
北美洲	**North America**	**127013**	**2960**	**5008**	**3304**	**6020**
加拿大	Canada	24185	120	157	226	956
美国	United States	102815	2840	4851	3069	5056
格陵兰	Greenland	13				
百慕大群岛	Bermuda				9	8
大洋洲及太平洋岛屿	**Oceanic and Pacific Is.**	**520718**	**2440**	**4327**	**3973**	**7565**
澳大利亚	Australia	391614	107	173	239	1351
库克群岛	Cook Islands				14	12
斐济	Fiji	17474	312	837	12	64
瑙鲁	Nauru	2192	24	24	3	4
瓦努阿图	Vanuatu	9290	232	647	10	151
新西兰	New Zealand	24921	124	85	481	987
巴布亚新几内亚	Papua New Guinea	71928	1372	1913		971
所罗门群岛	Solomon Is.	23				
汤加	Tonga	14		229		
萨摩亚	Samoa	2574	238	388		
基里巴斯	Kiribati				77	452
图瓦卢	Tuvalu				57	131
密克罗尼西亚	Micronesia	642	31	31	10	191
马绍尔群岛	Marshall Islands	16			3008	3136
帕劳共和国	Republic of Palau				34	78
纽埃	Niue	29			28	37
其他	**Others**				**920**	**657**

主要统计指标解释

货物进出口总额 指实际进出我国关境的货物总金额。包括对外贸易实际进出口货物，来料加工装配进出口货物，国家间、联合国及国际组织无偿援助物资和赠送品，华侨、港澳台同胞和外籍华人捐赠品，租赁期满归承租人所有的租赁货物，进料加工进出口货物，边境地方贸易及边境地区小额贸易进出口货物，中外合资企业、中外合作经营企业、外商独资经营企业进出口货物和公用物品，到、离岸价格在规定限额以上的进出口货样和广告品(无商业价值、无使用价值和免费提供出口的除外)，从保税仓库提取在中国境内销售的进口货物，以及其他进出口货物。该指标可以观察一个国家在货物贸易方面的总规模。我国规定出口货物按离岸价格统计，进口货物按到岸价格统计。

商品收发货人所在地进、出口额 指按进出口企业注册登记地进行分组汇总的进、出口额。

商品境内目的地进口额和商品境内货源地出口额 境内目的地进口额指按进口货物的消费、使用或最终抵运地进行分组汇总的进口额；境内货源地出口额指按出口货物的产地或原始发货地进行分组汇总的出口额。

服务进出口 指常住单位与非常住单位之间相互提供的服务。包括运输，旅行，建筑，保险服务，金融服务，电信、计算机和信息服务，知识产权使用费，个人、文化和娱乐服务，维护和维修服务，加工服务，其他商业服务，政府服务。

外商投资 是指国外及港澳台地区的法人和自然人在中国大陆地区以现金、实物、无形资产、股权等方式进行投资。其中，外商直接投资是指国外及港澳台地区投资者在非上市公司中的全部投资及在单个外国投资者所占股权比例不低于10%的上市公司中的投资。

对外直接投资 是境内投资者以控制国（境）外企业的经营管理权为核心的经济活动，体现在一经济体通过投资于另一经济体而实现其持久利益的目标。

对外承包工程 根据《对外承包工程管理条例》，对外承包工程是指中国的企业或者其他单位承包境外建设工程项目的活动。

对外劳务合作 指组织劳务人员赴其他国家或地区为国外的企业或机构工作的经营性活动。

Explanatory Notes on Main Statistical Indicators

Import and Export of Goods refer to the value of commodities actually imported or exported across the border of China. They include the actual imports and exports through foreign trade, imported and exported goods under the processing and assembling trades and materials, supplies and gifts as aid given gratis between governments and by the United Nations and other international organizations, and contributions donated by overseas Chinese, compatriots in Hong Kong and Macao and Chinese with foreign citizenship, leasing commodities owned by tenant at the expiration of leasing period, the imported and exported commodities processed with imported materials, commodities trading in border areas, the imported and exported commodities and articles for public use of the Sino-foreign joint ventures, cooperative enterprises and ventures with sole foreign investment. Also included are import or export of samples and advertising goods for which CIF or FOB value are beyond the permitted ceiling (excluding goods of no trading or use value and free commodities for export), imported goods sold in China from bonded warehouses and other imported or exported goods. The indicator of the total imports and exports at customs can be used to observe the total size of external trade in a country. In accordance with the stipulation of the Chinese government, exports are calculated at FOB, while imports are calculated at CIF.

Import or Export by Location of Importers/Exporters The location of importers or exporters refers to the place inside China's customs territory where the importers or exporters are registered.

Imports and Exports by Location of Domestic Consumers/Producers The location of domestic consumers refers to the place inside China's customs territory where the imported goods are to be consumed, utilized or destined for. The location of domestic producers refers to the place inside China's customs territory where the exported goods are produced, manufactured or initially delivered.

Import and Export of Services refers to services provided between resident and non-resident units, including transportation, travel, construction, insurance, finance, telecommunications, computer and information, professional and management consultancy, intellectual property fee, personal, cultural or recreational services, maintenance and repair, processing, other business services, and government services.

Foreign Investment refers to investment in China by legal or natural persons of foreign countries and of HongKong, Macau and Taiwan, in the form of cash、physical assets、intangible assets and equity and others. Foreign direct investment refers to investment by investors from foreign countries and from HongKong, Macau and Taiwan in a non-listed company, or the investment of over 10 percent or more in a listed company.

Outward Direct Investment refers to the economic activities of domestic investors focussing on controlling the operation and management of overseas enterprises. The content of overseas direct investment mainly reflects goal of of lasting interest of one economic entity by investing in another economic entity.

Overseas Contracted Projects refer to activities of contracting overseas construction projects by Chinese enterprises or any other units, which are stipulated in the *Regulations on Administration of Foreign Contracted Project.*

Overseas Labour Services refer to operational activities of organizing labour force to go abroad providing services to foreign enterprises or agencies.

12

农 业

Agriculture

简 要 说 明

一、本篇资料的主要内容及统计范围

本篇资料全面反映我国农林牧渔业生产成果及农业生产条件情况，内容主要包括农林牧渔业产值、主要农产品产量、农业机械拥有量、水利设施与除涝治碱、国营农场基本情况等方面的统计资料。

农业统计范围包括全部农业生产经营户，各省、自治区、直辖市以及新疆生产建设兵团所属的各种经济组织类型、各个系统的全部农林牧渔业生产单位和非农行业单位附属的农林牧渔业生产活动单位，以及所经营的农作物种植地块、养殖场、牧场等。军委系统的农业生产（除军马外）也应包括在内，但不包括农业科学试验机构进行的农业生产。

1.农业：指对各种农作物的种植活动。包括谷物、豆类、薯类、棉花、油料、糖料、麻类、烟叶、蔬菜、园艺作物、水果、坚果、饮料和香料作物、中草药及其他作物的种植。

2.林业：包括林木的栽培(不包括茶园、桑园和果园的栽培、管理和收获等活动)，木材和竹材的采运，林产品的采集。

3.畜牧业：包括牲畜饲养和放牧，家禽饲养。

4.渔业：包括水生动物和海藻类植物的养殖和捕捞。

5.农、林、牧、渔专业及辅助性活动：指对农、林、牧、渔业生产活动进行的各种支持性服务。但不包括各种科学技术和专业性技术服务活动。

二、本篇的资料来源及统计调查方法

1.农林牧渔业产值情况资料由国家统计局农村社会经济调查司根据《农业产值和价格综合统计报表制度》的有关资料整理提供。

2.农业、畜牧业生产及农业生产条件情况资料，由国家统计局农村社会经济调查司根据《农林牧渔业统计报表制度》的有关资料整理提供。农业的稻谷、小麦、玉米等主要粮食作物生产情况实行抽样调查和遥感测量；畜牧业的猪、牛、羊、家禽等主要畜禽生产情况实行抽样调查；农业生产条件情况、其他农作物、园林作物、其他畜禽等生产情况实行全面统计。

3.林业和渔业生产情况资料，分别来自国家林业和草原局和农业农村部汇总的统计报表，统计调查方法由部门自行确定。

4.国有农场基本情况资料，来自农业农村部农垦局汇总的统计报表。其调查范围是全国 31 个省、自治区、直辖市。统计方法为逐级上报、全面汇总。

5.灌溉、水库等水利设施和除涝、治水、治碱情况资料，主要来源于水利部汇总的统计报表。其统计范围包括各省、自治区、直辖市。资料收集以县为基本统计单位，采取逐级汇总上报的方式。有些特殊指标如灌区数、大型水库、跨县的中小型水库，由地区直接统计，上报省水利厅。

三、数据使用注意事项

根据第三次全国农业普查结果，按照国际惯例，对 2007 年以后农业、畜牧业、渔业年报数据及农林牧渔业总产值等数据进行了修订。具体修订情况见相关表的标注。

Brief Introduction

I. Main Contents and Statistical Scopes

The data in this chapter show comprehensively the production results in agriculture, forestry, animal husbandry, fishery, as well as conditions of agricultural production, including output value of agriculture, forestry, animal husbandry and fishery, output of major products, quantity of agricultural machinery, facilities of water conservancy and efforts to eliminate water-logging and combat alkalinity, basic conditions of state-owned farms.

Statistics on agriculture cover all rural households engaged in production and operation, organizations for agriculture, forestry, animal husbandry, fishery of all types of economic organization and their branches; organizations engaged in agricultural production activities belonging to non-agricultural industry in each province, autonomous region, municipality, Xinjiang Production and Construction Corps; and all crop land, farms, pastures. Also included are agricultural activities of military units (except for horse raising for military purpose). Agricultural production activities undertaken by agriculture research institutions are not included.

(1) Agriculture: refers to cultivation of farm crops, including cereals, beans, tuber crops, cotton, oil-bearing crops, sugar crops, hemp, tobacco leaves, vegetables, gardening plants, fruits, nuts, crops for beverages and spices, medicinal herbs and other farm crops.

(2) Forestry: includes the planting of trees (excluding the operations of planting, management and harvesting on tea plantations, mulberry fields and orchards), cutting and transport of timber and bamboo and collection of forest products.

(3) Animal husbandry: includes the raising and grazing of domestic animals and poultry.

(4) Fishery: includes cultivation and catching of aquatic animals and seaweed.

(5) Professional and support activities for agriculture, forestry, animal husbandry and fishery: include supporting services to production activities in agriculture, forestry, animal husbandry and fishery, but do not include activities of science and technology and professional services.

II. Data Sources and Survey Methods

(1) Data on output value of agriculture, forestry, animal husbandry and fishery are provided by the Department of Rural Social and Economic Survey of the NBS using data from the *Statistical Reporting System on Agricultural Output and Price*.

(2) Data on production of agriculture, animal husbandry and the agricultural production conditions are provided by the Department of Rural Social and Economic Survey of the NBS using data from the *Statistical Reporting System on Agriculture, Forestry, Animal Husbandry and Fishery*. Data on major farm crops such as rice, wheat, corn are collected through sample surveys and measurement by remote sensing technology. Data on animal husbandry such as hog, cattle, sheep and poultry are collected from sample surveys. Data on conditions of agricultural production, and on other farm crops, garden crops, and other poultry are collected from comprehensive reporting system by using statistical reporting forms.

(3) Data on the basic conditions of forestry and fishery production come from statistical reports tabulated by the National Forestry and Grassland Administration and by the Ministry of Agriculture and Rural Affairs, with survey methods decided by them respectively.

(4) Data on the basic conditions of the state-owned farms come from the statistical reports tabulated by the Bureau of Reclamation of the Ministry of Agriculture and Rural Affairs. The statistical scope covers 31 provinces, autonomous regions and municipalities directly under the Central Government. Data are collected from the grassroots units in accordance with the statistical reporting scheme whereby reporting is done level by level for aggregation.

(5) Data on irrigation and reservoirs, data on efforts to eliminate water-logging, to prevent floods by water control and to combat alkalinity as well as data on the facilities of water conservancy and the area of water-logging eliminated and the improved area of saline-alkaline land come mainly from statistical reports of the Ministry of Water Resources, which covers all provinces, autonomous regions and municipalities directly under the Central Government. Data are collected from individual counties in accordance with the statistical reporting system and are tabulated and reported level by level. Data on some special indicators, such as the number of irrigated areas, large reservoirs and the medium-sized and small reservoirs that cut across counties are collected directly by the prefectures and reported to the provincial departments of water resources.

Ⅲ. Notes on Use of Data

According to the results of the Third National Agricultural Census and in line with international practices, data on gross output value of agriculture, forestry, animal husbandry and fishery after 2007 were revised. Please refer to the footnotes of relevant tables for detail.

12-1 农业生产条件与农作物播种面积
Conditions of Agricultural Production and Sown Area of Farm Crops

指　标	Item	2000	2010	2015	2018	2019
农业机械总动力（万千瓦）	Total Agricultural Machinery Power (10 000 kw)	52573.6	92780.5	111728.1	100371.7	102758.3
大中型拖拉机（万台）	Number of Large and Medium-sized Tractors (10 000 units)	97.5	392.2	607.3	422.0	443.9
小型拖拉机（万台）	Number of Small Tractors (10 000 units)	1264.4	1785.8	1703.0	1818.3	1780.4
大中型拖拉机配套农具（万部）	Number of Large and Medium-sized Tractor Towing Farm Machinery (10 000 units)	140.0	612.9	962.0	422.6	436.5
耕地灌溉面积（千公顷）	Irrigated Area of Cultivated Land (1 000 hectares)	53820	60348	65873	68272	68679
农用化肥施用量（万吨）	Consumption of Chemical Fertilizers (10 000 tons)	4146.4	5561.7	6022.6	5653.4	5403.6
农村用电量（亿千瓦时）	Electricity Consumed in Rural Areas (100 million kwh)	2421.3	6632.3	9026.9	9358.5	9482.9
农作物总播种面积（千公顷）	Total Sown Area (1 000 hectares)	156299.8	158579	166829	165902	165931
粮食	Grain Crops	108463	111695	118963	117038	116064
谷物	Cereals	85264	92621	103225	99671	97847
#稻谷	Rice	29962	30097	30784	30189	29694
小麦	Wheat	26653	24442	24567	24266	23728
玉米	Corn	23056	34977	44968	42130	41284
豆类	Beans	12660	11053	8433	10186	11075
薯类	Tubers	10538	8021	7305	7180	7142
油料	Oil-bearing Crops	15400	13695	13314	12872	12925
棉花	Cotton	4041	4366	3775	3354	3339
麻类	Fiber Crops	262	91	54	57	66
糖料	Sugar Crops	1514	1809	1573	1623	1610
烟叶	Tobacco	1437	1309	1254	1058	1027
蔬菜	Vegetables	15237	17431	19613	20439	20863
茶园面积（千公顷）	Area of Tea Plantations (1 000 hectares)	1089	1932	2641	2986	3105
果园面积（千公顷）	Area of Orchards (1 000 hectares)	8932	10681	11212	11875	12277

注：1.从2016年开始，农业机械总动力中不包括三轮汽车和低速载货汽车动力。

2.2018年，农业农村部修订制度，把大中型拖拉机和小型拖拉机的分类标准由发动机功率14.7千瓦改为22.1千瓦；大中型拖拉机配套农具口径改为“与58.8千瓦及以上拖拉机配套”。同时，取消小型拖拉机配套农具和农用排灌柴油机指标(以下相关表同)。

a) Since 2016, total agricultural machinery power does not include power of three-wheeled vehicles and low-speed trucks.

b) In 2018, the Ministry of Agriculture revised the classification standard of large and medium-sized tractors and small tractors by changing the engine power from 14.7 kW to 22.1 kW; and the coverage of large and medium-sized tractor towing farm machinery was changed to "matching with 58.8 kW and above tractors". At the same time, indicators on small tractor towing farm machinery and diesel engines for irrigation were cancelled. The same applies to following tables.

12-2 主要农牧渔业生产情况
Output of Agriculture, Animal Husbandry and Fishery

指 标	Item	2014	2015	2016	2017	2018	2019
农产品产量 (万吨)	Output of Farm Products (10 000 tons)						
粮食	Grain	63964.8	66060.3	66043.5	66160.7	65789.2	66384.3
谷物	Cereals	59601.5	61818.4	61666.5	61520.5	61003.6	61369.7
#稻谷	Rice	20960.9	21214.2	21109.4	21267.6	21212.9	20961.4
小麦	Wheat	12823.5	13255.5	13318.8	13424.1	13144.0	13359.6
玉米	Corn	24976.4	26499.2	26361.3	25907.1	25717.4	26077.9
豆类	Beans	1564.5	1512.5	1650.7	1841.6	1920.3	2131.9
薯类	Tubers	2798.8	2729.3	2726.3	2798.6	2865.4	2882.7
油料	Oil-bearing Crops	3371.9	3390.5	3400.0	3475.2	3433.4	3493.0
#花生	Peanuts	1590.1	1596.1	1636.1	1709.2	1733.2	1752.0
油菜籽	Rapeseeds	1391.4	1385.9	1312.8	1327.4	1328.1	1348.5
芝麻	Sesame	43.7	45.0	35.2	36.6	43.1	46.7
棉花	Cotton	629.9	590.7	534.3	565.3	610.3	588.9
麻类	Fiber Crops	16.5	15.6	18.1	21.8	20.3	23.4
#黄红麻	Jute and Ambary Hemp	5.1	4.8	3.4	2.9	2.9	2.9
甘蔗	Sugarcane	11578.8	10706.4	10321.5	10440.4	10809.7	10938.8
甜菜	Beetroots	509.9	508.8	854.5	938.4	1127.7	1227.3
烟叶	Tobacco	284.7	267.7	257.4	239.1	224.1	215.3
#烤烟	Flue-Cured Tobacco	269.7	249.5	244.5	227.9	211.0	202.1
蚕茧	Silkworm Cocoons	81.5	81.2	80.3	81.7	83.1	83.3
#桑蚕茧	Mulberry Silkworm Cocoons	74.4	74.1	73.8	75.1	76.4	77.2
茶叶	Tea	204.9	227.7	231.3	246.0	261.0	277.7
水果	Fruits	23302.6	24524.6	24405.2	25241.9	25688.4	27400.8
农产品单位面积产量 (公斤/公顷)	Output of Farm Products per Hectare (kg/hectare)						
谷物	Cereals	5896	5989	6004	6105	6120	6272
棉花	Cotton	1508	1565	1671	1769	1819	1764
花生	Peanuts	3639	3640	3678	3709	3752	3781
油菜籽	Rapeseeds	1944	1972	1982	1995	2027	2048
芝麻	Sesames	1443	1495	1529	1610	1645	1651
黄红麻	Jute and Ambary Hemp	4098	4232	5132	5178	5008	4741
甘蔗	Sugarcane	70682	72528	73638	76132	76891	78655
甜菜	Beetroots	51533	52751	55630	53843	52174	56057
烤烟	Flue-Cured Tobacco	2027	2084	2121	2108	2103	2079
大牲畜年底头数(万头)	Number of Large Animals (year-end,10 000 heads)	9952.0	9929.8	9559.9	9763.6	9625.5	9877.4
#牛	Cattle and Buffaloes	9007.3	9055.8	8834.5	9038.7	8915.3	9138.3
马	Horses	415.8	397.5	351.2	343.6	347.3	367.1
驴	Donkeys	383.6	342.4	259.3	267.8	253.3	260.1
骡	Mules	117.4	104.1	84.5	81.1	75.8	71.4
骆驼	Camels	28.0	30.1	30.5	32.3	33.8	40.5
肉猪出栏头数 (万头)	Number of Slaughtered Fattened Hogs (10 000 heads)	74951.5	72415.6	70073.9	70202.1	69382.4	54419.2
猪年底头数 (万头)	Number of Hogs (year-end,10 000 heads)	47160.2	45802.9	44209.2	44158.9	42817.1	31040.7
羊年底只数 (万只)	Number of Sheep and Goats (year-end,10 000 heads)	30391.3	31174.3	29930.5	30231.7	29713.5	30072.1
山羊	Goats	14167.5	14507.5	13691.8	13823.8	13574.7	13723.2
绵羊	Sheep	16223.8	16666.8	16238.8	16407.9	16138.8	16349.0
肉类产量 (万吨)	Output of Meat (10 000 tons)	8817.9	8749.5	8628.3	8654.4	8624.6	7758.8
#猪牛羊肉	Pork, Beef and Mutton	6864.2	6702.2	6502.6	6557.5	6522.9	5410.1
猪肉	Pork	5820.8	5645.4	5425.5	5451.8	5403.7	4255.3
牛肉	Beef	615.7	616.9	616.9	634.6	644.1	667.3
羊肉	Mutton	427.6	439.9	460.3	471.1	475.1	487.5
奶类 (万吨)	Milk (10 000 tons)	3276.5	3295.5	3173.9	3148.6	3176.8	3297.6
#牛奶	Cow Milk	3159.9	3179.8	3064.0	3038.6	3074.6	3201.2
绵羊毛 (吨)	Sheep Wool (ton)	407230	413134	411642	410523	356608	341120
山羊粗毛 (吨)	Goat Coarse Wool (ton)	38655	35487	35785	32863	26965	24875
山羊绒 (吨)	Cashmere (ton)	18465	18684	18844	17852	15438	14964
禽蛋 (万吨)	Poultry Eggs (10 000 tons)	2930.3	3046.1	3160.5	3096.3	3128.3	3309.0
水产品总产量 (万吨)	Total Output of Aquatic Products (10 000 tons)	6001.9	6211.0	6379.5	6445.3	6457.7	6480.4
海水产品	Seawater Aquatic Products	3136.3	3232.3	3301.3	3321.7	3301.4	3282.5
淡水产品	Freshwater Aquatic Products	2865.7	2978.7	3078.2	3123.6	3156.2	3197.9

12-3 农、林、牧、渔业总产值及指数
Gross Output Value of Agriculture, Forestry, Animal Husbandry and Fishery and Related Indices

年 份 地 区	Year Region	绝对数（亿元）Gross Output Value (100 million yuan) 农林牧渔业总产值 Total	#农 业 Farming	#林 业 Forestry	#牧 业 Animal Husbandry	#渔 业 Fishery	指 数（上年=100）Indices of Gross Output (preceding year=100) 农林牧渔业总产值 Total	#农 业 Farming	#林 业 Forestry	#牧 业 Animal Husbandry	#渔 业 Fishery
	1978	1397.0	1117.5	48.1	209.3	22.1					
	1980	1922.6	1454.1	81.4	354.2	32.9	101.4	99.7	112.2	107.0	107.7
	1985	3619.5	2506.4	188.7	798.3	126.1	103.4	99.8	104.5	117.2	118.9
	1990	7662.1	4954.3	330.3	1967.0	410.6	107.6	108.0	103.1	107.0	110.0
	1995	20340.9	11884.6	709.9	6045.0	1701.3	110.9	107.9	105.0	114.8	119.4
	2000	24915.8	13873.6	936.5	7393.1	2712.6	103.6	101.4	105.4	106.3	106.5
	2005	39450.9	19613.4	1425.5	13310.8	4016.1	105.7	104.1	103.2	107.8	106.5
	2006	40810.8	21522.3	1610.8	12083.9	3970.5	105.4	105.4	105.6	105.0	106.0
	2007	48651.8	24444.7	1889.9	16068.6	4427.9	103.9	103.7	109.8	103.2	104.0
	2008	57420.8	27679.9	2180.3	20354.2	5137.5	105.6	104.6	108.0	106.7	105.8
	2009	59311.3	29983.8	2324.4	19184.6	5514.7	104.6	103.4	106.7	105.5	105.6
	2010	67763.1	35909.1	2575.0	20461.1	6263.4	104.4	104.3	103.5	104.2	105.4
	2011	78837.0	40339.6	3092.4	25194.2	7337.4	104.4	105.6	107.6	101.7	104.1
	2012	86342.2	44845.7	3407.0	26491.2	8403.9	104.9	104.3	106.7	105.2	105.0
	2013	93173.7	48943.9	3847.4	27572.4	9254.5	104.0	104.4	107.4	102.0	105.1
	2014	97822.5	51851.1	4190.0	27963.4	9877.5	104.3	104.9	106.4	102.6	104.0
	2015	101893.5	54205.3	4358.4	28649.3	10339.1	104.0	105.4	106.1	100.5	104.3
	2016	106478.7	55659.9	4635.9	30461.2	10892.9	103.5	104.2	108.2	101.1	102.9
	2017	109331.7	58059.8	4980.6	29361.2	11577.1	104.0	104.7	106.9	102.1	102.8
	2018	113579.5	61452.6	5432.6	28697.4	12131.5	103.5	103.9	106.5	101.7	102.7
	2019	123967.9	66066.5	5775.7	33064.3	12572.4	102.8	104.6	105.2	97.9	102.5
北 京	Beijing	281.7	102.3	115.6	49.3	5.3	93.7	89.2	121.6	63.5	86.2
天 津	Tianjin	414.4	202.9	24.9	100.4	71.4	100.6	103.2	195.8	83.5	97.9
河 北	Hebei	6061.5	3114.9	231.4	2035.4	212.5	101.9	101.7	104.8	100.4	100.6
山 西	Shanxi	1626.5	936.8	101.3	478.6	6.9	102.0	102.5	102.2	100.7	100.2
内蒙古	Inner Mongolia	3176.3	1606.3	100.9	1390.5	27.8	102.1	103.4	101.0	100.9	93.3
辽 宁	Liaoning	4368.2	1912.0	117.4	1479.5	669.6	103.0	105.6	85.3	101.4	104.5
吉 林	Jilin	2442.7	1014.1	68.1	1239.6	40.1	102.3	105.5	94.5	99.7	102.7
黑龙江	Heilongjiang	5930.0	3774.5	193.9	1671.8	123.1	102.5	102.5	105.1	101.7	103.9
上 海	Shanghai	284.8	145.8	18.3	48.2	55.0	92.7	92.2	111.4	80.9	100.1
江 苏	Jiangsu	7503.2	3828.6	162.0	1213.0	1741.0	100.7	102.8	105.2	92.3	99.3
浙 江	Zhejiang	3355.2	1595.0	185.5	395.2	1080.9	101.8	102.5	102.3	94.3	102.2
安 徽	Anhui	5162.1	2365.4	351.3	1628.9	521.3	102.3	103.4	104.3	98.2	103.3
福 建	Fujian	4636.6	1774.8	417.3	914.4	1361.7	103.6	104.0	104.1	100.5	104.3
江 西	Jiangxi	3481.3	1624.3	342.8	888.9	476.5	103.0	104.0	105.1	100.6	101.1
山 东	Shandong	9671.7	4914.4	197.7	2412.1	1397.4	100.8	103.1	109.2	95.4	97.4
河 南	Henan	8541.8	5408.6	140.8	2316.5	118.2	103.0	105.2	105.9	94.8	109.9
湖 北	Hubei	6681.9	3257.9	258.5	1521.5	1152.7	103.5	103.9	109.7	97.1	106.7
湖 南	Hunan	6405.1	3052.1	430.7	2003.1	441.8	103.2	103.7	109.5	98.1	106.9
广 东	Guangdong	7175.9	3530.2	408.5	1404.1	1524.8	103.5	105.8	105.1	94.8	103.8
广 西	Guangxi	5498.8	3102.3	410.5	1189.7	538.9	104.8	107.4	107.3	96.1	106.2
海 南	Hainan	1689.4	819.6	106.4	300.8	390.9	102.6	105.4	105.3	93.9	100.7
重 庆	Chongqing	2337.8	1397.5	113.1	679.5	105.3	102.8	105.5	110.8	94.0	102.8
四 川	Sichuan	7889.3	4395.0	372.2	2647.9	263.5	102.6	105.5	102.1	96.6	104.1
贵 州	Guizhou	3889.0	2535.7	275.4	829.6	57.7	105.9	108.4	108.0	98.5	106.4
云 南	Yunnan	4935.7	2680.2	395.5	1600.7	105.4	105.6	108.7	101.6	101.6	104.0
西 藏	Tibet	212.8	94.9	3.5	108.4	0.4	107.7	106.6	109.4	109.0	103.5
陕 西	Shaanxi	3536.8	2445.8	106.1	757.2	31.4	104.3	106.3	107.3	97.0	104.7
甘 肃	Gansu	1887.6	1306.4	38.1	395.6	2.0	105.8	106.6	109.4	104.2	102.9
青 海	Qinghai	454.4	181.3	11.3	250.8	3.9	104.6	104.6	108.1	104.5	107.5
宁 夏	Ningxia	584.8	330.8	11.2	197.8	17.4	103.1	104.0	120.5	101.0	96.8
新 疆	Xinjiang	3850.6	2616.3	65.6	915.3	27.5	103.5	104.9	99.5	99.5	90.8

注：本表绝对数按当年价格计算，指数按可比价格计算。2003年起总产值包括农林牧渔专业及辅助性活动产值。

a) Data in value terms in this table are calculated at current prices, while the indices are calculated at comparable prices. Since 2003, gross output value includes professional and support services for agriculture, forestry, animal husbandry and fishery.

12-4 主要农业机械拥有量（年底数）
Major Agricultural Machinery at Year-end

年 份 Year 地 区 Region	农业机械总动力（万千瓦）Total Power of Agricultural Machinery (10 000 kw)	大中型拖拉机 Large and Medium-sized Tractors 数量（万台）Number (10 000 units)	配套农具（万部）Towing Farm Machinery (10 000 units)	小型拖拉机 Small Tractors 数量（万台）Number (10 000 units)
1978	11749.9	55.74	119.20	137.30
1980	14745.7	74.49	136.90	187.40
1985	20912.5	85.24	112.80	382.40
1990	28707.7	81.35	97.40	698.10
1995	36118.1	67.18	99.12	864.64
2000	52573.6	97.45	139.99	1264.37
2005	68397.8	139.60	226.20	1526.89
2006	72522.1	171.82	261.50	1567.90
2007	76589.6	206.27	308.28	1619.11
2008	82190.4	299.52	435.36	1722.41
2009	87496.1	351.58	542.06	1750.90
2010	92780.5	392.17	612.86	1785.79
2011	97734.7	440.65	698.95	1811.27
2012	102559.0	485.24	763.52	1797.23
2013	103906.8	527.02	826.62	1752.28
2014	108056.6	567.95	889.64	1729.77
2015	111728.1	607.29	962.00	1703.04
2016	97245.6	645.35	1028.11	1671.61
2017	98783.3	670.08	1070.03	1634.24
2018	100371.7	421.99	422.57	1818.26
2019	102758.3	443.86	436.47	1780.42
北 京 Beijing	122.8	0.43	0.13	0.21
天 津 Tianjin	359.8	1.32	2.04	0.36
河 北 Hebei	7830.7	28.00	41.94	122.39
山 西 Shanxi	1517.6	10.46	9.36	27.98
内蒙古 Inner Mongolia	3866.4	35.40	20.11	83.54
辽 宁 Liaoning	2353.9	17.68	16.53	40.22
吉 林 Jilin	3653.7	34.10	9.26	89.04
黑龙江 Heilongjiang	6359.1	57.82	42.73	103.72
上 海 Shanghai	98.0	0.76	0.40	0.24
江 苏 Jiangsu	5112.0	16.77	27.25	62.61
浙 江 Zhejiang	1908.0	1.45	0.84	5.65
安 徽 Anhui	6650.5	24.44	42.03	204.48
福 建 Fujian	1237.7	0.55	0.31	8.47
江 西 Jiangxi	2470.7	4.33	3.00	33.57
山 东 Shandong	10679.8	48.25	57.50	199.09
河 南 Henan	10357.0	37.31	65.42	313.97
湖 北 Hubei	4515.7	17.22	18.34	114.94
湖 南 Hunan	6471.8	11.71	4.21	23.99
广 东 Guangdong	2455.8	2.50	2.12	31.76
广 西 Guangxi	3840.0	5.38	3.12	53.00
海 南 Hainan	581.2	2.10	1.39	6.38
重 庆 Chongqing	1464.7	0.21	0.20	0.46
四 川 Sichuan	4682.3	7.44	2.40	15.00
贵 州 Guizhou	2484.6	1.85	0.17	12.41
云 南 Yunnan	2714.4	6.92	3.52	29.50
西 藏 Tibet	559.0	6.82	0.07	20.78
陕 西 Shaanxi	2331.5	10.40	11.25	21.65
甘 肃 Gansu	2174.0	9.72	7.07	73.04
青 海 Qinghai	484.2	1.31	1.68	25.66
宁 夏 Ningxia	632.2	4.21	2.66	17.10
新 疆 Xinjiang	2789.0	37.00	39.40	39.21

12-5 耕地灌溉面积和农用化肥施用量
Irrigated Area of Cultivated Land and Consumption of Chemical Fertilizers

年份 Year / 地区 Region		耕地灌溉面积(千公顷) Irrigated Area of Cultivated Land (1 000 hectares)	农用化肥施用量(万吨) Consumption of Chemical Fertilizers (10 000 tons)	氮肥 Nitrogenous Fertilizer	磷肥 Phosphate Fertilizer	钾肥 Potash Fertilizer	复合肥 Compound Fertilizer
	1978	44965.0	884.0				
	1980	44888.1	1269.4	934.2	273.3	34.6	27.2
	1985	44035.9	1775.8	1204.9	310.9	80.4	179.6
	1990	47403.1	2590.3	1638.4	462.4	147.9	341.6
	1995	49281.2	3593.7	2021.9	632.4	268.5	670.8
	2000	53820.3	4146.4	2161.6	690.5	376.5	917.9
	2005	55029.3	4766.2	2229.3	743.8	489.5	1303.2
	2006	55750.5	4927.7	2262.5	769.5	509.7	1385.9
	2007	56518.3	5107.8	2297.2	773.0	533.6	1503.0
	2008	58471.7	5239.0	2302.9	780.1	545.2	1608.6
	2009	59261.4	5404.4	2329.9	797.7	564.3	1698.7
	2010	60347.7	5561.7	2353.7	805.6	586.4	1798.5
	2011	61681.6	5704.2	2381.4	819.2	605.1	1895.1
	2012	62490.5	5838.8	2399.9	828.6	617.7	1990.0
	2013	63473.3	5911.9	2394.2	830.6	627.4	2057.5
	2014	64539.5	5995.9	2392.9	845.3	641.9	2115.8
	2015	65872.6	6022.6	2361.6	843.1	642.3	2175.7
	2016	67140.6	5984.4	2310.5	830.0	636.9	2207.1
	2017	67815.6	5859.4	2221.8	797.6	619.7	2220.3
	2018	68271.6	5653.4	2065.4	728.9	590.3	2268.8
	2019	68678.6	5403.6	1930.2	681.6	561.1	2230.7
北京	Beijing	109.2	6.2	2.2	0.3	0.3	3.3
天津	Tianjin	304.8	16.2	5.3	1.9	1.2	7.8
河北	Hebei	4482.2	297.3	106.5	23.4	22.2	145.2
山西	Shanxi	1519.3	108.4	22.6	10.2	8.5	67.1
内蒙古	Inner Mongolia	3199.2	218.4	83.5	38.5	18.4	78.1
辽宁	Liaoning	1629.2	139.9	51.2	9.5	11.2	68.0
吉林	Jilin	1909.5	227.1	53.3	5.9	13.2	154.7
黑龙江	Heilongjiang	6177.6	223.3	73.0	44.1	30.6	75.6
上海	Shanghai	190.8	7.5	3.1	0.4	0.3	3.7
江苏	Jiangsu	4205.4	286.2	141.1	32.3	17.0	95.9
浙江	Zhejiang	1405.4	72.5	35.4	7.8	5.9	23.4
安徽	Anhui	4580.8	298.0	88.0	26.2	26.9	157.0
福建	Fujian	1076.8	106.3	39.9	14.9	20.8	30.7
江西	Jiangxi	2036.1	115.6	30.6	16.0	16.2	52.8
山东	Shandong	5271.4	395.3	119.2	37.9	33.0	205.3
河南	Henan	5328.9	666.7	190.0	89.7	55.3	331.7
湖北	Hubei	2969.0	273.9	104.7	42.9	26.7	99.6
湖南	Hunan	3176.1	229.0	83.8	23.0	37.6	84.5
广东	Guangdong	1773.4	225.8	86.3	26.4	43.3	69.8
广西	Guangxi	1713.1	252.0	72.8	29.5	55.1	94.6
海南	Hainan	290.6	46.3	13.9	3.0	8.2	21.2
重庆	Chongqing	697.7	91.1	44.1	16.0	5.3	25.7
四川	Sichuan	2954.1	222.8	103.5	41.4	15.8	62.1
贵州	Guizhou	1154.0	83.2	35.9	9.7	7.9	29.7
云南	Yunnan	1922.5	204.0	98.5	28.2	23.4	53.9
西藏	Tibet	275.9	4.8	1.5	0.7	0.4	2.3
陕西	Shaanxi	1285.2	202.5	80.4	17.4	23.1	81.6
甘肃	Gansu	1328.9	80.9	31.7	15.0	7.9	26.4
青海	Qinghai	213.3	6.2	2.6	1.0	0.2	2.4
宁夏	Ningxia	538.3	38.4	16.2	4.0	2.7	15.5
新疆	Xinjiang	4959.9	257.8	109.5	64.5	22.7	61.1

12-6 灌溉、水库和除涝治水情况
Irrigation, Reservoirs, Flood Prevention, Water and Soil Conservation

项　　目	Item	2000	2005	2010	2015	2018	2019
万亩以上灌区数	Number of Irrigated Areas over 10 000 Mu (set)	5683	5860	5795	7773	7881	7884
3.3万公顷以上	33 000 Hectares and Over	101	117	131	176	175	176
2.0–3.3万公顷	20 000-33 000 Hectares	141	170	218	280	286	284
灌区有效灌溉面积(万公顷)	Effective Irrigated Area (10 000 hectares)	2449.3	2641.9	2941.5	3230.2	3332.4	3350.1
3.3万公顷以上	33 000 Hectares and Over	788.3	1023.0	1091.8	1202.4	1239.9	1260.9
2.0–3.3万公顷	20 000-33 000 Hectares	344.0	408.0	474.0	566.3	540.0	538.6
水库 (座)	Number of Reservoirs (unit)	83260	85108	87873	97988	98822	98112
大型水库	Large Reservoir	420	470	552	707	736	744
中型水库	Medium-sized Reservoir	2704	2934	3269	3844	3954	3978
小型水库	Small Reservoir	80136	81704	84052	93437	94132	93390
水库库容量 (亿立方米)	Capacity of Reservoirs (100 million cu.m)	5184	5624	7162	8581	8953	8983
大型水库	Large Reservoir	3842	4197	5594	6812	7117	7150
中型水库	Medium-sized Reservoir	746	826	930	1068	1126	1127
小型水库	Small Reservoir	594	602	638	701	710	706
节水灌溉面积 (万公顷)	Water-saving Irrigated Area (10 000 hectares)	1638.9	2133.8	2731.4	3106.0	3613.5	3705.9
除涝面积 (万公顷)	Area with Flood Prevention Measures(10 000 hectares)	2098.9	2133.9	2169.2	2271.3	2426.2	2453.0
水土流失治理面积(万公顷)	Area with Soil Erosion under Control (10 000 hectares)	8096	9465	10680	11557.8	13153.2	13732.5
堤防长度 (万公里)	Total Length of Dikes (10 000 km)	27.0	27.7	29.4	29.1	31.2	32.0
堤防保护面积 (万公顷)	Area of Land Protected by Dikes (10 000 hectares)	3960.0	4412.0	4683.1	4084.4	4140.9	4190.3

注：大型水库库容：1亿立方米以上；中型水库库容：1千万至1亿立方米；小型水库库容：10万至1千万立方米。堤防长度为5级及以上堤防。

a) The capacity of the large-scale reservoir is over 100 million cubic meters, while that of the medium-scale one is from 10-100 million cubic meters, and that of the small-scale one is from 0.1-10 million cubic meters. The length of dikes is at Grade 5 and above.

12-7 分地区水利设施和除涝面积（2019年）
Water Conservancy Facilities and Area with Flood Prevention Measures by Region (2019)

地 区	Region	水库数 (座) Number of Reservoirs (unit)	水库总库容量 (亿立方米) Capacity of Reservoirs (100 million cu.m)	除涝面积 (千公顷) Area with Flood Prevention Measures (1 000 hectares)	水土流失治理面积 (千公顷) Area with Soil Erosion under Control (1 000 hectares)
全 国	**National Total**	**98112**	**8983.2**	**24529.6**	**137324.5**
北 京	Beijing	86	52.1	12.0	901.6
天 津	Tianjin	28	26.4	364.6	100.6
河 北	Hebei	1060	206.3	1638.3	5722.2
山 西	Shanxi	613	69.8	89.3	7086.5
内蒙古	Inner Mongolia	601	109.7	277.0	14625.0
辽 宁	Liaoning	783	370.2	931.7	5553.4
吉 林	Jilin	1580	334.3	1034.0	2594.4
黑龙江	Heilongjiang	973	267.7	3410.8	5334.1
上 海	Shanghai			61.2	
江 苏	Jiangsu	952	35.3	4451.1	940.4
浙 江	Zhejiang	4278	445.3	557.6	3611.4
安 徽	Anhui	6080	203.8	2436.2	2084.5
福 建	Fujian	3676	170.4	157.3	3895.9
江 西	Jiangxi	10685	327.9	435.0	6070.5
山 东	Shandong	5932	220.3	3089.8	4277.6
河 南	Henan	2510	432.9	2149.3	3913.4
湖 北	Hubei	6935	1263.8	1511.5	6270.4
湖 南	Hunan	14047	514.0	441.3	3905.7
广 东	Guangdong	8352	455.6	541.9	1858.1
广 西	Guangxi	4536	715.8	236.9	2845.5
海 南	Hainan	1105	111.6	25.2	136.8
重 庆	Chongqing	3083	126.6		3722.5
四 川	Sichuan	8220	523.2	100.2	10463.6
贵 州	Guizhou	2431	445.5	125.2	7321.4
云 南	Yunnan	6769	763.1	307.1	10047.7
西 藏	Tibet	122	38.6	3.4	622.6
陕 西	Shaanxi	1101	93.8	103.4	8039.8
甘 肃	Gansu	387	104.0	15.2	9574.7
青 海	Qinghai	198	316.6	0.8	1408.1
宁 夏	Ningxia	327	27.8		2388.1
新 疆	Xinjiang	662	210.8	22.6	2008.1

12-8 农作物播种面积
Sown Areas of Farm Crops

单位：千公顷 (1 000 hectares)

年份 地区 Year Region	农作物总播种面积 Total Sown Area	粮食作物播种面积 Sown Area of Grain Crops	谷物 Cereals	#稻谷 Rice	#小麦 Wheat	#玉米 Corn	豆类 Beans
1978	150104	120587		34421	29183	19961	
1980	146380	117234		33878	28844	20087	
1985	143626	108845		32070	29218	17694	
1990	148362	113466		33064	30753	21401	
1995	149879	110060	89310	30744	28860	22776	11232
2000	156300	108463	85264	29962	26653	23056	12660
2005	155488	104278	81874	28847	22793	26358	12901
2006	152149	104958	84931	28938	23613	28463	12149
2007	153010	105999	86388	28973	23762	30024	11708
2008	155566	107545	87499	29350	23704	30981	11988
2009	157242	110255	90383	29793	24425	32948	11785
2010	158579	111695	92621	30097	24442	34977	11053
2011	160360	112980	94615	30338	24507	36767	10367
2012	162071	114368	97142	30476	24551	39109	9405
2013	163702	115908	99288	30710	24440	41299	8893
2014	165183	117455	101087	30765	24443	42997	8824
2015	166829	118963	103225	30784	24567	44968	8433
2016	166939	119230	102702	30746	24666	44178	9287
2017	166332	117989	100765	30747	24478	42399	10051
2018	165902	117038	99671	30189	24266	42130	10186
2019	165931	116064	97847	29694	23728	41284	11075
北 京 Beijing	88.6	46.5	43.4	0.1	8.0	33.7	1.9
天 津 Tianjin	410.3	339.3	332.3	45.5	101.1	180.8	5.5
河 北 Hebei	8132.7	6469.2	6121.7	78.2	2322.5	3408.2	125.1
山 西 Shanxi	3524.4	3126.2	2716.5	2.5	546.8	1715.0	225.7
内蒙古 Inner Mongolia	8885.0	6827.5	5133.6	160.7	538.0	3776.3	1394.4
辽 宁 Liaoning	4217.1	3488.7	3303.2	507.1	2.4	2675.0	93.4
吉 林 Jilin	6117.1	5644.9	5194.1	840.4	2.9	4219.6	403.8
黑龙江 Heilongjiang	14770.1	14338.1	9803.6	3812.6	56.0	5874.6	4419.1
上 海 Shanghai	261.4	117.4	116.1	103.7	10.0	1.6	0.7
江 苏 Jiangsu	7442.6	5381.5	5079.5	2184.3	2346.9	504.2	266.0
浙 江 Zhejiang	1999.6	977.4	791.3	627.5	82.7	76.4	118.7
安 徽 Anhui	8782.0	7287.0	6551.1	2509.0	2835.6	1196.5	673.0
福 建 Fujian	1599.3	822.4	634.0	599.2	0.1	30.5	39.9
江 西 Jiangxi	5521.2	3665.1	3413.2	3346.2	14.4	46.5	130.4
山 东 Shandong	10933.1	8312.8	8001.8	115.6	4001.8	3846.5	187.8
河 南 Henan	14714.0	10734.5	10193.9	616.6	5706.7	3801.3	428.0
湖 北 Hubei	7815.9	4608.6	4046.0	2286.8	1017.7	727.5	240.1
湖 南 Hunan	8122.8	4616.4	4285.5	3855.2	22.4	386.6	149.2
广 东 Guangdong	4357.4	2160.6	1916.6	1793.7	0.4	120.2	41.5
广 西 Guangxi	5989.2	2747.0	2333.9	1712.9	3.0	580.1	149.8
海 南 Hainan	676.2	272.6	229.7	229.7			5.2
重 庆 Chongqing	3345.7	1999.3	1134.7	655.1	21.0	438.3	200.3
四 川 Sichuan	9693.0	6279.3	4459.1	1870.0	611.1	1844.0	559.8
贵 州 Guizhou	5481.6	2709.4	1443.1	664.7	137.2	530.6	317.7
云 南 Yunnan	6938.9	4165.8	3151.7	841.5	328.9	1782.4	482.0
西 藏 Tibet	271.5	184.8	178.5	0.8	32.3	4.7	5.0
陕 西 Shaanxi	4132.1	2998.9	2467.8	105.3	965.9	1177.1	188.0
甘 肃 Gansu	3831.6	2581.1	1880.8	3.6	739.9	987.9	141.6
青 海 Qinghai	553.5	280.2	189.1		102.4	21.0	14.0
宁 夏 Ningxia	1153.0	677.4	567.4	68.1	107.8	299.8	17.3
新 疆 Xinjiang	6170.0	2203.6	2133.8	56.9	1061.6	997.2	49.8

12-8 续表 1 continued

单位：千公顷 (1 000 hectares)

年份 地区	Year Region	薯类 Tubers	棉花 Cotton	油料 Oil-bearing Crops	#花生 Peanuts	#油菜籽 Rapeseeds	麻类 Fiber Crops	#黄红麻 Jute and Ambary Hemp	糖料 Sugar Crops
	1978	11796	4866	6222	1768	2600	751	412	879
	1980	10153	4920	7928	2339	2844	666	314	922
	1985	8572	5140	11800	3318	4494	1231	992	1525
	1990	9121	5588	10900	2907	5503	495	300	1679
	1995	9519	5422	13102	3809	6907	376	147	1820
	2000	10538	4041	15400	4855	7494	262	50	1514
	2005	9503	5062	14318	4662	7278	335	31	1564
	2006	7877	5816	11738	3956	5984	283	31	1567
	2007	7902	5199	12344	4128	6140	219	32	1756
	2008	8057	5278	13232	4362	6838	176	24	1926
	2009	8088	4485	13445	4281	7170	115	18	1804
	2010	8021	4366	13695	4374	7316	91	17	1809
	2011	7998	4524	13471	4336	7192	79	17	1834
	2012	7821	4360	13435	4401	7187	69	15	1887
	2013	7727	4162	13438	4396	7193	63	15	1844
	2014	7544	4176	13395	4370	7158	58	12	1737
	2015	7305	3775	13314	4386	7028	54	11	1573
	2016	7241	3198	13191	4448	6623	54	7	1555
	2017	7173	3195	13223	4608	6653	58	6	1546
	2018	7180	3354	12872	4620	6551	57	6	1623
	2019	7142	3339	12925	4633	6583	66	6	1610
北京	Beijing	1.2	0.0	1.2	0.9	0.0			
天津	Tianjin	1.5	14.1	1.1	0.9	0.0			
河北	Hebei	222.4	203.9	364.5	250.2	19.9	0.0		12.4
山西	Shanxi	184.0	2.3	99.8	5.2	22.9	0.1		0.0
内蒙古	Inner Mongolia	299.5	0.1	930.9	37.0	259.1	1.2		127.4
辽宁	Liaoning	92.1	0.0	293.5	289.2	0.8	0.0		2.4
吉林	Jilin	47.0		257.4	234.4	0.2	0.1		0.9
黑龙江	Heilongjiang	115.5		51.6	20.1	2.0	21.3		8.9
上海	Shanghai	0.6	0.1	2.8	0.5	2.2			0.1
江苏	Jiangsu	36.0	11.6	283.2	103.5	173.5	0.2		3.6
浙江	Zhejiang	67.4	5.6	140.4	16.6	116.8	0.0	0.0	6.9
安徽	Anhui	63.0	60.3	528.2	142.2	363.9	2.1	0.7	2.8
福建	Fujian	148.5	0.0	77.5	71.5	5.6	0.0	0.0	4.8
江西	Jiangxi	121.5	42.7	677.1	165.1	482.3	3.6	0.0	14.0
山东	Shandong	123.2	169.3	682.2	666.5	8.9	0.0		
河南	Henan	112.7	33.8	1533.9	1223.1	171.5	2.8	2.8	1.6
湖北	Hubei	322.5	162.8	1278.6	243.6	938.3	2.7	0.0	6.5
湖南	Hunan	181.7	63.0	1365.5	110.9	1241.0	2.0	0.1	7.4
广东	Guangdong	202.5		348.3	340.5	4.4	0.1	0.1	169.7
广西	Guangxi	263.4	1.1	253.6	218.5	28.4	2.6	2.2	890.2
海南	Hainan	37.7		31.6	30.6		0.0	0.0	18.4
重庆	Chongqing	664.3		329.9	62.4	255.0	2.2	0.0	1.9
四川	Sichuan	1260.4	2.9	1495.1	264.7	1222.6	17.2	0.2	9.6
贵州	Guizhou	948.6	0.4	598.1	50.2	445.7	0.2		10.6
云南	Yunnan	532.0	0.0	314.1	42.2	260.9	0.7		246.1
西藏	Tibet	1.3		21.5	0.1	21.5			
陕西	Shaanxi	343.1	5.5	273.9	39.6	175.5	0.9		0.1
甘肃	Gansu	558.7	19.3	290.0	0.5	164.2	1.6		4.1
青海	Qinghai	77.1		142.3		140.4			0.0
宁夏	Ningxia	92.7		39.0	0.0	3.3			0.0
新疆	Xinjiang	20.1	2540.5	218.6	2.5	52.4	4.3		59.9

12-8 续表 2 continued

单位：千公顷 (1 000 hectares)

年 份 Year 地 区 Region	#甘 蔗 Sugarcane	#甜 菜 Beetroots	烟 叶 Tobacco	#烤 烟 Flue-cured Tobacco	蔬 菜 Vegetables	茶 园 Tea Plantations	果 园 Orchards
1978	549	331	784	613	3331	1048	1657
1980	480	443	512	397	3163	1041	1783
1985	965	560	1313	1077	4753	1045	2736
1990	1009	670	1593	1342	6338	1061	5179
1995	1125	695	1470	1309	9515	1115	8091
2000	1185	329	1437	1269	15237	1089	8932
2005	1354	210	1363	1245	17721	1352	10035
2006	1378	189	1189	1088	16639	1431	10123
2007	1531	225	1180	1094	17557	1599	10119
2008	1709	218	1302	1219	17859	1716	10221
2009	1643	161	1329	1223	17818	1830	10454
2010	1624	185	1309	1209	17431	1932	10681
2011	1644	191	1418	1325	17910	2056	10808
2012	1696	191	1544	1446	18497	2201	10990
2013	1704	140	1552	1472	18836	2367	11043
2014	1638	99	1398	1330	19224	2526	11608
2015	1476	96	1254	1197	19613	2641	11212
2016	1402	154	1208	1153	19553	2723	10917
2017	1371	174	1131	1081	19981	2849	11149
2018	1406	216	1058	1003	20439	2986	11875
2019	1391	219	1027	972	20863	3105	12277
北 京 Beijing			0.0	0.0	30.1		43.8
天 津 Tianjin					48.3		26.6
河 北 Hebei		12.4	1.4	1.0	794.6	0.0	506.0
山 西 Shanxi		0.0	1.3	1.3	180.4	0.2	374.9
内蒙古 Inner Mongolia		127.4	1.1	1.1	200.5		97.5
辽 宁 Liaoning		2.4	5.0	4.5	312.1		352.7
吉 林 Jilin		0.9	8.5	4.9	121.5		26.5
黑龙江 Heilongjiang		8.9	10.0	9.6	147.1		29.7
上 海 Shanghai	0.1				86.8	0.1	13.4
江 苏 Jiangsu	0.9	2.7			1424.5	33.8	199.5
浙 江 Zhejiang	6.9		0.5		645.8	201.4	321.5
安 徽 Anhui	2.0		8.7	7.2	682.7	187.1	160.3
福 建 Fujian	4.8		50.2	50.0	579.8	219.8	344.1
江 西 Jiangxi	14.0		12.3	11.9	644.4	109.1	420.1
山 东 Shandong			17.8	17.2	1464.2	25.1	585.3
河 南 Henan	1.6		86.5	84.1	1732.9	114.6	432.3
湖 北 Hubei	6.5		35.7	30.4	1257.9	347.7	380.9
湖 南 Hunan	7.4		83.4	82.3	1313.2	174.9	535.9
广 东 Guangdong	169.7		16.7	14.7	1320.5	72.2	1007.0
广 西 Guangxi	890.2		10.1	8.5	1485.2	77.3	1331.9
海 南 Hainan	18.4		0.1	0.1	258.8	1.8	171.4
重 庆 Chongqing	1.9		29.8	25.2	753.2	47.5	321.4
四 川 Sichuan	9.6	0.0	74.6	65.2	1413.0	387.0	776.5
贵 州 Guizhou	10.6	0.0	139.0	130.0	1435.6	464.4	684.5
云 南 Yunnan	246.1		409.4	398.6	1165.0	480.9	628.4
西 藏 Tibet			0.0		25.8	2.4	5.4
陕 西 Shaanxi	0.0	0.1	22.4	22.3	507.1	145.2	1134.2
甘 肃 Gansu		4.1	1.7	1.5	381.3	12.3	319.0
青 海 Qinghai		0.0			44.4		7.6
宁 夏 Ningxia		0.0	0.3	0.3	131.2		103.0
新 疆 Xinjiang		59.9			274.8		935.4

12-9 主要农作物种植结构
Planting Structure of Major Farm Crops

单位：%　　(%)

项　目	Item	1995	2000	2005	2010	2015	2018	2019
农作物总播种面积	**Total Sown Area of Farm Crops**	**100.00**	**100.00**	**100.00**	**100.00**	**100.00**	**100.00**	**100.00**
粮食作物	**Grain Crops**	**73.43**	**69.39**	**67.07**	**70.43**	**71.31**	**70.55**	**69.95**
谷物	Cereals	59.59	54.55	52.66	58.41	61.87	60.08	58.97
稻谷	Rice	20.51	19.17	18.55	18.98	18.45	18.20	17.90
小麦	Wheat	19.26	17.05	14.66	15.41	14.73	14.63	14.30
玉米	Corn	15.20	14.75	16.95	22.06	26.95	25.39	24.88
谷子	Millet	1.02	0.80	0.55	0.51	0.50	0.47	0.50
高粱	Jowar	0.81	0.57	0.37	0.32	0.25	0.37	0.39
其它谷物	Other Cereal		2.21	1.58	1.12	0.98	1.02	1.01
豆类	Beans	7.49	8.10	8.30	6.97	5.05	6.14	6.67
#大豆	Soybeans	5.42	5.95	6.17	5.49	4.09	5.07	5.62
杂豆	Miscellaneous Beans	2.07	2.15	2.13	1.48	0.96	1.07	1.05
薯类	Tubers	6.35	6.74	6.11	5.06	4.38	4.33	4.30
#马铃薯	Potato	2.29	3.02	3.14	3.08	2.87	2.87	2.82
油料作物	**Oil-bearing Crops**	**8.74**	**9.85**	**9.21**	**8.64**	**7.98**	**7.76**	**7.79**
#花生	Peanuts	2.54	3.11	3.00	2.76	2.63	2.78	2.79
油菜籽	Rapeseeds	4.61	4.79	4.68	4.61	4.21	3.95	3.97
芝麻	Sesame	0.43	0.50	0.38	0.23	0.18	0.16	0.17
胡麻籽	Benne	0.41	0.32	0.26	0.18	0.15	0.14	0.14
向日葵	Helianthus	0.54	0.79	0.66	0.62	0.65	0.56	0.55
棉花	**Cotton**	**3.62**	**2.59**	**3.26**	**2.75**	**2.26**	**2.02**	**2.01**
麻类	**Fiber Crops**	**0.25**	**0.17**	**0.22**	**0.06**	**0.03**	**0.03**	**0.04**
#黄红麻	Jute and Ambary Hemp	0.10	0.03	0.02	0.01	0.01	0.00	0.00
苎　麻	Ramee	0.06	0.06	0.08	0.04	0.02	0.02	0.02
大　麻	Hemp	0.01	0.01	0.01	0.00	0.00	0.01	0.01
亚　麻	Flax	0.08	0.06	0.10	0.01	0.00	0.00	0.00
糖料	**Sugar Crops**	**1.21**	**0.97**	**1.01**	**1.14**	**0.94**	**0.98**	**0.97**
甘蔗	Sugarcane	0.75	0.76	0.87	1.02	0.88	0.85	0.84
甜菜	Beetroots	0.46	0.21	0.14	0.12	0.06	0.13	0.13
烟叶	**Tobacco**	**0.98**	**0.92**	**0.88**	**0.83**	**0.75**	**0.64**	**0.62**
#烤烟	Flue-cured Tobacco	0.87	0.81	0.80	0.76	0.72	0.60	0.59
药材	**Medicinal Materials**	**0.19**	**0.43**	**0.78**	**0.80**	**1.12**	**1.44**	**1.63**
蔬菜	**Vegetables**	**6.35**	**9.75**	**11.40**	**10.99**	**11.76**	**12.32**	**12.57**
瓜果类	**Melon**	**0.73**	**1.31**	**1.42**	**1.40**	**1.32**	**1.28**	**1.31**
其他农作物	**Other Farm Crops**	**4.49**	**4.70**	**4.78**	**2.96**	**2.53**	**2.98**	**3.11**
#青饲料	Succulence	1.22	1.37	2.17	1.11	0.98	1.19	1.27

12-10 主要农产品产量
Output of Major Farm Products

单位：万吨 (10 000 tons)

年份 地区	Year Region	粮食 Grain	谷物 Cereals	#稻谷 Rice	#小麦 Wheat	#玉米 Corn	豆类 Beans	薯类 Tubers	棉花 Cotton
	1978	30476.5		13693.0	5384.0	5594.5		3174.0	216.7
	1980	32055.5		13990.5	5520.5	6260.0		2872.5	270.7
	1985	37910.8		16856.9	8580.5	6382.6		2603.6	414.7
	1990	44624.3		18933.1	9822.9	9681.9		2743.3	450.8
	1995	46661.8	41611.6	18522.6	10220.7	11198.6	1787.5	3262.6	476.8
	2000	46217.5	40522.4	18790.8	9963.6	10600.0	2010.0	3685.2	441.7
	2005	48402.2	42776.0	18058.8	9744.5	13936.5	2157.7	3468.5	571.4
	2006	49804.2	45099.2	18171.8	10846.6	15160.3	2003.7	2701.3	753.3
	2007	50413.9	45963.0	18638.1	10949.2	15512.3	1709.1	2741.8	759.7
	2008	53434.3	48569.4	19261.2	11290.1	17212.0	2021.9	2843.0	723.2
	2009	53940.9	49243.3	19619.7	11579.6	17325.9	1904.6	2792.9	623.6
	2010	55911.3	51196.7	19722.6	11609.3	19075.2	1871.8	2842.7	577.0
	2011	58849.3	54061.7	20288.3	11857.0	21131.6	1863.3	2924.3	651.9
	2012	61222.6	56659.0	20653.2	12247.5	22955.9	1680.6	2883.0	660.8
	2013	63048.2	58650.4	20628.6	12363.9	24845.3	1542.4	2855.4	628.2
	2014	63964.8	59601.5	20960.9	12823.5	24976.4	1564.5	2798.8	629.9
	2015	66060.3	61818.4	21214.2	13255.5	26499.2	1512.5	2729.3	590.7
	2016	66043.5	61666.5	21109.4	13318.8	26361.3	1650.7	2726.3	534.3
	2017	66160.7	61520.5	21267.6	13424.1	25907.1	1841.6	2798.6	565.3
	2018	65789.2	61003.6	21212.9	13144.0	25717.4	1920.3	2865.4	610.3
	2019	66384.3	61369.7	20961.4	13359.6	26077.9	2131.9	2882.7	588.9
北 京	Beijing	28.8	27.7	0.1	4.4	22.8	0.4	0.6	0.0
天 津	Tianjin	223.3	221.2	42.9	60.5	115.2	1.1	1.0	1.8
河 北	Hebei	3739.2	3566.9	48.7	1462.6	1986.6	30.1	142.3	22.7
山 西	Shanxi	1361.8	1266.8	1.8	226.2	939.4	34.2	60.8	0.3
内蒙古	Inner Mongolia	3652.5	3261.8	136.2	182.7	2722.3	251.6	139.1	0.0
辽 宁	Liaoning	2430.0	2375.7	434.8	1.4	1884.4	22.8	31.4	0.0
吉 林	Jilin	3877.9	3769.5	657.2	1.1	3045.3	77.0	31.4	
黑龙江	Heilongjiang	7503.0	6653.0	2663.5	20.4	3939.8	797.0	53.0	
上 海	Shanghai	95.9	95.3	88.0	5.8	1.1	0.2	0.3	0.0
江 苏	Jiangsu	3706.2	3612.0	1959.6	1317.5	311.1	70.3	23.9	1.6
浙 江	Zhejiang	592.1	528.6	462.1	32.4	32.3	30.6	33.0	0.8
安 徽	Anhui	4054.0	3935.0	1630.0	1656.9	642.8	100.8	18.2	5.6
福 建	Fujian	493.9	403.8	388.8	0.0	13.4	11.4	78.8	0.0
江 西	Jiangxi	2157.5	2072.2	2048.3	3.0	19.8	29.3	56.0	6.6
山 东	Shandong	5357.0	5203.6	100.7	2552.9	2536.5	53.5	99.9	19.6
河 南	Henan	6695.4	6528.9	512.5	3741.8	2247.4	102.0	64.5	2.7
湖 北	Hubei	2725.0	2579.6	1877.1	390.7	307.2	39.0	106.4	14.4
湖 南	Hunan	2974.8	2846.8	2611.5	7.5	220.3	37.3	90.7	8.2
广 东	Guangdong	1240.8	1131.6	1075.1	0.2	55.6	11.8	97.4	
广 西	Guangxi	1332.0	1259.1	992.0	0.5	261.2	24.2	48.7	0.1
海 南	Hainan	145.0	126.5	126.5			1.7	16.8	
重 庆	Chongqing	1075.2	750.6	487.0	6.9	249.5	40.9	283.6	
四 川	Sichuan	3498.5	2825.4	1469.8	246.2	1062.1	129.9	543.2	0.3
贵 州	Guizhou	1051.2	718.9	423.8	33.0	232.3	29.4	302.9	0.0
云 南	Yunnan	1870.0	1579.4	534.0	71.9	920.0	122.3	168.3	0.0
西 藏	Tibet	103.9	101.9	0.4	19.2	2.6	1.8	0.2	
陕 西	Shaanxi	1231.1	1108.1	80.4	382.0	609.6	28.1	95.0	0.8
甘 肃	Gansu	1162.6	923.0	2.1	281.1	594.1	32.7	206.9	3.3
青 海	Qinghai	105.5	69.2		40.3	14.2	3.3	33.0	
宁 夏	Ningxia	373.2	331.5	55.1	34.6	230.5	2.3	39.4	
新 疆	Xinjiang	1527.1	1496.3	51.6	576.0	858.4	14.8	16.0	500.2

12-10 续表 1 continued

单位：万吨 (10 000 tons)

年 份 地 区	Year Region	油 料 Oil-bearing Crops	#花 生 Peanuts	#油菜籽 Rapeseeds	#芝 麻 Sesame	麻 类 Fiber Crops	#黄红麻 Jute and Ambary Hemp	甘 蔗 Sugarcane	甜 菜 Beetroots
	1978	521.8	237.7	186.8	32.2	135.1	108.8	2111.6	270.2
	1980	769.1	360.0	238.4	25.9	143.6	109.8	2280.7	630.5
	1985	1578.4	666.4	560.7	69.1	444.8	411.9	5154.9	891.9
	1990	1613.2	636.8	695.8	46.9	109.7	72.6	5762.0	1452.5
	1995	2250.3	1023.5	977.7	58.3	89.7	37.1	6541.7	1398.4
	2000	2954.8	1443.7	1138.1	81.1	52.9	12.6	6828.0	807.3
	2005	3077.1	1434.2	1305.2	62.5	110.5	8.3	8663.8	788.1
	2006	2640.3	1288.7	1096.6	66.2	89.1	8.7	9709.2	750.8
	2007	2787.0	1381.5	1138.2	52.0	66.1	9.6	11179.4	902.9
	2008	3036.8	1463.5	1240.3	51.5	56.1	8.0	12152.1	853.9
	2009	3139.4	1460.4	1353.6	53.5	31.9	7.1	11200.4	546.5
	2010	3156.8	1513.6	1278.8	46.2	24.2	6.5	10598.2	705.1
	2011	3212.5	1530.2	1313.7	45.8	22.3	7.0	10867.4	795.8
	2012	3285.6	1579.2	1340.1	46.6	19.6	6.3	11574.6	877.2
	2013	3348.0	1610.9	1363.6	43.9	17.6	5.7	11926.4	628.7
	2014	3371.9	1590.1	1391.4	43.7	16.5	5.1	11578.8	509.9
	2015	3390.5	1596.1	1385.9	45.0	15.6	4.8	10706.4	508.8
	2016	3400.0	1636.1	1312.8	35.2	18.1	3.4	10321.5	854.5
	2017	3475.2	1709.2	1327.4	36.6	21.8	2.9	10440.4	938.4
	2018	3433.4	1733.2	1328.1	43.1	20.3	2.9	10809.7	1127.7
	2019	3493.0	1752.0	1348.5	46.7	23.4	2.9	10938.8	1227.3
北 京	Beijing	0.3	0.2	0.0	0.0				
天 津	Tianjin	0.4	0.4	0.0	0.0				
河 北	Hebei	119.5	96.5	3.5	0.2	0.0			64.3
山 西	Shanxi	13.7	1.4	2.2	0.2	0.0			0.1
内蒙古	Inner Mongolia	228.7	10.8	39.0	0.1	0.3			629.6
辽 宁	Liaoning	97.7	96.4	0.1	0.0	0.0			14.6
吉 林	Jilin	81.8	76.9	0.0	0.2	0.0			2.9
黑龙江	Heilongjiang	11.5	6.7	0.2	0.1	12.4			41.6
上 海	Shanghai	0.8	0.2	0.6	0.0			0.4	
江 苏	Jiangsu	94.3	42.7	50.5	1.1	0.1		5.4	2.0
浙 江	Zhejiang	31.9	5.0	25.7	1.0	0.0	0.0	44.7	
安 徽	Anhui	161.4	70.6	87.3	1.7	1.0	0.2	7.9	
福 建	Fujian	22.0	21.0	0.9	0.0	0.0	0.0	26.3	
江 西	Jiangxi	120.8	48.2	68.9	3.6	0.5	0.0	62.4	
山 东	Shandong	289.0	284.8	2.3	0.1	0.0			
河 南	Henan	645.5	576.7	44.2	19.9	1.9	1.9	11.9	
湖 北	Hubei	313.9	85.7	211.3	12.9	0.7	0.0	27.9	
湖 南	Hunan	239.2	29.3	208.0	1.6	0.4	0.0	34.2	
广 东	Guangdong	110.2	108.7	0.9	0.6	0.0	0.0	1434.6	
广 西	Guangxi	71.6	67.2	2.8	1.2	0.7	0.6	7490.7	
海 南	Hainan	8.7	8.6		0.1	0.0	0.0	114.5	
重 庆	Chongqing	65.2	13.7	49.9	0.5	0.4	0.0	8.1	
四 川	Sichuan	367.4	68.4	296.4	0.3	3.2	0.0	37.2	0.1
贵 州	Guizhou	103.0	11.6	77.2	0.1	0.1		62.8	0.0
云 南	Yunnan	62.5	6.8	54.1	0.0	0.1		1569.7	
西 藏	Tibet	5.7	0.0	5.7					
陕 西	Shaanxi	60.1	12.3	37.3	1.2	0.2	0.0	0.1	0.0
甘 肃	Gansu	63.2	0.2	35.6		0.3			26.5
青 海	Qinghai	28.9		28.7					0.0
宁 夏	Ningxia	7.7	0.0	0.8					0.1
新 疆	Xinjiang	66.4	1.0	14.3	0.0	1.1			445.3

12-10 续表 2 continued

单位：万吨 (10 000 tons)

年 份 Year 地 区 Region		烟 叶 Tobacco	#烤 烟 Flue-cured Tobacco	蚕 茧 Silkworm Cocoons	#桑蚕茧 Mulberry Silkworm Cocoons	茶 叶 Tea	水 果 Fruits	#苹 果 Apples	#柑 橘 Citrus	#梨 Pears	#葡 萄 Grapes	#香 蕉 Bananas
	1978	124.2	105.2	22.8	17.3	26.8	657.0	227.5	38.3	151.7	10.4	8.5
	1980	84.5	71.7	32.6	25.0	30.4	679.3	236.3	71.3	146.6	11.0	6.1
	1985	242.5	207.5	37.1	33.6	43.2	1163.9	361.4	180.8	213.7	36.1	63.1
	1990	262.7	225.9	53.4	48.0	54.0	1874.4	431.9	485.5	235.3	85.9	145.6
	1995	231.4	207.2	80.0	76.0	58.8	4214.6	1400.8	822.5	494.2	174.2	312.5
	2000	255.2	223.8	54.8	50.1	68.3	6225.1	2043.1	878.3	841.2	328.2	494.1
	2005	268.3	243.5	78.0	71.3	93.5	16120.1	2401.1	1591.9	1132.4	579.4	651.8
	2006	245.6	225.5	87.9	82.0	102.8	17102.0	2605.9	1789.8	1198.6	627.1	690.1
	2007	242.2	224.9	92.7	86.2	117.0	17659.4	2734.7	2036.4	1258.8	670.9	764.0
	2008	275.9	258.2	88.2	80.5	125.5	18279.1	2899.5	2297.0	1296.4	698.2	748.4
	2009	296.2	275.0	79.5	72.8	135.1	19093.7	3047.5	2471.7	1343.6	764.9	829.6
	2010	283.2	261.2	82.7	75.5	146.2	20095.4	3164.9	2581.7	1409.5	813.5	884.1
	2011	299.8	278.6	84.3	76.8	160.8	21018.6	3367.3	2864.1	1448.6	857.7	946.1
	2012	324.6	302.3	83.7	76.7	176.1	22091.5	3581.4	3089.4	1550.4	1000.6	1036.0
	2013	322.0	304.0	81.8	74.7	188.7	22748.1	3629.8	3196.4	1544.4	1088.5	1103.0
	2014	284.7	269.7	81.5	74.4	204.9	23302.6	3735.4	3362.2	1581.9	1173.1	1062.2
	2015	267.7	249.5	81.2	74.1	227.7	24524.6	3889.9	3617.5	1652.7	1316.4	1062.7
	2016	257.4	244.5	80.3	73.8	231.3	24405.2	4039.3	3591.5	1596.3	1262.9	1094.0
	2017	239.1	227.9	81.7	75.1	246.0	25241.9	4139.0	3816.8	1641.0	1308.3	1117.0
	2018	224.1	211.0	83.1	76.4	261.0	25688.4	3923.3	4138.1	1607.8	1366.7	1122.2
	2019	215.3	202.1	83.3	77.2	277.7	27400.8	4242.5	4584.5	1731.4	1419.5	1165.6
北 京	Beijing						59.9	4.7		7.5	2.1	
天 津	Tianjin						57.4	3.4		7.3	10.1	
河 北	Hebei	0.3	0.2	0.0	0.0		1391.5	221.6		363.2	118.8	
山 西	Shanxi	0.3	0.3	0.2	0.2	0.0	862.7	421.9		86.1	31.2	
内蒙古	Inner Mongolia	0.4	0.4	0.8			280.4	21.1		8.4	5.7	
辽 宁	Liaoning	1.4	1.2	4.1	0.0		820.7	248.8		130.5	78.2	
吉 林	Jilin	2.4	1.2	0.3			153.9	5.3		8.4	8.9	
黑龙江	Heilongjiang	2.6	2.5	0.4			165.0	13.8		6.4	5.4	
上 海	Shanghai					0.0	48.1		10.8	3.7	6.3	
江 苏	Jiangsu			3.8	3.8	1.4	983.6	54.0	2.9	77.8	65.2	
浙 江	Zhejiang	0.1		2.0	2.0	17.7	744.1		183.4	38.1	77.0	
安 徽	Anhui	2.1	1.8	2.6	2.6	12.2	706.3	37.4	3.1	125.4	53.4	
福 建	Fujian	10.6	10.5			44.0	727.2	0.0	365.8	19.1	21.8	44.8
江 西	Jiangxi	2.3	2.2	0.6	0.6	6.7	693.3		413.2	16.5	8.8	
山 东	Shandong	4.4	4.2	1.2	1.2	2.5	2840.2	950.2		104.2	112.5	
河 南	Henan	22.8	22.1	1.2	0.6	6.5	2589.7	408.8	4.6	137.4	83.2	
湖 北	Hubei	6.3	5.2	0.4	0.4	35.3	1010.2	0.8	478.2	40.4	29.8	
湖 南	Hunan	18.6	18.4	0.0	0.0	23.3	1062.0		560.5	19.5	20.7	
广 东	Guangdong	4.2	3.6	12.2	12.2	11.1	1768.6		464.8	11.9		464.8
广 西	Guangxi	1.6	1.3	37.9	37.9	8.3	2472.1		1124.5	43.8	60.1	311.0
海 南	Hainan	0.0	0.0	0.1	0.1	0.1	456.1		8.5			121.8
重 庆	Chongqing	5.9	4.7	1.2	1.2	4.5	476.4	0.6	295.1	30.7	11.9	0.1
四 川	Sichuan	16.0	13.7	9.7	9.7	32.5	1136.7	76.5	457.7	94.3	40.7	5.0
贵 州	Guizhou	23.5	21.6	0.2	0.2	19.8	442.0	20.3	52.4	39.7	32.0	6.6
云 南	Yunnan	83.5	81.0	3.7	3.7	43.7	860.3	55.0	108.6	57.3	95.1	211.4
西 藏	Tibet	0.0				0.0	2.4	1.0	0.1	0.1	0.1	
陕 西	Shaanxi	5.4	5.3	0.6	0.6	7.9	2012.8	1135.6	50.4	104.6	76.7	
甘 肃	Gansu	0.5	0.5	0.0	0.0	0.1	710.1	340.5	0.1	25.3	26.2	
青 海	Qinghai						3.7	0.4		0.4	0.0	
宁 夏	Ningxia	0.1	0.1				258.6	50.2		1.5	24.5	
新 疆	Xinjiang						1604.8	170.7		121.7	313.2	

注：2003年起水果产量包括瓜果类产量。

a) Data of output of fruits include melons since 2003.

12-11 主要农产品单位面积产量
Output of Major Farm Products per Hectare

单位：公斤/公顷 (kg/hectare)

年份 Year / 地区 Region	谷物 Cereals	棉花 Cotton	花生 Peanuts	油菜籽 Rapeseeds	芝麻 Sesame	黄红麻 Jute and Ambary Hemp	甘蔗 Sugarcane	甜菜 Beetroots	烤烟 Flue-cured Tobacco
1978		445	1344	718	506	2639	38496	8166	1717
1980		550	1539	838	333	3497	47562	14242	1806
1985		807	2008	1248	657	4154	53430	15913	1927
1990		807	2191	1264	702	2421	57118	21668	1683
1995	4659	879	2687	1415	908	2534	58133	20132	1584
2000	4753	1093	2973	1519	1034	2516	57626	24518	1763
2005	5225	1129	3076	1793	1054	2670	63970	37523	1956
2006	5310	1295	3258	1833	1173	2781	70450	39767	2072
2007	5321	1461	3347	1854	1156	3033	73015	40097	2056
2008	5551	1370	3355	1814	1205	3302	71122	39246	2118
2009	5448	1390	3411	1888	1295	4017	68170	33845	2250
2010	5528	1322	3460	1748	1293	3849	65271	38018	2160
2011	5714	1441	3529	1827	1366	4028	66113	41720	2103
2012	5833	1516	3588	1865	1439	4099	68264	45924	2090
2013	5907	1509	3664	1896	1464	3847	69986	44801	2065
2014	5896	1508	3639	1944	1443	4098	70682	51533	2027
2015	5989	1565	3640	1972	1495	4232	72528	52751	2084
2016	6004	1671	3678	1982	1529	5132	73638	55630	2121
2017	6105	1769	3709	1995	1610	5178	76132	53843	2108
2018	6120	1819	3752	2027	1645	5008	76891	52174	2103
2019	6272	1764	3781	2048	1651	4741	78655	56057	2079
北京 Beijing	6390	1029	2830	1173	906				2250
天津 Tianjin	6655	1285	3990	3416	1916				
河北 Hebei	5827	1115	3855	1770	1462			51761	2228
山西 Shanxi	4663	1308	2610	970	957			35403	2698
内蒙古 Inner Mongolia	6354	1507	2925	1504	772			49420	3860
辽宁 Liaoning	7192	2200	3335	1775	1609			60291	2736
吉林 Jilin	7257		3282	1319	1180			33548	2546
黑龙江 Heilongjiang	6786		3327	1262	1813			46773	2610
上海 Shanghai	8214	1311	2961	2865	1753		55535		
江苏 Jiangsu	7111	1350	4125	2907	1895		62354	7400	
浙江 Zhejiang	6680	1449	3023	2198	1851	3633	64582		
安徽 Anhui	6007	921	4962	2399	1565	3214	40105		2457
福建 Fujian	6368	921	2942	1631	1383	3240	54304		2103
江西 Jiangxi	6071	1539	2920	1428	1238	4533	44752		1848
山东 Shandong	6503	1158	4273	2540	1813				2466
河南 Henan	6405	802	4715	2580	1736	6896	73771		2628
湖北 Hubei	6376	882	3518	2252	1673	2900	43060		1721
湖南 Hunan	6643	1299	2640	1676	1413	2080	46039		2231
广东 Guangdong	5904		3192	2019	1871	2892	84551		2442
广西 Guangxi	5395	1031	3076	984	3840	2973	84143		1478
海南 Hainan	5507		2802		1205	1429	62094		1721
重庆 Chongqing	6615		2193	1957	1106	1848	42957		1850
四川 Sichuan	6336	975	2583	2425	1843	1893	38681	32471	2101
贵州 Guizhou	4982	928	2312	1733	1462		59355	18075	1660
云南 Yunnan	5011	500	1603	2074	1087		63777		2032
西藏 Tibet	5711		3354	2653					
陕西 Shaanxi	4490	1398	3102	2123	1699		25000	5840	2372
甘肃 Gansu	4908	1689	3930	2169				63988	3307
青海 Qinghai	3659			2041				20700	
宁夏 Ningxia	5842		3259	2330				69619	4318
新疆 Xinjiang	7012	1969	4072	2729	1491			74338	

12-12 主要林产品产量
Output of Major Forestry Products

年 份 Year 地 区 Region	木 材 (万立方米) Timber (10 000 cu.m)	橡 胶 (吨) Rubber (ton)	松 脂 (吨) Pine Resin (ton)	生 漆 (吨) Lacquer (ton)	油桐籽 (吨) Tung-oil Seeds (ton)	油茶籽 (吨) Tea-oil Seeds (ton)
1978	5162.3	101600	337600	2200	391150	478900
1980	5359.3	112945	420750	2450	303350	490350
1985	6323.4	187901	343946	2168	378770	619229
1990	5571.0	264243	435244	2683	350770	523313
1995	6766.9	424025	548133	2976	404929	623128
2000	4724.0	480248	551057	5279	453461	823224
2005	5560.3	513618	767134	14316	368688	875022
2006	6611.8	537983	908784	20762	382989	919947
2007	6976.6	588390	965618	12891	361285	939096
2008	8108.3	547861	849205	15526	370966	989859
2009	7068.3	619138	1046579	20498	367287	1169289
2010	8089.6	693022	1115711	20093	433624	1092243
2011	8145.9	750850	1156612	18867	437702	1480044
2012	8174.9	802255	1215065	26027	427048	1727708
2013	8438.5	864806	1307747	25154	418924	1776506
2014	8233.3	840171	1309520	22290	416065	2023445
2015	7200.3	816103	1326292	22806	412042	2163492
2016	7775.9	815918	1328877	21934	408518	2164440
2017	8398.2	817366	1443868	18145	370083	2431647
2018	8810.9	824093	1375367	18882	348173	2629796
2019	10045.9	809859				2679270
北 京 Beijing	17.3					
天 津 Tianjin	31.0					
河 北 Hebei	106.6					
山 西 Shanxi	25.7					
内蒙古 Inner Mongolia	85.3					
辽 宁 Liaoning	107.0					
吉 林 Jilin	205.0					
黑龙江 Heilongjiang	154.8					
上 海 Shanghai	0.1					152
江 苏 Jiangsu	232.5					74022
浙 江 Zhejiang	123.5					94096
安 徽 Anhui	509.7					130330
福 建 Fujian	647.6					421686
江 西 Jiangxi	277.0					
山 东 Shandong	516.3					
						54822
河 南 Henan	256.0					209419
湖 北 Hubei	304.4					1100375
湖 南 Hunan	331.4					161528
广 东 Guangdong	945.1	20552				265059
广 西 Guangxi	3500.2	10				21906
海 南 Hainan	208.8	330810				
						12929
重 庆 Chongqing	62.9					19792
四 川 Sichuan	243.8					70750
贵 州 Guizhou	309.0					25193
云 南 Yunnan	745.5	458486				9
西 藏 Tibet	9.9					
						17202
陕 西 Shaanxi	20.7					
甘 肃 Gansu	6.1					
青 海 Qinghai						
宁 夏 Ningxia						
新 疆 Xinjiang	62.8					

注：2019年国家林业和草原局制度修订，取消松脂、生漆、油桐籽等指标。

a) In 2019, the system of National Forestry and Grassland Administration was revised, and the indicators of pine resin, lacquer and tung-oil seeds was cancelled.

12-13 牲畜饲养情况
Number of Livestock

单位：万头、万只 (10 000 heads)

年份 Year / 地区 Region		大牲畜年底头数 Large Animals (year-end)	牛 Cattle and Buffaloes	马 Horses	驴 Donkeys	骡 Mules	骆驼 Camels
1996		13360.2	11031.8	871.5	944.4	478.0	34.5
2000		14638.1	12353.2	876.6	922.7	453.0	32.6
2005		12894.8	10990.8	740.0	777.2	360.4	26.6
2006		12325.7	10503.1	719.3	730.9	345.5	26.9
2007		11998.2	10397.5	646.7	638.9	291.0	24.1
2008		11529.7	10068.0	594.7	600.4	243.8	22.8
2009		11380.8	10035.9	562.3	540.4	219.7	22.6
2010		11074.6	9820.0	529.9	510.1	191.5	23.0
2011		10580.0	9384.0	515.4	485.3	171.1	24.3
2012		10248.4	9137.3	465.2	462.4	159.0	24.5
2013		10008.6	8985.8	431.7	425.7	138.0	27.4
2014		9952.0	9007.3	415.8	383.6	117.4	28.0
2015		9929.8	9055.8	397.5	342.4	104.1	30.1
2016		9559.9	8834.5	351.2	259.3	84.5	30.5
2017		9763.6	9038.7	343.6	267.8	81.1	32.3
2018		9625.5	8915.3	347.3	253.3	75.8	33.8
2019		9877.4	9138.3	367.1	260.1	71.4	40.5
北　京	Beijing	8.5	8.1	0.1	0.2	0.0	
天　津	Tianjin	26.7	25.7	0.1	1.0	0.0	0.0
河　北	Hebei	377.0	350.1	6.3	16.1	4.4	0.1
山　西	Shanxi	118.9	103.8	0.9	11.4	2.8	0.0
内蒙古	Inner Mongolia	786.9	626.1	67.1	69.3	7.2	17.3
辽　宁	Liaoning	314.6	264.4	5.5	40.1	4.5	0.0
吉　林	Jilin	338.4	331.5	3.6	3.0	0.4	
黑龙江	Heilongjiang	492.6	474.9	12.1	4.9	0.7	
上　海	Shanghai	5.2	5.2	0.0			
江　苏	Jiangsu	29.0	27.7	0.1	0.7	0.4	
浙　江	Zhejiang	13.2	13.2				
安　徽	Anhui	88.2	87.8	0.1	0.3	0.0	
福　建	Fujian	29.7	29.7				
江　西	Jiangxi	257.3	257.3				
山　东	Shandong	371.9	364.2	0.7	6.8	0.2	
河　南	Henan	388.3	385.1	0.7	2.1	0.3	
湖　北	Hubei	243.6	243.2	0.3	0.1	0.0	
湖　南	Hunan	412.0	410.4	1.4	0.2	0.1	
广　东	Guangdong	120.6	120.6	0.0			
广　西	Guangxi	354.0	337.0	14.5	0.0	2.4	
海　南	Hainan	51.2	51.2				
重　庆	Chongqing	104.8	103.4	1.1	0.1	0.3	
四　川	Sichuan	944.5	851.7	75.6	8.5	8.8	
贵　州	Guizhou	508.2	493.0	14.7	0.1	0.4	
云　南	Yunnan	882.8	827.9	15.5	16.2	23.2	
西　藏	Tibet	654.7	621.9	27.9	3.7	1.1	
陕　西	Shaanxi	153.5	150.2	0.2	2.8	0.4	
甘　肃	Gansu	518.1	458.2	11.6	32.5	12.8	3.0
青　海	Qinghai	508.9	494.6	11.5	0.6	0.4	1.7
宁　夏	Ningxia	144.4	140.9	0.1	3.2	0.2	0.0
新　疆	Xinjiang	629.8	479.4	95.5	36.1	0.3	18.5

12-13 续表 continued

单位：万头、万只 (10 000 heads)

年 份 Year 地 区 Region		肉猪出栏头数 Slaughtered Fattened Hogs	猪年底头数 Hogs (year-end)	羊年底只数 Sheep and Goats (year-end)	山 羊 Goats	绵 羊 Sheep
	1996	41225.2	36283.6	23728.3	12315.8	11412.5
	2000	51862.3	41633.6	27948.2	14945.6	13002.6
	2005	60367.4	43319.1	29792.7	14659.0	15133.7
	2006	61209.0	41854.4	28337.6	13956.1	14381.5
	2007	56640.9	43933.2	28606.7	14564.1	14042.5
	2008	61278.9	46433.1	28823.7	15067.0	13756.7
	2009	64990.9	47177.2	29063.0	14734.0	14328.9
	2010	67332.7	46765.2	28730.2	14195.0	14535.2
	2011	67030.0	47074.8	28664.1	14087.4	14576.7
	2012	70724.5	48030.2	28512.7	13932.3	14580.4
	2013	72768.0	47893.1	28935.2	13657.5	15277.7
	2014	74951.5	47160.2	30391.3	14167.5	16223.8
	2015	72415.6	45802.9	31174.3	14507.5	16666.8
	2016	70073.9	44209.2	29930.5	13691.8	16238.8
	2017	70202.1	44158.9	30231.7	13823.8	16407.9
	2018	69382.4	42817.1	29713.5	13574.7	16138.8
	2019	54419.2	31040.7	30072.1	13723.2	16349.0
北 京	Beijing	28.4	13.2	16.9	4.8	12.1
天 津	Tianjin	197.8	124.3	39.2	5.0	34.3
河 北	Hebei	3119.8	1418.4	1194.9	364.3	830.6
山 西	Shanxi	739.9	451.4	868.9	343.0	525.9
内蒙古	Inner Mongolia	758.4	429.6	5975.9	1623.2	4352.7
辽 宁	Liaoning	2240.2	1055.2	783.6	398.7	384.9
吉 林	Jilin	1361.1	792.8	402.4	54.5	347.9
黑龙江	Heilongjiang	1701.5	1173.2	767.2	154.1	613.1
上 海	Shanghai	117.8	50.7	13.0	12.2	0.8
江 苏	Jiangsu	1921.8	577.4	356.2	338.3	17.9
浙 江	Zhejiang	756.1	427.3	117.5	44.4	73.1
安 徽	Anhui	2292.6	1091.8	548.1	547.3	0.9
福 建	Fujian	1297.3	641.5	105.7	105.7	
江 西	Jiangxi	2546.8	1006.3	110.2	110.2	
山 东	Shandong	3176.4	2176.5	1837.4	875.0	962.5
河 南	Henan	4502.1	3170.5	1898.8	1620.2	278.6
湖 北	Hubei	3189.2	1617.9	553.4	553.4	
湖 南	Hunan	4812.9	2698.3	712.2	712.2	
广 东	Guangdong	2940.2	1333.8	93.6	93.6	
广 西	Guangxi	2505.8	1599.6	231.2	231.2	
海 南	Hainan	370.3	162.9	67.6	67.5	0.1
重 庆	Chongqing	1480.4	921.6	318.8	318.7	0.1
四 川	Sichuan	4852.6	2870.7	1504.1	1339.5	164.6
贵 州	Guizhou	1678.6	1171.3	380.2	359.3	20.9
云 南	Yunnan	3423.1	2342.5	1307.0	1211.6	95.4
西 藏	Tibet	12.6	31.2	1017.0	331.9	685.1
陕 西	Shaanxi	1036.6	795.7	815.1	676.5	138.6
甘 肃	Gansu	648.7	480.3	1987.1	429.2	1557.9
青 海	Qinghai	98.8	34.7	1326.9	162.7	1164.2
宁 夏	Ningxia	96.6	73.4	568.5	108.8	459.7
新 疆	Xinjiang	515.0	306.8	4153.8	526.6	3627.2

12-14 畜产品产量
Output of Livestock Products

年份 Year / 地区 Region	肉类(万吨) Output of Meat (10 000 tons)	#猪牛羊肉 Output of Pork, Beef and Mutton	猪肉 Pork	牛肉 Beef	羊肉 Mutton	奶类(万吨) Milk (10 000 tons)	#牛奶 Cow Milk
1996	4584.0	3694.7	3158.0	355.7	181.0	735.8	629.4
2000	6013.9	4743.2	3966.0	513.1	264.1	919.1	827.4
2005	6938.9	5473.5	4555.3	568.1	350.1	2864.8	2753.4
2006	7099.9	5608.4	4650.3	590.3	367.7	3051.6	2944.6
2007	6916.4	5319.8	4307.9	626.2	385.7	3055.2	2947.1
2008	7370.9	5692.9	4682.0	617.7	393.2	3236.2	3010.6
2009	7706.7	5958.5	4932.8	626.2	399.4	3153.9	2995.1
2010	7993.6	6173.5	5138.4	629.1	406.0	3211.3	3038.9
2011	8023.0	6140.3	5131.6	610.7	398.0	3262.8	3109.9
2012	8471.1	6462.8	5443.5	614.7	404.5	3306.7	3174.9
2013	8632.8	6641.6	5618.6	613.1	409.9	3118.9	3000.8
2014	8817.9	6864.2	5820.8	615.7	427.6	3276.5	3159.9
2015	8749.5	6702.2	5645.4	616.9	439.9	3295.5	3179.8
2016	8628.3	6502.6	5425.5	616.9	460.3	3173.9	3064.0
2017	8654.4	6557.5	5451.8	634.6	471.1	3148.6	3038.6
2018	8624.6	6522.9	5403.7	644.1	475.1	3176.8	3074.6
2019	7758.8	5410.1	4255.3	667.3	487.5	3297.6	3201.2
北京 Beijing	5.1	3.4	2.3	0.7	0.4	26.4	26.4
天津 Tianjin	30.4	19.0	15.6	2.5	0.8	47.4	47.4
河北 Hebei	433.4	330.1	241.9	57.2	31.0	433.8	428.7
山西 Shanxi	91.0	71.4	56.8	6.6	8.0	92.3	91.8
内蒙古 Inner Mongolia	264.6	236.1	62.6	63.8	109.8	582.9	577.2
辽宁 Liaoning	367.9	225.8	189.4	29.6	6.8	134.7	133.9
吉林 Jilin	243.2	154.9	108.3	41.9	4.7	40.0	39.9
黑龙江 Heilongjiang	237.1	193.4	135.2	45.5	12.7	467.0	465.2
上海 Shanghai	10.8	9.1	8.9	0.0	0.2	29.7	29.7
江苏 Jiangsu	274.5	155.6	146.2	2.9	6.5	62.4	62.4
浙江 Zhejiang	94.3	63.7	60.2	1.3	2.3	15.5	15.5
安徽 Anhui	402.8	226.1	197.8	9.5	18.8	33.8	33.8
福建 Fujian	255.2	107.4	103.0	2.1	2.2	15.0	14.5
江西 Jiangxi	299.8	222.2	206.8	13.1	2.3	7.3	7.3
山东 Shandong	704.0	364.9	254.7	73.3	36.9	234.5	228.0
河南 Henan	560.4	408.8	344.4	36.2	28.1	208.5	204.1
湖北 Hubei	349.2	268.8	243.0	16.0	9.9	13.4	13.4
湖南 Hunan	459.4	383.4	348.5	19.0	15.9	6.3	6.3
广东 Guangdong	412.1	228.0	221.9	4.1	2.0	13.9	13.9
广西 Guangxi	380.0	208.0	192.1	12.4	3.5	8.7	8.7
海南 Hainan	67.1	32.9	29.5	2.2	1.2	0.2	0.2
重庆 Chongqing	163.8	126.1	112.1	7.3	6.8	4.2	4.2
四川 Sichuan	559.5	417.0	353.4	36.4	27.1	66.8	66.7
贵州 Guizhou	205.9	176.8	150.3	21.5	5.0	5.3	5.3
云南 Yunnan	405.9	346.6	287.5	39.0	20.0	66.7	59.9
西藏 Tibet	28.4	27.8	0.8	21.2	5.8	48.2	42.4
陕西 Shaanxi	109.5	98.7	80.9	8.5	9.3	159.7	107.8
甘肃 Gansu	101.7	95.7	48.0	22.7	25.0	44.7	44.1
青海 Qinghai	37.4	36.3	7.7	14.6	13.9	35.5	34.9
宁夏 Ningxia	33.5	29.7	7.8	11.5	10.4	183.4	183.4
新疆 Xinjiang	170.7	142.5	37.6	44.5	60.3	209.4	204.4

12-14 续表 continued

年 份 Year 地 区 Region	绵羊毛(吨) Sheep Wool (ton)	#细羊毛 Fine Wool	#半细羊毛 Semi-Fine Wool	山羊粗毛(吨) Goat Wool (ton)	山羊绒(吨) Cashmere (ton)	禽 蛋(万吨) Poultry Eggs (10 000 tons)	蜂 蜜(万吨) Honey (10 000 tons)
1996	298102	121020	74099	35284	9585	1965.2	18.3
2000	292502	117386	84921	33266	11057	2182.0	24.6
2005	393172	127862	123068	36904	15435	2438.1	29.3
2006	387643	130959	116043	35171	16223	2424.0	33.4
2007	371075	124262	108635	35333	15665	2546.7	38.0
2008	369665	119279	105272	35477	16534	2699.6	38.5
2009	358121	124365	109013	35910	16593	2751.9	39.7
2010	385125	123504	113998	36226	17848	2776.9	38.2
2011	386487	132877	113305	38070	17126	2830.4	41.2
2012	393725	124716	127313	40505	17211	2885.4	43.8
2013	402081	131730	128335	40215	17307	2905.5	43.7
2014	407230	122251	132693	38655	18465	2930.3	46.3
2015	413134	130537	134905	35487	18684	3046.1	47.3
2016	411642	129164	137973	35785	18844	3160.5	55.5
2017	410523	127921	133458	32863	17852	3096.3	54.3
2018	356608	117891	120430	26965	15438	3128.3	44.7
2019	341120	108973	113284	24875	14964	3309.0	44.4
北 京 Beijing	23.1	3.9	12.6	6.7	2.7	9.6	0.1
天 津 Tianjin	139.4	27.2	112.0	1.2	0.3	19.4	0.0
河 北 Hebei	19095.9	3886.1	12389.3	1961.7	632.6	385.9	1.1
山 西 Shanxi	7792.2	2440.3	4054.5	1354.9	1148.6	111.4	0.7
内蒙古 Inner Mongolia	114874.7	60966.1	22312.7	5385.5	6312.0	58.1	0.2
辽 宁 Liaoning	4492.0	435.7	3754.9	1335.2	1081.7	307.9	0.3
吉 林 Jilin	9549.5	3175.3	6369.4	608.5	73.4	121.5	1.2
黑龙江 Heilongjiang	23610.0	3790.0	19820.0	1226.0	135.0	114.3	1.7
上 海 Shanghai	2.4			60.8		2.9	0.1
江 苏 Jiangsu	300.0	74.9	225.1	7.3		212.3	0.4
浙 江 Zhejiang	1536.8		1536.8	349.4		33.6	6.6
安 徽 Anhui	132.0	115.0	17.0	25.0	15.0	168.7	1.8
福 建 Fujian						48.6	1.7
江 西 Jiangxi						57.2	2.0
山 东 Shandong	6840.1	1750.2	3046.9	2190.3	410.6	450.1	0.4
河 南 Henan	3649.3	421.4	2548.0	2467.0	330.6	442.4	6.1
湖 北 Hubei	9.0		9.0	48.0		178.8	2.3
湖 南 Hunan				2.0	1.0	114.7	1.1
广 东 Guangdong				3.0		41.5	2.6
广 西 Guangxi						25.1	1.8
海 南 Hainan						4.8	0.1
重 庆 Chongqing	1.3		1.3			43.5	2.1
四 川 Sichuan	5519.0	1735.0	2863.0	569.0	142.0	161.7	5.5
贵 州 Guizhou	613.4	165.8	447.6	77.1	7.4	23.0	0.4
云 南 Yunnan	1317.0	285.0	923.0	103.0	130.0	35.8	1.1
西 藏 Tibet	7590.5	1223.4	2041.1	843.5	793.5	0.5	0.0
陕 西 Shaanxi	2962.9	1009.4	1648.0	1690.1	1438.0	64.1	0.7
甘 肃 Gansu	30453.9	8369.6	5327.9	1623.1	324.6	15.1	0.5
青 海 Qinghai	18245.0	2233.0	7098.0	817.0	379.0	2.3	0.0
宁 夏 Ningxia	9981.0	3042.0	2975.0	718.0	626.0	13.9	0.1
新 疆 Xinjiang	72389.7	13823.7	13750.7	1402.0	980.5	40.5	1.8

12-15 水产品产量
Output of Aquatic Products

单位：万吨 (10 000 tons)

年份 地区	Year Region	水产品总产量 Total Aquatic Products	海水产品 Seawater Aquatic Products	天然生产 Naturally Grown	人工养殖 Artificially Cultured	鱼类 Fish	虾蟹类 Shrimps, Prawns and Crabs	贝类 Shellfish	藻类 Algae	其他 Others
	1978	465.4	359.5	314.5	45.0	256.1	50.6	26.8	26.0	
	1980	449.7	325.7	281.3	44.4	234.1	42.1	23.4	26.2	
	1985	705.2	419.7	348.5	71.2	274.5	70.6	47.3	27.3	
	1990	1237.0	713.3	550.9	162.4	423.1	107.0	147.3	27.5	8.2
	1995	2517.2	1439.1	1026.8	412.3	758.1	184.8	392.3	74.9	29.0
	2000	3706.2	2203.9	1275.9	928.0	896.7	257.9	901.7	106.1	41.5
	2005	4419.9	2465.9	1255.1	1210.8	913.9	281.3	1008.1	133.9	128.6
	2006	4583.6	2509.6	1245.4	1264.2	892.1	299.4	1046.7	137.6	133.8
	2007	4747.5	2550.9	1243.6	1307.3	891.3	298.9	1068.2	138.8	153.7
	2008	4895.6	2598.3	1258.0	1340.3	864.3	288.8	1072.5	142.3	122.1
	2009	5116.4	2681.6	1276.3	1405.2	880.8	303.6	1120.0	148.4	131.0
	2010	5373.0	2797.5	1315.2	1482.3	906.3	310.4	1170.4	156.6	142.1
	2011	5603.2	2908.0	1356.7	1551.3	1075.2	321.8	1212.8	162.9	135.3
	2012	5502.1	2889.6	1314.4	1575.2	957.3	345.7	1264.8	179.0	142.8
	2013	5744.2	2992.4	1327.7	1664.7	972.8	362.6	1327.6	188.5	140.9
	2014	6001.9	3136.3	1403.9	1732.4	1042.5	382.9	1371.7	202.9	136.2
	2015	6211.0	3232.3	1435.7	1796.6	1078.0	386.3	1414.0	211.5	142.5
	2016	6379.5	3301.3	1386.0	1915.3	1063.1	396.1	1476.9	219.3	145.8
	2017	6445.3	3321.7	1321.0	2000.7	1115.8	370.7	1481.4	224.8	129.0
	2018	6457.7	3301.4	1270.2	2031.2	1091.5	368.2	1487.0	236.2	118.5
	2019	6480.4	3282.5	1217.2	2065.3	1060.5	366.2	1480.2	255.6	120.1
北　京	Beijing	21.4	19.0	19.0		19.0				
天　津	Tianjin	26.2	4.0	3.5	0.5	3.3	0.5	0.1		0.1
河　北	Hebei	99.0	69.6	24.7	44.9	17.3	7.0	37.9	0.1	7.3
山　西	Shanxi	4.6								
内蒙古	Inner Mongolia	12.6								
辽　宁	Liaoning	455.0	369.9	75.2	294.7	61.8	13.7	228.8	46.8	18.9
吉　林	Jilin	23.7								
黑龙江	Heilongjiang	64.8								
上　海	Shanghai	28.0	19.6	19.6		18.8	0.7	0.0		0.0
江　苏	Jiangsu	484.1	137.0	45.5	91.5	33.3	24.5	70.6	4.2	4.4
浙　江	Zhejiang	576.7	443.6	316.6	127.0	231.7	83.5	102.5	10.0	16.0
安　徽	Anhui	231.5								
福　建	Fujian	814.6	723.5	212.8	510.7	211.1	50.0	327.2	118.9	16.3
江　西	Jiangxi	258.8								
山　东	Shandong	823.3	706.2	209.1	497.1	168.2	38.2	406.2	66.4	27.2
河　南	Henan	99.1								
湖　北	Hubei	469.5								
湖　南	Hunan	254.4								
广　东	Guangdong	866.4	455.5	126.4	329.1	158.8	81.5	196.4	7.9	10.8
广　西	Guangxi	342.1	199.5	56.9	142.6	38.1	46.9	106.6		7.9
海　南	Hainan	172.2	135.0	107.9	27.1	99.0	19.8	3.8	1.2	11.3
重　庆	Chongqing	54.2								
四　川	Sichuan	157.7								
贵　州	Guizhou	24.4								
云　南	Yunnan	63.7								
西　藏	Tibet	0.0								
陕　西	Shaanxi	16.6								
甘　肃	Gansu	1.4								
青　海	Qinghai	1.9								
宁　夏	Ningxia	15.8								
新　疆	Xinjiang	16.7								

注：北京市水产品产量含中农发集团产量。
a) Data of aquatic products of Beijing include that of China National Agricultural Development Group Co., Ltd.

12-15 续表 continued

单位：万吨 (10 000 tons)

年 份 地 区	Year Region	淡水产品 Freshwater Aquatic Products	天然生产 Naturally Grown	人工养殖 Artificially Cultured	鱼 类 Fish	虾蟹类 Shrimps, Prawns and Crabs	贝 类 Shellfish	其 他 Others
1978		105.9	29.6	76.2	99.7	3.8	2.4	
1980		124.0	33.9	90.2	116.3	5.2	2.5	
1985		285.4	47.6	237.8	276.5	5.5	3.4	
1990		523.7	78.3	445.4	504.9	9.5	7.6	1.8
1995		1078.1	137.3	940.8	1018.6	27.3	20.5	11.6
2000		1502.3	193.4	1308.9	1358.4	76.3	40.0	27.7
2005		1954.0	221.0	1733.0	1737.2	140.3	46.3	30.2
2006		2074.0	220.4	1853.6	1822.5	167.8	50.9	32.8
2007		2196.6	225.6	1971.0	1908.5	202.1	50.5	35.5
2008		2297.3	224.8	2072.5	1998.5	210.1	50.1	38.7
2009		2434.8	218.4	2216.5	2109.9	228.8	52.0	44.2
2010		2575.5	228.9	2346.5	2225.6	248.1	53.8	47.9
2011		2695.2	223.2	2471.9	2343.7	248.8	53.9	48.8
2012		2612.5	204.0	2408.5	2235.9	268.7	54.0	54.0
2013		2751.9	204.2	2547.7	2366.5	277.0	52.8	55.5
2014		2865.7	202.5	2663.2	2470.7	288.7	51.4	54.8
2015		2978.7	199.3	2779.3	2571.9	300.2	51.6	54.9
2016		3078.2	200.3	2877.9	2653.8	316.1	52.5	55.8
2017		3123.6	218.3	2905.3	2702.6	320.8	46.7	53.6
2018		3156.2	196.4	2959.8	2691.4	369.7	40.8	54.4
2019		3197.9	184.1	3013.7	2686.4	416.5	39.4	55.5
北 京	Beijing	2.4	0.2	2.1	2.4			0.0
天 津	Tianjin	22.2	0.5	21.7	18.5	3.7	0.0	0.0
河 北	Hebei	29.4	3.6	25.9	26.5	2.7	0.0	0.3
山 西	Shanxi	4.6	0.2	4.4	4.6	0.0		0.0
内蒙古	Inner Mongolia	12.6	1.4	11.2	12.3	0.1		0.2
辽 宁	Liaoning	85.1	3.9	81.2	76.2	8.2	0.0	0.7
吉 林	Jilin	23.7	1.9	21.8	23.2	0.4	0.0	
黑龙江	Heilongjiang	64.8	4.0	60.8	63.8	1.0	0.1	0.0
上 海	Shanghai	8.5	0.1	8.4	5.4	3.0		0.0
江 苏	Jiangsu	347.1	29.2	317.9	244.0	90.9	9.3	2.9
浙 江	Zhejiang	133.1	16.0	117.1	99.8	16.7	3.8	12.9
安 徽	Anhui	231.5	20.5	211.0	165.2	54.3	6.8	5.1
福 建	Fujian	91.0	7.1	83.9	75.5	9.6	4.7	1.2
江 西	Jiangxi	258.8	16.8	242.1	223.1	21.3	6.2	8.2
山 东	Shandong	117.1	8.9	108.1	102.9	13.0	0.4	0.8
河 南	Henan	99.1	11.2	87.9	89.9	7.7	0.6	0.9
湖 北	Hubei	469.5	16.2	453.4	349.5	112.6	0.7	6.7
湖 南	Hunan	254.4	8.1	246.3	213.6	34.2	1.6	5.0
广 东	Guangdong	410.9	10.9	400.0	374.4	28.7	3.1	4.8
广 西	Guangxi	142.7	9.1	133.5	137.1	1.2	1.5	2.8
海 南	Hainan	37.1	1.7	35.4	36.4	0.2	0.1	0.3
重 庆	Chongqing	54.2	1.8	52.4	52.5	1.1	0.0	0.6
四 川	Sichuan	157.7	3.9	153.8	152.7	3.9	0.3	0.9
贵 州	Guizhou	24.4	1.1	23.3	23.7	0.4	0.1	0.1
云 南	Yunnan	63.7	3.0	60.6	62.8	0.5	0.2	0.2
西 藏	Tibet	0.0	0.0	0.0	0.0			0.0
陕 西	Shaanxi	16.6	0.5	16.1	15.5	0.3	0.0	0.9
甘 肃	Gansu	1.4		1.4	1.4	0.0		0.0
青 海	Qinghai	1.9		1.9	1.8	0.0		
宁 夏	Ningxia	15.8	0.8	15.0	15.6	0.1		0.0
新 疆	Xinjiang	16.7	1.5	15.2	16.3	0.4	0.0	0.0

12-16 人均主要农产品产量
Per Capita Output of Major Farm Products

单位：公斤 (kg)

年份 Year / 地区 Region	粮食 Grain	谷物 Cereals	棉花 Cotton	油料 Oil-bearing Crops	猪牛羊肉 Pork, Beef and Mutton	水产品 Total Aquatic Products	牛奶 Milk
1978	319		2.3	5.5	9.1	4.9	
1980	327		2.8	7.8	12.3	4.6	1.2
1985	361		3.9	15.0	16.8	6.7	2.4
1990	393		4.0	14.2	22.1	10.9	3.7
1995	387	345	4.0	18.7	27.4	20.9	4.8
2000	366	321	3.5	23.4	37.6	29.4	6.6
2005	371	328	4.4	23.6	42.0	33.9	21.1
2006	380	344	5.7	20.1	42.8	35.0	22.5
2007	383	349	5.8	21.1	40.4	36.0	22.4
2008	403	367	5.5	22.9	43.0	37.0	22.7
2009	405	370	4.7	23.6	44.8	38.4	22.5
2010	418	383	4.3	23.6	46.2	40.2	22.7
2011	438	402	4.8	23.9	45.7	41.7	23.1
2012	453	419	4.9	24.3	47.8	40.6	23.5
2013	464	432	4.6	24.7	49.1	42.2	22.2
2014	469	437	4.6	24.7	50.3	43.8	23.2
2015	482	451	4.3	24.7	48.9	45.1	23.2
2016	479	447	3.9	24.7	47.2	46.3	22.2
2017	477	444	4.1	25.1	47.3	46.5	21.9
2018	472	438	4.4	24.7	46.8	46.4	22.1
2019	475	439	4.2	25.0	38.7	46.4	22.9
北 京 Beijing	13	13	0.0	0.1	1.6	1.4	12.3
天 津 Tianjin	143	142	1.2	0.3	12.2	16.8	30.3
河 北 Hebei	494	471	3.0	15.8	43.6	13.1	56.6
山 西 Shanxi	366	340	0.1	3.7	19.2	1.2	24.7
内蒙古 Inner Mongolia	1440	1286	0.0	90.1	93.1	5.0	227.5
辽 宁 Liaoning	558	545	0.0	22.4	51.8	104.5	30.7
吉 林 Jilin	1438	1397		30.3	57.4	8.8	14.8
黑龙江 Heilongjiang	1994	1768		3.1	51.4	17.2	123.7
上 海 Shanghai	40	39	0.0	0.3	3.8	11.6	12.3
江 苏 Jiangsu	460	448	0.2	11.7	19.3	60.1	7.7
浙 江 Zhejiang	102	91	0.1	5.5	11.0	99.5	2.7
安 徽 Anhui	639	620	0.9	25.4	35.6	36.5	5.3
福 建 Fujian	125	102	0.0	5.6	27.1	205.9	3.7
江 西 Jiangxi	463	445	1.4	25.9	47.7	55.6	1.6
山 东 Shandong	533	517	1.9	28.7	36.3	81.8	22.7
河 南 Henan	696	679	0.3	67.1	42.5	10.3	21.2
湖 北 Hubei	460	436	2.4	53.0	45.4	79.3	2.3
湖 南 Hunan	431	412	1.2	34.6	55.5	36.8	0.9
广 东 Guangdong	109	99		9.6	19.9	75.8	1.2
广 西 Guangxi	269	255	0.0	14.5	42.1	69.2	1.8
海 南 Hainan	154	135		9.3	35.0	183.3	0.2
重 庆 Chongqing	345	241		20.9	40.5	17.4	1.3
四 川 Sichuan	419	338	0.0	44.0	47.1	17.8	7.5
贵 州 Guizhou	291	199	0.0	28.5	49.0	6.7	1.5
云 南 Yunnan	386	326	0.0	12.9	71.5	13.1	12.4
西 藏 Tibet	299	294		16.4	79.9	0.1	122.1
陕 西 Shaanxi	318	286	0.2	15.5	26.1	4.4	28.5
甘 肃 Gansu	440	349	1.2	23.9	36.2	0.5	16.7
青 海 Qinghai	174	114		47.7	59.9	3.1	57.6
宁 夏 Ningxia	540	479		11.1	42.9	22.8	265.2
新 疆 Xinjiang	610	597	199.7	26.5	56.9	6.7	81.6

12-17 国有农场基本情况
Basic Statistics on State Farms

本表为农垦系统数据。
Data in this table are from land reclamation departments.

指 标	Item	2015	2016	2017	2018	2019
农场数 (个)	**Number of Farms (unit)**	**1785**	**1781**	**1758**	**1759**	**1834**
职工人数 (万人)	**Number of Staff and Workers (10 000 persons)**	**287.7**	**276.7**	**271.5**	**192.1**	**214.7**
耕地面积 (千公顷)	**Area of Cultivated Land (1 000 hectares)**	**6325.4**	**6446.9**	**6455.6**	**6419.7**	**6480.8**
农业机械总动力 (亿瓦)	**Total Power of Agricultural Machinery (100 million watts)**	**283.8**	**296.5**	**302.6**	**306.2**	**311.9**
农业机械拥有量(万台、万辆)	**Possession of Agricultural Machinery(10 000 units)**					
大中型农用拖拉机	Large and Medium-sized Agricultural Tractors	19.7	21.6	22.2	22.9	22.8
小型及手扶拖拉机	Small and Walking Agricultural Tractors	30.9	26.8	30.1	37.3	29.1
农用排灌动力机械	Machinery for Agricultural Drainage and Irrigation	28.0	29.4	28.7	33.3	39.2
联合收割机	Combine Harvesters	5.7	9.4	6.4	6.4	6.5
农用运输汽车	Trucks for Agricultural Use	8.4	9.1	8.2	7.6	7.7
农用化肥施用量 (万吨)	**Consumption of Chemical Fertilizers (10 000 tons)**	**269.9**	**273.9**	**278.0**	**273.8**	**252.3**
农业总产值 (亿元)	**Gross Agricultural Output Value (100 million yuan)**	**3449.7**	**3457.8**	**3837.2**	**3823.1**	**3862.1**
农作物总播种面积(千公顷)	**Sown Area of Farm Crops (1 000 hectares)**	**6898.3**	**6930.1**	**6872.7**	**6851.2**	**6789.1**
粮食作物	Grain	4997.0	4996.3	4894.1	4827.0	4794.8
谷 物	Cereals	4353.0	4039.0	3815.5	4022.4	3766.1
棉 花	Cotton	834.2	732.1	796.4	1021.8	1006.6
油 料	Oil-bearing Crops	352.2	361.2	337.2	306.2	309.7
糖 料	Sugar Crops	84.3	85.9	90.4	93.6	97.3
麻 类	Fiber Crops	3.3	5.1	5.1	5.7	7.0
年底实有茶园面积	Area of Tea Plantations (year-end)	29.4	28.9	28.5	27.3	31.9
年底实有桑园面积	Area of Mulberry Plantations (year-end)	2.2	1.6	1.0	0.9	1.3
年底实有果园面积	Area of Orchards (year-end)	422.7	418.5	418.0	411.3	404.2
年底实有橡胶园面积	Area of Rubber Plantations (year-end)	443.2	453.6	453.6	439.1	425.4
主要农产品产量 (万吨)	**Output of Major Farm Products (10 000 tons)**					
粮食作物	Grain	3665.1	3483.2	3515.2	3652.8	3441.1
谷 物	Cereals	3465.0	3249.7	3198.4	3359.4	3154.2
棉 花	Cotton	175.0	187.7	208.6	284.8	244.7
油 料	Oil-bearing Crops	80.8	81.7	76.6	79.7	75.7
糖 料	Sugar Crops	718.3	734.5	774.8	755.8	746.5
麻 类	Fiber Crops	1.5	2.6	3.0	8.2	10.2
茶 叶	Tea	5.0	5.1	5.2	5.6	5.3
水 果	Fruits	649.2	677.5	737.5	745.3	784.2
干 胶	Rubber	31.0	28.6	27.0	29.3	28.5
畜牧业、渔业生产	**Production of Animal Husbandry and Fishery**					
大牲畜年底头数 (万头)	Number of Large Animals (year-end)(10 000 heads)	282.0	292.0	300.5	280.2	299.0
猪年底头数 (万头)	Number of Hogs (10 000 heads)	1227.3	1239.0	1263.7	1173.1	728.4
羊年底只数 (万只)	Number of Sheep and Goats (10 000 heads)	1494.8	1437.2	1369.8	1236.5	1118.5
#绵 羊	Sheep	1249.0	1195.0	1140.4	1031.6	916.7
畜产品产量 (万吨)	**Output of Livestock Products (10 000 tons)**					
猪牛羊肉	Pork, Beef and Mutton	185.0	185.4	189.4	163.0	139.0
#猪 肉	Pork	146.4	147.5	150.9	126.2	102.1
牛 奶	Milk	369.1	379.0	385.1	389.8	418.2
禽 蛋	Poultry Eggs	48.3	50.5	54.4	45.4	48.1
羊 毛	Sheep Wool	3.3	3.4	3.4	3.2	3.2
水产品总产量 (万吨)	**Total Output of Aquatic Products (10 000 tons)**	**152.5**	**148.4**	**160.9**	**162.8**	**161.4**

主要统计指标解释

农林牧渔业总产值　指以货币表现的农、林、牧、渔业全部产品和对农林牧渔业生产活动进行的各种支持性服务活动的价值总量，它反映一定时期内农林牧渔业生产总规模和总成果。1957 年以前的农林牧渔业总产值中包括了厩肥和农民自给性手工业(如农民自制衣服、鞋、袜，自己从事粮食初步加工等)。1958 年及以后，林业中增加了村及村以下竹木采伐产值；牧业中取消了厩肥产值；副业中取消了农民自给性手工业产值，增加了村及村以下办的工业产值；渔业中增加了海洋捕捞水产品产值。1980 年及以后，在副业中增加了农民家庭兼营工业商品部分的产值。从 1984 年起村及村以下工业产值划归工业。从 1993 年起取消副业，将野生动物的捕猎划入牧业，野生植物采集和农民家庭兼营商品性工业划归农业。从 2003 年起，执行新的国民经济行业分类标准，农林牧渔业总产值中包括了农林牧渔服务业产值，2018 年以后农林牧渔服务业产值改称农林牧渔专业及辅助性活动产值。林业中增加了森林采运业产值。农业中取消了家庭兼营商品性工业产值，将野生林产品的采集划归林业。第一、二、三次农业普查以后，根据农业普查结果，对农业、畜牧业、渔业年报数据和农业、畜牧业、渔业产值进行了修订。2010 年执行《统计用产品分类目录》，对 2009 年的农业、林业产值做了相应调整。

农林牧渔业总产值的计算方法通常是按农、林、牧、渔业产品及其副产品的产量分别乘以各自单位产品价格求得；少数生产周期较长，当年没有产品或产品产量不易统计的，则采用间接方法匡算其产值；然后将四业产品产值及农林牧渔专业及辅助性活动产值相加即为农林牧渔业总产值。

粮食产量　指日历年度内生产的全部粮食数量。按收获季节包括夏收粮食、早稻和秋收粮食，按作物品种包括谷物、薯类和豆类。其产量计算方法：谷物按脱粒后的原粮计算，豆类按去豆荚后的干豆计算；薯类(包括甘薯和马铃薯，不包括芋头和木薯)1964 年以前按每 4 公斤鲜薯折 1 公斤粮食计算，从 1964 年开始改为按 5 公斤鲜薯折 1 公斤粮食计算；城市郊区作为蔬菜的薯类(如马铃薯等)按鲜品计算，并且不作粮食统计。1989 年以前全国粮食产量数据主要靠全面报表取得，1989 年开始使用抽样调查数据。

棉花产量　指全社会的产量。包括春播棉和夏播棉。产量按皮棉计算。不包括木棉。

油料产量　指全部油料作物的生产量。包括花生、油菜籽、芝麻、向日葵籽、胡麻籽（亚麻籽）和其他油料。不包括大豆、木本油料和野生油料。花生以带壳干花生计算。

水产品产量　指渔业（捕捞和养殖）生产活动的最终有效成果，包括全部海水和淡水鱼类、甲壳类（虾、蟹）、贝类、头足类、藻类和其他类渔业产品的最终产量。水产品产量是通过各级水产部门逐级上报取得数据。1995 年及以前，贝类中牡蛎按鲜肉计算；蚶、蛤、蛙按 5 斤鲜品折 1 斤计算。1996 年以后则统一按鲜品计算。

猪、牛、羊肉产量　指当年出栏并已屠宰、除去头蹄下水后带骨肉(即胴体重)的重量。1996 年以前为全面统计并逐级上报数据。1996 年第一次农业普查以后，根据普查结果，对畜牧业主要年报数据进行了修正。1999 年，国家统计局在部分地区开展了猪、牛、羊、禽等主要畜禽品种的抽样调查，并用抽样数据作为国家定案数据使用。未开展抽样调查的地区，仍使用各级统计部门逐级上报数据。2008 年，建立了主要畜禽监测调查制度，猪、牛、羊、禽等主要畜禽数据均以抽样调查数为法定数据。

期初(末)畜禽存栏头(只)数　指报告期初(末)饲养的大牲畜、猪、羊、家禽等畜禽的数量。数据上报方式及数据调整情况同猪、牛、羊肉产量。

农作物播种面积　指日历年度内收获农作物在全部土地（耕地或非耕地）上的播种或移植面积。凡是本年内收获的农作物，无论是本年还是上年播种，都算为播种面积，但不包括本年播种，下年收获的农作物面积。

耕地灌溉面积　指具有一定的水源，地块比较平整，灌溉工程或设备已经配套，在一般年景下能够进行正常灌溉的耕地面积。在一般情况下，耕地灌溉面积应等于灌溉工程或设备已经配套，能够进行正常灌溉的水田和水浇地面积之和。它是反映我国农田水利建设的重要指标。

农用化肥施用量　指本年内实际用于农业生产的化肥数量，包括氮肥、磷肥、钾肥和复合肥。化肥施用量要求按折纯量计算数量。折纯量是指把氮肥、磷肥、钾肥分别按含氮、含五氧化二磷、含氧化钾的百分之百成份进行折算后的数量。复合肥按其所含主要成分折算。公式为：

折纯量=实物量 × 某种化肥有效成份含量的百分比

农业机械总动力　指全部农业机械动力的额定功率之和。农业机械是指用于种植业、畜牧业、渔业、农产品初加工、农用运输和农田基本建设等活动的机械及设备。农机总动力按使用能源不同分为以下四部分：

柴油发动机动力：指全部柴油发动机额定功率之和；

汽油发动机动力：指全部汽油发动机额定功率之和；

电动机动力：指全部电动机（含潜水电泵的电动机）额定功率之和；

其他机械动力：指采用柴油、汽油、电力之外的其他能源，如水力、风力、煤炭、太阳能等动力机械功率之和。

本指标的统计数据来源于农机部门。

Explanatory Notes on Main Statistical Indicators

Gross Output Value of Agriculture, Forestry, Animal Husbandry and Fishery refers to the total value of products (expressed in monetary terms) of agriculture, forestry, animal husbandry and fishery, and total value of services in support of agriculture, forestry, animal husbandry and fishery activities. It reflects the total scale and results of agricultural production during a given period. Prior to 1957, China's gross agricultural output value included barnyard manure and handicraft products for self-consumption (clothes, shoes, stockings, and initial grain processing undertaken by peasants). Since 1958, cutting and felling of bamboo and trees by villages and other cooperative organizations under villages have been included in forestry; value of barnyard manure has been excluded from animal husbandry; self consumed handicrafts have not been included from sideline occupations, while the output value of industries run by villages and cooperative organizations under village has been included in sideline occupations; and the output value of fish catches by motor fishing boats has been added to fishery. Since 1980, the value of handicraft products made for sale by individuals in households has been added to sideline occupations. Since 1984, industries run by villages and under villages have been included in the sector of industry. Since 1993, the subdivision of sideline occupations has been cancelled, and the hunting of wild animals has been classified into animal husbandry, and the gathering of wild plants and commodity industry run by rural household have been included in farming. A new industrial classification of economic activities was introduced in 2003. Under the new classification, value of services to agriculture, forestry, animal husbandry and fishery is included in the gross output value of agriculture. In 2018, the output value of services to agriculture, forestry, animal husbandry and fishery was renamed the output value of professional and support activities in agriculture, forestry, animal husbandry and fishery, value of wood felling and transport is included in forestry, value of industrial output by rural households is not included in agriculture. According to the result of the first, second and third agriculture census, efforts were made to adjust the annual reports of agriculture, animal husbandry and fishery output and the output value of agriculture, animal husbandry and fishery output to make the figures from the annual reports consistent with the census data. In line with the *Classification of Products for Statistical Purposes* implemented in 2010, relevant revisions were made on the output value of agriculture and forestry in 2009.

Gross output value of agriculture is obtained by multiplying the output of each product or by-product by its price, resulting in the output value of each single item. For a small number of products, annual output of which is not available or difficult to get due to the long production (growing) process involved, the output value is estimated through an indirect approach. The sum of output values of all products of agriculture, forestry, animal husbandry and fishery and professional and support activities in agriculture, forestry, animal husbandry and fishery is then equal to the gross output value of agriculture.

Grain Output refers to the total output of grains produced within a calendar year. It includes summer crops, early rice and autumn crops by harvest seasons; and covers cereals, tubers and beans by type of crops. Output of cereals cover husked grain only. Output of beans refers to dry beans without pods. The output of tubers (sweet potatoes and potatoes, not including taros and cassava) are converted with the ratio of 4:1, i.e. 4 kilograms of fresh tubers were equivalent to 1 kilogram of grain before 1964. Since 1964 the ratio has been changed to 5:1. Tubers consumed as vegetables (such as potatoes) in cities and suburbs are calculated as fresh vegetables and their output is not included in the output of grain. Data on grain production before 1989 were obtained through the comprehensive statistical reporting system. Since 1989, data from sample surveys are used.

Cotton Output refers to cotton production in the whole country including cotton planted in spring and in summer. Output is measured as the weight of ginned cotton. Ceiba is not included.

Output of Oil-bearing Crops refers to the total production of oil-bearing crops of various kinds, including peanuts (dry, in shell), rapeseeds, sesame, sunflower seeds, flax seeds, and other oil-bearing crops. Soybeans, oil-bearing woody plants, and wild oil-bearing crops are not included.

Output of Aquatic Products refers to final output actually yielded from fishing production (fishery and breeding), including all output of marine and freshwater fish, crustaceans (shrimps, crabs), shellfish, cephalopod, seaweed and other fishery products. Data on output of aquatic products are reported by aquatic product agencies level by level. Before 1995, among the shellfish, oyster was counted as fresh meat; and 5 kilograms of ark shell, clams and frogs were equivalent to 1 kilogram of fresh aquatic products; they have all been counted as fresh aquatic products since 1996.

Output of Pork, Beef and Mutton refers to the meat of slaughtered hogs, cattle, sheep and goats with head, feet, and offal taken away. Before 1996, data were obtained through bottom-up comprehensive reporting system. The first agricultural census of China in 1996 revealed some discrepancy between the production of animal products from the annual reports and that from the census. Efforts were made to adjust the output value of animal husbandry to make the figures from the annual reports consistent with the census data. Since 1999, the NBS conducted sample surveys in selected regions for the major animal husbandry products, such as hogs, cattle, sheep and goats and fowls, and the data from sample surveys are used as finalized national data. Production of other regions which are not covered by the sample survey is still reported by statistical agencies level by level. A monitoring and survey program was set up in 2008 on main livestock, and data on the main livestock such as hog, cattle, sheep and poultry from the sample survey became the official data.

Number of Livestock or Poultry in Stock at Beginning/End of Period refers to the total number of large animals, pigs, sheep, fowls, etc. raised at the beginning/end of the reference period. Data reporting system and data adjustment are the same as that in the output of pork, beef and mutton.

Sown Area of Crops refers to area of all land (cultivated or non-cultivated area) sown or transplanted with crops that are harvested within the calendar year. All crops harvested within the year are counted as sown area, regardless of being sown in this year or the previous year. Crops sown this year but will be harvested in the coming year are excluded.

Irrigated Area of Cultivated Land refers to area of land that are effectively irrigated, i.e. relatively level land, where there are water sources or complete sets of irrigation facilities to lift and move adequate water for irrigation purpose under normal conditions. Under normal situations, irrigated area of cultivated land is the sum of watered fields and irrigated fields where irrigation systems or equipment have been installed for regular irrigation purpose. It is an important indicator to reflect the farmland water conservancy construction in China.

Consumption of Chemical Fertilizers in Agriculture refers to the quantity of chemical fertilizers applied in agriculture in the year, including nitrogenous fertilizer, phosphate fertilizer, potash fertilizer, and compound fertilizer. The consumption of chemical fertilizers is calculated in terms of volume of effective components by means of converting the gross weight of the respective fertilizers into weight containing effective component (e.g. nitrogen content in nitrogenous fertilizer, phosphorous pentoxide contents in phosphate fertilizer, and potassium oxide contents in potash fertilizer). Compound fertilizer is converted in regard to its major components. The formula is:

Volume of effective component= physical quantity× effective component of certain chemical fertilizer (%)

Total Power of Agricultural Machinery refers to the total rated capacity of all agricultural machinery. Agricultural machinery refers to the machines and equipment which are used for activities of farming, animal husbandry, fishery, primary processing of agricultural products, agricultural transport and infrastructure construction of farmland. Total power of agricultural machinery is classified into 4 groups according to the energy used:

Diesel engine power refers to the total rated capacity of all diesel engines.

Gasoline engine power refers to the total rated capacity of all gasoline engines.

Electric motor power refers to the total rated capacity of all electric motors (include submersible pump motors).

Other mechanical powers refer to the total mechanical capacity of machinery using other forms of energy apart from diesel, gasoline and electricity, such as hydro power, wind power, coal and solar energy.

Data are mainly from agricultural machinery agencies.

13

工 业

Industry

简 要 说 明

一、本篇资料的主要内容

本篇资料反映我国工业经济的基本情况，包括31个省、自治区、直辖市的主要工业经济统计数据：

1.全国规模以上工业企业主要经济指标，以及按工业门类、企业规模、企业登记注册类型、工业行业大类和按地区分组的主要经济指标；

2.国有控股、私营、外商投资和港澳台商投资工业企业按工业行业大类和按地区分组的主要经济指标；

3.大中型工业企业按工业行业大类和按地区分组的主要经济指标；

4.主要工业产品产量和生产能力等。

二、本篇资料的统计范围

本篇资料中规模以上工业企业的统计范围：1998年至2006年为全部国有和年主营业务收入500万元及以上的非国有工业法人单位；2007年至2010年为年主营业务收入500万元及以上的工业法人单位；从2011年开始，为年主营业务收入2000万元及以上的工业法人单位。

本篇资料中工业行业分类按《国民经济行业分类》（GB/T 4754-2017）标准划分；企业规模划分按《统计上大中小微型企业划分办法（2017）》标准执行。

三、本篇的资料来源和统计调查方法

本篇工业企业统计数据主要根据工业统计年度报表有关资料整理汇总。

四、数据使用注意事项

2017年以来全国规模以上工业企业主要经济指标数据与上年数据之间存在不可比因素，其主要原因是：（一）根据统计制度，每年定期对规模以上工业企业调查范围进行调整。每年有部分企业达到规模标准纳入调查范围，也有部分企业因规模变小而退出调查范围，还有新建投产企业、破产、注（吊）销企业等变化。（二）加强统计执法，对统计执法检查中发现的不符合规模以上工业统计要求的企业进行了清理，对相关基数依规进行了修正。（三）加强数据质量管理，剔除跨地区、跨行业重复统计数据。

Brief Introduction

I. Main Contents

Data in this chapter reflect the basic conditions of the industrial sector, presenting main industrial economic indicators of 31 provinces, autonomous regions and municipalities:

(1) Main economic indicators of industrial enterprises above designated size; as well as the main economic indicators and efficiency indicators classified by industrial sector, by size of enterprise, by type of registration, by branch of industry and by province.

(2) Main economic indicators and efficiency indicators of State-holding industrial enterprises, private industrial enterprises, foreign-funded industrial enterprises and industrial enterprises with funds from Hong Kong, Macao and Taiwan classified by branch of industry and by province.

(3) Main economic indicators and efficiency indicators of large and medium-sized industrial enterprises classified by branch of industry and by province.

(4) Output and production capacity of key industrial products.

II. Scopes of Statistics

The scopes of industrial enterprises above designated size were: all State-owned industrial enterprises and the non-State-owned industrial enterprises with revenue from principal business over 5 million yuan from 1998 to 2006; all industrial enterprises with revenue from principal business over 5 million yuan from 2007 to 2010; and all industrial enterprises with revenue from principal business above 20 million yuan since 2011.

Data by branch of industry in this chapter are based on the *National Industrial Classification of all Economic Activities (GB/T 4754-2017)*, and data by size of enterprise are based on the 2017's *Standards of Enterprises by Size*.

III. Sources of Data and Methods of Survey

The data on industrial enterprises in this Chapter are compiled mainly on the basis of annual industrial statistics reporting forms.

Ⅳ. Data Usage Notes

Since 2017, data of main indicators of industrial enterprises above designated size nationwide are not comparable with previous years, the reasons are as following: (1) According to the statistical system, the investigation scope of industrial enterprises above designated size should be adjusted regularly every year. Every year, some enterprises meet the scale criteria to be included in the scope of investigation, some enterprises withdraw from the scope of investigation because of the smaller scale, and there are other changes: new enterprises, bankruptcy, annotation (cancellation) enterprises, etc. (2) Strengthening of statistical law enforcement, cleaning up enterprises found in the inspection of statistical law enforcement that do not meet the standard of industrial statistics above designated size, and amending the relevant cardinality in accordance with regulations. (3) Strengthening data quality management and eliminating duplicated statistical data across regions and across industries. According to the latest survey of organizational structure of enterprises carried out by the National Bureau of Statistics, the repeated calculation of enterprise groups (companies) across regions and industries is weighed. (4) After the implementation of the program to replace the business tax with a value-added tax, the value-added tax was paid by the service enterprises and the tax rate was lower. The industrial enterprises gradually stripped off the internal non-industrial production and operation activities and turned to the service industry, which reduced the financial data of the industrial enterprises.

13-1 规模以上工业企业主要指标（2019年）
Main Indicators of Industrial Enterprises above Designated Size (2019)

单位：亿元 (100 million yuan)

项目	Item	企业单位数（个）Number of Enterprises (unit)	资产总计 Total Assets	营业收入 Revenue from Principal Business	利润总额 Total Profits
总计	**Total**	**377815**	**1205868.9**	**1067397.2**	**65799.0**
按工业门类分	**Grouped by Industries**				
采矿业	Mining	10203	97469.3	43076.2	5379.8
制造业	Manufacturing	353870	911341.6	943582.0	55314.5
电力、热力、燃气及水生产和供应业	Production and Supply of Electricity, Heating, Gas and Water	13742	197058.1	80739.0	5104.7
按企业规模分	**Grouped by Size of Enterprises**				
大型企业	Large Enterprises	8210	569249.1	451017.8	29526.4
中型企业	Medium-sized Enterprises	39974	271433.5	240542.7	16496.6
小型企业	Small Enterprises	329631	365186.4	375836.6	19776.1
按登记注册类型分	**By Status of Registration**				
内资企业	Domestic Invested Enterprises	334227	977125.0	832987.4	49316.0
国有企业	State-owned Enterprises	1522	30159.6	20453.6	501.0
集体企业	Collective-owned Enterprises	1113	1191.1	1569.4	75.4
股份合作企业	Cooperative Enterprises	732	542.5	668.4	35.2
联营企业	Joint Ownership Enterprises	57	39.6	74.3	6.3
国有联营企业	State Joint Ownership Enterprises	6	6.5	3.0	-0.3
集体联营企业	Collective Joint Ownership Enterprises	28	14.9	19.1	1.7
国有与集体联营企业	Joint State-collective Enterprises	11	5.8	11.8	1.9
其他联营企业	Other Joint Ownership Enterprises	12	12.4	40.5	2.9
有限责任公司	Limited Liability Corporations	75513	477534.2	336867.7	19934.4
国有独资公司	State Sole-proprietorship Corporations	4161	135404.5	76419.4	4062.1
其他有限责任公司	Other Limited Liability Corporations	71352	342129.7	260448.3	15872.3
股份有限公司	Share-holding Corporations Ltd.	11557	184793.7	112161.6	8107.3
私营企业	Private Enterprises	243640	282829.6	361133.2	20650.8
私营独资企业	Private Sole-proprietorship Enterprises	8630	3634.4	7271.3	442.7
私营合伙企业	Private Partnership Enterprises	1388	793.7	1345.5	87.2
私营有限责任公司	Private Limited Liability Corporations	223656	244731.7	325247.5	17818.4
私营股份有限公司	Private Share-holding Corporations Ltd.	9966	33669.8	27268.9	2302.6
其他企业	Other Enterprises	93	34.8	59.2	5.6
港、澳、台商投资企业	Enterprises with Investment from Hong Kong, Macao and Taiwan	20044	95167.2	92566.0	6770.7
合资经营企业(港或澳、台资)	Joint-venture Enterprises	5450	36201.1	30682.2	2146.7
合作经营企业(港或澳、台资)	Cooperative Enterprises	315	1136.5	1235.1	131.6
港、澳、台商独资经营企业	Sole-proprietorship Enterprises	13699	51185.0	55873.7	4131.6
港、澳、台商投资股份有限公司	Share-holding Corporations Ltd.	424	5733.4	4329.6	318.4
其他港、澳、台商投资企业	Other Enterprises with Investment from Hong Kong, Macao and Taiwan	156	911.3	445.5	42.4
外商投资企业	Foreign Invested Enterprises	23544	133576.6	141843.8	9712.3
中外合资经营企业	Joint-venture Enterprises	7522	61485.5	62122.7	4598.4
中外合作经营企业	Cooperative Enterprises	379	2352.6	2305.3	203.5
外资企业	Sole-proprietorship Enterprises	14936	62444.5	72335.0	4511.9
外商投资股份有限公司	Share-holding Corporations Ltd.	380	5911.9	3692.7	322.6
其他外商投资企业	Other Foreign Funded Enterprises	327	1382.1	1388.1	76.0

注：1.全国规模以上工业企业统计范围1998年至2006年为全部国有及年主营业务收入在500万元及以上非国有工业企业；2007年至2010年为年主营业务收入在500万元及以上的工业企业；2011年及以后年份为年主营业务收入在2000万元及以上的工业企业。以下相关表均同。

2.2017年以来规模以上工业企业数据与上年数据之间存在不可比因素，原因详见“简要说明四”。以下相关表均同。

a) Industrial enterprises above designated size covered all state-owned enterprises, and non-state owned enterprises with annual revenue from principal business of over 5 million yuan from 1998 to 2006. The coverage was adjusted to include all industrial enterprise with annual revenue from principal business of over 5 million yuan from 2007 to 2010, and further adjusted to include industrial enterprise with annual revenue from principal business of over 20 million yuan since 2011. The same applies to the relevant following tables.

b) Data of 2017 and of following years are not comparable with the preceeding year. See "Brief Introduction IV" for explanation. The same applies to the relevant following tables.

13-2 按行业分规模以上工业企业主要指标（2019年）

单位：亿元

行业	Sector	企业单位数（个）Number of Enterprises (unit)	资产总计 Total Assets
总计	**National Total**	**377815**	**1205868.9**
煤炭开采和洗选业	Mining and Washing of Coal	4253	52651.4
石油和天然气开采业	Extraction of Petroleum and Natural Gas	119	22568.4
黑色金属矿采选业	Mining and Processing of Ferrous Metal Ores	1163	9375.0
有色金属矿采选业	Mining and Processing of Non-Ferrous Metal Ores	1230	5694.6
非金属矿采选业	Mining and Processing of Non-metal Ores	3173	4160.2
开采专业及辅助性活动	Professional and Support Activities for Mining	255	3003.6
其他采矿业	Mining of Other Ores	10	16.1
农副食品加工业	Processing of Food from Agricultural Products	21346	29773.1
食品制造业	Manufacture of Foods	8043	16508.7
酒、饮料和精制茶制造业	Manufacture of Liquor, Beverages and Refined Tea	5674	17932.0
烟草制品业	Manufacture of Tobacco	107	10378.4
纺织业	Manufacture of Textile	18018	19927.1
纺织服装、服饰业	Manufacture of Textile, Wearing Apparel and Accessories	13353	11627.9
皮革、毛皮、羽毛及其制品和制鞋业	Manufacture of Leather, Fur, Feather and Related Products and Footwear	8319	6717.4
木材加工和木、竹、藤、棕、草制品业	Processing of Timber, Manufacture of Wood, Bamboo, Rattan, Palm and Straw Products	9012	4996.7
家具制造业	Manufacture of Furniture	6472	5931.9
造纸和纸制品业	Manufacture of Paper and Paper Products	6579	14935.1
印刷和记录媒介复制业	Printing and Reproduction of Recording Media	5673	5906.9
文教、工美、体育和娱乐用品制造业	Manufacture of Articles for Culture, Education, Arts and Crafts, Sport and Entertainment Activities	8763	8661.1
石油、煤炭及其他燃料加工业	Processing of Petroleum, Coal and Other Fuels	1999	35059.4
化学原料和化学制品制造业	Manufacture of Raw Chemical Materials and Chemical Products	21596	73164.4
医药制造业	Manufacture of Medicines	7392	33981.5
化学纤维制造业	Manufacture of Chemical Fibres	1882	8547.8
橡胶和塑料制品业	Manufacture of Rubber and Plastics Products	19413	22962.1
非金属矿物制品业	Manufacture of Non-metallic Mineral Products	36148	54672.5
黑色金属冶炼和压延加工业	Smelting and Pressing of Ferrous Metals	5113	65730.7
有色金属冶炼和压延加工业	Smelting and Pressing of Non-ferrous Metals	7251	42263.3
金属制品业	Manufacture of Metal Products	24687	29960.1
通用设备制造业	Manufacture of General Purpose Machinery	24788	45010.7
专用设备制造业	Manufacture of Special Purpose Machinery	19108	41350.4
汽车制造业	Manufacture of Automobiles	15485	80788.3
铁路、船舶、航空航天和其他运输设备制造业	Manufacture of Railway, Ship, Aerospace and Other Transport Equipments	4713	23740.3
电气机械和器材制造业	Manufacture of Electrical Machinery and Apparatus	25267	69800.2
计算机、通信和其他电子设备制造业	Manufacture of Computers, Communication and Other Electronic Equipment	18726	112957.9
仪器仪表制造业	Manufacture of Measuring Instruments and Machinery	4892	10225.2
其他制造业	Other Manufacture	1680	2491.3
废弃资源综合利用业	Utilization of Waste Resources	1907	3156.8
金属制品、机械和设备修理业	Repair Service of Metal Products, Machinery and Equipment	464	2182.3
电力、热力生产和供应业	Production and Supply of Electric Power and Heat Power	9004	166619.1
燃气生产和供应业	Production and Supply of Gas	2316	12422.9
水的生产和供应业	Production and Supply of Water	2422	18016.1

Main Indicators of Industrial Enterprises above Designated Size by Industrial Sector (2019)

(100 million yuan)

流动资产合计 Current Assets	应收账款 Accounts Receivable	存货 Inventories	#产成品 Finished Goods	负债合计 Total Liabilities
591231.3	**156298.4**	**119225.7**	**44060.2**	**681085.1**
19904.9	2590.0	1172.4	545.0	34324.9
2879.3	390.9	200.7	100.3	10415.7
2982.7	465.1	289.0	144.1	5743.6
1821.2	266.4	313.2	135.2	3194.2
1837.2	367.5	229.4	126.3	2115.6
1565.7	543.5	177.3	16.7	1827.6
9.2	4.4	1.1	0.5	10.1
17223.9	2723.2	4993.3	2116.0	16998.2
8611.5	1675.3	1825.8	792.1	7912.9
10585.6	1037.9	2850.8	947.9	7492.4
7249.3	429.5	4224.6	250.4	2332.7
10981.4	2657.6	3187.3	1545.3	11128.8
6951.2	2012.9	1815.7	951.3	5730.7
4022.4	1189.9	1034.7	424.6	3238.4
2844.3	743.0	781.8	350.5	2678.5
3486.5	939.1	817.7	325.3	3164.8
7479.2	1731.5	1294.8	499.3	8664.3
3301.6	1076.3	643.9	263.0	2717.9
5581.4	1267.6	2109.2	1085.2	4608.1
16676.4	2544.8	4541.7	1308.0	23049.4
32762.7	7169.1	6449.8	2788.6	40292.7
19302.9	4328.4	4216.5	1919.2	14006.0
3815.9	641.5	887.0	469.0	5002.4
13184.1	4337.7	2824.6	1319.8	11646.6
29659.4	10461.8	4745.8	2201.8	29870.6
29067.0	3758.7	7032.3	2277.0	40816.7
20692.9	3433.8	5906.6	1629.2	26431.8
18259.1	5783.5	4341.7	1749.0	16745.8
29640.8	9348.0	7080.8	2578.2	23841.3
27180.9	8650.0	6548.8	2403.2	22672.8
47586.7	14186.0	7297.5	3386.0	48535.4
15377.7	3640.1	4165.6	708.0	14410.6
46121.7	15891.3	7877.8	3452.3	39315.9
74279.1	28120.4	12619.6	4253.6	64765.2
6989.1	2283.7	1435.4	501.2	4676.2
1423.7	304.3	346.9	104.0	1317.8
1820.8	412.1	608.0	194.0	1831.3
1174.4	440.1	261.4	24.8	1148.1
26970.4	7067.5	1597.0	68.6	98522.9
4283.7	699.8	273.5	81.0	7409.1
5643.6	684.4	204.5	24.7	10477.4

13-2 续表

单位：亿元

行　　业	Sector	营业收入 Business Revenue	营业成本 Business Cost
总　　计	**National Total**	**1067397.2**	**891095.0**
煤炭开采和洗选业	Mining and Washing of Coal	21990.1	15322.2
石油和天然气开采业	Extraction of Petroleum and Natural Gas	8695.2	5404.0
黑色金属矿采选业	Mining and Processing of Ferrous Metal Ores	3614.8	2853.2
有色金属矿采选业	Mining and Processing of Non-Ferrous Metal Ores	2752.4	1999.1
非金属矿采选业	Mining and Processing of Non-metal Ores	3556.6	2682.0
开采专业及辅助性活动	Professional and Support Activities for Mining	2434.6	2288.0
其他采矿业	Mining of Other Ores	32.4	29.1
农副食品加工业	Processing of Food from Agricultural Products	47412.6	42410.1
食品制造业	Manufacture of Foods	19510.7	15035.1
酒、饮料和精制茶制造业	Manufacture of Liquor, Beverages and Refined Tea	15336.1	10223.8
烟草制品业	Manufacture of Tobacco	11135.0	3799.3
纺织业	Manufacture of Textile	24665.8	21734.3
纺织服装、服饰业	Manufacture of Textile, Wearing Apparel and Accessories	15617.8	13198.8
皮革、毛皮、羽毛及其制品和制鞋业	Manufacture of Leather, Fur, Feather and Related Products and Footwear	11861.5	10091.2
木材加工和木、竹、藤、棕、草制品业	Processing of Timber, Manufacture of Wood, Bamboo, Rattan, Palm and Straw Products	8879.9	7840.4
家具制造业	Manufacture of Furniture	7346.0	6040.6
造纸和纸制品业	Manufacture of Paper and Paper Products	13335.1	11422.7
印刷和记录媒介复制业	Printing and Reproduction of Recording Media	6794.0	5612.2
文教、工美、体育和娱乐用品制造业	Manufacture of Articles for Culture, Education, Arts and Crafts, Sport and Entertainment Activities	12935.0	11055.9
石油、煤炭及其他燃料加工业	Processing of Petroleum, Coal and Other Fuels	48583.4	40754.6
化学原料和化学制品制造业	Manufacture of Raw Chemical Materials and Chemical Products	66225.4	55173.3
医药制造业	Manufacture of Medicines	23884.2	13402.8
化学纤维制造业	Manufacture of Chemical Fibres	9175.3	8315.5
橡胶和塑料制品业	Manufacture of Rubber and Plastics Products	25667.0	21666.7
非金属矿物制品业	Manufacture of Non-metallic Mineral Products	56269.7	45927.3
黑色金属冶炼和压延加工业	Smelting and Pressing of Ferrous Metals	70376.4	64011.4
有色金属冶炼和压延加工业	Smelting and Pressing of Non-ferrous Metals	53968.9	49846.2
金属制品业	Manufacture of Metal Products	36535.0	31621.6
通用设备制造业	Manufacture of General Purpose Machinery	39520.0	32297.5
专用设备制造业	Manufacture of Special Purpose Machinery	30206.0	23725.9
汽车制造业	Manufacture of Automobiles	80418.1	67560.5
铁路、船舶、航空航天和其他运输设备制造业	Manufacture of Railway, Ship, Aerospace and Other Transport Equipments	14763.5	12491.9
电气机械和器材制造业	Manufacture of Electrical Machinery and Apparatus	64923.3	54172.7
计算机、通信和其他电子设备制造业	Manufacture of Computers, Communication and Other Electronic Equipment	111872.9	96744.7
仪器仪表制造业	Manufacture of Measuring Instruments and Machinery	7619.2	5721.2
其他制造业	Other Manufacture	2275.9	1895.2
废弃资源综合利用业	Utilization of Waste Resources	5015.7	4550.9
金属制品、机械和设备修理业	Repair Service of Metal Products, Machinery and Equipment	1452.9	1200.5
电力、热力生产和供应业	Production and Supply of Electric Power and Heat Power	68112.8	60484.4
燃气生产和供应业	Production and Supply of Gas	9451.3	8179.5
水的生产和供应业	Production and Supply of Water	3174.9	2308.9

注：“管理费用”包含“研发费用”，以下相关表均同。

continued

(100 million yuan)

销售费用 Selling Expenses	管理费用 Management Expenses	财务费用 Financial Expenses	利润总额 Total Profits	平均用工人数(万人) Annual Average Employees (10 000 persons)
31362.4	**54801.7**	**11371.1**	**65799.0**	**7929.1**
569.2	1676.4	783.8	2837.5	284.7
38.8	731.6	194.2	1630.3	60.9
71.9	221.4	161.5	233.2	28.0
38.6	231.6	74.1	320.6	29.4
179.8	225.4	52.0	344.5	30.1
4.8	104.2	1.6	10.9	31.1
1.2	1.0	0.2	0.8	0.1
1102.5	1360.1	377.5	2052.0	288.4
1727.9	987.7	108.9	1789.1	176.3
1284.8	798.3	71.5	2286.7	119.3
157.7	499.7	-54.1	933.1	16.2
452.3	1070.9	271.8	1132.5	348.0
567.8	859.7	106.6	877.6	301.7
300.5	566.6	75.3	800.7	211.5
195.5	311.9	67.4	427.1	93.7
305.0	474.7	46.5	488.4	113.4
416.6	630.6	192.9	732.3	115.9
193.2	463.2	49.0	469.0	85.0
333.9	665.6	96.7	760.2	178.5
403.9	1040.2	382.7	1255.6	80.8
2064.4	3463.0	856.7	3797.5	352.3
4907.0	2309.6	222.7	3184.2	199.6
91.0	334.5	132.2	362.6	43.8
768.3	1541.4	221.0	1421.9	294.1
1911.4	2700.6	582.9	4887.8	455.7
694.8	1956.4	669.9	2852.4	225.1
403.9	1311.1	607.8	1581.0	168.7
800.9	1920.9	285.0	1786.0	354.9
1381.7	2999.5	274.1	2649.0	398.0
1344.3	2548.0	310.7	2323.7	309.0
2276.0	4826.0	310.9	5099.9	451.1
304.4	1159.1	91.2	791.7	145.7
2504.3	4023.7	396.4	3943.4	547.4
2573.4	7402.8	359.0	5373.6	883.5
401.0	794.9	41.6	754.8	88.3
54.0	173.4	11.2	146.5	35.3
51.6	135.7	41.5	270.3	17.8
14.0	140.3	17.8	83.8	17.6
69.7	1523.3	2609.5	4096.3	266.8
237.6	303.4	120.6	669.2	33.0
163.1	313.5	148.5	339.3	48.9

a) Management expenses include R&D expenses. The same applies to the relevant tables following.

13-3 规模以上工业企业主要指标

Main Indicators of Industrial Enterprises above Designated Size

单位：亿元 (100 million yuan)

年份 Year 地区 Region	企业单位数(个) Number of Enterprises (unit)	资产总计 Total Assets	流动资产合计 Current Assets	应收账款 Accounts Receivable	存货 Inventories	#产成品 Finished Goods	负债合计 Total Liabilities
1998	165080	108821.9	46600.9	12612.7	15054.0	5975.0	69363.8
2000	162885	126211.2	54338.2	14789.8	16034.1	6293.2	76743.8
2005	271835	244784.3	111031.4	26646.2	31379.1	11087.6	141509.8
2006	301961	291214.5	132310.1	31692.2	36999.3	13141.4	167322.2
2007	336768	353037.4	163259.6	38690.6	45288.7	16024.4	202913.7
2008	426113	431305.6	195681.8	43933.8	54108.6	19518.9	248899.4
2009	434364	493692.9	223038.7	51399.8	56724.8	20495.0	285732.8
2010	452872	592881.9	279227.3	61441.2	69790.1	23841.1	340396.4
2011	325609	675796.9	327778.7	70502.0	80583.1	28478.6	392644.6
2012	343769	768421.2	368200.7	84043.1	88324.7	31919.2	445371.8
2013	369813	870751.1	413490.9	97402.7	97119.2	34535.8	505694.3
2014	377888	956777.2	445742.4	107437.0	102874.4	38359.5	547031.4
2015	383148	1023398.1	469207.3	117246.3	102804.0	39501.2	579310.5
2016	378599	1085865.9	500852.8	126847.2	106962.7	40492.8	606641.5
2017	372729	1121909.6	534080.9	135645.1	113305.4	42393.7	628016.3
2018	374964	1153251.2	565178.3	146083.8	118974.9	43987.7	653871.3
2019	377815	1205868.9	591231.3	156298.4	119225.7	44060.2	681085.1
北京 Beijing	3121	52222.0	19054.3	4601.6	2860.4	1014.7	21974.5
天津 Tianjin	4813	21644.5	10592.3	2835.7	2201.1	769.3	12537.1
河北 Hebei	13181	47267.7	21845.8	5399.8	4358.8	1606.5	28638.1
山西 Shanxi	4798	41560.3	17075.7	3312.8	2137.0	831.5	29913.2
内蒙古 Inner Mongolia	2965	32747.3	11227.6	2181.9	1717.3	666.6	19858.9
辽宁 Liaoning	7610	41229.2	20750.9	4816.2	4851.5	1412.7	25889.4
吉林 Jilin	3042	16801.2	8007.7	1467.3	1730.6	678.9	9952.3
黑龙江 Heilongjiang	3531	16396.8	7112.8	1476.8	1402.1	451.4	9651.4
上海 Shanghai	8776	45509.6	26292.1	7367.9	5194.0	1686.8	21733.2
江苏 Jiangsu	46090	120451.8	69406.1	22808.0	14398.5	5684.8	63841.0
浙江 Zhejiang	45695	85415.2	46940.0	14721.5	9534.8	3833.9	47127.4
安徽 Anhui	17761	38346.5	19168.9	6133.1	3672.0	1476.9	21815.1
福建 Fujian	18373	39551.8	20046.9	5053.9	4555.8	1855.7	20032.6
江西 Jiangxi	13022	26082.3	12771.3	3220.7	2819.1	1065.0	13640.7
山东 Shandong	27129	95643.3	50377.7	11016.2	10396.9	4242.1	60356.6
河南 Henan	19516	52698.0	24349.1	5910.3	4518.5	1550.0	29388.9
湖北 Hubei	15521	42530.9	19878.1	5004.3	4256.4	1592.9	22178.5
湖南 Hunan	16562	29616.4	13441.5	3917.4	3054.8	1073.1	14872.7
广东 Guangdong	55394	137738.3	82870.2	24606.2	17021.3	6417.6	77970.0
广西 Guangxi	6185	18021.0	8945.8	2027.7	1960.4	767.8	11464.9
海南 Hainan	412	3293.5	1485.1	287.3	236.2	75.5	1767.6
重庆 Chongqing	6694	21384.7	10313.3	3223.6	1857.2	756.7	12044.4
四川 Sichuan	14599	49024.5	21243.6	5247.0	4245.3	1497.0	27487.8
贵州 Guizhou	4686	16346.9	7257.0	1242.4	1457.4	320.6	9885.2
云南 Yunnan	4366	21439.5	8053.5	1456.3	2355.5	575.2	12342.5
西藏 Tibet	148	1726.3	446.0	59.9	35.0	11.1	900.3
陕西 Shaanxi	7037	38238.7	14897.7	3107.7	2882.5	1069.2	20771.2
甘肃 Gansu	1825	12349.1	4405.5	950.8	1112.5	305.4	7630.7
青海 Qinghai	585	6796.1	2117.2	463.0	335.2	123.1	5013.0
宁夏 Ningxia	1196	10581.4	3483.5	757.9	736.0	184.1	6405.4
新疆 Xinjiang	3182	23214.4	7374.2	1623.5	1331.7	464.0	14000.8

13-3 续表 continued

单位：亿元 (100 million yuan)

年 份 地 区	Year Region	营业收入 Business Revenue	营业成本 Business Cost	销售费用 Selling Expenses	管理费用 Management Expenses	财务费用 Financial Expenses	利润总额 Total Profits	平均用工人数（万人） Annual Average Employees (10 000 persons)
	1998	64148.9	52797.5	2290.7	4644.7	2415.7	1458.1	6195.8
	2000	84151.8	68654.0	2985.8	5414.2	1961.0	4393.5	5559.4
	2005	248544.0	209862.5	7209.4	10950.3	2671.0	14802.5	6896.0
	2006	313592.5	264696.6	8592.7	12807.2	3375.2	19504.4	7358.4
	2007	399717.1	334598.6	10728.1	15943.7	4287.9	27155.2	7875.2
	2008	500020.1	423295.8	12893.3	20199.8	6021.8	30562.4	8837.6
	2009	542522.4	457510.0	14137.4	22169.7	5898.9	34542.2	8831.2
	2010	697744.0	585256.8	17520.3	28873.0	7024.7	53049.7	9544.7
	2011	841830.2	708092.0	20259.6	32165.2	8913.5	61396.3	9167.3
	2012	929291.5	784541.2	22908.7	35888.1	11295.6	61910.1	9567.3
	2013	1038659.5	880679.7	25945.2	39431.9	12008.3	68378.9	9791.5
	2014	1107032.5	943369.6	28001.1	41121.0	13482.3	68154.9	9977.2
	2015	1109853.0	944857.3	29150.2	43125.3	13494.2	66187.1	9775.0
	2016	1158998.5	984668.4	31174.9	45490.7	12650.6	71921.4	9475.6
	2017	1133160.8	956120.0	31343.8	46717.8	12832.9	74916.3	8957.9
	2018	1057327.3	880806.8	31007.9	48152.5	11856.5	71608.9	8356.4
	2019	1067397.2	891095.0	31362.4	54801.7	11371.1	65799.0	7929.1
北 京	Beijing	23419.1	19364.2	1237.6	1267.6	214.2	1710.3	86.8
天 津	Tianjin	18968.9	16070.6	448.4	871.5	126.7	1247.7	98.4
河 北	Hebei	41095.1	35216.7	923.5	1546.9	560.0	2140.1	276.7
山 西	Shanxi	21334.7	17349.5	661.3	1167.7	683.2	1164.7	187.0
内蒙古	Inner Mongolia	16806.4	13426.6	447.9	668.9	446.8	1463.1	89.0
辽 宁	Liaoning	31506.0	26806.8	827.9	1386.4	423.1	1354.0	193.2
吉 林	Jilin	13963.8	11452.9	595.0	763.9	132.3	744.0	89.0
黑龙江	Heilongjiang	10057.1	8259.3	319.6	568.6	143.8	417.2	85.5
上 海	Shanghai	39937.4	32232.5	1508.2	2838.3	71.8	2927.1	192.7
江 苏	Jiangsu	118485.2	100084.1	3649.1	6447.1	919.0	6855.0	846.6
浙 江	Zhejiang	76020.2	63351.8	2361.4	4614.3	749.6	5003.0	678.9
安 徽	Anhui	37358.9	31687.5	977.3	1810.6	383.6	2254.3	267.4
福 建	Fujian	57552.5	48988.3	1323.0	2273.1	381.3	4326.5	439.9
江 西	Jiangxi	35009.8	30074.6	717.3	1420.0	237.8	2262.8	234.9
山 东	Shandong	83162.3	72035.6	2098.1	3484.2	1057.6	3652.7	553.6
河 南	Henan	50076.6	42377.6	1048.2	1895.5	662.0	3547.9	489.1
湖 北	Hubei	45461.1	37730.7	1349.1	2256.3	414.8	3049.6	335.9
湖 南	Hunan	37919.6	30340.1	1184.3	2408.2	359.4	2227.3	308.4
广 东	Guangdong	146726.4	121707.1	5082.2	9780.0	758.6	9140.5	1385.6
广 西	Guangxi	17441.1	14931.2	391.8	647.6	175.0	923.8	125.0
海 南	Hainan	2312.5	1792.9	133.3	92.4	39.3	170.5	10.6
重 庆	Chongqing	21442.2	18158.8	631.6	1083.4	184.4	1210.3	154.8
四 川	Sichuan	44125.2	36335.9	1496.1	1982.8	540.0	3036.9	298.9
贵 州	Guizhou	9764.3	7229.3	333.8	518.1	216.0	976.3	80.3
云 南	Yunnan	14680.4	11407.0	400.3	591.6	320.8	950.8	84.8
西 藏	Tibet	296.0	237.7	10.0	30.1	9.6	6.9	2.2
陕 西	Shaanxi	26020.6	20691.3	646.7	1210.7	370.6	2360.4	168.6
甘 肃	Gansu	7596.5	6389.5	140.6	277.4	192.3	304.9	48.9
青 海	Qinghai	2394.8	1942.6	57.1	115.6	118.5	-528.8	16.1
宁 夏	Ningxia	4937.9	4117.0	86.9	213.8	176.7	218.3	29.7
新 疆	Xinjiang	11524.6	9305.6	275.0	569.5	302.6	631.0	70.7

注：2017年及以前为主营业务收入和主营业务成本，2018年及以后为营业收入和营业成本，以下相关表均同。

a) The revenue and cost indicators were revenue from principal business and cost of principal business in 2017 and before, and are revised to business revenue and business cost since 2018. The same applies to the following tables.

13-4 按行业分国有控股工业企业主要指标（2019年）

单位：亿元

行业	Sector	企业单位数（个）Number of Enterprises (unit)	资产总计 Total Assets
总计	**National Total**	**20683**	**469679.9**
煤炭开采和洗选业	Mining and Washing of Coal	954	39660.4
石油和天然气开采业	Extraction of Petroleum and Natural Gas	77	20186.7
黑色金属矿采选业	Mining and Processing of Ferrous Metal Ores	114	6269.2
有色金属矿采选业	Mining and Processing of Non-Ferrous Metal Ores	254	3109.5
非金属矿采选业	Mining and Processing of Non-metal Ores	224	1571.7
开采专业及辅助性活动	Professional and Support Activities for Mining	38	2536.3
农副食品加工业	Processing of Food from Agricultural Products	670	2111.9
食品制造业	Manufacture of Foods	320	1439.1
酒、饮料和精制茶制造业	Manufacture of Liquor, Beverages and Refined Tea	277	6777.6
烟草制品业	Manufacture of Tobacco	88	10313.3
纺织业	Manufacture of Textile	149	1103.6
纺织服装、服饰业	Manufacture of Textile, Wearing Apparel and Accessories	201	357.3
皮革、毛皮、羽毛及其制品和制鞋业	Manufacture of Leather, Fur, Feather and Related Products and Footwear	29	104.9
木材加工和木、竹、藤、棕、草制品业	Processing of Timber, Manufacture of Wood, Bamboo, Rattan, Palm and Straw Products	71	322.2
家具制造业	Manufacture of Furniture	22	168.8
造纸和纸制品业	Manufacture of Paper and Paper Products	101	1054.2
印刷和记录媒介复制业	Printing and Reproduction of Recording Media	278	807.2
文教、工美、体育和娱乐用品制造业	Manufacture of Articles for Culture, Education, Arts and Crafts, Sport and Entertainment Activities	67	278.6
石油、煤炭及其他燃料加工业	Processing of Petroleum, Coal and Other Fuels	236	16665.6
化学原料和化学制品制造业	Manufacture of Raw Chemical Materials and Chemical Products	1156	21797.8
医药制造业	Manufacture of Medicines	466	5300.7
化学纤维制造业	Manufacture of Chemical Fibres	48	1344.6
橡胶和塑料制品业	Manufacture of Rubber and Plastics Products	247	1714.0
非金属矿物制品业	Manufacture of Non-metallic Mineral Products	1759	10326.2
黑色金属冶炼和压延加工业	Smelting and Pressing of Ferrous Metals	268	31096.3
有色金属冶炼和压延加工业	Smelting and Pressing of Non-ferrous Metals	535	16878.2
金属制品业	Manufacture of Metal Products	556	4620.6
通用设备制造业	Manufacture of General Purpose Machinery	765	9042.0
专用设备制造业	Manufacture of Special Purpose Machinery	745	8338.9
汽车制造业	Manufacture of Automobiles	786	35614.1
铁路、船舶、航空航天和其他运输设备制造业	Manufacture of Railway, Ship, Aerospace and Other Transport Equipments	557	15074.6
电气机械和器材制造业	Manufacture of Electrical Machinery and Apparatus	607	7795.9
计算机、通信和其他电子设备制造业	Manufacture of Computers, Communication and Other Electronic Equipment	721	18617.1
仪器仪表制造业	Manufacture of Measuring Instruments and Machinery	236	1846.1
其他制造业	Other Manufacture	54	1185.3
废弃资源综合利用业	Utilization of Waste Resources	97	338.2
金属制品、机械和设备修理业	Repair Service of Metal Products, Machinery and Equipment	124	1446.2
电力、热力生产和供应业	Production and Supply of Electric Power and Heat Power	4682	141363.4
燃气生产和供应业	Production and Supply of Gas	646	6369.8
水的生产和供应业	Production and Supply of Water	1457	14729.2

Main Indicators of State-holding Industrial Enterprises by Industrial Sector (2019)

(100 million yuan)

流动资产合计 Current Assets	应收账款 Accounts Receivable	存货 Inventories	#产成品 Finished Goods	负债合计 Total Liabilities
165149.7	**31388.5**	**32761.0**	**8892.8**	**271603.0**
13809.4	1601.1	720.8	292.5	26247.3
2599.1	364.7	156.6	93.0	8913.4
1379.6	214.2	90.4	42.1	3783.2
870.8	111.5	146.4	54.7	1659.8
665.7	77.0	70.4	29.9	769.2
1294.3	427.8	152.6	14.6	1586.2
1197.7	107.2	428.1	200.4	1443.2
679.1	165.3	127.2	59.0	757.6
4671.0	140.8	1028.2	272.1	2186.8
7218.0	421.7	4215.4	245.7	2293.9
504.3	61.9	150.4	82.3	545.1
224.7	33.0	43.2	15.9	140.3
69.0	10.6	12.3	8.2	46.3
164.8	20.7	59.2	22.8	213.2
116.5	50.9	9.2	4.0	109.7
491.2	84.5	159.0	40.8	650.3
497.3	98.5	100.5	39.1	261.3
215.0	16.7	124.6	63.6	174.4
6298.4	605.0	2066.2	509.0	9266.6
6822.1	954.5	1282.2	495.5	13599.6
2740.2	495.5	613.4	239.9	2057.6
565.9	67.3	125.8	54.1	828.5
854.6	194.8	231.0	140.0	986.8
4577.8	1427.4	588.4	244.8	5843.4
10746.8	848.8	2917.8	771.9	19158.4
7243.7	750.6	2493.2	522.9	11170.0
2752.2	628.4	684.9	262.4	2836.3
6134.1	1608.1	1469.6	512.7	5497.6
5607.4	1797.4	1579.7	587.1	5374.9
20712.0	4569.4	2907.0	1519.5	21797.1
9950.6	2092.4	2944.4	336.1	9622.9
5223.6	1975.9	963.9	349.7	4867.5
9905.2	2727.8	1946.2	566.7	9630.1
1206.8	400.5	229.7	67.6	897.8
627.7	78.2	152.7	24.5	730.8
181.0	53.9	29.1	13.0	201.8
734.7	264.2	182.5	12.2	762.7
19063.8	5068.2	1271.2	34.4	82283.5
1935.3	285.4	132.5	31.6	3892.0
4596.0	486.8	155.1	16.8	8513.5

13-4 续表

单位：亿元

行　　业	Sector	营业收入 Business Revenue	营业成本 Business Cost
总　　计	**National Total**	**287707.7**	**235523.0**
煤炭开采和洗选业	Mining and Washing of Coal	13504.3	8932.2
石油和天然气开采业	Extraction of Petroleum and Natural Gas	7149.4	4839.5
黑色金属矿采选业	Mining and Processing of Ferrous Metal Ores	1289.1	988.8
有色金属矿采选业	Mining and Processing of Non-Ferrous Metal Ores	1173.7	793.0
非金属矿采选业	Mining and Processing of Non-metal Ores	434.4	293.5
开采专业及辅助性活动	Support Activities for Mining	2119.5	2032.6
农副食品加工业	Processing of Food from Agricultural Products	3186.9	2953.0
食品制造业	Manufacture of Foods	1311.8	1031.5
酒、饮料和精制茶制造业	Manufacture of Liquor, Beverages and Refined Tea	3951.0	1836.1
烟草制品业	Manufacture of Tobacco	11096.7	3769.8
纺织业	Manufacture of Textile	697.7	634.6
纺织服装、服饰业	Manufacture of Textile, Wearing Apparel and Accessories	208.8	159.6
皮革、毛皮、羽毛及其制品和制鞋业	Manufacture of Leather, Fur, Feather and Related Products and Footwear	83.3	69.2
木材加工和木、竹、藤、棕、草制品业	Processing of Timber, Manufacture of Wood, Bamboo, Rattan, Palm and Straw Products	170.0	151.1
家具制造业	Manufacture of Furniture	140.0	107.2
造纸和纸制品业	Manufacture of Paper and Paper Products	589.6	493.0
印刷和记录媒介复制业	Printing and Reproduction of Recording Media	598.2	460.8
文教、工美、体育和娱乐用品制造业	Manufacture of Articles for Culture, Education, Arts and Crafts, Sport and Entertainment Activities	608.9	562.7
石油、煤炭及其他燃料加工业	Processing of Petroleum, Coking and Processing of Nuclear Fuel	27503.7	21725.1
化学原料和化学制品制造业	Manufacture of Raw Chemical Materials and Chemical Products	14089.5	11722.5
医药制造业	Manufacture of Medicines	2658.8	1449.2
化学纤维制造业	Manufacture of Chemical Fibres	1155.6	1002.7
橡胶和塑料制品业	Manufacture of Rubber and Plastics Products	1203.2	1041.7
非金属矿物制品业	Manufacture of Non-metallic Mineral Products	7016.1	5170.4
黑色金属冶炼和压延加工业	Smelting and Pressing of Ferrous Metals	24966.5	22639.9
有色金属冶炼和压延加工业	Smelting and Pressing of Non-ferrous Metals	19709.5	18487.7
金属制品业	Manufacture of Metal Products	3267.6	2919.0
通用设备制造业	Manufacture of General Purpose Machinery	5035.0	4197.0
专用设备制造业	Manufacture of Special Purpose Machinery	4253.5	3541.9
汽车制造业	Manufacture of Automobiles	35175.5	29269.9
铁路、船舶、航空航天和其他运输设备制造业	Manufacture of Railway, Ship, Aerospace and Other Transport Equipments	7567.2	6478.6
电气机械和器材制造业	Manufacture of Electrical Machinery and Apparatus	4897.3	4209.4
计算机、通信和其他电子设备制造业	Manufacture of Computers, Communication and Other Electronic Equipment	9787.3	8035.9
仪器仪表制造业	Manufacture of Measuring Instruments and Machinery	911.7	719.0
其他制造业	Other Manufacture	599.6	500.7
废弃资源综合利用业	Utilization of Waste Resources	389.4	356.3
金属制品、机械和设备修理业	Repair Service of Metal Products, Machinery and Equipment	784.7	653.9
电力、热力生产和供应业	Production and Supply of Electric Power and Heat Power	61171.9	55156.7
燃气生产和供应业	Production and Supply of Gas	4968.8	4432.4
水的生产和供应业	Production and Supply of Water	2281.5	1704.5

continued

(100 million yuan)

销售费用 Selling Expenses	管理费用 Management Expenses	财务费用 Financial Expenses	利润总额 Total Profits	平均用工人数（万人） Annual Average Employees (10 000 persons)
5814.3	**13600.6**	**4922.5**	**16067.8**	**1418.5**
345.8	1226.4	625.3	1914.9	210.7
35.0	702.6	174.7	774.4	59.1
22.1	108.1	115.9	26.0	10.7
10.2	118.4	40.3	175.7	14.1
25.4	43.4	14.9	62.7	5.5
1.6	82.1	-2.3	-16.5	26.7
76.2	76.9	28.3	50.1	14.8
135.1	69.2	10.6	72.5	12.8
378.1	216.3	-17.5	1189.5	24.6
156.6	495.3	-54.6	930.3	15.6
11.3	35.4	14.8	14.1	9.3
5.3	44.6	-0.6	4.5	8.1
1.9	7.6	0.5	4.2	1.7
6.2	10.8	4.5	-4.0	2.0
2.7	19.7	-0.6	26.5	0.7
18.7	42.7	15.4	23.7	4.8
11.9	68.7	-0.4	58.8	7.5
7.8	12.6	3.4	28.0	1.7
152.1	634.9	156.5	581.8	38.4
319.8	723.1	308.4	152.3	66.8
587.5	275.5	26.6	386.7	24.5
19.9	53.0	21.8	61.3	6.7
50.8	74.5	16.4	23.9	11.4
246.9	386.3	118.6	1060.0	41.3
314.8	859.3	382.9	791.2	75.5
107.2	426.3	276.1	307.7	50.6
53.3	198.9	26.0	72.0	24.6
166.4	453.0	32.3	235.1	40.6
190.7	351.0	76.8	76.8	34.5
1302.2	1954.3	17.9	2416.1	98.2
129.4	653.5	34.0	310.6	65.3
202.4	327.2	38.1	185.6	29.6
362.2	963.9	97.2	362.8	69.3
40.8	106.7	3.5	64.9	8.6
4.6	59.8	0.1	39.0	6.6
3.2	12.0	5.4	11.0	1.4
3.9	92.2	10.1	25.3	9.5
39.8	1247.8	2132.6	3144.8	229.9
121.9	125.9	65.2	244.8	15.2
142.6	240.6	103.5	179.0	39.6

13-5 国有控股工业企业主要指标
Main Indicators of State-holding Industrial Enterprises

单位：亿元 (100 million yuan)

年份 Year 地区 Region	企业单位数(个) Number of Enterprises (unit)	资产总计 Total Assets	流动资产合计 Current Assets	应收账款 Accounts Receivable	存货 Inventories	#产成品 Finished Goods	负债合计 Total Liabilities
1998	64737	74916.3	29559.0	7769.5	9163.7	3439.6	48144.4
2000	53489	84014.9	32628.8	8396.6	8849.7	3242.0	51239.6
2005	27477	117629.6	42155.3	6842.3	11841.6	3278.1	66653.6
2006	24961	135153.4	46713.1	7129.9	12787.5	3630.9	76012.5
2007	20680	158187.9	54997.5	8536.2	15262.8	4166.6	89372.3
2008	21313	188811.4	65494.0	9660.7	18031.6	5094.7	111374.7
2009	20510	215742.0	74114.0	11705.1	19373.6	5057.3	130098.9
2010	20253	247759.9	90810.2	13054.2	23692.7	6109.7	149432.1
2011	17052	281673.9	106550.4	15432.8	27478.6	7460.2	172289.9
2012	17851	312094.4	115385.6	19061.3	29261.6	8010.9	191350.0
2013	18574	343985.9	124529.4	22513.9	31551.6	8458.4	214230.6
2014	18808	371308.8	131827.3	24270.9	32852.1	9278.6	230132.1
2015	19273	397403.7	138438.2	26553.5	31760.2	9128.1	246147.1
2016	19022	417704.2	147311.8	28354.4	32462.3	9304.8	257235.4
2017	19022	439622.9	160206.5	29239.4	34082.7	9704.9	266097.9
2018	19250	456504.2	166576.0	30722.4	34736.5	9581.6	268477.9
2019	20683	469679.9	165149.7	31388.5	32761.0	8892.8	271603.0
北京 Beijing	656	37931.1	9889.3	2177.1	1175.1	389.6	14818.6
天津 Tianjin	476	8602.0	3464.1	704.4	675.0	195.1	5034.8
河北 Hebei	788	17923.5	5478.6	976.2	1211.1	369.7	11502.9
山西 Shanxi	1104	26946.2	9248.7	1481.2	1035.9	377.9	19562.5
内蒙古 Inner Mongolia	707	17925.0	4897.8	896.2	792.2	245.0	11049.0
辽宁 Liaoning	681	19274.6	7662.4	1084.9	2104.3	494.1	12210.7
吉林 Jilin	330	9654.8	4349.0	484.5	977.1	388.3	5830.1
黑龙江 Heilongjiang	492	10137.1	3704.1	680.1	544.8	158.1	5932.5
上海 Shanghai	670	22035.4	10254.9	1718.1	1830.9	453.8	10083.5
江苏 Jiangsu	1210	22126.5	8859.0	2257.9	1959.8	565.2	12400.7
浙江 Zhejiang	832	13858.8	4969.3	1522.2	1000.5	241.8	7449.1
安徽 Anhui	768	15012.3	5257.3	1046.1	944.9	297.4	8835.0
福建 Fujian	503	9540.6	2736.1	575.5	699.4	134.7	5532.5
江西 Jiangxi	532	7516.7	3605.8	583.2	726.9	189.3	4474.7
山东 Shandong	1380	29155.9	11442.3	2239.6	1975.6	673.9	18245.9
河南 Henan	776	17162.3	6660.4	1242.6	1543.7	392.5	11753.5
湖北 Hubei	774	19408.0	7910.4	1567.1	1567.2	406.2	10556.5
湖南 Hunan	757	10142.7	4107.5	959.2	1139.2	201.0	5653.6
广东 Guangdong	1181	28126.7	9379.2	1964.9	2075.5	522.5	14735.4
广西 Guangxi	589	8681.1	3376.7	530.2	786.9	241.8	5706.7
海南 Hainan	56	1219.5	300.0	35.1	47.6	9.9	716.7
重庆 Chongqing	548	8678.9	3502.2	828.2	588.2	208.0	5141.0
四川 Sichuan	1109	24173.0	8050.2	1355.6	1577.6	408.0	13875.1
贵州 Guizhou	553	10438.1	4357.6	492.3	918.3	131.8	6312.4
云南 Yunnan	643	14453.2	4258.1	703.6	1484.4	231.2	8371.3
西藏 Tibet	44	1108.3	260.7	26.6	12.5	3.9	529.9
陕西 Shaanxi	886	26466.9	9054.1	1594.4	1779.3	535.5	14973.7
甘肃 Gansu	490	8950.9	2776.8	534.8	776.7	173.9	5621.0
青海 Qinghai	164	4980.3	1310.0	252.7	165.6	47.1	3798.3
宁夏 Ningxia	175	4426.0	798.9	218.7	148.8	32.6	3080.9
新疆 Xinjiang	809	13623.5	3228.1	655.6	496.1	173.1	7814.5

13-5 续表 continued

单位：亿元 (100 million yuan)

年份 Year 地区 Region	营业收入 Business Revenue	营业成本 Business Cost	销售费用 Selling Expenses	管理费用 Management Expenses	财务费用 Financial Expenses	利润总额 Total Profits	平均用工人数（万人） Annual Average Employees (10 000 persons)
1998	33566.1	27092.5	979.3	2961.1	1596.6	525.1	3747.8
2000	42203.1	33473.6	1178.1	3304.5	1228.8	2408.3	2995.2
2005	85574.2	69302.4	1869.7	4912.0	1166.7	6519.8	1874.9
2006	101404.6	81957.8	2081.3	5293.5	1416.8	8485.5	
2007	122617.1	98515.1	2487.6	6350.0	1724.2	10795.2	1743.0
2008	147507.9	122504.2	2753.1	7378.6	2477.6	9063.6	1794.1
2009	151700.6	124590.5	3042.1	8002.8	2409.0	9287.0	1803.4
2010	194339.7	158727.4	3739.5	9714.5	2681.3	14737.7	1836.3
2011	228900.1	187783.8	4255.9	10623.1	3430.9	16457.6	1812.0
2012	245076.0	202600.4	4794.4	11198.7	4396.4	15176.0	1892.8
2013	257816.9	213204.7	5201.2	11567.9	4513.2	15917.7	1889.5
2014	262692.3	217409.7	5552.9	11413.2	5331.7	14508.0	1842.7
2015	241668.9	199927.3	5245.5	11191.5	5420.7	11416.7	1777.8
2016	238990.2	196284.8	5507.3	11340.5	4877.6	12324.3	1695.9
2017	265393.0	216186.1	5802.9	11981.9	5012.5	17215.5	1595.8
2018	290753.9	236355.9	6077.3	12594.4	4977.8	19284.7	1524.1
2019	287707.7	235523.0	5814.3	13600.6	4922.5	16067.8	1418.5
北京 Beijing	13496.8	11725.2	338.5	554.8	156.0	951.8	37.0
天津 Tianjin	5515.5	4836.5	68.7	250.6	57.5	137.6	23.3
河北 Hebei	10968.4	9398.9	170.8	500.9	246.4	307.2	64.2
山西 Shanxi	10290.0	7939.1	348.4	711.9	499.0	555.6	103.0
内蒙古 Inner Mongolia	7842.1	6214.9	99.8	314.8	280.0	581.0	44.1
辽宁 Liaoning	13615.3	11533.0	319.8	569.6	198.8	297.6	75.0
吉林 Jilin	9192.1	7624.3	316.3	452.1	41.9	461.5	39.4
黑龙江 Heilongjiang	5110.7	4079.1	79.1	344.0	90.3	122.0	51.4
上海 Shanghai	16418.7	13195.7	331.2	1055.2	-3.3	1337.6	37.3
江苏 Jiangsu	18116.9	15096.4	365.8	686.6	158.0	1043.4	54.9
浙江 Zhejiang	11519.8	9534.6	189.5	403.8	138.0	826.3	29.6
安徽 Anhui	10939.9	9152.7	196.3	518.2	184.7	633.4	57.4
福建 Fujian	6287.0	5328.4	88.1	224.5	120.1	353.9	23.7
江西 Jiangxi	7898.3	6895.9	107.6	280.8	67.8	289.2	31.1
山东 Shandong	21351.2	17924.5	403.2	912.3	301.5	1146.7	102.4
河南 Henan	10917.0	9276.0	143.1	571.4	284.3	302.0	92.1
湖北 Hubei	11659.4	9253.9	262.7	700.1	128.1	857.0	59.1
湖南 Hunan	7651.7	5813.3	165.3	428.3	107.9	418.9	43.1
广东 Guangdong	21649.4	18300.1	417.7	876.1	235.8	1343.3	72.5
广西 Guangxi	7166.2	6004.7	157.3	264.2	84.1	304.3	31.0
海南 Hainan	544.4	433.2	14.6	19.8	18.6	45.7	2.3
重庆 Chongqing	5279.8	4410.1	204.1	335.4	87.7	132.4	31.0
四川 Sichuan	12039.5	9461.5	344.1	630.7	253.3	960.4	71.4
贵州 Guizhou	4755.0	3099.2	115.4	255.8	151.5	716.3	32.9
云南 Yunnan	8122.5	5917.9	128.2	300.2	247.3	510.3	33.3
西藏 Tibet	146.9	134.7	2.4	15.5	4.6	-10.6	1.1
陕西 Shaanxi	13304.5	10145.7	203.7	663.6	265.6	1340.9	85.4
甘肃 Gansu	5869.6	4929.2	82.2	194.0	144.6	218.4	33.3
青海 Qinghai	1539.2	1229.1	21.0	75.9	88.0	-549.8	9.9
宁夏 Ningxia	2084.9	1665.9	18.7	103.2	95.2	74.3	11.2
新疆 Xinjiang	6415.2	4969.4	111.0	386.4	189.2	359.4	35.2

13-6 按行业分私营工业企业主要指标（2019年）

单位：亿元

行　　业	Sector	企业单位数（个）Number of Enterprises (unit)	资产总计 Total Assets
总　　计	**National Total**	**243640**	**282829.6**
煤炭开采和洗选业	Mining and Washing of Coal	2192	5186.9
石油和天然气开采业	Extraction of Petroleum and Natural Gas	10	31.1
黑色金属矿采选业	Mining and Processing of Ferrous Metal Ores	781	1811.9
有色金属矿采选业	Mining and Processing of Non-Ferrous Metal Ores	568	845.5
非金属矿采选业	Mining and Processing of Non-metal Ores	2233	1605.6
开采专业及辅助性活动	Professional and Support Activities for Mining	122	142.1
其他采矿业	Mining of Other Ores	6	6.6
农副食品加工业	Processing of Food from Agricultural Products	14355	12729.7
食品制造业	Manufacture of Foods	4849	4877.4
酒、饮料和精制茶制造业	Manufacture of Liquor, Beverages and Refined Tea	3441	3431.9
烟草制品业	Manufacture of Tobacco	7	26.2
纺织业	Manufacture of Textile	13980	10659.2
纺织服装、服饰业	Manufacture of Textile, Wearing Apparel and Accessories	9110	5175.4
皮革、毛皮、羽毛及其制品和制鞋业	Manufacture of Leather, Fur, Feather and Related Products and Footwear	6148	3315.8
木材加工和木、竹、藤、棕、草制品业	Processing of Timber, Manufacture of Wood, Bamboo, Rattan, Palm and Straw Products	7573	3140.5
家具制造业	Manufacture of Furniture	4925	3465.7
造纸和纸制品业	Manufacture of Paper and Paper Products	4578	3940.6
印刷和记录媒介复制业	Printing and Reproduction of Recording Media	3830	2508.4
文教、工美、体育和娱乐用品制造业	Manufacture of Articles for Culture, Education, Arts and Crafts, Sport and Entertainment Activities	5885	4073.1
石油、煤炭及其他燃料加工业	Processing of Petroleum, Coal and Other Fuels	1128	9450.5
化学原料和化学制品制造业	Manufacture of Raw Chemical Materials and Chemical Products	12901	18601.3
医药制造业	Manufacture of Medicines	3670	7430.5
化学纤维制造业	Manufacture of Chemical Fibres	1432	2839.2
橡胶和塑料制品业	Manufacture of Rubber and Plastics Products	13298	10206.3
非金属矿物制品业	Manufacture of Non-metallic Mineral Products	25257	24241.3
黑色金属冶炼和压延加工业	Smelting and Pressing of Ferrous Metals	3588	17354.9
有色金属冶炼和压延加工业	Smelting and Pressing of Non-ferrous Metals	4755	10016.8
金属制品业	Manufacture of Metal Products	17753	13877.7
通用设备制造业	Manufacture of General Purpose Machinery	16671	14850.5
专用设备制造业	Manufacture of Special Purpose Machinery	12205	13877.4
汽车制造业	Manufacture of Automobiles	8839	12185.8
铁路、船舶、航空航天和其他运输设备制造业	Manufacture of Railway, Ship, Aerospace and Other Transport Equipments	2814	3474.3
电气机械和器材制造业	Manufacture of Electrical Machinery and Apparatus	16662	24200.0
计算机、通信和其他电子设备制造业	Manufacture of Computers, Communication and Other Electronic Equipment	9932	18204.4
仪器仪表制造业	Manufacture of Measuring Instruments and Machinery	2805	2957.6
其他制造业	Other Manufacture	1071	594.9
废弃资源综合利用业	Utilization of Waste Resources	1258	1529.6
金属制品、机械和设备修理业	Repair Service of Metal Products, Machinery and Equipment	185	166.0
电力、热力生产和供应业	Production and Supply of Electric Power and Heat Power	1900	8098.9
燃气生产和供应业	Production and Supply of Gas	590	1123.5
水的生产和供应业	Production and Supply of Water	333	574.7

Main Indicators of Private Enterprises by Industrial Sector (2019)

(100 million yuan)

流动资产合计 Current Assets	应收账款 Accounts Receivable	存货 Inventories	#产成品 Finished Goods	负债合计 Total Liabilities
164720.6	**48769.7**	**37116.5**	**15814.1**	**162348.9**
2592.7	496.0	242.4	133.5	3327.0
9.3	1.1	0.8	0.5	15.5
958.2	136.8	122.9	70.9	1231.9
392.3	61.8	67.9	43.6	477.6
704.1	187.7	97.1	59.9	763.3
99.8	51.6	5.9	0.7	82.9
2.1	1.0	0.5	0.4	1.8
7462.5	1354.6	2235.2	944.8	6805.9
2438.8	489.9	709.0	273.5	2328.3
1604.3	287.0	610.9	282.0	1590.4
13.5	3.8	3.7	1.5	20.2
5871.3	1560.6	1742.1	865.5	6471.1
3009.8	803.3	845.9	430.1	2743.4
1849.3	573.5	503.9	206.9	1719.0
1791.2	524.2	480.2	218.9	1675.3
1933.9	518.4	466.8	184.0	1818.8
2157.4	652.7	478.5	192.5	2414.9
1365.4	515.0	276.2	112.0	1365.1
2468.4	606.0	838.1	384.6	2176.3
5767.5	1360.7	1470.1	464.7	7797.7
9622.9	2490.8	2040.7	948.6	9895.7
4170.6	1060.6	967.0	500.4	3414.0
1554.2	263.9	408.8	224.8	1675.3
6009.3	2101.4	1254.8	593.9	5693.9
13881.5	5601.2	2360.3	1103.2	13657.5
9117.2	1074.2	2387.2	903.5	10216.3
5826.7	1282.9	1506.5	580.4	6352.0
8467.2	2931.7	1969.1	795.0	7945.8
9477.9	3376.8	2238.3	883.2	7856.9
9072.1	2940.6	2137.5	804.9	7551.7
7210.8	2526.2	1407.6	649.4	7337.1
2095.7	680.0	462.5	155.7	1959.1
15944.0	5752.6	2906.1	1342.7	13458.4
13028.8	4622.1	2781.5	1115.9	11253.0
2051.1	691.6	435.9	164.1	1451.2
364.2	115.5	82.2	32.5	297.5
955.1	190.7	401.6	113.8	956.4
101.3	38.5	19.7	4.4	82.4
2617.3	722.7	106.2	10.9	5388.0
474.3	78.2	32.3	11.0	742.0
186.8	42.4	13.2	5.4	338.4

13-6 续表

单位：亿元

行　　业	Sector	营业收入 Business Revenue	营业成本 Business Cost
总　　计	**National Total**	**361133.2**	**307940.3**
煤炭开采和洗选业	Mining and Washing of Coal	4594.2	3704.1
石油和天然气开采业	Extraction of Petroleum and Natural Gas	9.1	7.1
黑色金属矿采选业	Mining and Processing of Ferrous Metal Ores	1529.1	1251.4
有色金属矿采选业	Mining and Processing of Non-Ferrous Metal Ores	749.1	615.5
非金属矿采选业	Mining and Processing of Non-metal Ores	2231.8	1725.8
开采专业及辅助性活动	Professional and Support Activities for Mining	111.0	91.7
其他采矿业	Mining of Other Ores	6.0	4.5
农副食品加工业	Processing of Food from Agricultural Products	23537.7	20891.1
食品制造业	Manufacture of Foods	7413.5	6079.3
酒、饮料和精制茶制造业	Manufacture of Liquor, Beverages and Refined Tea	4836.4	3832.6
烟草制品业	Manufacture of Tobacco	9.6	7.4
纺织业	Manufacture of Textile	15551.1	13756.2
纺织服装、服饰业	Manufacture of Textile, Wearing Apparel and Accessories	8373.6	7117.0
皮革、毛皮、羽毛及其制品和制鞋业	Manufacture of Leather, Fur, Feather and Related Products and Footwear	6723.8	5788.6
木材加工和木、竹、藤、棕、草制品业	Processing of Timber, Manufacture of Wood, Bamboo, Rattan, Palm and Straw Products	6976.7	6205.4
家具制造业	Manufacture of Furniture	4735.7	3908.5
造纸和纸制品业	Manufacture of Paper and Paper Products	5955.3	5222.8
印刷和记录媒介复制业	Printing and Reproduction of Recording Media	3797.2	3210.4
文教、工美、体育和娱乐用品制造业	Manufacture of Articles for Culture, Education, Arts and Crafts, Sport and Entertainment Activities	6662.8	5656.5
石油、煤炭及其他燃料加工业	Processing of Petroleum, Coal and Other Fuels	11582.4	10678.0
化学原料和化学制品制造业	Manufacture of Raw Chemical Materials and Chemical Products	21860.0	18414.6
医药制造业	Manufacture of Medicines	6743.4	4576.5
化学纤维制造业	Manufacture of Chemical Fibres	4037.3	3673.2
橡胶和塑料制品业	Manufacture of Rubber and Plastics Products	13601.1	11623.7
非金属矿物制品业	Manufacture of Non-metallic Mineral Products	31569.4	26552.3
黑色金属冶炼和压延加工业	Smelting and Pressing of Ferrous Metals	26040.2	23725.2
有色金属冶炼和压延加工业	Smelting and Pressing of Non-ferrous Metals	17314.7	15877.4
金属制品业	Manufacture of Metal Products	20735.7	17970.3
通用设备制造业	Manufacture of General Purpose Machinery	16344.0	13412.2
专用设备制造业	Manufacture of Special Purpose Machinery	13064.2	10268.7
汽车制造业	Manufacture of Automobiles	12435.6	10476.0
铁路、船舶、航空航天和其他运输设备制造业	Manufacture of Railway, Ship, Aerospace and Other Transport Equipments	3739.9	3141.7
电气机械和器材制造业	Manufacture of Electrical Machinery and Apparatus	26436.2	22067.0
计算机、通信和其他电子设备制造业	Manufacture of Computers, Communication and Other Electronic Equipment	21950.5	18327.5
仪器仪表制造业	Manufacture of Measuring Instruments and Machinery	2644.1	1972.7
其他制造业	Other Manufacture	914.0	772.4
废弃资源综合利用业	Utilization of Waste Resources	3002.6	2737.9
金属制品、机械和设备修理业	Repair Service of Metal Products, Machinery and Equipment	174.9	140.8
电力、热力生产和供应业	Production and Supply of Electric Power and Heat Power	2001.8	1530.8
燃气生产和供应业	Production and Supply of Gas	889.8	743.0
水的生产和供应业	Production and Supply of Water	248.0	182.7

continued

(100 million yuan)

销售费用 Selling Expenses	管理费用 Management Expenses	财务费用 Financial Expenses	利润总额 Total Profits	平均用工人数（万人）Annual Average Employees (10 000 persons)
9929.3	**17991.7**	**3198.0**	**20650.8**	**3245.4**
147.7	199.5	61.4	348.2	36.5
0.1	0.7	0.1	0.4	0.1
29.9	62.9	27.9	137.2	10.4
18.8	44.6	10.2	42.6	7.4
109.5	123.4	20.9	203.1	17.0
1.2	9.3	1.6	6.4	1.9
0.6	0.4	0.1	0.6	0.1
517.3	716.8	179.3	1119.1	154.8
350.1	365.1	56.4	542.8	77.8
216.8	234.5	48.3	404.5	40.4
0.2	1.4	0.1	0.8	0.1
265.3	635.8	166.9	682.4	226.7
279.3	430.5	61.0	458.9	160.3
145.6	285.5	53.0	414.3	112.1
134.1	224.1	43.8	333.2	71.5
194.9	280.6	31.8	304.8	73.0
150.9	250.8	61.6	266.3	66.6
99.7	219.4	32.6	215.7	44.1
187.7	324.6	51.7	405.3	83.9
120.9	207.0	125.7	315.8	21.6
632.3	1164.1	229.3	1444.4	150.3
813.4	581.0	85.0	678.9	61.2
28.6	140.3	53.6	159.4	19.2
359.3	749.8	130.9	670.8	145.9
1055.0	1387.4	286.5	2093.0	266.1
205.9	554.0	158.9	1142.9	89.4
153.3	409.7	140.1	715.9	61.6
432.4	1007.4	168.4	1066.3	199.5
531.8	1214.0	146.5	994.1	188.7
544.9	1075.5	112.7	1037.1	142.1
290.8	804.2	128.7	716.0	149.6
89.8	245.7	30.7	228.4	43.8
902.6	1656.9	182.7	1607.0	240.7
684.6	1800.2	83.3	1058.9	197.7
131.9	285.7	19.1	249.2	34.7
24.6	56.4	6.2	51.3	15.1
31.3	70.4	18.3	158.5	9.8
5.2	13.8	1.7	13.9	3.5
13.2	100.4	155.6	264.8	13.7
23.1	38.5	16.5	66.4	4.1
5.2	19.8	8.9	31.6	2.6

13-7 私营工业企业主要指标
Main Indicators of Private Industrial Enterprises

单位：亿元 (100 million yuan)

年份 Year / 地区 Region		企业单位数(个) Number of Enterprises (unit)	资产总计 Total Assets	流动资产合计 Current Assets	应收账款 Accounts Receivable	存货 Inventories	#产成品 Finished Goods	负债合计 Total Liabilities
	1998	10667	1487.0	776.5	222.3	301.9	148.2	909.4
	2000	22128	3873.8	1910.8	556.9	683.8	333.3	2208.8
	2005	123820	30325.1	16426.0	4333.8	4709.3	2198.3	18038.9
	2006	149736	40514.8	22035.6	5737.7	6198.8	2877.7	23946.8
	2007	177080	53305.0	29412.6	7500.2	8122.1	3762.3	31120.2
	2008	245850	75879.6	40572.4	10375.8	11220.3	5115.4	42825.3
	2009	256031	91175.6	47550.4	11944.2	12276.0	5876.1	50495.5
	2010	273259	116867.8	61798.7	15137.7	15004.2	6601.2	64068.4
	2011	180612	127749.9	69059.5	16244.4	16614.1	7388.3	69744.8
	2012	189289	152548.1	81049.1	19819.7	19166.3	8659.6	82699.3
	2013	208409	187704.4	99272.0	24676.2	23118.9	10101.7	101334.0
	2014	213789	213114.4	108457.8	27805.4	25066.2	11435.3	111130.1
	2015	216506	229006.5	114893.2	30628.4	26063.5	12075.1	118651.5
	2016	214309	239542.7	120053.6	32257.5	27468.5	12364.8	121386.1
	2017	215138	242636.7	127828.0	35237.1	29635.9	12840.8	127610.5
	2018	235424	263450.6	149298.6	41768.4	34157.6	14574.8	148739.5
	2019	243640	282829.6	164720.6	48769.7	37116.5	15814.1	162348.9
北京	Beijing	1047	1885.4	1356.3	474.6	321.9	123.0	994.5
天津	Tianjin	2366	3055.1	1772.7	493.6	380.7	163.1	1844.2
河北	Hebei	10074	14576.6	7986.5	1965.3	1832.9	741.3	8040.0
山西	Shanxi	2838	7320.7	3997.8	846.1	703.0	296.0	5382.0
内蒙古	Inner Mongolia	1179	4350.6	1958.2	416.8	307.5	137.0	2781.8
辽宁	Liaoning	3942	9286.2	5982.6	1852.4	1320.6	404.8	6593.0
吉林	Jilin	1445	1797.5	931.3	242.7	245.1	93.9	1117.2
黑龙江	Heilongjiang	1746	2054.3	1129.1	271.8	309.7	108.7	1244.3
上海	Shanghai	4394	6534.6	4480.7	1540.3	946.2	408.5	3266.4
江苏	Jiangsu	31331	38481.1	24364.2	8291.2	5170.0	2174.2	22153.7
浙江	Zhejiang	36792	33553.5	20820.0	6998.8	4515.4	1967.4	20304.9
安徽	Anhui	11163	8529.7	5050.6	1897.1	1188.3	551.1	4590.6
福建	Fujian	13296	14391.2	8216.5	2059.3	2026.4	975.9	6784.2
江西	Jiangxi	8507	8334.2	3843.5	1080.8	923.6	422.3	3831.6
山东	Shandong	17540	23409.6	14579.4	3776.7	3604.1	1569.8	16770.1
河南	Henan	11979	12814.7	5820.7	1385.2	1165.9	473.6	5131.4
湖北	Hubei	9806	9386.4	4540.2	1285.4	1198.3	577.9	4292.8
湖南	Hunan	12993	11702.6	5197.1	1504.8	1185.0	550.1	5091.6
广东	Guangdong	30961	31388.9	22203.0	6707.0	5177.4	2142.1	19681.3
广西	Guangxi	4013	4014.4	2538.9	707.2	614.6	282.9	2700.7
海南	Hainan	81	154.4	113.6	23.3	27.6	5.0	103.3
重庆	Chongqing	4830	6689.4	3259.0	1075.1	630.8	288.7	3413.8
四川	Sichuan	9270	9747.5	4945.3	1496.6	1178.6	510.7	5020.0
贵州	Guizhou	3126	2868.0	1461.3	400.0	288.1	116.0	1696.2
云南	Yunnan	2349	3008.4	1688.2	367.1	427.3	172.2	1815.3
西藏	Tibet	41	60.1	31.7	8.5	6.3	2.1	38.3
陕西	Shaanxi	3333	3745.8	1902.2	572.7	392.6	209.1	1826.4
甘肃	Gansu	663	1011.2	554.1	162.1	116.9	57.5	620.1
青海	Qinghai	233	664.0	339.6	85.2	67.6	32.7	423.3
宁夏	Ningxia	810	4485.2	2062.0	347.0	468.5	110.6	2436.2
新疆	Xinjiang	1492	3528.4	1594.7	435.3	375.7	146.1	2359.8

13-7 续表 continued

单位：亿元 (100 million yuan)

年份 地区	Year Region	营业收入 Business Revenue	营业成本 Business Cost	销售费用 Selling Expenses	管理费用 Management Expenses	财务费用 Financial Expenses	利润总额 Total Profits	平均用工人数（万人） Annual Average Employees (10 000 persons)
	1998	1846.3	1563.2	74.0	75.2	43.4	67.3	160.8
	2000	4791.5	4122.0	178.4	180.3	72.0	189.7	346.4
	2005	45801.4	39914.5	1185.5	1469.7	465.9	2120.7	1692.1
	2006	64817.7	56316.2	1610.1	1972.0	632.5	3191.1	1971.0
	2007	90277.8	77335.8	2136.1	2734.1	903.3	5053.7	2252.9
	2008	131525.4	112220.3	3076.1	4135.6	1389.4	8302.1	2871.9
	2009	156603.6	134374.6	3539.4	4941.5	1442.0	9677.7	2973.8
	2010	207838.2	177049.5	4573.6	7179.9	1921.4	15102.5	3312.1
	2011	247277.9	210191.5	5083.5	7751.2	2415.9	18155.5	2956.4
	2012	285621.5	243192.1	5976.6	9025.3	2921.5	20191.9	3121.3
	2013	342002.6	293764.8	7161.7	10719.7	3471.6	23327.1	3359.4
	2014	372175.7	322482.8	7956.3	11266.7	3717.7	23550.4	3505.3
	2015	386394.6	334569.2	8618.5	12278.5	3603.0	24249.7	3464.0
	2016	410188.1	355823.8	9202.5	13142.6	3506.2	25494.9	3397.8
	2017	381034.4	329585.7	9217.5	13430.1	3550.8	23043.0	3230.0
	2018	343843.2	293245.3	9260.3	14366.8	3263.4	21762.8	3318.6
	2019	361133.2	307940.3	9929.3	17991.7	3198.0	20650.8	3245.4
北 京	Beijing	1339.0	977.2	115.0	141.7	10.3	105.8	12.2
天 津	Tianjin	3824.3	3484.0	70.1	156.9	17.7	102.8	23.6
河 北	Hebei	18736.1	16330.9	312.8	557.1	182.6	1038.3	138.9
山 西	Shanxi	6635.1	5778.3	209.7	233.7	104.2	269.7	44.6
内蒙古	Inner Mongolia	2928.2	2525.9	77.7	103.0	44.6	137.8	16.4
辽 宁	Liaoning	8472.6	7485.4	139.9	307.1	115.9	392.8	46.4
吉 林	Jilin	1307.8	1102.5	45.7	73.9	25.3	59.7	19.8
黑龙江	Heilongjiang	1802.6	1605.6	58.1	69.0	18.0	54.3	12.9
上 海	Shanghai	5570.9	4431.2	270.5	530.2	36.3	355.5	50.4
江 苏	Jiangsu	43067.7	37163.6	1023.6	2377.5	397.1	2136.4	370.8
浙 江	Zhejiang	35064.9	29575.6	1068.1	2368.1	381.4	1871.1	428.0
安 徽	Anhui	12653.8	10911.0	338.9	590.5	99.3	701.9	108.7
福 建	Fujian	29280.8	25018.3	666.6	1145.9	156.5	2170.4	238.6
江 西	Jiangxi	14861.9	12757.7	348.1	588.9	86.9	1040.0	109.0
山 东	Shandong	26931.5	24279.6	567.2	965.9	309.3	717.1	208.8
河 南	Henan	17676.1	14788.3	388.5	563.9	156.1	1666.9	192.0
湖 北	Hubei	18073.9	15349.8	524.2	769.7	175.8	1124.0	171.5
湖 南	Hunan	21080.6	17037.6	718.9	1401.1	169.6	1302.0	190.3
广 东	Guangdong	44035.1	36971.7	1540.9	2988.6	213.4	2328.9	471.5
广 西	Guangxi	5284.8	4649.3	119.2	204.2	46.9	248.3	55.2
海 南	Hainan	110.9	89.5	5.7	7.3	1.7	6.3	1.7
重 庆	Chongqing	8472.4	6953.2	233.5	450.3	64.0	721.2	79.5
四 川	Sichuan	16936.8	14262.4	570.3	688.7	143.7	1079.5	121.6
贵 州	Guizhou	3071.8	2562.2	111.1	157.1	32.8	171.2	29.7
云 南	Yunnan	3299.1	2863.1	91.5	144.2	31.5	158.1	28.7
西 藏	Tibet	19.6	14.0	1.4	2.3	0.3	1.4	0.3
陕 西	Shaanxi	5158.3	4267.1	167.8	219.1	39.7	425.5	35.6
甘 肃	Gansu	602.9	523.3	19.0	28.1	16.2	33.2	6.2
青 海	Qinghai	406.7	347.9	14.7	15.6	9.7	14.2	2.7
宁 夏	Ningxia	2076.4	1841.4	44.3	66.3	60.5	57.2	12.5
新 疆	Xinjiang	2350.6	1992.8	66.2	76.3	50.8	159.5	17.6

13-8 按行业分外商投资和港澳台商投资工业企业主要指标（2019年）

单位：亿元

行　　业	Sector	企业单位数（个）Number of Enterprises (unit)	资产总计 Total Assets
总　计	**National Total**	**43588**	**228743.9**
煤炭开采和洗选业	Mining and Washing of Coal	31	2725.1
石油和天然气开采业	Extraction of Petroleum and Natural Gas	14	2309.6
黑色金属矿采选业	Mining and Processing of Ferrous Metal Ores	12	173.1
有色金属矿采选业	Mining and Processing of Non-Ferrous Metal Ores	41	369.4
非金属矿采选业	Mining and Processing of Non-metal Ores	45	98.0
开采专业及辅助性活动	Professional and Support Activities for Mining	7	145.8
农副食品加工业	Processing of Food from Agricultural Products	1319	5585.2
食品制造业	Manufacture of Foods	1069	4919.9
酒、饮料和精制茶制造业	Manufacture of Liquor, Beverages and Refined Tea	609	3038.8
纺织业	Manufacture of Textile	1778	3854.5
纺织服装、服饰业	Manufacture of Textile, Wearing Apparel and Accessories	2256	3420.5
皮革、毛皮、羽毛及其制品和制鞋业	Manufacture of Leather, Fur, Feather and Related Products and Footwear	1208	2194.3
木材加工和木、竹、藤、棕、草制品业	Processing of Timber, Manufacture of Wood, Bamboo, Rattan, Palm and Straw Products	263	411.0
家具制造业	Manufacture of Furniture	646	1321.1
造纸和纸制品业	Manufacture of Paper and Paper Products	765	5488.0
印刷和记录媒介复制业	Printing and Reproduction of Recording Media	531	1284.4
文教、工美、体育和娱乐用品制造业	Manufacture of Articles for Culture, Education, Arts and Crafts, Sport and Entertainment Activities	1582	2366.0
石油、煤炭及其他燃料加工业	Processing of Petroleum, Coal and Other Fuels	136	2982.2
化学原料和化学制品制造业	Manufacture of Raw Chemical Materials and Chemical Products	2758	15803.1
医药制造业	Manufacture of Medicines	727	7010.2
化学纤维制造业	Manufacture of Chemical Fibres	195	1506.0
橡胶和塑料制品业	Manufacture of Rubber and Plastics Products	2851	6164.3
非金属矿物制品业	Manufacture of Non-metallic Mineral Products	1558	5996.9
黑色金属冶炼和压延加工业	Smelting and Pressing of Ferrous Metals	342	4437.1
有色金属冶炼和压延加工业	Smelting and Pressing of Non-ferrous Metals	503	5018.5
金属制品业	Manufacture of Metal Products	2500	5317.8
通用设备制造业	Manufacture of General Purpose Machinery	3364	12135.2
专用设备制造业	Manufacture of Special Purpose Machinery	2480	7470.6
汽车制造业	Manufacture of Automobiles	3112	32570.2
铁路、船舶、航空航天和其他运输设备制造业	Manufacture of Railway, Ship, Aerospace and Other Transport Equipments	537	3298.0
电气机械和器材制造业	Manufacture of Electrical Machinery and Apparatus	3241	13837.6
计算机、通信和其他电子设备制造业	Manufacture of Computers, Communication and Other Electronic Equipment	4397	46002.7
仪器仪表制造业	Manufacture of Measuring Instruments and Machinery	805	2070.0
其他制造业	Other Manufacture	307	517.1
废弃资源综合利用业	Utilization of Waste Resources	99	227.7
金属制品、机械和设备修理业	Repair Service of Metal Products, Machinery and Equipment	74	548.6
电力、热力生产和供应业	Production and Supply of Electric Power and Heat Power	702	10207.7
燃气生产和供应业	Production and Supply of Gas	487	3897.9
水的生产和供应业	Production and Supply of Water	235	2005.3

Main Indicators of Industrial Enterprises with Hong Kong, Macao, Taiwan and Foreign Funds by Industrial Sector (2019)

(100 million yuan)

流动资产合计 Current Assets	应收账款 Accounts Receivable	存 货 Inventories	#产成品 Finished Goods	负债合计 Total Liabilities
135590.5	**43145.4**	**25934.3**	**9880.4**	**123011.5**
1093.0	93.0	33.8	24.6	1482.8
238.8	20.4	42.5	6.6	1444.6
86.3	31.8	7.6	4.4	90.9
72.1	4.9	16.0	4.7	217.3
48.2	10.2	7.1	2.9	46.7
48.1	18.9	1.7	0.4	50.7
3600.7	549.9	1005.4	428.2	3406.4
3035.2	648.9	469.0	233.0	2214.8
1574.8	380.1	315.3	116.5	1543.0
2318.3	582.3	656.1	278.1	1774.1
2231.0	704.4	542.8	266.7	1675.9
1371.6	425.1	310.3	117.0	1021.4
279.4	75.7	83.6	40.8	210.4
881.2	255.2	202.2	78.6	719.0
2789.1	675.0	370.3	140.3	2794.7
727.6	236.9	134.1	58.3	507.4
1631.5	421.3	708.1	420.6	1224.0
1501.0	203.2	361.5	91.7	1476.0
7877.8	2164.8	1530.1	658.3	7596.3
4384.8	956.0	1152.1	522.5	2987.1
723.6	137.6	185.2	99.5	849.9
3633.4	1274.7	842.2	346.8	2802.3
3295.0	860.7	549.0	255.9	2590.8
2259.9	260.1	553.3	170.1	2549.3
2703.2	543.4	685.3	184.2	2885.2
3453.8	1159.3	834.2	328.4	2627.0
8682.3	2719.1	2181.0	761.3	6126.4
5335.3	1664.4	1333.0	452.2	3545.3
19739.5	6194.4	2808.8	1142.4	19761.7
2266.6	551.2	647.1	142.3	1751.3
9593.4	3477.4	1680.5	688.4	7542.0
31707.6	14111.0	4801.1	1619.5	27011.5
1553.6	497.4	351.1	114.4	875.4
284.9	72.4	75.0	31.1	218.2
117.7	18.9	22.0	12.9	92.3
321.3	142.4	78.6	5.3	298.1
2302.8	621.9	239.4	13.1	5817.7
1314.8	273.6	82.5	17.8	2006.5
506.5	106.2	34.1	0.8	1169.0

13-8 续表

单位：亿元

行　　业	Sector	营业收入 Business Revenue	营业成本 Business Cost
总　　计	**National Total**	**234409.8**	**195620.0**
煤炭开采和洗选业	Mining and Washing of Coal	893.0	576.5
石油和天然气开采业	Extraction of Petroleum and Natural Gas	1518.9	540.7
黑色金属矿采选业	Mining and Processing of Ferrous Metal Ores	77.2	53.7
有色金属矿采选业	Mining and Processing of Non-Ferrous Metal Ores	127.0	83.9
非金属矿采选业	Mining and Processing of Non-metal Ores	77.7	54.0
开采专业及辅助性活动	Professional and Support Activities for Mining	85.9	68.4
农副食品加工业	Processing of Food from Agricultural Products	7747.7	6993.9
食品制造业	Manufacture of Foods	5710.7	3920.0
酒、饮料和精制茶制造业	Manufacture of Liquor, Beverages and Refined Tea	3103.7	2204.0
纺织业	Manufacture of Textile	4061.0	3489.8
纺织服装、服饰业	Manufacture of Textile, Wearing Apparel and Accessories	4148.1	3521.7
皮革、毛皮、羽毛及其制品和制鞋业	Manufacture of Leather, Fur, Feather and Related Products and Footwear	3714.0	3081.4
木材加工和木、竹、藤、棕、草制品业	Processing of Timber, Manufacture of Wood, Bamboo, Rattan, Palm and Straw Products	413.2	349.4
家具制造业	Manufacture of Furniture	1388.6	1140.8
造纸和纸制品业	Manufacture of Paper and Paper Products	3979.3	3284.7
印刷和记录媒介复制业	Printing and Reproduction of Recording Media	1100.1	876.2
文教、工美、体育和娱乐用品制造业	Manufacture of Articles for Culture, Education, Arts and Crafts, Sport and Entertainment Activities	3454.3	2973.6
石油、煤炭及其他燃料加工业	Processing of Petroleum, Coal and Other Fuels	4212.4	3416.1
化学原料和化学制品制造业	Manufacture of Raw Chemical Materials and Chemical Products	15624.0	12757.1
医药制造业	Manufacture of Medicines	5437.9	2822.7
化学纤维制造业	Manufacture of Chemical Fibres	1515.7	1332.6
橡胶和塑料制品业	Manufacture of Rubber and Plastics Products	6379.5	5279.8
非金属矿物制品业	Manufacture of Non-metallic Mineral Products	4627.2	3565.1
黑色金属冶炼和压延加工业	Smelting and Pressing of Ferrous Metals	5600.7	5115.8
有色金属冶炼和压延加工业	Smelting and Pressing of Non-ferrous Metals	6214.8	5747.7
金属制品业	Manufacture of Metal Products	5419.6	4603.8
通用设备制造业	Manufacture of General Purpose Machinery	11972.3	9701.6
专用设备制造业	Manufacture of Special Purpose Machinery	6304.1	4923.0
汽车制造业	Manufacture of Automobiles	38574.9	31597.6
铁路、船舶、航空航天和其他运输设备制造业	Manufacture of Railway, Ship, Aerospace and Other Transport Equipments	2119.0	1757.3
电气机械和器材制造业	Manufacture of Electrical Machinery and Apparatus	14745.5	12238.3
计算机、通信和其他电子设备制造业	Manufacture of Computers, Communication and Other Electronic Equipment	53659.2	49341.7
仪器仪表制造业	Manufacture of Measuring Instruments and Machinery	2172.6	1681.2
其他制造业	Other Manufacture	475.3	388.8
废弃资源综合利用业	Utilization of Waste Resources	246.2	202.2
金属制品、机械和设备修理业	Repair Service of Metal Products, Machinery and Equipment	593.7	497.5
电力、热力生产和供应业	Production and Supply of Electric Power and Heat Power	3571.3	2733.5
燃气生产和供应业	Production and Supply of Gas	2860.5	2387.5
水的生产和供应业	Production and Supply of Water	478.2	313.6

continued

(100 million yuan)

销售费用 Selling Expenses	管理费用 Management Expenses	财务费用 Financial Expenses	利润总额 Total Profits	平均用工人数(万人) Annual Average Employees (10 000 persons)
8103.6	**12236.7**	**1149.1**	**16483.0**	**1748.3**
16.9	54.1	31.3	222.8	6.7
3.1	27.2	18.6	857.6	1.5
1.4	5.7	2.2	12.6	0.8
1.0	14.1	5.7	17.8	1.1
4.7	5.7	1.0	10.5	0.6
0.7	3.0	0.8	11.7	0.4
207.9	190.1	48.0	304.9	37.9
881.7	336.6	4.1	618.0	41.9
393.6	145.2	4.3	269.8	22.5
92.5	222.9	32.5	222.6	53.4
154.0	249.1	21.6	213.3	87.1
121.0	204.8	15.5	302.9	71.4
15.9	22.9	5.3	20.6	5.3
55.0	110.4	5.5	102.7	21.2
165.5	206.1	53.6	304.8	22.3
40.3	90.8	5.9	91.2	18.0
74.4	216.7	12.9	175.7	66.6
57.4	93.7	24.2	265.5	6.0
702.9	755.9	120.5	1221.1	49.5
1272.5	509.3	29.7	818.7	37.7
20.3	69.0	21.0	78.9	6.9
219.7	457.9	33.4	393.1	88.4
162.2	269.6	32.7	601.8	39.8
46.7	154.1	40.1	247.4	14.4
46.4	166.0	64.6	189.5	15.3
143.2	350.4	26.1	287.0	64.9
438.6	848.1	31.7	958.2	94.9
270.0	532.9	20.1	566.5	63.6
1022.1	2319.4	69.5	2928.3	152.4
54.3	156.0	10.3	169.5	19.6
530.9	930.1	63.1	979.4	148.1
664.1	2010.4	50.2	1736.0	424.3
94.4	179.0	4.1	228.3	23.1
15.7	34.1	2.2	33.6	9.6
3.1	13.7	1.9	30.7	1.2
4.3	37.8	6.9	47.4	4.4
3.6	92.0	188.8	532.0	10.3
86.8	111.3	16.6	311.4	11.0
14.7	39.8	22.6	98.9	4.4

13-9 外商投资和港澳台商投资工业企业主要指标
Main Indicators of Industrial Enterprises with Hong Kong, Macao, Taiwan and Foreign Funds

单位：亿元 (100 million yuan)

年份 Year / 地区 Region		企业单位数(个) Number of Enterprises (unit)	资产总计 Total Assets	流动资产合计 Current Assets	应收账款 Accounts Receivable	存货 Inventories	#产成品 Finished Goods	负债合计 Total Liabilities
	1998	26442	21327.0	9971.9	3071.2	3233.0	1151.1	12481.6
	2000	28445	25714.1	12849.5	4045.9	4078.4	1417.6	14658.9
	2005	56387	64308.5	35304.0	11422.0	10093.4	3258.3	36459.4
	2006	60872	77108.7	42674.9	13655.9	12167.9	3954.6	43398.6
	2007	67456	96367.0	53781.5	16785.3	15126.2	4862.9	55168.2
	2008	77847	112145.0	60340.2	17123.6	16801.2	5782.2	62831.0
	2009	75376	124477.6	69082.1	20860.9	16469.7	5634.6	69928.8
	2010	74045	148552.3	84328.6	24176.3	20623.8	6588.1	82038.8
	2011	57216	161987.7	95334.6	27132.0	23075.2	7973.7	92130.8
	2012	56908	172320.3	100289.9	29850.6	23510.8	8199.6	97414.1
	2013	57368	188661.4	108770.2	32460.7	24399.1	8389.9	106197.3
	2014	55172	198162.1	113723.6	34419.4	24840.3	9023.0	109924.4
	2015	52758	201302.7	114481.0	35955.1	23622.2	8933.8	109679.8
	2016	49554	212744.4	122079.2	39362.5	23936.7	8829.7	114911.3
	2017	47458	215998.1	128098.4	41604.2	25712.3	9696.0	116678.1
	2018	44624	219165.4	131316.6	42574.5	26854.3	10306.4	118559.0
	2019	43588	228743.9	135590.5	43145.4	25934.3	9880.4	123011.5
北京	Beijing	650	9703.2	6473.3	1392.6	1097.9	434.3	5353.3
天津	Tianjin	1134	6735.1	3548.3	1227.0	875.1	298.6	3384.4
河北	Hebei	608	5298.0	2771.9	586.2	469.7	160.6	2879.8
山西	Shanxi	141	2716.8	1591.4	511.2	129.6	50.0	1759.3
内蒙古	Inner Mongolia	122	2263.7	678.7	99.8	119.8	48.2	1155.8
辽宁	Liaoning	1170	8087.1	4509.4	1159.7	1151.4	362.6	4459.6
吉林	Jilin	247	1733.8	1009.1	379.9	151.1	56.2	1161.2
黑龙江	Heilongjiang	154	1617.1	833.9	197.8	176.6	52.9	937.5
上海	Shanghai	3217	18720.5	12167.9	3929.1	2500.3	829.1	9970.9
江苏	Jiangsu	8653	40278.1	24473.1	8706.7	4932.3	1898.4	19494.2
浙江	Zhejiang	4433	17400.7	10579.6	3402.7	2122.1	855.5	8653.8
安徽	Anhui	709	4468.2	2870.9	1492.2	370.4	121.3	2787.7
福建	Fujian	3264	12239.5	7205.0	2038.3	1471.9	611.4	6203.1
江西	Jiangxi	682	2848.8	1358.9	403.8	273.3	116.2	1436.9
山东	Shandong	2636	15855.8	9160.7	2510.9	1611.7	665.3	8880.0
河南	Henan	420	5727.8	4221.6	1612.0	400.9	130.8	4164.4
湖北	Hubei	741	6079.9	3176.1	754.3	516.8	231.1	3540.6
湖南	Hunan	451	3210.5	1406.9	483.1	192.1	89.9	1797.2
广东	Guangdong	12121	45972.2	28157.8	9368.6	5781.7	2226.8	24631.9
广西	Guangxi	381	3262.5	1860.1	503.2	347.1	150.0	1926.5
海南	Hainan	64	885.3	452.1	67.8	68.2	19.7	400.7
重庆	Chongqing	421	3846.8	2197.6	802.0	394.1	172.5	2488.9
四川	Sichuan	537	4727.8	2948.6	1073.0	411.2	157.5	3038.3
贵州	Guizhou	94	569.6	256.2	85.6	30.0	8.3	330.3
云南	Yunnan	147	656.3	258.6	54.3	59.9	21.4	337.5
西藏	Tibet	5	133.2	31.4	1.2	3.1	0.2	89.5
陕西	Shaanxi	211	2263.1	913.8	188.7	184.7	77.3	983.3
甘肃	Gansu	39	363.7	134.7	31.3	14.4	4.5	194.6
青海	Qinghai	20	181.2	51.8	14.3	5.4	0.4	138.8
宁夏	Ningxia	41	578.7	171.1	42.6	42.0	16.1	273.0
新疆	Xinjiang	75	319.2	120.2	25.8	29.7	13.5	158.7

13-9 续表 continued

单位：亿元 (100 million yuan)

年 份 Year 地 区 Region	营业收入 Business Revenue	营业成本 Business Cost	销售费用 Selling Expenses	管理费用 Management Expenses	财务费用 Financial Expenses	利润总额 Total Profits	平均用工人数（万人）Annual Average Employees (10 000 persons)
1998	15604.6	13023.6	763.9	964.3	477.7	418.6	775.2
2000	22545.7	18583.3	1044.8	1236.8	393.6	1282.5	853.0
2005	78564.5	67863.0	2818.6	3084.6	468.0	4140.8	1899.6
2006	98936.1	84903.3	3369.7	3733.3	684.4	5384.1	2118.1
2007	125498.0	106981.4	4206.0	4655.2	808.3	7527.4	2353.0
2008	146613.6	125931.6	4858.7	5830.8	1033.8	8242.6	2579.4
2009	150263.1	127247.8	4965.8	5991.9	1145.4	10107.1	2450.4
2010	188729.4	159273.1	5948.1	7544.3	1137.0	15019.6	2645.7
2011	216304.3	183931.7	6859.4	8281.0	1164.5	15494.2	2574.1
2012	221948.8	189558.5	7104.4	8982.6	1709.7	13965.9	2573.8
2013	242964.2	207255.7	7832.2	9878.3	1443.0	15802.6	2536.1
2014	252630.1	215004.2	8123.6	10365.1	1562.8	16577.3	2472.4
2015	245697.6	208266.5	8006.4	10541.3	1703.9	15905.8	2355.4
2016	250393.0	211127.9	8253.7	10794.7	1536.3	17597.5	2182.4
2017	247619.7	208242.5	8328.5	10999.2	1417.1	18412.4	2052.3
2018	236958.7	198405.2	8141.6	11270.4	1289.3	16943.5	1856.9
2019	234409.8	195620.0	8103.6	12236.7	1149.1	16483.0	1748.3
北 京 Beijing	8935.8	7059.9	710.6	412.7	19.7	820.1	26.1
天 津 Tianjin	7835.8	6193.1	234.3	336.4	34.3	948.0	35.4
河 北 Hebei	4799.9	3968.4	182.9	199.1	36.8	407.9	28.5
山 西 Shanxi	1630.2	1396.5	20.6	52.5	20.7	126.1	12.9
内蒙古 Inner Mongolia	1093.6	877.2	26.1	51.0	33.7	125.9	4.4
辽 宁 Liaoning	7059.0	5524.5	385.9	315.4	37.3	686.2	38.6
吉 林 Jilin	1529.8	1261.7	65.2	109.6	18.2	81.5	9.5
黑龙江 Heilongjiang	1332.8	1061.1	98.4	78.1	16.2	127.8	7.3
上 海 Shanghai	22161.3	17899.0	871.9	1589.1	24.5	1609.7	102.0
江 苏 Jiangsu	41681.4	35179.6	1319.3	2289.2	204.3	2661.5	306.5
浙 江 Zhejiang	15445.9	12835.6	585.1	952.5	104.4	1058.2	122.9
安 徽 Anhui	4415.5	3836.6	120.5	186.6	21.9	233.5	23.6
福 建 Fujian	17280.3	14589.5	471.8	700.4	78.7	1409.1	138.3
江 西 Jiangxi	3189.9	2672.6	74.9	150.7	23.5	258.7	29.7
山 东 Shandong	12470.2	10394.5	441.6	630.1	120.3	894.0	92.0
河 南 Henan	5450.7	4985.6	92.8	116.1	19.8	233.2	42.4
湖 北 Hubei	7326.0	6007.6	254.6	341.9	20.7	520.7	34.7
湖 南 Hunan	3120.2	2549.3	73.8	178.9	39.5	167.5	28.4
广 东 Guangdong	50307.5	42196.2	1589.8	2900.8	171.1	3251.6	567.8
广 西 Guangxi	3551.2	3045.4	112.0	122.2	14.9	231.3	20.0
海 南 Hainan	805.3	626.1	19.9	23.3	7.3	52.2	1.8
重 庆 Chongqing	4925.3	4496.3	117.5	196.7	19.4	93.4	25.1
四 川 Sichuan	4706.4	4159.2	96.1	146.4	23.0	221.7	29.3
贵 州 Guizhou	508.1	434.0	14.9	14.2	5.1	29.4	3.5
云 南 Yunnan	436.7	334.3	30.6	25.1	5.6	34.7	3.8
西 藏 Tibet	39.9	30.7	0.6	4.2	1.9	2.6	0.2
陕 西 Shaanxi	1587.2	1358.8	62.9	84.5	4.4	132.3	9.0
甘 肃 Gansu	293.8	266.2	6.3	6.3	6.4	7.5	1.0
青 海 Qinghai	61.6	54.0	1.7	1.7	6.4	-2.0	0.4
宁 夏 Ningxia	202.6	148.4	7.0	10.7	7.1	42.1	2.0
新 疆 Xinjiang	226.1	178.2	14.3	10.5	2.3	16.7	1.5

13-10 按行业分大中型工业企业主要指标（2019年）

单位：亿元

行　　业	Sector	企业单位数（个）Number of Enterprises (unit)	资产总计 Total Assets
总　计	**National Total**	**48184**	**840682.6**
煤炭开采和洗选业	Mining and Washing of Coal	1487	45835.9
石油和天然气开采业	Extraction of Petroleum and Natural Gas	46	21184.3
黑色金属矿采选业	Mining and Processing of Ferrous Metal Ores	192	7418.9
有色金属矿采选业	Mining and Processing of Non-Ferrous Metal Ores	252	3586.2
非金属矿采选业	Mining and Processing of Non-metal Ores	123	1385.0
开采专业及辅助性活动	Professional and Support Activities for Mining	62	2772.2
农副食品加工业	Processing of Food from Agricultural Products	1902	13556.1
食品制造业	Manufacture of Foods	1310	10632.2
酒、饮料和精制茶制造业	Manufacture of Liquor, Beverages and Refined Tea	756	12470.9
烟草制品业	Manufacture of Tobacco	67	10117.5
纺织业	Manufacture of Textile	2198	10435.2
纺织服装、服饰业	Manufacture of Textile, Wearing Apparel and Accessories	2239	6997.8
皮革、毛皮、羽毛及其制品和制鞋业	Manufacture of Leather, Fur, Feather and Related Products and Footwear	1353	3697.3
木材加工和木、竹、藤、棕、草制品业	Processing of Timber, Manufacture of Wood, Bamboo, Rattan, Palm and Straw Products	398	1304.8
家具制造业	Manufacture of Furniture	755	3264.8
造纸和纸制品业	Manufacture of Paper and Paper Products	687	10302.8
印刷和记录媒介复制业	Printing and Reproduction of Recording Media	551	2585.1
文教、工美、体育和娱乐用品制造业	Manufacture of Articles for Culture, Education, Arts and Crafts, Sport and Entertainment Activities	1232	4438.2
石油、煤炭及其他燃料加工业	Processing of Petroleum, Coal and Other Fuels	523	31609.4
化学原料和化学制品制造业	Manufacture of Raw Chemical Materials and Chemical Products	2370	47823.8
医药制造业	Manufacture of Medicines	1514	25427.6
化学纤维制造业	Manufacture of Chemical Fibres	264	6611.0
橡胶和塑料制品业	Manufacture of Rubber and Plastics Products	1723	11180.9
非金属矿物制品业	Manufacture of Non-metallic Mineral Products	2975	23398.2
黑色金属冶炼和压延加工业	Smelting and Pressing of Ferrous Metals	867	59819.0
有色金属冶炼和压延加工业	Smelting and Pressing of Non-ferrous Metals	998	33821.3
金属制品业	Manufacture of Metal Products	2185	14174.6
通用设备制造业	Manufacture of General Purpose Machinery	2529	27159.7
专用设备制造业	Manufacture of Special Purpose Machinery	1972	24381.0
汽车制造业	Manufacture of Automobiles	2810	64929.7
铁路、船舶、航空航天和其他运输设备制造业	Manufacture of Railway, Ship, Aerospace and Other Transport Equipments	879	19334.1
电气机械和器材制造业	Manufacture of Electrical Machinery and Apparatus	3563	48405.8
计算机、通信和其他电子设备制造业	Manufacture of Computers, Communication and Other Electronic Equipment	4537	94309.6
仪器仪表制造业	Manufacture of Measuring Instruments and Machinery	660	5671.5
其他制造业	Other Manufacture	200	1606.6
废弃资源综合利用业	Utilization of Waste Resources	93	788.0
金属制品、机械和设备修理业	Repair Service of Metal Products, Machinery and Equipment	120	1780.7
电力、热力生产和供应业	Production and Supply of Electric Power and Heat Power	1204	109976.5
燃气生产和供应业	Production and Supply of Gas	210	6147.4
水的生产和供应业	Production and Supply of Water	377	10334.7

注：从2017年开始，工业企业年报规模划分按《统计上大中小微型企业划分办法（2017）》执行。大中型工业企业为从业人员300人及以上并且主营业务收入在2000万元及以上的工业企业。

Main Indicators of Large and Medium-sized Industrial Enterprises by Industrial Sector (2019)

(100 million yuan)

流动资产合计 Current Assets	应收账款 Accounts Receivable	存货 Inventories	#产成品 Finished Goods	负债合计 Total Liabilities
396805.1	**95719.6**	**78716.2**	**27422.3**	**469324.8**
16787.6	1928.5	868.8	363.3	29465.1
2564.3	317.2	192.2	95.8	9963.6
1979.4	313.8	141.0	67.2	4506.0
1038.8	122.5	151.5	47.4	1897.8
624.8	86.7	73.0	34.9	706.2
1413.0	460.1	169.9	15.1	1695.5
7668.7	998.7	1973.0	912.2	7835.4
5606.4	1011.1	1005.7	436.6	5076.5
7958.3	555.5	1954.1	574.2	4788.5
7070.0	395.4	4180.2	213.6	2253.2
5457.7	1083.0	1571.9	743.2	5421.5
4104.7	1243.4	1087.1	626.2	3157.7
2233.7	648.7	525.7	231.4	1633.3
709.6	159.9	202.0	87.9	656.1
1859.8	512.8	400.8	146.0	1710.7
4835.8	890.7	754.4	286.5	5903.0
1419.0	451.0	271.1	112.6	1009.8
2905.3	616.0	1164.5	644.5	2236.1
14878.4	2114.3	3903.7	1043.9	20500.1
18877.0	3313.6	3551.6	1443.7	27103.2
14441.6	3028.6	3033.5	1412.6	9875.0
2763.2	424.5	632.6	322.9	3859.2
5940.5	1778.7	1343.9	637.2	5488.0
11482.8	2541.2	1866.1	916.6	11565.3
25567.6	3117.7	6039.3	1820.0	37133.1
15464.1	2277.3	4553.0	1075.9	20845.6
8364.9	2395.0	2075.0	804.8	7901.6
17844.9	5235.3	4238.7	1502.1	14295.9
16008.8	5084.6	3864.9	1479.3	13246.8
37799.8	10685.4	5485.8	2610.4	38796.7
12555.9	2753.0	3352.1	518.6	11808.4
31527.3	10076.0	5096.5	2326.5	27253.7
62389.7	23835.3	10309.2	3387.2	54735.7
3834.4	1209.9	790.5	291.2	2506.9
926.2	150.3	231.2	57.4	873.9
418.5	78.7	140.7	52.1	431.6
914.1	343.6	213.8	11.6	924.2
13748.0	2828.4	1073.0	32.0	60720.1
1963.2	276.1	123.8	25.7	3665.9
2853.2	373.8	110.0	12.1	5872.7

a) Since 2017, sizes in industrial enterprises annual reporting forms are based on the 2017's Standards of Enterprises by Size. Large and medium-sized enterprises refer to enterprises with engaged persons over 300 and revenue from principal business above 20 million yuan.

13-10 续表

单位：亿元

行　业	Sector	营业收入 Business Revenue	营业成本 Business Cost
总　计	**National Total**	**691560.6**	**570797.2**
煤炭开采和洗选业	Mining and Washing of Coal	16494.8	10836.0
石油和天然气开采业	Extraction of Petroleum and Natural Gas	8275.8	5147.1
黑色金属矿采选业	Mining and Processing of Ferrous Metal Ores	2016.5	1499.0
有色金属矿采选业	Mining and Processing of Non-Ferrous Metal Ores	1423.9	948.0
非金属矿采选业	Mining and Processing of Non-metal Ores	502.7	370.1
开采专业及辅助性活动	Professional and Support Activities for Mining	2285.4	2166.8
农副食品加工业	Processing of Food from Agricultural Products	18901.5	16820.5
食品制造业	Manufacture of Foods	12140.3	8958.6
酒、饮料和精制茶制造业	Manufacture of Liquor, Beverages and Refined Tea	9644.1	5712.0
烟草制品业	Manufacture of Tobacco	10973.0	3693.5
纺织业	Manufacture of Textile	11546.7	10019.6
纺织服装、服饰业	Manufacture of Textile, Wearing Apparel and Accessories	8226.8	6781.1
皮革、毛皮、羽毛及其制品和制鞋业	Manufacture of Leather, Fur, Feather and Related Products and Footwear	5962.3	4980.9
木材加工和木、竹、藤、棕、草制品业	Processing of Timber, Manufacture of Wood, Bamboo, Rattan, Palm and Straw Products	1693.7	1418.3
家具制造业	Manufacture of Furniture	3503.9	2798.9
造纸和纸制品业	Manufacture of Paper and Paper Products	7346.9	6131.3
印刷和记录媒介复制业	Printing and Reproduction of Recording Media	2549.9	2022.9
文教、工美、体育和娱乐用品制造业	Manufacture of Articles for Culture, Education, Arts and Crafts, Sport and Entertainment Activities	6291.1	5318.5
石油、煤炭及其他燃料加工业	Processing of Petroleum, Coal and Other Fuels	43722.6	36282.8
化学原料和化学制品制造业	Manufacture of Raw Chemical Materials and Chemical Products	36538.1	30130.5
医药制造业	Manufacture of Medicines	16744.7	8606.9
化学纤维制造业	Manufacture of Chemical Fibres	7046.4	6367.8
橡胶和塑料制品业	Manufacture of Rubber and Plastics Products	10796.3	8943.3
非金属矿物制品业	Manufacture of Non-metallic Mineral Products	18480.7	14172.3
黑色金属冶炼和压延加工业	Smelting and Pressing of Ferrous Metals	60327.8	54703.4
有色金属冶炼和压延加工业	Smelting and Pressing of Non-ferrous Metals	35150.7	32141.0
金属制品业	Manufacture of Metal Products	15223.3	13028.6
通用设备制造业	Manufacture of General Purpose Machinery	21066.0	17081.1
专用设备制造业	Manufacture of Special Purpose Machinery	15623.7	12086.5
汽车制造业	Manufacture of Automobiles	64891.5	54165.1
铁路、船舶、航空航天和其他运输设备制造业	Manufacture of Railway, Ship, Aerospace and Other Transport Equipments	11009.5	9357.3
电气机械和器材制造业	Manufacture of Electrical Machinery and Apparatus	42897.3	35351.6
计算机、通信和其他电子设备制造业	Manufacture of Computers, Communication and Other Electronic Equipment	95601.0	82930.8
仪器仪表制造业	Manufacture of Measuring Instruments and Machinery	3931.4	2940.6
其他制造业	Other Manufacture	1268.0	1059.6
废弃资源综合利用业	Utilization of Waste Resources	1246.7	1097.3
金属制品、机械和设备修理业	Repair Service of Metal Products, Machinery and Equipment	1095.9	909.4
电力、热力生产和供应业	Production and Supply of Electric Power and Heat Power	54030.5	49701.3
燃气生产和供应业	Production and Supply of Gas	3460.2	2924.0
水的生产和供应业	Production and Supply of Water	1603.8	1169.5

continued

(100 million yuan)

销售费用 Selling Expenses	管理费用 Management Expenses	财务费用 Financial Expenses	利润总额 Total Profits	平均用工人数(万人) Annual Average Employees (10 000 persons)
21105.2	**35067.1**	**6993.1**	**46023.0**	**4732.8**
391.8	1447.6	703.0	2505.1	256.4
35.9	694.9	190.4	1507.3	60.0
35.7	156.4	135.9	146.4	18.6
16.2	141.5	47.8	231.2	19.0
28.8	49.8	15.9	45.1	7.9
2.5	92.4	0.1	-0.1	28.9
460.5	497.3	162.8	981.5	137.7
1400.3	584.9	50.6	1308.3	105.9
1021.6	503.4	12.4	1848.6	72.7
151.9	484.5	-52.4	902.2	15.2
228.6	536.0	141.6	651.8	156.6
383.5	465.0	56.7	554.7	168.7
183.6	321.7	31.4	446.2	125.0
55.0	75.1	17.3	123.8	21.5
169.5	249.5	20.2	297.5	54.9
266.2	356.3	138.0	520.1	47.2
84.1	201.3	15.5	230.6	35.9
170.5	349.8	38.3	420.8	96.6
325.2	930.9	344.0	1151.3	69.8
1137.2	1832.1	588.4	2052.6	180.1
3983.6	1621.3	147.4	2556.2	132.3
67.8	255.1	105.2	291.8	30.7
370.9	667.1	97.1	714.1	131.8
616.7	1039.7	228.2	2408.2	183.2
585.3	1727.3	613.0	2628.0	187.7
273.3	906.2	501.2	1170.1	114.2
343.6	818.7	108.5	901.7	150.7
794.1	1552.3	114.8	1649.9	195.3
782.0	1264.5	154.5	1400.4	149.5
1925.5	3782.0	163.5	4553.8	294.0
213.9	871.6	59.0	577.2	105.8
1885.7	2499.5	206.6	3085.5	335.9
2182.6	6100.3	246.0	4714.9	706.0
210.7	374.5	15.9	446.6	46.1
23.4	99.1	4.3	86.9	20.3
10.6	33.5	12.3	90.0	5.0
7.4	111.1	14.4	55.2	13.4
33.5	1075.4	1408.0	2331.7	208.2
126.3	135.6	56.4	286.7	16.5
119.0	161.5	78.5	149.0	27.7

13-11 大中型工业企业主要指标
Main Indicators of Large and Medium-sized Industrial Enterprises

单位：亿元 (100 million yuan)

年份 Year / 地区 Region		企业单位数（个） Number of Enterprises (unit)	资产总计 Total Assets	流动资产合计 Current Assets	应收账款 Accounts Receivable	存货 Inventories	#产成品 Finished Goods	负债合计 Total Liabilities
	1998	23408	76095.8	30719.9	8127.9	9481.4	3481.6	47836.5
	2000	21724	87309.8	35282.9	9238.3	9918.3	3614.9	52083.9
	2005	29774	178816.9	77623.7	17018.8	21879.5	7026.0	102529.7
	2006	32930	212410.4	92049.1	20206.2	25788.9	8341.8	121016.5
	2007	36506	257015.6	113694.5	24735.1	31839.6	10245.5	147160.5
	2008	40392	305328.8	132898.8	26679.9	36825.6	12227.3	177416.3
	2009	41290	351080.5	152364.1	32208.4	38724.5	12448.6	206323.4
	2010	46648	427451.6	195899.0	39220.0	49505.4	15465.7	249848.2
	2011	61347	505941.0	240505.3	47882.1	59552.6	19535.3	299089.3
	2012	63314	564360.4	264650.9	55981.3	63992.4	21459.0	333780.3
	2013	65514	626731.5	288989.1	63297.6	68989.0	22891.6	370709.3
	2014	65301	679436.7	311020.9	69442.3	72064.1	24966.9	397804.3
	2015	63703	718838.6	325464.4	75915.9	70757.8	25130.0	416708.3
	2016	62312	767059.8	350655.7	83000.2	73915.5	26096.8	438442.2
	2017	58854	797736.2	372934.5	87351.7	77583.6	27525.5	451584.5
	2018	51073	820351.3	391077.9	92501.9	81197.0	28317.7	463975.9
	2019	48184	840682.6	396805.1	95719.6	78716.2	27422.3	469324.8
北京	Beijing	551	44720.3	14539.9	3247.4	1918.1	665.5	18251.4
天津	Tianjin	586	14455.2	6698.6	1691.2	1366.4	459.2	8204.9
河北	Hebei	1413	32076.9	14330.3	3157.2	2866.8	1003.1	19646.3
山西	Shanxi	1193	33715.1	13791.3	2284.8	1584.2	585.2	24091.7
内蒙古	Inner Mongolia	614	24215.2	8051.4	1193.9	1294.5	466.1	14280.7
辽宁	Liaoning	1140	30601.4	14615.3	3170.2	3506.3	932.2	19085.0
吉林	Jilin	444	12697.6	5945.6	923.3	1255.2	495.5	7465.0
黑龙江	Heilongjiang	427	12279.8	5014.7	897.1	862.4	258.5	6992.9
上海	Shanghai	1169	33424.8	18071.5	4661.2	3446.6	994.4	15669.8
江苏	Jiangsu	5218	76161.9	41972.1	13029.0	8760.3	3372.3	39145.1
浙江	Zhejiang	4328	50558.8	25980.5	7750.1	5210.6	2055.0	26088.1
安徽	Anhui	1401	25171.6	11850.7	3611.8	2107.7	780.7	14477.9
福建	Fujian	2989	26257.2	12887.9	3124.8	2941.7	1127.9	13704.5
江西	Jiangxi	1366	15816.8	7926.7	1796.2	1724.4	562.8	8586.8
山东	Shandong	3449	68924.2	35051.8	6817.8	7129.9	2923.6	42129.0
河南	Henan	3161	38653.9	17951.3	4208.1	3287.6	1057.0	22560.8
湖北	Hubei	1807	28516.1	13049.9	2956.7	2710.6	890.3	15265.6
湖南	Hunan	1821	18693.6	9076.0	2622.8	2088.2	642.5	10077.9
广东	Guangdong	8409	100937.9	59147.2	16942.5	11679.8	4446.0	56355.5
广西	Guangxi	887	11818.7	5742.9	1032.4	1300.2	455.5	7601.2
海南	Hainan	84	2406.2	1079.1	197.9	170.1	50.0	1305.4
重庆	Chongqing	1087	13860.3	6895.7	2092.1	1237.6	497.9	7870.3
四川	Sichuan	1820	31697.5	14309.6	3202.4	2853.1	904.9	17403.7
贵州	Guizhou	453	11402.3	5106.0	610.9	1068.5	165.5	6798.7
云南	Yunnan	531	14509.1	5139.3	730.7	1749.7	298.2	7718.6
西藏	Tibet	13	989.1	199.8	8.4	12.3	2.0	378.6
陕西	Shaanxi	869	29830.4	11043.7	1996.3	2127.1	716.0	16092.0
甘肃	Gansu	252	8290.2	2825.3	400.0	838.1	187.4	4985.9
青海	Qinghai	88	4595.9	1327.3	172.8	210.1	68.9	3450.7
宁夏	Ningxia	181	7386.8	2343.0	387.2	555.6	109.1	4305.0
新疆	Xinjiang	433	16017.8	4840.7	802.1	852.3	249.1	9335.8

13-11 续表 continued

单位：亿元 (100 million yuan)

年份 Year / 地区 Region		营业收入 Business Revenue	营业成本 Business Cost	销售费用 Selling Expenses	管理费用 Management Expenses	财务费用 Financial Expenses	利润总额 Total Profits	平均用工人数（万人） Annual Average Employees (10 000 persons)
	1998	37130.6	29949.7	1275.5	2987.3	1591.8	881.9	3412.8
	2000	50120.3	39768.9	1717.4	3502.6	1313.0	3183.3	2880.6
	2005	169237.9	141880.2	4949.2	7511.1	1878.3	11011.8	3798.9
	2006	210877.1	176592.3	5884.6	8722.2	2368.0	14363.2	4116.5
	2007	264015.8	219425.5	7367.6	10826.3	2946.3	19626.7	4403.1
	2008	318812.5	268933.2	8488.7	13207.5	4060.6	19929.2	4759.7
	2009	335751.1	280972.6	9342.3	14443.7	3927.4	22265.7	4831.3
	2010	439013.7	365216.5	11654.8	18908.2	4677.8	34977.2	5390.2
	2011	554055.8	463087.0	13900.0	22320.7	6091.1	41743.8	6177.8
	2012	603021.4	506604.0	15840.2	24431.7	7784.7	40570.2	6394.5
	2013	665283.3	561075.8	17589.4	26147.9	7998.1	44007.2	6457.2
	2014	705027.1	595485.7	19091.3	27390.3	9013.3	44152.9	6435.2
	2015	693927.8	585638.3	19566.0	28370.0	8869.5	41564.9	6245.2
	2016	722934.4	607782.7	20902.9	29838.9	8206.7	46192.8	6051.6
	2017	721344.7	600748.0	21141.3	30767.4	8380.8	51361.5	5664.9
	2018	702409.1	578893.4	21412.4	31955.5	7622.0	50370.7	5138.2
	2019	691560.6	570797.2	21105.2	35067.1	6993.1	46023.0	4732.8
北京	Beijing	18848.2	15707.3	989.5	863.5	172.5	1450.3	59.2
天津	Tianjin	12545.1	10377.2	282.0	541.7	79.6	1040.0	60.9
河北	Hebei	27466.7	23353.7	643.9	1058.7	342.2	1503.2	168.8
山西	Shanxi	16566.5	13240.4	506.6	977.6	548.1	996.9	154.5
内蒙古	Inner Mongolia	12900.1	10329.5	337.1	500.8	308.9	1171.7	69.0
辽宁	Liaoning	24341.0	20633.3	617.2	976.6	301.4	1113.2	135.6
吉林	Jilin	11458.2	9413.3	483.2	597.9	75.6	601.9	59.9
黑龙江	Heilongjiang	7142.9	5705.2	236.6	447.4	95.3	349.8	65.1
上海	Shanghai	28506.1	22855.1	1051.9	1928.6	11.4	2268.0	117.4
江苏	Jiangsu	73966.5	62007.7	2457.8	3668.2	488.0	4791.3	472.6
浙江	Zhejiang	42210.3	34599.1	1470.9	2409.9	315.3	3359.7	312.9
安徽	Anhui	20054.9	16762.1	531.9	1012.3	220.8	1315.2	137.1
福建	Fujian	32529.6	27303.5	785.5	1319.4	237.5	2700.6	257.2
江西	Jiangxi	18967.0	16234.8	377.0	788.2	128.3	1172.2	124.6
山东	Shandong	58270.6	49858.2	1522.6	2391.1	725.7	2932.6	347.7
河南	Henan	35208.8	29853.0	697.5	1363.9	490.2	2354.3	338.1
湖北	Hubei	24195.0	19718.7	733.4	1292.7	207.2	1711.6	159.4
湖南	Hunan	18612.1	14489.3	611.2	1192.5	183.0	1179.3	153.4
广东	Guangdong	101774.8	83026.4	3854.9	6974.7	452.9	7261.8	855.1
广西	Guangxi	11361.1	9615.3	248.8	429.6	105.0	601.2	73.0
海南	Hainan	1812.0	1391.4	102.3	64.2	32.2	137.0	7.1
重庆	Chongqing	14000.2	12009.9	427.8	673.5	100.8	655.3	94.2
四川	Sichuan	25764.4	20929.2	910.4	1178.5	272.0	1943.2	178.0
贵州	Guizhou	5785.0	3927.3	192.8	324.9	148.6	751.3	49.3
云南	Yunnan	9978.6	7481.7	263.5	381.5	187.2	703.7	51.5
西藏	Tibet	173.2	150.8	3.3	18.1	4.0	-3.5	1.1
陕西	Shaanxi	17298.1	13438.7	390.5	820.9	270.9	1717.7	112.3
甘肃	Gansu	6068.7	5128.5	98.7	209.2	114.0	231.7	36.5
青海	Qinghai	1735.3	1417.2	36.2	86.1	75.5	-556.5	11.8
宁夏	Ningxia	3651.4	3037.8	54.2	159.3	117.1	157.0	21.2
新疆	Xinjiang	8368.5	6802.0	186.1	415.7	182.0	411.4	48.8

13-12 工业产品产量
Output of Industrial Products

产品名称		Item		2018	2019
原煤	(亿吨)	Coal	(100 million tons)	36.98	38.46
原油	(万吨)	Crude Oil		18932.42	19101.41
天然气	(亿立方米)	Natural Gas	(100 million cu.m)	1601.59	1761.74
原盐	(万吨)	Salt	(10 000 tons)	6363.61	6701.44
精制食用植物油	(万吨)	Refined Edible Vegetable Oil	(10 000 tons)	4940.43	5421.76
成品糖	(万吨)	Refined Sugar	(10 000 tons)	1198.77	1389.39
罐头	(万吨)	Canned Food	(10 000 tons)	1047.85	1034.63
啤酒	(万千升)	Beer	(10 000 kiloliter)	3800.83	3765.29
卷烟	(亿支)	Cigarettes	(100 million pieces)	23375.59	23642.49
纱	(万吨)	Yarn	(10 000 tons)	3078.88	2827.16
布	(亿米)	Cloth	(100 million m)	698.47	555.19
机制纸及纸板	(万吨)	Machine-made Paper and Paperboard	(10 000 tons)	12045.97	12515.30
汽油	(万吨)	Gasoline	(10 000 tons)	13964.69	14120.68
柴油	(万吨)	Diesel Oil	(10 000 tons)	17360.07	16638.27
焦炭	(万吨)	Coke	(10 000 tons)	44834.20	47126.16
硫酸(折100%)	(万吨)	Sulfuric Acid	(10 000 tons)	9209.27	9119.24
烧碱(折100%)	(万吨)	Caustic Soda	(10 000 tons)	3475.47	3457.89
纯碱(碳酸钠)	(万吨)	Soda Ash	(10 000 tons)	2647.96	2986.46
乙烯	(万吨)	Ethylene	(10 000 tons)	1861.76	2052.29
合成氨	(万吨)	Synthetic Ammonia	(10 000 tons)	4587.05	4735.03
农用氮、磷、钾化肥	(万吨)	Chemical Fertilizers	(10 000 tons)	5403.51	5731.18
#氮肥	(万吨)	Nitrogen Fertilizers	(10 000 tons)	3457.12	3556.25
磷肥	(万吨)	Phosphate Fertilizers	(10 000 tons)	1296.26	1308.40
化学农药原药	(万吨)	Chemical Pesticides	(10 000 tons)	240.02	211.81
初级形态塑料	(万吨)	Primary Plastics	(10 000 tons)	8854.87	9743.65
合成橡胶	(万吨)	Synthetic Rubber	(10 000 tons)	691.39	743.96
合成洗涤剂	(万吨)	Synthetic Detergents	(10 000 tons)	1027.58	1048.56
化学药品原药	(万吨)	Chemical Medicines	(10 000 tons)	230.37	276.85
中成药	(万吨)	Traditional Chinese Medicine	(10 000 tons)	259.01	282.36
化学纤维	(万吨)	Chemical Fiber	(10 000 tons)	5418.02	5883.37
橡胶轮胎外胎	(万条)	Rubber Outer Tires	(10 000 tires)	88608.72	84445.28
水泥	(万吨)	Cement	(10 000 tons)	223609.62	234430.62
平板玻璃	(万重量箱)	Plain Glass	(10 000 weight cases)	93963.26	94461.22
生铁	(万吨)	Pig Iron	(10 000 tons)	77987.63	80849.38
粗钢	(万吨)	Crude Steel	(10 000 tons)	92903.84	99541.89
钢材	(万吨)	Rolled Steel	(10 000 tons)	113287.33	120456.94
#重轨	(万吨)	Heavy Rail	(10 000 tons)	377.24	405.73
大型型钢	(万吨)	Rolled-steel, Large	(10 000 tons)	1395.33	1586.87
中小型型钢	(万吨)	Rolled-steel, Medium and Small	(10 000 tons)	4970.45	4889.77
棒材	(万吨)	Steel Bar	(10 000 tons)	7652.51	8035.74
钢筋	(万吨)	Corrugated Steel Bar	(10 000 tons)	22226.66	24916.21
线材(盘条)	(万吨)	Wire Rod	(10 000 tons)	14414.96	15682.00
特厚板	(万吨)	Heavy Steel Plate	(10 000 tons)	808.33	859.87
厚钢板	(万吨)	Thick Steel Plate	(10 000 tons)	2926.69	3202.64
中厚宽钢带	(万吨)	Medium Wide Steel Belt	(10 000 tons)	14203.43	14938.25

注：1.原煤包括无烟煤、烟煤、褐煤，不包括石煤。
2.原油包括天然原油和人造原油。
3.纱包括棉纱、棉混纺纱、纯化纤纱，不包括棉线、代用纤维纱和手工纺纱。
4.布包括棉布、棉混纺布、纯化纤布，不包括代用纤维布、手工织布。
5.农用化肥按有效成分100%计算。
6.橡胶轮胎外胎包括摩托车充气橡胶轮胎外胎。
7.2018年数据根据全国第四次经济普查结果进行了修订。以下相关表均同。

a) Coal includes anthracite, bituminous coal and lignite, but excludes stone coal.
b) Crude oil includes natural and synthetic crude oil.
c) Yarn includes pure and blended cotton yarn, pure chemical-fiber yarn, but excludes cotton thread, substitute fiber yarn and hand-made yarn.
d) Cloth includes pure and blended cotton cloth, pure chemical-fiber cloth and canvas, but excludes substitute fiber cloth, hand-woven cloth and cord fabric.
e) The output of chemical fertilizers is calculated on the basis of 100 % effective content.
f) Tires include pneumatic tires of motorcycle.
g) Figures of 2018 are revised according to the result of the fourth national economic census. The same applies to the following tables.

13-12 续表 continued

产品名称		Item		2018	2019
热轧薄宽钢带	(万吨)	Hot-rolled Thin Wide Steel Belt	(10 000 tons)	7944.88	8361.98
冷轧薄宽钢带	(万吨)	Cold-rolled Thin Wide Steel Belt	(10 000 tons)	5571.45	5374.78
镀层板(带)	(万吨)	Plated Plate(Belt)	(10 000 tons)	5213.64	5738.87
无缝钢管	(万吨)	Seamless Steel Pipe	(10 000 tons)	2629.21	2798.38
十种有色金属	(万吨)	Ten Kinds of Nonferrous Metals	(10 000 tons)	5893.70	5865.96
#精炼铜	(万吨)	Refined Copper	(10 000 tons)	978.33	978.42
原铝(电解铝)	(万吨)	Electrolyzed Aluminum	(10 000 tons)	3683.10	3512.96
氧化铝	(万吨)	Aluminum Oxide	(10 000 tons)	7457.41	7230.16
发动机	(万千瓦)	Engines	(10 000 kw)	269946.86	267228.95
金属切削机床	(万台)	Metal-cutting Machine Tools	(10 000 units)	54.07	42.10
矿山专用设备	(万吨)	Special Equipment for Mining	(10 000 tons)	592.53	673.11
炼油、化工生产专用设备	(万吨)	Equipment for Oil Refining and Chemical Production	(10 000 tons)	119.88	127.09
大中型拖拉机	(万台)	Large and Medium Tractors	(10 000 sets)	26.21	28.08
铁路客车	(辆)	Railway Passenger Coaches	(unit)	914.00	1641.00
铁路货车	(万辆)	Railway Freight Wagons	(10 000 units)	5.05	6.03
汽车	(万辆)	Motor Vehicles	(10 000 sets)	2782.74	2567.67
#轿车	(万辆)	Cars	(10 000 sets)	1217.38	1028.49
客车	(万辆)	Buses	(10 000 sets)	54.77	46.63
载货汽车	(万辆)	Trucks	(10 000 sets)	370.32	380.49
摩托车整车	(万辆)	Motorcycle	(10 000 sets)	1820.52	1698.84
两轮脚踏自行车	(万辆)	Pedal Bicycles with Two wheels	(10 000 sets)	5723.90	4978.97
发电机组(发电设备)	(万千瓦)	Power Generation Equipment	(10 000 kw)	10903.07	9073.69
家用电冰箱	(万台)	Household Refrigerators	(10 000 sets)	8108.79	7904.25
房间空气调节器	(万台)	Air Conditioners	(10 000 sets)	20955.68	21866.16
家用电风扇	(万台)	Electric Fans	(10 000 sets)	20524.43	21607.17
家用吸排油烟机	(万台)	Household Kitchen Ventilators	(10 000 sets)	3432.04	3711.80
家用洗衣机	(万台)	Household Washing Machines	(10 000 sets)	7261.50	7432.99
家用吸尘器	(万台)	Vacuum Cleaners	(10 000 sets)	11297.47	11214.60
程控交换机	(万线)	Program-controlled Switchboards	(10 000 lines)	1036.65	790.46
电话单机	(万部)	Telephone Sets	(10 000 units)	6146.61	5710.16
传真机	(万部)	Fax Machines	(10 000 units)	177.01	60.69
移动通信手持机	(万台)	Mobile Phones	(10 000 sets)	180050.62	169603.36
微型计算机设备	(万台)	Micro Computer Equipment	(10 000 units)	31580.23	34163.22
#笔记本计算机	(万台)	Notebook PCs	(10 000 units)	17761.32	18533.22
显示器	(万台)	Display	(10 000 units)	16530.72	16982.95
集成电路	(亿块)	Integrated Circuits	(100 million units)	1852.60	2018.22
彩色电视机	(万台)	Color Television Sets	(10 000 sets)	19695.03	18999.06
组合音响	(万台)	Hi-Fi Stereo Component Players	(10 000 sets)	15686.43	16706.81
照相机	(万台)	Cameras	(10 000 sets)	2086.95	1595.24
#数码照相机	(万台)	Digital Cameras	(10 000 sets)	1278.13	818.60
复印和胶版印制设备	(万台)	Xerox and Hectograph Printing Equipment	(10 000 sets)	576.05	487.79
发电量	(亿千瓦小时)	Electricity Generation	(100 million kwh)	71661.33	75034.28
#火电	(亿千瓦小时)	Thermal Power	(100 million kwh)	50963.18	52201.48
水电	(亿千瓦小时)	Hydropower	(100 million kwh)	12317.87	13044.38

注：1.金属切削机床不包括台钻、砂轮机、抛光机。

2.拖拉机是指14.7千瓦及以上的轮式和履带式拖拉机。用本厂自产的拖拉机装配的推土机，只计推土机产量，不计拖拉机产量。

3.发电机组(发电设备)指500千瓦以上的水轮发电机组、汽轮发电机和燃气轮发电机等。

a) Metal-cutting machine tools do not include bench drills, grinders and polishing machines.

b) Tractors refer to both wheel and crawler tractors with a haulage capacity of 14.7 kw and over. The tractors which are refitted into bulldozers by the same tractor factories are deducted.

c) Power generating equipment refers to units with a generating capacity of 500 kw and over, including hydroturbine generating units, steam turbine generating units and gas turbine generating units.

13-13 分地区工业产品产量
Output of Industrial Products by Region

年份 地区	Year Region	原煤 (亿吨) Coal (100 million tons)	天然气 (亿立方米) Natural Gas (100 million cu.m)	原盐 (万吨) Salt (10 000 tons)	成品糖 (万吨) Refined Sugar (10 000 tons)	啤酒 (万千升) Beer (10 000 kiloliter)	卷烟 (亿支) Cigarettes (100 million pieces)	布 (亿米) Cloth (100 million m)
	1978	6.18	137.30	1953.00	227.00	40.00	1182.00	110.30
	1980	6.20	142.70	1728.00	257.00	69.00	1520.00	134.70
	1985	8.72	129.30	1479.00	451.00	310.00	2370.00	146.70
	1990	10.80	152.98	2023.00	582.00	692.00	3298.00	188.80
	1995	13.61	179.47	2977.72	558.64	1568.82	3485.02	260.18
	2000	13.84	272.00	3128.00	700.00	2231.32	3397.00	277.00
	2005	23.65	493.20	4661.06	912.37	3126.05	19389.08	484.39
	2006	25.70	585.53	5663.13	949.07	3543.58	20218.13	598.55
	2007	27.60	692.40	6166.97	1271.38	3954.07	21438.84	675.26
	2008	29.03	802.99	6664.43	1432.61	4156.91	22199.20	723.05
	2009	31.15	852.69	6662.79	1338.35	4162.18	22901.50	753.42
	2010	34.28	957.91	7037.76	1117.59	4490.16	23752.60	800.00
	2011	37.64	1053.37	6742.16	1187.43	4834.50	24474.00	814.14
	2012	39.45	1106.08	6911.78	1409.47	4778.58	25160.90	848.94
	2013	39.74	1208.58	7367.60	1592.76	4982.79	25603.86	897.59
	2014	38.74	1301.57	7049.71	1642.67	4936.29	26098.49	893.68
	2015	37.47	1346.10	6665.54	1474.11	4715.60	25890.70	892.58
	2016	34.11	1368.65	6620.10	1443.30	4506.44	23825.76	906.75
	2017	35.24	1480.35	6654.17	1472.04	4401.49	23448.25	691.05
	2018	36.98	1601.59	6363.61	1198.77	3800.83	23375.59	698.47
	2019	38.46	1761.74	6701.44	1389.39	3765.29	23642.49	555.19
北京	Beijing	0.00	29.73			91.43	165.17	
天津	Tianjin		34.90	188.31		26.81	211.68	3.74
河北	Hebei	0.51	5.84	311.02	39.24	180.62	758.35	12.62
山西	Shanxi	9.88	64.62			18.10	153.00	0.21
内蒙古	Inner Mongolia	10.91	22.07	121.16	52.59	64.32	255.10	
辽宁	Liaoning	0.33	6.18	95.76		206.96	271.18	0.93
吉林	Jilin	0.13	10.33			90.56	528.65	0.33
黑龙江	Heilongjiang	0.54	45.66		13.17	201.63	382.50	0.05
上海	Shanghai		12.47			44.21	903.65	1.16
江苏	Jiangsu	0.11	12.19	1352.91	2.73	181.52	1044.71	111.13
浙江	Zhejiang		0.01		0.55	226.81	933.69	123.74
安徽	Anhui	1.10	2.12	149.32		79.06	1174.44	8.62
福建	Fujian	0.08		28.13	7.53	158.12	879.13	104.67
江西	Jiangxi	0.05	0.03	200.80	0.18	71.26	637.95	9.65
山东	Shandong	1.19	5.10	1411.93	29.23	484.35	1240.95	53.58
河南	Henan	1.09	2.96	347.30	0.24	253.15	1541.07	14.26
湖北	Hubei	0.00	4.89	427.35	0.05	128.24	1273.77	53.07
湖南	Hunan	0.15		322.13	1.22	62.31	1651.46	2.13
广东	Guangdong		112.08	3.74	108.14	384.89	1287.86	22.75
广西	Guangxi	0.04	0.25		800.80	117.78	701.32	0.16
海南	Hainan		1.03	3.09	15.63	2.14	118.00	
重庆	Chongqing	0.12	65.10	284.13	0.76	67.17	539.50	2.05
四川	Sichuan	0.34	441.35	537.51	1.99	229.03	870.25	16.37
贵州	Guizhou	1.32	3.23		3.67	111.14	1114.65	0.34
云南	Yunnan	0.55		154.93	239.14	81.57	3496.45	
西藏	Tibet					13.24		
陕西	Shaanxi	6.36	473.42	15.41		70.83	779.66	9.04
甘肃	Gansu	0.37	0.12	6.31	4.69	41.94	471.50	
青海	Qinghai	0.13	64.00	293.73		2.03		
宁夏	Ningxia	0.75		92.37		21.08	80.00	0.57
新疆	Xinjiang	2.42	342.03	354.10	67.84	52.97	176.85	4.04

注：1.成品糖1997年及以前名称为糖，产量包括土糖，1998-2004年名称为机制糖。
2.啤酒2003年及以前计量单位为万吨。
3.卷烟2003年及以前计量单位为万箱。

a) Refined sugar was called sugar in 1997 and before, in which the homemade sugar was included. During 1998-2004, it was called machine-made sugar.

b) Unit of beer in 2003 and before was 10 000 tons.

c) Unit of cigarettes in 2003 and before was 10 000 boxes.

13-13 续表 1 continued

年份 地区	Year Region	机制纸及纸板(万吨) Machine-made Paper and Paperboards (10 000 tons)	焦炭(万吨) Coke (10 000 tons)	硫酸(万吨) Sulfuric Acid (10 000 tons)	烧碱(万吨) Caustic Soda (10 000 tons)	纯碱(万吨) Soda Ash (10 000 tons)	乙烯(万吨) Ethylene (10 000 tons)	农用氮、磷、钾化肥(万吨) Chemical Nitrogenous, Phosphate and Potash Fertilizers for Agricultural Use (10 000 tons)
1978		439.00	4690.00	661.00	164.00	132.90	38.00	869.30
1980		535.00	4343.00	764.30	192.30	161.30	49.00	1232.10
1985		911.00	4802.10	676.40	235.30	201.10	65.20	1322.20
1990		1372.00	7328.30	1196.90	335.40	379.50	157.20	1879.70
1995		2812.30	13424.49	1811.00	531.82	597.71	240.10	2548.14
2000		2486.94	12184.02	2427.00	667.88	834.00	470.00	3186.00
2005		6205.42	26511.70	4544.66	1239.98	1421.08	755.54	5177.86
2006		6863.02	30074.36	5033.17	1511.78	1560.03	940.51	5345.05
2007		7792.43	33105.28	5412.56	1759.29	1765.00	1027.80	5824.98
2008		8404.30	32313.94	5097.95	1926.01	1854.60	987.58	6028.05
2009		8965.13	35744.05	5960.91	1832.37	1944.77	1072.62	6385.01
2010		9832.63	38657.83	7090.47	2228.39	2034.82	1421.34	6337.86
2011		11010.89	43433.00	7482.70	2473.52	2294.03	1527.50	6419.39
2012		10956.54	43831.45	7876.63	2696.82	2395.93	1486.80	6832.10
2013		11323.06	48179.38	8154.49	2927.44	2431.63	1599.31	7026.18
2014		11785.80	47980.86	8901.55	3063.51	2525.84	1696.69	6876.85
2015		11742.77	44822.54	8975.70	3020.66	2591.80	1714.60	7431.99
2016		12319.22	44911.48	9133.03	3201.68	2584.98	1781.14	6629.62
2017		12542.01	43142.55	9212.92	3329.17	2767.14	1821.84	5891.71
2018		12045.97	44834.20	9209.27	3475.47	2647.96	1861.76	5403.51
2019		12515.30	47126.16	9119.24	3457.89	2986.46	2052.29	5731.18
北京	Beijing	4.19					81.47	
天津	Tianjin	261.97	158.34	19.23	86.56	68.39	135.41	16.44
河北	Hebei	322.74	4982.97	185.37	115.41	228.98		186.68
山西	Shanxi	60.90	9699.53	49.45	50.43			400.58
内蒙古	Inner Mongolia	7.90	3677.23	420.49	305.55	12.11	4.58	515.42
辽宁	Liaoning	134.17	2281.42	153.22	76.67		187.03	38.16
吉林	Jilin	51.59	337.61	86.00	2.61		86.72	29.01
黑龙江	Heilongjiang	34.38	1075.89	4.25	22.50	16.48	128.83	46.56
上海	Shanghai	50.40	549.28	8.62	74.42		211.12	1.00
江苏	Jiangsu	1471.57	1611.02	318.24	275.11	512.84	189.15	200.54
浙江	Zhejiang	1768.40	208.88	303.99	200.77	31.74	150.90	50.42
安徽	Anhui	415.91	1167.17	625.16	77.00	78.95		271.27
福建	Fujian	805.13	201.92	342.65	38.98	29.07	121.67	90.27
江西	Jiangxi	276.24	660.78	288.73	63.64	28.95	2.70	29.75
山东	Shandong	2075.36	4920.90	544.20	956.50	428.42	121.89	425.54
河南	Henan	386.83	2029.53	418.57	173.91	511.98	28.41	416.52
湖北	Hubei	415.83	834.12	983.87	80.01	164.08	90.03	569.57
湖南	Hunan	331.27	586.26	171.58	58.38	32.61		59.49
广东	Guangdong	2223.09	591.23	244.02	36.61	58.04	348.23	15.84
广西	Guangxi	323.84	729.32	383.34	61.72			34.78
海南	Hainan	178.78						65.55
重庆	Chongqing	361.35	258.62	161.39	36.10	113.90		83.64
四川	Sichuan	332.41	1066.21	650.96	121.07	144.95		451.89
贵州	Guizhou	23.76	391.69	704.08				372.41
云南	Yunnan	85.26	999.55	1460.21	26.07	15.78		296.95
西藏	Tibet							
陕西	Shaanxi	66.97	4686.63	114.91	107.99	26.61		127.62
甘肃	Gansu	5.53	449.40	327.88	32.22		53.34	22.65
青海	Qinghai		191.05	7.81	42.28	453.23		560.71
宁夏	Ningxia	21.89	790.75	58.61	65.90	29.36		45.40
新疆	Xinjiang	17.65	1988.86	82.43	269.50		110.82	306.54

13-13 续表 2 continued

年份 Year / 地区 Region		化学农药原药(万吨) Chemical Pesticide (10 000 tons)	初级形态塑料(万吨) Primary Plastics (10 000 tons)	化学纤维(万吨) Chemical Fiber (10 000 tons)	水泥(万吨) Cement (10 000 tons)	平板玻璃(万重量箱) Plate Glass (10 000 weight cases)	生铁(万吨) Pig Iron (10 000 tons)	粗钢(万吨) Crude Steel (10 000 tons)	钢材(万吨) Rolled Steel (10 000 tons)
	1978	53.30	67.90	28.46	6524.00	1784.00	3479.00	3178.00	2208.00
	1980	53.70	89.80	45.03	7986.00	2466.00	3802.00	3712.00	2716.00
	1985	21.10	123.40	94.78	14595.00	4942.00	4384.00	4679.00	3693.00
	1990	22.80	227.00	165.42	20971.00	8067.00	6238.00	6635.00	5153.00
	1995	41.65	516.87	341.17	47560.59	15731.71	10529.27	9535.99	8979.80
	2000	60.70	1087.51	694.00	59700.00	18352.20	13101.48	12850.00	13146.00
	2005	114.73	2308.86	1664.79	106884.79	40210.24	34375.19	35323.98	37771.14
	2006	138.46	2602.60	2073.18	123676.48	46574.70	41245.19	41914.85	46893.36
	2007	176.48	3184.54	2413.78	136117.25	53918.07	47651.63	48928.80	56560.87
	2008	209.99	3680.23	2453.29	142355.73	59890.39	47824.42	50305.75	60460.29
	2009	208.92	3629.97	2747.28	164397.78	58574.07	55283.46	57218.23	69405.40
	2010	223.52	4432.59	3090.00	188191.17	66330.80	59733.34	63722.99	80276.58
	2011	230.00	4992.31	3390.07	209925.86	79107.55	64050.88	68528.31	88619.57
	2012	290.88	5330.92	3837.37	220984.08	75050.50	66354.40	72388.22	95577.83
	2013	303.14	6293.03	4160.28	241923.89	79285.80	71149.88	81313.89	108200.54
	2014	374.40	7088.84	4389.75	249207.08	83128.16	71374.78	82230.63	112513.12
	2015	374.00	7807.66	4831.71	235918.83	78651.63	69141.30	80382.50	103468.41
	2016	320.97	8307.81	4886.36	241030.98	80408.45	70227.33	80760.94	104813.45
	2017	250.74	8458.08	4877.05	233084.06	83765.80	71361.93	87074.09	104642.05
	2018	240.02	8854.87	5418.02	223609.62	93963.26	77987.63	92903.84	113287.33
	2019	211.81	9743.65	5883.37	234430.62	94461.22	80849.38	99541.89	120456.94
北京	Beijing		114.12	0.25	318.77	56.96			170.71
天津	Tianjin		341.10	9.35	687.74	3324.81	2073.06	2194.77	5454.95
河北	Hebei	4.15	144.15	99.75	10527.39	16357.29	21774.37	24157.70	28409.63
山西	Shanxi	0.04	97.82	0.16	5257.59	1846.90	5557.06	6039.05	5594.25
内蒙古	Inner Mongolia	4.03	763.67	0.52	3380.07	992.60	2215.97	2653.69	2565.03
辽宁	Liaoning	1.28	401.30	23.84	4677.41	5055.52	6855.61	7361.91	7254.43
吉林	Jilin	2.08	127.71	32.18	1815.06	1176.23	1257.07	1356.55	1544.24
黑龙江	Heilongjiang	0.41	236.29	3.65	1989.61	402.71	800.72	896.12	781.99
上海	Shanghai	1.24	431.41	40.92	441.53		1490.07	1640.25	1819.69
江苏	Jiangsu	75.64	1138.24	1526.81	15767.36	1830.87	7347.59	12017.10	14211.41
浙江	Zhejiang	18.36	1155.87	2778.41	13399.26	4494.68	835.48	1350.68	3468.25
安徽	Anhui	9.83	200.88	37.09	14113.02	4227.81	2530.01	3222.47	3158.37
福建	Fujian		383.32	834.40	9475.07	5113.00	1038.08	2390.28	3737.66
江西	Jiangxi	3.63	48.44	60.40	9691.28	470.87	2217.98	2524.48	2795.71
山东	Shandong	17.10	839.22	90.78	14596.30	7096.10	5770.10	6356.98	9289.44
河南	Henan	4.90	232.52	55.77	10459.06	1912.59	2573.76	3299.09	3837.97
湖北	Hubei	16.58	203.43	23.72	11396.85	10282.99	2765.16	3594.73	3769.26
湖南	Hunan	3.44	58.96	8.91	11195.62	3303.90	1973.87	2385.72	2432.16
广东	Guangdong	3.54	661.75	65.17	16949.59	10092.24	2086.15	3229.12	4510.45
广西	Guangxi	2.14	23.31		12072.88	1190.18	1466.12	2662.71	3346.74
海南	Hainan	0.23	32.54		2019.04	514.69			
重庆	Chongqing	0.23	46.45	13.91	6757.65	1278.01	611.03	845.37	1136.45
四川	Sichuan	36.57	281.87	81.43	14184.62	6011.56	2131.34	2733.31	3308.24
贵州	Guizhou		8.04	1.32	11061.07	1753.37	351.21	442.34	707.74
云南	Yunnan	0.10	43.06	4.33	12907.45	1750.66	1788.03	2154.68	2323.31
西藏	Tibet				1080.95				
陕西	Shaanxi	1.84	511.94	4.47	6642.74	2039.77	1237.11	1430.75	2037.51
甘肃	Gansu	1.54	127.54		4450.09	556.51	659.13	877.77	936.66
青海	Qinghai		67.03		1348.81	126.73	151.85	178.83	180.56
宁夏	Ningxia	2.70	383.79	2.23	1889.67	422.01	120.85	308.56	306.21
新疆	Xinjiang	0.19	637.87	83.59	3877.06	779.67	1170.61	1236.88	1367.93

注：初级形态塑料2004年及以前名称为塑料树脂及共聚物，简称塑料。

a) Before 2004, the primary plastics was called plastic colophony copolymer, or plastics in short.

13-13 续表 3 continued

年 份 地 区	Year Region	金属切削机床(万台) Metal-cutting Machine Tools (10 000 units)	大中型拖拉机(万台) Large and Medium-sized Tractors (10 000 units)	汽 车(万辆) Motor Vehicles (10 000 units)	#轿 车 Cars	发电机组(万千瓦) Power Generation Equipment (10 000 kw)	家用电冰箱(万台) Household Refrigerators (10 000 units)	房间空气调节器(万台) Air Conditioners (10 000 units)
	1978	18.32	11.35	14.91		483.80	2.80	0.02
	1980	13.36	9.77	22.23	0.54	419.30	4.90	1.32
	1985	16.72	4.50	43.72	0.90	563.60	144.81	12.35
	1990	13.45	3.94	51.40	3.50	1225.40	463.06	24.07
	1995	20.34	6.33	145.27	33.70	1667.90	918.54	682.56
	2000	17.66	4.10	207.00	60.70	1249.00	1279.00	1826.67
	2005	51.14	16.33	570.49	277.01	9200.00	2987.06	6764.57
	2006	57.30	19.93	727.89	386.94	11694.27	3530.89	6849.42
	2007	64.69	20.31	888.89	479.78	12990.98	4397.13	8014.28
	2008	71.73	28.44	930.59	503.81	13942.42	4799.95	8147.37
	2009	58.55	37.13	1379.53	748.48	11729.25	5930.45	8078.25
	2010	69.73	33.68	1826.53	957.59	12880.21	7295.72	10887.47
	2011	88.68	40.19	1841.64	1012.67	14410.52	8699.20	13912.50
	2012	88.23	52.73	1927.62	1077.00	13005.52	8427.00	12398.72
	2013	87.55	66.56	2212.09	1210.43	14197.66	9255.74	13069.30
	2014	85.80	64.37	2372.52	1248.31	15053.02	8796.09	14463.27
	2015	75.50	68.82	2450.35	1162.97	12431.38	7992.75	14200.35
	2016	67.28	61.84	2811.91	1211.12	13119.78	8481.57	14342.37
	2017	60.85	34.44	2901.81	1194.54	11822.93	8314.48	17861.53
	2018	54.07	26.21	2782.74	1217.38	10903.07	8108.79	20955.68
	2019	42.10	28.08	2567.67	1028.49	9073.69	7904.25	21866.16
北 京	Beijing	0.83		164.02	78.04	176.26		0.04
天 津	Tianjin	0.10	0.53	104.15	57.11	167.54	44.59	219.26
河 北	Hebei	0.27		105.08	12.47	180.20		1311.26
山 西	Shanxi			6.58	0.51	27.55		
内蒙古	Inner Mongolia			2.90	2.74	0.84		
辽 宁	Liaoning	2.57		79.16	39.74	0.20	178.17	85.84
吉 林	Jilin			289.12	158.27	18.23		
黑龙江	Heilongjiang	0.04	0.74	18.89	6.60	1108.40		
上 海	Shanghai	0.44		274.90	161.96	2113.79	33.81	314.20
江 苏	Jiangsu	6.61	4.71	83.82	39.63	584.06	1068.08	499.97
浙 江	Zhejiang	8.97	1.98	99.19	71.93	580.39	567.89	1939.20
安 徽	Anhui	2.83	0.07	77.62	13.10		2505.89	3366.45
福 建	Fujian	1.39		16.16	0.78	54.92		130.06
江 西	Jiangxi	0.52	0.02	53.56	5.19	3.01	93.26	631.66
山 东	Shandong	5.08	11.83	77.70	12.94	205.64	732.50	876.36
河 南	Henan	0.24	4.67	61.86	20.84	79.09	251.63	1520.84
湖 北	Hubei	1.05	0.98	223.96	96.27	119.59	539.85	2110.93
湖 南	Hunan	0.50		57.91	12.35	160.87		11.30
广 东	Guangdong	4.24		311.97	184.44	281.94	1631.42	6691.42
广 西	Guangxi	0.12		183.03	7.15	11.06		
海 南	Hainan			0.04	0.03			
重 庆	Chongqing	0.66		137.46	26.52	227.39		1905.65
四 川	Sichuan	0.77	0.01	64.23	3.74	2005.46	99.52	251.73
贵 州	Guizhou	0.10		5.69			157.64	
云 南	Yunnan	2.77	2.44	11.37		66.64		
西 藏	Tibet							
陕 西	Shaanxi	1.60		54.70	14.14	62.64		
甘 肃	Gansu	0.22		0.07		9.60		
青 海	Qinghai	0.01				48.58		
宁 夏	Ningxia	0.16				92.68		
新 疆	Xinjiang		0.10	2.53	2.00	687.12		

13-13 续表 4 continued

年份 Year / 地区 Region	家用洗衣机(万台) Household Washing Machines (10 000 units)	移动通信手持机(万台) Mobile Phones (10 000 units)	微型计算机设备(万台) Micro-Computer Equipment (10 000 units)	集成电路(亿块) Integrated Circuit (100 million units)	彩色电视机(万台) Color Television Sets (10 000 units)	发电量(亿千瓦小时) Electricity Generation (100 million kwh)	#水电 Hydropower
1978	0.04			0.30	0.38	2565.50	445.90
1980	24.53			0.17	3.21	3006.30	582.10
1985	887.20			0.64	435.28	4106.90	923.70
1990	662.68		8.21	1.08	1033.04	6212.00	1267.20
1995	948.41		83.57	55.17	2057.74	10077.30	1905.77
2000	1442.98	5247.90	672.00	58.80	3936.00	13556.00	2224.14
2005	3035.52	30354.21	8084.89	269.97	8283.22	25002.60	3970.17
2006	3560.50	48013.79	9336.44	335.75	8375.40	28657.26	4357.86
2007	4005.10	54857.86	12073.38	411.62	8478.01	32815.53	4852.64
2008	4447.00	55945.10	15853.65	438.77	9187.14	34668.82	5851.87
2009	4973.63	68193.37	18215.07	414.40	9898.79	37146.51	6156.44
2010	6247.73	99827.36	24584.46	652.50	11830.03	42071.60	7221.72
2011	6715.94	113257.71	32036.93	719.52	12231.34	47130.19	6989.45
2012	6791.12	118154.57	31806.71	779.61	12823.52	49875.53	8721.07
2013	7300.53	152343.90	35348.41	903.46	12745.21	54316.35	9202.92
2014	7114.40	168202.75	35079.63	1015.53	14128.90	57944.57	10728.82
2015	7274.50	181261.40	31418.70	1087.20	14475.73	58145.73	11302.70
2016	7620.85	184845.66	29008.51	1317.95	15769.64	61331.60	11840.48
2017	7500.88	188982.37	30678.37	1564.58	15932.62	66044.47	11978.65
2018	7261.50	180050.62	31580.23	1852.60	19695.03	71661.33	12317.87
2019	7432.99	169603.36	34163.22	2018.22	18999.06	75034.28	13044.38
北京 Beijing		8373.32	513.20	154.49	417.85	464.09	10.19
天津 Tianjin	118.22	11.50		14.74	78.66	732.98	0.12
河北 Hebei	5.37			0.04		3297.66	16.44
山西 Shanxi		1862.20				3361.67	49.07
内蒙古 Inner Mongolia					164.28	5495.08	58.07
辽宁 Liaoning		46.07	2.98	4.96	37.10	2072.94	43.58
吉林 Jilin						946.38	66.76
黑龙江 Heilongjiang		259.50		3.39		1111.91	27.71
上海 Shanghai	147.75	4173.16	1121.69	207.59	135.75	822.13	
江苏 Jiangsu	2239.39	5003.84	6032.35	516.29	1383.46	5166.43	30.76
浙江 Zhejiang	1118.46	4652.58	277.72	143.45	193.43	3537.65	256.58
安徽 Anhui	2328.32	81.75	2253.84	59.74	1941.85	2886.67	51.09
福建 Fujian		1802.92	2192.40	9.56	790.85	2577.96	442.35
江西 Jiangxi	15.80	4897.63		2.69	22.68	1375.90	167.74
山东 Shandong	513.71	1177.22	0.93	21.29	1580.57	5897.22	5.23
河南 Henan	57.71	21744.06		0.01	5.03	2888.31	145.06
湖北 Hubei		3919.95	1270.24	0.02	298.70	2957.50	1356.98
湖南 Hunan		1262.86	128.78	6.26		1559.42	543.97
广东 Guangdong	672.56	70502.84	5784.73	363.24	10422.30	5051.02	391.01
广西 Guangxi	59.51	594.70	245.09		327.37	1846.27	593.41
海南 Hainan						345.68	17.27
重庆 Chongqing		17431.86	7614.25	33.71		811.55	242.27
四川 Sichuan	156.19	14363.68	6584.24	77.22	964.75	3923.88	3316.01
贵州 Guizhou		3239.60	0.12	0.58	123.56	2206.55	769.36
云南 Yunnan		2792.21	140.63	5.27	47.79	3465.63	2855.85
西藏 Tibet						85.51	68.49
陕西 Shaanxi		1409.91		3.79	63.09	2193.20	154.98
甘肃 Gansu				389.86		1630.50	496.12
青海 Qinghai						886.14	554.04
宁夏 Ningxia						1765.97	21.87
新疆 Xinjiang						3670.49	292.00

13-14 人均主要工业产品产量
Per Capita Output of Main Industrial Products

年 份 Year	原 煤 (吨) Coal (ton)	原 油 (公斤) Crude Oil (kg)	纱 (公斤) Yarn (kg)	布 (米) Cloth (m)	机制纸及纸板 (公斤) Machine-made Paper and Paperboard (kg)	水 泥 (公斤) Cement (kg)	粗 钢 (公斤) Crude Steel (kg)	发电量 (千瓦小时) Electricity Generation (kwh)
1978	0.65	108.82	2.49	11.54	4.59	68.23	33.24	268.36
1980	0.63	107.97	2.98	13.73	5.45	81.39	37.83	306.35
1985	0.83	118.83	3.36	13.96	8.67	138.86	44.52	390.76
1990	0.95	121.84	4.08	16.63	12.09	184.74	58.45	547.22
1995	1.13	124.53	4.50	21.59	23.34	394.74	79.15	836.39
1996	1.15	129.22	4.21	17.17	21.67	403.42	83.15	888.10
1997	1.13	130.68	4.55	20.23	22.22	416.02	88.57	923.16
1998	1.07	129.64	4.36	19.41	17.12	431.58	93.07	939.66
1999	1.09	127.72	4.53	19.96	17.24	457.40	99.19	989.28
2000	1.10	129.09	5.20	21.94	19.70	472.82	101.77	1073.62
2001	1.16	128.91	5.98	22.80	29.70	519.75	119.22	1164.29
2002	1.21	130.43	6.64	25.18	36.45	566.23	142.43	1291.78
2003	1.42	131.64	7.63	27.44	37.64	669.11	172.57	1482.91
2004	1.64	135.70	9.96	37.20	41.77	745.96	218.28	1699.99
2005	1.81	139.10	11.13	37.15	47.60	819.84	270.95	1917.79
2006	1.96	140.93	13.29	45.66	52.35	943.36	319.71	2185.88
2007	2.09	141.38	14.86	51.24	59.13	1032.85	371.27	2490.01
2008	2.19	143.77	15.52	54.58	63.45	1074.66	379.76	2617.20
2009	2.34	142.34	17.02	56.59	67.34	1234.90	429.81	2790.33
2010	2.56	151.76	19.23	59.80	73.50	1406.82	476.36	3145.06
2011	2.80	150.93	20.22	60.57	81.92	1561.80	509.83	3506.37
2012	2.92	153.61	22.09	62.85	81.12	1636.08	535.93	3692.58
2013	2.93	154.65	23.57	66.13	83.42	1782.29	599.05	4001.56
2014	2.84	154.98	24.77	65.51	86.39	1826.67	602.74	4247.29
2015	2.73	156.47	25.80	65.09	85.64	1720.50	586.21	4240.44
2016	2.47	144.84	27.07	65.77	89.36	1748.29	585.79	4448.62
2017	2.54	138.13	23.02	49.85	90.46	1681.22	628.06	4763.76
2018	2.66	135.94	22.11	50.15	86.49	1605.55	667.06	5145.39
2019	2.75	136.66	20.23	39.72	89.54	1677.24	712.18	5368.35

13-15 全国规模以上工业主要产品生产能力
Production Capacity of Main Industrial Products of Industrial Enterprises above Designated Size

产品名称	Item	2018	2019
天然原油 (万吨)	Natural Crude Oil (10 000 tons)	19751.61	20727.57
卷烟 (亿支)	Cigarettes (100 million pieces)	38984.66	38603.03
原油加工能力 (万吨)	Crude Oil Processing Capacity (10 000 tons)	76600.61	79489.57
焦炭 (万吨)	Coke (10 000 tons)	60369.28	63034.61
烧碱 (万吨)	Caustic Soda (10 000 tons)	3957.86	3985.07
碳化钙(电石，折300升/千克) (万吨)	Calsium Carbide (converted to 300 litres/kg)(10 000 tons)	3246.45	3118.61
农用氮、磷、钾化学肥料总计(折纯)(万吨)	Chemical Fertilizers (10 000 tons)	8972.96	8822.26
初级形态塑料 (万吨)	Primary Plastics (10 000 tons)	10639.05	11395.19
化学纤维 (万吨)	Chemical Fibre (10 000 tons)	6405.78	6923.34
水泥 (万吨)	Cement (10 000 tons)	327234.97	332459.18
平板玻璃 (万重量箱)	Plate Glass (10 000 weight cases)	105995.02	107848.96
粗钢 (万吨)	Crude Steel (10 000 tons)	102692.97	106036.13
钢材 (万吨)	Rolled Steel (10 000 tons)	145170.97	154018.91
原铝(电解铝) (万吨)	Electrolyzed Aluminum (10 000 tons)	4051.41	4040.16
金属切削机床 (万台)	Metal-cutting Machine Tools (10 000 sets)	84.17	70.82
汽车 (万辆)	Motor Vehicles (10 000 sets)	3975.67	4017.44
家用电冰箱 (万台)	Household Refrigerators (10 000 sets)	10764.89	10851.65
房间空气调节器 (万台)	Air Conditioners (10 000 sets)	27975.47	29828.75
微型计算机设备 (万台)	Micro Computer Equipment (10 000 sets)	47639.83	50495.00
移动通信手持机(手机) (万台)	Mobile Telephones (10 000 sets)	250859.26	212912.56
彩色电视机 (万台)	Color TV Set (10 000 sets)	27906.00	26486.66
发电设备容量总计 (万千瓦)	Installed Capacity of Power Generation (10 000 kw)	168719.80	178554.51
#火电设备容量 (万千瓦)	Thermal Power (10 000 kw)	111478.17	117082.29
水电设备容量 (万千瓦)	Hydropower (10 000 kw)	30059.00	30693.65
核电设备容量 (万千瓦)	Nuclear Power (10 000 kw)	4465.93	4875.53
风电设备容量 (万千瓦)	Wind Power (10 000 kw)	15661.30	17632.84

主要统计指标解释

工业 指从事自然资源的开采，对采掘品和农产品进行加工和再加工的物质生产部门。具体包括：(1)对自然资源的开采，如采矿、晒盐等(但不包括禽兽捕猎和水产捕捞)；(2)对农副产品的加工、再加工，如粮油加工、食品加工、缫丝、纺织、制革等；(3)对采掘品的加工、再加工，如炼铁、炼钢、化工生产、石油加工、机器制造、木材加工等，以及电力、燃气及水的生产和供应等；(4)对工业品的修理、翻新，如机器设备的修理等。

工业统计调查单位为工业法人单位。

工业法人单位指从事工业生产经营活动的法人单位。工业法人单位应同时具备以下条件：①依法成立，有自己的名称、组织机构和场所，能够独立承担民事责任；②独立拥有（或授权）使用资产，承担负债，有权与其他单位签订合同；③具有包括资产负债表在内的帐户，或者能够根据需要编制帐户。

国有控股企业 即原来的国有及国有控股企业，根据企业实收资本中国有经济成分的出资人的实际投资情况，或国有经济成分的出资人对企业资产的实际控制、支配程度进行分类。以下情况为国有控股：(1) 在企业的全部实收资本中，国有经济成分的出资人拥有的实收资本（股本）所占企业全部实收资本（股本）的比例大于50%的国有绝对控股。(2) 在企业的全部实收资本中，国有经济成分的出资人拥有的实收资本（股本）所占比例虽未大于50%，但相对大于其他任何一方经济成分的出资人所占比例的国有相对控股；或者虽不大于其他经济成分，但根据协议规定拥有企业实际控制权的国有协议控股。(3) 投资双方各占50%，且未明确由谁绝对控股的企业，若其中一方为国有经济成分的，一律按国有控股处理。

本篇涉及的企业登记注册类型的解释详见综合篇。

资产总计 指企业过去的交易或者事项形成的、由企业拥有或者控制的、预期会给企业带来经济利益的资源。包括企业拥有的土地、办公楼、厂房、机器、运输工具、存货等实物资产和现金、存款、应收账款和预付账款等金融资产。资产一般按流动性分为流动资产和非流动资产。其中流动资产可分为货币资金、交易性金融资产、应收票据、应收账款、预付款项、其他应收款、存货等；非流动资产可分为长期股权投资、固定资产、无形资产及其他非流动资产等。来源于会计“资产负债表”中“资产总计”项目的期末余额数。

流动资产合计 资产满足以下条件之一应归为流动资产：(1) 预计在一个正常营业周期中变现、出售或耗用，主要包括存货、应收账款等；(2) 主要为交易目的而持有；(3) 预计在资产负债表日起一年内（含一年）变现；(4) 自资产负债日起一年内，交换其他资产或清偿负债的能力不受限制的现金或现金等价物。包括货币资金、应收票据、应收账款、存货等项目。来源于会计“资产负债表”中“流动资产合计”项目的期末余额数。

负债合计 指企业过去的交易或者事项形成的，预期会导致经济利益流出企业的现时义务。包括银行贷款、借款、应付账款、应付职工工资、应付职工福利费、应交税金等企业负有偿还责任的债务。负债一般按偿还期长短分为流动负债和非流动负债。来源于会计“资产负债表”中“负债合计”项目的期末余额数。

应收账款 指企业因销售商品、提供劳务等经营活动所形成的债权，包括应向客户收取的货款、增值税款和为客户代垫的运杂费等。来源于会计“资产负债表”中“应收账款”项目的期末余额数。

存货 指企业在日常活动中持有以备出售的产成品或商品、处在生产过程中的在产品、在生产过程或提供劳务过程中耗用的材料或物料等，通常包括原材料、在产品、半成品、产成品、商品以及周转材料等。来源于会计“资产负债表”中“存货”项目的期末余额数。

产成品 指企业已经完成全部生产过程并验收入库，可以按照合同规定的条件送交订货单位，或者可以作为商品对外销售的产品。如果会计“资产负债表”列示“产成品”或“库存商品”项目，则为其期末余额；或者，根据会计“产成品”或“库存商品”科目的借方余额，减去为“产成品”或“库存商品”计提的存货跌价准备等计算得出。

营业收入 指企业从事销售商品、提供劳务和让渡资产使用权等生产经营活动形成的经济利益流入。营业收入包括“主营业务收入”和“其他业务收入”。来源于会计“利润表”中“营业收入”项目的本年累计数。

营业成本 指企业从事销售商品、提供劳务和让渡资产使用权等生产经营活动发生的实际成本。包括企业（单位）在报告期内从事销售商品、提供劳务等日常活动发生的各种耗费。包括“主营业务成本”和“其他业务成本”。来源于会计“利润表”中“营业成本”项目的本年累计数。

销售费用 指企业在销售商品和材料、提供劳务的过程中发生的各种费用，包括保险费、包装费、展览费和广告费、商品维修费、预计产品质量保证损失、运输费、装卸费等以及为销售本企业商品而专设的销售机构（含销售网点、售后服务网点等）的职工薪酬、业务费、折旧费等经营费用。

管理费用 指企业为组织和管理企业生产经营所发生的费用，包括企业在筹建期间内发生的开办费、董事会和行政管理部门在企业经营管理中发生的，或者应当由企业统一负担的公司经费等。来源于会计“利润表”中“管理费用”项目的本年累计数。

财务费用 指企业为筹集生产经营所需资金等而发生的筹资费用，包括企业生产经营期间发生的利息支出（减利息收入）、汇兑损失（减汇兑收益）以及相关的手续费等。来源于会计“利润表”中“财务费用”项目的本年累计数。

利润总额 指企业在一定会计期间的经营成果，是生产经营过程中各种收入扣除各种耗费后的盈余，反映企业在报告期内实现的盈亏总额。来源于会计“利润表”中“利润总额”项目的本年累计数。

平均用工人数 指报告期企业平均实际拥有的、参与本企业生产经营活动的人员数。

Explanatory Notes on Main Statistical Indicators

Industry refers to the material production sector which is engaged in the extraction of natural resources and processing and reprocessing of minerals and agricultural products, including (1) extraction of natural resources, such as mining, salt production (but not including hunting and fishing); (2) processing and reprocessing of farm and sideline produces, such as grain and oil processing, food processing, silk reeling, spinning and weaving and leather making; (3) processing and reprocessing of mineral products, such as steel making, iron smelting, chemicals manufacturing, petroleum processing, machine building, timber processing, and production and supply of electricity, gas and water; (4) repairing and renovating of industrial products such as the machinery.

In industrial surveys, the units of enquiry are industrial corporate units.

Industrial corporate units refer to corporate units engaging in industrial production and operation activities, which meet the following requirements: (1) They are established legally, having their own names, organizations, location, and are able to take civil liability independently; (2) They possess (or are authorized to use) assets independently, assume liabilities and are entitled to sign contracts with other units; (3) They have accounts including the balance sheets or can compile the accounts according to the need.

State-holding Enterprises cover the original state-owned enterprises and state-holding enterprises. They are classified according to the actual investment made by the contributors of state-owned part in the paid-in capital of the enterprises, or the degree of control or dominance of the contributor on the assets of the enterprises. The following cases are regarded as state-holding: (1) Absolute state-holding in which the contributors of state-owned parts possess more than 50% of all the paid-in capital (stocks) of the enterprises; (2) Relative state-holding in which the contributors of state-owned parts possess no more than 50% of the paid-in capital (stocks) of the enterprises, but more than that of any other contributors; or agreed state-holding in which the contributors of state-owned parts possess no more than other contributors but have actual control over the enterprises according to agreements; (3) In case both contributors possess 50% and it is not clear which one is in absolute holding position, the enterprise is regarded as state-holding enterprise if one of the contributor has state-owned elements.

For explanation of types of registration covered in this chapter, please refer to Chapter 1 on General Survey.

Total Assets refer to all resources that are owned or controlled by enterprises through previous trades or transactions, with expectation of making economic profits to enterprises. Included are all assets owned by enterprises such as land, office buildings, factories, machines, vehicles, inventories and other physical assets as well as cash, deposits, accounts receivable, prepayments and other financial assets. Classified by the degree of liquidity, total assets include current assets and non-current assets. Current assets can be classified into monetary capital, trading financial assets, notes receivable, accounts receivable, advanced payments, other receivables and inventories. Non-current assets can be divided into long-term equity investment, fixed assets, intangible assets and other non-current assets. Data on this indicator can be obtained from the year-end figures of total assets in the *Balance Sheet* of accounting records.

Current Assets refer to the assets that meet one of the following requirements: (1) expected to be cashed, sold or used in a normal operation cycle, mainly including inventory and accounts receivable; (2) owned for transaction purpose mainly; (3) expected to be cashed within one year (including one year) from the day of the *Balance Sheet*; (4) unlimited cash or cash equivalents that can be exchanged with other assets or capable of settling debts during one year since the day of the *Balance Sheet*. Included are monetary capital, notes receivable, accounts receivable and inventories. Data on this indicator can be obtained from the year-end figures of total current assets in the *Balance Sheet* of accounting records.

Total Liabilities refer to payable liabilities of enterprises that are accumulated from earlier transactions with expectation of leaking out of economic profits. Included are debts that enterprises are responsible for repaying such as bank loans, borrowings, accounts payable, wages payable, employee benefits payable, taxes payable, etc. In terms of payment, it can be divided into liquid liabilities and long-term liabilities. Data on this indicator can be obtained from the year-end figures of total liabilities in the *Balance Sheet* of accounting records.

Accounts Receivable refers to creditor's rights through business activities such as selling goods, providing labor, which include payment for goods that should be charged to the customer, value-added tax and advance freight for the clients. It comes from the ending balance of accounts receivable in balance sheet.

Inventories refers to finished goods or commodities held in preparation for sale in enterprises' daily activities, goods in the production process, material or the physical materials consumed in the production process or in the process of providing labor, usually include raw materials, goods in the production process, semi-finished products, finished products, goods and materials in flow. It comes from the ending balance of inventory in balance sheet.

Finished Goods refers to the products that the enterprises have completed all of the production process and accepted and put in storage, and can be sent to the ordering units in accordance with the contract stipulations, or can be on sale. If "finished goods" or "goods in stock" are listed in the *Balance Sheet*, it is the ending balance; or, it is calculated according to the debit balance of the accounting "finished goods" or "goods in stock" account, minus the inventory falling price reserves for "finished products" or "goods in stock".

Business Revenue refers to the inflow of economic benefits through production and operation activities of enterprises, such as selling commodities, providing labor services and transferring the right to use of assets. Business revenue includes "revenue from principal business" and " revenue from other business". It comes from current year's cumulative report of "business revenue" items from the "income statement".

Business Cost refers to the actual costs incurred by the enterprises in such production and operation activities as selling commodities, providing labor services and transferring the right to use of assets. It includes various expenditures incurred by enterprises (units) in their daily activities of selling goods and providing labour services during the reporting period. It includes "cost of principal business" and "cost of other business". It comes from current year's cumulative report of "operating cost" items from the "income statement".

Selling Expenses refer to the cost during the sale of goods and materials, providing labour services, including insurance, packing, exhibition fees and advertising fees, merchandise maintenance costs, expected product quality guarantee loss, transportation fees, handling fees, and operating expenses for the sales of the company's products, such as employee compensation, business expenses, depreciation costs for dedicated sales offices (including sales outlets, after-sales service outlets, etc.).

Management Expenses refer to the expenses for the organization and management of enterprise operattion, including the start-up costs during the construction of enterprises, funds occurred during enterprises operation by board of directors and executive management in the enterprise management, and other costs to be paid by enterprises. It comes from current year's cumulative amount of management cost in income statement.

Financial Expenses refer to cost of fund-raising for enterprises to raise funds for production and operation, including interest payments (a reduction in interest income), exchange loss (less exchange gains) and related fees during the period of production. It comes from current year's cumulative amount of financial expenses in income statement.

Total Profits refer to the operational results in a certain accounting period, and it is the balance of various incomes minus various spendings in the course of operation, reflecting the total profits and losses of enterprises in reference period. Data are obtained from current year's cumulative amount of total profits in the profit statement of the accounting record of enterprise.

Annual Average Employees refer to the number of persons engaged in the production and operation activities of enterprises in the reporting period, which are actually employed by the enterprises.

14

建筑业

Construction

简 要 说 明

一、本篇资料主要内容

本篇资料反映我国建筑业概况和发展情况。包括建筑业企业基本情况和生产经营情况。主要指标有企业个数、从业人员数、建筑业总产值、建筑业增加值、房屋建筑面积、利润税金、劳动生产率等。此外，还包括勘察设计单位和人员情况的主要指标。

二、本篇资料统计范围

根据建筑业发展的实际情况，建筑业统计范围从2002 年年报起由原具有建筑业资质等级四级及四级以上的独立核算的建筑业企业调整为具有建筑业资质的独立核算建筑业企业。

三、本篇资料来源及统计调查方法

本篇建筑业企业统计数据是根据国家统计局制定的《建筑业统计报表制度》整理汇总的。建筑业统计报表由国家统计局根据企业实际情况采取全面调查的方法布置、收集，由资质内建筑业企业通过联网直报系统上报。

勘察设计单位和人员表依据住房和城乡建设部制定的《勘察设计报表制度》中有关年报资料编制，由住房和城乡建设部提供。

Brief Introduction

I. Main Contents

Data in this chapter show the general situation and the development of the construction industry in China. They cover the situation of production and management of construction enterprises, including the number of enterprises; number of employed persons; gross output value and value added of the construction industry; floor space of buildings under construction; profits and taxes; and labour productivity etc. Also included in this chapter are main indicators on the situation of prospecting and designing institutions and personnel.

II. Scope of Statistics

In view of the development of the construction industry, starting from 2002 the scope of construction statistics has been adjusted to include all the construction enterprises of various types of ownership with qualification certificates and independent accounting systems, replacing the previous criteria that required construction enterprises of various types of ownership to have qualification certificates at or above Grade 4 with independent accounting systems.

III. Sources of Data and Methods of Survey

Data on construction enterprises are collected in accordance with the *Statistical Reporting System of Construction* stipulated by the National Bureau of Statistics. Report forms of construction statistics are distributed and collected through comprehensive survey by National Bureau of Statistics in accordance with the real conditions of the enterprises, and they are directly reported by qualified construction enterprises through internet.

Data on prospecting and designing institutions and their personnel are provided by the Ministry of Housing and Urban-Rural Development, based on the requirements on the annual reporting specified in the *Statistical Reporting Form System of Prospecting and Designing* stipulated by the Ministry of Housing and Urban-Rural Development.

14-1 建筑业企业概况
Main Indicators of Construction Enterprises

年份 Year	总计 Total	国有企业 State-owned Enterprises	集体企业 Collective-owned Enterprises	港澳台商投资企业 Enterprises with Investment from Hong Kong, Macao and Taiwan	外商投资企业 Foreign Invested Enterprises	其他 Others Enterprises
企业单位数（个） Number of Enterprises						
1980	6604	1996	4608			
1985	11150	3385	7765			
1990	13327	4275	9052			
1995	24133	7531	15348	329	312	613
2000	47518	9030	24756	635	319	12778
2001	45893	8264	19096	622	274	17637
2002	47820	7536	13177	632	279	26196
2003	48688	6638	10425	535	287	30803
2004	59018	6513	8959	511	386	42649
2005	58750	6007	8090	516	388	43749
2006	60166	5555	7051	479	370	46711
2007	62074	5319	6614	482	365	49294
2008	71095	5315	5843	474	363	59100
2009	70817	5009	5352	444	351	59661
2010	71863	4810	5026	416	331	61280
2011	72280	4642	4847	393	303	62095
2012	75280	4602	4640	385	295	65358
2013	78919	3847	3728	390	272	70682
2014	81141	3753	3589	369	261	73169
2015	80911	3603	3318	343	249	73398
2016	83017	3593	3154	326	222	75722
2017	88074	3453	2873	334	218	81196
2018	96544	3358	2546	266	203	90171
2019	103805	3309	2324	245	190	97737
从业人员（万人） Number of Employed Persons (10 000 persons)						
1980	648.0	481.8	166.2			
1985	911.5	576.7	334.8			
1990	1010.7	621.0	389.7			
1995	1497.9	824.3	631.9	5.0	5.4	31.3
2000	1994.3	635.6	887.5	8.2	4.4	458.6
2001	2110.7	590.7	739.9	7.7	4.3	768.1
2002	2245.2	543.8	579.2	7.4	4.5	1110.4
2003	2414.3	524.3	505.6	7.0	6.0	1371.3
2004	2500.3	467.4	386.4	6.8	8.1	1631.6
2005	2699.9	480.0	361.6	8.6	10.8	1838.9
2006	2878.2	467.6	332.0	8.9	8.1	2061.6
2007	3133.7	470.1	317.0	9.8	11.4	2325.4
2008	3315.0	472.1	266.8	10.5	9.2	2556.4
2009	3672.6	518.9	246.8	10.9	10.2	2885.7
2010	4160.4	576.9	246.5	12.2	9.8	3315.1
2011	3852.5	444.9	220.4	11.3	9.9	3166.0
2012	4267.2	457.8	216.2	13.0	10.3	3570.0
2013	4528.4	387.7	187.1	16.5	10.1	3927.0
2014	4537.0	371.2	175.0	15.4	8.6	3966.7
2015	5093.7	417.6	169.0	17.9	9.2	4480.0
2016	5184.5	438.1	168.2	16.1	8.7	4553.4
2017	5529.6	428.4	158.7	19.0	7.7	4915.8
2018	5305.2	438.5	123.2	17.6	7.6	4718.4
2019	5427.1	406.1	115.1	14.3	6.8	4884.8
建筑业总产值（亿元） Gross Output Value (100 million yuan)						
1980	286.93	220.90	66.03			
1985	675.10	474.51	200.59			
1990	1345.01	935.19	409.82			
1995	5793.75	3670.25	1899.47	33.60	33.19	157.24
2000	12497.60	5053.79	4035.84	99.18	67.49	3241.30
2001	15361.56	5362.81	3775.89	102.55	73.06	6047.25
2002	18527.18	5582.86	3338.50	113.87	91.38	9400.57
2003	23083.87	6060.23	3270.73	123.71	129.39	13499.81
2004	29021.45	7325.61	2756.12	137.03	202.46	18600.23
2005	34552.10	8432.03	2815.20	172.54	249.03	22883.30
2006	41557.16	9218.56	2904.48	240.52	274.87	28918.73
2007	51043.71	10630.90	3153.65	281.95	396.32	36580.89
2008	62036.81	12231.66	3216.43	321.07	387.14	45880.52
2009	76807.74	15190.05	3281.75	334.59	415.17	57586.19
2010	96031.13	18148.59	3655.27	443.96	439.68	73343.64
2011	116463.32	20436.81	4306.49	612.68	658.17	90449.18
2012	137217.86	22930.19	4919.00	649.74	476.99	108241.94
2013	160366.06	20739.02	4524.68	621.96	607.72	133872.68
2014	176713.42	22069.45	4681.80	661.67	643.20	148657.29
2015	180757.47	21767.07	4364.40	693.34	606.24	153326.42
2016	193566.78	23849.02	4388.75	683.99	525.21	164119.81
2017	213943.56	26414.38	4317.92	799.36	547.30	181864.60
2018	225816.86	28273.22	3615.37	743.74	639.04	192545.49
2019	248443.27	30662.35	3690.94	750.8	593.89	212745.29

注：1.1996年至2001年数据为资质等级(旧资质)四级及四级以上建筑业企业数据；2002年及以后数据为所有具有资质等级的施工总承包、专业承包建筑业企业数据。

2.从业人员数1993年至1997年为年平均人数，其余年份为年末人数。

a) Data from 1996 to 2001 included construction enterprises at fourth or higher quality grades(old classification of grades). Data since 2002 included all general contracting and professional contracting construction enterprises which possess qualification certificates.

b) For 1993-1997,the number of employed persons refers to the annual average, and for other years, it refers to employed persons at the end of the year.

14-2 按登记注册类型分建筑业企业主要经济指标（2019年）

指 标		Item		合 计 Total
企业单位数	(个)	Number of Construction Enterprises	(unit)	103805
从业人员	(万人)	Number of Employed Persons	(10 000 persons)	5427.08
固定资产原价	(亿元)	Fixed Assets (original value)	(100 million yuan)	20799.80
固定资产净值	(亿元)	Fixed Assets (net value)	(100 million yuan)	11061.51
建筑业总产值	(亿元)	Gross Output Value of Construction	(100 million yuan)	248443.27
房屋施工面积	(万平方米)	Floor Space of Buildings under Construction	(10 000 sq.m)	1441504.67
房屋竣工面积	(万平方米)	Floor Space of Buildings Completed	(10 000 sq.m)	402335.53
利润总额	(亿元)	Total Profits	(100 million yuan)	8279.55
税金总额	(亿元)	Total Tax	(100 million yuan)	7163.10
按总产值计算的劳动生产率	(元/人)	Overall Labour Productivity In Terms of Gross Output Value	(yuan/person)	399673.87
房屋建筑面积竣工率	(%)	Rate of Floor Space of Buildings Completed	(%)	27.9
产值利润率	(%)	Ratio of Profit to Gross Output Value	(%)	3.3
产值利税率	(%)	Ratio of Pre-tax Profit to Gross Output Value	(%)	6.2

Main Economic Indicators of Construction Enterprises by Registration Status (2019)

内资企业 Domestic Invested Enterprises	#国有 State-owned Enterprises	#集体 Collective-owned Enterprises	港澳台商投资企业 Enterprises with Investment from Hong Kong, Macao and Taiwan	#港澳台商独资企业 Sole-proprietorship Enterprises	外商投资企业 Foreign Invested Enterprises	#外商独资企业 Sole-proprietorship Enterprises
103370	3309	2324	245	77	190	67
5406.01	406.08	115.09	14.32	2.97	6.75	2.16
20659.92	3251.71	313.08	65.19	19.08	74.68	21.76
10987.45	1713.94	180.92	32.09	8.54	41.98	10.12
247098.58	30662.35	3690.94	750.8	157.56	593.89	326.74
1433370.65	158001.68	24403.29	4794.87	317.07	3339.15	1264.67
400374.06	26707.48	10438.72	1535.04	148.2	426.43	129.78
8180.37	907.9	108.65	48.69	13.9	50.48	36.65
7129.07	617.19	198.68	16.86	3.57	17.16	9.99
399357.69	587122.11	303656.11	453655.59	495471.7	487194.42	568243.48
27.9	16.9	42.8	32.0	46.7	12.8	10.3
3.3	3.0	2.9	6.5	8.8	8.5	11.2
6.2	5.0	8.3	8.7	11.1	11.4	14.3

14-3 分地区建筑业劳动生产率(2019年)
Labor Productivity of Construction Industry by Region (2019)

单位：元/人 (yuan/person)

地区	Region	按建筑业总产值计算的劳动生产率 Labor Productivity in Terms of Total Output Value of Construction	#国有 State-owned Enterprises	#集体 Collective-owned Enterprises
全国	**National Average**	**399674**	**587122**	**303656**
北京	Beijing	576000	686593	514867
天津	Tianjin	421878	819560	552553
河北	Hebei	602872	1344044	328253
山西	Shanxi	411623	569753	224592
内蒙古	Inner Mongolia	406307	1025440	219387
辽宁	Liaoning	405116	240617	199843
吉林	Jilin	440074	729282	312908
黑龙江	Heilongjiang	303720	314250	220318
上海	Shanghai	618681	865033	223169
江苏	Jiangsu	363015	553004	284841
浙江	Zhejiang	328747	586062	285853
安徽	Anhui	428005	767141	273629
福建	Fujian	269393	175612	272299
江西	Jiangxi	390920	571618	369090
山东	Shandong	413499	763396	237866
河南	Henan	404283	537424	381039
湖北	Hubei	675791	1797030	327867
湖南	Hunan	366599	487770	292653
广东	Guangdong	476056	470978	318389
广西	Guangxi	378628	549508	340700
海南	Hainan	441509	417403	390342
重庆	Chongqing	348288	610273	283446
四川	Sichuan	352004	351873	304447
贵州	Guizhou	408857	455231	319880
云南	Yunnan	337460	685829	300192
西藏	Tibet	328179	355972	338415
陕西	Shaanxi	460839	600195	296616
甘肃	Gansu	353876	474704	198233
青海	Qinghai	439073	816647	353520
宁夏	Ningxia	293896	347356	290709
新疆	Xinjiang	364620	423675	666262

14-4 分地区按登记注册类型分建筑业企业单位数（2019年）
Number of Construction Enterprises by Registration Status and Region (2019)

单位：个 (unit)

地区	Region	合计 Total	内资企业 Domestic Invested Enterprises	#国有 State-owned Enterprises	#集体 Collective-owned Enterprises	港澳台商投资企业 Enterprises with Investment from Hong Kong, Macao and Taiwan	#港澳台商独资企业 Sole-proprietorship Enterprises	外商投资企业 Foreign Invested Enterprises	#外商独资企业 Sole-proprietorship Enterprises
全国	**National Total**	**103805**	**103370**	**3309**	**2324**	**245**	**77**	**190**	**67**
北京	Beijing	2694	2639	96	74	32	7	23	5
天津	Tianjin	1799	1790	60	25	5	3	4	
河北	Hebei	2502	2497	105	60	3		2	
山西	Shanxi	2999	2996	121	57	2		1	
内蒙古	Inner Mongolia	1026	1026	24	5				
辽宁	Liaoning	5322	5296	166	162	9	2	17	2
吉林	Jilin	2388	2383	56	24	5	1		
黑龙江	Heilongjiang	1850	1847	112	60	1		2	
上海	Shanghai	2437	2345	69	26	49	23	43	25
江苏	Jiangsu	9345	9279	184	67	28	9	38	17
浙江	Zhejiang	7256	7236	88	64	15	5	5	2
安徽	Anhui	4446	4440	78	57	5	3	1	
福建	Fujian	5829	5805	76	25	17	5	7	2
江西	Jiangxi	3095	3087	93	132	6	1	2	
山东	Shandong	7299	7289	324	301	2		8	
河南	Henan	6740	6733	121	103	2		5	2
湖北	Hubei	4566	4557	194	65	5	1	4	
湖南	Hunan	2986	2981	166	136	4	1	1	1
广东	Guangdong	6643	6587	238	231	45	12	11	4
广西	Guangxi	1630	1630	90	136				
海南	Hainan	213	213	11	11				
重庆	Chongqing	2939	2932	92	42	4	2	3	1
四川	Sichuan	5826	5822	178	95	2	1	2	1
贵州	Guizhou	1449	1448	117	46			1	1
云南	Yunnan	3156	3154	91	105	1		1	
西藏	Tibet	278	278	20	6				
陕西	Shaanxi	3067	3059	134	112	2	1	6	4
甘肃	Gansu	1654	1653	76	63			1	
青海	Qinghai	389	388	25	18			1	
宁夏	Ningxia	662	661	47	8			1	
新疆	Xinjiang	1320	1319	57	8	1			

14-5 分地区按登记注册类型分建筑业企业从业人员（2019年）
Number of Employed Persons in Construction Enterprises by Registration Status and Region (2019)

单位：人 (person)

地区	Region	合计 Total	内资企业 Domestic Invested Enterprises	#国有 State-owned Enterprises	#集体 Collective-owned Enterprises	港澳台商投资企业 Enterprises with Investment from Hong Kong, Macao and Taiwan	#港澳台商独资企业 Sole-proprietorship Enterprises	外商投资企业 Foreign Invested Enterprises	#外商独资企业 Sole-proprietorship Enterprises
全国	**National Total**	**54270769**	**54060072**	**4060812**	**1150865**	**143191**	**29742**	**67506**	**21638**
北京	Beijing	548488	539652	89125	8917	5313	1414	3523	1121
天津	Tianjin	808747	807692	68519	7477	481	222	574	
河北	Hebei	893987	893437	71695	19450	510		40	
山西	Shanxi	808650	808476	80802	12961	124		50	
内蒙古	Inner Mongolia	205213	205213	18499	2073				
辽宁	Liaoning	665639	660167	69487	38061	4473	4022	999	30
吉林	Jilin	382156	381807	21754	3996	349	64		
黑龙江	Heilongjiang	270596	270281	54696	7342	15		300	
上海	Shanghai	860980	843072	222515	9846	8625	2983	9283	3762
江苏	Jiangsu	8009709	7996757	217220	27595	6454	3701	6498	2910
浙江	Zhejiang	6022662	5972691	47490	42410	31818	8287	18153	137
安徽	Anhui	1983357	1982926	161998	29665	421	264	10	
福建	Fujian	4567086	4553994	202932	63980	11033	3977	2059	649
江西	Jiangxi	1658816	1609062	79161	84482	49207	15	547	
山东	Shandong	3121836	3120358	230432	96279	625		853	
河南	Henan	2966899	2965195	158539	70380	104		1600	616
湖北	Hubei	2442336	2435431	197340	24079	568	6	6337	
湖南	Hunan	2773982	2764410	362126	81287	4167	715	5405	5405
广东	Guangdong	3291955	3266377	529803	145100	16488	2890	9090	6300
广西	Guangxi	1419393	1419393	258722	75952				
海南	Hainan	76161	76161	11243	4877				
重庆	Chongqing	2161806	2160894	86193	32832	272	172	640	30
四川	Sichuan	3513602	3513174	205474	104058	200	120	228	40
贵州	Guizhou	800038	799968	149874	19158			70	70
云南	Yunnan	1415442	1415377	60770	38999	30		35	
西藏	Tibet	47520	47520	10338	625				
陕西	Shaanxi	1452119	1449520	185058	60848	1910	890	689	568
甘肃	Gansu	508456	508422	108839	31879			34	
青海	Qinghai	81035	81032	21009	4466			3	
宁夏	Ningxia	112480	111994	30630	1058			486	
新疆	Xinjiang	399623	399619	48529	733	4			

14-6 建筑业企业技术装备情况
Machinery and Equipment Owned by Construction Enterprises

年份 Year 地区 Region		自有施工机械设备年末总台数 (台) Number of Machinery and Equipment Owned (set)	自有施工机械设备年末总功率 (万千瓦) Total Power of Machinery and Equipment Owned (10 000 kw)	自有施工机械设备年末净值 (万元) Year-end Net Value of Machinery and Equipment Owned (10 000 yuan)	技术装备率 (元/人) Value of Machinery per Worker (yuan/person)	动力装备率 (千瓦/人) Power of Machines per Worker (kw/person)
	1992	2531578	4431.9	3147398	2719	3.8
	1995	3482784	7056.5	6386383	4264	4.7
	2000	6259885	9228.1	12572317	6304	4.6
	2005	8798527	13765.6	25037702	9273	5.1
	2006	8973042	14156.3	26217542	9109	4.9
	2007	9487515	15579.4	28856331	9208	5.0
	2008	9448056	18195.4	32869151	9915	5.5
	2009	9734910	19022.6	37049784	10088	5.2
	2010	11209484	19386.4	39719872	9547	4.7
	2011	10054231	21822.4	46327127	12025	5.7
	2012	10157280	24275.3	57070804	13374	5.7
	2013	11467280	25424.0	60941736	13458	5.6
	2014	12030587	29602.2	56797668	12519	6.5
	2015	9643725	26736.8	56619984	11116	5.2
	2016	9579327	25365.3	56021121	10805	4.9
	2017	10225555	25500.6	54818437	9914	4.6
	2018	10923709	25757.7	62464586	11774	4.9
	2019	9833258	25117.8	58450114	10770	4.6
北京	Beijing	86534	520.0	2555799	46597	9.5
天津	Tianjin	79372	408.8	1223461	15128	5.1
河北	Hebei	500134	1084.3	1642191	18369	12.1
山西	Shanxi	194751	682.0	1229249	15201	8.4
内蒙古	Inner Mongolia	52976	160.6	437174	21303	7.8
辽宁	Liaoning	123404	517.4	7228066	108588	7.8
吉林	Jilin	53262	167.4	466574	12209	4.4
黑龙江	Heilongjiang	100692	232.8	519653	19204	8.6
上海	Shanghai	65784	190.4	1564152	18167	2.2
江苏	Jiangsu	1257655	4056.4	7354761	9182	5.1
浙江	Zhejiang	1772677	1588.5	3696188	6137	2.6
安徽	Anhui	267183	942.2	1464155	7382	4.8
福建	Fujian	310362	2166.6	2726549	5970	4.7
江西	Jiangxi	364466	759.1	1236276	7453	4.6
山东	Shandong	662515	2344.7	4640823	14866	7.5
河南	Henan	657391	1430.1	3062974	10324	4.8
湖北	Hubei	720631	1306.9	2870339	11752	5.4
湖南	Hunan	629089	990.9	2003254	7222	3.6
广东	Guangdong	531696	1356.6	3988393	12116	4.1
广西	Guangxi	149634	343.2	528386	3723	2.4
海南	Hainan	7249	24.2	40751	5351	3.2
重庆	Chongqing	134341	421.9	946722	4379	2.0
四川	Sichuan	303554	946.7	2551688	7262	2.7
贵州	Guizhou	71380	321.4	585373	7317	4.0
云南	Yunnan	150897	419.0	1118485	7902	3.0
西藏	Tibet	25607	21.5	31985	6731	4.5
陕西	Shaanxi	310823	772.8	1459715	10052	5.3
甘肃	Gansu	146864	323.5	606147	11921	6.4
青海	Qinghai	24248	86.3	166706	20572	10.6
宁夏	Ningxia	17597	50.6	83703	7442	4.5
新疆	Xinjiang	60490	480.8	420424	10521	12.0

注：从2004年起，自有机械设备情况统计改为自有施工机械设备情况统计。

a) Starting from 2004, statistics on machinery and equipment owned refer to construction machinery and equipment owned.

14-7 分地区建筑业总产值（2019年）
Total Output Value of Construction by Region (2019)

单位：亿元 (100 million yuan)

地区	Region	建筑业总产值 Total Output Value of Construction	建筑工程产值 Output Value of Construction	安装工程产值 Output Value of Installation	其他 Others
全国	**National Total**	**2484432707**	**2186606551**	**213538160**	**84287997**
北京	Beijing	119993611	113935585	4929499	1128526
天津	Tianjin	40964960	36056399	3891970	1016591
河北	Hebei	58479651	47582844	7998762	2898046
山西	Shanxi	46532791	40433551	4637440	1461799
内蒙古	Inner Mongolia	10860592	9366164	672562	821866
辽宁	Liaoning	35544459	28715634	5496794	1332031
吉林	Jilin	18631033	15160019	2301255	1169758
黑龙江	Heilongjiang	11813475	9103834	2140798	568843
上海	Shanghai	78124676	66128377	9855166	2141134
江苏	Jiangsu	330991812	307989877	19630399	3371536
浙江	Zhejiang	203902033	180364279	18019475	5518279
安徽	Anhui	85032583	72036363	6756931	6239289
福建	Fujian	131644186	121863789	8600395	1180003
江西	Jiangxi	79447970	68809348	5588307	5050316
山东	Shandong	142692855	119799403	19443751	3449701
河南	Henan	127016795	110102814	12091103	4822878
湖北	Hubei	169796656	151188338	13179068	5429250
湖南	Hunan	108006192	92748558	8726429	6531206
广东	Guangdong	166334126	143142919	17381451	5809757
广西	Guangxi	54073065	46285862	4441695	3345508
海南	Hainan	3659800	3096657	394206	168937
重庆	Chongqing	82229592	74227867	5283011	2718714
四川	Sichuan	146681509	124950229	13878723	7852557
贵州	Guizhou	37148892	31964562	3244445	1939885
云南	Yunnan	61220899	55910119	3459647	1851133
西藏	Tibet	2203066	2066679	88659	47728
陕西	Shaanxi	78838885	69105881	6656506	3076499
甘肃	Gansu	19163534	16149523	2103994	910018
青海	Qinghai	4607240	3861091	557169	188981
宁夏	Ningxia	6014078	5385334	508603	120141
新疆	Xinjiang	22781691	19074653	1579948	2127090

14-8 分地区按登记注册类型分建筑业总产值（2019年）
Total Output Value of Construction by Registration Status and Region (2019)

单位：万元 (10 000 yuan)

地区	Region	合计 Total	内资企业 Domestic Invested Enterprises	#国有 State-owned Enterprises	#集体 Collective-owned Enterprises	港澳台商投资企业 Enterprises with Investment from Hong Kong, Macao and Taiwan	#港澳台商独资企业 Sole-proprietorship Enterprises	外商投资企业 Foreign Invested Enterprises	#外商独资企业 Sole-proprietorship Enterprises
全国	**National Total**	**2484432707**	**2470985767**	**306623525**	**36909427**	**7507994**	**1575593**	**5938946**	**3267402**
北京	Beijing	119993611	118934579	29033260	701198	559077	160943	499955	120621
天津	Tianjin	40964960	40880496	7343993	430439	32582	4849	51881	
河北	Hebei	58479651	58440339	9755612	900135	38629		683	
山西	Shanxi	46532791	46526021	6305062	285344	5238		1532	
内蒙古	Inner Mongolia	10860592	10860592	1850201	58796				
辽宁	Liaoning	35544459	35087188	3941908	735002	410895	378657	46377	1171
吉林	Jilin	18631033	18611061	1325980	137398	19972	3053		
黑龙江	Heilongjiang	11813475	11799558	2411270	241667	3300		10617	
上海	Shanghai	78124676	76380196	23311521	228190	818556	270634	925925	568223
江苏	Jiangsu	330991812	329347541	14281879	895341	334826	123813	1309445	960614
浙江	Zhejiang	203902033	201353263	3141412	1184089	1981371	157258	567399	21043
安徽	Anhui	85032583	84965307	11579760	844063	67012	48208	265	
福建	Fujian	131644186	131145463	7067853	1692855	326054	69474	172669	142929
江西	Jiangxi	79447970	78113740	4538357	3358864	1326166	601	8065	
山东	Shandong	142692855	142508326	17587263	2425379	129501		55028	
河南	Henan	127016795	126930774	10380832	2446654	4483		81538	9919
湖北	Hubei	169796656	169205870	34083905	764324	14179	72	576607	
湖南	Hunan	108006192	107634312	18044208	2620298	210035	31148	161845	161845
广东	Guangdong	166334126	163864693	26733604	4675670	1081143	208040	1388290	1264708
广西	Guangxi	54073065	54073065	13557193	2580188				
海南	Hainan	3659800	3659800	475631	197123				
重庆	Chongqing	82229592	82098578	6516124	957083	91242	84413	39772	1156
四川	Sichuan	146681509	146663936	12058125	3827573	10175	853	7398	220
贵州	Guizhou	37148892	37147106	8775177	728687			1786	1786
云南	Yunnan	61220899	61218294	6876942	1203678	773		1832	
西藏	Tibet	2203066	2203066	409724	21997				
陕西	Shaanxi	78838885	78780834	13610811	1880011	42706	33577	15345	13168
甘肃	Gansu	19163534	19162529	5160552	644436			1005	
青海	Qinghai	4607240	4607230	2065463	152650			10	
宁夏	Ningxia	6014078	6000398	1605132	41659			13679	
新疆	Xinjiang	22781691	22781611	2794771	48637	80			

14-9 分地区按行业分建筑业总产值（2019年）
Total Output Value of Construction by Branch and Region (2019)

单位：万元 (10 000 yuan)

地区	Region	建筑业总产值 Total Output Value of Construction	房屋建筑业 Construction of Buildings	土木工程建筑业 Civil Engineering	建筑安装业 Construction Installation	建筑装饰、装修和其他建筑业 Building Decoration and Other Construction
全国	**National Total**	**2484432707**	**1541975940**	**686082050**	**133395155**	**122979562**
北京	Beijing	119993611	62017928	41013272	8358569	8603842
天津	Tianjin	40964960	14438107	21191326	3333631	2001896
河北	Hebei	58479651	35028981	17098852	4943758	1408061
山西	Shanxi	46532791	21769396	21080934	2294274	1388187
内蒙古	Inner Mongolia	10860592	6017930	4044298	372696	425668
辽宁	Liaoning	35544459	14998351	13423166	3950144	3172798
吉林	Jilin	18631033	10851171	5401451	1681729	696681
黑龙江	Heilongjiang	11813475	4963941	5151194	1207604	490736
上海	Shanghai	78124676	42400223	21460538	6154460	8109455
江苏	Jiangsu	330991812	239609357	49248734	22158009	19975712
浙江	Zhejiang	203902033	138314017	45653256	8960865	10973894
安徽	Anhui	85032583	49294555	27870758	4648384	3218886
福建	Fujian	131644186	94305005	30824086	2557521	3957574
江西	Jiangxi	79447970	51131528	22089642	2625003	3601798
山东	Shandong	142692855	86581986	38648943	9869129	7592797
河南	Henan	127016795	70835813	39921823	8632860	7626299
湖北	Hubei	169796656	104731968	54810071	5927749	4326868
湖南	Hunan	108006192	76288009	25640171	3941001	2137012
广东	Guangdong	166334126	80537054	51483173	12858955	21454944
广西	Guangxi	54073065	40169868	12323035	1146479	433682
海南	Hainan	3659800	2776329	395024	271666	216782
重庆	Chongqing	82229592	59774545	16423078	2879432	3152538
四川	Sichuan	146681509	101013538	37359054	4950696	3358221
贵州	Guizhou	37148892	23146138	11375258	1962001	665495
云南	Yunnan	61220899	38030332	20017241	1752173	1421153
西藏	Tibet	2203066	1225122	927464	16189	34292
陕西	Shaanxi	78838885	41608794	32029247	3667444	1533401
甘肃	Gansu	19163534	12051583	5621889	1088104	401959
青海	Qinghai	4607240	1286523	3042174	219080	59465
宁夏	Ningxia	6014078	3653133	2173881	144756	42308
新疆	Xinjiang	22781691	13124717	8339019	820796	497160

14-10 分地区建筑业企业签订合同和承包工程完成情况（2019年）
Contracts Signed and Completion of Contracted Projects by Construction Enterprises by Region (2019)

单位：万元 (10 000 yuan)

地区	Region	合同总额 Total Value of Contracts	上年结转合同额 Value from Contracts Signed in Last Year	本年新签合同额 Value from New Contracts Signed in This Year	直接从建设单位承揽工程完成的产值 Completed Output Value of Projects Contracted Directly from Investors	自行完成施工产值 Own-completed Output Value	分包出去工程的产值 Output Value of Out-subcontracted Projects	从建设单位以外承揽工程完成的产值 Completed Output Value of Projects Contracted from Non-investors
全国	**National Total**	**5450347736**	**2558024972**	**2892322764**	**2448791736**	**2361840126**	**86951610**	**122592581**
北京	Beijing	398697577	226222365	172475212	123141288	101453282	21688006	18540329
天津	Tianjin	130680551	70154457	60526094	40283036	37687502	2595535	3277458
河北	Hebei	132194431	62617156	69577275	57525115	56466517	1058598	2013134
山西	Shanxi	104566460	41652058	62914402	45668960	45420069	248892	1112722
内蒙古	Inner Mongolia	29500397	12868664	16631733	10749787	10695866	53921	164726
辽宁	Liaoning	72766892	30349290	42417602	34889083	34199873	689210	1344586
吉林	Jilin	38929768	17138733	21791035	18113682	18046950	66732	584083
黑龙江	Heilongjiang	25397706	11629262	13768445	11918735	11727775	190960	85700
上海	Shanghai	264302406	138996981	125305426	81259461	69165278	12094182	8959398
江苏	Jiangsu	540177097	242315388	297861709	310358994	308796216	1562778	22195595
浙江	Zhejiang	420475770	196067885	224407885	198980515	194490224	4490292	9411809
安徽	Anhui	167215266	78097392	89117874	83699852	82612161	1087691	2420422
福建	Fujian	247748807	107141538	140607269	128864773	128501936	362837	3142250
江西	Jiangxi	132983987	56379195	76604793	76952131	75956410	995721	3491560
山东	Shandong	271418579	106711590	164706988	141206401	140076828	1129573	2616027
河南	Henan	243196533	98449698	144746834	124099714	122852859	1246855	4163936
湖北	Hubei	397159945	195018326	202141619	168548983	166824116	1724867	2972540
湖南	Hunan	246717739	120833409	125884329	105759659	104773584	986076	3232609
广东	Guangdong	463770186	242177999	221592186	174277328	157255520	17021808	9078607
广西	Guangxi	108208164	47184136	61024028	54546046	52468979	2077067	1604086
海南	Hainan	9251360	4789321	4462039	3656484	3644725	11759	15075
重庆	Chongqing	147408025	64576495	82831531	81473494	79684592	1788902	2545000
四川	Sichuan	323758906	145080765	178678141	142581054	137278861	5302194	9402648
贵州	Guizhou	100348705	50678663	49670042	36666653	36393855	272798	755037
云南	Yunnan	131950499	56172166	75778332	60183544	59102393	1081151	2118506
西藏	Tibet	4930832	2413827	2517005	2197642	2152125	45516	50941
陕西	Shaanxi	179733555	82757747	96975808	77530693	72580129	4950564	6258757
甘肃	Gansu	45268083	17233093	28034990	20651796	18957400	1694396	206135
青海	Qinghai	12574489	6714601	5859888	4214067	4140337	73730	466903
宁夏	Ningxia	9373865	3200151	6173713	6079417	5900614	178803	113464
新疆	Xinjiang	49641157	22402622	27238535	22713351	22533152	180199	248539

14-11 分地区按登记注册类型分建筑业企业实收资本（2019年）

Paid-in Capitals of Construction Enterprises by Registration Status and Region (2019)

单位：万元 (10 000 yuan)

地 区	Region	合 计 Total	内资企业 Domestic Invested Enterprises	#国 有 State-owned Enterprises	#集 体 Collective-owned Enterprises	港澳台商投资企业 Enterprises with Investment from Hong Kong, Macao and Taiwan	#港澳台商独资企业 Sole-proprietorship Enterprises	外商投资企业 Foreign Invested Enterprises	#外商独资企业 Sole-proprietorship Enterprises
全 国	**National Total**	**406148685**	**403180175**	**48440564**	**4292733**	**1690446**	**679912**	**1278064**	**802228**
北 京	Beijing	34267207	33999919	6049393	193149	130217	43148	137071	53059
天 津	Tianjin	9772447	9743501	1738514	104859	8759	5659	20187	
河 北	Hebei	10963587	10956199	1254899	73595	4814		2575	
山 西	Shanxi	10556253	10553254	1957436	82428	1999		1000	
内蒙古	Inner Mongolia	4060078	4060078	639406	6795				
辽 宁	Liaoning	9749420	9488424	888104	176084	230583	221056	30413	634
吉 林	Jilin	5235649	5231058	301132	21122	4591	505		
黑龙江	Heilongjiang	5333273	5329735	1016369	77808	1660		1878	
上 海	Shanghai	13882954	13485005	2713806	41572	240970	100211	156979	109140
江 苏	Jiangsu	36154163	35884684	1584789	117411	92454	28704	177025	80522
浙 江	Zhejiang	26664687	26458529	636516	162714	187482	19407	18676	2500
安 徽	Anhui	12007399	11990842	1155112	59621	13357	9238	3200	
福 建	Fujian	17270134	17197318	695944	98049	39379	11056	33438	15088
江 西	Jiangxi	11827769	11696826	604288	304370	129664	95	1279	
山 东	Shandong	22695183	22671153	2849390	431410	12666		11364	
河 南	Henan	21431818	21412477	1600169	188250	3041		16300	3307
湖 北	Hubei	19432561	19364029	3712480	113090	7713	133	60820	
湖 南	Hunan	12944518	12931429	2650799	257660	7398	698	5691	5691
广 东	Guangdong	30214050	29306653	4394245	434405	368349	49194	539048	528268
广 西	Guangxi	6658818	6658818	1759743	241261				
海 南	Hainan	1093127	1093127	86011	7356				
重 庆	Chongqing	9316925	9116009	1116531	70854	187106	185223	13810	810
四 川	Sichuan	23700075	23683331	2364245	169133	10686	586	6059	59
贵 州	Guizhou	6420600	6419749	1918567	108486			851	851
云 南	Yunnan	12219240	12215240	1026997	175743	2000		2000	
西 藏	Tibet	751432	751432	115633	8162				
陕 西	Shaanxi	18876357	18863257	1889722	412749	5500	5000	7600	2300
甘 肃	Gansu	4879668	4879168	762430	110207			500	
青 海	Qinghai	1497076	1496776	346555	20151			300	
宁 夏	Ningxia	1644696	1614696	196892	15734			30000	
新 疆	Xinjiang	4627522	4627462	414447	8506	60			

14-12 分地区建筑业企业资产（2019年）
Assets of Construction Enterprises by Region (2019)

单位：万元 (10 000 yuan)

地区	Region	资产总计 Total Assets	#流动资产 Current Assets	#固定资产 Fixed Assets	#在建工程 Projects Under Construction
全国	**National Total**	**2566295033**	**2007726602**	**207997968**	**34168668**
北京	Beijing	291328686	180960720	9101883	806950
天津	Tianjin	77466292	60369614	6954467	475831
河北	Hebei	68134547	57029412	7803923	808714
山西	Shanxi	68773474	52991159	5376830	847553
内蒙古	Inner Mongolia	21689185	17255741	2378201	311826
辽宁	Liaoning	62518184	51949339	6626814	381661
吉林	Jilin	27476245	22200222	2696989	1301631
黑龙江	Heilongjiang	22012614	18717640	2676508	120820
上海	Shanghai	117062755	97138619	7964175	361827
江苏	Jiangsu	229604229	191794971	22675398	2418729
浙江	Zhejiang	146905139	122823104	14134364	1000026
安徽	Anhui	76370515	58439632	6869613	1521152
福建	Fujian	69767263	57949119	6935691	605770
江西	Jiangxi	51137426	41693233	4622379	897848
山东	Shandong	156458908	127988300	15039267	1560574
河南	Henan	101213730	80021966	12347225	1553257
湖北	Hubei	148813752	114580357	15072042	5790992
湖南	Hunan	70799283	52115223	7464444	1376877
广东	Guangdong	218355173	174672918	11190891	1638937
广西	Guangxi	32378845	25932748	2547844	572448
海南	Hainan	4223560	3780495	148383	30898
重庆	Chongqing	63073891	51621703	4451581	663596
四川	Sichuan	130720959	101832927	9348479	2139420
贵州	Guizhou	63842438	51349391	1989212	1534617
云南	Yunnan	70575699	50574955	5535923	913955
西藏	Tibet	5377068	4122941	351962	79669
陕西	Shaanxi	85318568	70558700	7299262	3163981
甘肃	Gansu	34889503	25831945	3423980	608019
青海	Qinghai	7475971	5525755	1009039	47990
宁夏	Ningxia	7836586	6923852	782293	49989
新疆	Xinjiang	34694546	28979903	3178908	583116

14-13 分地区建筑业企业负债及所有者权益（2019年）
Liabilities and Owners' Equity of Construction Enterprises by Region (2019)

单位：万元 (10 000 yuan)

地 区	Region	负债合计 Total Liabilities	流动负债合计 Current Liabilities	非流动负债合计 Non-current Liabilities	所有者权益 Owners' Equity	#实收资本 Paid-in Capitals
全 国	**National Total**	**1764728949**	**1590249532**	**131902110**	**801547890**	**406148685**
北 京	Beijing	195450394	175191360	19631133	95878292	34267207
天 津	Tianjin	59141775	54229915	3082341	18324516	9772447
河 北	Hebei	49726086	45912927	2521456	18408461	10963587
山 西	Shanxi	51791179	47308608	4221504	16982295	10556253
内蒙古	Inner Mongolia	14917702	13947096	614864	6771484	4060078
辽 宁	Liaoning	45219296	40606745	2755446	17303655	9749420
吉 林	Jilin	17777845	16254757	604794	9698400	5235649
黑龙江	Heilongjiang	15081393	13486376	867348	6931220	5333273
上 海	Shanghai	90507375	87271491	2925122	26555380	13882954
江 苏	Jiangsu	134470383	124425214	7234053	95110730	36154163
浙 江	Zhejiang	95735288	91548707	3208068	51170006	26664687
安 徽	Anhui	51455206	45537474	4057255	24915309	12007399
福 建	Fujian	40749907	36804975	2399984	29017357	17270134
江 西	Jiangxi	31569747	28131681	1948709	19567679	11827769
山 东	Shandong	115055992	105910664	5698458	41402917	22695183
河 南	Henan	64486394	58061456	3428727	36727337	21431818
湖 北	Hubei	102258963	87001693	13190600	46554789	19432561
湖 南	Hunan	45797139	39193210	5020269	25002144	12944518
广 东	Guangdong	158883215	140442635	14715125	59471958	30214050
广 西	Guangxi	21914854	18981911	2043627	10463991	6658818
海 南	Hainan	2544459	2423803	96093	1679101	1093127
重 庆	Chongqing	44918129	39619551	3392511	18155762	9316925
四 川	Sichuan	92221975	80237217	7380953	38498985	23700075
贵 州	Guizhou	47283081	40573669	5866642	16559357	6420600
云 南	Yunnan	47846337	40089908	6468443	22729362	12219240
西 藏	Tibet	3359962	2592828	650253	2017106	751432
陕 西	Shaanxi	64132760	59458466	3268354	21185809	18876357
甘 肃	Gansu	23788647	21401219	2032235	11100857	4879668
青 海	Qinghai	5143970	4717500	337716	2332001	1497076
宁 夏	Ningxia	5455292	5280291	108152	2381294	1644696
新 疆	Xinjiang	26044205	23606189	2131877	8650341	4627522

14-14　分地区按登记注册类型分建筑业企业资产（2019年）
Assets of Construction Enterprises by Registration Status and Region (2019)

单位：万元　　　　(10 000 yuan)

地　区	Region	合　计 Total	内资企业 Domestic Invested Enterprises	#国　有 State-owned Enterprises	#集　体 Collective-owned Enterprises	港澳台商投资企业 Enterprises with Investment from Hong Kong, Macao and Taiwan	#港澳台商独资企业 Sole-proprietorship Enterprises	外商投资企业 Foreign Invested Enterprises	#外商独资企业 Sole-proprietorship Enterprises
全　国	**National Total**	**2566295033**	**2538689436**	**451311892**	**21496182**	**13654258**	**3854980**	**13951339**	**10416021**
北　京	Beijing	291328686	289427710	57077389	1413282	918725	331232	982250	278705
天　津	Tianjin	77466292	77303982	14371083	1071758	82644	17440	79666	
河　北	Hebei	68134547	68099485	8742731	387396	27358		7704	
山　西	Shanxi	68773474	68765858	16795309	516070	5265		2351	
内蒙古	Inner Mongolia	21689185	21689185	3163832	37849				
辽　宁	Liaoning	62518184	61274145	6797007	1271532	1096404	1055897	147635	1340
吉　林	Jilin	27476245	27386293	2899494	160494	89953	5614		
黑龙江	Heilongjiang	22012614	21990955	5309696	400085	9346		12312	
上　海	Shanghai	117062755	113315156	31790559	176190	1795864	531487	1951736	1490228
江　苏	Jiangsu	229604229	227622503	21665779	706678	627461	125227	1354265	756644
浙　江	Zhejiang	146905139	145815568	4941746	793209	948275	123074	141295	36806
安　徽	Anhui	76370515	76266385	11739172	313833	100717	74511	3413	
福　建	Fujian	69767263	69423830	7047952	510822	157132	44576	186302	112298
江　西	Jiangxi	51137426	48861312	3966608	1410825	2272754	401	3360	
山　东	Shandong	156458908	156249126	24565441	2670729	103037		106745	
河　南	Henan	101213730	100862029	13033106	622522	186502		165200	20355
湖　北	Hubei	148813752	148591667	57484347	361104	20977	163	201108	
湖　南	Hunan	70799283	70514957	13302153	835802	103708	4665	180618	180618
广　东	Guangdong	218355173	206589594	33981513	2702553	4079636	599862	7685943	7148546
广　西	Guangxi	32378845	32378845	11847950	905150				
海　南	Hainan	4223560	4223560	453901	105386				
重　庆	Chongqing	63073891	62026228	9392172	250945	921840	906226	125823	4161
四　川	Sichuan	130720959	130649345	17676858	706356	39305	979	32309	287
贵　州	Guizhou	63842438	63840185	25330827	467757			2252	2252
云　南	Yunnan	70575699	70569918	8876808	624891	2293		3488	
西　藏	Tibet	5377068	5377068	1011441	57105				
陕　西	Shaanxi	85318568	84861351	16266602	1203580	64945	33626	392273	383783
甘　肃	Gansu	34889503	34886708	12055267	515149			2795	
青　海	Qinghai	7475971	7475649	3405641	133458			322	
宁　夏	Ningxia	7836586	7656411	1695100	102582			180175	
新　疆	Xinjiang	34694546	34694429	4624411	61092	117			

14-15 分地区按登记注册类型分建筑业企业负债（2019年）
Liabilities of Construction Enterprises by Registration Status and Region (2019)

单位：万元 (10 000 yuan)

地区	Region	合计 Total	内资企业 Domestic Invested Enterprises	#国有 State-owned Enterprises	#集体 Collective-owned Enterprises	港澳台商投资企业 Enterprises with Investment from Hong Kong, Macao and Taiwan	#港澳台商独资企业 Sole-proprietorship Enterprises	外商投资企业 Foreign Invested Enterprises	#外商独资企业 Sole-proprietorship Enterprises
全国	**National Total**	**1764728949**	**1745368428**	**345782604**	**13931980**	**8907669**	**2636552**	**10452852**	**7994663**
北京	Beijing	195450394	193974427	44344046	993511	740107	299328	735861	181955
天津	Tianjin	59141775	59050214	11175081	878973	49724	11448	41838	
河北	Hebei	49726086	49702111	7213850	243785	19063		4912	
山西	Shanxi	51791179	51786109	12830161	417222	4260		810	
内蒙古	Inner Mongolia	14917702	14917702	2380397	31131				
辽宁	Liaoning	45219296	44530756	5522810	985592	590236	570879	98304	356
吉林	Jilin	17777845	17718530	1533033	130529	59315	812		
黑龙江	Heilongjiang	15081393	15064633	4536531	262537	6888		9873	
上海	Shanghai	90507375	87852738	25419509	107468	1195378	353372	1459260	1145188
江苏	Jiangsu	134470383	133215628	15231428	393458	413911	68215	840843	482262
浙江	Zhejiang	95735288	94975933	3765101	522925	678140	100274	81215	38241
安徽	Anhui	51455206	51380271	9613503	180816	74887	61164	48	
福建	Fujian	40749907	40557297	5704448	320425	99526	26601	93085	45204
江西	Jiangxi	31569747	29632182	3285765	822198	1936037	306.3	1528	
山东	Shandong	115055992	114905999	19867099	1993021	89594		60398	
河南	Henan	64486394	64185697	10233440	260910	175598		125099	7271
湖北	Hubei	102258963	102142117	43153686	177969	5553	30	111293	
湖南	Hunan	45797139	45625398	9279729	456882	86772	3967	84969	84969
广东	Guangdong	158883215	150884642	26159586	1823285	1877415	401261	6121158	5689040
广西	Guangxi	21914854	21914854	8734516	477817				
海南	Hainan	2544459	2544459	328209	53074				
重庆	Chongqing	44918129	44097747	7591226	146753	723870	712197	96512	828
四川	Sichuan	92221975	92182457	12935337	435545	27460	218	12058	229
贵州	Guizhou	47283081	47281680	19008346	334126			1401	1401
云南	Yunnan	47846337	47844982	6306828	314804	17		1338	
西藏	Tibet	3359962	3359962	655256	28659				
陕西	Shaanxi	64132760	63759025	13049248	602637	53813	26477	319921	317721
甘肃	Gansu	23788647	23788502	8306876	333376			144	
青海	Qinghai	5143970	5143948	2504616	90559			22	
宁夏	Ningxia	5455292	5304331	1364368	69898			150961	
新疆	Xinjiang	26044205	26044098	3748574	42096	107			

14-16 分地区按登记注册类型分建筑业企业所有者权益（2019年）

Owners' Equity of Construction Enterprises by Registration Status and Region (2019)

单位：万元 (10 000 yuan)

地 区	Region	合 计 Total	内资企业 Domestic Invested Enterprises	#国 有 State-owned Enterprises	#集 体 Collective-owned Enterprises	港澳台商投资企业 Enterprises with Investment from Hong Kong, Macao and Taiwan	#港澳台商独资企业 Sole-proprietorship Enterprises	外商投资企业 Foreign Invested Enterprises	#外商独资企业 Sole-proprietorship Enterprises
全 国	**National Total**	**801547890**	**793302814**	**105506172**	**7564202**	**4746589**	**1218428**	**3498488**	**2421358**
北 京	Beijing	95878292	95453284	12733343	419770	178618	31904	246390	96750
天 津	Tianjin	18324516	18253768	3196001	192784	32921	5992	37828	
河 北	Hebei	18408461	18397374	1528881	143611	8296		2792	
山 西	Shanxi	16982295	16979749	3965147	98848	1005		1541	
内蒙古	Inner Mongolia	6771484	6771484	783435	6718				
辽 宁	Liaoning	17303655	16748155	1274197	285940	506169	485017	49331	985
吉 林	Jilin	9698400	9667762	1366462	29965	30638	4801		
黑龙江	Heilongjiang	6931220	6926323	773165	137549	2459		2439	
上 海	Shanghai	26555380	25462418	6371050	68722	600485	178115	492476	345040
江 苏	Jiangsu	95110730	94383758	6411234	313220	213550	57012	513422	274382
浙 江	Zhejiang	51170006	50839790	1176645	270284	270135	22800	60081	-1435
安 徽	Anhui	24915309	24886114	2125669	133017	25830	13347	3365	
福 建	Fujian	29017357	28866533	1343504	190398	57606	17975	93217	67094
江 西	Jiangxi	19567679	19229130	680843	588627	336717	95	1832	
山 东	Shandong	41402917	41343127	4698341	677709	13443		46347	
河 南	Henan	36727337	36676332	2799666	361612	10905		40101	13084
湖 北	Hubei	46554789	46449550	14330661	183135	15424	133	89815	
湖 南	Hunan	25002144	24889560	4022425	378920	16936	698	95649	95649
广 东	Guangdong	59471958	55704952	7821927	879268	2202221	198601	1564785	1459507
广 西	Guangxi	10463991	10463991	3113434	427334				
海 南	Hainan	1679101	1679101	125692	52312				
重 庆	Chongqing	18155762	17928482	1800946	104192	197970	194029	29311	3334
四 川	Sichuan	38498985	38466888	4741521	270811	11845	761	20251	59
贵 州	Guizhou	16559357	16558506	6322480	133631			851	851
云 南	Yunnan	22729362	22724936	2569981	310087	2276		2150	
西 藏	Tibet	2017106	2017106	356185	28446				
陕 西	Shaanxi	21185809	21102325	3217354	600943	11132	7149	72352	66061
甘 肃	Gansu	11100857	11098206	3748391	181773			2651	
青 海	Qinghai	2332001	2331701	901025	42899			300	
宁 夏	Ningxia	2381294	2352080	330732	32684			29214	
新 疆	Xinjiang	8650341	8650331	875837	18996	10			

14-17 分地区建筑业企业营业收入（2019年）
Business Revenue of Construction Enterprises by Region (2019)

单位：万元 (10 000 yuan)

地 区	Region	营业收入 Business Revenue	主营业务收入 Revenue from Principal Business	#主营业务成本 Costs of Principal Business	#主营业务利润 Profits from Principal Business	其他业务收入 Revenue from Other Businesses	#其他业务利润 Profits from Other Businesses
全 国	**National Total**	**2326162361**	**2291667964**	**2096454402**	**79110070**	**34494398**	**2247993**
北 京	Beijing	152340370	151152876	140408157	7645038	1187494	292376
天 津	Tianjin	49561024	45087666	41668939	938439	4473358	49740
河 北	Hebei	53877625	49871581	46086754	1354730	4006044	47707
山 西	Shanxi	46880175	46292709	42228324	877086	587466	82710
内蒙古	Inner Mongolia	13287706	13094411	11967689	309085	193294	21680
辽 宁	Liaoning	36599392	35223778	31878035	805295	1375614	32964
吉 林	Jilin	18887022	18363780	16525660	775908	523243	19523
黑龙江	Heilongjiang	13665931	13493669	12446763	212352	172262	-899
上 海	Shanghai	101217497	100680360	93378398	2148921	537137	138869
江 苏	Jiangsu	280118410	278589783	252911461	12054858	1528627	226159
浙 江	Zhejiang	174514162	173402399	162211198	4290956	1111763	186977
安 徽	Anhui	72121310	71087755	65041900	2248528	1033555	51426
福 建	Fujian	108687538	107871799	98626554	3782624	815739	59490
江 西	Jiangxi	61887938	61032049	55350489	2277587	855889	38089
山 东	Shandong	136096412	134337858	123353385	3839457	1758554	131598
河 南	Henan	111243583	108980520	96600460	5499137	2263064	95732
湖 北	Hubei	160869305	159566502	144340437	6618353	1302802	87319
湖 南	Hunan	96817258	96499861	87575026	3199200	317398	47126
广 东	Guangdong	179025570	177569290	161892557	5402776	1456280	254834
广 西	Guangxi	42250365	41528730	38707227	967631	721635	46410
海 南	Hainan	4701598	4609356	4106760	161043	92242	1182
重 庆	Chongqing	68981641	67888273	61137731	2946746	1093368	61075
四 川	Sichuan	118273530	115565611	105195807	3889812	2707919	81108
贵 州	Guizhou	34598933	33931995	31454388	979854	666939	26894
云 南	Yunnan	52092316	51276715	46282976	2459244	815602	69990
西 藏	Tibet	3608136	3493187	3024482	306145	114949	2034
陕 西	Shaanxi	75660806	74182188	69164813	1807026	1478619	41828
甘 肃	Gansu	21925843	21415428	19662193	683239	510415	14460
青 海	Qinghai	5778716	5548623	5172011	69494	230093	4781
宁 夏	Ningxia	6299013	6255639	5803854	151947	43374	7495
新 疆	Xinjiang	24293236	23773574	22249977	407561	519662	27318

14-18 分地区按登记注册类型分建筑业企业营业收入（2019年）

Business Revenue of Construction Enterprises by Registration Status and Region (2019)

单位：万元 (10 000 yuan)

地区	Region	合计 Total	内资企业 Domestic Invested Enterprises	#国有 State-owned Enterprises	#集体 Collective-owned Enterprises	港澳台商投资企业 Enterprises with Investment from Hong Kong, Macao and Taiwan	#港澳台商独资企业 Sole-proprietorship Enterprises	外商投资企业 Foreign Invested Enterprises	#外商独资企业 Sole-proprietorship Enterprises
全国	**National Total**	**2326162361**	**2310033930**	**316776298**	**32215936**	**8079384**	**2099243**	**8049048**	**5341628**
北京	Beijing	152340370	150646527	33655719	1250273	810701	374441	883143	253479
天津	Tianjin	49561024	49451168	8968493	479333	40656	12924	69199	
河北	Hebei	53877625	53819387	8339276	681539	57551		688	
山西	Shanxi	46880175	46874208	6077929	347376	4526		1441	
内蒙古	Inner Mongolia	13287706	13287706	2044989	39279				
辽宁	Liaoning	36599392	36218250	4482041	801991	320495	288021	60647	1168
吉林	Jilin	18887022	18868930	1327694	149794	18093	2593		
黑龙江	Heilongjiang	13665931	13653508	3047234	299508	2375		10048	
上海	Shanghai	101217497	98355519	30072918	372203	1163042	362684	1698936	1226183
江苏	Jiangsu	280118410	278252918	13126245	783117	369430	130321	1496062	1116979
浙江	Zhejiang	174514162	172644858	3469704	967757	1568146	123438	301158	18420
安徽	Anhui	72121310	72058338	11527263	702114	62730	43927	241	
福建	Fujian	108687538	108197790	5389424	1028998	337109	63851	152640	122961
江西	Jiangxi	61887938	60779215	3701373	2422865	1100496	57	8227	
山东	Shandong	136096412	135941027	19501052	2177888	94694		60691	
河南	Henan	111243583	111154116	10427536	1709384	4890		84578	11916
湖北	Hubei	160869305	160505955	39621330	657458	12693	89	350657	
湖南	Hunan	96817258	96506022	15775152	2061561	149391	31148	161845	161845
广东	Guangdong	179025570	175260768	29305372	5344894	1747273	517282	2017529	1908087
广西	Guangxi	42250365	42250365	11746250	1880455				
海南	Hainan	4701598	4701598	532903	207143				
重庆	Chongqing	68981641	68798964	5167647	794338	116863	110142	65814	1053
四川	Sichuan	118273530	118251128	9569575	2523918	8674	1334	13729	220
贵州	Guizhou	34598933	34597939	8105368	706065			994	994
云南	Yunnan	52092316	52089874	5865914	1027019	895		1548	
西藏	Tibet	3608136	3608136	654737	39482				
陕西	Shaanxi	75660806	75047617	13043397	1740383	88585	36991	524604	518322
甘肃	Gansu	21925843	21924937	5278129	732159			906	
青海	Qinghai	5778716	5778716	2513751	163093				
宁夏	Ningxia	6299013	6215290	1657380	49269			83723	
新疆	Xinjiang	24293236	24293158	2780500	75283	78			

14-19 分地区建筑业企业利税总额（2019年）
Total Pre-tax Profits of Construction Enterprises by Region (2019)

地 区	Region	利税总额 合 计 (万元) Total Pre-tax Profits (10 000 yuan)	利润总额 Total Profits	税金总额 Total Tax	产值利税率 (%) Ratio of Pre-tax Profits to Output Value (%)	资产利税率 (%) Ratio of Pre-tax Profits to Assets (%)
全 国	**National Total**	**154426453**	**82795465**	**71630988**	**6.2**	**6.0**
北 京	Beijing	10475244	8043695	2431548	8.7	3.6
天 津	Tianjin	1662050	987415	674634	4.1	2.1
河 北	Hebei	2865264	1439282	1425982	4.9	4.2
山 西	Shanxi	2115933	1001458	1114475	4.5	3.1
内蒙古	Inner Mongolia	751453	322112	429342	6.9	3.5
辽 宁	Liaoning	1953583	819154	1134429	5.5	3.1
吉 林	Jilin	1546686	804305	742381	8.3	5.6
黑龙江	Heilongjiang	867760	435594	432166	7.3	3.9
上 海	Shanghai	4026593	2421887	1604706	5.2	3.4
江 苏	Jiangsu	22816044	12299501	10516542	6.9	9.9
浙 江	Zhejiang	9774559	4628135	5146424	4.8	6.7
安 徽	Anhui	4379597	2322388	2057209	5.2	5.7
福 建	Fujian	8050251	3880813	4169438	6.1	11.5
江 西	Jiangxi	4550761	2320490	2230270	5.7	8.9
山 东	Shandong	7883886	4124815	3759071	5.5	5.0
河 南	Henan	10724505	5887350	4837155	8.4	10.6
湖 北	Hubei	12480785	6723995	5756790	7.4	8.4
湖 南	Hunan	7186053	3245394	3940659	6.7	10.1
广 东	Guangdong	10357153	5702691	4654462	6.2	4.7
广 西	Guangxi	2352380	1026862	1325518	4.4	7.3
海 南	Hainan	384026	160204	223822	10.5	9.1
重 庆	Chongqing	5601269	3030888	2570381	6.8	8.9
四 川	Sichuan	7990039	4002014	3988025	5.4	6.1
贵 州	Guizhou	1917629	1056063	861567	5.2	3.0
云 南	Yunnan	4432133	2547588	1884546	7.2	6.3
西 藏	Tibet	391701	298300	93400	17.8	7.3
陕 西	Shaanxi	3775540	1876936	1898604	4.8	4.4
甘 肃	Gansu	1420841	709078	711764	7.4	4.1
青 海	Qinghai	202118	71367	130751	4.4	2.7
宁 夏	Ningxia	336279	151945	184334	5.6	4.3
新 疆	Xinjiang	1154341	453747	700593	5.1	3.3

14-20 分地区按登记注册类型分建筑业企业税金总额（2019年）
Taxes of Construction Enterprises by Registration Status and by Region (2019)

单位：万元 (10 000 yuan)

地 区	Region	合 计 Total	内资企业 Domestic Invested Enterprises	#国 有 State-owned Enterprises	#集 体 Collective-owned Enterprises	港澳台商投资企业 Enterprises with Investment from Hong Kong, Macao and Taiwan	#港澳台商独资企业 Sole-proprietorship Enterprises	外商投资企业 Foreign Invested Enterprises	#外商独资企业 Sole-proprietorship Enterprises
全 国	**National Total**	**71630988**	**71290750**	**6171907**	**1986815**	**168639**	**35679**	**171600**	**99868**
北 京	Beijing	2431548	2405884	446950	23203	13984	5286	11680	2922
天 津	Tianjin	674634	672731	111977	9526	818	42	1086	
河 北	Hebei	1425982	1423134	158284	40959	2834		14	
山 西	Shanxi	1114475	1114251	186970	10983	168		56	
内蒙古	Inner Mongolia	429342	429342	26100	2193				
辽 宁	Liaoning	1134429	1128477	142393	34614	4003	3812	1949	36
吉 林	Jilin	742381	741108	26255	2420	1272	544		
黑龙江	Heilongjiang	432166	431172	74739	18076	2		991	
上 海	Shanghai	1604706	1567331	221151	9823	14450	6890	22926	7710
江 苏	Jiangsu	10516542	10486241	288338	43516	11352	2979	18949	14257
浙 江	Zhejiang	5146424	5099910	71348	34283	37049	2994	9466	27
安 徽	Anhui	2057209	2056465	167643	79792	744	634	1	
福 建	Fujian	4169438	4156131	85906	14469	8875	1842	4433	3592
江 西	Jiangxi	2230270	2194813	113983	146771	35267	3	191	
山 东	Shandong	3759071	3756298	344086	99758	466		2308	
河 南	Henan	4837155	4833568	317221	245618	145		3442	201
湖 北	Hubei	5756790	5745229	916541	37428	522	0	11039	
湖 南	Hunan	3940659	3925592	513406	155600	4740	663	10327	10327
广 东	Guangdong	4654462	4565638	524389	301349	28982	8698	59842	52097
广 西	Guangxi	1325518	1325518	284583	98262				
海 南	Hainan	223822	223822	23844	12934				
重 庆	Chongqing	2570381	2568810	111203	40390	616	274	956	6
四 川	Sichuan	3988025	3987820	249703	187682	3	-14	202	9
贵 州	Guizhou	861567	861565	170827	58548			1	1
云 南	Yunnan	1884546	1884455	81454	79581	69		22	
西 藏	Tibet	93400	93400	10931	765				
陕 西	Shaanxi	1898604	1887065	273900	146147	2278	1030	9261	8684
甘 肃	Gansu	711764	711733	101640	36938			31	
青 海	Qinghai	130751	130751	23281	7956				
宁 夏	Ningxia	184334	181906	47579	3086			2427	
新 疆	Xinjiang	700593	700593	55283	4147	0			

14-21 分地区按登记注册类型分建筑业企业利润总额（2019年）
Total Profits of Construction Enterprises by Registration Status and Region (2019)

单位：万元 (10 000 yuan)

地 区	Region	合 计 Total	内资企业 Domestic Invested Enterprises	#国 有 State-owned Enterprises	#集 体 Collective-owned Enterprises	港澳台商投资企业 Enterprises with Investment from Hong Kong, Macao and Taiwan	#港澳台商独资企业 Sole-proprietorship Enterprises	外商投资企业 Foreign Invested Enterprises	#外商独资企业 Sole-proprietorship Enterprises
全 国	**National Total**	**82795465**	**81803707**	**9078995**	**1086511**	**486947**	**139012**	**504812**	**366468**
北 京	Beijing	8043695	8003015	1125179	21993	28175	18886	12505	4663
天 津	Tianjin	987415	982818	251493	10928	1264	146	3334	
河 北	Hebei	1439282	1437917	67229	24998	1543		-178	
山 西	Shanxi	1001458	1001141	62328	2328	84		233	
内蒙古	Inner Mongolia	322112	322112	-5852	-48				
辽 宁	Liaoning	819154	806901	113557	-1015	6504	6805	5748	75
吉 林	Jilin	804305	805248	19647	681	-943	288		
黑龙江	Heilongjiang	435594	435555	-40393	5322	-19.6		59	
上 海	Shanghai	2421887	2255777	861365	2763	34546	14950	131565	124286
江 苏	Jiangsu	12299501	12154696	385035	34497	13632	7010	131174	86812
浙 江	Zhejiang	4628135	4581592	126207	10310	40968	2003	5575	1115
安 徽	Anhui	2322388	2314098	150944	12531	8363	3155	-73	
福 建	Fujian	3880813	3861103	97475	20857	6725	946	12986	13090
江 西	Jiangxi	2320490	2264464	56033	95171	55893	-40.6	132.8	
山 东	Shandong	4124815	4111812	580863	77177	1939		11065	
河 南	Henan	5887350	5876754	399659	97869	452		10145	4998
湖 北	Hubei	6723995	6711253	1641413	42590	690	-4	12052	
湖 南	Hunan	3245394	3189630	429723	84137	1323	453	54441	54441
广 东	Guangdong	5702691	5354981	689529	159659	270383	75818	77326	54312
广 西	Guangxi	1026862	1026862	287554	45733				
海 南	Hainan	160204	160204	12291	11734				
重 庆	Chongqing	3030888	3020841	126957	39106	9718	7718	330	59
四 川	Sichuan	4002014	4000804	367545	111298	251	-8	960	-293
贵 州	Guizhou	1056063	1056137	406116	14367			-74	-74
云 南	Yunnan	2547588	2547476	325025	54261	6		106	
西 藏	Tibet	298300	298300	39102	1618				
陕 西	Shaanxi	1876936	1848413	284086	71020	5439	887	23084	22986
甘 肃	Gansu	709078	709041	22480	29076			36	
青 海	Qinghai	71367	71367	28486	4220				
宁 夏	Ningxia	151945	139662	36434	-489			12283	
新 疆	Xinjiang	453747	453735	131485	1822	13			

14-22 分地区按登记注册类型分建筑业企业主营业务利润（2019年）

Profits from Principal Business of Construction Enterprises by Registration Status and Region (2019)

单位：万元 (10 000 yuan)

地区	Region	合计 Total	内资企业 Domestic Invested Enterprises	#国有 State-owned Enterprises	#集体 Collective-owned Enterprises	港澳台商投资企业 Enterprises with Investment from Hong Kong, Macao and Taiwan	#港澳台商独资企业 Sole-proprietorship Enterprises	外商投资企业 Foreign Invested Enterprises	#外商独资企业 Sole-proprietorship Enterprises
全国	**National Total**	**79110070**	**78141533**	**8430338**	**1048177**	**454142**	**130272**	**514395**	**371914**
北京	Beijing	7645038	7607616	1078078	15277	25750	18336	11672	4164
天津	Tianjin	938439	933988	245720	13023	1371	236	3079	
河北	Hebei	1354730	1353417	59854	25214	1491		-178	
山西	Shanxi	877086	876774	30210	1170	79		232	
内蒙古	Inner Mongolia	309085	309085	-10813	-211				
辽宁	Liaoning	805295	793389	99924	12687	6221	6439	5685	-62
吉林	Jilin	775908	777699	15037	3147	-1791	288		
黑龙江	Heilongjiang	212352	212313	-52931	3244	-19.6		59	
上海	Shanghai	2148921	2007076	791520	1828	11302	8840	130543	113397
江苏	Jiangsu	12054858	11909660	367434	34802	12737	6168	132461	91198
浙江	Zhejiang	4290956	4246046	112068	6962	39539	1967	5371	1116
安徽	Anhui	2248528	2240213	139157	12166	8388	3145	-73	
福建	Fujian	3782624	3764165	87096	18938	6074	350	12385	12465
江西	Jiangxi	2277587	2221369	47460	89249	56086	-41	132.1	
山东	Shandong	3839457	3826524	519225	67315	2108		10825	
河南	Henan	5499137	5488552	368521	98202	568		10017	4959
湖北	Hubei	6618353	6605557	1590005	42777	701	-4	12095	
湖南	Hunan	3199200	3143341	429458	83636	1284	453	54575	54575
广东	Guangdong	5402776	5046855	650738	158200	266746	75411	89175	67492
广西	Guangxi	967631	967631	261240	44439				
海南	Hainan	161043	161043	12313	11704				
重庆	Chongqing	2946746	2937192	119458	22042	9812	7814	-257	58
四川	Sichuan	3889812	3888577	357324	110424	280	22	956	-294
贵州	Guizhou	979854	979933	341273	14089			-79	-79
云南	Yunnan	2459244	2459111	275195	51606	6		127	
西藏	Tibet	306145	306145	41464	1722				
陕西	Shaanxi	1807026	1778677	269446	70259	5401	848	22948	22926
甘肃	Gansu	683239	683203	11673	28870			36	
青海	Qinghai	69494	69494	27180	3415				
宁夏	Ningxia	151947	139339	33351	174			12608	
新疆	Xinjiang	407561	407552	112661	1808	9			

14-23 建筑业企业房屋建筑面积
Floor Space of Buildings Constructed by Construction Enterprises

单位：万平方米 (10 000 sq.m)

年份 Year / 地区 Region		房屋建筑面积 Floor Space of Buildings Constructed		#国有 State-owned		#集体 Collective-owned	
		施工面积 Floor Space under Construction	竣工面积 Floor Space Completed	施工面积 Floor Space under Construction	竣工面积 Floor Space Completed	施工面积 Floor Space under Construction	竣工面积 Floor Space Completed
1985		35491.8	17072.7	19295.8	8563.1	16196.0	8509.6
1990		37923.0	19552.5	20303.2	9361.7	17619.7	10190.9
1995		89862.8	35666.3	44562.9	15182.4	41829.5	19262.0
2000		160141.1	80714.9	46237.5	20145.0	68112.3	38515.5
2005		352744.7	159406.2	56308.8	20505.7	42257.4	21750.4
2006		410154.4	179673.0	62253.8	20014.4	40872.5	21019.3
2007		482005.5	203992.7	68768.4	20539.5	42119.6	21300.9
2008		530518.6	223592.0	65633.7	19853.2	39247.8	19224.8
2009		588593.9	245401.6	72681.0	21765.4	36380.9	18783.2
2010		708023.5	277450.2	84452.8	22076.1	39232.1	18375.0
2011		851828.1	316429.3	106396.7	25876.7	38203.0	19253.1
2012		986427.5	358736.2	117123.6	26763.3	39209.0	19810.7
2013		1132002.9	401520.9	107280.6	25392.8	36030.3	17500.2
2014		1249826.3	423357.3	119295.1	23870.6	35788.9	17428.2
2015		1239717.6	420784.9	120844.0	24233.1	32954.3	16630.8
2016		1264216.3	422382.3	134362.0	26978.9	31213.2	15804.7
2017		1318374.1	419072.3	132877.1	25525.8	29439.7	14199.1
2018		1371994.7	411498.0	146726.2	25789.1	26053.4	12383.9
2019		1441504.7	402335.5	158001.7	26707.5	24403.3	10438.7
北京	Beijing	80556.8	10932.1	22785.8	2742.5	653.7	85.0
天津	Tianjin	15616.9	2371.7	1948.6	194.6	328.8	32.8
河北	Hebei	34994.7	8939.3	4375.0	574.8	725.3	157.0
山西	Shanxi	16990.3	3836.4	2445.0	587.9	176.7	82.7
内蒙古	Inner Mongolia	5785.4	1459.9	1586.9	105.1	38.2	16.5
辽宁	Liaoning	15312.8	4335.0	1163.1	290.4	312.7	135.5
吉林	Jilin	7987.5	2935.2	81.5	37.3	19.3	4.1
黑龙江	Heilongjiang	3430.1	1301.4	854.0	142.8	75.8	35.8
上海	Shanghai	50918.9	9232.0	16824.5	2593.0	69.4	37.2
江苏	Jiangsu	255156.7	77823.4	7120.4	1053.1	588.9	284.5
浙江	Zhejiang	182718.5	43545.6	344.5	54.8	1354.6	280.8
安徽	Anhui	48611.4	15706.7	7182.2	793.0	379.0	310.2
福建	Fujian	76606.3	17810.5	2731.7	624.1	1914.6	253.8
江西	Jiangxi	33897.5	14870.0	1443.0	544.9	2102.7	1196.4
山东	Shandong	83686.1	21925.7	7419.5	1261.0	2391.4	945.8
河南	Henan	64256.1	20736.2	1993.7	602.3	1377.7	758.3
湖北	Hubei	92042.2	33907.9	18241.8	3782.5	524.0	314.8
湖南	Hunan	65247.3	21041.9	10287.2	1792.7	2262.0	1291.5
广东	Guangdong	84392.3	22174.0	21778.5	3927.9	3572.3	1275.9
广西	Guangxi	29487.8	8685.7	6393.3	1454.6	1749.2	779.9
海南	Hainan	2309.5	485.0	128.0	64.8	123.4	83.3
重庆	Chongqing	36557.8	13618.3	1903.4	232.8	343.8	247.6
四川	Sichuan	61743.0	20341.0	6199.2	985.6	882.6	641.7
贵州	Guizhou	15929.5	4131.0	1576.0	231.1	516.7	134.8
云南	Yunnan	19766.7	6805.4	1086.1	129.5	438.4	290.2
西藏	Tibet	348.2	242.7	55.1	55.6	5.1	3.8
陕西	Shaanxi	35276.7	6769.8	5436.6	1062.9	1023.5	519.8
甘肃	Gansu	10689.9	2686.7	3054.4	367.3	392.4	189.6
青海	Qinghai	904.6	396.3	124.3	17.6	31.1	24.9
宁夏	Ningxia	2251.8	679.1	702.0	217.3	23.6	21.2
新疆	Xinjiang	8031.4	2609.7	736.6	183.7	6.3	3.2

14-24 勘察设计单位基本情况（2019年）
Conditions of Prospecting and Designing Institutions (2019)

地 区	Region	单位数（个）Number of Institutions (unit)	年末从业人员数（人）Number of Employed Persons at Year-end (person)	#高级职称 Senior Title	#中级职称 Middle Title	#初级职称 Junior Title	营业收入（万元）Business Revenue (10 000 yuan)
全 国	**National Total**	**23739**	**4631001**	**427776**	**720412**	**576672**	**642008587**
北 京	Beijing	1440	386353	56354	80447	60771	100107890
天 津	Tianjin	329	73419	16051	17542	14890	23787115
河 北	Hebei	692	70336	11757	18318	11369	8883493
山 西	Shanxi	593	53538	8024	14476	10158	5512510
内蒙古	Inner Mongolia	347	17563	4492	5239	2756	841615
辽 宁	Liaoning	746	65791	13040	18142	10456	5009238
吉 林	Jilin	543	27900	8441	8889	4042	1268709
黑龙江	Heilongjiang	436	26313	7818	8732	3384	2615998
上 海	Shanghai	1239	259682	23450	44484	40142	61266969
江 苏	Jiangsu	1929	455035	25374	51862	48495	56121111
浙 江	Zhejiang	1110	678963	23024	43960	45025	46387533
安 徽	Anhui	938	219266	13638	27209	27200	22507945
福 建	Fujian	830	263389	9249	24183	21241	19371103
江 西	Jiangxi	445	167396	5829	11024	8485	12463678
山 东	Shandong	1704	236463	23832	45713	39692	39572318
河 南	Henan	1098	113064	13881	26720	16453	11534240
湖 北	Hubei	1194	211122	27368	42101	33516	43197942
湖 南	Hunan	695	119563	13569	28762	27353	30340024
广 东	Guangdong	1983	549040	29730	57114	48458	69088678
广 西	Guangxi	551	71453	9157	17452	13767	13312446
海 南	Hainan	238	12324	1719	2819	2265	722904
重 庆	Chongqing	515	49453	9451	13819	7700	5030020
四 川	Sichuan	1151	188108	24336	39443	25389	21343076
贵 州	Guizhou	303	39291	6234	7816	6468	5788876
云 南	Yunnan	763	63357	10264	15699	12633	7216521
西 藏	Tibet	53	4252	410	622	482	167304
陕 西	Shaanxi	1032	136494	18035	27899	21273	21355473
甘 肃	Gansu	262	29331	5320	8494	6384	3752932
青 海	Qinghai	144	6920	1482	1958	1323	346853
宁 夏	Ningxia	123	5455	1082	1576	1265	310923
新 疆	Xinjiang	313	30367	5365	7898	3837	2783149

14-25 工程招标代理机构基本情况（2019年）
Conditions of Project Bidding Agencies (2019)

地区 Region		企业单位数（个）Number of Enterprises (unit)	期末企业人员（人）Personnel of Enterprises at Year-end (person)	#专业技术人员 Technical Personnel	#年末注册执业人数 Registered Professionals	#招标代理人员 Project Bidding Personnel	营业收入（万元）Business Revenue (10 000 yuan)
全 国	**National Total**	**8832**	**627733**	**474562**	**177963**	**102654**	**41104390**
北 京	Beijing	301	50841	37162	11436	8226	7355614
天 津	Tianjin	162	7334	5620	1749	1711	2461190
河 北	Hebei	340	16644	10827	3937	3653	1785624
山 西	Shanxi	233	8384	5384	1884	2509	188268
内蒙古	Inner Mongolia	252	5493	4240	1687	1895	137488
辽 宁	Liaoning	383	7888	6088	2625	3346	833755
吉 林	Jilin	291	10777	8164	2794	2554	221605
黑龙江	Heilongjiang	138	4317	3398	910	1671	78768
上 海	Shanghai	159	33742	26273	8465	2717	1682050
江 苏	Jiangsu	561	50301	41442	20861	6514	2654252
浙 江	Zhejiang	343	42495	32591	13156	5163	2555811
安 徽	Anhui	284	19889	14757	6029	3498	554588
福 建	Fujian	279	28191	19837	7670	3248	796988
江 西	Jiangxi	200	11988	9986	3357	1738	453036
山 东	Shandong	763	43741	33841	12703	8983	1187262
河 南	Henan	298	28187	21360	7193	4554	919997
湖 北	Hubei	189	10514	7807	3071	1899	297454
湖 南	Hunan	281	19536	13868	5186	3170	433648
广 东	Guangdong	546	80619	67285	17363	8398	4944811
广 西	Guangxi	256	14781	11121	4556	2660	2145437
海 南	Hainan	184	3063	2044	748	1129	235740
重 庆	Chongqing	65	8239	6462	2812	964	237549
四 川	Sichuan	596	51405	32594	18807	6239	4557867
贵 州	Guizhou	112	7320	5603	1940	1375	341179
云 南	Yunnan	430	11954	9209	2878	4278	1291226
西 藏	Tibet	15	539	314	202	100	7718
陕 西	Shaanxi	192	19403	14678	5919	2999	1383746
甘 肃	Gansu	318	9540	6723	2534	2075	144786
青 海	Qinghai	227	3965	2895	736	1371	188915
宁 夏	Ningxia	162	5612	4795	1686	1131	142707
新 疆	Xinjiang	262	10199	7439	2680	2768	864854
新疆兵团	Xinjiang PC Corps	10	832	755	389	118	20454

14-26 建设工程监理企业基本情况(2019年)

Conditions of Construction Project Supervision Enterprises (2019)

行业 地区	Sector Region	企业单位数(个) Number of Enterprises (unit)	年末从业人数(人) Employed Persons (year-end) (person)	#高、中级职称人员 Persons with Senior or Middle Certificates	年末注册执业人数(人) Registered Professionals (year-end) (person)	#注册监理工程师 Registered Supervisory Engineers	营业收入(万元) Business Revenue (10 000 yuan)
合　计	**Total**	**8469**	**1295721**	**567725**	**336959**	**173317**	**59944751**
按行业分	**By Sector**						
房屋建筑工程	Housing Construction Projects	6572	789717	335026	212823	112369	27207287
冶炼工程	Metallurgical Projects	24	5368	3392	1350	707	910784
矿山工程	Mining Projects	43	13701	3991	2380	1188	348648
化工、石油工程	Chemical and Petroleum Projects	138	38105	21305	9807	3889	5046319
水利水电工程	Water Conservancy and Hydro-power Projects	105	34523	18279	9476	2094	4881558
电力工程	Power Projects	390	76249	32361	17377	6535	9450921
农林工程	Agriculture and Forestry Projects	17	997	548	268	139	45591
铁路工程	Railway Projects	53	26559	16414	4981	2961	1404881
公路工程	Highway Projects	63	9183	4518	1760	960	410325
港口与航道工程	Habour and Navigation Projects	8	1139	629	405	263	29393
航天航空工程	Air and Space Projects	8	1519	705	439	265	34506
通信工程	Communications Projects	49	19267	4348	1931	1220	574701
市政公用工程	Civil and Public Utility Projects	783	98094	44028	26902	13286	4794801
机电安装工程	Machinery and Electric Installation Projects	4	638	339	258	78	128583
综合资质	Comprehensive Qualification	210	180585	81797	46774	27356	4674138
事务所资质	Office Qualification	2	77	45	28	7	2316
按地区分	**By Region**						
北　京	Beijing	320	96434	50034	21737	10166	6035304
天　津	Tianjin	119	17960	8719	4689	2635	841374
河　北	Hebei	294	35620	17817	8430	4659	869330
山　西	Shanxi	215	27655	15052	5938	3853	1027306
内蒙古	Inner Mongolia	140	11240	6782	3006	2095	167382
辽　宁	Liaoning	277	23443	15357	7148	4638	1142824
吉　林	Jilin	191	16375	10164	4615	2558	586677
黑龙江	Heilongjiang	188	16980	11932	3813	2124	408338
上　海	Shanghai	220	56980	23911	14217	7986	3178542
江　苏	Jiangsu	741	102226	45714	40823	17723	6471175
浙　江	Zhejiang	542	86489	32286	25028	14234	3663553
安　徽	Anhui	416	42202	18466	12201	5901	2459346
福　建	Fujian	488	103911	25495	15857	7061	4327102
江　西	Jiangxi	181	29672	8473	5386	2762	1478473
山　东	Shandong	565	73683	32184	22026	11563	2835102
河　南	Henan	343	58377	26261	14985	8177	1982360
湖　北	Hubei	278	38318	20311	10357	5515	1618821
湖　南	Hunan	266	52744	24379	12066	6176	2438258
广　东	Guangdong	534	100286	42062	25551	14630	4686169
广　西	Guangxi	222	26098	11942	7454	4162	780223
海　南	Hainan	66	4220	1901	1147	661	90137
重　庆	Chongqing	130	32638	13683	8442	3952	1211218
四　川	Sichuan	466	104849	38856	25605	12192	5596441
贵　州	Guizhou	175	17210	8186	5015	2318	1208105
云　南	Yunnan	170	30457	11937	5733	2528	1075527
西　藏	Tibet	47	1287	523	580	378	27407
陕　西	Shaanxi	386	42891	22855	12369	5253	2665339
甘　肃	Gansu	201	17078	8643	4871	2869	401189
青　海	Qinghai	77	4464	1862	1298	502	80507
宁　夏	Ningxia	67	6243	2833	1520	939	97561
新　疆	Xinjiang	144	17691	9105	5052	3107	493660

主要统计指标解释

建筑业统计单位 指从事房屋、构筑物建造和设备安装活动的法人企业。建筑业法人企业应具有建筑业资质并能够独立核算，同时还应具备以下条件：①依法成立，有自己的名称、组织机构和场所，能够承担民事责任；②独立拥有和使用资产，承担负债，有权与其他单位签订合同；③独立核算盈亏，能够编制资产负债表。

建筑业总产值 是以货币形式表现的建筑业企业在一定时期内生产的建筑业产品和提供服务的总和。建筑业总产值包括：

⑴建筑工程产值：指列入建筑工程预算内的各种工程价值。

⑵安装工程产值：指设备安装工程价值，不包括被安装设备本身的价值。

⑶其他产值：建筑业总产值中除建筑工程、安装工程以外的产值。包括房屋构筑物修理产值、非标准设备制造产值、总包企业向分包企业收取的管理费以及不能明确划分的施工活动所完成的产值。

a.房屋构筑物修理产值：指房屋和构筑物修理所完成的产值，但不包括被修理房屋、构筑物本身价值和生产设备的修理价值。

b.非标准设备制造产值：指加工制造没有定型的非标准生产设备的加工费和原材料价值(如化工厂、炼油厂用的各种罐、槽，矿井生产统一使用的各种漏斗、三角槽、阀门等)以及附属加工厂为本企业承建工程制作的非标准设备的价值。

房屋施工面积 指报告期内施工的全部房屋建筑面积，包括本期新开工的房屋建筑面积、上期跨入本期继续施工的房屋建筑面积、上期停缓建在本期恢复施工的房屋建筑面积、本期竣工的房屋建筑面积及本期施工后又停缓建的房屋建筑面积。

房屋竣工面积 指报告期内房屋建筑按照设计要求已全部完工，达到住人和使用条件，经验收鉴定合格或达到竣工验收标准，可正式移交使用的各栋房屋建筑面积的总和。

Explanatory Notes on Main Statistical Indicators

Statistical Units in the Construction Industry refer to corporate enterprises engaged in the construction of buildings and structures and in the installation of equipment. A corporate construction enterprise should have qualification certificates with independent accounting system, and should meet the following 3 requirements: a) being set up in line with relevant legal basis, having its full name, organization and location, and capable of taking civil liabilities; b) independently possessing and using its assets and assuming its liabilities, and entitled to sign contracts with other institutions; c) making independent accounts of its profits and losses, and capable of compiling its own balance sheet.

Gross Output Value of Construction refers to total of construction products and services, expressed in monetary terms, produced or rendered by construction and installation enterprises during a given period of time. It includes:

(1) Output value of construction projects: the value of projects covered by the project budgets;

(2) Output value of installation projects: the value of the installation of equipment, (excluding the value of the equipment to be installed);

(3) Other output values: the output value of construction industry apart from that of construction projects and installation projects. It includes: output value of repair of buildings and structures; output value of manufacturing of non-standard equipment; overhead expenses received by contracted enterprises from the sub-contracted enterprises, and the completed output value of construction activities for which there is no clear definition.

a. Output value of repair of buildings and structures: the value created through the repairs of buildings or structures. It does not include the value of buildings or structures being repaired and the value of the repair of production equipment.

b. Output value of manufactured non-standard equipment: refers to the value of non-standard production equipment, including raw materials and manufacturing cost, (i.e., kettles or tanks used by chemical plant or refinery; various fillers, triangle tanks, valves used in mines). It also includes the output value of non-standard equipment manufactured made by its subsidiary workshops for undertaking projects.

Floor Space of Buildings under Construction refers to the total floor space area of buildings under construction in the reference period. It includes buildings new started; buildings started earlier and continued during the reference period; buildings suspended earlier but restarted during the reference period; buildings completed during the reference period; and buildings under construction but suspended during the reference period.

Floor Space of Buildings Completed refers to the total floor space area of buildings that have been completed in the reference period in accordance with the requirements of the design, up to the standard for accomondation or putting into use, and have been checked and accepted by departments concerned as qualified or up to the standard of buildings completed and can be handed over for putting into use.

15

批发和零售业

Wholesale and Retail Trades

简 要 说 明

一、本篇资料的主要内容

本篇资料主要反映批发和零售业的发展与经营状况，同时反映国内商品流通、商品消费、市场运行态势以及流通现代化进程。主要内容包括：限额以上批发和零售业的基本情况、商品流转情况、财务状况；零售连锁经营情况；亿元商品交易市场成交情况；社会消费品零售总额等。

二、本篇资料的统计范围

限额以上批发和零售业的法人企业、个体经营户，零售连锁集团，成交额在亿元以上的商品交易市场，以及参与商品零售、餐饮经营活动的各行业法人企业、产业活动单位和个体经营户。限额以上批发和零售业统计单位是指年主营业务收入 2000 万元及以上的批发业统计单位和年主营业务收入 500 万元及以上的零售业统计单位。

三、本篇的资料来源

本篇资料是根据《批发和零售业统计报表制度》进行搜集和加工整理而得。

四、本篇的统计调查方法

本篇资料中限额以上批发和零售业法人企业、个体经营户、其他行业附营的批发和零售业产业活动单位，以及零售连锁集团、亿元商品交易市场等资料采用全面调查方法取得；限额以下法人企业及个体经营户等资料采用抽样调查方法推算。

Brief Introduction

I. Main Contents

Data in this chapter reflect the development and operation of enterprises above designated size of wholesale and retail trades, highlighting commodity circulation, consumption, market operation, and modernization of logistics of China's domestic trade. Main contents include the basic conditions of the wholesale and retail trades above designated size; circulation of commodities; financial status; total retail sales of consumer goods; turnover of large commodity transaction markets with transaction over 100 million yuan; development of chain stores of retail trades, etc.

II. Scope of Statistics

Data in this chapter cover corporate enterprises and self-employed individuals above the designated size engaged in wholesale and retail trades; chain enterprises; large commodity markets with transaction value over 100 million yuan; and corporate enterprises, establishments and self-employed individuals of other industries that are involved in retail trades and catering services. The criteria for wholesale and retail sale trades above designated size are as follows: wholesale trade with annual principal business sales over 20 million yuan; and retail trade, with annual principal business sales over 5 million yuan.

III. Sources of Data

Data in this chapter are collected and processed in accordance with *Statistical Reporting System on Wholesale and Retail Trades* by the Department of Trade and External Economic Relations of the National Bureau of Statistics.

IV. Methods of Survey

Data on main indicators for all enterprises of wholesale and retail trades above designated size, self-employed individuals, the establishments of other industries involved in the wholesale and retail trades, chain enterprises of wholesale and retail trades, large commodity markets with transaction value over 100 million yuan are collected through comprehensive reporting system. Data on corporate enterprises and self-employed individuals below the designated size are collected by sample surveys.

15-1 限额以上批发和零售业企业主要指标

Main Indicators of Enterprises above Designated Size of Wholesale and Retail Trade

指标		Item		2015	2016	2017	2018	2019
批发和零售业		**Wholesale and Retail Trade**						
法人企业	(个)	Number of Corporate Enterprises	(unit)	183077	193371	200170	211515	242544
年末从业人数	(万人)	Employed Persons at Year-end	(10 000 persons)	1173.6	1193.6	1183.8	1184.5	1213.9
商品购进额	(亿元)	Total Purchases Value	(100 million yuan)	468071.7	506309.4	572287.8	616551.4	709505.3
#进口额	(亿元)	Imports	(100 million yuan)	33943.6	35355.7	43743.8	45121.4	51415.4
商品销售额	(亿元)	Total Sales Value	(100 million yuan)	515567.5	558877.6	630181.3	691162.1	782518.3
#出口额	(亿元)	Exports	(100 million yuan)	22719.5	21924.7	23617.1	26238.6	27436.1
期末商品库存额	(亿元)	Total Stock at Year-end	(100 million yuan)	36591.7	38388.6	43397.0	42117.2	46410.0
批发业		**Wholesale Trade**						
法人企业	(个)	Number of Corporate Enterprises	(unit)	91819	95066	100988	113696	140075
年末从业人数	(万人)	Employed Persons at Year-end	(10 000 persons)	490.7	495.9	506.3	526.9	568.5
商品购进额	(亿元)	Total Purchases Value	(100 million yuan)	369538.9	397418.9	468165.4	516111.6	601908.8
#进口额	(亿元)	Imports	(100 million yuan)	31249.6	32106.0	40754.0	42219.2	48241.8
商品销售额	(亿元)	Total Sales Value	(100 million yuan)	401312.2	432265.3	507096.0	566174.2	652164.1
#出口额	(亿元)	Exports	(100 million yuan)	22631.4	21808.8	23544.6	26158.0	27346.3
期末商品库存额	(亿元)	Total Stock at Year-end	(100 million yuan)	25378.5	27295.7	31609.0	31202.1	35036.0
零售业		**Retail Trade**						
法人企业	(个)	Number of Corporate Enterprises	(unit)	91258	98305	99182	97819	102469
年末从业人数	(万人)	Employed Persons at Year-end	(10 000 persons)	682.8	697.7	677.5	657.6	645.4
商品购进额	(亿元)	Total Purchases Value	(100 million yuan)	98532.7	108890.5	104122.4	100439.8	107596.6
#进口额	(亿元)	Imports	(100 million yuan)	2694.0	3249.7	2989.8	2902.2	3173.6
商品销售额	(亿元)	Total Sales Value	(100 million yuan)	114255.3	126612.3	123085.3	124987.9	130354.1
#出口额	(亿元)	Exports	(100 million yuan)	88.1	115.9	72.5	80.6	89.8
期末商品库存额	(亿元)	Total Stock at Year-end	(100 million yuan)	11213.2	11092.9	11788.0	10915.1	11374.0
年末零售营业面积	(万平方米)	Business Area of Retail at Year-end	(10 000 sq.m)	32651.3	33905.3	33250.2	33764.8	36744.8

15-2 按登记注册类型和行业分限额以上批发业企业主要指标(2019年)

单位: 亿元

指标	Item	法人企业(个) Number of Corporate Enterprises (unit)	年末从业人数(人) Employed Persons at Year-end (person)	商品购进额 Total Purchases Value	#进口 Imports
批发业合计	**Wholesale Trade**	**140075**	**5685374**	**601908.8**	**48241.8**
按登记注册类型分	**By Status of Registration**				
内资企业	**Domestic Invested Enterprises**	**133079**	**4726350**	**517880.9**	**28669.4**
国有企业	State-owned Enterprises	1334	264852	13193.5	191.8
集体企业	Collective-owned Enterprises	273	12468	590.9	81.2
股份合作企业	Cooperative Enterprises	110	3402	284.4	14.5
联营企业	Joint Ownership Enterprises	16	917	16.9	0.2
国有联营企业	State Joint Ownership Enterprises	3	423	2.6	
集体联营企业	Collective Joint Ownership Enterprises	6	371	11.7	
国有与集体联营企业	Joint State-collective Enterprises	4	103	2.1	0.2
其他联营企业	Other Joint Ownership Enterprises	3	20	0.5	
有限责任公司	Limited Liability Corporations	29948	1659003	253643.0	19116.0
国有独资公司	State Sole-proprietorship Corporations	2086	185152	44773.8	3656.3
其他有限责任公司	Other Limited Liability Corporations	27862	1473851	208869.2	15459.6
股份有限公司	Share-holding Corporations Ltd.	2175	388377	44823.2	2275.1
私营企业	Private Enterprises	98753	2380281	204948.5	6990.3
私营独资企业	Private Sole-proprietorship Enterprises	564	8465	389.7	2.2
私营合伙企业	Private Partnership Enterprises	62	978	81.8	
私营有限责任公司	Private Limited Liability Corporations	96716	2302547	200911.9	6680.5
私营股份有限公司	Private Share-holding Corporations Ltd.	1411	68291	3565.1	307.6
其他企业	Other Enterprises	470	17050	380.7	0.3
港、澳、台商投资企业	**Enterprises with Investment from Hong Kong, Macao and Taiwan**	**2990**	**433554**	**26900.2**	**3527.4**
合资经营企业	Joint-venture Enterprises	434	35440	4623.8	589.7
合作经营企业	Cooperative Enterprises	19	2436	221.3	2.3
独资经营企业	Sole-proprietorship Enterprises	2442	381047	21650.9	2875.6
投资股份有限公司	Share-holding Corporations Ltd.	59	7824	229.7	52.8
其他港澳台商投资企业	Other Enterprises with Investment from Hong Kong, Macao and Taiwan	36	6807	174.5	7.0
外商投资企业	**Foreign Invested Enterprises**	**4006**	**525470**	**57127.6**	**16045.0**
中外合资经营企业	Joint-venture Enterprises	591	84338	20322.4	871.4
中外合作经营企业	Cooperative Enterprises	17	1855	45.1	20.1
外资企业	Sole-proprietorship Enterprises	3243	415987	34661.8	14725.8
外商投资股份有限公司	Share-holding Corporations Ltd.	72	15826	1281.0	227.6
其他外商投资企业	Other Foreign Invested Enterprises	83	7464	817.4	200.1

注：限额以上批发业企业中，由于包含了部分视同法人单位，因此财务指标数据资产≠负债+所有者权益。

Main Indicators of Enterprises above Designated Size of Wholesale Trade by Status of Registration and Sector (2019)

(100 million yuan)

商品销售额 Total Sales Value	#出口 Exports	期末商品库存额 Stock (year-end)	资产总计 Total Assets	#流动资产合计 Total Current Assets	#固定资产净额 Net Value of Fixed Assets	负债合计 Total Liabilities	所有者权益合计 Total Owners' Equities	营业收入 Business Revenue	营业成本 Business Cost	税金及附加 Taxes and Other Charges	利润总额 Total Profits
652164.1	**27346.3**	**35036.0**	**293883.5**	**229996.4**	**9518.0**	**214175.4**	**79909.0**	**589293.0**	**552366.4**	**3145.0**	**11872.5**
554507.6	**21176.6**	**28490.0**	**247866.6**	**193903.4**	**8451.0**	**182763.5**	**65286.0**	**500554.6**	**474097.7**	**2973.5**	**8817.9**
18329.8	128.6	1551.3	7949.6	6448.1	635.0	2738.4	5213.4	16465.7	12591.9	1614.2	1565.5
667.9	10.4	21.5	350.6	240.5	25.7	246.9	103.7	628.4	597.0	1.3	4.5
306.7	6.6	13.2	88.8	81.1	4.0	68.3	20.5	268.0	258.0	0.4	3.3
19.3	1.0	1.3	24.0	19.5	1.2	9.7	14.3	17.3	16.3		0.7
3.9		0.4	2.4	2.1	0.2	0.3	2.1	3.4	2.7		0.4
12.1		0.3	4.9	3.6		4.3	0.6	10.9	10.8		0.2
2.1	1.0	0.5	14.9	12.1	0.9	4.7	10.2	2.1	2.0		-0.1
1.2		0.1	1.8	1.8		0.4	1.4	1.0	0.8		0.1
269021.9	8413.9	14227.7	123997.5	96872.4	4462.8	92985.1	30993.4	241103.7	230542.2	857.5	4148.9
46544.4	1221.8	2932.3	25446.8	17491.5	810.5	18194.3	7253.6	42390.3	40863.6	205.8	607.0
222477.5	7192.1	11295.4	98550.7	79380.9	3652.3	74790.7	23739.8	198713.4	189678.6	651.6	3541.9
43566.1	1437.3	2865.0	30302.3	18490.8	1166.6	19172.7	11346.9	40759.9	38652.3	75.1	827.4
222163.3	11178.1	9794.2	85052.6	71679.2	2145.7	67486.4	17548.7	200903.3	191070.6	422.8	2246.8
444.1	2.1	19.8	116.2	100.8	7.4	82.3	33.9	407.9	370.2	3.7	15.5
94.8		2.3	22.9	21.3	0.5	16.6	6.3	85.9	81.9	0.5	3.0
217666.4	10962.2	9479.3	82186.0	69787.0	2042.6	65785.8	16380.7	196837.6	187355.1	409.0	2100.4
3957.9	213.8	292.8	2727.5	1770.1	95.2	1601.7	1127.7	3571.9	3263.5	9.8	127.9
432.7	0.8	15.8	101.1	71.8	10.0	56.0	45.1	408.2	369.4	2.2	20.8
31430.9	**801.7**	**2562.2**	**18275.8**	**14084.7**	**423.2**	**12692.9**	**5582.9**	**28528.2**	**24975.3**	**60.7**	**840.7**
4997.5	154.3	327.5	3536.2	2703.1	107.6	2456.1	1080.0	4391.7	4150.2	4.6	65.8
240.4	1.1	4.4	113.1	95.6	1.2	87.7	25.4	216.0	200.7	0.2	1.5
25685.7	642.6	2202.0	13904.2	10896.0	300.4	9820.5	4083.8	23453.5	20223.2	54.6	752.4
310.1	2.3	20.3	595.2	273.2	11.6	243.5	351.7	291.9	242.3	0.9	22.0
197.1	1.5	8.0	127.1	116.8	2.4	85.1	42.0	175.1	158.8	0.3	-1.0
66225.7	**5368.0**	**3983.8**	**27741.1**	**22008.4**	**643.8**	**18719.0**	**9040.1**	**60210.2**	**53293.4**	**110.8**	**2213.9**
21950.4	570.6	597.4	5843.2	4400.8	170.8	4604.3	1238.9	19787.3	18508.7	23.0	279.1
50.3	9.7	1.8	67.7	60.2	1.6	57.7	10.0	46.8	41.2	0.1	-0.9
42086.7	4667.3	3243.5	20643.0	16676.1	430.7	13327.7	7315.2	38421.5	33014.4	85.2	1863.9
1207.1	19.2	87.0	836.1	548.9	28.8	520.8	333.3	1101.5	937.1	1.6	40.3
931.2	101.2	54.0	351.2	322.4	11.9	208.5	142.7	853.1	792.1	0.9	31.5

a) Of enterprises above designated size of wholesale trade, the financial data have the problem of total assets ≠ liabilities + total owner's equities, because some of them are regarded as legal entities.

15-2 续表

单位：亿元

指 标	Item	法人企业(个) Number of Corporate Enterprises (unit)	年末从业人数(人) Employed Persons at Year-end (person)	商 品 购进额 Total Purchases Value	#进口 Imports
按国民经济行业分	**By Sector**				
农、林、牧、渔产品批发	Wholesale of Agricultural, Forestry, Livestock and Fishery Produc	5341	171016	13047.8	1665.2
食品、饮料及烟草制品批发	Wholesale of Food, Beverages and Tobaccos	13922	1068509	43355.2	2780.3
#米、面制品及食用油批发	Wholesale of Rice, Flour and Edible Oil	2190	116301	7877.3	999.6
烟草制品批发	Wholesale of Tobaccos	509	254982	13165.5	58.8
纺织、服装及家庭用品批发	Wholesale of Textiles, Wearing Apparel and Household Articles	17784	967771	47000.6	2962.7
#服装批发	Wholesale of Garments	3568	309284	7589.2	813.5
日用家电批发	Wholesale of Household Electrical Appliances	1921	116579	13117.5	164.8
文化、体育用品及器材批发	Wholesale of Culture, Sports Appliances and Equipments	4385	222359	11299.8	660.3
医药及医疗器材批发	Wholesale of Medicines and Medical Appliances	10893	849013	30219.9	2323.2
矿产品、建材及化工产品批发	Wholesale of Mineral Products, Building Materials and Chemical Products	58071	1285379	356198.8	21437.6
#煤炭及制品批发	Wholesale of Coal and Related Products	5431	146043	37737.7	1578.4
石油及制品批发	Wholesale of Petroleum and Related Products	5617	330361	72629.2	5814.1
金属及金属矿批发	Wholesale of Metal Materials	19228	285644	166145.7	7908.3
建材批发	Wholesale of Building Materials	10278	195130	21373.7	1146.8
化肥批发	Wholesale of Chemical Fertilizer	1425	44614	5269.3	280.7
机械设备、五金产品及电子产品批发	Wholesale of Machinery, Hardware and Electronic Products	24711	972243	85620.3	14644.5
#汽车及零配件批发	Wholesale of Motor Vehicles and Their Parts	4872	172589	31883.1	4019.4
计算机、软件及辅助设备批发	Wholesale of Computer, Software and Auxiliary Appliances	2277	95950	7268.1	1537.4
贸易经纪与代理	Trade Broker and Agency	1295	34212	4949.6	1146.9
其他批发业	Other Wholesale not Classified Elsewhere	3673	114872	10216.9	621.0

continued

(100 million yuan)

商品销售额 Total Sales Value	#出口 Exports	期末商品库存额 Stock (year-end)	资产总计 Total Assets	#流动资产合计 Total Current Assets	#固定资产净额 Net Value of Fixed Assets	负债合计 Total Liabilities	所有者权益合计 Total Owners' Equities	营业收入 Business Revenue	营业成本 Business Cost	税金及附加 Taxes and Other Charges	利润总额 Total Profits
13905.9	186.1	2385.0	11078.4	8048.6	534.4	8020.9	3056.4	13073.3	12539.5	26.5	165.9
54371.4	985.5	4420.0	27942.8	22356.7	1435.4	16510.7	11429.9	49101.8	40210.9	2064.1	3810.3
8483.4	193.6	1338.4	5299.2	4226.7	274.3	4398.1	901.1	7837.2	7352.3	11.6	102.1
18957.9	81.6	1050.8	6958.4	5623.9	542.1	1323.3	5635.0	16758.3	12203.5	1945.9	1886.4
53637.9	8664.7	4608.0	27608.0	22288.7	649.5	20278.3	7329.3	49142.3	43173.5	87.8	1318.0
9458.1	2990.7	931.6	5517.7	4314.7	194.8	3597.4	1920.2	8733.2	7203.2	21.7	394.8
13328.0	385.0	1609.8	8034.5	6845.6	98.5	6786.9	1247.8	12197.1	11296.3	12.9	109.0
12540.3	744.4	1339.9	8015.0	6412.1	199.7	5434.8	2579.7	11676.0	10620.2	22.3	389.3
35431.4	332.9	3476.4	22329.4	19063.4	605.4	16412.3	5916.2	32067.1	27656.1	141.1	1029.0
369584.1	6035.0	12216.5	139757.5	105341.2	4976.1	105398.7	34574.7	332722.6	324167.1	582.2	2887.7
40453.6	141.7	1212.2	20765.6	14120.0	533.4	14445.4	6312.5	35762.7	34406.0	58.3	615.5
72056.4	1081.2	3190.1	25278.8	17319.1	2601.4	18446.4	7058.4	67542.3	65547.8	225.7	548.5
171634.3	2149.7	4545.0	56791.8	45436.3	586.8	45305.4	11481.0	152112.9	149907.4	174.6	719.9
23095.4	647.8	908.8	13809.9	10904.0	252.3	10541.0	3271.6	21017.3	20001.4	55.5	460.1
5601.3	222.3	393.5	3139.4	2273.0	78.8	2360.2	777.5	5183.6	4998.5	5.4	34.9
95811.8	8847.9	5812.3	47027.7	38389.7	921.4	34375.5	12644.2	86064.1	79409.6	153.4	1969.4
36123.0	1095.7	2169.3	15186.5	12408.3	202.0	11786.4	3399.8	32644.4	30134.8	65.6	692.5
7934.2	856.6	482.3	3414.7	3057.2	52.1	2692.9	721.7	7252.9	6812.6	8.0	84.3
5456.3	1058.4	221.6	5268.9	4339.6	58.9	4137.5	1130.6	5071.1	4778.9	12.7	126.8
11425.1	491.5	556.2	4855.9	3756.4	137.1	3606.6	1247.9	10374.5	9810.5	54.8	176.2

15-3 分地区限额以上批发业企业主要指标(2019年)
Main Indicators of Enterprises above Designated Size of Wholesale Trade by Region (2019)

单位：亿元 (100 million yuan)

地区	Region	法人企业(个) Number of Corporate Enterprises (unit)	年末从业人数(人) Employed Persons at Year-end (person)	商品购进额 Total Purchases Value	#进口 Imports	商品销售额 Total Sales Value	#出口 Exports	期末商品库存额 Stock (year-end)
全国	**National Total**	**140075**	**5685374**	**601908.8**	**48241.8**	**652164.1**	**27346.3**	**35036.0**
北京	Beijing	7419	456193	58719.2	10463.6	62513.5	1875.0	5654.8
天津	Tianjin	5429	178490	26951.8	1185.5	28499.1	563.6	1482.7
河北	Hebei	2035	98632	8667.1	130.8	9820.2	154.6	424.8
山西	Shanxi	1430	83920	9274.1	73.2	9925.8	12.9	334.4
内蒙古	Inner Mongolia	969	38091	3472.5	284.4	3946.4	113.2	322.5
辽宁	Liaoning	3097	88878	13005.1	727.3	13937.1	224.3	642.1
吉林	Jilin	879	42149	2125.5	18.4	2361.5	10.8	287.8
黑龙江	Heilongjiang	754	43607	3819.7	1079.6	4173.8	34.0	444.1
上海	Shanghai	8824	613346	101654.8	13004.1	110931.3	4407.1	5824.8
江苏	Jiangsu	16110	486470	58224.5	3530.5	61334.3	3945.4	3104.2
浙江	Zhejiang	16332	463844	63679.9	3091.8	68016.0	5312.4	2446.6
安徽	Anhui	2912	116013	8576.6	588.2	9608.3	301.8	644.5
福建	Fujian	8673	245739	28795.3	2764.1	31676.2	2008.7	1291.5
江西	Jiangxi	1676	95762	3882.5	26.3	4864.1	233.7	221.0
山东	Shandong	9380	323269	30080.8	1058.9	33004.7	1364.0	1300.4
河南	Henan	4305	195128	10197.7	129.0	11281.9	240.4	806.7
湖北	Hubei	3369	201980	12462.6	54.2	14141.7	142.7	689.7
湖南	Hunan	2863	128621	6578.9	186.5	6818.2	160.9	457.7
广东	Guangdong	27931	1019959	81624.2	5839.8	87414.4	4406.2	4594.0
广西	Guangxi	1782	77763	7890.9	152.7	8376.7	265.2	356.5
海南	Hainan	376	23421	2062.7	196.7	2293.2	23.6	121.0
重庆	Chongqing	2420	106144	9367.0	532.2	10416.2	186.5	558.0
四川	Sichuan	3316	168574	11131.8	161.2	12388.0	142.3	687.4
贵州	Guizhou	1332	62506	3275.1	31.9	4542.7	62.3	288.0
云南	Yunnan	1380	80258	8036.5	363.7	9249.5	328.0	548.5
西藏	Tibet	47	6400	158.9		252.4		24.3
陕西	Shaanxi	1841	93347	11519.8	669.6	12550.8	722.0	397.4
甘肃	Gansu	737	37365	4699.9	26.3	5025.4	15.5	248.3
青海	Qinghai	198	12900	842.7	9.0	974.4	8.6	39.6
宁夏	Ningxia	236	12846	1519.3	4.8	1512.1	4.6	47.5
新疆	Xinjiang	2023	83759	9611.1	1857.3	10314.1	76.1	745.3

15-3 续表 continued

单位：亿元 (100 million yuan)

地区	Region	资产总计 Total Assets	#流动资产合计 Total Current Assets	#固定资产净额 Net Value of Fixed Assets	负债合计 Total Liabilities	所有者权益合计 Total Owners' Equities	营业收入 Business Revenue	营业成本 Business Cost	税金及附加 Taxes and Other Charges	利润总额 Total Profits
全　国	**National Total**	**293883.5**	**229996.4**	**9518.0**	**214175.4**	**79909.0**	**589293.0**	**552366.4**	**3145.0**	**11872.5**
北　京	Beijing	44844.5	32247.8	790.8	31450.4	13394.1	55436.2	51402.1	119.2	1500.6
天　津	Tianjin	14306.4	12123.5	199.0	11673.7	2631.3	25344.9	24389.4	77.7	186.1
河　北	Hebei	4631.5	3623.3	234.6	3251.6	1375.3	8905.5	8384.7	82.2	120.4
山　西	Shanxi	5207.8	3964.5	220.5	3978.1	1230.7	8888.0	8444.6	59.5	120.3
内蒙古	Inner Mongolia	2190.6	1593.7	101.1	1603.8	586.7	3474.0	3198.3	45.2	46.5
辽　宁	Liaoning	7024.6	6078.9	185.4	5858.5	1149.3	13063.3	12522.2	70.9	116.4
吉　林	Jilin	1357.0	1126.1	113.8	1078.3	266.5	2158.4	1951.7	31.1	27.7
黑龙江	Heilongjiang	2332.0	1959.3	134.1	1909.2	421.9	3985.6	3762.0	38.9	42.6
上　海	Shanghai	37144.6	30017.6	714.9	26018.1	11126.4	99360.5	92359.7	130.4	1967.3
江　苏	Jiangsu	25255.7	20560.9	725.6	19150.6	6108.3	55653.6	52323.5	221.1	1008.6
浙　江	Zhejiang	25986.5	20044.9	599.6	19356.1	6622.3	62881.5	60160.2	189.1	1071.1
安　徽	Anhui	4549.6	3722.0	731.4	3272.7	1276.9	8638.7	7873.1	99.1	211.9
福　建	Fujian	13276.9	9362.2	371.3	8557.6	4713.9	28764.2	27403.1	107.4	500.0
江　西	Jiangxi	2662.1	2210.8	151.1	1849.1	815.6	4659.5	4164.5	122.8	182.2
山　东	Shandong	14334.5	11593.4	485.7	11377.8	2961.1	29939.2	28437.7	181.0	340.9
河　南	Henan	5433.2	4444.8	907.8	4054.3	1447.7	10287.5	9439.2	140.6	276.4
湖　北	Hubei	5642.3	4389.7	406.9	4107.4	1529.3	12528.2	11453.6	119.1	328.6
湖　南	Hunan	2776.5	2107.5	171.7	1864.8	971.3	6269.3	5525.4	127.0	250.9
广　东	Guangdong	40582.6	32591.8	944.7	30301.8	10280.9	79614.6	74731.3	276.3	1356.5
广　西	Guangxi	4051.8	2938.6	156.6	2951.3	1099.4	7526.8	7159.8	72.4	90.1
海　南	Hainan	1150.4	902.6	53.9	743.8	406.2	2058.4	1916.1	22.5	68.1
重　庆	Chongqing	4063.7	3344.4	138.1	2868.9	1192.2	9536.0	8827.5	171.0	249.7
四　川	Sichuan	5728.2	4629.8	194.0	4264.0	1463.6	11205.1	10317.9	274.7	291.4
贵　州	Guizhou	3110.3	2623.3	104.6	1848.8	1256.0	4091.5	3131.7	89.3	890.1
云　南	Yunnan	4568.4	3125.4	138.0	2631.6	1936.2	8278.3	7673.5	108.0	273.3
西　藏	Tibet	135.7	113.9	7.0	68.5	67.2	228.8	148.0	9.9	17.5
陕　西	Shaanxi	3675.9	2915.8	99.5	2554.6	1138.5	10711.7	10177.8	69.2	196.1
甘　肃	Gansu	1355.3	954.7	97.4	786.9	566.7	4795.9	4601.6	31.9	47.8
青　海	Qinghai	825.0	539.3	35.0	493.5	330.7	1080.1	935.8	9.5	14.5
宁　夏	Ningxia	822.2	644.8	35.8	710.2	233.9	1286.9	1235.1	10.4	6.2
新　疆	Xinjiang	4857.9	3501.1	268.0	3539.4	1308.7	8640.7	8315.5	37.5	72.8

15-4 按登记注册类型和行业分限额以上零售业企业主要指标(2019年)

单位：亿元

指标	Item	法人企业(个) Number of Corporate Enterprises (unit)	年末从业人数(人) Employed Persons at Year-end (person)	商品购进额 Total Purchases Value	#进口 Imports
零售业合计	**Retail Trade**	**102469**	**6453554**	**107596.6**	**3173.6**
按登记注册类型分	**By Status of Registration**				
内资企业	**Domestic Invested Enterprises**	**99894**	**5545980**	**93033.5**	**2346.8**
国有企业	State-owned Enterprises	738	52217	723.5	28.3
集体企业	Collective-owned Enterprises	832	32723	404.0	0.4
股份合作企业	Cooperative Enterprises	262	9132	124.0	
联营企业	Joint Ownership Enterprises	84	1605	82.7	
国有联营企业	State Joint Ownership Enterprises	17	216	8.9	
集体联营企业	Collective Joint Ownership Enterprises	20	552	49.1	
国有与集体联营企业	Joint State-collective Enterprises	24	361	14.4	
其他联营企业	Other Joint Ownership Enterprises	23	476	10.3	
有限责任公司	Limited Liability Corporations	25840	2097885	39477.9	1179.4
国有独资公司	State Sole-proprietorship Corporations	876	79951	1851.0	156.4
其他有限责任公司	Other Limited Liability Corporations	24964	2017934	37626.9	1023.0
股份有限公司	Share-holding Corporations Ltd.	1952	514968	10338.0	114.6
私营企业	Private Enterprises	69850	2828691	41818.5	1023.0
私营独资企业	Private Sole-proprietorship Enterprises	5035	80721	883.6	2.4
私营合伙企业	Private Partnership Enterprises	604	9596	105.6	0.1
私营有限责任公司	Private Limited Liability Corporations	62940	2625936	39778.1	993.2
私营股份有限公司	Private Share-holding Corporations Ltd.	1271	112438	1051.2	27.3
其他企业	Other Enterprises	336	8759	64.9	1.0
港、澳、台商投资企业	**Enterprises with Investment from Hong Kong, Macao and Taiwan**	**1458**	**471516**	**6602.8**	**353.0**
合资经营企业	Joint-venture Enterprises	275	84600	1416.6	75.0
合作经营企业	Cooperative Enterprises	32	4957	87.6	
独资经营企业	Sole-proprietorship Enterprises	1084	366944	4923.2	252.1
投资股份有限公司	Share-holding Corporations Ltd.	33	8687	87.4	24.6
其他港澳台商投资企业	Other Enterprises with Investment from Hong Kong, Macao and Taiwan	34	6328	88.0	1.3
外商投资企业	**Foreign Invested Enterprises**	**1117**	**436058**	**7960.2**	**473.8**
中外合资经营企业	Joint-venture Enterprises	271	126500	2608.4	172.5
中外合作经营企业	Cooperative Enterprises	17	7154	123.5	8.0
外资企业	Sole-proprietorship Enterprises	709	254876	3993.8	279.1
外商投资股份有限公司	Share-holding Corporations Ltd.	60	27061	821.9	0.5
其他外商投资企业	Other Foreign Invested Enterprises	60	20467	412.7	13.6

注：限额以上零售业企业中，由于包含了部分视同法人单位，因此财务指标数据资产≠负债+所有者权益。

Main Indicators of Enterprises above Designated Size of Retail Trade by Status of Registration and Industry (2019)

(100 million yuan)

商品销售额 Total Sales Value	#出口 Exports	期末商品库存额 Stock (year-end)	资产总计 Total Assets	#流动资产合计 Total Current Assets	#固定资产净额 Net Value of Fixed Assets	负债合计 Total Liabilities	所有者权益合计 Total Owners' Equities	营业收入 Business Revenue	营业成本 Business Cost	税金及附加 Taxes and Other Charges	利润总额 Total Profits
130354.1	**89.8**	**11374.0**	**64891.8**	**44989.1**	**6466.4**	**45650.6**	**19387.3**	**117712.2**	**101884.2**	**523.6**	**2398.1**
111124.8	**84.8**	**9774.2**	**53741.8**	**37216.4**	**5329.7**	**38232.9**	**15651.2**	**100579.6**	**88406.3**	**448.5**	**1856.7**
1028.8	0.5	76.6	579.3	351.2	86.5	349.0	226.4	907.2	797.3	4.8	27.2
482.1		28.2	156.2	108.7	21.5	90.4	65.2	432.1	372.4	3.3	16.0
238.4		19.0	186.9	152.9	14.1	174.0	13.0	207.8	183.5	0.6	8.5
94.5		1.3	11.5	8.1	1.4	5.0	6.5	89.2	77.9	0.2	6.5
10.7		0.3	1.7	1.3	0.3	0.5	1.2	9.6	7.8		1.2
54.5		0.4	2.9	2.1	0.4	1.2	1.8	52.9	47.4	0.1	2.6
16.8		0.3	2.7	1.7	0.4	1.2	1.5	15.1	13.0	0.1	1.1
12.5		0.3	4.3	3.1	0.2	2.1	2.1	11.6	9.7		1.6
46124.1	38.8	4049.3	21642.7	15322.9	2089.4	15776.9	5841.6	41862.2	36915.1	168.6	710.1
2376.2	13.1	206.5	1926.0	1107.8	173.9	1283.0	642.7	2072.6	1809.9	9.5	80.6
43747.9	25.7	3842.8	19716.7	14215.0	1915.6	14494.0	5198.9	39789.6	35105.3	159.1	629.4
14214.8	2.1	812.6	9941.0	5888.2	1150.5	6107.8	4064.6	12079.9	10638.3	46.5	301.5
48855.0	43.3	4784.2	21190.9	15368.1	1958.0	15715.8	5414.6	44917.0	39355.0	224.0	778.4
1047.6	0.1	56.2	307.2	184.1	50.4	138.0	166.9	971.0	817.6	12.1	60.0
127.5		5.5	40.8	23.5	7.9	17.5	22.2	116.6	97.3	1.1	7.5
46386.5	42.9	4576.2	20027.4	14628.2	1811.5	15113.5	4858.4	42632.9	37438.6	204.2	669.9
1293.3	0.3	146.2	815.6	532.3	88.2	446.9	367.2	1196.4	1001.5	6.6	40.9
87.1	0.1	3.1	33.4	16.3	8.3	14.0	19.3	84.2	66.8	0.4	8.5
8541.5	**0.8**	**859.2**	**4911.9**	**3438.8**	**492.7**	**3363.7**	**1548.2**	**7874.3**	**6123.2**	**40.5**	**212.7**
1759.7	0.2	165.1	1376.9	949.8	122.4	752.3	624.9	1617.1	1308.4	9.8	44.6
102.3		5.0	44.6	33.0	5.3	14.6	29.9	92.3	77.3	0.3	4.0
6445.8	0.3	653.8	3285.4	2341.5	332.1	2461.2	824.3	5950.2	4574.8	29.1	158.1
115.0		30.0	127.3	69.0	15.9	88.3	38.8	104.4	74.2	0.4	3.6
118.6	0.3	5.3	77.7	45.5	17.0	47.4	30.4	110.4	88.5	0.9	2.3
10687.8	**4.2**	**740.7**	**6238.0**	**4334.0**	**644.0**	**4053.9**	**2187.9**	**9258.2**	**7354.7**	**34.7**	**328.7**
3272.4	2.9	227.8	1844.7	1281.4	156.7	1100.0	744.7	2890.7	2266.3	10.9	128.2
136.7		7.2	69.7	54.9	8.1	48.5	21.2	120.5	102.0	0.3	2.6
5501.7	1.1	412.7	3089.8	2331.1	354.1	2199.3	894.2	4656.5	3638.3	20.3	164.3
1124.6		60.9	829.7	426.8	81.4	405.1	424.6	1000.9	818.0	1.8	32.3
652.4	0.1	32.1	404.2	239.7	43.7	301.0	103.2	589.8	530.0	1.2	1.3

a) For the financial data of wholesale enterprises above designated size, total assets may not equal to liabilities plus total owner's equities, due to the fact that there are some establishments which are regarded as enterprises.

15-4 续表

单位：亿元

指　　标	Item	法人企业(个) Number of Corporate Enterprises (unit)	年末从业人数(人) Employed Persons at Year-end (person)	商品购进额 Total Purchases Value	#进口 Imports
按国民经济行业分	**By Sector**				
综合零售	General Retail	12490	2125543	18528.4	356.6
#百货零售	Retail of General Merchandise	5908	852554	8669.0	286.7
超级市场零售	Retail of Supermarkets	5215	1161965	8961.1	62.6
食品、饮料及烟草制品专门零售	Special Retail of Food, Beverages and Tobaccos	9035	364766	3225.1	46.8
纺织、服装及日用品专门零售	Special Retail of Textiles, Garments and Daily Consumer Articles	5337	586586	4466.5	272.1
#服装零售	Retail of Garments	2603	364086	2586.3	212.0
文化、体育用品及器材专门零售	Special Retail of Culture, Sports Appliances and Equipments	4478	241136	2725.1	121.3
#体育用品及器材零售	Retail of Sports Appliances and Equipments	220	15988	189.3	0.9
图书、报刊零售	Retail of Books, Newspapers and Magazines	1231	111733	1079.5	62.5
医药及医疗器材专门零售	Special Retail of Medicines and Medical Appliances	5227	653551	3713.0	28.2
#西药零售	Retail of Western Medicines	4255	595284	3255.4	16.0
汽车、摩托车、零配件和燃料及其他动力销售	Retail of Motor Vehicles, Motorcycles, Parts, and Fuel and Other Powers	39931	1619124	50368.0	2132.8
#汽车新车零售	Retail of New Motor Vehicles	28371	1209208	36935.8	2078.1
机动车燃油零售	Retail of Fuel Oil of Motor Vehicles	8535	334035	11696.1	22.5
家用电器及电子产品专门零售	Special Retail of Household Electric Appliances and Electronic Products	11542	395153	7851.0	36.8
#日用家电零售	Retail of Household Electric Appliances	4491	165961	4056.5	16.4
计算机、软件及辅助设备零售	Retail of Computer, Software and Assistant Appliances	2808	61911	1092.4	7.3
通信设备零售	Retail of Communication Equipments	1563	78043	1175.7	1.0
五金、家具及室内装饰材料专门零售	Special Retail of Hardware, Furniture and Interior Decoration Materials	5581	134324	1903.7	15.9
货摊、无店铺及其他零售业	Stalls, Non-shop and Other Retails	8848	333371	14815.7	163.1
#互联网零售	Retails on the Internet	6404	250474	13799.1	112.1

continued

(100 million yuan)

商品销售额 Total Sales Value	#出口 Exports	期末商品库存额 Stock (year-end)	资产总计 Total Assets	#流动资产合计 Total Current Assets	#固定资产净额 Net Value of Fixed Assets	负债合计 Total Liabilities	所有者权益合计 Total Owners' Equities	营业收入 Business Revenue	营业成本 Business Cost	税金及附加 Taxes and Other Charges	利润总额 Total Profits
23592.2	14.8	1979.8	17233.9	9857.1	2563.5	12319.0	4911.2	21248.6	17165.8	149.6	557.2
12294.2	1.8	868.0	11298.0	6074.1	1772.1	7633.7	3660.5	10745.1	8565.4	111.3	491.9
10161.5	12.8	1040.6	5351.1	3366.7	747.5	4146.2	1204.1	9440.2	7763.7	32.5	113.5
4196.4	5.5	359.2	2406.7	1591.2	231.8	1373.4	1021.6	3883.4	3087.9	24.6	210.8
6676.4	15.9	1232.1	4139.9	3075.8	258.3	2813.2	1327.5	6008.8	4085.6	35.1	292.9
4071.0	6.5	700.5	2647.8	1927.1	181.9	1878.8	770.9	3623.5	2400.2	23.1	134.0
3447.3	5.1	716.5	2971.5	2201.9	254.6	1719.5	1247.7	3179.6	2460.0	32.4	171.0
261.0	0.2	41.0	139.3	100.5	18.0	95.1	44.2	241.0	180.4	4.9	
1257.0	1.6	225.5	1524.8	1052.3	168.2	780.9	743.9	1217.2	913.2	5.3	99.1
4677.5	2.9	630.2	2684.9	2116.1	144.1	1889.9	792.1	4271.6	3408.1	19.0	121.6
4088.9	2.3	557.8	2325.2	1805.4	107.4	1628.0	694.9	3730.7	2976.3	16.7	102.4
59860.4	13.9	4862.7	24960.7	17631.6	2420.2	17736.7	7415.8	53758.9	49493.4	177.1	715.0
40713.3	11.6	4258.1	15496.2	12134.6	1290.9	11929.4	3537.9	37529.8	34838.5	135.7	328.3
17078.1	0.6	429.1	8438.7	4826.3	1007.4	5136.2	3526.5	14326.1	12954.2	30.9	348.2
8687.4	2.2	644.4	4440.2	3858.2	149.8	3203.7	1229.4	7751.1	6847.7	29.0	101.1
4221.7	0.8	328.3	2589.5	2322.1	86.9	1952.0	634.2	3733.1	3307.9	13.2	30.5
1299.4	0.2	80.8	564.2	466.5	18.5	301.1	261.2	1165.7	1008.4	4.9	40.6
1353.0	0.5	110.9	498.3	425.6	10.1	368.4	129.5	1248.6	1115.0	4.0	10.6
2459.6	4.6	187.2	1410.9	864.5	170.1	942.1	461.6	2354.6	1952.1	19.8	88.4
16757.0	24.9	761.9	4643.0	3792.8	274.0	3653.0	980.3	15255.6	13383.8	37.0	140.1
15443.6	9.6	689.9	3509.3	3079.1	91.1	3039.7	462.2	13996.6	12366.4	30.5	62.4

15-5 分地区限额以上零售业企业主要指标(2019年)
Main Indicators of Enterprises above Designated Size of Retail Trade by Region (2019)

单位：亿元 (100 million yuan)

地 区	Region	法人企业(个) Number of Corporate Enterprises (unit)	年末从业人数(人) Employed Persons at Year-end (person)	商品购进额 Total Purchases Value	#进口 Imports	商品销售额 Total Sales Value	#出口 Exports	期末商品库存额 Stock (year-end)
全 国	**National Total**	**102469**	**6453554**	**107596.6**	**3173.6**	**130354.1**	**89.8**	**11374.0**
北 京	Beijing	2502	293780	8811.6	261.8	9450.7	1.2	770.6
天 津	Tianjin	1015	74409	1972.4	47.6	2199.1	2.1	242.8
河 北	Hebei	2553	247572	2877.5	59.1	3494.7	0.3	404.3
山 西	Shanxi	2068	131517	1589.1	19.5	1998.3	1.0	192.2
内蒙古	Inner Mongolia	1086	73725	1065.0	13.1	1271.9	0.4	111.3
辽 宁	Liaoning	2226	161732	2564.5	78.7	3170.4	4.9	247.4
吉 林	Jilin	1182	74869	929.7	25.0	1188.3		119.8
黑龙江	Heilongjiang	1177	85853	1081.3	15.4	1353.3		126.6
上 海	Shanghai	2596	393215	7724.9	461.1	9536.9	5.5	1213.2
江 苏	Jiangsu	8824	481297	9339.8	187.9	11268.6	3.8	868.8
浙 江	Zhejiang	6285	374128	7585.1	305.3	9743.3	7.1	824.6
安 徽	Anhui	5141	254167	3743.9	155.6	4483.5	9.9	371.2
福 建	Fujian	7168	290003	5682.2	138.3	6822.2	6.5	452.3
江 西	Jiangxi	3446	149917	1993.5	29.1	2542.2	3.4	296.0
山 东	Shandong	5472	419747	5864.3	130.7	6886.7	6.1	698.4
河 南	Henan	6657	375403	3971.1	80.3	4981.5	13.1	453.9
湖 北	Hubei	5018	301121	5370.2	76.7	6262.7	0.4	396.1
湖 南	Hunan	6596	289433	3784.9	87.1	5060.2	0.8	342.1
广 东	Guangdong	8745	680294	11502.4	437.5	14168.1	5.3	1232.6
广 西	Guangxi	2590	130413	1716.2	29.3	2013.5	2.1	197.7
海 南	Hainan	345	31454	681.9	120.1	793.6		96.0
重 庆	Chongqing	3261	203704	2905.8	85.9	3525.8	1.0	226.1
四 川	Sichuan	4611	306660	5753.4	148.3	6557.2		444.3
贵 州	Guizhou	2392	104822	1774.3	61.0	2413.2	0.8	244.9
云 南	Yunnan	2320	132942	1721.1	44.6	2360.4	13.5	196.5
西 藏	Tibet	123	6338	153.5	1.6	190.9		29.9
陕 西	Shaanxi	4386	217143	3179.3	49.4	3921.4	0.1	276.0
甘 肃	Gansu	970	63002	746.7	12.3	933.2		89.1
青 海	Qinghai	282	15690	190.0	2.3	235.8	0.2	24.0
宁 夏	Ningxia	297	24436	291.6	1.5	325.7		39.4
新 疆	Xinjiang	1135	64768	1029.5	7.6	1201.0		145.9

15-5 续表 continued

单位：亿元 (100 million yuan)

地区	Region	资产总计 Total Assets	#流动资产合计 Total Current Assets	#固定资产净额 Net Value of Fixed Assets	负债合计 Total Liabilities	所有者权益合计 Total Owners' Equities	营业收入 Business Revenue	营业成本 Business Cost	税金及附加 Taxes and Other Charges	利润总额 Total Profits
全　国	**National Total**	**64891.8**	**44989.1**	**6466.4**	**45650.6**	**19387.3**	**117712.2**	**101884.2**	**523.6**	**2398.1**
北　京	Beijing	4970.1	3948.4	249.1	3691.0	1279.1	8740.5	7621.6	28.3	77.5
天　津	Tianjin	1159.8	767.2	127.9	943.1	216.7	2016.2	1778.9	5.5	-8.1
河　北	Hebei	2452.4	1234.2	252.6	1894.9	542.9	3195.4	2826.9	13.9	28.5
山　西	Shanxi	1095.2	712.1	153.2	902.7	195.1	1719.4	1589.0	5.0	-37.1
内蒙古	Inner Mongolia	602.2	379.5	110.2	474.7	129.4	1144.1	1029.2	3.9	3.0
辽　宁	Liaoning	1911.0	1250.1	243.6	1447.7	468.9	2723.6	2408.9	12.3	26.9
吉　林	Jilin	946.1	579.8	178.8	672.0	257.5	1123.7	982.0	4.8	7.2
黑龙江	Heilongjiang	732.2	486.5	106.2	580.9	146.6	1175.9	1018.8	5.5	14.4
上　海	Shanghai	4633.6	3456.2	366.6	3264.6	1371.2	8765.5	6803.7	34.3	227.9
江　苏	Jiangsu	6024.5	3939.8	680.1	3984.9	2038.8	10281.7	8968.7	36.1	271.2
浙　江	Zhejiang	3948.6	2847.5	422.6	3116.4	1042.6	8252.2	7208.0	25.2	137.8
安　徽	Anhui	2290.6	1639.1	237.8	1576.7	714.0	4030.5	3558.1	19.1	81.5
福　建	Fujian	2444.2	1612.8	179.9	1437.4	989.1	6201.6	5460.0	25.8	160.8
江　西	Jiangxi	1239.6	835.1	89.8	817.7	412.7	2231.4	1971.9	51.5	50.8
山　东	Shandong	3796.4	2687.0	396.8	3002.2	832.9	6228.4	5501.6	23.2	91.4
河　南	Henan	2431.9	1743.8	211.3	1734.5	691.7	4441.7	3858.4	20.5	137.8
湖　北	Hubei	2368.1	1475.7	350.3	1631.0	732.3	5246.4	4554.1	30.4	152.9
湖　南	Hunan	2538.6	1407.6	320.2	1570.4	958.6	4905.7	4249.5	33.3	149.3
广　东	Guangdong	7887.1	6335.9	533.4	5246.5	2640.6	12958.7	11046.4	45.1	261.6
广　西	Guangxi	1002.5	763.4	84.3	678.4	322.7	1844.0	1632.7	5.5	37.5
海　南	Hainan	384.6	276.1	43.9	260.0	124.3	723.6	607.4	7.1	31.6
重　庆	Chongqing	1465.5	858.1	163.4	968.3	493.3	3237.0	2813.1	20.1	86.8
四　川	Sichuan	2363.4	1516.7	242.6	1529.2	832.6	6004.4	5309.3	20.2	139.2
贵　州	Guizhou	1466.1	1077.6	99.8	1000.7	459.6	2216.1	1830.7	8.9	92.8
云　南	Yunnan	1137.1	732.3	121.0	774.5	361.2	2133.4	1884.8	6.8	54.6
西　藏	Tibet	91.0	60.7	13.7	65.6	26.7	181.9	158.8	1.1	12.0
陕　西	Shaanxi	1752.5	1193.4	170.5	1183.2	563.3	3507.8	3043.0	19.3	71.0
甘　肃	Gansu	572.3	377.6	58.1	381.9	180.9	838.8	742.0	3.3	8.0
青　海	Qinghai	141.5	101.3	22.7	105.1	35.7	220.9	195.8	1.5	2.8
宁　夏	Ningxia	221.7	145.0	29.2	147.0	75.2	294.9	253.2	1.4	6.8
新　疆	Xinjiang	821.3	548.5	206.9	567.7	251.2	1127.1	978.0	4.9	19.8

15-6 按登记注册类型分连锁零售企业基本情况(2019年)
Main Indicators of Chain Retail Enterprises by Status of Registration (2019)

指　标	Item	总店数 (个) Number of Head Stores (unit)	门店总数 (个) Number of Stores (unit)	年末从业人数 (万人) Employed Persons at Year-end (10 000 persons)	年末零售营业面积 (万平方米) Operating Area of Retail Enterprises at Year-end (10 000 sq.m)	商品销售额 (亿元) Total Sales of Commodities (100 million yuan)	商品购进总额 (亿元) Total Purchases Value (100 million yuan)	统一配送商品购进额 (亿元) Centralized Purchase and Delivery (100 million yuan)
合　计	**Total**	**2897**	**252656**	**226.6**	**18384.9**	**37256.9**	**31358.0**	**23356.3**
内资企业	**Domestic Invested Enterprises**	**2630**	**221533**	**169.4**	**13847.3**	**27652.4**	**23492.3**	**18506.2**
国有企业	State-owned Enterprises	146	9934	8.8	951.5	3568.5	2876.8	2490.2
集体企业	Collective-owned Enterprises	13	311	0.6	47.2	54.6	44.0	5.1
股份合作企业	Cooperative Enterprises	6	348	0.4	43.4	111.5	150.4	141.1
联营企业	Joint Ownership Enterprises	4	304	0.1	3.2	12.6	10.3	9.4
国有联营企业	State Joint Ownership Enterprises	1	255	0.1	2.4	9.8	8.2	8.2
集体联营企业	Collective Joint Ownership Enterprises							
国有与集体联营企业	Joint State-collective Enterprises	1	5	0.0	0.1	0.1	0.1	0.1
其他联营企业	Other Joint Ownership Enterprises	2	44	0.0	0.7	2.7	2.1	1.1
有限责任公司	Limited Liability Corporations	1101	90946	68.6	3485.9	8081.8	7209.8	6032.6
国有独资公司	State Sole-proprietorship Corporations	29	1181	0.8	144.8	422.1	403.0	384.0
其他有限责任公司	Other Limited Liability Corporations	1072	89765	67.8	3341.1	7659.7	6806.8	5648.6
股份有限公司	Share-holding Corporations Ltd.	283	46510	51.1	7187.2	13030.7	10838.3	7846.2
私营企业	Private Enterprises	1062	71424	39.0	2105.4	2761.4	2334.9	1955.1
私营独资企业	Private Sole-proprietorship Enterprises	24	1088	0.4	13.8	29.1	23.6	22.6
私营合伙企业	Private Partnership Enterprises	3	401	0.1	6.1	6.1	5.1	4.1
私营有限责任公司	Private Limited Liability Corporations	1002	62927	35.1	1953.1	2550.5	2166.3	1816.4
私营股份有限公司	Private Share-holding Corporations Ltd	33	7008	3.4	132.4	175.7	139.9	112.0
其他企业	Other Enterprises	15	1756	0.8	23.5	31.4	27.7	26.5
港、澳、台商投资企业	**Enterprises with Investment from Hong Kong, Macao and Taiwan**	**119**	**14058**	**20.9**	**1435.6**	**2528.7**	**1990.9**	**1484.0**
合资经营企业	Joint-venture Enterprises	22	4170	2.8	491.0	309.3	231.0	196.7
合作经营企业	Cooperative Enterprises	6	274	6.3	327.6	547.5	494.9	494.0
独资经营企业	Sole-proprietorship Enterprises	87	9228	11.5	606.6	1649.1	1248.0	777.6
投资股份有限公司	Share-holding Corporations Ltd.	3	222	0.3	9.9	21.2	15.7	14.6
其他港澳台商投资企业	Other Enterprises with Investment from Hong Kong, Macao and Taiwan	1	164	0.0	0.6	1.5	1.2	1.2
外商投资企业	**Foreign Invested Enterprises**	**148**	**17065**	**36.3**	**3102.0**	**7075.8**	**5874.8**	**3366.1**
中外合资经营企业	Joint-venture Enterprises	45	7570	12.4	1523.7	3309.1	2878.0	2293.4
中外合作经营企业	Cooperative Enterprises	7	585	1.3	86.4	157.2	141.0	96.2
外资企业	Sole-proprietorship Enterprises	83	6312	14.5	688.2	2302.5	1861.1	731.5
外商投资股份有限公司	Share-holding Corporations Ltd.	9	1855	7.6	703.7	1051.2	827.8	78.1
其他外商投资企业	Other Foreign Invested Enterprises	4	743	0.4	99.9	255.7	167.0	167.0

15-7 按行业和业态分连锁零售企业基本情况(2019年)

Main Indicators of Chain Retail Enterprises by Sector and Business Categories (2019)

指 标	Item	总店数（个）Number of Head Stores (unit)	门店总数（个）Number of Stores (unit)	年末从业人数（万人）Employed Persons at Year-end (10 000 persons)	年末零售营业面积（万平方米）Operating Area of Retail Enterprises at Year-end (10 000 sq.m)	商品销售额（亿元）Total Sales of Commodities (100 million yuan)	商品购进总额（亿元）Total Purchases Value (100 million yuan)	统一配送商品购进额（亿元）Centralized Purchase and Delivery (100 million yuan)
总计	**Total**	**2897**	**252656**	**226.6**	**18384.9**	**37256.9**	**31358.0**	**23356.3**
按行业分	**By Sector**							
#综合零售	General Retail	780	68452	120.1	9145.3	12901.2	11404.9	6700.8
食品、饮料及烟草制品专门零售	Retail of Food, Beverages and Tobaccos	170	20216	8.2	129.1	500.9	355.2	254.7
纺织、服装及日用品专门零售	Special Retail of Textiles, Garments and Daily Consumer Articles	177	19993	14.0	427.7	1448.0	884.2	581.8
文化、体育用品及器材专门零售	Retail of Culture, Sports Appliances and Equipments	93	3227	4.5	184.2	915.0	838.0	804.1
医药及医疗器材专门零售	Retail of Medicines and Medical Appliances	970	82642	37.9	946.0	2077.4	1602.5	1426.9
汽车、摩托车、燃料及零配件专门零售	Retail of Motor Vehicles, Motorcycles, Fuel and Parts	206	17030	11.8	3438.3	6621.4	4749.4	3921.3
家用电器及电子产品专门零售	Special Retail of Household Electric Appliances and Electronic Products	199	5878	8.6	861.4	3149.0	2997.3	2104.9
五金、家具及室内装饰材料专门零售	Special Retail of Hardware, Furniture and Interior Decoration Material	14	471	0.7	55.1	82.7	48.6	37.9
货摊、无店铺及其他零售业	Stalls, Non-Shop and Other Retails	10	866	0.5	12.6	20.3	13.0	12.9
按业态分	**By Business Categories**							
便利店	Convenience Store	127	31064	10.1	259.9	599.4	488.9	383.3
折扣店	Discount Store	2	285	0.1	28.3	22.2	17.9	
超市	Supermarket	361	26927	38.5	2091.4	3379.0	3108.2	2408.4
大型超市	Hypermarket	151	5341	48.2	3793.1	4729.5	4156.3	2350.3
仓储会员店	Warehouse Club	2	101	1.3	62.6	253.4	299.4	26.9
百货店	Department Store	95	4148	20.4	2653.9	3518.4	2980.4	1253.2
专业店	Specialty Store	1702	139139	79.7	8677.9	21117.6	17584.8	15203.6
#加油站	Gas Station	316	36236	23.6	6279.5	14245.2	11550.1	9940.5
专卖店	Franchised Store	375	37511	25.1	672.7	3207.6	2377.8	1479.1
家居建材商店	Building Material Store	11	53	0.2	17.3	33.6	23.8	12.9
厂家直销中心	Factory Outlets Center	7	630	0.4	14.8	72.7	61.2	59.5
其他	Other Store	64	7457	2.6	113.0	323.5	259.4	179.2

15-8 分地区连锁零售企业基本情况
Main Indicators of Chain Retail Enterprises

年 份 / 地 区	Year / Region	总店数 (个) Number of Head Stores (unit)	门店总数 (个) Number of Stores (unit)	年末从业人数 (万人) Employed Persons at Year-end (10 000 persons)	年末零售营业面积 (万平方米) Operating Area of Retail Enterprises at Year-end (10 000 sq.m)	商品销售额 (亿元) Total Sales of Commodities (100 million yuan)	商品购进总额 (亿元) Total Purchases Value (100 million yuan)	统一配送商品购进额 (亿元) Centralized Purchase and Delivery (100 million yuan)
	2005	1416	105684	160.1	8687.5	12587.8	10734.6	8409.4
	2006	1696	128924	187.1	8979.0	14952.2	13447.4	10565.7
	2007	1729	145366	186.2	10044.0	17754.3	15917.0	12542.4
	2008	2457	168502	197.1	10197.8	20466.5	17193.1	13782.1
	2009	2327	175677	210.9	11809.2	22240.0	19343.7	14723.1
	2010	2361	176792	225.2	12756.8	27385.4	24044.6	17412.5
	2011	2411	195779	249.1	13670.7	34510.7	29653.0	22919.6
	2012	2524	192870	256.3	14765.9	35462.1	30825.5	23975.8
	2013	2649	204090	255.9	15640.3	38006.9	32258.7	25341.8
	2014	2663	206415	250.2	16221.3	37340.6	31298.5	24582.4
	2015	2690	209812	248.1	16862.4	35400.4	30556.8	23379.9
	2016	2726	232444	245.0	17960.1	35922.9	31036.9	24173.7
	2017	2871	236103	234.9	17329.6	36630.7	31396.4	24613.2
	2018	2934	249711	239.0	17924.7	38012.7	32133.0	24294.4
	2019	2897	252656	226.6	18384.9	37256.9	31358.0	23356.3
北 京	Beijing	189	9898	16.0	877.1	3330.5	2932.3	1980.7
天 津	Tianjin	31	2576	2.5	209.5	557.1	458.6	293.2
河 北	Hebei	121	7404	5.9	634.6	959.5	800.0	591.0
山 西	Shanxi	60	5495	4.1	259.3	480.9	340.5	202.1
内蒙古	Inner Mongolia	17	1087	0.7	33.6	38.3	33.2	21.0
辽 宁	Liaoning	99	6628	5.0	327.2	612.2	604.5	389.9
吉 林	Jilin	28	2312	1.2	49.5	157.1	190.5	182.5
黑龙江	Heilongjiang	33	1614	1.3	42.1	223.4	196.9	192.1
上 海	Shanghai	137	23234	27.7	1214.8	4292.6	3571.3	2782.3
江 苏	Jiangsu	177	20164	16.4	1573.7	3394.3	3163.6	3058.4
浙 江	Zhejiang	213	22298	11.5	1076.7	2300.4	2094.8	1776.5
安 徽	Anhui	70	6950	8.4	690.3	1614.8	1505.1	1031.4
福 建	Fujian	179	12382	14.4	1025.2	1741.3	1323.3	414.5
江 西	Jiangxi	75	6242	4.6	377.7	1130.4	562.1	466.0
山 东	Shandong	181	16988	18.6	2842.7	2357.1	2122.8	1538.9
河 南	Henan	108	6151	6.6	587.7	903.4	746.9	420.9
湖 北	Hubei	141	12175	12.7	694.1	2195.7	1978.2	1200.3
湖 南	Hunan	106	11014	9.5	984.9	1390.5	884.0	761.9
广 东	Guangdong	305	25334	21.1	1647.9	3604.4	2777.4	1843.7
广 西	Guangxi	81	6490	3.6	450.1	795.4	754.3	726.5
海 南	Hainan	5	845	0.4	46.8	188.7	170.5	165.3
重 庆	Chongqing	67	9099	8.3	513.5	984.3	865.3	756.2
四 川	Sichuan	159	15260	10.3	872.8	991.6	838.6	515.9
贵 州	Guizhou	29	1771	1.4	64.4	84.9	84.9	76.2
云 南	Yunnan	27	6340	3.4	143.0	490.6	232.3	201.1
西 藏	Tibet	3	111	0.1	3.3	4.7	3.8	2.6
陕 西	Shaanxi	77	4989	4.2	271.7	1087.9	881.6	743.4
甘 肃	Gansu	23	2122	1.5	125.3	236.2	202.6	155.8
青 海	Qinghai	9	167	0.4	13.0	17.8	10.9	7.5
宁 夏	Ningxia	49	1434	1.6	221.2	308.8	322.3	167.7
新 疆	Xinjiang	98	4082	3.4	511.3	782.2	704.9	690.8

注：门店总数全国总计中包括开设在港澳台地区和国外的门店。

a) Total number of stores includes those located in Hong Kong, Macao and Taiwan province and foreign countries.

15-9 亿元以上商品交易市场基本情况(2019年)

Main Indicators of Commodity Exchange Markets with Transaction Value over 100 Million Yuan by Type of Market (2019)

市　　场	Market Category	市场数量(个) Number of Markets (unit)	摊位数(个) Number of Booths (unit)	营业面积(万平方米) Operating Area (10 000 sq.m)	成交额(亿元) Turnover (100 million yuan)	批发市场 Whole-sale	零售市场 Retail
总　计	**Total**	**4037**	**3045931**	**28447.4**	**112016.8**	**98733.4**	**13283.4**
综合市场	**General Markets**	**1194**	**1118787**	**7932.9**	**26895.2**	**23230.9**	**3664.3**
生产资料综合市场	Production Comprehensive Market	40	54824	800.6	1571.9	1510.1	61.8
工业消费品综合市场	Industrial Consumable Comprehensive Markets	217	370927	2522.8	7257.7	6285.4	972.4
农产品综合市场	Farm Produce Comprehensive Markets	634	369241	2485.0	13098.6	11326.5	1772.1
其他综合市场	Other Comprehensive Markets	303	323795	2124.5	4967.0	4108.9	858.1
专业市场	**Specialized Markets**	**2843**	**1927144**	**20514.5**	**85121.6**	**75502.5**	**9619.0**
生产资料市场	Markets for Means of Production	510	250752	5523.3	30634.4	30386.5	247.9
农业生产用具市场	Markets for Agricultural Production Equipment	11	3986	119.8	177.5	177.5	
农用生产资料市场	Markets for Means of Agricultural Production	16	2912	46.4	105.8	105.8	
煤炭市场	Coal and Charcoal Markets	3	2748	40.6	159.0	159.0	
木材市场	Wood Markets	32	10818	302.8	356.7	356.7	
建材市场	Building Material Markets	191	106206	2331.2	1896.1	1648.2	247.9
化工材料及制品市场	Chemical Materials and Products Markets	22	14787	192.9	4313.3	4313.3	
金属材料市场	Metal Materials Markets	161	71422	1955.1	21137.3	21137.3	
机械设备市场	Mechanical Equipment Markets	40	20898	288.7	841.3	841.3	
其他生产资料市场	Others	34	16975	245.6	1647.5	1647.5	
农产品市场	Farm Produce Markets	796	470632	3949.4	19785.3	18787.3	998.0
粮油市场	Grain and Oil Markets	81	22327	325.7	1917.3	1885.4	31.9
肉禽蛋市场	Meat, Poultry and Eggs Markets	93	39955	375.5	2104.2	1882.7	221.5
水产品市场	Aquatic Products Markets	127	65105	458.3	4258.2	4131.0	127.2
蔬菜市场	Vegetables Markets	224	172658	1492.9	3879.8	3743.0	136.8
干鲜果品市场	Dried and Fresh Melons and Fruits Markets	105	62521	589.5	3871.1	3868.3	2.8
棉麻土畜、烟叶市场	Markets for Cotton, Local & Livestock Products, and Tobacco Leaves	11	18112	121.3	473.0	463.1	9.9
其他农产品市场	Others	155	89954	586.3	3281.7	2813.8	467.9
食品、饮料及烟酒市场	Markets for Food, Beverages, Tobacco and Liquor	98	48021	333.2	1152.4	1050.9	101.5
食品饮料市场	Food and Beverages Markets	26	13716	66.6	208.5	171.2	37.3
茶叶市场	Tea Markets	29	12684	125.6	308.0	278.4	29.5
烟酒市场	Tobacco and Liquor Markets	8	2310	22.6	105.0	101.6	3.4
其他食品饮料及烟酒市场	Others	35	19311	118.3	530.9	499.7	31.2
纺织、服装、鞋帽市场	Markets for Textiles, Clothing, Shoes and Hats	421	591446	3402.5	15744.9	14806.3	938.5
布料及纺织品市场	Cloth and Textiles Markets	54	98056	1048.4	7180.8	7135.7	45.2
服装市场	Clothing Markets	274	374842	1919.0	6278.5	5568.6	709.9
鞋帽市场	Shoes and Hats Markets	33	19646	119.1	489.1	481.3	7.8
其他纺织服装鞋帽市场	Others	60	98902	316.0	1796.5	1620.8	175.7
日用品及文化用品市场	Markets for Daily Use Articles and Cultural Goods	74	58521	364.7	1896.2	1831.2	65.0

15-9 续表 continued

市场	Market Category	市场数量(个) Number of Markets (unit)	摊位数(个) Number of Booths (unit)	营业面积(万平方米) Operating Area (10 000 sq.m)	成交额(亿元) Turnover (100 million yuan)	批发市场 Whole-sale	零售市场 Retail
小商品市场	Small Merchandise Markets	35	25728	146.6	579.9	557.8	22.1
箱包市场	Luggage Markets	5	11354	70.1	705.5	705.5	
玩具市场	Toys Markets	3	1350	32.3	30.9	30.9	
文具市场	Stationary Markets	2	638	7.3	7.4	7.4	
图书、报刊杂志市场	Markets for Books, Newspapers and Magazines	4	696	5.6	32.4	14.2	18.2
音像制品及电子出版物市场	Markets for Video and E-book Products	1	101	0.7	3.2		3.2
体育用品市场	Sports Article Markets	1	275	1.3	2.0	2.0	
其他日用品及文化用品市场	Others	23	18379	100.9	534.9	513.4	21.5
黄金、珠宝、玉器等首饰市场	Gold, Jewelry, Jade Markets	24	22017	205.0	843.2	766.3	76.9
电器、通讯器材、电子设备市场	Markets for Electrical Appliances, Communication Appliances and Electronical Appliances	98	44653	292.1	563.9	275.2	288.8
家电市场	Household Appliances Markets	29	10149	143.3	163.2	115.6	47.5
通讯器材市场	Communication Appliances Markets	16	8975	33.4	69.0	52.5	16.5
照相、摄像器材市场	Cameras and Video Equipments Markets	2	406	1.6	6.3	2.7	3.6
计算机及辅助设备市场	Computer and Auxiliary Equipments Markets	44	21081	98.8	268.5	54.0	214.6
其他电器、通讯器材、电子设备市场	Others	7	4042	15.0	56.9	50.4	6.6
医药、医疗用品及器材市场	Markets for Medicine, Medical Materials and Medical Instruments	21	47388	319.3	1653.0	1571.9	81.2
中药材市场	Chinese Medicine Markets	21	47388	319.3	1653.0	1571.9	81.2
其他医药、医疗用品及器材市场	Others						
家具、五金及装饰材料市场	Markets for Furniture, Hardware and Decoration Materials	494	267390	4241.0	5204.4	3236.6	1967.8
家具市场	Furniture Markets	158	78304	1687.9	1618.0	901.0	717.0
装饰材料市场	Decoration Materials Markets	197	101730	1541.7	1890.7	1040.7	850.0
灯具市场	Lamps Markets	13	6530	102.8	220.7	185.3	35.4
厨具、盥洗设备市场	Markets for Kitchen Utensils and Washing Equipment	3	1222	11.6	16.1	13.6	2.5
五金材料市场	Hardware Materials Markets	67	42748	436.3	958.1	901.5	56.5
其他装修市场	Others	56	36856	460.7	500.9	194.4	306.5
汽车、摩托车及零配件市场	Markets for Cars, Motorcycles and Spare Parts	239	74373	1419.6	6172.5	1479.8	4692.7
汽车市场	Cars Markets	177	45156	1134.8	5360.4	748.3	4612.2
摩托车市场	Motorcycles Markets	7	3080	22.8	38.1	25.2	12.9
机动车零配件市场	Vehicle Spare Parts Markets	55	26137	262.0	773.9	706.3	67.6
花、鸟、鱼、虫市场	Markets for Flower, Bird, Fish and Insects	23	20946	187.8	763.4	722.6	40.8
花卉市场	Flower Markets	19	19932	179.8	750.8	716.2	34.6
鸟市场	Bird Markets						
观赏鱼市场	Markets for Fish for Display						
其他花鸟鱼虫市场	Others	4	1014	7.9	12.6	6.4	6.2
旧货市场	Second-hand Articles Markets	8	5188	16.2	23.2	3.8	19.4
古玩、古董、字画市场	Markets for Antiques, Calligraphy and Painting	1	300	1.3	1.0		1.0
邮票、硬币市场	Stamps and Coins Markets						
其他旧货市场	Markets for Others Second-hand Articles	7	4888	14.9	22.2	3.8	18.4
其他专业市场	Other Specialized Markets	37	25817	260.4	684.8	584.1	100.6

15-10 亿元以上商品交易市场摊位分类情况（2019年）
Main Indicators of Commodity Exchange Markets with Transaction Value over 100 Million Yuan by Commodity (2019)

类　别	Commodity Category	摊位数（个）Number of Booths (unit)	成交额（亿元）Turnover (100 million yuan)	批发市场 Wholesale	零售市场 Retail
总　计	**Total**	**3045931**	**112016.8**	**98733.4**	**13283.4**
粮油、食品类	Grain and Oil, Food	882099	33735.7	30663.7	3072.1
#粮油类	Grain and Oil	78528	4316.3	4033.2	283.0
肉禽蛋类	Meat, Poultry and Eggs	117747	4568.2	3657.1	911.2
水产品类	Aquatic Products	126661	6660.7	5944.3	716.4
蔬菜类	Vegetables	326150	7816.6	7200.2	616.4
干鲜果品类	Dried and Fresh Melons and Fruits	161232	8549.5	8293.3	256.2
饮料类	Beverages	43016	1065.3	963.3	102.0
烟酒类	Tobacco and Liquor	30902	984.5	873.7	110.8
服装鞋帽、针、纺织品类	Clothing, Shoes, Hats and Textiles	812537	18452.0	17040.5	1411.5
服装类	Clothing	503654	7527.7	6534.0	993.7
鞋帽类	Footwear and Hats	108317	1614.3	1379.7	234.6
针、纺织品类	Knitwear and Textiles	200566	9309.9	9126.7	183.2
化妆品类	Cosmetics	20834	262.0	199.3	62.7
金银珠宝类	Gold, Silver and Jewellery	33707	1145.0	1031.7	113.2
日用品类	Articles for Daily Use	149744	3132.6	2811.2	321.4
五金、电料类	Hardware & Electrical Materials	109094	2401.7	2175.8	225.9
体育、娱乐用品类	Sports & Recreational Articles	10078	157.0	135.0	21.9
#照相器材类	Photographic Equipment	944	9.6	3.6	6.0
书报杂志类	Newspapers and Magazines	2738	114.5	97.4	17.1
电子出版物及音像制品类	E-book and Video Products	2872	45.9	30.7	15.2
家用电器和音像器材类	Household Appliances and Audio-visual Equipment	32307	615.4	503.4	112.0
中西药品类	Traditional Chinese and Western Medicine	32435	1662.6	1570.4	92.3
#西药类	Western Medicine	1625	50.2	45.1	5.1
中草药及中成药类	Traditional Chinese Medicine	30134	1588.6	1505.6	83.1
文化办公用品类	Cultural and Office Goods	47433	855.5	630.1	225.5
#计算机及其配套产品	Computer and Related Equipment	20679	234.3	54.8	179.5
家具类	Furniture	106759	2187.7	1279.6	908.0
通讯器材类	Communication Appliances	16373	275.8	207.9	67.9
煤炭及制品类	Coal and Related Products	3053	270.5	269.3	1.1
木材及制品类	Wood and Wooden Products	21677	593.0	538.8	54.2
石油及制品类	Petroleum and Related Products	1223	1513.0	1512.1	0.9
化工材料及制品类	Raw Chemical Materials and Related Products	21120	4346.6	4338.1	8.5
#化肥类	Fertilizer	2357	71.5	68.4	3.1
金属材料类	Metal Materials	84519	21497.2	21439.7	57.5
建筑及装潢材料类	Building and Decoration Materials	260140	4731.3	3465.6	1265.7
机电产品及设备类	Mechanical & Electrical Products	51212	1570.0	1539.5	30.5
#农机类	Agricultural Machinery	3812	184.4	179.5	4.9
汽车类	Automobile	71210	6316.9	1636.5	4680.4
种子饲料类	Seed and Feedstuff	4542	85.6	80.2	5.4
棉麻类	Cotton and Hemp	2678	310.5	307.9	2.6
其他类	Others	191629	3689.1	3391.9	297.1

15-11 分地区亿元以上商品交易市场基本情况
Main Indicators of Commodity Exchange Markets with Transaction Value over 100 Million Yuan by Region

年份 地区	Year Region	市场数量（个） Number of Markets (unit)	摊位数（个） Number of Booths (unit)	营业面积（万平方米） Operating Area (10 000 sq.m)	成交额（亿元） Turnover (100 million yuan)	批发市场 Wholesale	零售市场 Retail
	2000	3087	2115115	8261.6	16358.9	11648.0	4710.9
	2005	3323	2248803	13140.8	30020.9	24544.2	5476.7
	2006	3876	2527987	18072.3	37137.5	29679.9	7457.5
	2007	4121	2681630	19814.6	44085.1	35871.5	8213.6
	2008	4567	2839070	21225.2	52458.0	43120.0	9337.9
	2009	4687	2994781	23230.3	57963.8	48308.2	9655.5
	2010	4940	3193365	24832.3	72703.5	60954.9	11748.6
	2011	5075	3334787	26234.5	82017.3	69390.8	12626.5
	2012	5194	3494122	27899.4	93023.8	80141.8	12882.0
	2013	5089	3488170	28868.3	98365.1	84628.3	13736.8
	2014	5023	3534757	29567.9	100309.9	86323.7	13986.2
	2015	4952	3468638	30065.7	100133.8	85836.9	14296.8
	2016	4861	3457899	30023.4	102139.7	87859.3	14280.4
	2017	4617	3347936	29691.8	108247.6	93996.9	14250.7
	2018	4296	3178423	29190.6	109373.3	95323.2	14050.1
	2019	4037	3045931	28447.4	112016.8	98733.4	13283.4
北　京	Beijing	86	62397	585.1	4108.0	3030.8	1077.2
天　津	Tianjin	42	26679	310.9	1072.8	1027.0	45.8
河　北	Hebei	190	249798	2360.3	5982.4	5716.1	266.3
山　西	Shanxi	30	24840	251.1	688.6	650.1	38.6
内蒙古	Inner Mongolia	50	31780	421.4	656.6	562.1	94.5
辽　宁	Liaoning	155	145764	821.1	4000.6	3455.5	545.2
吉　林	Jilin	46	39660	356.3	437.6	248.9	188.7
黑龙江	Heilongjiang	56	36400	321.3	801.1	623.8	177.3
上　海	Shanghai	118	48625	414.5	10116.2	9500.7	615.5
江　苏	Jiangsu	447	324803	3721.2	21259.2	19438.2	1821.1
浙　江	Zhejiang	668	416955	3174.0	18291.6	15516.9	2774.7
安　徽	Anhui	111	113685	1274.2	2925.3	2568.9	356.4
福　建	Fujian	109	43062	307.8	1488.4	1232.5	255.9
江　西	Jiangxi	109	94551	826.9	2210.1	1920.7	289.4
山　东	Shandong	371	285694	3143.8	8544.1	7874.8	669.3
河　南	Henan	128	105670	1166.9	3231.6	2832.5	399.1
湖　北	Hubei	117	70727	674.6	2308.8	1797.2	511.6
湖　南	Hunan	303	169828	1108.8	4339.1	3428.1	911.0
广　东	Guangdong	286	193947	1790.2	5495.8	4839.3	656.5
广　西	Guangxi	67	65190	343.7	1276.9	1073.4	203.5
海　南	Hainan	8	5080	55.2	152.2	137.7	14.5
重　庆	Chongqing	135	91296	760.9	3781.8	3367.9	413.9
四　川	Sichuan	109	126170	1216.9	3062.0	2858.4	203.6
贵　州	Guizhou	54	46626	507.7	1553.7	1417.0	136.7
云　南	Yunnan	29	43576	195.6	465.7	405.0	60.7
西　藏	Tibet	3	2868	3.5	26.9	21.5	5.4
陕　西	Shaanxi	51	37112	407.5	891.8	677.1	214.7
甘　肃	Gansu	27	26458	208.8	355.7	243.2	112.4
青　海	Qinghai	9	6810	60.6	108.6	97.1	11.4
宁　夏	Ningxia	35	24003	294.0	274.1	242.9	31.2
新　疆	Xinjiang	88	85877	1362.5	2109.4	1928.1	181.4

15-12 社会消费品零售总额
Total Retail Sales of Consumer Goods

地 区	Region	2018 社会消费品零售总额 (亿元) Total Retail Sales of Consumer Goods (100 million yuan)	2018 增 长 (%) Growth Rate (%)	2019 社会消费品零售总额 (亿元) Total Retail Sales of Consumer Goods (100 million yuan)	2019 增 长 (%) Growth Rate (%)
全 国	**National Total**	**377783.1**	**8.8**	**408017.2**	**8.0**
北 京	Beijing	14422.3	3.5	15063.7	4.4
天 津	Tianjin	4231.2	0.5	4218.2	-0.3
河 北	Hebei	11973.9	7.5	12985.5	8.4
山 西	Shanxi	6523.3	7.7	7030.5	7.8
内蒙古	Inner Mongolia	4852.3	4.5	5051.1	4.1
辽 宁	Liaoning	9112.8	4.8	9670.6	6.1
吉 林	Jilin	4073.8	2.0	4212.9	3.4
黑龙江	Heilongjiang	5275.0	3.9	5603.9	6.2
上 海	Shanghai	14874.8	8.6	15847.6	6.5
江 苏	Jiangsu	35472.6	8.1	37672.5	6.2
浙 江	Zhejiang	25161.9	8.8	27343.8	8.7
安 徽	Anhui	16156.2	12.8	17862.1	10.6
福 建	Fujian	17178.4	11.6	18896.8	10.0
江 西	Jiangxi	9045.7	11.4	10068.1	11.3
山 东	Shandong	27480.3	7.6	29251.2	6.4
河 南	Henan	21268.0	10.3	23476.1	10.4
湖 北	Hubei	20598.2	11.2	22722.3	10.3
湖 南	Hunan	15134.3	9.7	16683.9	10.2
广 东	Guangdong	39767.1	8.7	42951.8	8.0
广 西	Guangxi	7663.5	8.9	8200.9	7.0
海 南	Hainan	1852.7	7.1	1951.1	5.3
重 庆	Chongqing	10705.2	9.6	11631.7	8.7
四 川	Sichuan	19340.7	11.1	21343.0	10.4
贵 州	Guizhou	7105.0	10.2	7468.2	5.1
云 南	Yunnan	9197.3	12.2	10158.2	10.4
西 藏	Tibet	711.8	15.0	773.4	8.7
陕 西	Shaanxi	9510.3	10.4	10213.0	7.4
甘 肃	Gansu	3435.6	7.2	3700.3	7.7
青 海	Qinghai	899.9	6.8	948.5	5.4
宁 夏	Ningxia	1330.1	6.1	1399.4	5.2
新 疆	Xinjiang	3429.1	5.5	3617.0	5.5

注：根据第四次全国经济普查结果对2018年社会消费品零售总额进行了修订，2019年相应进行调整。

a) Figures of total retail sales of consumer goods of 2018 are revised according to the result of the fourth national economic census. Figures of 2019 are adjusted accordingly.

15-13 分地区网上零售额(2019年)
Online Retail Sales by Region (2019)

地 区	Region	网上零售额 (亿元) Online Retail Sales (100 million yuan)	增 长 (%) Growth Rate (%)	其中：实物商品网上零售额 (亿元) Of which: Online Retail Salesin Goods (100 million yuan)	增 长 (%) Growth Rate (%)
全 国	**National Total**	**106324.2**	**16.5**	**85239.5**	**19.5**
北 京	Beijing	8675.7	18.6	6503.8	24.5
天 津	Tianjin	2239.4	72.2	1931.5	95.8
河 北	Hebei	2403.5	19.4	2108.4	25.5
山 西	Shanxi	563.6	6.5	304.0	20.1
内蒙古	Inner Mongolia	440.5	19.0	196.1	29.2
辽 宁	Liaoning	1426.4	22.2	1094.4	24.7
吉 林	Jilin	524.9	15.0	286.7	31.6
黑龙江	Heilongjiang	669.0	19.5	370.1	31.8
上 海	Shanghai	10418.5	16.8	8424.5	16.4
江 苏	Jiangsu	9896.1	6.9	8361.4	8.7
浙 江	Zhejiang	16315.7	12.4	12815.5	14.8
安 徽	Anhui	2400.7	18.4	1973.1	20.7
福 建	Fujian	4894.5	19.1	4298.4	22.7
江 西	Jiangxi	1588.2	29.5	1374.1	38.6
山 东	Shandong	4109.0	15.8	3445.0	19.6
河 南	Henan	2255.8	19.4	1750.0	27.6
湖 北	Hubei	2860.0	10.1	2384.4	17.7
湖 南	Hunan	1840.5	10.8	1351.8	26.8
广 东	Guangdong	22828.2	19.1	19819.1	19.3
广 西	Guangxi	820.0	10.4	444.3	16.9
海 南	Hainan	373.2	0.6	99.2	-14.0
重 庆	Chongqing	1082.1	5.0	683.0	22.1
四 川	Sichuan	3318.1	22.5	2557.5	25.2
贵 州	Guizhou	477.6	5.2	245.2	6.6
云 南	Yunnan	821.8	30.5	442.0	30.4
西 藏	Tibet	52.5	26.6	26.3	45.1
陕 西	Shaanxi	1043.5	3.9	722.9	3.6
甘 肃	Gansu	330.6	14.3	114.0	32.3
青 海	Qinghai	67.2	27.6	28.8	43.5
宁 夏	Ningxia	105.2	22.5	43.0	11.5
新 疆	Xinjiang	202.0	26.5	157.7	33.4
不分地区	Not Classified by Region	1280.5		883.2	

15-14 乘用车销售情况
Sales of Passenger Cars

年份 Year	乘用车合计 Total Passenger Cars		#轿车 Cars		#MPV		#SUV	
	绝对量（万辆）Number (10 000 units)	同比增速（%）Growth Rate (%)	绝对量（万辆）Number (10 000 units)	同比增速（%）Growth Rate (%)	绝对量（万辆）Number (10 000 units)	同比增速（%）Growth Rate (%)	绝对量（万辆）Number (10 000 units)	同比增速（%）Growth Rate (%)
2007	594.0	17.9	442.1	19.0	21.7	23.1	34.2	55.7
2008	643.3	8.3	476.3	7.7	18.9	-12.7	42.5	24.3
2009	1026.6	59.6	738.2	55.0	24.5	29.6	69.9	64.5
2010	1332.5	29.8	925.9	25.4	43.3	76.5	123.2	76.4
2011	1367.1	2.6	951.6	2.8	51.1	17.8	150.3	22.0
2012	1465.9	7.2	1015.5	6.7	92.0	80.1	183.3	21.9
2013	1724.3	17.6	1156.7	13.9	130.1	41.5	283.7	54.8
2014	1898.9	10.1	1209.8	4.6	185.3	42.4	383.9	35.3
2015	2060.9	8.5	1145.2	-5.3	212.2	14.5	608.5	58.5
2016	2383.8	15.7	1203.5	5.1	245.2	15.6	874.1	43.6
2017	2418.4	1.5	1163.4	-3.3	201.6	-17.8	1006.9	15.2
2018	2275.1	-5.9	1116.6	-4.0	167.7	-16.8	953.4	-5.3
2019	2102.9	-7.6	1014.5	-9.1	137.7	-17.9	916.6	-3.9

数据来源：中国汽车流通协会。
Source: China Automobile Dealers Association.

15-15 二手乘用车销售情况
Sales of Second-hand Passenger Cars

年份 Year	二手乘用车合计 Total Second-hand Passenger Cars		#轿车 Cars		#MPV		#SUV	
	绝对量（万辆）Number (10 000 units)	同比增速（%）Growth Rate (%)	绝对量（万辆）Number (10 000 units)	同比增速（%）Growth Rate (%)	绝对量（万辆）Number (10 000 units)	同比增速（%）Growth Rate (%)	绝对量（万辆）Number (10 000 units)	同比增速（%）Growth Rate (%)
2009	196.3	21.4	171.8	20.4	12.0	25.4	6.4	31.3
2010	238.7	21.6	209.8	22.1	14.9	23.6	7.1	10.9
2011	422.0		370.7		26.7		12.3	
2012	514.7	22.0	452.5	22.1	31.3	17.3	18.4	49.3
2013	573.9	11.5	496.5	9.7	36.6	16.9	27.2	47.9
2014	625.7	9.0	534.0	7.5	44.6	21.9	30.9	13.7
2015	677.7	8.3	564.1	5.6	35.5	-20.4	47.3	53.1
2016	788.0	16.3	628.0	11.3	58.9	66.0	68.1	44.1
2017	931.6	18.2	737.0	17.4	72.3	22.8	86.8	27.4
2018	1045.0	12.2	822.2	11.6	78.2	8.1	113.6	30.8
2019	1142.5	9.3	861.4	4.8	95.7	22.4	148.1	30.4

注：1.2011年开始为全口径统计数据，之前两年为600家重点企业调查数据。
2.数据来源：中国汽车流通协会。
a) Data of 2009 and 2010 were from the survey data of 600 key enterprises. Since 2011, the data are all-inclusive statistics.
Source: China Automobile Dealers Association.

主要统计指标解释

批发业 指向其他批发或零售单位（含个体经营者）及其他企事业单位、机关团体等批量销售生活用品、生产资料的活动，以及从事进出口贸易和贸易经纪与代理的活动，包括拥有货物所有权，并以本单位(公司)的名义进行交易活动，也包括不拥有货物的所有权，收取佣金的商品代理、商品代售活动；还包括各类商品批发市场中固定摊位的批发活动，以及以销售为目的的收购活动。

零售业 指百货商店、超级市场、专门零售商店、品牌专卖店、售货摊等主要面向最终消费者（如居民等）的销售活动，以互联网、邮政、电话、售货机等方式的销售活动，还包括在同一地点，后面加工生产，前面销售的店铺（如面包房）；谷物、种子、饲料、牲畜、矿产品、生产用原料、化工原料、农用化工产品、机械设备（乘用车、计算机及通信设备除外）等生产资料的销售不作为零售活动；多数零售商对其销售的货物拥有所有权，但有些则是充当委托人的代理人，进行委托销售或以收取佣金的方式进行销售。

批发和零售业商品购进、销售、库存额 指各种登记注册类型的批发和零售业企业(单位)以本企业(单位)为总体的，从国内、国外市场购进的商品总价，销售和出口的商品总价，库存的商品总价等情况。该指标可以反映商品流转过程中商品的购进、销售、库存之间的比例关系和存在的问题。

商品购进额 指从本企业以外的单位和个人购进(包括从国外直接进口）作为转卖或加工后转卖的商品金额（含增值税）。商品购进包括：(1）从工农业生产者、批发和零售业、住宿和餐饮业、出版社或报社的出版发行部门和其他服务业等企事业单位和个体经营户购进的商品；(2）从机关、社会团体购进的商品；(3) 从海关、市场管理部门购进的缉私和没收的商品；(4）从居民收购的废旧商品等。不包括：(1）企业为本单位自身经营用，不是作为转卖而购进的商品，如材料物资、包装物、低值易耗品、办公用品等；(2) 未通过买卖行为而收入的商品，如接受其他部门移交的商品、借入的商品、收入代其他单位保管的商品、其他单位赠送的样品、加工回收的成品等；(3）经本单位介绍，由买卖双方直接结算，本单位只收取手续费的业务；(4）销售退回和买方拒付货款的商品；(5) 商品溢余；(6) 期货交易商品。

进口 指直接从国外进口或委托外贸企业代理进口的商品金额，不包括从国内有关单位购进的进口商品。对外贸易企业只统计自主经营进口的商品，不统计受托代理进口的商品。

商品销售额 指对本单位以外的单位和个人出售的商品金额（包括售给本单位消费用的商品，含增值税)。商品销售包括：(1) 售给个人和社会集团消费用的商品；(2）售给农业、工业、建筑业、服务业等国民经济各行业用于生产、经营用的商品，包括售予批发和零售业作为转卖或加工后转卖的商品；(3) 对国（境）外直接出口的商品。不包括：(1) 未通过买卖行为付出的商品，如因机构变动移交给其他企业单位的商品、借出的商品、归还受其他单位委托代保管的商品、付出的加工原料和赠送给其他单位的样品等；(2）促销返券所销售的、不计入营业收入的商品；(3) 经本单位介绍，由买卖双方直接结算，本单位只收取手续费的业务；(4）未发生所有权转移的商品预付卡销售，如加油卡；(5) 汽车维修、电话卡销售等服务性经济活动；(6）购货退回的商品；(7）商品损耗和损失；(8）出售本单位自用的废旧物资；(9）期货交易商品；(10）自来水供应企业、电力企业、天然气供应企业提供的水、电、气。

出口 指直接向国（境）外出口商品和委托外贸企业代理出口的商品金额，商品出口不包括售给外贸企业出口或加工后出口的商品，以及在国内市场以外币销售的商品。外贸企业只统计自主经营出口的商品，不包括受托代理出口的商品。

期末商品库存额 对于批发和零售业法人单位和个体经营户，是指报告期末取得所有权的全部商品金额（含增值税）；对于批发和零售业产业活动单位，是指报告期末实际在库且归属法人具有所有权的全部商品金额（含增值税)。库存商品包括：(1）存放在本单位(如门市部、批发站、采购站、经营处)的仓库、货场、货柜和货架中的商品；(2) 挑选、整理、包装中的商品；(3）已记入购进而尚未运到本单位的商品，即发货单或银行承兑凭证已到而货未到的商品；(4）寄放他处的商品，如因购货方拒绝付款而暂时存在购货方的商品；(5）委托其他单位代销(未作销售或调出)尚未售出的商品；(6）代其他单位购进尚未交付的商品。不包括：(1）所有权不属于本单位的商品，如商品已作销售但买方尚未取走的商品，代替他人保管、运输、加工的商品，代其他单位销售（未做购进或调入）而未售出的商品；(2）委托外单位加工的商品(包括本单位所属加工厂和其他生产单位加工生产尚未收回成品的商品)；(3）外贸企业代理其他单位从国外进口，尚未付给订货单位的商品；(4) 代国家储备部门保管的商品。

连锁总店（总部） 指负责连锁企业资源（商号、商誉、经营模式、服务标准、管理模式等）的开发、配置、控制或使用等功能的企业核心管理机构。连锁经营是指经营同类商品或服务，使用统一商号的若干店铺，在同一总店（总部）的管理下，采取统一采购或特许经营等方式，实现规模效益的组织形式，包括直营连锁、特许连锁和自愿连锁三种形式。其中，直营连锁是指连锁店铺由连锁公司全资或控股开设，在总部的直接控制下，开展统一经营的连锁经营形式；特许连锁是指拥有注册商标、企业标志、专利、专有技术等经营资源的企业（特许人），以合同形式将其拥有的经营资源许可其他经营者（被特许人）使用，被特许人按合同约定在统一的经营模式下开展经营，并向特许人支付特许经营费用的连锁经营形式；自愿连锁是指若干个店铺或企业自愿组合起来，在不改变各自资产所有权关系的情况下，以同一个品牌形象面对消费者，以共同进货为纽带开展的连锁经营形式。

亿元以上商品交易市场　指年成交额在亿元及以上的商品交易市场。商品交易市场是指经有关部门和组织批准设立，有固定场所、设施，有经营管理部门和监管人员，若干市场经营者入内，常年或实际开业三个月以上，集中、公开、独立地进行生活消费品、生产资料等现货商品交易以及提供相关服务的交易场所，包括各类消费品市场、生产资料市场等。

社会消费品零售总额　指企业（单位、个体户）通过交易直接售给个人、社会集团非生产、非经营用的实物商品金额，以及提供餐饮服务所取得的收入金额。个人包括城乡居民和入境人员，社会集团包括机关、社会团体、部队、学校、企事业单位、居委会或村委会等。

网上零售额　指通过公共网络交易平台（包括自建网站和第三方平台）实现的商品和服务零售额之和。商品和服务包括实物商品和非实物商品（如虚拟商品、服务类商品等）。

Explanatory Notes on Main Statistical Indicators

Wholesale Trade refers to the activities of selling wholesale commodities for daily use and capital goods to other enterprises of wholesale and retail trades (including self-employed individuals) and other enterprises, institutions and government agencies and organizations, and the activities of engaging in import and export and acting as a trade agent. The wholesaler may have the ownership of the commodities for wholesale and trade in the name of its own (a company), and the wholesaler can act as commission agent or commodity broker without the ownership of commodities. Also included are the wholesale activities at the fixed stalls in wholesale market and the acquisition for sales purpose.

Retail Trade refers to the activities of department stores, supermarkets, franchised stores, brand stores, retail stalls and on-the-spot-making-selling stores selling commodities to the final consumers (residents) by any means, including internet, post, telephone, sales machine. It also includes shops with sales and production located in the same places (such as bakeries). Retail trade excludes the activities of sales of capital goods such as grain, seed, feed, livestock, mineral products, raw material for production, industrial chemicals, chemical products for agricultural use, machine and equipment (excluding vehicles, computers and communication equipment). Most retailers have the ownership of commodities to sell, but some are acting as agents or brokers to make transactions for a commission.

Purchase, Sales and Stock of Commodities by Wholesale and Retail Trades refer to the total volume of commodities purchased, total volume of sales and exports, and the stock of commodities by wholesale and retail enterprises (establishments) of different status of registration from domestic and overseas markets. This indicator reflects the relationship among purchase, sales and stock of commodities in the circulation of goods and reveals the existing problems.

Total Purchases of Commodities refer to the total value of purchases of commodities by enterprises (establishments) from other establishments or individuals (including direct import from abroad) for the purpose of re-selling, either with or without further processing of the commodities purchased. The commodities include: (1) commodities purchased from agricultural and industrial producers, wholesalers, retailers, hotels and catering services, publishing houses and other enterprises, institutions and individual operators of service business; (2) commodities purchased from institutions and government departments; (3) smuggled or confiscated goods purchased from the customs authorities or market regulation agencies; (4) second-hand goods purchased from households. The commodities exclude (1) commodities purchased by enterprises (establishments) for use in their own business operation, commodities obtained without buying or selling procedures, such as materials, consumable goods of low value, office appliance, etc. (2) received goods without trading, such as goods handed over from others, borrowed goods, goods kept for others, donated goods from others, processed and retrieved goods, etc. (3) goods of direct settlement between buyer and seller with handling fees introduced by others, (4) goods returned or refused to pay by the buyer, (5) excessive goods, (6) futures trading commodities.

Import refers to the amount of goods imported directly from abroad or imported entrusted to foreign trade enterprises as agents, excluding imports purchased from relevant domestic units. Foreign trade enterprises only count imported goods independently, not imported goods entrusted by agents.

Total Sales of Commodities refer to value of commodities sold by the establishments to other establishments and individuals (including goods sold for self consumption, including VAT). The commodities include: (1) commodities sold to individuals and social groups for their consumption; (2) commodities sold to establishments in all industries for their production and operation, including agriculture, industry, construction, and catering services, including commodities sold to wholesale and retail establishments for re-selling, with or without further processing; and (3) commodities for direct export to abroad. Excluded are (1) extended commodities without trading, such as goods handed over to other enterprises and institutions because of the change of organizations, lent goods, return of goods kept for others, extended processing materials and samples donated to others, (2) goods sold by coupon rebates that are not included in business income, (3) goods of direct settlement between buyer and seller with handling fees introduced by others, (4) prepaid cards for goods without transfer of ownership, such as gas cards, (5) Service-oriented economic activities such as automobile maintenance and telephone card sales, (6) goods returned after purchase, (7) damaged and spoiled goods, (8) waste and used goods of self-use, (9) futures trading commodities, (10) water, electricity and gas supplied by water supply enterprises, electric power enterprises and natural gas supply enterprises.

Export refers to the amount of goods exported directly to foreign countries (or customers outside the borders), or exported entrusted to foreign trade enterprises as agents. Commodity export does not include goods sold to foreign trade enterprises for export or exported after processing, as well as goods sold in foreign currencies in the domestic market. Foreign trade enterprises only count the goods they export independently, excluding those exported by trusted agents.

Total Stock of Commodities at End of Period For corporate units and self-employed individuals engaged in wholesale and retail trade, it refers to total value (including VAT) of commodities possessed at the end of the reference period; and for wholesale and retail establishments, it refers to the value (including VAT) of all commodities actually in stock and owned by their corporate units at the end of reference period. The commodities in stock includes: (1) commodities located in storage, garages, counters, and shelves of operating places of wholesale and retail trades (such as sale stores, wholesale centres, procurement stations and operating offices); (2) commodities in the process of being selected, sorted, and packed; (3) commodities not arrived but recorded as purchaseed in the account, i.e. commodities not arrived but payment receipts for the commodities from the sellers or the banks arrived; (4) commodities deposited in other places rather than places mentioned above, for instance: commodities in the hold of purchasers temporarily due to the refusal of payment; (5) commodities entrusted to other units to sell but not sold yet; (6) commodities purchased for other units but not delivered yet. Commodities not included as stock are those not owned by the enterprises (units), commodities on commission for processing, imported commodities of agency of foreign trade enterprise but not yet delivered to ordering units and finally those put in stock on behalf of the state reserves units.

Chain Head Stores (Headquarters) refer to the core leading stores responsible for development, allocation, administration and utilization of resources (name of stores, brand of stores, operation model, service standard, management way, etc.) of chain stores. Chain stores refer to the stores engaged in providing homogeneous commodities or services, with the central leadership of the head stores (headquarters) and guided by common policies, conduct centralized purchase and distributed selling of commodities, in order to gain better efficiency through standardized operation. The chain stores include regular chain stores, franchise chain stores and voluntary chain stores.

Regular Chain store refers to chain stores that are invested or controlled by the headquarters. They operate under direct and unified management from the headquarters.

Franchise chain store refers to the chain stores (franchisees) which are franchised with operation resources such as trade marks, names, patent and operation know-how by the franchisors in form of contract, and pay the operation fees to the franchisors.

Voluntary chain store refers to the stores operating jointly on the voluntary basis while maintaining their status of independent legal entities with full ownership of their assets. They sell goods of same brand from same channel of resources to the consumers.

Large Commodity Markets with Transaction Value over 100 Million Yuan refers to thc commodity markets with an annual transaction at and above 100 million. The commodity markets refer to markets approved and managed by related departments, where there are fixed sites, facilities, managers and administrative offices, where there are a certain number of traders to operate for at least three months or all the year, where the commodities, including articles for daily consumption and capital goods and services, are traded in a centralized, independent and open way. Such markets include markets for daily goods, markets of capital goods, etc.

Total Retail Sales of Consumer Goods refer to the revenue received by enterprises (units, self-employed individuals) through direct sales of non-production and non-business physical commodities to individuals and social institutions, and revenue from providing catering services. Individuals include rural and urban households, population from abroad, social institutions include government agencies, social organizations, military units, schools, institutions, neighbourhood (village) committees, etc.

Online Retail Sales refer to the total retail sales of goods and services through public online trading platforms (including self-built websites and third-party platforms). Goods and services include physical goods and non-physical goods (such as virtual goods, service goods, etc.).

16

运输、邮电和软件业

Transport, Postal and Telecommunication Services, and Software Industry

简 要 说 明

一、本篇资料的主要内容

本篇资料反映我国交通运输业和邮政、电信、软件业发展的基本状况以及企业信息化和电子商务应用情况。

交通运输业资料主要包括：五种运输方式的线路里程、运输设备拥有量、技术质量情况，各种运输方式完成的货物运输量和旅客运输量，全国港口码头长度、泊位数量及货物吞吐量等资料。

邮政、电信、软件业资料主要包括：全国营业网点及邮政邮路情况，电信主要通信能力，主要的邮电业务完成情况，邮电通信发展水平，软件和信息技术服务业主要经济指标等资料。

企业信息化资料主要包括：企业在生产经营中应用信息技术的基本情况和电子商务交易活动情况。

二、本篇资料的统计范围

1.铁路资料：包括国家铁路（含控股合资）、地方铁路和非控股合资铁路运营情况，不含军用铁路及由厂矿企事业单位自建的铁路专用线和不办理公共营业的专用铁路。国家铁路（含控股合资）和非控股合资铁路运营资料来源于各铁路局及所属运输企业(公司)。地方铁路运营概况资料来源于各省地方铁路管理部门。

2.公路、水运、港口资料：(1)公路和水路线路里程为年末通车和通航里程数，不含未正式投入使用的公路和航道里程；(2)民用汽车拥有量及机动车和汽车驾驶员人数，根据公安部交通管理局所属各省车管部门登记注册的车辆资料和驾驶员资料整理，不含军用车辆；(3)公路营运汽车拥有量，根据各省道路运输主管部门登记注册的从事公路运输的营业性运输车辆资料整理，属于民用汽车的一部分；(4)营业性运输船舶拥有量，根据各省交通运输主管部门登记注册的从事水上客、货运输的营业性船舶资料整理，不含非运输船舶及农业、渔业生产船舶；(5)公路、水路客货运输量资料，由交通运输部负责收集整理；(6)公路、水路运输量统计包括全面调查和非全面调查两种方式，统计范围是在各省交通运输主管部门登记注册的从事公路、水路客、货运输的营业性的车辆和船舶所完成的运输量；(7)港口的统计范围为所有取得港口经营许可的业户。

3.管道运输资料：包括输原油、输成品油、输天然气及输其他气体的运输量。管道运输统计数据主要来源于中国石油天然气集团有限公司、中国石油化工集团公司和中国海洋石油集团有限公司所属的管道运输企业，由三家集团公司分别负责收集审核本部门统计数据。

4.民航运输资料：统计对象为在我国境内注册从事民用航空运输飞行和通用飞行的航空运输企业和定期航班通航机场，不包括在我国境内运输飞行的外国航空公司。统计范围为各航空公司从事国内运输、港澳台运输、国际运输的定期航班航线条数及里程、运输量及飞机构成和运营情况、通用航空飞行完成情况等。

5.邮政、电信、软件业资料：包括邮政企业和获得快递业务经营许可的快递企业，以及从事电信运营的中国电信集团有限公司、中国移动通信集团有限公司、中国联合网络通信集团有限公司三家基础电信企业（不含专用网业务资料），主营业务收入 500 万元以上的软件和信息技术服务业等企业。邮电业务量按业务种类分为邮政业务量和电信业务量。

6.企业信息化和电子商务应用情况资料：包括规模以上工业、有资质的建筑业、限额以上批发和零售业、限额以上住宿和餐饮业、房地产开发经营业和规模以上服务业的法人单位。

三、本篇的资料来源

本篇资料由国家统计局服务业统计司负责整理、编辑。有关交通运输资料分别来源于交通运输部、中国民用航空局、国家铁路局、中国国家铁路集团有限公司、中国石油天然气集团有限公司、中国石油化工集团有限公司、中国海洋石油集团有限公司和公安部交通管理局所属各省车管部门。有关邮政、电信、软件资料分别来源于工业和信息化部、国家邮政局、中国互联网络信息中心。企业信息化和电子商务应用情况资料是由国家统计局服务业统计司根据《一套表统计调查制度》调查资料加工整理而得。

Brief Introduction

I. Main Contents

Data in this chapter present the development of transport, post, telecommunications, software industry, as well as informatization and e-commerce of enterprises in China.

Data on transport cover mainly the length of the routes of five means of transportation, the possession of transport equipment, the condition of technological quality, freight traffic and passenger traffic accomplished by various means of transportation, the length of quay lines, number of berths and cargo handled in the ports.

Data on post, telecommunications and software industry cover mainly the situation of post and telecommunication offices and postal routes; main telecommunication capacity; business volume of postal and telecommunication services achieved; the level of development of postal and telecommunication services, and the main economic indicators of software and IT service industry.

Data on informatization and e-commerce of enterprises cover mainly the situation of informatization and e-commerce of enterprises in business production and operation.

II. Scope of Statistics

1. Data on railway transportation: including the operation and management of the national, local and joint-venture railways but not including railways for military purpose, lines built by industrial and mining enterprises and special railways not for commercial use. Data on the operation and management of the national railways and joint-venture railways come from local railway bureaus and transport enterprises subordinate to them. Data on the operation and management of local railways come from the provincial administrative departments managing the local railways.

2. Data on highways, waterways and ports: (1) The length of highways and waterways refer to the length open to traffic or navigation at the end of the year, but not including the highways and waterways under construction or not officially in operation. (2) Data on the possession of civil motor vehicles and the number of drivers are provided by offices of vehicle management under the provincial departments of traffic management, and they do not include vehicles for military use. (3) Data on possession of highway vehicles for business are provided by the offices of vehicle management under provincial departments of traffic management, and they are part of the civil motor vehicles. (4) Data on possession of ships are provided by the offices of navigation or ports management under provincial departments of communications, and they do not include ships for non-transport purpose, ships for agriculture and fishery. (5) Data on passenger and freight traffic by highways and waterways are collected and prepared by the Ministry of Transport. (6) Data on highway and waterway transport are collected through both comprehensive reporting system and non-comprehensive reporting system. They cover passenger and freight transport undertaken by all vehicles and vessels registered at the provincial departments of transport. (7) Data on ports cover all operators with port business permits.

3. Data on pipeline transport: The data on pipeline transport cover the volume transported of petroleum (crude oil) pipelines, petroleum products pipelines, natural gas pipelines and other gas pipelines. Data sources of the pipeline transport statistics are mainly from enterprises engaged in the pipeline transport subordinate to the China National Petroleum Corporation, Sinopec Group and China National Offshore Oil Corporation. The three corporations collect and examine the statistical data submitted to them from their subordinate units respectively.

4. Data on civil aviation transport: The respomdants of statistical collection are enterprises registered for engagement in civil aviation transport flights and flights for general purposes and general aviation airports with scheduled flights. Excluded are foreign companies which operate flights within Chinese territory. The scope of statistics include number of routes, mileage flown, transport volume, composition of the fleets, operational situation of the airlines，performance of general purpose flights.

5. Data on post, telecommunications and software industry: Data in this category cover postal enterprises and express delivery companies that obtained express business permits, the three major telecommunication enterprises: China Telecom, China Mobile and China Unicom (not including services provided through dedicated networks), and enterprises of software and IT services with revenue from primary business above 5 million yuan. By types of business, the business volume of post and telecommunications is divided into postal services and telecommunication services.

6. Data on informatization and e-commerce of enterprises: Data in this category include industrial enterprises above designated size, construction enterprises with qualification certificates, enterprises of wholesale and retail trades above designated size, enterprises of hotel and catering services above designated size, corporate units in real estate development and corporate units above designated size in service industries.

III. Sources of Data

Data in this chapter are processed and compiled by the Department of Service Statistics, NBS. Data on transportation are from Ministry of Transport, Civil Aviation Administration of China, National Railway Administration, China State Railway Group Co., Ltd., China National Petroleum Corporation, Sinopec Group, China National Offshore Oil Corporation, offices of vehicle management of the provincial departments of vehicle administration, which are subordinate to the Traffic Management Bureau, Ministry of Public Security. Data on post, telecommunication and software come from the Ministry of Industry and Information, China Post, and CNNIC seperately. Data on informatization and e-commerce of enterprises are processed and compiled by the Department of Service Statistics, NBS from the survey data based on the *Integrated Statistical Questionnaires for Enterprises*.

16-1 分地区交通运输、仓储和邮政业就业人员数(2019年底)
Number of Employed Persons in Transport, Storage and Post by Region (End of 2019)

单位：人 (person)

地 区	Region	铁路运输业 Railway Transport	道路运输业 Road Transport	水上运输业 Water Transport	航空运输业 Air Transport	管道运输业 Pipeline Transport	多式联运和运输代理业 Multimodal and Forwarding Agencies	装卸搬运和仓储业 Loading, Unloading and Storage	邮政业 Post
全 国	**National Total**	**1915824**	**3647405**	**319477**	**623543**	**26514**	**319437**	**468481**	**834260**
北 京	Beijing	103262	262211	278	80757	4522	28773	13333	96389
天 津	Tianjin	28282	58793	10860	8896	608	13624	14915	13363
河 北	Hebei	88090	117971	18039	5716	113	2052	13128	29594
山 西	Shanxi	102588	75783	30	5051	259	2168	8708	15977
内蒙古	Inner Mongolia	108116	57632	2	7407	185	659	8574	16459
辽 宁	Liaoning	112596	115587	28394	18345	757	12158	25338	16050
吉 林	Jilin	62565	61878	36	3773	172	1741	12702	20332
黑龙江	Heilongjiang	137316	60614	648	10855	579	264	20141	27211
上 海	Shanghai	33685	179731	31571	82811	944	100470	41833	33286
江 苏	Jiangsu	63962	233644	51663	16798	7545	20493	45658	43619
浙 江	Zhejiang	3996	202173	28954	10806	77	12907	19957	33437
安 徽	Anhui	47294	132343	8420	3995	27	5984	15828	23137
福 建	Fujian	33462	96020	14619	27767	33	10074	14760	31962
江 西	Jiangxi	56340	89676	3358	4732	245	898	8605	19350
山 东	Shandong	88039	203676	38377	19734	2787	17391	33728	42768
河 南	Henan	110841	229495	2097	9368	526	4033	26579	28978
湖 北	Hubei	78615	159683	13201	7983	806	3238	13678	32665
湖 南	Hunan	77840	129511	3233	6718	394	1999	12864	26929
广 东	Guangdong	72094	388267	41430	127911	524	59252	48195	88171
广 西	Guangxi	66436	66832	4385	8631		1664	13877	28730
海 南	Hainan	6485	19442	6083	24943	28	1907	3547	10463
重 庆	Chongqing	27194	123672	12140	15112	72	2873	6126	27789
四 川	Sichuan	70829	166837	716	35845	140	3777	12734	29021
贵 州	Guizhou	33450	59640	193	15109	141	300	4887	17942
云 南	Yunnan	39036	75190	245	26144	288	2415	7299	12381
西 藏	Tibet	708	15372		7207		53	636	2202
陕 西	Shaanxi	97418	111013	21	12497	721	5492	11812	32523
甘 肃	Gansu	64837	44324	183	3826	256	645	3780	13729
青 海	Qinghai	23341	19558	9	2473		430	892	5243
宁 夏	Ningxia	19741	11089	186	2800		156	1092	3323
新 疆	Xinjiang	57366	79748	106	9533	3765	1547	3275	11237

16-2 交通运输业基本情况
Basic Conditions of Transport

指　标	Item	2016	2017	2018	2019
运输线路长度　（万公里）	**Length of Transport Routes　(10 000 km)**				
铁路营业里程	Railways in Operation	12.40	12.70	13.17	13.99
公路里程	Highways	469.63	477.35	484.65	501.25
#高速公路	Expressway	13.10	13.64	14.26	14.96
内河航道里程	Navigable Inland Waterways	12.71	12.70	12.71	12.73
定期航班航线里程	Regular Civil Aviation Routes	634.81	748.30	837.98	948.22
管道输油(气)里程	Petroleum and Gas Pipelines	11.34	11.93	12.23	12.66
客运量总计　（万人）	**Total Passenger Traffic　(10 000 persons)**	**1900194**	**1848620**	**1793820**	**1760436**
铁路	Railways	281405	308379	337495	366002
公路	Highways	1542759	1456784	1367170	1301173
水运	Waterways	27234	28300	27981	27267
民航	Civil Aviation	48796	55156	61174	65993
旅客周转量总计　（亿人公里）	**Total Passenger-Kilometers(100 million passenger-km)**	**31258.5**	**32812.8**	**34218.2**	**35349.2**
铁路	Railways	12579.3	13456.9	14146.6	14706.6
公路	Highways	10228.7	9765.2	9279.7	8857.1
水运	Waterways	72.3	77.7	79.6	80.2
民航	Civil Aviation	8378.1	9513.0	10712.3	11705.3
货运量总计　（万吨）	**Total Freight Traffic　(10 000 tons)**	**4386763**	**4804850**	**5152732**	**4713624**
铁路	Railways	333186	368865	402631	438904
公路	Highways	3341259	3686858	3956871	3435480
水运	Waterways	638238	667846	702684	747225
民航	Civil Aviation	668.0	705.9	738.5	753.1
管道	Petroleum and Gas Pipelines	73411	80576	89807	91261
货物周转量　（亿吨公里）	**Total Freight Ton-Kilometers　(100 million ton-km)**	**186629**	**197373**	**204686**	**199394**
铁路	Railways	23792.3	26962.2	28821.0	30182.0
公路	Highways	61080.1	66771.5	71249.2	59636.4
水运	Waterways	97338.8	98611.2	99052.8	103963.0
民航	Civil Aviation	222.45	243.55	262.50	263.20
管道	Petroleum and Gas Pipelines	4196	4784	5301	5350
民用汽车拥有量　（万辆）	**Possession of Civil Motor Vehicles　(10 000 units)**	**18574.54**	**20906.67**	**23231.23**	**25376.38**
#私人汽车	Private Vehicles	16330.22	18515.11	20574.93	22508.99
其他机动车拥有量　（万辆）	**Possession of Other Motor Vehicles　(10 000 units)**	**7449.93**	**7607.88**	**6979.25**	**6899.43**
民用运输船舶拥有量　（艘）	**Possession of Civil Transport Vessels　(unit)**	**160144**	**144924**	**136975**	**131555**
机动船	Motor Vessels	144568	131746	125754	121440
驳船	Barges	15576	13178	11221	10115
沿海港口货物吞吐量　（万吨）	**Volume of Freight Handled in Coastal Ports　(10 000 tons)**	**810933**	**865464**	**922392**	**918774**

注：1.2019年铁路货运量和货物周转量数据来自国家铁路局，同2018年相比统计范围增加部分地方铁路（以下相关表同）。

2.2019年公路货运量及货物周转量统计口径，根据2019道路货物运输量专项调查进行了调整，数据与上年不可比（以下相关表同）。按照调整后可比口径计算，2019年公路货运量、货物周转量比上年分别增长4.2%和0.4%。

3.2018年及以前港口统计范围为规模以上港口，从2019年起港口统计范围调整为全国所有获得港口经营许可的业户（以下相关表同）。

a) In 2019, data on railway freight traffic and freight ton-kilometers are from national railway administration. Compared with 2018, statistical coverage include some local railways. The same applies to the relevant following tables.

b) In 2019, statistical coverages of highway freight traffic and freight ton-kilometers are changed according to the 2019 suvery of road freight transport volume, so the data are not comparable with previous year. The same applies to the relevant following tables. When adjusted to comparable coverage the 2019 highway freight traffic and freight ton-kilometers increased over the previous year 4.2% and 0.4% respectively.

c) In 2018 and before, statistical coverage of ports refers to ports with capacity above designated size. Since 2019, statiscal covergae has changed to all the operators having port business permits.The same applies to the relevant following tables.

16-3 运输线路长度
Length of Transport Routes

单位：万公里 (10 000 km)

年份 Year	铁路营业里程 Length of Railways in Operation	#铁路电气化里程 Electrified Railways	公路里程 Length of Highways	#高速公路 Expressway	内河航道里程 Length of Navigable Inland Waterways	定期航班航线里程 Length of Regular Civil Aviation Routes	#国际航线 International Routes	管道输油(气)里程 Length of Petroleum and Gas Pipelines
1978	5.17	0.10	89.02		13.60	14.89	5.53	0.83
1980	5.33	0.17	88.83		10.85	19.53	8.12	0.87
1985	5.52	0.41	94.24		10.91	27.72	10.60	1.17
1990	5.79	0.69	102.83	0.05	10.92	50.68	16.64	1.59
1991	5.78	0.78	104.11	0.06	10.97	55.91	17.74	1.62
1992	5.81	0.84	105.67	0.07	10.97	83.66	30.30	1.59
1993	5.86	0.89	108.35	0.11	11.02	96.08	27.87	1.64
1994	5.90	0.90	111.78	0.16	11.02	104.56	35.19	1.68
1995	6.24	0.97	115.70	0.21	11.06	112.90	34.82	1.72
1996	6.49	1.01	118.58	0.34	11.08	116.65	38.63	1.93
1997	6.60	1.20	122.64	0.48	10.98	142.50	50.44	2.04
1998	6.64	1.30	127.85	0.87	11.03	150.58	50.44	2.31
1999	6.74	1.40	135.17	1.16	11.65	152.22	52.33	2.49
2000	6.87	1.49	167.98	1.63	11.93	150.29	50.84	2.47
2001	7.01	1.69	169.80	1.94	12.15	155.36	51.69	2.76
2002	7.19	1.74	176.52	2.51	12.16	163.77	57.45	2.98
2003	7.30	1.81	180.98	2.97	12.40	174.95	71.53	3.26
2004	7.44	1.86	187.07	3.43	12.33	204.94	89.42	3.82
2005	7.54	1.94	334.52	4.10	12.33	199.85	85.59	4.40
2006	7.71	2.34	345.70	4.53	12.34	211.35	96.62	4.81
2007	7.80	2.40	358.37	5.39	12.35	234.30	104.74	5.45
2008	7.97	2.50	373.02	6.03	12.28	246.18	112.02	5.83
2009	8.55	3.02	386.08	6.51	12.37	234.51	91.99	6.91
2010	9.12	3.27	400.82	7.41	12.42	276.51	107.02	7.85
2011	9.32	3.43	410.64	8.49	12.46	349.06	149.44	8.33
2012	9.76	3.55	423.75	9.62	12.50	328.01	128.47	9.16
2013	10.31	3.60	435.62	10.44	12.59	410.60	150.32	9.85
2014	11.18	3.69	446.39	11.19	12.63	463.72	176.72	10.57
2015	12.10	7.47	457.73	12.35	12.70	531.72	239.44	10.87
2016	12.40	8.03	469.63	13.10	12.71	634.81	282.80	11.34
2017	12.70	8.66	477.35	13.64	12.70	748.30	324.59	11.93
2018	13.17	9.22	484.65	14.26	12.71	837.98	359.89	12.23
2019	13.99	10.04	501.25	14.96	12.73	948.22	401.47	12.66

注：1.铁路电气化里程2014年及以前为国家铁路电气化里程，2015年起为全国铁路电气化里程。
2.2005年起公路里程包括村道(以下相关表同)。
3.2004年起内河航道里程为内河航道通航里程数(以下相关表同)。
4.2011年起民航航线里程改为定期航班航线里程(以下相关表同)。
5.2013年管道运输统计口径有所调整，2012年管道数据按同口径调整(以下相关表同)。

a) Length of electrified railways refers to national electrified railways before 2014, and refers to electrified railways of the whole country since 2015.
b) Length of highways include the village road since 2005. The same applies to the relevant following tables.
c) Since 2004, length of inland waterways refer to navigable inland waterways. The same applies to the relevant following tables.
d) Since 2011, length of civil aviation routes has been change to regular civil aviation routes. The same applies to the relevant following tables.
e) In 2013, the pipelines transport statistics were adjusted, the 2012 data on pipelines transport are adjusted for data comparability. The same applies in the relevant following tables.

16-4 分地区运输线路长度（2019年底）
Length of Transport Routes by Region (End of 2019)

单位：公里 (km)

地 区	Region	铁路营业里程 Length of Railways in Operation	内河航道里程 Length of Navigable Inland Waterways	公路里程 Total Length of Highways	等级公路 Expressway and Class I to IV Highways	#高速 Expressway	#一级 Class I	#二级 Class II	等外公路 Highways Below Class IV
全 国	**National Total**	**139926**	**127298**	**5012496**	**4698725**	**149571**	**117061**	**405345**	**313771**
北 京	Beijing	1367		22366	22366	1168	1494	4024	
天 津	Tianjin	1185	88	16132	16132	1295	1221	2912	
河 北	Hebei	7791		196983	193001	7476	6844	21312	3982
山 西	Shanxi	5890	467	144283	142660	5711	2768	15874	1622
内蒙古	Inner Mongolia	13016	2403	206089	199362	6633	8443	18778	6727
辽 宁	Liaoning	6512	413	124767	117943	4331	4152	18478	6825
吉 林	Jilin	5043	1456	106660	101967	3584	2204	9760	4693
黑龙江	Heilongjiang	6781	5098	168710	144966	4512	3038	12361	23744
上 海	Shanghai	467	2028	13045	13045	845	553	3664	
江 苏	Jiangsu	3587	24372	159937	157954	4865	15260	23878	1983
浙 江	Zhejiang	2842	9767	121813	121710	4643	7383	10673	103
安 徽	Anhui	4844	5651	218295	217791	4877	5377	11676	503
福 建	Fujian	3514	3245	109785	93753	5347	1477	11148	16032
江 西	Jiangxi	4905	5638	209131	195458	6144	2765	11862	13673
山 东	Shandong	6633	1117	280325	279931	6447	11562	26512	394
河 南	Henan	6467	1403	269832	248155	6967	4007	27813	21677
湖 北	Hubei	5165	8488	289029	281422	6860	6465	23936	7607
湖 南	Hunan	5579	11496	240566	226590	6802	2232	15298	13976
广 东	Guangdong	4720	12112	220290	214923	9495	11534	19152	5368
广 西	Guangxi	5206	5707	127819	118793	6026	1591	13789	9026
海 南	Hainan	1033	343	38107	37878	1163	459	1930	229
重 庆	Chongqing	2359	4352	174284	155186	3233	953	8777	19098
四 川	Sichuan	5242	10818	337095	318092	7523	4310	16652	19003
贵 州	Guizhou	3753	3751	204723	170883	7005	1397	9280	33840
云 南	Yunnan	4053	4223	262409	231741	6003	1546	12770	30668
西 藏	Tibet	785		103951	91762	38	582	1055	12189
陕 西	Shaanxi	5419	1146	180070	166132	5593	1919	10121	13937
甘 肃	Gansu	4830	911	151443	146377	4453	763	10538	5066
青 海	Qinghai	2449	674	83761	71955	3451	589	8717	11806
宁 夏	Ningxia	1553	130	36576	36535	1788	1939	4015	41
新 疆	Xinjiang	6935		194222	164263	5293	2236	18590	29959

16-5 运输线路质量
Quality of Transport Routes

指 标		Item		1990	2000	2010	2018	2019
铁路营业里程	**(公里)**	**Length of Railways in Operation**	**(km)**	**53378**	**58656**	**66239**	**131651**	**139926**
#复线里程	(公里)	Double-Tracking Length	(km)	13024	21408	29684	76346	83044
复线里程比重	(%)	Proportion	(%)	24.4	36.5	44.8	58.0	59.3
公路里程	**(公里)**	**Length of Highways**	**(km)**	**1028348**	**1679848**	**4008229**	**4846532**	**5012496**
#等级公路里程	(公里)	Expressway and Class I to IV Highways	(km)	741104	1315931	3304709	4465864	4698725
等级公路里程比重	(%)	Proportion	(%)	72.1	78.3	82.4	92.1	93.7
内河航道里程	**(公里)**	**Length of Navigable Inland Waterways**	**(km)**	**109192**	**119325**	**124242**	**127126**	**127298**
#等级航道里程	(公里)	Standard Waterways	(km)	59575	61367	62290	66442	66749
等级航道里程比重	(%)	Proportion	(%)	54.6	51.4	50.1	52.3	52.4

注：铁路营业里程2014年及以前为国家铁路营业里程，2015年起为全国铁路营业里程。

a) Length of railways in operation refers to that of national railways before 2015, and refers to railways of the whole country since 2015.

16-6 客　运　量
Passenger Traffic

单位：万人　　　　(10 000 persons)

年　份 Year	客运量总计 Total	铁　路 Railways	公　路 Highways	水　运 Waterways	民　航 Civil Aviation
1978	253993	81491	149229	23042	231
1980	341785	92204	222799	26439	343
1985	620206	112110	476486	30863	747
1990	772682	95712	648085	27225	1660
1991	806048	95080	682681	26109	2178
1992	860855	99693	731774	26502	2886
1993	996634	105458	860719	27074	3383
1994	1092882	108738	953940	26165	4039
1995	1172596	102745	1040810	23924	5117
1996	1245357	94797	1122110	22895	5555
1997	1326094	93308	1204583	22573	5630
1998	1378717	95085	1257332	20545	5755
1999	1394413	100164	1269004	19151	6094
2000	1478573	105073	1347392	19386	6722
2001	1534122	105155	1402798	18645	7524
2002	1608150	105606	1475257	18693	8594
2003	1587497	97260	1464335	17142	8759
2004	1767453	111764	1624526	19040	12123
2005	1847018	115583	1697381	20227	13827
2006	2024158	125656	1860487	22047	15968
2007	2227761	135670	2050680	22835	18576
2008	2867892	146193	2682114	20334	19251
2009	2976898	152451	2779081	22314	23052
2010	3269508	167609	3052738	22392	26769
2011	3526319	186226	3286220	24556	29317
2012	3804035	189337	3557010	25752	31936
2013	2122992	210597	1853463	23535	35397
2014	2032218	230460	1736270	26293	39195
2015	1943271	253484	1619097	27072	43618
2016	1900194	281405	1542759	27234	48796
2017	1848620	308379	1456784	28300	55156
2018	1793820	337495	1367170	27981	61174
2019	1760436	366002	1301173	27267	65993

注：1.从1979年起，公路运输包括社会车辆完成数量，从1984年起，还包括私营运输完成的数量(下表同)。从2008年起，公路、水路运输量统计口径有调整，公路运输量统计范围原则上为营运车辆，水路运输量统计范围为在交通运输主管部门审批、备案、从事营业性旅客和货物运输生产的船舶(以下相关表同)。

2.2013年公路水路客货运输数据，源自2013年交通运输业经济统计专项调查，统计范围口径有所调整(以下相关表同)。

3.2014年、2015年公路水路运输量统计数据根据2015年开展的公路水路运输量小样本抽样调查结果进行了调整。

a) Since 1979, passenger traffic by highways included the quantities transported by vehicles of non-highway departments. Since 1984, it also included the quantities transported by private vehicles. The same applies to following tables. Data since 2008 on total passenger traffic and freight traffic of highway and waterways were adjusted, passenger traffic by highways refers to all operational vehicles. Statistical coverage of passenger traffic by waterways includes vessels engaged in passengers and goods transport for business purpose, with approval and registertion by the transportation departments. The same applies to the relevant following tables.

b) The 2013 figures on passenger traffic and freight traffic are calculated with the data from the 2013 survey of transport economics, and have different coverages. The same applies to the relevant following tables.

c) Data of transport of highways and waterways in 2014 and 2015 are adjusted according to small-sized sample survey on transport of highways and waterways conducted in 2015.

16-7 旅 客 周 转 量
Passenger-Kilometers

单位：亿人公里 (100 million passenger-km)

年 份 Year	旅客周转量 总 计 Total	铁 路 Railways	公 路 Highways	水 运 Waterways	民 航 Civil Aviation
1978	1743.1	1093.2	521.3	100.6	27.9
1980	2281.3	1383.2	729.5	129.1	39.6
1985	4435.4	2416.1	1724.9	178.7	115.7
1990	5628.4	2612.6	2620.3	164.9	230.5
1991	6178.3	2828.1	2871.7	177.2	301.3
1992	6949.4	3152.2	3192.6	198.4	406.1
1993	7858.0	3483.3	3700.7	196.4	477.6
1994	8591.4	3636.0	4220.3	183.5	551.6
1995	9001.9	3545.7	4603.1	171.8	681.3
1996	9164.8	3347.6	4908.8	160.6	747.8
1997	10055.5	3584.9	5541.4	155.7	773.5
1998	10636.7	3773.4	5942.8	120.3	800.2
1999	11299.7	4135.9	6199.2	107.3	857.3
2000	12261.1	4532.6	6657.4	100.5	970.5
2001	13155.1	4766.8	7207.1	89.9	1091.4
2002	14125.6	4969.4	7805.8	81.8	1268.7
2003	13810.5	4788.6	7695.6	63.1	1263.2
2004	16309.1	5712.2	8748.4	66.3	1782.3
2005	17466.7	6062.0	9292.1	67.8	2044.9
2006	19197.2	6622.1	10130.8	73.6	2370.7
2007	21592.6	7216.3	11506.8	77.8	2791.7
2008	23196.7	7778.6	12476.1	59.2	2882.8
2009	24834.9	7878.9	13511.4	69.4	3375.2
2010	27894.3	8762.2	15020.8	72.3	4039.0
2011	30984.0	9612.3	16760.2	74.5	4537.0
2012	33383.1	9812.3	18467.5	77.5	5025.7
2013	27571.7	10595.6	11250.9	68.3	5656.8
2014	28647.1	11241.9	10996.8	74.3	6334.2
2015	30058.9	11960.6	10742.7	73.1	7282.6
2016	31258.5	12579.3	10228.7	72.3	8378.1
2017	32812.8	13456.9	9765.2	77.7	9513.0
2018	34218.2	14146.6	9279.7	79.6	10712.3
2019	35349.2	14706.6	8857.1	80.2	11705.3

16-8 货 运 量
Freight Traffic

单位：万吨 (10 000 tons)

年 份 Year	货运量总计 Total	铁 路 Railways	公 路 Highways	水 运 Waterways	#远 洋 Ocean	民 航 Civil Aviation	管 道 Petroleum and Gas Pipelines
1978	319431	110119	151602	47357	3659	6.4	10347
1980	310841	111279	142195	46833	4292	8.9	10525
1985	745763	130709	538062	63322	6627	19.5	13650
1990	970602	150681	724040	80094	9408	37.0	15750
1991	985793	152893	733907	83370	10567	45.2	15578
1992	1045899	157627	780941	92490	11191	57.5	14783
1993	1115902	162794	840256	97938	12508	69.4	14845
1994	1180396	163216	894914	107091	13421	82.9	15092
1995	1234938	165982	940387	113194	15251	101.1	15274
1996	1298421	171024	983860	127430	14213	115.0	15992
1997	1278218	172149	976536	113406	20287	124.7	16002
1998	1267427	164309	976004	109555	18892	140.1	17419
1999	1293008	167554	990444	114608	22621	170.4	20232
2000	1358682	178581	1038813	122391	22949	196.7	18700
2001	1401786	193189	1056312	132675	27573	171.0	19439
2002	1483447	204956	1116324	141832	29896	202.1	20133
2003	1564492	224248	1159957	158070	34002	219.0	21998
2004	1706412	249017	1244990	187394	39469	276.7	24734
2005	1862066	269296	1341778	219648	48549	306.7	31037
2006	2037060	288224	1466347	248703	54413	349.4	33436
2007	2275822	314237	1639432	281199	58903	401.8	40552
2008	2585937	330354	1916759	294510	42352	407.6	43906
2009	2825222	333348	2127834	318996	51733	445.5	44598
2010	3241807	364271	2448052	378949	58054	563.0	49972
2011	3696961	393263	2820100	425968	63542	557.5	57073
2012	4100436	390438	3188475	458705	65815	545.0	62274
2013	4098900	396697	3076648	559785	71156	561.3	65209
2014	4167296	381334	3113334	598283	74733	594.1	73752
2015	4175886	335801	3150019	613567	74685	629.3	75870
2016	4386763	333186	3341259	638238	79769	668.0	73411
2017	4804850	368865	3686858	667846	76030	705.9	80576
2018	5152732	402631	3956871	702684	76969	738.5	89807
2019	4713624	438904	3435480	747225	83243	753.1	91261

注：1993年起铁路货物运输增加行包运量(下表同)。

a) Railways freight includes the freight of packages since 1993. The same applies to the following tables.

16-9 货 物 周 转 量
Freight Ton-Kilometers

单位：亿吨公里 (100 million ton-km)

年 份 Year	货物周转量总计 Total	铁 路 Railways	公 路 Highways	水 运 Waterways	#远 洋 Ocean	民 航 Civil Aviation	管 道 Petroleum and Gas Pipelines
1978	9928	5345.2	350.3	3801.8	2487	0.97	430
1980	11629	5717.5	342.9	5076.5	3532	1.41	491
1985	18365	8125.7	1903.0	7729.3	5329	4.15	603
1990	26208	10622.4	3358.1	11591.9	8141	8.18	627
1991	27987	10972.0	3428.0	12955.4	8990	10.10	621
1992	29218	11575.6	3755.4	13256.2	9034	13.42	617
1993	30647	12090.9	4070.5	13860.8	9134	16.61	608
1994	33435	12632.0	4486.3	15686.6	10268	18.58	612
1995	35909	13049.5	4694.9	17552.2	11938	22.30	590
1996	36590	13106.2	5011.2	17862.5	11254	24.93	585
1997	38385	13269.9	5271.5	19235.0	14875	29.10	579
1998	38089	12560.1	5483.4	19405.8	14920	33.45	606
1999	40568	12910.3	5724.3	21262.8	17014	42.34	628
2000	44321	13770.5	6129.4	23734.2	17073	50.27	636
2001	47710	14694.1	6330.4	25988.9	20873	43.72	653
2002	50686	15658.4	6782.5	27510.6	21733	51.55	683
2003	53859	17246.7	7099.5	28715.8	22305	57.90	739
2004	69445	19288.8	7840.9	41428.7	32255	71.80	815
2005	80258	20726.0	8693.2	49672.3	38552	78.90	1088
2006	88840	21954.4	9754.2	55485.7	42577	94.28	1551
2007	101419	23797.0	11354.7	64284.8	48686	116.39	1866
2008	110300	25106.3	32868.2	50262.7	32851	119.60	1944
2009	122133	25239.2	37188.8	57556.7	39524	126.23	2022
2010	141837	27644.1	43389.7	68427.5	45999	178.90	2197
2011	159324	29465.8	51374.7	75423.8	49355	173.91	2885
2012	173804	29187.1	59534.9	81707.6	53412	163.89	3211
2013	168014	29173.9	55738.1	79435.7	48705	170.29	3496
2014	181668	27530.2	56846.9	92774.6	55935	187.77	4328
2015	178356	23754.3	57955.7	91772.5	54236	208.07	4665
2016	186629	23792.3	61080.1	97338.8	58075	222.45	4196
2017	197373	26962.2	66771.5	98611.2	55084	243.55	4784
2018	204686	28821.0	71249.2	99052.8	51927	262.50	5301
2019	199394	30182.0	59636.4	103963.0	54057	263.20	5350

16-10 旅客运输平均运距
Average Transport Distance of Passengers

单位：公里 (km)

年 份 Year	总 计 Total	铁 路 Railways	公 路 Highways	水 运 Waterways	民 航 Civil Aviation
1978	69	134	35	44	1208
1980	67	150	33	49	1153
1985	72	216	36	58	1563
1990	73	273	40	61	1388
1991	77	297	42	68	1383
1992	81	316	44	75	1407
1993	79	330	43	73	1412
1994	79	334	44	70	1366
1995	77	345	44	72	1331
1996	74	353	44	70	1346
1997	76	384	46	69	1374
1998	77	397	47	59	1391
1999	81	413	49	56	1407
2000	83	431	49	52	1444
2001	86	453	51	48	1450
2002	88	471	53	44	1476
2003	87	492	53	37	1442
2004	92	511	54	35	1470
2005	95	524	55	34	1479
2006	95	527	54	33	1485
2007	97	532	56	34	1503
2008	81	532	47	29	1497
2009	83	517	49	31	1464
2010	85	523	49	32	1509
2011	88	516	51	30	1548
2012	88	518	52	30	1574
2013	130	503	61	29	1598
2014	141	488	63	28	1616
2015	155	472	66	27	1670
2016	165	447	66	27	1717
2017	177	436	67	27	1725
2018	191	419	68	28	1751
2019	201	402	68	29	1774

16-11 货物运输平均运距
Average Transport Distance of Freight

单位：公里 (km)

年 份 Year	总 计 Total	铁 路 Railways	公 路 Highways	水 运 Waterways	民 航 Civil Aviation	管 道 Petroleum and Gas Pipelines
1978	395	485	32	873	1516	416
1980	220	514	20	1184	1580	467
1985	246	622	35	1221	2129	442
1990	270	705	46	1447	2211	398
1991	284	718	47	1554	2234	399
1992	279	734	48	1433	2335	417
1993	275	743	48	1415	2394	410
1994	283	774	50	1465	2241	406
1995	291	786	50	1551	2206	386
1996	282	766	51	1402	2168	366
1997	300	771	54	1696	2334	362
1998	301	764	56	1771	2388	348
1999	314	771	58	1855	2485	310
2000	326	771	59	1939	2555	340
2001	340	761	60	1959	2556	336
2002	342	764	61	1940	2551	339
2003	344	769	61	1817	2643	336
2004	407	775	63	2211	2595	329
2005	431	770	65	2261	2572	350
2006	436	762	67	2231	2698	464
2007	446	757	69	2286	2896	460
2008	427	760	171	1707	2934	443
2009	432	757	175	1804	2833	453
2010	438	759	177	1806	3177	440
2011	431	749	182	1771	3120	506
2012	424	748	187	1781	3007	516
2013	410	735	181	1419	3034	536
2014	436	722	183	1551	3161	587
2015	427	707	184	1496	3306	615
2016	425	714	183	1525	3330	572
2017	411	731	181	1477	3450	594
2018	397	716	180	1410	3554	590
2019	423	688	174	1391	3495	586

16-12 分地区客运量(2019年)
Passenger Traffic by Region (2019)

单位：万人 (10 000 persons)

地 区	Region	合 计 Total	铁 路 Railways	公 路 Highways	水 运 Waterways
全 国	**National Total**	**1760436**	**366002**	**1301173**	**27267**
北 京	Beijing	62977	14825	48151	
天 津	Tianjin	17679	5332	12206	141
河 北	Hebei	44733	13013	31719	1
山 西	Shanxi	22305	8153	14010	142
内蒙古	Inner Mongolia	12158	5640	6518	
辽 宁	Liaoning	70266	15137	54599	530
吉 林	Jilin	31599	8623	22881	94
黑龙江	Heilongjiang	29751	11223	18212	317
上 海	Shanghai	16442	12834	3168	441
江 苏	Jiangsu	120298	23739	94475	2084
浙 江	Zhejiang	101893	24309	72799	4785
安 徽	Anhui	59275	13410	45643	222
福 建	Fujian	45761	12741	31199	1821
江 西	Jiangxi	58069	11938	45933	198
山 东	Shandong	68920	17325	49581	2014
河 南	Henan	109297	17709	91281	307
湖 北	Hubei	87432	17216	69584	632
湖 南	Hunan	101428	15626	84162	1641
广 东	Guangdong	142326	38699	101012	2614
广 西	Guangxi	47085	11777	34539	770
海 南	Hainan	14187	3085	9366	1736
重 庆	Chongqing	60153	8407	50990	756
四 川	Sichuan	91668	17352	72387	1930
贵 州	Guizhou	93756	7196	84255	2305
云 南	Yunnan	38381	6553	30681	1147
西 藏	Tibet	1365	345	1020	
陕 西	Shaanxi	70761	11461	59015	285
甘 肃	Gansu	42133	5969	36085	80
青 海	Qinghai	6313	1148	5071	94
宁 夏	Ningxia	5754	666	4905	183
新 疆	Xinjiang	20276	4550	15726	
不分地区	Not Classified by Region	65993			

注：不分地区合计数为民航完成数(下表同)。

a) The total passenger traffic not classified by region refers to that completed by civil aviation. The same applies to the following table.

16-13 分地区旅客周转量（2019年）
Passenger-kilometers by Region (2019)

单位：亿人公里 (100 million passenger-km)

地 区	Region	合 计 Total	铁 路 Railways	公 路 Highways	水 运 Waterways
全 国	**National Total**	**35349.24**	**14706.64**	**8857.08**	**80.22**
北 京	Beijing	263.68	158.90	104.78	
天 津	Tianjin	287.40	208.52	78.67	0.22
河 北	Hebei	1311.11	1089.54	221.47	0.09
山 西	Shanxi	395.57	236.69	158.82	0.06
内蒙古	Inner Mongolia	313.25	211.61	101.64	
辽 宁	Liaoning	945.22	656.85	282.36	6.01
吉 林	Jilin	424.89	276.15	148.59	0.14
黑龙江	Heilongjiang	429.00	289.37	139.27	0.35
上 海	Shanghai	226.94	117.69	108.49	0.77
江 苏	Jiangsu	1565.76	863.90	698.19	3.67
浙 江	Zhejiang	1128.60	743.26	378.39	6.95
安 徽	Anhui	1164.81	824.33	340.17	0.30
福 建	Fujian	588.89	396.25	189.99	2.66
江 西	Jiangxi	984.24	739.72	244.25	0.28
山 东	Shandong	1337.98	831.04	492.56	14.39
河 南	Henan	1798.68	1099.00	699.03	0.66
湖 北	Hubei	1200.36	803.51	392.09	4.76
湖 南	Hunan	1442.96	1006.05	433.47	3.45
广 东	Guangdong	2125.72	1023.05	1092.97	9.71
广 西	Guangxi	817.45	481.29	332.66	3.50
海 南	Hainan	130.36	52.61	73.66	4.08
重 庆	Chongqing	487.95	239.24	242.98	5.73
四 川	Sichuan	872.68	433.20	437.66	1.82
贵 州	Guizhou	832.94	353.97	471.47	7.50
云 南	Yunnan	441.48	187.92	251.27	2.30
西 藏	Tibet	45.31	18.08	27.23	
陕 西	Shaanxi	803.83	523.62	279.71	0.50
甘 肃	Gansu	647.07	419.11	227.83	0.13
青 海	Qinghai	128.23	78.09	50.05	0.10
宁 夏	Ningxia	87.04	40.93	46.01	0.10
新 疆	Xinjiang	414.53	303.15	111.38	
不分地区	Not Classified by Region	11705.30			

16-14 分地区货运量（2019年）
Freight Traffic by Region (2019)

单位：万吨 (10 000 tons)

地区	Region	合计 Total	铁路 Railways	公路 Highways	水运 Waterways
全国	**National Total**	**4713624**	**438904**	**3435480**	**747225**
北京	Beijing	22808	484	22325	
天津	Tianjin	50093	9888	31250	8955
河北	Hebei	242445	26823	211461	4160
山西	Shanxi	192192	91321	100847	24
内蒙古	Inner Mongolia	188450	77576	110874	
辽宁	Liaoning	178253	21199	144556	12498
吉林	Jilin	43193	5962	37217	14
黑龙江	Heilongjiang	50475	12073	37623	780
上海	Shanghai	121124	487	50656	69981
江苏	Jiangsu	262749	7501	164578	90670
浙江	Zhejiang	289011	4450	177683	106878
安徽	Anhui	368248	7997	235269	124982
福建	Fujian	134419	4840	87317	42263
江西	Jiangxi	150950	5065	135554	10331
山东	Shandong	309533	25650	266124	17758
河南	Henan	219024	10905	190883	17235
湖北	Hubei	188133	5480	143549	39105
湖南	Hunan	189740	4554	165096	20090
广东	Guangdong	358397	10282	239744	108371
广西	Guangxi	183036	8405	142751	31881
海南	Hainan	18456	1133	6770	10552
重庆	Chongqing	112970	1911	89965	21094
四川	Sichuan	177283	7718	162668	6896
贵州	Guizhou	83402	5523	76205	1674
云南	Yunnan	122727	4886	117145	696
西藏	Tibet	4025	55	3969	
陕西	Shaanxi	154749	44751	109801	197
甘肃	Gansu	63610	5366	58228	16
青海	Qinghai	15057	3335	11722	
宁夏	Ningxia	42511	8151	34360	
新疆	Xinjiang	84423	15133	69290	
不分地区	Not Classified by Region	92139			124

注：不分地区合计数中包括民航、管道等完成数(下表同)。

a) The freight ton-kilometers not classified by region refers to that completed by civil aviation and pipelines,etc. The same applies to the following table.

16-15 分地区货物周转量（2019年）
Freight Ton-kilometers by Region (2019)

单位：亿吨公里 (100 million ton-km)

地 区	Region	合 计 Total	铁 路 Railways	公 路 Highways	水 运 Waterways
全 国	**National Total**	**199394.33**	**30181.95**	**59636.39**	**103963.04**
北 京	Beijing	1089.40	813.72	275.68	
天 津	Tianjin	2662.45	517.07	599.36	1546.01
河 北	Hebei	13563.38	4937.18	8027.16	599.04
山 西	Shanxi	5466.48	2774.75	2691.60	0.13
内蒙古	Inner Mongolia	4689.49	2734.98	1954.51	
辽 宁	Liaoning	8921.43	1231.62	2662.54	5027.27
吉 林	Jilin	1802.73	539.90	1262.77	0.06
黑龙江	Heilongjiang	1615.08	814.38	795.15	5.56
上 海	Shanghai	30324.90	14.60	839.18	29471.12
江 苏	Jiangsu	9947.68	333.37	3234.82	6379.49
浙 江	Zhejiang	12391.92	236.11	2082.11	10073.71
安 徽	Anhui	10245.79	753.52	3267.59	6224.68
福 建	Fujian	8292.13	194.06	962.48	7135.60
江 西	Jiangxi	3860.27	564.58	3040.32	255.38
山 东	Shandong	10166.42	1524.67	6746.20	1895.55
河 南	Henan	8658.54	2146.45	5299.76	1212.33
湖 北	Hubei	6132.40	938.73	2268.11	2925.55
湖 南	Hunan	2593.58	855.38	1316.65	421.55
广 东	Guangdong	27373.67	301.45	2563.96	24508.26
广 西	Guangxi	3989.18	752.84	1470.88	1765.46
海 南	Hainan	1648.03	16.77	40.80	1590.46
重 庆	Chongqing	3614.15	208.18	952.59	2453.38
四 川	Sichuan	2710.83	877.71	1527.55	305.57
贵 州	Guizhou	1235.32	641.64	548.48	45.19
云 南	Yunnan	1552.05	519.41	1015.20	17.44
西 藏	Tibet	154.38	39.91	114.47	
陕 西	Shaanxi	3482.15	1750.15	1731.42	0.59
甘 肃	Gansu	2496.28	1516.69	979.56	0.03
青 海	Qinghai	398.43	272.10	126.33	
宁 夏	Ningxia	650.99	213.60	437.39	
新 疆	Xinjiang	1948.19	1146.43	801.76	
不分地区	Not Classified by Region	5716.61			103.66

16-16 按货类分国家铁路货物运输量
National Railway Freight Traffic by Category of Cargo

项　目	Item	2018			2019		
		货运量（万吨）Freight Traffic (10 000 tons)	货物周转量（百万吨公里）Freight Ton-kilometers (million ton-kilometers)	平均运距（公里）Average Transport Distance (km)	货运量（万吨）Freight Traffic (10 000 tons)	货物周转量（百万吨公里）Freight Ton-kilometers (million ton-kilometers)	平均运距（公里）Average Transport Distance (km)
总　计	**Total**	**318958**	**2578494**	**808**	**343905**	**2699281**	**785**
#煤	Coal	166422	1096365	659	172263	1133499	658
焦　炭	Coke	8512	90603	1064	8736	92557	1059
石　油	Petroleum	11508	86220	749	11761	86922	739
钢铁及有色金属	Steel, Iron and Non-Ferrous Metal	18474	165611	896	20467	179369	876
金属矿石	Metal Ores	41870	225032	537	46426	237270	511
非金属矿石	Non-metal Ores	6273	35188	561	7824	45341	580
磷矿石	Phosphorus Ore	1633	13359	818	1347	10669	792
矿建材料	Mineral Building Materials	7928	26885	339	12022	38987	324
水　泥	Cement	2436	8265	339	2418	8969	371
木　材	Timber	2187	16457	752	1996	15374	770
粮　食	Grain	8451	160810	1903	7836	155204	1981
零　担	Less-Than-Truckload	332	3911	1179	9	111	1204
集装箱	Containers	25647	345990	1349	33491	393127	1174

注：本表货运量和货物周转量不包括行包运量。
a) Freight traffic and freight ton-kilometers in the table do not include package freight.

16-17 国家铁路地区间货物交流(2019年)
Cross-region Freight Transport of National Railways (2019)

单位：万吨 (10 000 tons)

到达省 Receiver / 发送省 Sender		合计 Total	北京 Beijing	天津 Tianjin	河北 Hebei	山西 Shanxi	内蒙古 Inner Mongolia	辽宁 Liaoning	吉林 Jilin	黑龙江 Heilongjiang	上海 Shanghai
总 计	**National Total**	**341990**	**1523**	**12274**	**73875**	**10618**	**15337**	**27369**	**10114**	**12009**	**571**
北 京	Beijing	449	58	37	105	51	24	4	6	2	1
天 津	Tianjin	9887	32	6163	2079	93	1090	8	11	12	0
河 北	Hebei	20488	813	2165	12441	1183	121	351	42	78	32
山 西	Shanxi	85840	137	1763	47376	5328	331	2014	186	68	19
内蒙古	Inner Mongolia	40929	119	1538	8316	276	11975	4798	5310	5306	13
辽 宁	Liaoning	19323	167	173	331	79	880	13626	2323	956	5
吉 林	Jilin	5617	41	40	47	15	113	2414	1384	396	6
黑龙江	Heilongjiang	11472	24	41	87	24	296	3800	649	4983	12
上 海	Shanghai	447	8	2	4	7	3	5	4	1	1
江 苏	Jiangsu	6113	2	2	14	396	30	9	7	6	49
浙 江	Zhejiang	3678	4	1	6	17	20	1	6	2	83
安 徽	Anhui	7993	0	1	25	8	6	21	7	7	14
福 建	Fujian	4085	1	0	1	2	3	1	1	1	26
江 西	Jiangxi	4961	1	1	1	2	25	2	2	2	32
山 东	Shandong	21033	51	4	1311	2197	106	15	16	30	9
河 南	Henan	9884	4	6	172	59	29	111	23	30	30
湖 北	Hubei	4902	6	2	27	7	15	23	22	35	5
湖 南	Hunan	4420	4	3	6	2	16	3	1	1	12
广 东	Guangdong	7946	15	0	5	3	12	6	1	1	18
广 西	Guangxi	8403	1	0	1	1	0	6	0	0	1
海 南	Hainan	1133	0	0	0	0				0	0
重 庆	Chongqing	1692	1	4	1	2	8	5	0	1	1
四 川	Sichuan	6047	7	5	19	9	14	5	14	8	32
贵 州	Guizhou	5522	0	1	19	31	8	2	6	34	1
云 南	Yunnan	4666	1	3	42	8	24	5	6	7	41
西 藏	Tibet	55	4	1	1	0	0	0	0	0	1
陕 西	Shaanxi	18095	1	47	1150	738	52	16	11	7	30
甘 肃	Gansu	5314	2	27	23	8	7	8	2	5	43
青 海	Qinghai	3223	3	13	90	27	78	25	43	9	1
宁 夏	Ningxia	3245	4	55	106	10	20	70	25	16	5
新 疆	Xinjiang	15127	13	176	68	37	31	15	7	6	49

16-17 续表 1 continued

单位：万吨 (10 000 tons)

发送省 Sender \ 到达省 Receiver	江苏 Jiangsu	浙江 Zhejiang	安徽 Anhui	福建 Fujian	江西 Jiangxi	山东 Shandong	河南 Henan	湖北 Hubei	湖南 Hunan	广东 Guangdong	广西 Guangxi
总 计 National Total	**7942**	**4632**	**10188**	**3885**	**7951**	**27380**	**16655**	**9923**	**8846**	**7106**	**8310**
北 京 Beijing	8	9	6	1	0	12	38	8	8	5	1
天 津 Tianjin	7	21	13	1	6	14	14	27	24	2	0
河 北 Hebei	188	82	99	9	113	820	843	244	120	76	29
山 西 Shanxi	2698	258	1670	146	525	11461	4396	2732	1331	121	195
内蒙古 Inner Mongolia	84	51	74	18	108	773	362	203	169	17	19
辽 宁 Liaoning	31	11	78	4	23	185	137	55	35	9	2
吉 林 Jilin	37	9	178	19	50	142	212	89	78	15	1
黑龙江 Heilongjiang	32	19	95	1	21	198	297	72	79	20	1
上 海 Shanghai	33	25	17	11	16	14	24	11	18	43	10
江 苏 Jiangsu	1446	38	863	16	98	105	1259	39	53	40	20
浙 江 Zhejiang	32	2432	37	36	594	21	28	10	16	76	6
安 徽 Anhui	1046	301	4748	49	434	115	421	310	124	42	36
福 建 Fujian	6	88	5	2435	1282	4	2	3	4	116	5
江 西 Jiangxi	27	277	25	577	2527	4	2	110	637	298	44
山 东 Shandong	438	59	461	21	295	10396	2580	247	90	52	34
河 南 Henan	539	171	657	191	364	282	2498	1406	577	362	338
湖 北 Hubei	19	52	348	51	57	54	612	1724	229	191	141
湖 南 Hunan	41	38	5	8	198	16	10	98	2658	654	232
广 东 Guangdong	4	9	8	13	325	8	30	96	897	3126	1746
广 西 Guangxi	2	9	11	3	26	7	42	28	325	824	3505
海 南 Hainan	0	0		1	3	0	0	1	4	4	9
重 庆 Chongqing	1	9	2	3	1	9	5	3	15	18	109
四 川 Sichuan	17	26	18	8	13	45	51	86	42	109	268
贵 州 Guizhou	11	35	3	106	70	48	76	186	82	207	624
云 南 Yunnan	65	51	14	16	23	70	32	26	71	212	702
西 藏 Tibet	2	2	2	0	1	1	9	1	1	3	2
陕 西 Shaanxi	331	88	511	18	494	1983	1729	1516	962	49	62
甘 肃 Gansu	110	59	92	19	144	59	288	221	40	71	31
青 海 Qinghai	90	45	71	13	35	127	94	170	41	42	33
宁 夏 Ningxia	144	69	26	33	23	148	226	80	34	47	62
新 疆 Xinjiang	453	288	51	60	83	258	338	122	82	256	42

16-17 续表 2 continued

单位：万吨 (10 000 tons)

发送省 Sender \ 到达省 Receiver		海南 Hainan	重庆 Chongqing	四川 Sichuan	贵州 Guizhou	云南 Yunnan	西藏 Tibet	陕西 Shaanxi	甘肃 Gansu	青海 Qinghai	宁夏 Ningxia	新疆 Xinjiang
总　计	**National Total**	**1229**	**6395**	**13833**	**6263**	**8529**	**765**	**6855**	**6337**	**2201**	**1448**	**11626**
北　京	Beijing	1	19	14	2	3	1	10	5	2	1	7
天　津	Tianjin	0	17	40	11	17	1	14	30	2	79	55
河　北	Hebei	0	120	193	71	78	10	71	37	6	11	42
山　西	Shanxi	1	483	966	435	145	2	148	168	86	186	467
内蒙古	Inner Mongolia	0	147	300	50	76	6	245	237	78	191	70
辽　宁	Liaoning	0	16	59	19	40	4	39	14	2	7	15
吉　林	Jilin	0	30	108	60	104	1	18	4	2	1	4
黑龙江	Heilongjiang	0	81	369	104	86	12	36	11	6	7	9
上　海	Shanghai	2	20	76	12	13	3	25	5	3	1	28
江　苏	Jiangsu	3	34	218	59	92	11	738	314	52	6	96
浙　江	Zhejiang	5	21	21	42	39	4	26	18	4	6	63
安　徽	Anhui	1	25	65	56	55	4	25	12	1	1	34
福　建	Fujian	0	23	21	9	20	1	5	4	0	1	14
江　西	Jiangxi	1	74	50	121	75	1	8	4	0	5	26
山　东	Shandong	0	173	361	115	145	11	803	258	126	259	370
河　南	Henan	1	189	511	243	245	19	105	250	138	2	334
湖　北	Hubei	7	156	435	191	141	7	202	55	7	9	73
湖　南	Hunan	3	65	50	170	77	1	18	3	2	3	24
广　东	Guangdong	44	98	231	615	529	4	40	18	3	3	39
广　西	Guangxi	39	204	454	795	2082	3	15	5	1	0	11
海　南	Hainan	1098	1	3	1	6	0	0	0	0	0	1
重　庆	Chongqing	1	421	841	97	72	2	14	6	5	0	35
四　川	Sichuan	2	766	3344	183	726	14	70	56	12	1	77
贵　州	Guizhou	4	743	694	1431	848	0	55	77	4	1	114
云　南	Yunnan	11	117	740	362	1794	0	48	43	10	18	105
西　藏	Tibet	0	0	2	1	0	0	1	5	13	0	0
陕　西	Shaanxi	0	1852	1764	721	312	30	3219	168	54	23	161
甘　肃	Gansu	0	148	558	88	90	104	423	2106	310	51	175
青　海	Qinghai	0	55	151	22	37	468	28	213	1186	8	6
宁　夏	Ningxia	1	91	585	66	99	36	285	302	48	492	38
新　疆	Xinjiang	5	204	609	112	482	4	120	1906	41	73	9135

16-18 全国铁路运输设备基本情况
Basic Statistics on Railways Transport Equipment

项　　目	Item	2015	2016	2017	2018	2019
机　车　　（台）	**Locomotives　(unit)**	**21366**	**21453**	**21420**	**21482**	**21733**
内燃机车	Diesel Locomotives	9132	8974	8568	8296	8048
电力机车	Electric Locomotives	12219	12464	12837	13166	13665
客　车　　（辆）	**Passenger Coaches　(coach)**	**67706**	**70872**	**72262**	**73199**	**74848**
软卧车	Soft Berth Coaches	4953	5003	4953	4804	4841
硬卧车	Hard Berth Coaches	20312	20683	20438	19856	19430
软座车	Soft Seat Coaches	17649	20680	22984	25705	28578
硬座车	Hard Seat Coaches	18061	17896	17163	16717	15864
货　车　　（辆）	**Freight Wagons　(coach)**	**768516**	**764783**	**808736**	**839213**	**877134**

16-19 高速铁路基本情况
Basic Statistics of High Speed Railway

年　份 Year	营业里程 （公里） Length in Operation (km)	占铁路营业里程比重 (%) Percentage of Length of Railways in Operation (%)	客运量 （万人） Passenger Traffic (10 000 persons)	占铁路客运量比重 (%) Percentage of Railway Passenger Traffic (%)	旅客周转量 （亿人公里） Passenger-Kilometers (100 million passenger-km)	占铁路客运周转量比重 (%) Percentage of Railway Passenger-Kilometers (%)
2008	672	0.8	734	0.5	15.6	0.2
2009	2699	3.2	4651	3.1	162.2	2.1
2010	5133	5.6	13323	8.0	463.2	5.3
2011	6601	7.1	28552	15.8	1058.4	11.0
2012	9356	9.6	38815	20.5	1446.1	14.7
2013	11028	10.7	52962	25.1	2141.1	20.2
2014	16456	14.7	70378	30.5	2825.0	25.1
2015	19838	16.4	96139	37.9	3863.4	32.3
2016	22980	18.5	122128	43.4	4641.0	36.9
2017	25164	19.8	175216	56.8	5875.6	43.7
2018	29904	22.7	205430	60.9	6871.9	48.6
2019	35388	25.3	235833	64.4	7746.7	52.7

16-20 民用汽车拥有量
Possession of Civil Vehicles

年份 地区	Year Region	民用汽车总计（万辆） Total (10 000 units)	载客汽车（万辆） Passenger Vehicles (10 000 units)	大型 Large	中型 Medium	小型 Small	微型 Minicar	载货汽车（万辆） Trucks (10 000 units)
	1978	135.84	25.90					100.17
	1980	178.29	35.08					129.90
	1985	321.12	79.45					223.20
	1990	551.36	162.19					368.48
	1995	1040.00	417.90					585.43
	2000	1608.91	853.73					716.32
	2005	3159.66	2132.46	82.13	131.65	1618.35	300.32	955.55
	2006	3697.35	2619.57	87.34	137.00	2083.40	311.83	986.30
	2007	4358.36	3195.99	93.82	140.52	2646.47	315.18	1054.06
	2008	5099.61	3838.92	100.39	143.19	3271.14	324.19	1126.07
	2009	6280.61	4845.09	107.95	145.80	4246.90	344.44	1368.60
	2010	7801.83	6124.13	116.44	146.07	5498.36	363.25	1597.55
	2011	9356.32	7478.37	126.54	147.41	6827.54	376.88	1787.99
	2012	10933.09	8943.01	128.13	131.78	8302.63	380.47	1894.75
	2013	12670.14	10561.78	131.38	117.06	9951.46	361.87	2010.62
	2014	14598.11	12326.70	139.61	112.06	11748.19	326.84	2125.46
	2015	16284.45	14095.88	140.07	89.66	13580.48	285.66	2065.62
	2016	18574.54	16278.24	146.03	83.82	15813.84	234.55	2171.89
	2017	20906.67	18469.54	152.94	78.95	18038.69	198.96	2338.85
	2018	23231.23	20555.40	158.33	75.40	20135.22	186.46	2567.82
	2019	25376.38	22474.27	160.58	72.08	22069.74	171.88	2782.84
北京	Beijing	590.32	536.66	6.31	7.66	521.42	1.28	47.59
天津	Tianjin	308.88	271.27	2.74	1.20	265.24	2.09	35.66
河北	Hebei	1647.85	1429.81	6.75	2.20	1394.32	26.54	211.00
山西	Shanxi	710.55	631.24	3.61	1.22	613.61	12.80	76.40
内蒙古	Inner Mongolia	576.74	507.31	3.04	1.21	497.75	5.32	66.47
辽宁	Liaoning	861.09	757.81	7.50	4.02	741.29	5.01	99.20
吉林	Jilin	451.11	402.10	3.61	1.34	393.70	3.45	46.92
黑龙江	Heilongjiang	516.11	444.77	5.10	2.10	434.61	2.96	68.39
上海	Shanghai	413.82	378.50	4.95	2.44	370.17	0.93	33.07
江苏	Jiangsu	1912.66	1777.89	11.52	3.95	1753.72	8.71	126.02
浙江	Zhejiang	1661.27	1508.30	7.50	3.20	1487.55	10.05	147.47
安徽	Anhui	907.83	781.86	5.68	2.47	770.72	2.99	121.52
福建	Fujian	680.33	598.34	3.56	2.20	589.37	3.21	79.32
江西	Jiangxi	601.21	518.60	3.03	1.40	512.14	2.04	79.42
山东	Shandong	2333.73	2061.35	13.24	4.01	2014.31	29.79	263.04
河南	Henan	1612.09	1428.48	7.92	3.65	1404.07	12.84	176.85
湖北	Hubei	861.06	762.34	6.16	2.77	751.65	1.77	93.48
湖南	Hunan	870.59	785.14	6.16	4.20	771.91	2.86	81.77
广东	Guangdong	2326.38	2080.96	17.51	5.14	2050.77	7.55	237.50
广西	Guangxi	673.94	587.41	3.92	1.65	577.96	3.89	83.21
海南	Hainan	137.24	119.56	1.67	0.57	116.83	0.50	16.95
重庆	Chongqing	461.60	416.17	3.12	1.09	411.31	0.66	43.33
四川	Sichuan	1196.95	1077.97	7.70	2.19	1058.75	9.32	114.25
贵州	Guizhou	532.15	463.59	3.11	1.89	456.98	1.61	66.06
云南	Yunnan	742.09	633.44	3.16	2.07	623.42	4.79	105.52
西藏	Tibet	55.88	36.90	0.43	0.29	35.96	0.22	18.48
陕西	Shaanxi	675.96	608.01	4.27	1.72	596.71	5.30	63.33
甘肃	Gansu	343.30	281.89	2.39	1.08	277.40	1.02	59.21
青海	Qinghai	119.61	99.58	0.93	0.58	97.57	0.50	19.04
宁夏	Ningxia	157.91	123.40	0.99	0.37	121.41	0.63	33.34
新疆	Xinjiang	436.13	363.61	3.01	2.22	357.12	1.25	69.02

16-20 续表 continued

年份 Year 地区 Region	载货汽车（万辆） Trucks (10 000 units) 重型 Heavy	中型 Medium	轻型 Light	微型 Mini	其他汽车（万辆） Others (10 000 units)	机动车驾驶员（万人） Number of Motor Drivers (10 000 persons)	#汽车驾驶员 Automobile Drivers
1978							192.45
1980							245.23
1985							462.14
1990						1635.85	790.96
1995						3501.52	1673.39
2000						7655.56	3746.51
2005	168.07	236.66	484.51	66.31	71.66	13069.52	8017.76
2006	174.01	235.39	532.13	44.76	91.49	14213.87	9317.24
2007	186.74	243.46	587.22	36.63	108.31	15363.88	10567.15
2008	200.84	249.73	644.96	30.54	134.62	17336.56	12276.80
2009	315.08	262.21	765.33	25.97	66.92	19167.58	13740.73
2010	394.80	269.75	911.88	21.12	80.14	20068.47	15129.89
2011	460.58	267.80	1042.07	17.54	89.96	22817.62	17416.76
2012	472.51	229.20	1179.65	13.40	95.33	25250.83	20028.52
2013	501.97	196.40	1300.02	12.23	97.75	26955.93	21742.70
2014	533.67	188.09	1385.77	17.93	145.95	29892.32	24812.07
2015	530.05	148.87	1375.79	10.90	122.95	32853.05	28012.99
2016	569.48	138.69	1455.29	8.43	124.41	35876.98	30328.77
2017	635.41	130.68	1566.30	6.46	98.28	36016.94	31658.20
2018	709.53	124.39	1728.53	5.37	108.00	41030.16	36923.42
2019	761.70	116.27	1900.76	4.11	119.27	43636.74	39752.86
北京 Beijing	6.30	1.87	39.24	0.16	6.07	1163.09	1145.99
天津 Tianjin	8.08	1.01	26.41	0.16	1.95	480.78	480.27
河北 Hebei	72.02	4.42	134.41	0.15	7.04	2312.98	2273.19
山西 Shanxi	30.84	1.27	44.17	0.12	2.91	1044.24	1032.25
内蒙古 Inner Mongolia	20.60	1.47	44.34	0.06	2.96	797.12	755.78
辽宁 Liaoning	32.69	4.44	62.04	0.04	4.08	1370.19	1301.14
吉林 Jilin	15.27	1.83	29.80	0.02	2.09	779.17	729.36
黑龙江 Heilongjiang	20.54	4.19	43.63	0.04	2.95	938.45	905.08
上海 Shanghai	20.75	4.57	7.74		2.26	790.06	776.87
江苏 Jiangsu	50.23	11.18	64.58	0.03	8.75	2967.47	2801.52
浙江 Zhejiang	25.84	3.90	117.23	0.50	5.49	2328.60	2231.06
安徽 Anhui	41.39	3.17	76.92	0.04	4.45	1619.09	1534.93
福建 Fujian	14.10	2.01	63.09	0.12	2.66	1342.74	1105.65
江西 Jiangxi	27.08	3.82	48.50	0.01	3.19	1445.82	1182.77
山东 Shandong	84.71	7.99	170.15	0.19	9.34	3137.78	3057.57
河南 Henan	57.76	3.97	115.04	0.09	6.76	2964.44	2847.19
湖北 Hubei	23.90	5.81	63.75	0.03	5.23	1742.02	1599.79
湖南 Hunan	17.70	4.93	59.11	0.03	3.68	1653.88	1423.73
广东 Guangdong	42.40	11.13	181.95	2.03	7.92	4137.39	3691.01
广西 Guangxi	20.94	4.97	57.17	0.13	3.32	1517.19	1175.32
海南 Hainan	1.83	1.13	13.98	0.01	0.72	259.36	212.00
重庆 Chongqing	11.77	2.49	29.07	0.00	2.10	924.37	796.61
四川 Sichuan	28.32	6.25	79.65	0.03	4.73	2418.13	2044.61
贵州 Guizhou	9.26	2.92	53.88	0.00	2.49	1039.09	834.69
云南 Yunnan	16.10	4.98	84.43	0.01	3.13	1484.01	1107.68
西藏 Tibet	4.18	1.86	12.42	0.01	0.51	56.57	56.26
陕西 Shaanxi	17.57	1.65	44.08	0.03	4.62	1170.88	1105.01
甘肃 Gansu	10.78	2.58	45.82	0.02	2.20	670.43	569.18
青海 Qinghai	3.46	0.74	14.83	0.01	1.00	176.00	155.47
宁夏 Ningxia	7.87	0.82	24.63	0.02	1.18	234.33	212.95
新疆 Xinjiang	17.41	2.88	48.69	0.04	3.51	671.09	607.92

注：1.小轿车包括在载客汽车中（下表同）。

2.从2002年起，载客汽车和载货汽车的其中分项、其他汽车统计口径有调整与以前年份不可比（下表同）。

a) Cars are included in passenger vehicles. The same applies to the following tables.

b) Since 2002, there has been adjustment to the statistical coverages of some detailed items of passenger vehicle, trucks and other vehicles, the data are hence not comparable with those in previous years. The same applies to the following tables.

16-21 私人汽车拥有量
Possession of Private Vehicles

单位：万辆 (10 000 units)

年份 Year / 地区 Region	汽车总计 Total	载客汽车 Passenger Vehicles	大型 Large	中型 Medium	小型 Small	微型 Minicar
1985	28.49	1.93				
1990	81.62	24.07				
1995	249.96	114.15				
2000	625.33	365.09				
2005	1848.07	1383.93	7.61	50.88	1079.78	245.66
2006	2333.32	1823.57	11.19	56.20	1491.18	265.00
2007	2876.22	2316.91	7.91	55.73	1984.29	268.98
2008	3501.39	2880.50	8.57	57.97	2533.28	280.68
2009	4574.91	3808.33	8.72	59.96	3436.26	303.39
2010	5938.71	4989.50	9.34	61.00	4593.46	325.70
2011	7326.79	6237.46	9.99	62.34	5823.62	341.52
2012	8838.60	7637.87	8.26	55.43	7226.48	347.71
2013	10501.68	9198.23	6.95	46.95	8810.51	333.83
2014	12339.36	10945.39	7.70	42.10	10590.75	304.83
2015	14099.10	12737.23	8.27	28.89	12432.26	267.81
2016	16330.22	14896.27	4.99	24.84	14645.61	220.83
2017	18515.11	17001.51	4.58	22.17	16788.42	186.35
2018	20574.93	18930.29	4.48	20.39	18731.80	173.62
2019	22508.99	20710.58	4.21	18.99	20527.27	160.11
北京 Beijing	497.03	471.77	0.42	4.58	465.57	1.20
天津 Tianjin	259.43	240.69	0.12	0.43	238.39	1.75
河北 Hebei	1518.86	1367.10	0.58	0.72	1340.03	25.78
山西 Shanxi	640.82	592.45	0.06	0.24	579.71	12.44
内蒙古 Inner Mongolia	530.39	480.63	0.13	0.43	474.85	5.22
辽宁 Liaoning	750.63	696.90	0.67	1.67	689.73	4.82
吉林 Jilin	408.08	373.71	0.40	0.44	369.52	3.35
黑龙江 Heilongjiang	463.57	413.41	0.51	0.79	409.28	2.84
上海 Shanghai	321.27	320.27	0.10	0.69	318.59	0.89
江苏 Jiangsu	1639.89	1579.66	0.03	0.74	1571.13	7.77
浙江 Zhejiang	1459.21	1368.07	0.07	0.62	1359.17	8.22
安徽 Anhui	794.26	730.62	0.06	0.44	727.29	2.84
福建 Fujian	590.51	538.00	0.04	0.36	534.60	3.01
江西 Jiangxi	537.77	491.46	0.02	0.14	489.38	1.93
山东 Shandong	2092.39	1928.17	0.40	1.52	1898.31	27.94
河南 Henan	1471.95	1356.43	0.05	0.39	1343.55	12.44
湖北 Hubei	772.35	708.25	0.04	0.36	706.19	1.67
湖南 Hunan	807.96	738.18	0.06	0.57	734.90	2.65
广东 Guangdong	2037.15	1900.53	0.21	1.71	1892.26	6.34
广西 Guangxi	613.40	553.04	0.03	0.39	548.80	3.82
海南 Hainan	117.91	105.08	0.02	0.12	104.61	0.34
重庆 Chongqing	403.30	378.48	0.02	0.12	377.82	0.52
四川 Sichuan	1058.68	985.35	0.04	0.27	977.09	7.94
贵州 Guizhou	487.45	432.89	0.02	0.14	431.21	1.51
云南 Yunnan	681.57	590.07	0.03	0.19	585.28	4.57
西藏 Tibet	47.82	31.85	0.01	0.05	31.58	0.20
陕西 Shaanxi	609.24	563.28	0.02	0.11	558.01	5.13
甘肃 Gansu	290.91	248.60	0.01	0.13	247.64	0.81
青海 Qinghai	99.64	85.76	0.01	0.10	85.30	0.35
宁夏 Ningxia	143.17	115.20	0.02	0.11	114.44	0.62
新疆 Xinjiang	362.41	324.68	0.03	0.42	323.02	1.20

16-21 续表 continued

单位：万辆 (10 000 units)

年份 地区	Year Region	载货汽车 Trucks	重型 Heavy	中型 Medium	轻型 Light	微型 Mini	其他汽车 Others
	1985	26.48					
	1990	57.48					
	1995	131.83					
	2000	259.09					
	2005	452.11	62.50	100.34	243.29	45.98	12.04
	2006	494.91	64.23	108.64	288.94	33.09	14.84
	2007	539.45	68.89	110.44	332.69	27.43	19.86
	2008	596.39	73.28	115.68	384.12	23.31	24.50
	2009	753.40	108.73	129.59	494.97	20.12	13.17
	2010	931.52	141.44	140.52	632.77	16.78	17.69
	2011	1067.43	164.28	144.52	744.39	14.24	21.90
	2012	1175.63	168.13	128.51	867.64	11.35	25.09
	2013	1275.49	174.39	111.85	978.73	10.52	27.95
	2014	1352.78	182.68	104.90	1050.60	14.59	41.20
	2015	1330.65	173.86	86.62	1060.70	9.47	31.22
	2016	1401.16	184.82	79.77	1129.13	7.45	32.79
	2017	1478.40	193.98	73.22	1205.66	5.54	35.19
	2018	1605.10	208.78	68.59	1323.25	4.48	39.55
	2019	1753.66	218.11	63.07	1469.04	3.44	44.76
北京	Beijing	23.50	0.42	0.19	22.82	0.07	1.76
天津	Tianjin	18.09	1.24	0.30	16.48	0.07	0.65
河北	Hebei	148.69	32.56	3.19	112.80	0.14	3.08
山西	Shanxi	47.20	11.41	0.64	35.05	0.11	1.17
内蒙古	Inner Mongolia	48.47	10.29	0.80	37.33	0.05	1.30
辽宁	Liaoning	52.44	8.04	2.41	41.97	0.02	1.29
吉林	Jilin	33.62	7.44	1.35	24.81	0.02	0.75
黑龙江	Heilongjiang	49.32	9.71	3.09	36.48	0.03	0.83
上海	Shanghai	0.74	0.34	0.18	0.22		0.25
江苏	Jiangsu	57.35	17.31	4.63	35.39	0.03	2.87
浙江	Zhejiang	89.72	3.29	1.22	84.77	0.45	1.42
安徽	Anhui	61.85	3.54	1.28	57.00	0.03	1.79
福建	Fujian	51.69	2.73	1.05	47.80	0.11	0.81
江西	Jiangxi	45.36	3.87	2.04	39.43	0.01	0.96
山东	Shandong	159.95	12.62	4.12	143.11	0.11	4.26
河南	Henan	112.38	10.46	2.62	99.22	0.08	3.15
湖北	Hubei	62.05	8.72	3.80	49.50	0.03	2.05
湖南	Hunan	67.82	11.36	4.01	52.42	0.03	1.95
广东	Guangdong	133.86	9.36	5.12	117.58	1.79	2.77
广西	Guangxi	58.99	8.49	3.47	46.91	0.12	1.37
海南	Hainan	12.58	0.86	0.91	10.80	0.01	0.25
重庆	Chongqing	24.17	0.95	0.99	22.23	0.00	0.65
四川	Sichuan	71.41	6.09	3.22	62.08	0.02	1.92
贵州	Guizhou	53.38	4.01	1.93	47.45	0.00	1.18
云南	Yunnan	89.99	9.89	3.99	76.12	0.01	1.51
西藏	Tibet	15.78	3.59	1.71	10.47	0.01	0.19
陕西	Shaanxi	44.32	7.81	1.12	35.36	0.03	1.64
甘肃	Gansu	41.43	4.53	1.73	35.16	0.01	0.88
青海	Qinghai	13.47	1.18	0.51	11.76	0.01	0.41
宁夏	Ningxia	27.37	4.64	0.65	22.06	0.02	0.60
新疆	Xinjiang	36.67	1.37	0.82	34.46	0.03	1.06

16-22 新注册民用汽车数量
Statistics on New Registrations of Civil Vehicles

单位：辆 (unit)

年份 Year / 地区 Region		民用汽车总计 Total	载客汽车 Passenger Vehicles	大型 Large	中型 Medium	小型 Small	微型 Minicar
	2002	3371951	2294649	97200	145062	1491479	560908
	2005	5286287	4157504	99489	105314	3712056	240645
	2006	5730432	4678667	95428	82758	4382206	118275
	2007	6079209	5000042	91087	72059	4772468	64428
	2008	7631839	6226814	112811	64024	5928095	121884
	2009	12459452	10248554	114984	69548	9794452	269570
	2010	15288186	12546891	148234	76519	12086273	235865
	2011	16242474	13694540	163258	76472	13244774	210036
	2012	17725011	15248801	163517	71013	14875884	138387
	2013	20309394	17522965	168946	81160	17173792	99067
	2014	22051905	19366787	151405	79646	19050695	85041
	2015	23317507	21202815	191034	67080	20862002	82699
	2016	27244374	24648115	194829	59767	24338735	54784
	2017	28003955	24802416	171474	46657	24507374	76911
	2018	26521129	23139385	155760	39514	22876458	67653
	2019	25445941	21845871	133357	35844	21648138	28532
北京	Beijing	582708	458135	5771	6620	445254	490
天津	Tianjin	248718	210253	1113	435	207023	1682
河北	Hebei	1552974	1249172	4395	1430	1236440	6907
山西	Shanxi	638800	516754	2807	796	512778	373
内蒙古	Inner Mongolia	382731	320919	1863	401	318528	127
辽宁	Liaoning	578507	505767	3265	761	501583	158
吉林	Jilin	322328	283522	2472	439	280566	45
黑龙江	Heilongjiang	371713	320713	3495	479	316679	60
上海	Shanghai	467437	435515	3497	981	430644	393
江苏	Jiangsu	1953759	1773998	8160	1589	1762302	1947
浙江	Zhejiang	1696149	1491850	7938	1867	1480408	1637
安徽	Anhui	1079574	926400	5504	1087	919460	349
福建	Fujian	686566	599581	2987	1192	595027	375
江西	Jiangxi	715960	621877	3143	583	618014	137
山东	Shandong	2007068	1635033	8388	1323	1623323	1999
河南	Henan	1750881	1497789	7117	2424	1482660	5588
湖北	Hubei	986056	859580	4707	1152	853532	189
湖南	Hunan	1003701	906096	7296	1689	896810	301
广东	Guangdong	2553114	2245660	17154	2300	2222762	3444
广西	Guangxi	733484	628569	2569	867	624922	211
海南	Hainan	144923	121376	3045	558	117629	144
重庆	Chongqing	569971	516998	2356	538	513905	199
四川	Sichuan	1300174	1137529	6856	1228	1128614	831
贵州	Guizhou	654726	572095	3481	1185	567301	128
云南	Yunnan	750624	611721	3399	927	606913	482
西藏	Tibet	5827	3670	7	35	3628	
陕西	Shaanxi	774587	658505	4892	963	652399	251
甘肃	Gansu	299284	239121	1938	577	236566	40
青海	Qinghai	99566	78270	794	212	77255	9
宁夏	Ningxia	122287	89620	557	129	88898	36
新疆	Xinjiang	411744	329783	2391	1077	326315	

16-22 续表 continued

单位：辆 (unit)

年份 Year / 地区 Region		载货汽车 Trucks	重型 Heavy	中型 Medium	轻型 Light	微型 Mini	其他汽车 Others
2002		993761	186498	220969	501985	84309	83541
2005		1024034	162859	175576	639557	46042	104749
2006		925294	139120	147689	616910	21575	126471
2007		917603	155155	157867	591014	13567	161564
2008		1168226	236749	185338	733343	12796	236799
2009		2148355	500593	242679	1391249	13834	62543
2010		2637605	769644	238595	1614803	14563	103690
2011		2442601	726854	173140	1535590	7017	105333
2012		2386173	560063	139793	1681908	4409	90037
2013		2689898	739027	133402	1814385	3084	96531
2014		2542287	630588	104425	1805471	1803	142831
2015		2043257	454979	72274	1513773	2231	71435
2016		2507282	649352	77114	1779643	1173	88977
2017		3087575	980068	66974	2037906	2627	113964
2018		3238847	967089	49591	2220492	1675	142897
2019		3434877	1041421	55776	2337472	208	165193
北京	Beijing	119479	9677	2441	107361		5094
天津	Tianjin	35883	10904	470	24509		2582
河北	Hebei	292741	111915	2741	178083	2	11061
山西	Shanxi	117805	58026	934	58842	3	4241
内蒙古	Inner Mongolia	59267	13399	522	45332	14	2545
辽宁	Liaoning	69930	27878	1375	40677		2810
吉林	Jilin	36828	10828	541	25458	1	1978
黑龙江	Heilongjiang	48881	15027	815	33039		2119
上海	Shanghai	29539	19662	2824	7053		2383
江苏	Jiangsu	166244	68137	6686	91414	7	13517
浙江	Zhejiang	194305	48916	3452	141927	10	9994
安徽	Anhui	145775	51790	1958	92025	2	7399
福建	Fujian	83149	19008	1121	63020		3836
江西	Jiangxi	89744	33641	1812	54283	8	4339
山东	Shandong	357778	143478	5211	209086	3	14257
河南	Henan	240563	86289	2250	152015	9	12529
湖北	Hubei	116757	35567	2650	78524	16	9719
湖南	Hunan	92385	19231	2243	70897	14	5220
广东	Guangdong	294836	76629	5006	213088	113	12618
广西	Guangxi	101160	23932	1264	75964		3755
海南	Hainan	22737	3361	461	18915		810
重庆	Chongqing	50269	15333	1291	33645		2704
四川	Sichuan	155897	39834	2680	113383		6748
贵州	Guizhou	80049	9930	879	69240		2582
云南	Yunnan	134685	18178	633	115874		4218
西藏	Tibet	2094	504	73	1517		63
陕西	Shaanxi	108285	33945	1771	72565	4	7797
甘肃	Gansu	57714	7704	552	49458		2449
青海	Qinghai	20261	2384	264	17613		1035
宁夏	Ningxia	31473	8633	222	22618		1194
新疆	Xinjiang	78364	17681	634	60047	2	3597

16-23 公路营运汽车拥有量
Possession of Vehicles for Highway Transport Business

年份 Year 地区 Region	汽车总计 (万辆) Total (10 000 units)	载客汽车 Passenger Vehicles: 辆数 (万辆) Number (10 000 units)	载客汽车 Passenger Vehicles: 客位 (万客位) Number of Seats (10 000 seats)	载货汽车 Trucks: 辆数 (万辆) Number (10 000 units)	#普通载货汽车 Ordinary Trucks	载货汽车 Trucks: 吨位 (万吨) Capacity (10 000 tons)	#普通载货汽车 Ordinary Trucks
1990	31.30	10.76	468.92	20.22	19.82	131.61	127.06
1995	27.49	13.73	480.61	13.75	13.12	103.13	94.56
2000	702.82	216.81	2524.45	486.02	475.24	1667.70	1573.73
2005	733.22	128.40	1859.28	604.82	580.28	2537.75	2282.15
2006	802.58	161.92	2312.41	640.66	598.43	2822.69	2343.13
2007	849.22	164.73	2428.81	684.49	648.01	3135.69	2643.74
2008	930.61	169.64	2560.36	760.97	720.18	3686.20	3139.76
2009	1087.35	180.79	2799.71	906.56	859.27	4655.23	4002.80
2010	1133.32	83.13	2017.09	1050.19	996.43	5999.82	5223.23
2011	1263.75	84.34	2086.66	1179.41	1116.36	7261.20	6273.51
2012	1339.89	86.71	2166.55	1253.19	1184.58	8062.14	6963.29
2013	1504.73	85.26	2170.26	1419.48	1080.75	9613.91	5008.34
2014	1537.93	84.58	2189.55	1453.36	1091.32	10292.47	5241.45
2015	1473.12	83.93	2148.58	1389.19	1011.87	10366.50	4982.50
2016	1435.77	84.00	2140.26	1351.77	946.03	10826.78	4843.83
2017	1450.22	81.61	2099.18	1368.62	902.90	11774.81	4868.40
2018	1435.48	79.66	2048.11	1355.82	816.76	12872.97	4791.21
2019	1165.49	77.67	2002.53	1087.82	489.77	13587.00	4479.25
北京 Beijing	16.10	7.54	84.32	8.56	5.12	81.10	46.78
天津 Tianjin	10.96	0.90	37.68	10.06	2.24	139.32	22.47
河北 Hebei	118.18	2.21	67.07	115.97	33.87	1527.28	280.00
山西 Shanxi	50.29	1.48	36.48	48.81	9.58	775.00	125.56
内蒙古 Inner Mongolia	26.66	1.10	38.36	25.56	11.56	278.00	86.09
辽宁 Liaoning	49.94	2.79	84.31	47.15	17.16	648.00	170.61
吉林 Jilin	21.54	1.33	44.26	20.21	8.21	231.50	84.21
黑龙江 Heilongjiang	35.65	1.63	52.56	34.01	17.97	409.74	184.43
上海 Shanghai	26.93	4.51	65.78	22.42	6.98	308.46	72.27
江苏 Jiangsu	80.73	5.06	154.61	75.68	43.59	876.47	364.40
浙江 Zhejiang	30.79	2.08	74.56	28.71	11.97	401.28	142.66
安徽 Anhui	66.96	2.26	71.00	64.70	26.47	811.69	248.48
福建 Fujian	20.98	1.46	43.49	19.52	7.73	288.95	87.27
江西 Jiangxi	33.19	1.32	40.18	31.87	14.90	407.45	154.51
山东 Shandong	107.01	2.01	73.17	105.00	29.47	1473.02	360.25
河南 Henan	82.35	3.56	110.62	78.78	28.59	1013.45	256.13
湖北 Hubei	33.23	3.15	78.37	30.09	16.47	379.72	165.62
湖南 Hunan	24.15	3.68	92.88	20.47	11.03	276.25	119.21
广东 Guangdong	52.59	3.80	163.38	48.79	21.64	675.39	231.46
广西 Guangxi	34.66	2.53	81.14	32.13	20.81	368.71	192.02
海南 Hainan	3.26	0.57	19.45	2.69	1.54	32.50	12.70
重庆 Chongqing	28.34	1.98	45.72	26.35	16.31	276.18	131.31
四川 Sichuan	53.98	4.83	113.19	49.15	34.62	488.66	256.25
贵州 Guizhou	12.53	2.71	63.51	9.82	7.85	90.72	66.79
云南 Yunnan	39.35	4.61	78.58	34.74	29.27	264.65	183.82
西藏 Tibet	5.32	0.48	8.79	4.85	3.98	52.80	40.58
陕西 Shaanxi	24.93	1.90	56.36	23.02	9.71	314.71	112.11
甘肃 Gansu	25.35	1.89	42.26	23.46	19.12	157.02	93.97
青海 Qinghai	7.49	0.36	10.88	7.13	5.39	56.53	33.41
宁夏 Ningxia	10.80	0.47	15.01	10.34	3.22	133.64	33.86
新疆 Xinjiang	31.27	3.48	54.55	27.79	13.40	348.83	120.03

注：1.小轿车包括在载客汽车中。
2.1999年为全国营运汽车，以前仅为公路部门营运汽车；2000-2004年为全国运输汽车(含营运和非营运汽车)；2005年起为全国营运汽车（不含非营运汽车)。
3.从2010年起，公路营运载客汽车不包括在公路运输管理部门管理并注册登记为公共汽车和出租汽车。
4.从2013年起，公路营运载货汽车包括货车、牵引车和挂车，统计口径发生调整，数据与上年同期不可比。

a) Passenger vehicles include cars.

b) Number of vehicles only referred to those owned by the departments of highway transportation before 1999; included all vehicles for transport business in 1999; all operational vehicles (both business and non-business) from 2000 to 2004; and all vehicles for transport business (excluding non-business vehicles) since 2005.

c) Since 2010, passenger vehicles do not include those managed by the departments of highway transportation and registered as buses and taxis.

d) Since 2013, the coverage of highway business trucks has changed to include trucks, towing vehicles and trailers. So it is not comparable with data of previous year.

16-24 民用运输船舶拥有量
Possession of Civil Transport Vessels

年份 Year 地区 Region	机动船 Motor Vessels 艘数(艘) Number (unit)	净载重量(吨位) Dead Weight Tonnage (ton)	载客量(客位) Passenger Capacity (seat)	拖船功率(千瓦) Drawing Power (kw)	驳船 Barges 艘数(艘) Number (unit)	净载重量(吨位) Dead Weight Tonnage (ton)	载客量(客位) Passenger Capacity (seat)
1980	29588	12207808	455454	914704	71604	4743905	89584
1985	260296	20898230	877963	1666163	132682	8670224	99643
1990	325888	29090082	1138937	1750351	82482	9066738	62926
1995	299717	40940087	979985	1707115	57998	9449652	17722
2000	185018	42640605	1014013	1439743	44658	8640504	18258
2005	165900	90756392	977846	1480381	41394	11030057	33496
2006	157805	98241489	1025861	1538957	36555	12015595	33355
2007	157544	106441173	1004546	1520924	34227	12373412	22316
2008	152247	111047702	994495	1564439	31943	13121439	14050
2009	149367	133384848	979384	1120381	27565	12702991	2166
2010	155624	168985654	1001395	1410719	22783	11422911	2260
2011	157950	202602789	1004622	1600896	21292	10040453	3768
2012	158309	218793742	1021260	1531873	20282	9692502	3798
2013	155340	234317614	1031711	1235661	17214	9692720	1287
2014	154974	247399826	1030973	1424950	17003	10452402	1334
2015	149659	261434867	1015939	1424426	16246	11007996	1391
2016	144568	255170820	999008	1445786	15576	11056320	3124
2017	131746	246750827	964377	1532698	13178	9765519	3122
2018	125754	242447129	960245	1465403	11221	8705726	3044
2019	121440	248626381	882764	1422199	10115	8223366	3044
北京 Beijing							
天津 Tianjin	244	2315755	3222	191495	11	184615	
河北 Hebei	1899	1853967	24142	1940			
山西 Shanxi	263	7241	4317				
内蒙古 Inner Mongolia							
辽宁 Liaoning	447	10539422	33070	17280	9	29197	
吉林 Jilin	289	7300	10071	220	16	8686	
黑龙江 Heilongjiang	1119	98546	23990	33330	284	180565	
上海 Shanghai	1515	24600268	39276	100382	43	117339	
江苏 Jiangsu	27291	36397604	48430	350574	3124	2639972	
浙江 Zhejiang	13912	30800144	89186	164618	1	10498	
安徽 Anhui	24145	48013504	12985	30952	805	418653	
福建 Fujian	1688	11542080	32805	13880	2	1180	
江西 Jiangxi	2384	2541705	13360	8018	2	1730	
山东 Shandong	6425	13170015	71810	328217	4068	3963188	
河南 Henan	5153	9503425	14680	3938	314	302979	
湖北 Hubei	3270	7076475	34747	42606	96	201435	
湖南 Hunan	4484	4265631	59886	2398	240	34967	1924
广东 Guangdong	7136	22501188	79664	93131	7	15742	
广西 Guangxi	6532	10518890	28653				
海南 Hainan	498	3580487	41306	2942			
重庆 Chongqing	2783	7511731	42765	18830	35	58171	
四川 Sichuan	4307	1269653	45878	15143	853	52518	
贵州 Guizhou	2079	144271	55446		2	308	
云南 Yunnan	1239	172886	30171	896	5	371	10
西藏 Tibet							
陕西 Shaanxi	1072	34787	17983	395	198	1252	1110
甘肃 Gansu	489	1650	9403				
青海 Qinghai	117	1772	2977				
宁夏 Ningxia	657		12541	1014			
新疆 Xinjiang							
不分地区 Not Classified by Region	3	155984					

16-25 全国沿海和内河港口分货类吞吐量（2019年）
Volume of Freight Handled in Coastal Ports and Inland River Ports by Type of Freight (2019)

单位：万吨 (10 000 tons)

货物种类	Type of Freight	沿海港口 Coastal Ports 合计 Total	出港 Outbound	进港 Inbound	内河港口 Inland River Ports 合计 Total	出港 Outbound	进港 Inbound
总计	**Total**	**918774**	**399808**	**518966**	**476309**	**200679**	**275630**
煤炭及制品	Coal and Related Products	166171	92282	73889	96405	31353	65052
石油、天然气及制品	Petroleum, Natural Gas and Related Products	106444	28934	77510	14970	5276	9694
金属矿石	Metal Ores	154788	26573	128215	67223	21863	45360
钢铁	Steel and Iron	34206	21062	13144	23154	10530	12624
矿建材料	Mineral Building Materials	79243	39893	39351	140900	58922	81979
水泥	Cement	10597	3244	7353	29117	23055	6062
木材	Timber	6149	704	5445	4675	1237	3438
非金属矿石	Non-metal Ores	25028	9280	15748	21433	10930	10503
化肥和农药	Chemical Fertilizers and Pesticides	3243	1943	1300	3254	1877	1377
盐	Salt	1150	221	929	1392	735	657
粮食	Grain	20035	6415	13620	10042	2935	7108
其他	Others	311720	169257	142463	63744	31967	31777

16-26 沿海港口货物吞吐量
Volume of Freight Handled in Coastal Ports

单位：万吨 (10 000 tons)

港口	Seaport	1985	1990	1995	2000	2005	2010	2015	2018	2019
总计	**Total**	**31154**	**48321**	**80166**	**125603**	**292777**	**548358**	**784578**	**922392**	**918774**
#大连	Dalian	4381	4952	6417	9084	17085	31399	41482	46784	36641
营口	Yingkou	98	237	1156	2268	7537	22579	33849	37001	23818
秦皇岛	Qinhuangdao	4419	6945	8382	9743	16900	26297	25309	23119	21880
天津	Tianjin	1856	2063	5787	9566	24069	41325	54051	50774	49220
烟台	Yantai	689	668	1361	1774	4506	15033	25163	44308	38632
威海	Weihai		100	379	669	1015	2407	4213	5570	3730
青岛	Qingdao	2611	3034	5103	8636	18678	35012	48453	54250	57736
日照	Rizhao		925	1452	2674	8421	22597	33707	43763	46377
上海	Shanghai	11291	13959	16567	20440	44317	56320	64906	68392	66351
连云港	Lianyungang	929	1137	1716	2708	6016	12739	19756	21443	23456
宁波-舟山	Ningbo-Zhoushan	1040	2554	6853	11547	26881	63300	88929	108439	112009
台州	Taizhou				950	2067	4706	6237	7167	4901
温州	Wenzhou		307	601	859	3097	6408	8490	8239	7541
福州	Fuzhou		561	1032	2426	7443	7125	13967	17876	21255
厦门	Xiamen		529	1314	1965	4771	12728	21023	21720	21344
汕头	Shantou	201	279	716	1284	1736	3509	5181	3963	3155
深圳	Shenzhen				5697	15351	22098	21706	25127	25785
广州	Guangzhou	1772	4163	7299	11128	25036	41095	50053	59396	60616
湛江	Zhanjiang	1231	1557	1885	2038	4647	13638	22036	30185	21570
北海	Beihai		82	201	265	437	1251	2468	3387	3496
防城	Fangcheng						7650	11504	10448	10141
海口	Haikou	170	288	468	808	2118	5700	9204	11883	12447
八所	Basuo	388	431	275	378	486	893	1767	1396	1507

注：1.从2006年起，宁波－舟山港包括原宁波港和舟山港，以往年度数据为原宁波港数据。
2.从2007年起，烟台港包括原烟台港和龙口港，以往年度数据为原烟台港数据。
3.从2011年起，厦门港统计范围包括原厦门港和漳州港。
4.从2009年起，沿海规模以上港口统计范围为年吞吐量1000万吨以上的沿海港口，内河规模以上港口统计范围为年吞吐量200万吨以上的内河港口(以下相关表同)。

a) Since 2006, data of Ningbo-Zhoushan Port include those of Ningbo Port and Zhoushan Port, whereas data for earlier years refer to Ningbo Port.
b) Since 2007, data of Yantai Port include those of Yantai Port and Longkou Port, whereas data for earlier years refer to Yantai Port.
c) Since 2011, data of Xianmen Port include Xiamen Port and Zhangzhou Port.
d) Since 2009, statistical coverage above designated size refers to coastal ports with capacity over 10 million tons yearly and inland ports over 2 million tons yearly. The same applies to the relevant following tables.

16-27 沿海港口码头泊位数（2019年底）
Number of Berths in Coastal Ports (End of 2019)

名称	Name	总计 Total 码头长度(米) Length of Quay Line (m)	总计 Total 泊位个数(个) Number of Berths (unit)	总计 Total #万吨级 10 000 Ton Class	生产用 For Productive Use 码头长度(米) Length of Quay Line (m)	生产用 For Productive Use 泊位个数(个) Number of Berths (unit)	生产用 For Productive Use #万吨级 10 000 Ton Class	非生产用 For Non-productive Use 码头长度(米) Length of Quay Line (m)	非生产用 For Non-productive Use 泊位个数(个) Number of Berths (unit)
总计	**Total**	**932185**	**6426**	**2076**	**869884**	**5562**	**2076**	**62301**	**864**
#大连	Dalian	44978	248	104	41101	223	104	3877	25
营口	Yingkou	19709	93	61	18975	86	61	734	7
秦皇岛	Qinhuangdao	17161	92	44	15928	72	44	1233	20
天津	Tianjin	40620	189	118	37157	144	118	3463	45
烟台	Yantai	36588	213	97	35458	203	97	1130	10
威海	Weihai	13666	83	37	12796	78	37	870	5
青岛	Qingdao	30489	123	87	29368	117	87	1121	6
日照	Rizhao	21968	83	71	21662	82	71	306	1
上海	Shanghai	107037	1032	185	75818	560	185	31219	472
连云港	Lianyungang	16634	73	59	16337	71	59	297	2
宁波-舟山	Ningbo-Zhoushan	100152	718	190	95772	627	190	4380	91
台州	Taizhou	14989	195	9	14789	193	9	200	2
温州	Wenzhou	17043	202	20	16905	201	20	138	1
福州	Fuzhou	29659	207	66	29315	201	66	344	6
厦门	Xiamen	31526	179	80	30502	160	80	1024	19
汕头	Shantou	10223	91	19	9952	86	19	271	5
深圳	Shenzhen	33196	157	75	31471	143	75	1725	14
广州	Guangzhou	56055	558	75	51233	490	75	4822	68
湛江	Zhanjiang	17388	132	36	16353	119	36	1035	13
北海	Beihai	7672	62	15	7612	61	15	60	1
防城	Fangcheng	17326	130	45	17266	125	45	60	5
海口	Haikou	9867	70	34	9676	69	34	191	1
八所	Basuo	2488	12	9	2488	12	9		

16-28 内河港口码头泊位数（2019年底）
Number of Berths in Ports of Inland Rivers (End of 2019)

名称	Name	总计 Total 码头长度(米) Length of Quay Line (m)	总计 Total 泊位个数(个) Number of Berths (unit)	总计 Total #万吨级 10 000 Ton Class	生产用 For Productive Use 码头长度(米) Length of Quay Line (m)	生产用 For Productive Use 泊位个数(个) Number of Berths (unit)	生产用 For Productive Use #万吨级 10 000 Ton Class	非生产用 For Non-productive Use 码头长度(米) Length of Quay Line (m)	非生产用 For Non-productive Use 泊位个数(个) Number of Berths (unit)
总计	**Total**	**1151479**	**18032**	**444**	**1107654**	**17331**	**444**	**43825**	**701**
#重庆	Chongqing	81961	968		61659	632		20302	336
宜昌	Yichang	23986	194		22685	184		1301	10
武汉	Wuhan	15834	158		13906	134		1928	24
黄石	Huangshi	4904	35		4904	35			
九江	Jiujiang	16994	161		15600	141		1394	20
安庆	Anqing	6183	68		5289	55		894	13
池州	Chizhou	8129	77		8129	77			
铜陵	Tongling	7414	74	3	7369	73	3	45	1
芜湖	Wuhu	12515	115	12	12515	115	12		
马鞍山	Maanshan	9393	113	1	9393	113	1		
南京	Nanjing	26498	201	63	26498	201	63		
镇江	Zhenjiang	23546	215	46	23426	213	46	120	2
泰州	Taizhou	21018	148	62	21018	148	62		
扬州	Yangzhou	7446	42	23	7446	42	23		
江阴	Jiangyin	16871	110	39	16721	108	39	150	2
常州	Changzhou	4134	32	9	4134	32	9		
南通	Nantong	20726	117	59	20171	111	59	555	6
上海(内河)	Shanghai(Inland Rivers)	42005	839		41650	833		355	6

16-29 民用航空航线及飞机架数
Number of Civil Aviation Routes and Civil Aircrafts

指　　标	Item	1990	2000	2010	2017	2018	2019
定期航班航线条数　（条）	**Number of Regular Civil Aviation Routes(line)**	**437**	**1165**	**1880**	**4418**	**4945**	**5521**
国际航线	International Routes	44	133	302	803	849	953
国内航线	Domestic Routes	385	1032	1578	3615	4096	4568
#港澳台地区航线	Routes of Hong Kong, Macao and Taiwan	8	42	85	96	100	111
定期航班航线里程（公里）	**Length of Regular Civil Aviation Routes (km)**	**506762**	**1502887**	**2765147**	**7483033**	**8379833**	**9482204**
国际航线	International Routes	166350	508405	1070167	3245859	3598911	4014686
国内航线	Domestic Routes	329493	994482	1694980	4237174	4780922	5467518
#港澳台地区航线	Routes of Hong Kong, Macao and Taiwan	10919	55759	121437	147537	153105	167104
定期航班通航机场　（个）	**Number of Regular Civil Airports Opened(unit)**	**94**	**139**	**175**	**228**	**233**	**237**
民用飞机期末架数　（架）	**Number of Civil Aircraft (unit)**	**503**	**982**	**2405**	**5593**	**6134**	**6134**
运输飞机	Aero Transport	204	527	1597	3296	3639	3818
大中型飞机	Large and Medium Aircrafts		462	1453	3120	3452	3626
#波音747	Boeing 747	11	19	40	27	24	25
波音737	Boeing 737	21	186	650	1357	1513	1509
波音757	Boeing 757	9	48	48	35	46	49
波音767	Boeing 767	6	16	18	12	5	8
A320	Airbus A320		60	281	814	892	996
小型飞机	Small Aircrafts		65	144	176	187	192
#ARJ21-700	ARJ21-700				4	10	21
通用航空飞机	General Aircrafts	217	301	606	2297	2495	2707

注：1.1992年以前，民航机场和飞机架数为民航总局直属企业数，1992年起为民航全行业数字。
2.1997年以前，地区航线含民航至香港、澳门航线，与国内航线、国际航线并列。1997年起，民航至香港航线统计在国内航线中，航线里程及运输量统计口径也做同样调整。1999年起，地区航线为国内航线的其中项，仍含民航至香港、澳门航线及运量(下表同)。
3.2011年起民用航空航线条数改为定期航班航线条数，民用通航机场改为定期航班通航机场。

a) Before 1992, the number of civil airports and aircrafts refered to those owned by enterprises directly under CAAC. Since 1992, it refers to those owned by all enterprises of civil aviation. The same applies to following tables.

b) Before 1997, regional routes included the routes to and from Hong Kong, Macao, and were listed as parallel items to the items of domestic routes and international routes. Since 1997, regional routes to and from Hong Kong are taken as domestic routes, and adjustment are also made on the length of aviation routes and traffic volume accordingly. Since 1999, regional routes are taken as a part of domestic routes, and include the aviation routes to and from Hong Kong and Macao. The same applies to the following tables.

c) Since 2011, civil aviation routes are changed to regular civil aviation routes, civil airports opened are changed to regular civil airports opened.

16-30 民用航空运输量及通用航空飞行时间
Civil Aviation Traffic and Flying Time of General Aviation

指标	Item	1990	2000	2010	2017	2018	2019
客运量 （万人）	**Passenger Traffic (10 000 persons)**	**1660**	**6722**	**26769**	**55156**	**61174**	**65993**
国际航线	International Routes	114	690	1931	5545	6367	7425
国内航线	Domestic Routes	1346	6031	24838	49611	54807	58568
#港澳台地区航线	Routes of Hong Kong, Macao and Taiwan	200	403	672	1027	1127	1108
旅客周转量(万人公里)	**Passenger-kilometers (10 000 person-km)**	**2304797**	**9705437**	**40389960**	**95130358**	**107123166**	**117052971**
国际航线	International Routes	516910	2328154	7589325	24765095	28226135	31850815
国内航线	Domestic Routes	1576554	7377283	32800635	70365262	78897031	85202156
#港澳台地区航线	Routes of Hong Kong, Macao and Taiwan	211333	502405	981817	1482485	1650525	1604613
货(邮)运量 （吨）	**Freight Traffic (ton)**	**369722**	**1967123**	**5630371**	**7058921**	**7385098**	**7531426**
国际航线	International Routes	81102	492356	1926315	2220776	2427234	2419050
国内航线	Domestic Routes	239467	1474767	3704056	4838144	4957864	5112376
#港澳台地区航线	Routes of Hong Kong, Macao and Taiwan	49153	135442	216603	241502	234807	222169
货邮周转量(万吨公里)	**Freight Ton-kilometers(10 000 ton-km)**	**81825**	**502683**	**1788982**	**2435523**	**2624991**	**2631990**
国际航线	International Routes	43830	291550	1253028	1705867	1870290	1846110
国内航线	Domestic Routes	31647	211133	535954	729656	754701	785881
#港澳台地区航线	Routes of Hong Kong, Macao and Taiwan	6348	19495	28700	30512	30150	28057
总周转量（万吨公里）	**Total Air Traffic Ton-kilometers (10 000 ton-km)**	**249950**	**1225007**	**5384490**	**10830751**	**12065276**	**12932530**
国际航线	International Routes	82595	465190	1929689	3884753	4350189	4637426
国内航线	Domestic Routes	145156	759818	3454801	6945998	7715087	8295104
#港澳台地区航线	Routes of Hong Kong, Macao and Taiwan	22199	56878	115895	160960	175130	168954
通用航空飞行时间(小时)	**Flying Time of General Aviation (hr)**	**42524**	**48707**	**391135**	**837496**	**937149**	**1065011**
农林业航空作业	Flight for Agriculture and Forestry Operation	22674	22922	29619	59578		
#航空护林	Forest Protection Service	3573	3927	7748	15476		
播种造林	Afforestation	4605	4060	1419	1157		
工业航空作业	Flight for Industrial Operation	19850	25785	65430	89336		

16-31 邮电业务基本情况
Basic Conditions of Postal and Telecommunication Services

指　　标	Item	2016	2017	2018	2019
邮政业务总量　(亿元)	Business Volume of Postal Services (100 million yuan)	7397.2	9763.7	12345.2	16229.6
电信业务总量　(亿元)	Business Volume of Telecommunication Services (100 million yuan)	15617.0	27596.7	65633.9	106810.7
邮政业务量	**Business Volume of Postal Services**				
函件　(亿件)	Number of Letters (100 million pcs)	36.2	31.5	26.7	21.7
包裹　(万件)	Packages (10 000 pcs)	2794.0	2657.2	2407.6	2155.0
快递　(万件)	Express Mail Services (10 000 pcs)	3128315.1	4005591.9	5071042.8	6352291.0
报刊期发数　(万份)	Issue of Newspapers and Magazines (10 000 copies)	13617.5	12572.8	12458.2	11429.0
汇兑　(万笔)	Postal Remittance Transactions (10 000 times)	5804.4	3743.4	2520.0	1639.7
纪特邮票　(万枚)	Commemorative and Special Stamps (10 000 pcs)	154320.6	140219.4	118076.4	91800.9
营业网点　(处)	Number of Offices (unit)	216708	278025	274635	318516
平均每一营业网点服务面积(平方公里)	Average Area Served by Each Postal Office (sq.km)	44.3	34.5	35.0	30.1
邮路总长度　(万公里)	Length of Postal Routes (10 000 km)	658.5	938.5	985.1	1222.7
农村投递路线长度(万公里)	Rural Delivery Routes (10 000 km)	376.8	380.5	403.1	419.9
城市投递路线长度(万公里)	Urban Delivery Routes (10 000 km)	147.5	162.8	171.2	221.0
电信业务量	**Business Volume of Telecommunication Services**				
移动电话通话时长(亿分钟)	Length of Calls of Mobile Phones (100 million minutes)	56599.0	54004.7	51125.2	47826.2
移动短信业务量　(亿条)	Short Message Services (100 million messages)	6670.9	6641.4	11398.6	15066.4
互联网上网人数　(万人)	Number of Internet Users (10 000 persons)	73125	77198	82851	90359
互联网普及率　(%)	Popularization Rate of Internet (%)	53.2	55.8	59.6	64.5
移动电话用户　(万户)	Number of Mobile Phone Subscribers at Year-end (10 000 subscribers)	132193.4	141748.7	156609.8	160134.5
#3G移动电话用户　(万户)	3G Mobile Phone Subscribers (10 000 subscribers)	17080.5	13463.2	14018.3	5876.3
移动电话漫游国家和地区(个)	Countries (regions) with Mobile Phone Roaming (unit)	258	262	260	261
固定电话用户　(万户)	Number of Fixed Telephone Subscribers (10 000 subscribers)	20662.4	19375.7	19208.5	19103.3
#住宅电话用户	Household Fixed Telephone Subscribers	11995.0	10964.1	9901.1	2439.3
固定长途电话交换机容量(万路端)	Capacity of Long Distance Telephone Exchanges (10 000 lines)	681.1	603.5	392.4	119.4
局用交换机容量　(万门)	Capacity of Office Telephone Exchanges (10 000 lines)	22441.6	18398.7	11440.4	7189.7
移动电话交换机容量(万户)	Capacity of Mobile Phone Exchanges (10 000 subscribers)	218540.0	242185.8	259453.1	272523.7
长途光缆线路长度(万公里)	Length of Long-distance Optical Cable Lines (10 000 km)	99.4	104.5	99.4	108.5
互联网宽带接入端口(万个)	Broad Band Subscribers Port of Internet (10 000 ports)	71276.9	77599.1	86752.3	91578.0
IPv4地址数　(万个)	Number of IPv4 Addresses (10 000 units)	28229.8	33870.5	33892.5	33909.3
IPv6地址数　(块/32)	Number of IPv6 Addresses (unit/32)	21188	23430	41079	47885
互联网国际出口带宽(Mbps)	International Internet Bandwidth (Mbps)	6640291	7320180	8946570	8827751

注：1.邮政业务总量和电信业务总量2000年及以前按1990年不变价格计算，2001-2010年按2000年不变价格计算，2011年起按2010年不变价格计算，2016年起电信业务总量按2015年不变价格计算，2016年按可比口径比上年增长30.3%(下表同)。
2.邮政业务总量、快递的统计口径2006年以前为中国邮政集团，2007年起为规模以上(年业务收入200万元以上)邮政业法人企业数据(下表同)。
3.营业网点1998年及以前为邮电局所，1999-2006年为邮政局所；统计口径从2002年起为邮政局所和邮政代办点，2007年起为规模以上邮政业法人企业办理业务的场所(下表同)。
4.2015年移动电话用户及3G移动电话用户统计口径有调整，与往年不可比。
5.2019年互联网上网人数、互联网普及率数据截止时点（间）为2020年3月30日。

a) Business volume of postal services and business volume of telecommunication services before 2000 was calculated at 1990 constant prices, and that from 2001 to 2010 was calculated at 2000 constant prices. Since 2011, it was calculated at 2010 constant prices. Business volume of telecommunication services since 2016 was calculated at 2015 constant prices. The increase rate at constant prices in 2016 was 30.3% over preceding years. The same applies to the following table .

b) Statistical coverages of business volume of postal services and express mail services referred to China Post Group before 2006, and since 2007, it includes corporate postal enterprises above designated size (with annual business revenue above 2 million yuan). The same applies to the following table.

c) Data on number of postal offices referred to postal and communication offices before 1998,and referred to postal offices from 1999 to 2006. It included postal offices and postal sub-stations since 2002, and was the business sites of postal enterprises above designated size since 2007. The same applies to the following table.

d) In 2015, coverage of mobile phone users and 3G mobile phone users was adjusted, so the data are not compared with previous years.

e) The deadline of number of internet users and popularization rate of internet is March 30, 2020.

16-32 邮政和电信业务量
Business Volume of Postal Services and Telecommunication Services

年份 Year 地区 Region		邮政业务总量 (亿元) Business Volume of Postal Services (100 million yuan)	电信业务总量 (亿元) Business Volume of Telecommunication Services (100 million yuan)	函件 (亿件) Letters (100 million pcs)	包裹 (万件) Packages (10 000 pcs)	报刊期发数 (万份) Issue of Newspapers and Magazines (10 000 copies)
1978		14.92	19.17	28.35	7400.5	11250.0
1980		17.02	22.01	33.13	7153.2	16431.0
1985		25.70	36.51	46.78	7612.7	30172.0
1990		45.95	109.59	54.87	9690.1	20078.0
1995		113.34	875.51	79.55	15641.0	21689.0
2000		232.80	4559.90	77.71	9600.3	20089.7
2005		625.52	11403.02	73.51	9531.8	14601.3
2006		730.49	14595.38	71.31	9317.5	14372.7
2007		1213.73	18591.33	69.50	9103.3	13030.6
2008		1401.80	22247.72	73.63	7936.7	15658.3
2009		1639.88	25553.58	75.32	7229.6	13909.5
2010		1985.30	29993.18	74.01	6642.5	17158.3
2011		1607.71	11725.78	73.78	6883.0	15007.7
2012		2036.84	12982.44	70.74	6875.5	15401.6
2013		2725.08	15707.15	63.41	6924.9	15140.9
2014		3696.08	18138.33	56.10	6024.2	14936.8
2015		5078.72	23346.30	45.81	4243.4	15539.5
2016		7397.24	15616.95	36.19	2794.0	13617.5
2017		9763.71	27596.74	31.48	2657.2	12572.8
2018		12345.19	65633.91	26.71	2407.6	12458.2
2019		16229.63	106810.67	21.71	2155.0	11429.0
北京	Beijing	460.11	2681.99	1.87	187.1	400.5
天津	Tianjin	148.80	1194.60	0.22	26.1	101.1
河北	Hebei	557.38	4741.94	0.42	141.4	482.7
山西	Shanxi	116.35	2375.20	0.12	17.2	342.4
内蒙古	Inner Mongolia	50.37	2075.81	0.06	35.1	207.2
辽宁	Liaoning	202.70	2723.21	0.34	48.3	394.1
吉林	Jilin	94.55	1769.31	0.10	21.7	157.7
黑龙江	Heilongjiang	114.68	1732.45	0.20	30.5	244.7
上海	Shanghai	770.04	2240.43	4.57	210.9	469.3
江苏	Jiangsu	1426.94	7545.40	2.10	123.0	830.2
浙江	Zhejiang	3177.67	6717.01	1.82	145.1	662.6
安徽	Anhui	440.76	4006.72	0.41	41.1	462.2
福建	Fujian	646.01	3235.45	0.48	59.6	444.0
江西	Jiangxi	230.18	2838.50	0.17	43.6	301.1
山东	Shandong	717.99	5786.39	0.63	175.1	920.6
河南	Henan	590.45	5999.12	0.95	110.2	836.2
湖北	Hubei	458.51	3370.84	0.65	54.9	371.9
湖南	Hunan	321.79	4248.82	0.21	24.6	481.5
广东	Guangdong	4403.44	12046.36	4.56	156.1	544.1
广西	Guangxi	159.44	3587.75	0.23	38.4	284.8
海南	Hainan	25.37	873.99	0.03	13.9	79.0
重庆	Chongqing	166.31	2603.00	0.15	22.2	278.6
四川	Sichuan	447.76	5164.95	0.26	78.9	735.0
贵州	Guizhou	76.05	3874.72	0.61	5.8	200.0
云南	Yunnan	118.32	4185.22	0.19	23.8	240.8
西藏	Tibet	4.79	301.37	0.01	38.3	73.0
陕西	Shaanxi	193.12	3366.91	0.13	69.7	272.3
甘肃	Gansu	38.63	1958.88	0.07	71.0	186.7
青海	Qinghai	8.10	636.98	0.03	40.9	51.4
宁夏	Ningxia	19.98	743.92	0.03	10.6	48.5
新疆	Xinjiang	43.02	2006.00	0.08	90.2	324.9
不分地区	Not Classified by Region		177.46			

16-32 续表 1 continued

年份 Year / 地区 Region		订销报纸累计数（万份）Cumulative Number of Newspaper Subscribed and Sold (10 000 copies)	订销杂志累计数（万份）Cumulative Number of Magazines Subscribed and Sold (10 000 copies)	汇兑（万笔）Postal Remittance Transactions (10 000 times)	纪特邮票（万枚）Commemorative and Special Stamps (10 000 pieces)	快递（万件）Express Deliveries (10 000 pcs)	快递业务收入（万元）Revenue from Express Delivery Service (10 000 yuan)
	1978	1394729.8	64099.2	11852.4			
	1980	1604235.2	105525.0	13557.0			
	1985	2293065.2	208015.7	16355.1			
	1990	1548568.5	116652.0	16555.8	71233.0	343.3	
	1995	1985894.5	125473.4	23985.1	239250.0	5562.7	
	2000	1844607.1	124449.8	22475.0	453500.0	11031.4	
	2005	1502669.3	100314.6	16052.0	121214.0	22880.3	
	2006	1538987.5	100466.5	18928.0	104580.9	26988.0	
	2007	1505639.6	98104.1	22875.2	113656.7	120189.6	3425851.6
	2008	1626004.2	104220.0	26404.2	131873.0	151329.3	4084274.6
	2009	1621040.2	102073.1	27177.4	110088.5	185785.8	4790030.7
	2010	1717080.6	104756.3	28043.2	114622.5	233892.0	5746029.8
	2011	1817050.7	107701.6	26474.3	102857.5	367311.1	7579878.2
	2012	1892652.5	112009.7	22913.4	118276.0	568548.0	10553324.2
	2013	1942934.7	113720.0	18520.6	118335.3	918674.9	14416815.3
	2014	1912277.3	107618.1	12527.4	138990.4	1395925.3	20453586.2
	2015	1880361.3	99977.1	8241.7	157000.8	2066636.8	27696465.9
	2016	1786989.7	84415.0	5804.4	154320.6	3128315.1	39743601.3
	2017	1766328.4	79261.4	3743.4	140219.4	4005591.9	49571088.8
	2018	1727899.1	77496.9	2520.0	118076.4	5071042.8	60384253.8
	2019	1680708.2	72997.1	1639.7	91800.9	6352291.0	74978235.2
北京	Beijing	62662.6	2279.6	65.4	7208.0	228716.4	3391428.2
天津	Tianjin	15870.3	693.1	13.5	1980.4	69733.0	958419.1
河北	Hebei	72882.2	3259.2	24.8	3871.8	230392.7	2423535.3
山西	Shanxi	58100.6	1877.0	26.5	2444.8	36413.8	494196.7
内蒙古	Inner Mongolia	32469.1	1132.4	16.8	2279.5	14263.2	329491.8
辽宁	Liaoning	48999.8	2707.7	63.0	3636.0	79515.7	1038723.1
吉林	Jilin	27632.6	929.3	23.7	2267.7	30662.0	483304.5
黑龙江	Heilongjiang	33452.0	2314.8	11.2	4041.4	35088.9	602671.2
上海	Shanghai	72369.4	1938.1	177.2	4113.5	313326.1	12888432.8
江苏	Jiangsu	137548.6	5136.3	186.8	6350.7	574060.4	6189768.3
浙江	Zhejiang	107552.8	3679.5	79.5	3685.9	1326252.1	9129240.5
安徽	Anhui	61156.6	3240.9	17.8	3129.1	154543.0	1383815.0
福建	Fujian	68132.1	2351.4	37.0	2803.0	261951.3	2591559.7
江西	Jiangxi	50969.1	1981.0	37.9	3087.8	77719.9	843014.5
山东	Shandong	111410.7	6146.6	60.7	5121.6	288856.2	2883528.3
河南	Henan	108107.3	3717.2	251.4	3882.9	211093.2	1886366.5
湖北	Hubei	62449.8	2441.7	28.8	3869.4	168499.8	1738919.9
湖南	Hunan	62946.5	3818.1	22.0	3057.6	103079.3	1009256.0
广东	Guangdong	67515.6	4920.1	65.7	6672.2	1680594.0	18479102.1
广西	Guangxi	32591.9	2318.0	40.4	1469.7	56386.3	746466.3
海南	Hainan	15141.8	482.7	8.3	418.1	8143.4	184819.2
重庆	Chongqing	26719.0	2882.6	14.0	1601.2	55322.4	704509.7
四川	Sichuan	104620.3	3818.7	67.1	3262.7	179104.9	2035863.8
贵州	Guizhou	37814.3	1795.6	59.1	2769.3	24584.4	461053.6
云南	Yunnan	43187.1	1470.4	77.8	1635.1	43160.8	576432.6
西藏	Tibet	14272.9	417.0	14.6	305.4	874.3	28924.1
陕西	Shaanxi	45547.0	1690.2	29.6	2406.3	72891.9	833770.8
甘肃	Gansu	30372.2	1116.7	29.2	1367.6	10371.2	226397.3
青海	Qinghai	10761.9	306.0	8.2	541.0	1896.1	59825.7
宁夏	Ningxia	6932.8	383.7	14.2	850.0	4891.6	94877.4
新疆	Xinjiang	50519.3	1751.6	67.6	1671.7	9902.6	280521.6

注：快递业务量2006年及以前为邮政特快专递，2007年起为规模以上(年业务收入200万元以上)快递服务企业，2013年起为获得快递业务经营许可的快递服务企业业务量。

a) Business volume of express delivery services covered express mail service in 2006 and before, changed to express delivery service by enterprises above designated size (with business revenue over 2 million yuan) since 2007, and refers to express delivery service by enterprises with business license since 2013.

16-32 续表 2 continued

年 份 地 区	Year Region	移动短信业务量(亿条) Short Message Service (100 million messages)	移动电话用户(万户) Number of Mobile Phone Subscribers (10 000 subscribers)	#3G移动电话用户 3G Mobile Phone Subscribers	#4G移动电话用户 4G Mobile Phone Subscribers
	1978				
	1980				
	1985				
	1990		1.8		
	1995		362.9		
	2000		8453.3		
	2005	3046.3	39340.6		
	2006	4295.4	46105.8		
	2007	5945.8	54730.6		
	2008	6996.9	64124.5		
	2009	7726.5	74721.4	1232.2	
	2010	8277.5	85900.3	4705.1	
	2011	8790.0	98625.3	12842.4	
	2012	8973.1	111215.5	23280.3	
	2013	8921.0	122911.3	40161.1	
	2014	7674.2	128609.3	48525.5	9728.4
	2015	6991.8	127139.7	27573.0	43038.1
	2016	6670.9	132193.4	17080.5	76994.9
	2017	6641.4	141748.7	13463.2	99688.9
	2018	11398.6	156609.8	14018.3	116546.4
	2019	15066.4	160134.5	5876.3	128197.5
北 京	Beijing	1214.3	4019.8	241.1	3291.7
天 津	Tianjin	123.6	1704.7	42.5	1409.1
河 北	Hebei	610.3	8315.6	511.6	6596.5
山 西	Shanxi	502.3	3987.2	80.8	3202.4
内蒙古	Inner Mongolia	180.4	3011.7	62.2	2386.5
辽 宁	Liaoning	263.3	4883.6	104.9	3943.1
吉 林	Jilin	159.0	2897.6	74.8	2217.6
黑龙江	Heilongjiang	197.6	3929.0	77.2	2977.5
上 海	Shanghai	758.1	4007.9	137.9	3599.7
江 苏	Jiangsu	1148.9	10165.9	164.8	8389.5
浙 江	Zhejiang	905.9	8736.4	119.6	6912.7
安 徽	Anhui	601.3	5844.2	134.4	4506.3
福 建	Fujian	876.8	4720.3	234.9	3878.7
江 西	Jiangxi	171.3	4157.1	51.8	3268.0
山 东	Shandong	875.0	10785.5	266.1	8112.7
河 南	Henan	1028.9	9841.1	621.5	8067.4
湖 北	Hubei	355.1	5688.0	304.0	4495.4
湖 南	Hunan	344.6	6648.1	318.1	5276.7
广 东	Guangdong	1499.4	16533.0	425.4	14307.8
广 西	Guangxi	279.8	5127.5	101.1	4271.9
海 南	Hainan	82.0	1135.6	17.6	924.4
重 庆	Chongqing	299.5	3678.8	235.3	2897.5
四 川	Sichuan	948.8	9443.5	203.1	7288.6
贵 州	Guizhou	199.2	4049.7	196.1	3280.3
云 南	Yunnan	352.7	4863.0	72.0	3700.0
西 藏	Tibet	23.8	321.4	22.5	265.3
陕 西	Shaanxi	578.3	4640.5	97.4	3795.2
甘 肃	Gansu	175.8	2751.2	189.8	2205.4
青 海	Qinghai	54.1	673.1	16.5	557.1
宁 夏	Ningxia	66.3	828.3	13.1	682.2
新 疆	Xinjiang	189.9	2745.0	738.1	1490.6

注：固定长途电话通话时长为固定传统长途电话通话时长及固定IP电话通话时长之和。

a) Length of long-distance calls of fixed telephone includes traditional calls and IP calls.

16-32 续表 3 continued

年份 地区	Year Region	移动电话通话时长（亿分钟）Length of Calls of Mobile Phone Subscribers (100 million minutes)	#去话通话时长 Length of Outgoing Calls	固定电话用户（万户）Number of Fixed Telephone Subscribers (10 000 subscribers)	#住宅电话用户 Household Fixed Telephone Subscribers
	1978			192.5	
	1980			214.1	
	1985			312.0	6.1
	1990			685.0	183.4
	1995	113.4		4070.6	2909.8
	2000	1845.3		14482.9	11817.2
	2005	12507.4		35044.5	27225.1
	2006	16870.7		36778.6	28259.1
	2007	23061.3		36563.7	27521.3
	2008	29355.6		34035.9	25200.5
	2009	35351.0		31373.2	21782.8
	2010	43261.2	21129.0	29434.2	20298.4
	2011	50472.6	25056.0	28509.8	19272.8
	2012	55444.9	27603.5	27815.3	18329.0
	2013	58229.7	28987.7	26698.5	17117.7
	2014	59012.7	29270.1	24943.0	15665.3
	2015	57648.9	28499.9	23099.6	13899.8
	2016	56599.0	28072.8	20662.4	11995.0
	2017	54004.7	26904.2	19375.7	10964.1
	2018	51125.2	25441.5	19208.5	9901.1
	2019	47826.2	23929.2	19103.3	2439.3
北　京	Beijing	1081.9	582.8	543.1	54.6
天　津	Tianjin	537.1	272.8	349.1	38.0
河　北	Hebei	2142.7	1045.1	705.2	133.4
山　西	Shanxi	1292.9	644.3	266.2	64.3
内蒙古	Inner Mongolia	971.7	485.0	214.4	53.4
辽　宁	Liaoning	1567.9	778.8	628.6	202.8
吉　林	Jilin	870.1	431.0	457.4	129.1
黑龙江	Heilongjiang	1086.6	533.5	339.9	168.3
上　海	Shanghai	887.8	459.2	643.4	47.3
江　苏	Jiangsu	2874.3	1426.8	1329.1	96.2
浙　江	Zhejiang	2554.1	1280.5	1309.8	61.0
安　徽	Anhui	1506.0	725.2	570.9	45.8
福　建	Fujian	1566.2	781.8	763.7	45.2
江　西	Jiangxi	1201.2	587.1	457.5	39.9
山　东	Shandong	3728.8	1854.5	1185.2	316.7
河　南	Henan	2964.6	1439.0	757.8	204.5
湖　北	Hubei	1591.0	777.1	518.9	43.6
湖　南	Hunan	2005.2	978.6	623.1	18.6
广　东	Guangdong	4540.4	2314.5	2303.3	333.1
广　西	Guangxi	1306.7	644.5	330.7	45.7
海　南	Hainan	387.1	226.6	171.1	6.5
重　庆	Chongqing	1205.6	673.7	604.2	68.5
四　川	Sichuan	2741.8	1373.9	1871.8	58.6
贵　州	Guizhou	1473.4	735.4	229.7	2.9
云　南	Yunnan	1737.5	864.0	287.8	21.9
西　藏	Tibet	133.5	73.7	71.7	3.4
陕　西	Shaanxi	1372.4	678.9	641.7	68.1
甘　肃	Gansu	820.1	401.6	331.8	23.4
青　海	Qinghai	189.6	93.1	125.4	4.9
宁　夏	Ningxia	231.3	116.5	53.9	4.3
新　疆	Xinjiang	1256.9	649.6	416.9	35.3

16-33 邮政业网点及邮递线路（年底数）
Postal Offices and Postal Delivery Routes (Year-end Figure)

年份 地区	Year Region	营业网点（处） Number of Offices (unit)	信筒信箱（个） Number of Post Boxes (unit)	农村投递路线（公里） Rural Delivery Routes (km)	城市投递路线（公里） Urban Delivery Routes (km)
	1978	49623	156398	4266291	
	1980	49471	159009	4138879	
	1985	53107	174678	3565758	
	1990	53629	181877	3364861	
	1995	61898	203011	3345848	
	2000	58437	239356	3364498	
	2005	65917	202259	3565226	941286
	2006	62799	197491	3566982	985785
	2007	70655	195336	3637553	1024046
	2008	69146	224023	3656936	1111749
	2009	65672	206597	3676051	1324378
	2010	75739	171043	3690561	1461321
	2011	78667	148206	3632579	1171464
	2012	95572	150271	3731657	1327674
	2013	125115	147351	3744733	1282319
	2014	137562	142330	3775875	1435111
	2015	188637	129572	3756043	1371041
	2016	216708	127678	3767660	1474841
	2017	278025	125409	3805332	1628446
	2018	274635	122060	4030582	1711862
	2019	318516	119234	4198813	2209984
北京	Beijing	4927	4397	26538	80885
天津	Tianjin	3266	2598	26653	30560
河北	Hebei	12352	2801	211971	91190
山西	Shanxi	7269	1726	107925	55502
内蒙古	Inner Mongolia	5880	1536	157263	82521
辽宁	Liaoning	9076	2523	105752	90261
吉林	Jilin	5100	1488	102426	55528
黑龙江	Heilongjiang	6638	2312	115492	56469
上海	Shanghai	5503	2651	38526	92643
江苏	Jiangsu	21469	13375	280337	151947
浙江	Zhejiang	27381	19431	251448	124161
安徽	Anhui	13104	2219	143644	77318
福建	Fujian	8902	7351	116760	75353
江西	Jiangxi	8897	2028	93489	49132
山东	Shandong	19038	3855	282275	119887
河南	Henan	16627	3252	182441	104438
湖北	Hubei	13703	2442	187419	73688
湖南	Hunan	11474	2777	203940	88728
广东	Guangdong	30019	4399	309413	270250
广西	Guangxi	9461	2811	113017	47677
海南	Hainan	1684	3140	32039	18746
重庆	Chongqing	8834	1964	61223	42049
四川	Sichuan	24583	12311	266446	69555
贵州	Guizhou	10148	1997	125891	50161
云南	Yunnan	10250	1900	192615	47394
西藏	Tibet	1183	5402	87090	7388
陕西	Shaanxi	10109	2086	121392	52194
甘肃	Gansu	5170	1838	128852	44854
青海	Qinghai	1191	478	42928	9338
宁夏	Ningxia	1558	499	13418	16852
新疆	Xinjiang	3720	1647	70190	33315

16-33 续表 continued

年 份 Year / 地 区 Region	邮路总长度(公里) Length of Postal Routes (km)	#航空邮路 Air Mail Routes	#铁路邮路 Railway Routes	#汽车邮路 Highway Routes
1978	4863282		150249	572204
1980	4737124		150819	582058
1985	1416303		181916	658102
1990	1618200		191313	676747
1995	1886082		183036	819412
2000	3073331	1597044	184925	1070304
2005	3406226	1813959	200180	1229802
2006	3369392	1777368	204733	1230633
2007	3532980	1855335	211534	1302915
2008	3693464	1908316	236860	1385102
2009	4027751	2178332	248876	1450782
2010	4635569	2529232	269700	1753027
2011	5140272	2718292	309027	2017483
2012	5855107	3160292	320144	2289077
2013	5897229	3334949	395809	2070847
2014	6305556	3622873	232976	2361997
2015	6376429	3558821	218014	2486461
2016	6585049	3712222	203729	2644714
2017	9384668	5996105	215205	3156199
2018	9851315	6544859	220980	3072496
2019	12227021	8724542	207900	3282155
北 京 Beijing	581856	480220	20429	80659
天 津 Tianjin	148165	95612		49923
河 北 Hebei	149237	33182		115704
山 西 Shanxi	115074	56217		58857
内蒙古 Inner Mongolia	150098	62346	3941	83811
辽 宁 Liaoning	291361	198843	2837	89596
吉 林 Jilin	186078	146625	15	39438
黑龙江 Heilongjiang	167886	84721	21159	62006
上 海 Shanghai	132147	45866	6474	79157
江 苏 Jiangsu	490910	233837		257073
浙 江 Zhejiang	1095967	741562	47350	306812
安 徽 Anhui	214098	51885	1109	161104
福 建 Fujian	683020	585766		96984
江 西 Jiangxi	135015	45916	2650	86423
山 东 Shandong	442719	273940		168605
河 南 Henan	591371	434936	4911	151509
湖 北 Hubei	265400	142291		123107
湖 南 Hunan	424023	296081		127921
广 东 Guangdong	3417485	3110950	47002	258882
广 西 Guangxi	306309	216296		89831
海 南 Hainan	168087	150819		16787
重 庆 Chongqing	220003	149857	2250	67896
四 川 Sichuan	385936	206863	3621	169897
贵 州 Guizhou	150032	91556	1269	57207
云 南 Yunnan	335966	186013	10819	139134
西 藏 Tibet	126871	63750	1972	61149
陕 西 Shaanxi	165021	88599	1550	74332
甘 肃 Gansu	205463	123137	3519	78807
青 海 Qinghai	92978	54670	2092	36216
宁 夏 Ningxia	63810	52216		11594
新 疆 Xinjiang	324636	219970	22931	81735

注：邮路总长度1980年及以前为邮路及农村投递路线总长度之和。

a) Length of postal routes before 1981 included the length of postal routes and rural delivery routes.

16-34 电信主要通信能力（年底数）
Main Communication Capacity of Telecommunications (Year-end Figure)

年份 Year 地区 Region	固定长途电话交换机容量（路端） Capacity of Long-distance Telephone Exchanges (circuit)	局用交换机容量（万门） Capacity of Office Telephone Exchanges (10 000 lines)	移动电话交换机容量（万户） Capacity of Mobile Phone Exchanges (10 000 subscribers)	移动电话基站（万个） Base Stations of Mobile Phones (10 000)	光缆线路长度（公里） Length of Optical Cable Lines (km)	#长途光缆线路长度 Length of Long Distance Optical Cable Lines
1978	1863	405.9				
1980	1969	443.2				
1985	11522	613.4				
1990	161370	1231.8	5.1			3334
1995	3518781	7203.6	796.7			106882
2000	5635498	17825.6	13985.6	8.3	1212358	286642
2005	13716307	47196.1	48241.7	36.2	4072788	723040
2006	14423427	50279.9	61032.0	44.2	4279559	722439
2007	17092213	51034.6	85496.1	54.6	5777289	792154
2008	16907188	50863.2	114531.4	69.0	6778496	797979
2009	16849027	49265.6	144084.7	111.9	8294565	831011
2010	16414644	46537.3	150284.9	139.8	9962467	818133
2011	16023432	43428.4	171636.0	175.2	12119303	842341
2012	15797426	43749.3	184023.8	206.6	14793300	868175
2013	12805074	41089.3	196557.3	241.0	17453709	890018
2014	9829082	40517.1	205024.9	350.8	20612529	928398
2015	8110825	26446.5	218150.0	465.6	24863348	965283
2016	6810778	22441.6	218540.0	559.4	30420755	994092
2017	6035297	18398.7	242185.8	618.7	37801073	1044998
2018	3924342	11440.4	259453.1	667.2	43167888	994130
2019	1193694	7189.7	272523.7	841.0	47412442	1084937
北京 Beijing	67020	1129.4	8295.0	21.8	391947	4329
天津 Tianjin		429.8	3036.0	10.1	362060	4323
河北 Hebei	56400	855.4	14610.2	37.2	2184222	37071
山西 Shanxi	115920	254.3	7359.2	23.0	1278772	31079
内蒙古 Inner Mongolia		176.0	6136.3	17.5	1309859	76429
辽宁 Liaoning		373.9	6499.2	28.3	1499786	23256
吉林 Jilin	102570	244.9	5244.0	13.5	791002	26395
黑龙江 Heilongjiang		535.4	9079.4	17.7	1274098	50184
上海 Shanghai	357840	168.0	6548.0	16.5	672080	4205
江苏 Jiangsu		65.9	22838.1	53.6	3679239	39107
浙江 Zhejiang		243.4	15414.3	53.9	3265293	26585
安徽 Anhui		55.3	8224.3	28.4	2252492	35330
福建 Fujian		89.8	8636.8	29.0	1556751	24733
江西 Jiangxi	152580	41.9	7285.9	24.2	1879451	31537
山东 Shandong		283.5	12977.4	55.8	2414178	38049
河南 Henan		610.1	14004.8	43.0	1761147	35017
湖北 Hubei		46.7	8712.3	30.3	1780905	30805
湖南 Hunan		83.1	10165.0	32.7	2030593	43219
广东 Guangdong	44994	413.5	23803.8	75.8	2919315	58261
广西 Guangxi	132000	22.6	11662.0	24.5	1758472	40335
海南 Hainan		18.7	2119.0	7.6	285185	3215
重庆 Chongqing		111.8	4613.0	21.8	1201848	6078
四川 Sichuan	164370	191.9	16869.6	42.2	3328646	122353
贵州 Guizhou		28.7	6702.0	25.7	1150936	34150
云南 Yunnan		499.0	8610.3	29.1	2002875	49748
西藏 Tibet			2820.0	5.0	201862	40623
陕西 Shaanxi		91.0	5105.5	25.6	1532139	32564
甘肃 Gansu			5724.6	17.2	887836	37436
青海 Qinghai		10.0	927.0	4.9	324874	41052
宁夏 Ningxia		2.2	1583.0	4.9	240152	9632
新疆 Xinjiang		113.5	6918.0	20.1	1194424	47836
不分地区 Not Classified by Region						

注：电话交换机容量不包括用户交换机容量。

a) The capacity of exchanges in this table do not includes the capacity of exchanges owned by users.

16-35 电信通信服务水平（年底数）
Telecommunication Services Available at Year-end

年份 Year 地区 Region		电话普及率（包括移动电话）(部/百人) Popularization Rate of Telephones (Include Mobile Phones) (sets/100 persons)	固定电话普及率 (部/百人) Popularization Rate of Fixed Line Telephones (sets/100 persons)	移动电话普及率 (部/百人) Popularization Rate of Mobile Phones (sets/100 persons)
	1978	0.38	0.38	
	1980	0.43	0.43	
	1985	0.60	0.60	
	1990	1.11	1.11	
	1995	4.66	4.36	0.30
	2000	19.10	12.38	6.72
	2005	57.22	26.96	30.26
	2006	63.40	28.10	35.30
	2007	69.45	27.81	41.64
	2008	74.29	25.76	48.53
	2009	79.89	23.62	56.27
	2010	86.41	22.05	64.36
	2011	94.81	21.26	73.55
	2012	103.10	20.60	82.50
	2013	109.95	19.62	90.33
	2014	112.26	18.24	94.03
	2015	109.30	16.80	92.49
	2016	110.55	14.94	95.60
	2017	115.91	13.94	101.97
	2018	126.00	13.77	112.23
	2019	128.02	13.64	114.38
北京	Beijing	211.87	25.22	186.66
天津	Tianjin	131.50	22.35	109.15
河北	Hebei	118.82	9.29	109.53
山西	Shanxi	114.06	7.14	106.92
内蒙古	Inner Mongolia	127.03	8.44	118.59
辽宁	Liaoning	126.67	14.45	112.22
吉林	Jilin	124.69	17.00	107.69
黑龙江	Heilongjiang	113.80	9.06	104.74
上海	Shanghai	191.56	26.50	165.06
江苏	Jiangsu	142.44	16.47	125.97
浙江	Zhejiang	171.73	22.39	149.34
安徽	Anhui	100.77	8.97	91.80
福建	Fujian	138.03	19.22	118.81
江西	Jiangxi	98.90	9.80	89.09
山东	Shandong	118.87	11.77	107.10
河南	Henan	109.95	7.86	102.09
湖北	Hubei	104.72	8.76	95.97
湖南	Hunan	105.10	9.01	96.09
广东	Guangdong	163.50	19.99	143.50
广西	Guangxi	110.04	6.67	103.38
海南	Hainan	138.32	18.11	120.21
重庆	Chongqing	137.09	19.34	117.75
四川	Sichuan	135.11	22.35	112.76
贵州	Guizhou	118.12	6.34	111.78
云南	Yunnan	106.02	5.92	100.10
西藏	Tibet	112.14	20.45	91.69
陕西	Shaanxi	136.27	16.56	119.72
甘肃	Gansu	116.45	12.53	103.92
青海	Qinghai	131.36	20.62	110.73
宁夏	Ningxia	127.00	7.76	119.24
新疆	Xinjiang	125.31	16.52	108.79

注：2015年移动电话用户口径有调整，移动电话普及率与往年不可比。

a) In 2015, coverage of mobile phone users was adjusted, hence the popularization rate of mobile phones is not comparable with previous years.

16-36 邮政通信服务水平（年底数）
Postal Services Available at Year-end

年 份 地 区	Year Region	平均每一营业网点服务面积（平方公里） Average Area Served by Each Postal Office (sq.km)	平均每一营业网点服务人口（万人） Average Population Served by Each Postal Office (10 000 persons)	平均每人每年发函件数（件） Annual Average Number of Letters Mailed per Capita (piece)	平均每百人每年订报刊数（份） Annual Average Number of Newspaper and Magazine Subscribed per 100 Persons (piece)	已通邮的行政村比重（%） Percentage of Administrative Villages with Access to Postal Service (%)
	1978	193.5	1.94	2.95	11.7	
	1980	194.1	1.98	3.36	16.7	96.5
	1985	180.8	1.97	4.48	28.8	96.3
	1990	179.0	2.13	4.82	17.6	96.4
	1995	155.1	1.95	6.61	18.0	
	2000	135.3	1.77	6.40	16.4	
	2005	145.6	1.97	5.66	11.2	99.0
	2006	152.9	2.09	5.50	11.2	99.4
	2007	135.9	1.90	5.30	9.9	98.4
	2008	138.8	1.90	5.60	11.9	98.5
	2009	146.2	2.03	5.66	10.4	98.8
	2010	126.8	1.77	5.52	12.8	99.0
	2011	122.0	1.71	5.50	11.1	98.0
	2012	100.4	1.42	5.22	11.4	99.1
	2013	76.7	1.09	4.66	11.0	99.2
	2014	69.8	0.99	4.10	10.9	99.4
	2015	50.9	0.73	3.30	11.3	99.8
	2016	44.3	0.64	2.65	9.9	99.4
	2017	34.5	0.50	2.26	9.0	100.0
	2018	35.0	0.51	1.91	8.9	100.0
	2019	30.1	0.44	1.55	8.2	100.0
北 京	Beijing	3.4	0.44	8.67	18.6	100.0
天 津	Tianjin	3.4	0.48	1.38	6.5	100.0
河 北	Hebei	15.4	0.61	0.55	6.4	100.0
山 西	Shanxi	20.6	0.51	0.32	9.2	100.0
内蒙古	Inner Mongolia	187.1	0.43	0.24	8.2	100.0
辽 宁	Liaoning	16.5	0.48	0.78	9.1	100.0
吉 林	Jilin	35.3	0.53	0.36	5.9	100.0
黑龙江	Heilongjiang	69.3	0.57	0.53	6.5	100.0
上 海	Shanghai	1.1	0.44	18.80	19.3	100.0
江 苏	Jiangsu	4.7	0.38	2.60	10.3	100.0
浙 江	Zhejiang	3.7	0.21	3.11	11.3	100.0
安 徽	Anhui	9.9	0.48	0.64	7.3	100.0
福 建	Fujian	13.5	0.44	1.20	11.2	100.0
江 西	Jiangxi	18.0	0.52	0.36	6.5	100.0
山 东	Shandong	7.9	0.53	0.62	9.1	100.0
河 南	Henan	9.6	0.58	0.99	8.7	100.0
湖 北	Hubei	13.1	0.43	1.10	6.3	100.0
湖 南	Hunan	18.3	0.60	0.30	7.0	100.0
广 东	Guangdong	6.0	0.38	3.96	4.7	100.0
广 西	Guangxi	24.3	0.52	0.47	5.7	100.0
海 南	Hainan	20.2	0.55	0.30	8.4	100.0
重 庆	Chongqing	9.3	0.35	0.47	8.9	100.0
四 川	Sichuan	19.5	0.34	0.31	8.8	100.0
贵 州	Guizhou	16.8	0.35	1.68	5.5	100.0
云 南	Yunnan	37.1	0.47	0.38	5.0	100.0
西 藏	Tibet	1014.4	0.29	0.23	20.8	100.0
陕 西	Shaanxi	18.8	0.38	0.33	7.0	100.0
甘 肃	Gansu	75.4	0.51	0.27	7.1	100.0
青 海	Qinghai	604.5	0.51	0.51	8.5	100.0
宁 夏	Ningxia	42.4	0.44	0.39	7.0	100.0
新 疆	Xinjiang	430.1	0.67	0.33	12.9	100.0

16-37 互联网主要指标发展情况(年底数)
Main Indicators on Internet Development (Year-end Figure)

年份 地区	Year Region	域名数 (万个) Number of Domain Names (10 000)	网页数 (万个) Number of Webpages (10 000 pages)	IPv4地址数 (万个) IPv4 Addresses (10 000)	互联网宽带接入端口 (万个) Broadband Subscribers Port of Internet (10 000 ports)	移动互联网用户 (万户) Mobile Internet Subscribers (10 000 subscribers)
	1995					
	2000					
	2005	259.2		7439.1	4874.7	
	2006	410.9	447257.8	9801.6	6486.4	
	2007	1193.1	847108.5	13527.5	8539.3	
	2008	1682.6	1608637.0	18127.3	10890.4	
	2009	1681.8	3360173.2	23244.6	13835.7	
	2010	865.6	6000806.0	27763.7	18781.1	
	2011	774.8	8658229.8	33044.0	23239.4	
	2012	1341.2	12274681.7	33053.5	32108.4	
	2013	1843.6	15004076.3	33030.8	35945.3	
	2014	2059.6	18991864.9	33198.8	40546.1	87522.1
	2015	3101.4	21229622.4	33652.0	57709.4	96447.2
	2016	4227.6	23599758.4	33810.3	71276.9	109395.0
	2017	3848.0	26039903.0	33870.5	77599.1	127153.7
	2018	3792.8	28162240.6	33892.5	86752.3	127481.5
	2019	5094.2	29782991.5	33909.3	91578.0	131852.6
北京	Beijing	505.0	11249165.1	8643.5	2060.1	3289.2
天津	Tianjin	33.4	437772.6	356.0	1092.6	1450.7
河北	Hebei	138.4	1116138.4	966.4	4345.8	6915.2
山西	Shanxi	82.1	383103.9	434.0	2148.2	3142.3
内蒙古	Inner Mongolia	27.9	18453.5	261.1	1372.7	2606.2
辽宁	Liaoning	96.2	219863.3	1129.2	3270.7	4062.3
吉林	Jilin	62.7	205284.6	410.3	1686.6	2304.8
黑龙江	Heilongjiang	56.0	184494.2	410.3	2181.1	2901.8
上海	Shanghai	138.9	2117050.1	1529.3	2028.6	3197.4
江苏	Jiangsu	242.5	1438429.1	1614.1	7249.0	8452.6
浙江	Zhejiang	184.0	3552363.3	2193.9	6284.4	7047.0
安徽	Anhui	151.4	351206.5	559.5	3481.3	4790.8
福建	Fujian	695.1	709222.3	657.8	3232.1	3915.8
江西	Jiangxi	156.7	216170.0	586.6	2369.5	3506.4
山东	Shandong	177.3	584439.9	1658.2	6915.2	8855.1
河南	Henan	313.5	1478915.2	891.8	4752.8	8245.7
湖北	Hubei	206.3	199019.3	813.8	3062.3	4635.6
湖南	Hunan	250.1	140563.2	800.3	2997.9	5489.7
广东	Guangdong	611.8	4058047.0	3234.9	8538.0	14200.3
广西	Guangxi	125.3	183265.3	467.9	3023.0	4450.2
海南	Hainan	64.2	111425.8	159.4	794.1	931.5
重庆	Chongqing	81.2	56434.8	569.7	2318.2	3016.1
四川	Sichuan	217.0	426826.7	939.3	5864.0	7277.7
贵州	Guizhou	119.9	25034.4	149.2	1759.9	3520.1
云南	Yunnan	99.0	173380.5	332.3	2091.1	3829.3
西藏	Tibet	2.0	382.8	44.1	209.1	267.3
陕西	Shaanxi	107.4	123103.6	552.7	2322.7	3839.8
甘肃	Gansu	34.3	12530.6	159.4	1405.7	2323.1
青海	Qinghai	3.9	2565.2	61.0	382.3	564.7
宁夏	Ningxia	8.2	1618.4	94.9	520.0	685.7
新疆	Xinjiang	15.9	6721.9	203.5	1819.0	2138.2
不分地区	Not Classified by Region	86.5		3024.7		

注：各地区IPv4地址数是根据各地区占全国的比例推算数据。
a) The number of IPv4 addresses in each region is calculated according to the proportion of the regions in the whole country.

16-37 续表 continued

年份 Year / 地区 Region		移动互联网接入流量（万GB） Flow Accessed to Mobile Internet (10 000 GB)	互联网宽带接入用户（万户） Broadband Subscribers of Internet (10 000 subscribers)	#城市宽带接入用户 Urban Broadband Subscribers	#农村宽带接入用户 Rural Broadband Subscribers	#家庭宽带接入用户 Household Broadband Subscribers	#政企宽带接入用户 Government and Enterprise Broadband Subscribers
	1995						
	2000						
	2005		3735.0				
	2006		5085.3				
	2007		6641.4				
	2008		8287.9				
	2009		10397.8				
	2010		12629.1	9963.5	2475.7		
	2011		15000.1	11691.4	3308.8		
	2012		17518.3	13442.4	4075.9		
	2013		18890.9	14153.6	4737.3		
	2014	206193.6	20048.3	15174.6	4873.7	16333.6	3714.8
	2015	418753.3	25946.6	19547.2	6398.4	21716.4	4230.2
	2016	937863.5	29720.7	22266.6	7454.0	24926.8	4793.9
	2017	2459380.3	34854.0	25476.7	9377.3	29552.2	5301.8
	2018	7090039.3	40738.2	28996.5	11741.7	35351.6	5386.6
	2019	12199200.6	44927.9	31450.5	13477.3	38857.8	6070.1
北京	Beijing	295127.4	688.1	626.3	61.8	618.9	69.2
天津	Tianjin	136299.3	523.6	479.5	44.1	448.0	75.7
河北	Hebei	547784.1	2359.7	1407.3	952.4	2112.3	247.4
山西	Shanxi	269032.1	1126.1	909.2	216.9	1013.6	112.4
内蒙古	Inner Mongolia	244419.3	682.5	594.8	87.7	606.7	75.8
辽宁	Liaoning	308539.8	1230.4	1101.9	128.5	1117.2	113.2
吉林	Jilin	219168.0	618.3	521.8	96.5	579.6	38.7
黑龙江	Heilongjiang	196893.9	848.3	580.6	267.6	772.7	75.6
上海	Shanghai	231299.8	890.1	888.7	1.4	749.7	140.4
江苏	Jiangsu	852333.0	3585.7	2217.5	1368.3	3047.6	538.1
浙江	Zhejiang	762041.2	2778.9	1856.4	922.5	2281.8	497.1
安徽	Anhui	462271.9	1864.7	1158.8	705.9	1499.3	365.4
福建	Fujian	356052.4	1779.0	990.5	788.5	1572.8	206.2
江西	Jiangxi	326224.8	1448.8	987.9	460.9	1244.1	204.7
山东	Shandong	647314.6	3186.1	2169.1	1017.0	2883.1	303.0
河南	Henan	685946.4	2769.2	1986.1	783.1	2437.9	331.3
湖北	Hubei	382653.4	1708.3	1208.6	499.7	1431.1	277.3
湖南	Hunan	491368.2	1873.8	1228.3	645.5	1648.6	225.2
广东	Guangdong	1379371.0	3801.6	2871.6	930.1	3156.5	645.2
广西	Guangxi	422040.4	1447.4	845.9	601.5	1319.7	127.7
海南	Hainan	100444.2	323.2	223.5	99.7	282.6	40.6
重庆	Chongqing	300096.6	1164.0	920.4	243.6	1028.6	135.4
四川	Sichuan	584026.2	2811.7	1830.7	981.1	2385.9	425.9
贵州	Guizhou	461004.4	892.9	715.6	177.2	768.6	124.3
云南	Yunnan	493657.6	1156.1	783.9	372.2	959.4	196.6
西藏	Tibet	34381.3	91.4	75.3	16.1	73.3	18.1
陕西	Shaanxi	393245.7	1197.7	878.2	319.5	1065.8	131.8
甘肃	Gansu	227042.9	870.7	548.7	321.9	704.5	166.2
青海	Qinghai	76145.7	174.5	130.3	44.2	142.7	31.9
宁夏	Ningxia	87474.6	259.1	204.9	54.2	233.5	25.6
新疆	Xinjiang	225500.8	775.9	508.5	267.4	671.7	104.2

16-38 软件和信息技术服务业主要经济指标

Main Indicators on Software and Information Technology Services

年份 地区	Year Region	软件业务收入(亿元) Income from Software Related Business (100 million yuan)	#软件产品收入 Income from Software Products	#信息技术服务收入 Income from IT Services	#信息安全收入 Income from Information Safety	#嵌入式系统软件收入 Income from Embedded Systems and Software	其中:软件业务出口(亿美元) Of which: Export of Software (100 million USD)
	2010	13588.55	4930.53	6529.69		2128.33	267.35
	2011	18848.99	6192.15	9583.07		3073.77	346.19
	2012	24793.75	7857.24	12944.90		3991.61	394.24
	2013	30587.47	9876.84	16030.53		4680.10	469.14
	2014	37026.42	12198.50	18711.09		6116.83	486.71
	2015	42847.92	13656.14	22210.95		6980.82	494.87
	2016	48232.22	15027.83	26090.42		7113.98	499.46
	2017	55103.12	16983.57	30603.71		7515.84	541.16
	2018	61908.73	17378.56	37563.08	1162.92	5804.18	510.66
	2019	72071.87	20857.20	43580.34	1301.78	6332.55	569.39
北　京	Beijing	11983.07	3584.36	7948.28	415.01	35.42	54.78
天　津	Tianjin	2026.12	347.59	1621.99	2.18	54.35	2.24
河　北	Hebei	326.67	47.20	270.05	0.76	8.65	0.49
山　西	Shanxi	48.92	19.40	26.15	0.45	2.92	0.01
内蒙古	Inner Mongolia	6.26	1.86	4.15	0.19	0.07	0.03
辽　宁	Liaoning	1759.98	751.56	832.06	133.41	42.94	24.43
吉　林	Jilin	396.64	51.86	249.85	7.45	87.48	0.73
黑龙江	Heilongjiang	55.90	18.18	29.57	0.50	7.65	0.11
上　海	Shanghai	5911.90	1697.10	4144.39	68.54	1.87	49.76
江　苏	Jiangsu	9779.31	2992.03	5360.55	135.29	1291.44	93.85
浙　江	Zhejiang	6109.89	1861.43	3733.67	21.41	493.37	56.23
安　徽	Anhui	669.77	287.11	285.76	3.17	93.73	1.45
福　建	Fujian	2971.87	861.62	1588.62	57.02	464.61	9.29
江　西	Jiangxi	181.96	110.64	67.66	1.10	2.56	0.83
山　东	Shandong	5494.34	2091.48	2360.83	175.21	866.82	14.00
河　南	Henan	352.13	95.33	229.53	4.15	23.12	0.02
湖　北	Hubei	2065.23	866.10	1098.72	74.64	25.78	3.69
湖　南	Hunan	610.65	225.43	309.67	3.97	71.58	1.05
广　东	Guangdong	11874.56	2458.85	7396.99	53.10	1965.62	230.34
广　西	Guangxi	407.38	37.74	364.18	1.71	3.75	0.19
海　南	Hainan	286.02	50.86	233.04	1.99	0.12	0.53
重　庆	Chongqing	1714.57	416.58	1037.03	35.75	225.21	1.87
四　川	Sichuan	3691.42	1204.36	2165.30	94.44	227.33	16.06
贵　州	Guizhou	212.34	23.98	182.83	4.11	1.40	0.22
云　南	Yunnan	102.38	25.92	74.53	1.25	0.69	0.00
西　藏	Tibet						
陕　西	Shaanxi	2869.32	687.98	1847.86	2.66	330.81	7.19
甘　肃	Gansu	60.91	19.21	40.38	0.88	0.44	
青　海	Qinghai	2.15	0.03	2.08	0.01	0.04	
宁　夏	Ningxia	23.93	3.93	17.24	0.39	2.38	0.03
新　疆	Xinjiang	76.30	17.46	57.38	1.05	0.41	

注：本表统计口径为主营业务收入500万元以上的软件和信息技术服务业等企业。

a) Data in the table cover software and IT service enterprises with revenue from principal business of over 5 million yuan.

16-39 按行业分企业信息化及电子商务情况(2019年)
Informatization and E-Commerce of Enterprises by Industrial Sector (2019)

行业	Industrial Sector	企业数(个) Number of Enterprises (unit)	期末使用计算机数(台) Computers Used at the End of Period (unit)	每百人使用计算机数(台) Computers Used Per 100 Persons (unit)	企业拥有网站数(个) Websites of All Enterprises (unit)	每百家企业拥有网站数(个) Websites Per 100 Enterprises (unit)
总　计	**Total**	**1039765**	**54433299**	**32**	**534190**	**51**
采矿业	Mining	9743	1147970	25	3252	33
制造业	Manufacturing	346562	18915013	28	230533	67
电力、热力、燃气及水生产和供应业	Production and Supply of Electricity, Heat, Gas and Water	13642	2338643	68	6601	48
建筑业	Construction	113944	4334166	10	43829	39
批发和零售业	Wholesale and Retail Trades	234752	6433544	53	88827	38
交通运输、仓储和邮政业	Transport, Storage and Post	38575	2974771	36	15966	41
住宿和餐饮业	Hotels and Catering Services	50627	1006087	24	19466	38
信息传输、软件和信息技术服务业	Information Transmission, Software and Information Technology	22077	6881969	131	25870	117
房地产业	Real Estate	112782	2778593	40	41199	37
租赁和商务服务业	Leasing and Business Services	38930	2316067	28	21704	56
科学研究和技术服务业	Scientific Research and Technical Services	22544	2774733	86	16288	72
水利、环境和公共设施管理业	Management of Water Conservancy, Environment and Public Facilities	5471	218736	17	2938	54
居民服务、修理和其他服务业	Service to Households, Repair and Other Services	7255	169049	14	2834	39
教育	Education	5145	924931	108	3659	71
卫生和社会工作	Health and Social Service	6318	633366	57	4734	75
文化、体育和娱乐业	Culture, Sports and Entertainment	11398	585661	67	6490	57

注：1.分行业企业数根据《信息化和电子商务应用情况》2019年度调查结果汇总。
2.有电子商务交易活动的企业是指通过互联网开展电子商务销售或电子商务采购的企业(下表同)。

a) The number of enterprises by sector is summarized according to the survey result of *Data on informatization and e-commerce* in 2019.

b) Enterprises with E-commerce transactions refers to those enterprises which carry out sales or purchases through Internet. The same applies to the following tables.

16-39 续表 continued

行业	Industry	有电子商务交易活动 With E-Commerce Transactions		电子商务销售额(亿元) Sales Through E-commerce (100 million yuan)	电子商务采购额(亿元) Purchases Through E-commerce (100 million yuan)
		企业数(个) Enterprises (unit)	比重(%) Proportion (%)		
总计	**Total**	**109410**	**10.5**	**169325.9**	**101275.1**
采矿业	Mining	322	3.3	601.4	746.5
制造业	Manufacturing	35303	10.2	56339.8	41302.3
电力、热力、燃气及水生产和供应业	Production and Supply of Electricity, Heat, Gas and Water	834	6.1	1645.7	3693.4
建筑业	Construction	4217	3.7	186.1	7673.3
批发和零售业	Wholesale and Retail Trades	31922	13.6	84183.4	42730.2
交通运输、仓储和邮政业	Transport, Storage and Post	2366	6.1	7294.3	711.1
住宿和餐饮业	Hotels and Catering Services	16260	32.1	1168.7	48.8
信息传输、软件和信息技术服务业	Information Transmission, Software and Information Technology	4716	21.4	11465.6	1756.6
房地产业	Real Estate	3515	3.1	394.5	39.4
租赁和商务服务业	Leasing and Business Services	3585	9.2	4860.6	1881.5
科学研究和技术服务业	Scientific Research and Technical Services	1868	8.3	273.7	614.0
水利、环境和公共设施管理业	Management of Water Conservancy, Environment and Public Facilities	723	13.2	74.1	9.7
居民服务、修理和其他服务业	Service to Households, Repair and Other Services	587	8.1	84.6	12.6
教育	Education	387	7.5	330.5	7.7
卫生和社会工作	Health and Social Service	472	7.5	18.4	27.3
文化、体育和娱乐业	Culture, Sports and Entertainment	2333	20.5	404.5	20.8

16-40 分地区企业信息化及电子商务情况(2019年)
Informatization and E-Commerce of Enterprises by Region (2019)

地区	Region	企业数(个) Number of Enterprises (unit)	期末使用计算机数(台) Computers Used at the End of Period (unit)	每百人使用计算机数(台) Computers Used Per 100 Persons (unit)	企业拥有网站数(个) Websites of All Enterprises (unit)	每百家企业拥有网站数(个) Websites Per 100 Enterprises (unit)	有电子商务交易活动 With E-commerce Transactions: 企业数(个) Enterprises (unit)	比重(%) Proportion (%)	电子商务销售额(亿元) Sales Through E-commerce (100 million yuan)	电子商务采购额(亿元) Purchases Through E-commerce (100 million yuan)
全 国	**National Total**	**1039765**	**54433299**	**32**	**534190**	**51**	**109410**	**10.5**	**169325.9**	**101275.1**
北 京	Beijing	38309	4859824	72	22124	58	8516	22.2	23235.9	13420.5
天 津	Tianjin	19519	997752	39	8474	43	1420	7.3	3226.3	2346.4
河 北	Hebei	28751	1318998	28	15856	55	2044	7.1	2726.3	1926.0
山 西	Shanxi	16109	777535	24	5472	34	972	6.0	2136.7	1342.9
内蒙古	Inner Mongolia	9753	510975	33	3699	38	583	6.0	2568.1	1631.3
辽 宁	Liaoning	26500	1351250	36	12604	48	1455	5.5	4112.0	2570.3
吉 林	Jilin	10605	484692	32	4313	41	537	5.1	596.8	288.9
黑龙江	Heilongjiang	10612	667886	40	4088	39	505	4.8	599.1	314.9
上 海	Shanghai	42344	4212421	61	26369	62	4660	11.0	20462.4	11367.5
江 苏	Jiangsu	104951	5278056	27	63176	60	9844	9.4	9873.8	7418.0
浙 江	Zhejiang	96974	4395882	28	46952	48	11353	11.7	11482.0	4005.2
安 徽	Anhui	40439	1459552	25	24321	60	5830	14.4	5569.6	2231.3
福 建	Fujian	51379	1815601	19	20455	40	5749	11.2	4477.9	1725.1
江 西	Jiangxi	29196	992350	22	14204	49	2658	9.1	2968.5	1369.1
山 东	Shandong	66593	2877131	27	34805	52	8351	12.5	12882.4	7959.8
河 南	Henan	54474	1721638	19	24457	45	3831	7.0	4262.3	2460.1
湖 北	Hubei	40158	1774183	27	23693	59	3909	9.7	4734.4	3074.5
湖 南	Hunan	41505	1381750	23	19466	47	4158	10.0	3444.8	2308.3
广 东	Guangdong	140878	9450134	40	83586	59	15175	10.8	30168.2	21902.5
广 西	Guangxi	18531	815880	27	4538	25	1762	9.5	1586.5	1355.3
海 南	Hainan	3501	207609	42	1817	52	452	12.9	828.5	297.1
重 庆	Chongqing	22076	1119132	25	10269	47	2737	12.4	4762.9	1719.8
四 川	Sichuan	42111	2121513	26	24328	58	4968	11.8	5368.0	3688.8
贵 州	Guizhou	15782	561177	28	6562	42	1487	9.4	1415.4	612.2
云 南	Yunnan	16940	826983	34	6728	40	1783	10.5	1959.6	936.2
西 藏	Tibet	955	36240	33	615	64	96	10.1	156.6	38.0
陕 西	Shaanxi	24750	1250333	34	11945	48	2713	11.0	1994.3	1021.2
甘 肃	Gansu	8501	353817	26	3671	43	674	7.9	553.5	788.4
青 海	Qinghai	2278	140076	40	1010	44	211	9.3	210.8	219.0
宁 夏	Ningxia	3447	155234	29	1532	44	296	8.6	243.5	171.8
新 疆	Xinjiang	11844	517695	29	3061	26	681	5.7	718.8	764.9

主要统计指标解释

铁路营业里程　又称营业长度，指投入客货运输营业或临时营业的线路长度。

电气化里程　指具备了电力机车牵引条件，并已交付运营的线路里程。

公路里程　指报告期末公路的实际长度。统计范围：包括城间、城乡间、乡（村）间能行驶汽车的公共道路，公路通过城镇街道的里程，公路桥梁长度、隧道长度、渡口宽度。不包括城市街道里程，断头路里程，农（林）业生产用道路里程，工（矿）企业等内部道路里程。统计原则：按已竣工验收或交付使用的实际里程计算；两条或多条公路共同经由同一路段的重复里程，只计算一次。

内河航道里程　指在一定时期内，能通航运输船舶及排筏的天然河流、湖泊水库、运河及通航渠道的长度。包括全年季节性通航累计三个月以上的航道，不包括仅供零散流放竹、木排的河道。两省以河为界的航道里程，双方均按一半计算，以免重复。

定期航班航线里程　指定期航班营运里程的总长度，以万公里为计算单位。航线里程的统计分为按重复距离计算和按不重复距离计算两种形式。“按重复距离计算”是指不同航线的相同航段距离可以重复累加；“按不重复距离计算”则不同航线相同航段只统计一次。

管道输油(气)里程　指油、气、成品油等各类介质实际输送距离，是反映运输管线长度的指标，也是计算周转量的依据。对于有复线和备用线的地段，原则上按单线计算管输里程。双线同时输送又不能分开计量的情况下，管输里程为双线长度之和除以2。

货(客)运量　指在一定时期内，各种运输工具实际运送的货物重量(旅客数量)。货运按吨计算，客运按人计算。货物不论运输距离长短、货物类别，均按实际重量统计。旅客不论行程远近或票价多少，均按一人一次客运量统计；半价票、儿童票也按一人统计。

货物(旅客)周转量　指在一定时期内，由各种运输工具运送的货物(旅客)数量与其相应运输距离的乘积之总和。该指标可以反映运输业生产的总成果，也是编制和检查运输生产计划，计算运输效率、劳动生产率以及核算运输单位成本的主要基础资料。计算货物周转量通常按发出站与到达站之间的最短距离，也就是计费距离计算。计算公式为：

货物（旅客）周转量=Σ（货物（旅客）运输量×运输距离）

港口货物吞吐量　指经由水路进、出港区范围，并经过装卸的货物数量。按货物流向分为进港吞吐量和出港吞吐量，按货物的贸易性质分为内贸和外贸吞吐量。货物类别根据现行的交通行业《运输货物分类和代码》标准分类。

民用运输船舶拥有量　指报告期末在水路运输管理部门注册登记的从事水上客、货运输活动的我国企业或私人拥有的营业性运输船舶（含我国企业或私人拥有的悬挂外国旗的船舶）数量。不包括非运输船舶及农业、渔业生产船舶。

民用汽车拥有量　指报告期末，在公安交通管理部门按照《机动车注册登记工作规范》，已注册登记领有民用车辆牌照的全部汽车数量。汽车拥有量统计的主要分类：根据汽车结构分为载客汽车、载货汽车及其他汽车；根据汽车所有者不同分为个人(私人)汽车、单位汽车；根据汽车的使用性质分为营运汽车、非营运汽车；根据汽车大小规格不同，载客汽车分为大型、中型、小型和微型，载货汽车分为重型、中型、轻型和微型。

邮政、电信业务总量　指以货币形式表示的邮政、电信通信企业为社会提供各类邮政、电信通信服务的总数量。计算方法为各类业务的实物量分别乘以相应的不变单价，求出各类业务的货币量加总求得。没有不变单价的业务按其业务收入直接相加。

移动电话用户　指在电信运营企业营业网点办理开户登记手续，通过移动电话交换机进入移动电话网，占用移动电话号码的各类电话用户。包括各类签约用户、智能网预付费用户、无线上网卡用户。

互联网上网人数　指过去半年内使用过互联网的6周岁及以上中国居民人数。

固定电话用户　指在电信企业营业网点办理开户登记手续并已接入固定电话网上的全部电话用户。包括普通电话用户、无线市话用户、公用电话用户、窄带综合业务数字网（N—ISDN）用户、智能网专用接入终端用户等。

住宅电话用户　指私人付费或安装在居民住宅并按照私人或住宅电话用户登记注册和收费的各类电话用户。

固定长途电话交换机容量　指电信企业用于接入长途电话网的电话交换机的设备额定容量。

局用交换机容量　指安装在电信企业内用于接续本地固定电话的电话交换机容量，包括接入网设备容量（安装在电信运营企业用于连接语音用户的远端节点的设备容量）。

移动电话交换机容量　指移动电话交换机根据一定话务模型和交换机处理能力计算出来的最大同时服务用户的数量。按报告期末已割接入网正式投入使用的设备实际容量统计。

互联网宽带接入端口　指用于接入互联网用户的各类实际安装运行的接入端口的数量，包括xDSL用户接入端口、LAN接入端口、其他类型接入端口等，不包括窄带拨号接入端口。

计算机（数）　指报告期末企业（单位）使用的计算机数量，包括台式机、笔记本电脑和平板电脑。

互联网　指在世界范围内的公共计算机网络。它提供一系列通信服务（包括万维网）的接入，并传送电子邮件、新闻、娱乐和数据文件等。

网站　指在公共互联网上，面向公众使用的，基于TCP/IP协议的计算机系统，以域名本身或者“WWW.＋域名”为网址的web站点，由地址、软件、硬件和内容组成。

电子商务销售金额　指报告期内企业（单位）借助网络订单而销售的商品和服务总额（包含增值税），借助网络订单指通过网络接受订单，付款和配送可以不借助于网络。

电子商务采购金额　指报告期内企业（单位）借助网络订单而采购的商品和服务总额（包含增值税），借助网络订单指通过网络发送订单，付款和配送可以不借助于网络。

Explanatory Notes on Main Statistical Indicators

Length of Railways in Operation refers to the total length of the trunk line for passenger and freight transportation in full operation or temporary operation.

Length of Electrified Trunk Line refers to the length of the trunk line put into operation, capable for the running of electrified locomotives.

Length of Highways refers to the actual length of highways at the end of reference period. It covers public roads running vehicles between cities, between urban and rural areas, and between townships (villages), as well as highways passing through streets at small cities and towns, length of bridges and tunnels, width of ferry piers. It does not include the length of streets in cities, dead end highways, the length of streets built for agricultural (forest) production and inside factories (mines). Mileage can only be included when the road is completed, checked and accepted or put into operation. If two or more highways use the same section, the length of the section is counted only once.

Length of Navigable Inland Waterways refers to the length of natural rivers, lakes, reservoirs and canals that are open to navigation for ships and rafts during a given period. It includes the channels with annual seasonal navigation for more than three months, excluding waterways for scattered bamboo and wooden rafts. If two provinces share one river as the border, the length of waterways will be equally divided for each province to avoid duplication.

Length of Regular Civil Aviation Routes refers to the total length of all routes for scheduled flights, which is calculated using 10,000 kilometres as the measuring unit. There are usually two ways to calculate the route length: duplicated calculation and non-duplicated calculation. Duplicated calculation means that the same segment of different routes can be added with duplication, while the non-duplicated calculation allows the same segment of different routes to be counted only once.

Length of Oil (Gas) Pipelines refers to the actual transport distance of oil, gas and oil products, an indicator to reflect the length of pipeline routes and a reference to calculate the freight-kilometers. For those sections with double pipelines and alternate pipelines, the length will be calculated according to the length of single pipeline in principle. If the double pipelines perform the transportation at the same time and is unable to be counted separately, the length of pipelines will be the length of double pipelines divided by 2.

Freight (Passenger) Traffic refers to the weight of freight (number of passengers) transported with various means within a specific period of time. Freight transport is calculated in tons and passenger traffic is calculated in terms of number of persons. Freight transport is calculated in terms of the actual weight of the goods, irrespective of the type of freight and distance of transport. Passenger traffic is calculated by the principle that one person can be counted only once in one trip, irrespective of travelling distance and ticket price. The passengers who travel with a discounted ticket or a children ticket is also calculated as one person.

Freight Ton-kilometres (Passenger-kilometres) refers to the sum of the product of the volume of transported cargo (passengers) multiplied by the transport distance. AS an indicator to reflect the achievement of the transportation industry, this is an important indicator to show the total results of the transport industry; to prepare and examine the transport plan; and to serve as the main basic data for calculating the efficiency, labour productivity and unit cost of transport. Normally, the shortest distance between the departure station and the destination station (i.e., the payable distance) is the basis in calculating the freight ton-kilometres. The formula is as follows:

$$\frac{\text{Freight ton - kilometres}}{\text{(passenger - kilometres)}} = \sum \frac{\text{freight}}{\text{(passenger)traffic}} \times \frac{\text{distance of}}{\text{transportation}}$$

Volume of Freight Handled in Coastal Ports refers to the volume of cargo passing in and out of the harbour area of the major coastal ports and having been loaded and unloaded. The volume of freight handled may be classified by direction of cargo flow as inbound freight and outbound freight, or by nature of trading as freight for domestic trade and freight for foreign trade. It can also be classified by type of freight based on the existing standard classification for transportation industry "*Classification and Coding for Freight*".

Possession of Civil Transport Vessels refers to the total number of operating transport vessels at the end of reference period, owned by Chinese enterprises or privately, that are registered in the water transport management agencies and permitted to perform cargo or passenger transport activities (including vessels with foreign flags but owned by Chinese enterprises or citizens). Non-transport vessels and vessels used for agriculture and fishery are not included.

Possession of Civil Motor Vehicles refer to the total numbers of vehicles at the end of the reference period that are registered and received vehicles license according to the *Working Regulations for Motor Vehicle Registration* formulated by the transport management offices. Motor vehicles are classified into different categories. By the structure of motor vehicles, they are divided into passenger vehicles, trucks and others; by ownership, into private vehicles and vehicles for the unit's use; by usage, into business vehicles and non-business vehicles; and by size of vehicles, into large passenger vehicles, medium-sized passenger vehicles, small passenger vehicles and mini passenger vehicles, heavy trucks, light-heavy trucks, light trucks and mini-trucks.

Business Volume of Post and Telecommunications refers to the total amount of postal and telecommunication services, expressed in value terms, provided by the post and telecommunications departments for the society. Business volume of post and telecommunications is the sum of each service in kind multiplying with its correspondent unit price (constant price). For business activities without constant price, the business revenue is added up directly.

Mobile Phone Subscribers refer to persons who have gone through registration procedures in the operation outlets of enterprises engaged in telecommunications and are hence connected with the mobile phone communication network through the mobile phone switchboards and occupy mobile phone numbers. Included are various types of contracted subscribers, prepaid users for intelligent network and wireless network card users.

Internet Users refer to the number of Chinese citizens aged 6 and over who use the Internet in the past six months.

Fixed Telephone Subscribers refer to all subscribers who have gone through registration procedures in the operation outlets of enterprises engaged in telecommunications and are hence connected to the local telecommunications service provider through fixed line network. Included are general subscribers, wireless local telephone subscribers, public telephone subscribers, N-ISDN subscribers and intelligent network terminal subscribers.

Household Telephone Subscribers refer to all kinds of subscribers with telephone sets paid privately or installed in the dwelling units of residents, and registered with payment as private subscribers or residence subscribers.

Capacity of Fixed Long Distance Telephone Exchanges refers to the rated capacity of telephone exchanges to connect long distance telephone network by enterprises engaged in telecommunications.

Capacity of Office Telephone Exchanges refers to the capacity (measured in gate) of telephone exchanges installed in the offices of telecommunication service providers for communication between fixed telephones. It includes the capacity of access network equipment (capacity of equipment installed in the offices of telecommunication service providers for connecting distant nodes of voice users).

Capacity of Mobile Phone Exchanges refers to the capacity of the maximum services provided to subscribers at any one time as computed based on a certain model of calls distribution and transacting capacity of the mobile phone exchanges. It is calculated based on the actual capacity of equipment connected to network through cutover and put into operation officially at the end of the reference period.

Broadband Connection Terminals refer to the connection terminals to internet users actually installed and put into operation, including connection terminals for XDSL, connection terminals for LAN, and other types of connection terminals. N-ISDN connection terminals are not included.

Number of computers refer to the number of computers used by enterprises (entities) at the end of reference period, including desktop computers, notebook computers and tablet computers.

Internet refers to the worldwide public computer network which provides access to a range of communication services (including the World Wide Web) and transmits e-mail, news, entertainment, data files, etc.

Websites refer to the computer system based on TCP / IP protocol, which is used by the public on the public Internet. It takes the domain name or "www. + domain name" as the website address and is composed of address, software, hardware and content.

Sales Through E-commerce refer to the total value of goods and services (including value-added tax) sold by enterprises (entities) with the help of online orders during the reference period. With the help of online orders means receiving orders by internet or public networks automatically, while payments and distributions may not need the help of network.

Purchases Through E-commerce refer to the total value of goods and services (including value-added tax) purchased by enterprises (entities) with the help of online orders during the reference period. With the help of online orders means placing orders by internet or public networks automatically, while payments and distributions may not need the help of network.

17

住宿、餐饮业和旅游

Hotels, Catering Services and Tourism

简要说明

一、本篇资料的主要内容

本篇资料主要反映住宿和餐饮业的发展与经营情况以及旅游产业的发展状况。主要内容包括：限额以上住宿和餐饮业基本情况、经营情况、财务状况；连锁餐饮业经营情况；旅行社、星级饭店基本情况；入境、出境旅游人数、国内居民旅游人数，以及国际、国内旅游收入等。

二、本篇资料的统计范围

限额以上住宿和餐饮业法人企业、个体经营户，餐饮连锁集团，旅行社、星级饭店和旅游者。限额以上住宿和餐饮业统计单位是指年主营业务收入 200 万元及以上的住宿和餐饮业统计单位。

三、本篇的资料来源

本篇资料中住宿和餐饮业统计数据是根据《住宿和餐饮业统计报表制度》进行搜集和加工整理而得；旅游产业统计数据主要根据文化和旅游部、国家移民管理局有关资料编制而成。

四、本篇的统计调查方法

本篇资料中限额以上住宿和餐饮业法人企业、个体经营户，以及餐饮连锁集团资料采用全面调查方法取得；限额以下法人企业和个体经营户资料采用抽样调查方法推算。旅游数据中国际、国内旅游收入和国内旅游人数等指标采用抽样调查方法推算，其余数据均为全面调查统计取得。

Brief Introduction

I. Main Contents

Data in this chapter reflect the development of hotel and catering services and tourism in China. They mainly include: basic conditions, operating and financial status of hotel and catering services above the designated size; operating status of chain catering services; basic conditions of travel agencies and star-rated hotels; number of international tourists and Chinese residents going abroad, number of domestic tourists and income from international and domestic tourism.

II. Scope of Statistics

Data in this chapter cover the corporate enterprises of hotel and catering services above the designated size, self-employed households of hotel and catering services; chain catering services, travel agencies, star-rated hotels and tourists; The statistical units of the enterprises of hotel and catering services above the designated size refer to those with an annual income from main business at and over 2 million yuan.

III. Sources of Data

Data on hotels and catering services in this chapter are collected and compiled according to the *Statistical Reporting System on Hotels and Catering Services*. Data on tourism are from Ministry of Culture and Tourism and National Immigration Administration.

IV. Methods of Survey

Data on corporate enterprises of hotel and catering services above the designated size and chain catering services are collected from the comprehensive reporting system. Data on the enterprises of hotel and catering services below the designated size and self-employed households are compiled from the results of sample survey. Data on tourism are from the comprehensive reporting system, except for those on earnings from international and domestic tourism and number of domestic tourists, which are from sample surveys.

17-1 限额以上住宿和餐饮业企业主要指标
Main Indicators of Enterprises above Designated Size of Hotels and Catering Services

指标		Item		2015	2016	2017	2018	2019
住宿和餐饮业		**Hotels and Catering Services**						
法人企业	(个)	Number of Corporate Enterprises	(unit)	44884	45855	45664	46872	53711
年末从业人数	(万人)	Employed Persons at Year-end	(10 000 persons)	413.2	407.4	405.3	412.2	434.8
营业额	(亿元)	Business Revenue	(100 million yuan)	8512.2	8938.2	9276.7	9682.6	10901.0
#餐费收入	(亿元)	From Meals	(100 million yuan)	5709.5	5967.9	6135.4	6405.4	7349.5
住宿业		**Hotels**						
法人企业	(个)	Number of Corporate Enterprises	(unit)	18937	19496	19780	20614	23793
年末从业人数	(万人)	Employed Persons at Year-end	(10 000 persons)	191.2	186.3	182.1	178.0	182.0
营业额	(亿元)	Business Revenue	(100 million yuan)	3648.2	3811.1	3963.9	4059.7	4343.6
#客房收入	(亿元)	From Hotel Rooms	(100 million yuan)	1803.1	1907.2	2051.2	2130.6	2345.6
餐费收入	(亿元)	From Meals	(100 million yuan)	1366.1	1405.8	1403.3	1407.7	1463.0
客房数	(万间)	Number of Rooms	(10 000 rooms)	337.2	378.3	393.2	394.8	422.8
床位数	(万位)	Number of Beds	(10 000 beds)	549.7	605.5	626.2	637.3	677.5
餐饮业		**Catering Services**						
法人企业	(个)	Number of Corporate Enterprises	(unit)	25947	26359	25884	26258	29918
年末从业人数	(万人)	Employed Persons at Year-end	(10 000 persons)	222.1	221.1	223.2	234.2	252.8
营业额	(亿元)	Business Revenue	(100 million yuan)	4864.0	5127.1	5312.8	5622.9	6557.4
#餐费收入	(亿元)	From Meals	(100 million yuan)	4343.5	4562.1	4732.1	4997.7	5886.6

17-2 按登记注册类型和行业分限额以上住宿业企业主要指标(2019年)

单位：亿元

指　　标	Item	法人企业(个) Number of Corporate Enterprises (unit)	年末从业人数(人) Employed Persons at Year-end (person)	营业额 Business Revenue	#客房收入 From Hotel Rooms	#餐费收入 From Meals
住宿业合计	**Hotels**	**23793**	**1819634**	**4343.6**	**2345.6**	**1463.0**
按登记注册类型分	**By Status of Registration**					
内资企业	**Domestic Invested Enterprises**	**22954**	**1647050**	**3777.8**	**2070.4**	**1277.0**
国有企业	State-owned Enterprises	1220	149642	303.1	128.6	114.7
集体企业	Collective-owned Enterprises	215	13768	33.0	15.5	10.6
股份合作企业	Cooperative Enterprises	45	2827	7.2	3.5	2.6
联营企业	Joint Ownership Enterprises	14	1367	3.5	1.9	1.2
#国有联营企业	State Joint Ownership Enterprises	8	1026	2.3	1.2	0.8
有限责任公司	Limited Liability Corporations	7038	695633	1632.2	854.8	558.3
国有独资公司	State Sole-proprietorship Corporations	512	84073	189.0	84.1	66.2
其他有限责任公司	Other Limited Liability Corporations	6526	611560	1443.3	770.7	492.1
股份有限公司	Share-holding Corporations Ltd.	450	49962	116.6	56.9	41.4
私营企业	Private Enterprises	13959	733453	1681.7	1008.9	548.0
私营独资企业	Private Sole-proprietorship Enterprises	996	34421	77.1	43.8	28.0
私营合伙企业	Private Partnership Enterprises	231	9291	20.4	9.8	9.1
私营有限责任公司	Private Limited Liability Corporations	12439	672355	1544.6	933.5	496.4
私营股份有限公司	Private Share-holding Corporations Ltd.	293	17386	39.5	21.9	14.6
其他企业	Other Enterprises	13	398	0.4	0.2	0.1
港、澳、台商投资企业	**Enterprises with Investment from Hong Kong, Macao and Taiwan**	**510**	**110828**	**348.2**	**173.5**	**121.7**
合资经营企业	Joint-venture Enterprises	197	46697	146.3	72.3	49.3
合作经营企业	Cooperative Enterprises	37	8963	30.4	14.9	11.6
独资经营企业	Sole-proprietorship Enterprises	258	52669	165.9	82.8	58.9
投资股份有限公司	Share-holding Corporations Ltd.	11	1790	4.1	2.5	1.4
其他港澳台商投资企业	Other Enterprises with Investment from Hong Kong, Macao and Taiwan	7	709	1.6	1.0	0.5
外商投资企业	**Foreign Invested Enterprises**	**329**	**61756**	**218**	**101.8**	**64.3**
中外合资经营企业	Joint-venture Enterprises	122	22322	83.4	36.5	26.8
中外合作经营企业	Cooperative Enterprises	22	6685	27.9	13.0	5.7
外资企业	Sole-proprietorship Enterprises	160	25444	84.5	42.6	24.5
外商投资股份有限公司	Share-holding Corporations Ltd.	15	5952	18.9	8.1	6.2
其他外商投资企业	Other Foreign Invested Enterprises	10	1353	3.0	1.6	1.1
按国民经济行业分	**By Sector**					
旅游饭店	Tourist Hotel	12259	1322680	3169.6	1547.4	1191.4
一般旅馆	Fonda	10504	440134	1052.0	725.5	237.3
民宿服务	Home Lodging Services	159	4852	10.5	7.2	2.5
露营地服务	Campground Services	14	663	1.0	0.4	0.3
其他住宿业	Others	857	51305	110.5	65.1	31.5

Main Indicators of Enterprises above Designated Size of Hotels by Status of Registration and Division of Economic Activity (2019)

(100 million yuan)

资产总计 Total Assets	#流动资产合计 Total Current Assets	#固定资产净额 Net Value of Fixed Assets	负债合计 Total Liabilities	所有者权益合计 Total Owners' Equities	营业收入 Business Revenue	营业成本 Business Cost	税金及附加 Taxes and Other Charges	利润总额 Total Profits
14771.1	**6176.4**	**4365.2**	**11265.7**	**3493.2**	**4257.7**	**1687.4**	**85.6**	**-102.3**
12023.7	**4929.5**	**3523.6**	**9237.1**	**2771.7**	**3708.2**	**1503.7**	**70.5**	**-107.2**
913.9	275.1	359.5	462.1	450.2	294.5	100.5	6.0	-7.9
63.0	25.5	22.9	47.6	15.8	32.0	12.0	0.4	0.5
12.2	5.3	2.5	10.8	3.1	6.8	2.3	0.1	0.2
7.4	3.5	2.1	4.2	3.2	3.3	0.8	0.1	
5.3	2.6	1.4	2.6	2.7	2.2	0.6		
6149.0	2378.3	1905.8	4597.5	1541.9	1566.7	607.7	34.2	-68.1
831.7	261.2	286.3	459.5	371.6	181.9	75.0	4.4	-10.1
5317.3	2117.1	1619.5	4138.0	1170.3	1384.8	532.7	29.8	-58.0
615.7	321.3	163.3	415.9	200.1	145.3	65.9	7.0	12.0
4262.2	1920.4	1067.5	3698.7	557.3	1659.1	714.2	22.7	-44.0
97.0	37.3	29.8	51.8	43.6	73.8	43.3	1.5	5.4
25.6	9.9	5.7	12.2	12.9	19.8	11.5	0.3	1.5
4004.2	1808.2	1009.2	3542.6	458.4	1484.3	638.5	19.8	-51.2
135.3	64.9	22.7	92.1	42.4	81.2	20.9	1.1	0.4
0.4	0.2	0.2	0.3	0.1	0.4	0.2		
1632.0	**642.4**	**541.4**	**1206.5**	**428.3**	**342.4**	**112.2**	**9.8**	**-1.0**
736.9	292.3	174.9	636.2	103.4	141.0	44.2	4.6	0.6
90.4	39.0	35.6	45.5	44.9	29.3	11.1	0.7	2.7
795.7	306.9	327.3	517.9	277.8	166.6	54.8	4.4	-4.6
7.4	3.8	3.4	3.8	3.6	4.1	1.3		0.3
1.7	0.4	0.2	3.1	-1.4	1.5	0.9		
1115.4	**604.4**	**300.2**	**822.1**	**293.2**	**207.1**	**71.4**	**5.3**	**5.9**
362.0	138.3	112.7	221.3	140.7	80.3	22.0	2.6	3.3
72.7	27.5	41.8	53.7	19.0	26.0	13.3	0.2	0.8
635.7	415.0	134.4	523.4	112.3	80.1	31.3	1.7	-0.6
34.1	21.8	6.6	15.1	18.9	17.9	3.8	0.8	2.9
10.8	1.8	4.8	8.5	2.2	2.8	1.0	0.1	-0.5
12013.9	4870.2	3758.3	9187.3	2820.3	3127.0	1189.5	67.6	-97.9
2270.0	1035.3	514.1	1720.8	541.8	1012.6	444.0	14.1	1.5
46.4	30.8	6.6	17.5	28.7	10.0	6.2	0.2	-1.2
5.6	2.4	1.1	3.2	2.3	1.0	0.5		-0.1
435.3	237.6	85.1	336.8	100.2	107.1	47.2	3.8	-4.5

17-3 分地区限额以上住宿业企业主要指标(2019年)
Main Indicators of Enterprises above Designated Size of Hotels by Region (2019)

单位: 亿元 (100 million yuan)

地区	Region	法人企业(个) Number of Corporate Enterprises (unit)	年末从业人数(人) Employed Persons at Year-end (person)	营业额 Business Revenue	#客房收入 From Hotel Rooms	#餐费收入 From Meals	资产总计 Total Assets	#流动资产合计 Total Current Assets	#固定资产净额 Net Value of Fixed Assets
全　国	**National Total**	**23793**	**1819634**	**4343.6**	**2345.6**	**1463.0**	**14771.1**	**6176.4**	**4365.2**
北　京	Beijing	1248	113334	454.7	263.9	97.8	1564.8	682.5	462.3
天　津	Tianjin	296	16142	43.9	25.2	9.6	209.5	90.3	51.3
河　北	Hebei	514	48366	87.9	39.7	37.7	388.8	152.4	122.8
山　西	Shanxi	377	33009	43.6	22.5	16.7	164.0	53.8	62.9
内蒙古	Inner Mongolia	305	21593	34.6	18.8	13.4	122.4	51.3	49.8
辽　宁	Liaoning	482	35408	70.3	35.9	22.3	330.8	119.5	113.9
吉　林	Jilin	210	17539	28.7	15.2	10.1	140.1	54.7	52.2
黑龙江	Heilongjiang	197	15241	23.5	13.2	6.8	112.7	30.2	50.0
上　海	Shanghai	1017	78190	337.1	198.7	77.1	1083.4	479.6	338.6
江　苏	Jiangsu	1208	100463	241.7	118.3	100.5	847.0	282.2	331.9
浙　江	Zhejiang	1651	140846	363.3	179.3	145.5	1176.8	463.0	383.9
安　徽	Anhui	680	50778	98.0	45.2	40.2	284.5	96.5	98.1
福　建	Fujian	1152	95477	281.6	119.5	139.6	615.6	236.9	203.8
江　西	Jiangxi	684	42503	84.6	45.6	32.1	276.6	94.7	66.4
山　东	Shandong	1089	91292	171.0	85.3	67.7	456.6	184.3	154.4
河　南	Henan	1432	87749	138.8	74.1	51.3	422.6	176.2	97.7
湖　北	Hubei	919	55138	135.2	77.4	46.4	302.1	95.3	81.1
湖　南	Hunan	1017	73219	171.2	91.3	64.0	433.9	173.6	121.7
广　东	Guangdong	2815	237909	577.5	322.5	171.7	2083.3	1220.6	422.5
广　西	Guangxi	751	51556	95.6	58.4	28.2	310.6	126.1	94.2
海　南	Hainan	327	53840	130.1	80.4	36.5	891.1	331.4	260.5
重　庆	Chongqing	494	35815	94.9	51.6	34.6	294.6	118.4	72.9
四　川	Sichuan	1344	84410	192.9	101.4	72.1	604.0	237.1	137.5
贵　州	Guizhou	776	41868	79.7	52.4	20.1	337.2	131.2	108.9
云　南	Yunnan	717	54498	98.3	62.5	25.1	354.1	128.9	114.1
西　藏	Tibet	79	5077	8.9	5.7	2.1	57.1	12.0	19.3
陕　西	Shaanxi	1111	73432	151.4	79.3	61.9	450.5	169.6	148.2
甘　肃	Gansu	388	26676	40.9	25.1	13.6	179.4	74.3	49.3
青　海	Qinghai	113	7005	9.5	6.5	2.3	47.0	20.9	15.2
宁　夏	Ningxia	69	5991	8.9	4.5	3.4	33.3	12.3	15.8
新　疆	Xinjiang	331	25270	45.5	26.3	12.6	196.4	76.7	64.0

17-3 续表 continued

单位：亿元 (100 million yuan)

地 区	Region	负债合计 Total Liabilities	所有者权益合计 Total Owners' Equities	营业收入 Business Revenue	营业成本 Business Cost	税金及附加 Taxes and Other Charges	利润总额 Total Profits
全 国	**National Total**	**11265.7**	**3493.2**	**4257.7**	**1687.4**	**85.6**	**-102.3**
北 京	Beijing	1143.8	421.0	436.0	124.6	11.7	21.5
天 津	Tianjin	201.9	8.3	42.4	15.0	0.7	-4.2
河 北	Hebei	356.8	31.9	79.0	30.7	1.8	-14.3
山 西	Shanxi	152.2	12.9	44.1	16.3	0.9	-5.4
内蒙古	Inner Mongolia	106.1	16.3	33.4	12.5	0.6	-3.9
辽 宁	Liaoning	301.8	29.1	68.2	22.7	2.0	-10.3
吉 林	Jilin	111.1	28.9	27.6	10.4	0.6	-5.6
黑龙江	Heilongjiang	87.0	30.7	23.7	7.9	1.4	-5.1
上 海	Shanghai	678.1	405.4	323.5	111.9	5.3	12.3
江 苏	Jiangsu	597.9	249.9	233.1	84.3	4.4	-16.7
浙 江	Zhejiang	966.9	209.0	350.0	121.0	4.1	-17.6
安 徽	Anhui	229.1	55.5	93.9	40.4	1.6	-3.8
福 建	Fujian	397.8	214.9	271.7	134.9	4.2	5.1
江 西	Jiangxi	191.3	83.0	83.0	40.7	3.8	0.4
山 东	Shandong	368.0	89.0	165.1	60.1	2.1	-10.5
河 南	Henan	296.5	122.6	135.0	61.2	2.5	-1.0
湖 北	Hubei	211.3	90.4	128.2	57.6	2.4	3.7
湖 南	Hunan	295.0	136.0	164.4	86.6	3.9	2.5
广 东	Guangdong	1814.3	269.0	555.2	210.6	7.1	-10.6
广 西	Guangxi	241.7	68.5	92.1	33.5	1.8	-7.0
海 南	Hainan	677.7	218.7	163.6	60.4	7.7	-4.8
重 庆	Chongqing	240.4	54.3	91.7	46.4	1.6	-1.6
四 川	Sichuan	465.6	138.3	185.4	88.5	3.9	-3.0
贵 州	Guizhou	211.5	123.0	76.6	40.4	1.2	-2.7
云 南	Yunnan	239.0	115.4	93.8	44.1	2.4	-4.9
西 藏	Tibet	15.8	40.8	9.1	3.9	0.1	-1.0
陕 西	Shaanxi	365.1	82.7	144.6	69.0	2.7	-6.3
甘 肃	Gansu	118.2	54.3	39.3	18.3	0.9	-2.4
青 海	Qinghai	25.9	21.3	9.2	4.9	0.2	-1.5
宁 夏	Ningxia	27.9	5.5	8.5	4.4	0.1	-1.1
新 疆	Xinjiang	130.2	66.9	86.0	24.2	2.0	-2.6

17-4 按登记注册类型和行业分限额以上餐饮业企业主要指标(2019年)

单位：亿元

指　标	Item	法人企业(个) Number of Corporate Enterprises (unit)	年末从业人数(人) Employed Persons at Year-end (person)	营业额 Business Revenue	#餐费收入 From Meals
餐饮业合计	**Catering Services**	**29918**	**2527930**	**6557.4**	**5886.6**
按登记注册类型分	**By Status of Registration**				
内资企业	**Domestic Invested Enterprises**	**28826**	**1767624**	**4649.9**	**4077.4**
国有企业	State-owned Enterprises	253	21770	43.1	29.5
集体企业	Collective-owned Enterprises	116	5825	15.3	12.0
股份合作企业	Cooperative Enterprises	79	5692	15.2	12.8
联营企业	Joint Ownership Enterprises	9	332	0.9	0.8
#集体联营企业	Collective Joint Ownership Enterprises	5	262	0.7	0.6
有限责任公司	Limited Liability Corporations	5734	517439	1341.1	1150.2
国有独资公司	State Sole-proprietorship Corporations	165	22680	50.8	35.7
其他有限责任公司	Other Limited Liability Corporations	5569	494759	1290.3	1114.5
股份有限公司	Share-holding Corporations Ltd.	328	46958	140.0	116.5
私营企业	Private Enterprises	22280	1168307	3091.7	2753.7
私营独资企业	Private Sole-proprietorship Enterprises	2846	81255	247.7	223.0
私营合伙企业	Private Partnership Enterprises	387	14334	39.0	36.0
私营有限责任公司	Private Limited Liability Corporations	18695	1045809	2727.7	2428.1
私营股份有限公司	Private Share-holding Corporations Ltd.	352	26909	77.3	66.7
其他企业	Other Enterprises	27	1301	2.6	2.0
港、澳、台商投资企业	**Enterprises with Investment from Hong Kong, Macao and Taiwan**	**665**	**320504**	845.5	786.3
合资经营企业	Joint-venture Enterprises	123	53082	139.7	133.5
合作经营企业	Cooperative Enterprises	15	4336	12.6	12.0
独资经营企业	Sole-proprietorship Enterprises	513	248836	665.9	614.1
投资股份有限公司	Share-holding Corporations Ltd.	8	13819	26.0	25.5
其他港澳台商投资企业	Other Enterprises with Investment from Hong Kong, Macao and Taiwan	6	431	1.2	1.2
外商投资企业	**Foreign Invested Enterprises**	**427**	**439802**	1062.1	1022.8
中外合资经营企业	Joint-venture Enterprises	78	90130	208.9	205.5
中外合作经营企业	Cooperative Enterprises	7	593	3.0	2.7
外资企业	Sole-proprietorship Enterprises	313	324623	777.4	747.4
外商投资股份有限公司	Share-holding Corporations Ltd.	8	4137	7.8	3.3
其他外商投资企业	Other Foreign Invested Enterprises	21	20319	65.0	64.0
按国民经济行业分	**By Division of Economic Activities**				
正餐服务	Restaurant	26972	1646497	4274.2	3759.4
快餐服务	Fast Food	1210	608328	1461.0	1396.4
饮料及冷饮服务	Beverages and Cold Drinks	416	106414	386.9	352.6
餐饮配送及外卖送餐服务	Catering Distribution and Delivery Service	793	81060	243.0	203.2
其他餐饮业	Others	527	85631	192.3	175.1

Main Indicators of Enterprises above Designated Size of Catering Services by Status of Registration and Division of Economic Activity (2019)

(100 million yuan)

资产总计 Total Assets	#流动资产合计 Total Current Assets	#固定资产净额 Net Value of Fixed Assets	负债合计 Total Liabilities	所有者权益合计 Total Owners' Equities	营业收入 Business Revenue	营业成本 Business Cost	税金及附加 Taxes and Other Charges	利润总额 Total Profits
5590.1	**2694.7**	**1203.1**	**3932.4**	**1636.9**	**6244.0**	**3272.9**	**42.9**	**251.2**
4446.3	**2190.4**	**981.4**	**3280.5**	**1145.0**	**4440.1**	**2490.0**	**40.7**	**123.7**
67.1	24.7	20.5	46.8	19.9	41.6	22.6	0.6	-0.6
17.7	10.8	2.7	12.1	5.6	14.5	8.8	0.3	0.8
15.0	9.4	3.6	10.8	4.1	14.3	7.4	0.1	0.5
2.9	1.7	1.0	0.8	2.0	0.9	0.7		-0.1
2.8	1.6	1.0	0.8	1.9	0.7	0.5		-0.1
1487.3	688.6	394.0	1158.5	323.5	1287.7	675.1	11.2	21.8
116.9	37.0	43.9	73.8	42.8	48.3	28.6	0.7	-1.9
1370.4	651.7	350.1	1084.7	280.7	1239.4	646.5	10.4	23.7
228.4	115.0	39.0	104.7	120.5	128.1	73.0	1.1	13.3
2619.9	1339.0	516.2	1939.2	668.6	2950.4	1700.6	27.4	88.0
152.5	57.4	37.9	64.9	85.2	238.1	161.8	5.1	21.0
23.1	10.6	5.6	11.9	10.6	37.5	22.8	0.7	2.4
2353.0	1234.3	448.0	1806.6	537.0	2601.4	1468.5	21.1	62.9
91.3	36.8	24.8	55.9	35.8	73.4	47.5	0.5	1.7
8.0	1.3	4.3	7.5	0.6	2.5	1.7		
666.2	306.3	134.9	391.4	274.8	794.1	291.9	1.4	45.8
140.5	39.2	54.8	70.1	70.4	132.0	54.3	0.2	8.0
9.5	7.6	0.8	8.6	0.9	11.8	5.5	0.1	0.4
488.1	248.4	69.1	290.5	197.6	624.7	223.2	1.1	38.8
27.7	10.8	10.0	21.9	5.8	24.4	8.4		-1.4
0.4	0.2		0.3	0.1	1.2	0.4		
477.6	198.0	86.9	260.5	217.2	1009.8	491.0	0.8	81.6
78.8	20.1	16.8	40.6	38.2	198.9	95.0	0.1	21.1
1.3	0.8	0.0	0.3	1.0	2.9	2.2		0.1
361.9	160.4	64.2	197.2	164.7	738.6	363.1	0.6	56.4
4.0	2.5	0.2	2.3	1.6	7.4	5.8		0.1
31.6	14.1	5.8	20.0	11.6	62.1	25.0	0.1	3.9
4385.3	2074.4	1034.6	3201.8	1163.6	4079.7	2190.7	39.3	107.2
670.1	253.8	123.2	402.3	267.1	1379.8	663.9	1.8	93.5
265.3	189.0	21.0	171.0	94.4	370.1	144.9	0.5	30.8
110.8	86.2	13.6	64.6	46.2	232.1	174.7	0.7	7.6
158.7	91.4	10.7	92.8	65.7	182.3	98.7	0.7	12.1

17-5 分地区限额以上餐饮业企业主要指标(2019年)
Main Indicators of Enterprises above Designated Size of Catering Services by Region (2019)

单位：亿元 (100 million yuan)

地区	Region	法人企业(个) Number of Corporate Enterprises (unit)	年末从业人数(人) Employed Persons at Year-end (person)	营业额 Business Revenue	#餐费收入 From Meals	资产总计 Total Assets	#流动资产合计 Total Current Assets	#固定资产净额 Net Value of Fixed Assets
全国	**National Total**	**29918**	**2527930**	**6557.4**	**5886.6**	**5590.1**	**2694.7**	**1203.1**
北京	Beijing	2076	286228	884.2	819.6	552.9	358.8	52.0
天津	Tianjin	483	62480	128.8	114.7	112.2	51.4	30.9
河北	Hebei	468	30697	52.3	39.6	111.8	56.4	25.2
山西	Shanxi	471	40078	59.7	48.7	101.5	47.7	21.4
内蒙古	Inner Mongolia	239	23038	54.3	45.4	94.7	34.9	28.2
辽宁	Liaoning	340	33869	112.5	105.0	135.0	53.8	29.9
吉林	Jilin	166	8772	17.8	14.8	22.9	11.3	4.2
黑龙江	Heilongjiang	87	5056	10.3	8.4	16.4	7.4	4.0
上海	Shanghai	2231	306772	958.7	894.7	543.4	339.8	66.6
江苏	Jiangsu	2030	207979	507.2	437.2	554.6	222.9	205.1
浙江	Zhejiang	1957	156462	447.7	398.4	430.6	183.4	111.0
安徽	Anhui	1271	82070	177.1	153.8	195.1	80.3	48.2
福建	Fujian	1272	87287	288.9	270.2	126.4	63.8	20.1
江西	Jiangxi	635	28156	60.6	50.9	90.2	38.7	22.9
山东	Shandong	1377	101545	215.0	175.1	326.1	108.9	106.8
河南	Henan	1133	52528	100.2	87.0	117.7	54.3	21.2
湖北	Hubei	1494	101226	300.1	261.2	283.3	124.0	62.8
湖南	Hunan	1250	73152	187.7	161.8	134.8	50.8	31.6
广东	Guangdong	4393	430440	1027.4	946.0	666.6	365.4	109.5
广西	Guangxi	415	34553	63.0	55.5	44.8	24.4	9.5
海南	Hainan	71	6991	14.1	13.2	14.9	7.8	2.5
重庆	Chongqing	1159	60343	184.6	165.6	120.1	49.5	30.8
四川	Sichuan	1672	130919	299.9	270.0	355.1	158.4	63.0
贵州	Guizhou	607	24266	45.9	41.4	50.4	30.4	5.8
云南	Yunnan	633	28086	63.9	57.0	79.2	45.6	16.1
西藏	Tibet	13	685	1.9	1.8	3.4	2.0	1.1
陕西	Shaanxi	1372	83613	225.2	191.1	168.7	72.4	35.5
甘肃	Gansu	347	22958	35.1	30.4	55.8	21.3	15.9
青海	Qinghai	58	3580	4.8	3.8	16.6	7.5	3.3
宁夏	Ningxia	72	4667	7.0	5.1	16.5	6.2	5.7
新疆	Xinjiang	126	9434	21.4	19.3	48.2	15.3	12.4

17-5 续表 continued

单位：亿元 (100 million yuan)

地 区	Region	负债合计 Total Liabilities	所有者权益合计 Total Owners' Equities	营业收入 Business Revenue	营业成本 Business Cost	税金及附加 Taxes and Other Charges	利润总额 Total Profits
全 国	**National Total**	**3932.4**	**1636.9**	**6244.0**	**3272.9**	**42.9**	**251.2**
北 京	Beijing	424.9	128.1	830.7	372.6	1.6	23.1
天 津	Tianjin	82.3	29.8	124.1	63.5	0.4	4.0
河 北	Hebei	91.2	20.4	50.5	25.6	0.5	-2.8
山 西	Shanxi	91.7	9.6	57.4	28.0	0.7	-1.2
内蒙古	Inner Mongolia	72.8	21.9	51.4	28.6	0.4	-1.6
辽 宁	Liaoning	119.6	15.4	108.2	56.0	0.5	4.7
吉 林	Jilin	19.6	2.8	17.2	10.4	0.2	-0.8
黑龙江	Heilongjiang	11.1	4.8	10.3	4.2	0.1	-0.3
上 海	Shanghai	390.5	153.0	907.8	418.0	1.2	25.4
江 苏	Jiangsu	390.8	163.7	492.4	254.2	3.7	19.7
浙 江	Zhejiang	334.2	94.2	419.4	220.1	1.7	14.4
安 徽	Anhui	119.1	76.0	170.8	97.7	1.7	11.4
福 建	Fujian	69.7	55.5	277.0	181.5	2.3	15.4
江 西	Jiangxi	59.9	29.4	58.8	35.6	1.1	6.0
山 东	Shandong	264.6	61.3	206.7	106.3	1.6	-2.9
河 南	Henan	64.9	50.0	97.7	54.5	1.4	6.7
湖 北	Hubei	195.7	83.5	282.3	164.3	3.6	21.0
湖 南	Hunan	78.4	54.7	179.7	113.7	3.1	13.9
广 东	Guangdong	459.4	207.7	978.3	483.5	3.7	32.7
广 西	Guangxi	33.9	10.4	59.6	32.5	0.6	2.4
海 南	Hainan	10.1	4.9	13.4	6.2	0.1	-0.1
重 庆	Chongqing	60.1	60.0	175.8	117.6	3.9	16.5
四 川	Sichuan	226.9	126.4	287.1	156.1	2.7	28.3
贵 州	Guizhou	31.1	18.6	45.1	30.9	0.3	0.9
云 南	Yunnan	45.4	33.6	62.1	39.8	1.3	4.3
西 藏	Tibet	1.7	1.7	1.9	1.1		0.4
陕 西	Shaanxi	92.4	73.8	212.4	133.6	3.3	10.6
甘 肃	Gansu	35.9	19.5	33.6	18.8	0.9	-0.2
青 海	Qinghai	10.9	5.6	4.7	2.8	0.1	-0.2
宁 夏	Ningxia	15.2	1.1	6.7	3.5	0.1	-0.3
新 疆	Xinjiang	28.6	19.7	20.9	11.7	0.1	0.1

17-6 按登记注册类型分连锁餐饮企业基本情况(2019年)
Main Indicators of Chain Catering Enterprises by Status of Registration (2019)

指 标	Item	总店数 (个) Number of Head Stores (unit)	门店总数 (个) Number of Stores (unit)	年末从业人数 (万人) Employed Persons at Year-end (10 000 persons)	年末餐饮营业面积 (万平方米) Operating Area of Catering Enterprises at Year-end (10 000 sq.m)
合 计	**Total**	**495**	**34356**	**93.5**	**1151.5**
内资企业	**Domestic Invested Enterprises**	**320**	**10385**	**26.8**	**419.0**
国有企业	State-owned Enterprises	4	132	0.2	2.9
集体企业	Collective-owned Enterprises	1	2	0.0	1.2
股份合作企业	Cooperative Enterprises	3	8	0.0	0.8
联营企业	Joint Ownership Enterprises				
国有联营企业	State Joint Ownership Enterprises				
集体联营企业	Collective Joint Ownership Enterprises				
国有与集体联营企业	Joint State-collective Enterprises				
其他联营企业	Other Joint Ownership Enterprises				
有限责任公司	Limited Liability Corporations	107	5052	11.2	139.3
国有独资公司	State Sole-proprietorship Corporations				
其他有限责任公司	Other Limited Liability Corporations	107	5052	11.2	139.3
股份有限公司	Share-holding Corporations Ltd.	12	947	4.9	102.9
私营企业	Private Enterprises	190	4235	10.3	171.6
私营独资企业	Private Sole-proprietorship Enterprises	8	94	0.3	4.9
私营合伙企业	Private Partnership Enterprises	1	16	0.0	0.5
私营有限责任公司	Private Limited Liability Corporations	178	4113	10.0	164.8
私营股份有限公司	Private Share-holding Corporations Ltd.	3	12	0.0	1.4
其他企业	Other Enterprises	3	9	0.0	0.3
港、澳、台商投资企业	**Enterprises with Investment from Hong Kong, Macao and Taiwan**	**86**	**9586**	**24.2**	**275.3**
合资经营企业	Joint-venture Enterprises	15	1246	4.0	36.7
合作经营企业	Cooperative Enterprises	1	5	0.1	2.0
独资经营企业	Sole-proprietorship Enterprises	67	8299	20.1	232.9
投资股份有限公司	Share-holding Corporations Ltd.	2	30	0.1	3.6
其他港澳台商投资企业	Other Enterprises with Investment from Hong Kong, Macao and Taiwan	1	6	0.0	0.1
外商投资企业	**Foreign Invested Enterprises**	**89**	**14385**	**42.5**	**457.2**
中外合资经营企业	Joint-venture Enterprises	11	2286	8.3	79.0
中外合作经营企业	Cooperative Enterprises				
外资企业	Sole-proprietorship Enterprises	73	11407	31.3	327.0
外商投资股份有限公司	Share-holding Corporations Ltd.	1	103	0.8	11.6
其他外商投资企业	Other Foreign Invested Enterprises	4	589	2.0	39.5

17-6 续表 continued

指　标	Item	餐位数 (万个) Number of Dining-seats (10 000 units)	营业额 (亿元) Business Revenue (100 million yuan)	商品购进总额 (亿元) Total Purchases Value(100 million yuan)	统一配送商品购进额 (亿元) Centralized Purchase and Delivery (100 million yuan)
合　计	**Total**	**346.6**	**2234.50**	**774.33**	**563.63**
内资企业	**Domestic Invested Enterprises**	**121.0**	**681.49**	**235.79**	**128.06**
国有企业	State-owned Enterprises	1.0	8.66	3.14	1.88
集体企业	Collective-owned Enterprises	0.2	0.96	0.45	0.45
股份合作企业	Cooperative Enterprises	0.2	0.75	0.37	0.06
联营企业	Joint Ownership Enterprises				
国有联营企业	State Joint Ownership Enterprises				
集体联营企业	Collective Joint Ownership Enterprises				
国有与集体联营企业	Joint State-collective Enterprises				
其他联营企业	Other Joint Ownership Enterprises				
有限责任公司	Limited Liability Corporations	45.0	261.27	81.01	49.96
国有独资公司	State Sole-proprietorship Corporations				
其他有限责任公司	Other Limited Liability Corporations	45.0	261.27	81.01	49.96
股份有限公司	Share-holding Corporations Ltd.	19.3	133.57	53.03	21.99
私营企业	Private Enterprises	55.0	275.67	97.54	53.63
私营独资企业	Private Sole-proprietorship Enterprises	1.2	5.50	1.60	0.09
私营合伙企业	Private Partnership Enterprises	0.2	0.92	0.33	
私营有限责任公司	Private Limited Liability Corporations	53.4	268.72	95.38	53.40
私营股份有限公司	Private Share-holding Corporations Ltd.	0.2	0.53	0.23	0.14
其他企业	Other Enterprises	0.2	0.61	0.25	0.08
港、澳、台商投资企业	**Enterprises with Investment from Hong Kong, Macao and Taiwan**	**84.7**	**598.01**	**184.28**	**160.66**
合资经营企业	Joint-venture Enterprises	10.9	107.78	44.41	44.25
合作经营企业	Cooperative Enterprises	0.2	2.42	1.39	1.39
独资经营企业	Sole-proprietorship Enterprises	72.8	484.40	137.22	114.68
投资股份有限公司	Share-holding Corporations Ltd.	0.7	3.23	1.19	0.28
其他港澳台商投资企业	Other Enterprises with Investment from Hong Kong, Macao and Taiwan	0.1	0.18	0.06	0.06
外商投资企业	**Foreign Invested Enterprises**	**140.9**	**955.00**	**354.26**	**274.91**
中外合资经营企业	Joint-venture Enterprises	23.9	191.79	48.76	48.06
中外合作经营企业	Cooperative Enterprises				
外资企业	Sole-proprietorship Enterprises	99.9	690.83	279.13	206.39
外商投资股份有限公司	Share-holding Corporations Ltd.	3.6	37.32	19.81	19.81
其他外商投资企业	Other Foreign Invested Enterprises	13.6	35.05	6.57	0.65

17-7 按行业分连锁餐饮企业基本情况(2019年)
Main Indicators of Chain Catering Enterprises by Division of Economic Activity (2019)

指　标	Item	总店数 (个) Number of Head Stores (unit)	门店总数 (个) Number of Stores (unit)	年末从业人数 (万人) Employed Persons at Year-end (10 000 persons)	年末餐饮营业面积 (万平方米) Operating Area of Catering Enterprises at Year-end (10 000 sq.m)	餐位数 (万个) Number of Dining-seats (10 000 units)	营业额 (亿元) Business Revenue (100 million yuan)	商品购进总额 (亿元) Total Purchases Value (100 million yuan)	统一配送商品购进额 (亿元) Centralized Purchase and Delivery (100 million yuan)
总　计	**Total**	**495**	**34356**	**93.5**	**1151.5**	**346.6**	**2234.50**	**774.33**	**563.63**
正餐服务	Restaurant	254	7918	32.5	484.1	132.5	738.45	232.12	128.05
快餐服务	Fast Food	187	18725	53.0	551.0	179.1	1198.87	453.97	367.69
饮料及冷饮服务	Beverages and Cold Drinks	38	7190	7.7	112.4	33.7	285.52	82.67	64.25
其他餐饮业	Others	16	523	0.4	3.9	1.3	11.66	5.57	3.65

17-8 分地区连锁餐饮企业基本情况
Main Indicators of Chain Catering Enterprises by Region

年份 Year 地区 Region	总店数（个）Number of Head Stores (unit)	门店总数（个）Number of Stores (unit)	年末从业人数（万人）Employed Persons at Year-end (10 000 persons)	年末餐饮营业面积（万平方米）Operating Area of Catering Enterprises at Year-end (10 000 sq.m)	餐位数（万个）Number of Dining-seats (10 000 units)	营业额（亿元）Business Revenue (100 million yuan)	商品购进总额（亿元）Total Purchases Value (100 million yuan)	统一配送商品购进额（亿元）Centralized Purchase and Delivery (100 million yuan)
2005	300	9748	50.1	478.1	245.8	454.36	171.50	109.10
2006	349	11360	55.7	588.2	274.8	563.75	201.20	127.50
2007	358	12743	62.6	629.2	280.0	640.00	274.91	168.80
2008	453	12561	66.1	651.9	253.1	806.91	271.59	192.52
2009	426	13739	65.2	691.6	248.9	879.32	362.00	239.84
2010	415	15333	70.6	742.6	263.8	955.42	455.83	298.76
2011	428	16285	83.3	821.4	277.1	1120.39	518.93	343.07
2012	456	18153	80.6	869.2	286.5	1283.26	561.36	388.48
2013	454	20554	80.3	937.1	319.5	1319.62	571.24	400.72
2014	465	22494	78.0	1020.0	338.6	1391.02	583.44	413.88
2015	455	23721	71.4	970.9	333.6	1526.61	576.97	462.50
2016	495	34356	93.5	1151.5	346.6	2234.50	774.33	563.63
2017	463	27478	78.0	1075.4	337.9	1735.48	613.29	489.46
2018	482	31001	89.3	1075.0	332.6	1950.01	674.01	504.09
2019	495	34356	93.5	1151.5	346.6	2234.50	774.33	563.63
北京 Beijing	95	6114	16.3	240.8	68.4	480.42	174.29	152.28
天津 Tianjin	9	813	3.5	25.9	7.8	49.54	21.88	5.13
河北 Hebei	5	23	0.1	4.1	0.7	2.52	1.60	0.61
山西 Shanxi	4	110	0.5	4.1	1.2	7.52	3.85	3.63
内蒙古 Inner Mongolia	3	111	0.3	6.5	0.7	18.27	16.08	0.12
辽宁 Liaoning	13	996	1.6	35.6	12.8	65.81	58.14	52.85
吉林 Jilin								
黑龙江 Heilongjiang	4	79	0.2	2.9	0.9	3.92	1.36	1.20
上海 Shanghai	63	7008	15.9	174.8	48.9	399.25	107.04	62.69
江苏 Jiangsu	18	1798	5.6	52.2	16.8	122.30	59.43	23.56
浙江 Zhejiang	31	2028	4.9	68.3	22.1	137.91	44.65	34.52
安徽 Anhui	8	738	1.7	19.9	5.8	33.04	9.91	9.77
福建 Fujian	23	821	3.0	25.3	7.5	45.71	15.55	11.68
江西 Jiangxi	4	177	0.4	6.1	2.0	11.33	7.05	6.89
山东 Shandong	17	749	2.2	43.2	11.1	68.55	17.91	15.68
河南 Henan	14	273	0.7	8.7	4.6	13.79	4.66	3.33
湖北 Hubei	34	1601	3.4	50.4	13.6	90.81	27.40	22.01
湖南 Hunan	18	1023	4.2	53.7	22.8	56.60	18.61	16.10
广东 Guangdong	79	5774	15.4	172.4	43.7	364.35	114.40	92.82
广西 Guangxi	4	381	1.0	7.9	2.5	16.56	4.53	4.53
海南 Hainan	1	8	0.0	0.3	0.1	1.01	0.28	0.28
重庆 Chongqing	12	1279	4.1	64.7	18.5	81.80	25.74	12.84
四川 Sichuan	10	1486	5.6	54.3	20.3	107.28	19.98	13.01
贵州 Guizhou	2	16	0.0	1.7	0.3	0.56	0.22	0.22
云南 Yunnan	5	258	0.7	5.6	2.8	14.58	4.65	2.83
西藏 Tibet	1	6	0.0	0.1	0.1	0.67	0.15	0.15
陕西 Shaanxi	10	475	1.6	15.9	8.9	29.60	10.36	10.30
甘肃 Gansu	3	67	0.3	2.1	0.6	4.09	1.86	1.86
青海 Qinghai								
宁夏 Ningxia								
新疆 Xinjiang	5	144	0.3	4.0	1.3	6.70	2.73	2.73

注：门店总数全国总计中包括开设在港澳台地区和国外的门店。

a) Total number of stores includes those located in Hong Kong, Macao and Taiwan province and in foreign countries.

17-9 旅游发展情况
Main Indicators of Tourism

指　　标	Item	2015	2016	2017	2018	2019
旅行社数　（个）	**Number of Travel Agencies (unit)**	**27621**	**27939**	**29717**	**37309**	**38943**
星级饭店数　（个）	**Number of Star-rated Hotels (unit)**	**12327**	**11685**	**9566**	**8962**	**10130**
入境游客　（万人次）	**Number of Overseas Visitor Arrivals(10 000 person-times)**	**13382.04**	**13844.38**	**13948.24**	**14119.83**	**14530.78**
外国人	Foreigners	2598.54	2815.12	2916.53	3054.29	3188.34
港澳同胞	Chinese Compatriots From Hong Kong and Macao	10233.64	10456.26	10444.59	10451.93	10729.01
台湾同胞	Chinese Compatriots From Taiwan Province	549.86	573.00	587.13	613.61	613.42
#入境过夜游客	Overnight Tourists	5688.57	5926.73	6073.84	6289.57	6572.52
国内居民出境人数（万人次）	**Number of Chinese Outbound Visitors (10 000 person-times)**	**12786.00**	**13513.00**	**14272.74**	**16199.34**	**16920.54**
#因私出境人数	For Private Purpose	12172.00	12850.00	13581.56	15501.69	16211.43
国内游客　（亿人次）	**Number of Domestic Visitors (100 million person-times)**	**40.00**	**44.40**	**50.01**	**55.39**	**60.06**
旅游收入	**Tourism Earnings**					
国际旅游收入（亿美元）	Earnings from International Tourism (100 million USD)	1136.50	1200.00	1234.17	1271.03	1312.54
国内旅游收入　（亿元）	Earnings from Domestic Tourism (100 million yuan)	34195.05	39390.00	45660.77	51278.29	57250.92

17-10 国 内 旅 游 情 况
Domestic Tourism

年　份 Year	国内游客（百万人次） Domestic Visitors (million person-times)	城镇居民 Urban Residents	农村居民 Rural Residents	旅游总花费（亿元） Tourism Expenditure(100 million yuan)	城镇居民 Urban Residents	农村居民 Rural Residents	人均花费（元） Per Capita Expenditure (yuan)	城镇居民 Urban Residents	农村居民 Rural Residents
1994	524	205	319	1023.5	848.2	175.3	195.3	414.7	54.9
1995	629	246	383	1375.7	1140.1	235.6	218.7	464.0	61.5
1996	639	256	383	1638.4	1368.4	270.0	256.2	534.1	70.5
1997	644	259	385	2112.7	1551.8	560.9	328.1	599.8	145.7
1998	694	250	445	2391.2	1515.1	876.1	345.0	607.0	197.0
1999	719	284	435	2831.9	1748.2	1083.7	394.0	614.8	249.5
2000	744	329	415	3175.5	2235.3	940.3	426.6	678.6	226.6
2001	784	375	409	3522.4	2651.7	870.7	449.5	708.3	212.7
2002	878	385	493	3878.4	2848.1	1030.3	441.8	739.7	209.1
2003	870	351	519	3442.3	2404.1	1038.2	395.7	684.9	200.0
2004	1102	459	643	4710.7	3359.0	1351.7	427.5	731.8	210.2
2005	1212	496	716	5285.9	3656.1	1629.7	436.1	737.1	227.6
2006	1394	576	818	6229.7	4414.7	1815.0	446.9	766.4	221.9
2007	1610	612	998	7770.6	5550.4	2220.2	482.6	906.9	222.5
2008	1712	703	1009	8749.3	5971.7	2777.6	511.0	849.4	275.3
2009	1902	903	999	10183.7	7233.8	2949.9	535.4	801.1	295.3
2010	2103	1065	1038	12579.8	9403.8	3176.0	598.2	883.0	306.0
2011	2641	1687	954	19305.4	14808.6	4496.8	731.0	877.8	471.4
2012	2957	1933	1024	22706.2	17678.0	5028.2	767.9	914.5	491.0
2013	3262	2186	1076	26276.1	20692.6	5583.5	805.5	946.6	518.9
2014	3611	2483	1128	30311.9	24219.8	6092.1	839.7	975.4	540.2
2015	3990	2802	1188	34195.1	27610.9	6584.2	857.0	985.5	554.2
2016	4435	3195	1240	39389.8	32241.9	7147.9	888.2	1009.1	576.4
2017	5001	3677	1324	45660.8	37673.0	7987.7	913.0	1024.6	603.3
2018	5539	4119	1420	51278.3	42590.0	8688.3	925.8	1034.0	611.9
2019	6006	4471	1535	57250.9	47509.0	9741.9	953.3	1062.6	634.7

17-11 国际旅游收入及构成
Earnings from International Tourism and Composition

指 标	Item	2018 数 额 (亿美元) Value (100 million USD)	2018 比 重 (%) Percentage (%)	2019 数 额 (亿美元) Value (100 million USD)	2019 比 重 (%) Percentage (%)
总计	**Total**	**1271.03**	**100.0**	**1312.54**	**100.0**
长途交通	Long Distance Transportation	366.31	28.8	401.91	30.6
民航	Civil Aviation	333.53	26.2	369.02	28.1
铁路	Railway	13.52	1.1	14.10	1.1
汽车	Highway	13.72	1.1	15.93	1.2
轮船	Waterway	5.54	0.4	2.85	0.2
游览	Sightseeing	53.71	4.2	58.66	4.5
住宿	Accommodation	181.09	14.2	200.49	15.3
餐饮	Food and Beverage	142.55	11.2	160.41	12.2
商品销售	Shopping	327.61	25.8	302.97	23.1
娱乐	Entertainment	45.82	3.6	44.21	3.4
邮电通讯	Postal and Communication Services	11.62	0.9	7.47	0.6
市内交通	Local Transportation	27.76	2.2	34.53	2.6
其他服务	Other Service	114.54	9.0	101.89	7.8

17-12 入境外国游客分组构成
Number of Overseas Visitor Arrivals by Gender, Age and Purpose

指 标	Item	2018 人 数 (万人次) Persons (10 000 person-times)	2018 比 重 (%) Percentage (%)	2019 人 数 (万人次) Persons (10 000 person-times)	2019 比 重 (%) Percentage (%)
总 计	**Total**	**4795.11**	**100.0**	**4911.36**	**100.0**
按性别分	By Gender				
男	Male	2859.71	59.6	2881.29	58.7
女	Female	1935.39	40.4	2030.07	41.3
按年龄分	By Age				
14岁及以下	14 and under	161.18	3.4	184.92	3.8
15至24岁	15-24	656.71	13.7	686.20	14.0
25至44岁	25-44	2394.69	49.9	2439.71	49.7
45至64岁	45-64	1363.24	28.4	1365.75	27.8
65岁以上	65 and over	219.28	4.6	234.77	4.8
按事由分类	By Purpose				
会议/商务	Meeting /Business	614.70	12.8	628.47	12.8
观光休闲	Sightseeing and Leisure	1608.57	33.5	1740.31	35.4
探亲访友	Visiting Relatives and Friends	132.24	2.8	143.17	2.9
服务员工	Worker and Crew	744.86	15.5	714.01	14.5
其他	Others	1694.74	35.3	1685.40	34.3

注：本表中入境外国游客含边民入境人数。

a) Visitor arrivals include arrivals of population inhabitating in border areas to China.

17-13 分地区国际旅游收入
Earnings from International Tourism by Region

单位：百万美元 (USD million)

地　区	Region	1995	2000	2005	2010	2015	2018	2019
北　京	Beijing	2181.60	2768.00	3618.91	5044.61	4605.00	5516.39	5192.47
天　津	Tianjin	132.75	231.76	509.01	1419.51	3298.11	1109.85	1182.54
河　北	Hebei	42.01	141.90	209.17	350.71	501.91	646.67	740.23
山　西	Shanxi	20.62	49.91	116.22	464.60	297.10	377.98	409.95
内蒙古	Inner Mongolia	90.52	126.45	352.07	601.90	962.49	1272.10	1340.09
辽　宁	Liaoning	189.01	382.65	737.77	2259.33	1636.50	1739.58	1739.03
吉　林	Jilin	41.48	58.04	119.52	304.92	724.14	685.85	614.96
黑龙江	Heilongjiang	60.62	189.05	340.43	762.50	395.33	537.06	645.93
上　海	Shanghai	939.42	1612.67	3555.88	6340.92	5860.44	7261.39	8243.51
江　苏	Jiangsu	259.88	723.84	2259.74	4783.43	3527.29	4648.36	4743.56
浙　江	Zhejiang	235.91	513.97	1716.26	3930.20	6788.47	2595.79	2668.24
安　徽	Anhui	31.39	86.21	185.58	708.98	2262.87	3187.57	3387.69
福　建	Fujian	484.12	893.82	1305.29	2978.24	5561.40	2828.21	3398.45
江　西	Jiangxi	24.99	62.34	103.95	346.03	567.00	745.38	865.38
山　东	Shandong	153.84	315.13	780.23	2155.04	2896.48	3292.82	3413.14
河　南	Henan	60.20	123.90	216.04	498.77	623.60	723.23	946.96
湖　北	Hubei	73.17	145.72	276.36	751.16	1671.90	2379.69	2654.16
湖　南	Hunan	64.93	220.78	390.24	906.22	857.72	1520.41	2250.87
广　东	Guangdong	2392.68	4112.21	6388.05	12382.61	17884.66	20511.74	20521.31
广　西	Guangxi	121.09	306.61	358.93	806.15	1916.86	2777.73	3511.28
海　南	Hainan	80.98	108.83	128.46	322.36	248.52	770.52	972.37
重　庆	Chongqing		138.40	264.36	703.20	1468.57	2189.89	2524.83
四　川	Sichuan	125.32	121.87	315.95	354.09	1180.87	1511.65	2023.79
贵　州	Guizhou	28.98	60.92	101.41	129.58	231.33	317.63	345.03
云　南	Yunnan	165.03	339.02	528.01	1323.65	2875.50	4418.00	5147.36
西　藏	Tibet	11.30	52.26	44.43	103.59	176.66	247.09	279.07
陕　西	Shaanxi	139.43	280.25	446.25	1015.96	2000.22	3126.66	3367.65
甘　肃	Gansu	20.79	54.63	58.76	14.81	14.18	28.30	59.05
青　海	Qinghai	2.38	7.20	11.02	20.45	38.76	36.13	33.36
宁　夏	Ningxia	1.13	2.72	2.30	5.99	20.84	55.87	69.32
新　疆	Xinjiang	74.36	94.94	100.09	185.42	555.89	946.37	454.00

17-14 分地区接待入境过夜游客
Number of Overnight Inbound Visitor Arrivals by Region

单位：万人次 (10 000 person-times)

地区	Region	2000		2005		2010		2018		2019	
		总计 Total	#外国人 Foreigners	总计 Total	#外国人 Foreigners	总计 Total	#外国人 Foreigners	总计 Total	#外国人 Foreigners	总计 Total	#外国人 Foreigners
北京	Beijing	282.09	237.96	362.92	311.62	490.07	421.63	400.41	339.77	376.90	320.71
天津	Tianjin	35.62	32.14	74.01	67.46	166.07	153.05	58.96	55.93	56.10	50.76
河北	Hebei	41.43	35.90	62.65	57.39	97.74	85.31	98.86	74.50	97.08	73.56
山西	Shanxi	16.53	11.66	42.15	25.40	130.29	82.09	71.35	46.60	76.22	49.80
内蒙古	Inner Mongolia	39.19	38.74	100.16	99.56	142.80	140.02	188.08	178.82	195.83	186.56
辽宁	Liaoning	61.22	50.05	130.20	111.11	361.80	307.01	287.70	229.84	294.14	236.93
吉林	Jilin	22.27	19.19	37.32	30.68	82.01	72.16	143.75	123.84	136.58	121.11
黑龙江	Heilongjiang	55.17	50.47	82.15	76.42	172.42	164.83	109.16	104.13	110.69	99.29
上海	Shanghai	181.40	143.90	444.54	379.93	733.72	593.12	742.04	601.99	734.69	599.16
江苏	Jiangsu	160.95	98.15	378.30	262.15	653.55	473.50	400.85	264.69	399.46	266.46
浙江	Zhejiang	112.59	64.75	348.05	232.92	684.71	447.41	456.76	323.41	467.11	329.83
安徽	Anhui	31.84	16.79	63.29	41.06	198.42	117.40	370.75	218.79	379.74	210.74
福建	Fujian	161.33	49.75	197.39	72.36	368.14	115.27	513.55	218.29	566.03	239.98
江西	Jiangxi	16.31	5.54	37.25	13.63	113.97	39.92	191.78	57.25	197.17	61.14
山东	Shandong	72.31	48.01	155.11	124.78	366.79	277.87	422.00	306.20	404.22	294.41
河南	Henan	32.50	18.21	60.05	34.73	146.84	96.09	167.25	105.02	180.35	113.76
湖北	Hubei	45.08	35.74	82.57	62.68	181.74	138.55	405.11	307.03	450.02	349.94
湖南	Hunan	45.40	15.79	71.98	60.88	189.87	103.30	365.08	178.74	466.95	250.14
广东	Guangdong	1198.94	212.85	1896.99	476.53	3140.93	733.28	3748.06	862.37	3731.39	856.96
广西	Guangxi	122.91	50.80	147.71	88.66	250.24	141.39	562.33	270.19	623.96	294.80
海南	Hainan	48.68	9.37	43.19	26.94	66.33	47.40	126.36	89.68	143.59	107.91
重庆	Chongqing	26.61	19.29	52.39	41.81	137.02	103.96	279.98	159.00	297.11	169.72
四川	Sichuan	46.20	19.97	106.28	68.27	104.93	74.97	369.82	276.47	414.78	313.09
贵州	Guizhou	18.39	7.12	27.62	9.26	50.01	18.61	39.69	17.53	47.18	23.50
云南	Yunnan	100.11	66.59	150.28	99.65	329.15	231.23	706.08	549.94	739.02	586.50
西藏	Tibet	15.00	13.58	12.13	11.10	22.83	21.41	47.62	24.16	54.19	36.91
陕西	Shaanxi	71.28	58.48	92.84	74.57	212.17	155.24	437.14	307.30	465.72	329.61
甘肃	Gansu	21.31	14.34	28.85	17.20	7.02	4.99	10.01	5.69	19.82	11.37
青海	Qinghai	3.26	1.46	3.52	1.46	4.67	3.39	6.92	5.36	7.31	4.70
宁夏	Ningxia	0.78	0.58	0.82	0.66	1.80	1.29	8.82	3.43	12.66	3.61
新疆	Xinjiang	25.61	20.84	33.11	29.01	50.94	45.44	99.30	85.63	34.67	25.78

主要统计指标解释

住宿业 指为旅行者提供短期留宿场所的活动，有些单位只提供住宿，也有些单位提供住宿、饮食、商务、娱乐一体的服务，不包括主要按月或按年长期出租房屋住所的活动。

餐饮业 指通过即时制作加工、商业销售和服务性劳动等，向消费者提供食品和消费场所及设施的服务。

营业额 指住宿和餐饮业单位在经营活动中，因提供服务或销售商品等取得的全部收入（含增值税），收入主要来源于提供客房、餐费服务、商品销售和其他服务，如商务服务。不包括多产业法人企业附营的其他行业产业活动单位的餐费收入、商品销售收入等各项收入。其中，客房收入指住宿和餐饮业单位在经营活动中因提供住宿服务取得的收入（含增值税）。不包括多产业法人企业附营的其他行业产业活动单位的客房收入。餐费收入指本单位为顾客提供就餐服务取得的收入（含增值税）。包括：经烹饪、调制加工后出售的各种食品，如主食、炒菜、凉拌菜等的收入。不包括多产业法人企业附营的其他行业产业活动单位的餐费收入。

入境游客 指报告期内来中国（大陆）观光、度假、探亲访友、就医疗养、购物、参加会议或从事经济、文化、体育、宗教活动的外国人、港澳台同胞等游客（即入境旅游人数）。统计时，入境游客按每入境一次统计 1 人次。入境旅游人数包括入境过夜游客和入境一日游游客。

出境人数（出境游客） 指中国（大陆）居民因公或因私出境前往其他国家、中国香港特别行政区、澳门特别行政区和台湾省观光、度假、探亲访友、就医疗养、购物、参加会议或从事经济、文化、体育、宗教活动的人数（即出境游客）。统计时，出境游客按每出境一次统计 1 人次。

国内游客 指报告期内在中国（大陆）观光游览、度假、探亲访友、就医疗养、购物、参加会议或从事经济、文化、体育、宗教活动的中国（大陆）居民人数，其出游的目的不是通过所从事的活动谋取报酬。统计时，国内游客按每出游一次统计 1 人次。

国际旅游收入 指入境游客在中国（大陆）境内旅行、游览过程中用于交通、参观游览、住宿、餐饮、购物、娱乐等全部花费。

国内旅游收入（旅游总花费） 指国内游客在国内旅行、游览过程中用于交通、参观游览、住宿、餐饮、购物、娱乐等全部花费。

星级饭店 指设备、设施、服务符合《旅游饭店星级的划分与评定》（GB/T14308-2010）标准，经过有关旅游管理权威部门评定（验收）后授予“星级”称号的饭店。

Explanatory Notes on Main Statistical Indicators

Hotel Services refer to short-term accommodation services provided to visitors. Some units may provide only accommodation while others provide a combination of accommodation, meals, business services and/or recreational facilities. It excludes activities related to the provision of long-term primary residences, typically leased on a monthly or annual basis.

Catering Services refer to the activities of providing foods, serving locations and facilities to customers through instant processing, commercial sales and service-type labor.

Business Revenue refers to total revenue (including VAT) of hotels and catering services received from providing services or selling commodities through business activities. Revenue comes mainly from providing hotels, catering services, selling of commodities and other services, such as commodity services. It does not include revenue from providing meals or selling of commodities by establishments affiliated to other multi-industrial corporate enterprises. Income from hotel rooms refers to income (including VAT) of hotels and catering services by providing lodging services through business activities. Income from meals refers to income (including VAT) from providing catering services, including selling of cooked or prepared foods, such as staple food, cooked dishes, or cold dishes. It does not include income from meals provided by establishments affiliated to other multi-industrial corporate enterprises.

Overseas Visitor Arrivals refer to the number of tourists of foreigners, Chinese compatriots from Hong Kong, Macao and Taiwan who come to China (mainland) within the reference period for sight-seeing, vacation, visiting relatives, medical treatment, shopping, attending conference, or to engage in economic, cultural, sports and religious activities (namely the number of overseas visitor arrivals). In compiling statistics, each arrival is counted as one person-time. The number of overseas visitor arrivals includes inbound overnight tourists and one-day tourists.

Number of Chinese Residents Going Abroad (Chinese Outbound Visitors) refers to the number of Chinese (mainland) residents going to other countries, Hong Kong Special Administrative Region, Macao Special Administrative Region and Taiwan Province on official or private purposes, for sight-seeing, vacation, visiting relatives, medical treatment, shopping, attending conference, or to engage in economic, cultural, sports and religious activities (namely the Chinese outbound visitors). In compiling statistics, each outbound travel is counted as one person-time.

Number of Domestic Tourists refers to the number of Chinese (mainland) residents who travel within China (mainland) for sight-seeing, vacation, visiting relatives, medical treatment, shopping, attending conference, or to engage in economic, cultural, sports and religious activities. In compiling statistics, each travel is counted as one person-time.

Foreign Exchange Earnings from International Tourism refer to the total expenditure of overseas visitors during their stay in the mainland of China on transportation, sighting, accommodation, food, shopping and entertainment.

Income from Domestic Tourism refer to expenditure of domestic tourists on transportation, sighting, accommodation, food, shopping and entertainment while they travel.

Star-rated Hotels refer to hotels rated with stars as evaluated (accepted) by the relevant tourism authorities according to GB/T14308-2010 standard with reference to their infrastructure, facilities and service levels.

18

金融业

Financial Intermediation

简要说明

一、本篇资料的主要内容

本篇反映我国金融、证券和保险业发展情况。有以下四个部分：一是金融机构金融活动情况，二是存贷款利率调整情况，三是直接融资情况，四是保险业务情况。

二、本篇各部分资料来源

1.反映金融机构活动情况的资料包括：金融机构人民币信贷收支表(资金来源)、金融机构人民币信贷收支表(资金运用)、货币供应量（年底余额）、货币供应量同比增长率、黄金和外汇储备、货币当局资产负债表（年底余额)、其他存款性公司资产负债表（年底余额)、外资银行资产负债表（年底余额)、社会融资规模增量及构成、社会融资规模存量及增长率。金融机构信贷收支表的统计范围包括中国人民银行、国家政策性银行、国有商业银行、其他商业银行、城市合作银行、城市信用合作社、农村信用合作社、外资银行、财务公司、信托投资公司、金融租赁公司、邮政储蓄机构。中国人民银行总行根据金融机构的基层单位全面填报、并按各自系统汇总的资料，进行归并和汇总，最后得到金融机构的信贷收支表。黄金和外汇储备表中的资料取自于中国人民银行的资产负债表，由该行有关部门提供。

2.反映存贷款利率调整情况的金融机构法定存款利率和金融机构法定贷款利率表，数据来自中国人民银行总行规定的、并对外发布的存贷款利率。

3.反映直接融资情况的证券市场基本情况、上市公司数量、证券市场发行情况、股票交易情况，资料由中国证券监督管理委员会提供。

4.反映保险业务情况的保险系统机构、人员数、保险公司业务经济技术指标、保险公司资产情况、保险公司资金运用情况、各地区原保险保费收入和赔付支出情况，数据由中国银行保险监督管理委员会提供。

Brief Introduction

I. Main Contents

Data in this chapter show the development of China's financial, securities and insurance industries, in the following four aspects: (1) the financial activities of the financial institutions; (2) the situations regarding the adjustment of deposit and loan interest rates; (3) the situation regarding direct financing; (4) the situation regarding the insurance business.

II. Sources of Data

(1) Data on the activities of financial institutions are balance sheet of RMB credit funds of financial institutions (funds sources), balance sheet of RMB credit funds of financial institutions (funds uses), money supply at year-end, growth rate of money supply over the previous corresponding period, gold and foreign exchange reserves, balance sheet of monetary authority (balance at year-end) ，balance sheet of other depository corporations (balance at year-end)，balance sheet of foreign-funded banks at year-end，statistics on increment of all-system financing aggregates and composition，statistics on stock of all-system financing aggregates and composition. Statistical scope of balance sheet of credit funds of financial institutions and data on cash income and expenditure cover the People's Bank of China, the state policy banks, the State-owned commercial banks, other commercial banks, urban cooperative banks, urban credit cooperatives, rural credit cooperatives, foreign-funded banks, finance companies, financial trust and investment companies, financial leasing companies and postal savings institutions. The grassroots units of the above financial institutions fill out the questionnaires and report to the higher authority. The higher authorities tabulate the data level by level. Finally, the Head Office of the People's Bank of China tabulates the data to obtain the national total. Data on gold and foreign exchange reserves are extracted from the balance sheet of the People's Bank of China and are provided by the relevant departments in the Bank.

(2) Official benchmark interest rates of deposits of financial institutions and official benchmark interest rates of loans of financial institutions show the changes of the official benchmark interest rates of deposits and loans. These official benchmark interest rates of deposits and loans are stipulated and published by the Head Office of the People's Bank of China.

(3) General statistics on securities markets, number of listed companies, issuance of securities markets and statistics of stock trading show the situation regarding direct financing. Data are from the *Statistical Yearbook on China's Securities and Futures* compiled by China Securities Regulatory Commission.

(4) Number of institutions and employees in the insurance system at year-end and economic and technical indicators of insurance companies，situations of assets of insurance company，fund uses of insurance company，premium of primary insurance and payment by region show the business situation of the insurance industry, with data from the insurance statistics compiled by the China Banking and Insurance Regulatory Commission.

18-1 货币供应量(年底余额)
Money Supply at Year-end

单位：亿元 (100 million yuan)

年 份 Year	货币和准货币 (M_2) Money and Quasi-Money (M_2)	货 币 (M_1) Money (M_1)			准货币 Quasi-Money			
			流通中货币 (M_0) Currency in Circulation (M_0)	单位活期存款 Corporate Demand Deposits		单位定期存款 Corporate Time Deposits	个人存款 Personal Savings Deposits	其他存款 Other Deposits
1990	15293.4	6950.7	2644.4	4306.3	8342.7			
1991	19349.9	8633.3	3177.8	5455.5	10716.6			
1992	25402.2	11731.5	4336.0	7395.2	13670.7			
1993	34879.8	16280.4	5864.7	10415.7	18599.4	1247.9	15203.5	2148.0
1994	46923.5	20540.7	7288.6	13252.1	26382.8	1943.1	21518.8	2920.9
1995	60750.5	23987.1	7885.3	16101.8	36763.4	3324.2	29662.2	3777.0
1996	76094.9	28514.8	8802.0	19712.8	47580.1	5041.9	38520.8	4017.4
1997	90995.3	34826.3	10177.6	24648.7	56169.1	6738.5	46279.8	3150.7
1998	104498.5	38953.7	11204.2	27749.5	65544.9	8301.9	53407.5	3835.5
1999	119897.9	45837.3	13455.5	32381.8	74060.6	9476.8	59621.8	4962.0
2000	134610.3	53147.2	14652.7	38494.5	81463.1	11261.1	64332.4	5869.7
2001	158301.9	59871.6	15688.8	44182.8	98430.3	14180.1	73762.4	10487.8
2002	185007.0	70881.8	17278.0	53603.8	114125.2	16433.8	86910.7	10780.7
2003	221222.8	84118.6	19745.9	64372.6	137104.3	20940.4	103617.7	12546.2
2004	254107.0	95969.7	21468.3	74501.4	158137.2	25382.2	119555.4	13199.7
2005	298755.7	107278.8	24031.7	83247.1	191476.9	33100.0	141051.0	17325.9
2006	345577.9	126028.1	27072.6	98955.4	219549.9	38715.9	161587.3	19246.7
2007	403442.2	152560.1	30375.2	122184.9	250882.1	46932.5	172534.2	31415.4
2008	475166.6	166217.1	34219.0	131998.2	308949.5	60103.1	217885.4	30961.1
2009	610224.5	221445.8	38247.0	183198.8	388778.7	84819.5	260752.7	43206.5
2010	725851.8	266621.5	44628.2	221993.4	459230.3	105858.7	303302.5	50069.1
2011	851590.9	289847.7	50748.5	239099.2	561743.2	166616.0	352797.5	42329.7
2012	974148.8	308664.2	54659.8	254004.5	665484.6	195940.1	411362.6	58181.9
2013	1106525.0	337291.1	58574.4	278716.6	769233.9	232696.6	467031.1	69506.2
2014	1228374.8	348056.4	60259.5	287796.9	880318.4	264055.7	508878.1	107384.6
2015	1392278.1	400953.4	63216.6	337736.9	991324.7	288240.7	552073.5	151010.5
2016	1550066.7	486557.2	68303.9	418253.4	1063509.4	307989.6	603504.2	152015.6
2017	1690235.3	543790.1	70645.6	473144.5	1146445.2	320196.2	649341.5	176907.4
2018	1826744.2	551685.9	73208.4	478477.5	1275058.3	340178.9	721688.6	213190.8
2019	1986488.8	576009.2	77189.5	498819.7	1410479.7	363486.0	819161.8	227831.8

注：1.1997年初，中国人民银行对金融统计制度进行了调整，因此自1997年起的数据与历史数据不完全可比。
2.2001年6月起，将证券公司客户保证金计入货币供应量(M_2)，含在其他存款项内。
3.2010年金融机构会计科目变动，因此对2009年末数据进行了相应调整。
4.自2011年10月起，货币供应量已包含住房公积金中心存款和非存款类金融机构在存款类金融机构的存款。
5.2018年1月，人民银行完善货币供应量中货币市场基金部分的统计方法，用非存款机构部门持有的货币市场基金取代货币市场基金存款（含存单）。表中2017年以来的M_2数据均为统计方法完善后的可比数据。

a) The People's Bank of China (PBC) made some adjustments to the monetary statistics system at the beginning of 1997, hence the statistics since 1997 are not fully comparable to historical statistics.
b) Since June 2001, the customer margin of security companies maintained with financial institutions are included in money supply (M_2), as part of other deposits.
c) Due to adjustments in the accounting subjects of financial institutions in 2010, data at the end of 2009 are updated correspondingly.
d) Since October 2011, money supply includes deposits of Housing Provident Fund Management Center and deposits of non-depository corporations in depository corporations.
e) The PBC improved the method of data compiling in money supply statistics in January 2018. Specifically, as a result of improvement, the item of money market funds, which was treated as deposits of money market funds (CD included), is now treated as the total of money market fund units held by the non-deposit taking financial institutions, household sector and non-financial companies. After applying the new method, monthly M_2 growth rates since 2017 are updated correspondingly.

18-2 货币供应量同比增长率
Growth Rate of Money Supply

单位: % (%)

年 份 Year	货币和准货币 (M_2) Money and Quasi-Money (M_2)	货 币 (M_1) Money (M_1)	流通中货币 (M_0) Currency in Circulation (M_0)	单位活期存款 Corporate Demand Deposits	准货币 Quasi-Money	单位定期存款 Corporate Time Deposits	个人存款 Personal Savings Deposits	其他存款 Other Deposits
1991	26.5	24.2	20.2	26.7	28.5			
1992	31.3	35.9	36.4	35.6	27.6			
1993								
1994	34.5	26.2	24.3	27.2	41.9	55.7	41.5	36.0
1995	29.5	16.8	8.2	21.5	39.4	71.1	37.9	29.3
1996	25.3	18.9	11.6	22.4	29.4	51.7	29.9	6.4
1997	17.3	16.5	15.6	16.9	17.8	24.5	19.3	-8.9
1998	14.8	11.9	10.1	12.6	16.7	23.2	15.4	21.7
1999	14.7	17.7	20.1	16.7	13.0	14.2	11.6	29.3
2000	12.3	16.0	8.9	18.9	10.0	18.8	7.9	18.3
2001	14.4	12.7	7.1	14.8	15.5	25.9	14.7	9.1
2002	16.8	16.8	10.1	19.2	16.8	21.8	17.8	2.8
2003	19.6	18.7	14.3	20.3	20.1	27.4	19.2	16.4
2004	14.7	13.6	8.7	15.1	15.3	21.2	15.4	5.2
2005	17.6	11.8	11.9	11.7	21.1	30.4	18.0	31.3
2006	16.9	17.5	12.7	18.9	16.6	17.1	14.6	36.2
2007	16.7	21.1	12.2	23.5	14.3	21.2	6.8	63.2
2008	17.8	9.1	12.7	8.2	23.2	28.1	26.3	-1.5
2009	28.5	33.2	11.8	38.8	26.0	42.0	19.7	39.6
2010	19.7	21.2	16.7	22.1	18.9	28.7	16.3	16.0
2011	13.6	7.9	13.8	6.7	16.8	18.1	16.2	17.7
2012	13.8	6.5	7.7	6.2	17.6	17.6	16.6	25.1
2013	13.6	9.3	7.2	9.7	15.6	18.8	13.5	19.5
2014	12.2	3.2	2.9	3.3	14.4	13.5	9.0	54.5
2015	13.3	15.2	4.9	17.4	12.6	9.2	8.5	40.6
2016	11.3	21.4	8.1	23.8	7.3	6.9	9.3	0.7
2017	8.1	11.8	3.4	13.1	6.4	4.0	7.6	6.5
2018	8.1	1.5	3.6	1.1	11.2	6.2	11.1	20.5
2019	8.7	4.4	5.4	4.3	10.6	6.9	13.5	6.9

注：同比增长率按可比口径计算。1993年口径调整，未按可比口径计算增长率。

a) Growth rate is calculated on the basis of comparable coverage. As the statistical coverage before 1992 was not comparable to that of 1993, the growth rate in 1993 was not calculated.

18-3 社会融资规模增量及构成

Statistics on Aggregate Financing to the Real Economy (Flow) and Composition

单位：亿元 (100 million yuan)

年份 Year	社会融资规模增量 AFRE (flow)	#人民币贷款 RMB Loans	#外币贷款(折合人民币) Foreign Currency-denominated Loans (RMB equivalent)	#委托贷款 Entrusted Loans	#信托贷款 Trust Loans	#未贴现银行承兑汇票 Undiscounted Bankers' Acceptances	#企业债券 Net Financing of Corporate Bonds	#地方政府专项债券 Local Government Special Bonds	#非金融企业境内股票融资 Equity Financing on the Domestic Stock Market by Non-financial Enterprises
2002	20112	18475	731	175		-695	367		628
2003	34113	27652	2285	601		2010	499		559
2004	28629	22673	1381	3118		-290	467		673
2005	30008	23544	1415	1961		24	2010		339
2006	42696	31523	1459	2695	825	1500	2310		1536
2007	59663	36323	3864	3371	1702	6701	2284		4333
2008	69802	49041	1947	4262	3144	1064	5523		3324
2009	139104	95942	9265	6780	4364	4606	12367		3350
2010	140191	79451	4855	8748	3865	23346	11063		5786
2011	128286	74715	5712	12962	2034	10271	13658		4377
2012	157631	82038	9163	12838	12845	10499	22551		2508
2013	173169	88916	5848	25466	18404	7756	18111		2219
2014	158761	97452	1235	21740	5174	-1198	24329		4350
2015	154063	112693	-6427	15911	434	-10567	29388		7590
2016	177999	124372	-5640	21854	8593	-19514	29865		12416
2017	261536	138432	18	7994	22232	5364	6244	19962	8759
2018	224920	156712	-4201	-16062	-6975	-6343	26318	17852	3606
2019	256735	168835	-1275	-9396	-3467	-4757	33384	21602	3479

注：1.社会融资规模增量是指一定时期内实体经济从金融体系获得的资金额。数据来源于中国人民银行、中国银行保险监督管理委员会、中国证券监督管理委员会、中央国债登记结算有限责任公司和银行间市场交易商协会等部门。

2.2019年12月起，人民银行进一步完善社会融资规模统计，将“国债”和“地方政府一般债券”纳入社会融资规模统计，与原有“地方政府专项债券”合并为“政府债券”指标。指标数值为托管机构的托管面值。2019年9月起，人民银行完善“社会融资规模”中的“企业债券”统计，将“交易所企业资产支持证券”纳入“企业债券”指标。2018年9月起，人民银行将“地方政府专项债券”纳入社会融资规模统计。2018年7月起，人民银行完善社会融资规模统计方法，将“存款类金融机构资产支持证券”和“贷款核销”纳入社会融资规模统计，在“其他融资”项下单独列示。2017年起，同比增速为可比口径计算。

a) Aggregate financing to the real economy (AFRE) (flow) refers to the total volume of financing provided by the financial system to the real economy during a certain period of time. In the calculation of AFRE, data are from the PBC, CBIRC, CSRC, CCDC and NAFMII.

b) Since December 2019, the People's Bank of China made further efforts to improve the statistical method of AFRE. "Treasury Bonds" and "Local Government General Bonds" were newly introduced into AFRE and merged with "Local Government Special Bonds" into "Government Bonds", which is recorded at face value at depositories. Since September 2019, the People's Bank of China improved the statistics of "Net Financing of Corporate Bonds" in AFRE, and incorporated "Asset-backed Securities of Non-Financial Enterprises" into "Net Financing of Corporate Bonds". Since September 2018, the People's Bank of China incorporated "Local Government Special Bonds" into AFRE. Since July 2018, the People's Bank of China improved the statistical method of AFRE, and incorporated "Asset-backed Securities of Depository Financial Institutions" and "Loans Written off" into AFRE, which is reflected as a sub-item of "Other Financing". Since 2017，the data of year-on-year growth are calculated on a comparable basis.

18-4 社会融资规模存量及增长率
Statistics on Aggregate Financing to the Real Economy (Stock) and Growth Rate

年份 Year	社会融资规模存量（亿元） AFRE (stock) (100 million yuan)	社会融资规模存量同比增速（%） Year-on-year Growth (%)	#人民币贷款 RMB Loans	#外币贷款（折合人民币） Foreign Currency-denominated Loans (RMB equivalent)	#委托贷款 Entrusted Loans	#信托贷款 Trust Loans	#未贴现银行承兑汇票 Undiscounted Bankers' Acceptances	#企业债券 Net Financing of Corporate Bonds	#地方政府专项债券 Local Government Special Bonds	#非金融企业境内股票融资 Equity Financing on the Domestic Stock Market by Non-financial Enterprises
2002	148532									
2003	181655	22.3	21.4	26.6	13.3		126.0	132.9		8.0
2004	204143	14.9	14.3	16.8	61.6		-8.0	4.0		8.5
2005	224265	13.5	13.3	11.0	11.8		0.7	129.1		4.2
2006	264500	18.1	16.3	9.0	20.0		44.9	68.7		12.5
2007	321326	21.5	16.4	21.9	29.9	84.0	138.4	41.0		45.8
2008	379765	20.5	18.7	5.1	29.1	84.3	9.2	78.7		17.7
2009	511835	34.8	31.3	55.5	35.8	63.4	36.5	86.2		18.3
2010	649869	27.0	19.9	15.9	44.2	34.4	135.5	42.3		30.9
2011	767791	18.3	16.1	13.1	21.2	13.5	25.6	36.2		17.7
2012	914675	19.1	15.0	27.2	17.1	75.0	21.0	44.4		8.6
2013	1075217	17.6	14.2	7.2	39.7	61.1	12.7	24.2		6.7
2014	1229386	14.3	13.6	4.1	29.2	10.8	-1.1	25.8		11.8
2015	1382824	12.5	13.9	-13.0	18.0	2.0	-14.8	25.1		20.2
2016	1559884	12.8	13.4	-12.9	19.8	15.8	-33.3	22.4		27.6
2017	2059098	14.1	13.2	-5.8	5.9	35.9	13.7	3.9	57.3	15.2
2018	2270356	10.3	13.2	-10.7	-11.5	-8.0	-14.3	9.8	32.6	5.4
2019	2514071	10.7	12.5	-4.6	-7.6	-4.4	-12.5	13.8	29.7	5.0

注：1.社会融资规模存量是指一定时期末(月末、季末或年末)实体经济从金融体系获得的资金余额。
2.2017年起，同比增速为可比口径计算。

a) AFRE (stock) refers to the total volume of financing provided by the financial system to the real economy at the end of a given period (at the end of month, quarter or year).

b) Since 2017, the data of year-on-year growth are calculated on a comparable basis.

18-5 金融机构人民币法定存款基准利率
Official Benchmark Interest Rates of Deposits of Financial Institutions

单位：年利率% (% p.a.)

项 目	Item	2010.10.20 Oct.20,2010	2010.12.26 Dec.26,2010	2011.02.09 Feb.09,2011	2011.04.06 Apr.06,2011	2011.07.07 July.07,2011	2012.06.08 Jun.08,2012
活期	Demand	0.36	0.36	0.40	0.50	0.50	0.40
定期	Time						
三个月	3-Month	1.91	2.25	2.60	2.85	3.10	2.85
半年	6-Month	2.20	2.50	2.80	3.05	3.30	3.05
一年	1-Year	2.50	2.75	3.00	3.25	3.50	3.25
二年	2-Year	3.25	3.55	3.90	4.15	4.40	4.10
三年	3-Year	3.85	4.15	4.50	4.75	5.00	4.65
五年	5-Year	4.20	4.55	5.00	5.25	5.50	5.10

注：1.2014年11月22日，金融机构存款利率浮动区间由存款基准利率的1.1倍调整为1.2倍。
2.自2014年11月22日起，人民银行不再公布金融机构人民币五年期定期存款基准利率。

a) Since Nov.22,2014, interval of interest rates of deposits of financial institutions has been adjusted from 1.1 to 1.2 times of official benchmark interest rates of deposits.

b) Since Nov.22,2014, the People's Bank of China stopped to publish official benchmark interest rates of 5-Year time deposits of financial instritutions

18-5 续表 continued

单位：年利率% (% p.a.)

项 目	Item	2012.07.06 July.06,2012	2014.11.22 Nov.22,2014	2015.03.01 Mar.01,2015	2015.05.11 May.11,2015	2015.06.28 Jun.28,2015	2015.08.26 Aug.26,2015	2015.10.24 Oct.24,2015
活期	Demand	0.35	0.35	0.35	0.35	0.35	0.35	0.35
定期	Time							
三个月	3-Month	2.60	2.35	2.10	1.85	1.60	1.35	1.10
半年	6-Month	2.80	2.55	2.30	2.05	1.80	1.55	1.30
一年	1-Year	3.00	2.75	2.50	2.25	2.00	1.75	1.50
二年	2-Year	3.75	3.35	3.10	2.85	2.60	2.35	2.10
三年	3-Year	4.25	4.00	3.75	3.50	3.25	3.00	2.75
五年	5-Year	4.75						

18-6 金融机构人民币法定贷款基准利率
Official Benchmark Interest Rates of Loans of Financial Institutions

单位：年利率% (%, p.a.)

项 目	Item	2010.12.26 Dec.26, 2010	2011.02.09 Feb.09, 2011	2011.04.06 Apr.06, 2011	2011.07.07 July.07, 2011	2012.06.08 June.08, 2012	2012.07.06 July.06, 2012
短期贷款	Short-term						
六个月	6-Month	5.35	5.60	5.85	6.10	5.85	5.60
一年	1-Year	5.81	6.06	6.31	6.56	6.31	6.00
中长期贷款	Medium and Long-term						
一年以上至三年	1-Year to 3-Year	5.85	6.10	6.40	6.65	6.40	6.15
三年以上至五年	3-Year to 5-Year	6.22	6.45	6.65	6.90	6.65	6.40
五年以上	Longer than 5-Year	6.40	6.60	6.80	7.05	6.80	6.55

18-6 续表 continued

单位：年利率% (%, p.a.)

项 目	Item	2014.11.22 Nov.22, 2014	2015.03.01 Mar.01, 2015	2015.05.11 May.11, 2015	2015.06.28 June.28, 2015	2015.08.26 Aug.26, 2015	2015.10.24 Oct.24, 2015
短期贷款	Short-term						
六个月	6-Month	5.60	5.35	5.10	4.85	4.60	4.35
一年	1-Year	5.60	5.35	5.10	4.85	4.60	4.35
中长期贷款	Medium and Long-term						
一年以上至三年	1-Year to 3-Year	6.00	5.75	5.50	5.25	5.00	4.75
三年以上至五年	3-Year to 5-Year	6.00	5.75	5.50	5.25	5.00	4.75
五年以上	Longer than 5-Year	6.15	5.90	5.65	5.40	5.15	4.90

18-7 黄金和外汇储备
Gold and Foreign Reserves

年 份 Year	黄金储备（万盎司）Gold Reserves (10 000 oz.)	外汇储备（亿美元）Foreign Reserves (USD 100 million)	年 份 Year	黄金储备（万盎司）Gold Reserves (10 000 oz.)	外汇储备（亿美元）Foreign Reserves (USD 100 million)
1978	1280	1.67	1999	1267	1546.75
1979	1280	8.40	2000	1267	1655.74
1980	1280	-12.96	2001	1608	2121.65
1981	1267	27.08	2002	1929	2864.07
1982	1267	69.86	2003	1929	4032.51
1983	1267	89.01	2004	1929	6099.32
1984	1267	82.20	2005	1929	8188.72
1985	1267	26.44	2006	1929	10663.44
1986	1267	20.72	2007	1929	15282.49
1987	1267	29.23	2008	1929	19460.30
1988	1267	33.72	2009	3389	23991.52
1989	1267	55.50	2010	3389	28473.38
1990	1267	110.93	2011	3389	31811.48
1991	1267	217.12	2012	3389	33115.89
1992	1267	194.43	2013	3389	38213.15
1993	1267	211.99	2014	3389	38430.18
1994	1267	516.20	2015	5666	33303.62
1995	1267	735.97	2016	5924	30105.17
1996	1267	1050.29	2017	5924	31399.49
1997	1267	1398.90	2018	5956	30727.12
1998	1267	1449.59	2019	6264	31079.24

18-8 人民币汇率（年平均价）
Exchange Rate of Renminbi (Period Average)

单位：人民币元 (RMB yuan)

年 份 Year	100美元 100 US Dollars	100日元 100 Japanese Yen	100港元 100 Hong Kong Dollars	100欧元 100 Euros
1985	293.67	1.2457	37.57	
1986	345.28	2.0694	44.22	
1987	372.21	2.5799	47.74	
1988	372.21	2.9082	47.70	
1989	376.51	2.7360	48.28	
1990	478.32	3.3233	61.39	
1991	532.33	3.9602	68.45	
1992	551.46	4.3608	71.24	
1993	576.20	5.2020	74.41	
1994	861.87	8.4370	111.53	
1995	835.10	8.9225	107.96	
1996	831.42	7.6352	107.51	
1997	828.98	6.8600	107.09	
1998	827.91	6.3488	106.88	
1999	827.83	7.2932	106.66	
2000	827.84	7.6864	106.18	
2001	827.70	6.8075	106.08	
2002	827.70	6.6237	106.07	800.58
2003	827.70	7.1466	106.24	936.13
2004	827.68	7.6552	106.23	1029.00
2005	819.17	7.4484	105.30	1019.53
2006	797.18	6.8570	102.62	1001.90
2007	760.40	6.4632	97.46	1041.75
2008	694.51	6.7427	89.19	1022.27
2009	683.10	7.2986	88.12	952.70
2010	676.95	7.7279	87.13	897.25
2011	645.88	8.1050	82.97	900.11
2012	631.25	7.9037	81.38	810.67
2013	619.32	6.3323	79.85	822.19
2014	614.28	5.8196	79.22	816.51
2015	622.84	5.1543	80.34	691.41
2016	664.23	6.1243	85.58	734.26
2017	675.18	6.0244	86.64	763.03
2018	661.74	5.9890	84.43	780.16
2019	689.85	6.3347	88.05	772.55

18-9 货币当局资产负债表（年底余额）
Balance Sheet of Monetary Authority (Balance at Year-end)

单位：亿元 (100 million yuan)

项目	Item	2017	2018	2019
总资产	**Total Assets**	**362931.6**	**372492.1**	**371130.5**
国外资产	Foreign Assets	221164.1	217648.1	218638.7
外汇	Foreign Exchange	214788.3	212556.7	212317.3
货币黄金	Monetary Gold	2541.5	2569.8	2855.6
其他国外资产	Other Foreign Assets	3834.3	2521.6	3465.8
对政府债权	Claims on Government	15274.1	15250.2	15250.2
对其他存款性公司债权	Claims on Other Depository Corporations	102230.4	111517.5	117748.9
对其他金融性公司债权	Claims on Other Financial Corporations	5986.6	4642.6	4623.4
对非金融部门债权	Claims on Non-financial Sectors	101.9	27.8	
其他资产	Other Assets	18174.5	23405.8	14869.3
总负债	**Total Liabilities**	**362931.6**	**372492.1**	**371130.5**
储备货币	Reserve Money	321870.8	330956.5	324175.0
货币发行	Currency Issue	77073.6	79145.5	82859.1
其他存款性公司存款	Deposits of Other Depository Corporations	243802.3	235511.2	226023.9
非金融机构存款	Deposits of Non-financial Institutions	994.9	16299.8	15292.0
不计入储备货币的金融性公司存款	Deposits of Financial Corporations not Included in Reserve Money	5019.2	4016.3	4574.4
发行债券	Bond Issue		200.0	1020.0
国外负债	Foreign Liabilities	880.0	1164.5	841.8
政府存款	Deposits of Government	28626.0	28224.7	32415.1
自有资金	Own Capital	219.8	219.8	219.8
其他负债	Other Liabilities	6315.8	7710.2	7884.5

注：1.自2017年起，对国际金融组织相关本币账户以净头寸反映。
2."非金融机构存款"为支付机构交存人民银行的客户备付金存款。

a) Since 2017, RMB accounts with international financial organiztions have been calculated on a net basis.
b) Deposits of non-financial Institutions refers to the customer provision deposits of paying institutions at the PBC.

18-10 其他存款性公司资产负债表（年底余额）
Balance Sheet of Other Depository Corporations (Balance at Year-end)

单位：亿元 (100 million yuan)

项目	Item	2017	2018	2019
总资产	**Total Assets**	**2497223.8**	**2667334.9**	**2892720.2**
国外资产	Foreign Assets	53482.4	60146.2	63618.3
储备资产	Reserve Assets	256108.1	243160.7	236958.4
准备金存款	Deposits with Center Bank	249680.1	237223.7	231288.8
库存现金	Cash in Vault	6428.0	5937.1	5669.6
对政府债权	Claims on Government	218244.1	264352.8	307280.7
对中央银行债权	Central Bank Bonds	0.0		
对其他存款性公司债权	Claims on Other Depository Corporations	296042.9	287239.0	296766.2
对其他金融性公司债权	Claims on Other Financial Corporations	280616.8	258693.8	246493.1
对非金融性公司债权	Claims on Non-financial Sectors	889011.4	977946.5	1085249.8
对其他居民部门债权	Claims on Other Resident Sectors	399669.1	472762.4	546351.3
其他资产	Other Assets	104048.9	103033.4	110002.5
总负债	**Total Liabilities**	**2497223.8**	**2667334.9**	**2892720.2**
对非金融机构及住户负债	Liabilities to Non-financial & Households Institutions	1531978.6	1641200.7	1798147.1
纳入广义货币的存款	Deposits Included in Broad Money	1442682.3	1540345.0	1681467.6
单位活期存款	Corporate Demand Deposits	473144.5	478477.5	498819.7
单位定期存款	Corporate Time Deposits	320196.2	340178.9	363486.0
个人存款	Personal Deposits	649341.5	721688.6	819161.8
不纳入广义货币的存款	Deposits Excluded from Broad Money	47043.4	45211.4	48194.5
可转让存款	Transferable Deposits	15266.5	15355.9	15660.5
其他存款	Other Deposits	31776.9	29855.5	32534.0
其他负债	Other Liabilities	42252.9	55644.3	68485.0
对中央银行负债	Liabilities to Central Bank	105470.1	104474.8	98826.2
对其他存款性公司负债	Liabilities to Other Depository Corporations	126116.1	108915.9	114185.4
对其他金融性公司负债	Liabilities to Other Financial Corporations	168350.5	184310.6	198935.4
#计入广义货币的存款	Deposits Included in Broad Money	162445.8	179374.6	193523.8
国外负债	Foreign Liabilities	20479.1	20893.7	16815.9
债券发行	Bond Issue	225877.0	255387.6	280399.3
实收资本	Paid-in Capital	51828.5	54212.7	64575.8
其他负债	Other Liabilities	267123.9	297939.0	320835.2

18-11 外资银行资产负债表（年底余额）
Balance Sheet of Foreign-funded Banks (Balance at Year-end)

单位：亿元 (100 million yuan)

项目	Item	2017	2018	2019
总资产	**Total Assets**	**42483**	**44177**	**45071**
国外资产	Foreign Assets	2222	2452	2950
储备资产	Reserve Assets	3766	3287	3252
准备金	Deposits with Central Bank	3758	3281	3247
库存现金	Cash in Vault	7	6	5
对政府债权	Claims on Government	2230	2681	3388
对中央银行债权	Claims on Central Bank			
对其他存款性公司债权	Claims on Other Depository Corporations	6505	5844	5186
对其他金融性公司债权	Claims on Other Financial Corporations	3694	3745	3662
对非金融性公司债权	Claims on Non-financial Sectors	11020	11649	12266
对其他居民部门债权	Claims on Other Resident Sectors	1234	1452	1683
其他资产	Other Assets	11812	13066	12684
总负债	**Total Liabilities**	**42483**	**44177**	**45071**
对非金融机构及住户负债	Liabilities to Non-financial & Households Institutions	18357	18386	19486
纳入广义货币的存款	Deposits Included in Broad Money	13802	13700	14390
单位活期存款	Corporate Demand Deposits	4886	4837	5347
单位定期存款	Corporate Time Deposits	7645	7565	7706
个人存款	Personal Deposits	1270	1298	1338
不纳入广义货币的存款	Deposits Excluded from Broad Money	3373	3461	3953
可转让存款	Transferable Deposits	1761	1876	1946
其他存款	Other Deposits	1612	1586	2007
其他负债	Other Liabilities	1182	1225	1143
对中央银行负债	Liabilities to Central Bank	284	144	183
对其他存款性公司负债	Liabilities to Other Depository Corporations	2612	2342	2663
对其他金融性公司负债	Liabilities to Other Financial Corporations	941	1116	1264
#计入广义货币的存款	Deposits Included in Broad Money	772	1004	1140
国外负债	Foreign Liabilities	4884	4904	4041
债券发行	Bond Issue	226	549	859
实收资本	Paid-in Capital	1835	1878	1979
其他负债	Other Liabilities	13344	14858	14597

18-12 金融机构人民币信贷收支表(年底余额)(资金来源)

Balance Sheet of RMB Credit Funds of Financial Institutions at Year-end (Funds Sources)

单位：亿元 (100 million yuan)

项　目	Item	2017	2018	2019
资金来源合计	**Total Funds Sources**	**1931934**	**2109164**	**2317003**
各项存款	Total Deposits	1641044	1775226	1928785
境内存款	Domestic Deposits	1630577	1764398	1917482
住户存款	Deposits of Households	643768	716038	813017
非金融企业存款	Deposits of Non-financial Enterprises	542405	562976	595365
机关团体存款	Deposits of Government Departments & Organizations	263718	285046	296831
财政性存款	Fiscal Deposits	41134	40539	40840
非银行业金融机构存款	Deposits of Non-banking Financial Institutions	139552	159798	171429
境外存款	Overseas Deposits	10467	10828	11304
金融债券	Financial Bonds	48000	65433	82924
流通中货币	Currency in Circulation	70646	73208	77189
对国际金融机构负债	Liabilities to International Financial Institutions	9	7	6
其他	Others	172236	195290	228098

注：1.2015年起，由于修订金融统计制度，《金融机构人民币信贷收支》分类项目发生较大调整，部分数据与2015年以前不可比(以下相关表同)。

2.本表机构包括中国人民银行、银行业存款类金融机构、银行业非存款类金融机构(以下相关表同)。

3.银行业存款类金融机构包括银行、信用社和财务公司。银行业非存款类金融机构包括信托投资公司、金融租赁公司、汽车金融公司和贷款公司等银行业非存款类金融机构(以下相关表同)。

4.自2015年起，"各项存款"含非银行业金融机构存放款项，"各项贷款"含拆放给非银行业金融机构款项(以下相关表同)。

a) Since 2015, as financial statistical system was revised, classification in *Sources & Uses of Credit Funds of Financial Institutions* has been adjusted. Some data are not comparable to those before 2015. The same applies to the following tables.

b) Institutions in this table include the People's Bank of China, depository financial institutions of banks, non-depository financial institutions of banks. The same applies to following tables.

c) Depository financial institutions of banks include banks, credit cooperatives and financial corporations. Non-depository financial institutions of banks include trust and investment companies, financial leasing companies, motor vehicle financing companies, and loans companies. The same applies to following tables.

d) Since 2015, Total Deposits include Deposits of Non-banking Financial Institutions, and Total Loans include those lent to non-banking financial institutions. The same applies to following tables.

18-13 金融机构人民币信贷收支表(年底余额)(资金运用)

Balance Sheet of RMB Credit Funds of Financial Institutions at Year-end (Funds Uses)

单位：亿元 (100 million yuan)

项　目	Item	2017	2018	2019
资金运用合计	**Total Funds Uses**	**1931934**	**2109164**	**2317003**
各项贷款	Total Loans	1201321	1362967	1531123
境内贷款	Domestic Loans	1196900	1357891	1525755
住户贷款	Loans to Households	405045	478843	553191
非金融企业及机关团体贷款	Loans to Non-financial Enterprises and Government Departments & Organizations	785496	868289	962737
非银行业金融机构贷款	Loans to Non-banking Financial Institutions	6359	10760	9827
境外贷款	Overseas Loans	4421	5075	5368
债券投资	Portfolio Investments	294382	333467	385520
股权及其他投资	Shares and Other Investments	217589	196190	183730
黄金占款	Position for Bullion Purchase	2541	2570	2856
中央银行外汇占款	Foreign Exchange	214788	212557	212317
在国际金融机构资产	Assets with International Financial Institutions	1313	1414	1457

18-14 证券市场基本情况
General Statistics on Securities Markets

项　目	Item	2018	2019
境内上市公司数(A、B股) (家)	Number of Listed Companies (A and B Shares) on Domestic Markets (unit)	3584	3777
境内上市外资股公司数(B股)(家)	Number of Listed Companies of Foreign Fund (B Shares) on Domestic Markets(unit)	99	97
境外上市公司数(H股) (家)	Number of Listed Companies (H Shares) on Hongkong Market (unit)	267	284
股票总发行股本 (亿股)	Volume Issued (100 million shares)	57581.03	61719.92
#流通股本 (亿股)	Negotiable Shares (100 million shares)	49047.57	52487.62
股票市价总值 (亿元)	Total Market Capitalization (100 million yuan)	434924.03	592934.57
#股票流通市值 (亿元)	Negotiable Market Capitalization (100 million yuan)	353794.20	483461.26
股票成交量 (亿股)	Stock Trading Volume (100 million shares)	82037.25	126624.29
股票成交金额 (亿元)	Turnover of Stock Trading (100 million yuan)	901739.40	1274158.80
上证综合指数(收盘)	Shanghai Comprehensive Index (Close)	2493.90	3050.12
深证综合指数(收盘)	Shenzhen Comprehensive Index (Close)	1267.87	1722.95
期末投资者数 (万个)	Number of Investors at the End of This Period (10 000 units)	14650	15975
静态市盈率(平均市盈率)	Average P/E Ratio		
上海	Shanghai	12.49	14.55
深圳	Shenzhen	20.00	26.15
年换手率(平均换手率) (%)	Average Turnover Rate (%)		
上海	Shanghai	150.91	157.59
深圳	Shenzhen	356.92	456.16
交易所债券发行额 (亿元)	Value of Bonds in the Exchanges Issued (100 million yuan)	56877.71	71986.72
债券成交额 (亿元)	Bonds Trading Turnover (100 million yuan)	2405453.70	2473724.00
债券现货成交金额 (亿元)	Turnover of Spots Trading of Bonds (100 million yuan)	63821.94	83530.20
债券回购成交金额 (亿元)	Turnover of Repurchase Trading of Bonds (100 million yuan)	2341631.76	2390193.80
证券投资基金只数 (只)	Number of Securities Investment Funds (unit)	5580	6111
证券投资基金规模 (亿份)	Capital of Securities Investment Funds (100 million units)	128961.33	136937.42
证券投资基金成交金额 (亿元)	Turnover of Securities Investment Funds (100 million yuan)	102704.59	91679.38
期货总成交量 (万手)	Trading Volume of Future (10 000 pieces)	301055.65	392135.56
期货总成交额 (亿元)	Trading Turnover of Future (100 million yuan)	2107973.78	2905739.10

注：1.交易所债券包含由中国证监会审批或备案的公司债、可转债、可交换债、可分离债、企业资产支持证券，以及交易所招标发行的地方政府债、政策性金融债。

2.期末投资者数量指持有未注销、未休眠的A股、B股、信用账户、衍生品合约账户的一码通账户数量。

3.债券成交数据为交易所债券市场数据。

4.期货成交数据按单边口径统计，包括商品期货和金融期货。

a) Exchange bonds include corporate bonds, convertible bonds, exchangeable bonds, separable bonds, and enterprise asset-backed securities approved or filed by CSRC, and local government bonds and policy-based financial bonds tendered and issued by the exchange.

b) Number of investors at the end of this period refers to the number of one-way accounts holding unregistered, dormant A-shares, B-shares, credit accounts and derivatives contract accounts.

c) Bond trading data are that of exchange bond market.

d) Futures trading data are counted by unilateral caliber, including commodity futures and financial futures.

18-15 上市公司数量
Number of Listed Companies

单位：个 (unit)

年 份 Year	全国合计 National Total	上交所 Shanghai Stock Exchange	深交所 Shenzhen Stock Exchange	发A股公司 A Shares	发B股公司 B Shares	同时发A股、B股公司 A&B Shares
1990	10	8	2			
1991	13	7	6			
1992	53	29	24	53	18	18
1993	183	106	77	177	41	35
1994	291	171	120	287	58	54
1995	323	188	135	311	70	58
1996	530	293	237	514	85	69
1997	745	383	362	720	101	76
1998	852	438	414	826	106	80
1999	949	484	465	922	108	81
2000	1088	572	516	1060	114	86
2001	1160	646	514	1140	112	92
2002	1224	715	509	1213	111	100
2003	1287	780	507	1277	111	101
2004	1377	837	540	1363	110	96
2005	1381	834	547	1358	109	86
2006	1434	842	592	1411	109	86
2007	1550	860	690	1527	109	86
2008	1625	864	761	1602	109	86
2009	1718	870	848	1696	108	86
2010	2063	894	1169	2041	108	86
2011	2342	931	1411	2320	108	86
2012	2494	954	1540	2472	107	85
2013	2489	953	1536	2468	106	85
2014	2613	995	1618	2592	104	83
2015	2827	1081	1746	2808	101	82
2016	3052	1182	1870	3034	100	82
2017	3485	1396	2089	3467	100	82
2018	3584	1450	2134	3567	99	82
2019	3777	1572	2205	3760	97	80

注：发A股公司包括既发A股又发B股的公司，发B股公司包括既发A股又发B股的公司。

a) A-share issuing companies include both A-share and B-share issuing companies, and B-share issuing companies include both A-share and B-share issuing companies.

18-16 证券市场发行情况
Share Issued on Securities Markets

单位：亿元

年 份 Year	境内发行金额 Proceeds Raised in Domestic Capital Markets			境外股票发行金额 Proceeds Raised in Foreign Capital Markets	新三板股票发行金额 Proceeds Raised in NEEQ	合 计 Total
	小 计 Subtotal	股票发行金额 Proceeds Raised in Stock Markets	交易所债券发行金额 Proceeds Raised in Bond Markets			
1992	68.91	68.91				68.91
1993	245.02	245.02		60.84		305.86
1994	213.63	213.63		188.75		402.38
1995	99.78	99.78		31.53		131.31
1996	308.04	308.04		100.57		408.61
1997	859.98	859.98		387.91		1247.89
1998	787.44	787.44		37.83		825.27
1999	873.63	873.63		47.11		920.74
2000	1515.82	1515.82		562.08		2077.90
2001	1238.14	1238.14		73.00		1311.14
2002	720.05	720.05		192.28		912.33
2003	665.51	665.51		537.32		1202.83
2004	650.53	650.53		647.72		1298.25
2005	339.03	339.03		1666.25		2005.28
2006	2374.50	2374.50		3072.57		5447.07
2007	8222.02	7814.74	407.28	927.46		9149.48
2008	4310.44	3312.39	998.05	311.38		4621.82
2009	5645.85	4834.34	811.51	1067.66		6713.51
2010	11120.10	9799.80	1320.30	2343.11		13463.21
2011	8884.13	7154.43	1729.70	732.41	6.48	9623.02
2012	7313.28	4542.40	2770.88	997.83	8.59	8319.70
2013	8086.40	4131.46	3954.94	1060.24	10.02	9156.66
2014	12671.90	8498.26	4173.64	2253.40	132.09	15057.39
2015	37983.36	16361.62	21621.74	7090.12	1216.17	46289.65
2016	56965.75	20297.39	36668.36	1271.48	1390.89	59628.12
2017	54681.89	15534.98	39146.91	1829.19	1336.25	57847.33
2018	68255.59	11377.88	56877.71	1387.61	604.43	70247.63
2019	84525.53	12538.82	71986.71	781.65	264.63	85571.81

注：1.境内股票发行金额包括首发筹资金额和再筹资金额，均按股份上市日统计，再筹资包含公开增发、定向增发、配股、权证和优先股，其中权证为2008年之后开展的业务，优先股为2014年之后开展的业务。
2.境外股票发行金额指在港交所上市的H股的筹资金额，不含可转债。
3.新三板股票发行金额中不含优先股。

a) Proceeds raised in domestic capital markets include proceeds raised by IPO and proceeds raised by subsequent offerings, and are counted by the date of listing. Proceeds raised by subsequent offerings include public issue, directional issue, allotment, warrant and preferred stock. The warrant is the business started after 2008, and preferred stock is the business started after 2014.

b) Proceeds raised in foreign capital market refer to the amount of money raised by H-shares listed in Hong Kong Stock Exchange, excluding convertible bonds.

c) Proceeds raised in NEEQ do not include preferred stock.

18-17 股票交易情况
Trading Summary of Stocks

项　目	Item	2012	2013	2014	2015	2016	2017	2018	2019
上市公司数　（家）	**Number of Listed Companies　(unit)**	**2494**	**2489**	**2613**	**2827**	**3052**	**3485**	**3584**	**3777**
上市股票数　（只）	**Number of Listed Stocks　(unit)**	**2579**	**2574**	**2696**	**2909**	**3134**	**3567**	**3666**	**3857**
A股	A Shares	2472	2468	2592	2808	3034	3467	3567	3760
B股	B Shares	107	106	104	101	100	100	99	97
股票总发行股本（亿股）	**Total Issued Capital (100 million shares)**	**31834**	**33822**	**36795**	**43024**	**48750**	**53747**	**57581**	**61720**
A股	A Shares	31551	33538	36518	42753	48468	53462	57290	61428
B股	B Shares	282	284	277	271	282	285	291	292
#流通股本	Negotiable Shares	24778	29997	32289	37043	41136	45045	49048	52488
A股	A Shares	24497	29715	32013	36774	40855	44761	48758	52197
B股	B Shares	281	283	276	270	281	283	289	291
股票市价总值(亿元)	**Total Market Capitalization (100 million yuan)**	**230358**	**239077**	**372547**	**531463**	**507686**	**567086**	**434924**	**592935**
A股	A Shares	228775	237403	370823	529252	505773	565255	433548	591623
B股	B Shares	1582	1674	1724	2211	1913	1831	1376	1311
#股票流通市值	Negotiable Market Capitalization	181658	199580	315624	417881	393402	449298	353794	483461
A股	A Shares	180083	197916	313910	415681	391499	447476	352428	482158
B股	B Shares	1575	1664	1714	2200	1903	1822	1366	1304
股票成交金额(亿元)	**Total Turnover　(100 million yuan)**	**314583**	**468729**	**742385**	**2550541**	**1277680**	**1124625**	**901739**	**1274159**
A股	A Shares	313715	466632	741378	2546838	1276194	1123648	901103	1273572
B股	B Shares	868	1439	1007	3704	1486	977	636	587
总成交股数　(亿股)	**Trading Volume　(100 million shares)**	**32861**	**48373**	**73383**	**171039**	**95525**	**87781**	**82037**	**126624**
A股	A Shares	32682	47954	73188	170541	94481	87629	81927	126509
B股	B Shares	179	264	195	498	210	152	110	116
上证综合指数	**Shanghai Composite Index**								
最高	High	2478.38	2444.80	3239.36	5178.19	3538.69	3450.50	3587.03	3288.45
最低	Low	1949.46	1849.65	1974.38	2850.71	2638.30	3016.53	2449.20	2440.91
收盘	Close	2269.13	2115.98	3234.68	3539.18	3103.64	3307.17	2493.90	3050.12
深证综合指数	**Shenzhen Composite Index**								
最高	High	1020.29	1106.27	1504.48	3156.96	2304.49	2054.02	1966.15	1799.10
最低	Low	724.97	815.89	1004.93	1408.99	1618.12	1753.53	1212.23	1231.83
收盘	Close	881.17	1057.67	1415.19	2308.91	1969.11	1899.34	1267.87	1722.95

注：1.股票总成交金额中包含约定购回式证券成交金额，故总成交金额大于A股B股成交金额之和。
　　2.指数最高、最低点为盘中最高、最低点。

a) Total turnover of stocks includes the turnover of Appointed Repurchase Securities, so it is larger than the sum of A shares and B shares turnover.

b) The high and low points of the index are the highest and lowest points in the stock market.

18-18 保险系统机构、人员数（年底数）
Number of Institutions and Employees in Insurance System at Year-end

项目	Item	2018 机构数（个）Number of Institutions (unit)	2018 职工人数（人）Employees (person)	2018 #女职工 Female	2019 机构数（个）Number of Institutions (unit)	2019 职工人数（人）Employees (person)	2019 #女职工 Female
总计	**Total**	**229**	**1237751**	**647177**	**235**	**1233180**	**641671**
保险集团公司	**Insurance (Group) Corporations**	**12**	**8264**	**4141**	**14**	**6327**	**2815**
中资保险公司	**Domestic Funded Insurance Corporations**	**158**	**1162612**	**605865**	**160**	**1164561**	**603367**
#总公司	Head Offices	158	70501	34953	160	73330	36839
省级分公司	Provincial Branches	2152	283649	151020	1928	283518	152057
中心支分公司	Branches and Sub-branches in Center Cities	10474	440988	236029	10033	431238	227939
支公司	Sub-branches	28480	273319	138357	29200	283134	142174
营业部	Business Departments	2491	23370	11852	2293	22735	11668
营销服务部	Marketing Departments	41734	70675	33654	40169	70495	32690
中外合资公司	**Joint-venture Insurance Corporations**	**59**	**66875**	**37171**	**61**	**62292**	**35489**
总公司	Head Offices	59	16223	8173	61	15722	8837
省级分公司	Provincial Branches	374	27096	15284	400	24273	14062

18-19 保险公司业务经济技术指标
Economic and Technical Indicators of Insurance Companies

单位：亿元 (100 million yuan)

项目	Item	2018 保费 Premium	2018 赔款及给付 Claim and Payment	2019 保费 Premium	2019 赔款及给付 Claim and Payment
合计	**Total**	**38013.3**	**12297.0**	**42644.8**	**12893.9**
财产保险公司	**Property Insurance Companies**	**11756.5**	**6455.0**	**13016.3**	**7278.7**
企业财产保险	Enterprise Property Insurance	423.3	242.9	464.1	237.0
家庭财产保险	Family Property Insurance	76.8	34.6	91.2	36.7
机动车辆保险	Motor Vehicle Insurance	7834.1	4401.9	8188.3	4613.4
工程保险	Engineering Insurance	120.8	54.2	117.8	67.6
责任保险	Liability Insurance	590.9	265.3	753.3	341.7
信用保险	Export Credit Insurance	242.5	127.9	200.0	113.4
保证保险	Guarantee Insurance	645.1	234.6	843.7	376.7
船舶保险	Ship Insurance	53.0	38.3	55.5	35.2
货物运输保险	Freight Transport Insurance	121.2	67.6	130.1	69.7
特殊风险保险	Special Risks Insurance	59.5	20.1	68.9	39.5
农业保险	Agriculture Insurance	572.7	394.3	672.5	527.9
健康险	Health Insurance	569.0	434.1	840.3	623.4
意外伤害保险	Accident Injury Insurance	416.7	123.8	526.6	153.6
其他险	Other Insurance	31.0	15.4	64.1	42.9
人寿保险公司	**Life Insurance Companies**	**26256.9**	**5842.0**	**29628.4**	**5615.1**
寿险	Life Insurance	20722.8	4388.3	22754.1	3742.9
健康险	Health Insurance	4875.1	1309.8	6225.7	1728.1
人身意外伤害险	Personal Accident Insurance	659.0	143.9	648.6	144.0

注：本表人寿保险公司中包括中华控股寿险业务。
a) Life insurance companies include life insurance of China United Insurance Holding Company.

18-20 保险公司资产情况
Assets of Insurance Companies

单位：亿元 (100 million yuan)

年 份 Year	总资产 Total Assets	#财产险公司 Property Insurance Companies	#寿险公司 Life Insurance Companies	#再保险公司 Reinsurance Companies	#中资公司 Domestic Funded Insurance Companies	#外资公司 Foreign-funded Insurance Companies
2002	6320.00	948.00	5161.00	211.00		
2003	9088.00	1176.00	7657.00	255.00		
2004	11953.68	1411.38	8352.90	262.37	11540.63	413.05
2005	15286.44	1718.81	13458.27	292.70	14630.97	665.64
2006	19704.19	2340.45	17446.26	311.31	18862.60	862.66
2007	28912.78	3880.51	23249.16	877.26	27656.26	1256.51
2008	33418.83	4687.03	27138.45	994.45	31893.93	1524.91
2009	40634.75	4892.62	33655.05	1162.01	38582.37	2052.39
2010	50481.61	5833.52	42642.66	1151.79	47860.49	2621.12
2011	59828.94	7919.95	49798.19	1579.11	56822.12	3006.83
2012	73545.73	9477.47	60991.22	1845.25	70080.33	3465.40
2013	82886.95	10941.45	68250.07	2103.93	78551.67	4335.28
2014	101591.47	14061.48	82487.20	3513.56	94950.98	6640.49
2015	123597.76	18481.13	99324.83	5187.38	115057.96	6539.80
2016	153764.66	23849.82	126557.51	2765.61	144646.59	9118.07
2017	169377.32	24901.04	131885.05	3150.32	158956.86	10420.46
2018	183305.24	23502.73	146032.48	3633.48	171695.83	11609.41
2019	205644.90	22939.60	169575.17	4261.12	192052.69	13592.21

18-21 保险公司资金运用情况
Fund Uses of Insurance Companies

单位：亿元 (100 million yuan)

年 份 Year	资金运用余额 Balance of Fund Uses	#银行存款 Deposits	#国 债 Government and Public Bonds	#金融债券 Financial Bonds	#企业债券 Corporate Bonds	#证券投资基金 Securities Investment Funds
2004	10778.62	5071.10	2618.44	1026.25	639.73	666.32
2005	14092.69	5165.55	3590.65	1804.71	1204.55	1107.00
2006	17785.40	5989.11	3647.01	2754.25	2121.56	912.08
2007	26647.81	6503.44	3956.56	4897.84	2799.76	2519.41
2008	30552.83	8087.49	4208.26	8754.06	4598.46	1646.46
2009	37417.12	10519.68	4053.82	8746.10	6074.56	2758.78
2010	46046.62	13909.97	4815.78	10038.75	7935.69	2620.73
2011	55192.98	17692.69	4741.90	12418.80	8755.86	2909.92
2012	68542.58	23446.00	4795.02	14832.57	10899.98	3625.58
2013	76873.41	22640.98	4776.73	14811.84	13727.75	3575.52
2014	93314.43	25310.73	5009.88	15067.12	15465.13	4714.28
2015	111795.49	24349.67	5831.12	15215.31	17307.38	8856.50
2016	133910.67	24844.21	7796.24	16260.35	18627.99	8554.46
2017	149206.21	19274.07	10167.99	19153.05	19436.76	7524.77
2018	164088.38	24363.50	14027.62	20215.82	21011.68	8650.55
2019	185270.58	25227.42	20672.01	20658.19	21462.84	9423.29

18-22 分地区原保险保费收入和赔付支出情况（2019年）
Premium of Primary Insurance and Claim Payment by Region (2019)

单位：亿元 (100 million yuan)

地 区	Region	原保险保费收入 Premium of Primary Insurance 小计 Sub-total	财产险业务 Property Insurance	人身险业务 Life Insurance	赔付支出 Claim Payment 小计 Sub-total	财产险业务 Property Insurance	人身险业务 Life Insurance
全 国	**National Total**	**42644.80**	**11649.47**	**30995.28**	**12894.00**	**6501.62**	**6392.35**
北 京	Beijing	2076.45	454.83	1621.63	718.95	269.31	449.65
天 津	Tianjin	617.89	152.19	465.71	158.17	79.29	78.87
山 西	Shanxi	883.34	227.36	655.98	278.60	119.15	159.44
河 北	Hebei	1989.16	572.67	1416.49	549.84	282.23	267.61
内蒙古	Inner Mongolia	729.82	212.95	516.86	200.80	109.01	91.79
辽 宁	Liaoning	918.72	284.02	634.70	310.93	159.17	151.76
#大 连	Dalian	371.24	87.57	283.66	95.41	46.77	48.64
吉 林	Jilin	679.37	183.80	495.56	206.82	96.09	110.73
黑龙江	Heilongjiang	952.16	202.16	750.00	324.05	141.51	182.54
上 海	Shanghai	1720.01	524.90	1195.12	654.90	306.12	348.78
江 苏	Jiangsu	3750.21	940.88	2809.32	998.60	534.45	464.15
浙 江	Zhejiang	2251.45	734.48	1516.97	729.85	471.01	258.84
#宁 波	Ningbo	375.83	165.55	210.28	147.70	108.60	39.11
安 徽	Anhui	1348.65	452.66	895.98	419.00	239.98	179.02
福 建	Fujian	948.09	259.52	688.57	285.38	144.77	140.61
#厦 门	Xiamen	226.68	78.85	147.82	78.81	49.16	29.65
江 西	Jiangxi	835.19	260.36	574.83	280.76	140.76	140.00
山 东	Shandong	2750.99	663.04	2087.95	759.28	367.68	391.60
#青 岛	Qingdao	486.87	126.77	360.10	143.56	72.07	71.49
河 南	Henan	2430.84	532.17	1898.67	667.86	293.30	374.56
湖 北	Hubei	1728.57	397.85	1330.72	512.26	210.43	301.82
湖 南	Hunan	1396.12	397.80	998.32	423.76	207.43	216.33
广 东	Guangdong	4112.23	1071.14	3041.09	1061.39	542.23	519.17
#深 圳	Shenzhen	1384.47	362.04	1022.42	363.85	223.36	140.49
广 西	Guangxi	664.92	216.78	448.14	237.93	119.19	118.74
海 南	Hainan	202.67	71.37	131.30	59.78	35.85	23.92
重 庆	Chongqing	916.46	220.22	696.24	278.99	115.95	163.05
四 川	Sichuan	2148.66	513.33	1635.33	634.76	303.61	331.15
贵 州	Guizhou	489.26	223.41	265.85	186.57	120.44	66.12
云 南	Yunnan	742.10	297.03	445.07	260.65	143.92	116.73
西 藏	Tibet	36.65	24.76	11.90	22.58	16.25	6.33
陕 西	Shaanxi	1033.49	217.25	816.25	300.03	130.19	169.84
甘 肃	Gansu	444.32	137.98	306.34	151.59	74.11	77.47
青 海	Qinghai	98.44	41.76	56.68	34.81	20.82	13.99
宁 夏	Ningxia	197.67	68.16	129.51	63.57	37.12	26.45
新 疆	Xinjiang	654.00	225.02	428.98	237.58	130.38	107.20
集团、总公司本级	Head Offices	51.78	46.82	4.96	54.61	39.89	14.72

注：1.本表数据为各公司上报中国保险统计信息系统年报数据，未经审计。
2.集团、总公司本级是指集团、总公司直接开展的业务，不计入任何地区。

a) Data in this table are collected through China Insurance Statistical Information System reported by insurance companies, and have not been audited.
b) Data of head offices refer to business conducted directly by head offices, and are not allocated to any region.

主要统计指标解释

信贷资金 指金融机构以信用方式积聚和分配的货币资金。金融机构信贷资金的来源有各项存款、金融债券、对国际金融机构负债、流通中现金、其他项目等；信贷资金的运用有各项贷款、有价证券及投资、黄金占款、外汇买卖、财政借款及在国际金融机构中的资产等。

存款 指企业、机关、团体或居民把货币资金存入银行或其他信贷机构保管，可随时或按约定时间支取款项，并取得一定利息的一种信用活动形式。根据存款对象或性质的不同可划分为住户存款、非金融企业存款、政府存款、非银行业金融机构存款等科目。它是银行信贷资金的主要来源。

贷款 指银行或其他信贷机构根据资金必须归还的原则，按一定利率，为企业、个人等提供资金的一种信用活动形式。我国银行贷款分为短期贷款、中长期贷款、融资租赁、票据融资、各项垫款、境外贷款等。

保险公司 在中国境内的、经过保险监督管理部门批准设立，并依法登记注册的各类商业保险公司。

保险金额 指保险人承担赔偿或者给付保险金责任的最高限额。

保费 指投保人为取得保险人在约定范围内所承担赔偿责任而支付给保险人的费用。

赔款 指保险人根据保险合同的规定，向被保险人支付的赔偿保险责任损失的金额。

给付 包括死伤医疗给付和满期给付。死伤医疗给付是指保险人根据人寿保险及长期健康保险合同的规定，因被保险人在保险期内发生保险责任范围内的保险事故支付给被保险人(或受益人)的金额。满期给付是指被保险人生存期满，保险人按人寿保险合同规定支付给被保险人的满期保险金额。

社会融资规模增量 指一定时期内实体经济从金融体系获得的资金总额。主要包括：人民币贷款、外币贷款（折合人民币）、委托贷款、信托贷款、未贴现的银行承兑汇票、企业债券、地方政府专项债券、非金融企业境内股票融资、投资性房地产、保险公司赔偿等。

社会融资规模存量 指一定时期末（月末、季末或年末）实体经济从金融体系获得的资金余额。主要包括：人民币贷款、外币贷款（折合人民币）、委托贷款、信托贷款、未贴现的银行承兑汇票、企业债券、地方政府专项债券、非金融企业境内股票融资、投资性房地产、保险公司赔偿等。

境内上市公司数 指在统计期末其发行的股票在沪、深交易所上市的股份有限公司的数量。以股票上市日进行统计，同时发行A、B股的上市公司，按一家计算。

股票总发行股本 也称上市公司总股本，是指统计期末上市公司在境内发行的全部股份数量合计，包括A股股本、B股股本和其他不流通的境内股本。

股票市价总值 指统计期末根据上市公司股票价格和对应股票数量计算的股权价值合计。具体统计口径和计算方法如下：如当日无交易价格，采用最后交易日的收盘价；暂停上市股票的价格以零计算；未股改公司的非流通股以流通A股价格计算市值；仅发行B股的上市公司，其非流通股不进行股票市值计算；对当日除权股票进行市值计算时需要包含在途股份（已登记未上市）的市值。

交易所债券发行额 指统计期内各类债券发行票面金额合计。按发行首日口径计算。

债券成交额 指统计期内各类债券成交金额合计，包括债券现货成交金额和债券回购成交金额。

证券投资基金只数 指统计期末基金市场上基金产品的只数。自基金合同生效日（基金成立日）纳入统计，自基金合同终止日从统计中剔除。一般根据证监会主代码（基金主合同）口径统计。

Explanatory Notes on Main Statistical Indicators

Credit Funds refer to the monetary funds accumulated and distributed in the means of credit by the financial institutions. The sources of credit funds include various deposits, financial bonds, liabilities to international financial institutions, currency in circulation and other items. The uses of credit funds include loans, securities and investment, position for bullion purchase, foreign exchange trading, advances to treasury, and assets in international financial institutions.

Deposit is a form of credit by which enterprises, institutions, organizations or households can put money into banks and other credit institutions for safekeeping and interest earning, and can withdraw anytime or at appointed time. According to different depositors, deposits are divided into household deposits, non-financial enterprise deposits, government deposits, and non-banking financial institutions deposits. Deposits are major sources of the credit funds of banks.

Loan is a form of credit by which banks and other credit institutions provide funds at certain interest rate to enterprises and individuals under the principle of unconditional repayment. Loans from Chinese banks include short-term loans, medium-term and long-term loans, financial lease, bill financing, various money advanced, and overseas loans.

Insurance Companies refer to commercial insurance companies of various forms registered by law and established in China with the approval of insurance regulatory agencies.

Amount Insured refers to the maximum that the insurant will get for the claim of the case insured.

Premium is the fee paid by the insurant to the insurer to obtain the obligation of compensation from the insurance within the agreed terms.

Settled Claim is the compensation paid by the insurer to the insurant in accordance with the insurance contract.

Payment includes payment for death, injury or medical treatment and payment at maturity. Payment for death, injury or medical treatment refers to the money paid to the insurant (or the beneficiary) in accordance with the life or health insurance contract when the insurant encounters accidents within the insured period covered in the contract. Payment at maturity refers to the payment to the insurant in accordance with the life insurance contract at the end of the insured period.

Aggregate Financing to the Real Economy (Flow) refers to the total volume of financing provided by the financial system to the real economy over a period of time. It includes: RMB loans, foreign currency loans (RMB equivalent), credit loans, entrusted loans, undiscounted banker's acceptances, corporate bonds, local government special bonds, domestic equity financing of non-financial enterprises, investment real estate, premium of insurance, etc.

Aggregate Financing to the Real Economy (Stock) refers to the total volume of financing provided by the financial system to the real economy at the end of a period (at the end of month, quarter or year). It includes: RMB loans, foreign currency loans (RMB equivalent), credit loans, entrusted loans, undiscounted banker's acceptances, corporate bonds, local government special bonds, domestic equity financing of non-financial enterprises, investment real estate, premium of insurance, etc.

Number of Domestic Listed Companies refers to the number of limited companies whose stocks issued are listed on the Shanghai or Shenzhen exchanges at the end of the statistical period. A listed company that issues both A and B shares at the same time are counted as one company by the date of listing.

Total Issued Capital also known as total stock of listed companies, refers to the total number of shares issued by domestic listed companies at the end of the statistical period, including A share capital, B share capital and other non-tradable domestic equity.

Total Market Capitalization refers to the total stock value according to the stock price of listed companies and the corresponding stock quantity at the end of the statistical period. Specific statistical coverage and calculation methods are as follows: if there is no trading price on the day, the closing price on the last trading day shall be adopted; the price of suspended listed shares shall be calculated at zero; the non-tradable shares of non-equity-restructured companies shall be calculated at the price of circulating A shares; the non-tradable shares of listed companies that issue only B shares shall not be calculated at the market value of their non-tradable shares on the same day. When calculating the market value of the right stock, the market value of the shares in transit (registered and unlisted) should be included.

Value of Bonds in the Exchanges Issued refers to the total amount of coupon issued by various types of bonds during the statistical period. It is calculated at the coverage of the first day of issue.

Bonds Trading Turnover refers to the total amount of all kinds of bonds traded during the statistical period, including the spot amount of bonds traded and the amount of bond repurchase traded.

Number of Securities Investment Funds refers to the number of fund products in the fund market at the end of the period. It is counted since the effective date of the fund contract (the establishment date of the fund), and is excluded from the statistics since the termination date of the fund contract. It is generally counted at the coverage of the main code of the Securities Regulatory Commission (the main contract of the fund).

19

房地产

Real Estate

简 要 说 明

一、本篇资料的主要内容及统计范围

本篇资料通过对一定时期内房地产开发企业开发经营活动的数量方面的描述，反映报告期内房地产开发企业土地开发和购置情况、投资总规模及完成情况、实际到位资金情况、房屋建筑面积和造价情况、房屋新开工面积情况、商品房销售情况以及资产负债和经营情况。

本篇资料的统计范围包括有开发经营活动的全部房地产开发经营业法人单位。

二、本篇的资料来源及统计调查方法

本篇统计资料是根据《房地产开发统计报表制度》进行搜集和加工整理而得，全部数据采用全面调查的统计方法。

Brief Introduction

I. Main Contents and Scope of Statistics

Data in this chapter describe activities of real estate development enterprises during a given period of time, and reflect the development and purchase of land, total size and completed investment, actual funds in place, floor space and cost of buildings constructed, floor space started in the year, sales of commercial buildings, assets and liabilities, and operation status of real estate developers during report period.

Data in this chapter covers all corporate units with development and operating activities engaged in real estate development.

II. Sources of Data

Data in this chapter are collected and compiled in accordance with the *Statistical Reporting System on Real Estate Development* collected through comprehensive survey.

19-1 房地产开发企业主要指标
Main Indicators of Enterprises for Real Estate Development

指 标	Item	2016	2017	2018	2019
企业个数 （个）	**Number of Enterprises (unit)**	**94948**	**95897**	**97937**	**99544**
内资	Domestic Invested	90408	91608	94063	95691
#国有	State-owned Enterprises	1093	943	767	671
集体	Collective-owned Enterprises	364	319	280	230
港、澳、台投资	Enterprises with Investment from Hong Kong, Macao and Taiwan	3232	3066	2719	2664
外商投资	Foreign Invested	1308	1223	1155	1189
平均从业人数 （万人）	**Average Number of Employed Persons (10 000 persons)**	**275.23**	**283.10**	**288.92**	**293.74**
内资企业	Domestic Invested	257.65	266.40	273.53	278.41
#国有	State-owned Enterprises	4.71	3.79	3.14	2.51
集体	Collective-owned Enterprises	0.99	0.91	0.66	0.50
港、澳、台投资企业	Enterprises with Investment from Hong Kong, Macao and Taiwan	11.85	11.32	10.44	10.37
外商投资企业	Foreign Invested	5.73	5.38	4.95	4.95
本年土地购置面积 （万平方米）	**Area of Land Purchased in the Year (10 000 sq.m)**	**22025.2**	**25508.3**	**29320.6**	**25822.3**
本年完成投资 （亿元）	**Investment Completed in the Year (100 million yuan)**	**102580.6**	**109798.5**	**120164.7**	**132194.3**
#住宅	Residential Buildings	68703.9	75147.9	85124.0	97070.7
本年实际到位资金 （亿元）	**Actual Funds in Place in the Year (100 million yuan)**	**144214.1**	**156052.6**	**166407.1**	**178608.6**
#国内贷款	Domestic Loans	21512.4	25241.8	24132.1	25228.8
利用外资	Foreign Investment	140.4	168.2	114.0	175.7
自筹资金	Self-raised Fund	49132.8	50872.2	55754.8	58157.8
房屋建筑面积 （万平方米）	**Floor Space of Buildings (10 000 sq.m)**				
施工面积	Floor Space under Construction	758974.8	781483.7	822299.6	893820.9
竣工面积	Floor Space Completed	106127.7	101486.4	94421.1	95941.5
本年新开工面积	Floor Space Started in the Year	166928.1	178653.8	209537.2	227153.6
#住宅	Residential Buildings	115910.6	128097.8	153485.4	167463.4
商品房销售面积 （万平方米）	**Floor Space of Commercial Buildings Sold (10 000 sq.m)**	**157348.5**	**169407.8**	**171464.6**	**171557.9**
#住宅	Residential Buildings	137539.9	144788.8	147759.6	150144.3
商品房平均销售价格（元/平方米）	**Average Selling Price of Commercia Buildings(yuan/sq.m)**	**7476**	**7892**	**8726**	**9310**
#住宅	Residential Buildings	7203	7614	8553	9287
实收资本 （亿元）	**Paid-in Capital (100 million yuan)**	**79278.3**	**85649.7**	**95325.0**	**105248.8**
资产负债率 （%）	**Ratio of Liabilities to Assets (%)**	**78.3**	**79.1**	**79.1**	**80.4**
主营业务收入 （亿元）	**Revenue from Principle Business (100 million yuan)**	**90091.5**	**95896.9**	**112924.7**	**110239.8**
#土地转让收入	Income from Land Transfer	666.3	838.4	1207.4	874.1

注：1.商品房平均销售价格由报告期内新建商品房销售额除以销售面积计算而成。不同时期的商品房平均销售价格可能会受商品房区域、房屋类型等各种因素的影响(以下相关表同)。

2.2018年为第四次全国经济普查数据(以下相关表同)。

a) Average selling price of commercial buildings is calculated by total value of sale of newly-built commercial buildings divided by floor space sold during report period.Selling prices of buildings during different periods are affected by location and type of buildings etc. The same applies to the relevant following tables.

b) The 2018 data are according to the fourth National Economic Census.The same applies to the relevant tables following.

19-2 房地产开发企业个数
Number of Enterprises for Real Estate Development

单位：个 (unit)

年份 Year 地区 Region	企业个数 Number of Enterprises	内资企业 Domestic Invested Enterprises	#国有 State-owned Enterprises	#集体 Collective-owned Enterprises	港、澳、台投资企业 Enterprises with Investment from Hong Kong, Macao and Taiwan	外商投资企业 Foreign Invested Enterprises
1998	24378	19960	7958	4538	3214	1204
2000	27303	23277	6641	3492	2899	1127
2005	56290	50957	4145	1796	3443	1890
2006	58710	53268	3797	1586	3519	1923
2007	62518	56965	3617	1430	3524	2029
2008	87562	81282	3941	1520	3916	2364
2009	80407	74674	3835	1361	3633	2100
2010	85218	79489	3685	1220	3677	2052
2011	88419	83011	3427	1023	3565	1843
2012	89859	84695	3354	904	3451	1713
2013	91444	86379	1739	570	3391	1674
2014	94197	89218	1476	457	3414	1565
2015	93426	88773	1329	409	3235	1418
2016	94948	90408	1093	364	3232	1308
2017	95897	91608	943	319	3066	1223
2018	97937	94063	767	280	2719	1155
2019	99544	95691	671	230	2664	1189
北京 Beijing	1340	1247	13	4	51	42
天津 Tianjin	1161	1089	21	3	40	32
河北 Hebei	3498	3458	3		22	18
山西 Shanxi	2389	2378	40	4	6	5
内蒙古 Inner Mongolia	1739	1737	4		1	1
辽宁 Liaoning	2848	2616	6	2	171	61
吉林 Jilin	1500	1480	3		13	7
黑龙江 Heilongjiang	1836	1815	21		12	9
上海 Shanghai	2539	2176	18	10	255	108
江苏 Jiangsu	6560	6017	33	15	388	155
浙江 Zhejiang	6824	6509	22	8	184	131
安徽 Anhui	4112	4066	26	1	34	12
福建 Fujian	3519	3187	42	9	228	104
江西 Jiangxi	2666	2608	21		48	10
山东 Shandong	7445	7207	60	35	167	71
河南 Henan	7930	7864	38	1	47	19
湖北 Hubei	4275	4180	43	9	64	31
湖南 Hunan	4366	4284	34	3	59	23
广东 Guangdong	9239	8449	59	97	598	192
广西 Guangxi	3056	2984	20	6	37	35
海南 Hainan	1188	1133	18	4	41	14
重庆 Chongqing	2226	2128	9		67	31
四川 Sichuan	4350	4264	15	3	51	35
贵州 Guizhou	2763	2730	18	1	24	9
云南 Yunnan	2860	2822	25	3	27	11
西藏 Tibet	94	94	1			
陕西 Shaanxi	2640	2608	34	7	18	14
甘肃 Gansu	1711	1700	21	4	7	4
青海 Qinghai	304	303				1
宁夏 Ningxia	556	550			2	4
新疆 Xinjiang	2010	2008	3	1	2	

19-3 房地产开发企业从业人员数
Number of Employed Persons in Enterprises for Real Estate Development

单位：人 (person)

年份 地区	Year Region	平均从业人数 Average Number of Employed Persons	内资企业 Domestic Invested Enterprises	#国有 State-owned Enterprises	#集体 Collective-owned Enterprises	港、澳、台投资企业 Enterprises with Investment from Hong Kong, Macao and Taiwan	外商投资企业 Foreign Invested Enterprises
	1998	825888	708738	332834	134939	83784	33366
	2000	971942	862245	292252	116416	79066	30631
	2005	1516150	1366743	140106	40978	90674	58733
	2006	1600930	1442158	132259	38367	97688	61084
	2007	1719666	1541336	121137	34498	100398	77932
	2008	2100362	1906029	127511	29602	109246	85087
	2009	1949295	1763867	123866	29049	109965	75463
	2010	2091147	1908969	155156	25428	105846	76332
	2011	2256964	2075474	135420	21237	112990	68500
	2012	2386772	2199815	123593	20398	116849	70108
	2013	2591814	2397762	66072	12976	121807	72245
	2014	2760070	2561817	61512	11414	129287	68966
	2015	2738454	2551484	57273	10771	124494	62476
	2016	2752298	2576545	47085	9916	118495	57258
	2017	2830960	2663954	37904	9092	113221	53785
	2018	2889165	2735301	31383	6585	104378	49486
	2019	2937379	2784130	25129	5018	103746	49503
北　京	Beijing	55012	48952	894	194	3760	2300
天　津	Tianjin	35233	31525	1021	38	2281	1427
河　北	Hebei	108323	104931	123		876	2516
山　西	Shanxi	52009	51607	1373	268	160	242
内蒙古	Inner Mongolia	32771	32662	60		80	29
辽　宁	Liaoning	52950	45305	116	2	5308	2337
吉　林	Jilin	32916	31919	31		679	318
黑龙江	Heilongjiang	30657	29840	347		654	163
上　海	Shanghai	63812	47481	187	195	12550	3781
江　苏	Jiangsu	170655	152525	830	283	12390	5740
浙　江	Zhejiang	130969	123094	910	84	4835	3040
安　徽	Anhui	126022	124013	584	7	1592	417
福　建	Fujian	112797	102040	2349	220	7722	3035
江　西	Jiangxi	89618	87800	763		1525	293
山　东	Shandong	212358	204474	2382	784	5932	1952
河　南	Henan	269077	266816	1213		1618	643
湖　北	Hubei	136313	132412	2159	252	2382	1519
湖　南	Hunan	148622	144473	1343	45	2746	1403
广　东	Guangdong	271392	239628	1520	2029	21816	9948
广　西	Guangxi	94896	90794	893	83	2394	1708
海　南	Hainan	39428	35506	533	85	2050	1872
重　庆	Chongqing	99834	94613	282		3756	1465
四　川	Sichuan	161739	156806	523	182	2885	2048
贵　州	Guizhou	110785	109675	337		966	144
云　南	Yunnan	104854	102682	1021	57	1624	548
西　藏	Tibet	2126	2126	39			
陕　西	Shaanxi	86269	85254	2451	151	646	369
甘　肃	Gansu	43583	43260	821	55	249	74
青　海	Qinghai	9280	9259				21
宁　夏	Ningxia	15306	14976			179	151
新　疆	Xinjiang	37773	37682	24	4	91	

19-4 房地产开发企业土地开发及购置
Land Development and Purchase of Enterprises for Real Estate Development

年 份 Year 地 区 Region	待开发土地面积（万平方米）Land Space Pending for Development (10 000 sq.m)	本年土地购置面积（万平方米）Land Space Purchased in the Year (10 000 sq.m)	本年土地成交价款（亿元）Transaction Value of Land in the Year (100 million yuan)
1998	13530.70	10109.32	
2000	14754.77	16905.24	
2005	27522.00	38253.73	3269.32
2006	37523.65	36573.57	3318.04
2007	41483.97	40245.85	4573.18
2008	48161.07	39353.43	4831.68
2009	32816.54	31909.45	5150.14
2010	31457.95	39953.10	8206.71
2011	40220.76	44327.44	8894.03
2012	40195.99	35666.80	7409.64
2013	42280.47	38814.38	9918.29
2014	42136.28	33383.03	10019.88
2015	36638.48	22810.79	7621.61
2016	35121.01	22025.25	9129.31
2017	35747.29	25508.29	13643.39
2018	45804.02	29320.65	16154.08
2019	48976.94	25822.29	14709.28
北 京 Beijing	764.00	144.03	427.10
天 津 Tianjin	785.23	548.94	503.29
河 北 Hebei	1881.93	1047.34	349.15
山 西 Shanxi	838.05	566.36	270.78
内蒙古 Inner Mongolia	622.81	447.48	117.56
辽 宁 Liaoning	1875.32	825.51	347.03
吉 林 Jilin	675.24	494.92	130.01
黑龙江 Heilongjiang	236.09	311.92	116.51
上 海 Shanghai	393.15	144.81	243.26
江 苏 Jiangsu	2966.92	1734.60	1695.02
浙 江 Zhejiang	1804.31	1686.48	1860.46
安 徽 Anhui	2448.80	3094.54	1350.30
福 建 Fujian	1263.99	1031.70	779.28
江 西 Jiangxi	1393.77	562.62	220.57
山 东 Shandong	4123.58	2813.01	1221.39
河 南 Henan	2731.03	858.15	458.20
湖 北 Hubei	2252.60	784.90	419.46
湖 南 Hunan	2897.68	1475.97	435.81
广 东 Guangdong	4829.09	1240.33	1427.00
广 西 Guangxi	1548.28	1186.93	507.74
海 南 Hainan	643.05	44.41	16.03
重 庆 Chongqing	2541.10	641.58	342.38
四 川 Sichuan	2320.03	1056.69	553.07
贵 州 Guizhou	1892.49	534.26	207.81
云 南 Yunnan	2000.95	869.23	348.19
西 藏 Tibet	35.31	37.71	10.23
陕 西 Shaanxi	1285.45	485.11	156.98
甘 肃 Gansu	360.08	144.45	43.21
青 海 Qinghai	170.02	165.72	28.65
宁 夏 Ningxia	314.42	220.84	30.91
新 疆 Xinjiang	1082.13	621.74	91.93

19-5 房地产开发企业投资总规模及完成情况(2019年)
Total Size and Completed Investment of Enterprises for Real Estate Development (2019)

单位：亿元 (100 million yuan)

地区	Region	计划总投资 Total Investment Planned	自开始建设至本年底累计完成投资 Accumulative Investment Completed from Starting of Construction Till the End of the Year	本年完成投资 Investment Completed in the Year	建筑安装工程 Construction and Installation	设备工器具购置 Purchase of Equipment and Instruments	其他费用 Others	土地购置费 Value of Land Purchased
全　国	**National Total**	**839869.50**	**565760.79**	**132194.26**	**81962.51**	**1713.48**	**48518.27**	**41675.39**
北　京	Beijing	27464.37	21700.59	3838.38	1289.08	12.58	2536.72	1860.85
天　津	Tianjin	21370.43	13557.93	2727.82	1024.20	5.18	1698.44	1294.08
河　北	Hebei	24879.32	14673.56	4347.05	3382.59	90.49	873.97	728.40
山　西	Shanxi	12700.22	7245.99	1656.50	1094.99	20.03	541.48	446.05
内蒙古	Inner Mongolia	8714.86	5574.66	1041.95	768.39	12.08	261.48	201.19
辽　宁	Liaoning	22277.19	15876.72	2833.95	1612.18	39.01	1182.76	1104.83
吉　林	Jilin	8178.41	5534.59	1315.52	924.91	23.22	367.39	311.80
黑龙江	Heilongjiang	6838.87	4692.34	958.01	626.23	10.19	321.59	277.98
上　海	Shanghai	31544.24	22482.15	4231.38	2021.19	31.06	2179.12	1963.51
江　苏	Jiangsu	79586.29	52045.79	12009.35	6917.30	178.49	4913.56	4552.63
浙　江	Zhejiang	54975.54	37203.50	10682.97	4471.24	76.95	6134.78	5364.02
安　徽	Anhui	40532.85	27730.64	6670.48	4238.51	106.13	2325.84	2127.11
福　建	Fujian	31327.20	26532.34	5673.13	3294.45	66.80	2311.88	2151.91
江　西	Jiangxi	17567.84	10534.96	2239.11	1533.81	53.06	652.24	540.80
山　东	Shandong	56908.46	33800.46	8614.89	6261.11	128.03	2225.76	1848.66
河　南	Henan	46066.87	26633.51	7464.59	5434.31	104.21	1926.07	1626.67
湖　北	Hubei	33667.36	20916.97	5111.73	3457.70	94.99	1559.04	1361.50
湖　南	Hunan	28519.92	18969.15	4445.47	3522.66	112.66	810.15	617.69
广　东	Guangdong	99462.13	72922.88	15852.16	8680.20	190.50	6981.46	5880.44
广　西	Guangxi	22789.78	15516.33	3814.41	2418.73	43.37	1352.31	1201.38
海　南	Hainan	13055.75	10187.70	1336.18	1096.75	10.85	228.58	105.35
重　庆	Chongqing	29377.04	23097.40	4439.30	2685.73	62.93	1690.64	1414.38
四　川	Sichuan	34291.32	20876.99	6573.24	4558.96	94.45	1919.82	1780.39
贵　州	Guizhou	19694.04	12338.99	2990.81	2284.76	20.68	685.38	548.75
云　南	Yunnan	21326.94	15166.07	4151.41	3031.49	18.23	1101.69	977.74
西　藏	Tibet	441.59	307.39	129.56	113.47	2.10	13.99	13.21
陕　西	Shaanxi	25400.52	15760.66	3903.65	2895.55	60.55	947.54	760.42
甘　肃	Gansu	7137.75	4250.46	1257.85	927.05	17.01	313.80	236.82
青　海	Qinghai	2229.52	1558.77	406.29	289.92	4.95	111.43	97.49
宁　夏	Ningxia	4508.21	3228.63	403.09	305.37	7.82	89.89	81.45
新　疆	Xinjiang	7034.66	4842.69	1074.04	799.68	14.88	259.48	197.87

19-6 按用途分房地产开发企业完成投资
Investment Completed by Enterprises for Real Estate Development by Use

单位：亿元 (100 million yuan)

年份 Year 地区 Region		本年完成投资 Investment Completed in the Year	住宅 Residential Buildings	#别墅、高档公寓 Villas, High-grade Apartments	办公楼 Office Buildings	商业营业用房 Buildings for Business Use	其他 Others
1998		3614.23	2081.56	181.85	433.80	475.83	623.04
2000		4984.05	3311.98	270.01	297.85	579.99	794.23
2005		15909.25	10860.93	1049.41	763.07	2039.53	2245.72
2006		19422.92	13638.41	1445.00	928.06	2353.88	2502.57
2007		25288.84	18005.42	1807.12	1035.04	2785.65	3462.73
2008		31203.19	22440.87	2032.31	1167.17	3354.48	4240.67
2009		36241.81	25613.69	2073.34	1377.21	4180.66	5070.25
2010		48259.40	34026.23	2829.81	1807.38	5648.40	6777.39
2011		61796.89	44319.50	3424.16	2558.79	7424.05	7494.55
2012		71803.79	49374.21	3448.37	3366.61	9312.00	9750.96
2013		86013.38	58950.76	3637.90	4652.45	11944.83	10465.34
2014		95035.61	64352.15	3844.72	5641.19	14346.25	10696.02
2015		95978.85	64595.24	3481.37	6209.74	14607.49	10566.37
2016		102580.61	68703.87	3478.74	6532.60	15837.53	11506.61
2017		109798.53	75147.88	4015.44	6761.36	15639.90	12249.39
2018		120164.75	85124.02	4430.41	5997.29	14167.27	14876.17
2019		132194.26	97070.75	3875.71	6162.60	13225.85	15735.07
北京	Beijing	3838.38	2039.76	165.62	379.85	259.27	1159.50
天津	Tianjin	2727.82	2200.01	112.56	58.10	168.99	300.72
河北	Hebei	4347.05	3455.74	42.29	141.42	335.71	414.18
山西	Shanxi	1656.50	1296.48	14.31	45.28	138.41	176.33
内蒙古	Inner Mongolia	1041.95	782.13	19.20	14.18	128.67	116.98
辽宁	Liaoning	2833.95	2188.35	87.14	49.49	325.52	270.59
吉林	Jilin	1315.52	970.99	28.29	48.53	163.97	132.03
黑龙江	Heilongjiang	958.01	687.83	11.34	13.14	147.44	109.60
上海	Shanghai	4231.38	2318.13	398.73	689.36	457.23	766.66
江苏	Jiangsu	12009.35	9461.98	537.41	402.35	1069.16	1075.86
浙江	Zhejiang	10682.97	7727.11	400.25	419.87	783.79	1752.19
安徽	Anhui	6670.48	5248.06	94.56	157.22	767.74	497.45
福建	Fujian	5673.13	4076.31	91.83	272.72	450.01	874.09
江西	Jiangxi	2239.11	1687.18	41.00	68.61	323.41	159.91
山东	Shandong	8614.89	6672.22	183.40	360.80	779.92	801.95
河南	Henan	7464.59	6055.37	48.63	256.39	658.63	494.20
湖北	Hubei	5111.73	3954.72	82.00	233.01	497.50	426.50
湖南	Hunan	4445.47	3197.35	73.66	166.40	600.30	481.41
广东	Guangdong	15852.16	10852.77	542.56	1314.96	1473.20	2211.24
广西	Guangxi	3814.41	2924.19	33.70	105.23	321.98	463.02
海南	Hainan	1336.18	1034.86	84.57	34.45	135.90	130.96
重庆	Chongqing	4439.30	3246.77	182.20	112.85	529.48	550.21
四川	Sichuan	6573.24	4665.31	120.23	274.76	899.40	733.78
贵州	Guizhou	2990.81	2078.37	60.80	94.61	451.41	366.43
云南	Yunnan	4151.41	3028.96	314.82	150.13	498.33	473.99
西藏	Tibet	129.56	96.87	4.15	3.94	18.65	10.10
陕西	Shaanxi	3903.65	2957.08	53.27	214.86	355.41	376.30
甘肃	Gansu	1257.85	865.93	9.63	25.23	175.97	190.72
青海	Qinghai	406.29	294.08	2.42	11.11	60.23	40.88
宁夏	Ningxia	403.09	281.74	7.59	6.89	61.94	52.52
新疆	Xinjiang	1074.04	724.13	27.55	36.87	188.28	124.77

19-7 房地产开发企业实际到位资金
Actual Funds in Place of Enterprises for Real Estate Development

单位：亿元 (100 million yuan)

年份 Year / 地区 Region	本年实际到位资金 Actual Funds in Place in the Year	国内贷款 Domestic Loans	利用外资 Foreign Investment	自筹资金 Self-raised Funds	定金及预收款 Deposit and Advance Payment	个人按揭贷款 Individual Mortgage Loans	其他到位资金 Others
1998	4414.94	1053.17	361.76	1166.98			
2000	5997.63	1385.08	168.70	1614.21			
2005	21397.84	3918.08	257.81	7000.39	6954.23	1341.18	1926.15
2006	27135.55	5356.98	400.15	8597.09	8192.65	2588.38	2000.30
2007	37477.96	7015.64	641.04	11772.53	10663.20	5080.43	2305.12
2008	39619.36	7605.69	728.22	15312.10	9756.68	3886.04	2330.63
2009	57799.04	11364.51	479.39	17949.12	16217.49	8561.65	3226.88
2010	72944.04	12563.70	790.68	26637.21	19275.15	9523.77	4153.53
2011	85688.73	13056.80	785.15	35004.57	22470.32	8678.37	5693.53
2012	96536.81	14778.39	402.09	39081.96	26558.02	10523.78	5192.57
2013	122122.47	19672.66	534.17	47424.95	34498.97	14033.26	5958.47
2014	121991.48	21242.61	639.26	50419.80	30237.51	13665.45	5786.85
2015	125203.06	20214.38	296.53	49037.56	32520.34	16661.65	6472.61
2016	144214.05	21512.40	140.44	49132.85	41952.14	24402.94	7073.29
2017	156052.62	25241.76	168.19	50872.22	48693.57	23906.31	7170.58
2018	166407.11	24132.14	114.02	55754.79	55748.16	23643.06	7014.94
2019	178608.59	25228.77	175.72	58157.84	61358.88	27281.03	6406.34
北京 Beijing	5672.52	1346.23	1.78	1205.02	2516.71	362.23	240.57
天津 Tianjin	4377.94	840.35	17.00	1277.38	1791.26	232.26	219.69
河北 Hebei	5036.44	594.27		2556.61	1303.93	515.29	66.35
山西 Shanxi	2159.42	147.59		976.24	640.46	271.28	123.85
内蒙古 Inner Mongolia	1381.50	78.81	0.09	629.51	455.99	154.96	62.15
辽宁 Liaoning	3689.73	359.95	5.81	1375.43	1267.86	561.00	119.68
吉林 Jilin	1585.86	56.16	0.01	649.20	533.58	301.60	45.32
黑龙江 Heilongjiang	1242.35	91.41	1.47	591.21	351.59	163.59	43.08
上海 Shanghai	5444.69	1366.59	6.35	1806.70	1603.61	361.54	299.90
江苏 Jiangsu	19874.24	3091.16	31.20	4491.33	7996.24	3437.33	826.98
浙江 Zhejiang	15343.55	2586.11	1.77	4273.43	5984.85	2075.65	421.75
安徽 Anhui	8420.00	826.16	4.52	2446.04	2833.45	1919.09	390.73
福建 Fujian	6873.76	822.32	22.57	2871.84	1740.22	1131.46	285.36
江西 Jiangxi	3420.57	418.74	0.09	887.38	1175.38	849.49	89.50
山东 Shandong	12341.73	1680.45	34.25	3995.64	4490.29	1660.95	480.15
河南 Henan	7918.28	659.20	0.72	4635.67	1657.96	877.76	86.97
湖北 Hubei	6824.77	1065.73	10.33	2094.25	2316.71	1125.54	212.21
湖南 Hunan	5848.64	677.37		1835.50	1857.89	1225.91	251.98
广东 Guangdong	23908.05	4345.34	13.21	7218.31	8095.78	3664.46	570.95
广西 Guangxi	5053.89	693.27	0.91	1422.94	1683.76	979.11	273.91
海南 Hainan	1605.69	164.97		696.01	582.14	75.09	87.49
重庆 Chongqing	5952.87	1036.89	1.50	1162.39	2257.76	1120.59	373.74
四川 Sichuan	9349.72	1118.17	6.55	3039.82	3482.52	1499.49	203.16
贵州 Guizhou	2939.41	101.44		1084.77	849.61	779.67	123.93
云南 Yunnan	3764.38	291.94	15.41	1262.53	1275.96	746.20	172.35
西藏 Tibet	110.50	16.95		58.75	23.89	8.86	2.06
陕西 Shaanxi	4911.22	372.99		2253.89	1442.95	613.11	228.28
甘肃 Gansu	1246.58	182.70		530.07	325.18	178.17	30.46
青海 Qinghai	445.68	43.69		206.90	127.98	47.65	19.46
宁夏 Ningxia	581.76	64.52		125.89	272.23	105.47	13.66
新疆 Xinjiang	1282.83	87.31	0.19	497.24	421.15	236.26	40.68

19-8 房地产开发企业房屋建筑面积和造价
Floor Space and Cost of Buildings Constructed by Enterprises for Real Estate Development

年份 Year / 地区 Region		房屋施工面积 (万平方米) Floor Space of Buildings under Construction (10 000 sq.m)	房屋竣工面积 (万平方米) Floor Space of Buildings Completed (10 000 sq.m)	房屋建筑面积竣工率 (%) Rate of Floor Space of Buildings Completed (%)	房屋竣工价值 (亿元) Value of Buildings Completed (100 million yuan)	房屋竣工造价 (元/平方米) Cost of Buildings Completed (yuan/sq.m)
	1998	50770.14	17566.60	34.6	2139.19	1218
	2000	65896.92	25104.86	38.1	2859.35	1139
	2005	166053.26	53417.04	32.2	7752.24	1451
	2006	194786.42	55830.92	28.7	8729.35	1564
	2007	236318.24	60606.68	25.6	10039.89	1657
	2008	283266.20	66544.80	23.5	11947.57	1795
	2009	320368.20	72677.40	22.7	14689.37	2021
	2010	405356.40	78743.90	19.4	17542.73	2228
	2011	506775.48	92619.94	18.3	21975.91	2373
	2012	573417.52	99424.96	17.3	24836.62	2498
	2013	665571.89	101434.99	15.2	26805.38	2643
	2014	726482.34	107459.05	14.8	30261.99	2816
	2015	735693.37	100039.10	13.6	30552.38	3054
	2016	758974.80	106127.71	14.0	32252.13	3039
	2017	781483.73	101486.41	13.0	31512.46	3105
	2018	822299.56	94421.15	11.5	30309.07	3210
	2019	893820.89	95941.53	10.7	34045.90	3549
北　京	Beijing	12514.99	1343.28	10.7	669.31	4983
天　津	Tianjin	11453.43	1655.50	14.5	750.94	4536
河　北	Hebei	29852.97	2679.96	9.0	690.52	2577
山　西	Shanxi	19548.55	2739.22	14.0	859.37	3137
内蒙古	Inner Mongolia	15889.08	950.56	6.0	253.60	2668
辽　宁	Liaoning	23787.49	1817.63	7.6	622.98	3427
吉　林	Jilin	12403.73	1222.17	9.9	335.30	2743
黑龙江	Heilongjiang	11441.20	1204.08	10.5	294.50	2446
上　海	Shanghai	14802.97	2669.67	18.0	1833.65	6868
江　苏	Jiangsu	65686.75	9369.08	14.3	3928.28	4193
浙　江	Zhejiang	49604.61	5738.82	11.6	2518.32	4388
安　徽	Anhui	43591.15	5673.90	13.0	1721.35	3034
福　建	Fujian	34140.18	2882.29	8.4	905.27	3141
江　西	Jiangxi	23556.98	2230.76	9.5	634.94	2846
山　东	Shandong	75767.42	10179.25	13.4	2717.07	2669
河　南	Henan	57567.10	6571.21	11.4	1583.17	2409
湖　北	Hubei	33825.07	2558.60	7.6	961.61	3758
湖　南	Hunan	40045.12	3975.24	9.9	1154.03	2903
广　东	Guangdong	86824.87	9955.54	11.5	4569.93	4590
广　西	Guangxi	29807.03	2037.85	6.8	582.45	2858
海　南	Hainan	9221.56	1302.26	14.1	548.96	4215
重　庆	Chongqing	27986.64	5069.17	18.1	2202.55	4345
四　川	Sichuan	49113.75	4580.04	9.3	1461.74	3192
贵　州	Guizhou	27775.07	954.85	3.4	230.25	2411
云　南	Yunnan	26314.05	1844.49	7.0	637.20	3455
西　藏	Tibet	764.16	18.87	2.5	3.93	2085
陕　西	Shaanxi	27728.39	1782.13	6.4	554.54	3112
甘　肃	Gansu	10977.33	674.14	6.1	197.70	2933
青　海	Qinghai	2922.38	133.27	4.6	31.66	2376
宁　夏	Ningxia	5936.59	1011.05	17.0	268.67	2657
新　疆	Xinjiang	12970.30	1116.66	8.6	322.07	2884

19-9 按用途分房地产开发企业房屋新开工面积
Floor Space of Buildings Started in the Year by Enterprises for Real Estate Development by Use

单位：万平方米 (10 000 sq.m)

年份 Year / 地区 Region		本年房屋新开工面积 Floor Space of buildings Started in the Year	住宅 Residential Buildings	#别墅、高档公寓 Villas, High-grade Apartments	办公楼 Office Buildings	商业营业用房 Buildings for Business Use	其他 Others
	1998	20387.90	16637.50	638.60	871.50	1938.65	940.25
	2000	29582.64	24401.15	1169.09	898.81	3034.77	1247.91
	2005	68064.44	55185.07	2834.97	1671.10	7675.47	3532.79
	2006	79252.83	64403.80	4058.32	2134.94	8473.23	4240.86
	2007	95401.53	78795.51	4914.41	2141.44	9093.89	5370.70
	2008	102553.37	83642.12	4336.97	2471.95	10040.69	6398.62
	2009	116422.05	93298.41	3649.80	2860.76	12415.03	7847.84
	2010	163646.87	129359.31	5080.05	3668.07	17472.58	13146.91
	2011	191236.87	147163.11	5653.01	5399.20	20730.78	17943.77
	2012	177333.62	130695.42	4228.31	5986.46	22006.85	18644.89
	2013	201207.84	145844.80	4454.59	6887.24	25902.00	22573.80
	2014	179592.49	124877.00	4275.01	7349.10	25047.73	22318.66
	2015	154453.68	106651.30	3318.41	6569.12	22530.29	18702.96
	2016	166928.13	115910.60	3662.14	6415.29	22316.63	22285.61
	2017	178653.77	128097.78	4282.68	6139.66	20483.93	23932.41
	2018	209537.16	153485.36	5469.96	6101.51	19995.39	29954.91
	2019	227153.58	167463.43	4227.34	7083.59	18936.28	33670.29
北京	Beijing	2073.21	1003.72	49.29	170.50	139.55	759.44
天津	Tianjin	2544.84	1973.81	67.93	44.00	215.14	311.88
河北	Hebei	9452.68	7404.40	57.50	209.36	602.31	1236.61
山西	Shanxi	4879.09	3771.70	28.67	73.87	360.38	673.14
内蒙古	Inner Mongolia	3706.06	2783.87	58.19	36.75	324.00	561.44
辽宁	Liaoning	4142.51	3190.97	134.15	80.70	404.58	466.27
吉林	Jilin	2947.01	2169.83	34.32	115.44	280.84	380.89
黑龙江	Heilongjiang	2446.11	1775.59	21.13	37.79	340.85	291.88
上海	Shanghai	3063.44	1572.90	176.38	388.87	286.83	814.84
江苏	Jiangsu	16227.47	12478.43	443.66	397.26	1237.21	2114.57
浙江	Zhejiang	12730.92	8345.91	378.89	506.87	911.42	2966.73
安徽	Anhui	11117.46	8704.45	96.58	265.68	903.23	1244.09
福建	Fujian	6398.36	4615.00	75.99	201.67	331.54	1250.16
江西	Jiangxi	5862.57	4666.64	120.05	104.11	581.76	510.06
山东	Shandong	22658.90	17096.90	286.67	765.91	1603.25	3192.85
河南	Henan	15836.53	12607.65	45.46	428.14	1298.68	1502.07
湖北	Hubei	8708.85	6849.43	116.98	203.42	690.78	965.23
湖南	Hunan	11933.23	9052.83	183.59	313.04	1200.38	1366.98
广东	Guangdong	18437.38	12904.92	441.30	1063.16	1283.32	3185.97
广西	Guangxi	8218.52	6533.95	90.64	81.07	566.65	1036.85
海南	Hainan	1219.56	828.44	56.51	53.04	171.50	166.58
重庆	Chongqing	6725.40	4593.17	242.09	126.42	579.82	1425.99
四川	Sichuan	15325.50	10294.70	191.12	657.40	1534.99	2838.41
贵州	Guizhou	7239.89	5235.85	110.56	122.33	774.32	1107.38
云南	Yunnan	8018.51	5695.45	537.43	258.56	754.86	1309.64
西藏	Tibet	416.89	333.99	10.68	14.21	37.63	31.06
陕西	Shaanxi	6431.21	4873.52	102.87	268.85	553.06	735.78
甘肃	Gansu	3307.26	2406.64	12.12	31.86	314.31	554.46
青海	Qinghai	865.90	640.42	8.61	7.99	109.18	108.31
宁夏	Ningxia	1185.67	883.85	7.52	5.18	109.08	187.56
新疆	Xinjiang	3032.66	2174.49	40.44	50.14	434.87	373.16

19-10 按用途分商品房销售面积
Floor Space of Commercial Buildings Sold by Use

单位：万平方米 (10 000 sq.m)

年份 地区	Year Region	商品房销售面积 Floor Space of Commercial Buildings Sold	住宅 Residential Buildings	#别墅、高档公寓 Villas, High-grade Apartments	办公楼 Office Buildings	商业营业用房 Buildings for Business Use	其他 Others
	1998	12185.30	10827.10	345.30	400.60	810.80	146.80
	2000	18637.13	16570.28	640.72	436.98	1399.31	230.56
	2005	55486.22	49587.83	2818.44	1096.23	4081.38	720.78
	2006	61857.07	55422.95	3672.44	1231.04	4337.79	865.29
	2007	77354.72	70135.88	4581.31	1465.23	4644.61	1109.01
	2008	65969.83	59280.35	2865.25	1157.05	4206.06	1326.37
	2009	94755.00	86184.89	4626.05	1544.43	5328.03	1697.65
	2010	104764.65	93376.60	4219.10	1889.97	6994.84	2503.24
	2011	109366.75	96528.41	3729.93	2004.97	7868.65	2964.71
	2012	111303.65	98467.51	3476.00	2253.65	7759.28	2823.21
	2013	130550.59	115722.69	3632.03	2883.35	8469.22	3475.33
	2014	120648.54	105187.79	3047.35	2505.45	9076.93	3878.37
	2015	128494.97	112412.29	3487.40	2912.59	9254.79	3915.29
	2016	157348.53	137539.93	4470.00	3826.22	10811.96	5170.43
	2017	169407.82	144788.77	4743.44	4756.21	12838.14	7024.70
	2018	171464.60	147759.59	4417.77	4365.95	11932.95	7406.11
	2019	171557.87	150144.32	3909.73	3722.76	10172.87	7517.92
北京	Beijing	938.86	789.02	72.91	53.38	32.77	63.69
天津	Tianjin	1478.68	1382.63	66.59	23.99	55.99	16.07
河北	Hebei	5282.70	4770.38	35.53	112.68	222.30	177.34
山西	Shanxi	2366.11	2169.33	26.76	43.49	90.70	62.60
内蒙古	Inner Mongolia	2008.19	1803.55	32.89	12.02	106.20	86.42
辽宁	Liaoning	3696.27	3412.52	72.30	16.21	191.35	76.19
吉林	Jilin	2122.34	1873.99	38.30	35.67	150.15	62.53
黑龙江	Heilongjiang	1684.50	1461.12	24.28	10.61	161.74	51.02
上海	Shanghai	1696.34	1353.70	234.62	100.83	88.48	153.33
江苏	Jiangsu	13972.85	12545.04	522.43	246.08	750.33	431.40
浙江	Zhejiang	9378.31	7803.99	423.29	347.83	514.66	711.83
安徽	Anhui	9229.38	8323.89	109.60	130.94	599.40	175.16
福建	Fujian	6456.13	5073.73	126.03	331.17	425.93	625.30
江西	Jiangxi	6458.86	5678.98	130.07	105.17	541.65	133.06
山东	Shandong	12727.25	11429.01	147.23	201.67	582.13	514.45
河南	Henan	14277.55	12981.63	53.43	217.12	881.89	196.92
湖北	Hubei	8602.04	7967.09	103.43	135.25	372.76	126.95
湖南	Hunan	9103.50	8073.25	128.24	114.21	613.60	302.44
广东	Guangdong	13846.54	11872.61	422.48	511.54	654.53	807.86
广西	Guangxi	6711.77	6076.88	89.00	64.81	306.86	263.22
海南	Hainan	829.34	721.57	29.63	28.78	46.60	32.38
重庆	Chongqing	6104.68	5149.08	240.45	83.64	417.88	454.08
四川	Sichuan	12978.61	10451.05	182.74	367.66	1021.95	1137.94
贵州	Guizhou	5323.31	4612.13	127.39	101.74	494.23	115.22
云南	Yunnan	4835.41	4064.52	365.13	78.20	303.11	389.57
西藏	Tibet	127.71	110.49	10.98	0.67	11.06	5.49
陕西	Shaanxi	4401.06	3818.25	37.93	184.69	195.04	203.08
甘肃	Gansu	1705.31	1569.16	5.35	12.58	96.62	26.96
青海	Qinghai	480.52	406.66	0.23	8.05	41.70	24.12
宁夏	Ningxia	1009.55	887.35	21.97	12.74	73.60	35.85
新疆	Xinjiang	1724.18	1511.75	28.53	29.34	127.66	55.43

注：2004年及以前的销售数据仅包括现房；2005年及以后的销售数据包括期房和现房(以下相关表同)。

a) Data on floor space of buildings sold and selling price for 2004 and earlier years refer to completed buildings, while data since 2005 refer to both completed and future buildings. The same applies to the relevant following tables .

19-11 按用途分商品房销售额
Sales of Commercial Buildings by Use

单位：亿元 (100 million yuan)

年份 地区	Year Region	商品房销售额 Total Sale of Commercial Buildings	住宅 Residential Buildings	#别墅、高档公寓 Villas, High-grade Apartments	办公楼 Office Buildings	商业营业用房 Buildings for Business Use	其他 Others
	1998	2513.30	2006.87	158.70	222.41	257.06	26.97
	2000	3935.44	3228.60	274.75	207.63	456.23	42.98
	2005	17576.13	14563.76	1644.27	758.87	2049.57	203.94
	2006	20825.96	17287.81	2418.28	991.33	2275.87	270.95
	2007	29889.12	25565.81	3422.81	1269.91	2681.72	371.68
	2008	25068.18	21196.00	2235.07	969.36	2475.85	426.97
	2009	44355.17	38432.90	4469.76	1638.41	3660.67	623.20
	2010	52721.24	44120.65	4613.11	2155.71	5418.82	1026.07
	2011	58588.86	48198.32	4100.66	2471.58	6679.08	1239.88
	2012	64455.79	53467.18	3983.56	2773.43	6999.57	1215.60
	2013	81428.28	67694.94	4573.19	3747.35	8280.48	1705.52
	2014	76292.41	62410.95	3950.86	2962.93	8910.62	2007.91
	2015	87280.84	72769.82	5286.00	3761.42	8852.78	1896.81
	2016	117627.05	99064.17	7112.42	5483.81	10580.80	2498.26
	2017	133701.31	110239.51	7098.43	6441.36	13252.71	3767.73
	2018	149614.42	126374.08	7179.90	6278.01	13010.47	3951.87
	2019	159725.12	139439.97	6993.06	5328.96	11141.39	3814.80
北京	Beijing	3370.98	3032.40	417.20	167.27	101.65	69.66
天津	Tianjin	2274.14	2132.48	109.08	34.20	94.76	12.71
河北	Hebei	4138.57	3714.57	42.53	111.68	215.85	96.47
山西	Shanxi	1631.76	1452.40	28.60	42.50	105.38	31.48
内蒙古	Inner Mongolia	1243.91	1104.10	25.42	11.08	89.45	39.28
辽宁	Liaoning	3049.06	2814.86	106.36	14.91	179.42	39.87
吉林	Jilin	1581.47	1373.54	42.94	29.95	133.27	44.72
黑龙江	Heilongjiang	1268.18	1069.97	33.09	13.44	152.49	32.28
上海	Shanghai	5203.82	4457.16	1501.66	382.06	256.64	107.96
江苏	Jiangsu	16259.61	14894.77	916.73	272.75	864.67	227.42
浙江	Zhejiang	14352.11	12723.10	835.36	514.61	758.12	356.29
安徽	Anhui	6823.52	6126.69	100.33	103.55	530.97	62.31
福建	Fujian	6938.79	5685.25	189.43	425.47	472.73	355.33
江西	Jiangxi	4710.42	4038.02	114.49	88.90	505.02	78.48
山东	Shandong	10271.15	9287.11	180.52	213.14	563.97	206.94
河南	Henan	9009.98	8016.93	54.83	226.77	663.59	102.69
湖北	Hubei	7751.79	6903.70	123.41	269.45	475.08	103.56
湖南	Hunan	5577.99	4721.43	117.87	137.34	601.81	117.40
广东	Guangdong	19748.21	16758.01	922.37	1280.19	1107.60	602.42
广西	Guangxi	4366.24	3913.40	63.97	68.84	275.41	108.58
海南	Hainan	1275.76	1090.56	65.61	55.82	90.50	38.87
重庆	Chongqing	5129.42	4457.78	272.30	102.29	422.60	146.75
四川	Sichuan	9666.73	7869.04	231.52	344.92	1083.85	368.92
贵州	Guizhou	3183.57	2527.41	124.18	74.86	537.59	43.71
云南	Yunnan	3846.19	3255.84	265.37	65.87	296.88	227.59
西藏	Tibet	96.78	81.21	11.10	0.61	12.35	2.61
陕西	Shaanxi	3960.21	3359.17	50.02	223.78	237.46	139.79
甘肃	Gansu	1019.28	907.07	6.03	14.05	84.38	13.78
青海	Qinghai	367.28	295.59	0.11	7.42	55.84	8.42
宁夏	Ningxia	573.90	498.51	18.68	8.08	55.65	11.66
新疆	Xinjiang	1034.30	877.89	21.93	23.15	116.43	16.84

19-12 按用途分商品房平均销售价格
Average Selling Price of Commercial Buildings by Use

单位：元/平方米 (yuan/sq.m)

年份 地区	Year Region	商品房平均销售价格 Average Selling Price of Commercial Buildings	住宅 Residential Buildings	#别墅、高档公寓 Villas, High-grade Apartments	办公楼 Office Buildings	商业营业用房 Buildings for Business Use	其他 Others
	1998	2063	1854	4596	5552	3170	1837
	2000	2112	1948	4288	4751	3260	1864
	2005	3168	2937	5834	6923	5022	2829
	2006	3367	3119	6585	8053	5247	3131
	2007	3864	3645	7471	8667	5774	3351
	2008	3800	3576	7801	8378	5886	3219
	2009	4681	4459	9662	10608	6871	3671
	2010	5032	4725	10934	11406	7747	4099
	2011	5357	4993	10994	12327	8488	4182
	2012	5791	5430	11460	12306	9021	4306
	2013	6237	5850	12591	12997	9777	4907
	2014	6324	5933	12965	11826	9817	5177
	2015	6793	6473	15157	12914	9566	4845
	2016	7476	7203	15911	14332	9786	4832
	2017	7892	7614	14965	13543	10323	5364
	2018	8726	8553	16252	14379	10903	5336
	2019	9310	9287	17886	14315	10952	5074
北京	Beijing	35905	38433	57225	31335	31017	10937
天津	Tianjin	15380	15423	16382	14256	16923	7906
河北	Hebei	7834	7787	11970	9911	9710	5440
山西	Shanxi	6896	6695	10686	9773	11618	5029
内蒙古	Inner Mongolia	6194	6122	7729	9218	8422	4545
辽宁	Liaoning	8249	8249	14710	9202	9376	5233
吉林	Jilin	7452	7329	11211	8396	8876	7151
黑龙江	Heilongjiang	7529	7323	13630	12671	9428	6327
上海	Shanghai	30677	32926	64003	37890	29003	7041
江苏	Jiangsu	11637	11873	17547	11084	11524	5272
浙江	Zhejiang	15304	16303	19735	14795	14731	5005
安徽	Anhui	7393	7360	9154	7908	8858	3557
福建	Fujian	10748	11205	15031	12847	11099	5683
江西	Jiangxi	7293	7110	8802	8453	9324	5898
山东	Shandong	8070	8126	12261	10568	9688	4022
河南	Henan	6311	6176	10262	10444	7525	5215
湖北	Hubei	9012	8665	11932	19923	12745	8157
湖南	Hunan	6127	5848	9191	12025	9808	3882
广东	Guangdong	14262	14115	21832	25026	16922	7457
广西	Guangxi	6505	6440	7188	10621	8975	4125
海南	Hainan	15383	15114	22140	19398	19420	12004
重庆	Chongqing	8402	8657	11325	12230	10113	3232
四川	Sichuan	7448	7529	12669	9381	10606	3242
贵州	Guizhou	5980	5480	9748	7358	10877	3794
云南	Yunnan	7954	8010	7268	8423	9795	5842
西藏	Tibet	7578	7350	10107	9137	11165	4750
陕西	Shaanxi	8998	8798	13188	12117	12175	6884
甘肃	Gansu	5977	5781	11289	11169	8733	5113
青海	Qinghai	7643	7269	5037	9227	13391	3491
宁夏	Ningxia	5685	5618	8504	6344	7560	3252
新疆	Xinjiang	5999	5807	7687	7888	9120	3038

19-13 房地产开发企业资产负债
Assets and Liabilities of Enterprises for Real Estate Development

单位：亿元 (100 million yuan)

年份 Year / 地区 Region		实收资本 Paid-in Capital	资产总计 Total Assets	累计折旧 Total Depreciation	#本年折旧 Depreciation in the Year	负债合计 Total Liabilities	所有者权益合计 Total Owners' Equity	资产负债率(%) Ratio of Liabilities to Assets(%)
1998		5778.73	19526.18	191.04	39.02	14857.25	4668.92	76.1
2000		5302.91	25185.99	299.28	57.72	19032.10	6153.88	75.6
2005		13926.98	72193.64	737.01	157.35	52520.71	19672.93	72.7
2006		16172.37	88397.99	875.67	191.58	65476.67	22921.32	74.1
2007		19438.00	111078.20	1025.65	231.59	82680.23	28397.97	74.4
2008		27561.90	144833.55	1414.14	340.19	104782.31	40051.24	72.3
2009		28966.02	170184.24	1469.96	320.41	125042.73	45141.51	73.5
2010		36767.41	224467.14	1758.34	379.81	167297.41	57170.12	74.5
2011		46430.63	284359.44	2113.63	427.26	214469.96	69889.73	75.4
2012		54735.36	351858.65	2360.92	525.35	264597.55	87261.10	75.2
2013		59987.59	425243.89	2871.45	626.74	323228.24	102015.65	76.0
2014		76566.04	498749.92	3099.89	616.67	384095.53	114654.40	77.0
2015		78329.42	551968.06	3265.20	596.61	428729.90	123238.16	77.7
2016		79278.30	625733.70	3658.29	640.50	489750.32	135983.38	78.3
2017		85649.75	722236.02	3909.38	657.18	571274.85	150961.17	79.1
2018		95324.97	852720.54	4358.86	904.59	674333.36	178382.98	79.1
2019		105248.81	947935.60	4521.18	841.78	762035.19	185900.41	80.4
北京	Beijing	5651.05	55227.47	278.19	35.28	44826.98	10400.49	81.2
天津	Tianjin	4298.28	32666.19	112.69	17.33	26026.31	6639.89	79.7
河北	Hebei	1983.85	25290.18	105.21	23.75	21853.67	3436.51	86.4
山西	Shanxi	1180.68	13676.21	57.00	11.87	12239.33	1436.88	89.5
内蒙古	Inner Mongolia	762.77	8931.28	39.81	6.81	7946.83	984.45	89.0
辽宁	Liaoning	3346.64	21962.63	123.87	20.79	17615.67	4346.96	80.2
吉林	Jilin	717.93	7436.91	42.81	8.92	6298.21	1138.70	84.7
黑龙江	Heilongjiang	1045.99	10136.06	64.57	13.01	7088.66	3047.40	69.9
上海	Shanghai	10546.14	63917.07	551.19	81.01	43684.76	20232.31	68.3
江苏	Jiangsu	12294.76	79078.62	357.09	70.38	61393.39	17685.23	77.6
浙江	Zhejiang	9170.19	69193.16	283.55	51.69	56139.19	13053.97	81.1
安徽	Anhui	3848.82	31960.88	131.89	27.85	25891.68	6069.20	81.0
福建	Fujian	4478.39	38316.23	120.78	20.82	29263.99	9052.24	76.4
江西	Jiangxi	1586.31	17233.02	64.55	15.98	13906.84	3326.18	80.7
山东	Shandong	6012.66	63672.71	295.97	60.21	53586.45	10086.27	84.2
河南	Henan	3231.69	38590.85	202.51	43.71	32547.24	6043.61	84.3
湖北	Hubei	4008.29	38238.47	167.77	43.46	30850.58	7387.89	80.7
湖南	Hunan	2108.64	22052.00	108.23	24.41	18117.55	3934.45	82.2
广东	Guangdong	11251.18	125657.00	505.07	97.59	100761.26	24895.73	80.2
广西	Guangxi	1487.41	20229.95	81.66	14.08	16242.93	3987.02	80.3
海南	Hainan	1817.97	12532.69	81.82	19.22	10255.17	2277.52	81.8
重庆	Chongqing	3347.92	32324.11	110.74	17.96	24562.69	7761.42	76.0
四川	Sichuan	3481.28	37519.27	209.38	34.90	31298.90	6220.37	83.4
贵州	Guizhou	1615.30	18214.53	62.69	11.64	15073.59	3140.94	82.8
云南	Yunnan	2201.43	23627.72	118.11	23.63	19883.46	3744.26	84.2
西藏	Tibet	32.49	457.85	3.74	0.53	345.83	112.02	75.5
陕西	Shaanxi	1987.10	20152.78	79.47	16.25	17413.40	2739.37	86.4
甘肃	Gansu	548.30	7113.75	44.45	8.86	6163.09	950.66	86.6
青海	Qinghai	151.17	1870.57	9.84	1.73	1681.63	188.94	89.9
宁夏	Ningxia	357.83	3256.54	37.94	5.86	2814.89	441.65	86.4
新疆	Xinjiang	696.30	7398.88	68.60	12.25	6261.02	1137.87	84.6

19-14 房地产开发企业经营情况
Operating Statistics on Enterprises for Real Estate Development

单位：亿元 (100 million yuan)

年份 Year 地区 Region		主营业务收入 Revenue from Principle Business	土地转让收入 Revenue from Land Transfer	商品房销售收入 Revenue from Commercial Buildings Sold	房屋出租收入 Revenue from House Leasing	其他收入 Others	税金及附加 Taxes and Other Charges	营业利润 Operating Profit
	1992	528.56	42.74	426.59	5.96	53.26		63.52
	1995	1731.66	194.40	1258.28	25.79	253.19		143.41
	2000	4515.71	129.61	3896.82	95.32	393.96		73.28
	2005	14769.35	341.43	13316.77	290.29	820.86		1109.19
	2006	18046.76	300.65	16621.36	316.79	807.96		1669.89
	2007	23397.13	427.92	21604.21	386.81	978.19		2436.61
	2008	26696.84	466.85	24394.12	521.47	1314.40		3432.23
	2009	34606.23	498.05	32507.83	544.27	1056.08		4728.58
	2010	42996.48	519.19	40585.33	742.92	1149.04		6111.48
	2011	44491.28	664.66	41697.91	904.28	1224.43	3959.67	5798.58
	2012	51028.41	819.39	47463.49	1151.55	1593.98	4731.04	6001.33
	2013	70706.67	671.42	66697.99	1364.01	1973.25	6322.76	9562.67
	2014	66463.80	571.95	62535.06	1464.10	1892.69	6239.00	6143.13
	2015	70174.34	600.54	65861.30	1600.42	2112.08	6412.80	6165.54
	2016	90091.51	666.32	85163.32	1786.97	2474.89	6875.67	8673.23
	2017	95896.90	838.42	90609.15	1568.32	2881.01	6307.36	11728.11
	2018	112924.68	1207.38	106688.38	1484.30	3544.62	7299.72	18543.71
	2019	110239.78	874.14	104126.42	1539.29	3699.94	7420.57	15439.35
北京	Beijing	3425.84	86.52	2609.52	180.17	549.63	301.25	425.77
天津	Tianjin	2126.73	46.79	1946.86	30.85	102.23	162.45	126.57
河北	Hebei	2313.24	13.96	2237.45	11.55	50.27	210.02	111.21
山西	Shanxi	1227.24	12.57	1110.34	7.94	96.39	56.39	71.05
内蒙古	Inner Mongolia	731.43	6.37	710.64	6.15	8.27	52.47	36.72
辽宁	Liaoning	2492.57	20.96	2387.94	18.49	65.18	137.72	162.88
吉林	Jilin	986.81	8.08	962.95	6.97	8.81	40.67	122.68
黑龙江	Heilongjiang	993.99	9.59	960.37	5.84	18.19	60.60	89.67
上海	Shanghai	5031.76	25.05	4236.53	450.47	319.71	492.02	1236.95
江苏	Jiangsu	13257.25	123.37	12795.77	78.56	259.55	736.58	1814.58
浙江	Zhejiang	9247.50	42.74	8962.31	75.51	166.94	512.49	1320.00
安徽	Anhui	5124.85	23.91	4959.50	18.35	123.09	201.63	598.66
福建	Fujian	3377.07	10.87	3152.10	45.82	168.27	250.08	641.56
江西	Jiangxi	2529.97	25.81	2450.03	8.40	45.73	122.81	383.34
山东	Shandong	6895.29	61.18	6615.89	45.51	172.71	417.81	681.08
河南	Henan	5458.19	33.13	5181.40	33.52	210.13	258.83	789.05
湖北	Hubei	4837.02	41.65	4529.65	49.21	216.50	323.06	779.63
湖南	Hunan	3900.54	38.98	3722.97	20.35	118.24	207.61	361.58
广东	Guangdong	16160.51	47.98	15495.86	236.78	379.89	1656.61	3496.68
广西	Guangxi	2342.83	16.95	2238.37	23.47	64.04	95.14	234.04
海南	Hainan	1274.87	28.40	1215.01	5.80	25.66	220.15	124.57
重庆	Chongqing	3777.44	44.64	3588.17	45.91	98.72	186.33	812.73
四川	Sichuan	4992.08	21.34	4829.50	50.81	90.42	307.67	514.96
贵州	Guizhou	1718.81	8.97	1609.46	12.01	88.37	106.28	116.10
云南	Yunnan	1820.70	65.75	1641.12	25.86	87.97	115.96	59.88
西藏	Tibet	50.23	1.27	47.98	0.79	0.20	2.01	13.42
陕西	Shaanxi	2038.81	3.71	1906.89	16.17	112.04	93.86	212.58
甘肃	Gansu	779.19	2.75	751.79	6.53	18.12	29.85	41.96
青海	Qinghai	202.01	0.29	193.10	1.35	7.27	7.29	9.46
宁夏	Ningxia	393.88	0.03	378.26	6.55	9.03	13.43	18.24
新疆	Xinjiang	731.13	0.51	698.65	13.59	18.37	41.49	31.75

19-15 分地区按项目规模分房地产开发完成投资（2019年）

Investment Completed by Enterprises for Real Estate Development by Size of Projects and Region (2019)

单位：亿元 (100 million yuan)

地 区	Region	500万元以 下 Less Than 5 Million Yuan	500-1000万元 5-10 Million Yuan	1000-3000万元 10-30 Million Yuan	3000-5000万元 30-50 Million Yuan	5000万-1亿元 50-100 Million Yuan	1-5亿元 100-500 Million Yuan	5-10亿元 500-1000 Million Yuan	10亿元以 上 1 Billion Yuan and More
全 国	**National Total**	**0.40**	**6.04**	**116.83**	**277.98**	**1418.26**	**20622.60**	**25659.21**	**84092.96**
北 京	Beijing		0.06		0.16	1.30	47.37	124.07	3665.43
天 津	Tianjin				0.26	1.20	121.30	385.57	2219.49
河 北	Hebei		0.04	5.03	14.23	70.96	1529.17	1258.24	1469.39
山 西	Shanxi		0.27	5.79	9.07	44.66	416.92	313.58	866.22
内蒙古	Inner Mongolia		0.62	10.62	19.25	76.71	357.04	217.78	359.93
辽 宁	Liaoning	0.04	0.32	5.09	9.68	32.45	619.69	548.48	1618.19
吉 林	Jilin		0.30	3.01	6.03	23.00	325.31	291.34	666.54
黑龙江	Heilongjiang		0.23	7.31	9.22	51.02	207.09	174.87	508.26
上 海	Shanghai			0.01	0.90	1.58	120.39	470.59	3637.91
江 苏	Jiangsu			1.42	4.49	40.53	924.14	1943.55	9095.22
浙 江	Zhejiang		0.06	3.68	8.79	51.85	948.56	1825.69	7844.35
安 徽	Anhui	0.04	0.22	4.18	8.66	34.66	825.77	1643.50	4153.45
福 建	Fujian		0.09	0.65	3.16	28.05	665.21	1155.73	3820.24
江 西	Jiangxi	0.05	0.32	3.26	9.61	44.75	558.01	575.93	1047.19
山 东	Shandong	0.05	0.39	6.92	22.18	132.74	2050.66	2259.47	4142.48
河 南	Henan			3.82	11.03	65.07	1544.53	1948.99	3891.16
湖 北	Hubei		0.16	3.62	11.26	46.21	797.48	870.58	3382.42
湖 南	Hunan	0.02	0.42	6.89	21.27	112.76	1109.49	1158.92	2035.70
广 东	Guangdong	0.01	0.84	12.41	23.05	126.52	1556.57	2277.22	11855.54
广 西	Guangxi	0.06	0.17	4.44	11.41	70.11	847.45	802.35	2078.42
海 南	Hainan			0.69	0.81	12.12	193.39	257.09	872.09
重 庆	Chongqing	0.03	0.03	1.48	4.80	19.18	340.76	525.55	3547.47
四 川	Sichuan	0.02	0.09	2.00	9.20	46.82	1177.06	1902.44	3435.62
贵 州	Guizhou			1.02	5.63	41.39	866.84	597.69	1478.25
云 南	Yunnan		0.53	5.57	10.38	61.90	744.07	726.21	2602.75
西 藏	Tibet			0.17	2.07	6.46	57.25	27.71	35.88
陕 西	Shaanxi		0.14	2.26	6.28	36.75	616.51	661.89	2579.81
甘 肃	Gansu		0.15	3.19	8.73	45.26	401.46	288.74	510.31
青 海	Qinghai		0.02	1.25	2.05	8.36	85.56	104.09	204.97
宁 夏	Ningxia		0.00	1.18	2.66	13.19	127.82	103.69	154.54
新 疆	Xinjiang	0.10	0.58	9.86	21.67	70.70	439.74	217.66	313.75

19-16 房地产开发企业成套住宅竣工与销售情况
Number of Flats of Residential Buildings Completed and Sold by Enterprises for Real Estate Development

年份 Year 地区 Region	住宅竣工套数合计（套）Total Number of Flats of Residential Buildings Completed (sets)	#别墅、高档公寓 Villas, High-grade Apartments	住宅销售套数合计（套）Total Number of Flats of Residential Buildings Sold (sets)	#别墅、高档公寓 Villas, High-grade Apartments
2000	2139702	59880		
2005	3682523	135276	4235372	152339
2006	4005305	139632	5049094	219982
2007	4401203	159423	6251263	257776
2008	4939189	144618	5565827	157455
2009	5548897	143621	8040470	240129
2010	6019767	163207	8817526	223596
2011	7219163	155923	9139672	191881
2012	7642379	161899	9446424	184001
2013	7493133	126444	11046279	202081
2014	7659418	145182	10104351	167469
2015	7050109	126972	10578898	191594
2016	7455409	218297	12822565	258582
2017	6770598	153900	13361411	294616
2018	6229216	138880	13285469	281919
2019	6452838	141022	13216466	260475
北京 Beijing	62367	1481	75557	2103
天津 Tianjin	131137	5142	129196	4749
河北 Hebei	186404	1303	436573	2522
山西 Shanxi	173581	865	182563	2545
内蒙古 Inner Mongolia	62638	289	153962	2516
辽宁 Liaoning	140321	1936	345715	5511
吉林 Jilin	98228	224	181291	1783
黑龙江 Heilongjiang	102690		149471	1665
上海 Shanghai	142001	21800	138412	16836
江苏 Jiangsu	592808	18929	1064427	27970
浙江 Zhejiang	292944	8701	661470	22822
安徽 Anhui	707369	3641	733434	7256
福建 Fujian	164317	1644	471476	7131
江西 Jiangxi	149213	3108	482939	8751
山东 Shandong	634381	10258	930841	8664
河南 Henan	451982	451	1130247	6201
湖北 Hubei	174301	3612	678139	6937
湖南 Hunan	238493	5340	654565	10172
广东 Guangdong	586849	9462	1106045	39883
广西 Guangxi	130016	448	542579	5303
海南 Hainan	143822	12014	77954	1991
重庆 Chongqing	322022	10485	484681	19300
四川 Sichuan	296444	8294	979682	13108
贵州 Guizhou	56685	2595	395143	9460
云南 Yunnan	95110	6241	323079	17315
西藏 Tibet	328		9173	854
陕西 Shaanxi	115123	1752	323359	3395
甘肃 Gansu	43568	158	139465	540
青海 Qinghai	7644		34908	19
宁夏 Ningxia	63710	308	71521	1532
新疆 Xinjiang	86342	541	128599	1641

19-17 35个大中城市主要指标完成情况（2019年）
Main Indicators of Real Estate Projects in 35 Large and Medium-sized Cities (2019)

城市	City	本年完成投资（亿元） Investment Completed in the Year (100 million yuan)	#住宅 Residential Buildings	#办公楼 Office Buildings	#商业营业用房 Buildings for Business Use	房屋施工面积（万平方米） Floor Space of Buildings under Construction (10 000 sq.m)	房屋竣工面积（万平方米） Floor Space of Buildings Completed (10 000 sq.m)	#住宅 Residential Buildings
总计	**Total**	**62083.12**	**41961.29**	**4800.03**	**6238.69**	**332767.30**	**37214.15**	**23941.80**
北京	Beijing	3838.38	2039.76	379.85	259.27	12514.99	1343.28	583.20
天津	Tianjin	2727.82	2200.01	58.10	168.99	11453.43	1655.50	1186.69
石家庄	Shijiazhuang	887.64	672.02	69.47	56.97	3891.35	266.93	212.37
太原	Taiyuan	696.54	536.58	32.47	47.50	7063.71	457.12	317.28
呼和浩特	Hohhot	175.22	129.47	2.37	21.49	3464.82	85.59	65.10
沈阳	Shenyang	1174.80	956.16	11.70	111.17	6626.56	666.40	533.53
大连	Dalian	711.06	513.86	29.24	79.38	3855.62	292.91	203.19
长春	Changchun	876.79	631.32	44.02	109.70	7551.80	924.41	648.15
哈尔滨	Harbin	620.45	442.61	11.57	91.95	5509.27	682.37	519.56
上海	Shanghai	4231.38	2318.13	689.36	457.23	14802.97	2669.67	1453.28
南京	Nanjing	2501.26	1735.85	170.44	291.76	9001.67	1587.06	1091.73
杭州	Hangzhou	3396.75	2198.70	279.39	287.66	12000.92	1727.56	963.88
宁波	Ningbo	1703.59	1201.35	61.66	121.24	8347.74	712.14	421.34
合肥	Hefei	1556.08	1242.88	82.33	119.69	7874.20	1481.60	1044.20
福州	Fuzhou	1812.77	1288.84	106.84	122.92	8480.51	389.85	246.61
厦门	Xiamen	899.53	559.24	98.86	87.95	4089.16	370.73	153.28
南昌	Nanchang	913.04	656.38	53.35	131.76	6611.93	830.49	634.94
济南	Jinan	1489.38	1065.99	128.63	154.93	9431.52	1043.40	747.11
青岛	Qingdao	1803.81	1239.07	127.59	178.58	11579.57	1602.01	1063.15
郑州	Zhengzhou	3349.86	2555.02	206.68	257.63	19583.60	2107.40	1478.08
武汉	Wuhan	2966.21	2183.31	211.96	292.86	13556.46	697.50	479.16
长沙	Changsha	1672.96	1021.43	135.33	253.77	11878.61	1280.87	896.98
广州	Guangzhou	3102.26	2087.07	327.86	297.46	11985.91	2899.19	1645.77
深圳	Shenzhen	3041.65	1504.35	598.37	369.90	7907.85	572.11	303.76
南宁	Nanning	1461.08	1034.06	82.78	115.41	9704.05	710.77	466.90
海口	Haikou	480.73	352.68	27.53	51.99	3439.31	190.18	142.48
重庆	Chongqing	4439.30	3246.77	112.85	529.48	27986.64	5069.17	3400.08
成都	Chengdu	2611.71	1575.49	229.19	418.13	20619.90	1823.13	1003.00
贵阳	Guiyang	1175.37	745.80	71.46	164.76	7961.95	308.59	185.60
昆明	Kunming	2096.25	1498.32	130.19	206.40	12236.93	485.88	262.42
西安	Xi'an	2008.30	1414.19	172.62	166.02	15870.82	1020.25	729.22
兰州	Lanzhou	550.67	345.00	15.02	67.10	5137.89	131.10	88.06
西宁	Xining	290.99	200.24	10.67	47.52	2084.14	102.59	61.79
银川	Yinchuan	275.35	191.88	5.34	33.26	3799.45	545.70	385.66
乌鲁木齐	Urumqi	544.13	377.45	24.93	66.88	4862.05	480.68	324.25

19-17 续表 continued

城 市 City	商品房销售面积(万平方米) Floor Space of Commercialized Buildings Sold (10 000 sq.m)	#住宅 Residential Buildings	商品房平均销售价格(元/平方米) Average Selling Price of Commercialized Buildings (yuan/sq.m)	#住宅 Residential Buildings	本年土地购置面积(万平方米) Land Space Purchased This Year (10 000 sq.m)
总 计 Total	**54404.59**	**45673.77**	**13575**	**13800**	**7164.78**
北 京 Beijing	938.86	789.02	35905	38433	144.03
天 津 Tianjin	1478.68	1382.63	15380	15423	548.94
石家庄 Shijiazhuang	782.28	673.94	9309	9234	168.57
太 原 Taiyuan	741.10	645.48	11181	11136	215.98
呼和浩特 Hohhot	326.00	296.28	10042	10029	80.36
沈 阳 Shenyang	1453.53	1361.13	10192	10251	267.03
大 连 Dalian	658.87	602.74	11972	12041	127.04
长 春 Changchun	1342.37	1156.13	8777	8731	274.10
哈尔滨 Harbin	964.78	824.78	9920	9780	181.44
上 海 Shanghai	1696.34	1353.70	30677	32926	144.81
南 京 Nanjing	1320.65	1137.19	19007	19428	94.65
杭 州 Hangzhou	1513.62	1284.27	25922	26522	110.19
宁 波 Ningbo	1714.64	1438.89	15065	15956	243.12
合 肥 Hefei	1321.87	1155.72	13365	14086	466.74
福 州 Fuzhou	1708.19	1330.07	13656	14186	252.27
厦 门 Xiamen	540.77	274.70	22622	33830	71.57
南 昌 Nanchang	1906.13	1580.89	9534	9355	124.63
济 南 Jinan	1151.00	934.00	11438	11947	280.44
青 岛 Qingdao	1651.83	1475.58	13603	13674	564.95
郑 州 Zhengzhou	3593.27	3241.97	9472	9332	323.26
武 汉 Wuhan	3332.34	2981.79	14258	13834	179.34
长 沙 Changsha	2335.15	2005.91	8657	8227	232.52
广 州 Guangzhou	1464.64	1106.58	22363	24015	148.32
深 圳 Shenzhen	806.56	638.42	55797	55769	83.33
南 宁 Nanning	1805.23	1550.33	8406	8574	289.82
海 口 Haikou	440.56	373.49	15385	15562	6.52
重 庆 Chongqing	6104.68	5149.08	8402	8657	641.58
成 都 Chengdu	3543.28	2564.86	10867	11729	170.67
贵 阳 Guiyang	1099.27	869.40	10451	9799	169.44
昆 明 Kunming	1916.23	1484.84	11197	12123	265.38
西 安 Xi'an	2375.41	1903.90	11480	11627	53.07
兰 州 Lanzhou	718.44	673.48	7626	7332	46.51
西 宁 Xining	321.24	259.58	8989	8731	21.71
银 川 Yinchuan	679.38	606.16	6440	6440	90.50
乌鲁木齐 Urumqi	657.42	566.85	8690	8728	81.97

主要统计指标解释

待开发土地面积　指房地产开发企业经有关部门批准，通过各种方式获得土地使用权，但尚未开工建设的土地面积。

本年土地购置面积　指房地产开发企业本年通过各种方式获得土地使用权的土地面积。

本年土地成交价款　指房地产开发企业本年进行土地使用权交易活动的最终金额。在土地一级市场，是指土地最后的划拨款、“招拍挂”价格和出让价；在土地二级市场是指土地转让、出租、抵押等最后确定的合同价格。土地成交价款与土地购置面积同口径。

土地购置费　指房地产开发企业通过各种方式取得土地使用权而支付的费用。土地购置费按实际发生额填报，分期付款的，分期计入。

计划总投资　指房地产开发企业在建的建设工程按照总体设计（或按设计概算或预算）规定的内容全部建成计划需要的总投资。

自开始建设累计完成投资　指房地产开发企业在建的房屋建设工程或正在开发的土地开发工程从开始建设到本年末止累计完成的全部投资。

房地产开发投资　指房地产开发企业本年完成的全部用于房屋建设工程、土地开发工程的投资额以及公益性建筑和土地购置费等的投资。

本年实际到位资金　指房地产开发企业本年实际到位的，可用于房地产开发的各种货币资金。包括国内贷款、利用外资、自筹资金、定金及预收款、个人按揭贷款和其他资金。

房屋施工面积　指房地产开发企业本年施工的全部房屋建筑面积。包括本年新开工的房屋建筑面积、上年跨入本年继续施工的房屋建筑面积、上年停缓建在本年恢复施工的房屋建筑面积、本年竣工的房屋建筑面积以及本年施工后又停缓建的房屋建筑面积。多层建筑应填各层建筑面积之和。

房屋新开工面积　指房地产开发企业本年新开工建设的房屋建筑面积，以单位工程为核算对象。不包括在上年开工跨入本年继续施工的房屋建筑面积和上年停缓建而在本年恢复施工的房屋建筑面积。房屋的开工应以房屋正式开始破土刨槽（地基处理或打永久桩）的日期为准。房屋新开工面积指整栋房屋的全部建筑面积，不能分割计算。

房屋竣工面积　指房地产开发企业本年按照设计要求已全部完工，达到住人和使用条件，经验收鉴定合格或达到竣工验收标准，可正式移交使用的各栋房屋建筑面积的总和。

商品房销售面积　指房地产开发企业本年出售商品房屋的合同总面积(即双方签署的正式买卖合同中所确定的建筑面积)。

商品房销售额　指房地产开发企业本年出售商品房屋的合同总价款(即双方签署的正式买卖合同中所确定的合同总价)。该指标与商品房销售面积同口径。

Explanatory Notes on Main Statistical Indicators

Land Space Pending for Development refers to the area of land with its use rights already approved by authorities and obtained by real estate development enterprises but the land development not yet started.

Land Space Purchased in the Year refers to the area of land with its use rights already obtained in the year by real estate development enterprises.

Transaction Value of Land in the Year refers to the final value of transactions made by real estate development enterprises to obtain the land use rights in the year. At the primary land market, it refers to the value of final assignment, or the value reached and transferred as a result of bidding, auction or listing procedures. In the secondary land market, it refers to the final value on contracts with land transfer, lease and mortgage. The transaction value of land and the land space purchased have the same scope.

Value of Land Purchased refers to the payment made by real estate development enterprises for land use rights. The actual payment of land purchased is recorded. If the payment is by installments, it should be recorded when occurring .

Total Investment Planned refers to the total investment required for the completion of the activities according to the planned design or budget for the project under construction by real estate development enterprises.

Accumulative Investment Completed from Starting of Construction refers to all the investment accomplished by real estate development enterprises in the construction of buildings or the development of land from the beginning of project to the end of the year.

Investment in Real Estate Development refers to the investment made by real estate development enterprises in the construction of buildings, development of land, nonprofit buildings and value of land purchased.

Total Actual Funds in Place in the Year refers to the total amount available for real estate development regardless of kinds of currencies. It includes domestic loans, foreign investment, self-raised funds, deposit and advance payment, personal mortgage loan and others.

Floor Space of Buildings under Construction refers to the total space area of the buildings under construction in the year by real estate development enterprises. It includes buildings started in the year, continued from the previous year, suspended in earlier years but restarted in the year, completed in the year, and buildings under construction but suspended in the year. The floor space of a multi-storied building should be the sum of floor space of all the stories.

Floor Space of Buildings Started in the Year refers to the total floor space area of the buildings started in the year by real estate development enterprises. It excludes the buildings started in previous years and continued in the year, and the buildings suspended in previous years but restarted in the year. The start of a construction is defined by the date of ground breaking or pile driving. The floor space of the buildings started in the year includes that of the entire building.

Floor Space of Buildings Completed refers to the total floor space area of each building completed in the year by real estate development enterprises, which meet the requirements as designed, up to the standard for being resided in and put into use, has been checked and accepted by departments concerned as qualified or up to the standard of buildings completed and can be handed over for putting into use.

Floor Space of Commercial Buildings Sold refers to total contracted area of commercial buildings (i.e. area of floor space as designated in the formal contracts signed by both sides) sold by real estate development enterprises in the year.

Sales of Commercial Buildings refers to the total contracted value (i.e. value of sales/purchase for selling/purchase of commercial buildings as designated in the contract signed by both sides) received from the sales of the buildings by real estate development enterprises in the year. This indicator has the same statistical coverage as the area of commercial buildings sold.

20

科学技术

Science and Technology

简 要 说 明

本篇资料主要反映我国科学技术活动和企业创新活动开展的基本情况。

一、本篇资料的主要内容

包括全社会以及规模以上工业法人单位、规模以下工业法人单位、政府属研究机构、高等学校的研究与试验发展（R&D）活动情况；规模以上工业法人单位创新活动开展情况；国内外专利申请和授权情况；高技术企业研发活动情况；科技论文收录情况；高技术产品进出口贸易情况；技术市场交易情况；高新区企业主要经济指标；科协系统科技活动情况；测绘、地震、气象和质量监督等综合技术服务部门业务机构及业务活动情况等。

二、本篇资料的统计范围

科技活动统计资料范围为全社会有研究与试验发展（R&D）活动的企事业单位，具体包括规模以上工业法人单位、规模以下工业法人单位、地级及以上独立核算的政府属科学研究与技术开发机构及科技信息与文献机构、全日制普通高等学校及附属医院以及研究与试验发展（R&D）活动相对密集行业（包括农、林、牧、渔业，建筑业，交通运输、仓储和邮政业，信息传输、软件和信息技术服务业，金融业，租赁和商务服务业，科学研究和技术服务业，水利、环境和公共设施管理业，卫生和社会工作，文化、体育和娱乐业等）中从事研究与试验发展（R&D）活动的企事业单位。创新活动统计资料范围为规模以上工业法人单位。

三、本篇的资料来源

全国综合资料由国家统计局根据科技综合统计报表的有关资料整理汇总，规模以上工业法人单位、规模以下工业法人单位、非工业（包括建筑业，交通运输、仓储和邮政业，信息传输、软件和信息技术服务业，租赁和商务服务业，科学研究和技术服务业，水利、环境和公共设施管理业，卫生和社会工作，文化、体育和娱乐业）法人单位科技活动情况由国家统计局根据企业（单位）研发活动统计报表的有关资料整理汇总；农、林、牧、渔业，金融业等行业的企事业单位由国家统计局根据最近年份的调查数据进行推算；规模以上工业法人单位创新活动情况由国家统计局根据企业创新调查的有关资料整理汇总；政府属研究机构资料由科技部和国家国防科技工业局调查提供；科学研究和技术服务业事业的研究与试验发展（R&D）活动情况资料，以及科技论文资料、技术市场资料、高新区企业资料由科技部调查提供；高等学校资料由教育部调查提供；高技术产品进出口贸易资料由海关总署调查提供；科协系统科技活动资料由中国科协调查提供；专利、测绘、地震、气象和产品质量监督等资料，分别由国家知识产权局、自然资源部、中国地震局、中国气象局、国家市场监督管理总局等部门调查提供。

四、本篇资料的统计调查方法

研究与试验发展(R&D)活动情况采用全面调查取得；创新活动情况采用全面调查取得；科协、专利、测绘、地震、气象和产品质量监督资料采用抽样等多种调查方法取得。

Brief Introduction

Statistics in this chapter reflect the basic information on scientific and technological activities and innovation activities of enterprises in China.

I. Main Contents

Data on research and experimental development (R&D) activities of the whole society, industrial corporate units above designated size, industrial corporate units below designated size, scientific and technological institutions under the government and institutions of higher education; data on innovation activities of industrial corporate units above designated size; data on domestic and foreign patents application accepted and granted; data on research and experimental development activities of high-technology industry (manufacturing industry) enterprises; data on scientific and technological papers; data on import and export trade of high-technological products; data on technological markets transactions; main economic indicators of enterprises in high-tech development zones; data on the scientific and technological activities in the system of associations for science and technology; data on comprehensive technical service departments' operation institutions and activities, such as surveying and mapping, earthquake, meteorology, and product quality supervision.

Ⅱ.Scope of Statistics

Data on scientific and technological activities cover research and experimental development (R&D) activities of enterprises and institutions of whole society, mainly including industrial corporate units above designated size, industrial corporate units below designated size, scientific research and technological development institutions and scientific and technological information and literature institutions of prefecture level and above under the government with independent accounting, full-time universities and colleges, affiliated hospitals, and enterprises and institutions engaged in R&D activities in relatively R&D-intensive industries (such as agriculture, forestry, animal husbandry, fishery, construction, transport, storage and post, information transmission, software and information technology service, finance, leasing and business services, scientific research and technical services, management of water conservancy, environment and public facilities, health and social service, culture, sports and entertainment). Data on innovation activities cover industrial corporate units above designated size.

Ⅲ.Sources of Data

National Bureau of Statistics provides national comprehensive data on the basis of comprehensive reporting forms of science and technology; data on scientific and technological activities of industrial corporate units above designated size, industrial corporate units below designated size, and non-industrial corporate units (including construction, transport, storage and post, information transmission, information technology service, leasing and business services, scientific research and technical services, management of water conservancy, environment and public facilities, health and social service, culture, sports and enetertainment) based on reporting forms of enterprises'(units') R&D activities. National Bureau of Statistics is responsible for providing estimation on enterprises and institutions in agriculture, forestry, animal husbandry, fishery, finance based on recent surveys. Data on innovation activities of industrial corporate units above designated size is also from the National Bureau of Statistics based on business innovation survey. Ministry of Science and Technology and State Administration of Science, Technology and Industry for National Defense provide information on scientific and technological institutions under the government; Ministry of Science and Technology provides information on R&D activities of scientific research and technical service enterprises and institutions, scientific and technological papers, technological markets and enterprises in high-tech development zones; Ministry of Education provides information on scientific and technological activities in institutions of higher education; General Administration of Customs provides information on import and export trade of high-technological products; China Association for Science and Technology provides data on the scientific and technological activities of associations for science and technology; State Intellectual Property Office, Ministry of Natural Resources, China Earthquake Administration, China Meteorological Administration, State Administration for Market Regulation respectively provide data on patents, surveying and mapping, earthquake, meteorology and product quality supervision.

Ⅳ.Statistical Methodology

Data on R&D activities are collected through complete surveys. Data on innovation activities are collected through complete survey. Data on scientific and technological associations, patents, surveying and mapping, earthquake, meteorology and product quality supervision are collected through sample surveys and other surveys.

20-1 科技活动基本情况
Basic Statistics on Scientific and Technological Activities

指　　标	Item	2015	2016	2017	2018	2019
研究与试验发展(R&D)投入情况	**Statistics on R&D Input**					
R&D人员全时当量（万人年）	Full-time Equivalent of R&D Personnel(10 000 man-years)	375.9	387.8	403.4	438.1	480.1
#基础研究	Basic Research	25.3	27.5	29.0	30.5	39.2
应用研究	Applied Research	43.0	43.9	49.0	53.9	61.5
试验发展	Experimental Development	307.5	316.4	325.4	353.8	379.4
R&D经费支出（亿元）	Expenditure on R&D (100 million yuan)	14169.9	15676.7	17606.1	19677.9	22143.6
#基础研究	Basic Research	716.1	822.9	975.5	1090.4	1335.6
应用研究	Applied Research	1528.6	1610.5	1849.2	2190.9	2498.5
试验发展	Experimental Development	11925.1	13243.4	14781.4	16396.7	18309.5
#政府资金	Government Funds	3013.2	3140.8	3487.4	3978.6	4537.3
企业资金	Funds from Enterprises	10588.6	11923.5	13464.9	15079.3	16887.2
R&D经费支出与国内生产总值之比（%）	Ratio of Expenditure on R&D to GDP (%)	2.06	2.10	2.12	2.14	2.23
科技产出及成果情况	**Statistics on S&T Outputs and Results**					
发表科技论文（万篇）	Scientific Papers Issued (10 000 pieces)	164	165	170	184	195
出版科技著作（种）	Publication on Science and Technology (kind)	52207	53284	54204	53629	52067
科技成果登记数（项）	Number of Major Achievements in Science and Technology (item)	55284	58779	59792	65720	68562
国家技术发明奖（项）	Number of National Invention Prizes Awarded (item)	66	66	66	67	65
国家科学技术进步奖（项）	Number of National Scientific and Technological Progress Prizes Awarded (item)	187	171	170	173	185
专利申请数（件）	Number of Patent Applications (piece)	2798500	3464824	3697845	4323112	4380468
#发明专利	Inventions	1101864	1338503	1381594	1542002	1400661
专利授权数（件）	Number of Patent Grants (piece)	1718192	1753763	1836434	2447460	2591607
#发明专利	Inventions	359316	404208	420144	432147	452804
高技术产品进出口及技术市场情况	**Statistics on Export and Import of High-tech Products and Technical Market**					
高新技术产品进出口额(亿美元)	Total Value of Export and Import of High and New-tech Products (USD 100 million)	12033	11272	12515	14185	13685
高新技术产品出口额	Export	6552	6036	6674	7468	7307
高新技术产品进口额	Import	5481	5236	5840	6717	6378
技术市场成交额（亿元）	Transaction Value in Technical Market (100 million yuan)	9836	11407	13424	17697	22398

注：1.2017年起专利申请受理数改为专利申请数(以下相关表同)。
2.R&D经费支出与国内生产总值之比，根据第四次全国经济普查国内生产总值最新核实数据作了相应修正。

a) Since 2017, number of patent applications accepted change to number of patent applications.The same applies to the relevant tables following.
b) Ratio of expenditure on R&D to GDP was revised by use of lastest updated historical data of GDP.

20-2 科学研究与开发机构基本情况
Basic Statistics on Scientific Research and Development Institutions

指标	Item	2015	2016	2017	2018	2019
机构基本情况	**Basic Statistics on Institutions**					
机构数 (个)	Number of R&D Institutions (unit)	3650	3611	3547	3306	3217
#中央属	At National Level	715	734	728	717	726
地方属	At Local Levels	2935	2877	2819	2589	2491
研究与试验发展(R&D)投入情况	**Statistics on R&D Input**					
R&D人员 (万人)	R&D Personnel (10 000 persons)	43.6	45.0	46.2	46.4	48.5
R&D人员全时当量 (万人年)	Full-time Equivalent of R&D Personnel (10 000 man-years)	38.4	39.0	40.6	41.3	42.5
#基础研究	Basic Research	7.1	8.4	8.4	8.5	9.2
应用研究	Applied Research	13.1	12.7	14.3	14.7	14.8
试验发展	Experimental Development	18.1	17.9	17.8	18.0	18.4
R&D经费支出 (亿元)	Expenditure on R&D (100 million yuan)	2136.5	2260.2	2435.7	2691.7	3080.8
#基础研究	Basic Research	295.3	337.4	384.4	423.1	510.3
应用研究	Applied Research	618.4	642.1	699.4	792.1	933.6
试验发展	Experimental Development	1222.8	1280.7	1351.9	1476.5	1636.9
#政府资金	Government Funds	1802.7	1851.6	2025.9	2285.0	2582.4
企业资金	Enterprises Funds	65.4	90.4	91.9	102.6	118.7
R&D项目(课题)情况	**Statistics on R&D Projects**					
R&D项目(课题)数 (项)	Number of R&D Projects	99559	100925	112472	117871	125642
R&D项目(课题)人员全时当量 (万人年)	Participants (Full-time Equivalent) (10 000 man-years)	34.9	34.4	35.9	36.8	37.8
R&D项目(课题)经费支出 (亿元)	Expenditure on R&D Projects (100 million yuan)	1513.8	1592.5	1720.8	1925.4	2119.5
科技产出及成果情况	**Statistics on S&T Outputs and Results**					
发表科技论文 (篇)	Scientific Papers Issued (piece)	169989	175169	177572	176003	185978
#国外发表	Published in Foreign Periodicals	47301	50010	54500	58440	68776
出版科技著作 (种)	Publications on Science and Technology (kind)	5662	5714	5459	5722	5469
专利申请数 (件)	Number of Patent Applications (piece)	46559	52331	56267	61404	67302
#发明专利	Inventions	35092	39854	43426	47740	52185
专利授权数 (件)	Number of Patent Grants (piece)	30104	32442	35350	36778	38476
#发明专利	Inventions	19720	21816	24283	23098	24486

20-3 高等学校科技活动情况
Basic Statistics on Science and Technology Activities by Higher Education Institutions

指　　标	Item	2015	2016	2017	2018	2019
高等学校基本情况	**Basic Statistics on Higher Education Institutions**					
学校数　(个)	Number of Institutions　(unit)	2560	2596	2631	2663	2688
#理工农医	Natural Sciences & Technology	1713	2021	2162	2211	2294
#人文社科	Social Sciences & Humanities	1814	2199	2325	2346	2376
R&D机构　(个)	R&D Institutions　(unit)	11732	13062	14971	16280	18379
研究与试验发展(R&D)投入情况	**Statistics on R&D Input**					
R&D人员　(万人)	R&D Personnel　(10 000 persons)	83.9	85.2	91.4	98.4	123.3
R&D人员全时当量　(万人年)	Full-time Equivalent of R&D Personnel (10 000 man-years)	35.5	36.0	38.2	41.1	56.5
#基础研究	Basic Research	16.4	16.7	18.1	19.1	26.7
应用研究	Applied Research	17.2	17.3	18.3	19.7	25.8
试验发展	Experimental Development	1.9	2.0	1.9	2.3	4.1
R&D经费支出　(亿元)	Expenditure on R&D　(100 million yuan)	998.6	1072.2	1266.0	1457.9	1796.6
#基础研究	Basic Research	391.0	432.5	531.1	589.9	722.2
应用研究	Applied Research	516.3	528.4	623.1	711.5	879.3
试验发展	Experimental Development	91.3	111.4	111.8	156.5	195.1
#政府资金	Government Funds	637.3	687.8	804.5	972.3	1048.5
企业资金	Enterprises Funds	301.5	310.5	360.4	387.2	471.0
R&D项目(课题)情况	**Statistics on R&D Projects**					
R&D项目(课题)数　(项)	Number of R&D Projects	841520	894279	966780	1076903	1188769
R&D项目(课题)人员全时当量(万人年)	Participants(Full-time Equivalent)(10 000 man-years)	35.4	36.0	38.2	41.1	56.5
R&D项目(课题)经费支出 (亿元)	Expenditure on R&D Projects　(100 million yuan)	765.6	777.2	877.0	988.8	1154.0
科技产出及成果情况	**Statistics on S&T Outputs and Results**					
发表科技论文　(篇)	Scientific Papers Issued　(piece)	1220467	1267881	1308110	1389912	1447336
#国外发表	Published in Foreign Periodicals	313698	355483	390235	459492	542557
出版科技著作　(种)	Publications on Science and Technology　(kind)	43136	44518	45591	44794	43331
专利申请数　(件)	Number of Patent Applications　(piece)	190351	236665	277524	320790	340685
#发明专利	Inventions	109911	137755	157131	191964	210885
专利授权数　(件)	Number of Patent Grants　(piece)	127329	149524	169679	193027	213163
#发明专利	Inventions	55021	66419	78254	79773	92394

20-4 规模以上工业企业的科技活动基本情况
Basic Statistics on Science and Technology Activities of Industrial Enterprises above Designated Size

指　　标	Item	2004	2009	2018	2019
企业基本情况	**Statistics on Industrial Enterprises**				
有R&D活动企业数 (个)	Number of Enterprises with R&D Activities (unit)	17075	36387	104820	129198
有R&D活动企业所占比重 (%)	Percentage of Enterprises with R&D Activities to Total Number of Enterprises (%)	6.2	8.5	28.0	34.2
R&D活动情况	**Statistics on R&D Activities**				
R&D人员全时当量 (万人年)	Full-time Equivalent of R&D Personnel (10 000 man-years)	54.2	144.7	298.1	315.2
R&D经费支出 (亿元)	Expenditure on R&D (100 million yuan)	1104.5	3775.7	12954.8	13971.1
R&D经费支出与营业收入之比(%)	Percentage of Expenditure on R&D to Sales Revenue (%)	0.56	0.69	1.23	1.32
R&D项目数 (项)	R&D Projects (item)	53641	194400	472299	598072
R&D项目经费支出 (亿元)	Expenditure on R&D Projects (100 million yuan)	921.2	3185.9	12333.5	14236.9
企业办R&D机构情况	**Statistics on R&D Institutions**				
机构数 (个)	Number of R&D Institutions (unit)	17555	29879	83115	95459
机构人员数 (万人)	R&D Personnel (10 000 persons)	64.4	155.0	318.3	341.6
机构经费支出 (亿元)	Expenditure on R&D Institutions (100 million yuan)	841.6	2983.6	10321.3	12175.5
新产品开发及生产情况	**Statistics on Development and Production of New Products**				
新产品开发项目数 (个)	Number of Projects on New Products (unit)	76176	237754	558305	671799
新产品开发经费支出 (亿元)	Expenditure on New Products Development (100 million yuan)	965.7	4482.0	14987.2	16985.7
新产品销售收入 (亿元)	Sales Revenue of New Products (100 million yuan)	22808.6	65838.2	197094.1	212060.3
#新产品出口	Export	5312.2	11572.5	36160.8	39269.3
专利情况	**Statistics on Patents**				
专利申请数 (件)	Number of Patent Applications (piece)	64569	265808	957298	1059808
#发明专利	Inventions	20456	92450	371569	398802
有效发明专利数 (件)	Number of Effective Inventions	30315	118245	1094200	1218074
技术获取和技术改造情况	**Statistics on Technology Acquisition and Technology Transformation**				
引进国外技术经费支出 (亿元)	Expenditure for Acquisition of Foreign Technology(100 million yuan)	397.4	422.2	465.3	476.7
引进技术消化吸收经费支出(亿元)	Expenditure for Assimilation of Technology(100 million yuan)	61.2	182.0	91.0	96.8
购买国内技术经费支出 (亿元)	Expenditure for Purchase of Domestic Technology(100 million yuan)	82.5	203.4	440.2	537.4
技术改造经费支出 (亿元)	Expenditure for Technical Renovation (100 million yuan)	2953.5	4344.7	3233.4	3740.2

注：从2011年起，规模以上工业企业的统计范围从年主营业务收入为500万元及以上的法人工业企业调整为年主营业务收入为2000万元及以上的法人工业企业。以下各表同。

a) From 2011, the statistics coverage of the industrial enterprises above designated size has been changed from the industrial enterprises with the sales revenue above 5 million RMB to the industrial enterprises with the sales revenue above 20 million RMB. The same applies to the following tables.

20-5 按登记注册类型分规模以上工业企业研究与试验发展(R&D)活动及专利情况(2019年)

Statistics on R&D Activities and Patents of Industrial Enterprises above Designated Size by Registration Status (2019)

登记注册类型	Status of Registration	R&D人员全时当量(人年) Full-time Equivalent of R&D Personnel (man-year)	R&D经费(万元) Expenditure on R&D (10 000 yuan)	R&D项目数(项) R&D Projects (unit)	专利申请数(件) Number of Patent Applications (piece)	#发明专利 Inventions	有效发明专利数(件) Number of Effective Inventions (piece)
合　计	**Total**	**3151828**	**139710989**	**598072**	**1059808**	**398802**	**1218074**
#大中型工业企业	Large and Medium-sized Industrial Enterprises	1996171	99969304	242806	574316	267754	760471
内资企业	**Domestic Invested Enterprises**	**2515116**	**112189638**	**510509**	**912864**	**343664**	**1028567**
国有企业	State-owned Enterprises	23575	831846	3890	11750	6391	14497
集体企业	Collective-owned Enterprises	1738	57356	347	352	108	320
股份合作企业	Cooperative Enterprises	2598	63154	724	673	155	739
联营企业	Joint Ownership Enterprises	93	4497	27	30	6	33
国有联营企业	State Joint Ownership Enterprises	19	1056	7	3	1	22
有限责任公司	Limited Liability Corporations	831757	44497931	145405	302457	140515	394039
国有独资公司	State Sole-proprietorship Corporations	106605	6233484	17676	50486	25683	58329
股份有限公司	Share-holding Corporations Ltd.	451358	21391117	65058	150246	68666	226204
私营企业	Private Enterprises	1202413	45167497	294868	447064	127651	392406
其他企业	Other Enterprises	1583	176240	190	292	172	329
港、澳、台商投资企业	**Enterprises with Investment from Hong Kong, Macao and Taiwan**	**314242**	**11383701**	**40931**	**70919**	**25564**	**93651**
合资经营企业	Joint-venture Enterprises	108248	4182362	15493	26670	9354	33837
合作经营企业	Cooperative Enterprises	2790	139394	395	680	123	657
独资经营企业	Sole-proprietorship Enterprises	185489	6346976	22539	40199	14899	52504
投资股份有限公司	Share-holding Corporations Ltd.	15758	658969	2187	3007	1122	6308
外商投资企业	**Foreign Invested Enterprises**	**322470**	**16137651**	**46632**	**76025**	**29574**	**95856**
中外合资经营企业	Joint-venture Enterprises	134700	8446693	20498	37195	15453	43804
中外合作经营企业	Cooperative Enterprises	3422	177970	569	825	256	745
外资企业	Sole-proprietorship Enterprises	166146	6652550	22969	32208	11603	43188
外商投资股份有限公司	Share-holding Corporations Ltd.	15169	710382	2086	4816	1943	6671

20-6 按行业分规模以上工业企业研究与试验发展(R&D)活动及专利情况(2019年)

Statistics on R&D Activities and Patents of Industrial Enterprises above Designated Size by Industrial Sector (2019)

行业	Sector	R&D人员全时当量(人年) Full-time Equivalent of R&D Personnel (man-year)	R&D经费(万元) Expenditure on R&D (10 000 yuan)	R&D项目数(项) R&D Projects (unit)	专利申请数(件) Number of Patent Applications (piece)	#发明专利 Inventions	有效发明专利数(件) Number of Effective Inventions (piece)
全国总计	**Total**	**3151828**	**139710989**	**598072**	**1059808**	**398802**	**1218074**
煤炭开采和洗选业	Mining and Washing of Coal	33947	1092399	2952	3547	926	3442
石油和天然气开采业	Extraction of Petroleum and Natural Gas	15512	937990	2502	4069	1884	3806
黑色金属矿采选业	Mining and Processing of Ferrous Metal Ores	3047	134369	523	705	326	1359
有色金属矿采选业	Mining and Processing of Non-ferrous Metal Ores	5689	217864	924	1030	288	994
非金属矿采选业	Mining and Processing of Non-metal Ores	4498	185833	900	702	181	781
农副食品加工业	Processing of Food from Agricultural Products	52292	2619763	12736	11441	3710	10805
食品制造业	Manufacture of Foods	40227	1562120	9491	9989	3647	12303
酒、饮料和精制茶制造业	Manufacture of Liquor, Beverages and Refined Tea	22132	1075597	4514	4834	1345	4428
烟草制品业	Manufacture of Tobacco	4256	303865	1496	4940	1887	4454
纺织业	Manufacture of Textile	91364	2658673	15963	16410	4480	11897
纺织服装、服饰业	Manufacture of Textile, Wearing Apparel and Accessories	42368	1056349	6294	6814	1536	4462
皮革、毛皮、羽毛及其制品和制鞋业	Manufacture of Leather, Fur, Feather and Related Products and Footwear	32106	803482	4946	5239	962	2556
木材加工和木、竹、藤、棕、草制品业	Processing of Timber, Manufacture of Wood, Bamboo, Rattan, Palm and Straw Products	17029	631502	3882	4388	1144	3236
家具制造业	Manufacture of Furniture	30023	735978	5944	11928	1738	7178
造纸及纸制品业	Manufacture of Paper and Paper Products	33001	1576680	6455	8002	1880	6608
印刷和记录媒介复制业	Printing and Reproduction of Recording Media	26651	795816	5468	7392	1780	6462
文教、工美、体育和娱乐用品制造业	Manufacture of Articles for Culture, Education, Arts and Crafts, Sport and Entertainment Activities	45498	1182174	8936	15983	2611	10041
石油、煤炭及其他燃料加工业	Processing of Petroleum, Coal and Other Fuels	15422	1846976	3307	3277	1187	5096
化学原料及化学制品制造业	Manufacture of Raw Chemical Materials and Chemical Products	164749	9234036	42246	43817	19338	65333
医药制造业	Manufacture of Medicines	122720	6095605	32296	23400	11883	47910
化学纤维制造业	Manufacture of Chemical Fibre	21565	1236880	3880	3290	1095	4067
橡胶和塑料制品业	Manufacture of Rubber and Plastics Products	107936	3576060	25490	34308	8857	33206
非金属矿物制品业	Manufacture of Non-metallic Mineral Products	122263	5200941	26859	35527	10147	31743
黑色金属冶炼和压延加工业	Smelting and Pressing of Ferrous Metals	85657	8863003	12180	17474	6912	18331
有色金属冶炼和压延加工业	Smelting and Pressing of Non-ferrous Metals	68701	4798098	13567	15599	5239	18271
金属制品业	Manufacture of Metal Products	134219	4663828	31787	46181	11308	43567
通用设备制造业	Manufacture of General Purpose Machinery	240908	8228766	55929	95039	28030	91608
专用设备制造业	Manufacture of Special Purpose Machinery	212802	7767235	48759	94361	31043	107509
汽车制造业	Manufacture of Automobiles	250600	12896141	38395	70247	19955	62403
铁路、船舶、航空航天和其他运输设备制造业	Manufacture of Railway, Ship, Aerospace and Other Transport Equipments	93280	4290876	13693	28547	12718	38628
电气机械和器材制造业	Manufacture of Electrical Machinery and Apparatus	327690	14061749	64676	157224	51867	143142
计算机、通信和其他电子设备制造业	Manufacture of Computers, Communication and Other Electronic Equipment	543781	24480937	59290	204836	120512	340117
仪器仪表制造业	Instruments and Meters	77108	2290754	16596	30626	11051	31435
其他制造业	Other Manufacturing	13206	398115	2406	4400	1511	5088
金属制品、机械和设备修理业	Repair Service of Metal Products, Machinery and Equipment	5364	170592	905	1325	454	1540
电力、热力生产和供应业	Production and Supply of Electric Power and Heat Power	23762	1130497	7287	27165	13313	27078
燃气生产和供应业	Production and Supply of Gas	5123	170177	785	814	231	532
水的生产和供应业	Production and Supply of Water	3640	144402	873	1135	375	1070

20-7 分地区规模以上工业企业研究与试验发展(R&D)活动及专利情况(2019年)

Statistics on R&D Activities and Patents of Industrial Enterprises above Designated Size by Region (2019)

地 区	Region	R&D人员全时当量(人年) Full-time Equivalent of R&D Personnel (man-year)	R&D经费(万元) Expenditure on R&D (10 000 yuan)	R&D项目数(项) R&D Projects (unit)	专利申请数(件) Number of Patent Applications (piece)	#发明专利 Inventions	有效发明专利数(件) Number of Effective Inventions (piece)
全 国	**National Total**	**3151828**	**139710989**	**598072**	**1059808**	**398802**	**1218074**
北 京	Beijing	44241	2851859	7671	22552	11543	48656
天 津	Tianjin	45685	2134320	10825	15634	4676	20856
河 北	Hebei	76096	4385826	13340	21570	8431	21487
山 西	Shanxi	27478	1380813	3826	6201	2543	8619
内蒙古	Inner Mongolia	15001	1183625	2283	5064	2050	5491
辽 宁	Liaoning	52104	3102482	10370	13783	4995	22848
吉 林	Jilin	11849	684086	2049	6256	2386	4853
黑龙江	Heilongjiang	15054	714862	2920	4449	2060	6232
上 海	Shanghai	80694	5906504	13636	35326	15239	53559
江 苏	Jiangsu	508375	22061581	95240	175906	57429	180893
浙 江	Zhejiang	451752	12742260	98501	114326	30914	75770
安 徽	Anhui	124491	5765371	25799	55520	22975	54798
福 建	Fujian	126089	5985139	21689	37196	11025	34668
江 西	Jiangxi	85032	3202151	18645	27813	5768	13328
山 东	Shandong	198205	12109485	45250	57339	21948	67896
河 南	Henan	140361	6087153	23810	30397	8734	30245
湖 北	Hubei	115743	5865143	17424	35149	16366	38000
湖 南	Hunan	106946	5931485	21212	30900	13356	39642
广 东	Guangdong	642490	23148566	106340	272616	121320	375515
广 西	Guangxi	22102	1044742	3937	6373	2634	8176
海 南	Hainan	1779	108154	549	734	269	1501
重 庆	Chongqing	62424	3358918	14001	16650	5565	18281
四 川	Sichuan	78289	3878572	17461	29678	11250	39658
贵 州	Guizhou	23164	910206	3850	6919	2985	7740
云 南	Yunnan	29440	1297741	6286	7611	2665	10131
西 藏	Tibet	264	5574	46	51	32	156
陕 西	Shaanxi	42983	2408037	6098	12797	5593	18774
甘 肃	Gansu	8547	505544	1705	3393	1292	3413
青 海	Qinghai	2379	93712	451	1088	438	760
宁 夏	Ningxia	8073	415733	1789	2885	1087	2777
新 疆	Xinjiang	4698	441347	1069	3632	1234	3351

20-8 按登记注册类型分规模以上工业企业新产品开发及生产情况(2019年)

New Products Development and Production of Industrial Enterprises above Designated Size by Registration Status (2019)

登记注册类型	Status of Registration	新产品开发项目数(项) Projects for New Products Development (unit)	新产品开发经费支出(万元) Expenditure on New Products Development (10 000 yuan)	新产品销售收入(万元) Sales Revenue of New Products (10 000 yuan)	#出口 Exports
合　计	**Total**	**671799**	**169857185**	**2120602638**	**392692888**
#大中型工业企业	Large and Medium-sized Industrial Enterprises	253058	120324781	1660898594	341265063
内资企业	**Domestic Invested Enterprises**	**568733**	**133642655**	**1557714924**	**217761381**
国有企业	State-owned Enterprises	3494	935778	14709021	202665
集体企业	Collective-owned Enterprises	373	68050	475073	12183
股份合作企业	Cooperative Enterprises	808	76187	830617	65488
联营企业	Joint Ownership Enterprises	28	4825	19099	2053
国有联营企业	State Joint Ownership Enterprises	7	688	4177	2053
有限责任公司	Limited Liability Corporations	156913	54394710	591689881	78517044
国有独资公司	State Sole-proprietorship Corporations	16980	7616360	102803036	9879412
股份有限公司	Share-holding Corporations Ltd.	68678	24090703	307938791	45050062
私营企业	Private Enterprises	338247	53896801	639791719	93368828
其他企业	Other Enterprises	192	175600	2260721	543058
港、澳、台商投资企业	**Enterprises with Investment from Hong Kong, Macao and Taiwan**	**48400**	**14875719**	**252177740**	**97354532**
合资经营企业	Joint-venture Enterprises	17639	5385408	76087764	15256852
合作经营企业	Cooperative Enterprises	485	141926	1572108	368765
独资经营企业	Sole-proprietorship Enterprises	27311	8240202	161478078	76799949
投资股份有限公司	Share-holding Corporations Ltd.	2625	1046394	12271956	4660579
外商投资企业	**Foreign Invested Enterprises**	**54666**	**21338811**	**310709974**	**77576975**
中外合资经营企业	Joint-venture Enterprises	24142	10966505	181688433	22534799
中外合作经营企业	Cooperative Enterprises	585	238222	4251726	1861806
外资企业	Sole-proprietorship Enterprises	27168	9124686	110148256	50287071
外商投资股份有限公司	Share-holding Corporations Ltd.	2149	773956	10921213	2289794

20-9 按行业分规模以上工业企业新产品开发及生产情况(2019年)
New Products Development and Production of Industrial Enterprises above Designated Size by Industrial Sector (2019)

行业	Sector	新产品开发项目数(项) Projects for New Products Development (unit)	新产品开发经费支出(万元) Expenditure on New Products Development (10 000 yuan)	新产品销售收入(万元) Sales Revenue of New Products (10 000 yuan)	#出口 Exports
全国总计	**Total**	**671799**	**169857185**	**2120602638**	**392692888**
煤炭开采和洗选业	Mining and Washing of Coal	1219	467256	5586542	1486275
石油和天然气开采业	Extraction of Petroleum and Natural Gas	630	237280	2257449	
黑色金属矿采选业	Mining and Processing of Ferrous Metal Ores	355	102199	835078	
有色金属矿采选业	Mining and Processing of Non-Ferrous Metal Ores	429	107003	2067434	5146
非金属矿采选业	Mining and Processing of Non-metal Ores	603	133837	1440718	34894
农副食品加工业	Processing of Food from Agricultural Products	13771	2917579	32030000	1870546
食品制造业	Manufacture of Foods	10861	1956976	18072561	1685006
酒、饮料和精制茶制造业	Manufacture of Liquor, Beverages and Refined Tea	4731	1094598	13727373	427668
烟草制品业	Manufacture of Tobacco	1404	293783	9085920	168211
纺织业	Manufacture of Textile	16792	2996885	37490323	8228462
纺织服装、服饰业	Manufacture of Textile, Wearing Apparel and Accessories	6968	1263798	16749369	4506225
皮革、毛皮、羽毛及其制品和制鞋业	Manufacture of Leather, Fur, Feather and Related Products and Footwear	5460	962667	11091906	2974744
木材加工和木、竹、藤、棕、草制品业	Processing of Timber, Manufacture of Wood, Bamboo, Rattan, Palm and Straw Products	3715	678021	6798559	1095529
家具制造业	Manufacture of Furniture	7323	1014522	12768723	3981195
造纸及纸制品业	Manufacture of Paper and Paper Products	7232	1841321	29512526	1846276
印刷和记录媒介复制业	Printing and Reproduction of Recording Media	5916	965199	12103803	1603035
文教、工美、体育和娱乐用品制造业	Manufacture of Articles for Culture, Education, Arts and Crafts, Sport and Entertainment Activities	10356	1478514	16174316	6089282
石油、煤炭及其他燃料加工业	Processing of Petroleum, Coal and Other Fuels	2626	1222223	31879700	2994293
化学原料及化学制品制造业	Manufacture of Raw Chemical Materials and Chemical Products	42578	8783712	118385427	11371434
医药制造业	Manufacture of Medicines	36098	7325193	66734599	5537530
化学纤维制造业	Manufacture of Chemical Fibres	4032	1607881	28412217	2434445
橡胶和塑料制品业	Manufacture of Rubber and Plastics Products	30664	4639817	55264639	10681205
非金属矿物制品业	Manufacture of Non-metallic Mineral Products	26952	5543097	61740472	5739006
黑色金属冶炼和压延加工业	Smelting and Pressing of Ferrous Metals	11145	9559300	105635969	7810864
有色金属冶炼和压延加工业	Smelting and Pressing of Non-ferrous Metals	11843	4280599	79519573	4921920
金属制品业	Manufacture of Metal Products	36399	5723342	62784691	10492486
通用设备制造业	Manufacture of General Purpose Machinery	64452	10278695	117112624	16952769
专用设备制造业	Manufacture of Special Purpose Machinery	57743	9698820	89600083	11862951
汽车制造业	Manufacture of Automobiles	45188	17351599	278720533	12760143
铁路、船舶、航空航天和其他运输设备制造业	Manufacture of Railway, Ship, Aerospace and Other Transport Equipments	15744	5418863	65595103	13550414
电气机械和器材制造业	Manufacture of Electrical Machinery and Apparatus	78462	17644378	243040112	51763381
计算机、通信和其他电子设备制造业	Manufacture of Computers, Communication and Other Electronic Equipment	76274	36778181	441509516	181935899
仪器仪表制造业	Manufacture of Measuring Instruments and Machinery	21452	3227817	23993364	3696200
其他制造业	Other Manufacture	2868	433953	3540521.4	787251
金属制品、机械和设备修理业	Repair Service of Metal Products, Machinery and Equipment	1035	231609	3251922	984486
电力、热力生产和供应业	Production and Supply of Electric Power and Heat Power	5153	913684	4257914	32413
燃气生产和供应业	Production and Supply of Gas	658	127986	5655524	101
水的生产和供应业	Production and Supply of Water	592	111764	793400	1690

20-10 分地区规模以上工业企业新产品开发及生产情况(2019年)
New Products Development and Production of Industrial Enterprises above Designated Size by Region (2019)

地区	Region	新产品开发项目数(项) Projects for New Products Development (unit)	新产品开发经费支出(万元) Expenditure on New Products Development (10 000 yuan)	新产品销售收入(万元) Sales Revenue of New Products (10 000 yuan)	#出口 Exports
全　国	**National Total**	**671799**	**169857185**	**2120602638**	**392692888**
北　京	Beijing	12142	4244502	52201988	7067372
天　津	Tianjin	12714	2120384	38466201	6011798
河　北	Hebei	14913	5046187	64847324	5989527
山　西	Shanxi	4778	1403231	19892632	3957160
内蒙古	Inner Mongolia	1996	925345	11274431	648009
辽　宁	Liaoning	12212	3420219	42835981	4266630
吉　林	Jilin	3511	1769661	26275923	872324
黑龙江	Heilongjiang	3658	748699	7336240	277328
上　海	Shanghai	20836	8516190	101409491	14115390
江　苏	Jiangsu	95797	27013149	301019390	79560207
浙　江	Zhejiang	110063	15316802	260993704	51421463
安　徽	Anhui	27734	6192560	96985530	10627065
福　建	Fujian	22275	5806318	57893119	14192569
江　西	Jiangxi	20589	4584841	63281504	8088637
山　东	Shandong	44196	10566243	134800845	16575057
河　南	Henan	19035	4980837	67883527	21330159
湖　北	Hubei	17737	6909409	97076662	5737351
湖　南	Hunan	21343	6593679	81053560	5078210
广　东	Guangdong	146954	38649832	429700648	118461382
广　西	Guangxi	4846	1445180	18382401	1337034
海　南	Hainan	835	159612	935498	19751
重　庆	Chongqing	14274	3421298	43654109	8924154
四　川	Sichuan	17648	4030592	42118322	4149003
贵　州	Guizhou	4235	856777	8188302	417413
云　南	Yunnan	5661	1227702	9395451	382403
西　藏	Tibet	39	6657	230104	
陕　西	Shaanxi	7595	2654451	25660429	1721383
甘　肃	Gansu	1458	457278	5527138	647734
青　海	Qinghai	259	91755	1233887	15972
宁　夏	Ningxia	1448	310908	4476886	205480
新　疆	Xinjiang	1018	386888	5571410	594923

20-11 按行业分规模以上工业企业产品和工艺创新情况(2019年)
Industrial Enterprises above Designated Size with Product or Process Innovation by Industrial Sector (2019)

行　业	Sector	有产品或工艺创新活动的企业数(个) Number of Enterprises with Product or Process Innovation Activities (unit)	有产品或工艺创新活动的企业占规模以上工业企业的比重(%) As Percentage of Industrial Enterprises above Designated Size (%)	#实现产品创新的企业所占比重 With Product Innovation	#实现工艺创新的企业所占比重 With Process Innovation
总　计	**Total**	**187505**	**49.6**	**31.7**	**34.3**
采矿业	Mining	1866	18.3	4.0	11.9
煤炭开采和洗选业	Mining and Washing of Coal	631	14.8	2.3	10.3
石油和天然气开采业	Extraction of Petroleum and Natural Gas	53	44.5	10.1	33.6
黑色金属矿采选业	Mining and Processing of Ferrous Metal Ores	210	18.1	2.8	11.4
有色金属矿采选业	Mining and Processing of Non-ferrous Metal Ores	328	26.6	5.5	17.9
非金属矿采选业	Mining and Processing of Non-metal Ores	573	18.1	5.7	10.7
开采专业及辅助性活动	Support Activies for Mining	66	25.8	8.6	17.2
其他采矿业	Mining of Other Ores	5	50.0		10.0
制造业	Manufacture	182828	51.7	33.7	35.8
农副食品加工业	Processing of Food from Agricultural Products	7623	35.8	19.3	23.0
食品制造业	Manufacture of Foods	3945	49.1	32.3	32.8
酒、饮料和精制茶制造业	Manufacture of Liquor, Beverages and Refined Tea	2453	43.3	24.8	27.9
烟草制品业	Manufacture of Tobacco	78	72.9	43.9	49.5
纺织业	Manufacture of Textile	7855	43.6	25.8	27.6
纺织服装、服饰业	Manufacture of Textile, Wearing Apparel and Accessories	4272	32.0	17.6	18.6
皮革、毛皮、羽毛及其制品和制鞋业	Manufacture of Leather, Fur, Feather and Related Products and Footware	3370	40.5	26.8	23.0
木材加工和木、竹、藤、棕、草制品业	Processing of Timber, Manufacture of Wood, Bamboo, Rattan, Palm and Straw Products	2545	28.2	14.0	18.1
家具制造业	Manufacture of Furniture	2805	43.3	27.5	29.8
造纸和纸制品业	Manufacture of Paper and Paper Products	2604	39.6	23.6	28.2
印刷和记录媒介复制业	Printing and Reproduction of Recording Media	2509	44.2	25.5	31.4
文教、工美、体育和娱乐用品制造业	Manufacture of Articles for Culture, Education, Arts and Crafts, Sport and Entertainment Activities	4161	47.5	31.6	30.9
石油、煤炭及其他燃料加工业	Processing of Petroleum, Coal and Other Fuele	798	39.9	17.7	27.6
化学原料和化学制品制造业	Manufacture of Raw Chemical Materials and Chemical Products	12269	56.8	34.7	39.1
医药制造业	Manufacture of Medicines	5498	74.4	43.3	52.6
化学纤维制造业	Manufacture of Chemical Fibres	1137	60.4	36.6	39.9
橡胶和塑料制品业	Manufacture of Rubber and Plastics Products	9610	49.5	32.7	34.5
非金属矿物制品业	Manufacture of Non-metallic Mineral Products	12593	34.8	17.9	22.8
黑色金属冶炼和压延加工业	Smelting and Pressing of Ferrous Metals	1946	38.1	21.0	26.6
有色金属冶炼和压延加工业	Smelting and Pressing of Non-ferrous Metals	3653	50.4	30.6	35.5
金属制品业	Manufacture of Metal Products	12068	48.9	30.4	34.4
通用设备制造业	Manufacture of General Purpose Machinery	16205	65.4	46.5	46.5
专用设备制造业	Manufacture of Special Purpose Machinery	13286	69.5	50.0	49.6
汽车制造业	Manufacture of Automobiles	9649	62.3	45.0	45.8
铁路、船舶、航空航天和其他运输设备制造业	Manufacture of Railway, Ship, Aerospace and Other Transport Equipments	2918	62.0	43.0	44.4
电气机械和器材制造业	Manufacture of Electrical Machinery and Apparatus	17306	68.5	50.6	49.8
计算机、通信和其他电子设备制造业	Manufacture of Computers, Communication and Other Electronic Equipment	13957	74.5	56.8	55.5
仪器仪表制造业	Manufacture of Measuring Instruments and Machinery	3935	80.4	63.1	56.7
其他制造业	Other Manufacture	885	52.6	34.6	35.9
废弃资源综合利用业	Utilization of Waste Resources	696	36.5	14.8	23.2
金属制品、机械和设备修理业	Repair Service of Metal Products, Machinery and Equipment	199	43.1	21.0	30.7
电力、热力、燃气及水生产和供应业	Production and Supply of Electricity, Heat, Gas and Water	2811	20.5	2.6	13.0
电力、热力生产和供应业	Production and Supply of Electric Power and Heat Power	1841	20.5	2.4	12.9
燃气生产和供应业	Production and Supply of Gas	389	16.8	2.5	11.3
水的生产和供应业	Production and Supply of Water	581	24.0	3.5	15.2

20-12 按登记注册类型分规模以上工业企业产品和工艺创新情况(2019年)

Industrial Enterprises above Designated Size with Product or Process Innovation by Status of Registration (2019)

登记注册类型	Status of Registration	有产品或工艺创新活动的企业数(个) Number of Enterprises with Product or Process Innovation Activities (unit)	有产品或工艺创新活动的企业占规模以上工业企业的比重(%) As Percentage of Industrial Enterprises above Designated Size (%)	#实现产品创新的企业所占比重 With Product Innovation	#实现工艺创新的企业所占比重 With Process Innovation
总　计	**Total**	**187505**	**49.6**	**31.7**	**34.3**
内资企业	Domestic Invested Enterprises	164418	49.2	31.3	33.9
国有企业	State-owned Enterprises	441	29.9	13.8	20.3
集体企业	Collective-owned Enterprises	234	21.0	8.8	12.0
股份合作企业	Cooperative Enterprises	351	48.0	35.0	33.3
联营企业	Joint Ownership Enterprises	15	25.9	13.8	17.2
有限责任公司	Limited Liability Corporations	36377	48.1	30.3	34.6
国有独资公司	State Sole-proprietorship Corporations	1890	45.3	24.4	32.4
股份有限公司	Share-holding Corporations Ltd.	8474	72.9	54.7	56.0
私营企业	Private Enterprises	118521	48.7	30.8	32.9
其他企业	Other Enterprises	5	14.7	14.7	11.8
港、澳、台商投资企业	Enterprises with Investment from Hong Kong, Macao and Taiwan	10682	53.3	35.8	38.3
外商投资企业	Foreign Invested Enterprises	12405	52.7	34.1	35.8

20-13 按行业分规模以上工业企业组织(管理)和营销创新情况(2019年)
Industrial Enterprises above Designated Size with Organizational or Marketing Innovation by Industrial Sector (2019)

行业	Sector	实现组织(管理)或营销创新的企业数(个) Number of Enterprises with Organizational or Marketing Innovation (unit)	实现组织(管理)或营销创新的企业占规模以上工业企业的比重(%) As Percentage of Industrial Enterprises above Designated Size (%)	#实现组织(管理)创新的企业所占比重 With Organizational Innovation	#实现营销创新的企业所占比重 With Marketing Innovation
总计	**Total**	**154800**	**41.0**	**32.5**	**31.7**
采矿业	Mining	2150	21.1	18.7	10.8
煤炭开采和洗选业	Mining and Washing of Coal	845	19.9	17.8	10.1
石油和天然气开采业	Extraction of Petroleum and Natural Gas	35	29.4	27.7	7.6
黑色金属矿采选业	Mining and Processing of Ferrous Metal Ores	218	18.7	17.1	8.5
有色金属矿采选业	Mining and Processing of Non-ferrous Metal Ores	307	24.9	23.1	9.3
非金属矿采选业	Mining and Processing of Non-metal Ores	665	21.0	17.4	13.4
开采专业及辅助性活动	Support Activies for Mining	77	30.1	28.9	9.0
其他采矿业	Mining of Other Ores	3	30.0	30.0	20.0
制造业	Manufacture	149198	42.2	33.3	33.1
农副食品加工业	Processing of Food from Agricultural Products	8596	40.4	28.4	35.6
食品制造业	Manufacture of Foods	4094	51.0	34.9	46.6
酒、饮料和精制茶制造业	Manufacture of Liquor, Beverages and Refined Tea	2716	47.9	32.2	44.3
烟草制品业	Manufacture of Tobacco	53	49.5	40.2	32.7
纺织业	Manufacture of Textile	5760	32.0	25.0	24.6
纺织服装、服饰业	Manufacture of Textile, Wearing Apparel and Accessories	3574	26.8	20.4	20.1
皮革、毛皮、羽毛及其制品和制鞋业	Manufacture of Leather, Fur, Feather and Related Products and Footware	2486	29.9	21.1	24.6
木材加工和木、竹、藤、棕、草制品业	Processing of Timber, Manufacture of Wood, Bamboo, Rattan, Palm and Straw Products	2397	26.6	19.6	22.1
家具制造业	Manufacture of Furniture	2574	39.8	29.2	34.6
造纸和纸制品业	Manufacture of Paper and Paper Products	2360	35.9	27.9	28.0
印刷和记录媒介复制业	Printing and Reproduction of Recording Media	2126	37.5	29.8	28.9
文教、工美、体育和娱乐用品制造业	Manufacture of Articles for Culture, Education, Arts and Crafts, Sport and Entertainment Activities	3431	39.2	27.8	33.6
石油、煤炭及其他燃料加工业	Processing of Petroleum, Coal and Other Fuele	750	37.5	31.8	26.2
化学原料和化学制品制造业	Manufacture of Raw Chemical Materials and Chemical Products	9673	44.8	35.6	35.1
医药制造业	Manufacture of Medicines	4369	59.1	46.4	48.7
化学纤维制造业	Manufacture of Chemical Fibres	709	37.7	30.1	29.2
橡胶和塑料制品业	Manufacture of Rubber and Plastics Products	7924	40.8	31.4	32.0
非金属矿物制品业	Manufacture of Non-metallic Mineral Products	11581	32.0	26.0	23.3
黑色金属冶炼和压延加工业	Smelting and Pressing of Ferrous Metals	1579	30.9	25.3	22.5
有色金属冶炼和压延加工业	Smelting and Pressing of Non-ferrous Metals	2748	37.9	31.4	26.5
金属制品业	Manufacture of Metal Products	9553	38.7	31.3	29.0
通用设备制造业	Manufacture of General Purpose Machinery	12192	49.2	39.8	38.2
专用设备制造业	Manufacture of Special Purpose Machinery	10136	53.0	43.6	41.8
汽车制造业	Manufacture of Automobiles	7246	46.8	40.2	32.1
铁路、船舶、航空航天和其他运输设备制造业	Manufacture of Railway, Ship, Aerospace and Other Transport Equipments	2262	48.1	41.0	33.7
电气机械和器材制造业	Manufacture of Electrical Machinery and Apparatus	13368	52.9	42.1	43.2
计算机、通信和其他电子设备制造业	Manufacture of Computers, Communication and Other Electronic Equipment	10486	56.0	46.5	43.1
仪器仪表制造业	Manufacture of Measuring Instruments and Machinery	3021	61.7	50.8	48.9
其他制造业	Other Manufacture	735	43.7	33.4	36.2
废弃资源综合利用业	Utilization of Waste Resources	544	28.5	24.9	17.1
金属制品、机械和设备修理业	Repair Service of Metal Products, Machinery and Equipment	155	33.6	31.6	17.5
电力、热力、燃气及水生产和供应业	Production and Supply of Electricity, Heat, Gas and Water	3452	25.1	22.7	10.3
电力、热力生产和供应业	Production and Supply of Electric Power and Heat Power	2160	24.0	21.9	8.7
燃气生产和供应业	Production and Supply of Gas	728	31.4	27.5	17.6
水的生产和供应业	Production and Supply of Water	564	23.3	21.3	9.1

20-14 按登记注册类型分规模以上工业企业组织(管理)和营销创新情况(2019年)

Industrial Enterprises above Designated Size with Organizational or Marketing Innovation by Status of Registration (2019)

登记注册类型	Status of Registration	实现组织(管理)或营销创新的企业数(个) Number of Enterprises with Organizational or Marketing Innovation (unit)	实现组织(管理)或营销创新的企业占规模以上工业企业的比重(%) As Percentage of Industrial Enterprises above Designated Size (%)	#实现组织(管理)创新的企业所占比重 With Organizational Innovation	#实现营销创新的企业所占比重 With Marketing Innovation
总　计	**Total**	**154800**	**41.0**	**32.5**	**31.7**
内资企业	Domestic Invested Enterprises	137981	41.3	32.9	32.2
国有企业	State-owned Enterprises	450	30.5	26.6	16.9
集体企业	Collective-owned Enterprises	245	22.0	16.8	14.2
股份合作企业	Cooperative Enterprises	244	33.3	24.5	25.4
联营企业	Joint Ownership Enterprises	12	20.7	17.2	15.5
有限责任公司	Limited Liability Corporations	32480	42.9	35.4	31.4
国有独资公司	State Sole-proprietorship Corporations	1789	42.9	38.3	25.0
股份有限公司	Share-holding Corporations Ltd.	6981	60.1	50.6	48.1
私营企业	Private Enterprises	97561	40.1	31.4	32.0
其他企业	Other Enterprises	8	23.5	14.7	20.6
港、澳、台商投资企业	Enterprises with Investment from Hong Kong, Macao and Taiwan	7903	39.5	30.2	29.1
外商投资企业	Foreign Invested Enterprises	8916	37.9	29.5	26.0

20-15 按行业分规模以上工业企业创新费用支出情况(2019年)
Expenditure on Innovation of Industrial Enterprises above Designated Size by Industrial Sector (2019)

行业	Sector	创新费用支出合计(亿元) Total Core Innovation Expenditure (100 million yuan)	在创新费用合计中占比(%) As Percentage of Total Innovation Expenditure(%) 内部R&D In-house R&D	外部R&D Contracted out R&D	获得机器设备和软件 Acquisition of Machinery, Equipment and Software	从外部获取相关技术 Acquisition of Other External Knowledge
总 计	**Total**	**23184.9**	**60.3**	**3.9**	**31.5**	**4.4**
采矿业	Mining	519.8	55.4	5.3	38.5	0.7
煤炭开采和洗选业	Mining and Washing of Coal	244.9	44.6	3.8	50.5	1.1
石油和天然气开采业	Extraction of Petroleum and Natural Gas	144.2	65.0	9.6	24.8	0.5
黑色金属矿采选业	Mining and Processing of Ferrous Metal Ores	24.8	54.2	3.7	41.6	0.5
有色金属矿采选业	Mining and Processing of Non-ferrous Metal Ores	38.7	56.4	3.7	39.8	0.2
非金属矿采选业	Mining and Processing of Non-metal Ores	28.6	64.9	1.2	33.6	0.3
开采专业及辅助性活动	Support Activies for Mining	38.6	81.0	4.4	14.4	0.2
制造业	Manufacture	22231.5	60.9	3.7	30.9	4.5
农副食品加工业	Processing of Food from Agricultural Products	364.1	72.0	1.3	26.3	0.5
食品制造业	Manufacture of Foods	257.3	60.7	2.3	34.9	2.2
酒、饮料和精制茶制造业	Manufacture of Liquor, Beverages and Refined Tea	173.0	62.2	1.9	35.2	0.8
烟草制品业	Manufacture of Tobacco	163.6	18.6	2.8	54.9	23.8
纺织业	Manufacture of Textile	365.1	72.8	0.9	24.9	1.4
纺织服装、服饰业	Manufacture of Textile, Wearing Apparel and Accessories	140.8	75.0	0.7	23.7	0.6
皮革、毛皮、羽毛及其制品和制鞋业	Manufacture of Leather, Fur, Feather and Related Products and Footware	104.2	77.1	2.3	20.5	0.2
木材加工和木、竹、藤、棕、草制品业	Processing of Timber, Manufacture of Wood, Bamboo, Rattan, Palm and Straw Products	81.9	77.1	0.6	22.1	0.1
家具制造业	Manufacture of Furniture	106.3	69.2	1.4	29.1	0.2
造纸和纸制品业	Manufacture of Paper and Paper Products	233.4	67.5	0.4	31.6	0.5
印刷和记录媒介复制业	Printing and Reproduction of Recording Media	138.3	57.5	0.5	38.8	3.1
文教、工美、体育和娱乐用品制造业	Manufacture of Articles for Culture, Education, Arts and Crafts, Sport and Entertainment Activities	162.1	72.9	1.2	24.9	1.0
石油、煤炭及其他燃料加工业	Processing of Petroleum, Coal and Other Fuels	437.6	42.2	1.1	53.5	3.2
化学原料和化学制品制造业	Manufacture of Raw Chemical Materials and Chemical Products	1379.3	66.9	1.9	29.8	1.4
医药制造业	Manufacture of Medicines	979.6	62.2	11.3	23.4	3.1
化学纤维制造业	Manufacture of Chemical Fibres	182.1	67.9	0.8	29.6	1.6
橡胶和塑料制品业	Manufacture of Rubber and Plastics Products	545.3	65.6	1.6	30.6	2.2
非金属矿物制品业	Manufacture of Non-metallic Mineral Products	758.1	68.6	0.7	29.9	0.7
黑色金属冶炼和压延加工业	Smelting and Pressing of Ferrous Metals	1892.5	46.8	0.5	48.8	3.8
有色金属冶炼和压延加工业	Smelting and Pressing of Non-ferrous Metals	736.4	65.2	0.7	33.0	1.1
金属制品业	Manufacture of Metal Products	674.1	69.2	0.7	29.3	0.8
通用设备制造业	Manufacture of General Purpose Machinery	1162.6	70.8	2.3	24.8	2.0
专用设备制造业	Manufacture of Special Purpose Machinery	1045.9	74.3	2.0	22.7	1.0
汽车制造业	Manufacture of Automobiles	2787.3	46.3	5.4	37.0	11.4
铁路、船舶、航空航天和其他运输设备制造业	Manufacture of Railway, Ship, Aerospace and Other Transport Equipments	763.6	56.2	11.4	25.0	7.5
电气机械和器材制造业	Manufacture of Electrical Machinery and Apparatus	1947.8	72.2	1.8	23.8	2.2
计算机、通信和其他电子设备制造业	Manufacture of Computers, Communication and Other Electronic Equipment	4197.9	58.3	6.8	27.4	7.5
仪器仪表制造业	Manufacture of Measuring Instruments and Machinery	324.5	70.6	3.9	24.5	1.0
其他制造业	Other Manufacture	60.3	66.0	5.2	28.5	0.3
废弃资源综合利用业	Utilization of Waste Resources	40.3	70.1	1.8	27.7	0.3
金属制品、机械和设备修理业	Repair Service of Metal Products, Machinery and Equipment	26.1	65.3	0.8	32.2	1.7
电力、热力、燃气及水生产和供应业	Production and Supply of Electricity, Heat, Gas and Water	433.6	33.3	8.5	56.5	1.8
电力、热力生产和供应业	Production and Supply of Electric Power and Heat Power	363.0	31.1	9.9	56.9	2.1
燃气生产和供应业	Production and Supply of Gas	42.4	40.1	1.0	58.8	
水的生产和供应业	Production and Supply of Water	28.2	51.3	0.9	47.8	0.1

20-16 按登记注册类型分规模以上工业企业创新费用支出情况(2019年)
Expenditure on Innovation of Industrial Enterprises above Designated Size by Status of Registration (2019)

登记注册类型	Status of Registration	创新费用支出合计(亿元) Total Core Innovation Expenditure (100 million yuan)	在创新费用合计中占比(%) As Percentage of Total Innovation Expenditure(%)			
			内部R&D In-house R&D	外部R&D Contracted out R&D	获得机器设备和软件 Acquisition of Machinery, Equipment and Software	从外部获取相关技术 Acquisition of Other External Knowledge
总　计	**Total**	**23184.9**	**60.3**	**3.9**	**31.5**	**4.4**
内资企业	Domestic Invested Enterprises	18570.8	60.4	3.8	32.0	3.7
国有企业	State-owned Enterprises	197.2	42.2	7.4	50.2	0.2
集体企业	Collective-owned Enterprises	8.6	66.4	0.6	32.9	0.1
股份合作企业	Cooperative Enterprises	8.5	74.1	0.3	25.6	0.1
联营企业	Joint Ownership Enterprises	0.6	78.9	0.2	20.8	0.2
有限责任公司	Limited Liability Corporations	8095.3	55.0	4.1	37.6	3.3
国有独资公司	State Sole-proprietorship Corporations	1889.7	33.0	4.3	55.1	7.7
股份有限公司	Share-holding Corporations Ltd.	3507.2	61.0	4.2	32.3	2.5
私营企业	Private Enterprises	6731.0	67.1	3.1	24.7	5.0
其他企业	Other Enterprises	22.3	79.0	3.4	16.8	0.7
港、澳、台商投资企业	Enterprises with Investment from Hong Kong, Macao and Taiwan	1779.2	64.0	3.2	31.0	1.8
外商投资企业	Foreign Invested Enterprises	2834.8	56.9	4.6	28.3	10.1

20-17 大中型高技术产业(制造业)企业R&D及相关活动情况
Statistics on R&D and Related Activities of Large and Medium-sized Enterprises in High Technology Industry (Manufacturing Industry)

指　标	Item	2000	2005	2010	2015	2018	2019
R&D机构数 (个)	R&D Institutions (unit)	1379	1619	3184	5572	6399	6331
R&D人员全时当量(万人年)	Full-time Equivalent of R&D Personnel(10 000 man-years)	9.2	17.3	39.9	59.0	66.1	63.9
R&D经费支出 (亿元)	Expenditure on R&D (100 million yuan)	111.0	362.5	967.8	2219.7	2912.5	3077.8
新产品开发经费支出(亿元)	Expenditure on New Products Development (100 million yuan)	117.8	415.7	1006.9	2574.6	3768.4	4389.3
专利申请数 (件)	Patent Applications (piece)	2245	16823	59683	114562	179600	199660
有效发明专利数 (件)	Number of Effective Invention Patents (piece)	1443	6658	50166	199728	327965	365523

20-18 高技术产业(制造业)相关情况（2019年）

行　业	Industry	R&D 机构数（个） R&D Institutions (unit)
合计	**Total**	**17969**
医药制造业	**Manufacture of Medicines**	**3410**
#化学药品制造	Manufacture of Chemical Medicine	1400
中成药生产	Manufacture of Finished Traditional Chinese Herbal Medicine	670
生物药品制品制造	Manufacture of Biopharmaceutical Products	467
电子及通信设备制造业	**Manufacture of Electronic Equipment and Communication Equipment**	**9890**
#电子工业专用设备制造	Manufacture of Special Equipment for Electronic Industry	518
光纤光缆及锂离子电池制造	Manufacture of Optical Fiber and Cable, and Lithium Ion Battery	848
#锂离子电池制造	Manufacture of Lithium Ion Batteries	645
通信设备、雷达及配套设备制造	Manufacture of Communication Equipment, Radar and Matching Equipment	1238
#通信系统设备制造	Manufacture of Communication System Equipment	610
通信终端设备制造	Manufacture of Communication Terminal Equipment	557
雷达及配套设备制造	Manufacture of Radar and Related Equipment	71
广播电视设备制造	Manufacture of Broadcasting and TV Equipment	289
非专业视听设备制造	Manufacture of Non-professional Audio-visual Equipment	570
电子器件制造	Manufacture of Electronic Appliances	2272
#电子真空器件制造	Manufacture of Electronic Vacuum Appliances	195
半导体分立器件制造	Manufacture of Semiconductor Discreting Appliances	201
集成电路制造	Manufacture of Integrate Circuit	389
光电子器件制造	Manufacture of Optoelectronic Devices	450
电子元件及电子专用材料制造	Manufacture of Electronic Components and Electronic Specialized Materials	3039
#电阻电容电感元件制造	Manufacture of Resistance, Capacitance and Inductance Components	485
电子电路制造	Manufacture of Electronic Circuit	724
电子专用材料制造	Manufacture of Electronic Specialized Materials	520
智能消费设备制造	Manufacturing of Intelligent Consumption Equipment	468
其他电子设备制造	Other Electronic Equipment	648
计算机及办公设备制造业	**Manufacture of Computers and Office Equipment**	**1236**
#计算机整机制造	Manufacture of Entired Computer	157
计算机零部件制造	Manufacture of Parts and Fixture for Computer	347
计算机外围设备制造	Manufacture of Computer Peripheral Equipment	343
办公设备制造	Manufacture of Office Equipment	176
医疗仪器设备及仪器仪表制造业	**Manufacture of Medical Equipments and Meters**	**3106**
#医疗仪器设备及器械制造	Manufacture of Medical Equipment and Appliances	875
#医疗诊断、监护及治疗设备制造	Manufacture of Medical Diagnosis, Monitoring and Treatment Equipment	274
医疗、外科及兽医用器械制造	Manufacture of Medical, Surgical and Veterinary Instruments	250
通用仪器仪表制造	Manufacture of General Instruments	1488
专用仪器仪表制造	Manufacture of Special Instruments	470
信息化学品制造业	**Manufacture of Information Chemicals**	**86**

注：本表的数据口径为规模以上工业企业。

Statistics on High-tech Industry (Manufacturing Industry) (2019)

R&D人员折合全时当量（人年）Full-time Equivalent of R&D Personnel (man-year)	R&D经费支出（万元）Expenditure on R&D (10 000 yuan)	R&D项目数（个）R&D Projects (unit)	R&D项目经费（万元）Expenditure on R&D Projects (10 000 yuan)	新产品开发项目数（项）New Products Development (unit)
860961	**38039639**	**126645**	**39828434**	**156744**
122720	**6095605**	**32296**	**6844199**	**36098**
59109	3263091	15271	3655439	16600
24794	911124	6145	1122983	7021
18097.6	1226875.5	4941	1340030.9	5821
541634	**24350472**	**60583**	**25265043**	**77026**
14094	517274	2944	520045	3981
34873.5	1664520.9	5035	1693891.6	5881
29491	1357277	3941	1400776	4674
159449	9018108	8391	9683056	10936
109428.4	6733900.7	3808	7255642	5030
46520	2142018	4112	2288543	5227
3501	142189.4	471	138871.7	679
12172.2	355186.6	1750	358708.7	2431
28770	1111174	3135	1219979	4213
120218	5909226	14690	5831114	19043
8530.9	204905.4	1182	191605.4	1490
6094	209289	1257	206224	1476
26400	2131135	3248	2158388	4186
22734.1	882784.1	2922	875153.7	3862
119553	3988785	17817	3960956	21111
15706.6	465291.8	2897	436034.5	3524
38496	1133902	3991	1111148	4852
15971	751520	3645	747271	3857
27282	1044062	2987	1245397	4087
25222	742135	3834	751895	5343
56199	**2434610**	**7384**	**2296278**	**9936**
14889	1044709.2	1214	883532.8	1634
13195	459367	1881	465092	2323
11719	386718	1891	388910	2719
6330	171042	882	177238	1044
103585	**3304807**	**22901**	**3310293**	**29726**
30222.2	1088536.8	7028	1064562.2	9240
12476	526956	2494	519430	3380
7607	240972	1924	226229	2327
49165	1486475	10770	1514024	13499
13354	419800	3210	425835	4396
2925	**120807**	**523**	**121868**	**522**

a) Data in this table cover industrial enterprises above designated size.

20-18 续表

行 业	Industry	新产品开发经费支出(万元) Expenditure on New Products Development (10 000 yuan)
合计	**Total**	**54074850**
医药制造业	**Manufacture of Medicines**	**7325193**
#化学药品制造	Manufacture of Chemical Medicine	3898886
中成药生产	Manufacture of Finished Traditional Chinese Herbal Medicine	1104136
生物药品制品制造	Manufacture of Biopharmaceutical Products	1441013.8
电子及通信设备制造业	**Manufacture of Electronic Equipment and Communication Equipment**	**36370340**
#电子工业专用设备制造	Manufacture of Special Equipment for Electronic Industry	710700
光纤光缆及锂离子电池制造	Manufacture of Optical Fiber and Cable, and Lithium Ion Battery	1967334.5
#锂离子电池制造	Manufacture of Lithium Ion Batteries	1625549
通信设备、雷达及配套设备制造	Manufacture of Communication Equipment, Radar and Matching Equipment	15535078
#通信系统设备制造	Manufacture of Communication System Equipment	11875962.7
通信终端设备制造	Manufacture of Communication Terminal Equipment	3449633
雷达及配套设备制造	Manufacture of Radar and Related Equipment	209482.6
广播电视设备制造	Manufacture of Broadcasting and TV Equipment	479660
非专业视听设备制造	Manufacture of Non-professional Audio-visual Equipment	1534545
电子器件制造	Manufacture of Electronic Appliances	7892430
#电子真空器件制造	Manufacture of Electronic Vacuum Appliances	287064
半导体分立器件制造	Manufacture of Semiconductor Discreting Appliances	340380
集成电路制造	Manufacture of Integrate Circuit	2949800.2
光电子器件制造	Manufacture of Optoelectronic Devices	1312048
电子元件及电子专用材料制造	Manufacture of Electronic Components and Electronic Specialized Materials	5562660
#电阻电容电感元件制造	Manufacture of Resistance, Capacitance and Inductance Components	639685
电子电路制造	Manufacture of Electronic Circuit	2015792
电子专用材料制造	Manufacture of Electronic Specialized Materials	924065.7
智能消费设备制造	Manufacturing of Intelligent Consumption Equipment	1447640
其他电子设备制造	Other Electronic Equipment	1240292
计算机及办公设备制造业	**Manufacture of Computers and Office Equipments**	**3268496**
#计算机整机制造	Manufacture of Entired Computer	1449875
计算机零部件制造	Manufacture of Parts and Fixture for Computer	541132
计算机外围设备制造	Manufacture of Computer Peripheral Equipment	515909.5
办公设备制造	Manufacture of Office Equipment	241276
医疗仪器设备及仪器仪表制造业	**Manufacture of Medical Equipments and Meters**	**4714419**
#医疗仪器设备及器械制造	Manufacture of Medical Equipment and Appliances	1593935
#医疗诊断、监护及治疗设备制造	Manufacture of Medical Diagnosis, Monitoring and Treatment Equipment	794724
医疗、外科及兽医用器械制造	Manufacture of Medical, Surgical and Veterinary Instruments	335196.4
通用仪器仪表制造	Manufacture of General Instruments	1905946
专用仪器仪表制造	Manufacture of Special Instruments	648470
信息化学品制造业	**Manufacture of Information Chemicals**	**122963**

continued

新产品销售收入(万元) Sales Revenue of New Products (10 000 yuan)	#出　口 Export	专　利申请数(件) Patent Applications (piece)	#发明专利 Inventions	有效发明专利数(件) Number of Effective Inventions (piece)
591642232	**200640543**	**302459**	**162472**	**471949**
66734599	**5537530**	**23400**	**11883**	**47910**
36568744	3752702	9028	5284	20509
13324938	183868	4373	1941	12121
7306340.3	918177.2	4044	2467	7582
413317546	**147029267**	**208228**	**120810**	**331787**
4510320	563244	7275	2738	8872
29815886.9	5355038.9	12510	5224	10192
25544575	4978814	10613	4513	7371
174028255	64757754	50726	38789	164496
59913591.7	21024772.8	40480	33406	136824
113278533	43676339	9117	4808	25916
836131	56642.4	1129	575	1756
5175442	1430151	4607	1683	4272
26017964	10140943	9752	4157	10425
74056189	29987751	53383	32821	68336
2865703	1056327	4247	2550	2404
2423795	499507	1841	572	2468
11355605.7	5249461.8	9408	6418	16484
16639582	3779178	11434	6508	9415
72781120	23580741	47591	26876	48776
6611184	2161867	4160	1251	4641
29011618	9008255	22955	16839	16445
11546380.2	1865020.8	5517	2505	7664
16371827	7720153	12713	4716	6355
10560542	3493491	9671	3806	10063
64684156	**41660801**	**17085**	**7497**	**29746**
41093018	28324550	4245	2928	13561
8934461	6346149	3143	846	2342
7258486.6	4501790.9	4761	1686	6793
2365653	882324	1957	573	2958
30002457	**4963306**	**43994**	**16725**	**47806**
6938507	1571925	14572	5928	17427
2344322	564389	6847	3561	7594
2063183.4	465643.7	3022	999	3774
15943815	1824660	19516	7062	20946
3927816	501027	6042	2243	5546
1926129	**251700**	**777**	**394**	**1710**

20-19 国内外三种专利申请数和授权数
Three Kinds of Patent Applications and Granted

单位：件 (piece)

指　　标	Item	申请数 Applications		授权数 Granted	
		2018	2019	2018	2019
合　计	**Total**	**4323112**	**4380468**	**2447460**	**2591607**
发　明	**Inventions**	**1542002**	**1400661**	**432147**	**452804**
国　内	Domestic	1393815	1243568	345959	360919
职　务	Official	1202100	1136072	322776	344361
大专院校	Universities and Colleges	226628	244673	74893	91188
科研单位	Research Institutions	57959	63043	20508	26798
企　业	Enterprises	896648	807813	222287	222439
机关团体	Government Agencies and Organizations	20865	20543	5088	3936
非职务	Non-official	191715	107496	23183	16558
国　外	Foreign	148187	157093	86188	91885
职　务	Official	145359	154192	85021	90647
非职务	Non-official	2828	2901	1167	1238
实用新型	**Utility Models**	**2072311**	**2268190**	**1479062**	**1582274**
国　内	Domestic	2063860	2259765	1471759	1574205
职　务	Official	1699015	1884452	1284510	1400989
大专院校	Universities and Colleges	153193	156505	103671	106453
科研单位	Research Institutions	23676	24621	18773	20967
企　业	Enterprises	1476090	1646655	1143867	1234065
机关团体	Government Agencies and Organizations	46056	56671	18199	39504
非职务	Non-official	364845	375313	187249	173216
国　外	Foreign	8451	8425	7303	8069
职　务	Official	7909	7856	6835	7617
非职务	Non-official	542	569	468	452
外观设计	**Designs**	**708799**	**711617**	**536251**	**556529**
国　内	Domestic	689097	691771	517693	539282
职　务	Official	403909	400106	306829	324245
大专院校	Universities and Colleges	27507	29349	15436	20050
科研单位	Research Institutions	1390	1401	1046	1121
企　业	Enterprises	372217	366197	288903	300602
机关团体	Government Agencies and Organizations	2795	3159	1444	2472
非职务	Non-official	285188	291665	210864	215037
国　外	Foreign	19702	19846	18558	17247
职　务	Official	18682	18756	17708	16297
非职务	Non-official	1020	1090	850	950

20-20 分地区国内三种专利申请数和授权数（2019年）
Three Kinds of Domestic Patent Applications and Granted by Region (2019)

单位：件 (piece)

地区	Region	申请数 Applications	发明 Inventions	实用新型 Utility Models	外观设计 Designs	授权数 Granted	发明 Inventions	实用新型 Utility Models	外观设计 Designs
全国	**National Total**	**4195104**	**1243568**	**2259765**	**691771**	**2474406**	**360919**	**1574205**	**539282**
北京	Beijing	226113	129930	73021	23162	131716	53127	58393	20196
天津	Tianjin	96045	24574	64871	6600	57799	5025	48252	4522
河北	Hebei	101274	20536	63798	16940	57809	5130	40562	12117
山西	Shanxi	31705	8424	20938	2343	16598	2300	12758	1540
内蒙古	Inner Mongolia	21069	4889	13895	2285	11059	911	8768	1380
辽宁	Liaoning	69732	22592	41694	5446	40037	7501	28237	4299
吉林	Jilin	31052	11269	17280	2503	15579	3006	10926	1647
黑龙江	Heilongjiang	37313	13125	20406	3782	19989	4144	13308	2537
上海	Shanghai	173586	71398	80604	21584	100587	22735	61640	16212
江苏	Jiangsu	594249	172409	373495	48345	314395	39681	233114	41600
浙江	Zhejiang	435883	112981	218628	104274	285342	33964	168340	83038
安徽	Anhui	166871	62743	90655	13473	82524	14958	57511	10055
福建	Fujian	153133	30019	87345	35769	98955	8963	61530	28462
江西	Jiangxi	91474	14101	53552	23821	59140	2744	37564	18832
山东	Shandong	263211	69350	166858	27003	146481	20652	106429	19400
河南	Henan	144010	30260	96203	17547	86247	6991	65341	13915
湖北	Hubei	141321	47450	81197	12674	73940	14178	50159	9603
湖南	Hunan	106113	39104	48462	18547	54685	8479	32699	13507
广东	Guangdong	807700	203311	369143	235246	527390	59742	282741	184907
广西	Guangxi	41900	12412	22026	7462	22687	3413	14130	5144
海南	Hainan	9302	2183	6073	1046	4423	530	3065	828
重庆	Chongqing	67271	20103	39566	7602	43872	6988	30648	6236
四川	Sichuan	131529	39539	71474	20516	82066	12053	51521	18492
贵州	Guizhou	44328	10770	28364	5194	24729	1900	19392	3437
云南	Yunnan	35212	8996	22765	3451	22324	2174	17405	2745
西藏	Tibet	2304	456	1296	552	1020	79	625	316
陕西	Shaanxi	92087	34812	40395	16880	44101	9843	26574	7684
甘肃	Gansu	27637	6056	19226	2355	14894	1154	11722	2018
青海	Qinghai	5017	1232	3396	389	3046	292	2452	302
宁夏	Ningxia	9275	2525	6249	501	5555	598	4644	313
新疆	Xinjiang	14771	3544	9936	1291	8652	856	6792	1004
香港	Hong Kong	3748	1200	1043	1505	3437	592	1322	1523
澳门	Macao	363	123	195	45	234	19	148	67
台湾	Taiwan	18506	11152	5716	1638	13094	6197	5493	1404

20-21 按国别(地区)分国外专利申请数及授权数（2019年）
Three Kinds of Foreign Patent Applications and Granted by Country (Region) (2019)

单位：件 (piece)

国别(地区)	Country (Territory)	申请数 Applications	发明 Inventions	实用新型 Utility Models	外观设计 Designs	授权数 Granted	发明 Inventions	实用新型 Utility Models	外观设计 Designs
总计	**Total**	**185364**	**157093**	**8425**	**19846**	**117201**	**91885**	**8069**	**17247**
澳大利亚	Australia	1158	757	83	318	680	317	69	294
奥地利	Austria	1113	1032	34	47	768	685	38	45
比利时	Belgium	939	799	43	97	566	427	37	102
巴西	Brazil	162	105	9	48	125	53	14	58
加拿大	Canada	1384	1168	66	150	763	568	63	132
塞浦路斯	Cyprus	36	22		14	30	12	1	17
捷克	Czech	139	65	8	66	101	38	9	54
丹麦	Denmark	1263	1037	32	194	734	555	18	161
芬兰	Finland	1049	912	45	92	831	694	45	92
法国	France	6230	4826	415	989	4228	2997	392	839
德国	Germany	19049	16421	817	1811	12402	9989	860	1553
荷兰	Holland	3871	3348	164	359	2444	2033	129	282
匈牙利	Hungary	47	37	6	4	23	16	1	6
印度	India	372	321	16	35	155	100	14	41
爱尔兰	Ireland	473	430	10	33	266	236	11	19
以色列	Israel	1172	1018	52	102	506	381	44	81
意大利	Italy	2834	1845	167	822	1908	1102	146	660
日本	Japan	55328	48867	2512	3949	36239	30401	2280	3558
列支敦士登	Liechtenstein	218	180	5	33	110	82		28
卢森堡	Luxembourg	411	264	11	136	270	201	7	62
马来西亚	Malaysia	130	74	26	30	76	34	14	28
摩纳哥	Monaco	13	11		2	7	3		4
新西兰	New Zealand	219	146	18	55	155	62	4	89
挪威	Norway	324	285	7	32	161	122	10	29
波兰	Poland	112	77	7	28	73	45	10	18
韩国	Republic of Korea	20000	16019	892	3089	12635	9437	844	2354
俄罗斯联邦	Russia	345	220	20	105	211	84	30	97
新加坡	Singapore	1772	1089	558	125	1360	566	645	149
南非	South Africa	69	55	4	10	40	29	2	9
西班牙	Spain	610	421	36	153	360	221	20	119
瑞典	Sweden	3035	2638	87	310	1827	1484	56	287
瑞士	Switzerland	4796	3820	118	858	3217	2329	159	729
泰国	Thailand	146	77	11	58	101	31	11	59
英国	United Kingdom	3675	2957	149	569	1928	1310	138	480
美国	United States	45557	39450	1674	4433	28879	23114	1717	4048
其他	Other	7313	6300	323	690	3022	2127	231	664

20-22 按国际标准分类的发明和实用新型专利申请数与授权数
Inventions and Utility Models of Patent Applications and Granted by International Classifications

单位：件 (piece)

分类	Item	2018		2019	
		分类申请数 Application Accepted by Technology Theme	分类授权数 Application Granted by Technology Theme	分类申请数 Application Accepted by Technology Theme	分类授权数 Application Granted by Technology Theme
合 计	**Total**	**3999807**	**1911209**	**3756203**	**2035078**
A 部(人类生活需要)	**Section A: Personal Use Items**	**711105**	**228844**	**550501**	**308545**
农、林、牧、渔	Agriculture, Forestry, Animal Husbandry and Fishery	144741	64051	108711	53895
烘烤、食用面团	Baking and Edible Doughs	7055	2187	4718	2367
屠宰、加工	Butchering and Meat Processing	3725	1649	2751	1654
食品、食物及处理	Foods or Foodstuffs and their Treatment	67945	10721	38617	14574
烟类及用品	Tobacco, Cigars and Cigarettes	7581	3923	8374	3970
服 装	Clothing	15856	8470	13621	6368
帽类制品	Headwear	2454	1175	2152	1017
鞋 类	Footwear	8884	4753	6738	3448
男用服饰用品、珠宝	Haberdashery and Jewelry	4761	2886	4382	2459
手携及旅行用品	Hand or Traveling Articles	19188	9989	15325	7693
刷类用品	Brushware	3434	1682	2358	1367
家具、家庭日用品或设备	Furniture, Domestic Articles and Appliances	138098	38418	107602	78721
医学、兽医学、卫生学	Medical or Veterinary Science and Hygiene	236533	55924	202615	110850
救生、消防	Life-saving and Fire-fighting	10967	5109	10074	4881
体育、游戏、娱乐活动	Sports, Games, and Recreation	34034	17808	28259	15194
本部其他类目中不包括的技术主题	Subject Matter Not Otherwise Provided for in This Section	5849	99	2204	87
B 部(作业、运输)	**Section B: Industrial and Transportation**	**1141489**	**597548**	**1116352**	**628589**
物理或化学的方法或装置	Physical or Chemical Processes or Apparatus	143153	68553	139365	78234
破碎、研磨、粉碎	Crushing, Pulverizing, or Disintegrating	32909	13796	27941	16952
分选、分离	Separation of Solid Materials, Electrostatic Separation	6148	3799	6130	2999
离心装置、离心机	Centrifugal Apparatus or Equipment	2750	1525	2721	1795
喷射、雾化	Spraying or Atomizing General	28837	13341	28411	17356
机械振动的产生和传递	Generation or Transmission of Mechanical Vibrations	411	261	467	238
固体分离、分选	Separating Solids from Solid Wastes	22395	10082	22557	13055
清 洁	Janitorial	34375	14312	32297	19025
固体废料的处理	Disposal of Solid Waste	6071	2350	5987	2630
金属加工、冲裁	Mechanical Metal-working and Stamping	50151	30458	52575	30500
铸造、粉末冶金	Casting and Powder Metallurgy	20678	11076	19183	10906
机床、其他金属加工	Machine Tools	119124	66025	119248	69575
磨削、抛光	Grinding and Polishing	38510	19209	38279	21365
简单工具	Hand Tools, Portable Power Tools, and Workshop Equipment	50770	25623	50097	27591
手工、切割工具、切断	Hand Cutting Tools, Cutting, and Severing	24733	13472	24240	14182
木材加工、保存、钉钉机	Wood Preservation and Nailing or Stapling Machines	14652	6510	10973	5154
加工水泥、粘土和石料	Cement, Clay or Stone	22757	11907	23123	11423
塑料制品的加工	Plastics	62124	33149	64142	34827
压力机	Presses	7199	3723	6465	3231
纸品制作、纸的加工	Paper Making and Processing Paper	6817	3807	7157	4036
叠层产品	Layered Products	16855	9173	16974	7843
印刷、打字机、印刷机	Printing, Lining Machines, and Typewriters	18081	10926	18184	10022
装订、图册、文件夹	Bookbinding, Albums, and Files	5315	2457	4416	2451

注：1.分类指专利分类部门对每一件发明专利申请或实用新型专利申请的技术主题进行分类，给出完整的代表发明或实用新型的发明情报的分类号。
2.本表不包括外观设计分类。

a) Classification refers to the classifying number of every patent assigned according to the technical theme of inventions and utility models of patents by patent classification department.

b) Designs patents are not included in this table.

20-22 续表 1 continued

单位：件 (piece)

分　类	Item	2018 分类申请数 Application Accepted by Technology Theme	2018 分类授权数 Application Granted by Technology Theme	2019 分类申请数 Application Accepted by Technology Theme	2019 分类授权数 Application Granted by Technology Theme
绘图具、办公附属用品	Writing or Drafting Devices	10704	2538	7065	3865
装饰艺术	Decorative Arts	6897	3426	5854	3151
一般车辆	Vehicles in General	81411	44294	79857	42098
铁　路	Railways	8086	4744	8772	4783
无轨陆用车牌	Land Vehicles other than Rail	40849	23048	36260	22134
船舶、船只、有关设备	Ships and Related Equipment	10984	5922	11006	5792
飞行器、航空、宇宙航行	Aircraft and Aviation	15879	7678	15431	6813
输送、包装、存贮、搬运	Conveying and Packing Inflammatory Materials	182795	101875	186739	106966
卷扬、提升、牵引	Hoisting, Lifting, and Hauling	41390	23949	36829	23185
液体的贮运	Opening or Closing Bottles, Jars or Similar Containers	6687	4039	6526	3891
鞍具、室内装璜	Saddlery ; Upholstery	232	157	231	143
微观结构技术	Micro-structural Technology	626	298	706	302
超微观技术	Nano-Technology	111	44	96	69
C 部(化学、冶金)	**Section C: Chemistry and Metallurgy**	**321152**	**115168**	**277127**	**120981**
无机化学	Inorganic Chemistry	14779	6301	13785	6128
水、废污水、泥浆的处理	Treatment of Water, Waste Water, Sewage or Sludge	57895	25150	52708	27602
玻璃、石棉和渣棉	Glass; Mineral of Slag Wool	9393	4295	8307	4573
水泥、陶瓷等、隔音材料	Cement, Concrete, Artificial Stone; Ceramics, Refractories	17541	3709	13766	3364
肥料及制造	Fertilizers and Related Products	12948	1747	6038	1655
炸药、火柴	Explosives and Matches	632	253	579	262
有机化学	Organic Chemistry	31783	11976	30396	13024
有机高分子化合物	Organic Macromolecular Compounds	38168	11287	32683	10148
染料、涂料、抛光剂等	Dyes, Paints, Polishes, Resins, and Adhesives	28896	6758	23197	6724
石油、煤气及炼焦工业	Petroleum, Gas or Coke Industries, Inert Gases	12241	5028	10167	4696
动植物油、脂类	Animal or Vegetable Oils, Fats	6756	1668	4163	1740
生化、酒、醋、酶、	Biochemistry, Beer, Spirits, Wine, Vinegar,	40173	13230	36892	16985
糖或淀粉工业	Sugar Industry	331	140	313	130
大小原皮、毛皮、皮革	Skins, Hides, Pelts, Leather	1679	591	1175	697
黑色冶金	Metallurgy of Iron	9315	5185	9298	5178
冶金学、合金或有色合金	Metallurgy, Ferrous or Nonferrous Alloys	15440	5973	11763	5388
金属加工涂料、防腐防锈	Coating Metallic Materials	12802	5920	12059	6966
电解电泳方法及设备	Electrolytic or Electrophoretic Processes	7877	4598	7461	4500
晶体生长	Crystal Growth	2411	1311	2264	1182
组合技术	Combinatorial Technology	92	48	113	39
D 部(纺织、造纸)	**Section D: Textiles and Papers Making**	**64345**	**30552**	**57816**	**28113**
线、纤维、纺纱	Natural or Artificial Threads or Fibers, Spinning	9246	5121	8771	4471
纺纱、整经或络经	Yarns, Mechanical Finishing of Yarns or Rope	2772	1174	2720	1263
织　造	Weaving	4455	2007	3723	1674
编带、花边、针织、整理	Braiding, Lace-Making, Knitting	5691	2878	5080	2693
缝纫、绣花、簇绒	Sewing, Embroidery, Tufting	5445	3491	5930	3056
织物等的处理、洗涤	Treatment of Textiles, Laundering	29764	12336	25703	11957
绳、除电缆外的缆绳	Ropes and Cables, other than Electric	781	471	818	395
造纸、纤维素的生产	Paper making, Production of Cellulose	6191	3074	5071	2604
E 部(固定建筑物)	**Section E: Fixed Construction**	**257112**	**143039**	**260999**	**134433**
道路、铁路和桥梁的建筑	Construction of Roads, Railways, or Bridges	40344	20965	40184	19860
水利工程、基础、运土	Hydraulic Engineering, Foundations, Soil-shifting	33763	19020	36697	18031
给水、排水	Water Supply, Sewage	18602	10106	16967	8753

20-22 续表 2 continued

单位：件 (piece)

分类	Item	2018 分类申请数 Application Accepted by Technology Theme	2018 分类授权数 Application Granted by Technology Theme	2019 分类申请数 Application Accepted by Technology Theme	2019 分类授权数 Application Granted by Technology Theme
建筑物	Building	90048	50703	92864	48360
锁、钥匙、门窗、保险箱	Locks, Keys, Windows or Door Fittings; Safes	19558	11479	18820	9620
一般门、窗、百叶窗、梯子	Doors, Windows, Shutters, or Roller Blinds in General; Ladders	20520	11813	19785	10242
钻井、采矿	Well Drilling, Mining	34277	18953	35682	19567
F 部(机械工程)	**Section F: Mechanical Engineering**	**409461**	**238029**	**382432**	**232853**
一般机器、发动机、蒸汽机	Machines or Engines in General; Engine Plants in General; Steam Engines	12648	7408	10725	7128
内燃机等	Combustion Engines	13358	8465	12970	8386
液力机械和其他发动机	Machines or Engines for Liquids	8705	4104	7294	3941
液体变容机械、泵	Positive-displacement Machines for Liquids; Pumps for Liquid or Elastic Fluids	32628	18885	31896	19672
液压调节器、液压技术	Fluid-pressure Acuators; Hydraulic or Pneumatics in General	7957	4769	6943	4511
工程元件或部件	Engineering Elements or Units; General Measures for Producing and Maintaining Effective Functioning of Machines or Installations; Thermal Insulation in General	126115	71515	118655	73089
气体或液体的贮藏或分配	Storage or Distribution of Gases or Liquids	6089	3528	6489	3698
照　明	Lighting	52151	34128	44451	30251
蒸汽的生产	Steam Generation	3476	2149	3448	2128
燃烧设备、燃烧技术	Combustion Apparatus; Combustion Processes	14673	9133	14681	8712
采暖、炉灶、通风	Stoves, Ranges, Ventilation	62929	35881	56691	32907
制冷气体的液化和固化	Refrigeration or Cooling, Heat Pump Systems	17621	9922	17295	9817
干　燥	Drying	24274	12393	21703	12072
炉、窑、灶、罐	Furnaces, Kilns, Ovens	9646	6030	10742	6379
一般热交换	Heat Exchange in General	10536	6467	11850	6723
武　器	Weapons	3618	1719	3526	1827
弹药、爆破	Ammunition, Blasting Caps	3037	1533	3073	1612
G 部(物理)	**Section G: Physics**	**613278**	**280694**	**643058**	**292390**
测量、测试	Measurements, Testing	240719	130042	253591	135935
光学技术	Optics	34576	19734	31865	21077
照相术、电影术、电刻术	Photography, Cinematography, Electrography	10421	5963	9416	6540
测时技术	Horology	2863	1635	2395	1485
控制、调节技术	Controlling, Regulating	35829	18803	29507	14464
计算、推算、计数技术	Computing, Calculating, Counting	174387	57774	212570	60031
核算装置	Measurement Devices	21523	10247	17686	9865
信号装置	Signaling	22363	9973	19009	9103
教育、密码、显示、广告等	Education, Cryptography, Advertising, Seals	52197	19291	45178	25671
乐器、声学	Musical Instruments, Acoustics	7862	2777	8832	3144
信息的存储	Information Storage	3544	2247	3935	2455
仪器的零部件	Instrument Details	280	195	280	159
核物理、核工程	Nuclear physics, Nuclear Engineering	2222	1376	2180	1205
其他的技术主题	Subject Matter not Otherwise Provided for in This Section	4492	637	6614	1256
H 部(电学)	**Section H: Electricity**	**481865**	**277335**	**459918**	**289174**
基本电器元件	Basic Electric Elements	175304	102494	171158	107648
电力的发电、变电或配电	Generation, Conversion, or Distribution of Electric Power	122716	72779	114377	73553
基本电子电路	Basic Electronic Circuitry	7641	5501	8744	4548
电信技术	Telecommunications Techniques	134031	70869	124562	81091
其他类不包括的电技术	Electric Techniques Not Otherwise Provided for	42173	25692	41077	22334

20-23 国外主要检索工具收录我国科技论文按学科分布(2018年)
Chinese Scientific Papers Taken by Major Foreign Referencing Systems by Discipline (2018)

学 科	Discipline	篇数 pieces			位次 Precedence		
		SCI	EI	CPCI-S	SCI	EI	CPCI-S
合计	**Total**	**376354**	**249948**	**61462**			
数学	Mathematics	10169	6220	272	13	14	17
力学	Mechanics	3799	4787	122	20	16	24
信息、系统科学	Information, Systems Science	954	614	139	32	23	22
物理学	Physics	34403	16558	3781	4	8	5
化学	Chemistry	52582	16564	1361	1	7	9
天文学	Astronomy	1816	500	35	23	24	30
地学	Earth Science	14585	11561	1913	8	11	8
生物学	Biology	40243	26736	738	3	1	12
预防医学与卫生学	Protective Medicine	4095		47	19	33	29
基础医学	Basic Medicine	20689	395	709	7	25	13
药学	Pharmacy	13080		32	11	33	31
临床医学	Clinic Medicine	41975		5578	2	33	3
中医学	Traditional Chinese Medicine	1036			30	33	36
军事医学与特种医学	Special Medicine	636			36	33	36
农学	Agriculture	4346	190	263	18	31	18
林学	Forestry	954		3	32	33	34
畜牧、兽医科学	Livestock, Veterinary Medicine	1784			24	33	36
水产学	Aquatic	1539		29	26	33	32
测绘科学技术	Surveying & Mapping	3	2414		40	18	36
材料科学	Material Science	30790	20334	2314	5	3	7
工程与技术基础学科	Engineering & Basic Technology Science	2106	823	930	22	21	11
矿山工程技术	Mining	632	1151		37	20	36
能源科学技术	Energy	10195	14120	5183	12	9	4
冶金、金属学	Metallurgy, Metallography	1772	10795	1	25	13	35
机械、仪表	Machinery, Instrument	5011	10816	654	16	12	15
动力与电气	Power & Electrical Engineering	1202	16783	690	29	6	14
核科学技术	Nuclear Technology	1456	251	1082	27	29	10
电子、通讯与自动控制	Electronics, Communication & Automation	21513	26164	16033	6	2	1
计算技术	Computer	14304	13045	15715	9	10	2
化工	Chemical Engineering	8147	305	186	14	28	20
轻工、纺织	Light Industry & Textile Industry	806	325	102	35	27	25
食品	Food	5177	55	74	15	32	28
土木建筑	Civil Construction	4902	19308	84	17	4	26
水利	Water Conservancy	2387	358	133	21	26	23
交通运输	Transportation	1004	4985	330	31	15	16
航空航天	Aviation and Aerospace	1303	2782	222	28	17	19
环境	Environment	13571	18212	2431	10	5	6
安全科学技术	Security	161	222	83	39	30	27
管理	Management Science	920	1923	21	34	19	33
其他	Others	307	652	172	38	22	21

注：SCI指科学引文索引(美国)，EI指工程索引(美国)，CPCI-S（原ISTP)指科学会议录引文索引。

a) SCI refers to *Science Citation Index*, EI refers to *Engineering Index*, and CPCI-S refers to *Conference Proceedings Citation Index-Science*.

20-24 高新技术产品、工业制品和初级产品的进出口贸易额
Imports and Exports of High and New-tech Products, Manufactured Goods and Primary Goods

项　目	Item	1995	2000	2005	2010	2015	2018	2019
绝对数　(亿美元)	**Value (USD 100 million)**							
商品进出口贸易总额	Total Value of Imports and Exports	2809	4743	14219	29728	39569	46224	45779
工业制品	Manufactured Goods	2350	4021	12252	24585	33799	37857	37140
#高新技术产品	High and New-tech Products			4159	9051	12033	14185	13685
初级产品	Primary Goods	459	722	1968	5143	5770	8367	8639
商品出口贸易总额	Total Value of Exports	1488	2492	7620	15779	22749	24867	24995
工业制品	Manufactured Goods	1273	2237	7129	14962	21710	23517	23655
#高新技术产品	High and New-tech Products			2182	4924	6552	7468	7307
初级产品	Primary Goods	215	255	490	817	1040	1350	1340
商品进口贸易总额	Total Value of Imports	1321	2251	6600	13948	16820	21357	20784
工业制品	Manufactured Goods	1077	1784	5122	9623	12089	14340	13485
#高新技术产品	High and New-tech Products			1977	4127	5481	6717	6378
初级产品	Primary Goods	244	467	1477	4326	4730	7017	7300
商品进出口贸易差额	Balance of Imports and Exports	167	241	1020	1831	5930	3509	4211
工业制品	Manufactured Goods	196	454	2007	5339	9620	9177	10171
#高新技术产品	High and New-tech Products			206	797	1072	752	929
初级产品	Primary Goods	-29	-213	-987	-3508	-3690	-5668	-5960
构成　(%)	**Percentage (%)**							
商品进出口贸易总额=100	Total Value of Imports and Exports=100							
工业制品	Manufactured Goods	83.6	84.8	86.2	82.7	85.4	81.9	81.1
#高新技术产品	High and New-tech Products			29.2	30.4	30.4	30.7	29.9
初级产品	Primary Goods	16.3	15.2	13.8	17.3	14.6	18.1	18.9
商品出口贸易总额=100	Total Value of Export=100							
工业制品	Manufactured Goods	85.6	89.8	93.6	94.8	95.4	94.6	94.6
#高新技术产品	High and New-tech Products			28.6	31.2	28.8	30.0	29.2
初级产品	Primary Goods	14.4	10.2	6.4	5.2	4.6	5.4	5.4
商品进口贸易总额=100	Total Value of Import=100							
工业制品	Manufactured Goods	81.5	79.2	77.6	69.0	71.9	67.1	64.9
#高新技术产品	High and New-tech Products			30.0	29.6	32.6	31.4	30.7
初级产品	Primary Goods	18.5	20.8	22.4	31.0	28.1	32.9	35.1

20-25 国家级高新区企业主要经济指标（2019年）
Major Indicators of Enterprises in High-Technology Industrial Development Zones (2019)

开发区	Development Area	企业数（个）Number of Enterprises (unit)	从业人员（人）Number of Persons Employed (person)	营业收入（万元）Business Revenue (10 000 yuan)	出口总额（万元）Exports (10 000 yuan)
合　计	**Total**	**141147**	**22134834**	**3855494314**	**413714707**
中关村国家自主创新示范区	Zhongguancun Science Park	24892	2809570	664221790	25073393
天津滨海高新技术产业开发区	Tianjin Binhai High-tech Industrial Development Zone	4357	281036	54176105	3330753
石家庄高新技术产业开发区	Shijiazhuang High-tech Industrial Development Zone	1720	159779	21230780	849478
唐山高新技术产业开发区	Tangshan High-tech Industrial Development Zone	303	17345	1253535	45139
保定国家高新技术产业开发区	Baoding High-tech Industrial Development Zone	606	114657	20584948	743682
承德高新技术产业开发区	Chengde High-tech Industrial Development Zone	70	14629	1682022	11142
燕郊高新技术产业开发区	Yanjiao High-tech Industrial Development Zone	248	30911	4874024	56036
太原高新技术产业开发区	Taiyuan High-tech Industrial Development Zone	1540	149621	30090534	234188
长治高新技术产业开发区	Changzhi High-tech Industrial Development Zone	124	45945	3472612	29254
呼和浩特金山高新技术产业开发区	Hohhot Jinshan High-tech Industrial Development Zone	26	62971	9610818	143536
包头稀土高新技术产业开发区	Baotou Rare Earth High-tech Industrial Development Zone	561	116952	19487231	723572
鄂尔多斯高新技术产业开发区	Eerduosi High-tech Industrial Development Zone	47	9072	1465578	200917
沈阳高新技术产业开发区	Shenyang High-tech Industrial Development Zone	966	109194	14116545	749055
大连高新技术产业园区	Dalian High-tech Industrial Development Zone	2242	190481	25815950	4262699
鞍山高新技术产业开发区	Anshan High-tech Industrial Development Zone	371	40205	8394343	371975
本溪高新技术产业开发区	Benxi High-tech Industrial Development Zone	85	9950	695706	51065
锦州高新技术产业开发区	Jinzhou High-tech Industrial Development Zone	95	21690	2268484	169660
营口高新技术产业开发区	Yingkou High-tech Industrial Development Zone	107	20148	5372980	677613
阜新高新技术产业开发区	Fuxin High-tech Industrial Development Zone	110	16449	1283357	130123
辽阳高新技术产业开发区	Liaoyang High-tech Industrial Development Zone	43	33444	8984378	68171
长春高新技术产业开发区	Changchun High-tech Industrial Development Zone	860	177910	53700369	1120541
长春净月高新技术产业开发区	Changchun Jingyue High-tech Industrial Development Zone	303	32570	2688612	43051
吉林高新技术产业开发区	Jilin High-tech Industrial Development Zone	417	63942	8032358	85910
通化国家医药高新技术产业开发区	Tonghua Medicine High-tech Industrial Development Zone	81	12058	1226350	21744
延吉高新技术产业开发区	Yanji High-tech Industrial Development Zone	203	10245	1805038	22760
哈尔滨高新技术产业开发区	Haerbin High-tech Industrial Development Zone	580	97715	17516042	811590
齐齐哈尔高新技术产业开发区	Qiqihaer High-tech Industrial Development Zone	102	24265	3365375	139167
大庆高新技术产业开发区	Daqing High-tech Industrial Development Zone	370	67440	14748318	287251
上海张江高新技术产业开发区	Shanghai Zhangjiang Hi-Tech Park	8180	1314021	251570697	27708908
上海紫竹高新技术产业开发区	Shanghai Zizhu High-tech Industrial Development Zone	230	34058	7583487	936744
南京高新技术产业开发区	Nanjing High-tech Industrial Development Zone	3173	362037	67788533	8284497
无锡国家高新技术产业开发区	Wuxi High tech Industrial Development Zone	1214	269876	43283093	15768186
江阴高新技术产业开发区	Jiangyin High-tech Industrial Development Zone	440	89485	17756504	3223696
徐州高新技术产业开发区	Xuzhou High-tech Industrial Development Zone	233	59900	11235146	535250
常州高新技术产业开发区	Changzhou High-tech Industrial Development Zone	1486	212832	30019266	4593268
武进国家高新技术产业开发区	Wujin High-tech Industrial Development Zone	549	137019	17300028	2133117
苏州国家高新技术产业开发区	Suzhou High-tech Industrial Development Zone	1386	228346	35474141	16951170
昆山高新技术产业开发区	Kunshan High-tech Industrial Development Zone	836	176848	17772244	5599733
苏州工业园区	Suzhou Industrial Park	3171	301010	56453221	19279445
常熟高新技术产业开发区	Changshu High-tech Industrial Development Zone	555	77176	11800089	2800553
南通高新技术产业开发区	Nantong High-tech Industrial Development Zone	471	103486	25763647	3542402
连云港高新技术产业开发区	Lianyungang High-tech Industrial Development Zone	174	40308	6795699	314066
淮安高新技术产业开发区	Huaian High-tech Industrial Development Zone	158	18791	1584931	90490
盐城高新技术产业开发区	Yancheng High-tech Industrial Development Zone	397	62637	4297322	591538
扬州高新技术产业开发区	Yangzhou High-tech Industrial Development Zone	257	36886	3880161	559039
镇江高新技术产业开发区	Zhenjiang High-tech Industrial Development Zone	481	54149	7253958	685271
泰州医药高新技术产业开发区	Taizhou Medical High-tech Industrial Development Zone	488	83065	11705284	204762
宿迁高新技术产业开发区	Suqian Medicine High-tech Industrial Development Zone	172	31582	3343676	372382
杭州高新技术产业开发区	Hangzhou High-tech Industrial Development Zone	2294	378037	70926030	5458087
萧山临江高新技术产业开发区	Xiaoshan Linjiang High-tech Industrial Development Zone	1078	200682	34041397	4034084
宁波国家高新技术产业开发区	Ningbo High-tech Industrial Development Zone	1122	251061	46182871	7364692
温州高新技术产业开发区	Wenzhou High-tech Industrial Development Zone	563	109011	7683143	1155422

20-25 续表 1 continued

开发区	Development Area	企业数（个）Number of Enterprises (unit)	从业人员（人）Number of Persons Employed (person)	营业收入（万元）Business Revenue (10 000 yuan)	出口总额（万元）Exports (10 000 yuan)
嘉兴秀洲高新技术产业开发区	Jiaxing Xiuzhou High-tech Industrial Development Zone	161	61974	8264317	1850747
莫干山高新技术产业开发区	Moganshan High-tech Industrial Development Zone	309	52993	6232122	1259936
绍兴国家高新技术产业开发区	Shaoxing High-tech Industrial Development Zonc	443	70724	8350735	1505572
衢州高新技术开发区	Quzhou High-tech Industrial Development Zone	318	67555	9878659	816071
合肥高新技术产业开发区	Hefei High-tech Industrial Development Zone	2429	325514	62221087	9162436
芜湖国家高新技术产业开发区	Wuhu High-tech Industrial Development Zone	275	86639	14091904	1180912
蚌埠国家高新技术产业开发区	Bengbu High-tech Industrial Development Zone	402	77646	12626827	250223
淮南高新技术产业开发区	Huainan High-tech Industrial Development Zone	100	15769	1822499	6635
马鞍山慈湖高新技术产业开发区	Maanshan Cihu High-tech Industrial Development Zone	211	39579	13218757	605984
铜陵狮子山高新技术产业开发区	Tongling Shizishan High-tech Industrial Development Zone	98	12188	3420209	199480
福州高新技术产业开发区	Fuzhou High-tech Industrial Development Zone	391	97594	12422360	1158349
厦门火炬高技术产业开发区	Xiamen Torch High-tech Industrial Development Zone	1577	251561	36007960	12341452
莆田高新技术产业开发区	Putian High-tech Industrial Development Zone	167	49138	6783530	409537
三明高新技术产业开发区	Sanming High-tech Industrial Development Zone	104	18031	3908179	91025
泉州高新技术产业开发区	Quanzhou High-tech Industrial Development Zone	358	89151	7766248	683126
漳州高新技术产业开发区	Zhangzhou High-tech Industrial Development Zone	470	93605	11839459	1518113
龙岩高新技术产业开发区	Longyan High-tech Industrial Development Zone	150	28401	3332612	128456
南昌高新技术产业开发区	Nanchang High-tech Industrial Development Zone	618	153641	35601578	2928626
景德镇高新技术产业开发区	Jingdezhen High-tech Industrial Development Zone	285	70810	9171222	845883
九江共青城高新技术产业开发区	Jiujiang Gongqingcheng High-tech Industrial Development Zone	190	25512	3172112	204249
新余高新技术企业开发区	Xinyu High-tech Industrial Development Zone	261	69481	16261794	776130
鹰潭国家高新技术产业开发区	Yingtan High-tech Industrial Development Zone	167	26003	6121159	250289
赣州高新技术产业开发区	Ganzhou High-tech Industrial Development Zone	191	17583	1766609	181012
吉安高新技术产业开发区	Jian High-tech Industrial Development Zone	158	40058	5136333	2370062
宜春丰城高新技术产业开发区	Yichun Fengcheng High-tech Industrial Development Zone	189	26710	5471885	133339
抚州高新技术产业开发区	Fuzhou High-tech Industrial Development Zone	210	41859	6610554	249872
济南高新技术产业开发区	Jinan High-tech Industrial Development Zone	1216	317537	56197232	3211981
青岛高新技术产业开发区	Qingdao High-tech Industrial Development Zone	711	178132	35977655	5169933
淄博高新技术产业开发区	Zibo High-tech Industrial Development Zone	525	137410	22872116	1733733
枣庄高新技术产业开发区	Zaozhuang High-tech Industrial Development Zone	161	23648	1880920	134848
黄河三角洲农业高新技术产业示范区	Huanghesanjiaozhou Agricultural High-tech Industrial Development Zone	29	3599	4658312	2929
烟台高新技术产业开发区	Yantai High-tech Industrial Development Zone	353	57607	7894512	728018
潍坊高新技术产业开发区	Weifang High-tech Industrial Development Zone	620	203371	41798492	3323023
济宁高新技术产业开发区	Jining High-tech Industrial Development Zone	636	169672	27931091	1463141
泰安高新技术产业开发区	Taian High-tech Industrial Development Zone	332	57544	7706938	276625
威海火炬高技术产业开发区	Weihai Torch High-tech Industrial Development Zone	323	125620	17051605	2835603
莱芜高新技术产业开发区	Laiwu High-tech Industrial Development Zone	147	12622	1158822	116718
临沂高新技术产业开发区	Linyi High-tech Industrial Development Zone	376	52323	7674096	258518
德州高新技术产业开发区	Dezhou High-tech Industrial Development Zone	204	18665	2005956	188980
郑州高新技术产业开发区	Zhengzhou High-tech Industrial Development Zone	2608	219211	29409538	1556500
洛阳高新技术产业开发区	Luoyang High-tech Industrial Development Zone	995	175029	20125421	1039632
平顶山高新技术产业开发区	Pingdingshan High-tech Industrial Development Zone	126	28380	5614008	211985
安阳高新技术产业开发区	Anyang High-tech Industrial Development Zone	342	67984	8010291	251093
新乡高新技术产业开发区	Xinxiang High-tech Industrial Development Zone	303	54749	6384608	502669
焦作高新技术产业开发区	Jiaozuo High-tech Industrial Development Zone	132	41486	4718789	189111
南阳高新技术产业开发区	Nanyang High-tech Industrial Development Zone	188	42003	3035928	166957
武汉东湖新技术开发区	Wuhan Donghu New Technology Development Zone	3480	574602	130525890	10329174
黄石大冶湖高新技术产业开发区	Huangshi Dazhi High-tech Industrial Development Zone	499	84913	11036393	411953
宜昌高新技术产业开发区	Yichang High-tech Industrial Development Zone	378	127134	16513946	1286862
襄阳高新技术产业开发区	Xiangyang High-tech Industrial Development Zone	964	199094	36000354	629067
荆门高新技术产业开发区	Jingmen High-tech Industrial Development Zone	534	109734	16777190	649012
孝感高新技术产业开发区	Xiaogan High-tech Industrial Development Zone	538	103357	15200201	284341
荆州高新技术产业开发区	Jingzhou High-tech Industrial Development Zone	91	10655	1121530	50586
黄冈高新技术产业开发区	Huanggang High-tech Industrial Development Zone	380	56409	5839509	349092
咸宁高新技术产业开发区	Xianning High-tech Industrial Development Zone	428	73024	10007895	290413
随州高新技术产业开发区	Suizhou High-tech Industrial Development Zone	304	50200	6749178	406883
仙桃高新技术产业开发区	Xiantao High-tech Industrial Development Zone	362	83667	7332994	934379
潜江高新技术产业开发区	Qianjiang High-tech Industrial Development Zone	30	7684	4109730	65025

20-25 续表 2 continued

开发区	Development Area	企业数(个) Number of Enterprises (unit)	从业人员(人) Number of Persons Employed (person)	营业收入(万元) Business Revenue (10 000 yuan)	出口总额(万元) Exports (10 000 yuan)
长沙高新技术产业开发区	Changsha High-tech Industrial Development Zone	1873	368766	47828327	4521709
株洲高新技术产业开发区	Zhuzhou High-tech Industrial Development Zone	428	168256	25958751	1161817
湘潭高新技术产业开发区	Xiangtan High-tech Industrial Development Zone	346	87006	14844108	1009209
衡阳高新技术产业开发区	Hengyang High-tech Industrial Development Zone	213	59482	8036934	1095836
常德高新技术产业开发区	Changde High-tech Industrial Development Zone	385	46111	5224199	107457
益阳高新技术产业开发区	Yiyang High-tech Industrial Development Zone	391	49257	8437118	417144
郴州高新技术产业开发区	Chenzhou High-tech Industrial Development Zone	101	20743	2045702	323080
怀化高新技术产业开发区	Huaihua High-tech Industrial Development Zone	158	13665	1212338	7088
广州高新技术产业开发区	Guangzhou High-tech Industrial Development Zone	5282	705326	117245692	11532817
深圳高新技术产业开发区	Shenzhen High-tech Industrial Development Zone	6011	1005244	170393340	32117599
珠海高新技术产业开发区	Zhuhai High-tech Industrial Development Zone	1439	254953	34074936	7249449
汕头高新技术产业开发区	Shantou High-tech Industrial Development Zone	296	28366	2508892	352905
佛山高新技术产业开发区	Foshan High-tech Industrial Development Zone	2233	338559	44514791	6975754
江门高新技术产业开发区	Jiangmen High-tech Industrial Development Zone	608	112418	11657598	3547421
湛江高新技术产业开发区	Zhanjiang High-tech Industrial Development Zone	101	30819	9527650	747877
茂名高新技术产业开发区	Maoming High-tech Industrial Development Zone	153	21326	3731678	189879
肇庆高新技术产业开发区	Zhaoqing High-tech Industrial Development Zone	260	56095	5530728	728325
惠州仲恺高新技术产业开发区	Huizhou Zhongkai High-tech Industrial Development Zone	603	195853	23136349	8793626
源城高新技术产业开发区	Yuancheng High-tech Industrial Development Zone	141	51922	5155161	972105
清远高新技术产业开发区	Qingyuan High-tech Industrial Development Zone	210	61674	7588854	862130
东莞松山湖高新技术产业开发区	Dongguan Songshanhu High-tech Industrial Development Zone	733	126909	56844264	13837188
中山国家高新技术产业开发区	Zhongshan High-tech Industrial Development Zone	772	148767	16499076	6116988
南宁高新技术产业开发区	Nanning High-tech Industrial Development Zone	1019	205083	26983793	3403290
柳州高新技术产业开发区	Liuzhou High-tech Industrial Development Zone	680	130613	26088192	829312
桂林国家高新技术产业开发区	Guilin High-tech Industrial Development Zone	636	108503	10125658	918651
北海高新技术产业开发区	Beihai High-tech Industrial Development Zone	129	42930	8240232	1612474
海口国家高新技术产业开发区	Haikou High-tech Industrial Development Zone	231	39239	4437794	96432
重庆高新技术产业开发区	Chongqing High-tech Industrial Development Zone	1442	238751	33744718	10102338
璧山高新技术产业开发区	Bishan High-tech Industrial Development Zone	294	58279	4087505	684016
荣昌高新技术产业开发区	Rongchang High-tech Industrial Development Zone	248	51435	5113849	415932
永川高新技术产业开发区	Yongchuan High-tech Industrial Development Zone	334	84408	10495012	415858
成都高新技术产业开发区	Chengdu High-tech Industrial Development Zone	2650	409934	70324000	19193361
自贡高新技术产业开发区	Zigong High-tech Industrial Development Zone	296	43405	5432220	403689
攀枝花高新技术产业开发区	Panzhihua High-tech Industrial Development Zone	141	18192	4352515	49943
泸州高新技术产业开发区	Luzhou High-tech Industrial Development Zone	434	57813	8317771	232052
德阳高新技术产业开发区	Deyang High-tech Industrial Development Zone	238	33726	5668423	189718
绵阳国家高新技术产业开发区	Mianyang High-tech Industrial Development Zone	278	115765	15049283	1658192
内江高新技术产业开发区	Neijiang High-tech Industrial Development Zone	126	17970	2672040	151610
乐山高新技术产业开发区	Leshan High-tech Industrial Development Zone	277	55677	7222568	432180
贵阳国家高新技术产业开发区	Guiyang High-tech Industrial Development Zone	901	214482	24685458	848990
安顺高新技术产业开发区	Anshun High-tech Industrial Development Zone	150	25795	2378022	74595
昆明国家高新技术产业开发区	Kunming High-tech Industrial Development Zone	328	87619	22675558	181005
玉溪高新技术产业开发区	Yuxi High-tech Industrial Development Zone	100	27699	9835383	180097
楚雄高新技术产业开发区	Chuxiong High-tech Industrial Development Zone	74	9613	1944280	9360
西安高新技术产业开发区	Xi'an High-tech Industrial Development Zone	4752	547793	116403362	13761457
宝鸡高新技术产业开发区	Baoji High-tech Industrial Development Zone	746	160305	21669497	668488
杨凌农业高新技术产业示范区	Yangling Agricultural High-tech Industries Demonstration Zone	229	28637	2537262	53238
咸阳高新技术产业开发区	Xianyang High-tech Industrial Development Zone	103	28184	5560015	605571
渭南国家高新技术产业开发区	Weinan High-tech Industrial Development Zone	125	21482	4743098	180879
榆林高新科技产业园区	Yulin High-tech Industrial Development Zone	140	37910	10020930	1083
安康高新技术产业开发区	Ankang High-tech Industrial Development Zone	257	29737	4133139	41356
兰州高新技术产业开发区	Lanzhou High-tech Industrial Development Zone	672	126019	18226655	390079
白银高新技术产业开发区	Baiyin High-tech Industrial Development Zone	213	59813	9293009	63148
青海高新技术产业开发区	Qinghai High-tech Industrial Development Zone	99	10071	602620	8504
银川高产业开发区	Yinchuan High-tech Industrial Development Zone	96	12269	901022	29732
宁夏石嘴山高新技术产业开发区	Ningxia Shizuishan High-tech Industrial Development Zone	85	14971	1483912	80834
乌鲁木齐高新技术产业开发区	Wulumuqi High-tech Industrial Development Zone	542	249111	42178914	119330
昌吉高新技术产业开发区	Changji High-tech Industrial Development Zone	226	12898	2568664	154310
石河子高新技术产业开发区	Shihezi High-tech Industrial Development Zone	35	17905	4820857	9632

20-26 分地区技术市场成交额
Transaction Value in Technical Markets by Region

单位：万元 (10 000 yuan)

地 区	Region	2012	2013	2014	2015	2016	2017	2018	2019
全 国	**National Total**	**64370683**	**74691254**	**85771790**	**98357896**	**114069816**	**134242245**	**176974213**	**223983882**
北 京	Beijing	24585034	28517239	31371854	34538855	39409752	44868872	49578246	56952843
天 津	Tianjin	2323275	2761575	3885631	5034369	5526361	5514411	6855875	9092549
河 北	Hebei	378178	315581	292228	395438	589959	889245	2759840	3811904
山 西	Shanxi	306088	527681	484595	512007	425622	941471	1507567	1095227
内蒙古	Inner Mongolia	1060962	387390	139393	153872	120492	196087	198398	224793
辽 宁	Liaoning	2306648	1733775	2174648	2674927	3232180	3858317	4744910	5575904
吉 林	Jilin	251180	347167	285756	264697	1164198	2199199	3419460	4741327
黑龙江	Heilongjiang	1004473	1017747	1202776	1272637	1258091	1467121	1659200	2328823
上 海	Shanghai	5187473	5316804	5924481	6637838	7809858	8106177	12251857	14223539
江 苏	Jiangsu	4009141	5275020	5431585	5729178	6356425	7784223	9914475	14715193
浙 江	Zhejiang	813079	814958	872527	980966	1983716	3247310	5906641	8880078
安 徽	Anhui	861592	1308253	1698313	1904669	2173748	2495697	3213131	4496068
福 建	Fujian	500920	446885	391913	521448	432204	754634	845235	1395883
江 西	Jiangxi	397796	430552	507593	648484	790077	962096	1158231	1486137
山 东	Shandong	1400153	1793981	2492942	3075545	3959453	5116448	8199520	11100178
河 南	Henan	399435	402406	407919	450442	587075	768528	1492840	2318885
湖 北	Hubei	1963922	3976158	5806801	7893407	9038371	10330773	12040937	14298358
湖 南	Hunan	422420	772098	979342	1050578	1056287	2031915	2816126	4906932
广 东	Guangdong	3649384	5293936	4132478	6625775	7581650	9370755	13654186	22230844
广 西	Guangxi	25238	73449	115833	73132	339922	394228	614077	775572
海 南	Hainan	5666	38693	6525	21861	34431	41079	69407	91077
重 庆	Chongqing	540188	902760	1562007	572366	1471870	513581	1883529	566518
四 川	Sichuan	1112438	1485752	1990506	2823202	2993006	4058307	9967010	12119539
贵 州	Guizhou	96743	183972	200392	259626	204437	807409	1710975	2271758
云 南	Yunnan	454779	420003	479233	518364	582559	847625	894879	827040
西 藏	Tibet						440	394	9577
陕 西	Shaanxi	3348153	5332787	6400198	7218211	8027887	9209395	11252908	14673473
甘 肃	Gansu	730619	999936	1145162	1296958	1506615	1629587	1808778	1964171
青 海	Qinghai	192989	268863	291001	468849	569190	677186	793553	90969
宁 夏	Ningxia	29135	14289	31823	35202	40526	66679	121058	149033
新 疆	Xinjiang	53853	29953	28223	30322	42755	57554	39215	78214
港澳台	Hong Kong, Macao and Taiwan	353197	67307	91608	158797	678396	604530	174241	864897
国 外	Abroad	5606534	3434284	4946503	4515877	4082703	4431367	5427512	5626577

20-27　按技术合同构成分全国技术市场成交合同金额
Value of Contract Deals in Domestic Technical Markets by Type of Contracts

单位：万元　　(10 000 yuan)

项　目	Item	2013	2014	2015	2016	2017	2018	2019
合　计	**Total**	**74691254**	**85771790**	**98357896**	**114069816**	**134242245**	**176974213**	**223983882**
一、按技术性收入的类型分	**By Type of Technical Revenue**							
技术开发	Technology Development	27734127	29490054	30471820	34796413	47485447	58885455	71773214
委托开发	Commissioned Development	26041080	26490243	27339210	31390386	40029867	49362634	60129654
合作开发	Cooperated Development	1693047	2999811	3132610	3406027	7455580	9522821	11643559
技术转让	Technology Transfer	10837592	11371714	14665294	16078867	14002811	16096954	21888778
#技术秘密转让	Technical Secrets Transfer	7755045	8533933	11511716	6274102	6792785	6868054	7165852
专利实施许可转让	Patent License Transfer	2396267	1672625	1172986	3861730	2922040	4550718	3810624
专利权转让	Patent Right Transfer	316292	577016	925292	850615	1383493	1692490	8188387
专利申请权转让	Patent Application Right Transfer	31909	46003	44672	73770	90058	130087	162206
计算机软件著作权转让	Computer Software Copyright Transfer	210689	238957	617961	408110	366011	603217	1829127
集成电路布图设计专有权转让	Integrated Circuit Layout Design Exclusive Right Transfer	5030	17027	44080	238412	141781	6722	7404
植物新品种权转让	New Species of Plants Patent Right Transfer	31523	38307	182452	194424	121273	70916	122216
生物、医药新品种权转让	New Species of Biology and Medicine Patent Right Transfer	90836	247847	166135	265216	155789	245353	554764
技术咨询	Technology Consultation	1951027	2442863	2631180	4683265	4492289	5646121	6141064
技术服务	Technology Service	34168507	42467158	50589603	58511271	68261698	96345683	124180826
一般性技术服务	Normal Technology Service	33991905	42304505	49963295	58011939	66742900	95686432	122954691
技术中介	Technology Intermediary	31750	74441	197355	241380	179426	320246	173636
技术培训	Technology Training	144852	88213	428953	257952	1339371	339005	1052500
二、按知识产权构成分	**By Intellectual Right**							
技术秘密	Technology Secrets	22231149	26257535	25344591	26575542	29912687	34926639	46731818
专利	Patent	5696288	6614237	6753434	12973196	14204704	20945087	30857642
发明专利	Invention	2864671	4332886	3572037	7307373	8706940	14363204	17414736
实用新型专利	Utility Model	2812200	2171791	3067496	5570794	5313921	6215502	13239858
外观设计专利	Design	19417	109560	113902	95028	183844	366381	203048
计算机软件	Computer Software	6580997	7079207	6866398	8354526	8526746	8793395	12028361
植物新品种	New Species of Plants	231223	236727	265589	353516	328249	229036	260925
集成电路布图设计	IC Layout Design	1221546	360165	358039	429826	533307	378028	497789
生物、医药新品种	New Species of Biology and Medicine	1972657	730706	831678	734589	1197028	1432862	1454721
未涉及知识产权	Others	36757393	44493212	57276956	63508536	78735493	108840079	131114916

20-27 续表 continued

单位：万元 (10 000 yuan)

项 目	Item	2013	2014	2015	2016	2017	2018	2019
三、按技术领域分	**By Technical Field**							
电子信息技术	IT Technology	19465060	21826327	24973350	33129453	38607227	45051745	56366799
航空航天技术	Aviation and Aerospace Technology	1640874	2560390	2771133	2676018	4254075	4082361	5403232
先进制造技术	Advanced Manufacture Technology	9513366	12425453	13507167	14410471	15843314	24908842	29517064
生物、医药和医疗器械技术	Biology, Medicine and Medical Machine Technology	3963664	4114555	5106516	6127297	7502520	8391509	10579333
新材料及其应用	Advanced Material and Application	3211892	4422276	4452197	5127952	5010016	6724306	8711065
新能源与高效节能	New Energy and Power Saving	7365404	9269144	10642935	11388154	12021350	15400556	28135523
环境保护与资源综合利用技术	Environment and Source Application Technology	6803814	6937698	8004181	9264109	10698894	13269314	16234919
核应用技术	Nuclear Application Technology	3354838	3296828	3901318	763865	292010	2660383	1192283
农业技术	Agriculture Technology	2330207	3093548	3080496	3178260	4074813	4208292	5002269
现代交通	Modern Traffic	9683286	9683502	9818918	13687734	16653203	25427249	20775555
城市建设与社会发展	Urban Construction and Social Development	7358847	8142067	12099686	14316503	19284823	26849657	42065841
四、按社会经济目标分	**By Social and Economic Objectives**							
农林牧渔业发展	Farming, Forestry and Fishery	2351218	3108331	2649378	3084815	4204404	4689757	5529437
工商业发展	Industry Promotion	7820716	7592289	11832327	12454604	19246645	24484176	31211072
能源生产、分配和合理利用	Energy Production, Distribution and Application	8377690	13515100	9822174	10731280	11150576	16276268	22550167
基础设施以及城市和农村规划	Infrastructure, Urban and Rural Planning	13997232	11784955	11503248	15056385	19033606	30297060	34186555
环境保护、生态建设及污染防治	Environmental Protection, Ecological Building and Pollution Prevention	4243877	5926020	7714736	9094087	10517303	13219134	16520526
卫生事业发展	Sanitation Development	2337549	2278378	3234914	4071510	4378747	4990593	6486663
社会发展和社会服务	Social Development and Social Service	20331124	21931927	30174080	35296542	38821539	41718264	52897407
地球和大气层的探索与利用	Earth and Atmosphere Exploration and Utility	163648	1404086	87243	234723	119448	105352	186924
教育事业发展	Education Development	578234	755301	691946	746660	717617	1079244	1853943
民用空间探测及开发	Civil Aerospace Exploration	497517	232608	405674	624798	505418	519280	629062
国防	Defense	1869779	1606585	2549196	2702260	2975035	3906405	4209612
其他民用目标	Other Civil Purpose	12122670	13445881	14542349	15911988	20063635	29048652	38765858
非定向研究	Non-directive Research			3150633	4060166	2508271	6640029	8956657

20-28 分地区测绘资料提供情况（2019年）
Statistics on Output of Surveying and Mapping Materials by Region (2019)

地 区	Region	地形图合计（张）Topographic Maps (unit)	1:10000 (scale)	1:50000 (scale)	测绘基准成果（点）Surveying and Mapping Datum Product (point)	航摄成果（平方千米）Aerial Photograph (sq.km)
全 国	**National Total**	**273252**	**37528**	**20899**	**190874**	**661531**
北 京	Beijing	4134	113		5225	
天 津	Tianjin				176	
河 北	Hebei	2832	2396	436	1646	15853
山 西	Shanxi	577	324	253	592	
内蒙古	Inner Mongolia	2232	338	1400	25659	43827
辽 宁	Liaoning	623			2043	
吉 林	Jilin	506		506	3807	29702
黑龙江	Heilongjiang	12124	11474	557	2778	
上 海	Shanghai	195544	1		12533	
江 苏	Jiangsu	1245	1143	102	13730	100000
浙 江	Zhejiang	210	118	92	1101	94612
安 徽	Anhui	1163	138	1025	1085	2626
福 建	Fujian	15	15		913	18615
江 西	Jiangxi	2443	2291	126	4533	
山 东	Shandong	542	151	391	1263	
河 南	Henan	250	118	128	2606	13770
湖 北	Hubei	85		85	348	1300
湖 南	Hunan	598	558	40	1363	
广 东	Guangdong	4010	3031	806	8662	786
广 西	Guangxi	465	213	252	14764	5
海 南	Hainan	362		353	18296	
重 庆	Chongqing	4063	1195	101	405	
四 川	Sichuan	571	192	379	1161	448
贵 州	Guizhou	64	15	49	12939	811
云 南	Yunnan	4388	3928	371	2991	261
西 藏	Tibet	1898	492	1406	2470	
陕 西	Shaanxi	1119	6	1113	5281	50727
甘 肃	Gansu	9415	8393	1008	5535	172769
青 海	Qinghai	3991	2	3989	4546	28800
宁 夏	Ningxia	699	569	130	161	7916
新 疆	Xinjiang	1906	314	1592	5043	2305
国家基础地理信息中心	National Geomatics Center of China	4515		4209	26653	74512

注：全国数据包括计划单列市数据。

a) The national data include data of cities with independent planning authority.

20-29 分地区地震监测情况（2019年）
Earthquake Monitoring by Region (2019)

单位：个 (unit)

地 区	Region	地震台数 总 数 Number of Seismic Stations	国家级台 Number of National Stations	省级台 Number of Provincial Stations	市、县级台 Number of Municipality/ County-level Stations	企业台 Number of Enterprise Stations	强震观测点 Number of Strong Motion Observation Spots	宏观观测点 Number of Macro-observation Spots
全 国	**National Total**	**2280**	**225**	**282**	**1481**	**292**	**2926**	**49644**
北 京	Beijing	29	8	2	18	1	266	300
天 津	Tianjin	10	5	5			120	1059
河 北	Hebei	121	7	35	74	5	164	11407
山 西	Shanxi	127	7	4	105	11	3	1611
内蒙古	Inner Mongolia	67	14	19	34		45	1483
辽 宁	Liaoning	48	7	11	28	2	95	1141
吉 林	Jilin	39	5	6	28		15	1191
黑龙江	Heilongjiang	65	9	2	43	11	19	4869
上 海	Shanghai	9	2		7		130	57
江 苏	Jiangsu	113	8	7	97	1	58	1009
浙 江	Zhejiang	71	5	1	58	7	46	491
安 徽	Anhui	100	3	9	88		24	762
福 建	Fujian	50	4	10	28	8	144	371
江 西	Jiangxi	8	2	6			6	1317
山 东	Shandong	222	6	20	191	5	157	1737
河 南	Henan	119	3	10	89	17	22	1717
湖 北	Hubei	51	6	8	12	25	41	2927
湖 南	Hunan	48	6	3	29	10	6	549
广 东	Guangdong	58	6	7	40	5	572	249
广 西	Guangxi	83	5	4	42	32	6	751
海 南	Hainan	24	2	3	19		13	371
重 庆	Chongqing	48	1	39	1	7	7	3414
四 川	Sichuan	113	14	14	80	5	21	2841
贵 州	Guizhou	21	4	15	2		7	1356
云 南	Yunnan	262	13	5	134	110	323	2814
西 藏	Tibet	25	15	10			2	42
陕 西	Shaanxi	98	6	6	86		84	1681
甘 肃	Gansu	101	9	12	73	7	254	1087
青 海	Qinghai	39	5	2	12	20	55	86
宁 夏	Ningxia	15	4	3	8		59	322
新 疆	Xinjiang	96	34	4	55	3	162	632

20-30 中国科协系统科技活动情况(2019年)

指　标		Item		总计 Total
机构和人员		**Associations or Academic Societies and Personnel**		
机构数	(个)	Number of Associations or Academic Societies	(unit)	3209
从业人员	(人)	Number of Employed Persons	(person)	34491
学会数	(个)	Number of Academic Societies	(unit)	4058
学会个人会员	(万人)	Number of Individual Members of Academic Societies	(10000 persons)	1303
学会从业人员	(人)	Number of Employed Persons of Academic Societies	(person)	50764
企业科协	(个)	Number of S&T Associations in Enterprises	(unit)	17510
个人会员	(万人)	Number of Individual Members	(10000 persons)	265
高等院校科协	(个)	Number of S&T Associationsin Institutions of Higher Learning	(unit)	1437
个人会员	(万人)	Number of Individual Members	(10000 persons)	75
农技协	(个)	Number of Rural Professional and Technical Associations	(unit)	27575
个人会员	(万人)	Number of Individual Members	(10000 persons)	442
学术交流活动		**Academic Exchange**		
学术交流活动	(次)	Number of Academic Exchanges	(time)	19461
参加人数	(万人次)	Number of Participants	(10000 person-time)	636
科学技术普及活动		**S&T Popularization Activities**		
举办科普宣讲活动	(次)	Number of S&T Publicity Activities	(time)	253861
宣讲活动受众人数	(万人次)	Number of Participants	(10000 person-time)	144066
参加活动科技人员	(万人次)	Number of Scientific and Technical Personnel Participating in Activities	(10000 person-time)	106
科技开放与交流		**Opening-up and Exchange of S&T**		
参加国外科技活动人数	(人次)	Participants to Overseas S&T Activities	(person-time)	43665
接待国外专家学者	(人次)	Foreign Experts and Scholars Received	(person-time)	43782
科技服务		**S&T Service**		
提供决策咨询报告	(篇)	Number of Reports Provided for Policy Decision and Consultation	(piece)	4353
为科技工作者服务		**Services for the Scientific and Technological Workers**		
反映科技工作者建议	(条)	Number of S&T Workers' Proposals Forwarded	(item)	10554
表彰奖励科技工作者	(人次)	Number of Recognitions and Awards to S&T Workers	(person-time)	91579
#女性科技工作者		Number of Recognitions and Awards to Female S&T Workers		25070
科技期刊与科技传播		**Scientific Journals and S&T Difussion**		
主办科技期刊	(种)	Number of S&T Journals	(kind)	1802
总印数	(万册)	Printed Copies	(10000 copies)	6010
编著科技图书	(种)	Compilation of S&T Publications	(kind)	4078
总印数	(万册)	Printed Copies	(10000 copies)	1886
主办科技网站	(个)	Number of S&T Websites	(unit)	1384
浏览人数	(万人次)	Number of Website Visitors	(10000 person-time)	1166870
科普基础设施建设		**S&T Infrastructure Construction**		
科技馆	(个)	Number of S&T Museums	(unit)	978
全年参观人数	(万人次)	Annual Number of Visitors	(10000 person-time)	7479
科普画廊建筑面积(宣传栏、橱窗)	(平方米)	Building Area of S&T Publicity Galleries (Boards, Showcases)	(meters)	1766802
科普画廊展示面积	(平方米)	Display Area of S&T Publicity Galleries	(meters)	4336686

Basic Statistics on Scientific and Technological Activities of China Associations for Science and Technology (2019)

科协小计 Total Number of Associations	学会小计 Total Number of Academic Societies	全国学会 National Societies	省级学会 Provincial Societies
3209			
34491			
	4058	210	3848
	1303	523	780
	50764	3714	47050
17510			
265			
1437			
75			
27575			
442			
2321	17140	4973	12167
111	525	228	297
125671	128190	87584	40606
52543	91523	85180	6343
36	70	49	20
3993	39672	12732	26940
12037	31745	14384	17361
1915	2438	661	1777
8454	2100	228	1822
6729	84850	26920	57930
1807	23263	6188	17075
65	1737	993	744
2256	3754	2634	1120
2176	1902	388	1514
1088	798	155	644
605	779	392	387
901018	265852	139702	126150
978			
7479			
1766802			
4336686			

20-31　分地区气象业务站点及观测项目情况（2019年）

Status of Operational Meteorological Stations and Observation Items by Region (2019)

单位：个　　　　(unit)

地　区 和单位	Region and Units	地面观测 业　务 Surface Observation Stations	高空探测 业　务 Upper-air Observation Stations	自　动 气象站 Automatic Weather Stations	天气雷达 观测业务 Weather Radar Observation Stations	农业气象 观测站 Agro- Meteorological Observation Stations	环境气象 观测站 Environmental Meteorological Observation Stations	闪电定位 监测业务 Lightning Position Monitoring Stations	卫星云图 接收业务 Satellite Cloud Images Receiving Stations
全　国	**National Total**	**10701**	**123**	**54534**	**294**	**722**	**1195**	**489**	**330**
北　京	Beijing	54	1	489	6	7	44	1	1
天　津	Tianjin	54		257	3	5	23	4	2
河　北	Hebei	411	3	2761	12	30	58	11	8
山　西	Shanxi	262	1	1570	7	31	52	7	17
内蒙古	Inner Mongolia	708	12	1658	10	35	31	52	10
辽　宁	Liaoning	299	2	1306	7	28	81	9	
吉　林	Jilin	388	3	1061	6	25	35	7	7
黑龙江	Heilongjiang	485	4	910	9	39	29	29	8
上　海	Shanghai	43	1	235	2	1	24	4	8
江　苏	Jiangsu	264	3	1446	12	22	100	25	6
浙　江	Zhejiang	260	3	2895	17	14	39	11	20
安　徽	Anhui	295	2	2743	10	25	14	7	2
福　建	Fujian	301	3	1922	10	26	35	9	10
江　西	Jiangxi	380	2	2167	11	19	33	12	11
山　东	Shandong	431	3	1196	11	20	49	13	10
河　南	Henan	370	3	2292	10	39	72	19	22
湖　北	Hubei	327	3	2184	10	32	63	32	18
湖　南	Hunan	422	3	3125	11	26	11	10	10
广　东	Guangdong	436	4	2808	30	28	84	9	11
广　西	Guangxi	518	6	2303	13	29	21	11	12
海　南	Hainan	127	3	442	6	7	39	6	5
重　庆	Chongqing	159	1	1805	6	14	52	5	5
四　川	Sichuan	505	7	5079	12	47	34	24	15
贵　州	Guizhou	364	2	3026	11	19	13	12	14
云　南	Yunnan	570	5	2583	9	26	11	22	10
西　藏	Tibet	192	8	564	4	5	18	27	11
陕　西	Shaanxi	393	4	1575	8	22	31	11	21
甘　肃	Gansu	345	9	1480	9	27	21	19	11
青　海	Qinghai	232	7	527	3	19	14	33	17
宁　夏	Ningxia	114	1	866	3	10	12	5	7
新　疆	Xinjiang	712	14	1259	9	44	32	43	15
其　他	Others	280			7				6

注：2018年地面观测站变动较大，系将部分省级气象观测站纳入国家级气象观测站统计范围所致。

a) Surface observation stations changed greatly in 2018, which is due to the inclusion of some provincial meteorological observatories into national meteorological observatories.

20-32 产品质量国家监督抽查情况(2019年)
Results of Sampling Check under State Supervision on the Quality of Products (2019)

项 目	Item	抽查企业 (家) Number of Enterprises Selected for Supervision (unit)	抽查产品 (批) Products Selected for Supervision (batch-time)	不合格产品 (批) Unqualified Products (batch-time)
合 计	**Total**	**25748**	**27495**	**2942**
食 品	Food	3091	3104	152
日用消费品	Consumer Goods	4195	4375	479
建筑与装饰装修材料	Building & Decoration Materials	5172	5232	669
农业生产资料	Agricultural Means of Production	1491	1552	149
轻工产品	Light Industry Products	2527	3229	403
机械及安防产品	Machinery, and Security and Protection Products	2556	2695	238
电子电器	Electronic and Electrical Appliances	2566	2719	416
电工及材料	Electrical Engineering and Materials	4150	4589	436

20-33 分地区产品质量情况
Quality of Products by Region

单位: % (%)

地 区	Region	产品质量合格率 Qualification Rate of Products 2018	2019
全 国	**National Total**	**93.93**	**93.86**
北 京	Beijing	96.61	96.54
天 津	Tianjin	96.23	94.05
河 北	Hebei	93.20	90.70
山 西	Shanxi	93.80	91.08
内蒙古	Inner Mongolia	94.68	92.27
辽 宁	Liaoning	94.90	92.71
吉 林	Jilin	94.68	89.20
黑龙江	Heilongjiang	94.41	90.61
上 海	Shanghai	95.02	95.69
江 苏	Jiangsu	93.96	94.09
浙 江	Zhejiang	93.85	93.93
安 徽	Anhui	94.12	93.21
福 建	Fujian	94.07	93.79
江 西	Jiangxi	93.76	93.80
山 东	Shandong	93.86	93.89
河 南	Henan	93.74	91.99
湖 北	Hubei	94.13	91.97
湖 南	Hunan	93.80	93.61
广 东	Guangdong	94.15	93.86
广 西	Guangxi	91.47	91.11
海 南	Hainan	92.56	92.52
重 庆	Chongqing	96.11	94.36
四 川	Sichuan	93.43	93.52
贵 州	Guizhou	94.83	90.72
云 南	Yunnan	93.95	92.05
西 藏	Tibet	92.78	92.54
陕 西	Shaanxi	93.33	92.85
甘 肃	Gansu	93.68	92.05
青 海	Qinghai	92.83	88.64
宁 夏	Ningxia	94.50	89.05
新 疆	Xinjiang	92.15	92.02

注：本资料由75个重点工业城市抽样数据汇总而成。
a) Data in this table are collected from samples of 75 key industrial cities.

20-34 产品质量省级监督抽查情况(2019年) Results of Sampling Check under Provincial Supervision on the Quality of Products (2019)

地 区	Region	抽查企业 (家) Number of Enterprises Selected for Supervision (unit)	抽查产品 (批) Products Selected for Supervision (batch-time)	不合格产品 (批) Unqualified Products (batch-time)
全 国	**National Total**	**132660**	**192171**	**18409**
北 京	Beijing	3952	7261	841
天 津	Tianjin	2245	6424	176
河 北	Hebei	5995	8452	650
山 西	Shanxi	8039	11480	716
内蒙古	Inner Mongolia	4086	6119	692
辽 宁	Liaoning	3234	4273	381
吉 林	Jilin	628	670	14
黑龙江	Heilongjiang	2259	3202	345
上 海	Shanghai	7595	8433	1238
江 苏	Jiangsu	7306	7306	472
浙 江	Zhejiang	17048	18127	839
安 徽	Anhui	4036	4563	499
福 建	Fujian	3762	5644	232
江 西	Jiangxi	13	458	10
山 东	Shandong	4588	5985	432
河 南	Henan	6813	7555	493
湖 北	Hubei	436	755	30
湖 南	Hunan	7107	15326	2155
广 东	Guangdong	11905	16179	2733
广 西	Guangxi	3412	3994	398
海 南	Hainan	746	1307	219
重 庆	Chongqing	5877	15610	1486
四 川	Sichuan	9554	14198	1271
贵 州	Guizhou	3931	5402	662
云 南	Yunnan	2305	3864	698
西 藏	Tibet			
陕 西	Shaanxi	2165	3091	241
甘 肃	Gansu	2523	4527	236
青 海	Qinghai	215	378	24
宁 夏	Ningxia	51	68	14
新 疆	Xinjiang	834	1520	212

主要统计指标解释

研究与试验发展(R&D) 指为增加知识存量（也包括有关人类、文化和社会的知识）以及设计已有知识的新应用而进行的创造性、系统性工作，包括基础研究、应用研究和试验发展三种类型。国际上通常采用R&D活动的规模和强度指标反映一国的科技实力和核心竞争力。

基础研究 指一种不预设任何特定应用或使用目的的实验性或理论性工作，其主要目的是为获得（已发生）现象和可观察事实的基本原理、规律和新知识。其成果通常表现为提出一般原理、理论或规律，并以论文、著作、研究报告等形式为主。

应用研究 指为获取新知识，达到某一特定的实际目的或目标而开展的初始性研究。应用研究是为了确定基础研究成果的可能用途，或确定实现特定和预定目标的新方法。其研究成果以论文、著作、研究报告、原理性模型或发明专利等形式为主。

试验发展 指利用从科学研究、实际经验中获取的知识和研究过程中产生的其他知识，开发新的产品、工艺或改进现有产品、工艺而进行的系统性研究。其研究成果以专利、专有技术，以及具有新颖性的产品原型、原始样机及装置等形式为主。

产品创新 指企业推出了全新的或有重大改进的产品。产品创新的“新”要体现在产品的功能或特性上，包括技术规范、材料、组件、用户友好性等方面的重大改进。不包括产品仅有外观变化或其他微小改变的情况，也不包括直接转销。此处的“新”是指该产品对本企业而言必须是新的，但对于其他企业或整个市场而言不一定是新的。这里的产品既包括货物，也包括服务。货物方面产品创新的例子有新能源汽车、新功能手机等；服务方面产品创新的例子有新的保修服务，如显著延长的新产品保修期限等。

工艺创新 指企业采用了全新的或有重大改进的生产方法、工艺设备或辅助性活动。工艺创新的“新”要体现在技术、设备或流程上；它对本企业而言必须是新的，但对于其他企业或整个市场而言不一定是新的。不包括单纯的组织管理方式的变化。此处的辅助性活动指企业的采购、物流、财务、信息化等活动。

组织（管理）创新 指企业采取了此前从未使用过的全新的组织管理方式，主要涉及企业的经营模式、组织结构或外部关系等方面。不包括单纯的合并或收购。组织（管理）创新应是企业管理层战略决策的结果。此处的“新”是指它对本企业而言必须是新的，但对于其他企业或整个市场而言不一定是新的。

营销创新 指企业采用了此前从未使用过的全新的营销概念或营销策略，主要涉及产品（服务）设计或包装、产品（服务）推广、产品（服务）销售渠道、产品（服务）定价等方面。不包括季节性、周期性变化和其他常规的营销方式变化。此处的“新”是指它对本企业而言必须是新的，但对于其他企业或整个市场而言不一定是新的。

R&D人员 指报告期R&D活动单位中从事基础研究、应用研究和试验发展活动的人员。包括直接参加上述三类R&D活动的人员，以及与上述三类R&D活动相关的管理人员和直接服务人员，即直接为R&D活动提供资料文献、材料供应、设备维护等服务的人员。不包括为R&D活动提供间接服务的人员，如餐饮服务、安保人员等。

R&D人员全时当量 指报告期R&D人员按实际从事R&D活动时间计算的工作量，以“人年”为计量单位。为国际上比较科技人力投入而制定的可比指标。

R&D经费支出 指报告期调查单位内部为实施R&D活动而实际发生的全部经费，按支出性质分为日常性支出和资产性支出。不包括调查单位委托其他单位或与其他单位合作开展R&D活动而转拨给其他单位的全部经费。

R&D经费支出中政府资金 指R&D经费支出中来自于各级政府财政的各类资金，包括财政科学技术支出和财政其他功能支出的资金用于R&D活动的实际支出。

R&D经费支出中企业资金 指R&D经费支出中来自于企业的各类资金。对企业而言，企业资金指企业自有资金、接受其他企业委托开展R&D活动而获得的资金，以及从金融机构贷款获得的开展R&D活动的资金；对科研院所、高校等事业单位而言，企业资金是指因接受从企业委托开展R&D活动而获得的各类资金。

R&D项目（课题）数 R&D项目（课题）是进行R&D活动的基本组织形式，通常由R&D活动执行单位依据项目立项书或合同书等形式明确项目任务、目标、人员和经费等。

R&D项目（课题）人员全时当量 指实际参加研发项目（课题）活动人员折合的全时当量。

R&D项目（课题）经费支出 指调查单位内部在报告年度进行研发项目（课题）研究和试制等的实际支出。包括劳务费、其他日常支出、固定资产购建费、外协加工费等，不包括委托或与外单位合作进行项目（课题）研究而拨付给对方使用的经费。

新产品销售收入 指报告期企业销售新产品实现的销售收入。新产品是指采用新技术原理、新设计构思研制、生产的全新产品，或在结构、材质、工艺等某一方面比原有产品有明显改进，从而显著提高了产品性能或扩大了使用功能的产品。既包括经政府有关部门认定并在有效期内的新产品，也包括企业自行研制开发，未经政府有关部门认定，从投产之日起一年之内的新产品。

专利 是专利权的简称，是对发明人的发明创造经审查合格后，由专利局依据专利法授予发明人和设计人对该项发明创造享有的专有权。包括发明、实用新型和外观设计。反映拥有自主知识产权的科技和设计成果情况。

发明（专利） 指对产品、方法或者其改进所提出的新的技术方案。是国际通行的反映拥有自主知识产权技术的核心指标。

实用新型（专利） 指对产品的形状、构造或者其结合所提出的适于实用的新的技术方案。反映具有一定技术含量的技术成果情况。

外观设计（专利） 指对产品的形状、图案、色彩或者其结合所作出的富有美感并适于工业上应用的新设计。反映拥有自主知识产权的外观设计成果情况。

Explanatory Notes on Main Statistical Indicators

Research and Experimental Development (R&D) refers to creative and systematic work undertaken in order to increase the stock of knowledge (including knowledge of humankind, culture and society) and to devise new applications of available knowledge.R&D includes 3 categories of activities: basic research, applied research and experimental development. The scale and intensity of R&D are widely used internationally to reflect the strength of S&T and the core competitiveness of a country in the world.

Basic Research refers to experimental or theoretical work undertaken primarily to acquire new knowledge of the underlying foundations of phenomena and observable facts, without any particular application or use in view. Basic research usually formulates hypotheses, theories or laws , and its results are mainly released or disseminated in the form of scientific papers or monographs or research reports.

Applied Research refers to original investigation undertaken in order to acquire new knowledge. It is directed primarily towards a specific, practical aim or objective. Purpose of the applied research is to identify the possible uses of results from basic research, or to explore new (fundamental) methods or new approaches. Results of applied research are expressed in the form of scientific papers, monographs, fundamental models or invention patents.

Experimental Development refers to systematic work, drawing on knowledge gained from research and practical experience and producing additional knowledge, which is directed to producing new products or processes or to improving existing products or processes. Results of experimental development activities are embodied in patents, exclusive technology, and monotype of new products or equipment.

Product Innovation refers to the introduction of new or significantly improved products by enterprises. The innovation should be reflected by the functions or features of the products, including improvement on technical specifications, materials, parts, user-friendliness etc. Simple appearance change or other subtle changes are not included, neither is direct reselling. The product must be new to the enterprise, but it is not necessarily new to other enterprises or the whole market.

The products here cover both goods and services. Examples of innovation on goods include new energy vehicles and mobile phones with new functions; examples of innovation on services include new warranty service, such as significantly extended new warranty period of products.

Process Innovation refers to the implementation of new or significantly improved production methods, process equipments or supporting activities by enterprises. The innovation should be reflected by technology, equipment or process. It must be new to the enterprise, but it is not necessarily new to other enterprises or the whole market. Simple change of organization and management mode is not included. Supporting activities cover purchase, logistics, account and compute activities.

Organizational (management) Innovation refers to the adoption of a completely new organizational management mode, which has never been used before. It mainly involves the business model, organizational structure or external relations of enterprises. It does not include pure mergers or acquisitions. Organizational (management) innovation should be the result of strategic decision-making of enterprise management. The term "new" here means that it must be new to the enterprise, but not necessarily new to other enterprises or the whole market.

Marketing Innovation refers to the implementation of completely new marketing concepts or marketing strategies that have never been used before. It mainly involves product (service) design or packaging, product (service) promotion, product (service) sales channels, product (service) pricing and so on. It does not include seasonal, cyclical and other conventional marketing changes. The term "new" here means that it must be new to the enterprise, but not necessarily new to other enterprises or the whole market.

R&D Personnel refer to persons of R&D activities units engaged in basic research, applied research, and experimental development at the reference period, including persons of directly participating in the three activities above, as well as managment and direct service staff related to R&D activities, such as literature provision, material supply,equipment maintenance staff, it excludes persons providing indirect support and ancillary services, such as canteen and security staff.

Full-time Equivalent of R&D Personnel refers to the ratio of working hours actually spent on R&D during a specific reference period (usually a calendar year) divided by the total number of hours conventionally worked in the same period by an individual or by a group. The measurement unit of the ratio is “man-years”. This is an internationally comparable indicator of S&T manpower input.

Expenditure on R&D refers to the real expenditure of surveyed units on their own R&D activities in reporting period. It is divided into current expenditures and gross fixed capital expenditures for R&D according to the nature of expenditure. It doesn’t include the fees transferred to cooperated or entrusted agencies on R&D activities.

Expenditure on R&D from Government Funds refers to the expenditure of funds on R&D activities from government agencies at different levels, including appropriate funds on science and technology from financial departments, and the real expenditure of other fiscal functional funds on R&D activities from government agencies.

Expenditure on R&D from Enterprises funds refers to the expenditure of all kinds of funds on R&D activities from enterprises. In terms of enterprises, it refers to the expenditure of self-raised funds of enterprises, funds from other enterprises through entrustment, loans from financial institutions on R&D activities. In terms of public institutions, such as institution of scientific research and universities, it refers to the expenditure of funds from enterprises through entrustment.

Number of R&D Projects (subjects) R&D Projects (subjects) are the basic forms of R&D activities, The project task, target, personnel and expenditure are usually defined by R&D activity execution unit according to project approval specification or contract document.

Full-time Equivalent of Personnel on R&D Projects (subjects) refers to the full-time equivalent of persons actually engaged in R&D projects (subjects).

Expenditure on R&D Projects (subjects) refers to the real expenditure of internal funds of the surveyed units on research and test of R&D projects (subjects) at the reference year, including service fee, other daily expenditure, cost for fixed assets, cost of external process, it excludes expenditure of funds transferred to other cooperated or entrusted units of the projects.

Sales Income of New Products refers to the sales income of new products of the enterprises at the reference period. New products refer to products developed and produced with new technologies and designs or improved in structure, material, process or other aspects so that their performance are improved or their functions expanded. New products include those affirmed by government authorities in their validity period and also those developed by enterprises without the affirmation of government authorities within one year after they are put into production.

Patent is an abbreviation for the patent right and refers to the exclusive right of ownership by the inventors or designers for the creation or inventions, given from the patent offices after due process of assessment and approval in accordance with the Patent Law. Patents are granted for inventions, utility models and designs. This indicator reflects the achievements of S&T and design with independent intellectual property.

Patented Inventions refer to new technical proposals to the products or methods or their modifications. This is universal core indicator reflecting the technologies with independent intellectual property.

Patented Utility Models refer to the practical and new technical proposals on the shape and structure of the product or the combination of both. This indicator reflects the condition of technological results with certain technical content.

Designs refer to the aesthetics and industrially applicable new designs for the shape, pattern and colour of the product, or their combinations. This indicator reflects the appearance design achievements with independent intellectual property.

21

教 育

Education

简 要 说 明

一、本篇资料的主要内容

本篇主要反映我国教育事业发展基本情况。

包括高等教育(研究生教育、普通高等教育和成人高等教育)、中等教育(高中阶段教育和初中阶段教育)、初等教育(小学)、学前教育、特殊教育以及教育经费等资料。主要指标包括学校数、在校学生数、招生数、毕业生数、教职工数和专任教师数、教育经费总投入及国家财政性教育经费等。

二、本篇的资料来源

教育事业统计资料、教育经费统计资料由教育部提供；技工学校资料由人力资源和社会保障部提供。

详细资料分别见《中国教育统计年鉴》（教育部发展规划司编）和《中国教育经费统计年鉴》（教育部财务司编）。

Brief Introduction

I. Main Content of Data on Education

Data in this chapter reflect the development of China's education.

Data on education cover the situations on higher education (graduate education, regular higher education and adult higher education), secondary education (senior and junior secondary education), primary education (primary schools), pre-school education, special education and educational finance. The main indicators include number of schools, number of enrolments, entrants, graduates, number of educational personnel and full-time teachers, total educational finance, government appropriation for education and so on.

II. Sources of Data on Education

The Ministry of Education provides statistical data on educational undertakings and educational finance. Data on skilled workers schools are provided by the Ministry of Human Resources and Social Security.

For detailed information please refer to "*Educational Statistics Yearbook of China*" compiled by Department of Development & Planning, Ministry of Education; and the "*China Educational Finance Statistical Yearbook*" compiled by Department of Finance, Ministry of Education.

21-1 各级各类学校、教职工和专任教师情况（2019年）
Number of Schools, Educational Personnel and Full-time Teachers by Type and Level (2019)

项　目	Item	学校数(所) Schools (unit)	教职工数(人) Educational Personnel (person)	专任教师(人) Full-time Teachers (person)
高等教育	**Higher Education**			
研究生培养机构	Institutions Providing Graduate Programs	(828)		
普通高校	Regular Higher Education Institutions	(593)		
科研机构	Research Institutions	(235)		
普通高等学校	Regular Higher Education Institutions	2688	2566705	1740145
本科院校	HEIs Offering Degree Programs	1265	1866619	1225310
#独立学院	Independent Schools	257	159432	120617
高职(专科)院校	Higher Vocational Colleges	1423	699400	514436
其他普通高教机构	Other Institutions	(21)	686	399
成人高等学校	Adult HEIs	268	36088	20641
民办的其他高等教育机构	Other Non-public HEIs	(784)	18782	8580
中等教育	**Secondary Education**	**77270**	**8261864**	**6453302**
高中阶段教育	Senior Secondary Education	24375	3909459	2704109
高中	Senior Secondary Schools	14297	2836167	1861175
普通高中	Regular Senior Secondary Schools	13964	2833658	1859242
完全中学	Combined Secondary Schools	5392	1084014	544134
高级中学	Regular High Schools	7003	1381078	1228091
十二年一贯制学校	12-Year Schools	1569	368566	87017
成人高中	Adult High Schools	333	2509	1933
中等职业教育	Secondary Vocational Education	10078	1073292	842934
普通中专	Regular Specialized Secondary Schools	3339	398632	309536
成人中专	Adult Specialized Secondary Schools	1032	50038	37973
职业高中	Senior Secondary Vocational Schools	3315	339764	284754
技工学校	Skilled Workers Schools	2392	271810	200737
其他中职机构	Other Institutions	(286)	13048	9934
初中阶段教育	Junior Secondary Education	52895	4352405	3749193
初中	Junior Secondary Schools	52415	4350422	3747429
初级中学	Regular Junior Secondary Schools	35038	2816689	2586066
九年一贯制学校	9-Year Schools	17366	1533323	638380
十二年一贯制学校	12-Year Schools			99941
完全中学	Combined Secondary Schools			422685
职业初中	Junior Secondary Vocational Schools	11	410	357
成人初中	Adult Junior Secondary Schools	480	1983	1764
初等教育	**Primary Education**	**166389**	**5868947**	**6278607**
普通小学	Regular Primary Schools	160148	5852646	6269084
小学	Primary Schools	160148	5852646	5486258
九年一贯制学校	9-Year Schools			694041
十二年一贯制学校	12-Year Schools			88785
成人小学	Adult Primary Schools	6241	16301	9523
#扫盲班	Literacy Classes	3828	12330	7298
工读学校	**Correctional Work-Study Schools**	**94**	**2822**	**2157**
特殊教育	**Special Education Schools**	**2192**	**72108**	**62358**
学前教育	**Pre-school Education Institutions**	**281174**	**4915735**	**2763104**

注：1.完全中学的学校数和教职工数计入高中阶段教育，九年一贯制学校的校数和教职工数计入初中阶段教育，十二年一贯制学校的校数和教职工数计入高中阶段教育。专任教师按照教育层次划分归类。
2.“()”内数据为不计校数。

a) Number of combined secondary schools and their educational personnel are classified into the number of senior secondary education, the number of 9-year schools and their educational personnel are classified into the number of junior secondary education, the number of 12-year schools and their educational personnel are classified into the number of senior secondary education. The full-time teachers are classified by educational level.

b) Data within “( )” do not include the number of schools.

21-2 各级各类学历教育学生情况（2019年）
Number of Students of Formal Education by Type and Level (2019)

单位：人 (person)

项　目	Item	毕业生数 Graduates	招生数 Entrants	在校生数 Enrolment
高等教育	**Higher Education**			
研究生	Graduates	639666	916503	2863712
博　士	Doctor's Degree	62578	105169	424182
硕　士	Master's Degree	577088	811334	2439530
普通本专科	Undergraduates in Regular HEIs	7585298	9149026	30315262
本　科	Normal Courses	3947157	4312880	17508204
专　科	Short-cycle Courses	3638141	4836146	12807058
成人本专科	Undergraduates in Adult HEIs	2131369	3022088	6685603
本　科	Normal Courses	1016733	1505520	3413174
专　科	Short-cycle Courses	1114636	1516568	3272429
网络本专科生	Undergraduates Attending On-line Courses	2323128	2885458	8578345
本　科	Normal Courses	801508	1006897	2941610
专　科	Short-cycle Courses	1521620	1878561	5636735
中等教育	**Secondary Education**	**27509216**	**30787093**	**88323364**
高中阶段教育	Senior Secondary Education	12861417	14398606	39949000
高中	Senior Secondary Schools	7926743	8394949	24184287
普通高中	Regular Senior Secondary Schools	7892494	8394949	24143050
完全中学	Combined Secondary Schools	2409074	2559319	7335411
高级中学	Regular High Schools	5150544	5375734	15608338
十二年一贯制学校	12-Year Schools	332876	459896	1199301
成人高中	Adult High Schools	34249		41237
中等职业教育	Secondary Vocational Education	4934674	6003657	15764713
普通中专	Regular Specialized Secondary Schools	2199648	2555022	7035872
成人中专	Adult Specialized Secondary Schools	481851	497336	1068475
职业高中	Senior Secondary Vocational Schools	1268928	1521763	4057316
技工学校	Skilled Workers Schools	984247	1429536	3603050
初中阶段教育	Junior Secondary Education	14647799	16388487	48374364
初中	Junior Secondary Schools	14540936	16388487	48271362
初级中学	Regular Junior Secondary Schools	10186259	11055730	33007690
九年一贯制学校	9-Year Schools	2175281	2777295	7893721
十二年一贯制学校	12-Year Schools	387692	513312	1447591
完全中学	Combined Secondary Schools	1791018	2041308	5917913
职业初中	Junior Secondary Vocational Schools	686	842	4447
成人初中	Adult Junior Secondary Schools	106863		103002
初等教育	**Primary Education**	**16930561**	**18690411**	**106034691**
普通小学	Regular Primary Schools	16479006	18690411	105612358
小学	Primary Schools	14354811	16341631	92258887
九年一贯制学校	9-Year Schools	1892686	2095409	11919389
十二年一贯制学校	12-Year Schools	231509	253371	1434082
成人小学	Adult Primary Schools	451555		422333
#扫盲班	Literacy Classes	160851		168640
工读学校	**Correctional Work-Study Schools**	**3449**	**3792**	**6488**
特殊教育	**Special Education Schools**	**97587**	**144211**	**794612**
学前教育	**Pre-school Education Institutions**	**17651692**	**16882293**	**47138810**

注：1.完全中学、九年一贯制学校和十二年一贯制学校的学生数按教育层次分别计入对应教育阶段的学生数中。
2.特殊教育学生数中包括义务教育阶段随班就读、其他学校附设特教班和送教上门的学生。
3.2019年起，学前教育招生数仅包括首次入园的适龄儿童，不再包括复学、转入等情况(以下相关表同)。

a) Number of the students in Combined Secondary Schools, 9-Year Schools,12-Year Schools are classified by educational level.
b) Number of students in special education schools includes those attending courses in regular primary schools and junior secondary schools, special education classes attached to other schools and "home delivery" teaching.
c) From 2019, the number of entrants of the pre-school education only includes the school-age children who enter the kindergarten for the first time, and does not include the situation of returning to school and transferring in. The same applies to the relevant following tables.

21-3 各级各类民办学校校数、教职工、专任教师情况(2019年)
Number of Schools, Educational Personnel and Full-time Teachers of Non-public Schools by Type and Level (2019)

项　　目	Item	学校数(所) Schools (unit)	教职工数(人) Educational Personnel (person)	专任教师数(人) Full-time Teachers (person)
高等教育	**Higher Education**			
研究生培养机构	Institutions Providing Graduate Programs	(5)		
普通高校	Regular Higher Education Institutions	(5)		
科研机构	Research Institutions			
普通高等学校	Regular Higher Education Institutions	756	462250	339777
本科院校	HEIs Offering Degree Programs	434	339053	250739
#独立学院	Independent Schools	257	159432	120617
高职(专科)院校	Higher Vocational Colleges	322	123018	88913
其他普通高教机构	Other Regular HEIs	(15)	179	125
成人高等学校	Adult HEI	1		
民办的其他高等教育机构	Other Non-public HEIs	(782)	18758	8569
中等教育	**Secondary Education**			
高中阶段教育	Senior Secondary Education			
高中	Senior Secondary Schools			
普通高中	Regular Senior Secondary Schools	3427	604185	231504
完全中学	Combined Secondary Schools	1068	195141	78643
高级中学	Regular High Schools	1124	107983	85949
十二年一贯制学校	12-Year Schools	1235	301061	66912
成人高中	Adult High Schools			
中等职业教育	Secondary Vocational Education			
普通中专	Regular Specialized Secondary Schools	857	56609	40408
成人中专	Adult Specialized Secondary Schools	103	7858	5179
职业高中	Vocational Senior Secondary Schools	1025	51303	34818
技工学校	Skilled Workers Schools			
其他中职机构	Other Institutions	(28)	1822	1307
初中阶段教育	Junior Secondary Education			
初中	Junior Secondary Schools	5793	620337	422856
初级中学	Junior Secondary Schools	1300	129435	104696
九年一贯制学校	9-Year Schools	4491	490867	163522
十二年一贯制学校	12-Year Schools			78372
完全中学	Combined Secondary Schools			76257
职业初中	Vocational Junior Secondary Schools	2	35	9
成人初中	Adult Junior Secondary Schools			
初等教育	**Primary Education**			
普通小学	Regular Primary Schools	6228	307724	508688
小学	Primary Schools	6228	307724	233260
九年一贯制学校	9-Year Schools			204696
十二年一贯制学校	12-Year Schools			70732
成人小学	Adult Primary Schools			
#扫盲班	Literacy Classes			
工读学校	**Correctional Work-Study Schools**	**3**	**109**	**57**
特殊教育	**Special Education Schools**	**81**	**2372**	**1554**
学前教育	**Pre-school Education Institutions**	**173236**	**3205163**	**1692986**
另有：民办培训机构	**Non-public Training Institutions**	**(33099)**	**378491**	**211959**

注：1.完全中学的学校数和教职工数计入高中阶段教育，九年一贯制学校的校数和教职工数计入初中阶段教育，十二年一贯制学校的校数和教职工数计入高中阶段教育。专任教师是按照教育层次划分归类。
2.“()”内数据为不计校数。
3.2018年起，民办学校不包含具有法人资格的中外合作办学校（下表同）。

a) Number of combined secondary schools and their educational personnel are classified into the number of senior secondary education, the number of 9-year schools and their educational personnel are classified into the number of junior secondary education, the number of 12-year schools and their educational personnel are classified into the number of senior secondary education. The full-time teachers are classified by educational level.
b) Data within “( )” do not include the number of schools.
c) Since 2018, the number of non-public schools do not include Sino-foreign cooperation schools with legal person status.The same applies to the following table.

21-4 各级各类民办教育学生情况(2019年)
Statistics on Students of Non-public Schools by Type and Level (2019)

单位：人 (person)

项　目	Item	毕业生数 Graduates	招生数 Entrants	在校生数 Enrolment
高等教育	**Higher Education**			
研究生	Graduates	483	876	1865
博士	Doctor's Degree			
硕士	Master's Degree	483	876	1865
普通本专科	Undergraduate in Regular HEIs	1696222	2196909	7088280
本科	Normal Courses	970675	1108415	4390307
专科	Short-cycle Courses	725547	1088494	2697973
成人本专科	Undergraduate in Adult HEIs	99959	214672	398801
本科	Normal Courses	14125	35137	64873
专科	Short-cycle Courses	85834	179535	333928
另有其他学生数	Students Enrolled in Other Formal Programs			
民办高校	Non-public HEIs			24794
民办的其他高等教育机构	Other Non-public HEIs			90103
中等教育	**Secondary Education**			
高中阶段教育	Senior Secondary Education			
高中	Senior Secondary Schools			
普通高中	Regular Senior Secondary Schools	1014841	1358581	3596765
完全中学	Combined Secondary Schools	368745	457527	1257762
高级中学	Regular High Schools	382150	517787	1360456
十二年一贯制学校	12-Year Schools	263946	383267	978547
成人高中	Adult High Schools			
中等职业教育	Secondary Vocational Education			
普通中专	Regular Specialized Secondary Schools	335174	527897	1321824
成人中专	Adult Specialized Secondary Schools	83164	81260	161954
职业高中	Senior Secondary Vocational Schools	216164	290789	759904
技工学校	Skilled Workers Schools			
初中阶段教育	Junior Secondary Education			
初中	Junior Secondary Schools	1894224	2431074	6874005
初级中学	Regular Junior Secondary Schools	519148	605839	1743738
九年一贯制学校	9-Year Schools	678010	960820	2637078
十二年一贯制学校	12-Year Schools	322277	424435	1204358
完全中学	Combined Secondary Schools	374767	439972	1288740
职业初中	Junior Secondary Vocational Schools	22	8	91
成人初中	Adult Junior Secondary Schools			
初等教育	**Primary Education**			
普通小学	Regular Primary Schools	1498354	1590448	9449051
小学	Primary Schools	685807	753787	4438092
九年一贯制学校	9-Year Schools	623116	646651	3888844
十二年一贯制学校	12-Year Schools	189431	190010	1122115
成人小学	Adult Primary Schools			
#扫盲班	Literacy Classes			
工读学校	**Correctional Work-Study Schools**	**297**	**361**	**640**
特殊教育	**Special Education Schools**	**1665**	**3620**	**18634**
学前教育	**Pre-school Education Institutions**	**9451393**	**9046843**	**26494401**
另有：民办培训机构	**Non-public Training Institutions**			**10754715**

注：1.完全中学、九年一贯制学校和十二年一贯制学校的学生数按教育层次分别计入对应教育阶段的学生数中。
2.特殊教育学生数中包括义务教育阶段随班就读的学生、其他学校附设特教班。
3.“另有其他学生数”包括：自考助学班学生、预科生、进修及培训学生。

a) Number of the students in Combined Secondary Schools, 9-Year Schools,12-Year Schools are classified by educational level.
b) Number of the students in special education schools includes those attending courses in regular primary schools and junior secondary schools, and special education classes attached to other schools.
c) Students enrolled in other formal programs include students for self-taught examinations, college-preparatory courses, and in-service training.

21-5 各级各类学校情况
Number of Schools by Type and Level

单位：所 (unit)

年 份 Year	普通高等学校 Regular HEIs	#高职(专科)院校 Higher Vocational Colleges	普通高中 Regular Senior Secondary Schools	中等职业教育 Secondary Vocational Schools	初中 Junior Secondary Schools	#职业初中 Junior Secondary Vocational Schools	普通小学 Regular Primary Schools	特殊教育 Special Education Schools	学前教育 Pre-school Education Institutions
1978	598		49215	2760	113130		949323	292	163952
1980	675		31300	3459	87077		917316	292	170419
1985	1016		17318	14190	77529	1626	832309	375	172262
1990	1075		15678	20763	73462	1509	766072	746	172322
1995	1054		13991	22072	68564	1535	668685	1379	180438
2000	1041	442	14564	19727	63898	1194	553622	1539	175836
2001	1225	628	14907	17580	66590	1065	491273	1531	111706
2002	1396	767	15406	15919	65645	984	456903	1540	111752
2003	1552	908	15779	14682	64730	1019	425846	1551	116390
2004	1731	1047	15998	14454	63757	697	394183	1560	117899
2005	1792	1091	16092	14466	62486	601	366213	1593	124402
2006	1867	1147	16153	14693	60885	335	341639	1605	130495
2007	1908	1168	15681	14832	59384	275	320061	1618	129086
2008	2263	1184	15206	14847	57914	213	300854	1640	133722
2009	2305	1215	14607	14388	56320	153	280184	1672	138209
2010	2358	1246	14058	13862	54890	67	257410	1706	150420
2011	2409	1280	13688	13083	54117	54	241249	1767	166750
2012	2442	1297	13509	12654	53216	49	228585	1853	181251
2013	2491	1321	13352	12262	52804	40	213529	1933	198553
2014	2529	1327	13253	11878	52623	26	201377	2000	209881
2015	2560	1341	13240	11202	52405	22	190525	2053	223683
2016	2596	1359	13383	10893	52118	16	177633	2080	239812
2017	2631	1388	13555	10671	51894	15	167009	2107	254950
2018	2663	1418	13737	10229	51982	11	161811	2152	266677
2019	2688	1423	13964	10078	52415	11	160148	2192	281174

21-6 各级各类学校专任教师情况
Number of Full-time Teachers of Schools by Type and Level

单位：万人 (10 000 persons)

年 份 Year	普通高等学校 Regular HEIs	#高职(专科)院校 Higher Vocational Colleges	普通高中 Regular Senior Secondary Schools	中等职业教育 Secondary Vocational Schools	初中 Junior Secondary Schools	#职业初中 Junior Secondary Vocational Schools	普通小学 Regular Primary Schools	特殊教育 Special Education Schools	学前教育 Pre-school Education Institutions
1978	20.6		74.1	9.9	244.1		522.6	0.4	27.8
1980	24.7		57.1	13.3	244.9		549.9	0.5	41.1
1985	34.4		49.2	35.5	216.0		537.7	0.7	55.0
1990	39.5		56.2	66.3	249.9	2.9	558.2	1.4	75.0
1995	40.1		55.1	74.0	282.1	3.7	566.4	2.5	87.5
2000	46.3	8.7	75.7	79.7	328.7	3.8	586.0	3.2	85.6
2001	53.2	12.4	84.0	73.8	338.6	3.7	579.8	2.9	54.6
2002	61.8	15.6	94.6	69.1	346.8	3.7	577.9	3.0	57.1
2003	72.5	19.7	107.1	71.3	349.8	3.1	570.3	3.0	61.3
2004	85.8	23.8	119.1	73.6	350.0	2.4	562.9	3.1	65.6
2005	96.6	26.8	129.9	75.0	349.2	2.0	559.2	3.2	72.2
2006	107.6	31.6	138.7	79.9	347.5	1.2	558.8	3.3	77.6
2007	116.8	35.5	144.3	85.9	347.3	0.9	561.3	3.5	82.7
2008	123.7	37.7	147.6	89.5	347.6	0.7	562.2	3.6	89.9
2009	129.5	39.5	149.3	86.7	351.8	0.5	563.3	3.8	98.6
2010	134.3	40.4	151.8	87.1	352.5	0.2	561.7	4.0	114.4
2011	139.3	41.3	155.7	88.1	352.5	0.2	560.5	4.1	131.6
2012	144.0	41.3	159.5	88.0	350.4	0.2	558.5	4.4	147.9
2013	149.7	43.7	162.9	86.8	348.1	0.1	558.5	4.6	166.3
2014	153.5	43.8	166.3	85.8	348.8	0.1	563.4	4.8	184.4
2015	157.3	45.5	169.5	84.4	347.6	0.1	568.5	5.0	205.1
2016	160.2	46.7	173.3	84.0	348.8		578.9	5.3	223.2
2017	163.3	48.2	177.4	83.9	354.9		594.5	5.6	243.2
2018	167.3	49.8	181.3	83.4	363.9		609.2	5.9	258.1
2019	174.0	51.4	185.9	84.3	374.7		626.9	6.2	276.3

21-7 各级各类学校招生情况
Number of Entrants of Formal Education by Type and Level

单位: 万人 (10 000 persons)

年 份 Year	普通本专科 Undergraduate in Regular HEIs	#专科 Short-cycle Courses	普通高中 Regular Senior Secondary Schools	中等职业教育 Secondary Vocational Schools	初中 Junior Secondary Schools	#职业初中 Junior Secondary Vocational Schools	普通小学 Regular Primary Schools	特殊教育 Special Education Schools	学前教育 Pre-school Education Institutions
1978	40.2	12.4	692.9	44.7	2006.0		3315.4	0.6	
1980	28.1	7.7	383.4	58.3	1557.6	6.7	2942.3	0.6	
1985	61.9	30.2	257.5	234.2	1367.0	17.6	2298.2	0.9	
1990	60.9	29.2	249.8	286.1	1389.3	19.4	2064.0	1.6	
1995	92.6	47.8	273.6	498.6	1781.1	28.8	2531.8	5.6	1972.4
2000	220.6	48.7	472.7	408.3	2295.6	32.3	1946.5	5.3	1531.1
2001	268.3	66.6	558.0	399.9	2287.9	30.0	1944.2	5.6	1398.2
2002	320.5	89.1	676.7	473.6	2281.8	29.5	1952.8	5.3	1373.6
2003	382.2	199.6	752.1	515.8	2220.1	24.8	1829.4	4.9	1316.8
2004	447.3	237.4	821.5	566.2	2094.6	16.4	1747.0	5.1	1350.3
2005	504.5	268.1	877.7	655.7	1987.6	11.1	1671.7	4.9	1356.2
2006	546.1	293.0	871.2	747.8	1929.5	5.9	1729.4	5.0	1391.3
2007	565.9	283.8	840.2	810.0	1868.5	4.8	1736.1	6.3	1433.6
2008	607.7	310.6	837.0	812.1	1859.6	3.4	1695.7	6.2	1482.7
2009	639.5	313.4	830.3	868.2	1788.5	2.1	1637.8	6.4	1546.9
2010	661.8	310.5	836.2	870.4	1716.6	1.1	1691.7	6.5	1700.4
2011	681.5	324.9	850.8	813.9	1634.7	0.7	1736.8	6.4	1827.3
2012	688.8	314.8	844.6	754.1	1570.8	0.5	1714.7	6.6	1911.9
2013	699.8	318.4	822.7	674.8	1496.1	0.4	1695.4	6.6	1970.0
2014	721.4	338.0	796.6	619.8	1447.8	0.2	1658.4	7.1	1987.8
2015	737.8	348.4	796.6	601.2	1411.0	0.2	1729.0	8.3	2008.8
2016	748.6	343.2	802.9	593.3	1487.2	0.1	1752.5	9.2	1922.1
2017	761.5	350.7	800.1	582.4	1547.2	0.1	1766.6	11.1	1938.0
2018	791.0	368.8	792.7	557.0	1602.6	0.1	1867.3	12.4	1863.9
2019	914.9	483.6	839.5	600.4	1638.8	0.1	1869.0	14.4	1688.2

21-8 各级各类学校在校学生情况
Number of Enrolments of Formal Education by Type and Level

单位: 万人 (10 000 persons)

年 份 Year	普通本专科 Undergraduate in Regular HEIs	#专科 Short-cycle Courses	普通高中 Regular Senior Secondary Schools	中等职业教育 Secondary Vocational Schools	初中 Junior Secondary Schools	#职业初中 Junior Secondary Vocational Schools	普通小学 Regular Primary Schools	特殊教育 Special Education Schools	学前教育 Pre-school Education Institutions
1978	85.6	38.0	1553.1	212.8	4995.2		14624.0	3.1	787.7
1980	114.4	28.2	969.8	586.3	4551.8	13.5	14627.0	3.3	1150.8
1985	170.3	58.0	741.1	476.1	4010.1	45.2	13370.2	4.2	1479.7
1990	206.3	74.3	717.3	763.5	3916.6	47.9	12241.4	7.2	1972.2
1995	290.6	126.8	713.2	1230.2	4727.5	69.7	13195.2	29.6	2711.2
2000	556.1	100.9	1201.3	1284.5	6256.3	88.6	13013.3	37.8	2244.2
2001	719.1	146.8	1405.0	1164.9	6514.4	83.3	12543.5	38.6	2021.8
2002	903.4	193.4	1683.8	1190.8	6687.4	83.4	12156.7	37.5	2036.0
2003	1108.6	479.4	1964.8	1256.7	6690.8	72.4	11689.7	36.5	2003.9
2004	1333.5	595.7	2220.4	1409.2	6527.5	52.5	11246.2	37.2	2089.4
2005	1561.8	713.0	2409.1	1600.0	6214.9	43.1	10864.1	36.4	2179.0
2006	1738.8	795.5	2514.5	1809.9	5957.9	20.6	10711.5	36.3	2263.9
2007	1884.9	860.6	2522.4	1987.0	5736.2	15.3	10564.0	41.9	2348.8
2008	2021.0	916.8	2476.3	2087.1	5585.0	10.8	10331.5	41.7	2475.0
2009	2144.7	964.8	2434.3	2195.2	5440.9	7.3	10071.5	42.8	2657.8
2010	2231.8	966.2	2427.3	2238.5	5279.3	3.4	9940.7	42.6	2976.7
2011	2308.5	958.9	2454.8	2205.3	5066.8	2.6	9926.4	39.9	3424.5
2012	2391.3	964.2	2467.2	2113.7	4763.1	1.9	9695.9	37.9	3685.8
2013	2468.1	973.6	2435.9	1923.0	4440.1	1.1	9360.5	36.8	3894.7
2014	2547.7	1006.6	2400.5	1755.3	4384.6	0.8	9451.1	39.5	4050.7
2015	2625.3	1048.6	2374.4	1656.7	4312.0	0.5	9692.2	44.2	4264.8
2016	2695.8	1082.9	2366.6	1599.0	4329.4	0.4	9913.0	49.2	4413.9
2017	2753.6	1105.0	2374.5	1592.5	4442.1	0.3	10093.7	57.9	4600.1
2018	2831.0	1133.7	2375.4	1555.3	4652.6	0.2	10339.3	66.6	4656.4
2019	3031.5	1280.7	2414.3	1576.5	4827.1	0.4	10561.2	79.5	4713.9

21-9 各级各类学校毕业生情况
Number of Graduates of Formal Education by Type and Level

单位：万人 (10 000 persons)

年 份 Year	普通本专科 Undergraduate in Regular HEIs	#专科 Short-cycle Courses	普通高中 Regular Senior Secondary Schools	中等职业教育 Secondary Vocational Schools	初中 Junior Secondary Schools	#职业初中 Junior Secondary Vocational Schools	普通小学 Regular Primary Schools	特殊教育 Special Education Schools	学前教育 Pre-school Education Institutions
1978	16.5	0.8	682.7	40.3	1692.6		2287.9	0.3	
1980	14.7		616.2	73.3	964.8	7.9	2053.3	0.4	
1985	31.6	14.4	196.6	92.5	1007.2	8.9	1999.9	0.4	
1990	61.4	30.6	233.0	240.6	1123.0	13.9	1863.1	0.5	
1995	80.5	48.0	201.6	348.4	1244.4	17.0	1961.5	1.9	
2000	95.0	17.9	301.5	476.7	1633.5	26.4	2419.2	4.3	
2001	103.6	19.3	340.5	430.6	1731.5	24.5	2396.9	4.6	1160.2
2002	133.7	27.7	383.8	380.1	1903.7	23.8	2351.9	4.4	1152.7
2003	187.7	94.8	458.1	346.4	2018.5	22.9	2267.9	4.5	1072.0
2004	239.1	119.5	546.9	359.2	2087.3	16.9	2135.2	4.7	1059.7
2005	306.8	160.2	661.6	418.2	2123.4	16.9	2019.5	4.3	1025.4
2006	377.5	204.8	727.1	479.1	2071.6	9.2	1928.5	4.5	1045.1
2007	447.8	248.2	788.3	530.9	1963.7	6.9	1870.2	5.0	1049.1
2008	511.9	286.3	836.1	580.7	1868.0	5.1	1865.0	5.2	1040.5
2009	531.1	285.6	823.7	624.9	1797.7	3.0	1805.2	5.7	1040.6
2010	575.4	316.4	794.4	665.0	1750.4	1.8	1739.6	5.9	1057.6
2011	608.2	328.5	787.7	660.0	1736.7	1.2	1662.8	4.4	1184.7
2012	624.7	320.9	791.5	674.6	1660.8	0.9	1641.6	4.9	1433.6
2013	638.7	318.7	799.0	674.4	1561.5	0.7	1581.1	5.1	1491.7
2014	659.4	318.0	799.6	622.9	1413.5	0.3	1476.6	4.9	1527.2
2015	680.9	322.3	797.7	567.9	1417.6	0.2	1437.3	5.3	1590.3
2016	704.2	329.8	792.4	533.6	1423.9	0.2	1507.4	5.9	1623.2
2017	735.8	351.6	775.7	496.9	1397.5	0.1	1565.9	6.9	1652.7
2018	753.3	366.5	779.2	487.3	1367.8	0.1	1616.5	8.1	1790.6
2019	758.5	363.8	789.2	493.5	1454.1	0.1	1647.9	9.8	1765.2

21-10 研究生和留学人员情况
Statistics on Graduate Students and Students Studying Abroad

单位：人 (person)

年 份 Year	研究生数 Number of Graduate Students 毕业生数 Graduates	招生数 Entrants	在校学生数 Enrolment	出国留学人员 Number of Students Studying Abroad	学成回国留学人员 Number of Returned Students
1978	9	10708	10934	860	248
1980	476	3616	21604	2124	162
1985	17004	46871	87331	4888	1424
1990	35440	29649	93018	2950	1593
1995	31877	51053	145443	20381	5750
2000	58767	128484	301239	38989	9121
2001	67809	165197	393256	83973	12243
2002	80841	202611	500980	125179	17945
2003	111091	268925	651260	117307	20152
2004	150777	326286	819896	114682	24726
2005	189728	364831	978610	118515	34987
2006	255902	397925	1104653	134000	42000
2007	311839	418612	1195047	144000	44000
2008	344825	446422	1283046	179800	69300
2009	371273	510953	1404942	229300	108300
2010	383600	538177	1538416	284700	134800
2011	429994	560168	1645845	339700	186200
2012	486455	589673	1719818	399600	272900
2013	513626	611381	1793953	413900	353500
2014	535863	621323	1847689	459800	364800
2015	551522	645055	1911406	523700	409100
2016	563938	667064	1981051	544500	432500
2017	578045	806103	2639561	608400	480900
2018	604368	857966	2731257	662100	519400
2019	639666	916503	2863712		

注：2017年起，研究生招生数包含全日制和非全日制研究生，在校生数包含全日制、非全日制研究生和在职人员攻读硕士学位学生。

a) Since 2017, the number of postgraduate entrants includes full-time and part-time postgraduates, the number of enrolment includes full-time, part-time postgraduates and on-the-job students.

21-11 技工学校情况
Statistics on Skilled Workers Schools

年 份 Year	学校数 (所) Schools (unit)	教职工数 (万人) Educational Personnel (10 000 persons)	毕业生数 (万人) Graduates (10 000 persons)	招生数 (万人) Entrants (10 000 persons)	在校学生数 (万人) Enrolment (10 000 persons)
1985	3548	21.5	22.6	35.5	74.2
1986	3765	24.4	23.3	39.4	89.2
1987	3952	26.2	26.5	42.3	103.1
1988	3996	28.0	31.1	46.1	116.1
1989	4102	29.6	36.8	47.0	125.8
1990	4184	30.8	41.3	50.6	133.2
1991	4269	32.5	45.4	54.4	142.2
1992	4392	33.6	45.7	60.2	155.6
1993	4477	33.5	49.7	66.4	171.7
1994	4430	34.0	55.7	71.4	187.1
1995	4521	33.7	68.5	74.6	189.0
1996	4467	33.5	68.1	72.7	191.8
1997	4395	31.0	69.9	73.4	193.1
1998	4362	31.0	68.2	59.4	181.3
1999	4098	26.9	66.2	51.5	156.0
2000	3792	24.0	64.6	50.4	140.1
2001	3470	22.0	47.7	55.1	134.7
2002	3075	20.3	45.4	73.3	153.0
2003	2970	20.2	45.3	91.6	193.1
2004	2884	20.4	53.5	109.7	234.4
2005	2855	20.4	69.0	118.4	275.3
2006	2880	21.5	86.4	134.8	320.8
2007	2995	24.0	99.7	158.5	367.1
2008	3075	24.7	109.0	161.4	397.5
2009	3064	25.8	115.2	156.4	414.3
2010	2998	26.5	121.3	158.6	421.0
2011	2914	26.5	118.9	163.5	429.4
2012	2892	26.7	120.2	156.8	422.8
2013	2882	26.9	116.9	133.5	386.6
2014	2818	26.5	106.8	124.4	339.0
2015	2545	26.0	94.6	121.4	321.5
2016	2526	26.5	93.1	127.2	323.2
2017	2490	26.9	90.5	130.9	338.2
2018	2379	26.7	90.3	128.5	341.6
2019	2392	27.2	98.4	143.0	360.3

21-12 进城务工子女和农村留守儿童在校情况（2019年）
Statistics on Children of Migrant Workers and Rural Left Behind Children in Schools (2019)

单位：人 (person)

项 目	Item	进城务工人员随迁子女 Children of Migrant Workers	外省迁入 From Other Provinces	本省外县迁入 From Other Counties of the Same Province	农村留守儿童 Rural Left-Behind Children
普通小学	**Regular Primary Schools**				
毕业生数	Graduates	1491530	660983	830547	1393661
招生数	Entrants	1797802	784815	1012987	1460671
#受过学前教育	With Pre-school Education	1791783	782409	1009374	1446388
在校学生数	Enrolment	10420286	4556461	5863825	9254090
#女	Female	4660822	2022356	2638466	4309152
初中	**Junior Secondary Schools**				
毕业生数	Graduates	1013005	384241	628764	1310265
招生数	Entrants	1334336	553971	780365	1551289
在校学生数	Enrolment	3849321	1559031	2290290	4590033
#女	Female	1706931	679505	1027426	2146568

21-13 小学学龄儿童净入学率和各级普通学校毕业生升学率

Net Enrolment Rate of School-age Children in Primary Schools and Promotion Rate of Graduates of Regular Schools by Level

单位：% (%)

年 份 Year	小学学龄儿童净入学率 Net Enrolment Rate of School-age Children in Primary Schools	小学升学率 Promotion Rate from Primary Schools to Junior Secondary Schools	初中升学率 Promotion Rate from Junior Secondary Schools to Senior Secondary Schools
1990	97.8	74.6	40.6
1991	97.9	77.7	42.6
1992	97.2	79.7	43.6
1993	97.7	81.8	44.1
1994	98.4	86.6	47.8
1995	98.5	90.8	50.3
1996	98.8	92.6	49.8
1997	98.9	93.7	51.5
1998	98.9	94.3	50.7
1999	99.1	94.4	50.0
2000	99.1	94.9	51.2
2001	99.1	95.5	52.9
2002	98.6	97.0	58.3
2003	98.7	97.9	59.6
2004	98.9	98.1	63.8
2005	99.2	98.4	69.7
2006	99.3	100.0	75.7
2007	99.5	99.9	80.5
2008	99.5	99.7	82.1
2009	99.4	99.1	85.6
2010	99.7	98.7	87.5
2011	99.8	98.3	88.9
2012	99.9	98.3	88.4
2013	99.7	98.3	91.2
2014	99.8	98.0	95.1
2015	99.9	98.2	94.1
2016	99.9	98.7	93.7
2017	99.9	98.8	94.9
2018	100.0	99.1	95.2
2019	99.9	99.5	94.5

注：1991年以前的小学学龄儿童净入学率是按7-11周岁统一计算的；从1991年起是按各地不同入学年龄和学制分别计算的。

a) Net enrolment rate of school-age children before 1991 was calculated on the basis of primary school pupils aged 7-11. From 1991, the calculation has taken into account of the age of entry and the length of schooling prevailing in different region.

21-14 分地区普通本专科学生情况（2019年）
Number of Students Enrolled in Normal and Short-cycle Courses in Regular Higher Education Institutions by Region (2019)

单位：人 (person)

地区 Region	招生数 Entrants	本科 Normal Courses	专科 Short-cycle Courses	在校学生数 Enrolment	本科 Normal Courses	专科 Short-cycle Courses
全国 National Total	**9149026**	**4312880**	**4836146**	**30315262**	**17508204**	**12807058**
北京 Beijing	152239	130851	21388	601545	527417	74128
天津 Tianjin	148877	90245	58632	539366	359897	179469
河北 Hebei	460879	212885	247994	1473971	822919	651052
山西 Shanxi	229402	122810	106592	802005	515842	286163
内蒙古 Inner Mongolia	132428	63245	69183	472033	264901	207132
辽宁 Liaoning	331129	169450	161679	1041144	696797	344347
吉林 Jilin	203888	120651	83237	700145	493437	206708
黑龙江 Heilongjiang	238738	135686	103052	778160	542083	236077
上海 Shanghai	139847	95721	44126	526585	391302	135283
江苏 Jiangsu	522849	274259	248590	1874084	1139878	734206
浙江 Zhejiang	300579	151634	148945	1074688	636152	438536
安徽 Anhui	400798	166050	234748	1241151	679883	561268
福建 Fujian	281180	128447	152733	861231	518096	343135
江西 Jiangxi	359431	145706	213725	1134950	568044	566906
山东 Shandong	663148	264636	398512	2183944	1101805	1082139
河南 Henan	696654	287338	409316	2319653	1197185	1122468
湖北 Hubei	435431	217367	218064	1500819	893499	607320
湖南 Hunan	423249	188797	234452	1407108	748384	658724
广东 Guangdong	616331	288197	328134	2053977	1159808	894169
广西 Guangxi	359824	130049	229775	1076408	522722	553686
海南 Hainan	68629	31249	37380	207424	118741	88683
重庆 Chongqing	271415	117696	153719	834864	470302	364562
四川 Sichuan	494840	235226	259614	1661737	944177	717560
贵州 Guizhou	250966	94667	156299	765745	371133	394612
云南 Yunnan	243379	108203	135176	864035	470776	393259
西藏 Tibet	10576	6824	3752	36226	25533	10693
陕西 Shaanxi	350990	172015	178975	1121990	693238	428752
甘肃 Gansu	157239	73042	84197	524948	296982	227966
青海 Qinghai	21419	11107	10312	73182	42130	31052
宁夏 Ningxia	43039	22004	21035	135178	84360	50818
新疆 Xinjiang	139633	56823	82810	426966	210781	216185

21-14 续表 continued

单位：人 (person)

地区 Region	毕业生数 Graduates	本科 Normal Courses	专科 Short-cycle Courses	授予学位数 Degrees Conferred	预计毕业生数 Estimated Graduates for Next Year	本科 Normal Courses	专科 Short-cycle Courses
全 国 National Total	**7585298**	**3947157**	**3638141**	**3891750**	**8199075**	**4343591**	**3855484**
北 京 Beijing	147074	121066	26008	120190	157743	130719	27024
天 津 Tianjin	137063	79655	57408	77974	147852	88215	59637
河 北 Hebei	357831	174547	183284	173460	390663	195352	195311
山 西 Shanxi	211772	121113	90659	119349	221293	130328	90965
内蒙古 Inner Mongolia	124677	60353	64324	58676	135372	67110	68262
辽 宁 Liaoning	257106	165262	91844	164001	263953	175373	88580
吉 林 Jilin	171814	116628	55186	115062	181967	123615	58352
黑龙江 Heilongjiang	194809	122745	72064	121758	195125	129204	65921
上 海 Shanghai	131694	85641	46053	84422	146443	100282	46161
江 苏 Jiangsu	488498	266596	221902	260542	532288	292128	240160
浙 江 Zhejiang	283396	151734	131662	150481	296714	160277	136437
安 徽 Anhui	321623	157643	163980	156221	333023	169938	163085
福 建 Fujian	200169	121645	78524	121306	214104	128545	85559
江 西 Jiangxi	303308	122933	180375	122166	312027	136353	175674
山 东 Shandong	577980	244719	333261	242749	617503	282908	334595
河 南 Henan	593363	276666	316697	273111	650451	308388	342063
湖 北 Hubei	383673	207828	175845	203713	409895	223087	186808
湖 南 Hunan	361908	166655	195253	163476	381609	179174	202435
广 东 Guangdong	522094	267550	254544	265074	569880	285306	284574
广 西 Guangxi	233144	108080	125064	105508	279870	129526	150344
海 南 Hainan	50393	25748	24645	24924	52843	28429	24414
重 庆 Chongqing	200819	108837	91982	106851	217972	116503	101469
四 川 Sichuan	402922	206829	196093	202911	450888	232333	218555
贵 州 Guizhou	169655	67065	102590	64881	201355	86850	114505
云 南 Yunnan	196463	101738	94725	99998	240299	119806	120493
西 藏 Tibet	9935	5968	3967	5642	9832	5993	3839
陕 西 Shaanxi	293496	160501	132995	158835	299450	172024	127426
甘 肃 Gansu	123314	68928	54386	67993	136319	73433	62886
青 海 Qinghai	18958	8570	10388	8440	20013	9662	10351
宁 夏 Ningxia	31988	17975	14013	17272	35147	19446	15701
新 疆 Xinjiang	84359	35939	48420	34764	97182	43284	53898

21-15 分地区普通高等学校(机构)情况（2019年）

Statistics on Regular Higher Education Institutions by Region (2019)

单位：人 (person)

地区	Region	学校数(所) Institutions (unit)	教职工数 Educational Personnel	#校本部教职工 In Main Campus	专任教师 Full-time Teachers	正高级 Senior	副高级 Sub-senior	中级 Middle	初级 Junior	无职称 No Rank	行政人员 Administrative Personnel	教辅人员 Supporting Staff	工勤人员 Workers
全 国	**National Total**	**2688**	**2566705**	**2462764**	**1740145**	**229157**	**525371**	**673857**	**180196**	**131564**	**366678**	**226914**	**129027**
北 京	Beijing	93	145308	128965	71997	21112	25757	21043	1969	2116	26125	17689	13154
天 津	Tianjin	56	48319	47671	32651	5053	10573	13062	2293	1670	8820	4590	1610
河 北	Hebei	122	111965	110173	79147	10779	23926	31323	6594	6525	15217	9581	6228
山 西	Shanxi	82	60061	58574	42798	3019	11627	17872	6918	3362	7450	5087	3239
内蒙古	Inner Mongolia	53	41270	40802	27382	3215	9069	10735	2556	1807	6855	4378	2187
辽 宁	Liaoning	115	98099	96315	63149	9644	21063	26627	3964	1851	17511	9946	5709
吉 林	Jilin	62	62611	61046	40298	6769	13261	14679	4578	1011	9491	6704	4553
黑龙江	Heilongjiang	81	74233	72220	47245	8101	16463	17829	3112	1740	12082	7246	5647
上 海	Shanghai	64	77224	73028	46278	8999	14943	17556	2832	1948	14389	9500	2861
江 苏	Jiangsu	167	175222	167899	120599	17543	42153	47603	8596	4704	25516	14163	7621
浙 江	Zhejiang	108	99551	94505	66734	10105	20123	27793	4191	4522	16815	8675	2281
安 徽	Anhui	120	83403	81172	62374	6140	17362	24875	9956	4041	9398	5798	3602
福 建	Fujian	90	73920	70413	49116	6324	15618	19645	5297	2232	12398	6767	2132
江 西	Jiangxi	103	84928	82281	60224	5614	15398	24191	8396	6625	8226	10705	3126
山 东	Shandong	146	164932	157850	117609	12854	35167	48889	13140	7559	20589	13657	5995
河 南	Henan	141	162050	156846	123977	9722	31355	50145	21995	10760	15480	9304	8085
湖 北	Hubei	128	131228	126087	85276	11847	28892	30727	7977	5833	20076	12765	7970
湖 南	Hunan	125	108434	104933	76527	8559	22233	30291	7580	7864	14058	9476	4872
广 东	Guangdong	154	168225	160253	114700	15537	31203	44907	7699	15354	24493	14521	6539
广 西	Guangxi	78	76137	68675	48726	5350	12930	18559	3078	8809	10001	4932	5016
海 南	Hainan	20	16715	16616	11076	1635	3051	3920	1087	1383	2718	1618	1204
重 庆	Chongqing	65	61954	60275	45537	5516	12891	18454	4842	3834	8388	3965	2385
四 川	Sichuan	126	128111	122648	89796	10090	24350	33911	15210	6235	16816	9621	6415
贵 州	Guizhou	72	51928	51272	37753	3752	11824	10947	5672	5558	7247	4216	2056
云 南	Yunnan	81	56594	55850	41506	4238	11721	15616	6018	3913	7326	4221	2797
西 藏	Tibet	7	3813	3749	2610	291	784	1069	325	141	626	329	184
陕 西	Shaanxi	95	107917	102760	70318	9752	22243	28062	6813	3448	16492	10357	5593
甘 肃	Gansu	49	41221	39463	29755	3925	9832	11443	2920	1635	4864	2738	2106
青 海	Qinghai	12	7005	6766	4767	752	1514	1375	744	382	871	764	364
宁 夏	Ningxia	19	11756	11397	8422	1448	2432	2421	1323	798	1547	871	557
新 疆	Xinjiang	54	32571	32260	21798	1472	5613	8288	2521	3904	4793	2730	2939

21-16 分地区普通高中情况（2019年）
Statistics on Regular Senior Secondary Schools by Region (2019)

单位：人 (person)

地 区	Region	学校数（所） Schools (unit)	教职工数 Educational Personnel	#专任教师 Full-time Teachers	毕业生数 Graduates	招生数 Entrants	在校学生数 Enrolment
全 国	**National Total**	**13964**	**2833658**	**1859242**	**7892494**	**8394949**	**24143050**
北 京	Beijing	318	61487	20633	50390	51403	152857
天 津	Tianjin	187	30815	16596	54368	52243	158561
河 北	Hebei	679	164923	107059	427550	506728	1411999
山 西	Shanxi	522	103168	64157	244365	224654	660092
内蒙古	Inner Mongolia	303	56878	36966	144760	130362	406205
辽 宁	Liaoning	420	66826	52378	206749	203043	601543
吉 林	Jilin	251	45300	31691	137352	149522	418443
黑龙江	Heilongjiang	368	59128	42909	185865	190255	551656
上 海	Shanghai	258	33601	18609	51624	54236	159445
江 苏	Jiangsu	580	130241	99291	313885	387603	1050290
浙 江	Zhejiang	601	96119	71952	254026	273060	784233
安 徽	Anhui	667	121875	80367	363296	378830	1088028
福 建	Fujian	544	105314	51952	210157	221862	639259
江 西	Jiangxi	496	95558	60479	326947	377216	1055368
山 东	Shandong	640	177913	142963	551604	587874	1672070
河 南	Henan	889	185744	138269	679853	749785	2158790
湖 北	Hubei	532	93470	66902	274071	301376	852203
湖 南	Hunan	642	125299	84365	379575	437339	1221359
广 东	Guangdong	1008	262871	148775	628523	639413	1837399
广 西	Guangxi	490	91949	63091	326975	394233	1091029
海 南	Hainan	124	28889	13589	57354	60586	172528
重 庆	Chongqing	260	70900	39882	206590	209829	616561
四 川	Sichuan	779	180692	101167	470039	484081	1398064
贵 州	Guizhou	468	91008	68099	333356	325020	992072
云 南	Yunnan	547	97748	62489	272366	330490	909138
西 藏	Tibet	35	6719	5748	19159	23238	65500
陕 西	Shaanxi	471	87873	57473	252235	212712	683891
甘 肃	Gansu	376	61429	45813	193621	172017	526270
青 海	Qinghai	108	14590	9994	41582	42236	126349
宁 夏	Ningxia	65	14113	11322	47318	53619	153403
新 疆	Xinjiang	336	71218	44262	186939	170084	528445

21-17 分地区中等职业学校情况（2019年）
Statistics on Secondary Vocational Schools by Region (2019)

单位：人 (person)

地区	Region	学校数(所) Schools (unit)	教职工数 Educational Personnel	#专任教师 Full-time Teachers	毕业生数 Graduates	#获得职业资格证书 Reciptents of Vocational Qualifications	招生数 Entrants	在校学生数 Enrolment	预计毕业生数 Estimated Graduates for Next Year
全国	**National**	**7686**	**801482**	**642197**	**3950427**	**2839511**	**4574121**	**12161663**	**3919994**
北京	Beijing	84	9322	6019	22939	9377	12578	49356	18586
天津	Tianjin	69	7972	5782	30005	22937	24971	80942	31300
河北	Hebei	601	60704	48484	244988	184967	315647	774629	270900
山西	Shanxi	343	29157	23248	107153	91546	106945	296674	101186
内蒙古	Inner Mongolia	237	18195	13632	59815	31533	57572	168536	57851
辽宁	Liaoning	269	25604	19153	99924	50529	86152	265089	99319
吉林	Jilin	255	18289	13921	43181	17636	43755	117863	41096
黑龙江	Heilongjiang	219	17054	12604	61511	18249	55174	167688	62918
上海	Shanghai	90	11722	8160	33778	26911	34291	99979	33192
江苏	Jiangsu	206	50609	43161	201787	175617	212812	621530	210132
浙江	Zhejiang	245	39836	35613	172310	161622	199421	542066	171549
安徽	Anhui	328	32768	27884	267892	207708	302038	750713	260051
福建	Fujian	180	19928	16778	110432	97549	130126	334826	101379
江西	Jiangxi	327	19701	14225	112129	105329	149327	385493	107638
山东	Shandong	391	58249	48099	259891	164970	267223	730464	235070
河南	Henan	574	58995	47710	343875	219728	420862	1110637	335370
湖北	Hubei	272	25951	20452	116755	83438	144955	391910	118975
湖南	Hunan	487	39075	31027	209896	161591	253467	669992	209296
广东	Guangdong	426	56252	44034	279317	185207	314820	859668	270226
广西	Guangxi	248	27023	20430	196423	113794	259391	680286	210574
海南	Hainan	73	6034	4286	34764	10802	42818	117313	35840
重庆	Chongqing	129	18190	15114	92141	71461	123645	317203	92972
四川	Sichuan	408	47098	37463	307889	269076	323855	796091	285895
贵州	Guizhou	185	20976	17470	142170	94041	154707	438121	146221
云南	Yunnan	370	23948	20128	148998	101414	194839	513232	155543
西藏	Tibet	11	1905	1784	6601	873	10537	25402	6225
陕西	Shaanxi	230	18900	14347	73018	51756	109191	257529	75071
甘肃	Gansu	205	16153	13680	59734	47652	76052	186733	54661
青海	Qinghai	36	2920	2362	20184	11143	31917	81621	21354
宁夏	Ningxia	30	3702	3063	22966	13766	27933	74640	22759
新疆	Xinjiang	158	15250	12084	67961	37289	87100	255437	76845

注：中等职业学校的统计范围为教育部管理的中等职业教育，不包括技工学校。
a) The statistical scope of secondary vocational schools is secondary vocational education managed by the Ministry of Education, excluding skilled workers schools.

21-18 分地区初中情况（2019年）
Statistics on Junior Secondary Schools by Region (2019)

单位：人 (person)

地 区	Region	学校数（所）Schools (unit)	专任教师 Full-time Teachers	城区 City	镇区 Township	乡村 Rural	在校学生数 Enrolment	城区 City	镇区 Township	乡村 Rural
全 国	**National Total**	**52415**	**3747429**	**1376624**	**1812525**	**558280**	**48271362**	**18068184**	**23698943**	**6504235**
北 京	Beijing	336	37057	30556	3601	2900	308722	266024	25369	17329
天 津	Tianjin	340	28333	19858	5724	2751	303432	211206	63081	29145
河 北	Hebei	2405	210644	64885	110358	35401	2973099	909970	1594763	468366
山 西	Shanxi	1762	109271	40195	50981	18095	1141923	472329	523895	145699
内蒙古	Inner Mongolia	701	59558	23643	32120	3795	663303	287448	341627	34228
辽 宁	Liaoning	1518	99648	53425	35017	11206	1014597	579036	336012	99549
吉 林	Jilin	1177	66275	26743	26245	13287	654524	302738	249906	101880
黑龙江	Heilongjiang	1420	88058	38972	37171	11915	913966	426151	389969	97846
上 海	Shanghai	584	43073	36881	4666	1526	450954	396858	40823	13273
江 苏	Jiangsu	2224	200995	96818	95266	8911	2424561	1152391	1172768	99402
浙 江	Zhejiang	1744	130566	69619	48993	11954	1636986	872550	624911	139525
安 徽	Anhui	2846	162358	39323	89703	33332	2188323	547932	1247836	392555
福 建	Fujian	1249	104637	38140	49154	17343	1364564	577367	606684	180513
江 西	Jiangxi	2177	136570	38113	71639	26818	2200671	629869	1183091	387711
山 东	Shandong	3151	292845	121577	143515	27753	3609195	1541375	1732861	334959
河 南	Henan	4603	327211	80718	178636	67857	4684765	1197988	2628249	858528
湖 北	Hubei	2080	133135	54226	60927	17982	1653660	699973	750020	203667
湖 南	Hunan	3368	181836	48803	97550	35483	2482512	702858	1358254	421400
广 东	Guangdong	3712	291619	162378	102434	26807	3890283	2247831	1321059	321393
广 西	Guangxi	1753	142404	36180	88079	18145	2204864	549488	1376919	278457
海 南	Hainan	404	26987	10507	12768	3712	369015	156440	167425	45150
重 庆	Chongqing	867	81196	35133	39513	6550	1115764	505239	526614	83911
四 川	Sichuan	3734	211700	60634	118090	32976	2737192	825506	1546924	364762
贵 州	Guizhou	2008	128224	29625	79148	19451	1792803	411369	1121485	259949
云 南	Yunnan	1689	133786	27825	67814	38147	1845363	387312	953535	504516
西 藏	Tibet	101	11934	3116	6218	2600	139808	35185	71002	33621
陕 西	Shaanxi	1612	99923	34997	55225	9701	1123519	469553	576723	77243
甘 肃	Gansu	1465	81037	18370	45467	17200	881781	230773	498720	152288
青 海	Qinghai	263	16703	4667	8604	3432	225270	64083	118041	43146
宁 夏	Ningxia	252	20659	7604	9653	3402	298799	121426	137589	39784
新 疆	Xinjiang	870	89187	23093	38246	27848	977144	289916	412788	274440

21-19 分地区普通小学情况（2019年）
Statistics on Regular Primary Schools by Region (2019)

单位：人 (person)

地区	Region	学校数（所）Schools (unit)	专任教师 Full-time Teachers	城区 City	镇区 Township	乡村 Rural	在校学生数 Enrolment	城区 City	镇区 Township	乡村 Rural
全　国	**National Total**	**160148**	**6269084**	**2152428**	**2290899**	**1825757**	**105612358**	**39641412**	**40395871**	**25575075**
北　京	Beijing	941	69339	57430	5275	6634	941614	817064	61326	63224
天　津	Tianjin	877	46497	34079	5228	7190	702004	527262	79674	95068
河　北	Hebei	11604	395305	95718	151884	147703	6791054	1825701	2744704	2220649
山　西	Shanxi	5312	167801	56052	62789	48960	2293318	981531	914740	397047
内蒙古	Inner Mongolia	1662	102876	34688	49516	18672	1363093	577477	632840	152776
辽　宁	Liaoning	2976	137349	70582	40035	26732	1950513	1225934	472038	252541
吉　林	Jilin	3740	104977	36954	35817	32206	1185695	551703	427477	206515
黑龙江	Heilongjiang	1431	107089	42713	43719	20657	1278727	623928	523491	131308
上　海	Shanghai	698	59451	50972	6428	2051	826347	716476	82877	26994
江　苏	Jiangsu	4151	332052	159051	137714	35287	5726376	2724764	2431018	570594
浙　江	Zhejiang	3310	216107	114689	69936	31482	3671067	1999713	1201954	469400
安　徽	Anhui	7792	255415	58151	108930	88334	4621048	1141049	2158113	1321886
福　建	Fujian	5160	177930	68334	68610	40986	3343976	1403598	1331813	608565
江　西	Jiangxi	7330	238475	60954	100419	77102	4114416	1195418	1904623	1014375
山　东	Shandong	9646	442729	164172	165791	112766	7385622	2888695	2824020	1672907
河　南	Henan	18117	565248	119904	217759	227585	10124818	2464486	4263678	3396654
湖　北	Hubei	5405	208322	78800	76379	53143	3764794	1590927	1420425	753442
湖　南	Hunan	7245	287097	80265	130629	76203	5287730	1574357	2542892	1170481
广　东	Guangdong	10565	553241	310643	133962	108636	10334303	6060194	2614438	1659671
广　西	Guangxi	8036	267128	64000	93969	109159	4950349	1275749	1836803	1837797
海　南	Hainan	1376	52466	17304	18350	16812	853075	344253	313846	194976
重　庆	Chongqing	2860	128777	52503	49956	26318	2062948	994950	795309	272689
四　川	Sichuan	5725	337840	92684	152110	93046	5557731	1733603	2587689	1236439
贵　州	Guizhou	6943	212485	45598	90744	76143	3882991	914058	1798936	1169997
云　南	Yunnan	10789	230762	41710	63270	125782	3851042	803245	1109884	1937913
西　藏	Tibet	821	23164	4481	5752	12931	340952	68246	82659	190047
陕　西	Shaanxi	4640	170709	61738	76295	32676	2775874	1192964	1226893	356017
甘　肃	Gansu	5444	148408	27979	56066	64363	1941406	497800	835421	608185
青　海	Qinghai	724	28318	6923	11021	10374	498501	126445	205196	166860
宁　夏	Ningxia	1188	34279	11013	11329	11937	584149	223056	204508	156585
新　疆	Xinjiang	3640	167448	32344	51217	83887	2606825	576766	766586	1263473

21-20 分地区特殊教育情况（2019年）
Statistics on Special Education by Region (2019)

单位：人 (person)

地 区	Region	学校数（所）Schools (unit)	专任教师 Full-time Teachers	毕业生数 Graduates	招生数 Entrants	在校学生数 Enrolment	# 女 Female
全 国	**National Total**	**2192**	**62358**	**97587**	**144211**	**794612**	**291367**
北 京	Beijing	20	993	1386	1026	6962	2382
天 津	Tianjin	21	662	510	878	4923	1738
河 北	Hebei	163	3530	3010	5733	29459	11024
山 西	Shanxi	80	1924	2278	4046	18336	7296
内蒙古	Inner Mongolia	51	1662	1712	2209	13215	5166
辽 宁	Liaoning	83	2201	1771	1979	13264	4542
吉 林	Jilin	49	1649	1410	2095	11313	3991
黑龙江	Heilongjiang	72	1997	1436	2568	15812	5738
上 海	Shanghai	31	1385	1440	1322	8122	2852
江 苏	Jiangsu	104	3654	4235	5182	33083	11558
浙 江	Zhejiang	86	2852	2909	3521	20913	7462
安 徽	Anhui	73	1873	2759	5395	36941	13241
福 建	Fujian	73	2216	4077	4962	26798	8994
江 西	Jiangxi	95	1767	7058	6930	37644	13563
山 东	Shandong	150	5517	4618	6333	38986	13811
河 南	Henan	150	4156	3007	10472	54849	19998
湖 北	Hubei	85	1889	1724	5549	28774	9816
湖 南	Hunan	86	2423	5550	8262	47085	17016
广 东	Guangdong	141	5326	5179	10149	52869	16953
广 西	Guangxi	82	1823	4701	7077	37730	13098
海 南	Hainan	13	404	387	860	4291	1415
重 庆	Chongqing	39	1050	3203	4492	25362	9674
四 川	Sichuan	129	3094	11408	10914	61072	23553
贵 州	Guizhou	77	1922	4297	7876	38942	14878
云 南	Yunnan	65	1740	7642	7798	42207	17023
西 藏	Tibet	6	286	738	1350	6766	3112
陕 西	Shaanxi	66	1519	2412	3198	18359	6983
甘 肃	Gansu	44	1083	1997	3771	19294	7368
青 海	Qinghai	16	216	803	1356	7700	3216
宁 夏	Ningxia	14	427	793	1212	6976	2787
新 疆	Xinjiang	28	1118	3137	5696	26565	11119

21-21 各级学校生师比
Student-Teacher Ratio of Regular Schools by Level

(教师人数=1) (Number of Teachers=1)

年份 Year / 地区 Region		普通小学 Regular Primary Schools	初中 Junior Secondary Schools	普通高中 Regular Senior Secondary Schools	中等职业学校 Secondary Vocational Schools	普通高校 Regular Higher Education Institutions
	2005	19.43	17.80	18.54	21.34	16.85
	2006	19.17	17.15	18.13	22.65	17.93
	2007	18.82	16.52	17.48	23.13	17.28
	2008	18.38	16.07	16.78	23.32	17.23
	2009	17.88	15.47	16.30	25.27	17.27
	2010	17.70	14.98	15.99	25.69	17.33
	2011	17.71	14.38	15.77	25.01	17.42
	2012	17.36	13.59	15.47	24.19	17.52
	2013	16.76	12.76	14.95	22.97	17.53
	2014	16.78	12.57	14.44	21.34	17.68
	2015	17.05	12.41	14.01	20.47	17.73
	2016	17.12	12.41	13.65	19.84	17.07
	2017	16.98	12.52	13.39	18.98	17.52
	2018	16.97	12.79	13.10	19.10	17.56
	2019	16.85	12.88	12.99	18.94	17.95
北京	Beijing	13.58	8.33	7.41	8.20	16.90
天津	Tianjin	15.10	10.71	9.55	14.00	18.51
河北	Hebei	17.18	14.11	13.19	15.98	18.00
山西	Shanxi	13.67	10.45	10.29	12.76	17.90
内蒙古	Inner Mongolia	13.25	11.14	10.99	12.36	17.64
辽宁	Liaoning	14.20	10.18	11.48	13.84	18.46
吉林	Jilin	11.29	9.88	13.20	8.47	18.96
黑龙江	Heilongjiang	11.94	10.38	12.86	13.30	15.97
上海	Shanghai	13.90	10.47	8.57	12.25	15.94
江苏	Jiangsu	17.25	12.06	10.58	14.40	15.80
浙江	Zhejiang	16.99	12.54	10.90	15.22	15.75
安徽	Anhui	18.09	13.48	13.54	26.92	19.16
福建	Fujian	18.79	13.04	12.30	19.96	16.66
江西	Jiangxi	17.25	16.11	17.45	27.10	18.41
山东	Shandong	16.68	12.32	11.70	15.19	18.52
河南	Henan	17.91	14.32	15.61	23.28	18.30
湖北	Hubei	18.07	12.42	12.74	19.16	18.08
湖南	Hunan	18.42	13.65	14.48	21.59	18.01
广东	Guangdong	18.68	13.34	12.35	19.52	17.37
广西	Guangxi	18.53	15.48	17.29	33.30	19.56
海南	Hainan	16.26	13.67	12.70	27.37	17.92
重庆	Chongqing	16.02	13.74	15.46	20.99	18.64
四川	Sichuan	16.45	12.93	13.82	21.25	19.56
贵州	Guizhou	18.27	13.98	14.57	25.08	19.34
云南	Yunnan	16.69	13.79	14.55	25.50	21.34
西藏	Tibet	14.72	11.72	11.40	14.24	15.48
陕西	Shaanxi	16.26	11.24	11.90	17.95	18.42
甘肃	Gansu	13.08	10.88	11.49	13.65	17.94
青海	Qinghai	17.60	13.49	12.64	34.56	16.54
宁夏	Ningxia	17.04	14.46	13.55	24.37	17.96
新疆	Xinjiang	15.57	10.96	11.94	21.14	19.62

21-22 每十万人口各级学校平均在校生数
Average School Enrolment per 100 000 Population by Level

单位：人 (person)

年份 Year / 地区 Region		学前教育 Pre-school Education	小学 Primary Education	初中阶段 Junior Secondary Education	高中阶段 Senior Secondary Education	高等教育 Higher Education
	1990	1725	10707	3426	1337	326
	1995	2262	11010	3945	1610	457
	2000	1782	10335	4969	2000	723
	2005	1676	8358	4781	3070	1613
	2006	1731	8192	4557	3321	1816
	2007	1787	8037	4364	3409	1924
	2008	1873	7819	4227	3463	2042
	2009	2001	7584	4097	3495	2128
	2010	2230	7448	3955	3504	2189
	2011	2554	7403	3779	3495	2253
	2012	2736	7196	3535	3411	2335
	2013	2876	6913	3279	3227	2418
	2014	2977	6946	3222	3100	2488
	2015	3118	7086	3152	2965	2524
	2016	3211	7211	3150	2887	2530
	2017	3327	7300	3213	2861	2576
	2018	3350	7438	3347	2828	2658
	2019	3378	7569	3459	2850	2857
北 京	Beijing	2171	4371	1433	1078	5320
天 津	Tianjin	1768	4500	1945	1673	4214
河 北	Hebei	3164	8988	3935	3053	2596
山 西	Shanxi	2681	6168	3071	2815	2515
内蒙古	Inner Mongolia	2395	5379	2618	2330	2053
辽 宁	Liaoning	2099	4475	2328	2135	3136
吉 林	Jilin	1522	4385	2421	2134	3373
黑龙江	Heilongjiang	1351	3389	2422	2054	2531
上 海	Shanghai	2357	3409	1860	1070	3582
江 苏	Jiangsu	3154	7113	3012	2410	3311
浙 江	Zhejiang	3377	6399	2853	2626	2509
安 徽	Anhui	3343	7307	3460	3109	2447
福 建	Fujian	4303	8485	3462	2677	2577
江 西	Jiangxi	3567	8852	4735	3400	3010
山 东	Shandong	3365	7351	3592	2720	2855
河 南	Henan	4486	10541	4877	3685	2913
湖 北	Hubei	3005	6363	2795	2239	3248
湖 南	Hunan	3299	7664	3598	2930	2873
广 东	Guangdong	4094	9108	3429	2855	2751
广 西	Guangxi	4401	10049	4476	3843	2887
海 南	Hainan	4017	9134	3951	3361	2497
重 庆	Chongqing	3167	6650	3597	3298	3258
四 川	Sichuan	3170	6663	3282	2776	2546
贵 州	Guizhou	4292	10786	4980	4170	2453
云 南	Yunnan	3103	7973	3821	3244	2401
西 藏	Tibet	4118	9911	4064	2643	1588
陕 西	Shaanxi	3596	7184	2908	2868	3812
甘 肃	Gansu	3537	7362	3344	2831	2396
青 海	Qinghai	3564	8267	3736	3490	1486
宁 夏	Ningxia	3602	8491	4343	3422	2581
新 疆	Xinjiang	6110	10482	3929	3496	2106

注：1.高等教育包括普通高等学校和成人高等学校。
2.高中阶段包括普通高中、成人高中、普通中专、职业高中、技工学校和成人中专。
3.初中阶段包括普通初中和职业初中。

a) Higher education includes regular higher education institutions and adult higher education institutions.

b) Senior secondary education includes regular senior secondary schools, adult high schools, regular specialized secondary schools, senior secondary vocational schools, skilled workers school, adult specialized secondary schools.

c) Junior secondary education includes regular junior secondary schools and junior secondary vocational schools.

21-23 教育经费情况
Basic Statistics on Educational Finance

单位：万元 (10 000 yuan)

年份 Year / 地区 Region	合计 Total	国家财政性教育经费 Government Appropriation for Education	#一般公共预算教育经费 General Public Budget Expenditure on Education	民办学校中举办者投入 Funds from Sponsors of Non-public Schools	社会捐赠经费 Social Donations for Education	事业收入 Income from Teaching Research and Other Auxiliary Activities	#学杂费 Tuition and Miscel-laneous Fees	其他教育经费 Other Educational Funds
1992	8670491	7287506	5649364		696285		439319	
1995	18779501	14115233	10929473	203672	1628414		2012423	
2000	38490806	25626056	21917652	858537	1139557	9382717	5948304	1483939
2001	46376626	30570100	27056548	1280895	1128852	11575137	7456014	1821643
2002	54800278	34914048	32549425	1725549	1272791	14609169	9227792	2278722
2003	62082653	38506237	36190977	2590148	1045927	17218399	11214985	2721943
2004	72425989	44658575	42444209	3478529	934204	20114268	13465517	3240414
2005	84188391	51610759	49460379	4522185	931613	23399991	15530545	3723842
2006	98153087	63483648	61353481	5490583	899078	24073042	15523301	4206736
2007	121480663	82802142	80943369	809337	930584	31772357	21309082	5166242
2008	145007374	104496296	102129675	698479	1026663	33670711	23492983	5115225
2009	165027065	122310935	119749753	749829	1254991	35275939	25155983	5435371
2010	195618471	146700670	141639029	1054254	1078839	41060664	30155593	5724045
2011	238692936	185867009	178217380	1119320	1118675	44246927	33169742	6341005
2012	286553052	231475698	203141685	1281753	956919	46198404	35048301	6640278
2013	303647182	244882177	214056715	1474089	855445	49262087	37376869	7173384
2014	328064609	264205820	225760099	1313476	796700	54271581	40530393	7477031
2015	361291927	292214511	258618740	1876620	869960	58097239	43173611	8233597
2016	388883850	313962519	277006325	2032733	810447	62768292	47709339	9309860
2017	425620069	342077546	299197838	2250061	849974	69575734	52932815	10866754
2018	461429980	369957704	319927298	2406210	947574	77382499	58958343	10735993
中央 Central Government	41687330	29186305	17067119		357367	9715155	3309404	2428503
地方 Local Governments	419742649	340771399	302860179	2406210	590207	67667344	55648939	8307489
北京 Beijing	13525400	11661674	10207229	8711	6503	1651516	1331358	196996
天津 Tianjin	6351712	5343469	4480408	6099	3714	851291	725140	147139
河北 Hebei	17389625	14428248	13545006	57290	10934	2824628	2382262	68525
山西 Shanxi	9134205	7521089	6689554	44781	2552	1498491	1216078	67291
内蒙古 Inner Mongolia	7759014	6887931	5666544	17537	7709	703072	578125	142766
辽宁 Liaoning	9759379	7812616	6536980	16567	2588	1855909	1520447	71699
吉林 Jilin	6866495	5640463	5085962	20894	10975	1062666	921951	131496
黑龙江 Heilongjiang	7612173	6611325	5877244	9538	1495	943063	813805	46752
上海 Shanghai	13412840	10908087	8899584	10211	12579	2079311	1726780	402652
江苏 Jiangsu	28276374	22542111	20404718	152800	73661	4629786	3681723	878016
浙江 Zhejiang	24009012	17760986	15674067	316494	62526	4526711	3670506	1342294
安徽 Anhui	15011779	12315191	11114857	95945	21812	2298569	1857266	280263
福建 Fujian	12547951	10105436	9238399	64990	59247	2046822	1687074	271456
江西 Jiangxi	13152969	11020286	10485052	64229	9789	1924377	1542996	134288
山东 Shandong	26349273	21698736	20012133	114784	18151	4171539	3579732	346064
河南 Henan	24293502	19021942	16210164	215613	10189	4704225	3993616	341535
湖北 Hubei	14578340	11474878	10509608	69935	18430	2773386	2291112	241710
湖南 Hunan	16300603	12518875	11777735	254659	13617	3192406	2582666	321046
广东 Guangdong	42684258	31891816	28053051	293636	101530	9856425	8468451	540851
广西 Guangxi	12836618	10503052	9278208	44383	13862	2066793	1568413	208527
海南 Hainan	3777479	3059503	2489762	65922	2359	565531	447131	84163
重庆 Chongqing	10216274	8284585	6788334	36692	14077	1626725	1292499	254195
四川 Sichuan	20767987	16850603	14700016	223775	42992	3417315	2777662	233303
贵州 Guizhou	12732768	10712431	9838642	49579	7165	1394988	1063664	568606
云南 Yunnan	14543783	12693973	10694938	65375	27572	1556926	1272340	199937
西藏 Tibet	2562958	2528491	2290157		5503	25365	14344	3599
陕西 Shaanxi	11375081	9060521	8556780	47062	8288	2065409	1584942	193802
甘肃 Gansu	7404892	6662368	5929612	22592	4034	615537	500381	100360
青海 Qinghai	2640309	2411587	1989373	5365	1966	137924	92943	83466
宁夏 Ningxia	2346978	2024558	1679690	6684	2011	233966	194901	79759
新疆 Xinjiang	9522617	8814570	8156372	4068	12375	366670	268631	324934

注：1.“民办学校中举办者投入”1992-2006年数据为社会团体和公民个人办学总经费。

2.从2017年起，“公共财政教育经费”改为“一般公共预算教育经费”。“一般公共预算教育经费”数据1992-2012年包括教育事业费基建经费、教育费附加、科研经费和其他经费，2012年起包括教育事业费、基建经费和教育费附加。

a) "Funds from sponsors of non-public schools" from 1992 to 2006 cover funds from social organizations and from citizens for running schools.

b) Since 2017, the "public expenditure on education" has been changed to "general public budget expenditure on education", which included the appropriated funds for education, capital construction, education surcharges, scientific research, and other funds from 1992 to 2012. Since 2012, it includes the appropriated funds for education, capital construction, and education surcharges.

主要统计指标解释

普通高等学校 指通过国家普通高等教育招生考试，招收高中毕业生为主要培养对象，实施高等学历教育的全日制大学、独立设置的学院、独立学院和高等专科学校、高等职业学校及其他普通高教机构。

大学、独立设置的学院主要实施本科及本科层次以上的教育。独立学院主要实施本科层次的教育。高等专科学校、高等职业学校实施专科层次的教育。其他普通高教机构是指承担国家普通招生计划任务不计校数的机构，包括普通高等学校分校、大专班等。

成人高等学校 指通过国家成人高等教育招生考试，招收具有高中毕业或同等学力的人员为主要培养对象，利用函授、业余、脱产等多种形式，对其实施高等学历教育的学校。包括：职工高等学校、农民高等学校、管理干部学院、教育学院、独立函授学院、广播电视大学、其他成人高教机构等。其他成人高教机构是指承担国家成人招生计划任务不计校数的机构。

小学学龄儿童净入学率 指调查范围内已入小学学习的学龄儿童占校内外学龄儿童总数的比重。计算公式为：

$$\text{小学学龄儿童净入学率}=\frac{\text{已入学的小学学龄儿童数}}{\text{校内外小学学龄儿童总数}}\times 100\%$$

国家财政性教育经费 包括一般公共预算安排的教育经费，政府性基金预算安排的教育经费，企业办学中的企业拨款，校办产业和社会服务收入用于教育的经费，其他属于国家财政性教育经费。

Explanatory Notes on Main Statistical Indicators

Regular Higher Education Institutions refer to educational establishments recruiting graduates from senior secondary schools as the main target through National Matriculation TEST. They include full-time universities, independently established schools, independent colleges, higher professional colleges, higher vocational colleges and other regular higher education institutions.

Universities and independently established schools primarily provide normal courses at undergraduate and higher levels. Independent colleges mainly provide normal undergraduate courses. Higher professional colleges and higher vocational colleges primarily provide undergraduate of short-cycle courses. Other regular higher education institutions refer to educational establishments, which are responsible for enrolling higher education students under the State Plan but not enumerated in the total number of schools, including: branch schools of regular higher education institutions and junior colleges.

Adults Higher Education Institutions refer to educational establishments, enrolling personnel graduated from senior secondary school or with equivalent education through National Matriculation TEST for Adult, and providing higher education courses in forms of correspondence, spare time or full time, for adults. Adults higher education institutions include schools of higher education for staff and workers, schools of higher education for peasants, institutions of administration, educational colleges, independent correspondence colleges, radio and television universities and other educational establishments of higher education for adult. Other educational establishments of higher education for adult refer undertakings to enrol adult students under the State Plan but not enumerated in the number of schools.

Net Enrolment Ratio of School-age Children in Primary Schools refers to the proportion of school-age children enrolled at primary schools to the total number of school-age children both in and outside primary schools. The formula is:

$$\begin{array}{c}\text{Net enrolment ratio}\\ \text{of school - age children}\\ \text{in primary schools}\end{array}=\frac{\begin{array}{c}\text{Total primary school - age}\\ \text{children at schools}\end{array}}{\begin{array}{c}\text{Total primary school - age}\\ \text{children whether or}\\ \text{not attending school}\end{array}}\times 100\%$$

Government Appropriation for Education refers to the general public budget appropriation fund for education, educational funds budgeted by government funds, enterprise appropriation for enterprise-run schools, income from school-run enterprises and social services that are used for education purpose and other government appropriations for education.

22

卫生和社会服务

Public Health and Social Services

简 要 说 明

一、本篇资料的主要内容

本篇主要反映卫生、社会服务、残疾人事业的发展情况。

卫生统计资料主要包括医疗卫生机构、卫生人员、医疗服务、卫生设施、卫生费用、基层医疗卫生服务、妇幼保健、疾病控制、居民病伤死亡原因等情况。

社会服务统计资料主要包括社会组织和自治组织情况，民政机构床位情况，社会救助情况，孤儿和收养登记情况，婚姻登记情况，医疗救助情况和福利彩票销售情况等。

残疾人统计资料主要包括残疾人康复、教育、就业、社会保障、扶贫、维权和组织建设情况。

二、本篇的资料来源

卫生统计资料由国家卫生健康委员会提供。社会服务统计资料由民政部和国家医疗保障局提供。残疾人统计资料由中国残疾人联合会提供。

详细资料分别见《中国卫生健康统计年鉴》（国家卫生健康委员会编）、《中国民政统计年鉴》(中华人民共和国民政部编)、《中国残疾人事业统计年鉴》（中国残疾人联合会编）。

Brief Introduction

I. Main Contents

Data in this chapter mainly reflect the development of health, social services, and work for persons with disability.

Data on health include mainly the number of health care institutions, health personnel, health services, health facility, health expenditure, health services at grass-root level, maternal and child health care, disease control, and major diseases as the causes of death.

Data on social services include the statistics of social organizations and autonomous organizations, beds of civil affairs institutions, social assistance, orphans and children adoption registration, marriage registration service, medical aid, and welfare lottery.

Data on work for persons with disability cover information on the rehabilitation, education, employment, social security, poverty alleviation, rights protection and organizations development.

II. Sources of Data

Data on health are provided by the National Health Commission. Data on social services are provided by the Ministry of Civil Affairs and National Healthcare Security Administration. Data on work for persons with disability are provided by the China Disabled Persons' Federation.

For detailed information please refer to "*China Health Statistical Yearbook*" compiled by the National Health Commission, "*China Civil Affairs Statistical Yearbook*" compiled by the Ministry of Civil Affairs and "*China Statistical Yearbook on the Work for Persons with Disability*" compiled by China Disabled Persons' Federation.

22-1 医疗卫生机构
Health Care Institutions

单位：个 (unit)

年份 Year 地区 Region	合计 Total	#医院 Hospitals	#综合医院 General Hospitals	#中医医院 Traditional Chinese Medicine Hospitals	#专科医院 Specialized Hospitals	#基层医疗卫生机构 Health Care Institutions at Grass-root Level	#社区卫生服务中心(站) Community Health Service Centers (Stations)	#乡镇卫生院 Township Health Centers
1978	169732	9293	7539	447	643			55018
1980	180553	9902	7859	678	694			55413
1985	978540	11955	9197	1485	938			47387
1990	1012690	14377	10424	2115	1362			47749
1995	994409	15663	11586	2361	1445			51797
2000	1034229	16318	11872	2453	1543	1000169		49229
2005	882206	18703	12982	2620	2682	849488	17128	40907
2006	918097	19246	13120	2665	3022	884818	22656	39975
2007	912263	19852	13372	2720	3282	878686	27069	39876
2008	891480	19712	13119	2688	3437	858015	24260	39080
2009	916571	20291	13364	2728	3716	882153	27308	38475
2010	936927	20918	13681	2778	3956	901709	32739	37836
2011	954389	21979	14328	2831	4283	918003	32860	37295
2012	950297	23170	15021	2889	4665	912620	33562	37097
2013	974398	24709	15887	3015	5127	915368	33965	37015
2014	981432	25860	16524	3115	5478	917335	34238	36902
2015	983528	27587	17430	3267	6023	920770	34321	36817
2016	983394	29140	18020	3462	6642	926518	34327	36795
2017	986649	31056	18921	3695	7220	933024	34652	36551
2018	997433	33009	19693	3977	7900	943639	34997	36461
2019	1007579	34354	19963	4221	8531	954390	35013	36112
北京 Beijing	10336	664	240	162	211	9416	1952	
天津 Tianjin	5962	441	284	55	98	5348	624	138
河北 Hebei	84651	2120	1456	249	372	81790	1425	1998
山西 Shanxi	42162	1405	665	218	482	40249	985	1313
内蒙古 Inner Mongolia	24564	794	397	122	161	23238	1197	1271
辽宁 Liaoning	34238	1364	740	193	401	32275	1321	1022
吉林 Jilin	22198	797	422	114	240	20917	300	761
黑龙江 Heilongjiang	20375	1144	755	169	201	18478	631	966
上海 Shanghai	5597	374	169	21	122	5021	1066	
江苏 Jiangsu	34796	1941	995	151	509	31821	2706	1028
浙江 Zhejiang	34119	1372	577	179	509	32145	4922	1081
安徽 Anhui	26435	1241	770	125	298	24558	1858	1380
福建 Fujian	27788	677	376	82	199	26596	663	882
江西 Jiangxi	37029	807	506	110	176	35398	585	1590
山东 Shandong	83616	2615	1507	320	679	79825	2421	1539
河南 Henan	70734	1974	1209	317	388	67561	1523	2041
湖北 Hubei	35515	1035	562	126	310	33919	1148	1129
湖南 Hunan	57230	1616	875	187	506	54859	806	2169
广东 Guangdong	53900	1631	911	170	501	51064	2625	1180
广西 Guangxi	33679	678	385	102	159	31853	316	1261
海南 Hainan	5417	246	165	22	51	5057	192	285
重庆 Chongqing	21057	846	453	128	196	20001	536	846
四川 Sichuan	83756	2417	1507	247	582	80500	1039	4416
贵州 Guizhou	28511	1340	954	98	254	26806	810	1329
云南 Yunnan	25587	1376	893	158	295	23638	598	1361
西藏 Tibet	6940	156	108		8	6635	14	678
陕西 Shaanxi	35404	1208	756	168	262	33619	666	1532
甘肃 Gansu	26697	719	381	124	163	24761	676	1377
青海 Qinghai	6513	220	124	14	37	6114	277	408
宁夏 Ningxia	4397	219	143	29	43	4077	222	205
新疆 Xinjiang	18376	917	678	61	118	16851	909	926

注：1.村卫生室数计入医疗卫生机构数中。
2.2008年，社区卫生服务中心(站)减少的原因是江苏省约5000家农村社区卫生服务站划归村卫生室。
3.2002年起，医疗卫生机构数不再包括高中等医学院校本部、药检机构、国境卫生检疫所和非卫生部门举办的计划生育指导站。
4.2013年起，医疗卫生机构数包括原计生部门主管的计划生育技术服务机构。
5.1996年以前，门诊部(所)不包括私人诊所。

a) Number of village clinics was included in health care institutions.
b) The reasons of decrease of community health service centers (stations) in 2008 is that 5000 rural community health service stations in Jiangsu are divided into village clinics.
c) Since 2002, health care institutions no longer includes headquarters of higher and secondary medical schools, drug test institutions, frontier health and quarantine institutions and family planning service stations run by non-health departments.
d) Since 2013, health care institutions include family planning technical services institutions managed by original family planning department.
e) Before 1996, outpatient departments did not include private clinics.

22-1 续表 continued

单位：个 (unit)

年份 Year / 地区 Region	#村卫生室 Village Clinics	#门诊部(所) Outpatient Departments	#专业公共卫生机构 Specialized Public Health Institutions	#疾病预防控制中心 Centers for Disease Control	#专科疾病防治院(所/站) Specialized Disease Prevention & Treatment Institutions	#妇幼保健院(所/站) Maternal and Children Care Centers	#卫生监督所(中心) Health Inspection Institutions (Centers)
1978		94395		2989	887	2571	
1980		102474		3105	1138	2745	
1985	777674	126604		3410	1566	2996	
1990	803956	129332		3618	1781	3148	
1995	804352	104406		3729	1895	3179	
2000	709458	240934	11386	3741	1839	3163	
2005	583209	207457	11177	3585	1502	3021	1702
2006	609128	212243	11269	3548	1402	3003	2097
2007	613855	197083	11528	3585	1365	3051	2553
2008	613143	180752	11485	3534	1310	3011	2675
2009	632770	182448	11665	3536	1291	3020	2809
2010	648424	181781	11835	3513	1274	3025	2992
2011	662894	184287	11926	3484	1294	3036	3022
2012	653419	187932	12083	3490	1289	3044	3088
2013	648619	195176	31155	3516	1271	3144	2967
2014	645470	200130	35029	3490	1242	3098	2975
2015	640536	208572	31927	3478	1234	3078	2986
2016	638763	216187	24866	3481	1213	3063	2986
2017	632057	229221	19896	3456	1200	3077	2992
2018	622001	249654	18033	3443	1161	3080	2949
2019	616094	266659	15958	3403	1128	3071	2869
北京 Beijing	2449	5015	108	29	24	19	18
天津 Tianjin	2374	2207	95	23	14	19	17
河北 Hebei	59526	18841	662	187	11	187	178
山西 Shanxi	28106	9569	445	134	7	131	128
内蒙古 Inner Mongolia	13321	7449	466	119	43	114	117
辽宁 Liaoning	17963	11949	456	103	64	97	13
吉林 Jilin	9615	10240	377	67	54	70	42
黑龙江 Heilongjiang	10448	6426	704	162	88	141	140
上海 Shanghai	1179	2776	106	19	15	19	17
江苏 Jiangsu	15169	12905	685	118	42	115	105
浙江 Zhejiang	11590	14541	403	100	15	92	100
安徽 Anhui	15549	5770	544	119	42	121	112
福建 Fujian	17596	7455	421	96	25	91	87
江西 Jiangxi	28088	5129	742	136	112	112	111
山东 Shandong	53663	22153	973	199	127	161	105
河南 Henan	56079	7910	1013	180	22	163	178
湖北 Hubei	23242	8376	491	112	75	101	106
湖南 Hunan	39504	12376	694	145	84	136	131
广东 Guangdong	25788	21465	1018	134	130	130	161
广西 Guangxi	19877	10399	1109	118	31	105	115
海南 Hainan	2647	1933	105	26	13	24	6
重庆 Chongqing	10580	8025	150	41	14	41	39
四川 Sichuan	55772	19268	716	208	25	201	201
贵州 Guizhou	20265	4361	327	100	6	99	80
云南 Yunnan	13450	8219	526	153	27	147	140
西藏 Tibet	5300	643	147	82		57	1
陕西 Shaanxi	23747	7666	494	120	5	116	116
甘肃 Gansu	16461	6245	1124	103	9	99	94
青海 Qinghai	4510	919	176	56	1	50	54
宁夏 Ningxia	2173	1477	90	25		21	24
新疆 Xinjiang	10063	4952	591	189	3	92	133

22-2 卫生人员
Statistics on Health Personnel

单位：人 (person)

年份 Year 地区 Region	卫生人员 Health Personnel	卫生技术人员 Health Technical Personnel	#执业(助理)医师 Licensed Physicians & Physician Assistants	#执业医师 Licensed Physicians	#注册护士 Registered Nurses	#药师(士) Pharmacists	乡村医生和卫生员 Village Doctors and Assistants	其他技术人员 Other Technical Personnel	管理人员 Administrative Staffs	工勤技能人员 Logistics Technical Workers
1978	7883041	2463931	978152	609608	405223	266570	4777469	22950	298104	320587
1980	7355483	2798241	1153234	709473	465798	308438	3820776	27834	310805	397827
1985	5606105	3410910	1413281	724238	636974	365145	1293094	46052	358812	497237
1990	6137711	3897921	1763086	1302997	974541	405978	1231510	85504	396694	526082
1995	6704395	4256923	1917772	1454926	1125661	418520	1331017	120782	450013	545660
2000	6910383	4490803	2075843	1603266	1266838	414408	1319357	157533	426789	515901
2005	6447246	4564050	2042135	1622684	1349589	349533	916532	225697	312826	428141
2006	6681184	4728350	2099064	1678031	1426339	353565	957459	235466	323705	436204
2007	6964389	4913186	2122925	1715460	1558822	325212	931761	243460	356569	519413
2008	7251803	5174478	2201904	1791881	1678091	330525	938313	255149	356854	527009
2009	7781448	5535124	2329206	1905436	1854818	341910	1050991	275006	362665	557662
2010	8207502	5876158	2413259	1972840	2048071	353916	1091863	290161	370548	578772
2011	8616040	6202858	2466094	2020154	2244020	363993	1126443	305981	374885	605873
2012	9115705	6675549	2616064	2138836	2496599	377398	1094419	319117	372997	653623
2013	9790483	7210578	2794754	2285794	2783121	395578	1081063	359819	420971	718052
2014	10234213	7589790	2892518	2374917	3004144	409595	1058182	379740	451250	755251
2015	10693881	8007537	3039135	2508408	3241469	423294	1031525	399712	472620	782487
2016	11172945	8454403	3191005	2651398	3507166	439246	1000324	426171	483198	808849
2017	11748972	8988230	3390034	2828999	3804021	452968	968611	451480	509093	831558
2018	12300325	9529179	3607156	3010376	4098630	467685	907098	476569	529045	858434
2019	12928335	10154010	3866916	3210515	4445047	483420	842302	503947	543750	884326
北　京 Beijing	343167	271162	105866	99240	114891	15099	2776	17539	21776	29914
天　津 Tianjin	139232	109848	46420	43430	41410	6424	4107	6621	10063	8593
河　北 Hebei	647179	490062	228583	173531	185025	19224	65749	30559	22974	37835
山　西 Shanxi	341650	257857	105741	89259	108993	10887	33967	13276	15221	21329
内蒙古 Inner Mongolia	249270	196402	78094	66189	80434	11116	16397	11203	11889	13379
辽　宁 Liaoning	396701	309176	123873	111710	139098	13860	19756	17870	19860	30039
吉　林 Jilin	246368	188511	79027	68154	79315	8094	13617	10803	15339	18098
黑龙江 Heilongjiang	305615	237665	93517	79491	97640	11294	18072	10809	17457	21612
上　海 Shanghai	248653	204484	74743	71247	92875	10379	599	11664	13731	18175
江　苏 Jiangsu	786334	633319	254659	211174	279836	31483	24803	34696	32556	60960
浙　江 Zhejiang	628000	520189	205515	179950	219790	30286	6937	26716	22587	51571
安　徽 Anhui	454604	361227	138406	113502	163390	15700	35006	18050	16610	23711
福　建 Fujian	334346	263220	99458	85083	116214	15475	21202	13374	11101	25449
江　西 Jiangxi	348273	267830	96445	80423	120413	15265	37284	10304	11131	21724
山　东 Shandong	1000633	782294	315311	259781	341379	36284	90798	46706	32519	48316
河　南 Henan	887780	653890	251393	191795	278891	28312	96002	36863	36048	64977
湖　北 Hubei	526298	416204	153642	128460	194217	18618	34434	22854	22460	30346
湖　南 Hunan	618258	502252	190495	147271	240515	21212	36374	19985	24760	34887
广　东 Guangdong	961948	792594	291057	243564	356330	43374	21810	30381	34987	82176
广　西 Guangxi	440387	341421	115091	93954	152390	19136	31295	15025	16394	36252
海　南 Hainan	85927	67702	23928	20271	32062	3220	3233	3033	4428	7531
重　庆 Chongqing	287998	224646	83293	67366	103147	9777	16012	9303	14516	23521
四　川 Sichuan	793401	602411	221689	184960	270545	27463	60546	23559	36655	70230
贵　州 Guizhou	347145	267604	89798	71572	121386	10070	32027	12294	17605	17615
云　南 Yunnan	429274	339709	114031	93724	158461	12563	37483	16958	11086	24038
西　藏 Tibet	38840	20943	9317	7134	5986	987	12412	2081	1336	2068
陕　西 Shaanxi	435556	353840	108685	89326	150423	16311	27226	3800	26615	24075
甘　肃 Gansu	228512	178843	62807	50220	79468	7495	18197	10098	9000	12374
青　海 Qinghai	61994	47359	17402	14692	18910	2464	6860	2824	1749	3202
宁　夏 Ningxia	68618	55412	20755	18052	24307	3275	3132	2921	2856	4297
新　疆 Xinjiang	236374	185934	67875	55990	77306	8273	14189	11778	8441	16032

注：1.卫生人员和卫生技术人员包括获得“卫生监督员”证书的公务员1万人。
2.2013年起，卫生人员数包括卫生计生部门主管的计划生育技术服务机构人员数。
3.执业(助理)医师数包括村卫生室执业(助理)医师数。
4.1985年以前乡村医生和卫生员系赤脚医生数。

a) Health personnel and health technical personnel include 10 000 civil servants who obtain the Certificate of Health Supervisor.
b) Since 2013, health personnel include personnel of family planning technical service institutions managed by family planning departments.
c) Licensed Physicians & physician assistants include those in village clinics.
d) Before 1985, village doctors and assistants referred to barefoot doctors.

22-3 每千人口卫生技术人员
Health Technical Personnel in Health Care Institutions per 1000 Persons

单位：人 (person)

年份 Year / 地区 Region	卫生技术人员 Health Technical Personnel 合计 Total	城市 Urban	农村 Rural	执业(助理)医师 Licensed Physicians & Physician Assistants 合计 Total	城市 Urban	农村 Rural	注册护士 Registered Nurses 合计 Total	城市 Urban	农村 Rural
1980	2.85	8.03	1.81	1.17	3.22	0.76	0.47	1.83	0.20
1985	3.28	7.92	2.09	1.36	3.35	0.85	0.61	1.85	0.30
1990	3.45	6.59	2.15	1.56	2.95	0.98	0.86	1.91	0.43
1995	3.59	5.36	2.32	1.62	2.39	1.07	0.95	1.59	0.49
2000	3.63	5.17	2.41	1.68	2.31	1.17	1.02	1.64	0.54
2005	3.50	5.82	2.69	1.56	2.46	1.26	1.03	2.10	0.65
2006	3.60	6.09	2.70	1.60	2.56	1.26	1.09	2.22	0.66
2007	3.72	6.44	2.69	1.61	2.61	1.23	1.18	2.42	0.70
2008	3.90	6.68	2.80	1.66	2.68	1.26	1.27	2.54	0.76
2009	4.15	7.15	2.94	1.75	2.83	1.31	1.39	2.82	0.81
2010	4.39	7.62	3.04	1.80	2.97	1.32	1.53	3.09	0.89
2011	4.58	7.90	3.19	1.82	3.00	1.33	1.66	3.29	0.98
2012	4.94	8.54	3.41	1.94	3.19	1.40	1.85	3.65	1.09
2013	5.27	9.18	3.64	2.04	3.39	1.48	2.04	4.00	1.22
2014	5.56	9.70	3.77	2.12	3.54	1.51	2.20	4.30	1.31
2015	5.84	10.21	3.90	2.22	3.72	1.55	2.37	4.58	1.39
2016	6.12	10.42	4.08	2.31	3.79	1.61	2.54	4.75	1.50
2017	6.47	10.87	4.28	2.44	3.97	1.68	2.74	5.01	1.62
2018	6.83	10.91	4.63	2.59	4.01	1.82	2.94	5.08	1.80
2019	7.26	11.10	4.96	2.77	4.10	1.96	3.18	5.22	1.99
北京 Beijing	12.59	18.46		4.92	7.18		5.33	7.84	
天津 Tianjin	7.03	9.53		2.97	3.95		2.65	3.69	
河北 Hebei	6.46	8.45	5.02	3.01	3.49	2.56	2.44	3.78	1.61
山西 Shanxi	6.91	14.44	4.47	2.84	5.46	2.02	2.92	6.83	1.60
内蒙古 Inner Mongolia	7.73	14.45	5.57	3.08	5.38	2.36	3.17	6.65	1.99
辽宁 Liaoning	7.10	11.05	4.05	2.85	4.29	1.75	3.20	5.23	1.58
吉林 Jilin	7.01	11.44	5.32	2.94	4.69	2.28	2.95	5.17	2.06
黑龙江 Heilongjiang	6.34	10.75	4.49	2.49	4.02	1.89	2.60	5.02	1.49
上海 Shanghai	8.42	14.50		3.08	5.27		3.82	6.61	
江苏 Jiangsu	7.85	10.34	6.16	3.16	3.85	2.71	3.47	4.88	2.48
浙江 Zhejiang	8.89	13.19	7.91	3.51	5.05	3.24	3.76	5.84	3.15
安徽 Anhui	5.67	8.26	3.61	2.17	2.94	1.48	2.57	4.11	1.47
福建 Fujian	6.63	10.84	4.58	2.50	4.11	1.72	2.93	5.02	1.91
江西 Jiangxi	5.74	8.92	3.97	2.07	3.02	1.50	2.58	4.43	1.64
山东 Shandong	7.77	11.11	5.63	3.13	4.32	2.36	3.39	5.21	2.25
河南 Henan	6.78	12.70	3.99	2.61	4.52	1.62	2.89	6.21	1.52
湖北 Hubei	7.02	10.24	4.97	2.59	3.63	1.91	3.28	5.14	2.14
湖南 Hunan	7.26	12.97	5.29	2.75	4.63	2.08	3.48	6.56	2.45
广东 Guangdong	6.88	11.34	4.36	2.53	4.13	1.64	3.09	5.23	1.82
广西 Guangxi	6.88	9.36	4.35	2.32	3.23	1.43	3.07	4.52	1.78
海南 Hainan	7.17	14.63	4.53	2.53	5.11	1.63	3.39	7.29	2.01
重庆 Chongqing	7.19	9.31	3.65	2.67	3.30	1.51	3.30	4.56	1.37
四川 Sichuan	7.19	9.52	5.05	2.65	3.42	1.90	3.23	4.65	2.07
贵州 Guizhou	7.39	9.38	4.65	2.48	3.31	1.51	3.35	4.64	2.00
云南 Yunnan	6.99	13.82	5.60	2.35	4.87	1.83	3.26	6.82	2.53
西藏 Tibet	5.97	5.78	4.49	2.66	2.57	2.00	1.71	2.08	0.93
陕西 Shaanxi	9.13	11.04	6.94	2.80	3.59	1.99	3.88	5.22	2.58
甘肃 Gansu	6.76	10.17	4.76	2.37	3.38	1.76	3.00	5.04	1.89
青海 Qinghai	7.79	13.29	5.45	2.86	4.55	2.15	3.11	6.31	1.74
宁夏 Ningxia	7.98	11.14	5.21	2.99	4.10	2.03	3.50	5.16	2.04
新疆 Xinjiang	7.37	13.75	6.84	2.69	5.34	2.43	3.06	6.15	2.76

注：1.2002年以前，执业(助理)医师系医生、执业医师系医师，注册护士系护师(士)。

2.城市包括直辖市区和地级市辖区，农村包括县及县级市。

3.合计项分母系常住人口数，分城乡项分母系推算户籍人口数。

a) Before 2002, licensed physician assistants referred to doctors, licensed physicians referred to physicians, registered nurses referred to nurses.

b) Urban area includes districts of municipalities and prefecture-level cities, rural area includes counties and cities at county level.

c) Population for totals refers to permanent population, while population for urban and rural areas refers to the estimated population by household registration.

22-4 村卫生室情况
Statistics on Village Clinics

年 份 地 区	Year Region	村卫生室(个) Village Clinics (unit) 合计 Total	村办 Village-run	乡卫生院设点 Outlets of Township Health Centers	联合办 Joint-run	私人办 Private-run	其他 Others	设卫生室的村数占行政村数% Villages with Clinics as % of All Valleges
	1985	777674	305537	29769	88803	323904	29661	87.4
	1990	803956	266137	29963	87149	381844	38863	86.2
	1995	804352	297462	36388	90681	354981	22876	88.9
	2000	709458	300864	47101	89828	255179	16486	89.8
	2005	583209	313633	32396	38561	180403	18216	85.8
	2006	609128	333790	31803	36805	186521	17206	88.1
	2007	613855	340082	33633	33649	186841	19650	88.7
	2008	613143	342692	40248	31698	180157	18348	89.4
	2009	632770	350515	45434	31035	183699	22087	90.4
	2010	648424	365153	49678	32650	177080	23863	92.3
	2011	662894	372661	56128	33639	175747	24719	93.4
	2012	653419	370099	58317	32278	167025	25700	93.3
	2013	648619	371579	59896	32690	158811	25643	93.0
	2014	645470	349428	59396	29180	160549	46917	93.3
	2015	640536	353196	60231	29208	153353	44548	93.3
	2016	638763	351016	60419	29336	152164	45828	92.9
	2017	632057	349025	63598	28687	147046	43701	92.8
	2018	622001	342062	65495	28353	141623	44468	94.0
	2019	616094	339525	69091	27626	134575	45277	94.8
北 京	Beijing	2449	2220	5	3	205	16	62.9
天 津	Tianjin	2374	873	688	99	148	566	67.0
河 北	Hebei	59526	28911	3009	1056	22682	3868	100.0
山 西	Shanxi	28106	19231	1165	702	3219	3789	100.0
内蒙古	Inner Mongolia	13321	5186	2413	414	4175	1133	100.0
辽 宁	Liaoning	17963	8091	391	141	8742	598	100.0
吉 林	Jilin	9615	3744	1725	1112	2517	517	100.0
黑龙江	Heilongjiang	10448	7180	1552	138	1099	479	100.0
上 海	Shanghai	1179	451	451	40		237	75.1
江 苏	Jiangsu	15169	7662	4295	1930	22	1260	100.0
浙 江	Zhejiang	11590	7065	1558	143	1917	907	56.8
安 徽	Anhui	15549	7087	3135	1839	894	2594	100.0
福 建	Fujian	17596	10663	1073	225	3880	1755	100.0
江 西	Jiangxi	28088	13162	334	1480	11898	1214	100.0
山 东	Shandong	53663	26374	14422	4556	5024	3287	77.2
河 南	Henan	56079	33314	866	2842	15686	3371	100.0
湖 北	Hubei	23242	14815	3484	2850	1264	829	100.0
湖 南	Hunan	39504	26468	1655	922	7044	3415	100.0
广 东	Guangdong	25788	14453	2016	102	5866	3351	100.0
广 西	Guangxi	19877	13588	880	175	4555	679	100.0
海 南	Hainan	2647	803	242	28	1407	167	100.0
重 庆	Chongqing	10580	7201	895	253	1054	1177	100.0
四 川	Sichuan	55772	27926	3610	2535	18288	3413	100.0
贵 州	Guizhou	20265	9567	2941	521	5610	1626	100.0
云 南	Yunnan	13450	10101	1526	569	294	960	100.0
西 藏	Tibet	5300	1991	2282	159		868	100.0
陕 西	Shaanxi	23747	20437	679	331	2300		100.0
甘 肃	Gansu	16461	6344	4722	689	3094	1612	100.0
青 海	Qinghai	4510	1778	700	621	908	503	100.0
宁 夏	Ningxia	2173	825	514	186	346	302	96.2
新 疆	Xinjiang	10063	2014	5863	965	437	784	100.0

注：行政村数即村民委员会数。

a) Number of administrative villages is qual to the number of villagers' committees.

22-5 各类医疗卫生机构医疗服务及床位利用情况(2019年)
Statistics on Health Services and Utilization of Beds in Health Care Institutions (2019)

机构名称	Institutions	诊疗人次数(万人次) Visits (10 000 person-times)	入院人数(万人) Inpatients (10 000 persons)	医师日均担负诊疗人次(人次) Daily Visits per Physician (person-time)	实际开放总床日数(万日) Days of Total Beds Actually Opened (10 000 day)	平均开放病床(万张) Average Beds Opened (10 000 bed)
总计	**Total**	**871987**	**26596**	**8.05**	**304190**	**833**
医院	Hospitals	384241	21183	7.10	238312	653
综合医院	General Hospitals	277879	15842	7.32	158796	435
中医医院	Traditional Chinese Medicine Hospitals	58620	2878	7.29	32661	89
中西医结合医院	Hospital of Integrated Traditional Chinese and Western Medicine	7457	313	7.05	4027	11
民族医院	Nationalities Hospitals	1451	97	4.30	1411	4
专科医院	Specialized Hospitals	38588	2024	5.92	38881	107
护理院	Nursing Hospitals	244	30	1.77	2537	7
基层医疗卫生机构	Health Care Institutions at Grass-root Level	453087	4295	9.67	55245	151
#社区卫生服务中心(站)	Community Health Service Centers (Stations)	85916	350	15.94	7485	21
卫生院	Health Centers	118644	3934	9.39	47756	131
街道卫生院	Sub-district Health Centers	1190	25	8.97	424	1
乡镇卫生院	Township Health Centers	117454	3909	9.40	47332	130
村卫生室	Village Clinics	160462				
门诊部	Outpatient Departments	15632	11	4.54		
专业公共卫生机构	Specialized Public Health Institutions	34471	1091	8.56	9856	27
#专科疾病防治院(所、站)	Specialized Disease Prevention & Treatment Institutions	2149	44	5.80	1376	4
妇幼保健院(所、站)	Maternal and Children Care Centers	31512	1047	8.90	8479	23
其他医疗卫生机构	Other Health Institutions	189	27	2.73	777	2
#疗养院	Convalescent Hospitals	189	27	3.07	777	2

22-5 续表 continued

机构名称	Institutions	病床周转次数(次) Turnover of Hospital Beds (time)	病床工作日(日) Working Days of Hospital Beds (day)	病床使用率(%) Occupancy Rate of Hospital Beds (%)	平均住院日(日) Average Length of Stay in Hospital (day)
总计	**Total**	**31.8**	**284.8**	**78.0**	**8.6**
医院	Hospitals	32.3	305.0	83.6	9.1
综合医院	General Hospitals	36.3	309.6	84.8	8.3
中医医院	Traditional Chinese Medicine Hospitals	32.0	304.6	83.5	9.3
中西医结合医院	Hospital of Integrated Traditional Chinese and Western Medicine	28.2	285.3	78.2	9.9
民族医院	Nationalities Hospitals	24.8	258.8	70.9	10.0
专科医院	Specialized Hospitals	18.9	292.8	80.2	14.3
护理院	Nursing Hospitals	4.1	261.7	71.7	49.1
基层医疗卫生机构	Health Care Institutions at Grass-root Level	28.3	205.5	56.3	6.7
#社区卫生服务中心(站)	Community Health Service Centers (Stations)	17.0	179.7	49.2	9.6
卫生院	Health Centers	30.0	209.6	57.4	6.5
街道卫生院	Sub-district Health Centers	21.5	170.2	46.6	7.4
乡镇卫生院	Township Health Centers	30.0	209.9	57.5	6.5
村卫生室	Village Clinics				
门诊部	Outpatient Departments				
专业公共卫生机构	Specialized Public Health Institutions	40.3	251.3	68.9	6.0
#专科疾病防治院(所、站)	Specialized Disease Prevention & Treatment Institutions	11.6	250.8	68.7	18.6
妇幼保健院(所、站)	Maternal and Children Care Centers	45.0	251.4	68.9	5.5
其他医疗卫生机构	Other Health Institutions	12.5	156.6	42.9	9.8
#疗养院	Convalescent Hospitals	12.5	156.6	42.9	9.8

22-6 医疗卫生机构床位
Number of Beds in Health Care Institutions

单位：万张 (10 000 beds)

年份 Year 地区 Region	合计 Total	#医院 Hospitals	#基层医疗卫生机构 Health Care Institutions at Grass-root Level	#社区卫生服务中心（站） Community Health Service Centers (Stations)	#乡镇卫生院 Township Health Centers	#专业公共卫生机构 Specialized Public Health Institutions	#妇幼保健院（所、站） Maternal and Children Care Centers	#专科疾病防治院（所、站） Specialized Disease Prevention & Treatment Institutions
1978	204.17	110.00			74.73		1.16	2.63
1980	218.44	119.58			77.54		1.64	2.73
1985	248.71	150.86			72.06		3.46	2.95
1990	292.54	186.89			72.29		4.66	3.10
1995	314.06	206.33			73.31		5.13	3.07
2000	317.70	216.67	76.65		73.48	11.86	7.12	2.84
2005	336.75	244.50	72.58	2.50	67.82	13.58	9.41	3.34
2006	351.18	256.04	76.19	4.12	69.62	13.50	9.93	2.80
2007	370.11	267.51	85.03	7.66	74.72	13.29	10.62	2.59
2008	403.87	288.29	97.10	9.80	84.69	14.66	11.73	2.64
2009	441.66	312.08	109.98	13.13	93.34	15.40	12.61	2.71
2010	478.68	338.74	119.22	16.88	99.43	16.45	13.44	2.93
2011	515.99	370.51	123.37	18.71	102.63	17.81	14.59	3.14
2012	572.48	416.15	132.43	20.32	109.93	19.82	16.16	3.57
2013	618.19	457.86	134.99	19.42	113.65	21.49	17.55	3.85
2014	660.12	496.12	138.12	19.59	116.72	22.30	18.48	3.76
2015	701.52	533.06	141.38	20.10	119.61	23.63	19.54	4.03
2016	741.05	568.89	144.19	20.27	122.39	24.72	20.65	4.00
2017	794.03	612.05	152.85	21.84	129.21	26.26	22.11	4.08
2018	840.41	651.97	158.36	23.13	133.39	27.44	23.28	4.08
2019	880.70	686.65	163.11	23.74	136.99	28.50	24.32	4.11
北京 Beijing	12.78	12.02	0.49	0.49		0.27	0.20	0.06
天津 Tianjin	6.83	6.10	0.64	0.24	0.39	0.06	0.06	0.06
河北 Hebei	43.01	32.86	8.64	1.36	7.16	1.43	1.40	0.02
山西 Shanxi	21.84	17.50	3.87	0.44	3.12	0.41	0.39	0.02
内蒙古 Inner Mongolia	16.11	12.88	2.72	0.49	2.21	0.48	0.44	0.04
辽宁 Liaoning	31.38	26.71	3.93	0.74	3.16	0.36	0.17	0.18
吉林 Jilin	17.03	14.51	2.05	0.35	1.69	0.29	0.20	0.10
黑龙江 Heilongjiang	26.26	21.90	3.60	0.68	2.39	0.67	0.43	0.24
上海 Shanghai	14.65	12.85	1.58	1.58		0.12	0.12	0.00
江苏 Jiangsu	51.60	40.72	9.85	2.27	7.46	0.79	0.65	0.14
浙江 Zhejiang	35.02	30.71	3.00	0.84	2.11	1.15	1.10	0.04
安徽 Anhui	34.74	27.21	6.87	0.82	6.03	0.62	0.48	0.14
福建 Fujian	20.22	15.63	3.55	0.40	3.15	0.89	0.66	0.22
江西 Jiangxi	26.71	18.96	6.13	0.39	5.70	1.50	1.12	0.38
山东 Shandong	62.97	48.13	11.93	1.86	9.78	2.66	2.07	0.58
河南 Henan	64.01	48.12	13.23	1.25	11.90	2.65	2.50	0.16
湖北 Hubei	40.33	28.82	9.81	1.60	8.05	1.70	1.45	0.25
湖南 Hunan	50.63	36.51	12.13	1.55	10.55	1.97	1.45	0.51
广东 Guangdong	54.52	44.19	7.14	0.93	6.15	3.12	2.54	0.58
广西 Guangxi	27.74	18.83	7.27	0.27	6.99	1.56	1.51	0.05
海南 Hainan	4.98	4.08	0.70	0.12	0.57	0.19	0.19	
重庆 Chongqing	23.18	17.11	5.57	0.99	4.42	0.46	0.41	0.05
四川 Sichuan	63.18	46.98	14.83	1.21	13.57	1.37	1.29	0.07
贵州 Guizhou	26.50	20.58	5.04	0.54	4.40	0.86	0.85	0.01
云南 Yunnan	31.19	24.13	6.03	0.52	5.44	0.93	0.86	0.06
西藏 Tibet	1.71	1.27	0.38	0.01	0.36	0.05	0.05	
陕西 Shaanxi	26.58	21.57	4.01	0.37	3.61	0.92	0.82	0.10
甘肃 Gansu	18.12	14.29	3.22	0.43	2.78	0.54	0.49	0.05
青海 Qinghai	4.14	3.46	0.64	0.15	0.47	0.05	0.05	
宁夏 Ningxia	4.10	3.54	0.41	0.04	0.36	0.15	0.15	
新疆 Xinjiang	18.64	14.47	3.85	0.82	3.01	0.30	0.30	0.01

22-7 分城乡医疗卫生机构床位数
Number of Beds in Health Care Institutions by Urban and Rural Areas

单位：张 (bed)

年 份 地 区	Year Region	医疗卫生机构床位数 Beds of Health Care Institutions 合计 Total	城市 Urban	农村 Rural	每千人口医疗卫生机构床位 Beds of Health Care Institutions per 1000 Population 合计 Total	城市 Urban	农村 Rural	每千农村人口乡镇卫生院床位数 Beds of Township Health Centers per 1000 Rural Population
	2010	4786831	2302297	2484534	3.58	5.94	2.60	1.12
	2011	5159889	2475222	2684667	3.84	6.24	2.80	1.16
	2012	5724775	2733403	2991372	4.24	6.88	3.11	1.24
	2013	6181891	2948465	3233426	4.55	7.36	3.35	1.30
	2014	6601214	3169880	3431334	4.85	7.84	3.54	1.34
	2015	7015214	3418194	3597020	5.11	8.27	3.71	1.24
	2016	7410453	3654956	3755497	5.37	8.41	3.91	1.27
	2017	7940252	3922024	4018228	5.72	8.75	4.19	1.35
	2018	8404088	4141427	4262661	6.03	8.70	4.56	1.43
	2019	8806956	4351540	4455416	6.30	8.78	4.81	1.48
北 京	Beijing	127777	127777		5.93	8.72		
天 津	Tianjin	68262	64402	3860	4.37	5.90	7.28	
河 北	Hebei	430079	176067	254012	5.66	6.73	4.74	1.34
山 西	Shanxi	218441	109035	109406	5.86	10.84	4.34	1.24
内蒙古	Inner Mongolia	161083	79020	82063	6.34	11.39	4.76	1.28
辽 宁	Liaoning	313847	207427	106420	7.21	10.34	4.93	1.46
吉 林	Jilin	170332	89466	80866	6.33	10.53	4.71	0.99
黑龙江	Heilongjiang	262575	165843	96732	7.00	12.78	4.42	1.09
上 海	Shanghai	146454	146454		6.03	10.42		
江 苏	Jiangsu	516015	286635	229380	6.39	8.30	5.11	1.66
浙 江	Zhejiang	350191	194626	155565	5.99	9.00	5.24	0.71
安 徽	Anhui	347395	163631	183764	5.46	7.44	3.69	1.21
福 建	Fujian	202211	94048	108163	5.09	7.22	4.06	1.18
江 西	Jiangxi	267135	103032	164103	5.72	7.86	4.32	1.50
山 东	Shandong	629722	302971	326751	6.25	8.24	4.92	1.47
河 南	Henan	640147	242173	397974	6.64	11.01	4.24	1.27
湖 北	Hubei	403300	183782	219518	6.80	8.99	5.28	1.94
湖 南	Hunan	506330	184472	321858	7.32	12.66	5.44	1.78
广 东	Guangdong	545196	375164	170032	4.73	7.26	3.58	1.30
广 西	Guangxi	277357	119615	157742	5.59	6.61	3.99	1.77
海 南	Hainan	49764	26704	23060	5.27	10.44	3.45	0.85
重 庆	Chongqing	231806	154917	76889	7.42	8.78	4.64	2.67
四 川	Sichuan	631763	271956	359807	7.54	8.60	6.03	2.27
贵 州	Guizhou	264986	83257	181729	7.31	8.16	4.91	1.19
云 南	Yunnan	311899	86709	225190	6.42	10.41	5.62	1.36
西 藏	Tibet	17063	8516	8547	4.87	4.57	3.78	1.61
陕 西	Shaanxi	265814	137284	128530	6.86	8.05	5.39	1.51
甘 肃	Gansu	181172	76149	105023	6.84	9.08	5.35	1.42
青 海	Qinghai	41443	19422	22021	6.82	10.55	5.24	1.12
宁 夏	Ningxia	40971	26135	14836	5.90	7.93	4.14	1.01
新 疆	Xinjiang	186426	44851	141575	7.39	11.70	7.27	1.54

注：每千人口床位数合计项分母系常住人口数，分城乡项分母系推算户籍人口数。

a) Population for totals refers to permanent population, while population for urban and rural areas refers to the estimated population by household registration.

22-8 分地区医院床位利用情况(2019年)
Occupancy of Hospital Beds by Region (2019)

地区	Region	病床工作日(日) Work Day of Hospital Beds (day)			病床使用率(%) Occupancy Rate of Hospital Beds(%)			出院者平均住院日(日) Average Length of Stay in Hospital (day)		
		合计 Total	公立 Public Hospitals	民营 Non-public Hospitals	合计 Total	公立 Public Hospitals	民营 Non-public Hospitals	合计 Total	公立 Public Hospitals	民营 Non-public Hospitals
总 计	**National Total**	**305.0**	**333.0**	**224.0**	**83.6**	**91.2**	**61.4**	**9.1**	**9.1**	**9.4**
北 京	Beijing	301.6	330.7	201.0	82.6	90.6	55.1	9.0	8.9	10.0
天 津	Tianjin	291.2	319.2	153.4	79.8	87.4	42.0	9.4	9.1	15.4
河 北	Hebei	296.8	324.9	210.0	81.3	89.0	57.5	9.0	9.0	9.1
山 西	Shanxi	279.6	306.4	202.5	76.6	83.9	55.5	10.3	10.4	9.9
内蒙古	Inner Mongolia	260.8	286.9	128.8	71.4	78.6	35.3	9.3	9.4	8.4
辽 宁	Liaoning	269.4	302.7	182.3	73.8	82.9	49.9	10.0	10.1	9.7
吉 林	Jilin	278.3	305.0	199.4	76.2	83.6	54.6	9.3	9.4	8.7
黑龙江	Heilongjiang	271.8	288.3	214.1	74.5	79.0	58.7	10.4	10.0	12.3
上 海	Shanghai	351.2	366.7	295.6	96.2	100.5	81.0	10.0	9.0	25.6
江 苏	Jiangsu	312.9	347.2	250.7	85.7	95.1	68.7	9.4	9.1	10.0
浙 江	Zhejiang	322.6	349.5	255.9	88.4	95.8	70.1	9.3	8.4	14.3
安 徽	Anhui	303.3	332.5	228.5	83.1	91.1	62.6	8.6	8.9	7.7
福 建	Fujian	302.1	329.5	201.3	82.8	90.3	55.2	8.6	8.8	7.4
江 西	Jiangxi	309.3	327.7	250.4	84.8	89.8	68.6	8.9	8.8	9.0
山 东	Shandong	294.5	325.3	198.5	80.7	89.1	54.4	8.6	8.7	8.6
河 南	Henan	321.5	344.5	255.3	88.1	94.4	69.9	9.3	9.5	8.8
湖 北	Hubei	336.7	361.3	224.8	92.3	99.0	61.6	9.3	9.4	8.5
湖 南	Hunan	305.6	335.4	217.7	83.7	91.9	59.7	9.1	9.2	8.4
广 东	Guangdong	300.2	326.2	204.9	82.2	89.4	56.1	8.4	8.3	9.2
广 西	Guangxi	328.7	347.4	236.6	90.0	95.2	64.8	8.9	8.6	11.2
海 南	Hainan	286.2	304.9	199.5	78.4	83.5	54.7	8.9	9.0	7.6
重 庆	Chongqing	300.2	343.1	217.7	82.2	94.0	59.7	9.4	9.8	8.2
四 川	Sichuan	326.2	364.6	247.8	89.4	99.9	67.9	10.3	10.3	10.2
贵 州	Guizhou	297.4	339.1	233.7	81.5	92.9	64.0	8.2	8.3	8.0
云 南	Yunnan	305.8	345.8	219.4	83.8	94.7	60.1	8.5	8.5	8.6
西 藏	Tibet	236.5	246.7	195.5	64.8	67.6	53.6	9.2	9.8	6.9
陕 西	Shaanxi	298.2	331.7	208.4	81.7	90.9	57.1	8.7	8.7	8.7
甘 肃	Gansu	300.4	315.1	222.8	82.3	86.3	61.0	8.6	8.8	7.9
青 海	Qinghai	270.4	287.7	182.8	74.1	78.8	50.1	9.2	9.3	8.4
宁 夏	Ningxia	296.1	328.3	185.6	81.1	90.0	50.9	8.7	8.8	8.1
新 疆	Xinjiang	320.8	340.2	181.9	87.9	93.2	49.8	8.4	8.5	7.2

22-9 分地区按床位数分组的社区卫生服务中心(站)(2019年)
Community Health Service Centers (Stations) by Number of Beds and Region (2019)

单位: 个 (unit)

地区	Region	社区卫生服务中心 Community Health Service Centers							社区卫生服务站 Community Health Service Stations			
		总计 Total	无床 No Bed	1-9张 1-9 Beds	10-29张 10-29 Beds	30-49张 30-49 Beds	50-99张 50-99 Beds	100张及以上 100 Beds and Above	总计 Total	无床 No Bed	1-9张 1-9 Beds	10张及以上 10 Beds and Above
总 计	**Total**	**9557**	**4148**	**537**	**1976**	**1282**	**1269**	**345**	**25450**	**23581**	**1402**	**467**
北 京	Beijing	340	177	44	64	23	23	9	1612	1612		
天 津	Tianjin	124	62	1	19	15	26	1	500	500		
河 北	Hebei	343	86	25	135	52	40	5	1082	738	228	116
山 西	Shanxi	230	105	16	60	25	22	2	754	653	84	17
内蒙古	Inner Mongolia	334	151	32	79	35	36	1	863	863		
辽 宁	Liaoning	398	222	10	75	46	32	13	923	868	34	21
吉 林	Jilin	228	110	14	61	18	23	2	72	54	14	4
黑龙江	Heilongjiang	459	218	56	89	54	41	1	172	120	20	32
上 海	Shanghai	321	120	1	19	44	89	48	745	745		
江 苏	Jiangsu	563	140	9	108	142	109	55	2143	2113	30	
浙 江	Zhejiang	479	221	47	91	60	52	8	4443	4437	6	
安 徽	Anhui	380	124	26	115	56	48	11	1478	1478		
福 建	Fujian	228	104	11	63	23	21	6	435	435		
江 西	Jiangxi	179	59	19	57	27	14	3	406	298	96	12
山 东	Shandong	567	240	23	96	81	84	43	1854	1555	228	71
河 南	Henan	468	153	18	113	87	84	13	1055	990	52	13
湖 北	Hubei	350	72	5	59	67	115	32	794	697	80	17
湖 南	Hunan	370	49	18	118	76	86	23	436	351	65	20
广 东	Guangdong	1136	940	14	57	51	61	13	1489	1486	2	1
广 西	Guangxi	173	99	7	26	26	12	3	143	138	4	1
海 南	Hainan	49	22	1	11	5	10		143	120	19	4
重 庆	Chongqing	203	42	3	39	35	62	22	333	323	9	1
四 川	Sichuan	433	142	27	107	74	70	13	606	544	40	22
贵 州	Guizhou	264	74	32	87	38	31	2	546	532	10	4
云 南	Yunnan	197	78	20	33	32	27	7	401	344	37	20
西 藏	Tibet	9		3	6				5		3	2
陕 西	Shaanxi	265	129	21	61	34	20		401	398		3
甘 肃	Gansu	208	75	27	59	31	16		467	332	88	47
青 海	Qinghai	36	12	4	13	2	4	1	241	99	124	18
宁 夏	Ningxia	36	21	1	12	2			186	154	29	3
新 疆	Xinjiang	187	101	2	44	21	11	8	722	604	100	18

22-10 分地区医疗卫生机构门诊服务情况(2019年)
Outpatient Services of Health Institutions by Region (2019)

地 区	Region	诊疗人次数(亿人次) Visits (100 million person-times)	#门急诊 Outpatient and Emergency Visits	观察室留观病例数(万人) Cases in Observation Rooms (10 000 persons)	健康检查人数(万人) Number of Health Examinations (10 000 persons)	急诊病死率(%) Fatality Rate among Emergency Admissions (%)	观察室病死率(%) Fatality Rate in Observation Rooms (%)	居民平均就诊次数(次) Average Number of Visits of Residents (time)
总 计	**National Total**	**87.20**	**83.75**	**4377.71**	**44353.00**	**0.06**	**0.05**	**6.23**
北 京	Beijing	2.49	2.48	211.09	970.35	0.10	0.19	11.55
天 津	Tianjin	1.23	1.19	125.61	547.86	0.08	0.06	7.87
河 北	Hebei	4.32	4.00	143.07	1567.97	0.15	0.69	5.69
山 西	Shanxi	1.31	1.22	44.54	866.54	0.14	0.17	3.53
内蒙古	Inner Mongolia	1.07	1.01	41.19	559.37	0.13	0.18	4.21
辽 宁	Liaoning	2.00	1.87	261.74	1010.25	0.13	0.07	4.59
吉 林	Jilin	1.10	1.00	41.82	498.63	0.12	0.12	4.10
黑龙江	Heilongjiang	1.13	1.05	37.68	646.07	0.16	0.34	3.00
上 海	Shanghai	2.76	2.71	18.36	1020.39	0.10	1.71	11.35
江 苏	Jiangsu	6.17	5.99	146.08	3360.58	0.04	0.06	7.65
浙 江	Zhejiang	6.81	6.65	117.14	3074.48	0.03	0.17	11.65
安 徽	Anhui	3.33	3.12	88.64	1659.76	0.06	0.05	5.23
福 建	Fujian	2.49	2.42	69.63	1086.77	0.03	0.03	6.27
江 西	Jiangxi	2.36	2.27	119.02	1401.69	0.04	0.03	5.06
山 东	Shandong	6.75	6.47	291.67	3015.88	0.14	0.16	6.70
河 南	Henan	6.10	5.81	138.02	2774.57	0.08	0.11	6.33
湖 北	Hubei	3.54	3.41	272.63	1639.88	0.06	0.05	5.97
湖 南	Hunan	2.81	2.64	377.16	1583.50	0.03	0.04	4.06
广 东	Guangdong	8.92	8.72	477.06	5202.81	0.03	0.01	7.74
广 西	Guangxi	2.61	2.54	114.99	1508.63	0.03	0.06	5.27
海 南	Hainan	0.53	0.51	14.91	223.16	0.03	0.02	5.56
重 庆	Chongqing	1.75	1.69	214.12	910.83	0.07	0.02	5.62
四 川	Sichuan	5.60	5.31	276.10	3135.07	0.07	0.06	6.69
贵 州	Guizhou	1.76	1.71	155.34	826.09	0.04	0.03	4.85
云 南	Yunnan	2.82	2.75	328.00	1131.53	0.04	0.06	5.81
西 藏	Tibet	0.16	0.15	5.91	178.93	0.06	0.12	4.66
陕 西	Shaanxi	2.09	2.05	10.74	1137.69	0.07	0.28	5.39
甘 肃	Gansu	1.27	1.20	95.56	741.25	0.07	0.02	4.79
青 海	Qinghai	0.27	0.25	30.24	164.31	0.18	0.01	4.37
宁 夏	Ningxia	0.44	0.42	51.78	249.56	0.10	0.01	6.27
新 疆	Xinjiang	1.20	1.13	57.85	1658.58	0.19	0.36	4.77

22-11 分地区医疗卫生机构住院服务情况(2019年)
Hospitalization Services in Health Care Institutions by Region (2019)

地区 Region	入院人数(万人) Inpatients (10 000 persons)	出院人数(万人) Patients Discharged (10 000 persons)	住院病人手术人次(万人次) Surgical Operations of Impatients (10 000 person-times)	病死率(%) Fatality Rate (%)	每床出院人数(人) Patients Discharged per Bed (person)	每百门急诊入院人数(人) Inpatients per 100 Outpatient and Emergency Visits (person)	居民年住院率(%) Annual Hospitalization Rate of Residents (%)
总计 National Total	**26596.1**	**26502.7**	**6930.4**	**0.4**	**30.1**	**4.4**	**19.0**
北京 Beijing	384.9	384.2	159.7	1.0	30.1	1.7	17.9
天津 Tianjin	169.9	169.4	81.0	0.7	24.8	1.7	10.9
河北 Hebei	1192.3	1185.6	229.1	0.3	27.6	5.3	15.7
山西 Shanxi	501.5	499.3	126.9	0.2	22.9	5.7	13.4
内蒙古 Inner Mongolia	362.5	361.4	82.5	0.6	22.4	4.8	14.3
辽宁 Liaoning	708.3	708.8	181.7	1.0	22.6	5.0	16.3
吉林 Jilin	402.3	401.9	85.2	1.0	23.6	5.5	14.9
黑龙江 Heilongjiang	604.7	601.7	156.7	1.0	22.9	7.2	16.1
上海 Shanghai	454.9	453.4	284.8	1.2	31.0	1.8	18.7
江苏 Jiangsu	1528.2	1523.4	435.5	0.2	29.5	3.2	18.9
浙江 Zhejiang	1104.3	1102.8	388.7	0.3	31.5	2.1	18.9
安徽 Anhui	1035.9	1032.4	243.9	0.3	29.7	4.6	16.3
福建 Fujian	609.2	607.8	158.4	0.1	30.1	3.6	15.3
江西 Jiangxi	884.4	882.7	182.1	0.2	33.0	6.8	19.0
山东 Shandong	1859.7	1849.9	452.0	0.4	29.4	4.9	18.5
河南 Henan	2021.7	2013.2	396.3	0.2	31.4	5.4	21.0
湖北 Hubei	1368.8	1367.0	367.3	0.3	33.9	5.7	23.1
湖南 Hunan	1616.2	1606.7	288.3	0.1	31.7	9.0	23.4
广东 Guangdong	1816.0	1814.2	837.2	0.5	33.3	2.8	15.8
广西 Guangxi	1046.4	1043.6	196.7	0.3	37.6	5.7	21.1
海南 Hainan	128.9	129.0	30.1	0.3	25.9	3.3	13.6
重庆 Chongqing	752.9	749.9	161.9	0.4	32.4	6.6	24.1
四川 Sichuan	1981.6	1974.0	482.4	0.4	31.2	5.6	23.7
贵州 Guizhou	860.1	854.5	180.8	0.2	32.2	6.8	23.7
云南 Yunnan	1011.5	1007.3	271.7	0.2	32.3	5.2	20.8
西藏 Tibet	30.6	30.5	6.5	0.2	17.9	2.9	8.7
陕西 Shaanxi	819.3	814.9	205.5	0.3	30.7	5.9	21.1
甘肃 Gansu	520.1	517.8	82.5	0.1	28.6	6.5	19.6
青海 Qinghai	106.0	104.8	18.8	0.2	25.3	5.7	17.4
宁夏 Ningxia	123.3	123.0	29.2	0.2	30.0	3.7	17.7
新疆 Xinjiang	589.7	587.5	126.9	0.4	31.5	6.2	23.4

22-12 社区卫生服务中心(站)医疗服务情况
Health Services of Community Health Centers (Stations)

年份 Year 地区 Region	社区卫生服务中心 Community Health Service Centers					社区卫生服务站 Community Health Service Stations	
	诊疗人次（万人次）Visits (10 000 person-times)	入院人数（万人）Inpatients (person)	病床使用率(%) Occupancy Rate of Hospital Beds (%)	平均住院日（日）Average Length of Stay in Hospital (day)	医师日均担负诊疗人次(人次) Daily Visits Per Physician (person-time)	诊疗人次（万人次）Visits (10 000 person-times)	医师日均担负诊疗人次(人次) Daily Visits Per Physician (person-time)
2004	4615.6	15.2	61.2	21.0	13.0	5095.5	11.1
2005	5938.5	26.6	60.7	17.2	13.7	6281.5	11.0
2006	8285.5	43.6	57.9	15.5	13.0	9378.9	13.1
2007	12712.4	74.3	59.6	13.1	13.1	9875.0	14.6
2008	17247.3	103.3	58.7	13.4	12.9	8425.1	12.5
2009	26080.2	164.2	59.8	10.6	14.0	11617.3	13.7
2010	34740.4	218.1	56.1	10.4	13.6	13711.1	13.6
2011	40950.0	247.3	54.4	10.2	14.0	13703.8	13.7
2012	45475.1	268.7	55.5	10.1	14.8	14393.6	14.0
2013	50788.6	292.1	57.0	9.8	15.7	14921.2	14.3
2014	53618.8	298.1	55.6	9.9	16.1	14912.0	14.4
2015	55902.6	305.5	54.7	9.8	16.3	14742.5	14.1
2016	56327.0	313.7	54.6	9.7	15.9	15561.9	14.5
2017	60743.2	344.2	54.8	9.5	16.2	15982.4	14.1
2018	63897.9	339.5	52.0	9.9	16.1	16011.5	13.7
2019	69110.7	339.5	49.7	9.7	16.5	16805.7	14.0
北京 Beijing	5997.4	2.5	34.2	20.3	19.0	832.0	20.9
天津 Tianjin	1955.3	0.5	17.7	15.5	23.3	342.9	31.7
河北 Hebei	789.2	7.6	39.3	8.6	8.7	997.1	9.0
山西 Shanxi	437.9	3.6	29.8	9.6	7.0	432.7	6.7
内蒙古 Inner Mongolia	482.3	3.2	22.4	8.9	6.9	321.8	6.5
辽宁 Liaoning	1067.8	4.6	24.6	9.9	9.5	571.5	10.6
吉林 Jilin	516.6	2.3	28.3	8.2	7.0	37.0	7.7
黑龙江 Heilongjiang	693.0	5.4	28.3	8.1	6.8	78.4	5.8
上海 Shanghai	8582.4	6.6	85.2	70.4	25.8		
江苏 Jiangsu	8015.8	45.9	54.6	8.9	17.8	1311.9	19.4
浙江 Zhejiang	10557.9	7.3	41.8	13.9	25.3	404.3	26.9
安徽 Anhui	1697.1	10.8	38.6	8.3	15.3	1375.3	15.3
福建 Fujian	1819.2	6.3	34.9	7.3	17.8	395.4	12.8
江西 Jiangxi	454.0	4.1	31.2	6.4	10.8	439.5	15.9
山东 Shandong	2521.0	23.2	44.6	9.1	10.4	1814.5	13.5
河南 Henan	1711.2	18.1	45.6	9.4	10.5	985.4	13.3
湖北 Hubei	1744.7	31.5	57.2	8.5	10.6	716.3	17.8
湖南 Hunan	1285.7	36.9	58.6	7.3	7.9	249.7	7.9
广东 Guangdong	11296.0	15.1	47.1	9.4	24.1	2320.0	31.5
广西 Guangxi	884.5	5.3	53.1	8.0	13.6	196.8	11.2
海南 Hainan	105.7	1.4	37.3	6.8	8.8	247.1	15.6
重庆 Chongqing	863.0	31.0	71.2	7.6	8.7	165.9	11.5
四川 Sichuan	2672.4	29.4	65.3	8.3	17.2	544.0	14.8
贵州 Guizhou	570.2	12.4	39.7	5.3	9.3	327.6	9.6
云南 Yunnan	568.8	10.1	50.5	7.9	10.4	296.8	11.1
西藏 Tibet	13.7		24.8		5.9	4.7	6.9
陕西 Shaanxi	633.6	4.8	31.2	8.1	11.3	277.7	10.4
甘肃 Gansu	384.6	4.2	49.7	6.1	9.4	348.6	10.7
青海 Qinghai	88.0	0.8	40.8	7.8	7.3	205.4	17.9
宁夏 Ningxia	128.2	0.2	17.8	7.2	15.1	254.2	20.3
新疆 Xinjiang	573.9	4.5	39.5	7.9	12.1	311.3	8.0

22-13 乡镇卫生院医疗服务情况
Statistics on Health Services in Township Health Centers

年 份 Year 地 区 Region	诊疗人次（亿人次） Visits (100 million person-times)	入院人数（万人） Inpatients (10 000 persons)	病床使用率（%） Occupancy Rate of Hospital Beds (%)	平均住院日（日） Average Length of Stay in Hospital (day)
1981	14.38	2123.45	53.5	6.3
1985	11.00	1771.16	46.0	5.9
1990	10.65	1958.05	43.4	5.2
1995	9.38	1959.78	40.2	4.6
2000	8.24	1708.33	33.2	4.6
2005	6.79	1621.92	37.7	4.6
2006	7.01	1836.05	39.4	4.6
2007	7.59	2662.15	48.4	4.8
2008	8.27	3312.72	55.8	4.4
2009	8.77	3807.72	60.7	4.8
2010	8.74	3630.38	59.0	5.2
2011	8.66	3448.78	58.1	5.6
2012	9.68	3907.51	62.1	5.7
2013	10.07	3937.15	62.8	5.9
2014	10.29	3732.61	60.5	6.3
2015	10.55	3676.06	59.9	6.4
2016	10.82	3799.94	60.6	6.4
2017	11.11	4047.17	61.3	6.3
2018	11.16	3985.09	59.6	6.4
2019	11.75	3909.39	57.5	6.5
北 京 Beijing				
天 津 Tianjin	0.08	2.43	16.5	6.4
河 北 Hebei	0.37	131.33	44.0	7.1
山 西 Shanxi	0.13	41.28	29.8	7.9
内蒙古 Inner Mongolia	0.10	24.11	29.7	6.9
辽 宁 Liaoning	0.18	44.25	38.4	7.9
吉 林 Jilin	0.10	15.52	27.1	7.4
黑龙江 Heilongjiang	0.08	38.62	38.8	6.9
上 海 Shanghai				
江 苏 Jiangsu	0.97	209.61	64.2	7.4
浙 江 Zhejiang	1.11	38.59	52.7	8.8
安 徽 Anhui	0.71	123.59	47.9	6.8
福 建 Fujian	0.33	80.91	45.5	6.1
江 西 Jiangxi	0.34	199.44	59.6	5.5
山 东 Shandong	0.74	241.02	55.1	7.3
河 南 Henan	1.16	324.09	61.1	7.3
湖 北 Hubei	0.56	280.83	72.9	6.8
湖 南 Hunan	0.44	406.93	68.9	5.7
广 东 Guangdong	0.73	188.03	54.0	5.8
广 西 Guangxi	0.46	287.88	64.8	5.3
海 南 Hainan	0.11	7.04	36.5	6.6
重 庆 Chongqing	0.21	179.52	78.1	6.7
四 川 Sichuan	1.03	488.15	73.1	6.8
贵 州 Guizhou	0.38	145.19	48.3	5.0
云 南 Yunnan	0.61	152.95	49.2	5.8
西 藏 Tibet	0.05	1.76	14.7	4.5
陕 西 Shaanxi	0.26	79.09	44.3	7.4
甘 肃 Gansu	0.17	77.51	59.9	5.7
青 海 Qinghai	0.03	9.75	45.6	6.0
宁 夏 Ningxia	0.07	5.12	37.6	6.9
新 疆 Xinjiang	0.25	84.85	65.3	6.3

注：1993年以前的诊疗人次及入院人数系推算数据。
a) Number of visits and inpatients before 1993 are estimated.

22-14 甲乙类法定传染病报告发病及死亡人数(2019年)
Number of Reported Cases and Deaths of Class A and B Infectious Diseases (2019)

单位：人 (person)

顺位 No.	发病 Diseases 疾病名称	Diseases	发病人数 Number of Cases	死亡 Deaths 疾病名称	Diseases	死亡人数 Number of Deaths
1	病毒性肝炎	Viral Hepatitis	1286691	艾滋病	AIDS	20999
2	肺结核	Pulmonary Tuberculosis	775764	肺结核	Pulmonary Tuberculosis	2990
3	梅毒	Syphilis	535819	病毒性肝炎	Viral Hepatitis	575
4	淋病	Gonorrhea	117938	狂犬病	Hydrophobia	276
5	细菌性和阿米巴性痢疾	Dysentery	81075	流行性乙型脑炎	Encephalitis B	13
6	猩红热	Scarlet Fever	81737	流行性出血热	Hemorrhage Fever	44
7	艾滋病	AIDS	71204	梅毒	Syphilis	42
8	布鲁氏菌病	Brucellosis	44036	流行性脑脊髓膜炎	Epidemic Encephalitis	6
9	百日咳	Pertussis	30027	疟疾	Malaria	19
10	流行性出血热	Hemorrhage Fever	9596	新生儿破伤风	Newborn Tetanus	5
11	伤寒和副伤寒	Typhoid and Paratyphoid Fever	9274	炭疽	Anthrax	1
12	登革热	Dengue Fever	22188	百日咳	Pertussis	2
13	麻疹	Measles	2974	伤寒和副伤寒	Typhoid and Paratyphoid Fever	
14	疟疾	Malaria	2487	淋病	Gonorrhea	
15	流行性乙型脑炎	Encephalitis B	416	细菌性和阿米巴性痢疾	Dysentery	1
16	狂犬病	Hydrophobia	290	登革热	Dengue Fever	3
17	炭疽	Anthrax	297	麻疹	Measles	
18	钩端螺旋体病	Leptospirosis	214	钩端螺旋体病	Leptospirosis	2
19	血吸虫病	Schistosomiasis	113	人感染H7N9禽流感	Avian Influenza H7N9	1
20	流行性脑脊髓膜炎	Epidemic Encephalitis	111	猩红热	Scarlet Fever	
21	新生儿破伤风	Newborn Tetanus	65	布鲁氏菌病	Brucellosis	1
22	霍乱	Cholera	16	血吸虫病	Schistosomiasis	
23	人感染H7N9禽流感	Avian Influenza H7N9	1	霍乱	Cholera	
24	鼠疫	The Plague	5	鼠疫	The Plague	1
25	传染性非典型肺炎	SARS		传染性非典型肺炎	SARS	
26	脊髓灰质炎	Poliomyelitis		脊髓灰质炎	Poliomyelitis	
27	人感染高致病性禽流感	HpAI		人感染高致病性禽流感	HpAI	
28	白喉	Diphtheria		白喉	Diphtheria	

注：1.空格系无报告发病或死亡病例。

2.疟疾数据系按照终审日期以及按照报告地区统计的中国籍病例。下表同。

a) Blank cell means no infections or death cases reported.

b) Data on malaria are the Chinese cases counted on the date of final review and the reporting area. The same applies to the following table.

22-15 甲乙类法定传染病报告发病率和死亡率(2019年)
Reported Morbidity and Mortality Rates of Class A and B Infectious Diseases (2019)

顺位 No.	发病 Disease Incidence 疾病名称 Diseases	发病率(1/10万) Morbidity Rate (1/100 000)	死亡 Death 疾病名称 Diseases	死亡率(1/10万) Mortality Rate (1/100 000)
1	病毒性肝炎 Viral Hepatitis	92.1344	艾滋病 AIDS	1.5036
2	肺结核 Pulmonary Tuberculosis	55.5491	肺结核 Pulmonary Tuberculosis	0.2141
3	梅毒 Syphilis	38.3677	病毒性肝炎 Viral Hepatitis	0.0412
4	淋病 Gonorrhea	8.4450	狂犬病 Hydrophobia	0.0198
5	细菌性和阿米巴性痢疾 Dysentery	5.8054	流行性乙型脑炎 Encephalitis B	0.0009
6	猩红热 Scarlet Fever	5.8528	流行性出血热 Hemorrhage Fever	0.0032
7	艾滋病 AIDS	5.0986	梅毒 Syphilis	0.0030
8	布鲁氏菌病 Brucellosis	3.1532	流行性脑脊髓膜炎 Epidemic Encephalitis	0.0004
9	百日咳 Pertussis	2.1501	疟疾 Malaria	0.0014
10	流行性出血热 Hemorrhage Fever	0.6871	新生儿破伤风 Newborn Tetanus	0.0003
11	伤寒和副伤寒 Typhoid and Paratyphoid Fever	0.6641	炭疽 Anthrax	0.0001
12	登革热 Dengue Fever	1.5888	淋病 Gonorrhea	
13	麻疹 Measles	0.2130	细菌性和阿米巴性痢疾 Dysentery	0.0001
14	疟疾 Malaria	0.1797	百日咳 Pertussis	0.0001
15	流行性乙型脑炎 Encephalitis B	0.0298	伤寒和副伤寒 Typhoid and Paratyphoid Fever	
16	狂犬病 Hydrophobia	0.0208	登革热 Dengue Fever	0.0002
17	炭疽 Anthrax	0.0213	麻疹 Measles	
18	钩端螺旋体病 Leptospirosis	0.0153	钩端螺旋体病 Leptospirosis	0.0001
19	血吸虫病 Schistosomiasis	0.0081	人感染H7N9禽流感 Avian Influenza H7N9	0.0001
20	流行性脑脊髓膜炎 Epidemic Encephalitis	0.0079	鼠疫 The Plague	0.0001
21	新生儿破伤风 Newborn Tetanus	0.0040	传染性非典型肺炎 SARS	
22	霍乱 Cholera	0.0011	脊髓灰质炎 Poliomyelitis	
23	人感染H7N9禽流感 Avian Influenza H7N9	0.0001	人感染高致病性禽流感 HpAI	
24	鼠疫 The Plague	0.0004	白喉 Diphtheria	
25	传染性非典型肺炎 SARS		猩红热 Scarlet Fever	
26	脊髓灰质炎 Poliomyelitis		布鲁氏菌病 Brucellosis	0.0001
27	人感染高致病性禽流感 HpAI		血吸虫病 Schistosomiasis	
28	白喉 Diphtheria		霍乱 Poliomyelitis	

22-16 部分地区城市居民主要疾病死亡率及死因构成(2019年)
Mortality Rate of Major Diseases in Selected Urban Areas (2019)

疾病名称	Category of Diseases	合计 Total 死亡率(1/10万) Mortality Rate (1/100000)	构成(%) Percentage (%)	位次 Rank	男 Male 死亡率(1/10万) Mortality Rate (1/100000)	构成(%) Percentage (%)	位次 Rank	女 Female 死亡率(1/10万) Mortality Rate (1/100000)	构成(%) Percentage (%)	位次 Rank
传染病(含呼吸道结核)	Infectious Disease(including Respiratory Tuberculosis)	6.01	0.96	10	8.27	1.16	9	3.68	0.68	10
寄生虫病	Parasitic Disease	0.07	0.01	16	0.07	0.01	16	0.06	0.01	17
恶性肿瘤	Malignant Neoplasms	161.56	25.73	1	203.01	28.37	1	118.95	22.13	2
血液,造血器官及免疫疾病	Diseases of the Blood and Blood-forming Organs and Immunodeficiency	1.35	0.21	13	1.37	0.19	13	1.33	0.25	13
内分泌,营养和代谢疾病	Endocrine, Nutritional & Metabolic Diseases	21.44	3.42	6	21.08	2.95	6	21.82	4.06	6
精神障碍	Mental Disorders	3.10	0.49	11	2.91	0.41	11	3.30	0.61	11
神经系统疾病	Diseases of the Nervous System	9.14	1.45	8	9.21	1.29	8	9.06	1.68	8
心脏病	Heart Diseases	148.51	23.65	2	153.46	21.44	2	143.42	26.68	1
脑血管病	Cerebrovascular Disease	129.41	20.61	3	142.84	19.96	3	115.60	21.50	3
呼吸系统疾病	Diseases of the Respiratory System	65.02	10.36	4	77.68	10.85	4	52.00	9.67	4
消化系统疾病	Diseases of the Digestive System	14.86	2.37	7	17.79	2.49	7	11.84	2.20	7
肌肉骨骼和结缔组织疾病	Diseases of the Musculoskeletal System and Connective Tissue	2.42	0.39	12	1.87	0.26	12	2.98	0.55	12
泌尿生殖系统疾病	Diseases of the Genitourinary System	6.60	1.05	9	7.49	1.05	10	5.67	1.05	9
妊娠,分娩产褥期并发症	Pregnancy, Childbirth and the Puerperium	0.06	0.01	17				0.11	0.02	16
围生期疾病	Perinatal Diseases	1.14	0.18	15	1.34	0.19	13	0.92	0.17	15
先天畸形,变形和染色体异常	Congenital Malformations, Deformations and Chromosomal Abnormalities	1.17	0.19	14	1.28	0.18	15	1.06	0.20	14
损伤和中毒外部原因	External Causes of Injury and Poison	36.06	5.74	5	45.02	6.29	5	26.85	4.99	5
诊断不明	Undiagnosed Diseases	3.05	0.49		4.14	0.58		1.92	0.36	
其他疾病	Other Diseases	6.45	1.03		5.23	0.73		7.69	1.43	

注：本表系605个死因监测点结果(下表同)。

a) Data in this table are results from the 605 monitoring sites. The same applies to the following table.

22-17 部分地区农村居民主要疾病死亡率及死因构成(2019年)
Mortality Rate of Major Diseases in Selected Rural Areas (2019)

疾病名称	Category of Diseases	合计 Total			男 Male			女 Female		
		死亡率 (1/10万) Mortality Rate (1/100000)	构成 (%) Percentage (%)	位次 Rank	死亡率 (1/10万) Mortality Rate (1/100000)	构成 (%) Percentage (%)	位次 Rank	死亡率 (1/10万) Mortality Rate (1/100000)	构成 (%) Percentage (%)	位次 Rank
传染病(含呼吸道结核)	Infectious Disease(including Respiratory Tuberculosis)	6.94	1.00	10	9.72	1.23	8	4.06	0.69	10
寄生虫病	Parasitic Disease	0.07	0.01	17	0.08	0.01	16	0.05	0.01	17
恶性肿瘤	Malignant Neoplasms	160.96	23.27	2	206.64	26.18	1	113.78	19.26	3
血液,造血器官及免疫疾病	Diseases of the Blood and Blood-forming Organs and Immunodeficiency	1.32	0.19	15	1.35	0.17	15	1.28	0.22	13
内分泌营养和代谢疾病	Endocrine, Nutritional & Metabolic Diseases	17.80	2.57	6	16.12	2.04	7	19.52	3.31	6
精神障碍	Mental Disorders	2.86	0.41	11	2.72	0.34	11	2.99	0.51	11
神经系统疾病	Diseases of the Nervous System	8.60	1.24	8	8.61	1.09	9	8.58	1.45	8
心脏病	Heart Diseases	164.66	23.81	1	167.63	21.23	3	161.59	27.36	1
脑血管病	Cerebrovascular Disease	158.63	22.94	3	175.18	22.19	2	141.54	23.96	2
呼吸系统疾病	Diseases of the Respiratory System	74.61	10.79	4	85.39	10.82	4	63.47	10.75	4
消化系统疾病	Diseases of the Digestive System	14.49	2.10	7	18.49	2.34	6	10.36	1.75	7
肌肉骨骼和结缔组织疾病	Diseases of the Musculoskeletal System and Connective Tissue	2.04	0.30	12	1.68	0.21	12	2.42	0.41	12
泌尿生殖系统疾病	Diseases of the Genitourinary System	7.28	1.05	9	8.53	1.08	10	5.99	1.01	9
妊娠分娩产褥期并发症	Pregnancy, Childbirth and the Puerperium	0.07	0.01	16			18	0.14	0.02	16
围生期疾病	Perinatal Diseases	1.35	0.19	14	1.63	0.21	13	1.05	0.18	15
先天畸形,变性和染色体异常	Congenital Malformations, Deformations and Chromosomal Abnormalities	1.36	0.20	13	1.48	0.19	14	1.24	0.21	14
损伤和中毒外部原因	External Causes of Injury and Poison	51.08	7.39	5	66.49	8.42	5	35.17	5.96	5
诊断不明	Undiagnosed Diseases	2.26	0.33		2.93	0.37		1.56	0.26	
其他疾病	Other Diseases	6.21	0.90		4.92	0.62		7.54	1.28	

注：农村包括县及县级市。

a) Rural areas include counties and county-level cities.

22-18 监测地区5岁以下儿童和孕产妇死亡率
Mortality Rate of Maternity Female and Children under 5 in Surveillance Areas

年 份 Year	新生儿死亡率(‰) Neonatal Mortality Rate(‰)			婴儿死亡率(‰) Infant Mortality Rate(‰)			5岁以下儿童死亡率(‰) Mortality Rate of Children under 5(‰)			孕产妇死亡率(1/10万) Maternal Mortality Rate (1/100 000)		
	合计 Total	城市 Urban	农村 Rural	合计 Total	城市 Urban	农村 Rural	合计 Total	城市 Urban	农村 Rural	合计 Total	城市 Urban	农村 Rural
1991	33.1	12.5	37.9	50.2	17.3	58.0	61.0	20.9	71.1	80.0	46.3	100.0
1992	32.5	13.9	36.8	46.7	18.4	53.2	57.4	20.7	65.6	76.5	42.7	97.9
1993	31.2	12.9	35.4	43.6	15.9	50.0	53.1	18.3	61.6	67.3	38.5	85.1
1994	28.5	12.2	32.3	39.9	15.5	45.6	49.6	18.0	56.9	64.8	44.1	77.5
1995	27.3	10.6	31.1	36.4	14.2	41.6	44.5	16.4	51.1	61.9	39.2	76.0
1996	24.0	12.2	26.7	36.0	14.8	40.9	45.0	16.9	51.4	63.9	29.2	86.4
1997	24.2	10.3	27.5	33.1	13.1	37.7	42.3	15.5	48.5	63.6	38.3	80.4
1998	22.3	10.0	25.1	33.2	13.5	37.7	42.0	16.2	47.9	56.2	28.6	74.1
1999	22.2	9.5	25.1	33.3	11.9	38.2	41.4	14.3	47.7	58.7	26.2	79.7
2000	22.8	9.5	25.8	32.2	11.8	37.0	39.7	13.8	45.7	53.0	29.3	69.6
2001	21.4	10.6	23.9	30.0	13.6	33.8	35.9	16.3	40.4	50.2	33.1	61.9
2002	20.7	9.7	23.2	29.2	12.2	33.1	34.9	14.6	39.6	43.2	22.3	58.2
2003	18.0	8.9	20.1	25.5	11.3	28.7	29.9	14.8	33.4	51.3	27.6	65.4
2004	15.4	8.4	17.3	21.5	10.1	24.5	25.0	12.0	28.5	48.3	26.1	63.0
2005	13.2	7.5	14.7	19.0	9.1	21.6	22.5	10.7	25.7	47.7	25.0	53.8
2006	12.0	6.8	13.4	17.2	8.0	19.7	20.6	9.6	23.6	41.1	24.8	45.5
2007	10.7	5.5	12.8	15.3	7.7	18.6	18.1	9.0	21.8	36.6	25.2	41.3
2008	10.2	5.0	12.3	14.9	6.5	18.4	18.5	7.9	22.7	34.2	29.2	36.1
2009	9.0	4.5	10.8	13.8	6.2	17.0	17.2	7.6	21.1	31.9	26.6	34.0
2010	8.3	4.1	10.0	13.1	5.8	16.1	16.4	7.3	20.1	30.0	29.7	30.1
2011	7.8	4.0	9.4	12.1	5.8	14.7	15.6	7.1	19.1	26.1	25.2	26.5
2012	6.9	3.9	8.1	10.3	5.2	12.4	13.2	5.9	16.2	24.5	22.2	25.6
2013	6.3	3.7	7.3	9.5	5.2	11.3	12.0	6.0	14.5	23.2	22.4	23.6
2014	5.9	3.5	6.9	8.9	4.8	10.7	11.7	5.9	14.2	21.7	20.5	22.2
2015	5.4	3.3	6.4	8.1	4.7	9.6	10.7	5.8	12.9	20.1	19.8	20.2
2016	4.9	2.9	5.7	7.5	4.2	9.0	10.2	5.2	12.4	19.9	19.5	20.0
2017	4.5	2.6	5.3	6.8	4.1	7.9	9.1	4.8	10.9	19.6	16.6	21.1
2018	3.9	2.2	4.7	6.1	3.6	7.3	8.4	4.4	10.2	18.3	15.5	19.9
2019	3.5	2.0	4.1	5.6	3.4	6.6	7.8	4.1	9.4	17.8	16.5	18.6

22-19 卫生总费用
Total Health Expenditure

年份 Year	卫生总费用(亿元) Total Health Expenditure (100 million yuan)	政府卫生支出 Government Health Expenditure		社会卫生支出 Social Health Expenditure		个人现金卫生支出 Out-of-Pocket Health Expenditure		人均卫生费用(元) Per Capita Health Expenditure (yuan)	卫生总费用与GDP之比(%) Health Expenditure as Percentage of GDP (%)
		绝对数(亿元) Level (100 million yuan)	占卫生总费用比重(%) As Percentage of Health Expenditure	绝对数(亿元) Level (100 million yuan)	占卫生总费用比重(%) As Percentage of Health Expenditure	绝对数(亿元) Level (100 million yuan)	占卫生总费用比重(%) As Percentage of Health Expenditure		
1978	110.21	35.44	32.16	52.25	47.41	22.52	20.43	11.45	3.00
1979	126.19	40.64	32.21	59.88	47.45	25.67	20.34	12.94	3.08
1980	143.23	51.91	36.24	60.97	42.57	30.35	21.19	14.51	3.12
1981	160.12	59.67	37.27	62.43	38.99	38.02	23.74	16.00	3.24
1982	177.53	68.99	38.86	70.11	39.49	38.43	21.65	17.46	3.30
1983	207.42	77.63	37.43	64.55	31.12	65.24	31.45	20.14	3.44
1984	242.07	89.46	36.96	73.61	30.41	79.00	32.64	23.20	3.33
1985	279.00	107.65	38.58	91.96	32.96	79.39	28.46	26.36	3.07
1986	315.90	122.23	38.69	110.35	34.93	83.32	26.38	29.38	3.04
1987	379.58	127.28	33.53	137.25	36.16	115.05	30.31	34.73	3.12
1988	488.04	145.39	29.79	189.99	38.93	152.66	31.28	43.96	3.21
1989	615.50	167.83	27.27	237.84	38.64	209.83	34.09	54.61	3.58
1990	747.39	187.28	25.06	293.10	39.22	267.01	35.73	65.37	3.96
1991	893.49	204.05	22.84	354.41	39.67	335.03	37.50	77.14	4.06
1992	1096.86	228.61	20.84	431.55	39.34	436.70	39.81	93.61	4.03
1993	1377.78	272.06	19.75	524.75	38.09	580.97	42.17	116.25	3.86
1994	1761.24	342.28	19.43	644.91	36.62	774.05	43.95	146.95	3.62
1995	2155.13	387.34	17.97	767.81	35.63	999.98	46.40	177.93	3.51
1996	2709.42	461.61	17.04	875.66	32.32	1372.15	50.64	221.38	3.77
1997	3196.71	523.56	16.38	984.06	30.78	1689.09	52.84	258.58	4.01
1998	3678.72	590.06	16.04	1071.03	29.11	2017.63	54.85	294.86	4.32
1999	4047.50	640.96	15.84	1145.99	28.31	2260.55	55.85	321.78	4.47
2000	4586.63	709.52	15.47	1171.94	25.55	2705.17	58.98	361.88	4.57
2001	5025.93	800.61	15.93	1211.43	24.10	3013.88	59.97	393.80	4.53
2002	5790.03	908.51	15.69	1539.38	26.59	3342.14	57.72	450.75	4.76
2003	6584.10	1116.94	16.96	1788.50	27.16	3678.67	55.87	509.50	4.79
2004	7590.29	1293.58	17.04	2225.35	29.32	4071.35	53.64	583.92	4.69
2005	8659.91	1552.53	17.93	2586.40	29.87	4520.98	52.21	662.30	4.62
2006	9843.34	1778.86	18.07	3210.92	32.62	4853.56	49.31	748.84	4.49
2007	11573.97	2581.58	22.31	3893.72	33.64	5098.66	44.05	875.96	4.28
2008	14535.40	3593.94	24.73	5065.60	34.85	5875.86	40.42	1094.52	4.55
2009	17541.92	4816.26	27.46	6154.49	35.08	6571.16	37.46	1314.26	5.03
2010	19980.39	5732.49	28.69	7196.61	36.02	7051.29	35.29	1490.06	4.84
2011	24345.91	7464.18	30.66	8416.45	34.57	8465.28	34.77	1806.95	4.98
2012	28119.00	8431.98	29.99	10030.70	35.67	9656.32	34.34	2076.67	5.20
2013	31668.95	9545.81	30.14	11393.79	35.98	10729.34	33.88	2327.37	5.32
2014	35312.40	10579.23	29.96	13437.75	38.05	11295.41	31.99	2581.66	5.48
2015	40974.64	12475.28	30.45	16506.71	40.29	11992.65	29.27	2980.80	5.95
2016	46344.88	13910.31	30.01	19096.68	41.21	13337.90	28.78	3351.74	6.23
2017	52598.28	15205.87	28.91	22258.81	42.32	15133.60	28.77	3783.83	6.36
2018	59121.91	16399.13	27.74	25810.78	43.66	16911.99	28.61	4236.98	6.43
2019	65841.39	18016.95	27.36	29150.57	44.27	18673.87	28.36	4702.79	6.64

注：1.本表系按当年价格核算数，2019年为初步测算数。
2.2001年起卫生总费用不含高等医学教育经费，2006年起包括城乡医疗救助经费。

a) Data in this table are at current prices. Data of 2019 are preliminary data.

b) Since 2001, total health expenditure does not include expenditure on higher medical education. Since 2006, it includes expenditure on medical aid in urban and rural areas.

22-20 分地区民政机构床位数(2019年)
Beds of Civil Affairs Institutions with Accommodations by Region (2019)

单位：万张 (10 000 beds)

地区	Region	提供住宿的民政机构床位数 Number of Beds of Civil Affairs Institutions with Accommodations	养老 Elderly Care Institutions	儿童福利和救助 Child Welfare and Assistance Institutions	精神疾病 Mental Illness Service Institutions	其他 Other Institutions	每千老年人口养老床位数(张) Elderly Care Beds per 1 000 Elderly Population (bed)
全　国	**National Total**	**467.4**	**438.8**	**9.9**	**6.5**	**12.2**	**30.5**
北　京	Beijing	11.5	10.9	0.3		0.4	33.5
天　津	Tianjin	5.9	5.7	0.1	0.1	0.1	23.4
河　北	Hebei	20.5	20.1	0.1	0.1	0.3	29.1
山　西	Shanxi	6.3	5.7	0.1	0.1	0.4	23.6
内蒙古	Inner Mongolia	8.8	8.3	0.2	0.2	0.2	53.2
辽　宁	Liaoning	17.6	16.8	0.2		0.6	21.2
吉　林	Jilin	14.5	13.5	0.3	0.5	0.2	28.1
黑龙江	Heilongjiang	16.6	15.6	0.3	0.4	0.3	27.0
上　海	Shanghai	14.3	13.6	0.2	0.2	0.3	26.9
江　苏	Jiangsu	44.2	42.7	0.4	0.5	0.6	40.9
浙　江	Zhejiang	32.0	31.2	0.3	0.1	0.4	53.7
安　徽	Anhui	25.8	24.6	0.6		0.5	34.9
福　建	Fujian	7.4	6.6	0.1	0.4	0.3	28.9
江　西	Jiangxi	18.0	17.4	0.2		0.4	29.1
山　东	Shandong	34.0	33.2	0.4		0.3	27.8
河　南	Henan	25.0	23.7	0.4	0.2	0.7	21.8
湖　北	Hubei	26.6	25.5	0.4	0.1	0.7	37.3
湖　南	Hunan	20.9	19.3	0.4	0.5	0.6	25.1
广　东	Guangdong	24.5	22.8	0.6	0.2	1.0	31.9
广　西	Guangxi	8.0	7.2	0.4	0.2	0.3	30.1
海　南	Hainan	0.6	0.5			0.1	11.1
重　庆	Chongqing	10.5	9.7	0.3	0.3	0.3	26.2
四　川	Sichuan	32.9	29.4	0.8	1.4	1.3	27.9
贵　州	Guizhou	8.7	7.6	0.4	0.4	0.3	30.8
云　南	Yunnan	8.9	8.1	0.3	0.2	0.3	16.5
西　藏	Tibet	1.3	0.3	0.4		0.6	23.0
陕　西	Shaanxi	10.9	10.1	0.3	0.1	0.3	26.0
甘　肃	Gansu	2.8	2.2	0.3	0.1	0.2	30.5
青　海	Qinghai	0.8	0.6	0.2			28.6
宁　夏	Ningxia	2.0	1.7	0.1		0.1	26.9
新　疆	Xinjiang	5.3	3.9	0.8	0.3	0.2	15.5

注：老年人口指60岁及以上人口。
a) The elderly refer to population aged 60 and over.

22-21 分地区孤儿和收养登记情况(2019年)
Orphans and Children Adoption Registration by Region (2019)

单位: 人 (person)

地 区 Region	孤儿数 Number of Orphans	集中养育 Institutional Rearing	社会散居 Family Rearing	家庭收养儿童数 Number of Children Adopted by Families	被中国公民收养 Children Adopted by Chinese Citizens	被外国人收养 Children Adopted by Foreigners	社会福利机构抚养的儿童 Children Raised in Social Welfare Institutions
全 国 National Total	**233117**	**64482**	**168635**	**13044**	**12074**	**970**	**3019**
北 京 Beijing	1747	1394	353	23	21	2	4
天 津 Tianjin	635	437	198	26	13	13	13
河 北 Hebei	14049	1900	12149	360	345	15	72
山 西 Shanxi	7778	2826	4952	105	71	34	66
内蒙古 Inner Mongolia	2725	994	1731	120	88	32	42
辽 宁 Liaoning	5798	2729	3069	94	63	31	8
吉 林 Jilin	3958	1499	2459	21	6	15	15
黑龙江 Heilongjiang	4075	1035	3040	86	76	10	29
上 海 Shanghai	1409	1327	82	94	77	17	22
江 苏 Jiangsu	7983	2443	5540	1365	1315	50	423
浙 江 Zhejiang	2945	1638	1307	1363	1337	26	495
安 徽 Anhui	9724	1899	7825	278	271	7	65
福 建 Fujian	3326	1253	2073	337	321	16	97
江 西 Jiangxi	7040	1764	5276	124	45	79	24
山 东 Shandong	9479	2111	7368	1143	1103	40	116
河 南 Henan	18284	4112	14172	397	288	109	97
湖 北 Hubei	6278	1427	4851	615	560	55	143
湖 南 Hunan	18916	2400	16516	502	461	41	114
广 东 Guangdong	17199	6778	10421	901	729	172	263
广 西 Guangxi	11807	1845	9962	2085	2025	60	412
海 南 Hainan	821	250	571	104	104		
重 庆 Chongqing	3398	924	2474	173	165	8	31
四 川 Sichuan	22213	2668	19545	828	809	19	119
贵 州 Guizhou	10957	1735	9222	186	167	19	32
云 南 Yunnan	10518	1724	8794	1031	1005	26	138
西 藏 Tibet	5591	5191	400	14	14		9
陕 西 Shaanxi	5919	2123	3796	310	251	59	104
甘 肃 Gansu	8317	1684	6633	127	122	5	9
青 海 Qinghai	4035	1230	2805	42	42		4
宁 夏 Ningxia	753	345	408	20	10	10	15
新 疆 Xinjiang	5440	4797	643	170	170		38

22-22 社会救助情况
Statistics on Social Assistance

单位：万人 (10 000 persons)

年份 Year / 地区 Region		城市居民最低生活保障人数 Number of Urban Residents Entitled to Minimum Living Allowance	农村居民最低生活保障人数 Number of Rural Residents Entitled to Minimum Living Allowance	农村特困人员集中供养人数 Rural Households in Extreme Difficulty with Centralized Living Arrangement	农村特困人员分散供养人数 Rural Households in Extreme Difficulty with Decentralized Living Arrangement
	2007	2272.1	3566.3	138.0	393.3
	2008	2334.8	4305.5	155.6	393.0
	2009	2345.6	4760.0	171.8	381.6
	2010	2310.5	5214.0	177.4	378.9
	2011	2276.8	5305.7	184.5	366.5
	2012	2143.5	5344.5	185.3	360.3
	2013	2064.0	5388.0	183.5	353.8
	2014	1877.0	5207.0	174.3	354.8
	2015	1701.1	4903.6	162.3	354.4
	2016	1480.2	4586.5	139.7	357.2
	2017	1261.0	4045.2	99.6	367.2
	2018	1007.0	3519.1	86.2	368.8
	2019	860.9	3455.4	75.0	364.1
北京	Beijing	6.5	3.8	0.2	0.4
天津	Tianjin	7.6	6.5	0.1	0.9
河北	Hebei	19.5	157.4	2.9	23.1
山西	Shanxi	28.0	96.1	1.5	11.8
内蒙古	Inner Mongolia	33.9	128.9	1.0	7.4
辽宁	Liaoning	39.2	60.3	2.1	10.6
吉林	Jilin	43.8	51.6	1.3	6.4
黑龙江	Heilongjiang	59.8	80.2	1.5	8.0
上海	Shanghai	14.8	3.1	0.1	0.1
江苏	Jiangsu	12.3	68.9	4.8	15.6
浙江	Zhejiang	19.4	46.1	1.9	0.7
安徽	Anhui	36.7	178.4	5.7	29.9
福建	Fujian	6.2	41.5	0.9	5.4
江西	Jiangxi	35.9	142.3	4.8	8.0
山东	Shandong	13.3	117.8	5.6	18.5
河南	Henan	44.1	272.6	7.3	41.9
湖北	Hubei	31.8	139.3	4.7	19.6
湖南	Hunan	50.7	134.2	5.1	31.4
广东	Guangdong	15.7	124.7	1.5	20.0
广西	Guangxi	30.5	246.9	1.2	22.4
海南	Hainan	3.7	14.7	0.2	2.0
重庆	Chongqing	28.1	57.9	1.2	8.7
四川	Sichuan	76.8	353.7	9.1	34.6
贵州	Guizhou	48.8	207.3	2.2	6.0
云南	Yunnan	43.8	251.1	1.4	10.0
西藏	Tibet	2.5	13.2	0.7	0.6
陕西	Shaanxi	21.6	85.7	3.6	8.7
甘肃	Gansu	39.7	138.1	0.8	8.6
青海	Qinghai	6.5	28.2	0.3	1.3
宁夏	Ningxia	9.3	38.3	0.3	0.6
新疆	Xinjiang	30.5	166.6	1.2	0.8

22-23 分地区医疗救助情况(2019年)
Statistics on Medical Aid by Region (2019)

地 区	Region	资助参加基本医疗保险人数(万人) Number of People Subsidized to Participate in Basic Medical Insurance (10 000 persons)	门诊和住院医疗救助人次数(万人次) Outpatients and Inpatients Receiving Medical Aid (10 000 persons)	资助参加基本医疗保险资金数(万元) Expenses on Subsidy to Participation in Basic Medical Insurance (10 000 yuan)	门诊和住院医疗救助资金数(万元) Expenses on Medical Aid for Outpatients and Inpatients (10 000 yuan)
全 国	**National Total**	**8750.8**	**7050.3**	**1589085.3**	**3342331.2**
北 京	Beijing	10.5	14.3	2245.0	25232.0
天 津	Tianjin	29.3	146.9	11998.5	26096.2
河 北	Hebei	395.2	497.8	54474.8	151249.5
山 西	Shanxi	141.8	44.4	25844.0	59386.6
内蒙古	Inner Mongolia	135.7	74.1	20441.7	91699.3
辽 宁	Liaoning	91.7	89.3	20230.6	55190.0
吉 林	Jilin	136.1	65.9	21316.3	46321.4
黑龙江	Heilongjiang	274.8	116.4	50948.8	108803.5
上 海	Shanghai	9.9	323.6	8782.7	49775.3
江 苏	Jiangsu	317.7	862.4	92922.8	196510.4
浙 江	Zhejiang	123.2	651.5	60774.0	170022.0
安 徽	Anhui	609.3	386.5	131368.5	213362.3
福 建	Fujian	210.6	454.8	60019.6	86258.0
江 西	Jiangxi	304.3	315.3	66484.3	117048.0
山 东	Shandong	290.6	202.1	54948.6	115131.1
河 南	Henan	631.8	267.7	38447.4	177989.7
湖 北	Hubei	344.6	278.8	74447.5	191583.0
湖 南	Hunan	655.4	219.5	133050.4	200223.8
广 东	Guangdong	324.6	320.8	77427.5	214332.3
广 西	Guangxi	196.0	108.2	44163.1	66436.4
海 南	Hainan	64.3	28.9	29610.7	14352.3
重 庆	Chongqing	165.8	519.9	35004.0	128755.0
四 川	Sichuan	468.1	217.8	106920.9	187762.0
贵 州	Guizhou	791.4	269.2	91000.5	136809.7
云 南	Yunnan	626.7	209.4	74978.3	91575.3
西 藏	Tibet	22.5	4.0	1094.1	20194.9
陕 西	Shaanxi	21.4	90.8	3981.0	119205.0
甘 肃	Gansu	714.8	108.7	62342.6	94419.0
青 海	Qinghai	69.4	32.8	11991.6	47310.0
宁 夏	Ningxia	119.4	50.8	18049.2	22401.0
新 疆	Xinjiang	454.1	77.8	103776.1	116896.3

注：1.2016年起，将资助参加合作医疗保险合并到资助参加基本医疗保险统计。
2.2018年起，直接医疗救助修改为门诊和住院医疗救助，统计口径不变。
3.新疆数据包括新疆生产建设兵团。

a) Since 2016, the statistics of the aid for cooperative medical care has been merged into basic medical insurance.
b) Since 2018, direct medical aid has been changed to medical aid for outpatients and inpatients, with the coverage unchanged.
c) The Data of Xinjiang include Xinjiang Production and Construction Corps.

22-24 社会组织、自治组织单位数
Statistics on Social Organizations and Autonomous Organizations

单位：个 (unit)

年份 Year 地区 Region	社会组织 Social Organizations	社会团体 Social Groups	民办非企业单位 Private Non-Enterprise Units	基金会 Fundations	自治组织 Autonomous Organizations	村民委员会 Villagers Committee	社区居委会 Neighborhood Committee
2000	153322	130668	22654		840083	731659	108424
2005	319762	171150	147637	975	709026	629079	79947
2006	354393	191946	161303	1144	704386	623669	80717
2007	386916	211661	173915	1340	694715	612709	82006
2008	413660	229681	182382	1597	687698	604285	83413
2009	431069	238747	190479	1843	683767	599078	84689
2010	445631	245256	198175	2200	681715	594658	87057
2011	461971	254969	204388	2614	679133	589653	89480
2012	499268	271131	225108	3029	679628	588475	91153
2013	547245	289026	254670	3549	683167	588547	94620
2014	606048	309736	292195	4117	682144	585451	96693
2015	662425	328500	329141	4784	680535	580856	99679
2016	702405	335932	360914	5559	662478	559186	103292
2017	761539	354794	400438	6307	660709	554218	106491
2018	817360	366234	444092	7034	649888	542019	107869
2019	866335	371638	487112	7585	642693	533073	109620
中央级 Central-level	2295	1983	99	213			
北京 Beijing	12849	4556	7522	771	7122	3891	3231
天津 Tianjin	5614	2272	3243	99	5162	3543	1619
河北 Hebei	30026	10329	19553	144	53070	48718	4352
山西 Shanxi	16875	7495	9263	117	27991	25385	2606
内蒙古 Inner Mongolia	16998	8414	8444	140	13548	11058	2490
辽宁 Liaoning	24782	6705	17973	104	16056	11589	4467
吉林 Jilin	13422	5758	7551	113	11223	9325	1898
黑龙江 Heilongjiang	19731	6865	12750	116	11549	8967	2582
上海 Shanghai	16880	4305	12076	499	6038	1570	4468
江苏 Jiangsu	97013	38081	58192	740	21520	14202	7318
浙江 Zhejiang	69277	25428	43093	756	25403	20402	5001
安徽 Anhui	32320	14523	17626	171	17969	14527	3442
福建 Fujian	31691	18430	12881	380	17012	14336	2676
江西 Jiangxi	26140	12138	13915	87	20690	17005	3685
山东 Shandong	56022	18153	37657	212	77140	69546	7594
河南 Henan	44012	12250	31614	148	51678	45595	6083
湖北 Hubei	31031	12303	18552	176	27284	22653	4631
湖南 Hunan	36876	15862	20660	354	29264	23866	5398
广东 Guangdong	70860	31494	38182	1184	26676	19801	6875
广西 Guangxi	27118	12999	14023	96	16359	14221	2138
海南 Hainan	7888	3145	4635	108	3195	2561	634
重庆 Chongqing	17553	7833	9638	82	11184	8015	3169
四川 Sichuan	44932	20705	24048	179	51167	43481	7686
贵州 Guizhou	13753	7164	6523	66	17541	13231	4310
云南 Yunnan	23640	14333	9190	117	14501	11869	2632
西藏 Tibet	536	478	36	22	5524	5290	234
陕西 Shaanxi	30548	16922	13459	167	19858	16996	2862
甘肃 Gansu	24644	18148	6417	79	17433	16011	1422
青海 Qinghai	6084	4264	1788	32	4622	4144	478
宁夏 Ningxia	6083	3483	2526	74	2799	2259	540
新疆 Xinjiang	8842	4820	3983	39	12115	9016	3099

22-25 婚姻登记情况
Statistics on Marriage Registration

年 份 Year / 地 区 Region		结婚登记 (万对) Total Number of Marriage Registration (10 000 couples)	内地居民登记结婚 Marriage Registration of Mainland Residents	涉外及港澳台居民登记结婚 Marriage Registration Involving Foreigners, or Residents of Hong Kong, Macao, Taiwan	初 婚 (万人) First Marriages (10 000 persons)	再 婚 (万人) Re-marriages (10 000 persons)	离 婚 (万对) Divorces (10 000 couples)	离婚率 (‰) Divorce Rate (‰)
	1985	831.30	829.06	2.22	1607.63	50.48	45.79	0.44
	1990	951.10	948.69	2.38	1819.13	78.24	80.00	0.69
	1995	934.10	929.71	4.40	1776.07	83.35	105.60	0.88
	2000	848.50	842.00	6.49	1581.39	102.62	121.29	0.96
	2005	823.10	816.60	6.43	1483.00	163.10	178.50	1.37
	2006	945.00	938.20	6.82	1705.60	184.40	191.30	1.46
	2007	991.40	986.30	5.11	1779.70	203.10	209.80	1.59
	2008	1098.30	1093.20	5.10	1972.50	224.10	226.90	1.71
	2009	1212.40	1207.50	4.92	2168.80	256.00	246.80	1.85
	2010	1241.00	1236.10	4.90	2200.90	281.10	267.80	2.00
	2011	1302.36	1297.48	4.88	2309.88	294.85	287.40	2.13
	2012	1323.59	1318.27	5.33	2361.17	286.02	310.38	2.29
	2013	1346.93	1341.43	5.50	2385.96	307.89	350.01	2.57
	2014	1306.74	1302.04	4.70	2286.81	326.68	363.68	2.67
	2015	1224.71	1220.59	4.12	2108.97	340.44	384.14	2.79
	2016	1142.82	1138.61	4.22	1913.26	372.39	415.82	3.02
	2017	1063.10	1059.04	4.05	1746.33	379.86	437.40	3.15
	2018	1013.94	1009.11	4.84	1598.67	429.22	446.08	3.20
	2019	927.33	922.39	4.94	1398.71	455.94	470.06	3.36
北 京	Beijing	12.90	12.82	0.08	14.15	11.64	8.38	3.89
天 津	Tianjin	9.64	9.61	0.03	14.11	5.18	7.47	4.78
河 北	Hebei	42.13	42.00	0.13	55.14	29.13	25.57	3.37
山 西	Shanxi	25.50	25.49	0.01	42.63	8.38	9.12	2.45
内蒙古	Inner Mongolia	16.18	16.15	0.02	20.70	11.65	9.98	3.93
辽 宁	Liaoning	25.56	25.43	0.13	32.23	18.88	17.68	4.06
吉 林	Jilin	18.08	18.01	0.07	21.32	14.84	12.98	4.83
黑龙江	Heilongjiang	24.44	24.31	0.12	39.97	8.90	18.68	4.98
上 海	Shanghai	9.87	9.74	0.13	12.01	7.72	6.17	2.54
江 苏	Jiangsu	56.94	56.81	0.14	83.85	30.04	29.95	3.71
浙 江	Zhejiang	29.36	29.08	0.28	43.55	15.18	15.44	2.64
安 徽	Anhui	54.16	53.92	0.23	83.30	25.01	25.01	3.93
福 建	Fujian	24.03	23.52	0.51	39.15	8.92	11.24	2.83
江 西	Jiangxi	28.87	28.68	0.19	46.34	11.39	13.19	2.83
山 东	Shandong	53.30	53.14	0.16	72.35	34.24	28.46	2.83
河 南	Henan	76.45	76.25	0.19	120.45	32.44	35.65	3.70
湖 北	Hubei	38.93	38.79	0.14	63.15	14.72	21.21	3.58
湖 南	Hunan	38.03	37.82	0.22	54.77	21.30	22.04	3.19
广 东	Guangdong	67.45	66.51	0.94	114.35	20.56	24.81	2.15
广 西	Guangxi	33.03	32.63	0.40	53.27	12.80	14.27	2.88
海 南	Hainan	6.56	6.52	0.04	11.28	1.83	2.15	2.27
重 庆	Chongqing	23.83	23.76	0.08	30.37	17.30	15.62	5.00
四 川	Sichuan	61.32	61.17	0.16	88.53	34.12	31.94	3.81
贵 州	Guizhou	36.24	36.19	0.05	57.71	14.77	16.61	4.59
云 南	Yunnan	35.92	35.53	0.39	54.11	17.72	14.45	2.97
西 藏	Tibet	3.12	3.12		6.06	0.18	0.53	1.50
陕 西	Shaanxi	27.19	27.13	0.06	40.98	13.39	13.67	3.53
甘 肃	Gansu	19.85	19.83	0.02	32.38	7.33	6.22	2.35
青 海	Qinghai	5.77	5.77		9.66	1.88	1.85	3.04
宁 夏	Ningxia	6.09	6.08		9.86	2.32	2.44	3.51
新 疆	Xinjiang	16.59	16.58	0.01	30.99	2.20	7.31	2.90

22-26 福利彩票销售情况
Statistics on Welfare Lottery

年份 地区	Year Region	福利彩票发行单位 (个) Welfare Lottery Issuing Units (unit)	福利彩票销售额 (亿元) Sales of Welfare Lottery (100 million yuan)	提取公益金 (亿元) Withdraws of Public Welfare Fund from Welfare Lottery (100 million yuan)	公益金支出 (亿元) Expenditure of Public Welfare Fund from Welfare Lottery (100 million yuan)
	2000	1253	89.9	24.2	38.7
	2005	1113	411.2	143.7	52.3
	2006	989	495.7	171.6	52.6
	2007	985	631.6	217.0	77.6
	2008	999	604.0	211.4	119.2
	2009	988	756.0	248.0	113.4
	2010	993	968.0	297.1	121.2
	2011	974	1278.0	388.7	127.9
	2012	955	1510.3	449.4	159.0
	2013	940	1765.3	510.7	195.5
	2014	893	2060.0	585.7	231.3
	2015	861	2015.1	563.8	288.9
	2016	788	2064.9	591.5	268.3
	2017	729	2169.8	631.1	275.2
	2018	700	2245.6	643.6	251.7
	2019	702	1912.4	557.3	259.9
部本级	Ministry Level	1			0.5
北京	Beijing	17	39.3	12.7	9.1
天津	Tianjin	8	33.0	9.3	4.0
河北	Hebei	24	54.0	16.3	7.5
山西	Shanxi	12	33.2	9.9	7.8
内蒙古	Inner Mongolia	15	42.2	12.3	5.6
辽宁	Liaoning	8	89.1	25.8	8.0
吉林	Jilin	42	25.9	7.5	3.6
黑龙江	Heilongjiang	15	38.7	11.8	3.7
上海	Shanghai	17	51.6	15.8	7.9
江苏	Jiangsu	75	126.2	35.6	14.5
浙江	Zhejiang	51	153.9	44.3	17.1
安徽	Anhui	45	69.2	19.7	8.5
福建	Fujian	10	42.7	12.8	7.4
江西	Jiangxi	12	39.4	11.1	5.9
山东	Shandong	16	136.0	38.8	15.7
河南	Henan	40	64.7	18.7	13.9
湖北	Hubei	38	81.2	23.3	10.3
湖南	Hunan	74	75.5	21.5	14.5
广东	Guangdong	55	194.8	57.1	20.0
广西	Guangxi	18	45.2	13.1	7.9
海南	Hainan	5	8.8	2.3	1.1
重庆	Chongqing	1	43.3	12.5	6.1
四川	Sichuan	3	98.8	28.9	8.9
贵州	Guizhou	11	24.3	7.7	5.4
云南	Yunnan	14	77.5	23.5	8.1
西藏	Tibet	1	18.9	5.3	0.8
陕西	Shaanxi	21	95.3	27.6	11.8
甘肃	Gansu	15	33.9	9.8	7.4
青海	Qinghai	6	14.0	4.2	2.6
宁夏	Ningxia	15	13.4	3.9	4.0
新疆	Xinjiang	17	48.4	14.1	10.5

22-27 残疾人事业基本情况
Basic Statistics on the Work for Persons with Disability

项　目	Item	2019
康复	**Rehabilitation**	
视力残疾康复服务人数(万人)	Rehabilitation of Persons with Visual Disability (10 000 persons)	112.2
听力语言残疾康复服务人数(万人)	Rehabilitation of Persons with Hearing and Speeking Disability (10 000 persons)	77.6
肢体残疾康复服务人数(万人)	Rehabilitation of Persons with Physical Disability (10 000 persons)	553.5
智力残疾康复服务人数(万人)	Rehabilitation of Persons with Mental Disability (10 000 persons)	82.3
精神病防治康复服务人数(万人)	Prevention and Rehabilitation of Mental Illness (PRMI) (10 000 persons)	161.5
残疾人康复机构(个)	Rehabilitation Institutions for Handicapped Persons (unit)	9775
辅助器具服务机构(个)	Auxiliary Appliance Service Agencies (unit)	1970
教育	**Education**	
特殊教育普通高中在校生(人)	Students at Senior Secondary Schools with Special Education (person)	8676
普通高等院校录取人数(人)	Handicapped Students Admitted to Regular Higher Education Institutions (person)	12362
就业	**Employment**	
残疾人就业人数(万人)	Employed Handicapped Population (10 000 persons)	855.2
社会保障	**Social Security**	
残疾居民实际参加城乡社会养老保险人数(万人)	Handicapped Population Covered by Social Pension Insurance(10 000 persons)	2630.7
扶贫	**Poverty Alleviation**	
农村实用技术培训(万人次)	Vocational Skills Training for PWDs (10 000 person-times)	50.9
康复扶贫贴息贷款扶持残疾人(人)	Loans to Support Poor People with Disabilities (person)	6190
维权	**Rights Protection**	
残疾人法律援助工作站(个)	Legal Assistance Stations for Handicapped Population (unit)	2021
残疾人机动轮椅车燃油补贴(万人)	Subsidy for Fuel of Motor Wheelchairs of Handicapped Population (10 000 persons)	47.4
组织建设	**Organization Development**	
残疾人专职委员(万人)	Full-time Committee Members with Disability (10 000 persons)	58.1
残疾人人口库持证残疾人(万人)	Population with Disability Certificates in the Database of Population with Disability (10 000 persons)	3681.7

主要统计指标解释

医疗卫生机构 指从卫生(卫生计生)行政部门取得《医疗机构执业许可证》、《中医诊所备案证》、《计划生育技术服务许可证》，或从民政、工商行政、机构编制管理部门取得法人单位登记证书，为社会提供医疗服务、公共卫生服务或从事医学科研和医学在职培训等工作的单位。医疗卫生机构包括医院、基层医疗卫生机构、专业公共卫生机构、其他医疗卫生机构。

医院 包括综合医院、中医医院、中西医结合医院、民族医院、各类专科医院和护理院，不包括专科疾病防治院、妇幼保健院和疗养院，包括医学院校附属医院。

基层医疗卫生机构 包括社区卫生服务中心、社区卫生服务站、街道卫生院、乡镇卫生院、村卫生室、门诊部、诊所(医务室)。

专业公共卫生机构 包括疾病预防控制中心、专科疾病防治机构、妇幼保健机构（含妇幼保健计划生育服务中心)、健康教育机构、急救中心（站)、采供血机构、卫生监督机构、取得《医疗机构执业许可证》或《计划生育技术服务许可证》的计划生育技术服务机构。

卫生人员 指在医院、基层医疗卫生机构、专业公共卫生机构及其他医疗卫生机构工作的职工，包括卫生技术人员、乡村医生和卫生员、其他技术人员、管理人员和工勤人员。一律按支付年底工资的在岗职工统计，包括各类聘任人员(含合同工)及返聘本单位半年以上人员，不包括临时工、离退休人员、退职人员、离开本单位仍保留劳动关系人员、本单位返聘和临聘不足半年人员。

卫生技术人员 包括执业医师、执业助理医师、注册护士、药师（士)、检验技师（士)、影像技师、卫生监督员和见习医（药、护、技）师（士）等卫生专业人员。不包括从事管理工作的卫生技术人员(如院长、副院长、党委书记等)。

执业医师 指《医师执业证》“级别”为“执业医师”且实际从事医疗、预防保健工作的人员，不包括实际从事管理工作的执业医师。执业医师类别分为临床、中医、口腔和公共卫生四类。

执业助理医师 指《医师执业证》“级别”为“执业助理医师”且实际从事医疗、预防保健工作的人员，不包括实际从事管理工作的执业助理医师。执业助理医师类别分为临床、中医、口腔和公共卫生四类。

每千人口卫生技术人员 每千人口卫生技术人员=卫生技术人员数/人口数×1000。人口数系年末常住人口。

每千人口执业(助理)医师 每千人口执业(助理)医师=(执业医师数+执业助理医师数)/人口数×1000。人口数系年末常住人口。

床位数 指年底固定实有床位（非编制床位)，包括正规床、简易床、监护床、超过半年加床、正在消毒和修理床位、因扩建或大修而停用的床位，不包括产科新生儿床、接产室待产床、库存床、观察床、临时加床和病人家属陪待床。

每千人口医疗卫生机构床位 每千人口医疗卫生机构床位=医疗卫生机构床位数/人口数×1000。人口数系年末常住人口。

甲乙类法定传染病发病率 是指某年每10万人口中甲乙类法定传染病发病数。即甲乙类法定传染病发病率=甲乙类法定传染病发病数/人口数×100000。

甲乙类法定传染病死亡率 是指某年每10万人口中甲乙类法定传染病死亡数。即甲乙类法定传染病死亡率=甲乙类法定传染病死亡数/人口数×100000。

死亡率 指年内一定地区的死亡人数与同期平均人数之比，一般以‰表示。

孕产妇死亡率 指年内每10万名孕产妇的死亡人数。孕产妇死亡指从妊娠期至产后42天内，由于任何妊娠或妊娠处理有关的原因导致的死亡,但不包括意外原因死亡者。按国际通用计算方法，“孕产妇总数”以“活产数”代替计算。

5岁以下儿童死亡率 指年内未满5岁儿童死亡人数与活产数之比，一般以‰表示。

新生儿死亡率 指年内新生儿死亡数与活产数之比。一般以‰表示。新生儿死亡指出生至28天以内(即0–27天)死亡人数。

卫生总费用 指一个国家或地区在一定时期内,为开展卫生服务活动从全社会筹集的卫生资源的货币总额,按来源法核算。它反映一定经济条件下,政府、社会和居民个人对卫生保健的重视程度和费用负担水平,以及卫生筹资模式的主要特征和卫生筹资的公平性合理性。

政府卫生支出 指各级政府用于医疗卫生服务、医疗保障补助、卫生和医疗保障行政管理、人口与计划生育事务支出等各项事业的经费。

社会卫生支出 指政府支出外的社会各界对卫生事业的资金投入。包括社会医疗保障支出、商业健康保险费、社会办医支出、社会捐赠援助、行政事业性收费收入等。

个人现金卫生支出 指城乡居民在接受各类医疗卫生服务时的现金支付,包括享受各种医疗保险制度的居民就医时自付的费用。可分为城镇居民、农村居民个人现金卫生支出，反映城乡居民医疗卫生费用的负担程度。

人均卫生费用 即某年卫生总费用与同期平均人口数之比。

卫生总费用与GDP之比 指某年卫生总费用与同期国内生产总值（GDP）之比。是用来反映一定时期国家对卫生事业的资金投入力度，以及政府和全社会对卫生事业、居民健康的重视程度。

提供住宿的民政机构 指能为老年人、残疾人、智障与精神病人、儿童等人员提供住宿的社会服务机构数。包括社会福利院、特困人员救助供养机构、养老公寓等各类养老机构、社会福利医院、儿童福利院、未成年人救助保护中心、生活无着人员救助管理站、安置农场以及其他提供住宿的机构。

孤儿数 指失去父母或查找不到生父母的未满18周岁的未成年人的人数。由地方县级以上民政部门依据有关规定和条件认定的，并已经领取了孤儿补助费的孤儿。

家庭收养儿童数 指中国公民收养查找不到生父母的弃婴、儿童和福利机构抚养的孤儿以及外国人收养中国儿童并在中国县级及以上民政部门办理儿童收养登记后取得合法收养关系的总件数。县级及以上民政部门办理儿童收养登记一次为一件。

被中国公民收养 指收养人是中国公民（包括港澳台居民及华侨）的儿童收养登记。

被外国人收养 指收养人是具有外国国籍（包括无国籍人）的人员。夫妻共同收养有一方是外国人的，按外国人办理收养登记。

城市居民最低生活保障人数 指在报告期末共同生活的家庭成员人均收入低于当地最低生活保障标准，且家庭财产状况符合相关规定的城镇居民，并已发放补助经费的人数。

农村居民最低生活保障人数 指报告期末共同生活的家庭成员人均收入低于当地最低生活保障标准，得到当地政府给予最低生活保障待遇的农业人口家庭人数。

离婚率 指某地区当年离婚对数占该地区年平均人口的比重。计算公式为：

$$离婚率=\frac{当年离婚对数}{年平均人口数}\times 1000‰$$

残疾人就业人数 指本年度通过集中就业、按比例就业、个体就业、公益性岗位就业、辅助性就业、从事农业种养、灵活就业等各种就业形式安排实际在业的城乡持证残疾人数。

Explanatory Notes on Main Statistical Indicators

Health Care Institutions refer to the units which have been qualified with the Certification of Health Care Institution, filing certificate of traditional Chinese medicine clinic, certification of family planning technical service by the administration of health (family planning), or qualified with the Certification of Corporate Unit by the civil affairs, administration for industry and commerce, and engaging in medical care services, public health services, or medicine research and on-job training, etc., including: hospitals, health care institutions at grass-root level, specialized public health institutions, and other health care institutions.

Hospitals include general hospitals, traditional Chinese medicine hospitals, hospitals of integrated traditional Chinese and western medicine, nationalities hospitals, specialized hospitals and nursing hospitals, as well as affiliated hospitals of medical colleges, excluding specialized disease prevention and treatment institutes, maternal and child health centers and convalescent hospitals.

Health Care Institutions at Grass-root Level include community health service centers, community health service stations, sub-district health centers, township health centers, village clinics, outpatient departments and clinics.

Specialized Public Health Institutions include CDC, specialized disease prevention and treatment institutions, maternal and children health centers (including maternal and children health care and family planning service centers), health education institutions, emergency centers (first-aid stations), blood gathering and supplying institutions, health inspection institutions, and family planning technical service institutions that obtained the Certification of Health Care Institution or certification of family planning technical service.

Health Personnel refer to all employees engaged in the health care institutions, such as hospitals, health care institutions at grass-root level, specialized public health institutions, and other health care institutions, including health technical personnel, village doctors and assistants, other technical personnel, administrative staffs and logistics technical workers. Data are based on the year end payroll, including personnel employed (including contract workers) and re-employed after retirement by the institution for more than 6 months, excluding temporary workers, retired personnel, resigned personnel, personnel who have left the institution but kept the contract relation and personnel who are re-employed after retirement or temporarily employed for less than 6 months.

Health Technical Personnel refer to the professional staff engaged in health care, including licensed physicians and physician assistants, registered nurses, pharmacists, laboratory and imaging technicians, health care supervisors and intern doctors, pharmacists, nurses, and technical personnel, excluding health technical personnel engaged in management (e.g. president, vice president and secretary of the party committee etc).

Licensed Physicians refer to the medical workers with licenses of qualified doctors and are employed in medical treatment, disease prevention or healthcare institutions, excluding the licensed doctors engaged in management. The physicians are divided into 4 categories: clinician, Chinese medicine, stomatology and public health.

Licensed Physician Assistants refer to the medical workers with licenses of qualified assistant doctors and are employed in medical treatment, disease prevention or healthcare institutions, excluding the licensed assistant doctors engaged in management. Physician assistants are divided into 4 categories: clinician, Chinese medicine, stomatology and public health.

Number of Health Technical Personnel per 1000 Population The formula is:

Number of health technical personnel per 1000 population = number of health technical personnel / population *1000

The population refer to permanent population at year-end.

Number of Licensed Physicians & Physician Assistants per 1000 Population The formula is:

Number of licensed physicians & physician assistants per 1000 population = (number of licensed physicians + number of licensed physician assistants) / population *1000

The population refer to permanent resident population at year-end.

Number of Beds refer to the actual fixed beds (not the authorized beds) at year-end, including regular beds, simple beds, monitoring beds, extra bed over 6 months, beds under disinfection or repairing, beds deactivated due to expansion or overhaul, not including neonatal beds, pre-delivery beds, inventory beds, observation beds, temporary beds and family accompany beds.

Number of Beds of Health Care Institutions per 1000 Population the formula is:

Number of beds of health care institutions per 1000 population = number of beds of health care institutions / population *1000

The population refer to permanent resident population at year-end.

Morbidity Rate of Class A and B Infectious Diseases refers to the number of cases of Class A and B infectious diseases per 100 thousand population in the reference year. The formula is:

Morbidity rate of Class A and B infectious diseases = number of cases of Class A and B infectious diseases / population *100000

Mortality Rate of Class A and B Infectious Diseases

refers to the number of deaths of Class A and B infectious diseases per 100 thousand population in the reference year. The formula is:

Mortality rate of Class A and B infectious diseases= number of deaths of Class A and B infectious diseases / population *100000

Mortality Rate refers to the ratio of deaths to the average population in a year of a given region, and usually is presented by ‰.

Maternal Mortality Rate refers to number of maternal deaths per 100,000 maternal. It generally refers to maternal mortality from the start of pregnancy to 42 days after parturition, due to pregnancy or any treatment of pregnancy. However, accidental deaths are not included. According to internationally accepted approach, the live births are used to represent the total number of maternity.

Mortality Rate of Children under 5 refers to the ratio of deaths of children under 5 in a year to the number of live births, and usually is presented by ‰.

Neonatal Mortality Rate refers to the ratio of neonatal deaths in a year to the number of live births, and usually is presented by ‰. Neonatal deaths refer to the deaths of new-birth within 28 days (0-27 days).

Total Health Expenditure refers to the total monetary value of health resources in a country or a region mobilized by the whole society for public health, calculated based on source approach. It reflects the attention and affordability of the government, society and individuals for public health, and the major characteristics, justice and rationality of the health fund-raising model under certain economic circumstance.

Government Health Expenditure refers to the expenditure of the governments at all levels on medical and health care services, medical subsidies, health administration and health security management, and undertakings of family planning etc.

Social Health Expenditure refers to all inputs of the society except the government in public health, including the expenditures on social medical security, commercial health insurance, private expenditure on of medical and health care operation, social donation and contribution, and income from administrative fees etc.

Out-of-Pocket Health Expenditure refers to expenditure in cash on various health services by rural and urban residents, including self payments of residents within various medical insurance systems. It can be categorized as cash expenditure on health by urban and rural residents and reflects their affordability of public health.

Per Capita Health Expenditure refers to the ratio of total health expenditure in a year to the average population.

Ratio of Health Expenditure to GDP refers to the ratio of total health expenditure in a year to GDP, which indicates the financial support given by a nation to health work and the attention paid on the public health and the health of residents by the government and society.

Number of Civil Affairs Institutions with Accommodations refers to the number of social service institutions that can provide accommodations for the elderly, the disabled, the mentally handicapped and the mentally ill, and children. It includes social welfare institutions, assistance and support institutions for people in extreme difficulty, old-age apartments and other pension institutions, social welfare hospitals, children's welfare homes, assistance and protection centers for minors, relief and management stations for vagrants and beggars, resettlement farms and other institutions providing accommodations.

Number of Orphans refers to juveniles under the age of 18 that have lost or cannot find their parents. Orphans are affirmed by departments of civil affairs at county level according to relevant regulations, and receive orphan subsidies.

Number of Children Adopted by Families refers to cases of adoption by Chinese citizens of abandoned babies whose parents cannot be found, children and orphans raised by welfare institutions, and adoption of Chinese children by foreign nationals, with registration in departments of civil affairs at county level and above for legal adoption right. One registration means one case.

Adoption by Chinese Citizens refers to adoption registration of children by Chinese citizens (including residents from Hong Kong, Macao and Taiwan, and overseas Chinese).

Adoption by Foreigners refers to adoption registration of children by foreign nationals (including stateless persons). Adoption by a couple with one being foreigner would be treated as adoption by foreigner.

Number of Urban Residents Entitled to Minimum Living Allowances refers to the number of urban residents whose average household income is below the local minimum standard of living, and whose family property meets the relevant regulation, and have received subsidies by the end of the reporting period.

Number of Rural Residents Entitled to Minimum Living Allowances refers to the number of rural residents whose average household income is below the local minimum standard of living, and receive the minimum living allowances from the local government by the end of the reporting period.

Divorce Rate refers to ratio of divorced couples to the annual average population in a certain region for the reference year, the formula is:

$$\text{Divorce Rate} = \frac{\text{number of couples divorced for the reference year}}{\text{annual average population}} \times 1000‰$$

Number of Employed Persons with Disability refers to the number of population with disability certificates who are employed through various employment programs, such as targeted employment, quota scheme, self-employment, welfare posts, assistive employment, engaging in agricultural planting, husbandry and processing, flexible employment, etc.

23

文化和体育

Culture and Sports

简　要　说　明

一、本篇资料的主要内容

本篇主要反映新闻出版、广电、文化、文物、档案、体育事业发展情况。

内容包括全国及各地区图书、期刊、报纸、音像制品的出版、印刷、发行以及引进和输出版权情况；全国及各地区广播影视宣传、覆盖、技术等方面的情况；全国及各地区艺术表演团体、公共图书馆、群众文化机构、博物馆以及国家档案馆等单位的机构、人员、经费和业务活动情况；全国体育系统机构人员情况；运动员获世界冠军、创世界记录情况。

二、本篇的资料来源

新闻出版资料来自国家新闻出版署；电影资料来自国家电影局；广播、电视资料来自国家广播电视总局；文化资料来自文化和旅游部；文物资料来自国家文物局；档案资料来自国家档案局；体育资料来自国家体育总局。

详细资料分别见《中国新闻出版统计资料汇编》（国家新闻出版署编）、《全国广播电视服务业统计数据》（国家广播电视总局编）、《中国文化文物统计年鉴》（中华人民共和国文化和旅游部编）、《体育事业统计年鉴》（国家体育总局体育经济司编）。

三、数据使用注意事项

规模以上文化企业主要指标数据与上年数据之间存在不可比因素，主要原因是有部分企业达到规模以上标准纳入调查范围，也有部分企业因规模变小而退出调查范围，还有新建投产企业、破产、注（吊）销企业等，使得规模以上文化企业数量每年发生增减变化。

Brief Introduction

I. Main Contents

Data in this chapter mainly reflect the development of news and publication; radio and television broadcasting, films; culture; cultural relics; archives and sports undertakings.

Contents of this chapter cover the publication, printing, and issuance of books, magazines, newspapers, audio-visual products, and import and export of copyrights of the country and by region; the coverage and techniques of radio and television programs, and films of the country and by region; number of institutions and employed persons, funds and activities of art performance troupes, public libraries, mass cultural institutions, museums and archive institutions at national level and by region; personnel of national sports system, world championships won and world records set by Chinese athletes.

II. Sources of Data

Data on news and publications are from the General Administration of Press and Publication. Data on films are from the State Film Bureau. Data on radio and television broadcasting are from the State Administration of Radio and Television. Data on culture are provided by the Ministry of Culture and Tourism. Data on cultural relics are from State Administration of Cultural Heritage. Data on archives are from State Archives Administration. Data on sports are from General Administration of Sport.

For detailed information please refer to “Collection of China News and Publication Statistical Information” (General Administration of Press and Publication), “Statistical Data of National Radio and Television Services” (State Administration of Radio and Television), “China Cultural Relics Yearbook” (Ministry of Culture and Tourism of the People’s Republic of China), and “Statistical Yearbook of Sports” (Finance Department, General Administration of Sport).

III. Notes on Data Use

Data of cultural-related enterprises above designated size are not fully comparable with previous years. The main reason is that some enterprises meet the size criteria to be included in the survey, while some other enterprises withdraw from the survey because of the shrinking size, and there are other changes: newly-built enterprises, bankrupted enterprises, cancelation of enterprises, etc., resulted in the changing number of cultural-related enterprises above designated size.

23-1 图书出版情况（2019年）
Statistics on Books Published by Category (2019)

类 别	Category	种 数 (种) Number of Publications (kind)	印 数 (万册) Printed Copies (10 000 copies)
图书总计	**Total**	**505979**	**1059756**
使用“中国标准书号”部分合计	**Publications with "China Standard Book Numbering"**	**505533**	**1054858**
马列主义、毛泽东思想	Marxism-Leninism, Mao Zedong Thought	758	1567
哲学	Philosophy	9506	9107
社会科学总论	General Social Sciences	5378	3407
政治、法律	Politics and Law	17939	34380
军事	Military Affairs	1218	957
经济	Economics	34239	15616
文化、科学、教育、体育	Culture, Science, Education and Sports	203978	801214
语言、文字	Languages	21222	28132
文学	Literature	53191	77065
艺术	Arts	26539	20568
历史、地理	History and Geography	18913	15155
自然科学总论	General Natural Sciences	861	822
数理科学、化学	Mathematics, Physics and Chemistry	10682	6236
天文学、地球科学	Astronomy and Geology	3389	1886
生物科学	Biology	3692	2621
医学、卫生	Medicine and Health Care	22788	10859
农业科学	Agricultural Science	5025	1493
工业技术	Industrial Technology	52615	16793
交通运输	Transportation	6299	2266
航空、航天	Aeronautics and Aerospace	740	243
环境科学	Environmental Science	2657	1442
综合性图书	General Books	3904	3029
不使用“中国标准书号”部分合计	**Publications without "China Standard Book Numbering"**	**446**	**4898**
图片	Pictures	446	380
国标(GB)、部标(BB)等标准类文件印品	Standards Publications such as National Standards, Ministry Standards		1140
活页文选、活页歌篇、小件印品等	Loose-leaf Collectanea, Loose-leaf Song Collections and Prints of Small Volume		3378

23-2 图书、期刊和报纸出版情况
Statistics on Books, Periodicals and Newspapers

年份 Year / 地区 Region		图书 Books Published 种数(种) Number of Publications (kind)	#新出版 New Publications	总印数(亿册、亿张) Printed Copies (100 million copies)	期刊 Periodicals Published 种数(种) Number of Publications (kind)	总印数(亿册) Total Printed Copies (100 million copies)	报纸 Newspapers Published 种数(种) Number of Publications (kind)	总印数(亿份) Total Printed Copies (100 million copies)
	1978	14987	11888	37.7	930	7.6	186	127.8
	1980	21621	17660	45.9	2191	11.2	188	140.4
	1985	45603	33743	66.7	4705	25.6	1445	246.8
	1990	80224	55245	56.4	5751	17.9	1444	211.2
	1995	101381	59159	63.2	7583	23.4	2089	263.3
	2000	143376	84235	62.7	8725	29.4	2007	329.3
	2005	222473	128578	64.7	9468	27.6	1931	412.6
	2006	233971	160757	64.1	9468	28.5	1938	424.5
	2007	248283	136226	62.9	9468	30.4	1938	438.0
	2008	274123	148978	70.6	9549	31.0	1943	442.9
	2009	301719	168296	70.4	9851	31.5	1937	439.1
	2010	328387	189295	71.7	9884	32.2	1939	452.1
	2011	369523	207506	77.0	9849	32.9	1928	467.4
	2012	414005	241986	79.2	9867	33.5	1918	482.3
	2013	444427	255981	83.1	9877	32.7	1915	482.4
	2014	448431	255890	81.8	9966	30.9	1912	463.9
	2015	475768	260426	86.6	10014	28.8	1906	430.1
	2016	499884	262415	90.4	10084	27.0	1894	390.1
	2017	512487	255106	92.4	10130	24.9	1884	362.5
	2018	519250	247108	100.1	10139	22.9	1871	337.3
	2019	505979	224762	106.0	10171	21.9	1851	317.6
中央	Central Level	204644	89650	28.9	3092	7.6	213	77.6
北京	Beijing	12350	5923	2.2	174	0.3	33	3.8
天津	Tianjin	7819	4198	1.2	252	0.3	19	2.5
河北	Hebei	9980	3477	3.3	227	0.4	62	10.7
山西	Shanxi	3380	1957	1.1	202	0.2	60	22.9
内蒙古	Inner Mongolia	3641	1630	0.6	152	0.1	57	2.5
辽宁	Liaoning	10384	4708	1.7	322	0.7	66	7.0
吉林	Jilin	25170	13204	2.7	240	0.5	51	6.4
黑龙江	Heilongjiang	8110	4943	0.8	315	0.3	64	4.3
上海	Shanghai	30876	14017	5.3	641	0.7	70	7.8
江苏	Jiangsu	29534	10459	7.5	476	1.1	81	20.3
浙江	Zhejiang	16083	7131	4.5	235	0.7	66	20.0
安徽	Anhui	10066	3767	2.9	186	0.4	51	6.2
福建	Fujian	4380	2227	1.4	174	0.2	42	7.4
江西	Jiangxi	8337	4820	2.5	166	0.8	38	7.9
山东	Shandong	16348	5123	5.5	277	0.8	86	18.4
河南	Henan	8950	4384	3.7	247	0.8	77	15.7
湖北	Hubei	13052	5847	3.2	430	1.0	73	7.3
湖南	Hunan	10397	3942	4.9	260	0.9	47	7.9
广东	Guangdong	11062	5007	3.9	387	1.0	97	17.2
广西	Guangxi	6096	2340	3.2	181	0.4	48	5.1
海南	Hainan	3942	1626	0.7	43	0.1	14	1.7
重庆	Chongqing	5127	1522	1.4	142	0.4	27	2.3
四川	Sichuan	13885	7305	3.7	364	0.5	79	12.0
贵州	Guizhou	1222	696	1.4	93	0.2	27	2.5
云南	Yunnan	7015	3895	1.8	129	0.2	41	3.3
西藏	Tibet	773	409	0.2	39	0.0	27	1.1
陕西	Shaanxi	11615	4910	2.0	287	0.3	43	4.9
甘肃	Gansu	4026	1863	1.0	131	0.8	50	4.1
青海	Qinghai	621	280	0.1	54	0.0	26	0.8
宁夏	Ningxia	3220	1101	0.8	37	0.0	14	1.0
新疆	Xinjiang	3874	2401	1.7	216	0.1	102	5.0

23-3 分地区少年儿童读物和课本出版情况（2019年）
Statistics on Juvenile and Children's Books, Textbooks by Region (2019)

地 区	Region	种数(种) Number of Publications (kind)		总印数（万册） Printed Copies (10 000 copies)		总印张(千印张) Printed Sheets (1 000 sheets)	
		少儿读物 Juvenile and Children's Books	课 本 Textbooks	少儿读物 Juvenile and Children's Books	课 本 Textbooks	少儿读物 Juvenile and Children's Books	课 本 Textbooks
全 国	**National Total**	**43712**	**87173**	**94555**	**375190**	**5704316**	**29404923**
中 央	Central Level	10146	51482	20321	96559	1281242	9851159
北 京	Beijing	2514	723	5304	1622	429509	145282
天 津	Tianjin	1078	385	2454	1570	128101	120346
河 北	Hebei	916	277	1793	15164	83884	1027106
山 西	Shanxi	150	154	109	5166	9813	349835
内蒙古	Inner Mongolia	310	896	131	4097	7355	297711
辽 宁	Liaoning	1021	2671	2429	5925	164426	481579
吉 林	Jilin	2561	683	3390	4911	168410	324459
黑龙江	Heilongjiang	1148	1018	678	3454	30110	251547
上 海	Shanghai	1472	7182	6801	15135	265765	1357839
江 苏	Jiangsu	2270	3786	3531	25390	217325	1714690
浙 江	Zhejiang	2981	1464	6040	14290	430930	908587
安 徽	Anhui	1532	800	3271	10916	191386	791319
福 建	Fujian	517	459	792	6009	55293	408508
江 西	Jiangxi	2130	413	5396	9050	303236	711163
山 东	Shandong	2266	1476	4852	21529	302845	1396509
河 南	Henan	603	1150	857	19643	32595	1326297
湖 北	Hubei	947	2050	2384	8423	193783	667889
湖 南	Hunan	1287	893	4578	16602	416168	1026983
广 东	Guangdong	730	1674	1578	21741	77926	1455292
广 西	Guangxi	1584	477	2426	11563	135563	793105
海 南	Hainan	148	37	112	1907	5814	120075
重 庆	Chongqing	244	2001	273	7004	13335	481092
四 川	Sichuan	2692	2258	7300	11300	406842	844655
贵 州	Guizhou	372	109	3722	6696	127767	478820
云 南	Yunnan	791	241	1824	8714	126660	585281
西 藏	Tibet	77	116	33	1327	1551	93361
陕 西	Shaanxi	676	1944	1535	7333	60675	550282
甘 肃	Gansu	341	63	367	3252	24241	231122
青 海	Qinghai	10	136	6	948	471	73219
宁 夏	Ningxia	40	13	128	946	4954	70918
新 疆	Xinjiang	158	142	140	7004	6341	468893

23-4 课本出版情况(2019年)
Statistics on Publication of Textbooks (2019)

项 目	Item	种数(种) Number of Publications (kind)	#新出版 New Publications	总印数(万册) Printed Copies (10 000 copies)	总印张(千印张) Printed Sheets (1 000 sheets)	定价总金额(万元) Total Priced Value (10 000 yuan)
总计	**Total**	**87173**	**19890**	**375190**	**29404923**	**4173652**
大专及以上课本	Textbooks for Higher Education	63501	15787	30983	5619754	1305472
中专、技校课本	Textbooks for Secondary Vocational Education	7010	1399	6920	910526	186608
中学课本	Textbooks for Secondary Education	5417	688	171472	13292806	1407478
小学课本	Textbooks for Primary Education	4946	663	160901	8739187	1055094
业余教育课本	Textbooks for Spare-time Education	2074	630	1890	363639	95073
扫盲课本	Textbooks for Literacy Courses	7	1	1	65	18
教学用书	Teaching Materials	4218	722	3023	478946	123909

23-5 分地区音像制品及电子出版物情况（2019年）
Statistics on Publication of Audio-Visual and Electronic Products by Region (2019)

地 区	Region	录像制品出版品种（种）Number of Publications of Video Products (kind)	录像制品出版数量（万盒、万张）Volume of Publications of Video Products (10 000 cassettes, 10 000 discs)	录音制品出版品种（种）Number of Publications of Audio Products (kind)	录音制品出版数量（万盒、万张）Volume of Publications of Audio Products (10 000 cassettes, 10 000 discs)	电子出版物出版品种（种）Number of Electronic Publications (kind)	电子出版物出版数量（万张）Volume of of Electronic Publications (10 000 discs)
全 国	**National Total**	**4141**	**6239.4**	**6571**	**16931.9**	**9070**	**29261.9**
中 央	Central Level	1893	3550.9	3189	12935.2	4989	22076.4
北 京	Beijing	108	15.7	165	72.7	28	48.3
天 津	Tianjin	5	1.5	17	6.2	32	8.8
河 北	Hebei	24	1.4	47	383.2	104	159.9
山 西	Shanxi	45	7.9	44	39.8	61	3.2
内蒙古	Inner Mongolia	8	2.2	14	3.0	88	40.3
辽 宁	Liaoning	35	1.7	100	99.9	142	94.0
吉 林	Jilin	96	13.2	86	130.4	59	17.6
黑龙江	Heilongjiang	4	0.1	6	0.1	12	79.5
上 海	Shanghai	514	1466.9	1225	778.7	464	943.0
江 苏	Jiangsu	52	5.6	179	553.0	490	2577.3
浙 江	Zhejiang	66	14.8	74	216.1	418	968.7
安 徽	Anhui	44	3.7	13	0.4	7	1.3
福 建	Fujian	32	5.9	29	7.9	21	8.1
江 西	Jiangxi	219	517.4	87	80.5	32	6.8
山 东	Shandong	120	35.4	125	131.1	364	85.4
河 南	Henan	21	3.0	8	1.0	262	14.3
湖 北	Hubei	28	11.5	21	3.8	101	18.2
湖 南	Hunan	131	118.0	103	261.4	93	222.3
广 东	Guangdong	279	45.0	817	1120.5	354	917.0
广 西	Guangxi	19	4.7	77	37.4	7	1.5
海 南	Hainan	29	3.0	16	1.1	3	0.2
重 庆	Chongqing	26	12.9	18	7.3	129	60.7
四 川	Sichuan	43	3.0	9	0.6	580	122.0
贵 州	Guizhou			2	0.2	4	0.7
云 南	Yunnan	82	17.9	29	13.0	56	103.7
西 藏	Tibet	28	12.0	1	0.3	30	3.5
陕 西	Shaanxi	65	6.4	41	28.5	118	49.6
甘 肃	Gansu	9	1.1	1	0.3		
青 海	Qinghai	12	4.5				
宁 夏	Ningxia			6	0.5		
新 疆	Xinjiang	104	352.4	22	18.2	22	629.8

23-6 图书、期刊、报纸进出口情况（2019年）
Statistics on Import and Export of Books, Periodicals and Newspapers (2019)

指　　标	Item	出　口 Exports		进　口 Imports	
		数量（万册、份）Number (10 000 copies)	金额（万美元）Value (10 000 USD)	数量（万册、份）Number (10 000 copies)	金额（万美元）Value (10 000 USD)
总计	**National**	**1472.85**	**6079.69**	**4206.50**	**38560.51**
图书	Books	1134.37	5521.35	3139.18	24147.74
哲学、社会科学	Philosophy, Social Science	176.72	1566.51	185.01	3327.95
文化、教育	Culture and Education	123.99	851.82	753.45	6239.37
文学、艺术	Literature and Arts	107.82	841.12	507.58	4444.72
自然、科学技术	Natural Science and S&T	39.19	366.34	81.28	2691.90
少儿读物	Juvenile and Children's Books	480.95	652.08	1156.84	3841.71
综合性图书	General Books	205.70	1243.48	455.02	3602.09
期刊	Periodicals	294.87	516.34	295.34	13365.54
报纸	Newspapers	43.61	42.00	771.98	1047.23

注：本表数据为全国有出版物进口经营许可证的出版物进出口经营单位数据(下表同)。
a) Data are from national publication import and export units that have publication import business certificate. The same applies to the following table.

23-7 全国音像、电子出版物进出口情况(2019年)
Statistics on Import and Export of Audio-Visual Products and Electronic Publications (2019)

指　　标	Item	出　口 Exports		进　口 Imports	
		数量（盒、张）Number (cassette,disc)	金额（万美元）Value (10 000 USD)	数量（盒、张）Number (cassette,disc)	金额（万美元）Value (10 000 USD)
总计	**Total**	**11126**	**205.90**	**113804**	**41116.31**
录音合计	Audio Products	10286	55.30	108721	95.06
录像合计	Video Products	840	0.99	5083	9.11
数字出版物	Digital Publications		149.61		41012.14

23-8 版权引进和输出情况（2019年）
Basic Statistics on Import and Export of Copyright (2019)

单位：项 (item)

项目	Item	合计 Total	#图书 Books	#录音制品 Audio Products	#录像制品 Video Products	#电子出版物 Electronic Publications
本年引进版权总数	**Number of Imported Copyright in the Year**	**16140**	**15684**	**78**	**204**	**11**
美国	United States	4346	4234	15	73	
英国	United Kingdom	3467	3409	3	7	1
德国	Germany	1234	1225	3	6	
法国	France	1065	1046	2	8	
俄罗斯	Russia	83	75		7	
加拿大	Canada	110	103		5	
新加坡	Singapore	271	236	22	6	
日本	Japan	2260	2162	4	52	6
韩国	South Korea	408	404			3
香港地区	Hong Kong, China	218	203	10	3	
澳门地区	Macao, China	3	3			
台湾地区	Taiwan, China	826	797	19		
其他	Others	1849	1787		37	1
本年输出版权总数	**Number of Exported Copyright in the Year**	**15767**	**13680**	**290**	**8**	**838**
美国	United States	1145	614			389
英国	United Kingdom	541	493			12
德国	Germany	425	381			8
法国	France	230	170			24
俄罗斯	Russia	993	947	2	3	2
加拿大	Canada	166	130			
新加坡	Singapore	547	404			72
日本	Japan	397	357			4
韩国	South Korea	955	836	3	1	78
香港地区	Hong Kong, China	1204	879	253	2	3
澳门地区	Macao, China	49	11	1		
台湾地区	Taiwan, China	1596	1441	10		105
其他	Others	7519	7017	21	2	141

23-9 分地区出版物发行网点情况（2018年）
Statistics on Publication Issuing Outlets by Region (2018)

地区	Region	发行网点合计（处） Issuing Outlets (unit)	新华书店及其发行网点 Xinhua Bookstores and Issuing Outlets	供销社 Supply and Marketing Cooperatives	出版社 Presses	邮政系统 Postal Systems	其他批发网点 Other Wholesale Outlets	其他零售网点 Other Retail Outlets	新华书店系统、出版社自办发行单位从业人数（人） Persons Engaged in Xinhua Bookstore System and Issuing Units of Presses (person)	#新华书店及其发行网点 Xinhua Bookstores and Its Issuing Outlets
全国	**National Total**	**171547**	**9591**	**10**	**398**	**41146**	**13611**	**106791**	**125854**	**115458**
中央	Central Level	68			68				705	
北京	Beijing	11858	95		18	2347	2543	6855	3531	3019
天津	Tianjin	2477	67		12	521	275	1602	1195	1028
河北	Hebei	8923	299		9	2434	236	5945	7480	6587
山西	Shanxi	3012	530		7	335	187	1953	4676	4027
内蒙古	Inner Mongolia	2638	229		7		1080	1322	2066	2000
辽宁	Liaoning	3582	128		10	52	286	3106	3045	2950
吉林	Jilin	1505	95		14	275	177	944	4115	2325
黑龙江	Heilongjiang	2630	219	10	3	336	127	1935	2738	2702
上海	Shanghai	3223	89		73	536	898	1627	2281	1666
江苏	Jiangsu	16428	887		18	1538	438	13547	5778	5638
浙江	Zhejiang	11332	741		10	2201	471	7909	6608	6495
安徽	Anhui	8034	617		11	1937	1510	3959	6000	5759
福建	Fujian	3842	123		18	711	177	2813	3735	3665
江西	Jiangxi	5902	292		7	2658	267	2678	2637	2528
山东	Shandong	9046	541		3	500	447	7555	7770	7754
河南	Henan	13352	1266		12	6102	467	5505	13980	12544
湖北	Hubei	4052	96		14	263	693	2986	4761	4441
湖南	Hunan	10243	1322		11	4421	687	3802	8668	7291
广东	Guangdong	7296	345		1		736	6214	5315	5313
广西	Guangxi	4607	193		17	1180	228	2989	3665	3495
海南	Hainan	1227	47		6	326	225	623	982	791
重庆	Chongqing	4681	52		8	1643	88	2890	1683	1562
四川	Sichuan	8693	198			3100	295	5100	7724	7724
贵州	Guizhou	3594	94		6	772	137	2585	425	404
云南	Yunnan	5653	288		5	1831	129	3400	3733	3728
西藏	Tibet	243	64		2	1	21	155	326	310
陕西	Shaanxi	4663	204		23	1423	245	2768	4413	4067
甘肃	Gansu	3782	219			1672	231	1660	2254	2254
青海	Qinghai	531	58			189	27	257	511	511
宁夏	Ningxia	983	29		1	298	65	590	353	350
新疆	Xinjiang	3447	164		4	1544	218	1517	2701	2530

23-10 分地区出版印刷生产情况（2019年）
Statistics on Publication Printing by Region (2019)

地 区	Region	企业数（个）Number of Enterprises (unit)	从业人员（人）Number of Employees (unit)	印刷产量 Output of Printing: 黑白（万令）Black and White (10 000 reams)	印刷产量 Output of Printing: 彩色（万对开色令）Color (10 000 bisect color reams)	装订产量（万令）Output of Bookbinding (10 000 reams)	用纸量（万令）Amount of Paper Used (10 000 reams)
全 国	**National Total**	**9014**	**408615**	**24906.7**	**119583.8**	**34738.7**	**51814.4**
北 京	Beijing	808	28793	1801.8	13439.0	2671.4	3634.7
天 津	Tianjin	201	6880	378.2	2457.4	325.3	927.9
河 北	Hebei	676	29283	2664.2	3760.1	4970.5	3591.1
山 西	Shanxi	153	6668	210.3	1496.3	318.0	613.2
内蒙古	Inner Mongolia	194	3500	157.3	911.3	165.2	369.8
辽 宁	Liaoning	157	5865	501.8	2547.1	664.8	1069.7
吉 林	Jilin	211	6208	676.4	2182.6	460.6	1323.6
黑龙江	Heilongjiang	155	4093	208.5	1224.8	278.1	513.6
上 海	Shanghai	185	15133	454.4	9417.6	477.0	3120.8
江 苏	Jiangsu	443	29062	1392.7	7008.8	1905.1	3718.8
浙 江	Zhejiang	705	31994	2173.8	13232.5	2778.1	5492.5
安 徽	Anhui	354	13738	796.7	3961.6	1311.9	1840.7
福 建	Fujian	274	14792	634.8	1452.1	657.8	956.9
江 西	Jiangxi	143	7242	787.3	1501.9	922.0	1132.4
山 东	Shandong	605	39539	2912.2	7674.8	3573.5	5032.4
河 南	Henan	449	16176	814.9	3582.7	1315.5	1635.0
湖 北	Hubei	374	15588	1431.0	4208.4	1740.6	2497.9
湖 南	Hunan	411	17272	883.6	5660.5	1295.7	1881.0
广 东	Guangdong	808	63781	2628.5	17397.3	5299.6	6718.1
广 西	Guangxi	252	6697	545.4	3525.4	527.0	1118.8
海 南	Hainan	37	1528	54.0	1087.9	38.5	277.9
重 庆	Chongqing	110	6289	315.0	1400.6	371.5	571.4
四 川	Sichuan	307	8786	1141.9	3415.7	948.4	1469.2
贵 州	Guizhou	166	3536	102.8	1183.4	153.2	291.9
云 南	Yunnan	184	5838	282.2	1863.0	326.0	468.2
西 藏	Tibet	28	826	41.7	131.2	40.6	65.2
陕 西	Shaanxi	247	9257	477.3	2157.2	598.4	751.9
甘 肃	Gansu	96	3995	178.1	422.2	192.9	233.1
青 海	Qinghai	42	1295	34.7	316.3	63.9	80.6
宁 夏	Ningxia	104	1216	44.6	116.6	43.2	67.6
新 疆	Xinjiang	135	3745	180.7	847.7	304.7	348.4

23-11 国家综合档案馆基本情况
Basic Statistics on National Comprehensive Archives

年 份 Year	馆藏档案 (万卷、万件) Number of Archives (10 000 volumes, 10 000 pieces)	照片档案 (万张) Photos (10 000 sheets)	开放档案 (万卷、万件) Archives Open to Public (10 000 volumes, 10 000 pieces)	利用档案 (万卷、万件次) Utilized Archives (10 000 volumes, 10 000 piece-times)	档案馆建筑面积 (万平方米) Floor Space of Archive Institutions (10 000 sq.m)
1991	9637.4	371.0	2094.3	937.0	348.1
1992	10003.5	402.4	2018.7	773.8	255.7
1993	10726.8	435.5	2140.7	891.9	275.9
1994	10782.9	449.6	2454.6	674.4	268.3
1995	11318.3	485.5	2790.3	529.3	282.5
1996	11341.4	494.6	2939.2	485.4	297.5
1997	12222.9	553.0	3304.6	501.0	347.6
1998	12276.5	579.7	3556.5	446.5	310.7
1999	12866.8	584.5	3808.2	508.5	328.4
2000	13314.0	631.7	4072.0	494.4	336.2
2001	13756.6	642.8	4129.7	575.4	342.0
2002	14790.7	720.5	4301.1	548.8	351.0
2003	15945.9	797.4	4618.4	602.6	361.4
2004	17601.5	827.9	4868.3	813.9	376.8
2005	18688.7	908.8	5132.3	868.0	393.1
2006	21656.5	1277.2	5746.3	1166.4	406.1
2007	23675.3	1393.3	5875.5	1244.9	421.9
2008	25051.0	1505.3	6072.2	1257.4	465.4
2009	28089.2	1646.3	6687.4	1308.0	473.3
2010	32198.6	1809.2	7428.6	1417.3	504.4
2011	35445.5	1965.8	7828.4	1564.5	551.1
2012	40547.7	1827.4	8254.6	1521.1	627.1
2013	42454.5	1927.6	8900.5	1477.8	709.3
2014	53470.3	2041.8	9179.7	1688.8	736.0
2015	58641.7	2102.4	9266.3	1978.3	785.5
2016	65062.5	2228.2	9707.9	2033.7	859.8
2017	65371.1	2336.5	10151.7	2078.0	949.3
2018	75051.1	2056.0	11222.1	1819.1	1050.9
2019	82850.7	2203.8	13171.6	2140.0	1164.6

23-12 档案馆机构和人员情况
Statistics on Archive Institutions and Personnel

单位：个、人 (unit, person)

年份 Year	国家综合档案馆 National Comprehensive Archives		国家专门档案馆 National Special Archives		部门档案馆 Department Archives		企业档案馆数 Number of Archives of Enterprise	事业单位档案馆数 Number of Archives of Institutional Units	科技事业单位档案馆数 Number of Archives of Science and Technology Units
	馆数 Number of Institutions	专职人员 Full-time Personnel	馆数 Number of Institutions	专职人员 Full-time Personnel	馆数 Number of Institutions	专职人员 Full-time Personnel			
1991	2957	21657	211	2038	128	2171	229	19	28
1992	2962	22226	206	2082	122	2258	231	19	28
1993	2980	23624	200	2245	122	1448	221	20	31
1994	2983	23568	205	2294	136	2160	209	20	36
1995	3024	24777	216	2484	144	2168	213	27	38
1996	3011	24542	226	2658	134	2072	232	23	44
1997	3021	24904	223	2578	162	2521	228	26	46
1998	3034	24197	232	3200	149	2411	245	27	46
1999	3046	23530	225	3436	142	2123	304	40	59
2000	3070	23701	234	3319	141	1865	307	53	80
2001	3100	23652	243	3448	142	2086	286	47	84
2002	3110	22825	253	3435	148	2109	299	75	93
2003	3121	23086	260	3514	141	1770	300	75	85
2004	3127	23401	258	3591	149	1932	300	79	99
2005	3142	23413	238	3452	145	2020	301	105	63
2006	3154	22689	239	3537	137	1699	216	110	95
2007	3161	21399	245	3737	146	1985	215	126	94
2008	3170	21414	240	3663	154	1886	241	141	87
2009	3191	20949	241	3626	149	1814	233	167	96
2010	3194	19750	252	3833	167	1747	223	160	111
2011	3196	19985	255	3843	170	2121	183	179	124
2012	3237	18009	238	3577	183	2161	204	260	
2013	3325	18106	240	3579	218	2182	189	274	
2014	3319	17863	247	3538	209	2129	169	252	
2015	3322	18386	234	3457	237	2263	176	224	
2016	3336	17511	236	3521	213	2021	180	272	
2017	3333	16799	234	3275	202	1939	167	274	
2018	3315	22584	211	3119	143	1739	158	309	
2019	3337	34349	256	3300	140	1566	181	320	

注：2012年以前的事业单位档案馆数指文化事业档案馆数，2012年新修订的《全国档案事业统计年报制度》不再细分事业单位的属性，统称"省部属事业单位档案馆"，包括文化事业档案馆和科技事业单位档案馆。

a) Institutional archives before 2012 referred to archives of cultural institutions. The revised *Annual Report of National Archive Statistics* in 2012 does not further subcategorize institutional archives by their attributes, but generally call them institutional archives affiliated to ministries or provincial governments, which include cultural archives and archives of science and technology units.

23-13 广播电视电影事业发展情况
Statistics on Radio, Television and Films

指 标	Item	2010	2018	2019
广播	**Radio**			
广播节目综合人口覆盖率 (%)	Population Coverage Rate of Radio Programes (%)	96.78	98.94	99.13
#农村	Rural Areas	95.64	98.58	98.84
公共广播节目套数 (套)	Number of Public Radio Programs(set)	2549	2900	2914
公共广播节目播出时间(万小时)	Broadcasting of Public Radio Programs (10 000 hours)	1266.0	1526.7	1553.4
广播节目制作时间 (万小时)	Production of Radio Programs (10 000 hours)	681.4	801.8	801.9
电视	**Television**			
电视节目综合人口覆盖率 (%)	Population Coverage Rate of TV Programes (%)	97.62	99.25	99.39
#农村	Rural	96.78	99.01	99.19
有线广播电视实际用户数(万户)	Actual Users of Cable Radio and TV(10 000 households)	18872	21832	20661
#农村	Rural	7293	7404	7322
#数字电视	Users of Digital TV	8870	20144	19417
有线广播电视实际用户数占家庭总户数比重 (%)	Actual Popularization Rate of Cable Radio and TV(%)	46.40	49.01	46.22
#农村有线广播电视实际用户数占农村家庭总户数比重	Actual Rural Popularization Rate of Cable Radio and TV	29.35	31.19	31.66
公共电视节目套数 (套)	Number of Public TV Programs(set)	3272	3559	3609
公共电视节目播出时间(万小时)	Broadcasting of Public TV Programs (10 000 hours)	1635.5	1925.0	1951.0
电视剧播出数 (万部)	Number of TV Dramas Broadcasted (10 000 series)	24.92	21.76	21.11
#进口电视剧播出数	Imported TV Dramas	0.88	0.08	0.05
电视剧播出数 (万集)	Number of TV Dramas Broadcasted (10 000 episodes)	635.86	707.70	722.94
#进口电视剧播出数	Imported TV Dramas	19.51	2.65	1.49
电视动画播出时间 (万小时)	Number of Cartoons Broadcasted(10 000 hours)		37.45	39.87
#进口电视动画播出时间	Imported Cartoons		0.89	0.52
电视节目制作时间 (万小时)	Production of TV Programs (10 000 hours)	274.3	357.7	345.6
电影	**Films**			
国有电影制片厂 (个)	State-owned Film Studios (unit)	38		
#电影故事片厂	Feature Film Studios	31		
电影院线 (条)	Film Circuit (line)	37	48	50
银幕 (块)	Film Screen (unit)	6256	60079	69787
全国电影票房收入 (亿元)	Domestic Film Box Office Revenue	157.21	609.76	642.66
#国产电影票房收入	Chinese Films		378.97	411.75
进口电影票房收入	Imported Films		230.79	230.91

23-14 广播电视节目制作时间
Statistics on Production of Radio and Television Programs

单位：小时 (hour)

项 目	Item	1995	2005	2010	2015	2018	2019
广播节目制作	**Production of Radio Programs**	**2332164**	**6139227**	**6814226**	**7718163**	**8017573**	**8018667**
新闻资讯	News Programs	353368	1066880	1216632	1436129	1432069	1418838
专题服务	Special Subject Programs	1054140	1822621	1955180	2072348	2166880	2179937
综艺益智	General Entertainment Programs	924656	1937290	1942828	2078791	2080201	1995132
广播剧	Radio Play Programs		75456	80181	183124	218013	224078
广告	Advertising Programs		671071	775931	752705	749168	719208
其他	Others		565909	843474	1195065	1371241	1481473
电视节目制作	**Production of TV Programs**	**383513**	**2553861**	**2742949**	**3520190**	**3577444**	**3455809**
新闻资讯	News Programs	80800	637956	719680	978801	1079491	1086112
专题服务	Special Subject Programs	193391	525528	640857	930283	897248	870307
综艺益智	General Entertainment Programs	109322	382350	407849	511398	439081	399761
影视剧	TV Drama Programs		193771	93536	120604	117810	120295
广告	Advertising Programs		524892	526839	481973	472188	437437
其他	Others		289364	354188	497131	571626	541898

23-15 公共广播电视节目播出时间(2019年)
Statistics on Broadcasting of Public Radio and Television Programs (2019)

单位：小时 (hour)

指 标	Item	总 计 Total	新闻资讯类节目 News	专题服务类节目 Special Subject	综艺益智类节目 General Entertainment	广播(影视)剧类节目 Radio/TV Dramas	广告类节目 Advertising	其他类节目 Others
广播	All Radio Broadcasting Stations	15533983	3021475	3332910	3757602	1002209	1344945	3074842
#中央广播电视总台	China Media Group	180781	40623	65263	50294	1879	9103	13619
电视	All Television Stations	19509935	2797166	2561957	1305022	8484507	2119710	2241573
#中央广播电视总台	China Media Group	237368	71592	72950	37999	49000	5827	

23-16 分地区广播电视节目综合人口覆盖情况及制作播出情况（2019年）

Population Coverage of Radio and TV Programs and Production and Broadcasting of Radio and TV Programs by Region (2019)

地区	Region	广播节目综合人口覆盖率 Population Coverage Rate of Radio Programs (%)	#农村 Rural	电视节目综合人口覆盖率 Population Coverage Rate of TV Programs (%)	#农村 Rural	公共广播节目套数（套）Number of Public Radio Programs (set)	公共电视节目套数（套）Number of Public TV Programs (set)	电视剧播出数（部）Number of TV Dramas Broadcasted (series)	#进口 Import	动画电视播出时间（小时）Number of Cartoons Broadcasted (hour)	#进口 Import
全　国	**National Total**	**99.13**	**98.84**	**99.39**	**99.19**	**2914**	**3609**	**211148**	**493**	**398685**	**5181**
中央广播电视总台	China Media Group					23	29	693	11	7756	683
其他部门所属单位	Under Other Departments						5	309		322	60
北　京	Beijing	100.00	100.00	100.00	100.00	26	26	528		7477	185
天　津	Tianjin	100.00	100.00	100.00	100.00	22	22	1295	3	6326	
河　北	Hebei	99.58	99.36	99.68	99.53	181	218	11191		10303	216
山　西	Shanxi	98.91	98.29	99.59	99.30	135	146	6797	41	12656	
内蒙古	Inner Mongolia	99.24	98.89	99.22	98.77	123	118	8585		12409	
辽　宁	Liaoning	99.24	98.61	99.27	98.75	109	130	8255	97	8431	20
吉　林	Jilin	99.36	99.16	99.41	99.00	82	77	5550		2802	
黑龙江	Heilongjiang	99.21	99.60	99.12	99.62	108	104	4869		6686	3
上　海	Shanghai	100.00	100.00	100.00	100.00	22	23	828		8884	500
江　苏	Jiangsu	100.00	100.00	100.00	100.00	121	123	6424		13654	
浙　江	Zhejiang	99.73	99.70	99.82	99.79	112	112	7201	1	22102	80
安　徽	Anhui	99.87	99.85	99.87	99.84	107	110	8768	13	8618	
福　建	Fujian	99.62	99.47	99.71	99.58	93	101	3135		17268	
江　西	Jiangxi	98.62	98.42	99.14	98.94	104	123	8517	79	11982	339
山　东	Shandong	99.13	98.88	99.10	98.96	172	257	14611	44	24829	2050
河　南	Henan	99.44	99.37	99.47	99.40	159	174	13239		6815	
湖　北	Hubei	99.79	99.70	99.70	99.56	96	114	12009	42	14132	15
湖　南	Hunan	99.36	99.01	99.72	99.58	115	138	10646	30	26864	100
广　东	Guangdong	99.98	99.97	99.98	99.97	137	165	6497	12	35880	
广　西	Guangxi	97.81	97.25	98.92	98.58	74	117	6343	41	10254	
海　南	Hainan	99.06	98.53	99.08	98.56	25	16	649		6577	
重　庆	Chongqing	99.17	98.82	99.40	99.17	34	47	2820		8719	
四　川	Sichuan	98.23	97.70	98.95	98.75	150	217	16985	35	21216	
贵　州	Guizhou	94.63	94.13	97.00	96.65	45	104	4183	13	8230	260
云　南	Yunnan	98.95	98.69	99.14	98.89	68	183	7735		19011	90
西　藏	Tibet	98.07	97.58	98.61	98.27	30	82	1388		1739	
陕　西	Shaanxi	98.87	98.29	99.38	99.04	107	117	7263	5	6832	
甘　肃	Gansu	98.57	98.28	98.90	98.66	97	116	6085	7	11361	150
青　海	Qinghai	98.81	98.31	98.82	98.43	47	50	2130		4982	
宁　夏	Ningxia	99.61	99.38	99.88	99.77	27	29	2114		5148	
新　疆	Xinjiang	98.30	97.97	98.52	98.16	163	216	13506	19	28419	429

23-17 分地区有线广播电视传输干线网络及实际用户情况（2019年）
Transmission Trunk and Actual Users of Cable Radio and TV by Region (2019)

地 区	Region	有线广播电视传输干线网络总长(万公里) Total Length of Transmission Trunk for Cable Radio and TV (10 000 km)	有线广播电视实际用户数(万户) Actual Users of Cable Radio and TV (10 000 households)	#农村有线广播电视 Rural Users of Cable Radio and TV	#数字电视 Users of Digital TV	#付费电视 Pay TV	有线广播电视实际用户数占家庭总户数的比重(%) Actual Popularization Rate of Cable Radio and TV (%)	#农 村 Rural Areas
全国合计	**National Total**	**218.9**	**20661.4**	**7322.1**	**19417.4**	**7986.5**	**46.22**	**31.66**
北 京	Beijing	21.2	598.9	91.4	593.5	106.2	109.13	90.20
天 津	Tianjin	0.4	356.0	49.6	351.1	126.1	89.77	40.00
河 北	Hebei	13.8	695.8	163.3	570.8	192.0	26.47	13.97
山 西	Shanxi	7.2	372.5	104.3	300.5	88.1	28.84	22.51
内蒙古	Inner Mongolia	2.1	218.2	14.2	213.4	150.3	25.32	3.81
辽 宁	Liaoning	3.2	663.5	170.2	615.9	163.4	43.38	25.36
吉 林	Jilin	1.7	435.6	150.6	426.0	233.8	42.48	35.69
黑龙江	Heilongjiang	9.0	666.2	106.3	652.3	238.8	42.90	17.48
上 海	Shanghai	5.4	452.7	40.7	425.4	201.9	82.02	42.56
江 苏	Jiangsu	4.4	1545.7	696.8	1500.0	724.8	61.89	51.07
浙 江	Zhejiang	3.9	1346.7	857.0	1327.2	536.2	79.46	70.09
安 徽	Anhui	3.2	786.6	276.5	587.7	148.7	36.45	18.92
福 建	Fujian	20.8	727.4	460.5	727.4	474.1	67.30	63.87
江 西	Jiangxi	10.4	551.8	315.6	526.9	191.0	42.49	51.68
山 东	Shandong	44.2	1579.2	691.5	1448.6	654.1	49.19	38.52
河 南	Henan	4.9	903.1	295.5	784.9	37.5	27.48	13.85
湖 北	Hubei	3.2	1071.5	395.7	1055.0	472.0	51.19	37.62
湖 南	Hunan	11.3	790.5	260.2	725.5	274.2	37.06	27.74
广 东	Guangdong	23.7	1767.0	400.4	1705.3	826.6	65.51	52.35
广 西	Guangxi	1.2	674.3	246.3	660.8	215.4	42.06	22.25
海 南	Hainan	0.2	155.8	50.5	145.1	28.0	58.16	33.47
重 庆	Chongqing	0.7	624.1	74.7	552.1	255.7	49.24	10.95
四 川	Sichuan	2.8	1023.4	345.9	949.0	593.4	31.78	17.67
贵 州	Guizhou	0.9	813.0	419.4	813.0	395.1	59.89	54.24
云 南	Yunnan	3.1	376.3	113.0	361.7	252.0	26.38	12.73
西 藏	Tibet	0.5	24.6		21.9	1.2	30.56	0.03
陕 西	Shaanxi	4.0	745.8	483.6	745.8	180.8	72.61	127.21
甘 肃	Gansu	1.7	174.8	28.3	122.1	86.2	20.63	5.59
青 海	Qinghai	0.7	97.2	1.6	95.9	19.0	54.26	1.68
宁 夏	Ningxia	0.5	108.0	3.5	106.9	55.0	48.32	4.09
新 疆	Xinjiang	4.7	315.3	14.9	305.7	64.6	42.11	4.26

23-18 电视节目进口情况(2019年)
Statistics on Imported TV Programs (2019)

指标	Item	合计 Total	欧洲 Europe	非洲 Africa	美洲 America	#美国 United States
全年电视节目进口总额(万元)	**Value of Imported TV Programs(10 000 yuan)**	**164302**	**26281**		**75818**	**73392**
#电视剧	TV Dramas	33793	1639		3558	3105
动画电视	Cartoon Programs	108290	18568		62249	61065
纪录片	Documentary	7522	2914		2842	2746
全年电视节目进口量(时)	**Time of Imported TV Programs (hour)**	**16182**	**1871**		**7677**	**7354**
#电视剧 (部/集)	TV Dramas (series/episodes)	143/2539	23/180		11/252	9/156
动画电视 (时)	Cartoon Programs (hour)	6706	664		1725	1611
纪录片 (时)	Documentary (hour)	1378	628		499	417

23-18 续表 continued

指标	Item	亚洲 Asia	#日本 Japan	#韩国 Republic of Korea	#东南亚 Southeast Asia	#中国香港 Hong Kong, China	#中国台湾 Taiwan, China	大洋洲 Oceania
全年电视节目进口总额 (万元)	**Value of Imported TV Programs (10 000 yuan)**	**61747**	**28766**	**1527**	**5438**	**23151**	**2787**	**457**
#电视剧	TV Dramas	28596	2212	1203	5384	17214	2572	
动画电视	Cartoon Programs	27403	26184	324		895		70
纪录片	Documentary	1486	150			1270		281
全年电视节目进口量(时)	**Time of Imported TV Programs(hour)**	**6522**	**4579**	**70**	**1122**	**580**	**163**	**112**
#电视剧 (部/集)	TV Dramas (series/episodes)	109/2107	33/268	2/34	60/1483	5/115	8/197	
动画电视 (时)	Cartoon Programs (hour)	4313	4248	45		20		5
纪录片 (时)	Documentary (hour)	226	37			189		25

23-19 电影综合情况
Basic Statistics on Film Production

年份 Year	电影故事片厂(个) Number of Feature Film Studios (unit)	生产故事影片(部) Feature Films (film)	生产动画影片(部) Cartoon Films (reel)	生产科教影片(部) Popular Science Films (reel)	生产纪录影片(部) Documentary Films (reel)	生产特种影片(部) Special Films (reel)
1978	12	46	26	289	202	
1979	17	65	25	349	317	
1980	17	82	32	337	242	
1981	19	105	33	277	276	
1982	19	112	33	284	259	
1983	19	127	37	343	299	
1984	20	144	37	387	337	
1985	20	127	45	357	419	
1986	20	134	46	383	417	
1987	22	146	45	353	347	
1988	22	158	38	344	350	
1989	22	136	53	334	259	
1990	22	134	51	326	296	
1991	22	130	46	351	283	
1992	22	170	56	354	307	
1993	22	154	47	252	300	
1994	22	148	32	182	22	
1995	30	146	37	40	111	
1996	30	110	58	33	39	
1997	31	88	28	34	95	
1998	31	82	9	30	54	
1999	31	99	3	20	14	
2000	31	91	1	49	10	
2001	27	88	1	56	9	
2002	31	100	2	60	7	
2003	31	140	2	53	6	
2004	31	212	4	30	10	
2005	32	260	7	33	2	
2006	32	330	13	36	13	
2007	32	402	6	34	9	
2008	33	406	16	39	16	2
2009	31	456	27	52	19	4
2010	31	526	16	54	16	9
2011	31	558	24	76	26	5
2012	31	745	33	74	15	26
2013	31	638	29	121	18	18
2014	31	618	40	52	25	23
2015	31	686	51	96	38	17
2016	31	772	49	67	32	24
2017	31	798	32	68	44	28
2018		902	51	61	57	11
2019		850	51	74	47	15

注：1.本表电影故事片厂指国有电影故事片厂。
2.2005年及以前动画片数为美术片数。
a) Number of feature film studios in this table refers to state-owned film studios.
b) Cartoon films before 2005 referred to puppet films .

23-20 主要文化机构情况
Statistics on Cultural Institutions

单位：个 (unit)

年 份 Year	公共图书馆 Public Libraries	文化馆(站) Cultural Centers	省级、地市级文化馆 Cultural Centers at Provincial & Prefecture Level	县市级文化馆 Cultural Centers at County & City Level	乡镇(街道)文化站 Township (sub-district) Cultural Centers	博物馆 Museums	艺术表演团体 Art Performance Troupes	艺术表演场馆 Art Performance Venues
1978	1218	6893	92	2748	4053	349	3150	1095
1980	1732	8739	218	2912	5609	365	3533	1444
1985	2344	8576	335	2960	5281	711	3317	1377
1986	2406	8913	337	2993	5583	777	3195	2058
1987	2440	8974	348	2973	5653	827	3094	2148
1988	2485	9045	358	2975	5712	903	2985	2081
1989	2512	9037	366	2955	5716	967	2850	2050
1990	2527	9216	366	2955	5895	1013	2805	1955
1991	2535	10507	371	2894	7242	1075	2772	2068
1992	2558	9564	372	2900	6292	1106	2753	2037
1993	2572	10155	370	2886	6899	1130	2707	2024
1994	2589	11276	374	2887	8015	1161	2698	1998
1995	2615	13487	373	2886	10228	1194	2682	1958
1996	2620	45253	392	2892	41969	1219	2664	1934
1997	2628	45449	385	2901	42163	1282	2663	1947
1998	2662	45834	386	2901	42547	1339	2652	1929
1999	2669	45837	389	2905	42543	1363	2632	1911
2000	2675	45321	390	2907	42024	1392	2619	1900
2001	2696	43379	399	2842	40138	1461	2605	1854
2002	2697	42516	389	2854	39273	1511	2587	1829
2003	2709	41816	382	2846	38588	1515	2601	1900
2004	2720	41402	380	2841	38181	1548	2759	1928
2005	2762	41588	375	2851	38362	1581	2805	1866
2006	2778	40088	395	2819	36874	1617	2866	1839
2007	2799	40601	411	2806	37384	1722	4512	1732
2008	2820	41156	389	2829	37938	1893	5114	1662
2009	2850	41959	361	2862	38736	2252	6139	1499
2010	2884	43382	374	2890	40118	2435	6864	1461
2011	2952	43675	379	2906	40390	2650	7055	1429
2012	3076	43876	382	2919	40575	3069	7321	1279
2013	3112	44260	385	2930	40945	3473	8180	1344
2014	3117	44423	385	2928	41110	3658	8769	1338
2015	3139	44291	386	2929	40976	3852	10787	2143
2016	3153	44497	389	2933	41175	4109	12301	2285
2017	3166	44521	390	2938	41193	4721	15742	2455
2018	3176	44464	390	2936	41138	4918	17123	2478
2019	3196	44073	390	2936	40747	5132	17795	2716

注：1.2007年以前艺术表演团体为系统内数据，2007年起含系统外单位。
2.2015年以前艺术表演场馆为公有制艺术表演场馆，2015年起含民营艺术表演场馆。
3.1996年以前文化站数据未包括其他部门所属乡镇文化站。1996-1998年包括其他部门所属文化站，1999年以后，其他部门所属文化站划归文化部门管理。

a) Art performance troupes referred to those under the cultural departments before 2007, and expanded to cover those both under and outside the cultural departments starting from 2007.

b) Art performance venues refer to those of state-owned before 2015, and include those of non-state venues since 2015.

c) Culture stations did not include township culture stations of other departments before 1996. During 1996-1998, culture stations of other departments Since 1999, culture stations of other department were put under the management of culture departments.

23-21 文化文物机构人员情况(2019年)
Number and Personnel of Cultural and Relics Institutions (2019)

机构类别	Category of Institution	机构(个) Number of Institutions (unit)	文化部门 Cultural Department	其他部门 Other Departments	从业人员(人) Number of Employed Persons (person)	文化部门 Cultural Department	其他部门 Other Departments
总 计	**Total**	**287693**	**66776**	**220917**	**2325241**	**695168**	**1630073**
文化合计	**Cultural Institutions**	**277131**	**58026**	**219105**	**2162956**	**560209**	**1602747**
艺术表演团体	Art Performance Troupes	17795	2052	15743	412541	113764	298777
艺术表演场馆	Art Performance Venues	2716	1202	1514	64507	19921	44586
公共图书馆	Public Libraries	3196	3193	3	57796	57688	108
文化馆	Cultural Centers	3326	3326		53587	53587	
文化站	Cultural Stations	40747	40747		136481	136481	
艺术展览创作机构	Art Exhibition and Creative Institutions	733	715	18	6230	6038	192
艺术教育业	Art Education Institutions	121	121		12843	12843	
文化科研机构	Cultural Research Institutions	223	223		5633	5633	
文化市场经营机构	Institutions of Cultural Market Management	201351		201351	1221105		1221105
文化行政主管部门	Cultural Administrative Departments	3257	3257		103590	103590	
其他文化机构	Other Cultural Institutions	3666	3190	476	88643	50664	37979
文物合计	**Cultural Relics Institutions**	**10562**	**8750**	**1812**	**162285**	**134959**	**27326**
博物馆	Museums	5132	3480	1652	107993	84502	23491
文物保护管理机构	Agencies of Cultural Relics Preservation	3518	3441	77	30689	27848	2841
文物科研机构	Scientific and Research Agencies	126	126		4313	4313	
文物商店	Cultural Relics Shops	83	59	24	1344	931	413
其他文物机构	Other Cultural Relics Agencies	1703	1644	59	17946	17365	581

注：文化市场经营机构不包括非公有制院团和场馆。
a) Institutions of of Cultural market managemnet do not include non-public troupes and venues.

23-22 全国艺术表演场馆基本情况(2019年)
Statistics on Art Performance Venues (2019)

项 目	Item	机构数(个) Number of Institutions (unit)	从业人员(人) Number of Employed Persons (person)	座席数(个) Seating Capacity (unit)	演(映)出场次(万场次) Number of Performances (10 000 shows)	#艺术演出 Art Performances
总 计	**Total**	**2716**	**64482**	**1818662**	**128.4**	**24.5**
按登记注册类型分	By Status of Registration					
国 有	State-owned	1172	19014	826247	55.1	5.9
集 体	Collective-owned	20	164	11620	0.5	0.1
其 他	Others	1524	45304	980795	72.9	18.6
按性质分	By Accounting Practice					
执行事业会计制度	Adopting Institution Accounting System	891	13328	624890	32.1	3.8
执行企业会计制度	Adopting Enterprise Accounting System	1825	51154	1193772	96.4	20.7
按机构类型分	By Type of Venues					
剧场	Theaters	977	25549	688525	21.5	8.5
影剧院	Music Halls and Cinemas	615	8452	382074	84.3	4.4
书场、曲艺场	Storytelling, Recitation and Ballad Venues	56	945	44748	1.1	0.9
杂技、马戏场	Acrobatics and Circus Halls	15	1345	32345	0.4	0.2
音乐厅	Concert Halls	115	2973	47939	1.6	1.3
综合性	General Performance Theaters	332	12071	450962	11.5	4.3
其他艺术表演场馆	Others	606	13147	172069	8.0	4.8
按隶属关系分	By Jurisdiction of Management					
中央	Under Central Government	7	213	6670	0.1	0.1
省、区、市	Under Provinces, Autonomous Regions and Municipalities	124	5400	103304	11.9	1.4
地、市	Under Prefectures (Cities)	351	7767	254205	30.8	1.8
县、市及以下	Under Counties (Cities) and Others	2234	51102	1454483	85.6	21.2

23-22 续表 continued

项 目	Item	观众人次(万人次) Number of Audience (10 000 person-times)	#艺术演出 Art Performances	收入合计(万元) Total Income (10 000 yuan)	#财政拨款 Government	#演出收入 Performance Income	支出合计(万元) Expenses (10 000 yuan)
总 计	**Total**	**12561**	**6785**	**1772329**	**289068**	**559160**	**1585932**
按登记注册类型分	By Status of Registration						
国 有	State-owned	4605	2469	473932	212062	93499	480743
集 体	Collective-owned	50	38	3506	1577	654	3209
其 他	Others	7907	4278	1294891	75430	465006	1101980
按性质分	By Accounting Practice						
执行事业会计制度	Adopting Institution Accounting System	3155	1744	350044	190034	48231	358741
执行企业会计制度	Adopting Enterprise Accounting System	9406	5042	1422285	99034	510928	1227191
按机构类型分	By Type of Venues						
剧场	Theaters	5006	3201	709559	198424	239224	690447
影剧院	Music Halls and Cinemas	3548	1175	192821	26037	59819	161146
书场、曲艺场	Storytelling, Recitation and Ballad Venues	182	89	13268	11	10562	10195
杂技、马戏场	Acrobatics and Circus Halls	213	212	77066	497	63052	70203
音乐厅	Concert Halls	401	328	82319	18325	37874	59098
综合性	General Performance Theaters	2056	1161	319578	41895	78434	291808
其他艺术表演场馆	Others	1156	620	377717	3880	70195	303036
按隶属关系分	By Jurisdiction of Management						
中央	Under Central Government	84	78	3008		1375	2421
省、区、市	Under Provinces, Autonomous Regions and Municipalities	1235	852	229203	97432	64419	188850
地、市	Under Prefectures (Cities)	1870	914	166332	59193	42646	165432
县、市及以下	Under Counties (Cities) and Others	9373	4942	1373787	132444	450721	1229230

23-23 艺术表演团体基本情况(2019年)

项目	Item	机构(个) Number of Institutions (unit)	从业人员(人) Number of Employed Persons (person)	演出场次(万场次) Number of Performances (10 000 shows)	#国内演出 Domestic Performance	#农村 Rural Areas
总 计	**Total**	**17795**	**412346**	**296.8**	**295.6**	**171.3**
按登记注册类型分	By Status of Registration					
国有	State-owned	1693	98939	32.0	31.1	20.5
集体	Collective-owned	173	5548	4.5	4.5	3.2
其他	Others	15929	307859	260.3	260.1	147.5
按隶属关系分	By Jurisdiction of Management					
中央	Under Central Government	16	4953	0.3	0.3	
省、区、市	Under Provinces, Autonomous Regions and Municipalities	213	30440	6.0	5.7	1.9
地、市	Under Prefectures (Cities)	499	37661	9.9	9.5	4.4
县、市及以下	Under Counties (Cities) and Others	17067	339292	280.6	280.1	165.0
按性质分	By Accounting Practice					
执行事业会计制度	Adopting Institution Accounting System	1513	79655	28.7	27.9	19.4
执行企业会计制度	Adopting Enterprise Accounting System	16282	332691	268.1	267.7	151.9
按管理部门分	By Management Authority					
文化部门	Cultural Departments	2052	113569	40.5	39.3	25.6
其他部门	Other Departments	15743	298777	256.3	256.3	145.7
按剧种分	By Type of Art					
话剧、儿童剧、滑稽剧类	Drama, Children's Play and Comedy Troupes	1787	29064	29.6	29.6	20.4
歌舞、音乐类	Song and Dance, Musicals	2809	85759	67.3	67.0	17.1
京剧、昆曲类	Peking Opera and Kunqu Opera	164	8307	2.2	2.2	1.3
地方戏曲类	Local Operas	4982	149101	84.9	84.7	74.8
杂技、魔术、马戏类	Acrobatics, Magic and Circus	542	11933	18.5	18.1	6.0
曲艺类	Folk Arts	934	16174	13.1	13.1	8.6
综合性艺术表演团体	Comprehensive Art Performance	6577	112008	81.1	81.0	43.1

Statistics on Art Performance Troupes (2019)

国内演出观众人次(万人次) Number of Domestic Audience (10 000 person-times)	#农村 Rural Audience	收入合计(万元) Total Revenue (10 000 yuan)	#财政拨款 Government Budget	#演出收入 Revenue from Performance	支出合计(万元) Total Expenses (10 000 yuan)	政府采购的公益演出活动 Public Shows under Government Procurement: 演出场次(万场次) Number of Performances (10 000 shows)	观众人次(万人次) Number of Audience (10 000 person-times)
123020	**76803**	**3969949**	**1845693**	**1277742**	**3433017**	**16.0**	**12242.0**
25615	16920	2158160	1525193	277940	1964606	13.1	9985.9
2840	2125	74991	50416	15497	75793	1.3	1030.4
94565	57759	1736799	270084	984305	1392617	1.6	1225.6
295	23	228974	156133	25409	211544	0.1	126.0
3350	1188	845746	548225	158185	851896	2.1	1304.3
7937	4020	735271	563368	99626	734993	3.4	2913.9
111438	71572	2159959	577967	994522	1634585	10.4	7897.8
22472	15393	1848385	1384687	173342	1650073	11.2	8697.6
100548	61411	2121565	461005	1104400	1782944	4.8	3544.4
31521	20664	2382952	1635543	342298	2186591	15.7	11976.3
91498	56139	1586997	210149	935444	1246426	0.3	265.7
9623	5295	298217	106255	115934	258847	0.4	229.1
15909	6408	1339013	667004	351255	1205784	3.8	2510.6
1625	1061	201556	157026	26324	196025	0.5	390.2
56356	45114	1083954	606105	373891	902773	8.6	7354.1
9217	1525	158291	53536	57479	124210	0.4	240.2
3830	2514	108141	43577	42324	84918	0.4	156.4
26460	14885	780778	212189	310535	660460	1.8	1361.4

23-24 公共图书馆基本情况（2019年）
Statistics on Public Libraries (2019)

指　标	Item	总　计 Total	#少儿图书馆 Children's Libraries	按隶属关系分 By Jurisdiction of Management 中　央 Under Central Govern-ment	省、区、直辖市(级) Under Provinces, Autonomous Regions and Municipa-lities	地市级 Prefec-ture Level	县市级 County (City) Level	#县图书馆 County Libraries
机构数（个）	Number of Institutions (unit)	3196	128	1	39	379	2777	1570
从业人员（人）	Number of Employed Persons (person)	57796	2520	1411	7546	15100	33739	14881
总藏量（万册件）	Total Collections (10000 copies)	111181	5000	4036	21729	29084	56332	20264
当年购买的报刊种类(万种)	Kinds of Newspapers and Periodicals Purchased in the Year (10 000 kinds)	110.4	4.7	1.6	15.0	30.6	63.2	24.8
有效借书证数（万个）	Number of Active Library Cards Distributed (10 000 units)	8627	432	476	981	3132	4038	1002
总流通人次（万人次）	Total Number of Circulation (10 000 person-times)	90135	3789	577	8681	27527	53350	17392
#书刊文献外借人次	Borrowing from Libraries of Books and	26609	1195	35	1556	7905	17114	7047
书刊文献外借册次(万册次)	Number of Books and Periodicals Lent to Readers (10 000 copies-times)	61373	4059	62	4990	19044	37277	12817
组织各类讲座次数（次）	Number of Lectures (time)	85955	9449	295	5109	26791	53760	19856
举办展览（个）	Exhibitions Held (unit)	35034	1486	23	1808	7827	25376	12057
举办培训班（个）	Training Classes Held (unit)	74743	6111	2706	6521	19869	45647	16846
计算机（台）	Computers (set)	225815	8185	3188	18948	52738	150941	71677
#电子阅览室终端数	Terminals in Electronic Media Reading Rooms	145736	4538	502	8199	31119	105916	51280
阅览室坐席数（万个）	Seats of Reading Rooms (10 000 units)	119.1	4.5	0.5	8.3	32.4	77.9	34.0

23-25 群众文化机构基本情况（2019年）
Statistics on Cultural Institutions (2019)

指　标	Item	总计 Total	省、区、直辖市级 Provincial Level	地市级 Prefecture Level	县市级 County (City) Level	#县文化馆 County Cultural Centers	乡镇（街道）文化站 Township (sub-district) Cultural Stations	#乡镇文化站 Township Cultural Stations
机构数（个）	Institutions (unit)	44073	31	359	2936	1604	40747	33530
从业人员（人）	Number of Employed Persons (person)	190068	1792	10166	41629	21540	136481	109630
组织文艺活动（万次）	Art Performances and Story-telling Sessions (10 000 times)	135.9	0.3	2.9	26.9	11.6	105.9	72.5
参加文艺活动人次（万人次）	Participants Attending Art and Cultural Activities (10 000 person-times)	60137	2024	5591	23356	10932	29165	21741
举办训练班（万次）	Number of Training Courses(10 000 time)	88.9	0.3	10.0	26.4	6.7	52.2	31.5
参加培训人次（万人次）	Participants to Training Courses (10 000 person-times)	5404	25	540	1441	423	3398	2147
举办展览个数（万个）	Number of Exhibitions (unit)	16.4	0.1	0.4	2.7	1.2	13.3	10.2
参观展览人次（万人次）	Visitors to Exhibitions(10 000 person-times)	12465	381	1155	4052	1966	6877	5021
组织各类理论研讨和讲座次数（次）	Number of Seminars and Lectures (time)	38411	652	5953	31806	10459		
参加研讨和讲座人次（万人次）	Participants to Seminars and Lectures (10 000 person-times)	710	8	222	480	190		
拥有计算机台数（万台）	Computer Owned (10 000 units)	40.1	0.3	1.2	5.4	2.6	33.2	26.0
本年收入合计（亿元）	Revenue in the Year (100 million yuan)	299.9	10.1	33.3	89.3	34.1	167.2	125.8
本年支出合计（亿元）	Expenditure in the Year (100 million yuan)	309.5	10.2	32.9	88.3	34.0	178.1	130.6
馆办文艺团体（个）	Art Performance Troupes Run by Centers (unit)	8094	133	1156	6805	3080		
馆办文艺团体演出场次（万场次）	Number of Art Performances Run by Centers (10 000 times)	17.6	0.2	1.4	16.1	5.8		
馆办老年大学（个）	Colleges for the Elderly Run by Centers (unit)	769	10	88	671	369		
群众业余文艺团体(万个)	Part-time Art Troupes (10 000 units)	44.2		0.9	8.1	3.7	35.1	27.1

23-26 文物业基本情况（2019年）
Statistics on Cultural Relics (2019)

项　目	Item	机　构（个） Number of Institutions (unit)	从业人员（人） Number of Employed Persons (person)	本年收入合计（万元） Total Revenue in the Year (10 000 yuan)	本年支出合计（万元） Total Expenditure in the Year (10 000 yuan)	资产总计（万元） Total Assets (10 000 yuan)	实际使用房屋建筑面积（万平方米） Floor Space of Buildings Actually in Use (10 000 sq.m)
总　计	**Total**	**10562**	**162410**	**6218272**	**6113817**	**19078569**	**4841**
按单位性质分	By Nature of Units						
文物科研机构	Scientific Research Institutes	126	4331	389671	369168	520493	86
文物保护管理机构	Preservation and Management Agencies	3518	30692	989557	926635	2120066	1629
博物馆	Museums	5132	108035	3378348	3393705	14477015	2960
文物商店	Cultural Relics Shops	83	1344	77558	72535	243386	16
其他文物机构	Other Agencies	1703	18008	1383138	1351775	1717609	149
按隶属关系分	By Jurisdiction of Management						
中　央	Central Level	12	3092	277341	258104	693512	61
省、区、市	Provincial Level	328	18526	1178036	1107740	3776071	340
地、市	Prefecture Level	1809	49130	2005692	1970609	5921657	1280
县、市	County or City Level	8413	91662	2757203	2777363	8687329	3161
按管理部门分	By Department of Management						
文物部门	Cultural Relics Department	8750	135084	5530658	5329240	13056140	3704
其他部门	Other Departments	1812	27326	687615	784577	6022429	1137

23-26 续表 continued

项　目	Item	文物藏品（件/套） Number of Collections (piece/set)	#一级品 Grade I Collection	本年从有关部门接收文物数(件/套) Accepted Relics from Other Departments in the Year (piece/set)	本年藏品征集数（件/套） Collection of Cultural Relics (piece/set)	举办陈列展览（个） Exhibition & Displays (unit)	参观人次（万人次） Visitors (10 000 person-times)
总　计	**Total**	**51301448**	**90609**	**81515**	**358527**	**30720**	**131762**
按单位性质分	By Nature of Units						
文物科研机构	Scientific Research Institutes	1522789	1589	5136	11	28	309
文物保护管理机构	Preservation and Management Agencies	1660402	8178	5361	12391	1974	19165
博物馆	Museums	39553764	79321	70796	329849	28718	112288
文物商店	Cultural Relics Shops	7904158	185				
其他文物机构	Other Agencies	660335	1336	222	16276		
按隶属关系分	By Jurisdiction of Management						
中　央	Central Level	3338663	14941	1010	2959	178	2953
省、区、市	Provincial Level	18475183	31201	3643	21931	1592	13868
地、市	Prefecture Level	10235829	17654	59927	137268	9439	43084
县、市	County or City Level	19251773	26813	16935	196369	19511	71857
按管理部门分	By Department of Management						
文物部门	Cultural Relics Department	38705660	85000	79502	245102	23053	107163
其他部门	Other Departments	12595788	5609	2013	113425	7667	24598

23-27 分地区艺术表演团体、艺术表演场馆演出情况(2019年)

Statistics on Operation of Art Performance Troupes and Art Performance Venues by Region (2019)

地区	Region	艺术表演团体 Art Performance Troupes				艺术表演场馆 Art Performance Venues				
		机构数(个) Number of Institutions (unit)	演出场次(万场次) Number of Performances (10 000 shows)	#国内演出 Domestic Performances	国内演出观众人次(万人次) Number of Domestic Audience (10 000 person-times)	机构数(个) Number of Institutions (unit)	演(映)出场次(万场次) Number of Performances (10 000 shows)	#艺术演出 Art Performances	观众人次(万人次) Number of Audience (10 000 person-times)	#艺术演出 Art Performances
全国	**National Total**	**17795**	**296.80**	**295.62**	**123020**	**2716**	**128.44**	**24.54**	**12561**	**6785**
中央	Central Level	16	0.33	0.29	295	7	0.14	0.14	84	78
北京	Beijing	370	2.43	2.36	803	52	20.68	0.94	1140	317
天津	Tianjin	151	0.92	0.92	396	74	3.63	0.79	370	119
河北	Hebei	749	9.27	9.19	6854	112	7.56	0.37	269	121
山西	Shanxi	779	9.76	9.70	5210	137	7.61	0.54	366	168
内蒙古	Inner Mongolia	264	3.36	3.33	2238	45	1.83	0.30	171	71
辽宁	Liaoning	238	7.83	7.81	836	97	2.17	1.76	534	441
吉林	Jilin	95	0.65	0.65	348	70	2.11	0.45	207	80
黑龙江	Heilongjiang	87	1.36	1.33	417	64	0.52	0.25	136	69
上海	Shanghai	311	7.29	7.27	1225	50	1.82	0.64	563	388
江苏	Jiangsu	626	12.11	12.07	4683	244	19.93	1.14	892	314
浙江	Zhejiang	1550	37.54	37.50	18261	358	12.21	2.38	1320	764
安徽	Anhui	2628	34.71	34.64	13398	107	1.74	0.61	402	205
福建	Fujian	455	8.58	8.56	4295	57	6.69	1.41	369	217
江西	Jiangxi	337	4.36	4.32	3125	89	7.58	1.17	386	157
山东	Shandong	1306	13.73	13.63	7056	145	3.28	2.21	538	306
河南	Henan	2221	38.98	38.95	20174	191	2.07	0.66	721	348
湖北	Hubei	388	5.11	5.05	6049	67	5.21	0.34	298	185
湖南	Hunan	575	40.71	40.69	2640	119	2.44	1.67	786	598
广东	Guangdong	397	4.65	4.62	2601	84	1.14	0.37	761	314
广西	Guangxi	95	1.85	1.84	1039	63	2.59	0.61	178	63
海南	Hainan	111	1.11	1.11	1096	30	0.56	0.38	601	564
重庆	Chongqing	1646	19.82	19.76	2976	49	2.03	0.53	118	49
四川	Sichuan	732	6.14	6.11	2642	101	1.38	0.89	321	214
贵州	Guizhou	158	2.15	2.09	1127	18	0.09	0.07	46	45
云南	Yunnan	304	7.57	7.56	3539	50	0.79	0.55	161	115
西藏	Tibet	85	0.67	0.65	549	15	0.04	0.03	60	58
陕西	Shaanxi	516	5.58	5.54	4720	114	4.33	1.19	412	236
甘肃	Gansu	343	3.51	3.48	2648	42	1.49	0.67	165	105
青海	Qinghai	100	0.52	0.49	213	39	0.57	0.35	81	12
宁夏	Ningxia	30	0.50	0.49	300	3	0.03	0.02	14	10
新疆	Xinjiang	132	3.73	3.66	1265	23	4.24	1.14	90	53

23-28 分地区公共图书馆基本情况(2019年)
Statistics on Public Libraries by Region (2019)

地 区	Region	公共图书馆 (个) Number of Public Library (unit)	总藏量 (万册件) Total Collections (10 000 copies)	人均拥有公共图书馆藏量 (册) Collections of Public Libraries Per Person (copy)	有效借书证数 (万个) Number of Active Library Cards Distributed (10 000 units)	总流通人次 (万人次) Total Number of Circulation (10 000 person-times)	#书刊文献外借人次 Borrowing from Libraries of Books and Periodicals	书刊文献外借册次 (万册次) Number of Books and Periodicals Lent to Readers (10 000 copies-times)	阅览室座席数 (个) Seats of Reading Rooms (unit)
总 计	**National Total**	**3196**	**111181**	**0.79**	**8627**	**90135**	**26609**	**61373**	**1190656**
中 央	Central Level	1	4036		476	577	35	62	5427
北 京	Beijing	23	3012	1.40	183	1969	445	1266	15510
天 津	Tianjin	29	2099	1.34	102	1621	360	1067	20317
河 北	Hebei	173	3064	0.40	178	2563	872	1713	45575
山 西	Shanxi	128	2026	0.54	155	2030	666	1044	39483
内蒙古	Inner Mongolia	117	1996	0.79	81	1377	387	784	33023
辽 宁	Liaoning	130	4395	1.01	173	3123	759	1982	40720
吉 林	Jilin	66	2168	0.81	116	971	358	710	22973
黑龙江	Heilongjiang	110	2319	0.62	88	1152	425	884	28477
上 海	Shanghai	23	8063	3.32	263	2734	506	2151	23771
江 苏	Jiangsu	117	9887	1.23	1656	8425	2512	6153	72873
浙 江	Zhejiang	103	9433	1.61	1286	13935	2543	7846	84904
安 徽	Anhui	127	3123	0.49	248	3582	1372	2340	45855
福 建	Fujian	94	4254	1.07	304	3895	1555	4176	44544
江 西	Jiangxi	114	2659	0.57	150	1859	895	1688	39590
山 东	Shandong	154	6616	0.66	600	5245	2268	3623	63898
河 南	Henan	164	3409	0.35	210	4295	1531	2465	62321
湖 北	Hubei	116	4221	0.71	220	2646	1221	2298	47800
湖 南	Hunan	141	3567	0.52	242	2662	1144	2409	42224
广 东	Guangdong	146	10543	0.92	860	12201	2349	7933	109862
广 西	Guangxi	116	2902	0.59	123	2113	559	1061	33899
海 南	Hainan	24	598	0.63	32	444	86	228	6599
重 庆	Chongqing	43	1901	0.61	229	1598	548	1324	31181
四 川	Sichuan	206	4172	0.50	284	2739	995	1929	62458
贵 州	Guizhou	98	1606	0.44	84	930	392	642	26592
云 南	Yunnan	151	2338	0.48	65	1693	486	1056	32911
西 藏	Tibet	81	245	0.70	1	38	6	11	3624
陕 西	Shaanxi	111	2097	0.54	65	1538	533	1003	28177
甘 肃	Gansu	104	1700	0.64	51	907	373	715	27669
青 海	Qinghai	52	494	0.81	19	168	55	93	5261
宁 夏	Ningxia	27	749	1.08	30	531	186	354	13421
新 疆	Xinjiang	107	1490	0.59	53	575	187	362	29717

23-28 续表 continued

地 区	Region	每万人拥有公共图书馆建筑面积(平方米) Floor Space of Public Libraries per 10 000 Population (sq.m)	组织各类讲座次数(次) Number of Lectures (time)	参加讲座人次(万人次) Participants to Lectures (10 000 person-times)	举办展览(个) Exhibitions Held (unit)	参观展览人次(万人次) Visitors to Exhibitions (10 000 person-times)	举办培训班(个) Training Classes Held (unit)	参加培训人次(万人次) Participants to Training Classes (10 000 person-times)	计算机(台) Computers (set)	#电子阅览室终端数 Terminals in Electronic Media Reading Rooms
总 计	**National Total**	**121.4**	**85955**	**2158.92**	**35034**	**9097.98**	**74743**	**528.76**	**225815**	**145736**
中 央	Central Level		295	7.55	23	130.16	2706	30.60	3188	502
北 京	Beijing	138.4	3009	20.75	585	251.56	1624	6.01	4461	2052
天 津	Tianjin	278.7	1570	14.81	670	168.45	1636	6.76	4550	2963
河 北	Hebei	75.0	3894	46.37	1131	199.68	1969	11.14	8135	5711
山 西	Shanxi	148.8	3089	334.84	844	451.22	1805	21.69	7110	4703
内蒙古	Inner Mongolia	170.4	1032	16.06	588	57.04	561	3.52	6603	4597
辽 宁	Liaoning	141.2	2636	23.21	1115	310.33	2533	7.97	9771	5845
吉 林	Jilin	114.2	915	9.11	547	118.35	532	3.88	4534	2883
黑龙江	Heilongjiang	91.8	1323	19.34	857	133.06	1708	7.68	5897	3752
上 海	Shanghai	182.9	2488	26.17	379	213.77	1752	7.56	6643	3009
江 苏	Jiangsu	195.4	4763	69.58	1969	390.43	2641	12.91	12545	7211
浙 江	Zhejiang	223.4	7415	105.62	3519	1191.49	12030	101.25	12994	8573
安 徽	Anhui	89.5	3020	51.28	1508	329.11	3220	23.26	8288	6009
福 建	Fujian	152.2	3055	40.31	1050	211.69	2165	17.09	7457	4952
江 西	Jiangxi	95.2	1901	27.58	1261	225.13	1131	9.71	7659	4832
山 东	Shandong	107.2	7728	78.75	2426	356.86	6287	38.87	11919	8046
河 南	Henan	75.3	6750	74.91	1708	220.26	2462	15.23	10445	7190
湖 北	Hubei	121.4	2859	50.95	1216	228.71	1433	10.19	7261	4734
湖 南	Hunan	77.1	4256	134.24	1179	311.32	4602	72.84	8029	5114
广 东	Guangdong	131.2	9419	793.76	3156	2076.10	10174	48.02	18103	11366
广 西	Guangxi	95.4	1793	31.63	1218	289.09	2032	16.20	6764	4624
海 南	Hainan	97.0	400	6.46	142	88.63	948	2.93	1517	963
重 庆	Chongqing	118.4	1499	20.93	1060	167.52	1557	11.34	4416	3125
四 川	Sichuan	81.2	3535	44.33	1376	301.44	1602	8.16	11346	8180
贵 州	Guizhou	79.1	1175	21.76	719	83.75	810	4.74	5397	3573
云 南	Yunnan	84.7	1847	23.25	1284	204.57	1431	8.03	7875	5408
西 藏	Tibet	168.3	87	0.86	104	2.19	48	0.23	1419	946
陕 西	Shaanxi	93.8	1588	24.20	1173	129.60	1708	10.07	6160	4287
甘 肃	Gansu	123.2	1306	21.20	757	96.63	441	4.02	5287	3532
青 海	Qinghai	151.4	193	2.95	189	14.07	115	0.72	2081	1301
宁 夏	Ningxia	200.3	219	3.12	299	29.07	197	2.03	2345	1658
新 疆	Xinjiang	140.5	896	13.06	982	116.70	883	4.14	5616	4095

23-29 分地区博物馆基本情况(2019年)
Statistics on Museums by Region (2019)

地区	Region	机构(个) Number of Institutions (unit)	从业人员(人) Number of Employed Persons (person)	#专业技术人员 Professional & Technical Staff	文物藏品(件/套) Number of Collections (piece/set)	基本陈列展览(个) Regular Exhibitions (unit)	参观人次(万人次) Visitors (10 000 person-times)	门票销售总额(万元) Revenue from Entrance Tickets (10 000 yuan)
总计	**National Total**	**5132**	**107993**	**39312**	**39548334**	**28701**	**114669**	**527591.4**
中央	Central Level	3	2402	1630	3306602	115	2543	73794.9
北京	Beijing	81	3786	1191	2033344	501	2489	17499.3
天津	Tianjin	68	1465	632	711945	458	1487	3407.6
河北	Hebei	136	4017	1303	395093	763	3407	10223.9
山西	Shanxi	158	4438	1439	1374537	521	2461	18153.9
内蒙古	Inner Mongolia	125	1839	908	959532	589	1484	226.7
辽宁	Liaoning	65	2080	932	583427	434	2241	15312.5
吉林	Jilin	107	1586	865	641163	568	1121	4515.0
黑龙江	Heilongjiang	193	2668	1138	997004	938	2218	68.7
上海	Shanghai	98	3047	1743	2026851	701	2768	44165.9
江苏	Jiangsu	345	7286	2559	1886594	2042	10034	32263.2
浙江	Zhejiang	366	6041	1950	1430036	2365	8030	7019.7
安徽	Anhui	219	3195	1179	825635	1064	2979	1091.9
福建	Fujian	130	2691	1004	679751	1298	4167	388.4
江西	Jiangxi	143	3347	1145	448155	721	3792	691.6
山东	Shandong	541	8319	3093	4380555	2958	7658	13007.2
河南	Henan	340	7400	2046	1148305	1574	6429	7241.5
湖北	Hubei	213	4218	1949	2039685	1140	4110	1258.6
湖南	Hunan	117	3082	892	633889	526	6412	886.4
广东	Guangdong	241	4472	2107	1218419	2394	9304	21451.1
广西	Guangxi	131	2201	926	315125	571	1994	90.9
海南	Hainan	27	601	159	147964	202	359	
重庆	Chongqing	104	3046	979	556678	635	3793	11277.4
四川	Sichuan	256	6659	1713	4067408	1195	7219	40045.8
贵州	Guizhou	91	1573	387	113495	288	1846	4.1
云南	Yunnan	140	1838	991	1552840	882	2407	233.7
西藏	Tibet	7	215	78	66343	6	17	
陕西	Shaanxi	294	8881	2235	3845472	1168	6793	157785.5
甘肃	Gansu	224	3202	1367	527235	1546	3325	36262.8
青海	Qinghai	24	390	172	67365	66	232	
宁夏	Ningxia	55	824	239	341655	196	852	7717.9
新疆	Xinjiang	90	1184	361	226232	276	697	1505.3

23-30 分地区规模以上文化及相关产业法人单位数(2019年)
Number of Corporate Units of Cultural and Related Industries above Designated Size by Region (2019)

单位：个 (unit)

地区 Region	法人单位数 Corporate Units	文化制造业 Culture-Related Manufacturing	文化批发和零售业 Culture-Related Wholesale and Retail	文化服务业 Culture-Related Services
全国 National Total	**61232**	**19284**	**10462**	**31486**
北京 Beijing	4831	152	591	4088
天津 Tianjin	883	157	143	583
河北 Hebei	1432	544	271	617
山西 Shanxi	314	45	91	178
内蒙古 Inner Mongolia	171	10	41	120
辽宁 Liaoning	724	119	127	478
吉林 Jilin	256	37	80	139
黑龙江 Heilongjiang	248	43	85	120
上海 Shanghai	3120	372	469	2279
江苏 Jiangsu	7315	2392	1180	3743
浙江 Zhejiang	5134	2348	963	1823
安徽 Anhui	2353	963	444	946
福建 Fujian	3538	1459	546	1533
江西 Jiangxi	1727	850	138	739
山东 Shandong	2660	1139	613	908
河南 Henan	2866	883	607	1376
湖北 Hubei	2845	848	580	1417
湖南 Hunan	3701	1355	529	1817
广东 Guangdong	9709	4089	1571	4049
广西 Guangxi	680	181	192	307
海南 Hainan	168	7	31	130
重庆 Chongqing	1045	227	193	625
四川 Sichuan	1867	503	304	1060
贵州 Guizhou	625	131	104	390
云南 Yunnan	731	153	160	418
西藏 Tibet	34	5	5	24
陕西 Shaanxi	1682	211	289	1182
甘肃 Gansu	198	19	37	142
青海 Qinghai	52	8	11	33
宁夏 Ningxia	72	14	19	39
新疆 Xinjiang	251	20	48	183

注：规模以上文化及相关产业法人单位包括规模以上文化制造业企业、限额以上文化批发和零售业企业以及规模以上文化服务业企业。

a) Corporate units of culture and related industries above designated size include culture-related manufacturing enterprises above designated size, culture-related wholesale and retail enterprises above designated size, and culture-related service enterprises above designated size.

23-31 分地区规模以上文化制造业企业基本情况(2019年)
Statistics on Culture-Related Manufacturing Enterprises above Designated Size by Region (2019)

单位：万元 (10 000 yuan)

地区	Region	企业单位数(个) Number of Enterprises (unit)	年末从业人员(人) Employed Persons at Year-end (person)	资产总计 Total Assets	营业收入 Business Revenue	应交增值税 Value-added Tax Payable
全国	**National Total**	**19284**	**3985188**	**332883775**	**380443930**	**6898313**
北京	Beijing	152	28408	5145649	4195569	99029
天津	Tianjin	157	23635	2799434	3364425	28610
河北	Hebei	544	67656	5397797	5178130	111372
山西	Shanxi	45	7346	765399	436097	19763
内蒙古	Inner Mongolia	10	1778	211081	197644	1689
辽宁	Liaoning	119	26473	2928041	2369909	20211
吉林	Jilin	37	5605	670868	324506	7063
黑龙江	Heilongjiang	43	4312	323817	205393	3103
上海	Shanghai	372	73679	8430418	13900159	102492
江苏	Jiangsu	2392	482833	49248639	52805954	835860
浙江	Zhejiang	2348	327845	27738519	25045903	747426
安徽	Anhui	963	136812	13706652	14492630	349101
福建	Fujian	1459	329541	15492545	35208830	510600
江西	Jiangxi	850	211422	11000686	14752397	257716
山东	Shandong	1139	237015	40797653	27162454	544155
河南	Henan	883	175225	11429320	12485407	169312
湖北	Hubei	848	139395	12394985	17902283	470385
湖南	Hunan	1355	269737	11716044	21647331	425114
广东	Guangdong	4089	1134116	78908386	90979751	1414114
广西	Guangxi	181	50269	2028192	3044548	79771
海南	Hainan	7	3228	3001756	1216861	49418
重庆	Chongqing	227	55382	3959557	5417414	129852
四川	Sichuan	503	109497	14028098	19198825	347390
贵州	Guizhou	131	15464	903089	1147847	23953
云南	Yunnan	153	25485	3278358	3148659	87366
西藏	Tibet	5	538	52382	13083	55
陕西	Shaanxi	211	31686	5630635	4190102	53393
甘肃	Gansu	19	2898	163820	78738	2347
青海	Qinghai	8	1166	97274	40523	1439
宁夏	Ningxia	14	3725	480827	214559	4036
新疆	Xinjiang	20	3017	153855	78003	2183

23-32 分地区限额以上文化批发和零售业企业基本情况(2019年)
Statistics on Culture-Related Wholesale and Retail Enterprises above Designated Size by Region (2019)

单位：万元 (10 000 yuan)

地 区	Region	企业单位数(个) Number of Enterprises (unit)	年末从业人员(人) Employed Persons at Year-end (person)	资产总计 Total Assets	营业收入 Business Revenue	应交增值税 Value-added Tax Payable
全 国	**National Total**	**10462**	**529797**	**122210796**	**175341700**	**1385744**
北 京	Beijing	591	48453	20557492	22493250	216178
天 津	Tianjin	143	4038	1356179	2368986	8145
河 北	Hebei	271	15427	1633333	1946645	9854
山 西	Shanxi	91	5455	1123554	957899	3758
内蒙古	Inner Mongolia	41	2117	492135	290284	2273
辽 宁	Liaoning	127	6876	746426	1173309	8142
吉 林	Jilin	80	3609	353793	295188	744
黑龙江	Heilongjiang	85	3586	547486	422875	-1315
上 海	Shanghai	469	35982	11208281	21615818	124406
江 苏	Jiangsu	1180	56154	14340709	21428978	188442
浙 江	Zhejiang	963	37211	8185795	13799670	153137
安 徽	Anhui	444	14996	4253576	5054529	35415
福 建	Fujian	546	14833	3725959	10490915	50008
江 西	Jiangxi	138	8679	1712014	1641293	26566
山 东	Shandong	613	41278	12461671	16794395	110820
河 南	Henan	607	31289	2206652	3928101	31631
湖 北	Hubei	580	22607	3104867	4382658	63892
湖 南	Hunan	529	22056	2085333	3711551	49493
广 东	Guangdong	1571	86282	16392753	26956184	219787
广 西	Guangxi	192	5473	1280137	1148267	4374
海 南	Hainan	31	1955	272836	434134	1791
重 庆	Chongqing	193	14507	2673287	3091526	28200
四 川	Sichuan	304	16904	6079956	6053747	23915
贵 州	Guizhou	104	3137	820200	593036	2616
云 南	Yunnan	160	8220	1224773	1328472	14576
西 藏	Tibet	5	72	9108	12504	24
陕 西	Shaanxi	289	10296	1140440	1741619	5932
甘 肃	Gansu	37	3626	1269235	546481	-3789
青 海	Qinghai	11	873	106035	56933	462
宁 夏	Ningxia	19	570	129163	95904	121
新 疆	Xinjiang	48	3236	717618	486548	6144

23-33 分地区规模以上文化服务业企业基本情况(2019年)
Statistics on Culture-Related Service Enterprises above Designated Size by Region (2019)

单位：万元 (10 000 yuan)

地 区	Region	企业单位数(个) Number of Enterprises (unit)	年末从业人员(人) Employed Persons at Year-end (person)	资产总计 Total Assets	营业收入 Business Revenue	应交增值税 Value-added Tax Payable
全 国	**National Total**	**31486**	**3482548**	**915443850**	**434542088**	**8173613**
北 京	Beijing	4088	465504	164500246	103283831	1485348
天 津	Tianjin	583	50195	20820525	13713389	246181
河 北	Hebei	617	70253	15761382	2479544	79267
山 西	Shanxi	178	24535	8105671	972910	18185
内蒙古	Inner Mongolia	120	13344	2509901	522413	6856
辽 宁	Liaoning	478	88911	9332046	3905506	64224
吉 林	Jilin	139	16696	4452902	746633	17907
黑龙江	Heilongjiang	120	19699	2194831	716948	-20749
上 海	Shanghai	2279	280550	95101067	49850638	972523
江 苏	Jiangsu	3743	437683	116011619	34361111	749584
浙 江	Zhejiang	1823	202068	98495015	65429758	1189724
安 徽	Anhui	946	85457	19341643	6457433	130533
福 建	Fujian	1533	112849	14412005	8464098	149559
江 西	Jiangxi	739	49083	7885324	3635158	57964
山 东	Shandong	908	119315	30610145	7344371	165240
河 南	Henan	1376	139029	16893793	7161121	161113
湖 北	Hubei	1417	270674	42131677	17248349	442944
湖 南	Hunan	1817	129530	22406424	8744075	142474
广 东	Guangdong	4049	448887	123517713	63478557	1276734
广 西	Guangxi	307	35419	4819831	2565334	39052
海 南	Hainan	130	19307	3722290	1629810	34700
重 庆	Chongqing	625	77926	22845225	8143344	140390
四 川	Sichuan	1060	126389	24985180	10833101	371647
贵 州	Guizhou	390	33071	7926274	1603318	40094
云 南	Yunnan	418	45740	9646116	2777859	59023
西 藏	Tibet	24	2039	552153	227365	5210
陕 西	Shaanxi	1182	83714	17823579	5041514	93440
甘 肃	Gansu	142	15860	3041404	533302	14044
青 海	Qinghai	33	3422	741045	427138	1
宁 夏	Ningxia	39	5231	723270	160330	4310
新 疆	Xinjiang	183	10168	4133556	2083833	36091

23-34 体育系统机构人员情况（2019年）
Number of Sports-Related Institutions and Personnel (2019)

单位：个、人 (unit, person)

指　标	Item	合计 Total 机构 Institutions	合计 Total 人员 Personnel	国家级 National Level 机构 Institutions	国家级 National Level 人员 Personnel
总计	**Total**	**6943**	**148181**	**44**	**5171**
体育行政机关	Administrative Agencies of Sports	3050	27305	1	238
运动项目管理部门	Sports Events Management Departments	279	33482	19	1451
本科院校	Universities and Colleges	8	6153	1	1110
职业、运动技术学院	Sports Technical Institutes	16	5895		
体育运动学校	Physical Education and Sports Schools	216	14499		
竞技体校	Competitive Sports Schools	18	659		
少儿体育运动学校（业余体校）	Spare-time Sports Schools	1348	19035		
单项运动学校	Sport Event Schools	21	440		
体育中学	Secondary Schools of Physical Education	33	1441		
训练基地	Training Bases	70	2818	5	568
体育场馆	Stadiums and Gymnasiums	637	12337	1	252
体育科研机构	Sports Science Research Institute	54	1336	1	186
其他事业单位	Other Institutions	1126	19866	12	685
其他	Others	67	2915	4	681

23-34 续表 continued

单位：个、人 (unit, person)

指　标	Item	省级 Provincial Level 机构 Institutions	省级 Provincial Level 人员 Personnel	地级 Prefectural Level 机构 Institutions	地级 Prefectural Level 人员 Personnel	县级 County Level 机构 Institutions	县级 County Level 人员 Personnel
总计	**Total**	**639**	**56763**	**1844**	**48132**	**4416**	**38115**
体育行政机关	Administrative Agencies of Sports	33	1636	428	7647	2588	17784
运动项目管理部门	Sports Events Management Departments	218	28894	41	3106	1	31
本科院校	Universities and Colleges	7	5043				
职业、运动技术学院	Sports Technical Institutes	14	5357	2	538		
体育运动学校	Physical Education and Sports Schools	27	2311	159	11724	30	464
竞技体校	Competitive Sports Schools			3	150	15	509
少儿体育运动学校(业余体校)	Spare-time Sports Schools	6	265	314	8679	1028	10091
单项运动学校	Sport Event Schools	3	80	15	314	3	46
体育中学	Secondary Schools of Physical Education			15	788	18	653
训练基地	Training Bases	25	1717	38	491	2	42
体育场馆	Stadiums and Gymnasiums	54	2581	360	7146	222	2358
体育科研机构	Sports Science Research Institute	27	901	26	249		
其他事业单位	Other Institutions	207	6931	412	6361	495	5889
其他	Others	18	1047	31	939	14	248

23-35 运动员获世界冠军情况
World Championships Won by Chinese Athletes

年份 Year	项数 (项) Number of Events (item)	人数 (人) Number of Persons (person)	个数 (个) Number of Champions (time)
1978	4	4	4
1979	12	20	12
1980	3	3	3
1981	25	53	25
1982	12	31	13
1983	37	50	39
1984	33	46	37
1985	42	70	46
1986	26	56	26
1987	64	72	69
1988	54	59	54
1989	80	83	82
1990	54	61	54
1991	88	86	93
1992	86	68	89
1993	101	106	103
1994	79	86	79
1995	98	187	102
1996	72	58	75
1997	87	96	92
1998	75	89	83
1999	91	129	92
2000	92	109	110
2001	79	138	90
2002	99	123	110
2003	17	94	84
2004	27	175	101
2005	22	159	106
2006	24	169	141
2007	22	217	123
2008	24	151	120
2009	30	223	142
2010	22	180	108
2011	24	198	138
2012	24	140	107
2013	22	164	124
2014	22	206	98
2015	25	214	127
2016	23	154	107
2017	24	248	106
2018	27	222	118
2019	33	305	128

23-36 运动员分项创世界纪录情况（2019年）
World Records Set by Chinese Athletes by Events (2019)

项目	Item	项数(项) Number of Events (item)	人数(人) Number of Persons (person)	次数(次) Number of Times (time)
总计	**Total**	**16**	**19**	**18**
射击	Shooting	4	7	6
举重	Weightlifting	7	7	7
竞走	Race Walk	1	1	1
攀岩	Sport Climbing	1	1	1
航海模型	Marine Modle Sports	2	2	2
轮滑	Roller Skating	1	1	1

主要统计指标解释

广播/电视节目综合人口覆盖率 指根据国家广播电视总局制定的《广播电视人口覆盖率统计技术标准和方法》进行统计调查的，在对象区内能接收到由中央、省、地市或县通过无线、有线或卫星等各种技术方式转播的各级广播/电视节目的人口数占对象区总人口数的百分比。

艺术表演团体 指由文化部门主办或实行行业管理（经文化行政部门审批并领取营业性演出许可证），专门从事表演艺术等活动的各类专业艺术表演团体，含民间职业剧团。不包括群众业余文艺表演团队。

艺术表演场馆 指由文化部门主办或实行行业管理（向文化行政部门备案或领取合资/合作演出场所许可证），有观众席、舞台、灯光设备，公开售票、专供文艺团体演出的文化活动场所。

文化市场经营机构 指经文化市场行政部门审批或备案并领取相关许可或备案文件的、从事文化经营和文化服务活动的机构。

国家综合档案馆 指按行政区划或历史时期设置的，收集和管理所辖范围内多种门类档案的档案馆。

规模以上文化制造业企业 指《文化及相关产业分类(2018)》所规定行业范围内，年主营业务收入在2000万元及以上的工业企业法人。

限额以上文化批发和零售业企业 指《文化及相关产业分类(2018)》所规定行业范围内，年主营业务收入在2000万元及以上的批发业企业法人和年主营业务收入在500万元及以上的零售业企业法人。

规模以上文化服务业企业 指《文化及相关产业分类(2018)》所规定行业范围内，年营业收入在1000万元及以上的服务业企业法人，其中交通运输、仓储和邮政业，信息传输、软件和信息技术服务业，水利、环境和公共设施管理业的年营业收入2000万元及以上，居民服务、修理和其他服务业以及文化、体育和娱乐业的年营业收入在500万元及以上。

Explanatory Notes on Main Statistical Indicators

Population Coverage Rate of Radio/Television Programs refers to the percentage of population in the target region who can receive radio/television programmes transmitted by national, provincial, municipal or county stations through wireless, cable or satellite techniques, according to *Statistical Standard and Method on Television and Radio Coverage of Population* established by the State Administration of Radio and Television.

Arts Performance Troupes refer to the various professional performing arts groups, sponsored by the cultural departments or guided by the cultural societies (approved by the cultural administration authority, or permitted with the commercial performance certificate), including non-public troupes. The mass amateur arts performance troupes are not included.

Arts Performance Venues refer to the various venues for cultural activities, which are sponsored by the cultural departments or guided by the cultural societies (registered in the cultural market administration, or permitted with the cooperative performance certificate), with the facility of auditorium, stage and lighting, and selling tickets to the public.

Institutions of Cultural Market Management refer to the institutions engaged in cultural management and cultural services, with registration and permits certificate and documents from cultural market administration.

National Comprehensive Archives refer to all archives institutions responsible for collecting and keeping various documents and materials by administrative regions or historical periods .

Culture-Related Manufacturing Enterprises above Designated Size refer to manufacturing enterprises under the designated industrial sectors of *Classification of Culture and Related Industry (2018)*, with annual principal business revenue over 20 million yuan.

Culture-Related Wholesale and Retail Enterprises above Designated Size refer to wholesale and retail enterprises under the designated industrial sectors of *Classification of Culture and Related Industry (2018)*, with annual principal business revenue over 20 million yuan for wholesale enterprises, and annual principal business revenue over 5 million yuan for retail enterprises.

Culture-Related Service enterprises above Designated Size refer to service enterprises under the designated industrial sectors of *Classification of Culture and Related Industry (2018)*, with annual principal business revenue over 10 million yuan, except for enterprises in transport, storage and post, information transmission, software and information technology services, water conservancy, environment and public facilities management sectors, where the threshold of annual principal business is over 20 million yuan, as well as enterprises in household services, repair and other services, culture, sports and recreation sectors where the threshold of annual principal business is over 5 million yuan.

24

公共管理、社会保障和社会组织

Public Management, Social Security and Social Organizations

简 要 说 明

本篇资料的主要内容和资料来源

本篇主要包括社会参与、公检法司、群众组织和社会保险情况等内容。

一、社会参与的内容主要包括历届全国人大代表和政协委员情况。

二、公检法司的内容主要包括公安机关刑事案件立案情况和治安案件查处情况，交通事故情况，人民检察院办案情况，人民法院审理案件和收结案情况以及司法部门律师、公证、调解工作情况。资料分别由公安部、最高人民检察院、最高人民法院和司法部提供。

三、群众组织的内容主要包括工会组织情况。资料由全国总工会提供。工会资料详见《中国工会统计年鉴》(中华全国总工会编)。

四、社会保险的内容主要包括社会保险基金收支情况，基本养老保险情况、失业保险情况、基本医疗保险情况、工伤保险情况、生育保险参保及享受待遇情况等资料由人力资源和社会保障部与国家医疗保障局提供。详细资料见《中国劳动统计年鉴》（国家统计局人口和就业统计司、人力资源和社会保障部规划财务司编）。

Brief Introduction

Main Contents and Sources of Data

Data in this chapter show statistics on social participation, public security, procuratorial, legal and judicial affairs, mass organizations, social insurance and so on.

I. Data on social participation cover mainly information on deputies to the National People's Congress (NPC) and members of the Chinese People's Political Consultative Conference (CPPCC).

II. Data on public security, procuratorial, legal and judicial affairs cover information such as criminal cases registered and offense cases against public order handled by the public security organs, traffic accidents, cases handled by people's procuratorate, cases accepted and settled by the people's courts, and statistics on lawyers, notarization and mediation. Data are tabulated and provided by the Ministry of Public Security, the Supreme People's Procuratorate, the Supreme People's Court and the Ministry of Justice based statistical reporting system.

III. Data on mass organizations cover information on trade unions which are provided by All-China Federation of Trade Unions. The detailed information can be found in *Statistical Yearbook on Chinese Trade Union* (All-China Federation of Trade Unions).

IV. Data on social insurance mainly include revenue and expenses of social insurance fund, contributors and beneficiaries of basic endowment insurance, unemployment insurance, basic medical insurance, work-related injury insurance and birth insurance. Data are provided by the Ministry of Human Resources and Social Security and National Healthcare Security Administration. For detail information, please refer to "*China Labour Statistical Yearbook*" (Department of Population and Employment Statistics, National Bureau of Statistics, Department of Planning and Finance, Ministry of Human Resources and Social Security).

24-1 历届全国人民代表大会代表人数
Number of Deputies to Previous National People's Congresses

单位：人 (person)

届别	Congress	年份 Year	代表总数 Total Number of Deputies	#女代表 Female Deputies	#少数民族代表 Ethnic Minority Deputies	占代表总数比重(%) As Percentage to Total Deputies (%) 女代表 Female Deputies	少数民族代表 Ethnic Minority Deputies
一 届	First Congress	1954	1226	147	177	12.0	14.4
二 届	Second Congress	1959	1226	150	180	12.2	14.7
三 届	Third Congress	1964	3040	542	373	17.8	12.3
四 届	Fourth Congress	1975	2885	653	270	22.6	9.4
五 届	Fifth Congress	1978	3497	740	381	21.2	10.9
六 届	Sixth Congress	1983	2978	632	404	21.2	13.6
七 届	Seventh Congress	1988	2970	634	445	21.3	15.0
八 届	Eighth Congress	1993	2978	626	439	21.0	14.7
九 届	Ninth Congress	1998	2979	650	428	21.8	14.4
十 届	Tenth Congress	2003	2984	604	415	20.2	13.9
十一届	Eleventh Congress	2008	2987	637	411	21.3	13.8
十二届	Twelfth Congress	2013	2987	699	409	23.4	13.7
十三届	Thirteenth Congress	2018	2980	742	438	24.9	14.7

24-2 历届全国政治协商会议委员人数
Number of Members of Previous Chinese People's Political Consultative Conferences

单位：人 (person)

届别	Conference	年份 Year	委员总数 Total Number of Members	#中国共产党委员 Members from the Communist Party of China	#少数民族委员 Ethnic Minority Members	占委员总数比重(%) As Percentage to Total Deputies (%) 中国共产党委员 Members from the Communist Party of China	少数民族委员 Ethnic Minority Members
一 届	First Conference	1949	180	59	19	32.8	10.6
二 届	Second Conference	1954	559	150	61	26.8	10.9
三 届	Third Conference	1959	1071	378	78	35.3	7.3
四 届	Fourth Conference	1965	1199	502	81	41.9	6.8
五 届	Fifth Conference	1978	1988	972	143	48.9	7.2
六 届	Sixth Conference	1983	2039	816	179	40.0	8.8
七 届	Seventh Conference	1988	2081	832	221	40.0	10.6
八 届	Eighth Conference	1993	2093	831	241	39.7	11.5
九 届	Ninth Conference	1998	2196	877	257	39.9	11.7
十 届	Tenth Conference	2003	2238	895	262	40.0	11.7
十一届	Eleventh Conference	2008	2237	892	250	39.9	11.2
十二届	Twelfth Conference	2013	2237	893	258	39.9	11.5
十三届	Thirteenth Conference	2018	2158	859	245	39.8	11.4

注：本表统计的是每届全国政协届初时的情况。
a) Statistics in this table are data at the beginning of each CPPCC conference.

24-3 公安机关立案的刑事案件及构成
Criminal Cases Registered in Public Security Organs and Its Composition

案件类别	Category of Cases	立案(起) Number of Cases Registered (case)		构成(%) Composition (%)	
		2018	2019	2018	2019
合计	**Total**	**5069242**	**4862443**	**100.00**	**100.00**
杀人	Homicide	7525	7379	0.15	0.15
伤害	Injury	97391	85226	1.92	1.75
抢劫	Robbery	25413	17106	0.50	0.35
强奸	Rape	29807	33827	0.59	0.70
拐卖妇女儿童	Abducting Women or Children	5397	4571	0.11	0.10
盗窃	Larceny	2786804	2258236	54.97	46.44
诈骗	Fraud	1156351	1433831	22.81	29.49
走私	Smuggling	3856	4866	0.08	0.10
伪造、变造货币,出售、购买、运输、持有、使用假币	Forging Currency, Selling, Buying, Transporting, Holding and Using Counterfeit Currency	1216	994	0.02	0.02
其他	Others	955482	1016407	18.85	20.90

24-4 公安机关受理和查处治安案件数(2019年)
Cases of Offence Against Public Order Handled by Public Security Organs (2019)

案件类别	Category of Cases	受理 (起) Number of Cases Accepted (case)	查处 (起) Number of Cases Investigated and Treated (case)	每万人口受理案件数 (起) Number of Cases Accepted per 10 000 Population (case)
合计	**Total**	**9624881**	**8718816**	**68.2**
扰乱单位秩序	Disturbing Business Orders	52834	50874	0.4
扰乱公共场所秩序	Disturbing Orders in Public PlacesVenues	299385	297600	2.1
寻衅滋事	Causing Quarrels and Making Troubles	128245	121390	0.9
阻碍执行职务	Obstructing Government Officials in Performing Their Duties	45193	44077	0.3
非法携带枪支、弹药、管制工具	Violation of Firearms Control Regulations	52811	51873	0.4
违反危险物质管理规定	Violation of Explosives Control Regulations	45776	44990	0.3
殴打他人	Battering Other Persons	2252895	2119597	16.0
故意伤害	Intentional Injury to Others	156090	143581	1.1
盗窃	Stealing Property	2297074	1855376	16.3
敲诈勒索	Extortion and Blackmail	12592	10806	0.1
抢夺	Robbery and Snatch	7908	6050	0.1
盗窃、损毁公共设施	Stealing and Damaging Public Facilities	15425	13216	0.1
伪造、变造、倒卖有价票证、凭证	Forge/Alter/Scalp Valuable Coupons or Certificate	5354	5068	0.0
违反旅馆业管理	Violating Hotel Management Regulations	89146	87614	0.6
违反房屋出租管理	Violating House Renting Control Regulations	145996	145511	1.0
诈骗	Swindling, Seizing and Extorting Property	548092	439569	3.9
卖淫、嫖娼	Prostitution or Soliciting Prostitutes	115704	114648	0.8
赌博	Gambling	265445	260901	1.9
毒品违法活动	Illegal Drug Related Activities	451088	445585	3.2
其他	Others	2637828	2460490	18.7

24-5 交通事故情况（2019年）
Basic Statistics on Traffic Accidents (2019)

类别	Type	发生数（起）Number of Traffic Accidents (case)	死亡人数（人）Number of Deaths (person)	受伤人数（人）Number of Injuries (person)	直接财产损失（万元）Direct Property Losses (10 000 yuan)
总计	**Total**	**247646**	**62763**	**256101**	**134617.9**
机动车	Motor Vehicles	215009	56924	221309	125800.9
#汽车	Automobiles	159335	43413	157157	111420.6
摩托车	Motorcycles	45635	10474	53710	10771.5
拖拉机	Tractors	1865	699	1811	574.8
非机动车	Non-motor Vehicles	29049	4375	32347	6212.2
#自行车	Bicycles	2283	440	2179	581.2
行人乘车人	Pedestrians and Passengers	3432	1437	2305	2485.3
其他	Others	156	27	140	119.4

24-6 各地区交通事故情况（2019年）
Basic Statistics on Traffic Accidents by Region (2019)

地区	Region	发生数（起）Number of Traffic Accidents (case)	死亡人数（人）Number of Deaths (person)	受伤人数（人）Number of Injuries (person)	直接财产损失（万元）Direct Property Losses (10 000 yuan)
全　国	**National Total**	**247646**	**62763**	**256101**	**134617.9**
北　京	Beijing	3108	1258	2788	3513.0
天　津	Tianjin	6703	736	6632	4145.9
河　北	Hebei	4890	2494	4191	4777.2
山　西	Shanxi	8427	2052	8825	5831.4
内蒙古	Inner Mongolia	4233	981	4401	2403.3
辽　宁	Liaoning	4733	1946	4300	2154.2
吉　林	Jilin	3756	1032	4205	2264.3
黑龙江	Heilongjiang	5148	1059	5855	3733.5
上　海	Shanghai	1146	1130	295	693.3
江　苏	Jiangsu	12414	4268	10409	6036.0
浙　江	Zhejiang	11905	3236	10563	3830.8
安　徽	Anhui	11088	2603	11993	5344.4
福　建	Fujian	9111	1821	9090	2235.6
江　西	Jiangxi	6481	1999	6743	6547.4
山　东	Shandong	13150	3553	12190	5429.2
河　南	Henan	17462	2560	19034	10266.4
湖　北	Hubei	23168	4904	26015	13978.8
湖　南	Hunan	3724	898	4067	3678.9
广　东	Guangdong	23017	4932	21935	7547.5
广　西	Guangxi	20053	4379	23021	7739.0
海　南	Hainan	2675	771	3148	1821.7
重　庆	Chongqing	4251	945	4776	1603.4
四　川	Sichuan	9662	2476	11335	8369.7
贵　州	Guizhou	13437	2921	16399	9256.1
云　南	Yunnan	6663	2718	6249	3477.0
西　藏	Tibet	468	137	569	595.6
陕　西	Shaanxi	5686	1258	5800	4000.0
甘　肃	Gansu	2909	1194	2988	821.8
青　海	Qinghai	1461	530	1525	1027.5
宁　夏	Ningxia	1544	407	1549	558.3
新　疆	Xinjiang	5173	1565	5211	936.7

24-7 人民检察院审查逮捕、审查起诉情况(2019年)
Arrests and Prosecution Approved by People's Procuratorate (2019)

案件分类	Category of Cases	批捕、决定逮捕合计 Total of Arrests		决定起诉合计 Total of Public Prosecutions	
		件 (case)	人 (person)	件 (case)	人 (person)
合计	**Total**	**750262**	**1088490**	**1275233**	**1818808**
危害公共安全案	Offences Against Public Security	47918	58116	417725	433428
破坏社会主义市场经济秩序案	Offences Against Socialist Market Economic Order	57317	94193	68117	138537
侵犯公民人身、民主权利案	Offences Against Citizens' Personal and Democratic Rights	124521	159223	159564	211180
侵犯财产案	Offences Against Properties	261953	357900	312506	441437
妨害社会管理秩序案	Offences Against Social Management of Order	249922	409391	302499	575635
贪污贿赂案	Corruption and Bribery	1921	2256	12428	15173
渎职侵权案	Infingement of Rights and Dereliction of Duty	4526	4744	1794	2329
其他	Others	2184	2667	600	1089

24-8 人民检察院处理申诉案件情况(2019年)
Appeals Cases Handled by People's Procuratorate (2019)

单位：件 (case)

案件分类	Category of Cases	受案 Cases Accepted	复查决定中 Among Retrial Decision			
			#改变原决定 Original Decision Changed	#纠正原决定 Original Decision Rectified	#提出抗诉 Presenting Protest Appeal	#提出再审检察建议 Giving Retrial Procuratorate Suggestion
合计	**Total**	**19580**	**139**	**59**	**28**	**250**
不服检察机关处理决定	Appeals against Decision of Procuratorate's Offices	4672	139	59		
不服不批捕	Appeals against Rejection of Arrest	192	5	1		
不服不起诉	Appeals against Rejection of Prosecuting	4157	112	49		
不服撤案	Appeals against Withdrawal of the Case	15		4		
不服其他诉讼终结的刑事处理决定	Appeals against Other Criminal Decisions	308	22	5		
不服法院刑事判决裁定	Appeals against Judgment of Criminal Cases	14908			28	250

24-9 人民检察院办理刑事抗诉案件情况（2019年）
Criminal Appeals Handled by People's Procuratorate (2019)

案件类别	Category of Cases	提出抗诉 Presenting Protest Appeal	审判结果 合计 Total Result of Judgement	改判 Revising Judgment		维持原判 Affirming Original Judgment	发回重审 Remanding for Retrial
		(件) (case)	(件) (case)	(件) (case)	(人) (person)	(件) (case)	(件) (case)
合 计	**Total**	**8302**	**6499**	**3010**	**4653**	**2135**	**1354**
贪污贿赂案件	Embazzlement and Bribery Cases	453	445	198	252	166	81
渎职侵权案件	Dereliction of Duty and Infingement of Citizens' Right Cases	101	133	35	53	57	41
其他刑事案件	Other Criminal Cases	7748	5921	2777	4348	1912	1232

24-10 人民检察院办理民事、行政抗诉案件情况（2019年）
Civil and Administrative Protest Cases Handled by People's Procuratorate (2019)

单位：件 (case)

项 目	Item	合计 Total	民事案件 Civil Cases	行政案件 Administrative Cases
提出抗诉	Presenting Protest	5259	5103	156
抗诉案件再审	Retrial of Protested Cases	4192	4091	101
改 判	Revising Judgment	2365	2342	23
调 解	Mediation	245	244	1
发回重审	Remanding for Retrial	490	472	18
和解撤诉	Reconciliation and Withdrawal	117	114	3
维持原判	Affirming Original Judgment	890	838	52
其 他	Others	85	81	4
提出再审检察建议	Giving Retrial Procuratorate Suggestion	8055	7972	83
采纳再审检察建议再审情况	Retrial after Adopting Procuratorate Suggestion	3394	3360	34
改 判	Revising Judgment	2651	2629	22
调 解	Mediation	158	153	5
发回重审	Remanding for Retrial	52	50	2
和解撤诉	Reconciliation and Withdrawal	124	122	2
维持原判	Affirming Original Judgment	123	123	
其 他	Others	286	283	3

24-11 人民检察院纠正违法情况
Law-breaking Cases Rectified by People's Procuratorate

项　目	Item	2018	2019
已纠正件次合计（件次）	**Total of Rectification (case-times)**		**102441**
立案监督小计	Sub-total of Supervision of Cases Registered	40600	31531
监督立案	Supervision of Cases Filing	22215	16385
监督撤案	Supervision of Cases Withdrawed	18385	15146
侦查监督	Supervision of Investigation	50455	42063
刑事执行活动检察	Prosecution of criminal execution activities	28561	28847
已纠正案件涉及人次合计（人次）	**Sub-total of Rectified Cases (person-times)**		**177963**
立案监督小计	Sub-total of Supervision of Cases Filing		39286
监督立案	Supervision of Cases Filing		20934
监督撤案	Supervision of Cases Withdrawed		18352
侦查监督小计	Sub-total of Supervision of Investigation		60880
纠正漏捕	Rectified of Missed Arrests		27383
纠正漏诉	Rectified of Missed Appeals		33497
减刑、假释、暂予监外执行检察	Commutation of Sentence, Parole and Temporary Execution Outside Prison	37436	38035
监外执行和社区矫正监管活动检察	Prosecution of Outside Prison Execution and Community Correction	39564	39762

24-12 人民检察院办理民事、行政公益诉讼案件情况（2019年）
Civil and Administrative Public Interest Litigation Handled by People's Procuratorate (2019)

单位：件　(case)

项　目	Item	合 计 Total	民事案件 Civil Cases	行政案件 Administrative Cases
案件线索受理	Case Clue Acceptance	141725	8934	132791
立案	Cases Registered	126912	7125	119787
诉前检察建议	Pre-Litigation Precuratorial Suggestions	107989	4913	103076
#涉及防范化解重大风险	Involving Prevention and Resolution of Major Risks	262	9	253
涉及精准脱贫	Involving Precise Poverty Alleviation	936	24	912
涉及污染防治	Involving Pollution Prevention and Control	24469	559	23910
起诉	Prosecutions	4778	4210	568
法院审结	Settled by Courts	3660	3311	349
#一审判决支持	Support in First Trail	3225	2922	303

24-13 人民法院审理一审案件情况
First Trial Cases by People's Courts

单位：件 (case)

年份 Year	收案 Cases Accepted	刑事 Criminal	民商事 Civil	#知识产权 Intellectual Property Rights	#海事海商 Maritime Affairs	行政 Administrative	行政赔偿 Administrative Compensation
1978	447755	146968	300787				
1979	513789	123846	389943				
1980	763535	197856	565679				
1981	906051	232125	673926				
1982	1024160	245219	778941				
1983	1343164	542648	756436			527	
1984	1355460	431357	838307			983	
1985	1319741	246655	846391		238	916	
1986	1611282	299720	989409		301	632	
1987	1875229	289614	1213219		346	5940	
1988	2290624	313306	1455130		569	8573	
1989	2913515	392564	1815385		725	9934	
1990	2916774	459656	1851897		753	13006	
1991	2901685	427840	1880635		951	25667	
1992	3051157	422991	1948786		1654	27125	
1993	3414845	403267	2089257		1830	27911	
1994	3955475	482927	2383764		1959	35083	
1995	4545676	495741	2718533		2847	52596	
1996	5312580	618826	3093995		3945	79966	
1997	5288379	436894	3277572		4534	90557	
1998	5410798	482164	3375069		5166	98350	
1999	5692434	540008	3519244		5736	97569	
2000	5356294	560432	3412259		6976	85760	
2001	5344934	628996	3459025		6891	100921	
2002	5132199	631348	4420123			80728	
2003	5130760	632605	4410236			87919	
2004	5072881	647541	4332727			92613	
2005	5161170	684897	4380095			96178	
2006	5183794	702445	4385732			95617	
2007	5550062	724112	4724440			101510	
2008	6288831	767842	5412591			108398	
2009	6688963	768507	5800144			120312	
2010	6999350	779595	6090622			129133	
2011	7596116	845714	6614049			136353	
2012	8442657	996611	7316463			129583	
2013	8876733	971567	7781972	88583	11224	123194	
2014	9489787	1040457	8307450	95522	12174	141880	
2015	11444950	1126748	10097804	109386	17546	220398	
2016	12088800	1101191	10762124	134248	16336	225485	
2017	12907729	1294377	11373753	201039	15367	230432	9167
2018	13920964	1203055	12449685	283414	15784	256656	11568
2019	15439600	1293911	13852052	399031	15249	279574	14063

注：1.一审案件指人民法院按照诉讼级别管辖按第一审程序审理的案件。
2.2002年起，经济纠纷和海事海商并入民事案件中。
3.2017年起，行政赔偿案件从行政案件中分离出来。

a) First trial cases refer to cases accepted by people's courts according to the first trial proceedings.
b) Data of civil cases include cases of economic disputes and maritime affairs since 2002.
c) Data of administrative compensation cases are separated from administrative cases since 2017.

24-14 人民法院审理刑事一审案件收结案情况（2019年）
First Trial Criminal Cases Accepted and Settled by People's Courts (2019)

单位：件 (case)

项　目	Item	收 案 Cases Accepted	结 案 Cases Settled
合计	**Total**	**1293911**	**1297191**
危害公共安全罪	Offences Against Public Security	417017	419710
破坏社会主义市场经济秩序罪	Offences Against Socialist Economic Order	69743	67535
侵犯公民人身权利民主权利罪	Offences Against Citizens' Personal and Democratic Rights	166237	167820
侵犯财产罪	Offences Against Properties	315482	314302
妨害社会管理秩序罪	Offences Against Social Management of Order	309166	310502
危害国防利益罪	Offences Against National Defense	482	457
贪污贿赂罪	Offences on Corruption and Bribery	13408	14342
渎职罪	Offences on Dereliction of Duty	2059	2240
其他	Others	317	283
合计中含自诉案件	Private Prosecution Among the Total	10221	10617

注：结案中含上年旧存(以下各表同)。

a) Data of cases settled include cases turned over from previous year. The same applies to the following tables.

24-15 人民法院审理刑事案件罪犯情况
Criminal Offenders Heard by People's Courts

单位：人 (person)

年 份 Year	刑事罪犯总数 Number of Offenders	#青少年罪犯 Juvenile Offenders	不满18岁 Less Than 18 Years	18岁至25岁 Between 18 and 25 Years	青少年罪犯占刑事罪犯比重(%) Proportion of Juvenile Offenders in the Total (%)
1997	526312	199212	30446	168766	37.9
1998	528301	208076	33612	174464	39.4
1999	602380	221153	40014	181139	36.7
2000	639814	220981	41709	179272	34.5
2001	746328	253465	49883	203582	34.0
2002	701858	217909	50030	167879	31.0
2003	742261	231715	58870	172845	31.2
2004	764441	248834	70086	178748	32.6
2005	842545	285801	82692	203109	33.9
2006	889042	303631	83697	219934	34.2
2007	931745	316298	87506	228792	33.9
2008	1007304	322061	88891	233170	32.0
2009	996666	302023	77604	224419	30.3
2010	1006420	287978	68193	219785	28.6
2011	1050747	282429	67280	215149	26.9
2012	1173406	282990	63782	219208	24.1
2013	1157784	265439	55817	209622	22.9
2014	1183784	249576	50415	199161	21.1
2015	1231656	236341	43839	192502	19.2
2016	1219569	204657	35743	168914	16.8
2017	1268985	183471	32778	150693	14.5
2018	1428772	243275	34365	208910	17.0
2019	1659550	281860	43038	238822	17.0

24-16 人民法院审理婚姻家庭、继承一审案件收结案情况（2019年）
First Trial Civil Cases of Marriage, Family Affairs and Inheritance Accepted and Settled by People's Courts (2019)

单位：件 (case)

项目	Item	收案 Cases Accepted	结案 Cases Settled	调解 Mediation	判决 Judgment	不予受理 Dismiss	驳回 Reject	撤诉 With-drawl	其他 Other
合计	**Total**	**1836638**	**1850377**	**701338**	**673926**	**1435**	**21013**	**438754**	**13911**
婚姻家庭纠纷	Marriage and Family Affairs	1691808	1704228	610525	643142	1294	18255	417917	13095
离婚纠纷	Divorce Disputes	1378126	1389595	480926	539727	786	13132	345507	9517
抚养纠纷	Upbringing Disputes	125174	125416	58966	38071	111	1682	25557	1029
扶养纠纷	Maintenance Disputes	3495	3503	1170	1248	3	86	950	46
赡养纠纷	Support Disputes	26184	26394	7904	9914	19	382	7680	495
收养关系纠纷	Adoption Relation Disputes	2391	2410	1054	835	6	50	442	23
监护权纠纷	Guardianship Disputes	1484	1469	383	257	7	46	760	16
探望权纠纷	Visitation Disputes	6388	6407	2534	2232	13	62	1461	105
其他	Others	148566	149034	57588	50858	349	2815	35560	1864
继承纠纷	Inheritance	143580	144826	90190	30349	136	2740	20607	804
法定继承纠纷	Legal Inheritance	67384	67737	50110	8558	59	723	8027	260
遗嘱继承纠纷	Testament Inheritance	6872	7042	2711	2742	8	152	1374	55
其他	Others	69324	70047	37369	19049	69	1865	11206	489
其他	Others	1250	1323	623	435	5	18	230	12

24-17 人民法院审理民事一审案件情况（2019年）
First Trial Civil Cases Accepted and Settled by People's Courts (2019)

单位：件 (case)

项目	Item	收案 Cases Accepted	结案 Cases Settled	判决 Judgment	不予受理 Dismiss
合计	**Total**	**13852052**	**13929634**	**6168918**	**30394**
人格权纠纷	Personality Disputes	177135	180477	90750	330
婚姻家庭、继承纠纷	Disputes of Marriage, Family and Inheritance	1836638	1850377	673926	1435
物权纠纷	Property Rights Disputes	325847	329539	143652	3199
合同、无因管理、不当得利纠纷	Contract, Non-cause Management, Improper Profit Disputes	9164560	9211949	4175140	19868
知识产权与竞争纠纷	Intellectual Property Rights and Competition Disputes	399031	394521	119655	202
劳动争议、人事争议	Labor Disputes, Personnel Disputes	483767	482850	231054	2637
海事海商纠纷	Maritime Disputes	15249	16014	5086	30
与公司、证券、保险、票据等有关的民事纠纷	Civil Disputes Relating to Companies, Securities, Insurance, Bills, etc	340857	334379	169438	995
侵权责任纠纷	Tort Liability Dispute	1042299	1064134	517074	1302
其他	Others	66669	65394	43143	396

24-17 续表 continued

单位：件 (case)

项　目	Item	驳回 Reject	撤诉 With-drawal	调解 Mediation	其他 Other
合计	**Total**	**489621**	**3628517**	**3460086**	**152098**
人格权纠纷	Personality Disputes	3563	38811	46185	838
婚姻家庭、继承纠纷	Disputes of Marriage, Family and Inheritance	21013	438754	701338	13911
物权纠纷	Property Rights Disputes	28202	99796	51857	2833
合同、无因管理、不当得利纠纷	Contract, Non-cause Management, Improper Profit Disputes	375242	2486921	2064920	89858
知识产权与竞争纠纷	Intellectual Property Rights and Competition Disputes	6143	214618	38005	15898
劳动争议、人事争议	Labor Disputes, Personnel Disputes	21820	82157	133281	11901
海事海商纠纷	Maritime Maritime Maritime Disputes	248	7167	3132	351
与公司、证券、保险、票据等有关的民事纠纷	Civil Disputes Relating to Companies, Securities, Insurance, Bills, etc	12810	70748	68257	12131
侵权责任纠纷	Tort Liability Dispute	14210	175454	352596	3498
其他	Others	6370	14091	515	879

24-18 人民法院审理行政一审案件收结案情况（2019年）
First Trial Administrative Cases Accepted and Settled by People's Courts (2019)

单位：件 (case)

项　目	Item	收案 Cases Accepted	结案 Cases Settled	判决 Judgment	不予立案 Not to Put on Record	驳回 Reject	撤诉 With-drawal	调解 Mediation	其他 Other
合计	**Total**	**279574**	**284362**	**136134**	**17139**	**64693**	**55049**	**1142**	**10205**
土地等资源	Land	30506	31011	12385	1839	9463	5827	87	1410
公安	Public Security	21572	21516	10653	1268	3492	5597	17	489
城建	City Construction	45626	46531	19410	2739	13104	8230	335	2713
交通运输	Traffic and Transport	2117	2295	918	211	281	661	4	220
工商	Industry and Commerce	6086	6346	2557	155	1262	2197	24	151
环保	Environment Protection	2146	2291	1211	40	320	584	34	102
计划生育	Family Planning	338	343	148	60	80	42	7	6
税务	Tax	659	663	237	29	166	208	2	21
卫生	Health	918	855	299	165	186	164	7	34
乡政府	Townships Government	14376	14108	5795	950	3832	2859	35	637
劳动和社会保障	Labour and Social Security	19375	19643	12807	425	1731	4154	35	491
其他	Other	135855	138760	69714	9258	30776	24526	555	3931

24-19 律师、公证和调解工作基本情况
Basic Statistics on Lawyers, Notarization and Mediation

项　　目	Item	2014	2015	2016	2017	2018	2019
律师工作	**Lawyers**						
律师事务所（个）	Number of Law Offices (unit)	22166	24425	26150	28382	30647	32621
律师人数（人）	Number of Lawyers (person)	271452	297175	325540	357193	423758	473036
#专职律师	Full-time Lawyers	244000	267536	293586	316771	364345	397329
兼职律师	Part-time Lawyers	10545	11199	11567	12369	12002	12589
担任法律顾问（家）	Number of Units with Legal Advisors (unit)	507289	548260	579360	629742	700027	736917
民事案件代理（件）	Agent of Civil Cases (case)	2100102	2476112	2744896	3872852	3969240	4792176
刑事案件辩护及代理(件)	Agent and Defender of Criminal Cases (case)	667391	717283	704447	705213	814570	1094423
行政案件代理（件）	Agent of Administrative Action (case)	64545	86455	98989	156971	165840	189342
非诉讼法律事务（件）	Non-Litigious Legal Affairs (case)	673080	784264	844414	848806	1058594	1336860
咨询和代书（万人次）	Legal Advisory Services (10 000 person-times)	464.3	508.2	530.2	452.4	322.6	309.8
公证工作	**Notarization**						
公证机构（家）	Number of Notary Offices (unit)	3006	3001	3002	2952	2956	2956
公证员（人）	Notaries (person)	12960	13147	13175	13231	13335	13428
办理公证（出证）总数（万件）	Number of Notarized Documents (10 000 cases)	1221.6	1246.8	1399.7	1448.7	1337.3	1374.3
人民调解工作	**People's Mediation**						
人民调解委员会（万个）	Number of People's Mediation Committees (10 000 units)	80.3	79.8	78.4	75.9	75.2	73.5
调解人员（万人）	Number of Mediators (10 000 persons)	394.1	391.1	385.2	362.9	349.7	337.8
调解案件总数（万件）	Number of Civil Disputes Mediated (10 000 cases)	933.0	933.1	901.9	874.1	953.2	931.5

24-20 公证业务分类(2019年)
Notarial Services by Type (2019)

分类	Item	办证件数(件) Number of Notarial Documents Issued (case)	比重(%) Percentage (%)
合计	**Total**	**13743143**	**100.00**
合同(协议)	Contracts (Agreements)	936257	6.81
继承	Inheritance	1632247	11.88
其中：小额继承	Small Amount Inheritance	469102	3.41
委托	Power of Attorney	3120209	22.70
声明	Declaration	1109186	8.07
赠与	Gift	49128	0.36
遗嘱	Testament	205970	1.50
现场监督	Field Supervision	174372	1.27
婚姻状况、亲属关系、收养关系	Marital Status, Kinship Confirmation, Adoptive Relationship	624478	4.54
出生、生存、死亡	Births, Survival, Deaths	419066	3.05
身份、经历、学历、学位、职务、职称	Identity, Resume, Education Background, Academic Degree, Professional Titles	186861	1.36
有无违法犯罪记录	Illegal and Criminal Record Check	445774	3.24
公司章程	Corporation Constitutions	2709	0.02
保全证据	Evidence Preservation	503225	3.66
证书、执照	Certificate, Licence	941513	6.85
签名、印鉴	Signature, Seal	371614	2.70
文本相符	Conformity of Documentation	945439	6.88
赋予强制执行效力	Executor Force	1348058	9.81
执行证书	Certificate of Execution	30375	0.22
抵押登记	Mortgage Registration	41623	0.30
提存	Drawing	6717	0.05
保管	Storage	4431	0.03
其他	Others	643891	4.69

24-21 调解民间纠纷分类情况
Civil Disputes Mediated by Type

项 目	Item	调 解 纠 纷 (万件) Civil Disputes Mediated (10 000 case)		各类纠纷所占比重 (%) Percentage(%)	
		2018	2019	2018	2019
合 计	**Total**	**953.2**	**931.5**	**100.0**	**100.0**
#婚姻家庭	Marriage and Family Disputes	167.4	153.1	17.6	16.4
房屋、宅基地	Housing and Housing Sites	54.6	48.8	5.7	5.2
邻 里	Neighbor Disputes	249.5	231.3	26.2	24.8
损害赔偿	Compensation for Damages	72.7	73.9	7.6	7.9
医 疗	Health Care		8.2		0.9
道路交通事故	Traffic Accidents		78.3		8.4

24-22 劳动人事争议仲裁情况
Arbitration of Labor and Personnel Disputes

项 目	Item	2014	2015	2016	2017	2018	2019
上期未结案数 (件)	**Number of Cases Left Over from Last Period(case)**	**31796**	**39580**	**37977**	**38545**	**35506**	**48687**
案件受理情况	**Cases Accepted**						
当期案件受理数 (件)	Number of Current Cases	715163	813859	828410	785323	894053	1069638
#集体劳动争议案件数	Number of Collective Labour Disputes	8041	10466	9745	7513	8699	9235
劳动者申诉案件数	Number of Cases Appealed by Laborers	690418	784229	801190	762572	869421	1021334
按争议原因分 (件)	By Cause of the Disputes (case)						
劳动报酬	Labour Remuneration	258716	321179	345685	331463	380751	446572
社会保险	Social Insurances	160961	158002	145671	135211	144533	149966
解除、终止劳动合同	Dissolution or Termination of Labour Contracts	155870	182396	188642	169456	195063	259550
劳动者当事人数 (人)	Number of Laborers Involved (person)	997807	1159687	1112408	979016	1110175	1274124
#集体劳动争议	Collective Labour Disputes	267165	341588	289924	203963	234943	220174
案件处理情况	**Cases Settled**						
结案数 (件)	Number of Cases Settled (case)	711044	812461	827717	790448	884223	1068413
按处理方式分	By Manners of Settlement						
仲裁调解	By Mediation	321598	362814	389109	390278	458353	552584
仲裁裁决	By Arbitrition Lawsuit	313175	368409	366742	336073	357666	430309
其他方式	Others	76271	81238	71866	64097	68204	85520
按处理结果分	By Results of Settlement						
用人单位胜诉	Lawsuit Won by Employers	82541	90785	92405	89928	93823	112747
劳动者胜诉	Lawsuit Won by Laborers	250284	287544	285824	259898	276642	314097
双方部分胜诉及其他	Lawsuit Partly Won by Both Parties and Others	378219	434132	369429	440622	513758	641569
案外调解案件数	**Cases Mediated**	**227447**	**258114**	**240101**	**208491**	**214288**	**242479**

24-23 分地区工会组织情况(2019年)
Statistics on Trade Unions by Region (2019)

地 区	Region	工会基层组织数(万个) Number of Grassroot Trade Unions (10 000 units)	全国已建工会组织的基层单位的职工与会员人数（万人） Staff and Workers and Membership of Grassroot Units with Established Trade Unions (10 000 persons) 职工人数 Staff and Workers	#女性 Female	会员人数 Membership	#女性 Female	工会专职工作人员人数(万人) Number of Full-time Personnel of Trade Unions (10 000 persons)
全 国	**National Total**	**261.1**	**29412.8**	**11307.8**	**28317.8**	**10995.3**	**95.4**
中央和国家机关	Central and State Organs	0.1	39.5	18.4	38.1	17.7	0.1
北 京	Beijing	3.2	479.1	182.8	447.5	172.7	1.5
天 津	Tianjin	1.7	278.9	104.5	276.1	103.5	0.7
河 北	Hebei	12.7	1448.6	478.8	1426.3	474.3	5.2
山 西	Shanxi	5.7	776.9	254.0	764.5	250.8	3.5
内蒙古	Inner Mongolia	5.6	572.9	182.6	548.3	176.9	1.7
辽 宁	Liaoning	5.7	822.8	309.9	800.9	303.2	2.9
吉 林	Jilin	2.7	345.8	132.7	334.3	127.9	1.2
黑龙江	Heilongjiang	6.0	738.1	246.1	715.2	241.2	3.3
上 海	Shanghai	4.8	736.4	282.0	705.7	272.1	1.2
江 苏	Jiangsu	15.7	2254.6	960.1	2175.2	935.1	3.2
浙 江	Zhejiang	13.8	1949.3	822.7	1883.2	802.3	2.5
安 徽	Anhui	9.1	880.6	330.0	819.7	312.5	3.4
福 建	Fujian	10.9	905.4	403.6	888.0	399.3	1.3
江 西	Jiangxi	8.8	904.1	332.7	874.0	328.7	6.3
山 东	Shandong	12.1	1625.0	628.7	1585.1	615.1	8.9
河 南	Henan	18.4	1716.7	637.3	1634.8	615.1	12.3
湖 北	Hubei	13.2	1394.1	521.8	1346.1	509.5	5.3
湖 南	Hunan	15.9	1338.6	446.1	1218.3	429.0	7.7
广 东	Guangdong	25.8	3112.0	1367.4	2941.6	1304.0	6.6
广 西	Guangxi	9.5	849.1	319.0	821.3	311.6	1.8
海 南	Hainan	1.6	185.4	75.3	178.2	71.9	0.3
重 庆	Chongqing	5.1	602.4	225.7	579.7	216.9	2.1
四 川	Sichuan	15.6	2012.2	768.6	1967.8	756.2	3.3
贵 州	Guizhou	6.6	785.7	281.1	774.6	278.6	1.7
云 南	Yunnan	8.7	539.0	210.6	519.5	206.2	1.1
西 藏	Tibet	0.8	70.7	28.4	58.9	22.9	0.3
陕 西	Shaanxi	11.6	935.7	330.0	910.6	322.2	3.5
甘 肃	Gansu	3.8	424.6	151.8	414.8	149.1	1.0
青 海	Qinghai	1.5	125.7	49.4	122.8	48.9	0.2
宁 夏	Ningxia	1.1	115.5	48.2	113.0	47.3	0.2
新 疆	Xinjiang	3.2	447.1	177.4	433.4	172.8	0.9

24-24 社会保险基金收支及累计结余
Revenue, Expenses and Balance of Social Insurance Fund

单位：亿元 (100 million yuan)

年份 Year	合计 Total	基本养老保险 Basic Endowment Insurance	失业保险 Unemployment Insurance	基本医疗保险 Basic Medical Insurance	工伤保险 Work-related Injury Insurance	生育保险 Birth Insurance
基金收入 **Revenue**						
1990	186.8	178.8	7.2			
1995	1006.0	950.1	35.3	9.7	8.1	2.9
2000	2644.9	2278.5	160.4	170.0	24.8	11.2
2001	3101.9	2489.0	187.3	383.6	28.3	13.7
2002	4048.7	3171.5	215.6	607.8	32.0	21.8
2003	4882.9	3680.0	249.5	890.0	37.6	25.8
2004	5780.3	4258.4	290.8	1140.5	58.3	32.1
2005	6975.2	5093.3	340.3	1405.3	92.5	43.8
2006	8643.2	6309.8	402.4	1747.1	121.8	62.1
2007	10812.3	7834.2	471.7	2257.2	165.6	83.6
2008	13696.1	9740.2	585.1	3040.4	216.7	113.7
2009	16115.6	11490.8	580.4	3671.9	240.1	132.4
2010	19276.1	13872.9	649.8	4308.9	284.9	159.6
2011	25153.3	18004.8	923.1	5539.2	466.4	219.8
2012	30738.8	21830.2	1138.9	6938.7	526.7	304.2
2013	35252.9	24732.6	1288.9	8248.3	614.8	368.4
2014	39827.7	27619.9	1379.8	9687.2	694.8	446.1
2015	46012.1	32195.5	1367.8	11192.9	754.2	501.7
2016	53562.7	37990.8	1228.9	13084.3	736.9	521.9
2017	67154.5	46613.8	1112.6	17931.3	853.8	643.0
2018	79254.8	55005.3	1171.1	21384.4	913.0	781.0
2019	83550.4	57025.9	1284.2	24420.9	819.4	
基金支出 **Expenses**						
1990	151.9	149.3	2.5			
1995	877.1	847.6	18.9	7.3	1.8	1.6
2000	2385.6	2115.5	123.4	124.5	13.8	8.3
2001	2748.0	2321.3	156.6	244.1	16.5	9.6
2002	3471.5	2842.9	186.6	409.4	19.9	12.8
2003	4016.4	3122.1	199.8	653.9	27.1	13.5
2004	4627.4	3502.1	211.3	862.2	33.3	18.8
2005	5400.8	4040.3	206.9	1078.7	47.5	27.4
2006	6477.4	4896.7	198.0	1276.7	68.5	37.5
2007	7887.8	5964.9	217.7	1561.8	87.9	55.6
2008	9925.1	7389.6	253.5	2083.6	126.9	71.5
2009	12302.6	8894.4	366.8	2797.4	155.7	88.3
2010	15018.9	10755.3	423.3	3538.1	192.4	109.9
2011	18652.9	13363.2	432.8	4431.4	286.4	139.2
2012	23331.3	16711.5	450.6	5543.6	406.3	219.3
2013	27916.3	19818.7	531.6	6801.0	482.1	282.8
2014	33002.7	23325.8	614.7	8133.6	560.5	368.1
2015	38988.1	27929.4	736.4	9312.1	598.7	411.5
2016	46888.4	34004.3	976.1	10767.1	610.3	530.6
2017	57145.6	40423.8	893.8	14421.8	662.3	744.0
2018	67792.7	47550.4	915.3	17823.0	742.0	762.0
2019	75346.6	52342.3	1333.2	20854.2	816.9	
累计结余 **Balance at Year-end**						
1990	117.3	97.9	19.5			
1995	516.8	429.8	68.4	3.1	12.7	2.7
2000	1327.5	947.1	195.9	109.8	57.9	16.8
2001	1622.8	1054.1	226.2	253.0	68.9	20.6
2002	2423.4	1608.0	253.8	450.7	81.1	29.7
2003	3313.8	2206.5	303.5	670.6	91.2	42.0
2004	4493.4	2975.0	385.8	957.9	118.6	55.9
2005	6073.7	4041.0	519.0	1278.1	163.5	72.1
2006	8255.9	5488.9	724.8	1752.4	192.9	96.9
2007	11236.6	7391.4	979.1	2476.9	262.6	126.6
2008	15225.6	9931.0	1310.1	3431.7	384.6	168.2
2009	19006.5	12526.1	1523.6	4275.9	468.8	212.1
2010	23407.5	15787.8	1749.8	5047.1	561.4	261.4
2011	30233.1	20727.8	2240.2	6180.0	742.6	342.5
2012	38106.6	26243.5	2929.0	7644.5	861.9	427.6
2013	45588.1	31274.8	3685.9	9116.5	996.2	514.7
2014	52462.3	35644.5	4451.5	10644.8	1128.8	592.7
2015	59532.5	39937.1	5083.0	12542.8	1285.3	684.4
2016	66349.7	43965.2	5333.3	14964.3	1410.9	675.9
2017	77312.1	50202.2	5552.4	19385.6	1606.9	565.0
2018	89775.5	58151.6	5817.0	23440.0	1784.9	582.0
2019	96977.8	62872.6	4625.4	27696.7	1783.2	

注：1.2007年及以后基本医疗保险基金中包括职工基本医疗保险和城乡居民基本医疗保险。
2.2010年及以后基本养老保险基金中包括城镇职工基本养老保险和城乡居民基本养老保险。
3.工伤保险累计结余中含储备金。
4.2019年起，基本医疗保险基金包含生育保险基金(下同)。

a) Data of basic medical insurance include the basic medical insurance for workers and the basic medical insurance for urban and rural residents from 2007.

b) Data of basic endowment insurance for 2010 and following years include the basic endowment insurance for urban workers and basic endowment insurance for urban and rural residents.

c) The balance at year-end of work-related injury insurance at year-end include reserve fund.

d) Since 2019, the data of basic medical care insurance fund includes the data of maternity insurance fund. The same applies to the table following.

24-25 社会保险基本情况
Basic Statistics of Social Insurance

单位：万人 (10 000 persons)

年份 Year	年末参加基本养老保险人数 Basic Endowment Insurance Participants at Year-end	城镇职工基本养老保险 Basic Endowment Insurance for Urban Workers					城乡居民基本养老保险 Basic Endowment Insurance for Urban and Rural Residents
		合计 Total	职工 Number of Workers	#企业 Enterprises	离退休人员 Number of Retirees	#企业 Enterprises	
1989	5710.3	5710.3	4816.9	4816.9	893.4	893.4	
1990	6166.0	6166.0	5200.7	5200.7	965.3	965.3	
1991	6740.3	6740.3	5653.7	5653.7	1086.6	1086.6	
1992	9456.2	9456.2	7774.7	7774.7	1681.5	1681.5	
1993	9847.6	9847.6	8008.2	8008.2	1839.4	1839.4	
1994	10573.5	10573.5	8494.1	8494.1	2079.4	2079.4	
1995	10979.0	10979.0	8737.8	8737.8	2241.2	2241.2	
1996	11116.7	11116.7	8758.4	8758.4	2358.3	2358.3	
1997	11203.9	11203.9	8670.9	8670.9	2533.0	2533.0	
1998	11203.1	11203.1	8475.8	8475.8	2727.3	2727.3	
1999	12485.4	12485.4	9501.8	8859.2	2983.6	2863.8	
2000	13617.4	13617.4	10447.5	9469.9	3169.9	3016.5	
2001	14182.5	14182.5	10801.9	9733.0	3380.6	3171.3	
2002	14736.6	14736.6	11128.8	9929.4	3607.8	3349.2	
2003	15506.7	15506.7	11646.5	10324.5	3860.2	3556.9	
2004	16352.9	16352.9	12250.3	10903.9	4102.6	3775.0	
2005	17487.9	17487.9	13120.4	11710.6	4367.5	4005.2	
2006	18766.3	18766.3	14130.9	12618.0	4635.4	4238.6	
2007	20136.9	20136.9	15183.2	13690.6	4953.7	4544.0	
2008	21891.1	21891.1	16587.5	15083.4	5303.6	4868.0	
2009	23549.9	23549.9	17743.0	16219.0	5806.9	5348.0	
2010	35984.1	25707.3	19402.3	17822.7	6305.0	5811.6	10276.8
2011	61573.3	28391.3	21565.0	19970.0	6826.2	6314.0	33182.0
2012	78796.3	30426.8	22981.1	21360.9	7445.7	6910.9	48369.5
2013	81968.4	32218.4	24177.3	22564.7	8041.0	7484.8	49750.1
2014	84231.9	34124.4	25531.0	23932.3	8593.4	8013.6	50107.5
2015	85833.4	35361.2	26219.2	24586.8	9141.9	8536.5	50472.2
2016	88776.8	37929.7	27826.3	25239.6	10103.4	9023.9	50847.1
2017	91548.3	40293.3	29267.6	25856.3	11025.7	9460.4	51255.0
2018	94293.3	41901.6	30104.0	26502.6	11797.7	9980.5	52391.7
2019	96753.9	43487.9	31177.5	27508.7	12310.4	10396.3	53266.0

24-25 续表 continued

年 份 Year	失业保险 Unemployment Insurance 年末参保人数(万人) Participants at Year-end (10 000 persons)	全年发放失业保险金人数(万人) Beneficiaries of Unemployment Insurance Fund (10 000 persons)	全年发放失业保险金(亿元) Unemployed Relief (100 million yuan)	基本医疗保险 Basic Medical Insurance 年末参保人数(万人) Participants at Year-end (10 000 persons)	职工基本医疗保险年末参保(万人) For Workers	城乡居民基本医疗保险年末参保(万人) For Urban and Rural Residents	工伤保险 Work Injury Insurance 年末参保人数(万人) Participants at Year-end (10 000 persons)	年末享受工伤待遇的人数(万人) Beneficiaries at Year-end (10 000 persons)	年末参加生育保险人数(万人) Birth Insurance Participants at Year-end (10 000 persons)
1994	7967.8	196.5	5.1	400.3	400.3		1822.1	5.8	915.9
1995	8237.7	261.3	8.2	745.9	745.9		2614.8	7.1	1500.2
1996	8333.1	330.8	13.9	855.7	855.7		3102.6	10.1	2015.6
1997	7961.4	319.0	18.7	1762.0	1762.0		3507.8	12.5	2485.9
1998	7927.9	158.1	20.4	1877.6	1877.6		3781.3	15.3	2776.7
1999	9852.0	271.4	31.9	2065.3	2065.3		3912.3	15.1	2929.8
2000	10408.4	329.7	56.2	3786.9	3786.9		4350.3	18.8	3001.6
2001	10354.6	468.5	83.3	7285.9	7285.9		4345.3	18.7	3455.1
2002	10181.6	657.0	116.8	9401.2	9401.2		4405.6	26.5	3488.2
2003	10372.9	741.6	133.4	10901.7	10901.7		4574.8	32.9	3655.4
2004	10583.9	753.5	137.5	12403.6	12403.6		6845.2	51.9	4383.8
2005	10647.7	677.8	132.4	13782.9	13782.9		8478.0	65.1	5408.5
2006	11186.6	598.1	125.8	15731.8	15731.8		10268.5	77.8	6458.9
2007	11644.6	538.5	129.4	22311.1	18020.0	4291.1	12173.3	96.0	7775.3
2008	12399.8	516.7	139.5	31821.6	19995.6	11826.0	13787.2	117.8	9254.1
2009	12715.5	483.9	145.8	40147.0	21937.4	18209.6	14895.5	129.6	10875.7
2010	13375.6	431.6	140.4	43262.9	23734.7	19528.3	16160.7	147.5	12335.9
2011	14317.1	394.4	159.9	47343.2	25227.1	22116.1	17695.9	163.0	13892.0
2012	15224.7	390.1	181.3	53641.3	26485.6	27155.7	19010.1	190.5	15428.7
2013	16416.8	416.7	203.2	57072.6	27443.1	29629.4	19917.2	195.2	16392.0
2014	17042.6	422.0	233.3	59746.9	28296.0	31450.9	20639.2	198.2	17038.7
2015	17326.0	456.8	269.8	66581.6	28893.1	37688.5	21432.5	201.9	17771.0
2016	18088.8	483.9	309.4	74391.6	29531.5	44860.0	21889.3	196.0	18451.0
2017	18784.2	458.1	318.2	117681.4	30322.7	87358.7	22723.7	192.8	19300.2
2018	19643.5	452.3	357.6	134458.6	31680.8	102777.8	23874.4	198.5	20434.1
2019	20542.7	461.2	396.8	135407.4	32924.7	102482.7	25478.4	194.4	21417.3

24-26 分地区城镇职工基本养老保险情况(2019年)
Statistics on Basic Endowment Insurance for Urban Workers by Region (2019)

地区	Region	年末参加城镇职工基本养老保险人数(万人) Participants of Basic Endowment Insurance for Urban Workers at Year-end (10 000 persons)	职工 Number of Workers	离退休人员 Number of Retirees	基金收支情况(亿元) Revenue and Expenses(100 million yuan) 基金收入 Revenue	基金支出 Expenses	累计结余 Balance at Year-end
全国	**National Total**	**43487.9**	**31177.5**	**12310.4**	**52918.8**	**49228.0**	**54623.3**
中央机关	Central Organs	59.2	33.1	26.1	262.8	224.4	81.7
北京	Beijing	1748.2	1445.6	302.6	2760.6	1698.3	6018.5
天津	Tianjin	695.6	469.3	226.3	1021.2	1000.5	556.5
河北	Hebei	1654.5	1187.8	466.7	2437.4	2425.7	910.0
山西	Shanxi	871.5	597.9	273.6	1232.5	1168.8	1639.8
内蒙古	Inner Mongolia	763.4	464.7	298.8	1060.9	1201.4	595.9
辽宁	Liaoning	2026.2	1210.3	816.0	2486.4	2950.0	303.7
吉林	Jilin	882.1	506.2	375.9	1142.8	1263.6	501.9
黑龙江	Heilongjiang	1364.9	765.1	599.8	1785.4	2094.8	-433.7
上海	Shanghai	1589.6	1077.6	511.9	2933.7	2779.7	2290.3
江苏	Jiangsu	3417.4	2499.3	918.1	3759.2	3382.3	4932.4
浙江	Zhejiang	3031.7	2174.9	856.9	3040.0	3138.5	3585.4
安徽	Anhui	1217.0	860.3	356.7	1514.6	1298.9	1909.7
福建	Fujian	1137.3	938.2	199.1	931.8	782.2	976.2
江西	Jiangxi	1096.9	748.5	348.4	1047.2	1083.9	824.6
山东	Shandong	2868.0	2156.8	711.2	2784.7	2872.7	2217.2
河南	Henan	2133.8	1628.2	505.6	2053.0	1931.0	1326.3
湖北	Hubei	1684.8	1100.5	584.3	2418.0	2264.5	1017.1
湖南	Hunan	1557.8	1071.8	486.0	1767.5	1620.2	1836.7
广东	Guangdong	4633.4	3962.2	671.2	5593.2	3761.5	12343.6
广西	Guangxi	869.5	601.2	268.4	1128.7	1079.7	755.2
海南	Hainan	281.0	208.3	72.7	324.5	280.1	281.4
重庆	Chongqing	1127.7	721.1	406.6	1238.3	1192.5	1090.1
四川	Sichuan	2700.3	1784.6	915.7	2754.9	2764.2	3759.5
贵州	Guizhou	677.5	521.7	155.8	725.6	613.5	894.0
云南	Yunnan	649.9	468.4	181.5	951.3	764.5	1325.2
西藏	Tibet	48.2	38.2	10.0	139.1	107.4	171.2
陕西	Shaanxi	1080.7	816.7	264.1	1254.1	1187.5	804.2
甘肃	Gansu	469.4	309.8	159.6	598.5	599.3	467.0
青海	Qinghai	152.8	106.1	46.7	300.5	323.3	37.0
宁夏	Ningxia	226.6	160.6	66.0	269.1	266.8	261.5
新疆	Xinjiang	744.2	525.2	219.0	1137.1	1040.9	1307.0
不分地区	Not Classified by Region	26.5	17.2	9.3	62.9	65.8	34.6
中央调剂金账户	Central Allocation System Account				1.0		1.5

注：1.不分地区合计中，包括中国人民银行、中国农业发展银行数。
2.中央调剂金账户金额为调剂基金利息收入。

a) Data in the category of "Not Classified by Region" include data from the People's Bank of China and Agricultural Development Bank of China.
b) The amount in the Central Allocation System account is the interest income of the allocation fund.

24-27 分地区城乡居民基本养老保险情况（2019年）
Statistics on Basic Endowment Insurance for Urban and Rural Residents by Region (2019)

地 区	Region	参保人数（万人）Participants at Year-end (10 000 persons)	#实际领取待遇人数 Number of People Actual Received Pension	基金收支情况(亿元) Revenue and Expenses(100 million yuan) 基金收入 Revenue	基金支出 Expenses	累计结余 Balance at Year-end
全 国	**National Total**	**53266.0**	**16031.9**	**4107.0**	**3114.3**	**8249.2**
北 京	Beijing	204.7	90.8	68.1	58.5	165.5
天 津	Tianjin	164.5	82.2	60.7	45.3	279.4
河 北	Hebei	3524.1	1052.1	222.6	153.3	408.7
山 西	Shanxi	1627.8	422.5	95.7	64.0	234.0
内蒙古	Inner Mongolia	768.2	233.9	63.7	56.3	101.3
辽 宁	Liaoning	1057.7	414.7	77.7	71.4	80.1
吉 林	Jilin	702.1	264.4	47.3	37.1	72.5
黑龙江	Heilongjiang	916.7	296.3	65.1	46.3	99.7
上 海	Shanghai	77.1	51.6	75.9	76.9	80.5
江 苏	Jiangsu	2336.9	1098.2	357.3	305.5	689.8
浙 江	Zhejiang	1199.4	531.7	176.4	178.9	154.5
安 徽	Anhui	3501.7	922.5	224.9	141.1	481.8
福 建	Fujian	1554.1	478.1	120.1	90.2	195.5
江 西	Jiangxi	1888.9	492.6	107.8	73.9	253.3
山 东	Shandong	4560.3	1532.6	435.8	296.1	1125.5
河 南	Henan	5196.6	1406.7	283.7	203.6	555.6
湖 北	Hubei	2345.4	723.3	198.0	129.7	373.8
湖 南	Hunan	3413.6	872.1	188.1	135.8	363.8
广 东	Guangdong	2646.2	870.9	284.3	250.1	457.1
广 西	Guangxi	1983.7	588.7	123.8	92.5	190.4
海 南	Hainan	305.0	75.9	38.2	19.1	101.6
重 庆	Chongqing	1162.7	358.5	83.2	62.1	153.9
四 川	Sichuan	3368.7	1119.5	246.7	204.0	531.1
贵 州	Guizhou	1855.8	462.2	71.2	59.7	135.6
云 南	Yunnan	2410.0	538.7	107.6	75.9	293.7
西 藏	Tibet	166.0	25.2	9.3	5.8	28.9
陕 西	Shaanxi	1765.6	514.6	122.2	87.8	257.0
甘 肃	Gansu	1372.6	312.1	75.0	47.9	193.9
青 海	Qinghai	261.1	45.9	19.4	11.7	46.9
宁 夏	Ningxia	194.7	40.9	15.3	10.6	37.1
新 疆	Xinjiang	734.1	112.7	41.8	23.3	106.9

注：2012年8月起，新型农村社会养老保险和城镇居民社会养老保险制度全覆盖工作全面启动，合并为城乡居民社会养老保险。

a) Since August, 2012, the new rural endowment insurance and the basic endowment insurance of urban residents were merged and renamed as basic endowment insurance of urban and rural residents.

24-28 分地区失业保险情况（2019年）
Statistics of Unemployment Insurance by Region (2019)

地 区	Region	年末参加失业保险人数(万人) Unemployment Insurance Participants at Year-end (10 000 persons)	年末领取失业保险金人数(万人) Beneficiaries of Unemployment Insurance Fund (10 000 persons)	基金收支情况(亿元) Revenue and Expenses (100 million yuan)		
				基金收入 Revenue	基金支出 Expenses	累计结余 Balance at Year-end
全 国	**National Total**	**20542.7**	**228.3**	**1284.2**	**1333.2**	**4625.4**
北 京	Beijing	1294.8	4.0	102.0	92.7	225.5
天 津	Tianjin	335.5	6.6	25.2	34.1	57.0
河 北	Hebei	554.1	6.7	34.3	24.7	146.1
山 西	Shanxi	443.9	3.1	23.8	14.4	164.0
内蒙古	Inner Mongolia	267.4	2.3	19.7	12.3	119.2
辽 宁	Liaoning	668.2	12.6	42.6	36.8	233.7
吉 林	Jilin	273.6	2.5	18.7	15.8	110.0
黑龙江	Heilongjiang	324.0	3.3	21.3	24.5	128.5
上 海	Shanghai	984.9	10.6	105.1	127.1	92.6
江 苏	Jiangsu	1794.2	30.6	114.5	115.7	349.6
浙 江	Zhejiang	1561.7	13.6	87.8	187.0	248.4
安 徽	Anhui	518.8	7.2	38.1	51.2	84.8
福 建	Fujian	610.6	5.9	24.6	20.0	147.0
江 西	Jiangxi	289.7	1.6	13.8	6.6	75.8
山 东	Shandong	1366.0	17.7	82.1	77.7	252.2
河 南	Henan	837.3	6.8	42.2	48.5	157.2
湖 北	Hubei	619.5	6.2	37.4	25.7	162.5
湖 南	Hunan	606.6	6.3	24.9	15.9	123.3
广 东	Guangdong	3498.8	17.5	158.0	112.6	631.0
广 西	Guangxi	363.0	5.5	24.3	20.7	120.4
海 南	Hainan	178.6	2.6	8.2	7.4	30.1
重 庆	Chongqing	515.0	5.6	24.1	57.2	61.6
四 川	Sichuan	953.5	32.7	98.8	102.9	370.0
贵 州	Guizhou	276.1	2.7	17.7	12.2	73.4
云 南	Yunnan	289.2	5.1	21.0	13.2	119.8
西 藏	Tibet	25.3	0.006	2.8	0.5	18.6
陕 西	Shaanxi	426.4	3.2	25.5	42.1	118.0
甘 肃	Gansu	173.0	0.8	12.9	8.0	75.4
青 海	Qinghai	43.8	0.3	4.0	5.0	23.0
宁 夏	Ningxia	97.4	1.6	6.4	4.8	32.6
新 疆	Xinjiang	352.1	3.1	22.4	15.8	74.0

24-29 分地区基本医疗保险参保人数(2019年)
Participants of Basic Medical Insurance by Region (2019)

单位：万人 (10 000 persons)

地区	Region	年末参保人数合计 Participants at Year-end	职工基本医疗保险 Basic Medical Insurance for Workers	职工 Workers	退休人员 Retirees	城乡居民基本医疗保险 Basic Medical Insurance for Urban and Rural Residents
全国	**National Total**	**135407.4**	**32924.7**	**24224.4**	**8700.4**	**102482.7**
北京	Beijing	2082.7	1682.5	1376.5	306.1	400.1
天津	Tianjin	1137.0	595.0	383.0	212.1	541.9
河北	Hebei	6937.7	1079.2	741.9	337.3	5858.5
山西	Shanxi	3266.4	702.0	482.3	219.7	2564.3
内蒙古	Inner Mongolia	2178.4	530.7	360.2	170.5	1647.7
辽宁	Liaoning	3894.7	1552.1	911.1	641.0	2342.6
吉林	Jilin	2548.1	525.9	333.7	192.3	2022.2
黑龙江	Heilongjiang	2837.1	873.6	496.5	377.1	1963.5
上海	Shanghai	1889.1	1539.3	1026.9	512.4	349.8
江苏	Jiangsu	7848.8	2954.0	2189.6	764.5	4894.8
浙江	Zhejiang	5461.5	2426.6	1950.1	476.5	3034.9
安徽	Anhui	6731.5	888.1	632.9	255.3	5843.3
福建	Fujian	3788.1	841.4	678.8	162.6	2946.7
江西	Jiangxi	4782.4	579.0	372.0	207.0	4203.4
山东	Shandong	9569.6	2173.8	1624.3	549.5	7395.8
河南	Henan	10289.8	1281.6	906.6	375.1	9008.1
湖北	Hubei	5562.6	1093.2	761.8	331.4	4469.4
湖南	Hunan	6716.1	930.6	631.6	299.0	5785.4
广东	Guangdong	10783.5	4375.7	3850.2	525.6	6407.7
广西	Guangxi	5207.2	620.5	444.5	176.0	4586.6
海南	Hainan	920.6	236.1	171.5	64.7	684.5
重庆	Chongqing	3272.1	720.6	520.3	200.3	2551.4
四川	Sichuan	8616.9	1778.1	1279.4	498.7	6838.8
贵州	Guizhou	4186.7	462.0	342.3	119.7	3724.7
云南	Yunnan	4533.4	528.0	373.4	154.6	4005.5
西藏	Tibet	347.1	47.7	36.5	11.2	299.3
陕西	Shaanxi	3960.8	712.9	508.5	204.4	3248.0
甘肃	Gansu	2572.9	344.3	230.2	114.1	2228.6
青海	Qinghai	557.9	103.7	68.1	35.7	454.2
宁夏	Ningxia	633.7	141.1	103.1	38.0	492.6
新疆	Xinjiang	2293.1	605.1	436.9	168.1	1688.1

24-30 分地区基本医疗保险基金(含生育保险)收支情况（2019年）
Revenue and Expenses of Basic Medical Insurance (Birth Insurance Included) by Region (2019)

单位：亿元 (100 million yuan)

地区	Region	基金收入 Revenue			基金支出 Expenses			累计结余 Balance at the Year-end		
		合计 Total	职工 Workers	居民 Residents	合计 Total	职工 Workers	居民 Residents	合计 Total	职工 Workers	居民 Residents
全国	**National Total**	**24420.9**	**15845.4**	**8575.5**	**20854.2**	**12663.2**	**8191.0**	**27696.7**	**22554.1**	**5142.5**
北京	Beijing	1553.6	1483.6	70.1	1320.0	1226.1	93.9	1108.8	1085.9	22.9
天津	Tianjin	392.2	333.0	59.2	351.5	303.7	47.8	378.0	276.9	101.0
河北	Hebei	980.6	504.7	475.9	833.6	390.0	443.7	1054.0	820.9	233.1
山西	Shanxi	472.4	269.3	203.1	449.5	234.4	215.1	507.9	387.2	120.7
内蒙古	Inner Mongolia	382.7	245.5	137.2	325.9	197.8	128.1	419.8	348.8	71.0
辽宁	Liaoning	735.5	548.8	186.8	677.0	505.6	171.4	639.2	500.6	138.6
吉林	Jilin	352.2	205.3	147.0	320.0	166.0	154.0	401.3	326.2	75.2
黑龙江	Heilongjiang	509.0	341.4	167.5	457.3	302.1	155.2	577.3	432.0	145.4
上海	Shanghai	1445.3	1356.6	88.6	971.1	891.8	79.4	2931.2	2920.4	10.8
江苏	Jiangsu	1801.0	1336.4	464.6	1556.0	1091.8	464.2	2089.9	1857.7	232.2
浙江	Zhejiang	1625.1	1154.5	470.6	1370.5	950.5	420.0	2110.3	1941.1	169.2
安徽	Anhui	787.8	351.0	436.8	710.2	266.2	444.0	710.8	502.4	208.4
福建	Fujian	607.5	373.4	234.1	539.5	297.5	242.0	796.7	700.9	95.7
江西	Jiangxi	588.9	237.1	351.8	522.4	190.9	331.5	607.6	343.4	264.2
山东	Shandong	1655.5	1041.9	613.7	1426.1	867.0	559.2	1537.7	1158.4	379.3
河南	Henan	1142.8	487.3	655.5	1091.2	408.5	682.7	936.9	665.0	271.8
湖北	Hubei	876.6	513.1	363.6	784.0	427.4	356.6	770.6	510.7	259.9
湖南	Hunan	843.6	406.4	437.2	753.4	325.6	427.9	815.9	585.8	230.1
广东	Guangdong	2177.7	1656.6	521.1	1764.4	1281.3	483.0	3329.0	2913.7	415.3
广西	Guangxi	638.2	276.5	361.8	561.8	221.6	340.2	786.7	401.2	385.5
海南	Hainan	152.9	98.0	54.9	117.6	67.1	50.5	199.9	159.8	40.2
重庆	Chongqing	522.0	320.2	201.8	461.4	274.5	186.9	444.8	280.9	163.9
四川	Sichuan	1311.3	753.7	557.6	1071.2	574.8	496.4	1694.1	1267.2	427.0
贵州	Guizhou	530.3	219.1	311.2	427.3	163.1	264.2	445.1	259.5	185.6
云南	Yunnan	652.8	324.3	328.5	565.9	254.2	311.7	619.6	443.2	176.3
西藏	Tibet	69.7	50.9	18.8	47.3	21.4	25.9	117.0	114.2	2.7
陕西	Shaanxi	580.1	323.0	257.1	505.4	257.9	247.5	552.1	461.7	90.5
甘肃	Gansu	317.6	148.6	169.0	287.3	124.1	163.2	233.1	168.3	64.8
青海	Qinghai	125.8	80.7	45.0	93.4	61.5	31.9	157.0	122.1	34.9
宁夏	Ningxia	117.3	71.5	45.8	91.6	52.0	39.6	130.2	102.6	27.6
新疆	Xinjiang	472.6	333.1	139.5	400.3	266.9	133.4	594.3	495.5	98.7

24-31 分地区工伤保险情况（2019年）
Statistics of Work-related Injury Insurance by Region (2019)

地区	Region	年末参加工伤保险人数（万人）Participants in Work-related Injury Insurance at Year-end (10 000 persons)	享受工伤待遇人数（万人）Beneficiaries at Year-end (10 000 persons)	基金收支情况(亿元) Revenue and Expenses (100 million yuan)		
				基金收入 Revenue	基金支出 Expenses	累计结余 Balance at Year-end
全国	**National Total**	**25478.4**	**194.4**	**819.4**	**816.9**	**1783.2**
北京	Beijing	1242.2	4.4	45.1	39.1	58.0
天津	Tianjin	400.2	4.0	12.6	12.3	17.7
河北	Hebei	951.4	10.0	56.5	49.0	52.5
山西	Shanxi	624.2	7.4	38.2	41.5	57.4
内蒙古	Inner Mongolia	338.2	2.4	12.2	11.8	45.7
辽宁	Liaoning	816.8	13.1	39.6	33.5	51.7
吉林	Jilin	445.9	3.9	11.7	13.6	37.6
黑龙江	Heilongjiang	464.1	5.9	26.9	26.4	31.3
上海	Shanghai	1084.1	6.4	33.6	37.1	61.8
江苏	Jiangsu	2016.3	15.1	72.1	74.4	161.4
浙江	Zhejiang	2257.4	22.2	59.3	62.9	100.6
安徽	Anhui	639.1	7.0	17.7	22.8	47.0
福建	Fujian	891.1	4.8	19.8	20.9	62.8
江西	Jiangxi	539.4	4.2	19.0	16.1	54.8
山东	Shandong	1710.7	11.9	56.9	53.8	119.7
河南	Henan	966.2	4.6	26.0	26.1	70.1
湖北	Hubei	717.6	5.2	14.9	18.1	49.3
湖南	Hunan	807.6	13.4	46.2	40.5	95.7
广东	Guangdong	3815.8	15.6	52.3	65.7	274.8
广西	Guangxi	442.2	1.8	10.1	8.5	51.1
海南	Hainan	159.6	0.4	2.6	2.3	18.5
重庆	Chongqing	661.7	6.2	24.5	20.3	12.5
四川	Sichuan	1177.1	8.6	39.0	34.1	83.9
贵州	Guizhou	408.5	2.6	14.9	17.8	20.9
云南	Yunnan	438.5	4.9	13.4	17.4	28.0
西藏	Tibet	36.8	0.1	1.7	1.2	6.4
陕西	Shaanxi	577.4	3.0	18.2	17.0	41.6
甘肃	Gansu	244.1	1.5	10.2	9.3	18.5
青海	Qinghai	74.0	0.5	4.5	2.9	11.9
宁夏	Ningxia	119.6	0.6	4.9	4.9	11.6
新疆	Xinjiang	410.2	2.6	14.9	15.6	28.2

注：工伤保险累计结余中含储备金。

a) Balance of work-related injury insurance includes reserves.

24-32 分地区生育保险情况（2019年）
Statistics of Birth Insurance by Region (2019)

地 区	Region	年末参加生育保险人数（万人） Participants in Birth Insurance at Year-end (10 000 persons)	享 受 待遇人次（万人次） Beneficiaries at Year-end (10 000 person-times)
全 国	**National Total**	**21417.3**	**1136.4**
北 京	Beijing	1164.4	61.2
天 津	Tianjin	341.3	24.5
河 北	Hebei	811.0	35.5
山 西	Shanxi	489.6	15.7
内蒙古	Inner Mongolia	320.6	11.0
辽 宁	Liaoning	789.4	43.5
吉 林	Jilin	326.3	22.3
黑龙江	Heilongjiang	343.5	9.1
上 海	Shanghai	989.6	32.4
江 苏	Jiangsu	1868.8	143.5
浙 江	Zhejiang	1561.1	71.6
安 徽	Anhui	622.3	27.9
福 建	Fujian	621.7	21.0
江 西	Jiangxi	303.3	12.6
山 东	Shandong	1298.8	81.2
河 南	Henan	765.3	31.6
湖 北	Hubei	577.7	38.5
湖 南	Hunan	600.4	32.0
广 东	Guangdong	3669.4	217.2
广 西	Guangxi	405.9	18.8
海 南	Hainan	168.8	10.7
重 庆	Chongqing	466.9	29.4
四 川	Sichuan	954.9	36.8
贵 州	Guizhou	349.6	28.1
云 南	Yunnan	356.0	18.3
西 藏	Tibet	34.3	3.6
陕 西	Shaanxi	454.5	16.8
甘 肃	Gansu	221.8	14.2
青 海	Qinghai	61.8	4.6
宁 夏	Ningxia	94.7	7.1
新 疆	Xinjiang	383.6	15.9

主要统计指标解释

批准逮捕 指人民检察院对公安机关、国家安全机关、监狱管理机关提出逮捕的犯罪嫌疑人进行审查，根据事实，依法做出逮捕决定。该指标主要反映人民检察院对提请逮捕犯罪嫌疑人进行审查后依法做出批准逮捕决定的情况。

决定逮捕 指人民检察院对直接立案侦查的案件，认为需要逮捕犯罪嫌疑人时，依据法律做出的逮捕决定。该指标主要反映人民检察院对直接受理的案件行使决定逮捕权的情况。

提出抗诉 指人民检察院对人民法院的判决、裁定认为确有错误，向人民法院提出对案件重新进行审理的诉讼活动。包括按照第二审程序提出的抗诉和按照审判监督程序（再审程序）提出的抗诉。

立案监督 指人民检察院对侦查机关刑事立案活动的监督。包括对应当立案而不立案的监督和不应立案而立案的监督。

监督立案 包括侦查机关接到要求说明不立案理由后主动立案和执行通知立案两个内容。

青少年罪犯 指人民法院在报告期内判决发生法律效力的有罪判决中14周岁以上不满25周岁的罪犯。其中14周岁以上不满18周岁的罪犯为未成年罪犯。

行政案件 指公民、法人和其他组织认为行政机关和行政机关工作人员的行政行为侵犯其合法权益，向人民法院提起行政诉讼，人民法院依法审理的案件。

行政赔偿案件 指公民、法人或者其他组织认为其合法权益受到行政机关及其工作人员违法行使职权的侵害，向人民法院单独或与行政诉讼一并提起赔偿诉讼，人民法院依法审理的案件。

公证（出证） 指公证处根据当事人申请，依照事实和法律，按照法定程序制作的，具有法律效力的司法证明文书。

受理劳动人事争议案件数 指劳动人事争议仲裁委员会根据国家法律、法规及有关规章、政策规定，对劳动人事争议当事人提出的仲裁申请进行审查后，符合受理条件而正式立案的劳动人事争议案件数。

城镇职工基本养老保险

1.参保职工人数 指报告期末按照国家法律、法规和有关政策规定参加城镇职工基本养老保险并在社保经办机构已建立缴费记录档案的职工人数，包括中断缴费但未终止养老保险关系的职工人数，不包括只登记未建立缴费记录档案的人数。

2.离退休人员人数 指报告期末参加城镇职工基本养老保险的离休、退休和退职人员的人数。

3.基金收入 指根据国家有关规定，由纳入职工基本养老保险范围的缴费单位和个人按国家规定的缴费基数和缴费比例缴纳的养老保险费，以及通过其他方式取得的形成基金来源的收入。包括单位和职工个人缴纳的基本养老保险费、基本养老保险基金利息收入、委托投资收益、上级补助收入、下级上解收入、转移收入、财政补贴和其他收入。

4.基金支出 指按照国家政策规定的开支范围和开支标准从职工基本养老保险基金中支付给参加职工基本养老保险的个人养老保险待遇支出，以及由于保险关系转移、上下级之间补助、上解等原因而发生的支出。其他支出包括基本养老金、医疗补助金、丧葬补助金和抚恤金、病残津贴、补助下级支出、上解上级支出、转移支出和其他支出等。

5.基金累计结余 指职工基本养老保险基金收支相抵后的期末累计余额。

城乡居民基本养老保险

1.参保人数 指报告期末，参加城乡居民养老保险（在经办机构参保登记并已建立缴费记录以及制度实施当年已经年满60周岁并在经办机构参保登记）的人数（不包括已经办理注销登记手续的人数）。

2.基金收入 指根据国家有关规定，由参加城乡居民基本养老保险的个人按规定缴费的城乡居民基本养老保险费，以及通过集体补助、财政补助等其他方式取得的形成基金来源的收入。包括个人缴费收入、集体补助收入、财政补贴收入、利息收入、委托投资收益、转移收入、上级补助收入、下级上解收入和其他收入。

3.基金支出 指按照国家政策规定的开支范围和开支标准从城乡居民基本养老保险基金中支付给参加城乡居民基本养老保险的个人养老保险待遇支出，以及由于参保人员跨统筹地区或跨制度流动而发生的支出等。包括养老保险待遇支出、转移支出、补助下级支出、上解上级支出和其他支出。

4.基金累计结余 指城乡居民基本养老保险基金收支相抵后的期末累计余额。

基本医疗保险

1.参保人数 指报告期末按国家有关规定参加职工基本医疗保险和城乡居民基本医疗保险人员的合计。

2.基金收入（含生育保险） 指由用人单位和个人按照国家规定的缴费基数、缴费比例或缴费标准缴纳的基本医疗保险费（含生育保险），财政补贴资金以及通过其他方式取得的形成基金来源的款项，包括：单位缴纳收入、个人缴纳收入、财政补贴收入、利息收入、上级补助收入、下级上解收入和其他收入。

3.基金支出（含生育保险） 指按照国家政策规定的开支范围和开支标准，从基本医疗保险基金（含生育保险）中支付给参保人员的医疗保险待遇支出，生育保险待遇支出以及其他支出。包括住院费用支出、门诊费用支出、大病保险支出、生育待遇支出、补助下级支出、上解上级支出和其他支出。

4.基金累计结余（含生育保险） 指基本医疗保险基金（含生育保险）收支相抵后的期末累计结余金额。

失业保险

1.参保人数 指报告期末按照国家法律、法规和有关政策规定参加了失业保险的城镇企业、事业单位的职工及地方政府规定参加失业保险的其他人员的人数。

2.基金收入 指报告期内筹集的失业保险基金的总额，包括失业保险费收入、利息收入、财政补贴收入、其他收入、转移收入。

3.基金支出 指报告期内为保障失业人员基本生活、预防失业、促进再就业等支出的基金总额，包括失业保险金支出、医疗补助金支出、丧葬补助金和抚恤金支出、职业培训和职业介绍补贴支出、其他费用支出、技能提升补贴支出、稳定岗位补贴支出、其他支出、转移支出。

4.基金累计结余 指截止报告期末失业保险基金收支相抵后的累计余额。

工伤保险

1.参保人数 指报告期末依据国家有关规定参加工伤保险的职工人数和有雇工的个体工商户的雇工数。

2.享受工伤保险待遇人数 指年报告期内因工伤或职业病而享受工伤保险待遇的职工人数。为享受工伤医疗待遇中未评定等级的人数、享受伤残待遇人数以及享受因工死亡待遇人数之和。

3.基金收入 指根据国家有关规定，由参加工伤保险的单位按国家规定的缴费基数和缴费比例缴纳及难以直接按照工资总额计算缴纳工伤保险费的部分行业企业按规定方式缴纳的工伤保险费，以及依法通过其他形式取得的形成基金来源的款项。包括：工伤保险费收入、利息收入、上级补助收入、下级上解收入、其他收入。

4.基金支出 指按照国家政策规定的开支范围和开支标准从工伤保险基金中支付给参加工伤保险的人员及供养直系亲属工伤保险待遇支出及其他支出。包括工伤医疗待遇支出、伤残待遇支出、工亡待遇支出、劳动能力鉴定支出、工伤预防费用支出、补助下级支出、上解上级支出和其他支出。

5.基金累计结余 指工伤保险基金收支相抵后的期末累计结余金额。

Explanatory Notes on Main Statistical Indicators

Approval for Arrest refers to the decision made by people's procuratorate office, in accordance with the law and relevant facts and after due investigation, to approve the arrest of the suspect(s) as proposed by the public security departments, state security departments or prisons authority. This indicator reflects approved arrests made by people's procuratorate offices that are proposed by related departments.

Decision on Arrest refers to decision made by the people's procuratorate office, in accordance with laws, to arrest the suspect(s) in the cases that are accepted and to be investigated by the procurators office. This indicator mainly reflects the decision on execution of the authority of arrests by people's procuratorate office.

Presenting Protest Appeal refers to those protests presented by local People's Procuratorate at any level who considers that there exists some definite error in a judgment or order of first instance made by a People's Court at the same level to the People's Court at the next higher level, including the protests raised in accordance with the second instance and protests raised in accordance with procedure for trial supervision.

Supervision of Case Registered refers to the actions made by the People's Procuratorate to supervise the criminal cases registered by investigation authorities, including supervision of the cases which have wrongly not been registered and have wrongly been registered.

Supervision of Case Filing includes both the supervision of the registrations by the investigation authorities and the supervision of the execution of the notifications to register after the investigation authorities are requested to state reasons for not registering a case.

Juvenile Offenders refers to the offenders between 14 to 25 convicted guilty by the court during the reporting period, and those between 14 to 18 are defined as minor offenders.

Administrative Cases refer to cases in which citizens, legal persons and other organizations consider that administrative acts of administrative organs and staff members of administrative organs infringe upon their legitimate rights and interests, and bring administrative proceedings to the people's courts for hearing according to law by the people's courts.

Administrative Compensation Cases refer to cases in which citizens, legal persons or other organizations consider that their legitimate rights and interests are infringed by the illegal exercise of their powers and powers by administrative organs and their staff members, and bring compensation lawsuits to the people's court, separately or together with administrative lawsuits, for hearing at the people's court according to law.

Notarization (certification) refer to legally binding judicial notary documents, developed at the request of the interested party based on facts and the law following certain legal proceedings.

Number of Labour Disputes Cases Accepted refers to the number of cases of labour disputes arbitration submitted that, after review by the labour dispute arbitration committees in line with the relevant national laws, regulations and policies, are accepted and registered.

Basic Endowment Insurance for Urban Workers

1. Number of workers covered refers to staff and workers participating in the basic endowment insurance for urban workers according to national laws, regulations and related policies at the end of the reference period, who have already had payment records in social security management agencies, including those who have interrupt payment without terminating the insurance programme. Those who have registered in the programme but with no payment records are not included.

2. Number of retirees covered refers to the number of retirees participating in the basic endowment insurance for urban workers by the end of the reference period.

3. Revenue refers to payments made by employers and employees participating in the basic endowment insurance for urban workers in accordance with the basis and proportion stipulated in state regulations, and income from other sources that become the source of endowment insurance fund, including the premium paid by employers and staff and workers, interest income, entrusted investment income, subsidies from higher level agencies, income as transfer from subordinate agencies, transferred income, government financial subsidies and other income.

4. Expenses refer to personal endowment insurance payment made to those covered in the basic endowment insurance for urban workers according to related national policies on scope and standard of expenditure, as well as expenditure which arises due to shift of the insurance relationship or adjustment of funds among agencies, transfer to agencies at higher level. Other expenditure includes: basic endowment insurance, medical fees, funeral subsidies, compensation payments, disability allowance, expenses on subsidies to lower subordinates, expenses as transfer to agencies at higher level, transferred expenditure and other expenditure.

5. Balance refers to the balance of the basic endowment insurance funds for urban workers at the end of the reference period after deducting expenses from revenue.

Basic Endowment Insurance for Urban and Rural Residents

1. Participants refers to people participating in the basic endowment insurance for urban and rural residents who registered with the participation and established payment records, and who were 60 years old or above when the system was established and registered with the participation. Those who cancelled their registration are not included.

2. Revenue refers to the revenue from the payments made, in accordance with related regulations of the government, by individuals participating in the basic endowment insurance for urban and rural residents and from the subsidies contributed by collectives, public finance and other sources. It includes the payment by individual participants, collective subsidies, financial subsidies, interest income, entrusted investment income, transferred income, subsidies from higher levels, contributions from lower levels, and income from other sources.

3. Expenses refers to payment made to those covered in the basic endowment insurance for urban and rural residents according to related national policies on scope and standard of expenditure. Also included are expenditures which arise due to movement of participants among different locations or system. It includes the payment to the individual participants, transferred expenditures, expenses on subsidies to lower subordinates, expenses as transfer to agencies at higher level, and other expenditures.

4. Balance refers to the balance of basic endowment insurance funds for urban and rural residents at the end of the reference period after deducting expenses from revenue.

Basic Medical Insurance

1. Participants refers to the total number of people who participate in the basic medical insurance for workers and basic medical insurance for urban and rural residents according to national relevant regulations at the end of the reference period.

2. Revenue (birth insurance included) refers to the basic medical insurance premium (birth insurance included) paid by employing units and individuals according to the payment base, payment proportion or payment standard stipulated by the state, financial subsidy funds and funds obtained by other means, including: revenue from employer payment and individual payment, from financial subsidy, from interest, from subsidies from higher level and payment from lower level and other revenue.

3. Expenses (birth insurance included) refers to the medical insurance benefits, birth insurance benefits and other expenditures paid to contributors from the basic medical insurance fund (birth insurance included) according to the scope and standard of expenditure stipulated by national policies. It includes hospitalization expenses, outpatient expenses, serious illness insurance expenses, childbearing treatment expenses, expenses for subsidizing subordinates, expenses for transfer to superiors and other expenditures.

4. Balance (birth insurance included) refers to the balance of revenue after deducting expenses at the end of the reference period.

Unemployment Insurance

1. Participants refers to staff and workers in urban enterprises or institutions who have participated in the unemployment insurance according to relevant policies and regulations, and other people who have participated according to local government regulations at the end of the reference period.

2. Revenue refers to the total unemployment insurance funds raised in the reference period, including unemployment insurance premium, interest income, financial subsidies, other revenue, and transferred revenue.

3. Expenses refers to total expenses during the reference period to guarantee the basic livelihood of unemployed people, prevention of unemployment, and to encourage their re-employment. Included are unemployment relief, medical fees, funeral subsidies, compensation payments, training expenses, job placement expenses, other expenses, skills upgrading subsidy, job stabilization subsidy, other expenditures, transferred expenditure.

4. Balance refers to the balance of revenue after deducting expenses at the end of the reference period.

Work-related Injury Insurance

1.Participants refers to staff and workers who have participated in the work-related injury insurance and employees who work as self-employed and have participated in the work-related injury insurance according to relevant national regulations at the end of the reference period.

2. Number of beneficiaries refers to number of employee benefited from work-related injury insurance, as a result of work injury or occupational disease. It is the sum of beneficiaries of medical treatment of unrated work injuries, disability benefits for work injuries and compensation for deaths at work places.

3. Revenue refers to payments made by employers participating in the work-related injury insurance programme in accordance with the basis and proportion stipulated in state regulations, and payment by enterprises of some industries where it is difficult to estimate the injury insurance premium directly according to the total wage bill in accordance with stipulated way, and revenue from other sources according to law that become source of work-related injury insurance fund, including revenue of injury insurance, interest income, subsidies from higher level agencies, revenue as transfer from subordinate agencies, and other revenues.

4. Expenses refers to payments made from work-related injury insurance funds to those who participated in the work-related injury insurance and their direct dependents within the scope and standards of expenditure according to related national policies, and other expenditure, including medical fees for work injury, injury and disability subsidies, death subsidies, labor capacity appraisal, injury prevention fees, expenses on subsidies to lower subordinates, expenses as transfer to agencies at higher level, and other expenditure.

5. Balance refers to the balance of the work-related injury funds at the end of the reference period.

25

城市、农村和区域发展

Urban, Rural and Regional Development

简 要 说 明

一、本篇资料的主要内容

本篇资料反映我国农村、城市、民族自治地方、分区域社会经济发展等基本情况。

二、本篇的资料来源

主要农产品产量及农村电能发展情况由国家统计局农村社会经济调查司根据《农林牧渔业统计报表制度》的有关资料整理提供。

全国城市分布情况及省会城市和计划单列市主要经济指标由城市社会经济调查司依据《城市基本情况统计报表制度》收集整理提供。

城市、县及乡公用事业基本情况及综合水平指标部分的资料由住房和城乡建设部根据其《城市建设统计报表制度》汇总整理提供。

城市公共交通统计资料由交通运输部根据其《城市（县城）客运统计报表制度》中相关报表汇总整理提供。

民族自治地方及少数民族统计资料根据国家民委和国家统计局联合布置的民族自治地方国民经济和社会发展统计报表制度，由有民族自治地方的20个省、自治区、直辖市民委和统计局共同组织实施。

按区域分国民经济和社会发展指标数据均来自本年鉴各专业分省数据，反映东部、中部、西部及东北地区社会经济发展情况。

三、本篇资料的统计范围与统计口径

涉及城市公用事业情况的部分由住房和城乡建设部提供，其执行范围是全国所有设市城市；统计口径为全社会，即在设市城市范围内所有的城市规划管理、投资、建设或经营管理相关设施的单位。

民族自治地方及少数民族统计资料统计范围是5个民族自治区、30个自治州、120个自治县（旗）辖区内的全部单位，全国汇总时不重复计算。统计调查方法为全面调查。另外，全国民族自治地方卫生情况由卫生部提供。民族自治地方行政区划资料是根据民政部编辑的《行政区划简册》汇总整理。

Brief Introduction

I. Main Contents

Data in this chapter present the social and economic development of rural areas, urban areas, ethnic minority autonomous areas, and eastern, central, western and northeastern regions.

II. Sources of Data

Data on rural conditions are provided by the Department of Rural Social and Economic Survey of NBS using data from the *Statistical Reporting System on Agricultural, Forestry, Animal Husbandry and Fishery*.

Data on distribution of cities in China and major economic indicators of provincial capitals and cities with independent planning authority are collected and provided by the Department of Urban Social and Economic Survey of NBS in accordance with the *Statistical Reporting System on Basic Situation of Cities.* Data on basic conditions and overall level of urban public facilities are collected, prepared and provided by the Ministry of Housing and Urban-Rural Development in line with its *Statistical Reporting System on Urban Construction*.

Statistics of urban public transport are collected through relevant report forms and provided by the Ministry of Transport according to *Urban Construction Statistical Reporting System*.

Data on ethnic minority autonomous areas and minority nationalities are collected jointly by ethnic affairs commissions and statistical bureaus in 20 provinces, autonomous regions and municipalities with ethnic minority autonomous areas in accordance with *Statistical Reporting System on Economic and Social Development*, jointly issued by the National Ethnic Affairs Commission and the National Bureau of Statistics.

Statistics on economic and social development by region are compiled using data in this *Yearbood* by different subject areas and by provice to reflect the economic and social development in eastern, central, western and northeastern regions

III. Scope and Coverage of Statistics

Data on urban public facilities are provided by the Ministry of Housing and Urban-Rural Development, covering all cities. Statistically, the data cover all units under the jurisdiction of cities which are engaged in urban planning and management, investment, construction and operation of relevant facilities.

Data on the ethnic minority autonomous areas and the ethnic minorities cover all units under the jurisdiction of the 5 ethnic minority autonomous regions, 30 autonomous prefectures and 120 autonomous counties. Duplication is deducted in the national tabulation. Methodology of data collection is complete enumeration. In addition, data on the public health of the ethnic minority autonomous areas are provided by the Ministry of Health, and data on the divisions of administrative areas are tabulated and prepared in accordance with the *Concise Edition of the Divisions of Administrative Areas* compiled by the Ministry of Civil Affairs.

25-1 全部地级及以上城市数(2019年)
Number of Cities at Prefecture Level and Above (2019)

单位: 个 (unit)

地 区	Region	合 计 Total	按城市市辖区年末总人口分组 Grouped by Population in Urban Districts (year-end) 400万以上 4 million and over	200-400万 2 million-4 million	100-200万 1 million-2 million	50-100万 0.5 million-1 million	20-50万 0.2 million-0.5 million	20万以下 under 0.2 million
全部地级及以上城市	**Total Cities at Prefecture Level and Above**	**297**	**20**	**44**	**98**	**88**	**39**	**8**
北 京	Beijing	1	1					
天 津	Tianjin	1	1					
河 北	Hebei	11	1	3	3	4		
山 西	Shanxi	11		1	2	6	2	
内蒙古	Inner Mongolia	9			3	2	4	
辽 宁	Liaoning	14	2		3	8	1	
吉 林	Jilin	8	1		1	3	3	
黑龙江	Heilongjiang	12	1		2	6	2	1
上 海	Shanghai	1	1					
江 苏	Jiangsu	13	1	9	3			
浙 江	Zhejiang	11	1	2	3	4	1	
安 徽	Anhui	16		3	6	6	1	
福 建	Fujian	9		3	2	3	1	
江 西	Jiangxi	11		3	3	4	1	
山 东	Shandong	16	2	4	10			
河 南	Henan	17		3	8	6		
湖 北	Hubei	12	1	1	4	5	1	
湖 南	Hunan	13		1	6	5	1	
广 东	Guangdong	21	4	3	9	4	1	
广 西	Guangxi	14		2	7	3	2	
海 南	Hainan	4			1	2		1
重 庆	Chongqing	1	1					
四 川	Sichuan	18	1	1	12	4		
贵 州	Guizhou	6		2	2	1	1	
云 南	Yunnan	8		1	1	3	2	1
西 藏	Tibet	6					1	5
陕 西	Shaanxi	10	1		3	6		
甘 肃	Gansu	12		1	2	3	6	
青 海	Qinghai	2			1		1	
宁 夏	Ningxia	5			1		4	
新 疆	Xinjiang	4		1			3	

注：1.本表为公安部的户籍人口数。
2.东莞、中山、三沙、儋州和嘉峪关无市辖区，人口为全市口径。

a) Population at year-end refer to population by household registration from the Ministry of Public Security.

b) Dongguan, Zhongshan, Sansha, Danzhou and Jiayuguan have no urban districts, so the population is the total population of the cities.

25-2 省会城市和计划单列市主要指标（2019年）
Main Indicators of Provincial Capitals and Cities with Independent Planning Authority (2019)

包括市辖县。
Counties under the jurisdiction of city governments are included.

城市名称	City	年末户籍人口（万人）Population by Household Registration at Year-end (10 000 persons)	地区生产总值（当年价格）（亿元）Gross Regional Product (Current Prices) (100 million yuan)	第一产业 Primary Industry	第二产业 Secondary Industry	第三产业 Tertiary Industry
北京	Beijing	1397	35371	114	5715	29543
天津	Tianjin	1108	14104	185	4969	8950
石家庄	Shijiazhuang	1052	5810	449	1832	3529
太原	Taiyuan	384	4029	42	1519	2467
呼和浩特	Hohhot	249	2791	114	824	1853
沈阳	Shenyang	756	6470	284	2179	4008
大连	Dalian	599	7002	459	2800	3743
长春	Changchun	754	5904	348	2495	3061
哈尔滨	Harbin	951	5249	570	1127	3553
上海	Shanghai	1469	38155	104	10299	27752
南京	Nanjing	710	14031	288	5041	8702
杭州	Hangzhou	795	15373	326	4875	10172
宁波	Ningbo	608	11985	322	5783	5880
合肥	Hefei	770	9409	292	3415	5702
福州	Fuzhou	710	9392	526	3831	5035
厦门	Xiamen	261	5995	26	2494	3475
南昌	Nanchang	536	5596	213	2654	2729
济南	Jinan	797	9443	343	3265	5835
青岛	Qingdao	831	11741	410	4183	7149
郑州	Zhengzhou	882	11590	141	4617	6832
武汉	Wuhan	906	16223	379	5989	9855
长沙	Changsha	738	11574	360	4439	6775
广州	Guangzhou	954	23629	251	6454	16923
深圳	Shenzhen	551	26927	25	10496	16406
南宁	Nanning	782	4507	507	1045	2954
海口	Haikou	183	1672	71	276	1325
重庆	Chongqing	3416	23606	1551	9497	12558
成都	Chengdu	1500	17013	612	5245	11156
贵阳	Guiyang	428	4040	161	1495	2383
昆明	Kunming	578	6476	270	2079	4127
拉萨	Lhasa	56	618	20	236	362
西安	Xi'an	957	9321	279	3167	5875
兰州	Lanzhou	332	2837	52	945	1840
西宁	Xining	209	1328	51	399	878
银川	Yinchuan	200	1897	65	829	1003
乌鲁木齐	Urumqi	227	3413	28	906	2479

25-2 续表 1 continued

城市名称	City	地方一般公共预算收入(亿元) General Public Budget Revenue of the Local Governments (100 million yuan)	地方一般公共预算支出(亿元) General Public Budget Expenditure of the Local Governments (100 million yuan)	住户存款余额(亿元) Deposit of Households (100 million yuan)	城镇单位在岗职工平均工资(元) Average Wage of Staff and Workers in Urban Units (yuan)	年末邮政局(所)(处) Postal Offices at Year-end (unit)	年末固定电话用户(万户) Subscribers of Fixed Telephones at Year-end (10 000 subscribers)
北　京	Beijing	5817	7408	37310	173205	727	543
天　津	Tianjin	2410	3556	12640	111602	419	349
石家庄	Shijiazhuang	569	1051	7630	79581	182	123
太　原	Taiyuan	387	611	5252	82860	163	77
呼和浩特	Hohhot	203	418	2392	84105	119	56
沈　阳	Shenyang	730	1048	8338	87696	230	115
大　连	Dalian	693	1016	6842	95442	241	149
长　春	Changchun	420	896	5889	88082	205	
哈尔滨	Harbin	371	1101	6292	82385	383	130
上　海	Shanghai	7165	8179	31728	151772	536	643
南　京	Nanjing	1580	1658	8300	129605	181	182
杭　州	Hangzhou	1966	1953	11677	120308	298	231
宁　波	Ningbo	1469	1768	7475	110878	271	250
合　肥	Hefei	746	1123	4667	95156	185	128
福　州	Fuzhou	668	950	6027	88952	238	163
厦　门	Xiamen	768	913	3062	97779	88	111
南　昌	Nanchang	477	834	3618	88470	164	87
济　南	Jinan	874	1197	6438	100593	252	175
青　岛	Qingdao	1242	1576	6755	103125	265	156
郑　州	Zhengzhou	1223	1911	7957	88030	245	155
武　汉	Wuhan	1564	2237	8993	98043	261	158
长　沙	Changsha	950	1426	6531	98459	243	157
广　州	Guangzhou	1699	2865	17981	123498	243	331
深　圳	Shenzhen	3773	4553	16011	127757	541	431
南　宁	Nanning	371	789	3960	90986	197	79
海　口	Haikou	185	266	1839	85121	58	62
重　庆	Chongqing	2135	4848	17860	89714	1617	604
成　都	Chengdu	1483	2007	14901	97519	571	651
贵　阳	Guiyang	417	719	3164	92650	187	76
昆　明	Kunming	630	821	5355	94063	279	113
拉　萨	Lhasa	117	365	472	127057	84	28
西　安	Xi'an	703	1247	9554	96867	297	250
兰　州	Lanzhou	233	457	3571	88393	156	62
西　宁	Xining	102	328	1549	91494	106	61
银　川	Yinchuan	155	346	1867	94559	93	26
乌鲁木齐	Urumqi	472	620	3172	90729	130	105

25-2 续表 2 continued

城市名称	City	社会消费品零售总额(亿元) Total Retail Sales of Consumer Goods (100 million yuan)	货物进出口总额(亿元) Total Value of Import and Export (100 million yuan)	年末实有公共(汽)电车营运车辆(辆) Public Buses and Trolley Buses in Operation at Year-end (unit)	普通本专科学生(人) Undergraduates in Regular HEIs (person)	医院数(个) Number of Hospitals (unit)	执业(助理)医师(人) Licensed (Assistant) Physicians (person)
北京	Beijing	15064	28690	23685	601545	664	105866
天津	Tianjin	4218	7346	12746	539366	441	46420
石家庄	Shijiazhuang	2465	1179	3886	533070	275	39508
太原	Taiyuan	1953	1120	3533	503326	158	24178
呼和浩特	Hohhot	1076	124	3178	243175	106	11571
沈阳	Shenyang	4480	1073	5967	424191	276	31834
大连	Dalian		4361	5683	290589	200	22681
长春	Changchun	3120	996	4518	468853	188	25252
哈尔滨	Harbin		251	7402	581859	331	27972
上海	Shanghai	15848	34054	17903	526585	374	74743
南京	Nanjing	7136	4828	8700	877894	248	35735
杭州	Hangzhou	6188	5192	9744	446683	343	48962
宁波	Ningbo	4269	9170	6147	156455	180	29565
合肥	Hefei	4378	2221	6059	536242	199	26816
福州	Fuzhou	4199	2627	4852	340330	140	24363
厦门	Xiamen	2258	6413	4387	156642	63	15207
南昌	Nanchang	2369	1062	3916	630485	138	16778
济南	Jinan	5162	1125	8168	541097	289	38267
青岛	Qingdao	5127	5923	8489	415824	427	37813
郑州	Zhengzhou	5324	4130	6316	1078675	255	44608
武汉	Wuhan	7774	2440	9813	1006894	407	41327
长沙	Changsha	5247	2002	9596	665860	237	32286
广州	Guangzhou	9552	10001	15388	1152994	269	58671
深圳	Shenzhen	9144	29774	38608		144	40315
南宁	Nanning	2328	748	3834	487371	137	26995
海口	Haikou	824	331	2122	138933	64	9601
重庆	Chongqing	11632	5792	13226	834864	846	83293
成都	Chengdu	8313	5823	15948	879335	629	68398
贵阳	Guiyang	1380	287	3186	411134	189	19781
昆明	Kunming	3187	909	6154	622583	314	31763
拉萨	Lhasa	322	41		20948	27	3077
西安	Xi'an	5141	3243	10179	871400	359	38469
兰州	Lanzhou	1672	119	3109	358030	129	14337
西宁	Xining	632	26	1940	66576	77	9836
银川	Yinchuan	830	157	1756	111218	76	10321
乌鲁木齐	Urumqi	1389	513	4411	212186	137	16500

注：年末实有公共(汽)电车营运车辆数不包括市辖县。

a) Number of public buses and trolley buses in operation at year-end does not include those of counties under the jurisdiction of city governments.

25-3 城市公用事业基本情况
Basic Statistics on City Public Utilities

本表各项指标按全社会范围计算。
Data have covered the public utilities of all city units.

项　　目	Item	1990	1995	2000	2010	2015	2019
城市建设	**City Development**						
城区面积（平方公里）	Urban Arca (sq.km)	1165970	1171698	878015	178692	191776	200570
建成区面积（平方公里）	Area of Built Districts (sq.km)	12856	19264	22439	40058	52102	60312
城市建设用地面积（平方公里）	Area of Land Used for Urban Construction (sq.km)	11608	22064	22114	39758	51584	
城市人口密度（人/平方公里）	Population Density of City Districts (persons/sq.km)	279	322	442	2209	2399	2613
城市供水、燃气及集中供热	**Water Supply, Gas Supply and Centralized Heating**						
全年供水总量（亿立方米）	Annual Volume of Tap Water Supply (100 million cu.m)	382.3	481.6	469.0	507.9	560.5	628.3
#生活用水	Water Consumption for Daily Life	100.1	158.1	200.0	238.8	287.3	340.1
人均生活用水（吨）	Per Capita Water Consumption for Daily Life (ton)	67.9	71.3	95.5	62.6	63.7	65.7
用水普及率（%）	Coverage of Urban Population with Access to Tap Water (%)	48.0	58.7	63.9	96.7	98.1	98.8
人工煤气供气量（亿立方米）	Gaswork Gas Supply (100 million cu.m)	174.7	126.7	152.4	279.9	47.1	27.7
#家庭用量	Consumption of Gaswork Gas for Household Use	27.4	45.7	63.1	26.9	10.8	5.6
天然气供气量（亿立方米）	Natural Gas Supply (100 million cu.m)	64.2	67.3	82.1	487.6	1040.8	1608.6
#家庭用量	Consumption of Natural Gas for Household Use	11.6	16.4	24.8	117.2	208.0	347.0
液化石油气供气量（万吨）	Liquefied Petroleum Gas Supply (10 000 tons)	219.0	488.7	1053.7	1268.0	1039.2	1040.8
#家庭用量	Consumption of Liquefied Gas for Household Use	142.8	370.2	532.3	633.9	587.1	491.7
供气管道长度（万公里）	Length of Gas Pipelines (10 000 km)	2.4	4.4	8.9	30.9	52.8	78.3
燃气普及率（%）	Coverage of Urban Population with Access to Gas(%)	19.1	34.3	45.4	92.0	95.3	97.3
集中供热面积（亿平方米）	Area of Centralized Heating (100 million sq.m)	2.1	6.5	11.1	43.6	67.2	92.5
城市市政设施	**Municipal Infrastructure**						
年末实有道路长度（万公里）	Length of Paved Roads at Year-end (10 000 km)	9.5	13.0	16.0	29.4	36.5	45.9
每万人拥有道路长度（公里）	Length of Paved Roads Per 10 000 Persons (km)	3.1	3.8	4.1	7.5	7.9	8.8
年末实有道路面积(亿平方米)	Area of Paved Roads at Year-end (100 million sq.m)	10.2	16.5	23.8	52.1	71.8	91.0
人均拥有道路面积（平方米）	Per Capita Area of Paved Roads (sq.m)	3.1	4.4	6.1	13.2	15.6	17.4
城市排水管道长度（万公里）	Length of City Sewage Pipes (10 000 km)	5.8	11.0	14.2	37.0	54.0	74.4
城市公共交通	**Public Traffic**						
年末公共汽电车运营数(万辆)	Number of Public Buses and Trolley Buses in Operation at Year-end (10 000 units)				37.5	48.3	58.4
年末轨道交通配属车辆数(万辆)	Number of Carriages Allocated to Rail Transit at Year-end (10 000 units)				0.8	2.0	4.1
每万人拥有公共汽电车辆(标台)	Number of Public Buses and Trolley Buses Per 10 000 Persons (unit)				10.7	12.2	13.1
出租汽车数（万辆）	Taxis (10 000 units)	11.1	50.4	82.5	98.6	109.2	110.2
城市绿化和园林	**City Greening**						
城市绿地面积（万公顷）	Area of Green Land (10 000 hectares)	47.5	67.8	86.5	213.4	267.0	315.3
人均公园绿地面积（平方米）	Per Capita Area of Parks and Green Land (sq.m)	1.8	2.5	3.7	11.2	13.3	14.4
公园个数（个）	Number of Parks and Zoos (unit)	1970	3619	4455	9955	13834	18038
公园面积（万公顷）	Area of Parks (10 000 hectares)	3.9	7.3	8.2	25.8	38.4	50.2
城市环境卫生	**Environmental Sanitation**						
生活垃圾清运量（万吨）	Volume of Garbage Disposal (10 000 tons)	6767	10671	11819	15805	19142	24206
每万人拥有公厕（座）	Number of Public Toilets per 10 000 Persons (unit)	3.0	3.0	2.7	3.0	2.7	2.9

注：1.2006年以前"城区面积"为"城市面积"。
2.计算人均和普及率指标所使用的人口数2006年以前为城市人口，2006年起为城区人口与城区暂住人口之和，以公安部门的户籍统计和暂住人口统计为准。

a) Before 2006, urban area referred to the area of the city proper.
b) Per capita data and coverage rate are calculated on the basis of city population before 2006. Since 2006, they are calculated on the basis of the sum of urban area population and temporary residing population from the household registration by the Ministry of Public Security.

25-4 分地区城市建设情况（2019年）
Conditions of City Construction by Region (2019)

地 区	Region	城区面积 (平方公里) Urban Area (sq.km)	建成区面积 (平方公里) Area of Built Districts (sq.km)	城市人口密度 (人/平方公里) Population Density of Urban Area (persons/sq.km)
全 国	**National Total**	**200569.5**	**60312.5**	**2613**
北 京	Beijing	16410.0	1469.1	1137
天 津	Tianjin	2639.8	1151.1	4939
河 北	Hebei	6309.3	2182.1	3063
山 西	Shanxi	3164.3	1222.8	3804
内蒙古	Inner Mongolia	5082.0	1269.7	1820
辽 宁	Liaoning	12894.6	2720.1	1807
吉 林	Jilin	6482.8	1555.1	1885
黑龙江	Heilongjiang	2528.1	1770.9	5498
上 海	Shanghai	6340.5	1237.9	3830
江 苏	Jiangsu	15536.4	4648.3	2221
浙 江	Zhejiang	12421.8	3021.9	2064
安 徽	Anhui	6355.3	2241.5	2663
福 建	Fujian	4138.2	1620.7	3193
江 西	Jiangxi	2940.9	1607.8	4226
山 东	Shandong	23206.3	5412.7	1665
河 南	Henan	5364.4	2944.3	4850
湖 北	Hubei	8186.2	2661.0	2846
湖 南	Hunan	5102.9	1855.9	3265
广 东	Guangdong	16079.3	6397.7	3859
广 西	Guangxi	5814.4	1542.8	2097
海 南	Hainan	1478.8	382.9	2352
重 庆	Chongqing	7659.8	1515.4	2012
四 川	Sichuan	8609.5	3054.3	3045
贵 州	Guizhou	3650.9	1085.5	2222
云 南	Yunnan	3203.6	1217.6	3133
西 藏	Tibet	632.2	164.4	1671
陕 西	Shaanxi	2431.3	1357.5	5140
甘 肃	Gansu	1977.8	875.7	3260
青 海	Qinghai	696.0	215.2	2958
宁 夏	Ningxia	951.5	489.1	3059
新 疆	Xinjiang	2280.9	1421.6	3667

25-5 分地区城市供水情况（2019年）
Basic Statistics on Tap Water Supply in Cities by Region (2019)

地 区	Region	年末供水综合生产能力（万立方米/日）Production Capacity of Tap Water Supply (year-end) (10 000 cu.m/day)	年末供水管道长度（公里）Length of Water Supply Pipelines (year-end) (km)	全年供水总量（万立方米）Total Annual Volume of Water Supply (10 000 cu.m)	#生活用水 For Daily Consumption	#生产用水 For Production Use	用水人口（万人）Number of Population with Access to Tap Water (10 000 persons)	人均日生活用水量（升）Per Capita Daily Consumption of Tap Water (liter)
全 国	**National Total**	**30897.8**	**920082**	**6283010**	**3401161**	**1615647**	**51778.0**	**180.0**
北 京	Beijing	1942.6	20384	157672	113635	17293	1847.5	168.5
天 津	Tianjin	476.9	20294	96911	52942	29083	1303.8	111.2
河 北	Hebei	889.1	20399	173684	85128	58106	1932.0	120.7
山 西	Shanxi	411.7	12133	89570	53058	26352	1195.2	121.6
内蒙古	Inner Mongolia	410.8	12051	86568	35165	31738	918.3	104.9
辽 宁	Liaoning	1286.6	36769	287316	125342	69080	2310.1	148.6
吉 林	Jilin	627.9	13580	107279	51066	23722	1157.2	120.9
黑龙江	Heilongjiang	683.3	17895	135444	63568	37157	1373.1	126.8
上 海	Shanghai	1250.0	38869	297923	183908	42742	2428.1	207.5
江 苏	Jiangsu	3472.5	109316	599976	273496	201721	3450.6	217.1
浙 江	Zhejiang	1902.4	76115	389283	203783	134676	2564.4	217.7
安 徽	Anhui	997.7	32601	226762	119355	66598	1681.3	194.5
福 建	Fujian	831.0	28853	173856	100551	34982	1319.6	208.8
江 西	Jiangxi	594.3	23541	136140	77963	25514	1223.5	174.6
山 东	Shandong	1925.0	57028	392093	176537	156581	3852.6	125.5
河 南	Henan	1281.5	27811	221104	123793	56428	2533.4	133.9
湖 北	Hubei	1497.3	43066	311077	160844	78329	2310.1	190.8
湖 南	Hunan	1081.7	34851	226060	128684	44716	1628.0	216.6
广 东	Guangdong	3584.1	124879	947940	540301	225060	6146.9	240.8
广 西	Guangxi	661.9	22001	181326	118487	36119	1205.6	269.3
海 南	Hainan	201.6	9522	52351	37014	3706	342.5	296.1
重 庆	Chongqing	627.8	20159	157953	92460	31162	1508.4	167.9
四 川	Sichuan	1390.6	48423	272784	191085	30636	2514.1	208.2
贵 州	Guizhou	423.8	17094	87262	51212	16469	797.8	175.9
云 南	Yunnan	444.0	15527	105393	53258	29539	974.2	149.8
西 藏	Tibet	67.0	1885	14519	11107	1383	100.4	303.1
陕 西	Shaanxi	566.7	10469	125971	66540	40926	1210.1	150.6
甘 肃	Gansu	375.4	6539	56205	31936	15763	632.2	138.4
青 海	Qinghai	136.0	2976	30123	9903	15187	204.3	132.8
宁 夏	Ningxia	251.7	2993	32024	16110	7149	286.4	154.1
新 疆	Xinjiang	605.1	12060	110444	52930	27731	826.3	175.5

25-6 分地区城市燃气情况（2019年）
Basic Statistics on Supply of Gas in Cities by Region (2019)

地区	Region	人工煤气生产能力（万立方米/日）Production Capacity of Gaswork Gas (10 000 cu.m/day)	管道长度（公里）Length of Gas Pipelines (km)			全年供气总量 Volume of Gas Supply			用气人口（万人）Population with Access to Gas (10 000 persons)		
			人工煤气 Gaswork Gas	天然气 Natural Gas	液化石油气 Liquefied Petroleum Gas	人工煤气（万立方米）Gaswork Gas (10 000 cu.m)	天然气（万立方米）Natural Gas (10 000 cu.m)	液化石油气（吨）Liquefied Petroleum Gas (ton)	人工煤气 Gaswork Gas	天然气 Natural Gas	液化石油气 Liquefied Petroleum Gas
全国	**National Total**	**1474.5**	**10915**	**767946**	**4452**	**276841**	**16085570**	**10408110**	**675.4**	**39025.0**	**11297.1**
北京	Beijing			29150	279		1924347	434286		1436.1	429.0
天津	Tianjin			29802			576197	54448		1251.6	52.3
河北	Hebei	11.8	1229	35355	142	45218	581672	141206	47.4	1657.7	216.8
山西	Shanxi	262.0	985	22102	135	67845	404718	63217	40.5	1071.2	49.2
内蒙古	Inner Mongolia		321	10145	120	3068	221198	58654	16.4	668.0	201.7
辽宁	Liaoning	212.8	4708	27540	312	34685	335858	679254	360.9	1571.2	350.0
吉林	Jilin		348	13137	70	3310	209125	147208	40.5	839.5	241.8
黑龙江	Heilongjiang		297	10709	19	2872	164258	188058	35.8	948.5	281.8
上海	Shanghai			32095	263		973605	328008		1880.8	547.4
江苏	Jiangsu			89338	169		1332189	558223		3016.5	426.2
浙江	Zhejiang	1.3	112	47523	328	454	656652	769427	4.2	1634.9	925.4
安徽	Anhui			29577	254		385150	162157		1503.1	167.0
福建	Fujian	10.0	156	12258	188	1208	263595	326593	7.1	701.5	592.0
江西	Jiangxi	12.0	460	16197		15026	169840	208151	7.1	838.3	370.9
山东	Shandong	340.0	10	70631	50	48002	1074897	298330		3394.7	435.4
河南	Henan	224.5	242	29204	14	31835	601761	176726	0.3	2106.7	418.0
湖北	Hubei			38957	130		570290	329993		1847.8	433.4
湖南	Hunan			22191	42		283440	256917		1145.9	464.4
广东	Guangdong			39436	1182		1918463	4123672		3018.6	3059.3
广西	Guangxi	9.6	574	8456	2	4199	87444	304973	35.8	631.9	537.4
海南	Hainan			4127	2		36844	75319		264.2	75.8
重庆	Chongqing			23613			538136	61187		1432.9	67.2
四川	Sichuan		699	57055	414	14192	920112	194371	57.7	2324.8	106.9
贵州	Guizhou			7816			99848	121083		433.7	311.1
云南	Yunnan		342	7904	75	816	48815	162123		530.1	251.8
西藏	Tibet			3459	2		3862	6894		32.9	30.6
陕西	Shaanxi			21514	3		521589	30336		1168.3	53.9
甘肃	Gansu	345.6	373	3817	253	2354	252040	47732	15.1	488.0	94.5
青海	Qinghai			2500			170390	11433		166.9	26.3
宁夏	Ningxia			6906	1		216050	13350		251.1	30.3
新疆	Xinjiang	45.0	61	15434	2	1757	543186	74782	6.7	767.9	49.5

25-7 分地区城市集中供热情况（2019年）

Basic Statistics on Centralized Heating in Cities by Region (2019)

地 区	Region	供热能力 Heating Supply Capacity 蒸汽（吨/小时）Steam (ton/hour)	热水（兆瓦）Hot Water (Mega Watts)	供热总量 Quantity of Heat Supplied 蒸汽（万吉焦）Steam (10 000 gigajoules)	热水（万吉焦）Hot Water (10 000 gigajoules)	管道长度（公里）Length of Heating Pipelines (km)	供热面积（万平方米）Area of Centralized Heating (10 000 sq.m)
全 国	**National Total**	**100943**	**550530**	**65067**	**327475**	**392917**	**925137**
北 京	Beijing		45731		18995	60166	63928
天 津	Tianjin	2445	30404	937	16751	31427	51410
河 北	Hebei	4810	45491	6625	28397	39110	85882
山 西	Shanxi	16374	25766	10218	14717	21287	67828
内蒙古	Inner Mongolia	2451	47395	1435	32508	18331	61375
辽 宁	Liaoning	16092	66780	10636	46839	54354	120379
吉 林	Jilin	1767	46151	1015	26451	29971	64619
黑龙江	Heilongjiang	4516	52674	2383	41297	20241	78100
上 海	Shanghai						
江 苏	Jiangsu		2		3	0	4
浙 江	Zhejiang						
安 徽	Anhui	2514	280	3275	5	723	2526
福 建	Fujian						
江 西	Jiangxi						
山 东	Shandong	29367	63381	16377	36678	71052	148256
河 南	Henan	6003	24240	3574	13046	12543	51600
湖 北	Hubei	1204	100	753	3	301	1473
湖 南	Hunan						
广 东	Guangdong						
广 西	Guangxi						
海 南	Hainan						
重 庆	Chongqing						
四 川	Sichuan						
贵 州	Guizhou		295		45	29	110
云 南	Yunnan		232		159	435	369
西 藏	Tibet		64		48	300	150
陕 西	Shaanxi	7292	22791	3580	10614	3731	38614
甘 肃	Gansu	1000	18249	611	11887	6056	26121
青 海	Qinghai		4810		5007	2066	8015
宁 夏	Ningxia	2004	16792	1024	5592	6641	13952
新 疆	Xinjiang	3105	38904	2624	18434	14152	40427

25-8 分地区城市市政设施（2019年）
Basic Statistics on Municipal Infrastructure in Cities by Region (2019)

地 区	Region	年末实有道路长度（公里）Length of Paved Roads (year-end) (km)	年末实有道路面积（万平方米）Area of Paved Roads (year-end) (10 000 sq.m)	城市桥梁（座）Number of City Bridges (unit)	城市排水管道长度（公里）Length of City Sewage Pipes (km)	城市污水日处理能力（万立方米）Daily Disposal Capacity of City Sewage (10 000 cu.m)	城市道路照明灯（千盏）Number of Street Lights (1 000 units)
全 国	**National Total**	**459245**	**909678**	**76157**	**743982**	**19171.0**	**28656.0**
北 京	Beijing	8307	14318	2350	17992	703.6	309.4
天 津	Tianjin	8927	16918	1151	22069	318.9	377.5
河 北	Hebei	17771	38546	1716	19586	663.9	1048.5
山 西	Shanxi	9188	20736	572	11023	301.3	529.9
内蒙古	Inner Mongolia	10094	21571	483	13827	243.9	576.5
辽 宁	Liaoning	19461	35090	1855	22745	941.3	1309.4
吉 林	Jilin	9467	17270	949	12378	419.6	471.0
黑龙江	Heilongjiang	13422	21160	1157	12422	427.5	690.3
上 海	Shanghai	5494	11459	2836	21754	834.3	634.5
江 苏	Jiangsu	49056	87687	16519	83943	1942.1	3621.2
浙 江	Zhejiang	25307	48780	11878	51185	1185.1	1709.1
安 徽	Anhui	16329	40095	1890	33302	704.7	1053.9
福 建	Fujian	13859	28236	1724	18112	440.3	838.0
江 西	Jiangxi	11909	24771	1012	17590	332.8	795.1
山 东	Shandong	48149	97663	5855	67710	1279.9	2061.9
河 南	Henan	15767	39506	1563	27933	849.3	1038.6
湖 北	Hubei	21802	40650	2289	30751	809.4	903.1
湖 南	Hunan	13076	29474	1187	19601	691.8	817.1
广 东	Guangdong	49269	84371	8090	98633	2453.1	3144.1
广 西	Guangxi	12823	26726	1493	17571	723.2	654.4
海 南	Hainan	4571	6344	217	5660	117.3	193.5
重 庆	Chongqing	10105	22160	2020	20839	394.1	775.5
四 川	Sichuan	20402	42936	3247	38276	755.8	1550.2
贵 州	Guizhou	5347	11786	715	10035	280.1	626.2
云 南	Yunnan	7793	15050	827	15357	299.0	624.0
西 藏	Tibet	827	1664	41	831	29.9	28.1
陕 西	Shaanxi	9114	21039	799	11017	397.2	824.6
甘 肃	Gansu	5585	12450	674	7280	160.4	354.2
青 海	Qinghai	1485	3797	212	3269	60.7	146.5
宁 夏	Ningxia	2663	7625	213	2207	108.6	238.1
新 疆	Xinjiang	11873	19803	623	9084	302.1	711.7

25-9 分地区城市公共交通情况（2019年）
Basic Statistics on Public Transportation in Cities by Region (2019)

地 区 Region	公共汽电车 Buses and Trolley Buses			轨道交通 Subways, Light Rail, Streetcar			出租汽车（辆）Number of Taxis (unit)
	运营车数（辆）Number of Vehicles in Operation (unit)	运营线路总长度（公里）Length of Routes in Operation (km)	客运总量（万人次）Total Passenger Traffic (10 000 person-times)	配属车辆数（辆）Number of Carriages Allocated (unit)	运营里程（公里）Length in Operation (km)	客运总量（万人次）Total Passenger Traffic (10 000 person-times)	
全 国 National Total	**584026**	**964919**	**6288266**	**40998**	**6172**	**2387796**	**1102470**
北 京 Beijing	23685	27632	311896	6449	696	395414	71517
天 津 Tianjin	12746	25526	109077	1244	239	52506	31775
河 北 Hebei	22355	42389	170959	264	38	9566	54095
山 西 Shanxi	11350	22396	135826				31410
内蒙古 Inner Mongolia	8862	19093	102893	144	22	20	38662
辽 宁 Liaoning	23080	30295	364976	1168	269	57822	81589
吉 林 Jilin	11391	16983	151566	848	118	21762	56028
黑龙江 Heilongjiang	17479	27012	208393	186	30	10355	62249
上 海 Shanghai	17903	24779	204695	5949	705	388023	39962
江 苏 Jiangsu	44976	80628	417859	3611	739	165925	51098
浙 江 Zhejiang	36794	88260	293511	1632	281	80821	39341
安 徽 Anhui	18156	22202	158478	594	90	17982	39131
福 建 Fujian	17444	28505	193951	834	125	16542	20382
江 西 Jiangxi	10390	22757	109107	366	60	17479	13970
山 东 Shandong	54961	122395	394202	807	233	19442	62340
河 南 Henan	27537	26618	239933	846	152	41126	46742
湖 北 Hubei	21307	23517	298214	2416	335	122373	37253
湖 南 Hunan	24488	25696	230855	540	101	33789	26479
广 东 Guangdong	64953	113595	605351	5602	885	538681	61437
广 西 Guangxi	10530	17554	94179	474	81	27338	17343
海 南 Hainan	4187	8338	28858				6184
重 庆 Chongqing	13226	27105	240421	2130	329	104187	22385
四 川 Sichuan	29337	38160	361271	2764	342	140011	34499
贵 州 Guizhou	7583	12729	139687	204	35	5064	25679
云 南 Yunnan	11856	21885	145192	492	89	21400	20001
西 藏 Tibet	674	1853	9257				2365
陕 西 Shaanxi	15018	14330	227252	1122	130	94368	27939
甘 肃 Gansu	7314	13210	138368	156	26	3250	24582
青 海 Qinghai	2410	2619	36242				8641
宁 夏 Ningxia	3085	6538	32546				12845
新 疆 Xinjiang	8949	10322	133253	156	27	2552	34547

25-10 分地区城市绿地和园林(2019年)
Basic Statistics on Parks and Green Areas in Cities by Region (2019)

地区	Region	城市绿地面积(公顷) Area of Green Land (hectare)	#公园绿地 Park Green Areas	公园(个) Number of Parks (unit)	公园面积(公顷) Area of Parks (hectare)	建成区绿化覆盖率(%) Green Covered Area as % of Completed Area (%)
全　国	**National Total**	**3152889**	**756441**	**18038**	**502360**	**41.5**
北　京	Beijing	88704	35157	344	35157	48.5
天　津	Tianjin	42921	12002	131	2845	37.5
河　北	Hebei	93701	27616	723	21709	42.3
山　西	Shanxi	51446	15204	262	11422	42.3
内蒙古	Inner Mongolia	69069	17310	330	13753	40.5
辽　宁	Liaoning	128137	27883	503	18335	40.8
吉　林	Jilin	90003	15324	356	12687	39.2
黑龙江	Heilongjiang	68732	17275	373	11078	36.4
上　海	Shanghai	157785	21206	319	2975	36.8
江　苏	Jiangsu	298531	51683	1168	31423	43.4
浙　江	Zhejiang	172280	35977	1401	21269	41.5
安　徽	Anhui	114267	25041	529	17251	42.7
福　建	Fujian	73903	19864	690	15851	44.5
江　西	Jiangxi	71933	18055	614	13662	45.5
山　东	Shandong	252338	67884	1200	41450	41.8
河　南	Henan	115269	35362	523	16970	41.0
湖　北	Hubei	96910	27871	486	16260	38.9
湖　南	Hunan	74359	19672	395	14197	41.2
广　东	Guangdong	502353	112519	3912	81100	43.3
广　西	Guangxi	72409	16479	320	14205	40.8
海　南	Hainan	17661	3678	106	2617	41.7
重　庆	Chongqing	67694	25589	479	15503	41.8
四　川	Sichuan	124158	36786	693	20696	41.8
贵　州	Guizhou	54433	13290	217	12361	39.4
云　南	Yunnan	48586	11926	901	9796	39.7
西　藏	Tibet	6049	1035	105	800	37.6
陕　西	Shaanxi	59616	14516	314	8528	39.3
甘　肃	Gansu	29186	9208	178	5706	36.0
青　海	Qinghai	7309	2456	54	1694	35.2
宁　夏	Ningxia	26216	6127	100	3474	41.3
新　疆	Xinjiang	76931	12445	312	7584	39.9

注：公园绿地面积包括综合公园、社区公园、专类公园、带状公园和街旁绿地。
a) Area of park green areas includes comprehensive park, community park, theme park, belt-shaped park and green area nearby street.

25-11 分地区城市市容环境卫生情况（2019年）
Environmental Sanitation of Cities by Region (2019)

地 区	Region	道路清扫保洁面积（万平方米）Road Area Cleaned (10 000 sq.m)	生活垃圾清运量（万吨）Volume of Garbage Disposal (10 000 tons)	市容环卫专用车辆设备总数（台）Number of Special Vehicles for Environmental Sanitation (unit)	公共厕所（座）Number of Public Lavatories (unit)	#三类以上 Third Grade and Above
全 国	**National Total**	**922124**	**24206.2**	**281558**	**153426**	**128602**
北 京	Beijing	15602	1011.2	12526	6034	6026
天 津	Tianjin	13296	300.2	5276	1510	1277
河 北	Hebei	37034	802.2	11885	5884	4401
山 西	Shanxi	21652	500.4	6551	2634	2096
内蒙古	Inner Mongolia	24983	394.5	6471	7233	4577
辽 宁	Liaoning	42017	985.4	11033	4710	2714
吉 林	Jilin	18155	483.1	7639	4427	3370
黑龙江	Heilongjiang	26586	523.6	8747	5964	2982
上 海	Shanghai	21190	750.6	9252	6225	4260
江 苏	Jiangsu	71066	1809.6	19049	14279	13317
浙 江	Zhejiang	47186	1530.2	9083	7744	6413
安 徽	Anhui	39629	646.1	9248	4403	4021
福 建	Fujian	20504	967.1	5845	5517	4627
江 西	Jiangxi	22228	542.6	9458	3756	3265
山 东	Shandong	76154	1786.8	19270	7458	6896
河 南	Henan	42347	1134.6	18258	10675	10089
湖 北	Hubei	37230	980.0	12917	5828	5149
湖 南	Hunan	27955	775.4	6792	4022	3001
广 东	Guangdong	118646	3347.3	24327	11497	10970
广 西	Guangxi	25962	497.7	10318	1784	1694
海 南	Hainan	8331	256.5	10346	1048	977
重 庆	Chongqing	20955	601.8	4504	4606	3536
四 川	Sichuan	43381	1168.6	11188	6627	5381
贵 州	Guizhou	15196	364.6	5686	2275	2177
云 南	Yunnan	19220	455.9	4509	4610	4466
西 藏	Tibet	1949	64.7	790	670	127
陕 西	Shaanxi	19163	634.0	4642	6129	5909
甘 肃	Gansu	12566	279.7	5489	1964	1727
青 海	Qinghai	3458	109.4	915	751	699
宁 夏	Ningxia	9095	130.5	2083	869	834
新 疆	Xinjiang	19390	371.9	7461	2293	1624

25-12 分地区城市设施水平（2019年）
Level of Public Facilities in Cities by Region (2019)

地区	Region	城市用水普及率(%) Coverage of Urban Population with Access to Tap Water (%)	城市燃气普及率(%) Coverage of Urban Population with Access to Gas (%)	每万人拥有公共汽电车辆(标台) Public Buses and Trolley Buses per 10000 Population (unit)	人均城市道路面积(平方米) Per Capita Area of Paved Roads (sq.m)	人均公园绿地面积(平方米) Per Capita Public Green Areas (sq.m)	每万人拥有公共厕所(座) Number of Public Lavatories Per 10 000 Population (unit)
全　国	**National Average**	**98.78**	**97.29**	**13.13**	**17.36**	**14.36**	**2.93**
北　京	Beijing	99.06	100.00	17.41	7.68	16.40	3.24
天　津	Tianjin	100.00	100.00	10.93	12.98	9.21	1.16
河　北	Hebei	99.98	99.46	13.18	19.95	14.29	3.04
山　西	Shanxi	99.28	96.43	11.30	17.22	12.63	2.19
内蒙古	Inner Mongolia	99.27	95.80	11.53	23.32	18.71	7.82
辽　宁	Liaoning	99.16	97.95	12.14	15.06	11.97	2.02
吉　林	Jilin	94.70	91.80	10.22	14.13	12.54	3.62
黑龙江	Heilongjiang	98.79	91.09	14.81	15.22	12.43	4.29
上　海	Shanghai	100.00	100.00	9.29	4.72	8.73	2.56
江　苏	Jiangsu	100.00	99.77	15.52	25.41	14.98	4.14
浙　江	Zhejiang	100.00	100.00	16.42	19.02	14.03	3.02
安　徽	Anhui	99.36	98.70	13.23	23.69	14.80	2.60
福　建	Fujian	99.86	98.42	14.85	21.37	15.03	4.18
江　西	Jiangxi	98.45	97.87	9.63	19.93	14.53	3.02
山　东	Shandong	99.73	99.14	16.08	25.28	17.57	1.93
河　南	Henan	97.38	97.05	12.29	15.19	13.59	4.10
湖　北	Hubei	99.16	97.92	10.82	17.45	11.96	2.50
湖　南	Hunan	97.71	96.65	17.94	17.69	11.81	2.41
广　东	Guangdong	99.06	97.94	11.93	13.60	18.13	1.85
广　西	Guangxi	98.88	98.84	10.10	21.92	13.52	1.46
海　南	Hainan	98.47	97.73	13.38	18.24	10.57	3.01
重　庆	Chongqing	97.89	97.36	10.10	14.38	16.61	2.99
四　川	Sichuan	95.89	94.95	13.25	16.38	14.03	2.53
贵　州	Guizhou	98.33	91.80	11.16	14.53	16.38	2.80
云　南	Yunnan	97.08	77.92	12.97	15.00	11.88	4.59
西　藏	Tibet	95.03	60.11	7.62	15.75	9.80	6.34
陕　西	Shaanxi	96.84	97.80	14.73	16.84	11.62	4.90
甘　肃	Gansu	98.04	92.66	13.29	19.31	14.28	3.05
青　海	Qinghai	99.24	93.83	14.09	18.44	11.93	3.65
宁　夏	Ningxia	98.39	96.65	12.85	26.20	21.05	2.99
新　疆	Xinjiang	98.55	98.52	13.39	23.67	14.88	2.74

注：人均和普及率指标按城区人口与暂住人口之和计算，以公安部门的户籍统计和暂住人口统计为准。
a) Per capita data and coverage rate are calculated on the basis of the sum of urban population and temporarily residing population from the registration of the Ministry of Public Security.

25-13 分地区县城市政公用设施水平(2019年)
Level of Public Facilities of County Towns by Region (2019)

地 区	Region	人口密度(人/平方公里) Population Density (person/sq.km)	人均日生活用水量(升) Daily Water Consumption Per Capita (liter)	用水普及率(%) Water Coverage Rate (%)	燃气普及率(%) Gas Coverage Rate (%)	建成区供水管道密度(公里/平方公里) Density of Water Supply Pipelines in Built Districts (km/sq.km)	人均道路面积(平方米) Road Surface Area Per Capita (sq.m)
全 国	**National Total**	**2086**	**126.65**	**95.06**	**86.47**	**11.24**	**18.29**
北 京	Beijing						
天 津	Tianjin						
河 北	Hebei	2751	110.54	99.46	97.21	11.20	24.59
山 西	Shanxi	3386	98.37	95.97	82.48	11.38	16.59
内蒙古	Inner Mongolia	894	94.81	97.92	88.60	11.56	30.11
辽 宁	Liaoning	1608	110.30	92.70	78.94	10.98	14.08
吉 林	Jilin	2663	103.32	88.73	77.43	11.34	13.15
黑龙江	Heilongjiang	2790	92.97	90.11	56.36	9.90	13.01
上 海	Shanghai						
江 苏	Jiangsu	2052	149.38	99.96	99.92	13.94	20.59
浙 江	Zhejiang	900	199.86	100.00	99.85	22.02	22.97
安 徽	Anhui	1711	133.78	97.12	93.20	12.66	23.27
福 建	Fujian	2411	174.33	98.97	97.55	15.16	18.46
江 西	Jiangxi	5061	123.68	97.26	93.25	13.49	20.20
山 东	Shandong	1345	115.32	98.98	97.12	7.51	21.70
河 南	Henan	2657	107.86	88.98	80.88	7.31	18.01
湖 北	Hubei	3010	142.18	95.24	93.56	11.13	17.99
湖 南	Hunan	3411	157.08	95.13	88.96	14.11	14.74
广 东	Guangdong	1596	166.65	89.22	89.37	14.54	14.45
广 西	Guangxi	2581	160.41	98.77	96.62	11.91	19.55
海 南	Hainan	2852	219.06	95.25	92.97	10.14	26.90
重 庆	Chongqing	2743	111.92	97.03	95.19	12.76	9.79
四 川	Sichuan	1106	126.17	90.71	84.19	10.45	12.12
贵 州	Guizhou	2290	106.82	91.68	68.43	8.65	14.55
云 南	Yunnan	4109	118.48	93.91	53.94	12.63	15.94
西 藏	Tibet	2386	152.81	88.72	64.15	7.45	18.06
陕 西	Shaanxi	3768	94.85	93.21	87.40	7.22	14.97
甘 肃	Gansu	4797	81.55	94.89	72.19	8.94	13.48
青 海	Qinghai	1886	91.28	96.59	62.67	10.39	19.72
宁 夏	Ningxia	3140	120.02	98.16	74.67	7.63	27.09
新 疆	Xinjiang	3188	142.93	98.41	93.11	10.78	20.40

注：新疆数据包括新疆生产建设兵团数据。
a) Data of Xinjiang include that of Xinjiang Production and Construction Corps.

25-13 续表 continued

地区	Region	建成区排水管道密度(公里/平方公里) Density of Sewers in Built Districts (km/ sq.km)	污水处理率(%) Waste Water Treatment Rate (%)	污水处理厂集中处理率 Centralized Treatment at Sewage Treatment Plants	人均公园绿地面积(平方米) Public Park Green Space Per Capita (sq.m)	建成区绿化覆盖率(%) Green Coverage Rate of Built Districts (%)	建成区绿地率(%) Green Space Rate of Built District (%)	生活垃圾处理率(%) Domestic Garbage Treatment Rate (%)	生活垃圾无害化处理率 Rate of Harmless Disposal of Domestic Garbage
全　国	**National Total**	**9.27**	**93.55**	**92.87**	**13.10**	**32.54**	**36.64**	**98.80**	**96.19**
北　京	Beijing								
天　津	Tianjin								
河　北	Hebei	9.23	98.13	97.93	13.34	37.10	41.35	99.79	98.23
山　西	Shanxi	10.27	94.67	94.67	10.87	34.73	39.39	97.33	95.89
内蒙古	Inner Mongolia	7.56	96.12	96.12	20.33	33.41	36.18	99.09	97.77
辽　宁	Liaoning	5.83	96.58	96.49	10.44	14.69	19.40	99.06	76.58
吉　林	Jilin	8.42	94.68	94.68	11.84	28.48	32.31	99.97	99.97
黑龙江	Heilongjiang	5.86	91.98	91.98	11.90	21.84	25.25	97.65	92.66
上　海	Shanghai								
江　苏	Jiangsu	12.07	89.85	89.11	13.85	39.72	42.17	100.00	100.00
浙　江	Zhejiang	15.37	96.51	96.19	15.00	38.26	42.31	100.00	100.00
安　徽	Anhui	11.20	95.29	94.79	14.07	33.63	37.72	100.00	98.56
福　建	Fujian	12.77	93.85	93.77	15.07	39.22	42.93	99.73	99.73
江　西	Jiangxi	11.39	90.23	90.20	15.54	38.25	42.66	100.00	100.00
山　东	Shandong	9.86	97.20	97.16	16.34	35.75	40.35	99.91	99.91
河　南	Henan	8.92	96.40	96.40	10.92	30.21	34.63	98.44	89.75
湖　北	Hubei	8.60	91.41	91.41	11.83	30.24	34.92	99.98	99.98
湖　南	Hunan	9.16	96.17	95.34	11.17	33.86	38.48	98.89	98.89
广　东	Guangdong	5.39	91.36	91.35	15.53	31.30	34.03	100.00	100.00
广　西	Guangxi	10.99	92.59	84.44	13.11	31.98	36.63	99.90	99.90
海　南	Hainan	5.15	72.63	72.63	6.54	33.46	42.79	99.69	85.78
重　庆	Chongqing	15.62	98.24	98.24	12.91	37.48	41.04	100.00	100.00
四　川	Sichuan	8.44	86.65	83.87	13.65	32.28	36.71	99.15	97.49
贵　州	Guizhou	5.08	88.64	88.64	12.73	31.14	33.60	87.86	87.86
云　南	Yunnan	12.00	92.70	92.69	10.82	33.16	37.84	99.48	98.43
西　藏	Tibet	5.93	28.55	25.10	1.30	3.85	6.23	95.93	92.92
陕　西	Shaanxi	7.66	93.48	93.47	10.69	30.55	35.08	97.53	96.03
甘　肃	Gansu	8.28	93.95	93.95	10.06	20.37	23.71	99.35	99.35
青　海	Qinghai	8.26	86.56	86.56	6.65	18.77	22.75	96.26	89.89
宁　夏	Ningxia	9.61	95.83	95.83	17.08	35.37	38.71	98.82	98.82
新　疆	Xinjiang	6.69	93.83	93.82	14.47	32.90	37.57	97.87	71.44

25-14 农村水电建设和发电量、农村用电量
Hydropower Construction, Power Generation and Electricity Consumption in Rural Areas

年份 Year / 地区 Region	本年完成投资额（万元） Investment Completed in the Year (10 000 yuan)	年末发电设备容量（千瓦） Capacity of Power Generation Equipment at Year-end (kw)	#本年新增发电设备容量 Newly Increased Capacity of Power Generation Equipment in the Year	在建电站规模（千瓦） Scale of Power Plants under Construction (kw)	#当年新开工电站规模 Scale of Newly Started Power Stations in the Year	发电量（万千瓦时） Electricity Generated (10 000 kwh)	农村用电量（亿千瓦时） Electricity Consumed in Rural Areas (100 million kwh)
1978							253.1
1980							320.8
1985							508.9
1990	348848	13978100	791000			4181100	844.5
1995	1321689	18721073	1207854	10760000		6316247	1655.7
2000	2220993	27487791	2060127	7459500	2384000	8755014	2421.3
2005	4343826	43090145	4964672	17727677	4284511	13571702	4375.7
2006	4604296	47196651	6403520	20653424	4501575	14835889	4895.8
2007	5117926	53855597	6578193	20944545	4498420	16346041	5509.9
2008	4568884	51274371	4194106	21239258	3787365	16275902	5713.2
2009	4563240	55121211	3807072	12890100	2194445	15672471	6104.4
2010	4398453	59240191	3793551	13700560	2425973	20444256	6632.3
2011	4243988	62123430	3277465	10309266	1585709	17566867	7139.6
2012	3671548	65686071	3399616	9947388	1658258	21729246	7508.5
2013	3457047	71186268	2460601	9477045	1357859	22327712	8549.5
2014	3171306	73221047	2553873	9666971	939855	22814929	8884.4
2015	3082737	75829591	2412664	8038846	929005	23512814	9026.9
2016	2493935	77910629	2032270	7436391	931158	26821937	9238.3
2017	1999937	79269995	1353020	6628296	669630	24772495	9524.4
2018	1000907	80435263	1643058	6013805	524270	23456083	9358.5
2019	709753	81441588	1071975	5199095	289190	25331509	9482.9
北京 Beijing		22219				498	67.8
天津 Tianjin		5800				1185	39.2
河北 Hebei	346	407408	2540	17970		59860	501.6
山西 Shanxi	3607	207521	895	60945		30230	104.9
内蒙古 Inner Mongolia		95020				21714	91.2
辽宁 Liaoning	112	471090	16791	122665		66496	177.0
吉林 Jilin	13306	614675	11265	182480		146309	54.9
黑龙江 Heilongjiang	17524	402780	14320	60500		123749	85.6
上海 Shanghai							1102.0
江苏 Jiangsu	19	40191				4923	1949.1
浙江 Zhejiang	13647	4103672	30055	58440	19840	1157885	1026.7
安徽 Anhui	3634	1129566	15075	10000		201676	189.1
福建 Fujian	2804	7349542	45192			2463829	417.9
江西 Jiangxi	11998	3501529	16606	28020	720	1016556	119.2
山东 Shandong		87897	560			4862	435.9
河南 Henan		509490		2000		75960	353.8
湖北 Hubei	94314	3931192	57754	242850	37500	718852	178.6
湖南 Hunan	49399	6496887	79796	98310	29050	2044526	133.0
广东 Guangdong	21350	7675840	81041	92715	960	2394819	1448.0
广西 Guangxi	72195	4618436	57165	83190	14720	1497367	126.5
海南 Hainan		492205	1040			112535	18.7
重庆 Chongqing	33449	2971108	89020	281780	58100	721822	80.9
四川 Sichuan	82675	11672900	130100	1403160		4354130	205.8
贵州 Guizhou	99750	3610344	82580	560820	27000	1126751	104.9
云南 Yunnan	118261	12767727	232615	1108060		3855898	120.4
西藏 Tibet	8276	423619	48000	47310	42000	87383	2.5
陕西 Shaanxi	53136	1627881	54880	327480	53300	491819	137.8
甘肃 Gansu	330	2842278	970	301800		1175645	61.7
青海 Qinghai		1097135		75000		536366	7.1
宁夏 Ningxia		6240				760	16.1
新疆 Xinjiang	9620	2137696	3715	33600	6000	803431	124.8
水利部直属 Directly under The Ministry of Water Resources		121700				33677	

注：本表除农村用电量数据以外由水利部农村水利水电司提供。农村水电是以小水电为主体，直接为农村经济社会发展服务的水电站及其供电网络。2019年，农村水电全年新增加发电设备容量107万千瓦，其中，新投产装机56万千瓦，技改净增发电设备容量51万千瓦。

a) Data in this table are from the Department of Rural Water Resources and Hydropower, Ministry of Water Resources.With small hydropower stations as the main body, rural hydropower consists of hydropower stations and electricity networks directly providing services for rural economic and social development. In 2019, rural areas witnessed newly increased capacity of electricity generation equipment of 1.07 million kw, with 0.56 million kw as newly installed generators put into operation, and 0.51 million kw as net increased capacity through technological transformation.

25-15 东、中、西部及东北地区国民经济和社会发展主要指标（2019年）

指 标		Item		全国总计 National Total
总人口(年末)	(万人)	Population at Year-end	(10 000 persons)	140005.0
国内(地区)生产总值	(亿元)	Gross Domestic Product	(100 million yuan)	990865.1
第一产业		Primary Industry		70466.7
第二产业		Secondary Industry		386165.3
第三产业		Tertiary Industry		534233.1
居民人均可支配收入	(元)	Annual Per Capita Disposable Income of Households	(yuan)	30732.8
城镇居民人均可支配收入		Annual Per Capita Disposable Income of Urban Households		42358.8
农村居民人均可支配收入		Annual Per Capita Disposable Income of Rural Households		16020.7
地方一般公共预算收入	(亿元)	General Public Budget Revenue	(100 million yuan)	101080.6
地方一般公共预算支出	(亿元)	General Public Budget Expenditure	(100 million yuan)	203743.2
社会消费品零售总额	(亿元)	Total Retail Sales of Consumer Goods	(100 million yuan)	408017.2
货物进出口总额	(亿元)	Total Value of Imports and Exports	(RMB 100 million yuan)	315627.3
出口		Exports		172373.6
进口		Imports		143253.7
主要农产品产量		Output of Major Farm Products		
谷物	(万吨)	Cereal	(10 000 tons)	61369.7
棉花	(万吨)	Cotton	(10 000 tons)	588.9
油料	(万吨)	Oil-bearing Crops	(10 000 tons)	3493.0
主要工业产品产量		Output of Major Industrial Products		
原煤	(亿吨)	Coal	(100 million tons)	38.5
天然气	(亿立方米)	Natural Gas	(100 million cu.m)	1761.7
水泥	(万吨)	Cement	(10 000 tons)	234430.6
粗钢	(万吨)	Crude Steel	(10 000 tons)	99541.9
钢材	(万吨)	Rolled Steel	(10 000 tons)	120456.9
汽车	(万辆)	Motor Vehicles	(10 000 sets)	2567.7
发电量	(亿千瓦小时)	Electricity	(100 million kwh)	75034.3
铁路营业里程	(公里)	Length of Railways in Operation	(km)	139926.4
公路里程	(公里)	Length of Highways	(km)	5012495.8
#高速公路		Expressway		149571.2
客运量	(万人)	Passenger Traffic	(10 000 persons)	1760435.7
货运量	(万吨)	Freight Traffic	(10 000 tons)	4713624.4
邮政业务总量	(亿元)	Business Volume of Postal Services	(100 million yuan)	16229.6
电信业务总量	(亿元)	Business Volume of Postal Services	(100 million yuan)	106810.7
普通高等学校数	(个)	Number of Regular Institutions of Higher Education	(unit)	2688.0
本专科在校学生数	(万人)	Graduates of Undergraduates and College Students	(10 000 persons)	3031.5
医院数	(个)	Number of Hospitals	(unit)	34354.0
执业(助理)医师	(万人)	Licensed (Assistant) Doctors	(10 000 persons)	386.7
医院床位数	(万张)	Number of Beds of Medical Institutions	(10 000 beds)	686.7

注：占全国比重以各地区合计数为100计算(下表同)。

Main Indicators of National Economic and Social Development by Eastern, Central, Western and Northeastern Provinces (2019)

东部地区 Eastern Provinces		中部地区 Central Provinces		西部地区 Western Provinces		东北地区 Northeastern Provinces	
绝对数 Absolute Figures	占全国比重 (%) As Percentage of National Total	绝对数 Absolute Figures	占全国比重 (%) As Percentage of National Total	绝对数 Absolute Figures	占全国比重 (%) As Percentage of National Total	绝对数 Absolute Figures	占全国比重 (%) As Percentage of National Total
54164.5	38.6	37246.2	26.5	38179.8	27.2	10793.7	7.7
511161.2	51.9	218737.8	22.2	205185.2	20.8	50249.0	5.1
23459.2	33.3	17889.4	25.4	22471.0	31.9	6647.5	9.4
198955.9	51.6	91382.2	23.7	77797.3	20.2	17281.3	4.5
288746.1	54.5	109466.2	20.7	104917.0	19.8	26320.2	5.0
39438.9		26025.3		23986.1		27370.6	
50145.4		36607.5		36040.6		35130.3	
19988.6		15290.5		13035.3		15356.7	
58030.8	57.4	18455.4	18.3	19562.2	19.4	5032.1	5.0
85052.9	41.7	44658.3	21.9	59341.9	29.1	14690.1	7.2
206182.2	50.5	97843.0	24.0	84504.7	20.7	19487.4	4.8
253847.7	80.4	21739.5	6.9	27779.4	8.8	12260.7	3.9
140187.2	81.3	13897.8	8.1	13692.3	7.9	4596.3	2.7
113660.5	79.3	7841.7	5.5	14087.2	9.8	7664.4	5.4
14917.3	24.3	19229.1	31.3	14425.2	23.5	12798.1	20.9
46.5	7.9	37.7	6.4	504.7	85.7	0.0	0.0
677.2	19.4	1494.5	42.8	1130.3	32.4	191.0	5.5
1.9	4.9	12.3	31.9	23.3	60.6	1.0	2.6
213.4	12.1	74.6	4.2	1411.6	80.1	62.2	3.5
84182.1	35.9	62113.4	26.5	79653.1	34.0	8482.1	3.6
53336.9	53.6	21065.5	21.2	15524.9	15.6	9614.6	9.7
71072.2	59.0	21587.7	17.9	18216.4	15.1	9580.7	8.0
1237.0	48.2	481.5	18.8	462.0	18.0	387.2	15.1
27892.8	37.2	15029.5	20.0	27980.8	37.3	4131.2	5.5
33138.9	23.7	32849.9	23.5	55601.5	39.7	18336.1	13.1
1178782.5	23.5	1371135.8	27.4	2062440.2	41.1	400137.3	8.0
42743.8	28.6	37361.7	25.0	57039.0	38.1	12426.8	8.3
635215.9	37.5	437806.8	25.8	489803.6	28.9	131616.0	7.8
1809035.3	39.1	1308286.7	28.3	1232242.3	26.7	271921.1	5.9
12333.7	76.0	2158.0	13.3	1325.9	8.2	411.9	2.5
47063.6	44.1	22839.2	21.4	30505.5	28.6	6225.0	5.8
1020.0	37.9	699.0	26.0	711.0	26.5	258.0	9.6
1139.7	37.6	840.6	27.7	799.3	26.4	251.9	8.3
12081.0	35.2	8078.0	23.5	10890.0	31.7	3305.0	9.6
164.6	42.6	93.6	24.2	98.9	25.6	29.6	7.7
247.3	36.0	177.1	25.8	199.1	29.0	63.1	9.2

a) The total of all regions is 100 in calculating as percentage of national total. The same applies to the following table.

25-16 京津冀及长江经济带国民经济和社会发展主要指标(2019年)
Main Indicators of National Economic and Social Development by Beijing-Tianjin-Hebei Region and Yangtze River Economic Zone (2019)

指标	Item	全国总计 National Total	京津冀地区 Beijing-Tianjin-Hebei Region 绝对数 Absolute Figures	京津冀地区 Beijing-Tianjin-Hebei Region 占全国比重(%) As Percentage of National Total	长江经济带 Yangtze River Economic Zone 绝对数 Absolute Figures	长江经济带 Yangtze River Economic Zone 占全国比重(%) As Percentage of National Total
总人口(年末) (万人)	Population at Year-end (10 000 persons)	140005.0	11307.4	8.1	60205.8	42.9
国内(地区)生产总值 (亿元)	Gross Domestic Product (100 million yuan)	990865.1	84580.1	8.6	457805.2	46.5
第一产业	Primary Industry	70466.7	3817.4	5.4	30603.7	43.4
第二产业	Secondary Industry	386165.3	24281.5	6.3	182341.8	47.3
第三产业	Tertiary Industry	534233.1	56481.2	10.7	244859.7	46.2
地方一般公共预算收入(亿元)	General Public Budget Revenue (100 million yuan)	101080.6	11966.5	11.8	45128.6	44.6
地方一般公共预算支出(亿元)	General Public Budget Expenditure (100 million yuan)	203743.2	19272.9	9.5	88504.2	43.4
社会消费品零售总额 (亿元)	Total Retail Sales of Consumer Goods (100 million yuan)	408017.2	32267.4	7.9	198801.4	48.7
货物进出口总额 (亿元)	Total Value of Imports and Exports(RMB 100 million yuan)	315627.3	23664.0	7.5	139828.7	44.3
出口	Exports	172373.6	7981.8	4.6	80124.3	46.5
进口	Imports	143253.7	15682.2	10.9	59704.4	41.7
主要农产品产量	Output of Major Farm Products					
谷物 (万吨)	Cereal (10 000 tons)	61369.7	3815.8	6.2	21543.7	35.1
棉花 (万吨)	Cotton (10 000 tons)	588.9	24.6	4.2	37.4	6.3
油料 (万吨)	Oil-bearing Crops (10 000 tons)	3493.0	120.3	3.4	1560.4	44.7
主要工业产品产量	Output of Major Industrial Products					
原煤 (亿吨)	Coal (100 million tons)	38.5	0.5	1.3	3.7	9.7
天然气 (亿立方米)	Natural Gas (100 million cu.m)	1761.7	70.5	4.0	541.4	30.7
水泥 (万吨)	Cement (10 000 tons)	234430.6	11533.9	4.9	120915.7	51.6
粗钢 (万吨)	Crude Steel (10 000 tons)	99541.9	26352.5	26.5	32911.1	33.1
钢材 (万吨)	Rolled Steel (10 000 tons)	120456.9	34035.3	28.3	39130.6	32.5
汽车 (万辆)	Motor Vehicles (10 000 sets)	2567.7	373.3	14.5	1089.7	42.4
发电量 (亿千瓦小时)	Electricity (100 million kwh)	75034.3	4494.7	6.0	28713.3	38.3
铁路营业里程 (公里)	Length of Railways in Operation (km)	139926.4	10343.5	7.4	42795.2	30.6
公路里程 (公里)	Length of Highways (km)	5012495.8	235481.0	4.7	2230326.0	44.5
#高速公路	Expressway	149571.2	9938.5	6.6	58801.3	39.3
客运量 (万人)	Passenger Traffic (10 000 persons)	1760435.7	125388.7	7.4	828795.9	48.9
货运量 (万吨)	Freight Traffic (10 000 tons)	4713624.4	315346.2	6.8	2066338.9	44.7
邮政业务总量 (亿元)	Business Volume of Postal Services (100 million yuan)	16229.6	1166.3	7.2	7634.3	47.0
电信业务总量 (亿元)	Business Volume of Postal Services (100 million yuan)	106810.7	8618.5	8.1	46795.6	43.9
普通高等学校数 (个)	Number of Regular Institutions of Higher Education(unit)	2688.0	271.0	10.1	1159.0	43.1
本专科在校学生数 (万人)	Graduates of Undergraduates and College Students (10 000 persons)	3031.5	261.5	8.6	1288.6	42.5
医院数 (个)	Number of Hospitals (unit)	34354.0	3225.0	9.4	14365.0	41.8
执业(助理)医师 (万人)	Licensed (Assistant) Doctors (10 000 persons)	386.7	38.1	9.8	162.3	42.0
医院床位数 (万张)	Number of Beds of Medical Institutions (10 000 beds)	686.7	51.0	7.4	304.6	44.4

注：长江经济带：包括上海、江苏、浙江、安徽、江西、湖北、湖南、重庆、四川、贵州、云南。
a) Yangtze River Economic Zone includes: Shanghai, Jiangsu, Zhejiang, Anhui, Jiangxi, Hubei, Hunan, Chongqing, Sichuan, Guizhou, Yunnan.

25-17 民族自治地方行政区划和人口（2019年）
Administrative Division and Population of Ethnic Minority Autonomous Areas (2019)

省级单位名称	Provinces and Autonomous Regions	地级区划数（个）Number of Regions at Prefecture Level (unit)	#地级市 Cities at Prefecture Level	#自治州 Autonomous Prefecture	县级区划数（个）Number of Regions at County Level (unit)	#县级市 Cities at County Level	#自治县(旗) Autonomous Counties(Qi)	总人口（万人）Total Population in Minority Areas (10 000 persons)	#少数民族人口 Ethnic Minority Population	少数民族人口占自治地方总人口比重(%) Ethnic Minority Population as Percentage to Total Population in Minority Areas(%)
全　国	**National Total**	**77**	**38**	**30**	**713**	**83**	**120**	**19218.39**	**9801.26**	**51.00**
河　北	Hebei				6		6	214.02	136.74	63.89
内蒙古	Inner Mongolia	12	9		103	11	3	2539.56	564.73	22.24
辽　宁	Liaoning				8		8	321.00	177.25	55.22
吉　林	Jilin	1		1	11	6	3	316.82	109.17	34.46
黑龙江	Heilongjiang				1		1	23.30	4.47	19.18
浙　江	Zhejiang				1		1	17.02	2.02	11.86
湖　北	Hubei	1		1	10	2	2	460.29	261.27	56.76
湖　南	Hunan	1		1	15	1	7	500.16	421.09	84.19
广　东	Guangdong				3		3	53.18	20.65	38.84
广　西	Guangxi	14	14		111	9	12	4960.00	2220.28	44.76
海　南	Hainan				6		6	176.96	92.58	52.31
重　庆	Chongqing				4		4	277.92	218.54	78.63
四　川	Sichuan	3		3	51	3	4	790.96	500.54	63.28
贵　州	Guizhou	3		3	46	5	11	1834.32	1118.51	60.98
云　南	Yunnan	8		8	78	12	29	2403.08	1386.26	57.69
西　藏	Tibet	7	6		74			350.60	316.31	90.22
甘　肃	Gansu	2		2	21	2	7	377.36	240.58	63.75
青　海	Qinghai	6		6	36	4	7	383.95	259.71	67.64
宁　夏	Ningxia	5	5		22	2		694.66	260.64	37.52
新　疆	Xinjiang	14	4	5	106	26	6	2523.22	1489.94	59.05

注：民族自治地方是指5个民族自治区、30个民族自治州和120个民族自治县(旗)的全部民族自治范围，不重复计算。

a) Ethnic minority autonomous areas refer to the areas of 5 ethnic minority autonomous regions, 30 ethnic minority autonomous prefectures, and 120 ethnic minority autonomous counties(Qi), and without repetitive computation.

25-18 民族自治地方国民经济与社会发展主要指标

指标	Item	总量指标 1990	1995	2000
人口与就业	**Population and Employment**			
人口 （万人）	**Population (10 000 persons)**			
年底总人口	Population at Year-end	15296	16044	16818
#少数民族人口	Ethnic Minority Population	6880	7232	7767
就业 （万人）	**Employment (10 000 persons)**			
单位从业人员数	Persons Employed in Various Units	1543	1672	1733
宏观经济	**Macro Economy**			
地区生产总值 （亿元）	**Gross Regional Product (100 million yuan)**		**4901**	**7486**
第一产业	Primary Industry		1629	2022
第二产业	Secondary Industry		1747	2834
第三产业	Tertiary Industry		1526	2629
人均地区生产总值 （元）	**Per Capita Gross Regional Product (yuan)**		**3055**	**4451**
财政 （亿元）	**Government Finance (100 million yuan)**			
地方一般公共预算收入	General Public Budget Revenue	166.7	248	476
地方一般公共预算支出	General Public Budgetary Expenditure	304.4	595	1173
产业	**Industry**			
农业	**Agriculture**			
耕地面积 （万公顷）	Cultivated Area (10 000 hectares)	1763	1508	2086
灌溉面积 （万公顷）	Irrigated Areas (10 000 hectares)	764	838	936
农林牧渔总产值 （亿元）	Gross Output Value of Agriculture, Forestry, Animal Husbandry and Fishery (100 million yuan)		2537	3200
主要农产品产量	Output of Major Farm Products			
粮食产量 （万吨）	Grain Output (10 000 tons)	5373	5801	6381
棉花产量 （万吨）	Cotton Output (10 000 tons)	47	95	146
油料产量 （万吨）	Oil-bearing Crops Output (10 000 tons)	208	264	353
大牲畜年底头数（万头）	Number of Large Domestic Animals (year-end)(10 000 heads)	5286	5618	5566
羊年底头数 （万只）	Goats and Sheep (10 000 units)	11362	11906	13076
猪年底头数 （万头）	Hogs (year-end) (10 000 heads)	5668	7240	8201
工业	**Industry**			
主要工业产品产量	Output of Major Industrial Products			
机制纸及纸板 （万吨）	Machine-made Paper and Paperboard (10 000 tons)	94	191	175
成品糖 （万吨）	Refined Sugar (10 000 tons)	223	240	498
原煤 （亿吨）	Coal (100 million tons)	1.2	1.7	1.5
原油 （万吨）	Crude Oil (10 000 tons)	1265	1610	2292
发电量 （亿千瓦小时）	Electricity (100 million kwh)	739	1187	1712
粗钢 （万吨）	Crude Steel (10 000 tons)	368	700	647
生铁 （万吨）	Pig Iron (10 000 tons)	417	555	725
水泥 （万吨）	Cement (10 000 tons)	1958	4296	5703
建筑业	**Construction**			
建筑业企业人数 （万人）	Number of Employed Persons (10 000 persons)			132
建筑业总产值 （亿元）	Gross Output Value of Construction (100 million yuan)			754
施工房屋面积（万平方米）	Floor Space of Buildings under Construction (10 000 sq.m)			9232
竣工房屋面积（万平方米）	Floor Space of Buildings Completed (10 000 sq.m)			5326

Principal Aggregate Indicators on National Economic and Social Development in Ethnic Minority Autonomous Regions

Aggregate Indicator				速度指标(%) Indices and Growth Rates(%)								
				指数（2019年为以下各年）Indices (2019 as Percentage)						平均增长速度 Average Growth Rate		
2005	2010	2018	2019	1990	1995	2000	2005	2010	2018	1991–2019	1996–2019	2001–2019
17311	18531	18938	19218	125.6	119.8	114.3	111.0	103.7	101.5	0.8	0.8	0.7
8239	8814	9781	9801	142.5	135.5	126.2	119.0	111.2	100.2	1.2	1.3	1.2
1202	1297	1559	1575	102.1	94.2	90.9	131.0	121.5	101.1	0.1	-0.2	-0.5
15706	**38989**	**77668**	**84027**		**1067.8**	**692.4**	**397.8**	**203.6**	**106.3**		**10.4**	**10.7**
3300	6198	11254	12465		339.1	258.2	195.8	148.2	104.7		5.2	5.1
6419	18809	29997	29157		1834.2	1089.4	522.7	222.7	106.3		12.9	13.4
5987	13982	36417	42405		1099.3	683.6	398.3	213.5	106.8		10.5	10.6
8991	**22060**	**42409**	**45733**		**891.4**	**605.9**	**358.3**	**196.4**	**104.8**		**9.5**	**9.9**
1026	3257	7575	7889	4732.4	3179.7	1658.9	768.6	242.2	104.1	14.2	15.5	15.9
3050	10512	27987	29688	9753.0	4988.7	2531.2	973.2	282.4	106.1	17.1	17.7	18.5
2033	2380	2856	2829	160.5	187.6	135.6	139.1	118.8	99.0	1.6	2.7	1.6
1027	1156	1408	1360	178.1	162.3	145.4	132.4	117.7	96.6	2.0	2.0	2.0
5349	10374	19693	21727	4663.6	334.5	254.8	187.0	112.9	105.9	14.2	5.2	5.0
7187	8308	10362	10579	196.9	182.4	165.8	147.2	127.3	102.1	2.4	2.5	2.7
188	248	511	500	1064.7	529.0	342.2	266.3	201.4	97.9	8.5	7.2	6.7
372	422	533	571	274.5	216.3	161.7	153.5	135.2	107.2	3.5	3.3	2.6
6153	6068	5121	5108	96.6	90.9	91.8	83.0	84.2	99.7	-0.1	-0.4	-0.5
16391	14885	16034	16154	142.2	135.7	123.5	98.6	108.5	100.7	1.2	1.3	1.1
8526	8141	6975	5230	92.3	72.2	63.8	61.3	64.2	75.0	-0.3	-1.3	-2.3
273	385	445	417	443.3	218.2	237.8	152.9	108.3	93.8	5.3	3.3	4.7
678	907	1290	1084	486.8	452.5	217.5	159.8	119.5	84.0	5.6	6.5	4.2
3.8	10.4	13.3	13.2	1090.2	794.7	902.2	347.2	127.0	99.2	8.6	9.0	12.3
2833	3059	2944	3048	240.9	189.3	133.0	107.6	99.6	103.5	3.1	2.7	1.5
3052	6730	19249	18055	2443.9	1521.7	1054.3	591.5	268.3	93.8	11.7	12.0	13.2
1846	4005	5822	7124	1934.4	1018.3	1101.0	385.9	177.9	122.4	10.8	10.2	13.5
2087	4447	5929	7766	1862.3	1400.0	1071.4	372.1	174.6	131.0	10.6	11.6	13.3
10156	21653	35195	38366	1959.6	893.1	672.7	377.8	177.2	109.0	10.8	9.6	10.6
142	194	280	221			167.9	156.0	113.8	79.0			2.8
1656	5203	12062	13220			1752.7	798.4	254.1	109.6			16.3
15964	35052	54897	57708			625.1	361.5	164.6	105.1			10.1
8072	15418	18616	17477			328.2	216.5	113.4	93.9			6.5

25-18 续表

指　标	Item	总量指标 1990	1995	2000
邮电运输	**Transportation, Postal and Telecommunication Services**			
铁路营业里程 (万公里)	Length of Railways in Operation (10 000 km)	1.31	1.70	1.43
公路通车里程 (万公里)	Highways (10 000 km)	29	33	42
邮电业务总量 (亿元)	Business Volume of Postal and Telecommunication Services (100 million yuan)	9	78	297
邮路及农村投递线路总长度 (万公里)	Total Length of Postal Routes and Rural Delivery Routes (10 000 km)	88	107	110
对外经济贸易	**Foreign Trade**			
进出口总额 (亿元)	Total Value of Imports and Exports (100 million yuan)			
出口额	Exports			
进口额	Imports			
国际旅游	**International Tourism**			
国际旅游人数 (万人次)	Number of International Tourists (10 000 person-times)			269
国际旅游外汇收入 (亿美元)	Foreign Exchange Earnings from International Tourism (100 million USD)			8
金融	**Finance**			
金融机构各项存款余额(亿元)	Deposits of National Banking System (100 million yuan)			7906
金融机构各项贷款余额(亿元)	Loans of National Banking System (100 million yuan)			6548
教育、文化、卫生	**Education, Culture and Public Health**			
教育	**Education**			
在校学生数 (万人)	Total Enrollment (10 000 persons)			
普通高等学校	Regular Institutions of Higher Education	13.6	18.6	34.2
普通中学	Regular Secondary Schools	610	632	873
普通小学	Regular Primary Schools	1853	1889	1886
专任教师数 (万人)	Full-time Teachers (10 000 persons)			
普通高等学校	Regular Institutions of Higher Education	2.8	3.7	3.6
普通中学	Regular Secondary Schools	41.5	41.5	47.9
普通小学	Regular Primary Schools	84.8	85.8	89.9
文化	**Culture**			
出版数量	Publications			
图书 (万册)	Books (10 000 volumes)	30166	42275	42310
杂志 (万册)	Number of Magazines Issued (10 000 volumes)	7866	7881	8332
报纸 (万份)	Newspapers (10 000 copies)	79120	94985	123277
卫生	**Public Health Care**			
医疗卫生机构数 (万个)	Number of Hospitals (10 000 units)	1.06	1.23	1.25
医疗卫生机构床位 (万张)	Number of Beds in Health Care Institutions (10 000 beds)	33.2	35.7	36.1
社会服务	**Social Services**			
福利类收养单位床位数(万张)	Beds on Social Welfare Institutions (10 000 beds)			
城镇社区服务设施数 (个)	Number of Urban Community Services Facilities (unit)			
城乡最低生活保障人数(万人)	Number of Persons Receiving Minimum Living Allowance in Urban and Rural Areas (10 000 persons)			

continued

Aggregate Indicator				速度指标(%) Indices and Growth Rates(%)								
				指数（2019年为以下各年） Indices (2019 as Percentage)						平均增长速度 Average Growth Rate		
2005	2010	2018	2019	1990	1995	2000	2005	2010	2018	1991–2019	1996–2019	2001–2019
1.69	2.12	3.18	3.32	253.2	195.1	232.3	196.2	156.2	104.3			4.5
59	91	126	128	435.0	384.7	301.5	216.7	140.1	101.2	5.2	5.8	6.0
892	2456	6801	9959	115808.1	12768.6	3354.6	1116.8	405.5	146.4	27.5	22.4	20.3
110	127	248	240	272.5	224.5	219.0	218.6	189.3	96.7	3.5	3.4	4.2
		7987	9487						118.8			
		4308	5381						124.9			
		3679	4107						111.6			
467	820	2211	2188			813.2	468.4	266.8	98.9			11.7
13	30	95	100			1319.6	778.3	332.1	104.6			14.5
16324	46622	118138	119973			1517.5	735.0	257.3	101.6			15.4
11300	30579	99691	106958			1633.4	946.6	349.8	107.3			15.8
100.0	161.9	231.1	252.9	1859.2	1359.4	739.3	252.9	156.2	109.4	10.6	11.5	11.1
1082	1050	1074	986	161.7	156.0	112.9	91.1	93.9	91.8	1.7	1.9	0.6
1668	1536	1573	1587	85.6	84.0	84.1	95.1	103.3	100.9	-0.5	-0.7	-0.9
6.3	9.5	12.2	12.6	449.3	340.0	345.7	199.7	132.9	103.3	5.3	5.2	6.7
61.1	67.4	78.2	73.8	177.7	177.9	154.0	120.7	109.4	94.3	2.0	2.4	2.3
88.1	90.7	94.7	96.1	113.3	112.0	106.8	109.1	105.9	101.5	0.4	0.5	0.3
41958	43099	71371	65329	216.6	154.5	154.4	155.7	151.6	91.5	2.7	1.8	2.3
10280	8276	7984	6254	79.5	79.4	75.1	60.8	75.6	78.3	-0.8	-1.0	-1.5
169518	174848	170706	188577	238.3	198.5	153.0	111.2	107.9	110.5	3.0	2.9	2.3
1.18	1.20	5.45	5.53	522.9	448.4	442.6	466.7	462.2	101.4	5.9	6.5	8.1
38.4	55.7	104.8	109.8	330.7	307.5	303.9	285.6	197.0	104.8	4.2	4.8	6.0
	27.3	34.7	40.4					147.9	116.3			
	6188	10823	12209					197.3	112.8			
	1907.4	1366.2	1260.0					66.1	92.2			

25-19 少数民族分布的主要地区及人口
Geographic Distribution and Population of Ethnic Minorities

人口数为2010年人口普查机器汇总数据。
Figures of population are obtained from the Population Census in 2010.

民族	Ethnic Name	分布的主要地区	Main Geographic Distribution	人口数(人) Population (person)
蒙古族	Mongolian	内蒙古、辽宁、吉林、河北、黑龙江、新疆	Inner Mongolia, Liaoning, Jilin, Hebei, Heilongjiang and Xinjiang	5981840
回族	Hui	宁夏、甘肃、河南、新疆、青海、云南、河北、山东、安徽、辽宁、北京、内蒙古、天津、黑龙江、陕西、贵州、吉林、江苏、四川	Ningxia, Gansu, Henan, Xinjiang, Qinghai, Yunnan, Hebei, Shandong, Anhui, Liaoning, Beijing, Inner Mongolia, Tianjin, Heilongjiang, Shaanxi, Guizhou, Jilin, Jiangsu and Sichuan	10586087
藏族	Tibetan	西藏、四川、青海、甘肃、云南	Tibet, Sichuan, Qinghai, Gansu and Yunnan	6282187
维吾尔族	Uygur	新疆	Xinjiang	10069346
苗族	Miao	贵州、湖南、云南、广西、重庆、湖北、四川	Guizhou, Hunan, Yunnan, Guangxi, Chongqing, Hubei and Sichuan	9426007
彝族	Yi	云南、四川、贵州	Yunnan, Sichuan and Guizhou	8714393
壮族	Zhuang	广西、云南、广东	Guangxi, Yunnan and Guangdong	16926381
布依族	Bouyei	贵州	Guizhou	2870034
朝鲜族	Korean	吉林、黑龙江、辽宁	Jilin, Heilongjiang and Liaoning	1830929
满族	Manchu	辽宁、河北、黑龙江、吉林、内蒙古、北京	Liaoning, Hebei, Heilongjiang, Jilin, Inner Mongolia and Beijing	10387958
侗族	Dong	贵州、湖南、广西	Guizhou, Hunan and Guangxi	2879974
瑶族	Yao	广西、湖南、云南、广东	Guangxi, Hunan, Yunnan and Guangdong	2796003
白族	Bai	云南、贵州、湖南	Yunnan, Guizhou and Hunan	1933510
土家族	Tujia	湖南、湖北、重庆、贵州	Hunan, Hubei, Chongqing and Guizhou	8353912
哈尼族	Hani	云南	Yunnan	1660932
哈萨克族	Kazak	新疆	Xinjiang	1462588
傣族	Dai	云南	Yunnan	1261311
黎族	Li	海南	Hainan	1463064
傈僳族	Lisu	云南、四川	Yunnan and Sichuan	702839
佤族	Va	云南	Yunnan	429709
畲族	She	福建、浙江、江西、广东	Fujian, Zhejiang, Jiangxi and Guangdong	708651
高山族	Gaoshan	台湾、福建	Taiwan and Fujian	4009
拉祜族	Lahu	云南	Yunnan	485966
水族	Shui	贵州、广西	Guizhou and Guangxi	411847
东乡族	Dongxiang	甘肃、新疆	Gansu and Xinjiang	621500
纳西族	Naxi	云南	Yunnan	326295
景颇族	Jingpo	云南	Yunnan	147828
柯尔克孜族	Kirgiz	新疆	Xinjiang	186708
土族	Tu	青海、甘肃	Qinghai and Gansu	289565
达斡尔族	Daur	内蒙古、黑龙江	Inner Mongolia and Heilongjiang	131992
仫佬族	Mulam	广西	Guangxi	216257
羌族	Qiang	四川	Sichuan	309576
布朗族	Blang	云南	Yunnan	119639
撒拉族	Salar	青海	Qinghai	130607
毛南族	Maonan	广西	Guangxi	101192
仡佬族	Gelao	贵州	Guizhou	550746
锡伯族	Xibe	辽宁、新疆	Liaoning and Xinjiang	190481
阿昌族	Achang	云南	Yunnan	39555
普米族	Pumi	云南	Yunnan	42861
塔吉克族	Tajik	新疆	Xinjiang	51069
怒族	Nu	云南	Yunnan	37523
乌孜别克族	Ozbek	新疆	Xinjiang	10569
俄罗斯族	Russian	新疆、黑龙江	Xinjiang and Heilongjiang	15393
鄂温克族	Ewenki	内蒙古	Inner Mongolia	30875
德昂族	De'ang	云南	Yunnan	20556
保安族	Bonan	甘肃	Gansu	20074
裕固族	Yugur	甘肃	Gansu	14378
京族	Jing	广西	Guangxi	28199
塔塔尔族	Tatar	新疆	Xinjiang	3556
独龙族	Drung	云南	Yunnan	6930
鄂伦春族	Oroqen	黑龙江、内蒙古	Heilongjiang and Inner Mongolia	8659
赫哲族	Hezhen	黑龙江	Heilongjiang	5354
门巴族	Moinba	西藏	Tibet	10561
珞巴族	Lhoba	西藏	Tibet	3682
基诺族	Jino	云南	Yunnan	23143

主要统计指标解释

供水综合生产能力　指按供水设施取水、净化、送水、出厂输水干管等环节设计能力计算的综合生产能力。包括在原设计能力的基础上，经挖、革、改增加的生产能力。计算时，以四个环节中最薄弱的环节为主确定能力。

供水管道长度　指从送水泵至用户水表之间所有管道的长度。不包括新安装尚未使用、水厂内以及用户建筑物内的管道。

城市供水总量　指报告期供水企业(单位)供出的全部水量。包括有效供水量和漏损水量。

生活用水　包括公共服务用水和居民家庭用水。公共服务用水指为城区社会公共生活服务的用水。包括行政事业单位、部队营区和公共设施服务、批发零售业、住宿餐饮业以及社会服务业等单位的用水。居民家庭用水指城市范围内所有居民家庭的日常生活用水。包括城市居民、农民家庭、公共供水站用水。

生产用水　指在城区范围内生产、运营的农、林、牧、渔业、工业、建筑业、交通运输业等单位在生产、运营过程中的用水。

用水普及率　指报告期末城区用水人口数与城市人口总数的比率。计算公式：

$$用水普及率=\frac{城区用水人口(含暂住人口)}{城区人口+城区暂住人口}\times 100\%$$

人工煤气生产能力　指报告期末人工燃气生产厂制气、净化、输送等环节的综合生产能力，不包括备用设备能力。一般按设计能力计算，当实际生产能力大于设计能力时，应按实际测定的生产能力计算。测定时应以制气、净化、输送三个环节中最薄弱的环节为主。

供气管道长度　指报告期末从气源厂压缩机的出口或门站出口至各类用户引入管之间的全部已经通气、投入使用的管道长度。不包括煤气生产厂、输配站、液化气储存站、灌瓶站、储配站、气化站、混气站、供应站等厂(站)内的管道。

城市供气总量　指报告期燃气企业(单位)向用户供应的燃气数量。包括销售量和损失量。

燃气普及率　指报告期末城区使用燃气的城市人口数与城市人口总数的比率。其中燃气包括人工煤气、天然气、液化石油气三种。计算公式为：

$$燃气普及率=\frac{城区用气人口(含暂住人口)}{城区人口+城区暂住人口}\times 100\%$$

城市供热能力　指供热企业(单位)向城市热用户输送热能的设计能力。

城市供热总量　指在报告期供热企业(单位)向城市热用户输送全部蒸汽和热水的总热量。

城市供热管道长度　指从各类热源到热用户建筑物接入口之间的全部蒸汽和热水的管道长度。不包括各类热源厂内部的管道长度。

道路长度　指道路长度和与道路相通的桥梁、隧道的长度，按车行道中心线计算。

城市桥梁　指为跨越天然或人工障碍物而修建的构筑物。包括跨河桥、立交桥、人行天桥以及人行地下通道等。

城市排水管道长度　指所有排水总管、干管、支管、检查井及连接井进出口等长度之和。

城市污水日处理能力　指污水处理厂(或污水处理装置)每昼夜处理污水量的设计能力。

年末公共交通车辆运营数　指年末城市用于公共交通运营业务的全部车辆数。新购、新制和调入的运营车辆，自投入之日起开始计算，调出、报废和调作他用的运营车辆，自上级主管机关批准之日起不再计入。

城市绿地面积　指报告期末用作园林和绿化的各种绿地面积。包括公园绿地、生产绿地、防护绿地、附属绿地和其他绿地的面积。

公园绿地　城市中向公众开放的、以游憩为主要功能，有一定的游憩设施和服务设施，同时兼有健全生态、美化景观、防灾减灾等综合作用的绿化用地。包括综合公园、社区公园、专类公园、带状公园和街旁绿地。其中综合公园、专类公园和带状公园面积之和为公园面积。

清扫保洁面积　指报告期末对城市道路和公共场所(主要包括城市行车道、人行道、车行隧道、人行过街地下通道、道路附属绿地、地铁站、高架路、人行过街天桥、立交桥、广场、停车场及其他设施等)进行清扫保洁的面积。一天清扫保洁多次的，按清扫保洁面积最大的一次计算。

市容环卫专用车辆设备　指用于环境卫生作业、监察的专用车辆和设备，包括用于道路清扫、冲洗、洒水、除雪、垃圾粪便清运、市容监察以及与其配套使用的车辆和设备。

每万人拥有公共汽电车辆　指按城市人口计算的每万人平均拥有的公共汽电车标台数。

Explanatory Notes on Main Statistical Indicators

Production Capacity of Water Supply refers to the designed overall production capacity of water facilities, covering the four segments of water collection, purification, conveyance, and outflow through trunk pipelines. Increased capacity through transformation and innovation projects is included as well. The capacity is determined mainly on the weakest of the above-mentioned four segments.

Length of Water Supply Pipelines refers to the total length of all pipelines between the water pumps and the user water meters, excluding pipelines newly installed but not in use yet, pipeline in the water factory, and pipeline in the users' buildings.

Total Volume of Urban Water Supply refers to the total volume of water supplied by water-works (units) during the reference period, including both the effective water supply and loss during the water supply.

Consumption of Water for Daily Use includes consumption of water for public service use and consumption of water for household use. Consumption of water for public service use refers to water consumption for public service in the urban areas, including water consumption of administrative institutions, military barracks, public facilities, wholesale and retail, accommodation and catering industries and social service industry, etc. Consumption of water for household use refers to consumption of water for daily life of all households in cities, including households of urban residents and farmers, and public water supply stations.

Consumption of Water for Production Use refers to water consumption in the process of production and operation by production and operation units of agriculture, forestry, animal husbandry, fisheries, manufacturing, construction, transport, etc. in urban areas.

Coverage Rate of Urban Population with Access to Tap Water refers to the ratio of the urban population with access to tap water to the total urban population at the end of reference period. The formula is:

$$\text{Coverage of urban population with access to tap water} = \frac{\text{Urban population with access to tap water}}{\text{Urban population}} \times 100\%$$

Production Capacity of Gaswork Gas refers to the overall production capacity of the urban gasworks in gas generation, purification and delivery at the end of the reference period, excluding capacity of the reserved facilities. In general, it is determined by the designed capacity, and when actual production capacity is larger than the designed capacity, the capacity is determined by the actual measurement on the weakest segment in the production, purification and delivery.

Length of Gas Pipelines refers to the total length of pipelines in use between the outlet of the compressor of gas-work or outlet of gas stations and the leading pipe of users, excluding pipelines within gasworks, delivery stations, LPG storage stations, refilling stations, gas-mixing stations and supply stations.

Volume of Gas Supply refers to the total volume of gas provided to users by gas-producing enterprises (units) during the reporting period, including the volume sold and the volume lost.

Coverage Rate of Urban Population with Access to Gas refers to the ratio of the urban population with access to gas to the total urban population at the end of the reference period. Gas here includes gaswork gas, natural gas and liquefied petroleum gas. The formula is:

$$\text{Coverage rate of urban population with access to gas} = \frac{\text{Urban population with access to gas}}{\text{Urban population}} \times 100\%$$

Heating Capacity in Urban Areas refers to the designed capacity of heating enterprises (units) in supplying heating energy to urban users during the reference period.

Quantity of Heat Supplied in Urban Areas refers to the total quantity of heat from steam and hot water supplied to urban users by heating enterprises (units) during the reference period.

Length of Urban Heating Pipelines refers to the total length of steam or hot water pipelines for sources of heat to the leading pipelines of the buildings of the users, excluding internal pipelines in heat generating enterprises.

Length of Paved Roads refers to the length of roads with paved surface, including bridges and tunnels connected with roads. Length of the roads is measured by the central lines.

Urban Bridges refer to bridges built to cross over natural or man-made barriers, including bridges over rivers, overpasses for traffic and for pedestrians, underpasses for pedestrians, etc.

Length of Urban Sewage Pipes refers to the total length of general drainage, trunks, branch and inspection wells, connection wells, inlets and outlets, etc.

Daily Disposal Capacity of Urban Sewage refers to the designed 24-hour capacity of sewage disposal by the sewage treatment works or facilities.

Number of Public Transport Vehicles under Operation at Year-end refers to the total number of vehicles under operation by public transport enterprises (units) at the end of the year. New vehicles purchased, manufactured or allocated are included on the day when they are put into operation. Vehicles that are called out, written off or used for other purposes are excluded on the day of approval from the competent departments at the higher level.

Area of Urban Green Land refers to the total area occupied for green projects at the end of the reference period, including park green area, production green land, protection green land, green land attached to institutions, and other green areas.

Park Green Area refers to green areas open to the public for amusement and rest with the facilities of amusement, rest and services. Its function includes improving ecology, beautifying landscape, and preventing and reducing disaster. Park green areas include comprehensive park, community park, theme park, belt park and roadside green space. Total areas of comprehensive park, theme park and belt-shaped is the area of parks.

Area under Cleaning Program refers to the area which are regularly cleaned at urban roads and public places (including urban roadways, pedestrian walkways, vehical tunnels, pedestrian underpasses, underground railway stations, lifted roads, pedestrians walk bridges, overpasses, plazas, parking lots and other facilities), at the end of the reference period,. If the cleaning is conducted at a location several times a day, the area that is cleaned with the largest space will be taken.

Vehicles and Facilities Dedicated to Urban Cleanling and Environmental Sanitation refer to vehicles and facilities dedicated for use in the operation, management and monitoring of environmental sanitation work. They include vehicles for road cleaning, washing, showering, ice removal, disposal of garbage and human wastes, sanitation monitoring and related activities.

Public Buses and Trolley Buses per 10000 Population refers to the number of public buses and trolley buses, calculated on basis of per 10000 urban population.

26

香港特别行政区
主要社会经济指标

Main Social and Economic Indicators of Hong Kong Special Administrative Region

简 要 说 明

一、本章资料反映香港特别行政区主要社会、经济发展情况。内容包括：土地、人口、就业、国民收入、国际收支平衡、工业、能源、建筑、运输、对外贸易、政府收支及金融、教育、房屋、卫生、社会保障等方面。

二、本章由香港特别行政区政府统计处向有关政府决策局/部门及公营机构搜集数据，国家统计局国际统计信息中心负责整理、编辑。

三、在统计工作方面，按中华人民共和国“香港特别行政区基本法”的有关原则，香港特别行政区保留其单独运作的统计系统，并负责编制和发布反映香港特别行政区情况的统计数据。由于香港和内地在使用统计名词及概念方面会有所不同，读者在比较两地数据时，请参考本章末的“主要统计指标解释”。

四、香港特别行政区是单独的关税地区，香港与内地之间的贸易，亦需办理进出口报关。在贸易统计方面，香港特别行政区对外贸易统计数据亦包括香港特别行政区与内地的贸易。

五、在外汇统计及与之有关的各方面，港币是香港特别行政区的法定货币，因此，除港币以外的货币（包括人民币）均视作外币。

六、更详细的统计资料及有关的技术细节，可参阅香港特别行政区政府统计处出版的《香港统计月刊》、《香港统计年刊》及各专题统计出版物。

七、本章节表中的符号使用说明：

本章节表中使用的符号含义如下：“-”表示不适用；“空格” 表示没有数字；“#” 表示临时数字；“§”表示数字少于单位的一半。

Brief Introduction

I. Data in this chapter show main social and economic developments of the Hong Kong Special Administrative Region (HKSAR), including data on land, population, employment, National Income, Balance of Payments, industry, energy, construction, transportation, external trade, government accounts and finance, education, housing, health and social security.

II. All data in this chapter are collected from the related government bureaux/departments and public organisations by the Census and Statistics Department, the Government of HKSAR, and further tabulated or edited by the International Statistical Information Centre of the National Bureau of Statistics.

III. According to the Basic Law of HKSAR of the People's Republic of China, HKSAR maintains its independent statistical system, and compiles and disseminates statistics on the Region. As Hong Kong and the mainland of China use different statistical concepts, definitions and terminologies, users are advised to make reference of The Explanation Notes on Main Statistical Indicators at the end of this chapter when using and comparing data of the mainland of China and HKSAR.

IV. As Hong Kong is a separate custom territory, trade between Hong Kong and the mainland of China needs customs declaration procedures. In terms of trade statistics, data on Hong Kong's imports and exports include Hong Kong's trade with the mainland of China.

V. As Hong Kong dollar is the legal tender in HKSAR, all other currencies (including Renminbi) are regarded as foreign currencies in compiling foreign exchange statistics and related statistics.

VI. For more detailed statistics and technical details, users are advised to read *Hong Kong Monthly Digest of Statistics, Hong Kong Annual Digest of Statistics* and other publications compiled by the Census and Statistics Department, the Government of HKSAR.

VII. Notations used in this chapter:

Some notations used in this chapter are not agreed with those used in China Statistical Yearbook, but with Hong Kong publications. "-" indicates not applicable. "(blank)" indicates not available. "#" indicates provisional figure. "§" indicates the magnitude of figure is less than half of the unit employed.

26-1 主要统计指标概况
Summary of Key Statistics

项　目	Item	2015	2016	2017	2018	2019
香港陆地面积①　（平方公里）	**Land Area of Hong Kong①　(sq.km)**	**1106**	**1106**	**1106**	**1106**	**1106**
香港岛	Hong Kong Island	81	81	81	81	81
九龙	Kowloon	47	47	47	47	47
新界	New Territories	978	978	978	978	978
人口	**Population**					
年中人口　(万人)	Mid-year Population　(10 000 persons)	729.1	733.7	739.2	745.1	750.7
粗出生率　(‰)	Crude Birth Rate　(‰)	8.2	8.3	7.7	7.2	7.0
粗死亡率　(‰)	Crude Death Rate　(‰)	6.3	6.4	6.3	6.4	6.5#
婴儿死亡率　(‰) (按每千名登记活产婴儿计算)	Infant Mortality Rate　(‰) (per 1 000 Registered Live Births)	1.4	1.8	1.7	1.5	1.3#
劳工	**Labour**					
劳动人口　(万人)	Labour Force　(10 000 persons)	390.3	392.0	394.7	397.9	396.6
劳动人口参与率　(%)	Labour Force Participation Rate　(%)	61.1	61.1	61.1	61.2	60.6
失业率　(%)	Unemployment Rate　(%)	3.3	3.4	3.1	2.8	2.9
就业人数　(万人)	Number of Employed Persons　(10 000 persons)	377.4	378.7	382.3	386.7	385.0
选定行业的就业人数　(万人)	Number of Employed Persons in Selected Industries　(10 000 persons)					
制造	Manufacturing	11.3	11.8	11.1	10.3	10.4
建筑	Construction	31.7	32.8	34.2	35.2	33.8
进出口贸易及批发	Import/Export Trade and Wholesale	48.0	46.5	45.0	44.3	38.7
零售、住宿②及膳食服务③	Retail, Accommodation② and Food Services③	62.5	62.0	63.8	63.1	60.9
运输、仓库、邮政及速递服务、资讯及通讯	Transportation, Storage, Postal and Courier Services, Information and Communications	45.5	45.0	45.3	45.1	44.8
金融、保险、地产、专业及商用服务	Financing, Insurance, Real Estate, Professional and Business Services	75.0	76.2	77.9	79.4	83.5
公共行政、社会及个人服务	Public Administration, Social and Personal Services	100.8	101.8	102.9	107.0	110.4
实际工资指数④　(1992年9月=100)	Real Wage index④　(September 1992=100)	117.7	120.7	123.2	124.5	123.8
对外贸易	**External Trade**					
商品贸易	**Merchandise Trade**					
进口　(亿港元)	Imports　(HKD 100 million)	40464	40084	43570	47214	44154
整体出口　(亿港元)	Total Exports　(HKD 100 million)	36053	35882	38759	41581	39887
服务贸易	**Trade in Services**					
服务出口⑤　(亿港元)	Exports of Services⑤　(HKD 100 million)	8089	7647	8113	8869	7929#
服务进口⑤　(亿港元)	Imports of Services⑤　(HKD 100 million)	5743	5781	6059	6399	6182#
国民收入及国际收支平衡	**National Income and Balance of Payments**					
本地生产总值	**Gross Domestic Product (GDP)**					
按2018年环比物量计算⑥	In Chained (2018) Dollars⑥					
年增长率　(%)	Annual Growth Rate　(%)	2.4	2.2	3.8	2.8	-1.2
本地生产总值　(亿港元)	GDP　(HKD 100 million)	25996	26560	27567	28352	27997
人均本地生产总值　(港元)	Per Capita GDP　(HKD)	356532	362017	372941	380507	372930
按当年价格计算	At Current Market Prices					
年增长率　(%)	Annual Growth Rate　(%)	6.1	3.8	6.8	6.6	1.1
本地生产总值　(亿港元)	GDP　(HKD 100 million)	23983	24904	26594	28352	28657
人均本地生产总值　(港元)	Per Capita GDP　(HKD)	328924	339454	359780	380507	381714
本地居民总收入	**Gross National Income (GNI)**					
按当年价格计算	At Current Market Prices					
本地居民总收入　(亿港元)	GNI　(HKD 100 million)	24427	25530	27749	29700#	30138#
人均本地居民总收入　(港元)	Per Capita GNI　(HKD)	335010	347986	375412	398601#	401450#
对外初次收入流量净值(亿港元)	Net External Primary Income Flows　(HKD 100 million)	444	626	1156	1348	1482#
国际收支平衡	**Balance of Payments**					
经常账户　(亿港元)	Current Account　(HKD 100 million)	796	985	1218	1059#	1760#
资本及金融账户　(亿港元)	Capital and Financial Account(HKD 100 million)	-1286	-1011	-765	-1751#	-2470#
净误差及遗漏　(亿港元)	Net Errors and Omissions　(HKD 100 million)	491	26	-454	691#	710#
整体的国际收支　(亿港元)	Overall Balance of Payments　(HKD 100 million)	2820	89	2505	76#	-89#
国际投资头寸⑦	**International Investment Position⑦**					
国际投资头寸净值⑧　(亿港元)	Net International Investment Position⑧　(HKD 100 million)	77747	89468	111050	100473	121717#
对外金融资产　(亿港元)	External Financial Assets　(HKD 100 million)	338245	357388	428100	425477	437596#
对外金融负债　(亿港元)	External Financial Liabilities　(HKD 100 million)	260497	267921	317051	325004	315879#

26-1 续表 1 continued

项目	Item	2015	2016	2017	2018	2019
消费价格指数	**Consumer Price Indices**					
(2014年10月至2015年9月=100)	(Oct. 2014-Sep. 2015 = 100)					
综合消费价格指数	Composite Consumer Price Index	100.6	103.0	104.5	107.0	110.1
甲类消费价格指数	Consumer Price Index (A)	100.6	103.5	105.1	107.9	111.5
乙类消费价格指数	Consumer Price Index (B)	100.6	102.9	104.3	106.7	109.6
丙类消费价格指数	Consumer Price Index (C)	100.5	102.6	104.2	106.5	109.3
工业生产	**Industrial Production**					
工业生产指数 (2015年=100)	Index of Industrial Production (2015=100)	100.0	99.6	100.0	101.3	101.7
工业电力消费量 (太焦耳)	Industrial Electricity Consumption (terajoules)	11436	11252	11196	11081	10815
工业煤气消费量 (太焦耳)	Industrial Gas Consumption (terajoules)	1649	1477	1569	1717	1824
房屋及物业	**Housing and Property**					
永久性居住屋宇单位⑨ (万个)	Number of Permanent Living Quarters⑨ (10 000 units)					
公营租住房屋⑩	Public Rental Housing⑩	78.32	78.67	80.54	81.29	83.01
资助出售单位⑪	Subsidised Sale Flats⑪	39.60	39.89	40.31	40.90	41.88
私人永久性房屋⑪	Private Permanent Housing⑪	151.64	154.79	156.51	158.25	160.36
总计	Total	269.56	273.35	277.36	280.44	285.25
新落成私人楼宇	Newly Completed Private Buildings					
楼宇数目 (栋)	Number of Blocks (number)	612	556	703	732	658
实用楼面面积 (万平方米)	Usable Floor Area (10 000 sq.m.)					
住宅⑫	Residential⑫	58.5	63.7	63.2	79.3	48.4
非住宅	Non-residential	44.8	59.2	74.1	61.7	67.2
获批准可动工兴建私人楼宇 (栋)	Private Buildings with Consent to Commence Work (number of blocks)					
初次呈交	First Submission	486	383	269	238	249
重大修改	Major Revision	159	163	192	199	147
政府收支、金融、保险 (亿港元)	**Government Accounts, Finance and Insurance (HKD 100 million)**					
政府储备结余⑬⑭	Government's Reserve Balances⑬⑭	8429	9540	11029	11709	11603
政府收入总额⑭⑮	Total Government Revenue⑭⑮	4500	5731	6198	5998	5909
政府开支总额⑭⑮	Total Government Expenditure⑭⑮	4356	4621	4709	5318	6078
货币供应量M_3	Money Supply M_3					
港元⑯	Hong Kong Dollar⑯	57788	62927	70245	72843	74547
外币⑰	Foreign Currency⑰	58762	62587	67793	71194	73317
总计	Total	116550	125513	138038	144037	147864
港汇指数(贸易总值(进口及整体出口)加权) (2010年1月=100)⑱	Effective Exchange Rate Indices for the Hong Kong Dollar (trade (import and export) - weighted) (January 2010=100)⑱	101.3	104.1	104.2	101.8	105.2
运输、通讯、旅游	**Transport, Communications and Tourism**					
进出香港货物	Inward and Outward Movements of Cargo					
总卸下 (万吨)	Total Discharged (10 000 tons)	16887	16669	19108	17543	18567
总装上 (万吨)	Total Loaded (10 000 tons)	11491	11647	11772	10975	10276
集装箱吞吐量 (万标准集装箱)	Container Throughput (10 000 TEUs)	2007	1981	2077	1960	1830
电话服务 (万条操作线路)	Telephone Services (10 000 working lines)	421	421	415	410	405
访港旅客 (万人次)	Visitor Arrivals (10 000 person-times)	5930.8	5665.5	5847.2	6514.8	5591.3
教育 (人)	**Education** (person)					
小学学生人数	Student Enrolment in Primary Schools	337558	349008	362049	372465	373228
中学学生人数⑲	Student Enrolment in Secondary Schools⑲	354698	339849	332382	327023	328743
教资会资助大学学生人数	Student Enrolment in UGC-funded Universities	191997	190919	192034	193469	189173
卫生	**Health**					
医生 (人)	Doctors (person)	13726	14013	14290	14651	15004
注册中医 (人)	Registered Chinese Medicine Practitioners (person)	7071	7262	7425	7409	7582
病床 (张)	Hospital Beds (bed)	38287	39090	39683	40434	41474
社会保障	**Social Security**					
综合社会保障援助⑬	Comprehensive Social Security Assistance (CSSA)⑬					
个案数目 (个)	Number of Cases (case)	242903	236522	231468	224603	222691
发放款项 (亿港元)	Amount (HKD 100 million)	223	223	217	223	227#
公共福利金⑬	Social Security Allowances (SSA)⑬					
个案数目 (个)	Number of Cases (case)	808909	846028	897541	957595	1015187
发放款项 (亿港元)	Amount (HKD 100 million)	217	221	236	393	366#
交通意外伤亡援助⑬	Traffic Accident Victims Assistance⑬					
获批个案数目 (个)	Number of Cases Authorised for Payment (case)	7148	7340	6553	7334	6820

26-1 续表 2 continued

注：①2014年前的数字是该年6月底的数据，而2014年起的数字是该年10月底的数据。面积包括不在区议会分区内的落马州河套。
②住宿服务包括酒店、宾馆、旅舍及其他提供短期住宿服务的机构单位。
③零售、住宿及膳食服务业合计通常被称为「与消费及旅游相关行业」。
④实际工资指数是按其名义指数扣除以2014/15年为基期的甲类消费价格指数而计算出来。
⑤数字已采纳《2010年国际服务贸易统计手册》内最新的国际建议。
⑥以环比物量计算的本地生产总值及其组成部分的参照年，已由2017年重订为2018年。重订参照年会影响以环比物量计算的数值，但不会影响其变动率。
⑦期末头寸。
⑧国际投资头寸净值是对外金融资产总值与对外金融负债总值之间的差额。
⑨数字包括所有住宅屋宇单位及非住宅楼宇内已知作居所用途的屋宇单位，但不包括非住宅用途、酒店及院舍内供住院或在囚人士居住的屋宇单位。
⑩数字不包括香港房屋委员会售出的公营租住房屋单位。
⑪数字包括香港房屋委员会、香港房屋协会及市区重建局售出而不可在公开市场买卖的屋宇单位。可在公开市场买卖的资助出售单位则归类为私人永久性房屋。
⑫数字包括住宅楼宇内用作非住宅用途的实用楼面面积，例如：会所/娱乐设施、管理员办事处/宿舍、电机房等。
⑬数字是以相应的财政年度为根据。例如2019年的数字代表2019/20财政年度终结时的数字。
⑭2019/20年度的数字有待审计署署长核实。
⑮数字不包括“政府一般收入帐目及各基金之间的转拨”。
⑯所列数字已包括外币掉期存款。
⑰所列数字已扣除外币掉期存款。《中华人民共和国香港特别行政区基本法》说明，港元是香港特别行政区的法定货币。外币指港元以外的其他货币，因而人民币亦视作外币。
⑱由2012年1月3日起公布的新系列。数字是指年内每日电汇或现钞收市中间兑换价的平均值。
⑲数字涵盖日、夜校。

Notes:①Figures prior to 2014 are as at end-June of the year while those for 2014 onward are as at end-October and include land area of Lok Ma Chau Loop which is not covered in District Council districts.
②Accommodation services cover hotels, guesthouses, boarding houses and other establishments providing short term accommodation.
③The retail, accommodation and food services industries as a whole is generally referred to as the consumption- and tourism-related segment.
④The Real Wage Index is derived by deflating the corresponding nominal index by the 2014/15-based Consumer Price Index (A).
⑤Figures have incorporated the latest international recommendations given in the *Manual on Statistics of International Trade in Services* 2010
⑥The reference year for the chain volume measures of GDP and its components has been revised from 2017 to 2018. Re-referencing affects the levels, but not the rates of change, of the chain volume measures.
⑦Position as at end of period.
⑧Net International Investment Position is the difference between total external financial assets and total external financial liabilities.
⑨Figures include all quarters used for residential purpose as well as quarters known to be used for residential purposes in non-residential buildings. Quarters known to be used for non-residential purpose and those in hotels and accommodation used for inmates of institutions are excluded.
⑩Figures exclude public rental housing flats sold by the Hong Kong Housing Authority.
⑪Subsidised sale flats include quarters sold by the Hong Kong Housing Authority, Hong Kong Housing Society and Urban Renewal Authority that cannot be traded in the open market. Those flats that can be traded in the open market are classified as private permanent housing.
⑫Figures include usable floor area in residential buildings for non-domestic use, such as club house/recreational facilities, caretakers' office/quarters, transformer room, etc.
⑬Figures are for the corresponding financial year. For example, figures for 2019 represent those as at end of the financial year 2019/20.
⑭Figures for 2019/20 are subject to audit by the Director of Audit.
⑮Figures exclude "Transfers between the General Revenue Account and Funds".
⑯Figures are adjusted to include foreign currency swap deposits.
⑰Figures are adjusted to exclude foreign currency swap deposits. Hong Kong dollar is the legal tender in the Hong Kong Special Administrative Region, as stated in "The Basic Law of the Hong Kong Special Administrative Region of the People's Republic of China". Foreign currency refers to any currency other than Hong Kong currency. Accordingly, Chinese Renminbi is also treated as foreign currency.
⑱New series has been released as from 3 January 2012. Figures are the averages of the daily closing middle-market telegraphic transfer rates or notes rates for the year.
⑲Figures cover both day and evening schools.

26-2 土地用途分布情况
Land Usage

单位：平方公里 (sq. km)

类　别	Class	2015	2016	2017	2018	2019
住宅	**Residential**					
私人住宅①	Private Residential①	26	26	26	26	26
公营房屋②	Public Residential②	16	16	16	17	17
乡郊居所③	Rural Settlement③	35	35	35	35	35
商业	**Commercial**					
商业/商贸和办公室	Commercial/Business and Office	4	4	5	5	5
工业	**Industrial**					
工业用地	Industrial Land	7	7	7	7	7
工业村/科技园	Industrial Estates/Science and Technology Parks	3	3	3	3	3
货仓和露天贮物	Warehouse and Open Storage	16	16	16	17	17
机构/休憩	**Institution/Open Space**					
政府、机构和社区设施	Government, Institutional and Community Facilities	25	26	26	25	25
休憩及康乐④	Open Space and Recreation④	25	25	25	28	28
运输	**Transportation**					
道路及运输设施	Roads and Transport Facilities	40	41	41	46	46
铁路	Railways	3	3	3	4	4
机场	Airport	13	13	13	13	13
港口设施	Port Facilities	-	-	-	4	4
其它都市或已建设土地	**Other Urban or Built-up Land**					
坟场/殡殓设施	Cemeteries/Funeral Facilities	8	8	8	9	9
公用事业设施	Utilities	8	8	8	9	9
空置/正在进行建筑工程的土地	Vacant Land/Construction in Progress	17	17	17	15	15
其它	Others	22	22	22	12	12
农业	**Agriculture**					
农地	Agricultural Land	51	51	51	50	50
鱼塘/基围	Fish Ponds/Gei Wais	17	17	17	16	16
林地/灌丛/草地/湿地	**Woodland/Shrubland/Grassland/Wetland**					
林地	Woodland	275	277	277	276	276
灌丛	Shrubland	261	262	263	264	264
草地	Grassland	196	192	190	187	187
红树林/沼泽	Mangrove/Swamp	5	5	5	6	6
荒地	**Barren Land**					
劣地	Badland	2	2	2	2	2
岩岸	Rocky Shore	4	4	4	4	4
水体	**Water Bodies**					
水塘	Reservoirs	25	25	25	25	25
河道和明渠	Streams and Nullahs	5	5	5	6	6
总计⑤	**Total⑤**	**1110**	**1111**	**1111**	**1111**	**1111**

注：数字为该年年底的数字。
2019年的土地用途数据已根据2019年12月的卫星图像（©AIRBUS DS (2019)）、截至2019年年底由规划署内部调查所得的资料，以及各政府部门的其它相关资料而更新。
①包括私人开发商发展的住宅用地(村屋、资助房屋和临时房屋区除外)。
②包括资助房屋和临时房屋区。
③包括村屋和临时搭建物。
④包括公园、运动场、游乐场和康乐设施。
⑤包括高水位线下约4平方公里的红树林和沼泽。

Notes: Figures are as at end of the year.
The land use data of 2019 was compiled using satellite images dated December 2019 (©AIRBUS DS (2019)), in-house survey information of the Planning Department up to end-2019 and other relevant information from various government departments.
①Including residential area developed by private developers (excluding village houses, subsidised housing and temporary housing areas).
②Including subsidised housing and temporary housing areas.
③Including village houses and temporary structures.
④Including parks, stadiums, playgrounds and recreational facilities.
⑤Including about 4 km^2 of mangrove and swamp below the High Water Mark.

26-3 按地区类别及路边情况划分的大气质量(2019年)
Air Quality by Area Type and Roadside Condition (2019)

单位：微克／立方米 (microgram/cu.m.)

地区类别及路边	Area Type and Roadside	全年平均大气污染浓度 Annual Average Air Pollutant Concentrations			
		二氧化硫 Sulphur Dioxide	二氧化氮 Nitrogen Dioxide	微细悬浮粒子 Fine Suspended Particulates	可吸入悬浮粒子 Respirable Suspended Particulates
市区①	Urban①	5	42	19	31
新市镇②	New Town②	5	38	20	33
郊区③	Rural③	5	10	17	31
路边④	Roadside④	5	80	25	38

注：①包括葵涌、中西区、深水埗、观塘、东区、荃湾及将军澳。
②包括大埔、沙田、元朗、东涌及屯门。
③包括塔门。
④包括铜锣湾、中环及旺角。

Notes: ①Includes Kwai Chung, Central/Western, Sham Shui Po, Kwun Tong, Eastern, Tsuen Wan and Tseung Kwan O.
②Includes Tai Po, Sha Tin, Yuen Long, Tung Chung and Tuen Mun.
③Includes Tap Mun.
④Includes Causeway Bay, Central and Mong Kok.

26-4 按种类划分的日均固体废物量
Average Solid Waste Quantities by Type

单位：吨（每日计） (tonnes per day)

种类	Type	2014	2015	2016	2017	2018
于堆填区弃置的固体废物	Solid Waste Disposed of at Landfills					
都市固体废物①	Municipal Solid Waste①					
家居②	Domestic②	6418	6464	6391	6404	6712
工商业③	Commercial & industrial③	3364	3694	3954	4329	4716
小计	Sub-total	9782	10159	10345	10733	11428
整体建筑废物④	Overall Construction Waste④	3942	4200	4422	4207	4081
特殊废物⑤	Special Waste ⑤	1135	743	565	575	587
总计	**Total**	**14859**	**15102**	**15332**	**15516**	**16096**
已回收都市固体废物⑥	Municipal Solid Waste Recovered ⑥	5625	5569	5225	5015	4870

注：①都市固体废物包括运往弃置设施的家居废物及工商业废物，但不包括建筑废物及已回收的都市固体废物。
②家居废物包括在住宅及公众地方所产生的废物，包括住宅大厦、公共垃圾桶、街道、本港海域及郊野公园收集的废物。
③工商业废物包括商店、食肆、酒店、办公室、私人屋苑街市及所有工业活动产生的废物，而建筑及拆卸废物、化学废物或其他特殊废物除外。
④建筑废物包括由建筑及拆卸活动所产生的废物，但不包括可运往公众填土区作填海用途的物料。在堆填区弃置的整体建筑废物包括来自建筑地盘的建筑废物，以及在建筑地盘以外设立的混凝土配料厂和水泥/矽浆生产厂所产生的废弃混凝土。
⑤特殊废物包括弃置于堆填区的动物尸体、屠房废物、报废货物、滤水厂及污水处理后的污泥、污水处理厂的隔滤物、禽畜废物、医疗废物及化学废物。
⑥都市固体废物回收后会在本地或香港以外地方循环再造。

Notes: ①Municipal solid waste includes domestic waste and commercial & industrial waste delivered to disposal facilities but excludes construction waste and recovered municipal solid waste.
②Domestic waste covers solid waste coming from households and public areas, including waste collected from residential buildings, litter bins, streets, marine areas and country parks.
③Commercial & industrial waste covers solid waste coming from shops, restaurants, hotels, offices, markets in private housing estates as well as all industrial activities, but does not include construction and demolition waste, chemical waste or other special waste.
④Construction waste covers waste arising from construction and demolition activities but excludes material delivered to public filling areas for land reclamation and formation. Overall construction waste received at landfills includes construction waste from construction sites and waste concrete that is generated from concrete batching plants and cement plaster/mortar manufacturing plants not set up inside construction sites.
⑤Special waste includes animal carcasses, abattoir waste, condemned goods, waterworks and sewage treatment sludge, sewage works screening, livestock waste, clinical waste and chemical waste delivered to landfills.
⑥Municipal solid waste recovered will be recycled locally or in places outside Hong Kong.

26-5 人口主要指标
Main Indicators of Population

项　　目	Item	2015	2016	2017	2018	2019
年中人口　(万人)	Mid-year Population (10 000 persons)	729.1	733.7	739.2	745.1	750.7
粗出生率　(‰)	Crude Birth Rate　(‰)	8.2	8.3	7.7	7.2	7.0
粗死亡率　(‰)	Crude Death Rate　(‰)	6.3	6.4	6.3	6.4	6.5#
婴儿死亡率　(‰)	Infant Mortality Rate　(‰)	1.4	1.8	1.7	1.5	1.3#
自然增长率　(‰)	Rate of Natural Increase　(‰)	1.9	1.9	1.3	0.8	0.6#
总和生育率①	Total Fertility Rate①	1196	1205	1125	1072	1051
登记结婚数　(对)	Registered Marriages　(couple)	51609	50008	51817	49331	44247
登记离婚数　(对)	Divorce Decrees　(couple)	20075	17196	19394	20321	21157
出生时平均预期寿命 (年)	Expectation of Life at Birth (years)					
男	Male	81.4	81.3	81.9	82.3	82.3#
女	Female	87.3	87.3	87.6	87.7	88.1#

注：　①不包括女性外籍家庭佣工。每千名女性的活产婴儿数目。
Note: ①Excluding female foreign domestic helpers. Refers to live births per 1000 women.

26-6　劳动人口及失业状况
Labour Force and Unemployment

项　　目	Item	2015	2016	2017	2018	2019
劳动人口数目(万人)	Labour Force　(10 000 persons)	390.3	392.0	394.7	397.9	396.6
男	Male	199.7	199.6	199.4	200.7	198.0
女	Female	190.6	192.4	195.2	197.2	198.7
劳动人口参与率 (%)	Labour Force Participation Rate　(%)	61.1	61.1	61.1	61.2	60.6
就业人口　(万人)	Employed Persons　(10 000 persons)	377.4	378.7	382.3	386.7	385.0
失业人口　(万人)	Unemployed Persons (10 000 persons)	12.9	13.3	12.3	11.2	11.6
失业率　(%)	Unemployment Rate　(%)	3.3	3.4	3.1	2.8	2.9

注：数字是根据该年1月至12月进行的“综合住户统计调查”结果，以及年中人口估计数字而编制。
Note: Figures are compiled based on data collected in the General Household Survey from January to December of the year concerned as well as mid-year population estimates.

26-7　按行业划分的就业人数
Employed Persons by Industry

单位：万人　　(10 000 persons)

行　业	Industry	2015	2016	2017	2018	2019
制造	Manufacturing	11.3	11.8	11.1	10.3	10.4
建筑	Construction	31.7	32.8	34.2	35.2	33.8
进出口贸易及批发	Import/Export Trade and Wholesale	48.0	46.5	45.0	44.3	38.7
零售、住宿①及膳食服务②	Retail, Accommodation① and Food Services②	62.5	62.0	63.8	63.1	60.9
运输、仓库、邮政及速递服务、资讯及通讯	Transportation, Storage, Postal and Courier Services, Information and Communications	45.5	45.0	45.3	45.1	44.8
金融、保险、地产、专业及商用服务	Financing, Insurance, Real Estate, Professional and Business Services	75.0	76.2	77.9	79.4	83.5
公共行政、社会及个人服务	Public Administration, Social and Personal Services	100.8	101.8	102.9	107.0	110.4
其它	Others	2.5	2.6	2.1	2.4	2.6
总计	**Total**	**377.4**	**378.7**	**382.3**	**386.7**	**385.0**

注：数字是根据该年1月至12月进行的“综合住户统计调查”结果，以及年中人口估计数字而编制。
① 住宿服务包括酒店、宾馆、旅舍及其他提供短期住宿服务的机构单位。
② 零售、住宿及膳食服务业合计通常被称为「与消费及旅游相关行业」。

Notes: Figures are compiled based on data collected in the General Household Survey from January to December of the year concerned as well as mid-year population estimates.
① Accommodation services cover hotels, guesthouses, boarding houses and other establishments providing short term accommodation.
② The retail, accommodation and food services industries as a whole is generally referred to as the consumption- and tourism-related segment.

26-8　按每月就业收入划分的就业人数
Employed Persons by Monthly Employment Earnings

单位：万人，另有注明除外　　(10 000 persons, unless otherwise specified)

每月就业收入(港元)	Monthly Employment Earnings (HKD)	2015	2016	2017	2018	2019
< 3000	< 3000	10.8	10.2	9.7	9.4	9.4
3000 - 3999	3000 - 3999	7.2	4.6	4.3	4.3	3.9
4000 - 4999	4000 - 4999	29.6	32.7	32.7	33.4	33.0
5000 - 5999	5000 - 5999	6.0	6.3	6.6	6.8	7.4
6000 - 6999	6000 - 6999	6.4	6.0	5.5	5.3	5.2
7000 - 7999	7000 - 7999	8.8	6.9	5.9	5.5	4.9
8000 - 8999	8000 - 8999	14.8	12.5	9.9	8.5	7.5
9000 - 9999	9000 - 9999	19.0	15.2	12.5	10.9	9.6
10000 - 11999	10000 - 11999	37.4	34.0	29.2	25.8	23.9
12000 - 13999	12000 - 13999	39.4	39.5	39.1	36.6	33.6
14000 - 15999	14000 - 15999	34.9	35.8	37.5	34.6	34.6
16000 - 17999	16000 - 17999	17.2	19.0	21.0	23.7	24.1
18000 - 19999	18000 - 19999	14.3	15.5	17.5	19.5	19.7
20000 - 24999	20000 - 24999	36.8	38.5	40.8	45.3	46.8
25000 - 29999	25000 - 29999	20.0	21.1	23.0	23.8	23.9
30000 - 34999	30000 - 34999	19.6	20.4	21.4	22.6	23.3
35000 - 39999	35000 - 39999	10.3	11.0	12.1	12.7	12.2
40000 - 44999	40000 - 44999	9.0	9.7	10.1	11.0	12.1
45000 - 49999	45000 - 49999	6.4	6.9	7.0	8.0	7.2
50000 - 59999	50000 - 59999	10.0	11.1	12.2	12.7	13.5
60000 - 79999	60000 - 79999	8.9	10.0	11.4	11.7	12.8
80000 - 99999	80000 - 99999	3.9	4.5	4.7	5.3	5.9
≧ 100000	≧ 100000	6.9	7.4	8.4	9.5	10.5
总　计	Total	377.4	378.7	382.3	386.7	385.0
每　月 就业收入中位数(港元)	**Median Monthly Employment Earnings (HKD)**	**14500**	**15000**	**15500**	**16500**	**17100**

注：数字是根据该年1月至12月进行的“综合住户统计调查”结果，以及年中人口估计数字而编制。

Note: Figures are compiled based on data collected in the General Household Survey from January to December of the year concerned as well as mid-year population estimates.

26-9 按行业划分督导级(不包括经理级与专业雇员)及以下雇员的工资指数

Wage Indices for Employees up to Supervisory Level (Managerial and Professional Employees Are Not Included) by Industry

(1992年9月 = 100) (September 1992 = 100)

行业主类	Industry Section	2015	2016	2017	2018	2019
名义工资指数	**Nominal Wage Index**					
制造	Manufacturing	199.1	206.8	214.8	223.4	229.7
进出口贸易、批发及零售	Import/Export, Wholesale and Retail Trades	210.5	216.3	222.8	229.5	233.1
运输	Transportation	189.1	195.3	200.8	212.7	220.0
住宿及膳食服务活动①	Accommodation and Food Service Activities①	186.2	195.1	204.2	214.0	221.0
金融及保险活动	Financial and Insurance Activities	222.8	230.0	238.2	247.3	254.7
地产租赁及保养管理	Real Estate Leasing and Maintenance Management	231.7	239.9	250.8	261.4	270.6
专业及商业服务	Professional and Business Services	236.8	247.5	258.8	269.8	277.9
个人服务	Personal Services	287.8	301.9	313.9	326.1	335.5
所有选定行业②	All Selected Industries②	211.9	219.6	227.9	237.3	243.9
实际工资指数③	**Real Wage Index③**					
制造	Manufacturing	110.5	113.6	116.1	117.2	116.6
进出口贸易、批发及零售	Import/Export, Wholesale and Retail Trades	116.9	118.8	120.4	120.4	118.3
运输	Transportation	105.0	107.3	108.5	111.6	111.7
住宿及膳食服务活动①	Accommodation and Food Service Activities①	103.4	107.2	110.4	112.2	112.2
金融及保险活动	Financial and Insurance Activities	123.7	126.3	128.7	129.7	129.3
地产租赁及保养管理	Real Estate Leasing and Maintenance Management	128.7	131.8	135.6	137.1	137.4
专业及商业服务	Professional and Business Services	131.5	135.9	139.9	141.5	141.1
个人服务	Personal Services	159.8	165.8	169.6	171.1	170.3
所有选定行业②	All Selected Industries②	117.7	120.7	123.2	124.5	123.8

注：指有关年度12月份的数字。

①住宿服务包括酒店、宾馆、旅舍及其他提供短期住宿服务的机构单位。

②指"劳工收入统计调查"内工资统计调查所涵盖的所有行业，包括并没有列出其统计数字的电力及燃气供应业、污水处理及废弃物管理业与出版活动业。

③实际工资指数是按其名义指数扣除以2014/15年为基期的甲类消费价格指数而计算出来。

Notes : Figures refer to December of the year.

①Accommodation services cover hotels, guesthouses, boarding houses and other establishments providing short term accommodation.

②Figures refer to all industries covered by the wage enquiry of the Labour Earnings Survey, including the electricity and gas supply industry, sewerage and waste management activities industry and publishing activities industry, the statistics of which are not separately shown.

③The Real Wage Index is derived by deflating the corresponding nominal index by the 2014/15-based Consumer Price Index (A).

26-10 本地生产总值
Gross Domestic Product

年 份 Year	本地生产总值(以当年价格计算) Gross Domestic Product (GDP) At Current Market Prices		本地生产总值与上年比较的实际增长(%) GDP Real Growth Rate over the Preceding Year (%)	人均本地生产总值(以当年价格计算) Per Capita GDP At Current Market Prices	
	(亿港元) (HKD 100 million)	(亿美元) (USD 100 million)		(港元) (HKD)	(美元) (USD)
1990	5993	769	3.8	105050	13487
1991	6913	890	5.7	120188	15466
1992	8071	1043	6.2	139148	17975
1993	9310	1203	6.2	157772	20395
1994	10496	1358	6.0	173909	22504
1995	11190	1446	2.4	181772	23497
1996	12353	1597	4.3	191951	24819
1997	13731	1774	5.1	211592	27330
1998	13081	1689	-5.9	199898	25810
1999	12859	1658	2.5	194649	25090
2000	13375	1717	7.7	200675	25757
2001	13211	1694	0.6	196765	25230
2002	12973	1663	1.7	192367	24666
2003	12567	1614	3.1	186704	23976
2004	13169	1691	8.7	194140	24928
2005	14121	1816	7.4	207263	26651
2006	15034	1935	7.0	219240	28223
2007	16508	2116	6.5	238676	30596
2008	17075	2193	2.1	245406	31515
2009	16592	2140	-2.5	237960	30697
2010	17763	2286	6.8	252887	32551
2011	19344	2485	4.8	273549	35142
2012	20371	2626	1.7	284899	36733
2013	21383	2757	3.1	297860	38404
2014	22600	2915	2.8	312609	40316
2015	23983	3094	2.4	328924	42431
2016	24904	3209	2.2	339454	43733
2017	26594	3412	3.8	359780	46161
2018	28352	3617	2.8	380507	48540
2019	28657	3657	-1.2	381714	48713

26-11 按当年价格计算的生产法本地生产总值
Gross Domestic Product (GDP) by Economic Activity at Current Prices

单位：亿港元，另有注明除外 (HKD 100 million, unless otherwise specified)

经济活动	Economic Activity	2014	2015	2016	2017	2018
农业、渔业、采矿及采石①	**Agriculture, Fishing, Mining and Quarrying①**	**14.96**	**16.30**	**18.98**	**17.36**	**17.62**
工业	**Industry**	**1597.25**	**1692.72**	**1861.91**	**1919.91**	**1837.04**
制造	Manufacturing	278.85	267.16	268.44	272.99	275.71
电力、燃气和自来水供应及废弃物管理	Electricity, Gas and Water Supply, and Waste Management	356.36	346.53	344.14	349.78	356.60
建筑	Construction	962.05	1079.02	1249.32	1297.14	1204.73
服务	**Services**	**20447.50**	**21545.41**	**22297.60**	**23573.59**	**25149.60**
进出口贸易、批发及零售	Import/export, Wholesale and Retail Trades	5315.41	5278.22	5255.26	5486.36	5751.03
住宿及膳食服务②	Accommodation and Food Services②	787.25	781.34	796.82	835.07	915.25
运输、仓库、邮政及速递服务	Transportation, Storage, Postal and Courier Services	1376.58	1500.73	1497.42	1533.59	1584.40
资讯及通讯	Information and Communications	777.61	808.13	842.08	868.91	914.49
金融及保险	Financing and Insurance	3679.89	4099.33	4289.03	4804.88	5351.26
地产、专业及商用服务	Real Estate, Professional and Business Services	2394.34	2527.14	2661.39	2748.22	2808.43
公共行政、社会及个人服务	Public Administration, Social and Personal Services	3795.88	4074.05	4369.12	4654.88	4994.46
楼宇业权	Ownership of Premises	2320.53	2476.48	2586.49	2641.66	2830.28
以基本价格计算的本地生产总值	**GDP at Basic Prices**	**22059.72**	**23254.43**	**24178.49**	**25510.86**	**27004.26**
产品税	**Taxes on Products**	**832.36**	**954.33**	**837.43**	**1106.98**	**1178.25**
统计差额③ (%)	**Statistical Discrepancy③ (%)**	**-1.3**	**-0.9**	**-0.4**	**-0.1**	**0.6**
以当时市价计算的本地生产总值	**GDP at Current Market Prices**	**22600.05**	**23982.80**	**24904.38**	**26593.84**	**28351.61**

注：以上的统计数字是按“香港标准行业分类2.0版”编制。
①由于要为采矿及采石业个别机构单位的数据保密，因此采矿及采石业的数字会包括在「农业、渔业、采矿及采石」内。
②住宿服务包括酒店、宾馆、旅舍及其他提供短期住宿服务的机构单位。
③统计差额是以当年价格计算,以支出法编制的本地生产总值与以生产法编制的本地生产总值之间的差额。这差额是由于在编制过程中数据来源及估算方法有所不同而引致的。统计差额是以其占当时市价计算的本地生产总值的百分比来表示。

Notes: The above statistics are compiled based on the Hong Kong Standard Industrial Classification (HSIC) Version 2.0.
①In order to preserve the confidentiality of information relating to individual establishments in mining and quarrying sector, figures of mining and quarrying sector are included in "Agriculture, Fishing, Mining and Quarrying".
②Accommodation services cover hotels, guesthouses, boarding houses and other establishments providing short term accommodation.
③Statistical discrepancy refers to the difference in values of current price GDP compiled using the expenditure and production approaches, as a result of the adoption of different data sources and estimation methods in the compilation processes. It is expressed as a percentage to GDP at current market prices.

26-12 按2018年环比物量计算的生产法本地生产总值
Gross Domestic Product (GDP) by Economic Activity in Chained (2018) Dollars

单位：亿港元 (HKD 100 million)

经济活动	Economic Activity	2015	2016	2017	2018	2019
农业、渔业、采矿及采石①	**Agriculture, Fishing, Mining and Quarrying①**	**19.29**	**18.91**	**17.94**	**17.62**	**17.55**
工业	**Industry**	**1752.58**	**1805.10**	**1792.76**	**1837.04**	**1765.10**
制造	Manufacturing	272.27	271.07	272.25	275.71	276.87
电力、燃气和自来水供应及废弃物管理	Electricity, Gas and Water Supply, and Waste Management	355.95	353.05	356.07	356.60	355.72
建筑	Construction	1124.59	1181.62	1165.70	1204.73	1132.51
服务	**Services**	**23038.58**	**23561.53**	**24396.49**	**25149.60**	**25064.84**
进出口贸易、批发及零售	Import/export, Wholesale and Retail Trades	5267.38	5297.85	5519.50	5751.03	5395.36
住宿及膳食服务②	Accommodation and Food Services②	842.87	847.18	864.41	915.25	830.79
运输、仓库、邮政及速递服务	Transportation, Storage, Postal and Courier Services	1431.83	1474.66	1545.84	1584.40	1558.55
资讯及通讯	Information and Communications	811.32	844.99	878.71	914.49	957.08
金融及保险	Financing and Insurance	4688.43	4884.63	5145.02	5351.26	5499.59
地产、专业及商用服务	Real Estate, Professional and Business Services	2685.92	2760.21	2818.97	2808.43	2837.09
公共行政、社会及个人服务	Public Administration, Social and Personal Services	4538.44	4673.45	4821.06	4994.46	5140.24
楼宇业权	Ownership of Premises	2761.92	2776.93	2803.68	2830.28	2846.12
产品税	**Taxes on Products**	**1186.27**	**1078.84**	**1226.19**	**1178.25**	**1045.64**

注：以上的统计数字是按“香港标准行业分类2.0版”编制。
以环比物量计算按经济活动划分的本地生产总值的参照年，已由2017年重订为2018年。重订参照年会影响以环比物量计算的数值，但不会改变其变动率。整体物量估计与其组成部分相加的总和可能存在差额。“不可相加性”是环比物量计算的一个技术属性。
①由于要为采矿及采石业个别机构单位的数据保密，因此采矿及采石业的数字会包括在「农业、渔业、采矿及采石」内。
②住宿服务包括酒店、宾馆、旅舍及其他提供短期住宿服务的机构单位。

Notes: The above statistics are compiled based on the Hong Kong Standard Industrial Classification (HSIC) Version 2.0.
The reference year for the chain volume measures of GDP by economic activity has been revised from 2017 to 2018. Re-referencing affects the levels, but not the rates of change, of the chain volume measures. A discrepancy may exist between the volume estimate of an aggregate and the sum of its components. “Non-additivity” is a technical feature of the chain volume measures.
①In order to preserve the confidentiality of information relating to individual establishments in mining and quarrying sector, figures of mining and quarrying sector are included in "Agriculture, Fishing, Mining and Quarrying".
②Accommodation services cover hotels, guesthouses, boarding houses and other establishments providing short term accommodation.

26-13 支出法本地生产总值
Gross Domestic Product by Expenditure Component

单位：亿港元，另有注明除外 (HKD 100 million, unless otherwise specified)

本地生产总值组成部分	GDP Components	2015	2016	2017	2018	2019
按当年价格计算	**At Current Market Prices**					
私人消费开支	Private Consumption Expenditure	15931	16499	17841	19361	19673
政府消费开支	Government Consumption Expenditure	2313	2480	2614	2814	3089
固定资本形成总额	Gross Domestic Fixed Capital Formation	5372	5352	5760	6125	5472
存货增减	Changes in Inventories	-206	4	110	112	-64
货物出口(离岸价)①	Exports of Goods (f.o.b.)①	38892	38929	42128	44534	42926
减：货物进口(离岸价)①	Less: Imports of Goods (f.o.b.)①	40665	40226	43913	47063	44186
服务出口①	Exports of Services①	8089	7647	8113	8869	7929
减：服务进口①	Less: Imports of Services①	5743	5781	6059	6399	6182
本地生产总值	**GDP**	**23983**	**24904**	**26594**	**28352**	**28657**
人均本地生产总值(港元)	**Per Capita GDP (HKD)**	**328924**	**339454**	**359780**	**380507**	**381714**
按2018年环比物量计算②	**In Chained (2018) Dollars②**					
私人消费开支	Private Consumption Expenditure	17090	17431	18388	19361	19150
政府消费开支	Government Consumption Expenditure	2538	2625	2700	2814	2957
固定资本形成总额	Gross Domestic Fixed Capital Formation	5847	5840	6023	6125	5370
存货增减	Changes in Inventories	-214	5	127	112	-65
货物出口(离岸价)①	Exports of Goods (f.o.b.)①	39813	40433	43042	44534	42474
货物进口(离岸价)①	Imports of Goods (f.o.b.)①	41600	41894	44941	47063	43608
服务出口①	Exports of Services①	8549	8249	8476	8869	7964
服务进口①	Imports of Services①	5983	6102	6227	6399	6245
本地生产总值	**GDP**	**25996**	**26560**	**27567**	**28352**	**27997**
人均本地生产总值(港元)	**Per Capita GDP (HKD)**	**356532**	**362017**	**372941**	**380507**	**372930**

注：① 货物出口及进口与服务出口及进口数字，是根据《2008年国民经济核算体系》的标准，采用所有权转移原则记录外地加工货品及转手商贸活动编制而成的。

②以环比物量计算的本地生产总值及其组成部分的参照年，已由2017年重订为2018年。重订参照年会影响以环比物量计算的数值，但不会影响其变动率。整体物量数值与其组成部分相加的总和可能存在差额。不可相加性是环比物量计算的一个技术属性。

Notes:①Figures on exports and imports of goods and services are compiled based on the change of ownership principle in recording goods sent abroad for processing and merchanting under the standards stipulated in the System of National Accounts 2008.

②The reference year for the chain volume measures of GDP and its components has been revised from 2017 to 2018. Re-referencing affects the levels, but not the rates of change, of the chain volume measures. A discrepancy may exist between the volume estimate of an aggregate and the sum of its components. Non-additivity is a technical feature of the chain volume measures.

26-14 本地居民总收入
Gross National Income

单位：亿港元，另有注明除外 (HKD 100 million, unless otherwise specified)

项 目	Item	2015	2016	2017	2018	2019#
以2018年环比物量计算①	**In chained (2018) dollars①**					
本地生产总值	GDP	25996	26560	27567	28352#	27997
对外初次收入流量净值	Net External Primary Income Flows	476	665	1195	1348	1440
实质本地居民总收入②	RGNI②	26293	27135	28684	29700#	29336
人均本地生产总值(港元)	Per Capita GDP (HKD)	356532	362017	372941	380507#	372930
人均实质本地居民总收入(港元)	Per Capita RGNI (HKD)	360610	369865	388061	398601#	390755
按当年价格计算	**At Current Market Prices**					
本地生产总值	GDP	23983	24904	26594	28352#	28657
对外初次收入流量净值	Net External Primary Income Flows	444	626	1156	1348	1482
本地居民总收入	GNI	24427	25530	27749	29700#	30138
人均本地生产总值(港元)	Per Capita GDP (HKD)	328924	339454	359780	380507#	381714
人均本地居民总收入(港元)	Per Capita GNI (HKD)	335010	347986	375412	398601#	401450

注：①以环比物量计算的本地生产总值、对外初次收入流量净值及实质本地居民总收入的参照年，已由2017年重订为2018年。

②实质本地居民总收入是把贸易价格比率变动的调整及实质对外初次收入流量净值加进实质本地生产总值而得出。

Notes: ①The reference year for the chain volume measures of GDP, net external primary income flows (EPIF) and GNI has been revised from 2017 to 2018.

②Real Gross National Income (RGNI) is obtained by adding the terms of trade adjustment and real net EPIF to real GDP.

26-15 香港国际收支平衡
Hong Kong's Balance of Payments

单位：亿港元 (HKD 100 million)

标准组成部分①	Standard Component①	2015	2016	2017	2018#	2019#
经常账户②	**Current Account②**	**796**	**985**	**1218**	**1059**	**1760**
货物	Goods	-1773	-1297	-1785	-2530	-1260
服务	Services	2346	1866	2054	2469	1747
初次收入	Primary Income	444	626	1156	1348	1482
二次收入	Secondary Income	-221	-210	-206	-228	-209
资本及金融账户②	**Capital and Financial Account②**	**-1286**	**-1011**	**-765**	**-1751**	**-2470**
资本账户	Capital Account	-2	-4	-6	-16	-7
直接投资	Direct Investment	7948	4478	1869	1728	713
证券投资	Portfolio Investment	-9709	-4696	2642	-6164	-3187
金融衍生工具	Financial Derivatives	992	363	618	332	88
其他投资	Other Investment	2305	-1064	-3381	2445	-166
储备资产③	Reserve Assets③	-2820	-89	-2505	-76	89
净误差及遗漏④	**Net Errors and Omissions④**	**491**	**26**	**-454**	**691**	**710**
整体的国际收支	**Overall Balance of Payments**	**2820**	**89**	**2505**	**76**	**-89**

注：①根据国际收支平衡的会计常规，某标准组成部分的净贷方数字以正数显示，而净借方则以负数显示。
②经常账户差额的正数值显示盈余而负数值则为赤字。在资本及金融账户方面，正数值显示资金净流入而负数值则为资金净流出。由于对外资产的增加是属于借方记账而减少则属贷方记账，因此负数值的储备资产显示储备资产的增加，而正数值则显示减少。
③在国际收支平衡架构下储备及非储备资产的估计数字是指交易数字。因估值方式改变(包括价格变动及汇率变动)及重新分类所导致的影响并没计算在内。
④原则上，贷方和借方各项记账的净总和等于零。实际上，由于有关数据是从多个来源搜集得来，贷方和借方记账之间可能由于各种原因而出现差异。为令贷方记账的总和与借方记账的总和相等，须加进一个反映净误差及遗漏的平衡项目。

Notes:①In accordance with the Balance of Payments accounting rules, a net credit for a standard component is represented by a positive value, and a net debit a negative value.
②A positive value for the balance figure in the current account represents a surplus whereas a negative value represents a deficit. In the capital and financial account, a positive value indicates a net financial inflow while a negative value indicates a net outflow. As increases in external assets are debit entries and decreases are credit entries, a negative value for the reserve assets represents a net increase while a positive value represents a net decrease.
③The estimates of reserve and non-reserve assets under the Balance of Payments framework are transaction figures. Effects of valuation changes (including price changes and exchange rate changes) and reclassifications are not taken into account.
④In principle, the net sum of credit entries and debit entries is zero. In practice, discrepancies between the credit and debit entries may occur for various reasons as the relevant data are collected from many sources. Equality between the sum of credit entries and that of debit entries is brought about by the inclusion of a balancing item which reflects net errors and omissions.

26-16 香港国际投资头寸（期末头寸）
Hong Kong's International Investment Position (Position as at End of Period)

单位：亿港元 (HKD 100 million)

概括组成部分	Broad Component	2015	2016	2017	2018	2019#
资产	**Assets**	**338245**	**357388**	**428100**	**425477**	**437596**
直接投资	Direct Investment	132308	135269	159229	160713	155975
证券投资	Portfolio Investment	97555	106015	134711	124782	142520
金融衍生工具	Financial Derivatives	6411	8581	6169	6313	6086
其他投资	Other Investment	74161	77577	94269	100421	98625
储备资产	Reserve Assets	27809	29946	33721	33249	34389
负债	**Liabilities**	**260497**	**267921**	**317051**	**325004**	**315879**
直接投资	Direct Investment	136973	141422	169435	171207	161731
证券投资	Portfolio Investment	35922	33908	44772	42186	44433
金融衍生工具	Financial Derivatives	5757	8270	5509	5753	5792
其他投资	Other Investment	81845	84321	97334	105857	103923
国际投资头寸净值①	**Net International Investment Position①**	**77747**	**89468**	**111050**	**100473**	**121717**

注：①国际投资头寸净值是对外金融资产总值与对外金融负债总值之间的差额。
Note: ①Net International Investment Position is the difference between total external financial assets and total external financial liabilities.

26-17 电力、煤气、水消费量
Electricity, Gas and Water Consumption

用　途	Use	2015	2016	2017	2018	2019
电力 （太焦耳）	**Electricity (Terajoules)**					
住宅	Domestic	42368	43120	42127	41965	42937
商业	Commercial	103893	103739	103893	105689	107162
工业	Industrial	11436	11252	11196	11081	10815
街灯	Street Lighting	386	390	389	382	377
出口往中国内地	Export to the Mainland of China	4273	4338	4828	2002	0
总计	Total	162356	162838	162432	161118	161291
煤气 （太焦耳）	**Gas (Terajoules)**					
住宅	Domestic	14941	15437	15319	15466	15021
商业	Commercial	11813	11900	12161	12368	11867
工业	Industrial	1649	1477	1569	1717	1824
总计	Total	28403	28814	29049	29550	28712
水 （万立方米）	**Water (10 000 Cubic Meters)**	**97300**	**98700**	**98000**	**101300**	**99600**

26-18 工业生产指数
Index of Industrial Production

(2015年=100) (2015=100)

行业组别	Industry Grouping	2015	2016	2017	2018	2019
制造	**Manufacturing**	**100.0**	**99.6**	**100.0**	**101.3**	**101.7**
食品、饮品及烟草制品	Food, Beverages and Tobacco	100.0	103.9	107.0	110.3	111.0
纺织制品及成衣	Textiles and Wearing Apparel	100.0	95.7	91.5	90.5	91.0
纸制品、印刷及已储录资料媒体的复制	Paper products, Printing and Reproduction of Recorded Media	100.0	99.2	98.6	98.2	97.2
金属、计算机、电子及光学产品、机械及设备	Metal, Computer, Electronic and Optical Products, Machinery and Equipment	100.0	98.8	98.2	96.4	95.0
其他制造行业	Miscellaneous Manufacturing Industries	100.0	97.2	96.9	98.2	99.2
污水处理、废弃物管理及污染防治活动	**Sewerage, Waste Management and Remediation Activities**	**100.0**	**101.9**	**104.2**	**107.6**	**106.8**

注：以上统计数字是按“香港标准行业分类2.0版”编制。
Note : The above statistics are compiled based on the Hong Kong Standard Industrial Classification (HSIC) Version 2.0.

26-19 按楼宇种类划分的新落成私人楼宇
Newly Completed Private Buildings by Type of Building

楼宇类别	Building Type	2015	2016	2017	2018	2019
住宅楼宇	**Residential**					
楼宇数目 (栋)	Number of Blocks (number)	283	262	355	308	389
实用楼面面积（万平方米）①	Usable Floor Area (10 000 sq.m.)①	27.6	33.0	39.5	46.7	38.0
商住两用楼宇	**Residential/Commercial**					
楼宇数目 (栋)	Number of Blocks (number)	113	67	128	140	25
实用楼面面积(万平方米)	Usable Floor Area (10 000 sq.m.)					
住宅	Residential	29.4	28.4	23.1	31.4	10.3
非住宅	Non-residential	2.8	6.8	3.4	9.2	2.5
商业楼宇	**Commercial**					
楼宇数目 (栋)	Number of Blocks (number)	16	21	24	21	32
实用楼面面积（万平方米）	Usable Floor Area (10 000 sq.m.)	21.3	19.3	23.9	19.9	37.0
工业楼宇	**Industrial**					
楼宇数目 (栋)	Number of Blocks (number)	18	13	22	12	16
实用楼面面积（万平方米）	Usable Floor Area (10 000 sq.m.)	5.3	9.1	19.5	6.8	8.1
其他用途楼宇	**Others**					
楼宇数目 (栋)	Number of Blocks (number)	182	193	174	251	196
实用楼面面积（万平方米）	Usable Floor Area (10 000 sq.m.)					
住宅	Residential	1.6	2.3	0.6	1.1	0.1
非住宅	Non-residential	15.3	23.9	27.3	25.7	19.7
总计	**Total**					
楼宇数目 (栋)	Number of Blocks (number)	612	556	703	732	658
实用楼面面积（万平方米）	Usable Floor Area (10 000 sq.m.)					
住宅①	Residential①	58.5	63.7	63.2	79.3	48.4
非住宅	Non-residential	44.8	59.2	74.1	61.7	67.2

注：①包括住宅楼宇内用作非住宅用途的实用楼面面积，例如：会所/娱乐设施、管理员办事处/宿舍、电机房等。
Note: ①Including usable floor area in residential buildings for non-domestic use, such as club house/recreational facilities, caretakers' office/quarters, transformer room, etc.

26-20 按楼宇种类划分的获批准可动工兴建私人楼宇
Private Buildings with Consent to Commence Work by Type of Building

年份 Year	住宅楼宇 Residential		商住两用楼宇 Residential/Commercial			商业楼宇 Commercial	
	楼宇数目（栋） Number of Blocks (number)	实用楼面面积（万平方米）① Usable Floor Area (10 000 sq.m.)①	楼宇数目（栋） Number of Blocks (number)	实用楼面面积（万平方米） Usable Floor Area (10 000 sq.m.) 住宅 Residential	非住宅 Non-residential	楼宇数目（栋） Number of Blocks (number)	实用楼面面积（万平方米） Usable Floor Area (10 000 sq.m.)
2012							
初次呈交 First Submission	102	27.2	69	35.0	5.8	19	15.1
重大修改 Major Revision	86	14.9	2	0.6	0.1		
2013							
初次呈交 First Submission	329	18.1	54	20.1	2.8	21	23.1
重大修改 Major Revision	445	21.1	53	21.1	1.8	2	3.2
2014							
初次呈交 First Submission	254	24.0	41	22.0	6.2	16	16.9
重大修改 Major Revision	200	9.6	5	6.0	2.7	1	3.2
2015							
初次呈交 First Submission	261	36.9	99	19.2	5.1	20	19.8
重大修改 Major Revision	65	1.4	66	28.5	7.0	1	0.3
2016							
初次呈交 First Submission	262	31.7	53	9.6	5.3	9	18.7
重大修改 Major Revision	110	18.8	36	4.0	1.3	6	5.9
2017							
初次呈交 First Submission	165	29.6	35	11.3	11.4	14	24.4
重大修改 Major Revision	151	11.8	28	33.6	12.1	3	1.0
2018							
初次呈交 First Submission	85	30.1	99	22.6	2.4	12	4.5
重大修改 Major Revision	178	11.8	6	5.1	3.9	3	0.2
2019							
初次呈交 First Submission	153	28.6	26	16.2	1.6	20	53.2
重大修改 Major Revision	108	23.1	18	8.4	0.7	13	20.8

26-20 续表 continued

年 份 Year	工业楼宇 Industrial 楼宇数目(栋) Number of Blocks (number)	工业楼宇 Industrial 实用楼面面积(万平方米) Usable Floor Area (10 000 sq.m.)	其他用途楼宇 Others 楼宇数目(栋) Number of Blocks (number)	其他用途楼宇 Others 实用楼面面积(万平方米) Usable Floor Area (10 000 sq.m.) 住 宅 Residential	其他用途楼宇 Others 实用楼面面积(万平方米) Usable Floor Area (10 000 sq.m.) 非住宅 Non-residential	总 计 Total 楼宇数目(栋) Number of Blocks (number)	总 计 Total 实用楼面面积(万平方米) Usable Floor Area (10 000 sq.m.) 住 宅① Residential①	总 计 Total 实用楼面面积(万平方米) Usable Floor Area (10 000 sq.m.) 非住宅 Non-residential
2012								
初次呈交 First Submission	8	4.6	68	0.9	39.2	266	63.0	64.8
重大修改 Major Revision	3	2.4	23	1.1	3.7	114	16.6	6.2
2013								
初次呈交 First Submission	9	10.1	35	0.1	12.7	448	38.4	48.8
重大修改 Major Revision	4	3.7	18	1.0	0.9	522	43.2	9.6
2014								
初次呈交 First Submission	6	10.4	45	2.8	14.2	362	48.8	47.7
重大修改 Major Revision	1	0.2	12	0.2	7.5	219	15.9	13.6
2015								
初次呈交 First Submission	21	20.6	85	2.8	38.2	486	59.0	83.7
重大修改 Major Revision	1	1.9	26	0.2	17.3	159	30.1	26.5
2016								
初次呈交 First Submission	12	6.3	47	0.4	16.4	383	41.8	46.7
重大修改 Major Revision	3	1.3	8	0.0	7.2	163	22.8	15.6
2017								
初次呈交 First Submission	9	5.4	46	1.0	18.5	269	41.9	59.7
重大修改 Major Revision	1	0.8	9	§	4.2	192	45.4	18.1
2018								
初次呈交 First Submission	7	7.5	35	0.6	6.1	238	53.3	20.4
重大修改 Major Revision	3	2.4	9	0.2	3.1	199	17.0	9.5
2019								
初次呈交 First Submission	6	9.8	44	0.2	15.5	249	45.0	80.2
重大修改 Major Revision	2	8.0	6	0.1	7.9	147	31.6	37.4

注：①包括住宅楼宇内用作非住宅用途的实用楼面面积，例如：会所/娱乐设施、管理员办事处/宿舍、电机房等。

Note: ①Including usable floor area in residential buildings for non-domestic use, such as club house/recreational facilities, caretakers' office/quarters, transformer room, etc.

26-21 按类型划分的永久性居住屋宇单位数量(3月底的数字)
Number of Permanent Living Quarters by Type (as at End March of the Year)

单位：万个 (10 000 units)

永久性居住屋宇单位类型①	Type of Permanent Living Quarters①	2016	2017	2018	2019	2020
公营租住房屋②	Public Rental Housing②	78.67	80.54	81.29	83.01	83.21
资助出售单位③	Subsidised Sale Flats③	39.89	40.31	40.90	41.88	42.41
私人永久性房屋③	Private Permanent Housing③	154.79	156.51	158.25	160.36	164.15
总计	**Total**	**273.35**	**277.36**	**280.44**	**285.25**	**289.76**

注：①数字包括所有住宅屋宇单位及非住宅楼宇内已知作居所用途的屋宇单位，但不包括非住宅用途、酒店及院舍内供住院或在囚人士居住的屋宇单位。
②数字不包括香港房屋委员会售出的公营租住房屋单位。
③数字包括香港房屋委员会、香港房屋协会及市区重建局售出而不可在公开市场买卖的屋宇单位。可在公开市场买卖的资助出售单位则归类为私人永久性房屋。

Notes: ①Figures include all quarters used for residential purpose as well as quarters known to be used for residential purposes in non-residential buildings. Quarters known to be used for non-residential purpose and those in hotels and accommodation used for inmates of institutions are excluded.
②Figures exclude public rental housing flats sold by the Hong Kong Housing Authority.
③Subsidised sale flats include quarters sold by the Hong Kong Housing Authority, Hong Kong Housing Society and Urban Renewal Authority that cannot be traded in the open market. Those flats that can be traded in the open market are classified as private permanent housing.

26-22 按住房租住权划分的家庭住户数目
Domestic Households by Tenure of Accommodation

单位：万户 (10 000 households)

居所租住权	Tenure of Accommodation	2015	2016	2017	2018	2019
总计	**Total**	**247.11**	**249.89**	**253.47**	**257.15**	**261.44**
自置住房住户	Owner-occupiers	124.34	125.83	124.82	126.40	130.20
全租户	Sole Tenants	111.77	112.67	117.09	119.84	121.17
合租户	Co-tenants	0.77	1.25	0.88	0.86	0.56
住房出雇主提供	Provided by Employers	4.54	4.50	4.47	4.12	4.02
其他①	Others①	5.68	5.63	6.21	5.93	5.49

注：数字是根据该年1月至12月进行的“综合住户统计调查”结果，以及年中人口估计数字而编制。
① 包括二房东、三房客及免租户。

Notes: Figures are compiled based on data collected in the General Household Survey from January to December of the year concerned as well as mid-year population estimates.
① Includes main tenants, sub-tenants and rent free households.

26-23 进出香港货物
Inward and Outward Movements of Cargo

单位：万吨 (10 000 tons)

项　　目	Item	2015	2016	2017	2018	2019
卸下	**Discharged**					
空运	By Air	159.6	164.8	172.4	178.1	160.7
水运	By Water	15280.8	15077.4	17457.8	15950.9	17093.3
海运	By Ocean	11218.0	11029.1	11887.3	10987.8	11115.2
河运	By River	4062.8	4048.3	5570.5	4963.1	5978.1
道路运输①	By Road①	1446.9	1426.7	1477.4	1414.0	1312.5
总计	Total	16887.3	16668.9	19107.6	17543.0	18566.5
装上	**Loaded**					
空运	By Air	278.4	287.3	321.4	323.7	309.7
水运	By Water	10375.1	10595.6	10696.7	9903.2	9238.2
海运	By Ocean	5640.6	5379.4	5801.7	5467.2	5017.2
河运	By River	4734.5	5216.3	4895.1	4436.0	4221.0
道路运输①	By Road①	837.5	763.7	753.6	747.6	727.9
总计	Total	11491.0	11646.6	11771.7	10974.5	10275.8

注：①港珠澳大桥于2018年10月24日开始通车营运。由2018年10月开始，道路货物数字亦包括港珠澳大桥。

Note: ①The Hong Kong-Zhuhai-Macao Bridge commenced operation on 24 October 2018. The road cargo figures as from October 2018 include those of the Hong Kong-Zhuhai-Macao Bridge.

26-24 按主要货物装卸地点划分的集装箱吞吐量
Container Throughput by Main Cargo Handling Location

单位:万标准集装箱单位 (10 000 TEUs)

项　　目	Item	2015	2016	2017	2018	2019
集装箱吞吐量	**Container Throughput**	**2007.3**	**1981.3**	**2077.0**	**1959.6**	**1830.3**
葵青货柜码头	**Kwai Tsing Container Terminals**					
抵港	Inward					
载货集装箱	Laden Container	700.5	701.6	740.6	680.0	639.3
空集装箱	Empty Container	101.4	89.1	104.9	120.2	108.0
离港	Outward					
载货集装箱	Laden Container	683.1	662.0	701.3	668.8	604.5
空集装箱	Empty Container	72.2	67.6	76.7	78.3	70.2
葵青货柜码头以外	**Other than Kwai Tsing Container Terminals**					
抵港	Inward					
载货集装箱	Laden Container	166.3	179.8	180.1	182.8	176.6
空集装箱	Empty Container	59.8	60.1	51.1	31.3	28.9
离港	Outward					
载货集装箱	Laden Container	160.8	154.6	153.2	138.3	145.1
空集装箱	Empty Container	63.2	66.5	69.1	59.9	57.8

注：一个标准集装箱单位等同一个20英尺集装箱的容量。

Note : TEU refers to a twenty-foot equivalent unit.

26-25 通讯及互联网服务
Communications and Internet Services

项 目	Item	2015	2016	2017	2018	2019
邮递服务	**Postal Services**					
信件邮件 (亿件物品)	Letter Mail (100 million articles)	12.0	12.2	11.7	12.5	11.7
包裹 (万件)	Parcels (10 000 pcs)	110.5	101.5	88.2	81.2	69.9
已使用对外电讯设施容量①（以每秒千兆比特计）	**Activated Capacity of External Telecommunications Facilities① (Gbps)**	**25818**	**34427**	**48717**	**64592**	**96234**
电话服务①②（万条操作线路）	**Telephone Services①② (10 000 working lines)**					
住宅	Residential	235.6	236.2	232.5	228.6	226.5
商用	Business	185.5	184.5	182.6	181.3	178.8
总计	Total	421.1	420.7	415.1	409.9	405.4
图文传真①（万条操作线路）	**Fax① (10 000 working lines)**	**17.7**	**16.7**	**16.1**	**15.4**	**14.5**
对外电话通讯量 （万分钟）	**External Telephone Traffic Volume (10 000 minutes)**					
拨出③	Outgoing③	491487	366887	303071	225271	
拨入④	Incoming④	200167	165899	136351	101999	
公共无线电传呼接收器①(个)	**Public Radio Paging Receivers① (number)**	**34924**	**28499**	**23128**	**18147**	**14948**
移动电话用户系统①⑤⑥ (个)	**Public Mobile Subscriber Units①⑤⑥ (number)**	**7971884 (16774732)**	**8161032 (17233286)**	**8604971 (19013175)**	**9208885 (21639538)**	**9481012 (23975075)**
互联网服务	**Internet Services**					
互联网服务商数目①⑦(个)	**Licensed Internet Service Providers (ISPs)①⑦ (number)**	**215**	**225**	**233**	**251**	**252**
互联网服务的用户(接驳线)数目①⑧(个)	**Number of Access Lines of Internet Service Subscriptions①⑧**					
拨号上网登记线路(不包括互联网储值卡)⑨	Registered Dial-up Access Lines (Excluding Internet Pre-paid Calling Cards)⑨	200283	190859	140923	52284	50055
以私人租用线路接驳的已登记线路⑨	Registered Leased Line Access Lines⑨	2263	2551	2641	2911	23192
宽带互联网接驳线⑨	Registered Broadband Internet Access Lines⑨	2335662	2611682	2645752	2699029	2787835
互联网使用量⑧	**Internet Traffic Volume⑧**					
客户通过公共电话网络接驳⑩ (万分钟)	Customer Access via Public Switched Telephone Networks⑩ (10 000 minutes)	24022	21458	19676	16271	13240
客户通过宽带网络接驳 (太字节)⑪	Customer Access via Broadband Networks (terabytes)⑪	3510437	4824088	5988964	6792188	7849486

注：①年底数字。②数字包括直通内线式电话线、图文传真线及电文线路的直拨服务。③数字也包括图文传真及数据。④估计数字。

⑤数字不包括预付智能卡。包括预付智能卡的数字于括号内展示。 ⑥数字包括3G及4G服务。

⑦营办商数目包括所有持牌获准提供互联网接驳服务的营办商。

⑧数字为根据互联网服务供应商申报的估计数字，并不包括不属于持牌互联网服务供应商客户的使用者。

⑨已登记线路是指由互联网服务供应商以拨号或宽频互联网形式向客户提供的接驳(包括免费的接驳线)。如互联网服务供应商向同一客户提供多条接驳线，统计数字会根据其向客户提供的接驳线数目作统计。相关接驳线如用作提供多于一项服务，亦只作一条接驳线计算。在2019年之前，统计数字为已登记客户户口数目，即互联网服务供应商的客户户口（包括免费的客户户口）。拥有超过一个客户登入识别码的登记客户户口只算作一个已登记的客户户口。已登记客户户口不包括只获提供电邮地址的客户户口。

⑩不包括通过私人租用线路接驳及使用宽带服务的客户。

⑪1个太字节 = 8万亿比特。

Notes : ①Figures are as at end of the year.

②Figures include direct dialing in lines, facsimile lines and datel lines. ③Figures also include facsimile and data. ④Estimated figures.

⑤Excluding pre-paid SIM cards. Figures including pre-paid SIM cards are presented in brackets.

⑥Figures include 3G and 4G mobile services.

⑦Including all licenses authorised to provide Internet access services.

⑧Estimated figures are based on the returns from the ISPs and do not include users who are not customers on the licensed ISPs.

⑨Registered access lines refer to the dial-up or broadband connections of ISPs to individual end users (including those free-of-charge connections). Where multiple access lines are provided to the same end user, the number of access lines is counted for the purpose of the statistics. In case more than one service is offered under one access line, it is counted as one access line only.
Prior to 2019, the statistics represents the number of registered customer accounts which refer to the customer accounts of ISPs (including those free-of-charge customer accounts). For a registered customer account which has more than one user login ID, it is counted as one registered customer account only. Registered customer accounts do not include customer accounts which are provided with e-mail addresses only.

⑩Excluding customer access via leased circuits and broadband services.

⑪1 terabyte = 8 terabits.

26-26 商品进出口贸易总额
Total Imports and Exports of Goods

单位：亿港元 (HKD 100 million)

贸易种类	Type of Trade	2015	2016	2017	2018	2019
进口	Imports	40464	40084	43570	47214	44154
整体出口	Total Exports	36053	35882	38759	41581	39887
贸易总额	Total Trade	76517	75966	82329	88795	84041
商品贸易差额	Merchandise Trade Balance	-4411	-4201	-4811	-5633	-4268

26-27 商品进口的主要供应地
Imports of Goods by Major Supplier

单位：亿港元 (HKD 100 million)

贸易种类／主要国家／地区	Type of Trade/ Main Country/Territory	2015	2016	2017	2018	2019
进口(供应地)	**Imports (Supplier)**	**40464**	**40084**	**43570**	**47214**	**44154**
中国内地	The Mainland of China	19840	19168	20301	21863	20581
中国台湾	Taiwan, China	2744	2921	3297	3384	3305
新加坡	Singapore	2459	2617	2881	3141	2907
日本	Japan	2603	2467	2534	2600	2526
韩国	Korea	1721	1962	2521	2783	2201

26-28 商品整体出口的主要目的地
Total Exports of Goods by Major Destination

单位：亿港元 (HKD 100 million)

贸易种类／主要国家／地区	Type of Trade/ Main Country/Territory	2015	2016	2017	2018	2019
整体出口(目的地)	**Total Exports (Destination)**	**36053**	**35882**	**38759**	**41581**	**39887**
中国内地	The Mainland of China	19365	19435	21058	22873	22109
美国	United States of America	3422	3240	3302	3568	3040
日本	Japan	1228	1167	1285	1293	1210
印度	India	1018	1167	1586	1343	1182
中国台湾	Taiwan, China	650	745	894	862	883

26-29 涉及外发中国内地加工的贸易
Trade Involving Outward Processing in the Mainland of China

项目	Item	2015	2016	2017	2018	2019
涉及外发加工贸易的估计货值 (亿港元)	**Estimated Value of Outward Processing Trade (HKD 100 million)**					
输往中国内地的整体出口货物	Total Exports to the Mainland of China	5522	5362	5794	6098	5594
从中国内地进口的货物	Imports from the Mainland of China	7887	7552	8103	8490	7934
原产地为中国内地经香港输往其他地方的转口货物	Re-exports of the Mainland of China Origin to Other Places	9076	8705	9205	9723	8841
涉及外发加工贸易的估计比重 (%)	**Estimated Proportion of Outward Processing Trade (%)**					
输往中国内地的整体出口货物	Total Exports to the Mainland of China	29	28	28	27	25
从中国内地进口的货物	Imports from the Mainland of China	40	39	40	39	39
原产地为中国内地经香港输往其他地方的转口货物	Re-exports of the Mainland of China Origin to Other Places	72	71	70	69	69

26-30 按服务组成部分划分的服务出口及进口
Exports and Imports of Services by Service Component

单位：亿港元 (HKD 100 million)

服务组成部分	Service Component	2015	2016	2017	2018	2019
服务出口	**Exports of Services**					
制造服务	Manufacturing Services	§	§	§	§	
保养及维修服务	Maintenance and Repair Services	27	26	26	29	
运输	Transport	2309	2187	2374	2588	
旅游	Travel	2802	2550	2598	2890	
建筑	Construction	13	9	10	8	
保险及退休金服务	Insurance and Pension Services	101	112	110	117	
金融服务	Financial Services	1487	1383	1570	1741	
知识产权使用费	Charges for the Use of Intellectual Property	50	52	56	58	
电子通讯、计算机及资讯服务	Telecommunications, Computer and Information Services	220	221	221	231	
其他商业服务	Other Business Services	1053	1074	1115	1173	
个人、文化及康乐服务	Personal, Cultural and Recreational Services	20	23	26	27	
政府货品及服务	Government Goods and Services	7	7	8	8	
总计	Total	8089	7647	8113	8869	7929#
服务进口	**Imports of Services**					
制造服务	Manufacturing Services	900	882	913	932	
保养及维修服务	Maintenance and Repair Services	9	10	11	14	
运输	Transport	1342	1314	1363	1453	
旅游	Travel	1788	1874	1979	2072	
建筑	Construction	13	10	10	8	
保险及退休金服务	Insurance and Pension Services	113	110	113	118	
金融服务	Financial Services	373	366	423	486	
知识产权使用费	Charges for the Use of Intellectual Property	144	146	150	156	
电子通讯、计算机及资讯服务	Telecommunications, Computer and Information Services	148	150	150	157	
其他商业服务	Other Business Services	892	897	924	980	
个人、文化及康乐服务	Personal, Cultural and Recreational Services	8	10	10	11	
政府货品及服务	Government Goods and Services	13	12	14	13	
总计	Total	5743	5781	6059	6399	6182#
服务出口净额	**Net Exports of Services**	**2346**	**1866**	**2054**	**2469**	**1747#**

注：数字已采纳《2010年国际服务贸易统计手册》内最新的国际建议。
由于进位原因，统计表内个别项目的数字加起来可能与其总计略有差别。

Notes: Figures have incorporated the latest international recommendations given in the Manual on Statistics of International Trade in Services 2010.
There may be a slight discrepancy between the sum of individual items and the total shown in the table because of rounding.

26-31 按主要目的地和来源地划分的服务出口及进口
Exports and Imports of Services by Major Destination and Source

单位：亿港元 (HKD 100 million)

目的地／来源地	Destination/Source	2014	2015	2016	2017	2018
服务出口①	**Exports of Services①**					
中国内地	The Mainland of China	3216	3108	2964	3103	3401
美国	United States of America	1202	1168	1048	1106	1200
英国	United Kingdom	534	594	607	635	688
日本	Japan	364	329	310	334	357
新加坡	Singapore	274	295	295	322	342
其他	Others	2411	2315	2167	2264	2441
所有目的地	All Destinations	8001	7808	7390	7763	8429
服务进口①	**Imports of Services①**					
中国内地	The Mainland of China	2165	2217	2210	2283	2375
美国	United States of America	631	638	656	663	699
日本	Japan	427	446	459	499	520
英国	United Kingdom	336	334	333	349	376
新加坡	Singapore	282	255	244	257	272
其他	Others	1856	1815	1844	1922	2031
所有来源地	All Sources	5697	5704	5745	5972	6274

注：数字已采纳《2010年国际服务贸易统计手册》内最新的国际建议。
由于进位原因，统计表内个别项目的数字加起来可能与其所有目的地／来源地的数字略有差别。
①由于非直接计算金融中介服务没有按地区细分数字，本统计表内的数字不包括非直接计算的金融中介服务数字。因此于本统计表内所有目的地／来源地的数字与表26-30内所有服务的相应数字并不相同。

Notes: Figures have incorporated the latest international recommendations given in the Manual on Statistics of International Trade in Services 2010.
There may be a slight discrepancy between the sum of individual items and the figure for all destinations/sources shown in the table because of rounding.
①Since data on geographical breakdowns of financial intermediation services indirectly measured (FISIM) are not available, the figures in respect of FISIM are not included in this table. Hence, figures for all destinations/sources in this table are not equal to the corresponding figures for all services in Table 26-30.

26-32 按选定主要投资者国家／地区划分的外商直接投资头寸及流动
Position and Flow of Inward Direct Investment by Selected Major Investor Country/Territory

单位：亿港元 (HKD 100 million)

主要投资者国家／地区	Major Investor Country/Territory	以市值计算的外商直接投资 Inward Direct Investment at Market Value					
		年底头寸 Position at End of Year			年间流入 Inflow in Year		
		2016	2017	2018	2016	2017	2018
英属维尔京群岛	British Virgin Islands	43160	49801	49098	2407	3299	2811
中国内地	The mainland of China	32414	38724	41216	2568	1792	2966
开曼群岛	Cayman Islands	9700	11935	12502	1360	1618	-101
英国	United Kingdom	2822	2878	12068	649	-148	800
百慕大	Bermuda	5865	6568	8094	149	176	503
新加坡	Singapore	2915	3830	3161	-181	828	-18
美国	United States of America	3137	3259	2911	476	120	195
日本	Japan	2207	2521	2428	144	164	247
库克群岛	Cook Islands	975	947	1237	122	130	115
中国台湾	Taiwan, China	1089	1009	1060	-13	-46	79
其他	Others	21797	30426	20033	1431	694	576
总计	**Total**	**126081**	**151898**	**153806**	**9112**	**8626**	**8171**

注：根据香港近年从个别投资者国家／地区的外商直接投资头寸选取。
Note: Selected based on the position of Hong Kong's inward direct investment from individual investor countries/territories in recent years.

26-33 按选定主要接受投资国家／地区划分的对外直接投资头寸及流动
Position and Flow of Outward Direct Investment by Selected Major Recipient Country/Territory

单位：亿港元 (HKD 100 million)

主要接受投资国家/地区	Major Recipient Country/Territory	以市值计算的对外直接投资 Outward Direct Investment at Market Value					
		年底头寸 Position at End of Year			年间流出 Outflow in Year		
		2016	2017	2018	2016	2017	2018
中国内地	The mainland of China	48227	54201	58228	2349	2433	3970
英属维尔京群岛	British Virgin Islands	46582	48813	48418	1566	817	1993
开曼群岛	Cayman Islands	4952	5433	5227	382	17	161
百慕大	Bermuda	2250	2881	3442	281	491	180
新加坡	Singapore	948	2157	2550	73	647	65
英国	United Kingdom	1605	1799	1918	-686	107	310
荷兰	Netherlands	326	2487	1620	-9	2004	-703
澳大利亚	Australia	1353	1337	1194	-99	-171	184
美国	United States of America	899	920	1107	7	69	245
卢森堡	Luxembourg	776	844	913	68	-10	49
其他	Others	12011	20819	18698	703	354	-10
总计	**Total**	**119928**	**141691**	**143312**	**4634**	**6757**	**6443**

注：根据香港近年对个别接受投资国家／地区的对外直接投资头寸选取。
Note: Selected based on the position of Hong Kong's outward direct investment to individual recipient countries/territories in recent years.

26-34 按母公司所在的国家／地区划分的驻港地区总部数目 Number of Regional Headquarters in Hong Kong by Country/Territory where Parent Company was Located

单位：个 (unit)

项　目	Item	2015	2016	2017	2018	2019
驻港地区总部数目	**No. of Regional Headquarters in Hong Kong**	**1401**	**1379**	**1413**	**1530**	**1541**
母公司所在的国家／地区	Country/Territory Where Parent Company Was Located					
美国	United States of America	307	286	283	290	278
日本	Japan	238	239	233	244	232
中国内地	The Mainland of China	133	137	154	197	216
英国	United Kingdom	126	124	122	137	141
德国	Germany	87	85	87	98	97
法国	France	67	73	81	92	96
瑞士	Switzerland	43	51	55	54	55
新加坡	Singapore	42	40	45	46	47
意大利	Italy	40	36	39	39	40
澳大利亚	Australia	40	37	35	35	35
瑞典	Sweden	28	30	27	29	30
荷兰	Netherlands	36	29	27	28	26
中国台湾	Taiwan, China	26	25	19	22	26
加拿大	Canada	18	17	19	21	22
比利时	Belgium	18	20	21	21	19

注：数字指有关年度6月首个工作日的数字。地区总部是指有香港境外母公司，并对区内(即香港及另一个或多个地方)各办事处及／或运作拥有管理权的一家办事处。如驻港的地区总部属联营机构，其母公司所在的国家／地区可多于一个。

Note : Figures refer to the first working day of June of the year. A regional headquarters is an office with parent company located outside Hong Kong which has managerial control over offices and/or operations in the region (i.e. Hong Kong plus one or more other places). In the case of a joint-venture regional headquarters in Hong Kong, there may be more than one country/territory where its parent companies are located.

26-35 按母公司所在的国家／地区划分的驻港地区办事处数目 Number of Regional Offices in Hong Kong by Country/Territory where Parent Company was Located

单位：个 (unit)

项　目	Item	2015	2016	2017	2018	2019
驻港地区办事处数目	**Number of Regional Offices in Hong Kong**	**2397**	**2352**	**2339**	**2425**	**2490**
母公司所在的国家／地区	Country/Territory Where Parent Company Was Located					
美国	United States of America	505	480	443	434	457
日本	Japan	447	420	428	421	431
中国内地	The Mainland of China	186	174	196	255	303
英国	United Kingdom	220	223	221	219	206
德国	Germany	121	131	140	139	152
法国	France	105	109	101	119	116
新加坡	Singapore	93	102	106	106	103
中国台湾	Taiwan, China	122	115	109	97	92
瑞士	Switzerland	82	80	84	83	85
意大利	Italy	61	64	54	62	65
荷兰	Netherlands	62	63	56	52	57
澳大利亚	Australia	48	54	48	50	54
韩国	Korea	44	41	47	47	47
加拿大	Canada	31	32	30	33	31
瑞典	Sweden	28	29	29	30	29

注：数字指有关年度6月首个工作日的数字。地区办事处是指有香港境外母公司，并负责协调区内(即香港及另一个或多个地方)各办事处及／或运作的一家办事处。如驻港的地区办事处属联营机构，其母公司所在的国家／地区可多于一个。

Note : Figures refer to the first working day of June of the year. A regional office is an office with parent company located outside Hong Kong which coordinates offices and/or operations in the region (i.e. Hong Kong plus one or more other places). In the case of a joint-venture regional office in Hong Kong, there may be more than one country/territory where its parent companies are located.

26-36 按居住国家／地区划分的访港旅客人数
Visitor Arrivals by Country/Territory of Residence

单位：万人次 (10 000 person-times)

居住国家／地区	Country/Territory of Residence	2015	2016	2017	2018	2019
中国内地	The Mainland of China	4584.2	4277.8	4444.5	5103.8	4377.5
南亚及东南亚	South and Southeast Asia	355.9	370.2	362.6	357.2	304.1
中国台湾	Taiwan, China	201.6	201.1	201.1	192.5	153.9
北亚	North Asia	229.3	248.5	271.8	270.9	212.1
欧洲、非洲及中东	Europe, Africa and the Middle East	216.7	222.6	220.2	223.2	198.5
美洲	The Americas	172.8	177.3	178.2	187.3	160.1
澳大利亚、新西兰及南太平洋	Australia, New Zealand and South Pacific	68.1	68.4	68.7	70.4	61.2
中国澳门①／未能辨别	Macao, China①/Not identified	102.1	99.5	100.1	109.5	123.9
总计	**Total**	**5930.8**	**5665.5**	**5847.2**	**6514.8**	**5591.3**
与上年比较的变动百分比(%)	**Percentage Changes over the Preceding Year(%)**	**-2.5**	**-4.5**	**3.2**	**11.4**	**-14.2**

注：①访港旅客数字包括经澳门访港的非澳门居民。
Note:①Figures include arrival of non-Macao residents via Macao.

26-37 政府储备结余
Government's Reserve Balances

单位：亿港元 (HKD 100 million)

项　目	Item	2015/2016	2016/2017	2017/2018	2018/2019	2019/2020
期初储备结余	Opening Reserve Balances	8285.14	8428.88	9539.60	11029.34	11708.83
收入①	Revenue①	4500.07	5731.24	6198.37	5997.74	5909.26
开支①	Expenditure①	4356.33	4620.52	4708.63	5318.25	6078.30
债券及票据偿还款项	Repayment of Bonds and Notes	-	-	-	-	(15)
发行债券所得净收入	Net proceeds from Issuance of Bonds	-	-	-	-	78.29
盈余	Surplus	143.74	1110.72	1489.74	679.49	(105.75)
期末储备结余	Closing Reserve Balances	8428.88	9539.60	11029.34	11708.83	11603.08

注：2019/20年度的数字有待审计署署长核实。
①数字不包括"政府一般收入帐目及各基金之转拨"。
Notes:Figures for 2019/20 are subject to audit by the Director of Audit.
①Figures exclude "Transfers between the General Revenue Account and Funds".

26-38 政府收入(一般收入帐目及各基金)
Government Revenue (General Revenue Account and Funds)

单位：亿港元 (HKD 100 million)

项目	Item	2015/2016	2016/2017	2017/2018	2018/2019	2019/2020
经营收入	**Operating Revenue**					
直接税	Direct Taxes					
入息税及利得税	Earnings and Profits Tax	2058.83	2069.07	2087.29	2363.53	2141.19
间接税	Indirect Taxes					
博彩及彩票税	Bets and Sweeps Tax	201.27	211.19	219.59	221.94	220.12
酒店房租税①	Hotel Accommodation Tax①	-	-	-	-	-
印花税	Stamp Duties	626.80	618.99	951.73	799.79	671.98
飞机乘客离境税	Air Passenger Departure Tax	25.16	25.98	27.37	28.81	23.47
应课税品税项	Duties	107.12	102.54	107.01	106.36	113.91
一般差饷	General Rates	227.33	212.50	222.03	171.67	209.80
车辆税	Motor Vehicle Taxes	93.11	78.14	85.94	94.32	72.19
专利税及特权税	Royalties and Concessions	29.55	105.45	32.42	35.00	32.02
各项收费②(含征税成分的费用)	Fees and Charges② (tax-loaded fees)	76.51	53.90	81.50	80.29	48.32
其他收入	Other Revenue					
罚款、没收及罚金	Fines, Forfeitures and Penalties	14.09	14.96	23.27	28.37	18.01
物业及投资	Properties and Investments	197.01	301.12	274.03	171.78	233.35
贷款、偿款、供款及其他收入	Loans, Reimbursements, Contributions and Other Receipts	41.68	39.95	37.99	38.40	40.69
公用事业	Utilities	40.10	42.56	43.73	44.40	39.06
各项收费②(不包含征税成分的费用)	Fees and Charges② (excluding tax-loaded fees)	74.98	73.29	77.43	81.99	72.9
投资收入③	Investment Income③					
政府一般收入帐目	General Revenue Account	1.78	167.63	156.26	277.51	401.53
土地基金	Land Fund	-	-	-	-	-
经营收入总额	**Total Operating Revenue**	**3815.32**	**4117.27**	**4427.59**	**4544.16**	**4338.54**
非经营收入	**Capital Revenue**					
间接税	Indirect Taxes					
遗产税	Estate Duty	0.30	0.19	0.31	0.89	0.53
的士专营权税	Taxi concessions	-	1.41	-	-	-
其他收入	Other Revenue					
其他	Others	23.23	240.49	12.98	92.10	9.13
从房屋委员会收回的款项	Recovery from Housing Authority	1.36	0.90	2.43	12.34	15.18
基金③④	Funds③④					
基本工程储备基金(不包括债券收入)	Capital Works Reserve Funds (excluding proceeds of bond issue)	609.90	1299.97	1687.68	1258.49	1551.99
资本投资基金	Capital Investment Fund	14.09	14.37	8.96	14.01	9.55
赈灾基金	Disaster Relief Fund	0.01	0.04	0.03	0.03	0.05
贷款基金	Loan Fund	21.86	23.85	27.01	28.52	24.59
公务员退休金储备基金	Civil Service Pension Reserve Fund	-	9.70	9.30	16.56	11.11
创新及科技基金	Innovation and Technology Fund	0.69	2.07	2.88	7.18	7.78
奖券基金	Lotteries Fund	13.31	20.98	19.20	23.46	19.10
非经营收入总额	**Total Capital Revenue**	**684.75**	**1613.97**	**1770.78**	**1453.58**	**1649.01**
政府收入总额	**Total Government Revenue**	**4500.07**	**5731.24**	**6198.37**	**5997.74**	**5987.55**

注：2019/20年度的数字有待审计署署长核实。

①由2008年7月1日起，政府免收“酒店房租税”。

②各项收费之中含征税成分的费用已重新归类为税项收入。

③2014-15及2015-16年度财政储备的投资收入已预留作房屋储备金，并存放于外汇基金内，而没有在2014年12月31日及2015年12月31日收取。

④包括发行绿色债券所得净收入。

Notes: Figures for 2019/20 are subject to audit by the Director of Audit.

①Effective from 1 July 2008, the government waives the charge of hotel accommodation tax.

②The tax-loaded portion of fees and charges is re-classified under tax revenue.

③The investment incomes on the fiscal reserves for 2014-15 and 2015-16 have been set aside and retained within the Exchange Fund as provision for the Housing Reserve, and were not received on 31 December 2014 and 31 December 2015.

④Including net proceeds from issuance of green bond.

26-39 政府支出(一般收入帐目及各基金)
Government Expenditure (General Revenue Account and Funds)

单位：亿港元 (HKD 100 million)

项 目	Item	2015/2016	2016/2017	2017/2018	2018/2019	2019/2020
经营支出	**Operating Expenditure**					
经常支出	**Recurrent Expenditure**					
个人薪酬	Personal Emoluments	681.52	717.75	745.67	792.64	874.90
与员工有关联的支出	Personnel Related Expenses	59.79	67.25	74.45	83.35	94.12
退休金	Pensions	294.33	319.48	344.10	367.84	386.48
部门支出	Departmental Expenses	285.67	301.63	313.66	347.25	408.18
其它费用	Other Charges	635.65	690.52	693.07	832.95	844.32
资助金	Subventions					
教育	Education	398.56	415.84	472.83	522.20	572.20
卫生	Health	512.48	530.91	560.44	642.47	719.72
社会福利	Social Welfare	134.02	145.37	150.94	166.84	194.11
大学	Universities	174.65	184.95	188.82	196.79	209.23
职业训练局	Vocational Training Council	24.40	25.63	25.77	26.98	28.50
杂项	Miscellaneous	44.25	47.05	48.37	50.59	55.84
非经常支出	Non-recurrent	228.33	86.18	90.85	294.55	844.51
经营支出总额	**Total Operating Expenditure**	**3473.65**	**3532.56**	**3708.97**	**4324.45**	**5232.11**
非经营支出	**Capital Expenditure**					
机器、设备及工程	Plant, Equipment and Works	22.40	22.15	23.19	33.45	28.19
资助金	Subventions					
教育	Education	7.32	8.27	8.91	12.30	12.22
卫生	Health	7.64	8.37	8.84	9.42	11.55
职业训练局	Vocational Training Council	0.58	0.45	0.61	0.69	0.61
杂项	Miscellaneous	0.52	0.73	0.71	1.17	1.46
基金	Funds					
基本工程储备基金①	Capital Works Reserve Fund①	791.82	872.94	868.87	819.11	700.57
资本投资基金	Capital Investment Fund	0.17	101.94	10.56	39.87	39.27
贷款基金	Loan Fund	31.90	46.69	47.90	44.12	23.49
赈灾基金	Disaster Relief Fund	0.82	0.54	0.65	0.65	0.67
创新及科技基金	Innovation and Technology Fund	10.14	12.58	14.83	15.75	18.84
奖券基金	Lotteries Fund	9.37	13.30	14.59	17.27	24.32
非经营支出总额	**Total Capital Expenditure**	**882.68**	**1087.96**	**999.66**	**993.80**	**861.19**
政府支出总额	**Total Government Expenditure**	**4356.33**	**4620.52**	**4708.63**	**5318.25**	**6093.30**

注：2019/20年度的数字有待审计署署长核实。
① 包括2004年发行的政府债券及票据的偿还款项。
Notes: Figures for 2019/20 are subject to audit by the Director of Audit.
① Including repayment of government bonds and notes issued in 2004.

26-40 按政策组别划分的公共开支
Public Expenditure by Policy Area Group

单位：亿港元 (HKD 100 million)

项 目	Item	2015/2016	2016/2017	2017/2018	2018/2019	2019/2020
社区及对外事务	Community and External Affairs	134.95	148.51	163.43	248.35	209.46
经济	Economic	190.37	293.65	205.85	260.34	382.67
教育	Education	789.68	824.36	884.65	1080.35	1258.61
环境及食物	Environment and Food	208.39	208.34	215.86	242.91	305.93
卫生	Health	704.24	664.74	710.95	782.75	878.77
房屋	Housing	294.05	288.75	327.80	311.59	325.20
基础建设	Infrastructure	810.21	894.02	862.91	752.11	678.68
保安	Security	431.08	431.62	458.33	504.55	569.59
社会福利	Social Welfare	648.93	681.51	703.16	901.26	931.48
辅助服务	Support	468.38	512.66	542.80	591.57	935.66
总计	**Total**	**4680.28**	**4948.16**	**5075.74**	**5675.78**	**6476.05**

注：2019/20年度的数字为修订预算。
公共开支包括政府开支及其他公营机构的开支。至于政府只享有股权的机构，包括法定机构，例如机场管理局及香港铁路有限公司，其开支则不包括在内。
Notes: Figures for 2019/20 are revised estimates.
Public expenditure comprises government expenditure and expenditure by other public bodies. It does not include expenditure by those organisations, including statutory organisations, in which the government has only an equity position, such as the Airport Authority and the MTR Corporation Limited.

26-41 外币兑换率及港汇指数
Exchange Rates and the Effective Exchange Rate Indices

单位：每单位外币兑换港元 (HKD per unit of foreign currency)

项　　目	Item	2015	2016	2017	2018	2019
年内平均数字①	**Average for the year①**					
澳元	Australian Dollar	5.83	5.78	5.98	5.86	5.44
加拿大元	Canadian Dollar	6.07	5.86	6.01	6.05	5.91
人民币	Chinese Renminbi	1.2299	1.1664	1.1552	1.1855	1.1332
欧元	Euro	8.60	8.59	8.82	9.25	8.77
印度卢比	Indian Rupee	0.121	0.116	0.120	0.115	0.111
日元	Japanese Yen	0.0640	0.0716	0.0695	0.0709	0.0719
马来西亚林吉特	Malaysian Ringgit	2.00	1.87	1.81	1.94	1.89
新台币	New Taiwan Dollar	0.251	0.247	0.262	0.263	0.256
菲律宾比索	Philippines Peso	0.174	0.166	0.157	0.152	0.153
英镑	Pound Sterling	11.85	10.51	10.05	10.46	10.00
韩圆	Korean Won	0.0069	0.0067	0.0069	0.0071	0.0067
新加坡元	Singapore Dollar	5.64	5.62	5.65	5.81	5.74
瑞士法郎	Swiss Franc	8.06	7.88	7.92	8.01	7.89
泰铢	Thai Baht	0.227	0.220	0.230	0.243	0.253
美元	US Dollar	7.752	7.762	7.794	7.839	7.836
特别提款权	Special Drawing Right	10.84389	10.79275	10.80958	11.10253	10.82677
港汇指数 (2010年1月=100)②	Effective Exchange Rate Indices for the Hong Kong dollar (January 2010=100) ②					
贸易总值(进口及整体出口)加权	Trade (import and export)-weighted	101.3	104.1	104.2	101.8	105.2
进口货值加权	Import-weighted	101.7	104.2	104.2	101.7	104.9
整体出口货值加权 ③	Export-weighted③	100.9	104.1	104.3	101.9	105.5
年底数字④	**As at end of year④**					
澳元	Australian Dollar	5.66	5.59	6.10	5.53	5.46
加拿大元	Canadian Dollar	5.58	5.77	6.22	5.75	5.97
人民币	Chinese Renminbi	1.1761	1.1113	1.1989	1.1386	1.1175
欧元	Euro	8.47	8.16	9.38	8.95	8.72
印度卢比	Indian Rupee	0.117	0.114	0.123	0.112	0.110
日元	Japanese Yen	0.0644	0.0663	0.0693	0.0709	0.0716
马来西亚林吉特	Malaysian Ringgit	1.81	1.73	1.93	1.89	1.90
新台币	New Taiwan Dollar	0.243	0.248	0.267	0.257	0.258
菲律宾比索	Philippines Peso	0.167	0.157	0.157	0.152	0.153
英镑	Pound Sterling	11.49	9.57	10.55	9.93	10.21
韩圆	Korean Won	0.0066	0.0064	0.0073	0.0071	0.0067
新加坡元	Singapore Dollar	5.48	5.36	5.85	5.74	5.78
瑞士法郎	Swiss Franc	7.83	7.61	8.02	7.95	8.04
泰铢	Thai Baht	0.215	0.217	0.241	0.241	0.260
美元	US Dollar	7.751	7.754	7.814	7.834	7.787
特别提款权	Special Drawing Right	10.74079	10.42662	11.13385	10.89406	10.76948
港汇指数 (2010年1月=100)②	Effective Exchange Rate Indices for the Hong Kong Dollar (January 2010=100)②					
贸易总值(进口及整体出口)加权	Trade (import and export)-weighted	104.9	108.8	100.9	104.8	105.9
进口货值加权	Import-weighted	105.3	108.9	100.9	104.6	105.5
整体出口货值加权③	Export-weighted③	104.3	108.6	100.9	105.1	106.4

注：《中华人民共和国香港特别行政区基本法》说明，港元是香港特别行政区的法定货币。外币指港元以外的其他货币，因而人民币亦视作外币。

①数字是指年内每日电汇或现钞收市中间兑换价的平均值。

②由2012年1月3日起公布的新系列。

③包括转口和港产品出口。

④数字是该年最后一个交易日的电汇或现钞收市中间兑换价。

Notes : Hong Kong Dollar is the legal tender in the Hong Kong Special Administrative Region, as stated in "The Basic Law of the Hong Kong Special Administrative Region of the People's Republic of China". Foreign currency refers to any currency other than the Hong Kong currency. Accordingly, Chinese Renminbi is also treated as foreign currency.

①Figures are the averages of the daily closing middle-market telegraphic transfer rates or notes rates for the year.

②New series has been released as from 3 January 2012.

③Including re-exports and domestic exports.

④Figures are the closing middle-market telegraphic transfer rates or notes rates as at the last trading day of the year.

26-42 货币供应量
Money Supply

单位：亿港元(年底数字) (HKD 100 million, as at end of year)

项　目	Item	2015	2016	2017	2018	2019
法定纸币及硬币的流通量	Legal Tender Notes and Coins in Circulation					
由商业银行发行	Commercial Bank Issues	3601.65	4077.95	4557.15	4838.45	5166.05
由政府发行	Government Issues	116.61	122.53	124.39	128.45	132.54
总计	Total	3718.26	4200.48	4681.54	4966.90	5298.59
由认可机构持有的法定纸币及硬币	Authorized Institutions' Holdings of Legal Tender Notes and Coins	224.86	295.78	294.00	301.51	325.59
由公众持有的法定纸币及硬币	Legal Tender Notes and Coins in Hands of Public	3493.40	3904.70	4387.54	4665.39	4973.00
货币供应量：就外币掉期存款作出调整	Money Supply : Adjusted for Foreign Currency Swap Deposits					
货币供应量 M_1	Money Supply M_1					
港元	Hong Kong Dollar	12533.80	14287.75	15980.14	15557.31	15331.04
外币	Foreign Currency	7177.66	7851.95	8334.47	8658.67	9516.34
总计	Total	19711.46	22139.70	24314.61	24215.98	24847.38
货币供应量 M_2	Money Supply M_2					
港元①	Hong Kong Dollar①	57655.49	62802.30	70103.45	72624.51	74387.89
外币②	Foreign Currency②	58528.92	62278.96	67449.10	70856.08	73070.83
总计	Total	116184.41	125081.27	137552.55	143480.59	147458.72
货币供应量 M_3	Money Supply M_3					
港元①	Hong Kong Dollar①	57787.72	62926.66	70245.14	72843.22	74546.55
外币②	Foreign Currency②	58762.47	62586.65	67793.24	71193.67	73317.20
总计	Total	116550.19	125513.31	138038.37	144036.88	147863.75
货币供应量：未就外币掉期存款作出调整	Money Supply : Unadjusted for Foreign Currency Swap Deposits					
货币供应量 M_2	Money Supply M_2					
港元	Hong Kong Dollar	57655.01	62801.87	70102.79	72624.26	74387.65
外币	Foreign Currency	58529.40	62279.40	67449.77	70856.33	73071.07
总计	Total	116184.41	125081.27	137552.55	143480.59	147458.72
货币供应量 M_3	Money Supply M_3					
港元	Hong Kong Dollar	57787.25	62926.22	70244.47	72842.97	74546.31
外币	Foreign Currency	58762.95	62587.08	67793.91	71193.92	73317.43
总计	Total	116550.19	125513.31	138038.37	144036.88	147863.75

注：《中华人民共和国香港特别行政区基本法》说明，港元是香港特别行政区的法定货币。外币指港元以外的其他货币，因而人民币亦视作外币。

①所列数字已包括外币掉期存款。

②所列数字已扣除外币掉期存款。

Notes : Hong Kong dollar is the legal tender in the Hong Kong Special Administrative Region, as stated in "The Basic Law of the Hong Kong Special Administrative Region of the People's Republic of China". Foreign currency refers to any currency other than the Hong Kong currency. Accordingly, Chinese Renminbi is also treated as foreign currency.

①Figures are adjusted to include foreign currency swap deposits.

②Figures are adjusted to exclude foreign currency swap deposits.

26-43 股票价格指数、证券交易成交额及市场总值
Index of Share Prices, Value of Stock Exchange Turnover and Market Capitalisation

项 目	Item	2015	2016	2017	2018	2019
香港上市①	**Hong Kong-listed①**					
主板	**Main Board**					
股票价格指数	Index of Share Prices					
恒生指数②（1964年7月31日=100）	Hang Seng Index②(31.7.1964=100)					
最高	High	28588.5	24364.0	30199.7	33484.1	30280.1
最低	Low	20368.1	18278.8	21883.8	24540.6	24896.9
收市	Closing	21914.4	22000.6	29919.2	25845.7	28189.8
分类指数	Sectoral Sub-indexes					
(1984年1月13日= 975.47)	(13.1.1984 = 975.47)					
金融	Finance					
最高	High	41536.9	32402.1	41193.5	46650.3	42019.2
最低	Low	27976.1	24003.0	30116.2	34073.3	34448.3
收市	Closing	30576.0	30308.3	40829.5	35808.2	39114.6
公用事业	Utilities					
最高	High	57904.3	56018.9	59179.5	59676.1	63052.4
最低	Low	48525.5	46669.1	50174.3	52940.1	53631.5
收市	Closing	51113.6	50037.5	55654.7	57792.6	56584.5
地产	Properties					
最高	High	37738.0	35897.0	40252.6	44445.1	45890.9
最低	Low	27787.3	24379.3	28996.9	33396.2	35380.1
收市	Closing	29907.2	28991.7	40088.4	37143.4	40190.1
工商业	Commerce and Industry					
最高	High	16791.7	14440.2	18738.9	20091.8	17561.2
最低	Low	11659.7	10795.9	12790.1	13956.6	14023.8
收市	Closing	12522.2	12884.6	18156.2	14656.7	16234.3
恒生综合指数	Hang Seng Composite Index					
(2000年1月3日= 2 000)	(3.1.2000 = 2 000)					
最高	High	4029.6	3284.3	4168.1	4631.4	4079.0
最低	Low	2805.4	2477.8	2980.1	3269.6	3313.2
收市	Closing	3021.5	2994.6	4140.5	3449.7	3827.6
恒生中国企业指数③	Hang Seng China Enterprises Index③					
(2000年1月3日= 2 000)	(3.1.2000 = 2 000)					
最高	High	14962.7	10209.7	12100.7	13962.5	11881.7
最低	Low	9058.5	7498.8	9310.8	9902.6	9731.9
收市	Closing	9661.0	9394.9	11709.3	10124.8	11168.1
恒生香港中资企业指数	Hang Seng China-Affiliated Corp. Index					
(2000年1月3日= 2 000)	(3.1.2000 = 2 000)					
最高	High	5642.5	4128.3	4478.4	4929.0	4788.6
最低	Low	3736.6	3236.7	3558.0	3994.4	3941.1
收市	Closing	4052.1	3588.0	4426.3	4169.0	4537.8
主板	**Main Board**					
成交金额（亿港元）	Turnover (HKD 100 million)	258359.6	162799.8	215601.0	262952.7	213901.9
市场总值④(亿港元)	Market Capitalisation④(HKD 100 million)	244255.5	244504.3	337180.0	297232.4	380583.4
GEM	**GEM**					
成交金额（亿港元）	Turnover (HKD 100 million)	2546.6	1164.5	1490.6	1274.9	498.6
市场总值④(亿港元)	Market Capitalisation④(HKD 100 million)	2581.8	3108.7	2808.4	1861.8	1067.0

注：对于最高和最低指数，恒生指数有限公司是根据期内每日即市指数编制。
①恒生指数系列按指数成分股的上市地域分类为香港上市、跨市场及内地上市。
②恒生指数采用流通市值加权法计算，并设有个别成分股比重上限。
③此指数采用流通市值加权法计算，并为每只成分股的比重上限设定为10%。
④年底数字。

Notes : For high and low indices, indexes compiled by the Hang Seng Indexes Company Limited are based on the intraday indices of the period.
①The Hang Seng Family of Indexes are classified as Hong Kong-listed, Cross-market and Mainland-listed according to where their constituents are listed.
②The Hang Seng Index adopts a freefloat-adjusted market capitalisation weighted methodology with capping on individual constituent weighting.
③This index adopts a freefloat-adjusted market capitalisation weighted methodology with a 10% cap on each constituent weighting.
④Year-end figures.

26-44 消费价格指数（2014年10月-2015年9月=100）
Consumer Price Indices (Oct. 2014 - Sep. 2015=100)

项　目	Item	权数 Weight	2015	2016	2017	2018	2019
综合消费价格指数	**Composite Consumer Price Index**						
总指数	**All Items**	**100.00**	**100.6**	**103.0**	**104.5**	**107.0**	**110.1**
食品	Food	27.29	101.0	104.4	106.7	110.2	115.6
外出用膳	Meals Bought away from Home	17.74	101.0	104.3	107.2	110.2	112.6
食品(不包括外出用膳)	Food(Excluding Meals Bought away from Home)	9.55	100.9	104.5	105.7	110.2	121.1
住屋①	Housing①	34.29	101.0	104.7	106.8	109.5	113.3
私人房屋租金	Private Housing Rent	29.92	101.1	104.5	106.4	108.8	112.2
公营房屋租金	Public Housing Rent	1.94	100.0	107.2	110.5	115.0	123.2
电力、燃气及水	Electricity, Gas and Water	2.67	99.7	100.8	99.1	104.0	98.4
烟酒	Alcoholic Drinks and Tobacco	0.54	100.2	101.8	102.4	103.8	105.0
衣履	Clothing and Footwear	3.21	99.6	96.2	95.8	97.4	95.7
耐用物品	Durable Goods	4.65	98.5	93.3	90.3	88.4	86.8
杂项物品	Miscellaneous Goods	3.56	100.1	101.7	103.0	104.4	107.0
交通	Transport	7.98	99.9	101.5	103.8	105.4	107.5
杂项服务②	Miscellaneous Services②	15.81	100.3	102.6	103.5	105.7	107.8
教育服务	Educational Services	3.91	100.9	104.8	105.3	103.6	106.2
资讯及通讯服务	Information and Communications Services	2.33	99.5	99.8	98.5	94.8	88.0
医疗服务	Medical Services	2.60	101.0	106.0	110.5	114.7	118.9
甲类消费价格指数	**Consumer Price Index (A)**						
总指数	**All Items**	**100.00**	**100.6**	**103.5**	**105.1**	**107.9**	**111.5**
食品	Food	34.37	101.0	104.6	106.7	110.3	116.5
外出用膳	Meals Bought away from Home	20.99	101.0	104.5	107.5	110.7	113.1
食品(不包括外出用膳)	Food(Excluding Meals Bought away from Home)	13.38	100.9	104.7	105.5	109.8	121.8
住屋①	Housing①	33.77	101.0	105.2	107.6	110.9	115.3
私人房屋租金	Private Housing Rent	26.51	101.2	104.8	106.8	109.8	113.4
公营房屋租金	Public Housing Rent	5.44	100.0	107.2	110.5	115.0	123.2
电力、燃气及水	Electricity, Gas and Water	3.85	99.9	101.4	100.5	105.8	98.9
烟酒	Alcoholic Drinks and Tobacco	0.75	100.2	102.3	103.4	104.9	106.4
衣履	Clothing and Footwear	2.57	99.5	95.6	95.1	96.6	95.0
耐用物品	Durable Goods	3.41	98.5	93.3	89.9	88.1	86.3
杂项物品	Miscellaneous Goods	3.28	100.2	101.8	103.8	105.6	108.6
交通	Transport	6.75	100.2	101.7	103.1	104.4	106.4
杂项服务②	Miscellaneous Services②	11.25	100.1	102.2	102.7	104.0	104.6
教育服务	Educational Services	2.89	100.7	103.7	103.6	101.4	103.8
资讯及通讯服务	Information and Communications Services	3.13	99.4	99.6	98.6	94.9	88.2
医疗服务	Medical Services	1.90	101.0	106.0	110.6	115.2	119.2
乙类消费价格指数	**Consumer Price Index (B)**						
总指数	**All Items**	**100.00**	**100.6**	**102.9**	**104.3**	**106.7**	**109.6**
食品	Food	26.26	101.0	104.4	106.6	110.1	115.1
外出用膳	Meals Bought away from Home	17.88	101.0	104.3	107.1	110.2	112.6
食品(不包括外出用膳)	Food(Excluding Meals Bought away from Home)	8.38	100.9	104.6	105.7	110.0	120.6
住屋①	Housing①	35.24	101.1	104.8	106.8	109.4	113.0
私人房屋租金	Private Housing Rent	32.15	101.1	104.7	106.5	108.9	112.3
公营房屋租金	Public Housing Rent	0.49	100.0	107.3	110.5	115.0	123.2
电力、燃气及水	Electricity, Gas and Water	2.38	99.6	100.4	98.4	103.0	98.0
烟酒	Alcoholic Drinks and Tobacco	0.57	100.3	101.2	101.4	102.5	103.5
衣履	Clothing and Footwear	3.26	99.5	95.6	95.2	96.7	95.2
耐用物品	Durable Goods	5.03	98.5	92.8	89.7	87.7	86.0
杂项物品	Miscellaneous Goods	3.64	100.1	101.5	102.6	103.7	106.3
交通	Transport	7.60	99.9	101.6	104.0	105.5	107.6
杂项服务②	Miscellaneous Services②	16.02	100.2	102.4	103.1	105.2	107.3
教育服务	Educational Services	4.03	100.9	104.6	105.0	102.9	105.6
资讯及通讯服务	Information and Communications Services	2.23	99.5	99.8	98.5	94.7	87.7
医疗服务	Medical Services	2.70	101.0	106.2	110.2	114.3	118.4

26-44 续表 continued

项 目	Item	权数 Weight	2015	2016	2017	2018	2019
丙类消费价格指数	**Consumer Price Index (C)**						
总指数	**All Items**	**100.00**	**100.5**	**102.6**	**104.2**	**106.5**	**109.3**
食品	Food	20.85	100.9	104.0	106.5	110.2	114.8
外出用膳	Meals Bought away from Home	13.98	101.0	103.9	106.6	109.5	111.9
食品(不包括外出用膳)	Food(Excluding Meals Bought away from Home)	6.87	100.9	104.2	106.3	111.7	120.5
住屋①	Housing①	33.60	100.9	104.1	106.1	108.1	111.5
私人房屋租金	Private Housing Rent	30.72	100.9	104.0	105.8	107.6	110.8
电力、燃气及水	Electricity, Gas and Water	1.76	99.6	100.1	97.1	101.3	97.9
烟酒	Alcoholic Drinks and Tobacco	0.26	100.4	101.0	101.2	103.0	104.1
衣履	Clothing and Footwear	3.88	99.8	97.5	97.2	98.7	96.8
耐用物品	Durable Goods	5.53	98.5	93.7	91.2	89.5	88.1
杂项物品	Miscellaneous Goods	3.77	100.1	101.7	102.9	104.1	106.4
交通	Transport	9.84	99.8	101.2	104.1	106.0	108.3
杂项服务②	Miscellaneous Services②	20.51	100.5	103.1	104.4	107.2	110.1
教育服务	Educational Services	4.91	101.1	105.5	106.8	105.7	108.5
资讯及通讯服务	Information and Communications Services	1.57	99.5	100.0	98.6	95.1	88.4
医疗服务	Medical Services	3.24	100.9	105.7	110.6	114.8	119.3

注：2014年10月起的消费价格指数是根据2014/15年住户开支统计调查所得的开支权数编制。较早的指数则是根据旧的开支权数而经过按比例换算与新基期的指数拼接。
①除“私人房屋租金”及“公营房屋租金”外，“住屋”类别还包括“管理费及其他住屋杂费”和“保养住所材料”。而丙类消费价格指数中的“住屋”类别并不包括“公营房屋租金”。
②“杂项服务”类别包括“教育服务”、“资讯及通讯服务”、“医疗服务”及其他杂项服务。

Notes: The CPIs from October 2014 onwards are compiled based on expenditure weights obtained from the 2014/15 Household Expenditure Survey. The CPIs for earlier periods are compiled based on old weights and have been re-scaled to the new base period for linking with the new index series.
①Apart from "Private Housing Rent" and "Public Housing Rent", the "Housing" section also includes "Management Fees and Other Housing Charges" and "Materials for House Maintenance". For CPI(C), the "Housing" section does not include "Public Housing Rent".
②"Miscellaneous Services" section includes "Educational Services", "Information and Communications Services", "Medical Services" and other miscellaneous services.

26-45 按四分位开支组别及商品或服务类别划分的住户每月平均开支
Average Monthly Household Expenditure by Commodity/Service Section by Quartile Expenditure Group

商品或服务类别	Commodity/ Service Section	总数 Overall		四分位开支组别 Quartile Expenditure Group: 最低四分位 The Lowest 25%		第二四分位 The Second 25%		第三四分位 The Third 25%		最高四分位 The Highest 25%	
		值(港元) Value (HKD)	百分比 (Percent)	值(港元) Value (HKD)	百分比 (Percent)	值(港元) Value (HKD)	百分比 (Percent)	值(港元) Value (HKD)	百分比 (Percent)	值(港元) Value (HKD)	百分比 (Percent)
食品	Food	7554	27.3	3865	43.0	6108	34.2	8044	29.4	12200	21.6
住屋	Housing	9894	35.8	2519	28.1	6484	36.4	10363	37.9	20218	35.9
电力、燃气及水	Electricity, Gas and Water	740	2.7	485	5.4	652	3.7	751	2.7	1071	1.9
烟酒	Alcoholic Drinks & Tobacco	151	0.5	95	1.1	123	0.7	165	0.6	223	0.4
衣履	Clothing & Footwear	955	3.5	168	1.9	506	2.8	898	3.3	2247	4.0
耐用物品	Durable Goods	892	3.2	133	1.5	397	2.2	759	2.8	2281	4.0
杂项物品	Miscellaneous Goods	1038	3.8	334	3.7	591	3.3	1018	3.7	2207	3.9
交通	Transport	2081	7.5	549	6.1	1045	5.9	1657	6.1	5075	9.0
杂项服务	Miscellaneous Services	4323	15.6	831	9.3	1929	10.8	3670	13.4	10865	19.3
总数	**All Sections**	**27627**	**100.0**	**8980**	**100.0**	**17835**	**100.0**	**27325**	**100.0**	**56387**	**100.0**
住户总数（户）	**Number of Households (household)**	**1892000**		**473000**		**473000**		**473000**		**473000**	

注：住户开支是由2014年10月至2015年9月进行的住户开支统计调查的结果计算出来。
于2014/15年住户开支统计调查期间，政府数项一次性的纾困措施减低了住户的开支。本表的住户开支数字是指住户获各项宽减后的实际开支。由于进位关系，个别项目的数字或百分比相加可能不等于总数。

Note: Household expenditures are calculated from the results of the Household Expenditure Survey conducted during October 2014 to September 2015. During the survey period of 2014/15 Household Expenditure Survey, the household expenditure was lowered by a number of Government's one-off relief measures. Household expenditure figures in this table refer to the actual expenditure incurred by households upon enjoying various waivers/concessions. Figures or percentages may not add up to respective totals due to rounding.

26-46 15岁及以上人口受教育程度
Educational Attainment of Population Aged 15 and Above

教育程度/性　别	Educational Attainment/Sex	2015		2016		2017		2018		2019	
		人　数(万人) Number of Persons (10 000 persons)	百分比 (Percent)	人　数(万人) Number of Persons (10 000 persons)	百分比 (Percent)	人　数(万人) Number of Persons (10 000 persons)	百分比 (Percent)	人　数(万人) Number of Persons (10 000 persons)	百分比 (Percent)	人　数(万人) Number of Persons (10 000 persons)	百分比 (Percent)
总计	**Total**										
男	Male	290.16	45.45	290.93	45.31	291.85	45.16	292.83	45.01	293.47	44.81
女	Female	348.20	54.55	351.17	54.69	354.48	54.84	357.82	54.99	361.44	55.19
未受教育/学前教育①	No Schooling/Pre-primary①										
男	Male	5.54	0.87	5.87	0.91	5.51	0.85	5.49	0.84	5.65	0.86
女	Female	20.30	3.18	19.99	3.11	19.34	2.99	18.90	2.90	19.48	2.97
小学	Primary										
男	Male	39.70	6.22	39.20	6.10	37.95	5.87	37.04	5.69	37.41	5.71
女	Female	55.37	8.67	55.32	8.62	55.07	8.52	54.98	8.45	55.48	8.47
初中	Lower Secondary										
男	Male	47.27	7.40	47.12	7.34	47.65	7.37	47.59	7.31	47.32	7.22
女	Female	49.35	7.73	48.42	7.54	49.80	7.71	49.71	7.64	50.30	7.68
高中	Upper Secondary										
男	Male	98.38	15.41	97.51	15.19	97.71	15.12	96.27	14.80	94.24	14.39
女	Female	125.70	19.69	125.81	19.59	125.81	19.46	125.14	19.23	122.94	18.77
高等教育	Post-secondary										
非学位课程②	Non-degree Courses②										
男	Male	24.79	3.88	25.22	3.93	24.48	3.79	25.54	3.92	27.99	4.27
女	Female	23.44	3.67	23.47	3.66	22.97	3.55	24.78	3.81	28.20	4.31
学位课程③	Degree Courses③										
男	Male	74.49	11.67	76.01	11.84	78.54	12.15	80.89	12.43	80.87	12.35
女	Female	74.04	11.60	78.16	12.17	81.50	12.61	84.30	12.96	85.04	12.99

注：数字是根据该年1月至12月进行的“综合住户统计调查”结果，以及年中人口估计数字而编制。
① 包括所有幼儿园及幼儿中心班级。
② 包括所有在香港或以外地区学院的证书、文凭、高级证书、高级文凭、专业文凭及其它同等程度的高等教育课程。
③ 包括所有在香港或以外地区学院的学士学位、研究生修课及专题研究课程。

Notes: Figures are compiled based on data collected in the General Household Survey from January to December of the year concerned as well as mid-year population estimates.
① Including all classes in kindergartens and child care centres.
② Including all certificate, diploma, higher certificate, higher diploma, professional diploma and other post-secondary programmes of equivalent standards in educational institutions within or outside Hong Kong.
③ Including all first degree, taught postgraduate and research postgraduate courses in educational institutions within or outside Hong Kong.

26-47 按教育及培训机构类别划分的学生人数
Student Enrolment by Type of Educational and Training Institution

单位：人 (person)

类别	Type	2015	2016	2017	2018	2019
幼儿园	Kindergarten	185398	184032	181147	174402	174297
小学	Primary School	337558	349008	362049	372465	373228
中学	Secondary School	354698	339849	332382	327023	328743
日校	Day School	352609	338152	330804	325498	327394
其他中学日间课程①	Other Secondary Day Course①	563	412	352	332	318
夜校	Evening School	1526	1285	1226	1193	1031
特殊教育	Special Education	7888	7890	8060	8194	8411
特殊学校	Special School	7770	7752	7896	8008	8270
普通学校内的特殊班	Special Classes in Ordinary School	118	138	164	186	141
特殊幼儿中心②	Special child care centre②	1757	1767	1848	1843	2013
感化／住宿院舍③	Correctional/residential home③	40	48	35	46	51
惩教院所	Correctional institutions	266	241	185	207	158
教资会资助大学④	University Grants Committee (UGC) -funded Universities④	191997	190919	192034	193469	189173
全日制	Full-time	147524	148760	150954	154777	152160
证书／文凭课程	Certificate/Diploma	553	670	680	802	476
副学位课程	Sub-degree	28755	29255	29266	29016	24224
学士学位课程	Undergraduate	92420	92327	92584	92884	92769
研究院修课课程	Taught Postgraduate	16395	16596	18184	21181	22987
研究院研究课程⑤	Research Postgraduate⑤	9401	9912	10240	10894	11704
兼读制	Part-time	44473	42159	41080	38692	37013
证书／文凭课程	Certificate / Diploma	4165	4248	3697	3418	1962
副学位课程	Sub-degree	5881	5896	5917	5247	4853
学士学位课程	Undergraduate	9672	8194	8011	7142	6507
研究院修课课程	Taught Postgraduate	23749	22822	22468	22014	22697
研究院研究课程⑤	Research Postgraduate⑤	1006	999	987	871	994
香港树仁大学	Hong Kong Shue Yan University	5223	4625	4270	4250	4026
全日制	Full-time	5172	4514	4206	4188	3965
兼读制	Part-time	51	111	64	62	61
香港公开大学	The Open University of Hong Kong	23947	23989	22488	22393	22788
全日制	Full-time	10732	11260	11005	11436	11815
遥距／兼读制面授	Distance Learning/Part-time Face-to-face	13215	12729	11483	10957	10973
认可高等教育学院	Approved Post-secondary Colleges	10791	10096	10479	10908	17553
全日制	Full-time	10558	9807	10069	10301	16792
兼读制	Part-time	233	289	410	607	761
香港演艺学院	The Hong Kong Academy for Performing Arts	918	966	979	977	979
全日制	Full-time	878	916	929	931	929
非学位程度⑥	Non-degree⑥	142	128	98	99	92
学位程度	Degree	736	788	831	832	837
兼读制	Part-time	40	50	50	46	50
非学位程度⑥	Non-degree⑥	-	-	-	-	-
学位程度	Degree	40	50	50	46	50
职业训练局	Vocational Training Council	61648	60708	56573	53918	51421
全日制	Full-time	47562	46483	42960	39555	38252
技工级课程	Craft Level Courses	3066	3126	2980	1027	1968
技术员级课程	Technician Level Courses	12583	11515	10115	10010	9396
高级技术员级课程⑦	Higher Technician Level Courses⑦	31913	31842	29865	28518	26888
兼读制	Part-time	14086	14225	13613	14363	13169
技工级课程	Craft Level Courses	3974	4122	3985	3702	3528
技术员级课程	Technician Level Courses	1853	2249	2303	2340	2090
高级技术员级课程⑦	Higher Technician Level Courses⑦	8259	7854	7325	8321	7551
其他高等教育院校⑧	Other Post-secondary Institutions⑧	7547	7364	6976	6931	7178
全日制	Full-time	6394	6317	5807	5728	6040
兼读制	Part-time	1153	1047	1169	1203	1138

26-47 续表 continued

单位：人 (person)

类别	Type	2015	2016	2017	2018	2019
香港建造学院	Hong Kong Institute of Construction					
全日制	Full-time	790	786	851	643	494
技工级课程	Craft Level Courses	461	467	421	320	245
技术员级课程	Technician Level Courses	329	319	430	323	249
制衣业训练局	Clothing Industry Training Authority	156	284	109	245	205
全日制	Full-time	-	-	-	-	-
技术员级课程	Technician Level Courses	-	-	-	-	-
兼读制	Part-time	156	284	109	245	205
技工级课程	Craft Level Courses	156	284	109	245	205
医院管理局⑨	Hospital Authority⑨					
全日制	Full-time	1192	1034	1011	1016	978
菲腊牙科医院⑩	The Prince Philip Dental Hospital⑩	72	72	76	66	66
全日制	Full-time	72	72	76	66	66
兼读制	Part-time	-	-	-	-	-
毅进计划／毅进文凭	Project Yi Jin/Yi Jin Diploma	4766	4639	4670	4533	4258
全日制	Full-time	4218	4078	4099	3962	3793
兼读制	Part-time	548	561	571	571	465
营办补习班、职业训练及成人教育课程的学校	Schools Offering Tutorial, Vocational and Adult Education Courses	236268	275257	286805	305597	314008
日校	Day School	50061	48398	49188	47280	43337
日暨夜校	Day cum Evening School	167053	203416	216812	235740	248922
夜校	Evening School	19154	23443	20805	22577	21749
非本地高等及专业教育课程⑪	Non-local Higher and Professional Education Courses⑪	34600	33400	35200	35200	35200

注：幼儿园、小学、中学、特殊学校、特殊幼儿中心、感化/住宿院舍及惩教院所的数字反映该年9月的情况，"营办补习班、职业训练及成人教育课程的学校"是10月，而高等教育则是12月底。各教育及培训机构的学年开始和完结月份或会不同。
2019年职业训练及高等教育的学生人数为临时数字。
①数字是指由营办补习班、职业训练及成人教育的私立学校开办的日间中学课程。
②为2至6岁的中度及严重残疾儿童提供的教育。
③为行为上有适应问题的儿童/青少年及青少年违法者，提供住院训练服务。
④教资会资助的大学是指香港城市大学、香港浸会大学、岭南大学、香港中文大学、香港教育大学、香港理工大学、香港科技大学和香港大学。数字包括教资会资助课程，以及教资会资助大学及其附属学院开办的自资课程。
⑤数字包括在教资会学生人数指标外受教资会资助的研究院研究课程的学生人数，亦包括(1)全自负盈亏的研究院研究课程的学生人数；及(2)教资会资助大学同时运用教资会拨款和外间资助修读研究院研究课程的学生。
⑥数字包括证书、深造证书、专业证书、文凭、深造文凭及专业文凭课程。
⑦高级技术员级课程为高级文凭或以上程度课程。
⑧数字指营办经本地评审全日制高等教育课程的私立院校。
⑨数字是指护士训练课程。
⑩数字是指牙科训练课程。
⑪数字包括在香港开办并令学员可获由非本地机构颁授非本地高等学术资格或由非本地专业团体颁授非本地专业资格的课程。数字计算至最接近的百位数。2018年及2019年的数字为临时数字。

Notes: Figures for kindergartens, primary and secondary schools, special schools, special child care centre, correctional/residential home and correctional institutions refer to the position as at September of the respective years, "Schools offering tutorial, vocational and adult education courses" as at October and post-secondary education as at the end of December. The beginning and ending months of a school/academic year may vary among different educational and training institutions.
Figures for vocational and post-secondary education for 2019 are provisional.
① Figures refer to secondary day courses operated by private schools offering tutorial, vocational and adult education courses.
② Special training and care for moderately and severely disabled children aged 2-6.
③ Residential treatment service for mal-adjusted children/juveniles and young offenders through social work intervention.
④ Refers to City University of Hong Kong, Hong Kong Baptist University, Lingnan University, The Chinese University of Hong Kong, The Education University of Hong Kong, The Hong Kong Polytechnic University, The Hong Kong University of Science and Technology and The University of Hong Kong. Figures include UGC-funded programmes and self-financing programmes offered by UGC-funded universities and their extension arms.
⑤ Figures include research postgraduate (RPg) students funded by UGC outside the UGC student number target, and also include (1) fully self-financing RPg students; and (2) RPg students financed by universities using both UGC and external funds.
⑥ Figures include certificate, advanced certificate, professional certificate, diploma, advanced diploma and professional diploma courses.
⑦ Higher technician level courses are courses at Higher Diploma or above level.
⑧ Figures refer to private institutions providing locally-accredited full-time post-secondary programmes.
⑨ Figures refer to nurse training programmes.
⑩ Figures refer to dental training programmes.
⑪ Figures include courses conducted in Hong Kong which lead to the award of non-local higher academic qualifications by non-local institutions, or non-local professional qualifications by non-local professional bodies. Figures are rounded to the nearest hundred. Figures for 2018 and 2019 are provisional.

26-48 医疗卫生条件
Conditions of Public Health

项 目	Item	2015	2016	2017	2018	2019
注册医护专业人员 (人)	Number of Registered Healthcare Professionals (person)					
医生	Doctors	13726	14013	14290	14651	15004
中医	Chinese Medicine Practitioners (CMP)					
注册中医	Registered Chinese Medicine Practitioners	7071	7262	7425	7409	7582
有限制注册中医①	Chinese Medicine Practitioners with Limited Registration①	55	47	38	35	32
表列中医②	Listed Chinese Medicine Practitioners②	2661	2647	2623	2610	2559
牙医	Dentists	2382	2441	2500	2553	2611
药剂师	Pharmacists	2504	2659	2753	2890	3001
护士	Nurses	50461	52389	54231	56723	59082
按每千名人口计算的医生数目	Doctors per Thousand Population	1.9	1.9	1.9	2.0	2.0
医疗机构和病床③	Number of Medical Institutions and Hospital Beds③					
医疗机构 (间)	Medical Institutions (number)	133	137	140	140	141
病床 (张)	Hospital Beds (bed)	38287	39090	39683	40434	41474
按每千名人口计算的病床数目	Beds per Thousand Population	5.2	5.3	5.4	5.4	5.5

注：数字是指该年年底的数字。

①有限制注册中医可在指定的教育或科研机构进行中医药学方面的临床教学和研究工作，但不得作私人执业，其注册有效期不超过一年。

②表列中医可在中医注册过渡性安排下在香港合法执业，直至食物及卫生局局长日后在宪报公布的日期为止。表列中医在过渡性安排期间，可分别循直接注册、通过注册审核或通过执业资格试成为注册中医。

③包括医院管理局辖下医院及机构、私家医院、护养院及惩教机构的医院。

Notes: Figures are as at end of the year stated.

①CMPs with limited registration are allowed to perform clinical teaching and research in Chinese medicine in the specified educational and scientific research institutions. Their registration period should not exceed one year and they cannot engage in private practice with patients.

②Listed CMPs can practise lawfully in Hong Kong under the transitional arrangements for registration of CMPs until a date to be announced by the Secretary for Food and Health in the Gazette. Listed CMPs may become registered CMPs through direct registration, registration assessment or the Licensing Examination during the transitional arrangements.

③Including Hospital Authority hospitals and institutions, private hospitals, nursing homes and hospitals in correctional institutions.

26-49 社会保障
Social Security

社会保障计划	Social Security Scheme	2015/2016	2016/2017	2017/2018	2018/2019	2019/2020
综合社会保障援助	Comprehensive Social Security Assistance (CSSA)					
处理中的个案数目①(个)	Number of Active Cases① (case)					
年老	Old Age	146135	144781	144129	141280	135239
永久性残疾	Permanent Disability	17797	17423	17036	16621	17026
健康欠佳	Ill Health	24417	24105	23570	23043	24562
单亲	Single Parent	28099	26779	25669	24382	24030
低收入	Low Earnings	6065	5054	4182	3422	2974
失业	Unemployment	15852	13981	12623	11696	14647
其他	Others	4538	4399	4259	4159	4213
总计	Total	242903	236522	231468	224603	222691
发放款项② (亿港元)	Amount② (HKD 100 million)	223	223	217	223	227#
公共福利金	Social Security Allowance (SSA)					
处理中的个案数目①(个)	Number of Active Cases① (case)					
伤残津贴	Disability Allowance (DA)	135699	142850	147465	146705	152818
高龄津贴	Old Age Allowance (OAA)	224463	239338	249587	250600	270080
长者生活津贴	Old Age Living Allowance (OALA)	432862	449240	483800	542066	572029
广东计划	Guangdong Scheme (GD Scheme)	15885	14600	16689	16568	18465
福建计划③	Fujian Scheme (FJ Scheme)③	-	-	-	1656	1795
总计	Total	808909	846028	897541	957595	1015187
发放款项② (亿港元)	Amount② (HKD 100 million)	217	221	236	393	366#
暴力及执法伤亡赔偿	Criminal and Law Enforcement Injuries Compensation					
获批个案数目 (个)	Number of Cases Authorised for Payment (case)	150	139	134	127	130
交通意外伤亡援助	Traffic Accident Victims Assistance					
获批个案数目 (个)	Number of Cases Authorised for Payment (case)	7148	7340	6553	7334	6820
紧急救济	Emergency Relief					
受助灾民人数 (人)	Number of Victims Assisted (person)	151	180	173	1215	23

注：于财政年度终结时的数字。除特别注明外，财政年度是由4月1日至翌年3月31日。

①处理中的个案包括新申请个案，正在复查中的个案，正领取援助款项的个案和已停止领取援助款项等待复查的个案。

②2015/16年度的开支包括向综援受助人额外发放的两个月标准金额及向公共福利金受惠人额外发放的两个月福利金。而2016/17及2017/18年度的开支包括向综援受助人额外发放的一个月标准金额及向公共福利金受惠人额外发放的一个月福利金。2018/19年度的开支包括(1)向综援受助人额外发放的两个月标准金额及向公共福利金受惠人额外发放的两个月福利金，以及根据关爱共享计划发放款项以补不足4,000元的差额；及(2)向每名有经济需要学生一次过发放2,000元津贴。2019/20年度的开支包括(1)向综援受助人额外发放的一个月标准金额及向公共福利金受惠人额外发放的一个月福利金，(2)向每名有经济需要学生一次过发放2,500元津贴，及(3)财政司司长于2019年8月宣布的另一轮一个月额外津贴。

③福建计划由2018年4月起实施。

Notes : Figures are as at end of the financial year. Financial year is from 1 April to 31 March of the next year, unless otherwise specified.

①Active cases refer to cases being handled which include new applications, cases being reviewed, cases being paid and cases suspended for payment pending review.

②Expenditure of 2015/16 included the payment of two additional months of CSSA standard rates to CSSA recipients and two additional months of allowance to SSA recipients. As for 2016/17 and 2017/18, the expenditure included the payment of one additional month of CSSA standard rates to CSSA recipients and one additional month of allowance to SSA recipients. The expenditure of 2018/19 included (1) the payment of two additional months of CSSA standard rates to CSSA recipients and two additional months of allowance to SSA recipients, and the top-up payment to make up to $4,000 under the Caring and Sharing Scheme; and (2) a one-off grant of $2,000 to each needy student. The expenditure of 2019/20 included (1) the payment of one additional month of CSSA standard rates to CSSA recipients and one additional month of allowance to SSA recipients; (2) a one-off grant of $2,500 to each needy student, and (3) an extra one month allowance announced by the Financial Secretary in August 2019.

③The Fujian Scheme was launched in April 2018.

主要统计指标解释

年中人口 是以“居住人口”方法编制，利用“居住人口”方法所编制的人口估计称为“居港人口”。“居港人口”包括“常住居民”和“流动居民”。“常住居民”包括两类人士：(a)在统计时点之前的6个月内，在港逗留最少3个月，又或在统计时点之后的6个月内，在港逗留最少3个月的香港永性居民，不论在统计时点他们是否身在香港；及(b)在统计时点身在香港的非永久性居民。对于不是“常住居民”的香港永久性居民，如他们在统计时点之前的6个月内，在港逗留最少1个月但少于3个月，又或在统计时点之后的6个月内，在港逗留最少1个月但少于3个月，不论在统计时点他们是否身在香港，会被界定为“流动居民”。根据“居住人口”编制方法，旅客并不包括在香港人口内。

粗出生率 是指某一年内的活产婴儿数目相对该年年中每千名人口的比率。

粗死亡率 是指某一年内的死亡人数相对该年年中每千名人口的比率。

婴儿死亡率 是指某一年内一岁以下婴儿死亡人数相对该年每千名活产婴儿的比率。

总和生育率 是指某年的每一千名妇女，若她们在生育龄期（即15至49岁）经历了一如该年的年龄别生育率，其一生中活产子女的平均数目。

出生时平均预期寿命 是指某年出生人士，若其一生经历一如该年的年龄性别死亡率所反映的死亡情况，他/她预期能活的年数。

劳动人口 是指15岁及以上陆上非住院人口，并符合就业人口或失业人口定义的人士。

劳动人口参与率 是指劳动人口占所有15岁及以上陆上非住院人口的比例。

就业人口 包括在统计前7天内有做工赚取薪酬或利润或有一份正式工作的15岁及以上人士。无酬家庭从业人员及在统计前7天内正休假的就业人士亦包括在内。

失业人口 包括所有15岁及以上人士(a)在统计前7天内并无职位，且并无为赚取薪酬或利润而工作；及(b)在统计前7天内随时可工作；及(c)在统计前30天内有找寻工作。一名15岁或以上的人士，如果他/她符合上述(a)和(b)的条件，但由于相信没有工作可做而在统计前30天内没有找寻工作，仍会被界定为失业，即所谓「因灰心而不求职的人士」。失业人口亦包括那些并无职位，有找寻工作，但由于暂时生病而不能工作的人士；及并无职位，且随时可工作，但由于已为于稍后时间担当的新工作或开展的业务作出安排；或正期待返回原来的工作岗位而没有找寻工作的人士。

失业率 是指失业人士在劳动人口中所占的比例。

每月就业收入 是指统计前一个月从所有工作所获得的收入（未扣除强制性公积金供款）。就雇员来说，收入包括工资和薪金、花红、佣金、小费、房屋津贴、逾时工作津贴、勤工津贴及其他现金津贴，但不包括补薪。就雇主和自营作业人士而言，收入是指从自己拥有的企业提取作个人及家居用途的款额。如果提取作个人及家居用途的款额资料未能提供，则会搜集有关从业务所得的净收入的数据。

本地生产总值 是指一个经济体的所有居民生产单位，在一个指定的期间内(一般是1年或1季)，未扣除固定资本消耗的生产总值。

人均本地生产总值 是指把该经济体在某统计年的本地生产总值除以该经济体在同年的年中人口总数所得的数字。

本地居民总收入 是指一个经济体的居民透过从事各项经济活动而赚取的总收入，不论该等经济活动是在该经济体的经济领域内或外进行。换言之，编制本地居民总收入应包括本地居民在该经济领域内或外从事各类经济活动的收入，并扣除非本地居民在该经济领域内从事经济活动的收入。本地居民总收入的计算方法如下：

本地居民总收入
= 本地生产总值 + 对外初次收入流量净值
= 本地生产总值 + 本地居民从经济领域外所赚取的初次收入 − 非本地居民从经济领域内所赚取的初次收入

初次收入 包括投资收益及雇员报酬。投资收益包括直接投资收益、证券投资收益、其他投资收益及储备资产收益。

人均本地居民总收入 指把该经济体在某统计年的本地居民总收入除以该经济体在同年的年中人口总数所得的数字。

国际收支平衡 是一项统计报表，有系统地撮录在一个指定期间内（一般是1年或1季）某经济体与世界各地之间（即居民与非居民之间）进行的经济交易。完整的国际收支平衡表包括两大账户：(a)经常账户；及(b)资本及金融账户。

经常账户 量度居民与非居民之间关于货物、服务、初次收入和二次收入的流量。

货物 在国际收支平衡表内经常账户的货物主要包括一般商品、转手商贸活动下的货物净出口及非货币黄金。

服务 在国际收支平衡表内经常账户的服务主要包括制造服务、运输、旅游、保险和退休金服务、金融服务及其他服务。

初次收入账户 显示应收及应付的外地款额，作为向非居民提供/从非居民获得可予使用的劳动力、金融资源或自然资源的回报。在国际收支平衡经常账户内初次收入的概念及定义，与本地居民总收入的对外初次收入流量是相同的。

二次收入账户 记录居民与非居民之间的经常转移。经常转移指提供可能即时或短时间内被耗用的实质或金融资源而无同等经济价值作回报的交易。经常转移属单向性质，在国际收支平衡表内是一项用以抵销单边交易的记账。例子包括职工汇款、捐款、官方援助及退休金。

资本账户 量度有关资本转移及非生产、非金融资产（如商标和品牌）的获得和处置的对外交易。资本转移的例子包括债权人减免债务，和涉及获得或处置固定资产的现金转移。

金融账户 记录居民与非居民之间关于金融资产及负债的交易，显示某经济体的对外交易是如何融资的。金融账户内的交易按功能(即投资目的)归类为直接投资、证券投资、金融衍生工具、其他投资及储备资产。

直接投资 指某经济体的投资者对另一经济体内的企业所作的对外投资，并对该企业拥有持久利益及在其管理上具有相当程度的影响力或话语权。就统计计算而言，若投资者持有某企业10%或以上的表决权，便视作对该企业的管理具话语权。

证券投资 指对非本地股权证券及债务证券(如中长期债券、货币市场工具）所作的投资，直接投资或储备资产所包括的投资除外。与直接投资者相比，投资在非本地企业所发行的股权证券及债务证券的证券投资者，在该等企业并无持久利益或在管理方面没有影响力。凡持有一间企业不足10%的表决权均视为证券投资。

金融衍生工具 是一种与某个特定的金融工具、指标或商品挂钩的金融工具，使特定的金融风险本身能透过这种工具在金融市场进行交易。金融衍生工具包括期权类合约（如认股权证和期权）及远期类合约（如期货、利率掉期、货币掉期、远期利率协议、远期外汇合约）。

其他投资 指对非居民的其他金融申索和负债，但不属直接投资、证券投资、金融衍生工具或储备资产。其他投资包括不可转让的贷款、货币和存款、贸易信贷和预付款，以及其他资产/负债。

储备资产 是由一个经济体的金融当局（就香港而言，即香港金融管理局）控制的对外资产，并随时可供金融当局用来应付国际收支平衡的财务需要、干预外汇市场以调节该经济体的货币汇率，以及用作其他相关目的（如维持大众对货币及经济的信心，及作为向外地借贷的基础）。

国际投资头寸 是显示一个经济体在某特定时点的对外金融资产及负债存量的资产负债表。对外金融资产及负债的差额即为该经济体的国际投资头寸净值，代表其对世界各地的净申索或净负债。国际投资头寸与国际收支平衡的金融账户完全协调，同样也按投资类别分类。资产和负债分类为直接投资、证券投资、金融衍生工具及其他投资。国际投资头寸的资产方还包括储备资产。有关投资组成部分的详细解释，请参阅国际收支平衡表内金融账户组成部分的解释。

国际投资头寸净值 是对外金融资产总值与对外金融负债总值之间的差额。

工业生产指数 量度本地工业生产量的实际变动，即撇除价格变动因素后的本地生产量的变动情况。

实用楼面面积 指各层楼面面积总和，但不包括楼梯、公共通道空间、升降机等候处、盥洗室、厕所、厨房、及为楼宇提供升降机、空调系统、或类似设施而安装的机械所占用的空间。

获批准可动工兴建楼宇 是指获屋宇署签发"同意书"动工兴建的楼宇。这种"同意书"是发给私人发展计划（包括香港房屋协会的计划）。

初次呈交 就一项建筑工程初次呈交建筑事务监督要求批准的图则。

重大修改 指经过大规模修改的建筑图则，而这些图则必须从根本上接受重新评估。

自置住房住户 是指住户拥有其居住屋宇单位的业权。

全租户 是指住户向居于别处的人士租住整个屋宇单位自住，没有分租，单位内也没有其他的住户。

合租户 是指两个或以上的住户，分别向居于别处的人士租用部分的屋宇单位居住。

二房东 是指住户向居于别处的人士租住整个屋宇单位，并把部分单位分租予其他住户。

三房客 是指住户向居于同一屋宇单位内的人士租用部分单位居住。

免租 是指住户免费在屋宇单位内居住，不论是否获得业主同意，但不包括本身是业主或由雇主提供住房的住户。

住房由雇主提供 是指住户居住在由其成员之一的雇主提供的住房，包括以象征式租金向雇主租住屋宇单位的住户。假如住户使用由雇主提供的房屋津贴租用住房，则租住权不属于「住房由雇主提供」类别。

进口货品 是指在香港以外出产或制成的货品，输入香港供本地使用或转口，以及再进口的香港产品。其货值是以到岸价值计算。

整体出口货品 包括港产品出口及转口。港产品出口货物是指香港的天然产品或在香港经过制造工序，以致其基本生产物料的形状、性质、结构或效用受到永久及实质改变的产品。如果产品在香港只进行简单稀释、包装、装瓶、弄干、简单装配、分类、装饰等工序，则该产品并不能以香港作为来源地。转口货品是指输出曾经自外地输入香港的货品，而这些货品并没有在香港经过任何制造工序，以致永久及实质改变其基本原料的形状、性质、结构或效用。其货值是以离岸价值计算。

输往中国内地作外发加工用途的出口货物 是指那些从香港或经香港出口往中国内地加工的原料或半制成品，经加工后成为制成品，并以合约安排再进口香港。

从中国内地进口与外发内地加工有关的货物 是指那些加工后从中国内地进口香港的货物，其中全部或部分原料或半制成品是以合约安排从香港或经香港出口往中国内地加工。

原产地为中国内地而涉及外发中国内地加工、并经香港输往其他地方（中国内地除外）的转口货物 是指那些经香港转口的制成品，其中全部或部分原料或半制成品是以合约安排从香港或经香港出口往中国内地加工，而加工后的货物再进口香港。

直接投资 指某经济体的投资者对另一经济体内的企业所作的对外投资，并对该企业拥有持久利益及在其管理上具有相当程度的影响力或话语权。就统计计算而言，若投资者持有某企业10%或以上的表决权，便视作对该企业的管理具话语权。直接投资包括股权及投资基金份额，以及债务工具。股权及投资基金份额包括所持有的分行股本、附属公司及联营公司的股票、投资基金份额，以及收益再投资（即投资者应得但有关企业的分行、附属公司、联营公司或投资基金没有分发的利润）。债务工具主要涉及公司之间的债务交易，包括母公司与其分行、附属公司及联营公司之间的短期及长期借贷。

外商直接投资 指境外居民持有香港居民企业的直接投资。跨国企业在香港营运的分行及附属公司，是外商直接投资的典型例子。

对外直接投资 指香港居民投资者持有境外企业的直接投资。

直接投资头寸 指某一特定日子香港居民在境外投资的价值或接受外来投资的价值。

直接投资流动 指某一时段内香港居民于境外投资或接受外来投资的投入或撤走。

贷款基金 提供资金予如房屋贷款和教育贷款等贷款计划。基金收入主要来自政府一般收入帐目转拨的款项、偿还的贷款及贷款利息。

港汇指数 是量度港元相对其他主要贸易伙伴的货币汇率变动加权平均值的指数，作为反映港元相对各种选定货币强弱的整体指标。由2012年1月3日起公布的新系列港汇指数已取代旧港汇指数系列。新系列指数是以2010年1月为基期及包括15种货币(印度卢比亦被纳入新系列指数中)。

外币兑换率 指外币兑港元的电汇或现钞收市中间兑换价。

认可机构 包括持牌银行、有限制牌照银行及接受存款公司。持牌银行可接受任何金额及期限的存款。随着撤销利率限制的最后阶段在2001年7月3日生效，各类存款利率再无任何限制。至于有限制牌照银行，它们可接受金额不少于港币50万元的任何期限的定期存款。接受存款公司则可接受金额不少于港币10万元而期限不少于3个月的定期存款。有限制牌照银行及接受存款公司均无任何存款利率限制。

外币掉期存款 是指顾客在现货市场购买外币，然后存入认可机构，但同时订下远期合约，将该笔外币（本金加利息）在存款到期时售予认可机构。从分析角度来看，这类掉期存款应当作港元定期存款。

货币供应量（M_1） 是指市民持有的法定纸币和硬币加上持牌银行的客户活期存款。

货币供应量（M_2） 是指货币供应量M_1所包括的项目，加上持牌银行的客户储蓄及定期存款，再加上持牌银行发行而由非认可机构持有的可转让存款证。

货币供应量（M_3） 是指货币供应量M_2所包括的各项，加上有限制牌照银行及接受存款公司客户的存款，再加上以上两类认可机构发行而由非认可机构持有的可转让存款证。

恒生指数 是以流通市值加权法计算，并设有个别成分股比重上限。该指数内的五十只成分股划分为四个分类指数，包括金融、公用事业、地产及工商业。

消费价格指数 量度住户一般所购买的消费商品和服务的价格水平随时间而变动的情况。消费价格指数的按年变动率广泛地用作反映消费者所面对的通货膨胀的指标。不同的消费价格指数数列反映消费价格转变对不同开支范围的住户的影响。甲类、乙类及丙类消费价格指数分别根据较低、中等及较高开支范围的住户的开支模式编制而成。综合消费价格指数是根据以上所有住户的整体开支模式而编制，反映消费价格转变对整体住户的影响。每个项目的开支权数，是其在住户总开支中所占的比重。这组开支权数是根据住户开支统计调查的结果而制订的。并会每隔五年更新一次，以确保编制相应的消费价格指数时采用不同开支范围住户的最新开支模式。

教育程度 是指某人在学校或其他教育机构修读达到的最高教育水平，不论他／她有否完成该课程。计算教育程度时，只包括正式课程，即须最少为期一个学年，入学须具备指定的学历资格（香港公开大学的非学位、副学位、学位及研究生课程除外），以及设有考试或指定评核成绩的程序。

社会保障计划 旨在帮助社会上需要经济或物质援助

的人士，应付基本及特别需要。这个无须供款的社会保障制度，包括综合社会保障援助计划、公共福利金计划、暴力及执法伤亡赔偿计划、交通意外伤亡援助计划和紧急救济。

综合社会保障援助计划 是以入息补助方法，为那些在经济上无法自给的人士提供安全网，使他们的入息达到一定水平，以应付生活上的基本需要。申请人必须符合居港规定及通过入息及资产审查。

公共福利金计划 包括普通伤残津贴、高额伤残津贴、高龄津贴、普通长者生活津贴、高额长者生活津贴、广东计划及福建计划。高龄津贴及伤残津贴分别为年龄在70岁或以上或严重残疾的香港居民，每月提供现金津贴，以应付因年老或严重残疾而引致的特别需要。至于在2013年4月起实施的长者生活津贴（易名为普通长者生活津贴）及在2018年6月实施高额长者生活津贴是为年龄在65岁或以上有经济需要的香港居民，每月提供津贴，以补助他们的生活开支。广东计划由2013年10月起实施，以及福建计划由2018年4月起实施。广东计划及福建计划下的长者生活津贴（包括普通长者生活津贴及高额长者生活津贴）由2020年1月起实施。

暴力及执法伤亡赔偿计划 的目的是提供经济援助给因暴力罪行或因执法人员使用武器执行职务以致受伤的人士或这些人士的受养人（如受害人因伤死亡）。申请人无须接受经济状况调查。

交通意外伤亡援助计划 的目的是向道路交通意外受害人或这些人士的受养人（如受害人因伤死亡）迅速提供经济援助，而无须考虑计划受惠人的经济状况，或有关交通意外是因谁人的过失而造成。援助金按意外受害人的伤亡情况支付；至于财物损失，则不在援助范围内。

紧急救济 是为天灾或其他不幸事故（例如火灾、台风、水灾、暴雨、山泥倾泻、塌屋）的灾民，及因楼宇成为危楼而遭发出封闭令以致被着令撤离家园的受影响人士提供紧急救济。

Explanatory Notes on Main Statistical Indicators

Mid-year Population is compiled using the "resident population" approach. The population estimate compiled under the "resident population" approach is referred to as the Hong Kong Resident Population, which comprises "Usual Residents" and "Mobile Residents". "Usual Residents" include two categories of people: (a) Hong Kong Permanent Residents who have stayed in Hong Kong for at least 3 months during the 6 months before or for at least 3 months during the 6 months after the reference time-point, regardless of whether they are in Hong Kong or not at the reference time-point; and (b) Hong Kong Non-permanent Residents who are in Hong Kong at the reference time-point. For those Hong Kong Permanent Residents who are not "Usual Residents", they are classified as "Mobile Residents" if they have stayed in Hong Kong for at least 1 month but less than 3 months during the 6 months before or for at least 1 month but less than 3 months during the 6 months after the reference time-point, regardless of whether they are in Hong Kong or not at the reference time-point. Under the "resident population" approach, visitors are not part of the Hong Kong population.

Crude Birth Rate refers to the number of live births in a given year per 1000 mid-year population of that year.

Crude Death Rate refers to the number of deaths in a given year per 1000 mid-year population of that year.

Infant Mortality Rate refers to the number of deaths of age under one in a given year per 1000 live births in that year.

Total Fertility Rate refers to the average number of children that would be born alive to 1000 women during their lifetime if they were to pass through their childbearing ages 15-49 experiencing the age specific fertility rates prevailing in a given year.

Expectation of Life at Birth refers to the number of years of life that a person born in a given year is expected to live if he/she was subject to the prevalent mortality conditions as reflected by the set of age-sex specific mortality rates for that year.

Labour Force refers to the land-based non-institutional population aged 15 and over who satisfy the criteria for being classified as employed population or unemployed population.

Labour Force Participation Rate refers to the proportion of labour force in the total land-based non-institutional population aged 15 and over.

Employed Persons refer to those persons aged 15 and over who have been at work for pay or profit during the 7 days before enumeration or have had formal job attachment. Unpaid family workers and persons who were on leave/holiday during the 7 days before enumeration are included.

Unemployed Persons refer to those persons aged 15 and over who (a) have not had a job and have not performed any work for pay or profit during the 7 days before enumeration; and (b) have been available for work during the 7 days before enumeration; and (c) have sought work during the 30 days before enumeration. If a person aged 15 or over fulfils the conditions (a) and (b) above but has not sought work during the 30 days before enumeration because he/she believes that work is not available, he/she is still classified as unemployed, being regarded as a so-called "discouraged worker". Unemployed population also includes persons without a job who have sought work but have not been available for work because of temporary sickness; and persons without a job who have been available for work but have not sought work because they have made arrangements to take up a new job or to start business on a subsequent date; or were expecting to return to their original jobs.

Unemployment Rate refers to the proportion of unemployed persons in the labour force.

Monthly Employment Earnings refer to earnings (before deduction of Mandatory Provident Fund contributions) from all jobs during the month before enumeration. For employees, they include wage and salary, bonus, commission, tips, housing allowance, overtime allowance, attendance allowance and other cash allowances. However, back pays are excluded. For employers and self-employed, they refer to amounts drawn from the self-owned enterprise for personal and household use. If information on the amounts drawn for personal and household use is not available, data on net earnings from business would be collected instead.

Gross Domestic Product (GDP) is a measure of the total value of production of all resident producing units of an economy in a specified period (typically a year or a quarter), before deducting the consumption of fixed capital.

Per Capita GDP is obtained by dividing the total GDP in a year by the mid-year population of that economy in the same year.

Gross National Income (GNI) is a measure of the total income earned by residents of an economy from engaging in various economic activities, irrespective of whether the economic activities are carried out within the economic territory of the economy or outside. In other words, in compiling GNI, income earned by residents from engaging in various economic activities within or outside the economic territory are included, whereas income earned by non-residents from engaging in economic activities within the economic territory are excluded. GNI is computed as follows:

GNI = GDP + Net external primary income flows
= GDP + Primary income earned by residents
from outside the economic territory -
Primary income earned by non-residents
from within the economic territory

Primary income comprises investment income and compensation of employees (CE). Investment income includes direct investment income (DII), portfolio investment income (PII) and other investment income (OII) as well as income on reserve assets (RA).

Per capita GNI of an economy is obtained by dividing GNI in a year by the mid-year population of that economy in the same year.

Balance of Payments (BoP) is a statistical statement

that systematically summarises, for a specific time period (typically a year or a quarter), the economic transactions of an economy with the rest of the world (i.e. between residents and non-residents). A complete BoP account comprises two broad accounts : (a) the current account; and (b) the capital and financial account.

Current account measures the flows of goods, services, primary income and secondary income between residents and non-residents.

Goods under the BoP current account mainly cover general merchandise, net exports of goods under merchanting and non-monetary gold.

Services under the BoP current account mainly cover manufacturing services, transport, travel, insurance and pension services, financial services and other services.

Primary Income Account shows the amounts receivable and payable abroad in return for providing/obtaining use of labour, financial resources or natural resources to/from non-residents. The concepts and definitions of primary income under the current account of the BoP are the same as those of the external primary income flows under GNI.

Secondary Income Account records current transfers between residents and non-residents. Current transfers are transactions in which real or financial resources that are likely to be consumed immediately or shortly are provided without the receipt of equivalent economic values in return. Current transfers are unilateral in nature and are offsetting entries in the BoP account for one-sided transactions. Examples include workers' remittances, donations, official assistance and pensions.

Capital Account measures external transactions in capital transfers, and the acquisition and disposal of non-produced, non-financial assets (such as trademarks and brand names). Examples of capital transfers include forgiveness of debts by creditors, and cash transfers involving the acquisition or disposal of fixed assets.

Financial Account records transactions in financial assets and liabilities between residents and non-residents. It shows how an economy's external transactions are financed. Transactions in the financial account are classified by function (i.e. the purpose of the investment) into direct investment, portfolio investment, financial derivatives, other investment and reserve assets.

Direct Investment refers to external investment in which an investor of an economy acquires a lasting interest and a significant degree of influence or an effective voice in the management of an enterprise located in another economy. For statistical purpose, an effective voice is taken as being equivalent to a holding of 10% or more of the voting power in an enterprise.

Portfolio Investment refers to investment in non-resident equity securities and debt securities (e.g. bonds and notes, money market instruments), other than that included in direct investment or reserve assets. Compared with direct investors, portfolio investors in equity securities and debt securities of non-resident enterprises have no lasting interest or influence in the management of the enterprises concerned. A holding of less than 10% of the voting power in an enterprise is regarded as portfolio investment.

Financial Derivatives are financial instruments that are linked to a specific financial instrument or indicator or commodity, and through which specific financial risks can be traded in financial markets in their own right. Financial derivatives include option-type contracts (e.g. warrants and options) and forward-type contracts (e.g. futures, interest rate swaps, currency swaps, forward rate agreements, forward foreign exchange contracts).

Other Investment refers to other financial claims on and liabilities to non-residents that are not classified as direct investment, portfolio investment, financial derivatives or reserve assets. Other investment includes non-marketable loans, currency and deposits, trade credits and advances, and other assets / liabilities.

Reserve Assets are external assets that are readily available to and controlled by the monetary authority of an economy (which refers to the Hong Kong Monetary Authority in the case of Hong Kong) for meeting balance of payments financing needs, for intervention in exchange markets to regulate the currency exchange rate of that economy, and for other related purposes (such as maintaining confidence in the currency and the economy, and serving as a basis for foreign borrowing).

International Investment Position (IIP) is a balance sheet showing the stock of external financial assets and liabilities of an economy at a particular time point. The difference between the external financial assets and liabilities is the net IIP of the economy, which represents either its net claim on or net liability to the rest of the world. Being fully consistent with the BoP financial account, IIP is also categorised by type of investment. Assets and liabilities are divided into direct investment, portfolio investment, financial derivatives and other investment. The asset side of IIP also includes the reserve assets. For detailed explanation on investment components, please refer to the explanatory notes on the components of the financial account of the BoP account.

Net IIP is the difference between total external financial assets and total external financial liabilities.

Index of Industrial Production measures the changes in local industrial output in real terms, i.e. changes in the volume of local production after discounting the effect of price changes.

Usable Floor Area is defined as the aggregate of the areas of the floor or floors in a storey or a building excluding any staircases, public circulation space, lift landings, lavatories, water-closets, kitchens and any space occupied by machinery for any lift, air-conditioning system or similar service provided for the building.

Buildings with Consents to Commence Work refer to buildings with "Consents" to commence building works issued by the Buildings Department. Such "Consents" are issued to private development projects (including Hong Kong Housing Society's projects).

First Submission refers to plans for a building project which are first submitted to the Building Authority for approval.

Major Revision refers to building plans which have been so extensively revised that they must be fundamentally re-assessed.

Owner-occupier refers to a household which owns the quarters it occupies.

Sole Tenant refers to a household which rents the whole quarters it occupies from someone who lives outside the quarters without sharing it with other household(s) or subletting.

Co-tenant refers to two or more households each of which rents part of the quarters from someone who lives outside the quarters.

Main Tenant refers to a household which rents the whole quarters it occupies from someone who lives outside the quarters and sublets part of it to other household(s).

Sub-tenant refers to a household which rents part of the quarters from someone who lives in the same quarters.

Rent Free refers to a household which occupies an accommodation free, with or without the owner's permission. This does not include owner-occupiers or households occupying accommodation provided by employers.

Accommodation Provided by Employer refers to a household which occupies an accommodation provided by the employer of one of the household members. This also includes households occupying quarters leased from employers at a nominal rent. If a household member uses housing allowance given by his/her employer for renting accommodation, the tenure is not regarded as "accommodation provided by employer".

Imports are goods which have been produced or manufactured in places outside the jurisdiction of Hong Kong and brought into Hong Kong for local use or for subsequent re-export as well as Hong Kong products re-imported. Their values are recorded on cost, insurance and freight (c.i.f.) basis.

Total Exports comprise domestic exports and re-exports. Domestic exports are the natural produce of Hong Kong or products of a manufacturing process in Hong Kong which has changed permanently and substantially the shape, nature, form or utility of the basic materials used in manufacture. Processes such as simple diluting, packing, bottling, drying, simple assembling, sorting, decorating, etc., do not confer Hong Kong origin. Re-exports are products which have previously been imported into Hong Kong and which are re-exported without having undergone in Hong Kong a manufacturing process which has changed permanently and substantially the shape, nature, form or utility of the basic materials used in the manufacture. Their values are recorded on free-on-board (f.o.b.) basis.

Exports to the Mainland of China for Outward Processing refer to raw materials or semi-manufactures exported from or through Hong Kong to the mainland of China for processing with a contractual arrangement for subsequent re-importation of the processed goods into Hong Kong.

Imports from the Mainland of China Related to Outward Processing in the Mainland refer to processed goods imported to Hong Kong from the mainland of China, of which all or part of the raw materials or semi-manufactures have been under contractual arrangement exported from or through Hong Kong to the mainland of China for processing.

Re-exports of the Mainland of China Origin to Other Places (excluding the Mainland of China) Involving Outward Processing in the Mainland of China refer to processed goods re-exported through Hong Kong, of which all or part of the raw materials or semi-manufactures have been exported from or through Hong Kong to the mainland of China for processing with a contractual arrangement for subsequent re-importation of the processed goods into Hong Kong.

Direct Investment refers to external investment in which an investor of an economy acquires a lasting interest and a significant degree of influence or an effective voice in the management of an enterprise located in another economy. For statistical purpose, an effective voice is taken as being equivalent to a holding of 10% or more of the voting power in an enterprise. Direct investment comprises equity and investment fund shares and debt instruments. Equity and investment fund shares include equity in branches, shares in subsidiaries and associates, investment fund shares and reinvestment of earnings (which refers to the investors' share of earnings not distributed by branches, subsidiaries, associates or investment funds). Debt instruments mainly involve inter-company debt transactions. These include short-term and long-term borrowing and lending of funds between parent companies and their branches, subsidiaries and associates.

Inward Direct Investment refers to direct investment by a non-Hong Kong resident on a Hong Kong resident enterprise. Typical examples of inward direct investment are multinational corporations' branches and subsidiaries operating in Hong Kong.

Outward Direct Investment refers to direct investment by a Hong Kong resident on a non-resident enterprise.

Position of Direct Investment refers to the value of investment abroad or investment received from abroad of Hong Kong residents at a specified date.

Flow of Direct Investment refers to the additions/withdrawals of investment abroad or investment received from abroad of Hong Kong residents during a period.

Loan Fund finances loans and advances for such schemes as housing loans and education loans. The main sources of income are appropriations from the General Revenue Account, loan repayments and interest on loans.

Effective Exchange Rate Index (EERI) for the Hong Kong Dollar (HKD) is an index which measures movements in the weighted average of the exchange rate of the HKD against the currencies of major trading partners of Hong Kong. It serves as an indicator for measuring the overall strength of the HKD relative to selected currencies. A new EERI series has been released as from 3 January 2012 to replace the old EERI series. This new series uses January 2010 as the base and includes 15 currencies (the Indian Rupee is added to the new series).

Exchange Rates Between the Hong Kong Dollar and Other Currencies refer to the closing middle market telegraphic transfer rates or notes rates.

Authorized Institutions include licensed banks, restricted licence banks and deposit-taking companies. Licensed banks can accept deposits of any size and any term of maturity. With the final phase of interest rate deregulation came into effect on 3 July 2001, there is no restriction on interest rate payable. As for restricted licence banks, they can accept time deposits in amounts of not less than HK$500,000 with any term of maturity. Deposit-taking companies can however accept time deposits in amounts of not less than HK$100,000 with a term of maturity of at least three months. Both restricted licence banks and deposit-taking companies have no restriction on interest rate payable.

Foreign Currency Swap Deposits refer to deposits involving customers buying foreign currencies in the spot market and placing them as deposits with authorized institutions, while at the same time entering into a contract to sell such foreign currencies (principal plus interest) forward in line with the maturity of such deposits. For most analytical purpose, they should be regarded as Hong Kong dollar time deposits.

Money Supply M_1 refers to the sum of legal tender notes and coins held by the public plus customers' demand deposits placed with licensed banks.

Money Supply M_2 refers to the sum of M_1 plus customers' savings and time deposits with licensed banks, plus negotiable certificates of deposit issued by licensed banks held by non-authorized institutions.

Money Supply M_3 refers to the sum of M_2 plus customer deposits with restricted licence banks (RLBs) and deposit-taking companies (DTCs) plus negotiable certificates of deposit issued by RLBs and DTCs held by non-authorized institutions.

Hang Seng Index is a freefloat-adjusted market capitalisation-weighted index with capping on individual constituent weighting. The 50 constituent stocks of the Hang Seng Index are grouped under four sub-indexes, namely Finance, Utilities, Properties and Commerce and Industry.

Consumer Price Index (CPI) measures the changes over time in the price level of consumer goods and services generally purchased by households. The year-on-year rate of change in the CPI is widely used as an indicator of the inflation affecting consumers. Different CPI series are compiled to reflect the impact of consumer price changes on households in different expenditure ranges. The CPI(A), CPI(B) and CPI(C) are compiled based on the expenditure patterns of households in the relatively low, medium and relatively high expenditure ranges respectively. A Composite CPI is compiled based on the overall expenditure pattern of all the above households taken together to reflect the impact of consumer price changes on the household sector as a whole. The expenditure weight of each item is the share of the item in the total expenditure of households. Derived from the results of the Household Expenditure Survey, the set of expenditure weights is updated once every five years to ensure that up-to-date expenditure patterns of households in different expenditure ranges are used in the compilation of the respective CPIs.

Educational Attainment refers to the highest level of education ever attained by a person in school or other educational institution, regardless of whether he/she had completed the course. Only formal courses are counted as educational attainment. A formal course shall be one that lasts for at least one academic year, requires specific academic qualifications for entrance (except sub-degree, associate degree, degree and post-graduate courses offered by the Open University of Hong Kong) and includes examinations or specific academic assessment procedures.

Social Security Schemes aim to provide for the basic and special needs of the members of the community who are in need of financial or material assistance. The non-contributory social security system comprises Comprehensive Social Security Assistance Scheme, Social Security Allowance Scheme, Criminal and Law Enforcement Injuries Compensation Scheme, Traffic Accident Victims Assistance Scheme and Emergency Relief.

Comprehensive Social Security Assistance Scheme provides a safety net for those who cannot support themselves financially. It is designed to bring their income up to a prescribed level to meet their basic needs. An applicant must satisfy the residence requirements and pass both the income and assets tests.

Social Security Allowance Scheme includes Normal Disability Allowance, Higher Disability Allowance, Old Age Allowance (OAA), Normal Old Age Living Allowance, Higher Old Age Living Allowance, Guangdong (GD) Scheme and Fujian (FJ) Scheme. The OAA and Disability Allowance provide a monthly allowance to Hong Kong residents who are 70 years of age or above or who are severely disabled to meet their special needs arising from old age or disability respectively. The Old Age Living Allowance (OALA) (renamed as Normal OALA), launched in April 2013, and the Higher OALA, launched in June 2018, are to provide a monthly allowance to supplement the living expenses of Hong Kong residents aged 65 or above who are in need of financial support. The GD Scheme was launched in October 2013 and the FJ Scheme was launched in April 2018. The OALA (including Normal OALA and Higher OALA) under the GD Scheme and the FJ Scheme were launched in January 2020.

Criminal and Law Enforcement Injuries Compensation Scheme aims to provide financial assistance to persons (or to their dependants in cases of death) who are injured as a result of a crime of violence, or by a law enforcement officer using a weapon in the execution of his duty. The Scheme is non-means-tested.

Traffic Accident Victims Assistance Scheme aims to provide speedy financial assistance to road traffic accident victims (or to their dependants in cases of death) on a non-means tested basis, regardless of the element of fault leading to the occurrence of the accident. Payments are made for personal injuries, while loss of or damage to property is not covered.

Emergency Relief is provided for victims of natural and other disasters such as fire, typhoon, flood, rainstorm, landslide, house collapse, and also for evacuees of buildings and premises considered to be dangerous under Closure Orders.

27

澳门特别行政区主要社会经济指标

Main Social and Economic Indicators of Macao Special Administrative Region

简 要 说 明

一、本章资料反映澳门特别行政区主要社会、经济发展情况。内容包括：土地、人口、就业、国民经济核算、工业、能源、建筑、交通通讯、对外贸易、财政金融、物价、教育、卫生、房屋、社会保障等方面。

二、本章由澳门特别行政区政府统计暨普查局提供所有数据，国家统计局国际统计信息中心负责整理、编辑。

三、在统计工作方面，按中华人民共和国“澳门特别行政区基本法”的有关原则，澳门特别行政区保留其单独运作的统计系统，并负责编制和发布反映澳门特别行政区情况的统计数据。由于澳门和内地在使用统计名词及概念方面会有所不同，读者在比较两地数据时，请参考本章末的“主要统计指标解释”。

四、澳门特别行政区是单独的关税地区，澳门与内地之间的贸易，亦需办理进出口报关。在贸易统计方面，澳门特别行政区对外商品贸易统计数据亦包括澳门特别行政区与内地的贸易。

五、在外汇统计及与之有关的各方面，澳门元是澳门特别行政区的法定货币，因此，除澳门元以外的货币（包括人民币）均视作外币。

六、更详细的统计资料及有关的技术细节，可参阅澳门特别行政区政府统计暨普查局出版的《统计月刊》、《统计年鉴》及各专题统计出版物。

七、本章节表中的符号使用说明：“−”表示绝对数值为零；“o”表示数据小于本表最小单位半数。“#”表示保密资料；“r”修订数字。

Brief Introduction

I. Data in this chapter reflect the major social and economic development of the Macao Special Administrative Region, including land; population; employment; national accounts; industry; energy; construction; transportation and communications; external trade; public finance and banking; prices; education; health; housing; and social security.

II. Data in this chapter are provided by the Statistics and Census Service of the Government of Macao Special Administrative Region, which are tabulated and edited by the International Statistical Information Centre of the National Bureau of Statistics.

III. According to the *Basic Law of the Macao Special Administrative Region of the People's Republic of China*, Macao Special Administrative Region maintains its independent statistical system that is responsible to comply and disseminate statistical information on the different aspect of the Special Administrative Region. As Macao and the mainland of China adopt different statistical concepts, definitions and terminology, users are advised to read the Explanatory Notes at the end of this chapter when making comparison between the mainland of China and the Macao Special Administrative Region.

IV. Macao is a separate customs territory; therefore, import and export trade between Macao and the mainland of China also requires customs declaration. In terms of trade statistics, Macao's external merchandise trade data also include trade transaction between Macao and the mainland.

V. The Macao Pataca (MOP) is the legal tender in the Macao Special Administrative Region, all other currencies (including Renminbi) are considered as foreign currencies in statistics on foreign exchange and related data.

VI. Detailed information and technical aspects are available in the *Monthly Bulletin of Statistics, Yearbook of Statistics* and other thematic publications published by the Statistics and Census Service of the Government of Macao Special Administrative Region.

VII. Notations used in this chapter:

"-" indicates absolute value equals zero; "o" indicates less than half of the unit employed; "#" indicates confidential data; "r" Revised figure.

27-1 主要统计指标概况
Summary of Key Statistics

项　　目	Items	2015	2016	2017	2018	2019
人口及生命统计	**Population and Vital Statistics**					
年中人口 (万人)	Mid-year Population (10 000)	64.3	65.3	64.8	65.9	67.2
粗出生率 (‰)	Crude Birth Rate (‰)	11.0	11.0	10.1	9.0	8.9
粗死亡率 (‰)	Crude Death Rate (‰)	3.1	3.4	3.3	3.1	3.4
婴儿死亡率 (‰)	Infant Mortality Rate (‰)	1.6	1.7	2.3	3.4	1.5
(按每千名出生登记活产婴儿计算)	(per 1000 registered live births)					
劳动、就业	**Labour, Employment**					
劳动人口 (万人)	Labour Force (10 000)	40.4	39.7	38.7	39.2	39.5
劳动力参与率 (%)	Labour Force Participation Rate (%)	73.7	72.3	70.8	70.9	70.3
失业率 (%)	Unemployment Rate (%)	1.8	1.9	2.0	1.8	1.7
就业不足率 (%)	Underemployment Rate (%)	0.4	0.5	0.4	0.5	0.5
就业人口 (万人)	Employed Population (10 000)	39.7	39.0	38.0	38.5	38.8
建筑业	Construction	5.5	4.4	3.3	3.1	3.1
批发及零售业	Wholesale & Retail Trade	4.5	4.4	4.6	4.4	4.2
酒店及饮食业	Hotels, Restaurants & Similar Activities	5.5	5.7	5.5	5.6	5.6
文娱博彩及其他服务业	Recreational, Cultural, Gaming & Other Services	9.4	9.3	9.2	9.6	9.7
对外商品贸易 (亿澳门元)	**External Merchandise Trade (100 million MOP)**					
出口	Exports	107	100	113	122	128
本地产品出口	Domestic Exports	18	20	18	15	15
再出口	Re-exports	89	81	95	107	113
进口	Imports	847	714	759	901	901
贸易价格比率 (2016=100)	Terms of Trade (2016=100)	99.5	100.0	100.2	100.0	100.1
工业生产	**Industrial Production**					
工业电力消耗量 (亿千瓦小时)	Electricity Consumption (100 million kwh)	1.5	1.6	1.6	1.6	1.5
私人建筑	**Private Sector Construction**					
获发使用准照楼宇	Buildings with Licence of Use issued					
单位数目 (个)	Units (No.)	4364	498	4525[r]	4268[r]	3013
总建筑面积 (万平方米)	Gross Floor Area (10 000 sq.m)	258	19	84	129	47
获发动工批示楼宇	Buildings with Construction Permit issued					
单位数目 (个)	Units Started (No.)	3688	5372	3226[r]	1674[r]	405
总建筑面积 (万平方米)	Gross Floor Area (10 000 sq.m)	169	87	41	58	44
楼宇单位买卖数目 (个)	Number of Units Sold (No.)	9771	14108	13985	15073	11022
不动产买卖契约数目 (宗)	Deed of Real Estate Transacted (No.)	8771	13262	13961	13494	10303
不动产按揭贷款数目 (宗)	Real Estate Mortgage Loans (No.)	16570	18529	17439	20095	16508
运输、通讯、旅游 (万次)	**Transport, Communications, Tourism (10 000)**					
进出澳门重型货运车	Lorries Entering and Departing Macao	38.5	36.3	34.5	34.8	34.1
进出澳门的客船班次	Ferry Trips Entering and Departing Macao	14.5	13.9	13.9	13.2	11.1
澳门国际机场的商业航班	Commercial Flights at Macao International Airport	5.2	5.4	5.5	6.2	7.4
注册车辆 (万辆)	Licensed Vehicles (10 000)	24.9	25.0	24.2	24.0	24.1
固网及移动电话用户线 (包括储值咭，万户)	Fixed-line Telephone & Mobile Phone Subscribers (incl. stored value GSM cards) (10 000)	204.3	210.9	238.0	230.5	291.0
入境旅客 (万人次)	Visitors Arrival (10 000)	3071	3095	3261	3580	3941
酒店业入住率 (%)	Occupancy Rate of Hotel Sector (%)	82	83	87	91	91
财政收支、货币、金融(亿澳门元)	**Government Accounts, Money and Finance (100 million MOP)**					
财政总收入	Total Government Revenue	1161	1105	1264	1413	1407
财政总支出	Total Government Expenditure	808	826	813	830	847
货币供应(广义货币供应量M_2)	Money Supply (M_2)					
总计	Total	4728	5325	5915	6515[r]	6875
澳门元	MOP	1413	1630	1828	1985	2106
港元	HKD	2435	2892	3203	3420	3311
其他货币	Other currencies	880	802	884	1110	1458
本地/私人部门贷款及垫款	Domestic Loans/Advances to the Private Sector	3844	4181	4517	5011	5155

27-1 续表 continued

项 目		Items		2015	2016	2017	2018	2019
消费物价指数		**Consumer Price Index**						
（2018年4月至2019年3月=100）		**(Apr/2018 - Mar/2019=100)**						
综合消费价格指数		Composite Consumer Price Index		92.80	95.00	96.16	99.05	101.78
甲类消费价格指数		Consumer Price Index (A)		92.94	95.08	96.22	99.13	101.79
乙类消费价格指数		Consumer Price Index (B)		91.63	94.37	95.71	98.48	101.77
房屋（期末）		**Housing (End-period)**						
公共房屋	（套）	Public Housing	(No.)	11507	12219	12209	14817	14670
教育		**Education**						
幼儿教育学生	（人）	Student of Pre-primary Education	(person)	16789	17757	18802	18626	19265
小学生	（人）	Student of Primary Education	(person)	26436	28438	30169	32530	33961
中学生	（人）	Student of Secondary Education	(person)	28745	27473	26608	26022	26396
高等教育学生	（人）	Student of Higher Education	(person)	31970	32750	33098	34279	36107
医疗		**Health**						
医生	（人）	Doctors	(person)	1674	1726	1730	1754	1808
护士	（人）	Nurses	(person)	2279	2342	2397	2464	2491
病床	（张）	Hospital Beds	(unit)	1494	1591	1596	1604	1628
社会保障		**Social Security**						
受益人数目	（人）	Beneficiaries	(person)	358113	358541	360044	364665	365435
供款单位数目	（个）	Contributors	(No.)	23388	23885	24443	25470	25860
福利金受领人数	（人）	Number of Recipients	(person)	88855	98223	107174	117159	125429
福利金发放金额	（万澳门元）	Pension Amount	(10 000 MOP)	293327	337623	372508	403924	459194
律贴受领人次	（人次）	Number of Recipients	(person)	17893	21000	18430	18073	18278
律贴发放金额	（万澳门元）	Allowance Amount	(10 000 MOP)	4558	5994	4668	6414	7091
治安		**Public Security**						
罪案数目	（宗）	Number of Crimes	(No.)	13653	14387	14293	14365	14178
囚犯数目	（期末）	Number of Prisoners	(end-year)	1280	1271	1284	1458	1636
本地生产总值		**Gross Domestic Product (GDP)**						
按以环比物量(2018年)计算		In Chained (2018) Dollars						
实际增长率	(%)	Growth Rate in Real Terms	(%)	-21.6	-0.7[r]	9.9[r]	5.4[r]	-4.7
本地生产总值	（亿澳门元）	GDP	(100 million MOP)	3865.5[r]	3837.7[r]	4217.1[r]	4446.7[r]	4237.2
人均本地生产总值	（万澳门元）	GDP per capita	(10 000 MOP)	60.3[r]	59.4[r]	65.0[r]	67.3[r]	62.9
当年价格		At Current Prices						
名义增长率	(%)	Growth Rate in Nominal Terms	(%)	-18.1	0.2[r]	12.2[r]	9.2[r]	-2.2
本地生产总值	（亿澳门元）	GDP	(100 million MOP)	3622.1	3628.8[r]	4073.3[r]	4446.7[r]	4346.7
人均本地生产总值	（万澳门元）	GDP per capita	(10 000 MOP)	56.5	56.2[r]	62.8[r]	67.3[r]	64.5

27-2 按堂区划分的陆地面积
Land Area by Parish

单位: 平方公里 (sq.km)

分区	Sub-division	2015	2016	2017	2018	2019
总面积	**Total Land Area**	**30.4**	**30.5**	**30.8**	**32.9**	**32.9**
澳门半岛	**Macao Peninsula**	**9.3**	**9.3**	**9.3**	**9.3**	**9.3**
圣安多尼堂区	Santo Antonio	1.1	1.1	1.1	1.1	1.1
望德堂区	Sao Lazaro	0.6	0.6	0.6	0.6	0.6
风顺堂区	Sao Lourenco	1.0	1.0	1.0	1.0	1.0
大堂区	Se	3.4	3.4	3.4	3.4	3.4
花地玛堂区	N.S. de Fatima	3.2	3.2	3.2	3.2	3.2
氹仔	**Taipa Island**	**7.6**	**7.6**	**7.9**	**7.9**	**7.9**
路环	**Coloane Island**	**7.6**	**7.6**	**7.6**	**7.6**	**7.6**
路氹填海区	**CoTai Reclamation Zone**	**5.9**	**6.0**	**6.0**	**6.0**	**6.0**
新城A区及港珠澳大桥澳门口岸管理区	**New Urban Zone Area A and the Macao boundary crossing area of the Hong Kong-Zhuhai-Macao Bridge**	**~**	**~**	**~**	**2.1**	**2.1**

27-3 人口主要指标
Main Demographic Indicator

项目	Item	2015	2016	2017	2018	2019
年中人口 (万人)	Mid-year Population (10 000 persons)	64.3	65.3	64.8	65.9	67.2
出生率 (‰)	Crude Birth Rate (‰)	11.0	11.0	10.1	9.0	8.9
死亡率 (‰)	Crude Death Rate (‰)	3.1	3.4	3.3	3.1	3.4
婴儿死亡率 (‰)	Infant Mortality Rate (‰)	1.6	1.7	2.3	3.4	1.5
自然增长率 (‰)	Natural Growth Rate (‰)	7.9	7.5	6.8	5.9	5.5
总和生育率	Total Fertility Rate	1.1	1.1	1.0	0.9	0.9
登记结婚 (宗)	Registered Marriages (case)	3719	3891	3883	3842	3724
离婚 (宗)	Registered Divorces (case)	1168	1245	1479	1544	1435
项目	Item	2012-2015	2013-2016	2014-2017	2015-2018	2016-2019
出生时平均预期寿命(岁)	Life Expectancy at Birth (years)	83.2	83.3	83.4	83.7	83.8
男	Male	79.9	80.2	80.3	80.6	80.8
女	Female	86.3	86.4	86.4	86.6	86.7

27-4 经济活动人口及失业状况
Labour Force and Unemployment

项目	Item	2015	2016	2017	2018	2019
劳动人口 (万人)	Labour Force (10 000 persons)	40.4	39.7	38.7	39.2	39.5
男	Male	21.3	20.6	19.3	19.2	19.3
女	Female	19.1	19.1	19.4	20.1	20.2
就业人口 (万人)	Employed Population (10 000 persons)	39.7	39.0	38.0	38.5	38.8
失业人口 (万人)	Unemployed Population (10 000 persons)	0.7	0.8	0.8	0.7	0.7
失业率 (%)	Unemployment Rate (%)	1.8	1.9	2.0	1.8	1.7

27-5 按行业划分的就业人口
Employed Population by Industry

单位：万人 (10 000 persons)

行业	Industry	2015	2016	2017	2018	2019
总数	**Total**	**39.65**	**38.97**	**37.98**	**38.54**	**38.78**
制造业	Manufacturing	0.69	0.79	0.65	0.64	0.63
水电及气体生产供应业	Electricity, Gas & Water Supply	0.12	0.12	0.11	0.11	0.09
建筑业	Construction	5.48	4.44	3.27	3.11	3.05
批发及零售业	Wholesale & Retail Trades	4.50	4.41	4.58	4.37	4.16
酒店及饮食业	Hotels, Restaurants & Similar Activities	5.50	5.72	5.46	5.61	5.61
运输、仓储及通信业	Transport, Storage & Communications	1.75	1.93	1.91	1.92	1.98
金融业	Financial Intermediation	1.08	1.04	1.13	1.08	1.21
不动产及工商服务业	Real Estate & Business Activities	2.98	3.04	3.02	3.19	3.48
公共行政及社保事务	Public Administration & Social Security	2.94	2.83	2.87	2.98	2.79
教育	Education	1.66	1.59	1.70	1.75	1.73
医疗卫生及社会福利	Health & Social Welfare	1.13	1.21	1.29	1.24	1.26
文娱博彩及其他服务业	Recreational, Cultural, Gaming & Other Services	9.42	9.27	9.23	9.64	9.70
家务工作	Domestic Work	2.36	2.53	2.68	2.85	3.03
其他及不详	Others and Unknown	0.05	0.05	0.06	0.06	0.08

27-6 按行业划分的月工作收入中位数
Median Monthly Employment Earnings by Industry

单位：澳门元 (MOP)

行业	Industry	2015	2016	2017	2018	2019
总数	**Total**	**15000**	**15000**	**15000**	**16000**	**17000**
制造业	Manufacturing	10300	11300	12000	11500	10800
水电及气体生产供应业	Electricity, Gas & Water Supply	26000	23000	29000	30000	20500
建筑业	Construction	13000	15000	15000	15000	17000
批发及零售业	Wholesale & Retail Trade	12000	12000	13000	13000	14000
酒店及饮食业	Hotels, Restaurants & Similar Activities	10000	10000	10000	11000	12000
运输、仓储及通信业	Transport, Storage & Communications	14000	14000	15300	16000	16000
金融业	Financial Intermediation	18000	20000	20000	20000	21000
不动产及工商服务业	Real Estate & Business Activities	9500	10000	10000	10000	11000
公共行政及社保事务	Public Administration & Social Security	34800	35000	37400	39500	40300
教育	Education	22000	22000	25000	25000	28000
医疗卫生及社会福利	Health & Social Welfare	20000	20500	21000	24000	22100
文娱博彩及其他服务业	Recreational, Cultural, Gaming & Other Services	18000	19000	19000	20000	20000
家务工作	Domestic Work	3800	4000	4000	4000	4200

27-7 本地生产总值(当年价格)
Gross Domestic Product at Current Prices

年 份 Year	本地生产总值 GDP (亿澳门元) (100 million MOP)	本地生产总值 GDP (亿美元) (100 million USD)	实际增长率 (%) Growth Rate in Real Terms (%)	人均本地生产总值 GDP per capita (澳门元) (MOP)	人均本地生产总值 GDP per capita (美元) (USD)
1993	448.2	56.3	5.2	116729	14650
1994	498.8	62.7	4.3	125708	15792
1995	557.4	70.0	3.3	136192	17093
1996	567.4	71.2	-0.4	136693	17159
1997	575.1	72.1	-0.3	137821	17282
1998	538.0	67.4	-4.6	127386	15966
1999	518.7	64.9	-2.4	121363	15186
2000	539.4	67.2	5.7	125271	15608
2001	547.2	68.1	2.9	126107	15698
2002	588.3	73.2	8.9	134181	16703
2003	657.3	81.9	11.7	148182	18473
2004	849.2	105.9	26.8	186776	23281
2005	968.7	120.9	8.1	204607	25541
2006	1183.4	147.9	13.3	238057	29755
2007	1473.8	183.4	14.4	282962	35212
2008	1677.6	209.2	3.4	312149	38918
2009	1714.7	214.8	1.3	318611	39905
2010	2250.5	281.2	25.3	419153	52380
2011	2943.5	367.1	21.7	536178	66867
2012	3438.2	430.3	9.2	603525	75536
2013	4118.7	515.5	11.2	692501	86680
2014	4420.7	553.5	-1.2	710895	89005
2015	3622.1	453.6	-21.6	564635	70712
2016	3628.8 r	453.9 r	-0.7 r	561858 r	70278 r
2017	4073.3 r	507.5 r	9.9 r	627625 r	78197 r
2018	4446.7 r	550.8 r	5.4 r	673481 r	83425 r
2019	4346.7	538.6	-4.7	645438	79977

27-8 支出法本地生产总值
Expenditure-based Gross Domestic Product

单位：亿澳门元 (100 million MOP)

本地生产总值组成部分	GDP Components	2015	2016	2017	2018	2019
按当年价格计算	**At Current Prices**					
私人消费支出	Private Consumption Expenditure	945.3	957.7	988.5 r	1057.5 r	1102.2
政府最终消费支出	Government Final Consumption Expenditure	347.8	377.7	393.5 r	420.6 r	451.7
固定资本形成总额	Gross Fixed Capital Formation	890.8	784.9	802.5 r	741.9 r	594.7
存货增加	Changes in Inventories	19.3	-1.5	-9.7 r	22.0 r	22.0
货物出口	Exports of Goods	156.4	123.6	140.1 r	158.9 r	145.7
减:货物进口	Less: Imports of Goods	1083.9	933.1	990.2 r	1071.2 r	1078.9
服务出口	Exports of Services	2665.7	2637.5	3116.2 r	3522.6 r	3483.9
减:服务进口	Less: Imports of Services	319.2	317.9 r	367.6 r	405.6 r	374.6
本地生产总值	**GDP**	**3622.1**	**3628.8 r**	**4073.3 r**	**4446.7 r**	**4346.7**
人均本地生产总值 (澳门元)	**GDP per capita (MOP)**	**564635**	**561858 r**	**627625 r**	**673481 r**	**645438**
以环比物量(2018年)计算	**In Chained (2018) Dollars**					
私人消费支出	Private Consumption Expenditure	1000.5 r	992.3 r	1014.6 r	1057.5 r	1088.1
政府最终消费支出	Government Final Consumption Expenditure	389.2 r	406.9 r	406.5 r	420.6 r	437.0
固定资本形成总额	Gross Fixed Capital Formation	964.5 r	849.4 r	828.1 r	741.9 r	592.8
存货增加	Changes in Inventories	18.9 r	-1.5	-9.8 r	22.0 r	22.1
货物出口	Exports of Goods	156.1 r	124.3 r	140.9 r	158.9 r	145.7
减:货物进口	Less: Imports of Goods	1074.4 r	939.5 r	998.5 r	1071.2 r	1082.5
服务出口	Exports of Services	2768.1 r	2746.0 r	3212.5 r	3522.6 r	3403.6
减:服务进口	Less: Imports of Services	345.1 r	334.1 r	376.4 r	405.6 r	369.4
本地生产总值	**GDP**	**3865.5 r**	**3837.7 r**	**4217.1 r**	**4446.7 r**	**4237.2**
人均本地生产总值 (澳门元)	**GDP per capita (MOP)**	**602565 r**	**594206 r**	**649791 r**	**673481 r**	**629175**

27-9 生产法本地生产总值
Production-based Gross Domestic Product

单位: 亿澳门元 (100 million MOP)

经济活动	Economic Activities	2014	2015	2016	2017	2018
第二产业	**Secondary Sector**	**221.2**	**278.0**	**238.7**	**201.4**	**182.7**
采矿业	Mining and Quarrying	-	-	-	-	-
制造业	Manufacturing	18.4	21.7	21.6	22.6	23.9
电力、煤气及水供应	Electricity, Gas and Water Supply	22.3	23.6	25.6	29.9	26.8
建筑业	Construction	180.5	232.7	191.5	148.9	131.8
第三产业	**Tertiary Sector**	**4124.0**	**3286.0**	**3322.4 r**	**3775.0 r**	**4188.8**
批发零售、维修、酒店、餐厅及酒楼业	Wholesale, Retail, Repair, Hotels and Restaurants	445.7	397.9	399.8	466.9 r	529.3
运输、仓储及通信业	Transport, Storage and Communications	88.7	97.3	102.0	105.3 r	113.3
金融保险、不动产、租赁及商业服务	Financial Intermediation, Real Estate, Renting and Business Activities	727.4	725.4	786.3	858.5 r	915.6
公共行政、社会服务及个人服务（包括博彩业）	Public Administration, Other Community, Social and Personal Services (Including gambling)	2862.1	2065.2 r	2034.3 r	2344.4 r	2630.6
以生产者价格计算的增加值	**Gross value added at producers' prices**	**4345.2**	**3563.8 r**	**3561.2 r**	**3976.3 r**	**4371.6**
加进口税	**Add: Taxes on imports**	**4.6**	**5.1**	**4.5**	**5.3**	**5.1**
以市场价格按生产法计算的本地生产总值	**Production-based GDP at Current Market Prices**	**4349.7**	**3568.9 r**	**3565.6 r**	**3981.6 r**	**4376.7**
以市场价格按支出法计算的本地生产总值	**Expenditure-based GDP at Current Market Prices**	**4420.7**	**3622.1**	**3628.8 r**	**4073.3 r**	**4446.7**
统计差异(%)	**Statistical Discrepancy (%)**	**-1.6**	**-1.5**	**-1.7 r**	**-2.3 r**	**-1.6**

27-10 生产法本地生产总值结构
Structure of Production-based Gross Domestic Product

单位: % (%)

经济活动	Economic Activities	2014	2015	2016	2017	2018
第二产业	**Secondary Sector**	**5.1**	**7.8**	**6.7**	**5.1**	**4.2**
采矿业	Mining and Quarrying	-	-	-	-	-
制造业	Manufacturing	0.4	0.6	0.6	0.6	0.6
电力、煤气及水供应业	Electricity, Gas and Water Supply	0.5	0.7	0.7	0.8	0.6
建筑业	Construction	4.2	6.5	5.4	3.7	3.0
第三产业	**Tertiary Sector**	**94.9**	**92.2**	**93.3**	**94.9**	**95.8**
批发零售、维修、酒店、餐厅及酒楼业	Wholesale, Retail, Repair, Hotels and Restaurants	10.3	11.2	11.2	11.7	12.1
运输、仓库及通信业	Transport, Storage and Communications	2.0	2.7	2.9	2.7	2.6
金融、保险、不动产、租赁及商业服务	Financial Intermediation, Real Estate, Renting and Business Activities	16.7	20.4	22.1	21.6 r	20.9
公共行政、社会服务及个人服务（包括博彩业）	Public Administration, Other Community, Social and Personal Services (Including gambling)	65.9	58.0	57.1	59.0 r	60.2
以生产者价格计算的增加值	**Gross value added at producers' prices**	**100.0**	**100.0**	**100.0**	**100.0**	**100.0**

27-11 电力、燃料及水消耗量
Consumption of Electricity, Fuels and Water

项目	Item	2015	2016	2017	2018	2019
电力 (万千瓦小时)	**Electricity (10 000 kwh)**					
住户	Domestic	109745	111588	111439	113686	119593
工业	Industrial	14520	15642	16224	15713	15440
商业及公共照明	Commercial and Public light	353807	376479	389319	402477	419845
燃料	**Fuels**					
重油 (万公升)	Fuel Oil (10 000 litres)	15058	15903	12289	4397	3445
轻柴油 (万公升)	Gas Oil and Diesel (10 000 litres)	13504	12243	11786	11413	11087
汽油 (万公升)	Gasoline (10 000 litres)	10020	10231	10413	10905	11097
液化石油气 (公吨)	L.P.G. (ton)	44374	44607	41936	42297	40905
水 (万立方米)	**Water (10 000 cu.m)**	**8494**	**8670**	**8844**	**9094**	**9281**

27-12 按用途划分的获发使用准照私人楼宇
Private Buildings with Licence of Use issued by End-use

项目	Item	2015	2016	2017	2018	2019
住宅	Residential					
单位数目(个)	Number of Units	4218	404	4318	4158	2886
建筑面积(万平方米)	Gross Floor Area(10 000 sq.m)	64.9	4.6	33.8	45.9	29.8
商铺及办公室	Shop and Office					
单位数目(个)	Number of Units	109	85	167[r]	75[r]	111
建筑面积(万平方米)	Gross Floor Area(10 000 sq.m)	4.6	1.5	2.1	7.2	2.9
工业	Industrial					
单位数目(个)	Number of Units	3	1	6	1	1
建筑面积(万平方米)	Gross Floor Area(10 000 sq.m)	2.7	0.4	9.1	1.0	0.7
其他用途	Others					
单位数目(个)	Number of Units	34	8	34[r]	34[r]	15
建筑面积(万平方米)	Gross Floor Area(10 000 sq.m)	185.5	12.7	39.0	75.2	14.0
总计	Total					
单位数目(个)	Number of Units	4364	498	4525[r]	4268[r]	3013
建筑面积(万平方米)	Gross Floor Area(10 000 sq.m)	257.8	19.2	84.0	129.4	47.4

27-13 按用途划分的获发动工批示私人楼宇
Private Buildings with Construction Permit issued by End-use

项目	Item	2015	2016	2017	2018	2019
住宅	Residential					
单位数目(个)	Number of Units	3568	5207	3111	1493	325
建筑面积(万平方米)	Gross Floor Area(10 000 sq.m)	39.5	50.8	28.8	13.4	3.5
商铺及办公室	Shop and Office					
单位数目(个)	Number of Units	94	128	106[r]	161	54
建筑面积(万平方米)	Gross Floor Area(10 000 sq.m)	2.0	8.0	3.2	2.4	3.5
工业	Industrial					
单位数目(个)	Number of Units	3	7	-	1	1
建筑面积(万平方米)	Gross Floor Area(10 000 sq.m)	3.1	3.1	-	1.7	0.5
其他用途	Others					
单位数目(个)	Number of Units	23	30	9[r]	19[r]	25
建筑面积(万平方米)	Gross Floor Area(10 000 sq.m)	124.8	24.9	9.1	40.1	36.6
总计	Total					
单位数目(个)	Number of Units	3688	5372	3226[r]	1674[r]	405
建筑面积(万平方米)	Gross Floor Area(10 000 sq.m)	169.5	86.9	41.1	57.6	44.2

27-14 零售业销售额
Value of Retail Sales

单位：亿澳门元 (100 million MOP)

项 目	Item	2015	2016	2017	2018	2019
销售总额	**Total Value of Sales**	**615.41**	**588.39**	**662.62**	**768.07**	**771.87**
百货公司	Department Stores	90.70	85.99	98.85	123.28	133.40
超级市场	Supermarkets	43.75	42.48	44.33	46.13	49.49
汽车	Motor Vehicles	37.09	20.15	21.52	25.71	23.91
钟表金饰	Watches, Clocks and Jewellery	136.86	126.04	147.44	161.69	158.50
成人服装	Adults' Clothing	69.69	77.46	86.89	101.47	89.03
车用燃料	Automotive Fuels	12.28	12.14	12.80	15.05	16.80
家用燃料	Fuel for Household Use	5.54	5.46	5.68	6.32	5.90
家庭电器	Household Electric Appliances	14.35	12.86	11.73	13.01	11.65
药房	Pharmacy	18.78	18.16	19.25	21.41	21.33
其他	Others	186.37	187.65	214.13	254.00	261.86

27-15 按出入境方式统计的对外商品贸易
External Merchandise Trade by Mode of Transport

单位：万吨 (10 000 tons)

项 目	Mode of Transport	2015	2016	2017	2018	2019
入境①	Imports ①					
海路	Sea	429.4	420.7	348.6	353.1	526.9
空路	Air	0.7	0.6	0.6	0.7	0.8
陆路	Land	154.1	149.9	148.4	136.2	130.6
其他②	Others ②	9542.3	9703.0	9780.7	10126.3	10183.0
总数	Total	**10126.5**	**10274.2**	**10278.4**	**10616.4**	**10841.3**
出境①	Exports ①					
海路	Sea	20.5	21.2	46.1	32.9	16.0
空路	Air	0.9	1.3	1.5	2.0	2.3
陆路	Land	5.7	4.1	4.7	4.6	3.0
其他②	Others ②	17.6	17.6	19.7	22.1	25.3
总数	Total	**44.7**	**44.2**	**72.0**	**61.6**	**46.6**

注：①包括转运货物。
②包括邮递及以管道运输方式进出澳门的货物。
Notes:①Including transit goods.
②Including external merchandise trade by post and via pipeline.

27-16 集装箱流量
Container Flow

单位：数目 (number)

项 目	Item	2015	2016	2017	2018	2019
入境	Inward	63415	56954	57781	59529	59175
出境	Outward	39947	34906	34585	36469	34845
转口	Trans-shipment	1736	1007	681	757	939

27-17　港口集装箱总吞吐量
Port Container Throughput

单位：标准集装箱 (TEU)

项　目	Item	2015	2016	2017	2018	2019
入境	Inward	91932	80922	81958	86943	84618
出境	Outward	57508	48413	47631	51119	47699
转口	Trans-shipment	287	82	209	577	722

27-18　通信服务
Communications

项　目	Item	2015	2016	2017	2018	2019
邮递服务　（万件）	**Postal Services　(10 000)**					
信件邮件	Mails	3343	3316	3218	3303	3079
包裹	Parcels	0.7	0.7	0.5	0.5	0.5
电话服务　（万户）	**Telephone Services　(10 000)**					
固网电话用户	Fixed-lined Telephone Subscribers	14.7	13.9	13.1	12.4	11.6
移动电话用户	Mobile Phone Subsribers	67.7	70.1	74.3	76.4	80.2
储值卡	Stored Value GSM Cards	121.9	126.9	150.6	141.7	199.1
对外电话通讯量　（万分钟）	**International Calls　(10 000 minutes)**					
拨出	Outgoing	31587	26010	21168	17473	14008
拨入	Incoming	22141	18942	17211	15645	13450
互联网	**Internet Services**					
登记用户　（万户）	Registered Subscribers　(10 000)	33.9	36.3	39.7	54.3	59.0
总使用时数　（万小时）	Total Hours Used　(10 000 hours)	106369	116694	124194	126880	158540

注：由于小数进位关系，此表内“电话服务”细项之和与统计表27-1内“固网及移动电话用户”之总数出现差异。
Note: Figures of "Telephone Services" may not add up to the total indicated in Table 27-1 "Fixed-line Telephone & Mobile Phone Subscribers (incl. stored value GSM cards)" due to rounding.

27-19 对外商品贸易主要指标
Principal Indicators of External Merchandise Trade

单位：亿澳门元 (100 million MOP)

贸易种类	Trade Type	2015	2016	2017	2018	2019
出口	Exports	106.9	100.5	112.8	121.9	128.0
本地产品出口	Domestic Exports	18.2	19.6	17.9	15.3	15.1
再出口	Re-exports	88.7	80.8	95.0	106.6	112.8
进口	Imports	846.6	713.5	758.5	901.0	901.3
进出口总额	Total Trade	953.6	814.0	871.3	1023.0	1029.3
进出口差额	Trade Balance	-739.7	-613.1	-645.7	-779.1	-773.3
出口/进口比率（%）	Exports-to-Imports Ratio(%)	12.6	14.1	14.9	13.5	14.2

27-20 按主要原产地和目的地划分的商品进出口
Merchandise Imports and Exports by Major Country/Region

单位：亿澳门元 (100 million MOP)

主要国家/地区	Major Country/Region	2015	2016	2017	2018	2019
进口(原产地)	**Imports (Origin)**					
中国内地	Mainland China	318.5	258.4	257.0	315.2	306.5
中国香港	Hong Kong, China	75.3	62.1	68.0	70.4	56.5
欧盟	European Union	188.4	170.3	190.9	225.3	249.2
日本	Japan	51.7	45.2	54.5	73.0	61.8
中国台湾	Taiwan, China	13.7	12.5	14.7	14.5	13.0
美国	United States of America	48.0	34.3	33.2	36.7	43.5
出口(目的地)	**Exports (Destination)**					
美国	United States of America	2.0	1.6	1.9	1.3	2.9
欧盟	European Union	2.3	1.7	1.9	2.1	2.0
中国内地	Mainland China	18.4	17.5	21.2	20.1	15.8
中国香港	Hong Kong, China	63.3	55.6	66.0	75.7	81.6

27-21 财政收入
Government Revenue

单位：亿澳门元 (100 million MOP)

项 目	Items	2015	2016	2017	2018
经常收入	**Current Revenue**				
直接税	Direct Taxes	934.2	884.6	1032.6	1159.6
间接税	Indirect Taxes	42.2	40.8	51.2	56.9
费用、罚款及其他金钱制裁	Fees, Fines and Other Penalties	20.2	20.2	18.3	20.5
财产收益	Property Income	32.1	18.3	15.1	9.2
转移	Transfers	53.3	52.3	62.1	71.4
耐用品的出售	Sales of Durable Goods	o	o	0.1	0.1
劳务及非耐用品的出售	Sales of Services and Non-durable Goods	13.5	11.6	12.3	12.5
其他经常收入	Other Current Revenue	5.3	1.8	2.8	2.2
资本收入	**Capital Revenue**				
投资资产的出售	Sales of Fixed Capital	7.5	6.8	0.4	12.2
转移	Transfers	o	o	o	-
财务资产	Financial Assets	5.6	5.9	5.3	7.9
财务负债	Financial Liabilities	-	-	-	-
其他资本收入	Other Capital Revenue	44.9	60.6	61.9	46.9
非从支付中扣减的退回	Reimbursements Not Deducted from Payments	2.4	2.2	1.7	13.8
自治机构	**Autonomous Agencies**	-	-	-	-
总数	**Total**	**1161.1**	**1105.0**	**1263.7**	**1413.1**

单位：亿澳门元 (100 million MOP)

项 目	Items	2019
经常收入	**Current Revenue**	
直接税	Direct Taxes	105.4
间接税	Indirect Taxes	49.3
规费、罚款及其他金钱制裁	Fees, Fines and Other Penalties	17.4
财产收入	Property Income	7.5
特许批给收入	Concession Revenue	1130.8
财务收入	Financial Revenue	4.4
出售物品及劳务	Sales of Goods and Services	8.4
转移	Transfers	3.0
保障制度供款	Social Security Contributions	0.8
其他经常收入	Other Current Revenue	1.7
资本收入	**Capital Revenue**	
出售设施及设备	Sale of Facilities and Equipment	21.6
财务资产	Financial Assets	8.8
出售股票及其他股权	Sale of Shares and Other Equity	o
其他资本收入	Other Capital Revenue	48.2
总数	**Total**	**1407.3**

注：按第63/2018号经济财政司订定的新分类结构。
Note: In accordance with the new classification stipulated in Economy and Finance No. 63/2018.

27-22 财政支出
Government Expenditure

单位：亿澳门元 (100 million MOP)

项　目	Items	2015	2016	2017	2018
经常支出	**Current Expenditure**				
工薪	Payroll	171.9	184.0	198.6	209.4
货物及劳务	Goods and Services	99.8	98.5	95.8	102.8
利息	Interest	-	-	-	-
经常转移	Current Transfers	378.7	390.7	278.4	287.0
其他经常支出	Other Current Expenditure	29.8	31.7	33.7	38.6
资本支出	**Capital Expenditure**				
投资	Investments	97.3	95.1	138.2	165.7
资本转移	Capital Transfers	1.5	6.4	4.4	3.0
财务活动	Financial Transactions	28.6	19.9	63.9	23.9
其他资本支出	Other Capital Expenditure	-	-	-	-
自治机构	**Autonomous Agencies**	-	-	-	-
总数	**Total**	**807.5**	**826.3**	**813.0**	**830.3**

单位：亿澳门元 (100 million MOP)

项　目	Items	2019
经常支出	**Current Expenditure**	
人员开支	Personnel Expenses	247.1
运作开支	Operating Expenses	129.8
提供公用事业服务开支	Expenditure on the Provision of Public	11.9
退休及抚恤制度	Retirement and Pension Regime	o
转移、资助及补助	Transfer, Funding and Subsidies	290.7
其他经常支出	Other Current Expenditure	-
资本支出	**Capital Expenditure**	
设施及设备	Facilities and Equipment	138.2
财务资产	Financial Assets	4.8
股票及其他股权	Shares and Other Equity	24.3
总数	**Total**	**846.8**

注：按第63/2018号经济财政司订定的新分类结构。
Note: In accordance with the new classification stipulated in Economy and Finance No. 63/2018.

27-23 货币供应
Money Supply

单位：亿澳门元(年底数字) (100 million MOP (as at end of year))

项 目	Items	2015	2016	2017	2018	2019
狭义货币供应量M_1	**Money Supply (M_1)**	**616.6**	**636.7**	**723.9**	**807.6**	**881.6**
分类一：澳门元	Classification 1: MOP	335.9	367.6	421.3	452.4	470.6
港元	HKD	267.0	255.0	287.8	341.8	386.6
其他货币	Other Currencies	13.6	14.1	14.8	13.4	24.4
分类二：流通货币(澳门元)	Classification 2: Currency in Circulation (MOP)	120.4	135.6	149.1	160.1	168.8
活期存款	Demand Deposits	496.2	501.2	574.8	647.5	712.9
广义货币供应量$M_2$①	**Money Supply (M_2) ①**	**4728.3**	**5324.8**	**5914.7**	**6514.5r**	**6875.2**
分类一：澳门元	Classification 1: MOP	1413.4	1630.2	1827.9	1985.1	2106.3
港元	HKD	2435.1	2892.3	3203.0	3419.7	3311.0
其他货币	Other Currencies	879.9	802.2	883.8	1109.8r	1457.9
分类二：狭义货币供应量$M_1$②	Classification 2: Money Supply (M_1) ②	616.6	636.7	723.9	807.6	881.6
准货币负债③	Quasi-Monetary Liabilities (QML)③	4111.7	4688.0	5190.7	5706.9r	5993.6
储蓄存款	Savings Deposits	1455.5	1694.3	1923.9	1924.0	1931.7
通知存款	Notice Deposits	2.8	2.0	3.4	1.7	1.8
定期存款	Time Deposits	2653.0	2991.0	3262.2	3780.7	4059.7

注：① M_2 = M_1 + 准货币负债。
② 货币供应量M1包括流通货币及活期存款。
③ 准货币负债：包括储蓄存款、通知存款、定期存款、其他存款及存款证明书。
Notes: ① $M_2 = M_1$ + Quasi-Monetary Liabilities (QML)
② M_1 includes Currency in Circulation and Demand Deposits.
③QML:Quasi-Monetary Liabilities, which consist of savings deposits, notice deposits, time deposits, other deposits and certificates of deposit.

27-24 外币兑换率
Exchange Rates

单位：一单位外币兑换的澳门元 (MOP per unit of foreign currency)

项 目	Items	2015	2016	2017	2018	2019
年内平均数字	**Average for the Year**					
澳元	Australian Dollar	6.0120	5.9497	6.1552	6.0401	5.6078
欧元	Euro	8.8624	8.8507	9.0677	9.5360	9.0358
韩圆	Korean Won	0.0071	0.0069	0.0071	0.0073	0.0069
美元	US Dollar	7.9850	7.9948	8.0262	8.0729	8.0703
新台币	Taiwan Dollar	0.2516	0.2480	0.2638	0.2679	0.2611
英镑	Pound Sterling	12.2122	10.8456	10.3353	10.7810	10.2996
港元	Hong Kong Dollar	1.0300	1.0300	1.0300	1.0300	1.0300
日元	Japanese Yen	0.0660	0.0738	0.0716	0.0731	0.0741
马来西亚林吉特	Malaysian Ringgit	2.0587	1.9334	1.8669	2.0022	1.9479
新西兰元	New Zealand Dollar	5.5879	5.5748	5.7079	5.5894	5.3171
人民币	P.R. China Renminbi	1.2676	1.2021	1.1889	1.2220	1.1673
新加坡元	Singapore Dollar	5.8135	5.7957	5.8132	5.9850	5.9150
瑞士法郎	Swiss Franc	8.3060	8.1184	8.1582	8.2533	8.1243
年底数字	**As at End of Year**					
澳元	Australian Dollar	5.8203	5.7855	6.2828	5.6848	5.6179
欧元	Euro	8.7294	8.4322	9.6179	9.2324	8.9870
韩圆	Korean Won	0.0068	0.0066	0.0075	0.0072	0.0069
美元	US Dollar	7.9834	7.9877	8.0518	8.0664	8.0216
新台币	Taiwan Dollar	0.2420	0.2474	0.2704	0.2640	0.2669
英镑	Pound Sterling	11.8298	9.8209	10.8289	10.2359	10.5199
港元	Hong Kong Dollar	1.0300	1.0300	1.0300	1.0300	1.0300
日元	Japanese Yen	0.0663	0.0687	0.0713	0.0731	0.0737
马来西亚林吉特	Malaysian Ringgit	1.8592	1.7812	1.9834	1.9463	1.9567
新西兰元	New Zealand Dollar	5.4670	5.5674	5.7152	5.4130	5.4021
人民币	P.R. China Renminbi	1.2151	1.1473	1.2327	1.1730	1.1492
新加坡元	Singapore Dollar	5.6464	5.5290	6.0212	5.9079	5.9501
瑞士法郎	Swiss Franc	8.0820	7.8480	8.2321	8.2009	8.2795

27-25 消费物价指数
Consumer Price Index

2018年4月至2019年3月=100 (04/2018-03/2019=100)

项 目	Items	权数 Weight	2015	2016	2017	2018	2019
综合消费价格指数	**Composite Consumer Price Index**						
总指数	**Global Index**	**100.00**	**92.80**	**95.00**	**96.16**	**99.05**	**101.78**
食品及非酒精饮料	Food and Non-alcoholic Beverages	27.94	92.17	94.82	96.28	98.94	102.71
烟酒	Alcoholic Beverages and Tobacco	0.60	79.81	97.15	100.06	99.97	99.53
服装、鞋	Clothing and Footwear	2.95	95.79	93.56	94.51	100.72	100.66
住房及燃料	Housing and Fuels	33.75	97.99	98.59	97.82	99.92	101.68
家居设备及用品	Household Goods and Furnishings	4.16	92.00	94.34	96.35	99.03	101.27
医疗	Health	2.82	86.94	90.53	94.53	99.08	102.55
交通	Transport	7.84	83.08	88.89	92.23	97.14	101.86
通讯	Communications	3.10	114.66	113.64	108.32	99.14	97.50
康乐及文化	Recreation and Culture	5.18	97.17	97.67	98.88	101.40	102.35
教育	Education	2.24	78.81	85.43	90.83	95.15	100.53
其他商品及服务	Miscellaneous Goods and Services	9.42	93.47	94.43	95.85	99.11	101.72
甲类消费价格指数	**Consumer Price Index (A)**						
总指数	**Global Index**	**100.00**	**92.94**	**95.08**	**96.22**	**99.13**	**101.79**
食品及非酒精饮料	Food and Non-alcoholic Beverages	28.68	92.28	94.95	96.40	99.07	102.89
烟酒	Alcoholic Beverages and Tobacco	0.62	78.64	96.95	99.99	100.04	99.64
服装、鞋	Clothing and Footwear	2.41	96.23	93.88	94.87	101.09	101.04
住房及燃料	Housing and Fuels	38.37	98.00	98.58	97.81	99.91	101.67
家居设备及用品	Household Goods and Furnishings	3.21	91.92	94.22	96.19	98.87	101.13
医疗	Health	2.72	86.90	90.54	94.66	99.27	102.75
交通	Transport	6.46	82.63	88.22	91.68	97.04	101.38
通讯	Communications	3.41	114.70	113.67	108.35	99.32	97.68
康乐及文化	Recreation and Culture	4.52	96.89	97.35	98.60	101.11	102.17
教育	Education	1.89	78.37	84.77	90.04	94.25	99.46
其他商品及服务	Miscellaneous Goods and Services	7.70	93.55	94.62	96.19	99.51	101.97
乙类消费价格指数	**Consumer Price Index (B)**						
总指数	**Global Index**	**100.00**	**91.63**	**94.37**	**95.71**	**98.48**	**101.77**
食品及非酒精饮料	Food and Non-alcoholic Beverages	26.94	92.70	95.17	96.72	99.31	102.72
烟酒	Alcoholic Beverages and Tobacco	0.56	91.64	100.11	101.85	100.46	99.58
服装、鞋	Clothing and Footwear	3.67	95.01	93.56	94.31	100.56	100.32
住房及燃料	Housing and Fuels	27.55	97.73	98.61	97.89	99.96	101.69
家居设备及用品	Household Goods and Furnishings	5.43	91.81	94.42	96.71	99.35	101.42
医疗	Health	2.96	88.49	91.86	94.96	98.90	102.30
交通	Transport	9.70	83.96	90.61	93.42	96.47	102.67
通讯	Communications	2.69	116.69	115.62	110.29	98.98	97.25
康乐及文化	Recreation and Culture	6.06	97.51	98.43	99.39	101.78	102.39
教育	Education	2.70	74.70	82.82	89.08	94.12	100.77
其他商品及服务	Miscellaneous Goods and Services	11.73	93.25	93.58	94.13	97.11	100.54

27-26 按收入五等分位及商品与服务分类统计的每户双周平均消费开支(2017年10月至2018年9月)

Average Biweekly Household Expenditure by Quintile Income Group and Section of Goods and Services (October 2017 - September 2018)

商品与服务分类	Goods and Services	总数 Total 澳门元 MOP	总数 Total 百分比 (%)	最低五分位 The Lowest 20% 澳门元 MOP	最低五分位 The Lowest 20% 百分比 (%)	第二五分位 The Second 20% 澳门元 MOP	第二五分位 The Second 20% 百分比 (%)
消费开支	**Total Expenditure**	**16335**	**100.0**	**7344**	**100.0**	**12431**	**100.0**
食品及非酒精饮料	Food and Non-alcoholic Beverages	3593	22.0	1626	22.1	2891	23.3
烟酒	Tobacco and Alcoholic Beverages	77	0.5	32	0.4	68	0.5
衣履	Clothing	444	2.7	135	1.8	335	2.7
住房及燃料	Housing and Fuels	4386	26.9	2995	40.8	3867	31.1
家居服务及用品	Household Services & Items	577	3.5	178	2.4	306	2.5
医疗	Health	367	2.2	219	3.0	316	2.5
运输	Transport	1156	7.1	207	2.8	591	4.8
通讯	Communications	403	2.5	176	2.4	328	2.6
康乐及文化	Recreation and Culture	759	4.6	219	3.0	441	3.5
教育	Education	1388	8.5	398	5.4	1085	8.7
杂项商品及服务	Miscellaneous Goods and Services	1284	7.9	271	3.7	768	6.2
外地消费	Consumption Expenses outside Macao	1902	11.6	888	12.1	1436	11.5
住户数目	**Number of Households**	**191273**	**100.0**	**38255**	**20.0**	**38255**	**20.0**

27-26 续表 continued

商品与服务分类	Goods and Services	第三五分位 The Third 20% 澳门元 MOP	第三五分位 The Third 20% 百分比 (%)	第四五分位 The Fourth 20% 澳门元 MOP	第四五分位 The Fourth 20% 百分比 (%)	最高五分位 The Highest 20% 澳门元 MOP	最高五分位 The Highest 20% 百分比 (%)
消费开支	**Total expenditure**	**15848**	**100.0**	**19843**	**100.0**	**26212**	**100.0**
食品及非酒精饮料	Food and Non-alcoholic Beverages	3758	23.7	4434	22.3	5253	20.0
烟酒	Tobacco and Alcoholic Beverages	95	0.6	95	0.5	93	0.4
衣履	Clothing	378	2.4	598	3.0	773	2.9
住房及燃料	Housing and Fuels	4289	27.1	4745	23.9	6034	23.0
家居服务及用品	Household Services & Items	387	2.4	735	3.7	1277	4.9
医疗	Health	359	2.3	421	2.1	522	2.0
运输	Transport	976	6.2	1514	7.6	2493	9.5
通讯	Communications	409	2.6	503	2.5	597	2.3
康乐及文化	Recreation and Culture	634	4.0	993	5.0	1507	5.7
教育	Education	1443	9.1	1768	8.9	2244	8.6
杂项商品及服务	Miscellaneous Goods and Services	1072	6.8	1715	8.6	2597	9.9
外地消费	Consumption Expenses outside Macao	2047	12.9	2321	11.7	2821	10.8
住户数目	**Number of Households**	**38255**	**20.0**	**38254**	**20.0**	**38254**	**20.0**

27-27 按受教育程度统计14岁及以上人口
Population Aged 14 and Over by Educational Attainment

项 目	Item	2001人口普查 Census 2001		2006中期人口统计 By-census 2006		2011人口普查 Census 2011		2016中期人口统计 By-census 2016	
		万人 (10 000 persons)	构成 (%)	万人 (10 000 persons)	构成 (%)	万人 (10 000 persons)	构成 (%)	万人 (10 000 persons)	构成 (%)
总计	**Total**	**34.97**	**100.0**	**43.36**	**100.0**	**49.27**	**100.0**	**57.70**	**100.0**
男	Male	16.45	47.0	20.97	48.4	23.40	47.5	27.55	47.8
女	Female	18.52	53.0	22.39	51.6	25.86	52.5	30.15	52.2
从未入学/学前教育	No Schooling/Pre-primary Education	2.10	6.0	2.06	4.7	1.65	3.4	1.59	2.7
男	Male	0.48	1.4	0.50	1.1	0.38	0.8	0.39	0.7
女	Female	1.62	4.6	1.56	3.6	1.27	2.6	1.20	2.1
小学	Primary Education	13.64	39.0	13.28	30.6	12.17	24.7	12.14	21.0
男	Male	6.63	19.0	6.59	15.2	5.81	11.8	5.71	9.9
女	Female	7.01	20.0	6.69	15.4	6.36	12.9	6.43	11.1
初中	Junior Secondary Education	9.45	27.0	12.07	27.8	12.31	25.0	12.69	22.0
男	Male	4.43	12.7	6.00	13.8	6.11	12.4	6.39	11.1
女	Female	5.02	14.3	6.07	14.0	6.19	12.6	6.30	10.9
高中	Senior Secondary Education	6.63	18.9	10.43	24.0	14.09	28.6	16.61	28.8
男	Male	3.32	9.5	5.16	11.9	6.73	13.7	8.09	14.0
女	Female	3.31	9.5	5.27	12.1	7.36	14.9	8.52	14.8
高等教育	Higher Education								
高等专科	Non-university Degree	0.75	2.1	0.64	1.5	0.99	2.0	1.28	2.2
男	Male	0.29	0.8	0.26	0.6	0.46	0.9	0.61	1.1
女	Female	0.46	1.3	0.38	0.9	0.53	1.1	0.67	1.2
大学	University	2.39	6.8	4.86	11.2	8.02	16.3	13.34	23.1
男	Male	1.29	3.7	2.44	5.6	3.88	7.9	6.33	11.0
女	Female	1.10	3.2	2.42	5.6	4.13	8.4	7.01	12.2
特殊教育	Special Education	0.02	0.1	0.03	0.1	0.04	0.1	0.06	0.1
男	Male	0.01	o	0.02	o	0.03	o	0.04	o
女	Female	0.01	o	0.01	o	0.02	o	0.02	o

27-28 按教育机构类别统计的注册学生人数
Students Enrolment by Type of Educational Institutions

单位：人 (person)

类 别	Type	2015/2016	2016/2017	2017/2018	2018/2019	2019/2020
幼儿、小学、中学及高等教育	**Pre-primary, Primary, Secondary and Higher Education**	**103940**	**106418**	**108677**	**111457**	**115729**
幼儿	Pre-primary Education	16789	17757	18802	18626	19265
小学	Primary Education	26436	28438	30169	32530	33961
中学	Secondary Education	28745	27473	26608	26022	26396
高等教育	Higher Education	31970	32750	33098	34279	36107
特殊教育	**Special Education**	**643**	**707**	**767**	**821**	**841**

27-29 医疗卫生条件
Health

项 目	Item	2015	2016	2017	2018	2019
医护人员 （人）	**Medical Personnel in Health Care (person)**					
医生	Doctors	1674	1726	1730	1754	1808
牙科医生	Dentists	184	193	207	223	236
牙科技术员	Odontologists	53	49	48	43	41
护士	Nurses	2279	2342	2397	2464	2491
诊断及治疗助理员	Diagnostic and Therapeutic Technical Assistants	502	556	556	403	502
卫生服务助理员	Health Service Assistants	1487	1530	1492	1436	1508
每千人口的医生数	**Number of Doctors per 1000 population**	**2.6**	**2.7**	**2.6**	**2.6**	**2.7**
医疗机构和病床	**Health Care Establishments and Beds**					
医院 （所）	Hospitals (unit)	5	5	5	5	5
住院病床 （张）	In-patient Beds (unit)	1494	1591	1596	1604	1628
每千人口的住院病床数	**Number of In-patient Beds per 1000 population**	**2.3**	**2.5**	**2.4**	**2.4**	**2.4**

27-30 社会保障基金发放资料
Payment Granted by Social Security Fund

发放种类	Type of Payment	2017		2018		2019	
		数目 Numbe of Payments	金额 (万澳门元) Amount (10 000 MOP)	数目 Numbe of Payments	金额 (万澳门元) Amount (10 000 MOP)	数目 Number of Payments	金额 (万澳门元) Amount (10 000 MOP)
总计	**Total**	..	**377176**	..	**410338**	..	**466285**
福利金受领(人数)	**Number of Pension Recipients**						
发放金额	**Pension Amount**						
养老金	Old Age Pension	102012	323624	110319	348501	117594	390666
残疾金	Disability Pension	5162	21183	6840	25347	7835	34046
额外给付	Special Payment	..	27700	..	30076	..	34483
律贴受领(人次)	**Number of Allowance Recipients**						
发放金额	**Allowance Amount**						
失业津贴	Unemployment Benefit	4890	1863	3809	1401	3511	1443
疾病津贴	Sickness Allowance	1921	444	1870	391	1812	439
出生津贴	Birth Allowance	6666	1244	7291	3304	7444	3772
结婚津贴	Marriage Allowance	2988	570	3145	608	3111	619
丧葬津贴	Funeral Subsidy	1943	486	1948	488	2390	628
肺尘埃沉着病	Compensation for Pneumoconiosis	#	53	#	220	#	188
因工作关系所引起的债权	Credit Advances to Workers in Enterprises with Financial Claims	-	-	-	-	-	-
特别援助	Special Aid	#	9	#	2	#	1

主要统计指标解释

本地生产总值 反映每年在澳门特区生产的货物和提供各种服务的总量。本年鉴中的本地生产总值用支出法及生产法估算，支出法等于私人消费支出、政府最终消费支出、固定资本形成总额、库存变化和货物及服务出口净值（出口减进口）的总和。而生产法等于各经济行业的增加值总额的总和，这种方法可以评估澳门特区的产业结构。

婴儿死亡率 参考期内年龄在 1 岁以下的死亡人数与出生活婴数目的千分比。

出生率 参考期内出生活婴数目与平均人口之千分比。

死亡率 参考期内死亡人数与平均人口之千分比。

幼儿、小学、中学教育 指有系统的，且主要专为儿童及青少年开办的，由幼儿教育至中学教育的课程；中学教育包括职业技术教育。

幼儿教育 为期 3 年，对象是年龄 3–5 岁的儿童。在报名当年的 12 月 31 日年满 3 岁的幼儿可报读幼儿教育第一年。

小学教育 为期 6 年，完成幼儿教育或在报名当年的 12 月 31 日年满 6 岁的儿童可报读小学教育第一年。就读小学的最高年龄为 15 岁。

中学教育 由两个阶段组成：初中教育及高中教育。大学预科不纳入中学教育。

1）初中教育 为期 3 年，合格完成小学教育者可以入读。就读初中最大年龄为 18 岁，但在特别情况下，经教育机构决定，可以逾越此年限。

2）高中教育 为期 3 年，合格完成初中教育者可以入读。就读高中最大年龄为 21 岁，但在特别情况下，经教育机构决定，可以逾越此年限。

高等教育 指透过理论、实践等在科学、文化及技术领域提供的培训教育；高等教育包括大学教育及高等专科教育。

劳动人口 在参考期内可参与生产商品或提供服务的年龄在 16 岁及以上人士。包括就业人士及失业人士。

就业人口 在参考期内为赚取报酬、利润或家庭收入而工作最少一小时的年龄在 16 岁及以上人士。包括没有上班但与雇主保持正式工作联系的雇员，以及因某些原因而暂时没有上班的公司东主或股东。

失业人口 在参考期没有工作或与雇主没有正式的工作联系，可随时接受有酬工作或自己做生意，同时在过去30 日有寻找工作的年龄在16 岁及以上人士。

就业不足人口 在参考期内不论其职业身份，非自愿地工作少于 35 小时，并可随时接受更多的工作或正在寻找更多工作的就业人士。

劳动力参与率 劳动人口占年龄在 16 岁及以上人士的百分比。

失业率 失业人口占劳动人口的百分比。

就业不足率 就业不足人口占劳动人口的百分比。

旅客 指任何非以澳门特区为常居地的人士，连续在澳门的逗留时间少于一年，其旅游目的并非受雇于澳门特别行政区的居民实体。

酒店入住率 入住客房数量与可供应客房数量之百分比。

进口 将来自外地的货物输入澳门特区，但再进口和转运制度下输入者除外。

出口 将货物输出澳门特区，但暂时出口和转运制度下输出者除外。

本地产品出口 将原产地为澳门特区的任何货物输出澳门特区。

再出口 指原进口的货物未经加工输出澳门特区；或虽加工，但不能取得澳门特区产地资格。

转运 货物经过澳门特区而运到下一目的地。

原产地 农业产品种植之国家／地区、矿产开采之国家／地区、工业产品生产之国家／地区，被视为原产地国家／地区。若工业产品的制造工序于两个或以上的国家／地区进行，应以进行最后转变成型工序的国家／地区为原产地，再包装、分类及混合等工序不能构成最后转变成型工序；当产品入口国对相关货物产地来源有特定规定时，应遵从有关规定。

目的地 目的地是指货物实际最后到达的国家或地区（不论在运输途中有或没有中断）。如有中间国家或地区，只要不在中间国家或地区内进行商业交易，最后到达的国家或地区都可被视为目的地。

贸易价格比率指数 即货物出口单位价格指数与货物进口单位价格指数之比率。

单位 包括住宅、商铺、办公室、工业、停车位、酒店及其他单位。

建筑面积 相等于所有楼层楼面面积之总和。楼面面积从外墙起量度，包括大堂、楼梯、升降机所占面积以及所有公用地方面积。

居民消费价格指数 反映澳门特区住户于购买一篮子之指定商品或服务时，在不同时间该等商品或服务之价格变动。

狭义货币供应量 M_1 为流通货币及活期存款之和。

广义货币供应量 M_2 指狭义货币供应量 M_1 加上准货币负债。准货币负债指储蓄存款、通知存款、定期存款、其他存款和存款证明书。

财务活动 由财务资产及财务负债组成。

Explanatory Notes on Main Statistical Indicators

Gross Domestic Product (GDP) reflects the total value of goods produced and services provided by the Macao Special Administrative Region in a year. GDP estimates in this statistical yearbook are compiled under both the expenditure and the production approaches. The expenditure-based GDP is measured as the sum of household consumption expenditure; government final consumption expenditure; gross fixed capital formation; changes in inventories; and net exports (exports less imports) of goods and services. The production-based GDP, which is measured as the sum of gross value added of all economic activities, can be used to evaluate the industrial structure of Macao.

Infant Mortality Rate Number of infants died under one year old per 1,000 live births within the reference period.

Crude Birth Rate Live births per 1,000 population within the reference period.

Crude Mortality Rate Deaths per 1,000 population within the reference period.

Pre-primary, Primary and Secondary Education Refers to systematic education designed and intended for children and young people by which they may progress from pre-primary through secondary education; secondary education also covers vocational-technical education.

Pre-primary Education Has a duration of 3 years and designated for children aged 3-5 years old. Children reaching 3 years old as at 31st December of the enrolment year are eligible to the first year of pre-primary education.

Primary Education Has a duration of 6 years. Children completing pre-primary education or reaching 6 years old as at 31st December of the enrolment year are eligible to the first year of primary education. The maximum age of attending primary education is 15.

Secondary Education Comprises 2 stages, viz. junior secondary and senior secondary. Pre-university course is not considered as secondary education.

(1)Junior secondary education has a duration of 3 years. Students completing primary education are eligible. The maximum age for this level is 18; however, under special circumstances, schools can accept enrolment outside this age limit.

(2)Senior secondary education has a duration of 3 years. Students completing junior secondary are eligible. The maximum age for this level is 21; however, under special circumstances, schools can accept enrolment outside this age limit.

Higher Education Refers to instruction by theory, practice and the like in science, culture and technology; it includes university education and post-secondary education providing associate degree or diploma programmes.

Economically Active Population Individuals aged 16 and above who are available to participate in the production of goods and/or services during the reference period. It comprises the employed and unemployed.

Employed Population Individuals aged 16 and above who work for pay, profit or family gain for at least 1 hour during the reference period, including employees who are absent from work but have formal job attachment to employer, as well as company owners or shareholders who are temporary away from work because of particular reason.

Unemployed Population Individuals aged 16 and above who do not have a job or formal job attachment during the reference period, are available to work for pay or to start own business, and have sought work during the last 30 days.

Underemployed Population Irrespective of status in employment, employed persons who work involuntarily for less than 35 hours during the reference period, and are available to take on additional work or looking for extra work.

Labour Force Participation Rate The percentage share of economically active population (labour force) to the population aged 16 and above.

Unemployment Rate The percentage share of the unemployed to the labour force.

Underemployment Rate The percentage share of the underemployed to the labour force.

Visitor Any person taking a trip to a main destination outside his/her usual environment, for less than a year, for any main purpose other than to be employed by a resident entity in the place visited (i.e. Macao Special Administrative Region).

Occupancy Rate of Hotels The percentage share of occupied rooms to the total number of available rooms of the hotel sector.

Imports Entry of foreign produced merchandise to Macao, excluding re-imports and transit.

Exports Merchandise transported out of Macao, excluding temporary exports and transit goods.

Domestic Exports Transport of Macao produced merchandise out of Macao.

Re-exports Transport of merchandise previously imported out of Macao, without processing; even with processing, is not qualified to use Macao as the origin of the merchandise.

Transit Merchandise passing by Macao to the next destination.

Country of Origin Country or territory where the crops are grown, minerals are mined and products are manufactured. If a production process is carried out in two or more countries or territories, the origin will be the country or territory where the processing of the merchandise takes its final form. Repacking, sorting or mixing is not considered as the final phase of processing. When a country has specific rules regarding the country of origin on merchandise imports, those rules shall prevail.

Country of Destination The final country or territory where the goods are delivered, irrespective of interruption during transportation. As far as no commercial exchange has taken place in the transit country or territory, the final country or territory arrived is considered as the destination.

Terms of Trade Index Ratio of the unit value index of exports of goods to that of imports of goods.

Building Unit Including residential, shop, office and industrial units, parking spaces, hotel and other units.

Gross Floor Area The sum of the area of each floor of the building, measured to the outer surface of the outer walls including the area of lobbies, stairs, lift landings and communal space.

Consumer Price Index reflects the price change of a representative "basket" of goods and services consumed by households of Macao at different periods.

Money Supply (M_1) refers to the sum of currency in circulation and demand deposits.

Money Supply (M_2) refers to the sum of money supply (M_1) and quasi-monetary liabilities; the latter consist of savings deposits, notice deposits, time deposits, other deposits and certificates of deposit.

Financial Transactions comprise financial assets and financial liabilities.

28

台湾省主要社会经济指标

Main Social and Economic Indicators of Taiwan Province

简 要 说 明

一、本章资料反映台湾省主要社会、经济发展情况。内容包括：土地、人口、就业、国民经济核算、工业、能源、建筑、交通通讯、对外贸易、财政金融、物价、教育、卫生、房屋、社会保障等方面。

二、本章数据主要来自台湾行政院主计处及相关部门统计出版物，国家统计局国际统计信息中心负责整理、编辑。

三、贸易数据从 2016 年 1 月起按照一般贸易制度口径予以统计，并按此方法对 2001 年至 2015 年的贸易数据进行了重新修订。

Brief Introduction

I. Data in this chapter reflect the major social and economic development of the Taiwan, including land; population; employment; national accounts; industry; energy; construction; transportation and communications; external trade; public finance and banking; prices; education; health; housing; and social security.

II. Data in this chapter are mainly abstracted from the Department of Statistics, Executive Yuan and other relevant Ministry of Taiwan, which are tabulated and edited by the International Statistical Information Centre of the National Bureau of Statistics.

III. Trade data is calculated by the General Trade System from Jan. 2016, the data from 2001 to 2015 are revised again according to the standard.

28-1 主要统计指标概况
Summary of Key Statistics

指 标		Item		2015	2016	2017	2018	2019
人口		**Population**						
户籍登记人口数①	(万人)	Year-end Population①	(10 000 persons)	2349	2354	2357	2359	2360
人口自然增长率	(‰)	Natural Growth Rate	(‰)	2.12	1.53	0.96	0.37	0.06
人口密度①	(人/平方公里)	Population Density①	(persons/sq.km)	649	650	651	652	652
性别比①	(女=100)	Sex Ratio①	(female=100)	99.4	99.1	98.9	98.6	98.4
劳动、就业		**Labour Force and Employment**						
劳动力人口	(万人)	Labour Force	(10 000 persons)	1164	1173	1180	1187	1195
劳动力参与率	(%)	Labour Force Participation Rate	(%)	58.7	58.8	58.8	59.0	59.2
男		Male		66.9	67.1	67.1	67.2	67.3
女		Female		50.7	50.8	50.9	51.1	51.4
工业就业人口比率	(%)	Employed Persons at Industry as Percentage of Total	(%)	36.0	35.9	35.8	35.7	35.6
服务业就业人口比率	(%)	Employed Persons at Services as Percentage of Total	(%)	59.0	59.2	59.3	59.4	59.6
失业率	(%)	Unemployment Rate	(%)	3.8	3.9	3.8	3.7	3.7
工业及服务业月人均薪资	(新台币元)	Average Monthly Per Capita Wage	(NT$)	49024	49266	50480	52407	53657
工业		Industry		48373	48654	49907	52005	52865
服务业		Services		49526	49730	50912	52708	54245
公共安全		**Law and Order**						
刑案发生率	(件/10万人)	Reported Crimes	(Case/100 000 persons)	1269	1254	1246	1207	1140
犯罪人口率	(人/10万人)	Number of Offenders	(person/100 000 persons)	1148	1160	1220	1237	1183
刑案破获率	(%)	Crimes Uncover	(%)	91.9	93.0	94.6	95.2	96.4
少年疑犯人数(12-17岁)	(人)	Young Offenders Between 12 and 17	(person)	11002	9775	10499	8893	9441
火灾发生次数	(次)	Fires	(case)	1704	1856	30464	27922	22866
死伤人数	(人)	Deaths and Injuries	(person)	850	430	480	463	628
机动车肇事率	(件/万辆)	Traffic Accidents of Motor Vehicles	(case/10 000 units)	143	142	137	147	147
道路交通事故伤亡人数		Casualties in Traffic Accidents						
死亡	(人)	Deaths	(person)	1696	1604	1517	1493	1849
受伤	(人)	Injuries	(person)	410073	403906	394198	428049	428753
保险		**Insurance**						
全民健保参保人数	(万人)	National Health Insurance	(10 000 persons)	2374	2381	2388	2395	2402
社保参保人数	(万人)	Social Insurance	(10 000 persons)					
公务员和教师		Government Employee and School Staff		58	58	58	59	59
劳工		Labour		1007	1017	1027	1037	1047
农民		Farmer		128	124	117	113	108

28-1 续表 1 continued

指　　标	Item	2015	2016	2017	2018	2019
工业	**Industry**					
受雇者劳动生产力指数(2011年＝100)	Productivity Index (2011=100)	95.0	100.0	103.3	105.4	105.3
工业生产指数 (2016年＝100)	Indices of Industrial Production (2016=100)	98.1	100.0	105.0	108.8	108.5
制造业	Manufacturing	98.1	100.0	105.3	109.4	108.9
工业生产价值 (新台币亿元)	Gross Industry Product (NT$ 100 million)	138029	131456	139101	147889	139799
商业及对外贸易	**Business and External Trade**					
营利事业家数① (万家)	Number of Enterprises① (10 000 unit)	135.0	137.5	140.4	143.4	
营利事业销售额 (新台币亿元)	Sales Revenue (NT$100 million)	389801	384053	403054		
货物进出口额 (亿美元)	Total Value of Merchandise Trade (USD100 million)	5208	5084	5727	6188	6149
出口	Exports	2844	2792	3155	3340	3292
进口	Imports	2364	2292	2572	2848	2857
出(入)超	Trade Surplus (Trade Deficit)	481	500	583	492	435
对日出(入)超	with Japan	-193	-211	-214	-214	-208
对美出(入)超	with United States	61	63	84	64	114
对内地及港出(入)超	with Mainland and Hong Kong	657	667	784	827	737
外销订单 (亿美元)	Order (USD100 million)	4518	4445	4928	5118	4846
运输通信	**Transportation and Communications**					
交通运输客运人数 (亿人)	Passenger Traffic (100 million persons)					
铁路	Railway	10.6	10.9	11.2	11.5	11.9
公路	Highway	12.2	12.3	12.4	12.5	12.4
航空 (万人)	Airway (10 000 persons)					
省内	Domestic	980	1084	1110	1159	1224
省外	Non-domestic	4798	5198	5448	5692	5958
高速公路收费站通行车辆数④ (万辆次)	Vehicles for Motorway Transportation ④ (10 000 unit-times)	548998	579103	591902	592668	597497
每百人汽车辆数① (辆)	Automobile per 100 Persons① (unit)	32.9	33.3	33.7	34.1	34.4
港埠货物装卸量 (万计费吨)	Inward and Outward Movements Cargo (10 000 tons)	72139	73356	72550	74085	73056
旅游 (万人次)	**Tourism (10 000 person-times)**					
出省旅游人数	Outbound Tourists	1318	1459	1565	1664	1710
来台湾旅客人数	Inbound Tourists	1044	1069	1074	1107	1186
财政、金融	**Public Accounts and Finance**					
赋税实征净额② (新台币亿元)	Revenue② (NT$100 million)	21349	22241	22512	23869	24705
直接税 (%)	Direct Tax (%)	62.0	62.5	62.6	62.4	63.5
间接税 (%)	Indirect Tax (%)	38.0	37.5	37.4	37.6	36.5
外汇存底① (亿美元)	Foreign Exchange Reserve (USD100 million)①	4260.3	4342.0	4515.0	4617.8	4781.3
汇率	Exchange Rate (NT$ to one unit of foreign currency)					
1美元③ (新台币)	US Dollar③	31.90	32.32	30.44	30.16	30.93
货币总计数$M_2$① (新台币亿元)	Money Supply M_2 ① (NT$100 million)	398840	413018	427702	439052	458918
年增率 (%)	Average Annual Growth Rate (%)	5.8	3.6	3.6	2.7	4.5
存款① (新台币亿元)	Deposits① (NT$100 million)	393558	407174	420940	431958	450861
放款与投资① (新台币亿元)	Loans and Investment① (NT$100 million)	294063	305492	320227	337475	354224

28-1 续表 2 continued

指 标	Item	2015	2016	2017	2018	2019
再贴现率① (年息百分比率)	Rediscount Rate① (% annual)	1.625	1.375	1.375	1.375	1.375
股价指数 (1966年=100)	Stock Price Index (1966=100)	8959	8763	10208	10620	10790
国际收支余额 (亿美元)	Balance of Payments (USD 100 million)					
经常账户	Current Account	727.7	712.6	830.9	708.4	643.5
资本账户	Capital Account	-0.1	-0.1	-0.1	0.6	-0.03
金融账户	Financial Account	650.1	585.3	713.4	542.2	528.6
价格指数年增长率(2016年=100)(%)	**Price Indices Annual Growth Rate(2016=100)(%)**					
批发	Wholesale Trade Price	-8.9	-3.0	0.9	3.6	-2.3
消费者	Consumer Price	-0.3	1.4	0.6	1.4	0.6
进口	Imports Price	-12.9	-3.1	1.4	6.1	-1.5
出口	Exports Price	-4.7	-2.7	-1.5	1.5	-2.8
国民核算 (新台币亿元)	**National Accounts (NT$100 million)**					
本地居民生产总值	Gross National Product(GNP)	174947	180064	184307	187577	193493
本地生产总值	Gross Domestic Product(GDP)	170551	175553	179833	183429	188986
居民消费	Household Final Consumption	87876	90821	93257	96092	98697
固定资本形成总额	Gross Fixed Capital Formation	36638	38076	37959	39905	44290
商品及服务出口	Exports of Goods and Services	121571	118081	120955	122195	121138
减：商品及服务进口	Less: Imports of Goods and Services	99595	96147	96957	101841	101313
GDP增长率(%)	GDP Growth Rate (%)	1.5	2.2	3.3	2.8	2.7
农业	Agriculture	-7.7	-9.7	8.3	4.5	-1.6
工业	Industry	0.9	3.7	4.8	3.2	0.6
服务业	Services	1.2	1.3	2.9	2.9	2.8
产业结构 (%)	Industry Structure (%)					
农业	Agriculture	1.8	1.9	1.8	1.7	1.8
工业	Industry	36.2	36.9	37.0	36.7	35.6
服务业	Services	61.8	61.3	61.6	62.3	62.1
人均本地居民生产总值(新台币元)	Per Capita GNP at Current Market Prices (NT$)	745634	765711	782437	795489	820143
人均本地居民生产总值 (美元)	Per Capita GNP at Current Market Prices (USD)	23367	23684	25704	26376	26528
居民储蓄总值 (新台币亿元)	Gross Deposits (NT$100 million)	62035	63396	65639	65570	66510
储蓄率 (%)	Deposit Rate (%)	35.5	35.2	35.6	35.0	34.4

注：①为年底数。②为年度资料。③卖出汇率，且为年底数。④从2013年12月30日起，国道高速公路由计次收费改为计程电子收费。

Notes: ①Year-end data. ②Annual data. ③Selling rate, year-end data.④from Dec.30 2013,the tolls on national highways are determined by the distance travelled instead of by times of exits passed.

28-2 面积和人口主要指标

Main Indicators of Area and Population

资源来源：台湾省统计网站（以下各表同）。
Source: Taiwan Province Statistics Website. The same applies in the following tables.

项目	Item	2015	2016	2017	2018	2019
土地面积（万平方公里）	Area (10 000 sq.km)	3.6	3.6	3.6	3.6	3.6
户籍登记人口数（万人）	Year-end Population (10 000 persons)	2349.2	2354.0	2357.1	2358.9	2360.3
男	Male	1171.2	1171.9	1172.0	1171.3	1170.5
女	Female	1178.0	1182.1	1185.2	1187.6	1189.8
粗出生率 (‰)	Crude Birth Rate (‰)	9.10	8.86	8.23	7.70	7.53
粗死亡率 (‰)	Crude Death Rate (‰)	6.98	7.33	7.27	7.33	7.47
人口自然增长率 (‰)	Natural Population Growth Rate (‰)	2.12	1.53	0.96	0.37	0.06
一般生育率 (‰)	Fertility Rate (‰)	35	34	33	31	
结婚率（对/千人）	Marriage Rate (couple/1000 persons)	6.58	6.29	5.86	5.74	5.70
离婚率（对/千人）	Divorce Rate (couple/1000 persons)	2.28	2.29	2.31	2.31	2.31
期望寿命（岁）	Life Expectancy at Birth (year old)					
男	Male	77.01	76.81	77.28	77.55	
女	Female	83.62	83.42	83.70	84.05	
人口的年龄分布 (%)	Age-specific Distribution (%)					
0-14岁	0-14	13.57	13.35	13.12	12.92	12.75
15-64岁	15-64	73.92	73.46	73.02	72.52	71.96
65岁及以上	65 and Over	12.51	13.20	13.86	14.56	15.28
性别比（女=100）	Sex Ratio (female=100)	99.42	99.14	98.89	98.63	98.38
人口密度(人/平方公里)	Population Density (persons/sq.km)	649.0	650.3	651.2	651.7	652.1

28-3 劳动力和就业状况

Labour Force and Employment

项目	Item	2015	2016	2017	2018	2019
劳动力总计（万人）	Labour Force (10 000 persons)	1163.8	1172.7	1179.5	1187.4	1194.6
男	Male	649.7	654.1	656.8	660.2	663.1
女	Female	514.1	518.6	522.7	527.2	531.5
就业人数（万人）	Employment (10 000 persons)	1119.8	1126.7	1135.2	1143.4	1150.0
男	Male	623.4	626.7	630.5	634.6	637.6
女	Female	496.4	500.0	504.7	508.9	512.4
就业者行业构成 (%)	Distribution of Employment by Industry(%)	100.0	100.0	100.0	100.0	100.0
农、林、渔、牧业	Agriculture, Forestry, Fishery and Animal Husbandry	5.0	4.9	4.9	4.9	4.9
工业	Industry	36.0	35.9	35.8	35.7	35.6
矿业及土石采取业	Mining and Quarrying	0.04	0.04	0.04	0.03	0.03
制造业	Manufacturing	27.0	26.9	26.8	26.8	26.7
电力及燃气供应业	Electricity, Gas	0.3	0.3	0.3	0.3	0.3
用水供应及污染整治业	Water Supply and Pollution Management	0.7	0.7	0.7	0.7	0.7
建筑业	Construction	8.0	8.0	7.9	7.9	7.9
服务业	Services	59.0	59.2	59.3	59.4	59.6
批发及零售业	Wholesale and Retail Trades	16.4	16.4	16.5	16.6	16.7
运输及仓储业	Transport, Storage, Communications	3.9	3.9	3.9	3.9	3.9
金融及保险业	Finance, Insurance	3.8	3.8	3.8	3.8	3.8
咨讯及通讯传播	Information and Communication	2.2	2.2	2.2	2.3	2.3
住宿及餐饮业	Hotels and Restaurants	7.3	7.3	7.3	7.3	7.4
教育服务业	Education	5.8	5.8	5.7	5.7	5.7
公共行政	Public Administration	3.3	3.3	3.3	3.2	3.2
失业人数（万人）	Unemployment (10 000 persons)	44.0	46.0	44.3	44.0	44.6
失业率 (%)	Unemployment Rate (%)	3.8	3.9	3.8	3.7	3.7

28-4 本地居民生产总值
Gross National Product

年 份 Year	本地居民生产总值 Gross National Product			人均本地居民生产总值 Per Capita Gross National Product	
	新台币亿元 NT $100 million	实际年增长率 % Annual Growth Rate over the Preceding Year %	亿 美 元① USD 100 million①	新 台 币 元 NT $	美 元① USD①
2008	134209	-2.0	4255	583576	18503
2009	133218	-0.7	4030	577241	17460
2010	144761	8.7	4574	625560	19765
2011	146343	1.1	4966	630965	21410
2012	151100	3.3	5101	649322	21922
2013	156732	3.7	5265	671384	22552
2014	166972	6.5	5498	713443	23492
2015	174947	4.8	5483	745634	23367
2016	180064	2.9	5570	765711	23684
2017	184307	2.4	6055	782437	25704
2018	187577	1.8	6219	795489	26376
2019	193493	3.2	6259	820143	26528

注：①按当年汇率折算。
Note: ①Adjusted by current exchange rate of the year.

28-5 本地生产总值支出构成
Expenditure on Gross Domestic Product

单位：% (%)

年 份 Year	本地生产总值（新台币亿元） Gross Domestic Product (NT$ 100 million)	居民消费 Household Consumption Expenditure	政府消费 Government Consumption Expenditure	固定资本形成总额 Gross Fixed Capital Formation	存货增加 Changes in Inventories	货物及服务出口 Exports of Goods and Services	减：货物及服务进口 Less: Imports of Goods and Services
2008	131151	55.3	15.3	23.2	1.4	77.6	72.8
2009	129194	55.4	16.1	21.4	-1.4	67.6	59.1
2010	140603	53.2	15.1	23.7	1.4	79.6	73.0
2011	142622	54.5	15.4	23.4	0.2	80.8	74.3
2012	146778	54.6	15.6	22.6	0.1	79.3	72.1
2013	152707	54.0	14.8	22.7	-0.2	77.6	68.9
2014	162580	52.9	14.5	22.3	0.2	77.3	67.3
2015	170551	51.5	13.9	21.5	0.2	71.3	58.4
2016	175553	51.7	14.1	21.7	-0.1	67.3	54.8
2017	179833	51.9	13.8	21.1	-0.1	67.3	53.9
2018	183429	52.4	14.3	21.8	0.5	66.6	55.5
2019	188986	52.2	14.0	23.4	-0.1	64.1	53.6

28-6 本地生产总值产业构成
Gross Domestic Product by Kind of Economic Activity

单位：%

年份 Year	本地生产总值（新台币亿元） Gross Domestic Product (NT$ 100 million)	农业 Agriculture Forestry, Animal Husbandry and Fishery	工业 Industry	制造业 Manufacturing	水电燃气及污染治理业 Water/Electricity/Gas /Pollution Treatment	建筑业 Construction
2008	131151	1.55	30.50	26.65	0.97	2.70
2009	129194	1.68	30.69	25.96	2.12	2.46
2010	140603	1.61	33.30	28.60	1.97	2.60
2011	142622	1.74	32.62	28.27	1.56	2.67
2012	146778	1.68	32.37	28.07	1.59	2.60
2013	152707	1.73	33.71	29.11	1.93	2.57
2014	162580	1.86	35.76	31.10	2.05	2.52
2015	170551	1.75	36.22	31.36	2.32	2.46
2016	175553	1.87	36.87	32.22	2.25	2.34
2017	179833	1.83	36.98	32.66	1.94	2.32
2018	183429	1.70	36.71	32.51	1.73	2.41
2019	188986	1.76	35.61	31.27	1.75	2.53

28-6 续表 continued

单位：% (%)

年份 Year	服务业 Services	批发及零售业 Wholesale and Retail Trades	金融及保险业 Finance & Insurance	不动产业 Real Estate	咨讯及通讯传播业 Information & Communication
2008	66.75	17.69	6.94	8.48	3.46
2009	66.38	17.22	6.15	8.92	3.51
2010	64.83	16.84	6.17	8.49	3.30
2011	65.64	17.14	6.37	8.55	3.23
2012	65.05	16.70	6.34	8.51	3.14
2013	64.51	16.77	6.36	8.49	3.10
2014	62.90	16.03	6.48	8.17	3.06
2015	61.84	15.62	6.45	8.02	3.08
2016	61.27	15.25	6.41	7.97	3.13
2017	61.59	15.46	6.55	7.99	3.09
2018	62.30	15.63	6.70	8.12	3.04
2019	62.08	15.29	6.75	8.11	3.04

28-7 农业生产指数
Indices of Agricultural Production

(2016年=100) (2016=100)

年 份 Year	总 指 数 Total	农作物 Crops	林 业 Forestry	畜牧业 Livestock	渔 业 Fishery
2008	105.1	101.6	232.7	97.8	126.6
2009	103.3	102.6	236.6	97.4	115.2
2010	105.5	105.4	217.3	98.7	117.4
2011	109.4	111.9	214.5	102.0	115.7
2012	107.5	107.3	222.2	100.6	118.8
2013	106.3	106.7	241.5	98.6	117.3
2014	107.4	110.2	207.2	98.7	116.2
2015	103.8	105.1	125.6	98.1	110.5
2016	100.0	100.0	100.0	100.0	100.0
2017	105.7	109.7	84.9	99.7	105.2
2018	108.5	113.1	61.2	102.7	105.3

28-8 主要农产品产量
Output of Major Crops

单位：万吨 (10 000 tons)

年份 Year	稻米 Rice	槟榔 Pinang	菠萝 Pineapple	芒果 Mango	甘蔗 Sugarcane	茶叶 Tea	花生 Peanuts	香蕉 Banana
2008	145.7	14.4	45.2	17.7	70.7	1.7	5.5	20.8
2009	157.8	14.3	43.5	14.0	61.3	1.7	5.7	17.3
2010	145.1	13.2	42.0	13.5	66.5	1.7	6.5	28.8
2011	166.6	12.9	40.1	16.9	65.4	1.7	6.8	30.6
2012	170.0	12.4	39.2	16.7	54.8	1.5	5.7	29.5
2013	159.0	12.4	41.3	21.5	50.6	1.5	4.7	29.1
2014	173.2	12.1	45.6	15.3	50.3	1.5	6.9	30.0
2015	158.2	11.3	49.4	16.6	61.8	1.4	6.2	27.4
2016	158.8	10.0	52.7	10.7	52.7	1.3	6.2	25.8
2017	175.4	10.2	55.4	15.1	45.5	1.3	6.3	35.6
2018	195.0	10.3	43.2	14.7	57.9	1.5	5.9	35.6

28-9 工业生产指数
Indices of Industrial Production

(2016年=100) (2016=100)

年 份 Year	总指数 General	矿业 Mining	制造业 Manufacturing	电力和燃气业 Electricity & Gas	供水业 Water
2008	74.41	124.88	72.73	93.06	101.95
2009	68.73	112.73	67.06	90.57	99.65
2010	87.72	140.64	86.99	94.68	100.98
2011	90.01	131.07	89.37	96.21	101.18
2012	90.46	127.63	89.87	96.24	100.58
2013	93.36	117.07	92.93	97.61	101.29
2014	99.34	118.44	99.28	99.08	101.82
2015	98.07	110.70	98.13	96.68	99.50
2016	100.00	100.00	100.00	100.00	100.00
2017	105.00	98.00	105.27	102.22	101.30
2018	108.83	94.42	109.41	102.62	101.39
2019	108.45	90.96	108.92	103.79	101.75

28-10 主要工业产品产量
Output of Major Industrial Products

年 份 Year	茶类饮料 (万升) Tea Beverage (10 000 litre)	饲料 (万吨) Feed (10 000 tons)	聚酯丝织布 (万m²) Polyester fabric (10 000 sq. meter)	瓦楞纸箱(板) (万m²) Corrugated case (10 000 sq. meter)	聚苯乙烯 (万吨) Polystyrene (10 000 tons)	玻璃纤维 (万吨) Glass Fibre (10 000 tons)
2010	111761.1	518.1	120945.2	286194.2	91.2	22.6
2011	116051.6	525.6	109239.5	285282.5	87.7	26.7
2012	120201.0	525.1	103420.3	284763.9	86.3	26.6
2013	101998.6	509.8	109564.3	293982.9	88.9	25.3
2014	102215.0	516.1	112527.6	306054.9	83.6	25.9
2015	97910.3	507.2	110660.4	306190.1	87.5	27.3
2016	101473.4	516.3	103741.2	311378.5	89.2	27.9
2017	99396.6	518.0	103870.8	315326.9	84.8	26.8
2018	100781.3	530.5	98650.3	315831.2	84.3	29.5
2019	102756.3	541.3	95319.9	318595.7	88.2	24.8

28-10 续表 1 continued

年 份 Year	ABS树脂 (万吨) Acrylonitrile Butadiene Styrene (10 000 tons)	塑胶外壳 (亿台币) Plastic Cover (10 000 tons)	印刷电路板 (万平方尺) Printing Circuit Board (10000 sq.feet)	晶圆代工 (万片) Foundry (10 000 units)	构装IC (亿个) Packaging IC (100 million units)	TFT-LCD面板 (万组) TFT-LCD Panel (10 000 units)
2010	136.3	215.7	78977.9	1861.1	474.5	136627.3
2011	120.5	291.3	77374.1	1731.3	489.5	161350.2
2012	120.8	309.0	87863.0	1764.3	545.8	178173.3
2013	120.9	256.9	73041.2	1883.6	604.9	172866.9
2014	120.7	209.6	72120.7	2103.2	683.1	141506.9
2015	123.5	203.2	68151.2	2126.1	692.2	117392.2
2016	131.4	186.1	59485.3	2316.6	722.5	110121.4
2017	136.6	156.1	73133.7	2546.8	801.7	128264.9
2018	135.5	161.0	70171.6	2649.7	805.6	131666.6
2019	133.4	160.6	63185.2	2389.2	780.5	98887.3

28-10 续表 2 continued

年 份 Year	钢坯 (万吨) Billet (10 000 tons)	涂料 (万吨) Paints (10 000 tons)	塑胶黏性胶带 (万m²) Sticky Tape (10 000 sq. meter)	汽车 (万辆) Car (10 000 units)	全球定位系統 (万台) Global Positioning System (10 000 unit)	发电量 (亿千瓦小时) Electric Power (100 million kwh)
2010	1897.5	43.0	337615.7	27.8	2065.9	2331.0
2011	2164.0	42.5	337518.3	32.1	2043.8	2386.3
2012	1992.7	41.1	329201.3	31.8	1814.3	2373.5
2013	2146.6	43.7	338134.3	32.3	1354.7	2391.7
2014	2251.1	44.6	353884.3	37.3	1228.4	2469.6
2015	2081.5	43.1	334076.2	34.5	1037.5	2452.9
2016	2085.8	43.4	349020.1	30.9	848.8	2516.8
2017	2137.0	43.2	347273.3	29.2	742.0	2574.6
2018	2228.9	39.6	327091.8	25.6	714.8	2605.6
2019	2132.2	37.4	299149.8	24.6		2603.9

28-11 能源平衡表
Energy Balance Sheet

单位：亿升标准油 (100 000 kl oil equivalent)

项 目	Item	2015	2016	2017	2018	2019
能源总供给	**Total Supply**	**1461.36**	**1466.33**	**1465.75**	**1489.27**	**1484.15**
自产能源	Indigenous Energy	29.38	30.45	29.06	28.90	30.14
原油	Crude Oil	0.09	0.08	0.05	0.05	0.04
天然气	Natural Gas	3.32	2.86	2.36	1.76	1.49
生质能及废弃物	Biomass and waste	17.43	16.86	16.22	16.80	16.83
水力发电	Hydro Power	4.27	6.27	5.21	4.27	5.30
再生能源①	Renewables①	3.43	3.60	4.40	5.28	5.75
进口能源	Imported Energy	1431.99	1435.88	1436.69	1460.37	1454.00
煤及煤产品	Coal & Coal Products	433.78	430.37	442.46	437.55	443.03
原油及石油产品	Crude Oil & Petroleum Products	704.21	717.24	710.39	719.05	697.32
液化天然气	L.N.G	189.48	197.44	219.72	224.31	220.73
核能发电	Nuclear	105.62	91.69	65.00	80.17	93.61
能源总需求	**Total Demand**	**1461.36**	**1466.33**	**1465.75**	**1489.27**	**1484.15**
本地能源消费按部门分	Total Consumption by Sector	857.75	863.69	858.23	873.75	846.20
能源部门	Energy Sector	71.90	71.52	70.59	73.60	74.42
运输部门	Transportation Sector	134.49	138.36	136.89	134.35	135.15
工业部门	Industrial Sector	263.45	266.06	266.42	271.27	266.32
农业部门	Agricultural Sector	7.42	7.37	7.21	6.96	6.95
住宅部门	Residential Sector	63.59	66.22	65.93	65.62	64.78
服务业部门	Services Sector	60.39	60.41	61.03	59.37	58.69
非能源消费②	Non-energy Use②	256.52	253.74	250.16	262.59	239.89
出口	Export	188.64	193.08	192.33	205.24	217.29
国际海运及国际航空	International Marine & Aviation Bunkers	40.60	44.93	45.10	45.38	47.86
存货变动	Stock Changes	3.12	10.82	-1.08	-11.77	1.61
损耗	Losses	9.41	9.16	9.43	9.89	9.36
统计误差	Errors	8.94	-11.91	-0.22	8.73	11.42

注：①再生能源包括太阳光电、风力发电和太阳热能。
②非能源消费仅含润滑油、柏油、溶剂油。

Note: ①The renewables include geothermal electricity, solar photovoltaic and wind energy.
②Non-energy use refers to lubricating oil, asphalt and solvent oil consumption.

28-12 按用途分批准动工的建筑物面积
Floor Space of Authorized Construction Projects by Purpose

单位：万平方米 (10 000 sq.m)

年 份 Year	总计 Total	商业类 Business	工业、仓储类 Industrial & Stores	休闲、文教类 Recreation & Culture and Education	办公、服务类 Office & Service	住宿类 Accommodation	
						宿舍 Dormitory	住宅 Residence
2010	3117	101	640	174	247	13	1674
2011	3415	76	613	129	208	21	1979
2012	3288	106	562	118	197	18	1932
2013	3976	164	584	109	198	21	2542
2014	3863	196	630	96	253	29	2223
2015	3260	87	660	84	172	28	1823
2016	2624	105	559	89	146	17	1326
2017	2988	145	624	120	136	24	1525
2018	3398	83	775	146	203	22	1868
2019	3693	81	798	94	192	16	2195

28-13 铁路和公路客货运量
Railway and Highway Passenger and Freight Traffic

年 份 Year	铁 路 Railway				公 路 Highway			
	客运量 (亿人) Passenger Traffic (100 million persons)	客运周转量 (亿人公里) Passenger Kilometres (100 million p-km)	货运量 (亿吨) Freight Traffic (100 million tons)	货物周转量 (亿吨公里) Freight Ton-kilometres (100 million ton-km)	客运量 (亿人) Passenger Traffic (100 million persons)	客运周转量 (亿人公里) Passenger Kilometres (100 million p-km)	货运量 (亿吨) Freight Traffic (100 million tons)	货物周转量 (亿吨公里) Freight Ton-kilometres (100 million ton-km)
2010	7.78	209.27	0.10	8.66	11.10	163.07	6.28	296.32
2011	8.63	228.21	0.11	8.48	11.64	170.40	6.38	295.51
2012	9.24	242.02	0.11	8.28	11.91	175.86	6.53	298.51
2013	9.70	253.16	0.11	7.27	12.20	179.28	5.51	384.74
2014	10.22	263.27	0.11	6.81	12.39	183.84	5.42	378.52
2015	10.60	270.98	0.11	6.34	12.17	175.65	5.32	378.05
2016	10.90	279.37	0.09	5.62	12.25	173.79	5.30	385.33
2017	11.21	289.91	0.08	5.12	12.35	170.53	5.37	403.51
2018	11.52	296.15	0.08	5.42	12.49	171.36	5.61	441.69
2019	11.93	304.44	0.07	5.17	12.39	170.36	5.60	443.70

28-14 邮政及电信营运量
Post &Telecommunication Services

项 目	Item	2015	2016	2017	2018	2019
邮政	**Post**					
函件 (亿件)	Letters (100 million pieces)					
收寄	Received	26.1	25.0	23.5	21.5	20.2
包裹 (万件)	Parcels (10 000 pieces)					
收寄	Received	2417.2	2383.3	2460.5	2573.7	2594.6
快捷邮件	Express Mail	885.9	980.6	1084.9	1245.7	1236.4
电信	**Telecommunications**					
市内电话用户数 (万户)	Number of Local (Urban) Telephone Subscribers (10 000 subscribers)	1189	1170	1145	1121	1099
移动电话用户数 (万户)	Number of Mobile Telephones Subscribers (10 000 subscribers)	2936.9	2892.8	2865.6	2922.0	2920.8
综合业务数字网用户数(万户)	Number of Subscribers of ISDN (10 000 subscribers)	1.4	1.4	1.3	0.9	0.7
数据通信出租电路数 (万路)	Number of Leasing Circuits of Data Communication (10 000 circuits)	14.6	16.9	15.2	15.4	15.0
国际互联网用户数 (万户)	Number of Subscribers of Internet Services (10 000 subscribers)	811.2	620.5	622.3	614.9	627.3
宽带用户 (万户)	Broadband Subscribers (10 000 subscribers)	761.7	579.2	582.3	576.2	589.7
国际电话去话分钟数 (万分钟)	International Outgoing Call (10 000 minutes)	233069	182973	136685	108830	69641

28-15 货物进出口额
Total Imports and Exports

年 份 Year	按新台币计算（亿元） (NT $ 100 million)			按美元计算（亿美元） (USD 100 million)		
	进出口总额 Total	出口 Exports	进口 Imports	进出口总额 Total	出口 Exports	进口 Imports
2009	126093	67695	58398	3823	2052	1771
2010	168310	87574	80736	5331	2774	2557
2011	176112	91724	84388	5995	3122	2873
2012	172229	90373	81856	5818	3053	2765
2013	174434	92190	82243	5882	3109	2774
2014	181663	96634	85029	6005	3194	2811
2015	165024	90137	74887	5208	2844	2364
2016	163831	89972	73859	5084	2792	2292
2017	174402	96058	78344	5727	3155	2572
2018	186562	100691	85871	6188	3340	2848
2019	190198	101831	88367	6149	3292	2857

28-16 货物出口去向和进口来源
Destination of Exports and Origin of Imports

单位：亿美元 (USD 100 million)

项 目	Item	2014	2015	2016	2017	2018	2019
出口去向	**Exports (Major Destination)**						
中国内地	China,Mainland	847.1	732.7	737.3	887.5	965.0	918.2
中国香港	Hong Kong,China	437.7	391.2	382.5	411.7	414.0	403.3
日 本	Japan	201.3	195.6	194.7	205.7	228.0	232.8
韩 国	Korea, Rep.	128.6	127.7	125.3	144.2	157.4	169.2
美 国	United States	350.3	344.5	334.0	367.7	394.9	462.4
泰 国	Thailand	61.9	57.7	54.9	63.8	61.7	55.2
马来西亚	Malaysia	86.7	72.0	78.1	103.7	106.0	94.0
印度尼西亚	Indonesia	38.8	31.1	27.5	31.9	33.3	29.2
新 加 坡	Singapore	206.8	174.0	161.5	176.2	173.2	181.9
越 南	Vietnam	101.0	96.8	95.1	104.6	107.7	107.7
德 国	Germany	62.1	59.8	59.0	64.3	70.6	65.2
法 国	France	15.5	13.9	15.4	17.1	16.7	15.2
意 大 利	Italy	18.9	17.0	18.6	20.3	23.3	19.8
英 国	United Kingdom	42.3	39.1	36.4	37.6	38.6	35.8
巴 西	Brazil	16.8	11.7	9.5	12.7	13.4	11.8
澳大利亚	Australia	36.5	32.8	29.5	29.3	34.0	32.4
沙特阿拉伯	Saudi Arabia	20.3	17.0	12.2	10.7	7.8	9.1
科 威 特	Kuwait	2.1	2.1	1.7	1.4	1.5	1.6
进口来源	**Imports (Major Origin)**						
中国内地	China,Mainland	492.5	452.6	439.9	500.4	537.9	573.9
中国香港	Hong Kong,China	17.3	14.7	13.3	15.1	14.1	10.6
日 本	Japan	419.8	388.7	406.2	419.4	441.5	440.3
韩 国	Korea, Rep.	152.9	134.5	146.5	168.9	195.2	177.3
美 国	United States	293.4	283.6	270.9	284.0	331.0	348.3
泰 国	Thailand	44.1	40.4	38.2	43.6	45.8	42.5
马来西亚	Malaysia	89.5	67.3	62.9	71.8	93.0	103.8
印度尼西亚	Indonesia	74.0	59.6	43.1	48.8	54.9	46.9
新 加 坡	Singapore	84.4	71.7	75.3	87.1	84.2	79.2
越 南	Vietnam	25.8	25.4	27.5	31.2	37.0	52.8
德 国	Germany	96.3	87.7	85.7	92.0	99.7	94.0
法 国	France	30.9	29.5	30.3	39.0	37.1	32.3
意 大 利	Italy	23.9	21.4	22.0	25.2	26.9	26.1
英 国	United Kingdom	19.8	19.9	18.4	19.4	20.8	20.2
巴 西	Brazil	23.5	22.7	19.5	26.0	16.4	20.6
澳大利亚	Australia	75.9	68.5	61.2	82.4	95.5	100.6
沙特阿拉伯	Saudi Arabia	137.2	73.2	58.1	68.6	86.1	77.3
科 威 特	Kuwait	66.7	39.7	29.3	35.7	51.2	43.0

28-17 出口与进口货物分类
Composition of Exports and Imports

单位：亿美元 (USD 100 million)

年份 Year	出口 Exports 出口额 Total	资本品 Capital Goods	中间产品 Intermediate Products	消费品 Consumer Goods	进口 Imports 进口额 Total	资本设备 Capital Equipments	原材料 Agricultural & Industrial Raw Materials	消费品 Consumer Goods
2010	2773.5	293.0	2173.9	294.4	2557.5	386.1	1918.3	231.9
2011	3121.8	336.3	2407.6	365.1	2873.2	367.5	2206.7	274.8
2012	3053.1	337.5	2380.8	321.9	2764.7	340.6	2120.3	282.2
2013	3108.7	326.5	2444.9	320.8	2773.8	361.2	2084.0	297.1
2014	3194.1	342.3	2518.5	316.3	2811.0	377.7	2077.7	314.5
2015	2844.3	333.6	2207.6	285.4	2363.8	372.2	1626.1	320.1
2016	2791.7	337.4	2173.0	264.1	2292.0	411.1	1532.8	315.3
2017	3154.9	378.7	2481.1	276.6	2572.0	405.6	1789.5	339.9
2018	3340.1	404.6	2632.5	284.6	2847.9	418.7	2032.9	361.1
2019	3291.9	441.2	2537.5	294.5	2856.9	508.0	1940.6	371.0

28-18 来台旅游人数
Inbound Tourists

项目	Item	2014	2015	2016	2017	2018	2019
来台旅游人数（万人次）	**Inbound Tourists(10 000 person-times)**	**991.0**	**1044.0**	**1069.0**	**1074.0**	**1106.7**	**1186.4**
香港澳门	Hong Kong and Macao	137.6	151.4	161.5	169.2	165.4	175.8
中国大陆	China Mainland	398.7	418.4	351.2	273.3	269.6	271.4
外国	Foreign Countries	454.1	473.5	555.6	631.3	671.3	739.0
未列明	Not Stated	0.7	0.7	0.7	0.2	0.5	0.2
平均每人停留时间（夜）	**Average Length of Stay (Nights)**	**6.7**	**6.6**	**6.5**	**6.4**	**6.5**	**6.2**

28-19 居民消费价格分类指数
Consumer Price Indices

2016年=100 (2016=100)

年份 Year	总指数 General Index	食品 Food	服装 Clothing	居住 Housing	交通&通讯 Transportation &Communications	医药保健 Medicines and Medical Care	教育娱乐 Education and Entertainment	杂项 Miscellaneous
2010	93.8	82.4	94.1	97.6	106.2	94.6	98.5	93.4
2011	95.2	84.2	96.8	98.5	107.7	96.5	99.0	94.5
2012	97.0	87.7	99.3	99.6	108.2	97.2	99.7	96.6
2013	97.8	88.8	99.1	100.5	108.7	98.2	100.0	97.1
2014	98.9	92.2	100.4	101.4	107.4	98.9	99.9	98.4
2015	98.6	95.0	99.8	100.2	101.1	99.1	99.9	98.6
2016	100.0	100.0	100.0	100.0	100.0	100.0	100.0	100.0
2017	100.6	99.6	99.8	100.9	101.8	101.7	100.3	101.9
2018	102.0	100.6	100.1	101.8	104.1	102.8	100.5	106.7
2019	102.6	102.5	99.3	102.4	102.6	103.7	101.3	107.4

28-20 各级政府财政收入净额
Net Revenue of Treasury

单位：新台币亿元 (NT $ 100 million)

项　目	Item	2013	2014	2015	2016	2017	2018
总　计	**Total**	**24576**	**25088**	**26623**	**26909**	**27533**	**28486**
税收收入	Tax	17688	19176	20766	21660	21877	22992
营业盈余及事业收入	Revenue from Enterprises and Institutions	2750	2719	2621	2550	2714	2731
其他收入	Other Revenue	4138	3193	3236	2700	2942	2763
财产孳息收入	Revenue from Profit of Public Properties	208	334	283	192	203	230
规费收入	Fees	2150	998	1282	966	1265	1002
罚款及赔偿收入	Revenue from Fines & Indemnities	439	433	489	458	537	567
捐献及赠与收入	Receipts from Donations and Contributions	119	116	101	96	92	87
资本收回及售价收入	Return of Properties and Sales of Public Properties	872	926	699	484	351	390
杂项收入	Miscellaneous Revenues	348	386	383	505	494	487

28-21 各级政府财政支出净额
Net Expenditures of Treasury

单位：新台币亿元 (NT $ 100 million)

项　目	Item	2013	2014	2015	2016	2017	2018
总　计	**Total**	**26652**	**26457**	**26452**	**27453**	**27784**	**28455**
一般政务支出	General Administration	3816	3806	3825	3853	3830	4015
国防支出	National Defence	2926	2914	3046	3148	3046	3086
教育科学文化支出	Expenditures on Education, Science and Culture	5991	6181	6348	6647	6913	6758
经济发展支出	Economic Development	3937	3993	3528	3946	3895	4528
社会福利支出	Social Welfare	5369	5171	5321	5485	5638	5881
社区发展及环境保护支出	Community Development and Environmental Protection	1049	843	825	920	1246	1068
退休抚恤支出	Retirement Pension and Bereavement Payments	2097	2137	2185	2081	1985	1892
债务支出	Obligations	1285	1252	1206	1210	1073	1062
杂项支出	Miscellaneous	183	159	167	162	156	165

28-22 政 府 公 债
Government Bonds

单位：新台币亿元 (NT $ 100 million)

年　份 Year	合计 Total			台湾省"中央政府"发行 Taiwan Central Government			市级发行 Municipal Government		
	发行额 Issues	偿还额 Redemption	余额 Outstanding	发行额 Issues	偿还额 Redemption	余额 Outstanding	发行额 Issues	偿还额 Redemption	余额 Outstanding
2009	4956	2608	39709	4700	2502	38296	256	107	1414
2010	6293	2659	43343	6100	2520	41876	193	140	1467
2011	6400	3299	46444	6200	2980	45096	200	319	1348
2012	6884	3983	49345	6650	3982	47763	234	1	1581
2013	6419	3668	52095	6419	3500	50682		168	1413
2014	6753	4446	54402	6753	4050	53385		396	1017
2015	6135	4843	55694	6053	4650	54788	82	193	906
2016	5635	5276	56053	5635	5000	55423		276	631
2017	4000	3690	56363	4000	3475	55948		215	416
2018	3621	3960	56025	3473	3835	55586	148	125	439
2019	4438	4953	55510	4100	4853	54833	338	100	677

28-23 金融概况
Principal Financial Indicators

年 份 Year	货币供应量M1 (新台币亿元) Money Supply M1 (NT $100 million)	流动性负债 (新台币亿元) Liquid Liabilities (NT $100 million)	储备货币 (新台币亿元) Reserve Money (NT $100 million)	主要金融机构存款 (新台币亿元) Deposits (NT $100 million)	主要金融机构放款与投资(新台币亿元) Loans and Investments (NT $100 million)	再贴现率 (年息%) Rediscount Rate (% annual)	汇率(卖出价) (新台币/美元) Exchange Rates of Selling (NT $/USD)
2010	114571	445203	25018	310063	228037	1.63	30.42
2011	118302	469541	27209	323022	241729	1.88	30.32
2012	124184	496032	29021	333004	255488	1.88	29.08
2013	134708	530162	31208	350624	267206	1.88	29.82
2014	143101	568299	32633	371339	281106	1.88	31.68
2015	152926	607126	34524	393558	294063	1.63	32.88
2016	161777	638980	36303	407174	305492	1.38	32.30
2017	167414	672411	37765	420940	320227	1.38	29.85
2018	177160	704974	40545	431958	337475	1.38	30.75
2019	190606	744291	42985	450861	354224	1.38	30.05

28-24 股票交易
Transactions of Listed Stock

单位：新台币亿元 (NT $ 100 million)

年 份 Year	上市股票 Listed Stock			总成交额 Total Turnover	日平均成交额 Average Daily Turnover in Value	股价指数(年平均) (1966年=100) Stock Price Index (year average) (1966=100)
	上市公司数(家) Number (unit)	总面值① Total Par Value①	总市值① Total Market Value①			
2010	758	58113	238114	282187	1124	7949.63
2011	790	60268	192162	261974	1061	8155.79
2012	809	62580	213522	202382	810	7481.34
2013	838	64880	245196	189409	770	8092.77
2014	854	66653	268915	218985	883	8992.01
2015	874	68493	245036	201915	828	8959.35
2016	892	69370	272479	167711	687	8763.26
2017	907	70558	318319	239722	974	10208.12
2018	928	70778	293185	296089	1199	10620.17
2019	942	70934	364135	264646	1094	10790.17

注：① 年底数。
Note:①Year-end data.

28-25 入学率和教育经费

Net Enrolment Rate and Public Expenditure for Education

单位：%　(%)

年 份 Year	粗入学率(6-21岁) Gross Enrolment Rate (aged 6-21) 初等教育(6-11岁) Primary Education (aged 6-11)	中等教育(12-17岁) Secondary Education (aged 12-17)	高等教育①(18-21岁) Higher Education① (aged 18-21)	15岁以上人口识字率② Percentage of Literate Aged 15 and Over②	教育经费占GNP比重 Public Expenditure for Education as % of GNP	政府教育经费占政府支出比重 Government Expenditures on Education as % of Total Government Expenditure
2007	100.8	98.7	85.3	97.6	5.2	20.8
2008	99.0	99.1	84.1	97.8	5.4	20.5
2009	99.1	99.1	82.7	97.9	5.8	19.9
2010	99.0	99.0	83.1	98.0	5.3	20.1
2011	98.8	98.9	83.6	98.2	5.3	20.6
2012	98.7	98.7	84.2	98.3	5.4	20.5
2013	98.6	98.6	84.0	98.4	5.3	20.8
2014	98.5	98.7	83.8	98.5	5.1	21.3
2015	98.4	98.9	83.7	98.6	5.0	21.8
2016	98.3	98.6	84.0	98.7	4.9	21.5
2017	98.1	98.3	84.5	98.8	4.9	21.7
2018	98.0	98.5	84.7	98.9	5.0	20.6

注：① 不含五专前三年、研究所及进修教育。②年底资料。

Note: ①Exclude the first three years of five-year junior college program, postgraduate study and continuing education.
② Year-end data.

28-26 科技人员数和科研开发经费

Number of Research Staff, Technicians and Supporting Personnel and Expenditures for R&D

年 份 Year	科技人员数(人) Number of Research Staff, Technicians and Supporting Personnel (person) 总计 Total	研究人员 Research Staff	技术人员 Technicians	支援人员 Assistants	科研开发经费 Expenditures for Research and Experimental Development 金额(新台币亿元) Total (NT $100 million)	占GDP比重 As % of GDP	政府投入经费所占比重 As % of Government Subsidies	每万人口研究人员数(人) Number of Research Staff per 10 000 People (person)	研究人员平均每年使用经费(新台币万元) Expenditures for R&D per Research Staff per year (10000 NT)
2007	228987	136249	72799	19939	3318.21	2.48	29.8	59.3	244
2008	240983	143836	77366	19781	3504.76	2.67	28.2	62.6	244
2009	256252	154949	80433	20870	3670.53	2.84	28.8	67.0	237
2010	273249	165370	86882	20997	3958.79	2.82	27.5	71.4	239
2011	288311	174341	91618	22352	4153.57	2.91	26.4	75.1	238
2012	296288	179491	94863	21934	4339.97	2.96	24.7	77.0	242
2013	300514	179975	98356	22183	4584.33	3.00	23.5	77.0	255
2014	307379	181589	103408	22382	4845.41	2.98	21.9	77.5	267
2015	312923	183022	106822	23079	5116.18	3.00	21.2	77.9	280
2016	316467	184898	108755	22814	5417.57	3.09	21.4	78.5	293
2017	321877	187971	110428	23478	5745.02	3.19	19.8	79.7	306
2018	330579	193035	114145	23399	6159.86	3.36	18.8	81.8	319

28-27 医院、病床和医务人员情况
Medical Facilities and Health Personnel

年 份 Year	医疗机构(所) Number of Medical Care Facilities (unit)	病床数(床) Number of Beds (bed)	每万人病床数(床) Number of Beds per 10 000 Population (bed)	从业医务人员数(人) Number of Health Personnel (person)	每万人拥有医务人员(人) Number of Health Personnel per 10 000 Population (person)
2010	20183	158922	68.61	241156	104.12
2011	20628	160472	69.09	250258	107.75
2012	20935	160900	69.01	258283	110.78
2013	21218	159422	68.21	265759	113.70
2014	21544	161491	68.91	271555	115.88
2015	21683	162163	69.03	280508	119.41
2016	21894	163148	69.31	289174	122.84
2017	22129	164590	69.83	299782	127.18
2018	22333	167521	71.02	312887	132.64

28-28 家庭主要设备普及率
Percent of Families Owning Household Appliances

单位：% (%)

年 份 Year	彩色电视机 Colour TV Sets	洗衣机 Washing Machines	电话机 Telephone Sets	移动电话 Mobile Phones	空调 Air Conditioners	有线电视频道设备 Cable TV Sets	家用电脑 Home Computers	家用汽车 Automobiles
2008	99.4	97.3	96.0	89.8	87.6	81.7	69.3	58.4
2009	99.6	97.4	95.9	90.6	88.4	82.0	70.5	59.2
2010	99.4	97.8	95.7	90.6	89.1	83.0	71.3	57.8
2011	99.2	97.6	96.1	91.7	88.8	82.9	71.9	59.1
2012	99.3	98.1	94.8	92.3	89.9	83.2	72.3	58.4
2013	99.3	98.1	94.7	92.6	90.0	84.4	72.2	58.4
2014	99.2	98.5	94.0	93.1	91.7	84.8	70.7	58.7
2015	99.2	98.4	92.9	93.5	92.5	85.4	69.3	59.1
2016	99.1	98.5	92.8	94.6	93.2	85.9	68.8	59.7
2017	99.0	98.6	91.3	95.1	93.9	86.4	68.1	60.8
2018	98.8	98.8	89.6	95.2	94.1	86.1	66.8	60.6

附录

APPENDIX

国际主要社会经济指标

Main Social and Economic Indicators of Other Countries/Regions

简 要 说 明

一、世界主要国家和地区的大部分数据经过联合国等国际组织的调整，口径基本可比。

二、一些国家和地区的最新数据是初步数或估计数。

三、中国数据均未包括香港特别行政区、澳门特别行政区和中国台湾省。

四、本篇数据主要取自有关国际组织的数据库、光盘、年报、月报，每张表均附有资料来源。中国数据除特别说明外，均来自国际组织数据库。

五、一些数据的合计数或相对数，因受进位的影响，不一定等于分项累计数。

六、“空格”表示无该项数据或该项统计数据不详。

Brief Introduction

I. Data for major foreign countries/regions have been adjusted by international organizations such as the United Nations, and the scope and coverage are therefore comparable.

II. The latest data for a certain countries/regions are preliminary or estimated statistics.

III. All data of China do not cover Hong Kong SAR, Macao SAR and Taiwan Province.

IV. Data in this chapter are mainly from databases, CD-ROMs, yearbooks and monthly publications of international organizations. Data for China are all taken from international organization databases unless otherwise specified.

V. Some aggregations or rates/ratios may not add up to the sum of the series because of rounding.

VI. The symbol "(blank)" indicates that data are not available.

附录1-1 国土面积和人口(2019年)
Surface Area and Population (2019)

资料来源：世界银行数据库。
Source: World Bank Database.

国　　家	Country	国土面积①(万平方公里) Surface Area① (10 000 sq.km)	年中人口数(万人) Mid-year Population (10 000 persons)	人口增长率(%) Population Growth (annual %)	人口密度①(人/平方公里) Population Density① (persons/sq.km)
世　界	**World**	**13202.5**	**767353**	**1.08**	**60**
中　国	China	960.0	139772	0.36	148
孟加拉国	Bangladesh	14.8	16305	1.04	1240
文　莱	Brunei Darussalam	0.6	43	1.00	81
柬埔寨	Cambodia	18.1	1649	1.45	92
印　度	India	298.0	136642	1.01	455
印度尼西亚	Indonesia	191.4	27063	1.10	148
伊　朗	Iran	174.5	8291	1.35	50
以色列	Israel	2.2	905	1.90	410
日　本	Japan	37.8	12626	-0.21	347
哈萨克斯坦	Kazakhstan	272.5	1851	1.29	7
韩　国	Korea, Rep.	10.0	5171	0.20	529
老　挝	Laos	23.7	717	1.52	31
马来西亚	Malaysia	33.0	3195	1.33	96
蒙　古	Mongolia	156.4	323	1.72	2
缅　甸	Myanmar	67.7	5405	0.63	82
巴基斯坦	Pakistan	79.6	21657	2.03	275
菲律宾	Philippines	30.0	10812	1.36	358
新加坡	Singapore	0.1	570	1.14	7953
斯里兰卡	Sri Lanka	6.6	2180	0.61	346
泰　国	Thailand	51.3	6963	0.28	136
越　南	Viet Nam	33.1	9646	0.96	308
埃　及	Egypt	100.2	10039	1.98	99
尼日利亚	Nigeria	92.4	20096	2.57	215
南　非	South Africa	121.9	5856	1.34	48
加拿大	Canada	998.5	3759	1.42	4
墨西哥	Mexico	196.4	12758	1.09	65
美　国	United States	983.2	32824	0.47	36
阿根廷	Argentina	278.0	4494	0.99	16
巴　西	Brazil	851.6	21105	0.75	25
委内瑞拉	Venezuela	91.2	2852	-1.24	33
捷　克	Czech Rep.	7.9	1067	0.37	138
法　国	France	54.9	6706	0.14	122
德　国	Germany	35.8	8313	0.27	237
意大利	Italy	30.1	6030	-0.21	205
荷　兰	Netherlands	4.2	1733	0.59	511
波　兰	Poland	31.3	3797	-0.01	124
俄罗斯	Russia	1709.8	14437	-0.07	9
西班牙	Spain	50.6	4708	0.59	94
土耳其	Turkey	78.5	8343	1.34	107
乌克兰	Ukraine	60.4	4439	-0.53	77
英　国	United Kingdom	24.4	6683	0.56	275
澳大利亚	Australia	774.1	2536	1.52	3
新西兰	New Zealand	26.8	492	1.56	18

注：①2018年数据。
Note:①Data refer to 2018.

附录1-2 按三次产业分就业人员构成
Employment by Type of Industry

资料来源：世界银行数据库。
Source: World Bank Database.
单位：%

(%)

国 家	Country	第一产业 Primary Industry 2018	2019	第二产业 Secondary Industry 2018	2019	第三产业 Tertiary Industry 2018	2019
中 国	China	26.1	25.4	28.2	28.2	45.7	46.4
孟加拉国	Bangladesh	39.5	38.6	20.8	21.3	39.7	40.2
文 莱	Brunei Darussalam	1.4	1.4	16.0	15.9	82.7	82.8
柬埔寨	Cambodia	33.7	32.3	28.3	29.0	38.1	38.7
印 度	India	43.3	42.4	24.9	25.6	31.7	32.0
印度尼西亚	Indonesia	29.6	28.6	22.3	22.5	48.1	48.9
伊 朗	Iran	17.6	17.9	31.4	30.6	50.9	51.5
以色列	Israel	1.0	0.9	17.2	17.0	81.9	82.1
日 本	Japan	3.5	3.4	24.4	24.3	72.1	72.3
哈萨克斯坦	Kazakhstan	16.3	15.8	20.4	20.5	63.3	63.7
韩 国	Korea, Rep.	5.0	4.9	25.2	25.1	69.8	70.0
老 挝	Laos	63.2	62.4	11.6	11.9	25.1	25.7
马来西亚	Malaysia	10.7	10.4	27.2	27.0	62.2	62.6
蒙 古	Mongolia	28.0	27.4	19.2	19.4	52.8	53.2
缅 甸	Myanmar	49.7	48.9	16.0	16.1	34.3	35.0
巴基斯坦	Pakistan	37.4	36.7	25.0	25.3	37.6	38.0
菲律宾	Philippines	24.3	23.4	19.1	19.4	56.6	57.2
新加坡	Singapore	0.7	0.7	15.8	15.5	83.5	83.8
斯里兰卡	Sri Lanka	25.2	24.5	29.1	29.7	45.7	45.8
泰 国	Thailand	32.1	31.6	22.8	22.6	45.1	45.8
越 南	Viet Nam	38.6	37.4	26.8	27.6	34.6	35.0
埃 及	Egypt	24.3	23.8	27.2	27.7	48.5	48.5
尼日利亚	Nigeria	35.6	35.1	12.2	12.2	52.2	52.7
南 非	South Africa	5.2	5.1	23.1	22.9	71.7	72.0
加拿大	Canada	1.5	1.5	19.6	19.5	78.9	79.1
墨西哥	Mexico	12.8	12.6	26.1	26.1	61.1	61.2
美 国	United States	1.4	1.3	19.9	19.8	78.8	78.9
阿根廷	Argentina	0.1	0.1	21.9	21.4	78.0	78.5
巴 西	Brazil	9.3	9.2	20.1	19.8	70.6	71.0
委内瑞拉	Venezuela	7.9	8.3	17.7	16.6	74.4	75.1
捷 克	Czech Rep.	2.8	2.7	37.5	37.3	59.7	60.0
法 国	France	2.5	2.4	20.3	20.1	77.2	77.5
德 国	Germany	1.2	1.2	27.3	27.0	71.4	71.7
意大利	Italy	3.8	3.7	26.1	25.9	70.1	70.4
荷 兰	Netherlands	2.1	2.0	16.2	16.0	81.7	82.0
波 兰	Poland	9.6	9.2	31.8	31.9	58.6	58.8
俄罗斯	Russia	5.9	5.8	26.8	26.7	67.3	67.6
西班牙	Spain	4.2	4.1	20.3	20.3	75.5	75.6
土耳其	Turkey	18.4	18.4	26.7	26.3	54.9	55.3
乌克兰	Ukraine	14.9	14.5	24.4	24.6	60.7	61.0
英 国	United Kingdom	1.1	1.0	18.1	17.9	80.8	81.1
澳大利亚	Australia	2.6	2.6	19.9	19.8	77.5	77.6
新西兰	New Zealand	5.8	5.7	19.8	19.6	74.4	74.8

附录1-3　失业率
Unemployment Rate

资料来源：联合国ILO数据库。
Source: ILO Database.

单位：%　　(%)

国　家	Country	2000	2010	2015	2016	2017	2018	2019
中　国①	China①	3.1	4.1	4.1	4.0	3.9	3.8	3.6
文　莱	Brunei Darussalam	5.7	6.7	7.9	8.7	9.3	8.9	9.1
以色列	Israel	11.1	8.5	5.3	4.8	4.2	4.0	3.9
日　本	Japan	4.7	5.1	3.4	3.1	2.8	2.4	2.3
哈萨克斯坦	Kazakhstan	12.8	5.8	4.9	5.0	4.9	4.8	4.6
韩　国	Korea, Rep.	4.4	3.7	3.6	3.7	3.7	3.8	4.1
马来西亚	Malaysia	3.0	3.3	3.1	3.4	3.4	3.4	3.3
巴基斯坦	Pakistan	0.6	0.7	3.6	3.8	3.9	4.1	4.5
菲律宾	Philippines	3.7	3.6	3.1	2.7	2.6	2.3	2.2
新加坡	Singapore	3.7	4.1	3.8	4.1	4.2	4.0	4.1
斯里兰卡	Sri Lanka	7.7	4.8	4.5	4.2	4.2	4.1	4.2
泰　国	Thailand	2.4	0.6	0.6	0.7	0.8	0.8	0.8
埃　及	Egypt	9.0	8.8	13.1	12.4	11.7	11.6	10.8
南　非	South Africa	30.2	24.7	25.2	26.6	27.1	26.9	28.2
加拿大	Canada	6.8	8.1	6.9	7.0	6.3	5.8	5.6
墨西哥	Mexico	2.6	5.3	4.3	3.9	3.4	3.3	3.4
美　国	United States	4.0	9.6	5.3	4.9	4.4	3.9	3.7
阿根廷	Argentina	15.0	7.7	7.8	8.0	8.3	9.2	9.8
巴　西	Brazil	9.9	7.7	8.4	11.6	12.8	12.3	12.1
委内瑞拉	Venezuela	14.0	7.1	7.4	7.4	7.3	7.2	8.8
捷　克	Czech Rep.	8.8	7.3	5.0	4.0	2.9	2.2	1.9
法　国	France	10.2	8.9	10.4	10.1	9.4	9.1	8.4
德　国	Germany	7.9	7.0	4.6	4.1	3.7	3.4	3.0
意大利	Italy	10.8	8.4	11.9	11.7	11.2	10.6	9.9
荷　兰	Netherlands	2.7	5.0	6.9	6.0	4.8	3.8	3.2
波　兰	Poland	16.3	9.6	7.5	6.2	4.9	3.8	3.5
俄罗斯	Russia	10.6	7.4	5.6	5.6	5.2	4.8	4.6
西班牙	Spain	13.8	19.9	22.1	19.6	17.2	15.3	14.0
土耳其	Turkey	6.5	10.7	10.2	10.8	10.8	10.9	13.5
乌克兰	Ukraine	11.7	8.1	9.1	9.4	9.5	8.8	8.9
英　国	United Kingdom	5.6	7.8	5.3	4.8	4.3	4.0	3.9
澳大利亚	Australia	6.3	5.2	6.1	5.7	5.6	5.3	5.3
新西兰	New Zealand	6.1	6.6	5.4	5.1	4.7	4.3	4.1

注：①城镇登记失业率。
Note:①Registered unemployment rate in urban areas.

附录1-4 国内生产总值及其增长率
Gross Domestic Product and its Growth Rate

资料来源：世界银行WDI数据库。
Source: Worldbank WDI Database.

国 家	Country	2019 国内生产总值 (亿美元) GDP (100 million USD)	国内生产总值增长率(%) GDP Growth Rate (%)						
			2005	2010	2015	2016	2017	2018	2019
世 界	**World**	**877515**	**3.9**	**4.3**	**2.9**	**2.6**	**3.3**	**3.1**	**2.5**
中 国	China	143429	11.4	10.6	7.0	6.8	6.9	6.8	6.1
孟加拉国	Bangladesh	3026	6.5	5.6	6.6	7.1	7.3	7.9	8.2
文 莱	Brunei Darussalam	135	0.4	2.6	-0.4	-2.5	1.3	0.1	3.9
柬埔寨	Cambodia	271	13.3	6.0	7.0	7.0	6.8	7.5	7.1
印 度	India	28751	7.9	8.5	8.0	8.3	7.0	6.1	5.0
印度尼西亚	Indonesia	11192	5.7	6.2	4.9	5.0	5.1	5.2	5.0
伊 朗	Iran	4454①	3.2	5.8	-1.3	13.4	3.8		
以色列	Israel	3951	3.9	5.6	2.3	4.0	3.5	3.5	3.5
日 本	Japan	50818	1.7	4.2	1.2	0.5	2.2	0.3	0.7
哈萨克斯坦	Kazakhstan	1802	9.7	7.3	1.2	1.1	4.1	4.1	4.5
韩 国	Korea, Rep.	16424	4.3	6.8	2.8	2.9	3.2	2.7	2.0
老 挝	Laos	182	7.1	8.5	7.3	7.0	6.9	6.2	4.7
马来西亚	Malaysia	3647	5.3	7.4	5.1	4.5	5.7	4.7	4.3
蒙 古	Mongolia	139	7.3	6.4	2.4	1.2	5.3	7.2	5.1
缅 甸	Myanmar	761	13.6	9.6	7.0	5.8	6.4	6.8	2.9
巴基斯坦	Pakistan	2782	6.5	1.6	4.7	5.5	5.6	5.8	1.0
菲律宾	Philippines	3768	4.9	7.3	6.3	7.1	6.9	6.3	6.0
新加坡	Singapore	3721	7.4	14.5	3.0	3.2	4.3	3.4	0.7
斯里兰卡	Sri Lanka	840	6.2	8.0	5.0	4.5	3.6	3.3	2.3
泰 国	Thailand	5437	4.2	7.5	3.1	3.4	4.1	4.2	2.4
越 南	Viet Nam	2619	7.5	6.4	6.7	6.2	6.8	7.1	7.0
埃 及	Egypt	3032	4.5	5.1	4.4	4.3	4.2	5.3	5.6
尼日利亚	Nigeria	4481	6.4	8.0	2.7	-1.6	0.8	1.9	2.2
南 非	South Africa	3514	5.3	3.0	1.2	0.4	1.4	0.8	0.2
加拿大	Canada	17364	5.0	3.1	0.7	1.0	3.2	2.0	1.7
墨西哥	Mexico	12583	2.3	5.1	3.3	2.9	2.1	2.1	-0.1
美 国	United States	214277	3.5	2.6	2.9	1.6	2.2	3.2	2.3
阿根廷	Argentina	4497	8.9	10.1	2.7	-2.1	2.7	-2.5	-2.2
巴 西	Brazil	18398	3.2	7.5	-3.5	-3.3	1.3	1.3	1.1
委内瑞拉	Venezuela	4824②	10.3	-1.5	-5.7				
捷 克	Czech Rep.	2465	6.5	2.3	5.3	2.5	4.4	2.8	2.6
法 国	France	27155	1.7	1.9	1.1	1.1	2.3	1.8	1.5
德 国	Germany	38456	0.7	4.2	1.7	2.2	2.5	1.5	0.6
意大利	Italy	20012	0.8	1.7	0.8	1.3	1.7	0.8	0.3
荷 兰	Netherlands	9091	2.1	1.3	2.0	2.2	2.9	2.6	1.8
波 兰	Poland	5922	3.5	3.6	3.8	3.1	4.9	5.3	4.1
俄罗斯	Russia	16999	6.4	4.5	-2.0	0.2	1.8	2.5	1.3
西班牙	Spain	13941	3.7	0.2	3.8	3.0	2.9	2.4	2.0
土耳其	Turkey	7544	9.0	8.5	6.1	3.2	7.5	2.8	0.9
乌克兰	Ukraine	1538	3.0	3.8	-9.8	2.2	2.5	3.4	3.2
英 国	United Kingdom	28271	3.2	2.0	2.4	1.9	1.9	1.3	1.4
澳大利亚	Australia	13927	3.2	2.1	2.2	2.8	2.4	2.9	1.9
新西兰	New Zealand	2069	3.3	1.6	3.6	3.7	3.2	3.8	2.2

注：①2017年数据。②2014年数据。
Note:①Data refer to 2017.②Data refer to 2014.

附录1-5 人均国内生产总值
GDP per Capita

资料来源：世界银行WDI数据库。
Source: World Bank WDI Database.
单位：美元 (USD)

国　家	Country	2000	2010	2015	2016	2017	2018	2019
世　界	**World**	**5498**	**9551**	**10247**	**10282**	**10817**	**11382**	**11436**
中　国	China	959	4550	8067	8148	8879	9977	10262
孟加拉国	Bangladesh	418	781	1248	1402	1564	1698	1856
文　莱	Brunei Darussalam	18013	35270	31165	27158	28572	31628	31087
柬埔寨	Cambodia	303	786	1163	1270	1385	1512	1643
印　度	India	443	1358	1606	1733	1982	2006	2104
印度尼西亚	Indonesia	780	3122	3332	3563	3838	3894	4136
伊　朗	Iran	1670	6600	4904	5253	5520		
以色列	Israel	21044	30694	35777	37322	40542	41720	43641
日　本	Japan	38532	44508	34524	38762	38387	39159	40247
哈萨克斯坦	Kazakhstan	1229	9070	10511	7715	9248	9813	9731
韩　国	Korea, Rep.	12257	23087	28732	29289	31617	33340	31762
老　挝	Laos	325	1141	2135	2309	2424	2542	2535
马来西亚	Malaysia	4044	9041	9955	9818	10254	11373	11415
蒙　古	Mongolia	474	2643	3919	3660	3669	4135	4295
巴基斯坦	Pakistan	576	987	1357	1368	1465	1482	1285
菲律宾	Philippines	1073	2217	3001	3074	3123	3252	3485
新加坡	Singapore	23852	47237	55647	56828	60914	66189	65233
斯里兰卡	Sri Lanka	870	2800	3844	3886	4077	4081	3853
泰　国	Thailand	2008	5076	5840	5994	6593	7295	7808
越　南	Viet Nam	390	1318	2085	2192	2366	2567	2715
埃　及	Egypt	1450	2645	3599	3525	2441	2549	3020
尼日利亚	Nigeria	568	2292	2730	2176	1969	2033	2230
南　非	South Africa	3032	7329	5735	5273	6132	6374	6001
加拿大	Canada	24190	47448	43586	42322	45149	46313	46195
墨西哥	Mexico	7158	9271	9606	8740	9278	9673	9863
美　国	United States	36335	48468	56823	57928	59958	62997	65281
阿根廷	Argentina	7708	10386	13789	12790	14592	11684	10006
巴　西	Brazil	3750	11286	8814	8710	9925	9001	8717
委内瑞拉	Venezuela	4842	13825					
捷　克	Czech Rep.	6012	19808	17716	18463	20380	23047	23102
法　国	France	22364	40638	36638	37037	38812	41631	40494
德　国	Germany	23636	41532	41140	42099	44350	47639	46259
意大利	Italy	20088	36001	30230	30940	32407	34520	33190
荷　兰	Netherlands	26149	50950	45175	46008	48675	53048	52448
波　兰	Poland	4493	12600	12572	12432	13861	15461	15595
俄罗斯	Russia	1772	10675	9313	8705	10720	11371	11585
西班牙	Spain	14713	30503	25732	26505	28170	30338	29614
土耳其	Turkey	4317	10672	10949	10821	10514	9370	9042
乌克兰	Ukraine	636	2965	2125	2188	2641	3097	3659
英　国	United Kingdom	28150	39436	44975	41064	40361	43043	42300
澳大利亚	Australia	21679	52022	56756	49971	54066	57396	54907
新西兰	New Zealand	13641	33700	38616	40106	42849	42950	42084

附录1-6 国内生产总值产业构成
Composition of Gross Domestic Product by Industry

资料来源：世界银行WDI数据库。
Source: World Bank WDI Database.
单位：% (%)

国家	Country	农业增加值占国内生产总值比重 Agriculture as Percentage of GDP		工业增加值占国内生产总值比重 Industry as Percentage of GDP		服务业增加值占国内生产总值比重 Services as Percentage of GDP	
		2000	2019	2000	2019	2000	2019
中国	China	14.7	7.1	45.5	39.0	39.8	53.9
孟加拉国	Bangladesh	22.7	12.7	22.3	29.6	50.6	52.8
文莱	Brunei Darussalam	1.0	1.0	63.7	62.5	35.3	38.2
柬埔寨	Cambodia	35.7	20.7	21.7	34.2	36.9	38.8
印度	India	21.6	16.0	27.3	24.9	42.7	49.9
印度尼西亚	Indonesia	15.7	12.7	42.0	38.9	33.4	44.2
伊朗	Iran	9.1	9.5①	40.3	34.9①	51.4	54.4①
日本	Japan	1.5	1.2②	32.8	29.1②	65.9	69.3②
哈萨克斯坦	Kazakhstan	8.1	4.4	37.8	33.1	48.4	55.5
韩国	Korea, Rep.	3.9	1.7	34.8	33.0	51.6	56.8
老挝	Laos	33.6	15.3	16.5	30.9	42.2	42.7
马来西亚	Malaysia	8.6	7.3	48.3	37.4	46.3	54.2
蒙古	Mongolia	27.4	11.0	22.2	39.1	39.2	39.0
缅甸	Myanmar	57.2	21.4②	9.7	38.0②	33.1	40.7②
巴基斯坦	Pakistan	25.6	22.0	17.5	18.3	50.3	53.9
菲律宾	Philippines	13.9	8.8	35.0	30.2	51.1	61.0
新加坡	Singapore	0.1	0.0	32.5	24.5	60.7	70.4
斯里兰卡	Sri Lanka	19.9	7.4	27.3	27.4	52.8	58.2
泰国	Thailand	8.5	8.0	36.7	33.4	54.8	58.6
越南	Viet Nam	24.5	14.0	36.7	34.5	38.7	41.6
埃及	Egypt	15.5	11.0	30.8	35.6	46.5	50.5
尼日利亚	Nigeria	21.4	21.9	33.8	27.4	43.8	49.7
南非	South Africa	3.0	1.9	29.1	26.0	59.1	61.2
加拿大	Canada	1.9	1.9③	29.9	23.3③	61.1	68.0③
墨西哥	Mexico	3.3	3.5	34.2	30.1	57.8	60.5
美国	United States	1.2	0.9①	22.5	18.2①	72.8	77.4①
阿根廷	Argentina	4.7	7.2	26.0	23.1	63.5	53.6
巴西	Brazil	4.8	4.4	23.0	17.9	58.3	63.3
委内瑞拉	Venezuela	3.9		46.4		43.1	
捷克	Czech Rep.	3.1	1.9	33.9	32.0	54.1	56.2
法国	France	2.1	1.6	21.3	17.1	66.3	70.2
德国	Germany	1.0	0.8	27.7	26.8	61.5	62.4
意大利	Italy	2.6	1.9	24.3	21.4	62.7	66.3
荷兰	Netherlands	2.3	1.7	21.7	17.8	65.7	69.8
波兰	Poland	3.1	2.2	28.9	28.8	56.8	56.9
俄罗斯	Russia	5.8	3.4	33.9	32.2	49.7	54.0
西班牙	Spain	3.7	2.7	28.0	20.2	59.2	67.9
土耳其	Turkey	10.1	6.4	26.9	27.7	52.6	55.9
乌克兰	Ukraine	14.5	9.0	30.8	22.6	39.5	54.4
英国	United Kingdom	0.9	0.6	23.1	17.4	65.7	71.3
澳大利亚	Australia	3.1	2.1	24.6	25.2	64.3	66.2
新西兰	New Zealand	7.8	5.8①	23.6	20.4①	61.8	65.2①

注：①2017年数据。②2018年数据。③2016年数据。
Note:①Data refer to 2017.②Data refer to 2018.③Data refer to 2016.

附录1-7 居民最终消费率
Household Final Consumption Rate

资料来源：世界银行WDI数据库。
Source: World Bank WDI Database.
单位：% (%)

国家	Country	2000	2010	2015	2017	2018	2019
中国	China	46.7	34.3	37.8	38.5	38.5	
孟加拉国	Bangladesh	75.0	74.1	72.4	68.7	70.8	69.0
文莱	Brunei Darussalam	24.8	14.7	19.8	20.5	19.5	20.5
柬埔寨	Cambodia	88.2	81.3	76.8	73.4	70.6	69.4
印度	India	63.7	54.7	59.0	59.0	59.3	60.2
印度尼西亚	Indonesia	61.7	56.2	57.5	57.3	57.0	57.9
伊朗	Iran	49.7	42.9	50.3	47.6		
以色列	Israel	53.0	56.6	54.5	54.7	54.8	
日本	Japan	54.4	57.8	56.6	55.4	55.6	
哈萨克斯坦	Kazakhstan	61.9	45.4	53.7	52.6	52.1	52.4
韩国	Korea, Rep.	54.5	50.4	48.5	47.6	48.0	48.6
老挝	Laos	87.6	74.6	71.2	65.2		
马来西亚	Malaysia	43.8	48.1	54.0	55.4	57.4	59.8
蒙古	Mongolia	75.1	55.2	59.1	53.5	54.3	55.4
巴基斯坦	Pakistan	75.5	79.7	79.8	81.9	82.0	82.9
菲律宾	Philippines	71.7	70.2	72.5	72.2	72.5	73.2
新加坡	Singapore	41.9	36.3	37.2	35.3	34.8	36.0
斯里兰卡	Sri Lanka	71.5	68.5	67.4	67.1	67.8	69.3
泰国	Thailand	54.1	52.2	51.4	48.9	48.9	50.1
越南	Viet Nam	66.5	66.6	68.0	68.0	67.6	68.2
埃及	Egypt	75.9	74.6	82.4	88.1	85.5	
尼日利亚	Nigeria	40.7	67.2	78.6	80.1	76.6	
南非	South Africa	63.1	59.0	59.8	59.2	59.9	60.2
加拿大	Canada	54.7	57.1	57.8	57.9	57.9	57.8
墨西哥	Mexico	67.9	65.4	65.6	65.3	64.8	65.4
美国	United States	66.0	67.9	67.4	68.3	68.0	
阿根廷	Argentina	69.3	64.2	65.9	66.3	65.1	64.4
巴西	Brazil	64.6	60.2	64.0	64.5	64.7	64.9
委内瑞拉	Venezuela	51.8	55.9	85.7	100.5		
捷克	Czech Rep.	50.6	49.0	46.8	47.4	47.5	47.4
法国	France	53.9	55.4	54.1	54.0	53.9	53.7
德国	Germany	56.3	55.1	52.9	52.3	52.1	52.3
意大利	Italy	60.6	60.7	60.8	60.3	60.3	60.2
荷兰	Netherlands	50.3	45.5	45.1	44.3	44.1	43.7
波兰	Poland	63.6	61.6	58.4	58.3	58.1	57.3
俄罗斯	Russia	46.2	51.5	52.7	52.9	49.5	50.4
西班牙	Spain	59.6	58.1	58.5	58.4	58.3	57.6
土耳其	Turkey	67.3	63.1	60.4	59.0	56.7	57.4
乌克兰	Ukraine	54.3	63.8	67.8	67.1	69.4	75.3
英国	United Kingdom	66.5	64.3	64.5	65.0	65.5	64.9
澳大利亚	Australia	58.1	56.2	57.2	56.7	56.4	55.6
新西兰	New Zealand	57.9	57.9	57.3	57.1	57.5	

附录1-8 农业生产指数
Agricultural Production Indices

资料来源：联合国粮农组织数据库。
Source: United Nations Food and Agriculture Organization Database.
(2004-2006年=100)　(2004-2006=100)

国家或地区	Country or Area	农业 Agriculture			食品 Food		
		2014	2015	2016	2014	2015	2016
世　界	**World**	**124.6**	**125.9**	**127.3**	**125.0**	**126.4**	**127.8**
中　国	China	132.9	136.5	139.2	133.8	137.5	140.3
孟加拉国	Bangladesh	140.3	141.2	144.4	139.8	140.6	144.0
文　莱	Brunei Darussalam	166.2	169.6	169.1	166.8	170.2	169.6
柬埔寨	Cambodia	174.8	177.1	185.5	176.1	178.5	187.2
印　度	India	143.5	141.8	144.9	142.7	140.9	144.2
印度尼西亚	Indonesia	139.4	142.4	143.1	140.5	143.8	144.5
伊　朗	Iran	111.0	109.6	110.1	112.0	110.4	111.0
以色列	Israel	110.0	106.0	108.8	110.6	106.5	109.4
日　本	Japan	96.7	95.6	92.1	97.0	95.9	92.4
哈萨克斯坦	Kazakhstan	125.8	130.9	139.2	126.3	131.3	139.7
韩　国	Korea, Rep.	106.1	104.3	102.8	106.2	104.4	103.0
老　挝	Laos	192.6	211.5	219.3	186.0	204.4	211.9
马来西亚	Malaysia	120.8	121.9	122.7	129.1	129.9	131.2
蒙　古	Mongolia	156.4	153.3	161.4	158.7	155.5	163.9
缅　甸	Myanmar	134.3	136.5	137.0	133.0	135.1	135.5
巴基斯坦	Pakistan	126.7	128.2	127.6	128.9	130.7	130.0
菲律宾	Philippines	117.2	115.8	113.4	117.0	116.0	113.8
新加坡	Singapore	111.6	109.4	114.8	111.6	109.4	114.8
斯里兰卡	Sri Lanka	122.0	127.4	128.1	125.3	130.5	131.2
泰　国	Thailand	128.2	121.6	118.3	125.3	118.2	114.4
越　南	Viet Nam	137.3	140.4	138.4	134.9	137.9	135.5
埃　及	Egypt	120.0	120.9	124.4	121.3	122.1	125.7
尼日利亚	Nigeria	118.3	119.9	118.9	118.9	120.6	119.5
南　非	South Africa	125.9	121.6	116.6	126.6	122.3	117.2
加拿大	Canada	108.4	110.4	113.1	108.6	110.6	113.8
墨西哥	Mexico	118.9	119.6	125.7	118.6	119.5	125.9
美　国	United States	112.1	111.7	116.5	113.4	113.0	118.0
阿根廷	Argentina	123.5	130.8	130.9	123.4	130.9	131.0
巴　西	Brazil	136.4	139.4	135.8	137.7	141.1	137.1
委内瑞拉	Venezuela	121.8	119.7	108.5	122.7	120.6	109.5
捷　克	Czech Rep.	100.3	96.1	100.1	100.5	96.3	100.3
法　国	France	104.0	103.5	95.8	104.1	103.6	95.8
德　国	Germany	111.7	107.8	106.8	111.7	107.8	106.8
意大利	Italy	88.2	92.4	91.6	88.4	92.6	91.8
荷　兰	Netherlands	114.8	116.1	117.8	114.8	116.1	117.9
波　兰	Poland	113.2	106.7	113.1	113.2	106.8	113.1
俄罗斯	Russia	127.8	131.0	138.8	127.7	130.7	138.5
西班牙	Spain	101.6	105.0	103.6	101.8	105.2	103.9
土耳其	Turkey	122.1	128.4	129.0	123.9	130.5	131.2
乌克兰	Ukraine	140.6	134.7	153.0	140.6	134.7	153.0
英　国	United Kingdom	108.1	108.2	103.1	108.1	108.2	103.1
澳大利亚	Australia	107.4	107.9	104.4	106.7	107.2	103.4
新西兰	New Zealand	116.1	118.2	117.3	117.9	120.1	119.2

附录1-9 工业生产指数
Industry Production Indices

资料来源：联合国统计月报数据库。
Source: UN Monthly Bulletin of Statistics Database.

2010年=100 (2010=100)

国家和地区	Country or Area	总指数 General Index			其中：制造业 of which: Manufacturing		
		2013	2014	2015	2013	2014	2015
孟加拉国	Bangladesh	142.3	153.9	171.5	144.6	156.5	174.9
文　莱	Brunei Darussalam	94.0	90.7	90.5	106.1	98.9	101.3
印　度	India	104.0	106.9	109.5	103.5	105.9	108.0
以色列	Israel	106.7	108.0	110.4	106.0	106.6	109.1
日　本	Japan	96.9	98.7	97.4	97.0	99.0	97.8
韩　国	Korea, Rep.	108.2	108.4	107.7	108.2	108.5	107.8
马来西亚	Malaysia	110.3	116.0	121.2	116.0	123.0	128.9
蒙　古	Mongolia	108.0	118.2		129.3	133.3	
巴基斯坦	Pakistan				111.3	115.1	118.8
菲律宾	Philippines				124.1	133.1	136.4
新加坡	Singapore				109.9	112.9	107.1
斯里兰卡	Sri Lanka				108.3	114.9	125.4
泰　国	Thailand				103.6	98.2	98.6
越　南	Viet Nam	119.1	127.5	147.0	121.1	132.4	155.0
埃　及	Egypt				96.8	100.2	100.4
尼日利亚	Nigeria	109.4	115.7	111.7	162.8	186.8	184.1
南　非	South Africa				106.5	106.6	106.5
加拿大	Canada	106.7	110.8	110.1	105.3	108.5	109.0
墨西哥	Mexico	107.2	110.3	110.8	110.2	114.8	117.9
美　国	United States	108.5	111.8	112.3	107.4	108.8	110.0
阿根廷	Argentina				119.7	118.6	
巴　西	Brazil	100.1	97.1	89.1	100.6	96.4	87.0
捷　克	Czech Rep.	104.9	110.1	115.2	107.6	114.8	121.7
法　国	France	99.6	98.8	100.6	99.8	99.7	101.5
德　国	Germany	106.1	107.5	109.1	107.2	109.3	110.5
意大利	Italy	91.5	90.5	92.1	91.5	91.0	92.7
荷　兰	Netherlands	99.5	96.7	93.5	101.5	102.6	103.2
波　兰	Poland	111.0	114.7	120.3	112.5	117.7	124.5
俄罗斯	Russia	109.0	110.9	107.1	114.1	116.5	110.2
西班牙	Spain	90.2	91.6	94.6	89.7	91.7	95.4
土耳其	Turkey	116.3	120.5	124.3	117.5	121.3	125.7
乌克兰	Ukraine	102.6	92.2	80.2	99.6	90.4	79.0
英　国	United Kingdom	96.0	97.4	98.8	99.7	102.6	102.6
澳大利亚	Australia	107.3	111.0	114.0	97.1	96.0	94.6
新西兰	New Zealand	100.3	102.4	104.7	103.3	105.0	107.0

附录1-10 消费价格指数
Consumer Price Indices

资料来源：国际货币基金组织IFS数据库。
Source: IMF IFS Database.

(2010年=100) (2010=100)

国　家	Country	2005	2015	2016	2017	2018	2019
中　国	China	86.5	114.9	117.2	119.1	121.6	125.1
孟加拉国	Bangladesh	69.2	144.6	152.5	161.2	170.2	179.7
文　莱	Brunei Darussalam	95.5	99.9	99.7	98.4	99.4	99.0
柬埔寨	Cambodia	67.8	117.5	121.1	124.6	127.6	
印　度	India	66.0	148.6	156.0	159.8	167.6	180.4
印度尼西亚	Indonesia	68.7	132.3	137.0	142.2	146.7	151.2
伊　朗	Iran	49.4	288.0	308.8	333.7	393.8	550.9
以色列	Israel	87.8	106.7	106.1	106.4	107.3	108.2
日　本	Japan	100.4	103.6	103.5	104.0	105.0	105.5
韩　国	Korea, Rep.	86.2	109.8	110.9	113.1	114.7	115.2
老　挝	Laos	78.5	125.8	127.8	128.9	131.5	135.9
马来西亚	Malaysia	87.8	112.8	115.2	119.6	120.7	121.5
蒙　古	Mongolia	57.3	162.5	163.7	170.8	182.4	195.8
缅　甸	Myanmar	44.5	129.3	138.3	144.6	154.5	168.2
巴基斯坦	Pakistan	55.8	145.3	150.8	156.9	164.9	182.3
菲律宾	Philippines	78.7	115.4	116.9	120.2	126.5	129.6
新加坡	Singapore	88.0	113.2	112.6	113.3	113.8	114.4
斯里兰卡	Sri Lanka	58.3	131.4	136.6	147.1	150.2	155.5
泰　国	Thailand	86.6	110.3	110.6	111.3	112.5	113.3
越　南	Viet Nam	59.9	144.6	148.4	153.6	159.1	163.5
埃　及	Egypt	57.8	156.8	178.4	231.1	264.4	
尼日利亚	Nigeria	61.4	158.9	183.9	214.2	240.1	267.5
南　非	South Africa	74.3	130.3	138.9	146.1	152.6	158.9
加拿大	Canada	91.9	108.7	110.2	112.0	114.5	116.8
墨西哥	Mexico	80.5	119.4	122.8	130.2	136.6	141.5
美　国	United States	89.6	108.7	110.1	112.4	115.2	117.2
巴　西	Brazil	79.5	138.4	150.5	155.7	161.4	167.4
捷　克	Czech Rep.	87.0	107.5	108.2	110.9	113.3	116.5
法　国	France	92.8	105.6	105.8	106.9	108.8	110.1
德　国	Germany	92.5	107.2	107.7	109.4	111.3	112.9
意大利	Italy	91.0	107.5	107.4	108.7	110.0	110.6
荷　兰	Netherlands	92.7	109.2	109.5	111.0	112.9	115.9
波　兰	Poland	86.9	108.1	107.4	109.6	111.6	114.1
俄罗斯	Russia	61.5	151.5	162.2	168.2	173.0	180.8
西班牙	Spain	89.0	106.5	106.3	108.4	110.2	111.0
土耳其	Turkey	65.9	146.1	157.4	175.0	203.6	234.4
乌克兰	Ukraine	51.2	180.5	205.6	235.3	261.1	281.7
英　国	United Kingdom	88.1	111.0	112.1	114.9	117.6	119.6
澳大利亚	Australia	86.3	112.0	113.5	115.7	117.9	119.8
新西兰	New Zealand	87.0	107.9	108.6	110.7	112.4	114.2

附录1-11 货物进出口额
Total Imports and Exports

资料来源：世界贸易组织数据库。
Source: World Trade Organization Database.

单位：亿美元 (100 million USD)

国家	Country	2018 出口 Exports	2018 进口 Imports	2019 出口 Exports	2019 进口 Imports
世界	**World**	**194681**	**198123**	**188887**	**192376**
中国	China	24867	21357	24990	20771
孟加拉国	Bangladesh	393	605	379	601
文莱	Brunei Darussalam	66	42	65	44
柬埔寨	Cambodia	127	184	141	221
印度	India	3248	5145	3242	4839
印度尼西亚	Indonesia	1802	1887	1675	1707
伊朗	Iran	1050	494	551	418
以色列	Israel	620	766	584	765
日本	Japan	7381	7485	7055	7207
哈萨克斯坦	Kazakhstan	610	325	573	378
韩国	Korea, Rep.	6049	5352	5422	5033
老挝	Laos	53	62	59	60
马来西亚	Malaysia	2475	2176	2382	2050
蒙古	Mongolia	70	59	76	61
缅甸	Myanmar	167	193	174	180
巴基斯坦	Pakistan	234	601	234	505
菲律宾	Philippines	693	1193	703	1128
新加坡	Singapore	4130	3709	3908	3593
斯里兰卡	Sri Lanka	119	222	120	198
泰国	Thailand	2530	2482	2462	2366
越南	Viet Nam	2437	2369	2643	2539
埃及	Egypt	276	720	290	709
尼日利亚	Nigeria	605	430	617	510
南非	South Africa	940	1140	900	1075
加拿大	Canada	4508	4705	4469	4637
墨西哥	Mexico	4507	4765	4611	4673
美国	United States	16640	26142	16456	25684
阿根廷	Argentina	618	655	651	491
巴西	Brazil	2393	1886	2226	1841
委内瑞拉	Venezuela	344	117	165	58
捷克	Czech Rep.	2022	1847	1985	1782
法国	France	5818	6714	5697	6512
德国	Germany	15605	12844	14892	12342
意大利	Italy	5495	5032	5327	4735
荷兰	Netherlands	7267	6455	7092	6360
波兰	Poland	2636	2690	2640	2620
俄罗斯	Russia	4431	2487	4188	2541
西班牙	Spain	3468	3906	3336	3719
土耳其	Turkey	1772	2312	1809	2103
乌克兰	Ukraine	473	570	501	606
英国	United Kingdom	4864	6723	4688	6918
澳大利亚	Australia	2571	2354	2716	2216
新西兰	New Zealand	397	438	395	422

附录1-12 外商直接投资
Foreign Direct Investment

资料来源：联合国贸发会议FDI数据库。
Source: UNCTAD FDI Database .
单位：亿美元

(100 million USD)

国家	Country	外商直接投资 FDI Inflows			对外直接投资 FDI Outflows		
		2000	2010	2019	2000	2010	2019
世界	**World**	**13566**	**13962**	**15399**	**11637**	**13960**	**13138**
中国	China	407	1147	1412	9	688	1171
孟加拉国	Bangladesh	6	9	16			
文莱	Brunei Darussalam	5	5	3			
柬埔寨	Cambodia	1	14	37			1
印度	India	36	274	506	5	159	121
印度尼西亚	Indonesia	-46	138	234		27	34
伊朗	Iran	2	36	15		2	1
以色列	Israel	70	70	182	33	79	86
日本	Japan	83	-13	146	316	563	2266
哈萨克斯坦	Kazakhstan	13	116	31		79	-26
韩国	Korea, Rep.	115	95	106	48	282	355
老挝	Laos		3	6			
马来西亚	Malaysia	38	91	77	20	134	63
蒙古	Mongolia	1	17	24		1	1
缅甸	Myanmar	1	67	28			
巴基斯坦	Pakistan	3	20	22			
菲律宾	Philippines	22	13	50	1	29	7
新加坡	Singapore	148	575	921	68	354	333
斯里兰卡	Sri Lanka	2	5	8			1
泰国	Thailand	34	146	41		79	118
越南	Viet Nam	13	80	161		9	5
埃及	Egypt	12	64	90	1	12	4
尼日利亚	Nigeria	13	61	33	2	9	3
南非	South Africa	9	36	46	3	-1	31
加拿大	Canada	668	284	503	447	347	766
墨西哥	Mexico	182	271	329		144	102
美国	United States	3140	1980	2462	1426	2778	1249
阿根廷	Argentina	104	113	62	9	10	16
巴西	Brazil	328	777	720	23	221	155
委内瑞拉	Venezuela	47	16	9	5	25	11
捷克	Czech Rep.	50	61	76		12	49
法国	France	275	139	340	1619	482	387
德国	Germany	1983	656	364	571	1255	987
意大利	Italy	134	92	266	67	327	249
荷兰	Netherlands	639	-72	842	756	684	1247
波兰	Poland	94	128	132		61	21
俄罗斯	Russia	27	317	317	32	411	225
西班牙	Spain	396	399	124	582	378	241
土耳其	Turkey	10	91	84	9	15	28
乌克兰	Ukraine	6	65	31		7	6
英国	United Kingdom	1153	582	591	2327	481	315
澳大利亚	Australia	142	368	362	29	198	54
新西兰	New Zealand	13	-1	54	6	7	-2

附录1-13 外汇储备
Foreign Exchange Reserves

资料来源：国际货币基金组织数据库。
Source: International Monetary Fund Database.
单位：亿美元 (100 million USD)

国 家	Country	2000	2005	2010	2015	2017	2018	2019
中 国	China	1656	8189	28473	33304	31399	30727	31079
孟加拉国	Bangladesh	15	28	99	258	313	300	306
文 莱	Brunei Darussalam	4	4	12	29	29	29	37
柬埔寨	Cambodia	5	10	31	68	111	132	169
印 度	India	373	1310	2678	3278	3851	3698	4269
印度尼西亚	Indonesia	283	329	900	1006	1241	1148	1227
以色列	Israel	232	278	693	889	1115	1135	1243
日 本	Japan	3472	8288	10363	11795	12026	12095	12559
哈萨克斯坦	Kazakhstan	16	61	247	198	175	158	93
韩 国	Korea, Rep.	959	2100	2869	3585	3795	3933	3979
老 挝	Laos	1	2	6	10	12	9	
马来西亚	Malaysia	274	694	1023	914	989	978	995
蒙 古	Mongolia	2	3	21	12	28	27	32
缅 甸	Myanmar	2	8	57	43	49	53	55
巴基斯坦	Pakistan	15	98	131	172	152	88	132
菲律宾	Philippines	130	158	540	724	716	694	781
新加坡	Singapore	795	1155	2237	2457	2778	2853	2770
斯里兰卡	Sri Lanka	10	26	66	65	70	60	66
泰 国	Thailand	319	505	1657	1493	1940	1970	2146
越 南	Viet Nam	34	90	121	279	487	551	780
埃 及	Egypt	129	205	324	121	321	376	400
尼日利亚	Nigeria	99	283	323	260	372	405	360
南 非	South Africa	58	183	354	389	427	436	459
加拿大	Canada	290	307	449	691	767	733	736
墨西哥	Mexico	351	730	1149	1684	1649	1652	1706
美 国	United States	312	378	521	392	428	419	415
阿根廷	Argentina	244	227	466	206	501	592	392
巴 西	Brazil	324	532	2806	3489	3654	3655	3465
委内瑞拉	Venezuela	126	235	92	51	18		
捷 克	Czech Rep.	130	291	403	626	1465	1409	1482
法 国	France	321	240	362	364	377	485	517
德 国	Germany	497	398	374	364	374	364	360
意大利	Italy	224	235	357	344	376	391	427
荷 兰	Netherlands	70	71	89	88	51	47	44
波 兰	Poland	263	405	863	894	1080	1104	1158
俄罗斯	Russia	243	1757	4329	3094	3465	3717	4333
西班牙	Spain	295	86	133	387	517	526	545
土耳其	Turkey	223	504	790	914	826	714	770
乌克兰	Ukraine	11	190	333	124	156	198	241
英 国	United Kingdom	342	359	493	1016	1204	1402	1375
澳大利亚	Australia	168	410	328	375	587	454	504
新西兰	New Zealand	36	87	151	131	193	161	163

附录1-14 国际旅游收支

Expenditures and Receipts of International Tourism

资料来源：世界银行WDI数据库。
Source: World Bank WDI Database.
单位：亿美元 (100 million USD)

国　家	Country	国际旅游支出 International Tourism Expenditures			国际旅游收入 International Tourism Receipts		
		2010	2017	2018	2010	2017	2018
世　界	**World**	**9950**	**14712**	**15753**	**10994**	**15361**	**16493**
中　国	China	549	2579	2773	458	386	404
孟加拉国	Bangladesh	8	11	12	1	3	4
柬埔寨	Cambodia	1	9	11	17	40	48
印　度	India	105	219	258	145	279	291
印度尼西亚	Indonesia	84	109	116	76	147	156
伊　朗	Iran	106	119		26	46	
以色列	Israel	47	90	98	56	76	81
日　本	Japan	393	258	281	154	370	453
哈萨克斯坦	Kazakhstan	15	27	29	12	24	27
韩　国	Korea, Rep.	208	345	348	143	172	199
老　挝	Laos	2	9	9	4	7	8
马来西亚	Malaysia	93	121	132	196	203	218
蒙　古	Mongolia	3	6	8	3	5	5
缅　甸	Myanmar	1	1	1	1	20	17
巴基斯坦	Pakistan	14	34	29	10	9	8
菲律宾	Philippines	60	124	125	34	83	97
新加坡	Singapore	187	246	253	142	199	204
斯里兰卡	Sri Lanka	8	24	25	10	51	56
泰　国	Thailand	72	127	147	238	571	652
越　南	Viet Nam	15	50	59	45	89	101
埃　及	Egypt	27	24	29	136	86	127
尼日利亚	Nigeria	83	82	132	7	26	20
南　非	South Africa	81	61	63	103	97	98
加拿大	Canada	372	318	336	184	204	220
墨西哥	Mexico	90	136	141	126	225	238
美　国	United States	1100	1738	1865	1680	2515	2561
阿根廷	Argentina	64	142	131	56	58	60
巴　西	Brazil	189	230	222	55	62	63
捷　克	Czech Rep.	44	55	61	81	77	83
法　国	France	467	525	579	562	679	731
德　国	Germany	909	978	1042	491	563	603
意大利	Italy	269	348	376	384	467	516
荷　兰	Netherlands	190	247	260	117	234	259
波　兰	Poland	91	96	106	100	141	157
俄罗斯	Russia	302	356	388	132	150	187
西班牙	Spain	169	223	267	583	759	813
土耳其	Turkey	58	52	50	263	319	371
乌克兰	Ukraine	41	75	83	47	20	23
英　国	United Kingdom	607	652	689	347	477	485
澳大利亚	Australia	279	397	424	311	440	473
新西兰	New Zealand	30	45	46	65	106	110

附录1-15 货币汇率(年平均价)
Exchange Rate (Period Average)

资料来源：世界银行WDI数据库。
Source: World Bank WDI Database.
单位：1美元合本币数 (local currency unit per US dollar)

国　家	Country	2000	2010	2015	2016	2017	2018	2019
中　国	China	8.28	6.77	6.23	6.64	6.76	6.62	6.91
孟加拉国	Bangladesh	52.14	69.65	77.95	78.47	80.44	83.47	84.45
文　莱	Brunei Darussalam	1.72	1.36	1.38	1.38	1.38	1.35	1.36
柬埔寨	Cambodia	3840.75	4184.92	4067.75	4058.70	4050.58	4051.17	4061.15
印　度	India	44.94	45.73	64.15	67.19	65.12	68.39	70.42
印度尼西亚	Indonesia	8421.78	9090.43	13389.41	13308.33	13380.83	14236.94	14147.67
伊　朗	Iran	1764.86	10254.18	29011.49	30914.85	33226.30	40864.33	42000.00
以色列	Israel	4.08	3.74	3.89	3.84	3.60	3.59	3.57
日　本	Japan	107.77	87.78	121.04	108.79	112.17	110.42	109.01
哈萨克斯坦	Kazakhstan	142.13	147.35	221.73	342.16	326.00	344.71	382.75
韩　国	Korea, Rep.	1130.96	1156.06	1131.16	1160.43	1130.43	1100.50	1165.36
老　挝	Laos	7887.64	8254.16	8127.61	8179.27	8244.84	8401.33	8679.41
马来西亚	Malaysia	3.80	3.22	3.91	4.15	4.30	4.04	4.14
蒙　古	Mongolia	1076.67	1357.06	1970.31	2140.29	2439.78	2472.48	2663.54
缅　甸	Myanmar	6.52	5.64	1162.62	1234.87	1360.36	1429.81	1518.26
巴基斯坦	Pakistan	53.65	85.19	102.77	104.77	105.46	121.82	150.04
菲律宾	Philippines	44.19	45.11	45.50	47.49	50.40	52.66	51.80
新加坡	Singapore	1.72	1.36	1.38	1.38	1.38	1.35	1.36
斯里兰卡	Sri Lanka	77.01	113.06	135.86	145.58	152.45	162.47	178.75
泰　国	Thailand	40.11	31.69	34.25	35.30	33.94	32.31	31.05
越　南	Viet Nam	14167.75	18612.92	21697.57	21935.00	22370.09	22602.05	23050.24
埃　及	Egypt	3.47	5.62	7.69	10.03	17.78	17.77	16.77
尼日利亚	Nigeria	101.70	150.30	192.44	253.49	305.79	306.08	306.92
南　非	South Africa	6.94	7.32	12.76	14.71	13.32	13.23	14.45
加拿大	Canada	1.49	1.03	1.28	1.33	1.30	1.30	1.33
墨西哥	Mexico	9.46	12.64	15.85	18.66	18.93	19.24	19.26
美　国	United States	1.00	1.00	1.00	1.00	1.00	1.00	1.00
阿根廷	Argentina	1.00	3.90	9.23	14.76	16.56	28.10	48.15
巴　西	Brazil	1.83	1.76	3.33	3.49	3.19	3.65	3.94
委内瑞拉	Venezuela	0.68	2.58	6.28	9.26	9.98		
捷　克	Czech Rep.	38.60	19.10	24.60	24.44	23.38	21.73	22.93
法　国	France	1.08	0.75	0.90	0.90	0.89	0.85	0.89
德　国	Germany	1.08	0.75	0.90	0.90	0.89	0.85	0.89
意大利	Italy	1.08	0.75	0.90	0.90	0.89	0.85	0.89
荷　兰	Netherlands	1.08	0.75	0.90	0.90	0.89	0.85	0.89
波　兰	Poland	4.35	3.02	3.77	3.94	3.78	3.61	3.84
俄罗斯	Russia	28.13	30.37	60.94	67.06	58.34	62.67	64.74
西班牙	Spain	1.08	0.75	0.90	0.90	0.89	0.85	0.89
土耳其	Turkey	0.63	1.50	2.72	3.02	3.65	4.83	5.67
乌克兰	Ukraine	5.44	7.94	21.85	25.55	26.60	27.20	25.85
英　国	United Kingdom	0.66	0.65	0.66	0.74	0.78	0.75	0.78
澳大利亚	Australia	1.73	1.09	1.33	1.35	1.31	1.34	1.44
新西兰	New Zealand	2.20	1.39	1.43	1.44	1.41	1.45	1.52

“统计年鉴数据库”开通试运行

“统计年鉴数据库”是以中国统计出版社出版的统计年鉴为数据源建立的一套统计指标查询系统，内容覆盖统计年鉴全部资料，包括人口、国民经济核算、价格、固定资产投资等方面及农业、工业、建筑业等各行业。该系统将统计年鉴的各项数据进行碎片化处理存储，用户可使用模糊查询、行业查询、地区查询、固定表查询、主题查询及组合查询等六种方式，根据不同的需求对指标进行个性化组合查询。

了解更多信息，请前往官方网站“www.statsdatabank.com”或下载“统计年鉴数据库”移动客户端。扫描下方二维码，关注“统计年鉴数据库”微信公众号，及时掌握最新动态。

New Statistical Yearbooks Published by China Statistics Press

National Statistical Yearbook

China Statistical Yearbook-2020

China Statistical Abstract-2020

China Economic Census Yearbook-2018

International Statistical Yearbook-2020

BRICS Joint Statistical Publication-2020

Statistical Manual of China-ASEAN Countries-2020

China County Statistical Yearbook-2020

China City Statistical Yearbook-2020

China Rural Statistical Yearbook-2020

China Regional Economic Monitoring Report-2020

China Trade and External Economics Statistical Yearbook-2020

2019 Statistical Bulletin of China's Outward Foreign Direct Investment

Statistical Yearbook of China Commodity Exchange Market-2020

Statistical Yearbook of Large and Medium-sized Enterprises of Wholesale & Retail Trades and Hotels & Catering Services-2020

Statistical Yearbook of China Chain Stores of Retail Trades and Catering Services-2020

China Yearbook of Household Survey-2020

China Price Yearbook-2020

China Yearbook of Agricultural Price Survey-2020

China Agricultural Production Cost and Yield Data-2020

China Environment Statistical Yearbook-2020

China Energy Statistical Yearbook-2020

Statistical Compilation of Foreign Resources,Energy and Environment-2014

China Industry Statistical Yearbook-2020

China Statistical Yearbook on Construction-2020

China Real Estate Statistics Yearbook-2020

Statistical Yearbook of the Chinese Investment in Fixed Assets-2020

China Statistical Yearbook of the Tertiary Industry-2020

China Science and Technology Statistical Yearbook-2020

China Statistics Yearbook on High Technology Industry-2020

Statistics on Science and Technology Activity of Industry Enterprises-2020

China Labour Statistical Yearbook-2020

China Population and Employment Statistics Yearbook-2020

China Social Statistical Yearbook-2020

China Statistical Yearbook on Culture and Related Industries-2020

Educational Statistics Yearbook of China-2019

China Educational Finance Statistical Yearbook-2019

China's Ethnic Statistical Yearbook-2019

China Basic Units Statistical Yearbook-2019

China Statistical Yearbook on the Work for Persons with Disabilities-2020

Statistics on Women and Children in China-2020

Tabulation on the Third National Agricultural Census of China

Tabulation on the 2019 Time-use Survey

China Enterprise Innovation Survey Yearbook-2020

Provincial Statistical Yearbook in 2020

Beijing Tianjin Hebei Shanxi Inner Mongolia Liaoning Jilin Heilongjiang Shanghai Jiangsu Zhejiang Anhui Fujian Jiangxi Shandong Henan Hubei Hunan Guangdong Guangxi Hainan Chongqing Sichuan Guizhou Yunnan Tibet Shaanxi Gansu Qinghai Ningxia Xinjiang Xinjiang PC Corps

City (or County) Statistical Yearbook in 2020

Tianjin Binhai New Area Shijiazhuang Tangshan Handan Taiyuan Datong Changzhi Yangquan Jincheng Shuozhou Jinzhong Yuncheng Xinzhou Linfen Hohhot Tongliao Baotou Shenyang Dalian Changchun Jilin Siping Harbin Heilongjiang Shanghai Pudong Nanjing Suzhou Wuxi Changzhou Xuzhou Nantong Taizhou Suqian LianyunGang Yancheng Zhenjiang Jiangyin Danyang Hangzhou Ningbo Shaoxing Taizhou Wenzhou Jinhua Jiaxing Quzhou Zhoushan Hefei Fuzhou Ningde Xiamen Nanchang Shangrao Jinan Qingdao Weifang Zaozhuang Zhengzhou Luoyang Sanmenxia Nanyang Shangqiu Wuhan Yichang Shiyan Jingzhou Xianning Changsha Guangzhou Dongguan Huizhou Shenzhen Guilin Nanning Liuzhou Laibin Hechi Haikou Sanya Chengdu Mianyang Guiyang Kunming Qingyang Xi'an Lanzhou Yinchuan Urumqi Xinjiang Corps

Data on Population Census in 2010

Tabulation on the 2010 Population Census of China

Beijing Tianjin Hebei Shanxi Inner Mongolia Liaoning Jilin Heilongjiang Shanghai Jiangsu Zhejiang Anhui Fujian Jiangxi Shandong Henan Hubei Hunan Guangdong Guangxi Hainan Chongqing Sichuan Guizhou Yunnan Tibet Shaanxi Gansu Qinghai Ningxia Xinjiang Xinjiang PC Corps Ningbo Kunming

Tabulation on the 2010 Population Census by County

Tabulation on the 2010 Population Census by Township

Guangdong Cities Series

Shanxi Cities Series

Henan Cities Series

Address: Jia 6, Xisanhuan Nanlu, Fengtai District, Beijing 100073, P. R. China
China Statistics Press, National Bureau of Statistics of China
Editorial Department: Tel: 008610-63376877, 63376861
E-mail: yearbook@gj.stats.cn
Distribution Department: Tel: 008610-63376907, 68783171
Website http://www.zgtjcbs.com